W0205360

**Allgemeines**
**eisepraktisches**

**Praha (Prag)**

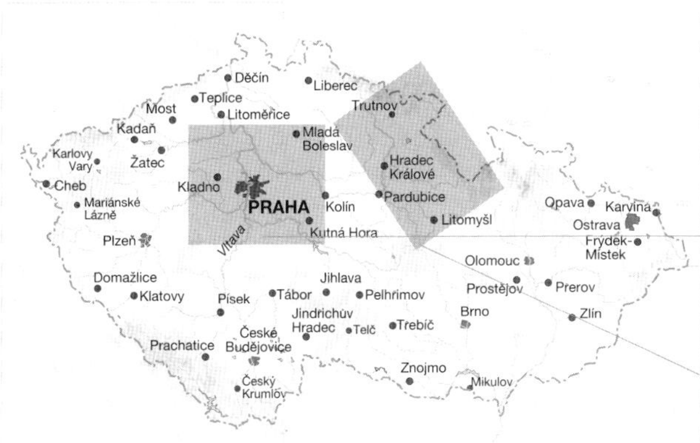


**Mittelböhmen**

**Ostböhmen**

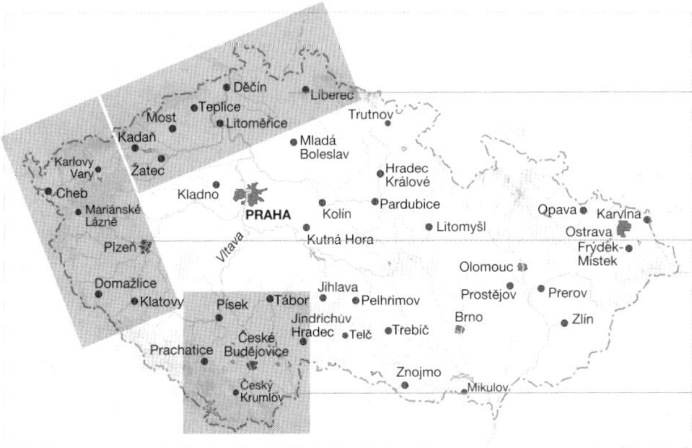


**Nordböhmen**

**Westböhmen**

**Südböhmen**

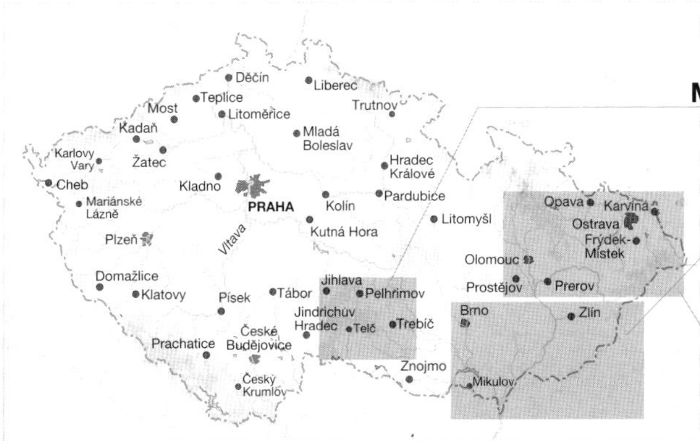


**Böhmisch-Mährische Höhe**

**Südmähren**

**Nordmähren**

**Text und Recherche:** Michael Bussmann und Gabriele Tröger
**Lektorat:** Peter Ritter; Dagmar Tränkle (Neuauflage)
**Layout und Redaktion:** Annette Melber, Heike Wurthmann
Fotos: Michael Bussmann, ausgenommen S. 161, 202, 209, 232, 240, 245, 265, 425, 443, 446, 462, 465, 470, 503, 531, 550, 560, 582, 600, 604, 609: Tschechische Zentrale für Tourismus (TZT); S. 121: Karsten Luzay; S. 255, 262, 283, 291: Markus Novak.
**Titelfotos:** oben: Schloss Rájec nad Svitavou (Mährischer Karst) unten: Kirmes in Chrudim
**Umschlaggestaltung:** Karl Serwotka
**Karten:** Gábor Sztrecska, Judit Ladik, Michaela Nitzsche

**Danksagungen**: Für die Überarbeitung und Aktualisierung von Teilen dieses Buches möchten wir ganz herzlich folgenden Osteuropa-Experten danken: Renate Zöller (Nord- und Südmähren), Markus Nowak (Nordböhmen) und Ivan Dramlitsch (Ostböhmen). Von Ivan Dramlitsch stammt auch der Text zur Gedenkstätte Ležáky.

Ein besonderer Dank für die wertvollen Tipps gilt auch den Lesern: Matthias Lederle (Nürnberg), Christian Schaudwet (Berlin), Ronny Geißler (Dresden), Uta Kutschera Bechlenberg (Garmisch Partenkirchen), Dietrich M. Mathias (Bergisch Gladbach), Christiane Stettler (Stutensee), R. Holzwart-Prexl (Winnenden), Gerhard Kraushofer (A-St. Pölten), Hermann Kupfer, Hans Hoffmann (Hofheim/Taunus),Christian Brenski (Detmold), H. Niedermeyer, Harald Unterwaditzer (A-Wien), Hildegard Schlegel (Nürnberg), D. Sprink (Leipzig), Jörg Kremmler (Otzberg), F. Schmid, Ingrid Promnitz (Stuttgart), Leonie Wagner (Holzminden), Franz Jeitler, Kristina Siever (Bergisch Gladbach), Anne Borkowski (Fr.-Gundelfingen), Gertrud Bruck (Hassloch), Rainer Henrich (CH-Winterthur), Astrid Lübberstedt (Dortmund), Gabriele Mohr (Heidelberg), Werner Thumm (Reutlingen), Agnes Marr (Bamberg), Hasso Strauß (Wilkau-Haßlau), Gabriele Pobbig (Pöhl), Dr. Detlef Weinich (Würzburg), Eberhard Furthmüller (Winnenden), Bernhard A. Grundl (Nürnberg), Edith Schlaich (Bensheim-Auerbach), Inge Bücker, P. Hadrian, Gerhard Kraushofer (A-St. Pölten), Niklas Kramm, Dr. Jürgen Stehling, Heinz Schmid (Ratingen), Steffen Fietze (Erlangen), Jörgt Materna (Schwerin), Jörg Kemmler (Otzberg) und Norbert Schwind.



ISBN 978-3-89953-647-8

 Druck: Wilhelm & Adam, Heusenstamm.



**3. komplett überarbeitete und aktualisierte Auflage 2011**

# TSCHECHIEN

Michael Bussmann
Gabriele Tröger

# INHALT

## Südmähren (Jižní Morava) 531



## Nordmähren (Severní Morava) 606



## Kleines Sprachlexikon 656

## Register 662

### Zeichenerklärung für die Karten und Pläne

| | | |
|---|---|---|
| Autobahn | Sehenswürdigkeit | Metrostation |
| Bundesstraße | Museum | Straßenbahnhaltestelle |
| Eisenbahn | Kirche | Schiffsanlegestelle |
| Nationalparkgrenze | Kloster | Information |
| Olomouc Sehenswerte Orte | Synagoge | Botschaft |
| Aussichtspunkt | Schloss/Burg | Post |
| Berggipfel | Flughafen | Bank/Wechselstube |
| Hütte | Bushaltestelle | Ärztliche Versorgung |
| Campingplatz | Taxistandplatz | Waschsalon |
| Heilquelle | Parkplatz | Toilette |

# Kartenverzeichnis



**Prag**

## Alles im Kasten

*Marktplatz von Sušice*

# Tschechien erleben ...

**Tschechien erblüht und erfindet sich neu. Aus bröckelndem Mauerwerk werden wieder kulturhistorische Prachtbauten, aus postrevolutionärer Orientierungslosigkeit ein hoffnungsvoller Blick in die Zukunft. Das gilt für die quicklebendige Kapitale genauso wie für die verträumten Provinzstädtchen zwischen weiten Wäldern und Feldern. Tschechien ist ein Land im Wandel, noch nicht perfekt, aber schon allein deswegen umso interessanter.**

Dass Tschechien einst Teil eines sowjetischen Satellitenstaates war und gute Sportler hervorbringt, ist allgemein bekannt. Dass das Bier des Landes, allen voran das Pilsner Urquell, zu den besten der Welt gehört, fällt einem beim Stichwort Tschechien auch noch ein. Und vielleicht hat man sogar schon mal die Hauptstadt besucht, dann schwärmt man von der Karlsbrücke und dem Hradschin, erinnert sich an die Knödelküche und den Schnaps danach – *Becherovka* war sein Name. Dann aber hört das Wissen über das kleine, von Mittelgebirgen umrahmte Land vor unserer Haustür oft auch schon auf.

Die Unkenntnis über den Nachbarn verwundert eigentlich nicht. Tschechien hat in der Weltpolitik wenig zu melden und ist kein Land der Superlative. Die Berge sind nicht sonderlich hoch, die Städte nicht sonderlich groß, die Täler keine spektakulären Cañons, und Küstenromantik gibt es gleich gar nicht. Einzig und allein die faszinierend-schöne Hauptstadt, das „Goldene Prag", braucht keine internationalen Vergleiche zu scheuen. Prag ist aber nicht Tschechien, zwischen der Hauptstadt und dem Land liegen oft Welten.

*Bergsee im Böhmerwald*

Tschechien umfasst die historischen Landschaften Böhmen und Mähren, die durch die Böhmisch-Mährische Höhe voreinander getrennt sind. Die Grenzen zu den Anrainerstaaten bilden weitestgehend Mittelgebirge, im Südwesten der Böhmerwald, im Nordwesten das Erzgebirge, an das Lausitzer-, Riesen-, Adler- und Altvatergebirge anschließen. An der östlichen Grenze zur Slowakei erheben sich die Mährischen Beskiden und die Weißen Karpaten. Dazwischen liegen größere und kleinere Beckenlandschaften.

Böhmen und Mähren präsentieren gewohnte Szenerien, diese jedoch oft überaus lieblich und beschaulich: Stellen Sie sich eine Hügellandschaft vor mit wildromantischen Flussläufen, tiefen Wäldern und endlosen Feldern, und Sie kommen dem Ganzen schon sehr nahe. Mittendrin machen es sich Dörfer gemütlich, die Otfried Preußler erfunden haben könnte. Verbunden sind sie durch lange Alleen, die andernorts längst dem Ausbau zum Opfer gefallen wären. Von Hügelkuppen grüßen charmante alte Städte, drohen dunkle Klöster, winken mächtige Burgen und prächtige Schlösser. Die Herrschaft der Přemysliden, Luxemburger, Habsburger und wie sie nicht noch alle hießen, lassen sich an ihnen ablesen wie die Zeiten an den Jahresringen eines Baumes.

Wohin man auch fährt, überall stößt man auf kulturhistorische Glanzlichter. Wahr ist aber auch: Wo immer man sich im Land bewegt, fast überall begegnet man dem Erbe der sozialistischen Ära – einer Epoche, die achtlos Altes dem Verfall preisgab oder es stillos durch Neues ersetzte. Glamour und Tristesse liegen oft eng beieinander. Aber Tschechien ist ein Land im Wandel. Der Restaurierungsboom ist ungebrochen. Braungraue Ruinen können morgen schon farbenprächtige Hingucker sein, heruntergekommene Herbergen charmante Boutiquehotels, manch urige Pinte kann sich aber genauso in ein modernisiertes, gesichtsloses 08/15-Lokal verwandeln.

## Tschechien in Zahlen und Fakten

**Offizieller Name:** Česká Republika (Tschechische Republik)

**Größe/Verwaltung:** Mit 78.866 km² ist Tschechien nur wenig größer als Bayern, der höchste Berg des Landes ist mit 1602 m ü. d. M. die Schneekoppe (Sněžka) im Riesengebirge. Tschechien ist in 14 regionale Gebietskörperschaften *(kraj)* unterteilt, Prag in 22 Verwaltungsbezirke.

**Bevölkerung:** Von den ca. 10,5 Mio. Einwohnern sind 81,2 % Böhmen, 13,7 % Mähren und 3,1 % Slowaken. Hinzu kommen Minderheiten von Polen (0,6 %), Deutschen (0,3 %) und Roma (0,3 %). Die Bevölkerungsdichte beträgt durchschnittlich 133 Einwohner je km². In Prag wohnen knapp 1,25 Mio. Menschen, das sind rund 12 % der Gesamtbevölkerung. Die durchschnittliche Lebenserwartung der tschechischen Männer beträgt 74,1 Jahre, die der Frauen 80,5 Jahre.

**Sprache:** Landes- und Amtssprache ist Tschechisch, eine Minderheit spricht Slowakisch.

**Religion:** Tschechien ist das am stärksten säkularisierte Land des ehemaligen Ostblocks. Nach der letzten Volkszählung 2001 bekannten sich nur 30 % der Bevölkerung zum christlichen Glauben (v. a. zum katholischen Bekenntnis).

**Wirtschaft:** Die Wirtschaft des Landes boomte lange Zeit mit jährlichen Wachstumsraten von über 6 %, infolge der internationalen Finanzkrise erlitt aber auch die tschechische Wirtschaft einen Dämpfer. Die Arbeitslosenquote ist in Tschechien regional extrem unterschiedlich, mancherorts sucht man händeringend Personal, andernorts ist beinahe ein Fünftel der Bevölkerung ohne Arbeit. Im Schnitt schwankte die Arbeitslosenquote zuletzt um die 10 %, in Prag herrscht mit rund 3 % nahezu Vollbeschäftigung. Das Bruttoinlandsprodukt pro Kopf betrug 2009 noch 82 % des EU-Durchschnitts, doch schon bis 2012 will man zum EU-Durchschnitt aufschließen. Zum BIP trägt die Industrie 39,3 % bei, 57,3 % der Dienstleistungssektor und nur 3,4 % die Landwirtschaft. Das durchschnittliche Monatseinkommen lag 2010 bei 25.381 Kč (ca. 1000 €). Die Löhne steigen jährlich je nach Branche um 3–10 %. Die Inflationsrate schwankte in den letzten Jahren zwischen 1 % und 7 %. Die bedeutendsten Handelspartner sind die EU-Staaten, unter diesen steht Deutschland an erster Stelle. Rund ein Viertel der tschechischen Wirtschaft befindet sich auch in deutscher Hand.

**Tourismus:** 6–7 Mio. ausländische Besucher reisen jährlich nach Tschechien. Die meisten ausländischen Gäste kommen aus Deutschland. Der Tourismus boomt v. a. in Prag. Laut Statistik kommt die Hälfte aller ausländischen Besucher über die Moldaumetropole nicht hinaus, auf dem Land dominiert der Binnentourismus. Der Tourismus ist für das Land einer der größten Devisenbringer und ein bedeutender Wirtschaftsfaktor. Über 10 % aller Jobs hängen von ihm ab.

**Politisches System:** Die Česká Republika ist eine parlamentarische Demokratie. Das Parlament besteht aus zwei Kammern, dem Abgeordnetenhaus (200 Mitglieder nach dem Verhältniswahlrecht auf 4 Jahre gewählt) und dem Senat (alle 2 Jahre wird ein Drittel der 81 Mitglieder für 6 Jahre per Mehrheitswahl bestimmt). Beide Kammern wählen gemeinsam das Staatsoberhaupt, seit 2003 Václav Klaus, dem max. 2 Amtsperioden à 5 Jahre erlaubt sind. Das Staatsoberhaupt besitzt ein aufschiebendes Vetorecht und ernennt den Ministerpräsidenten (seit 2010 Petr Nečas), der vom Abgeordnetenhaus gewählt wird. Seit den letzten Wahlen zum Abgeordnetenhaus 2010 sind im Parlament folgende Parteien vertreten: Česká strana sociálně demokratická/ČSSD (Sozialdemokraten, 56 Sitze), Občanská demokratická strana/ODS (Demokratische Bürgerpartei, 53 Sitze), TOP09 (Konservative, 41 Sitze), Komunistická strana Čech a Moravy/KSČM (Altkommunisten, 26 Sitze) und Veči veřejné/VV (Partei der öffentlichen Angelegenheiten, 24 Sitze).

**Umweltschutz:** Tschechien ist auf den ersten Blick ein sehr sauberes Land, Müll am Wegesrand die Ausnahme. Gleichzeitig gehört es jedoch zu den größten Luftverschmutzern Europas. Dafür zeichnen die Industrie, die alten Fahrzeuge auf den Straßen und die uralten Heizsysteme vieler Gebäude verantwortlich. Zwei Drittel aller Tschechen leben in Gebieten mit extremer Feinstaubbelastung. Für die Umsetzung einer umweltfreundlichen Politik fehlt es in Tschechien zum einen an den nötigen finanziellen Mitteln, zum anderen aber auch am Willen. Präsident Václav Klaus bezeichnete das Kyoto-Protokoll zum Klimaschutz beispielsweise als „einen der größten Irrtümer der gegenwärtigen Menschheit".

**Nationalparks:** Tschechien besitzt bislang vier Nationalparks: den Nationalpark Riesengebirge *(Krkonošský Národní Park),* den Nationalpark Böhmische Schweiz *(Národní Park České Švýcarsko),* den Nationalpark Böhmerwald *(Národní Park Šumava)* sowie den Nationalpark Thayatal *(Národní Park Podyjí)* in Mähren. Zum fünften Nationalpark soll nach Planungen des Umweltschutzministeriums das UNESCO-Biosphärenreservat Křivoklátsko (bislang Naturschutzgebiet) erhoben werden. Hinzu kommen 24 Landschaftsschutzgebiete (*Chráněné Krajinné Oblasti,* kurz *CHKO*).

**UNESCO-Welterbe:** Auf der Welterbeliste der UNESCO sind folgende Orte verzeichnet: Český Krumlov, Prag und Telč (jeweils der gesamte historische Stadtkern), das Bauerndorf Holašovice, die Kulturlandschaft Lednice-Valtice, die Wallfahrtskirche St. Johann von Nepomuk auf dem Zelená Hora bei Žďár nad Sázavou, das historische Stadtzentrum von Kutná Hora samt St.-Barbara-Kathedrale und Kathedrale der Jungfrau Maria im Vorort Sedlec, das erzbischöfliche Palais und die Gärten von Kroměříž, das Schloss von Litomyšl, die Villa Tugendhat in Brünn, die Dreifaltigkeitssäule von Olomouc und das ehemalige jüdische Viertel sowie die St.-Prokop-Basilika von Třebíč. Da die Aufnahme von Kirchen, Schlössern und sonstigen Denkmälern in die Welterbeliste der jeweiligen Region einen enormen touristischen Aufschwung beschert, wird angemeldet, was man anmelden kann. Bis zu Ihrem Besuch wird sich die Liste vielleicht schon verlängert haben.

*In Tschechien hat man die Straßen oft für sich allein*

# Anreise/Unterwegs

Welche Papiere Sie für eine Reise nach Tschechien mit sich führen müssen, erfahren Sie im Kapitel „Reisedokumente“ (→ S. 40). Damit Sie die richtige Währung parat haben, lesen Sie das Kapitel „Geld und Geldwechsel“ (→ S. 32). Und wie viele Zigaretten Sie bei der Ausreise aus Tschechien dabeihaben dürfen, steht im Kapitel „Zollbestimmungen“ (→ S. 43).

## Mit dem Auto oder Motorrad

Seit dem Beitritt Tschechiens zum Schengenraum hat man freie Fahrt über die deutsch-tschechische und die österreichisch-tschechische Grenze. Dennoch kommt es häufig zu innerstaatlichen Zoll- und Polizeikontrollen im Grenzgebiet.

Fahrzeuge mit ausländischen Kennzeichen verschwinden gerne. Die besseren Marken werden ins Ausland transferiert, ältere Modelle im Land ausgeschlachtet. Man vermutet, dass jedes sechste Fahrzeug auf tschechischen Straßen gestohlen oder mit gestohlenen Teilen ausgestattet ist. Infolgedessen verbieten viele international operierende Autovermieter Fahrten nach Tschechien entweder grundsätzlich oder sie erlauben nur Fahrten mit Fahrzeugen der unteren Preiskategorien. Um halbwegs sicherzugehen, dass Sie mit Ihrem Fahrzeug auch wieder abreisen können, parken Sie am besten prinzipiell auf bewachten (fast alle Parkplätze vor Sehenswürdigkeiten haben einen Parkwächter) oder abschließbaren Parkplätzen (viele Hotels und Pensionen verfügen über entsprechende Möglichkeiten) und versehen Sie ihr Auto mit einer sichtbaren Wegfahrsperre. Lassen Sie zudem niemals Wertsachen im Fahrzeug liegen!

Ein erheblich gravierenderes Problem als der Fahrzeugdiebstahl stellt die Raserei auf den Straßen dar, die erschreckende Auswirkungen auf die Unfallstatistik hat: Die Zahl der Verkehrstoten auf eine Million Einwohner ist in Tschechien fast doppelt so hoch wie in Deutschland – kleine hölzerne Kreuze am Straßenrand sind allgegenwärtig.

Hilfreich für Fahrten über Land sind gute Karten, da an vielen kleineren Kreuzungen lediglich die nächstgelegenen Ortschaften ohne zusätzliche Richtungsangabe zur nächstgrößeren Stadt ausgeschildert sind. Mit grobem Kartenmaterial ist man dann schnell verloren. Detaillierte Karten bekommen Sie in Tschechien überall preiswert (→ Wissenswertes von A bis Z/Karten, S. 34). Falls Sie über ein Navigationsgerät verfügen, achten Sie darauf, dass Ihr Kartenmaterial auf dem aktullsten Stand ist.

**Autobahngebühren:** Für tschechische Autobahnen und Schnellstraßen benötigen Sie eine **Vignette.** Diese ist an den Grenzübergängen und an vielen Tankstellen erhältlich. Sie bekommen sie zudem in allen tschechischen Postämtern. Für Kfz bis 3,5 t kostet der Aufkleber für 1 Kalenderjahr umgerechnet 48 €, für 30 Tage (ab Stempelloch) 14 € und für 7 Tage (ab Stempelloch) 10 €.

**Parken:** Auf zentralen Parkplätzen ohne Parkwächter gibt es i. d. R. Parkscheinautomaten (funktionieren wie daheim). Gebührenfreie Parkabschnitte sind durch das Schild *Bez Poplatku* gekennzeichnet. Gelbe Linien am Straßenrand bedeuten Parkverbot. *Zakazzastaveni* bedeutet Halteverbot. *Pro Drzitele Povoleni* steht für Anwohnerparken. Zu Straßenbahnschienen muss Ihr

*Museumsreif*

Fahrzeug mindestens 3,5 m Abstand haben. Parken Sie nie auf Brücken, vor oder nach Bahnübergängen, Tunnels oder Unterführungen. Falschparker müssen mit Krallen und Bußgeldern bis zu 175 € rechnen.

**Tanken:** Viele Tankstellen haben rund um die Uhr geöffnet. Achten Sie auf die Oktanzahl: Bleifrei Natural (95 Oktan), Bleifrei Super Plus (98 Oktan), Diesel heißt *Nafta*.

**Pannenhilfe:** Leistet der Automobilclub

## Besondere Verkehrshinweise

**Alkohol:** Es gelten bislang 0,0 Promille, ab August 2011 sollen 0,3 Promille erlaubt sein

**Höchstgeschwindigkeit:** Für Pkws innerorts 50 km/h, außerorts 90 km/h und auf Autobahnen (die stets vignettenpflichtig sind) und Schnellstraßen (die fast immer vignettenpflichtig sind) 130 km/h. Fahrzeuge über 3,5 t und Gespanne dürfen außerorts nie schneller als 80 km/h fahren. Vor Bahnübergängen gilt ein Tempolimit von 30 km/h.

**Kinder:** Bis 12 Jahre und kleiner als 1,50 m dürfen sie nur im Kindersitz mitreisen.

**Licht:** Pkws und Motorräder müssen das ganze Jahr über auch tagsüber mit Licht fahren, andernfalls drohen bis zu 2000 Kč (ca. 80 €) Strafe. Zudem müssen Sie ein Set an Ersatzbirnen mit sich führen. Wer sie vergessen hat, bezahlt 300 Kč (ca. 12 €).

**Straßenbahnen:** Abbiegende Straßenbahnen haben grundsätzlich Vorfahrt.

**Telefonieren im Auto:** Nur mit Freisprechanlage.

**UAMK ČR,** ✆ 1230. Die Mitarbeiter am Telefon sprechen Deutsch. Auch der **ADAC** hat eine Vertretung in Prag, zu erreichen unter ✆ 261104351.

**Unfall:** Bei Schäden ab ungefähr 800 € muss die Polizei gerufen werden (Notruf ✆ 112 o. 158). Am Unfallort nichts verändern!

**Bußgelder:** Zahlt man am besten sofort – billiger als der bürokratische Weg. Bestehen Sie **unbedingt** auf einer Quittung, ansonsten wandert die (dann meist überzogene) Strafe in die privaten Taschen der Polizisten – leider keine Seltenheit!

**Mietwagen:** → Wissenswertes von A bis Z/ Mietwagen, S. 38.

## Mit dem Flugzeug

In Tschechien gibt es bislang vier internationale Flughäfen: **Brno** (Brünn, Flughafencode BRQ), **Karlovy Vary** (Karlsbad, KLV), **Prag** (PRG) und **Ostrava** (OSR). In naher oder ferner Zukunft sollen zudem der Flughafen **Vodochody** (LKVO) ca. 30 km nordwestlich von Prag. und der ehemalige Militärflughafen Planá bei **České Budějovice** zu internationalen Flughäfen ausgebaut werden.

Jedoch taucht einzig und allein der **Prager Flughafen Ruzyně** im Flugplan vieler internationaler Airlines auf. Für Flüge nach Prag müssen Sie, egal ob Sie von Deutschland, Österreich oder aus der Schweiz anreisen, je nach Saison und Sondertarif bei den meisten Airlines mit Preisen zwischen 100 und 350 € für einen Hin- und Rückflug rechnen. Sie können natürlich auch viel mehr bezahlen (z. B. in der Business Class), mit Glück aber auch etwas weniger, z. B. mit Low-Cost-Airlines wie Germanwings von Köln/Bonn. Infos zum Prager Flughafen bekommen Sie unter „Prag/Verbindungen" auf S. 64. Dort erfahren Sie auch, wie Sie vom Flughafen in die Innenstadt und weiter per Bus oder Bahn in andere Landesteile gelangen.

### Entfernungen nach Prag

| | |
|---|---|
| von Hamburg: | 631 km |
| von Frankfurt/M.: | 531 km |
| von München: | 365 km |
| von Berlin: | 348 km |
| von Wien: | 309 km |
| von Zürich: | 670 km |

Flüge aus dem deutschsprachigen Raum nach **Brno** (Infos zum Flughafen Brno → S. 34) bietet Czech Airlines (kurz ČSA) über Prag (dort umsteigen) an. Gleiches gilt für ČSA-Flüge nach **Karlsbad** (Infos zum Flughafen Karlsbad → S. 380) und **Ostrava.** Ostrava (Infos zum Flughafen Ostrava → S. 637) erreicht man aber auch mit der Austrian Airlines und der Central Connect Airlines (kurz CCA) per Direktflug von Wien aus.

**Inlandsflüge** bietet die ČSA zwischen Prag und Brno, Prag und Karlsbad sowie Prag und Ostrava an. Auch bedient die CCA die Strecken Prag – Brno und Prag – Ostrava. Für die Strecke Prag – Brno gilt jedoch, dass man – sofern man von einem Zentrum zum anderen Zentrum der beiden Städte unterwegs ist – gegenüber Zug oder Bus keinerlei Zeitersparnis hat.

### Airlines im Internet

*Austrian Airlines*: www.aua.com
*Czech Airlines:* www.czech-airlines.com
*Central Connect Airlines*: www.flycca.cz
*EasyJet:* www.easyjet.com
*Germanwings:* www.germanwings.com
*Lufthansa*: www.lufthansa.com
*Luxair*: www.luxair.eu
*Ryanair:* www.ryanair.com
*Smartwings*: www.smartwings.com
*Swiss:* www.swiss.com

## Entfernungen Inland (Straßenkilometer)

| | Brno | České Budějovice | Cheb | Jeseník | Jindřichův Hradec | Liberec | Ostrava | Plzeň | Praha | Teplice | Trutnov | Zlín | Znojmo |
|---|---|---|---|---|---|---|---|---|---|---|---|---|---|
| Brno | • | 226 | 396 | 184 | 140 | 340 | 160 | 298 | 202 | 303 | 194 | 100 | 68 |
| České Budějovice | 226 | • | 237 | 326 | 57 | 248 | 401 | 139 | 139 | 246 | 263 | 318 | 150 |
| Cheb | 396 | 237 | • | 468 | 280 | 256 | 570 | 98 | 189 | 146 | 335 | 487 | 388 |
| Jeseník | 184 | 326 | 468 | • | 269 | 257 | 130 | 370 | 278 | 358 | 161 | 173 | 243 |
| Jindřichův Hradec | 140 | 57 | 280 | 269 | • | 251 | 310 | 151 | 159 | 250 | 212 | 261 | 96 |
| Liberec | 340 | 248 | 256 | 257 | 251 | • | 343 | 201 | 108 | 109 | 101 | 305 | 299 |
| Ostrava | 160 | 401 | 570 | 130 | 310 | 343 | • | 473 | 386 | 477 | 296 | 111 | 243 |
| Plzeň | 298 | 139 | 98 | 370 | 151 | 201 | 473 | • | 80 | 128 | 237 | 389 | 291 |
| Praha | 202 | 139 | 189 | 278 | 159 | 108 | 386 | 80 | • | 95 | 146 | 302 | 204 |
| Teplice | 303 | 246 | 146 | 358 | 250 | 109 | 477 | 128 | 95 | • | 191 | 394 | 295 |
| Trutnov | 194 | 263 | 335 | 161 | 212 | 101 | 296 | 237 | 146 | 191 | • | 256 | 233 |
| Zlín | 100 | 318 | 487 | 173 | 261 | 305 | 111 | 389 | 302 | 394 | 256 | • | 159 |
| Znojmo | 68 | 150 | 388 | 243 | 96 | 299 | 243 | 291 | 204 | 295 | 233 | 159 | • |

# Mit der Bahn

Eine gemütliche Anreisevariante und eine zuverlässige Reisevariante vor Ort. Das ausgedehnte Schienennetz bringt Sie in nahezu jedes Eck des Landes. Zugfahren vor Ort ist zudem preiswert, eine einfache Fahrt von Český Krumlov (Südböhmen) nach Prag (ca. 160 km) kostet rund 10 €.

Wer Tschechien **mit öffentlichen Verkehrsmitteln** (egal ob Bus oder Bahn) erkunden will, erfährt unter **www.jizdnirady.idnes.cz** (auch in deutscher Sprache) die schnellste und günstigste Verbindung. Die wichtigsten Bus- und Zugverbindungen sind aber auch im Reiseteil dieses Buches unter den jeweiligen Orten aufgelistet. Die dort angegebene Häufigkeit der Verbindungen bezieht sich auf Werktage. An Wochenenden verkehren auf vielen Strecken nur eingeschränkt Busse und Bahnen.

Übrigens: Wer wissen möchte, **welches Bier an welchem Bahnhof** ausgeschenkt wird, kann sich unter www.agnld.uni-potsdam.de/~kai/BAB/BAB.html informieren.

Die meisten Symbole und Zeichen auf den Fahrplänen sind identisch mit denen in Deutschland; so gibt z. B. ein Fahrrad-Piktogramm an, dass Sie Ihr Rad mitnehmen können. Auf kleinen Nebenstrecken sollten Sie sich jedoch noch mit folgenden Zeichen vertraut machen: Eine mit X markierte Haltestelle verweist darauf, dass der

Zug nur auf Verlangen hält, d. h. Reisende, die zusteigen wollen, müssen dies dem Lokomotivführer signalisieren (also winken, wenn der Zug kommt), und Reisende, die aussteigen wollen, teilen es dem Schaffner mit. Ein Halbmond mit Rundung nach links bedeutet, dass der Zug nur zum Aussteigen hält, zeigt die Rundung nach rechts, hält er nur für Zusteigewillige.

**Information im Internet:** www.bahn.de, www.vogtlandbahn.de, www.mobil-mit-alex.de, www.sbb.ch, www.oebb.at, www.cdrail.cz.

**Preise**: Über die diversen Sondertarife und Ermäßigungen informieren die Bahngesellschaften. Falls Sie bezüglich der An- und Abreise den Normaltarif zahlen müssen, kommen Sie i. d. R. billiger, wenn Sie das Rückfahrtticket in Tschechien lösen.

**Hinweis**: Diverse grenzüberschreitende Ferien- und Gruppentickets erlauben das Bahnfahren auf ausgewählten Strecken in Bayern und Böhmen, wie z.B. das EgroNet-Tagesticket oder das Bayern-Böhmen-Ticket, in der Grenzregion zu Österreich ist das EURegio-Ticket eine Alternative.

*Per Bahn nach Prag*

## Mit dem Bus

Was die Anreise anbelangt, die preisgünstigere Alternative zum Normaltarif der Bahn. Busverbindungen gibt es von diversen deutschen, österreichischen und Schweizer Städten nach Prag, z. T. auch in andere Zentren des Landes.

Wohin man **innerhalb Tschechiens** nicht mit dem Zug gelangt, kommt man auf jeden Fall mit dem Bus, das Netz ist sehr gut ausgebaut. Die Preise (Tickets an Busbahnhöfen oder bei kürzeren Strecken direkt beim Busfahrer) liegen oft unter denen der Bahn. Die wichtigsten Busverbindungen sind im Reiseteil unter den jeweiligen Ortschaften aufgeführt. Achtung: Angegeben sind die Verbindungen unter der Woche; weniger, z. T. auch keine Fahrten zwischen vielen Orten am Wochenende.

**Information** und Fahrpläne der **Studentagency-Busse** unter www.studentagency.cz und der **Eurolines-Busse** unter www.touring.de, www.eurolines.at, www.alsa-eggmann.ch und www.elines.cz. Informationen über Bahnbusse auf www.bahn.de

**Reiseveranstaltertipp „Begegnung mit Böhmen":** Der Tschechienspezialist bietet mehrfach ausgezeichnete Rad-, Wander-, Literatur-, Eltern & Kind- sowie Kulturreisen in kleinen Gruppen an. Dechbettener Str. 74 b, 93049 Regensburg, ✆ 0941/26080, www.boehmen-reisen.de.

## Mit dem Taxi

Taxifahren ist theoretisch sehr preiswert, für den Touristen aber oft ein Nepp – nicht selten zahlt man als Ausländer das Zwei- bis Sechsfache des regulären Tarifs.

Vor allem die Taxifahrer der Hauptstadt besitzen einen schon legendären schlechten Ruf. Eine einheitliche Taxifarbe gibt es nicht, auch keinen einheitlichen Kilometerpreis, dieser kann von Gesellschaft zu Gesellschaft variieren, er ist aber meist am Fahrzeug (i. d. R. an der Tür) klein angeschrieben. Achten Sie darauf, dass der Taxameter eingeschaltet ist, und erfragen Sie zudem den Circapreis im Voraus. Am preiswertesten sind i. d. R. telefonisch angeforderte Taxis. Da Taxifahrer und Rezeptionisten nicht selten unter einer Decke stecken, rufen Sie Ihr Taxi besser selbst. Bei wartenden Taxis in touristischen Ecken ist Ärger leider oftmals vorprogrammiert. Haben Sie den Eindruck, geneppt worden zu sein, fordern Sie eine Quittung. Der Fahrer ist verpflichtet, auf Verlangen eine ordentliche Quittung auszustellen. Weigert er sich, brauchen Sie theoretisch nicht zu zahlen (– tun Sie's aber lieber doch, bevor es Ärger gibt). Beschwerden bei offiziellen Stellen sind ein unnötiger Aufwand, der nichts einbringt.

## Mit dem Rad

Markierte Radwanderwege durchziehen das ganze Land. Die offizielle Webseite der Tschechischen Republik, www.czech.cz, spricht gar von knapp 30.000 km markierten Radwanderwegen und behauptet voller Stolz, es seien „die bestmarkierten Wege Europas“. Dennoch ist es ratsam, sich mit detaillierten Radwanderkarten *(cykloturistická mapa)* einzudecken, die es für wenig Geld gibt (→ Wissenswertes von A bis Z/Karten, S. 34). Zudem liegt bei den örtlichen Touristenbüros häufig Infomaterial für Radwanderer bereit. Um im Vorfeld Routen zu planen, ist die Internetseite www.cykloserver.cz hilfreich; auf der Landkarte dieser Seite sind alle Radwanderwege detailliert verzeichnet. Radverleiher sind, sofern vorhanden, im Reiseteil des Buches vielerorts angegeben. Am besten aber bringt man sein eigenes Rad mit, oft werden nur Bikes von Kaufhausqualität verliehen. Auch verleiht die Tschechische Bahn an diversen Bahnhöfen Räder, genaue Infos dazu unter www.cd.cz.

Radltreff Třeboň

Um den Tourismus zu fördern, verkehren im Sommer in manchen Gebieten sog. **Cyklobusse,** die sich auf die Mitnahme von Fahrrädern spezialisiert haben. Die Busse ermöglichen Radwanderrouten mit unterschiedlichen Start- und Zielpunkten. Vielerorts ist das Cyklobus-System noch in der Experimentierphase und wird künftig je nach Akzeptanz und Mittelzufluss der EU ausgebaut oder wieder eingeschränkt werden. Erkundigen Sie sich diesbezüglich bei den Touristeninformationen vor Ort. Cyklobusse existieren bislang v. a. in Südböhmen, im Böhmischen Paradies, im Riesengebirge, auf der Böhmisch-Mährischen Höhe, im Raum Karlsbad/Erzgebirge und in den Beskiden.

Wer ausgedehnte Radtouren durch Tschechien plant, sollte bedenken, dass viele kleine Ortschaften **keine Unterkunfts- oder Verpflegungsmöglichkeiten** zu bieten haben.

## Wandern

Zum Nationalsport wurde das Wandern während der kommunistischen Ära (außer dem eigenen Land konnte man ja nicht viel erkunden). Dementsprechend gibt es rund 40.000 km perfekt markierte Wanderwege. In den letzten Jahren sind in den Grenzregionen zahlreiche länderverbindende Wege hinzugekommen.

Rote Markierungen kennzeichnen Kammwege und Fernwanderstrecken, blau markierte Wege Strecken von mittlerer Länge, grüne kurze Touren und gelbe kurze Verbindungsstrecken. Naturlehrpfade sind weiß-grün markiert.

Detaillierte Wanderkarten gibt es für wenig Geld überall zu kaufen, auch halten die örtlichen Touristeninformationen häufig Infomaterial für Wanderer bereit. Auch im Reiseteil dieses Buches finden Sie Tipps für Touren, insbesondere für solche in den Mittelgebirgen und den Nationalparks. Diese sind lediglich als Anregungen gedacht, da es aus Platzgründen nicht möglich ist, detaillierte Tourenbeschreibungen zu liefern.

*Braunauer Wand*

### Verbotsschilder

Diverse Waldwege und Straßen in den Grenzregionen, insbesondere zu Deutschland und Österreich, sind aus Gründen des Naturschutzes mit Verbotsschildern (mit der Aufschrift *„Vjezd zakázán"* oder *„Průjezd zakázán"*) für den Verkehr gesperrt. Zum Teil sind die Schilder jedoch noch Relikte aus der Zeit des Kalten Krieges. Auch wenn diese heute keinen Sinn mehr machen, ist für einen ordentlichen tschechischen Beamten die Durchfahrt so lange verboten, wie das Schild steht. In der Regel gelten die pauschal ausgesprochenen Verbote nur für Kraftfahrzeuge, Radfahrer sind davon ausgenommen. Nachfragen ist aber immer besser als nachzahlen. Wo Sie als Wanderer oder Radfahrer Schilder am Weges- oder Straßenrand mit der Aufschrift *„Vstup zakázán"* („Betreten verboten") sehen, befolgen Sie diese zu Ihrer eigenen Sicherheit: Nicht alle einstigen Truppenübungsplätze im Grenzgebiet sind bislang von explosiven Munitionsresten geräumt worden.

*Griechisch, indisch, böhmisch – man hat die Qual der Wahl*

# Essen und Trinken

**In Tschechien trinkt man bekanntlich nicht zum Essen, sondern isst zum Trinken. So ist für viele Tschechen nicht in erster Linie die Qualität der Küche der ausschlaggebende Punkt, sondern die des gezapften Bieres. Und das, was man zum Bier genießt, ist in der Regel deftig, fleischig, kloßig und soßig.**

Die handfeste, kräftige Kost aus Böhmen und Mähren hatte während der k. u. k. Zeit einen nahezu legendären Ruf. In jedem Wiener Haushalt, der etwas auf sich hielt, stammte die Köchin aus Böhmen oder Mähren. Jenen Kochkünstlerinnen verdankt die vielgerühmte Wiener Cuisine bis heute so manche Spezialität, man denke nur an Palatschinken. Doch die Rezepte der böhmischen Kultköchinnen, die mit besten Zutaten, frischen Kräutern und extravaganten Gewürzen Köstlichkeiten zauberten, wurden während der sozialistischen Zeit ad acta gelegt und am heimischen Herd vergessen. Das häusliche Kochen erstarb, da über 90 % der Frauen berufstätig waren. Und wie die Küchenchefs die Gerichte zuzubereiten hatten, war bis ins Kleinste staatlich verordnet, damit der Kategorisierung der Restaurants Genüge getan werden konnte. Köchen wurde jegliche Kreativität untersagt. Wer die Einheitsküche verfeinern wollte, dem drohte Strafe. Auch heute noch liegt die Ausbildung der Köche z. T. in den Händen jener, die – und das tut dem Gaumen noch immer nicht gut – selbst zu Zeiten der Einheitsküche in die Lehre gingen. Zum Glück aber nicht nur. Immer mehr junge kreative Köche kommen nach, die sich zum einen auf die hervorragenden alten Rezepte zurückbesinnen und zum anderen versuchen, die böhmischen Standards mit neuen Ideen aufzupeppen.

## Wo isst man?

Günstig und gut, aber alles andere als in stilvoller Atmosphäre isst man in einer *pivnice, hospoda* bzw. *hostinec.* Erstere ist eine Bierstube, die anderen zwei sind eine Mischung aus Bierstube und Restaurant. Hauptgerichte (insbesondere Schnitzel und Braten mit Kloß) werden dort ab ca. 3,50 € serviert, zudem kommen auch kalte Speisen auf den Tisch. Eine größere Auswahl an Gerichten bieten *restauraces.* Diese gibt es in der einfach-rustikalen Version mit speckigen Tischdecken genauso wie in der gepflegt-gediegenen mit Kronleuchtern und Kellnern im Frack – Letztere findet man insbesondere in Prag und anderen größeren Städten. In der Preisklasse von 6 € und mehr für ein Hauptgericht isst man meist recht gut. In den Mittelklasserestaurants auf dem Land geht es dabei insgesamt freundlicher und ehrlicher zu als im touristischen Zentrum Prags.

**Fremdsprachige Speisekarten** sind in den besseren Restaurants der größeren Städte, in den Touristenzentren und in Orten nahe der deutschsprachigen Grenze gang und gäbe. Wo das nicht der Fall ist, hilft unser kleiner Sprachführer mit den wichtigsten Speisen und Getränken am Ende des Buches weiter.

## Wann isst man?

Die Hauptmahlzeit nehmen die Tschechen mittags ab 11 Uhr ein. In den meisten *restauraces* werden dann preiswerte Tagesgerichte angeboten. Am Abend wird früh gegessen. In Dorfkneipen macht die Küche oft schon gegen 20.30 Uhr zu, ansonsten ist um 22 oder 23 Uhr Zapfenstreich. Lediglich in den Trendrestaurants der größeren Städte wird bis spät in die Nacht serviert.

## Was isst man?

In Prag und anderen großen Städten findet man eine gastronomische Vielfalt, die mit anderen europäischen Zentren durchaus vergleichbar ist. Der dortige Konkurrenzdruck sorgt auch für gute Qualität. Auf dem Land hingegen haben sich die Speisekarten vielerorts seit Jahrzehnten nicht verändert. Serviert wird noch immer die nationale Einheitsküche, in der Abwechslung rar ist. Auf knackige Salate, frische Kräuter oder regionale Spezialitäten muss man dort weitestgehend verzichten.

Empfehlenswerte **Vorspeisen** sind sämige, herzhafte Kraut-, Kartoffel- oder Linsensuppen. Zu den böhmischen Standards in Sachen **Hauptgerichte** zählt zuallererst das „Dreigestirn" *vepřová pečeně* (Schweinebraten), *svíčková na smetaně* (Lenden- bzw. Lungenbraten mit Sahnesoße) und *guláš.* Auch das Schnitzel *(vepřový řízek)* fehlt auf keiner Karte. In besseren Restaurants werden zudem noch Wild und Fisch serviert. Fisch ist v. a. in Südböhmen sehr beliebt, wo die Teiche und Flüsschen voll sind von Karpfen, Hechten und Forellen. Den legendären *Mährischen Spatz (moravský vrabec)* – kein knochiges Federvieh, sondern gewürfeltes Schweinefleisch mit Knoblauch und Spinat – kann man auch in Böhmen kosten. Wichtigste **Beilage** und quasi der Schwamm zum Aufsaugen der Bratentunke sind Klöße, die in verschiedenen Variationen auf den Tisch kommen: als *houskové knedlíky* (in Scheiben geschnittene Mehlklöße, böse Zungen behaupten: geschmacksneutrale Pappscheiben), als *bramborové knedlíky* (Kartoffelklöße) und – seltener – als *špekové knedlíky* (Speckklöße).

Berühmt ist das Land auch für seine **Süßspeisen.** Fragen Sie nach *lívance* (Liwanzen, mit Pflaumenmus bestrichene Hefeplätzchen), *buchty* (Buchteln, eine mit Pflaumenmus oder Mohn gefüllte Mehlspeise), Obstknödeln *(ovocné knedlíky)* oder den bekannten gefüllten Pfannkuchen *(palačinky).* Den zwickenden Magen beruhigt hinterher ein mährischer *Slivovice* oder ein böhmischer *Becherovka,* die tschechischen Nationalschnäpse schlechthin.

In vielen Bierstuben gibt es nur **kalte Speisen** wie z. B. *utopenci* (Ertrunkene), das sind dicke Fleischwürste in Essig und Zwiebeln. Oder *pivní sýr,* ein Quarkkäse, der mit Zwiebeln, warmem Senf und Bier vermischt aufs Brot gestrichen wird. Äußerst lecker ist *nakládaný hermelín,* kein zähes Wiesel, sondern der tschechische Camembert, in Öl, Gewürzen und Knoblauch mariniert. Unter *topinka* versteht man ein mit Knoblauch bestrichenes und mit unterschiedlichen Zutaten belegtes Röstbrot.

Die **Preisangaben im Reiseteil des Buches** beziehen sich lediglich auf die Hauptgerichte (abgekürzt mit Hg.). Beilagen müssen, von den Tagesgerichten abgesehen, meist extra bestellt werden. Die Grammangaben vor Fleisch- und Fischgerichten auf den Speisekarten sind übrigens Relikte aus sozialistischer Zeit. Als **Trinkgeld** gibt man etwa 10 %, in touristischen Lokalen wird dieses oft automatisch berechnet. Dort sollte man stets Rechnung und Wechselgeld überprüfen! Einen Servicezuschlag bezahlen i. d. R. nur Ausländer.

## Was isst man als Vegetarier?

Vegetarier haben es schwer in einem Land, dessen durchschnittlicher Fleischkonsum zu den höchsten der Welt zählt. Verhungern brauchen aber auch sie nicht. *Knedlíky s vejce* (gebratene Knödel mit Ei), *smažený sýr* (warmer panierter Käse) oder *šopský salát* (Gurken-Tomaten-Salat mit geriebenem Schafskäse) werden nahezu überall angeboten. In manchen Restaurants findet man auch unter der Überschrift *„Bezmasa"* („ohne Fleisch") ein paar Gerichte. Aber Achtung: Darunter fallen manchmal auch Speisen, deren Hauptbestandteil nicht aus Fleisch besteht, also z. B. ein Omelett mit Schinken oder Bratkartoffeln mit Speck. Eine gute Alternative für Vegetarier sind Pizzerien.

## Was isst man auf die Schnelle?

Fastfood auf Tschechisch ist z. B. *párek v rohlíku* (tschechischer Hotdog) oder eine dicke *klobása* (gegrillte Wurst) mit Brot und Senf: ein fettig-spritzendes Bisserlebnis, das die Handcreme ersetzt. Ebenso schwer verdaulich ist *langoš,* ein mit Ketchup, Käse und Knoblauch belegter Teig aus der Fritteuse. Sehr zu empfehlen sind hingegen sog. *chlebíčky,* kunstvoll arrangierte und reich mit Schinken, Edamer, Majonäse und Ei belegte Weißbrotscheiben. Sie gibt es auch noch in anderen Variationen. Diese „Brötchen fürs Volk" sollten allerdings am besten vormittags genossen werden – ab 3 Uhr nachmittags beginnen sie langsam zu versteinern. Wer sie kosten will, muss nach einem *lahůdky* (einem tschechischen Delikatessengeschäft) Ausschau halten.

## Was trinkt man?

Na klar, **Bier,** gehört doch tschechisches *pivo* zu den besten Bieren der Welt! 160 Liter pro Kopf und Jahr konsumieren die Tschechen im Durchschnitt – Kinder und Abstinenzler eingerechnet (Deutsche 109 l). Die Kommunisten nannten es einst gar „Brot der Bevölkerung". Dennoch gibt es nur rund 70 Brauereien im Land, der Sozialismus sorgte für den Untergang vieler Klein- und Mittelbrauereien. Mittlerweile ist jedoch eine kleine Renaissance zu verzeichnen: Vielerorts eröffnen sog. Mikrobrauereien, deren Bier nur in der eigenen Gaststätte ausgeschenkt wird. Überall zu haben sind das legendäre herbe *Plzeňský prazdroj* (Pilsner Urquell) und das ebenfalls in Pilsen gebraute *Gambrinus,* das bekannte südböhmische *Budvar* aus České Budějovice (Budweis) und das Prager *Staropramen.* Die kleinen Lokalbrauereien stehen ihren großen Brüdern in nichts nach, ganz im Gegenteil. Zu unseren persönlichen Favoriten gehören das Strakonicer *Nektár,* das Bier der Brünner Mikrobrauerei *Pegas* und das süffige Ungefilterte der *Měštanský Pivovar* aus Polička.

Man unterscheidet zwischen hellem *(světlé)* und dunklem Bier (*tmavé* bzw. *černé,* eine Art Malzbier für Erwachsene). Beide lassen sich auch mischen. Was herauskommt, heißt *řezané,* „Geschnittenes". Tschechisches Bier wird nicht nach seinem Alkoholgehalt, sondern nach den Platograden unterschieden, d. h. dem Anteil löslicher Stoffe in der Würze vor dem Gärungsprozess. Faustregel zum Ausrechnen des Alkoholgehaltes: Stammwürze geteilt durch drei. Meist wird 10- oder 12-gradiges Bier ausgeschenkt, das mit etwa 3,5–4,5 % Alkohol deutlich schwächer ist als deutsches Bier – den bekannten Krug zu viel trinkt man dennoch.

Am besten schmeckt das Bier in einer typischen *pivnice* (Bierstube), die aus nichts anderem besteht als aus ein paar einfachen, langen Holztischen, einer Schanktheke, ein bisschen Kitsch an den Wänden und einem derben Kellner. Frischluft ist ein Fremdwort, dicke Rauchschwaden vernebeln den Raum. In Anzug und Krawatte ist man ebenso willkommen wie im verschmierten Overall aus der Werkstatt. Denn Trinken ist in Tschechien eine demokratische Angelegenheit, und vor dem Zapfhahn einer *pivnice* sind alle Menschen gleich. Das Bier wird in traditionellen Kneipen übrigens so lange unaufgefordert auf den Tisch gestellt, bis man zahlt oder umfällt. Die Preise für einen halben Liter schwanken je nach Niveau der Gaststätte und Ort zwischen 0,80 und 2,50 €.

Aber auch **Wein** kann man zum Essen trinken. Seit dem EU-Beitritt versuchen immer mehr Winzer Klasse statt Masse zu produzieren. Vor Flaschenweinen unter 5 € Ladenpreis muss man aber warnen. Die größten Weinanbaugebiete findet man in Mähren (→ S. 580f.).

Als **Kaffee** nach dem Essen stehen meist *Vídeňská káva* (Wiener Kaffee mit dicker Sahnehaube), *presso* (ein verlängerter Espresso) oder Cappuccino zur Auswahl. Der *Turecká* (türkischer Kaffee) – bis vor wenigen Jahren der tschechische Standardkaffee, heute von *presso* & Co. etwas ins Abseits gedrängt – ist im Gegensatz zum Original ein ziemlich widerlicher, gallenbitterer Aufguss, bei dem man mit dem letzten Schluck den Kaffeesatz zwischen den Zähnen hat. Das Stückchen Kuchen dazu bekommt man in der netten *kavárna* (Café) genauso wie in der einfacheren *cukrárna* (eine Art Schnellimbiss für Kuchen und Torten, auch ein Frühstückstipp).

Alle anderen Getränke sind, sofern man kein Billigimitat bestellt, wie daheim. Ein Genuss sind übrigens die tschechischen **Mineralwässer.**

*Verblichener Glanz: Hotel Evropa in Prag*

# Übernachten

Zwischen mondän und marod – das Angebot umfasst die gesamte Bandbreite der Möglichkeiten. Vom Jugendstilpalast mit jeglichem Komfort über das Parkhotel in Plattenbauversion bis zur spartanischen Holzhütte ohne Dusche können Sie alles buchen. Und der Blick in die Zukunft ist vielversprechend, jedes Jahr entstehen neue Häuser oder erstrahlen alte in neuem Glanz.

**Die im Buch angegebenen Preise** für Unterkünfte beziehen sich auf die **Hauptsaison** (HS). In der Regel dauert diese von Anfang Mai bis Ende September, in den Wintersportorten jedoch von Weihnachten bis Mitte März und in Prag von Mitte März bis Ende Juni und von Anfang August bis Ende Oktober. Preisangaben für Doppelzimmer (DZ) gelten immer für zwei Personen und beinhalten, wenn nicht anders angegeben, Frühstück. Da die Preise ständigen Änderungen unterworfen sind, sind sie lediglich als Anhaltspunkte zu verstehen. In der **Nebensaison** (NS) spart man gegenüber der Hauptsaison in vielen Häusern bis zu 50 %.

Während der tschechischen Ferienzeit von Anfang Juli bis Mitte August empfiehlt sich eine Reservierung. Die gilt v. a. bei einfacheren Unterkünften und in touristisch hochfrequentierten Regionen wie dem Böhmerwald oder dem Altvatergebirge.

## Hotels und Pensionen

Gehobene Hotels und Pensionen, die westeuropäischen Komfort offerieren und westeuropäische Preise verlangen, finden Sie in nahezu allen größeren Städten. Auf dem Land hingegen sind stilvolle Hotels oder Pensionen auch über 20 Jahre nach der Samtenen Revolution noch Mangelware. Das gilt jedoch nicht für touristische Ecken wie den Böhmerwald oder das Riesengebirge. Ansprechende Mittelklassehotels sind ebenfalls selten. Selbst wenn sie in alten Prunkbauten untergebracht sind, verblasst deren Fassadenherrlichkeit oft schon in der Eingangshalle. Der Restaurierungs- und Sanierungsboom der letzten Jahre beschränkte sich häufig nur auf einen neuen Anstrich, den Austausch der Fenster und Teppichböden (warum fast überall der gleiche graue verlegt wurde, ist eines der großen tschechischen Rätsel) und eine Modernisierung der Bäder. Von einer ansprechenden, zeitgemäßen Ausstattung der Zimmer hingegen oft keine Spur. Nicht selten erwarten den Gast furnierte Möbel aus vorrevolutionärer Zeit oder billiges Kaufhausmobiliar und zudem eine unberechenbare Heizung, die entweder gar nicht funktioniert oder so, dass man auch bei minus 15 °C bei offenem Fenster schlafen muss. Preiswerte Zimmer oder Bungalows vermieten vielerorts auch Campingplätze (s. u.).

Bei der Entscheidung für ein Hotel sollte man die Sterneanzahl mit Vorsicht genießen: Auch graue Plattenbauhotels können über einen Lift oder einen Fernseher in den Zimmern verfügen und so ein paar Sterne mehr für sich verbuchen. Besichtigen Sie ein Zimmer, bevor Sie einchecken! Buchen Sie keine Voll- oder Halbpension – das kann eine kulinarisch überaus eintönige Angelegenheit werden. In Acht nehmen sollte man sich auch vor den mit roten Herzchen geschmückten „Pensionen" an den grenzüberschreitenden Hauptverkehrswegen – es sind Kleinstbordelle auf unterstem Niveau.

Für ein DZ inkl. Frühstück in einem renovierten Mittelklassehaus sollte man – je nach Ort – mit 50–100 € rechnen, in einem First-Class-Hotel kosten DZ bis zu 300 €. Die Preisspanne bei Pensionen und einfachen Hotels bewegt sich zwischen 25 und 65 € für ein DZ.

**Spartipp:** Über Čedok (www.cedok.de, www.cedok.at, www.cedok.ch) können Sie so manche der im Buch aufgeführten Hotels 20–60 % billiger buchen. Auch unter www.hrs.de, www.booking.com, www.czechhotels.cz oder www.hotel.cz gibt es so manches Schnäppchen.

## Hostels und Jugendherbergen

Unterkünfte, in denen sich die internationale Backpackerszene trifft und die fröhliche Party am Abend wichtiger ist als die Dusche im Zimmer, existieren vorwiegend in Prag und in Český Krumlov. Bei den meisten Jugendherbergen *(domov mládeže)* Tschechiens handelt es sich um sterile Schüler- und Studentenwohnheime, in denen während der Sommerferien Zimmer an Touristen vermietet werden. Viele dieser Wohnheime sind in tristen Plattenbauten untergebracht. Die Preise sind niedrig (10–12 € pro Person), das Niveau lässt sich mit dem eines einfachen Hotels vergleichen. Das Gros der Zwei- und Dreibettzimmer besitzt ein privates Bad, der Schlafsack kann zu Hause bleiben. Zimmer in Jugendherbergen vermitteln i. d. R. die örtlichen Touristeninformationen.

## Apartments und Ferienwohnungen

Apartments und Ferienwohnungen sind im Vergleich zu Pensionen oder einfachen Hotels oft erheblich komfortabler – rustikale Einrichtungen überwiegen. Ein Apartment für zwei Personen kostet je nach Standort und Ausstattung 40–120 €.

## Privatzimmer

Schilder mit der Aufschrift „Zimmer frei" oder „Pokoj" sieht man häufig an Stadträndern. Privatzimmer waren v. a. Anfang der 90er Jahre, als die heranrollenden

Touristenmassen die Kapazitäten der Hotels bei weitem überstiegen, der Renner. Mittlerweile gibt es fast überall genug Betten, sodass man nicht gezwungenermaßen auf sie zurückgreifen muss. Nicht jedermanns Sache ist es schließlich, eingezwängt zwischen Aquarium und Einbauschrank sein Nachtlager zu beziehen und Klo und Bad mit der Gastgeberfamilie zu teilen. Vielen Vermietern geht es leider auch mehr darum, den schnellen Euro zu machen, als den Gästen einen angenehmen Aufenthalt zu bescheren. So sind die Zimmer nicht selten mit dem gesammelten Wohnschrott aus einem halben Jahrhundert Sozialismus vollgestellt. Übernachten kann man in Privatzimmern bereits ab 8 € pro Person.

## Camping

In Tschechien gibt es etliche Campingplätze, insbesondere an Stauseen, Teichen oder Flüssen, für Badefreuden ist also meist gesorgt. Die schönsten und aufgrund ihrer Lage interessantesten Plätze sind im Buch bei den jeweiligen Orten verzeichnet. Es kann aber durchaus sein, dass bis zu Ihrem Besuch der eine oder andere Campingplatz mangels Rentabilität schließen musste, denn immer weniger Tschechen campen im eigenen Land – immer mehr erkunden das Ausland.

Nur wenige Plätze sind ganzjährig geöffnet, viele haben nur von Mitte Mai bis Ende September (genaue Daten bei den aufgeführten Plätzen im Reiseteil). Hochsaison herrscht zur tschechischen und holländischen Ferienzeit, davor und danach trifft man nur noch auf ein paar Rentner. Zwei Personen mit Auto und Zelt (was i. d. R. auch dem Preis für zwei Personen im Wohnmobil entspricht) zahlen pro Nacht je nach Ausstattung des Platzes 7–20 €. Die teureren sind meist komfortable Anlagen mit guten Sanitärbereichen, Restaurant, Küche, Geschäften, Stromanschluss und vielen, vielen Holländern. Nicht selten sind die Plätze mittlerweile auch in holländischer Hand, was auf den Hinweisschildern am Zusatz „NL" zu erkennen ist. Bei den billigsten Plätzen handelt es sich um Wiesen, mit denen sich die Bauern im Sommer ein Zubrot verdienen. Die Würstelbude mit Bierausschank fehlt aber auch hier nicht. Jedoch sind die sanitären Anlagen auf solchen Plätzen meist bescheiden, nicht selten teilen sich 100 Camper eine Toilette und eine Dusche. Dafür entschädigen Lagerfeuer und lustige Partys mit Klampfenmusik bis spät in die Nacht.

*Campingplatz am Orlík-Staudamm*

Viele Campingplätze vermieten *chatas*. Diese Holzhütten liegen im Niveau irgendwo zwischen gut ausgestatteten Ferienhäuschen mit eigenem Bad und Küche und spartanischen Pritschenunterkünften im größeren Hundehüttenformat. Für die Hauptreisezeit ist eine Reservierung empfehlenswert. Übernachten kann man hier schon ab 7 € pro Person.

Weitere **Informationen zu Campingmöglichkeiten** in Tschechien finden Sie unter www.camp.cz und www.eurocampings.net. Darüber hinaus gibt es Campingkarten (→ Wissenswertes von A bis Z/Karten, S. 34), auf denen das Gros der Plätze verzeichnet ist.

# Wissenswertes von A bis Z



## Ärztliche Versorgung

Für eine ärztliche Behandlung in Kliniken und Praxen, die dem staatlichen Versicherungssystem angeschlossen sind, benötigen Sie die Europäische Krankenversicherungskarte (EHIC). Darüber hinaus empfiehlt sich der Abschluss einer privaten Auslandskrankenversicherung, die einen Krankenrücktransport mit einschließt. Eine solche wird von diversen Versicherungen angeboten, Formulare dazu liegen z. B. in Banken aus. Der Preis dafür bewegt sich zwischen 10 und 20 € für ein Jahr.

Medikamente bekommt man in der *lékárna* (Apotheke), und zwar zu deutlich günstigeren Preisen als im deutschsprachigen Raum – sehr viele kosten gar nur die Hälfte. Wer eine Kur in Tschechien plant, sollte sich bei seiner Krankenkasse erkundigen, ob und inwieweit Kurkosten übernommen werden.

Die Anschriften der nächstgelegenen Krankenhäuser *(nemocnice)* finden Sie im Reiseteil unter der Rubrik „Adressen" bei allen größeren Städten. Im Kapitel „Prag" sind die von der deutschen Botschaft empfohlenen Krankenhäuser und Ärzte aufgeführt (→ S. 67).

## Behinderte

Tschechien ist – mit Ausnahme der Kurbäder – vielerorts noch kein behindertenfreundliches Reiseziel, was Infrastruktur und Einrichtungen angeht. Organisierte Tschechien-Reisen für Behinderte bieten die folgenden zwei Agenturen an:

**Reiseagentur für Behindertenreisen Carsten Müller,** Straße 6/116, 13059 Berlin, ✆ 030/92440 35, www.behindertenreisen-cm.de.

**Mare Nostrum,** Oudenardenstr. 7, 13347 Berlin, ✆ 030/45026454, www.mare-nostrum.de.

## Casinos und Spielotheken

Casinos findet man insbesondere in den Grenzregionen und in allen größeren Städten. Vornehmlich Touristen und die im Land lebenden Vietnamesen suchen dort ihr Glück. Ein offizieller Dresscode besteht für die meisten Casinos nicht, erwartet wird dennoch feinere Kleidung als der Jogginganzug. Gespielt werden Roulette, Black Jack, Bakkarat usw. Eintritt wird i. d. R. nicht erhoben, jedoch müssen Sie sich ausweisen und registrieren lassen. Die Casinos für den armen Mann nennen sich Herna Bars – schummrige, verräucherte Höhlen voller Spielautomaten und einarmiger Banditen. Sie haben meist rund um die Uhr geöffnet und ziehen ein recht gemischtes Publikum an: Arbeiter zum Frühstücksbier, Obdachlose zum Aufwärmen und Banker zum Kaffee.

## Diplomatische Vertretungen

**Deutsche Botschaft Prag:** Vlašska 19, Malá Strana, ✆ 257113111, www.prag.diplo.de. Ⓢ 12, 22 Malostranské náměstí.

**Österreichische Botschaft Prag:** Viktora Huga 10, Smíchov, ✆ 257090511, www.bmeia.gv.at/botschaft/prag.html. Ⓢ 6, 9, 12, 20 Arbesovo náměstí.

**Schweizer Botschaft Prag:** Pevnostní 7, Střešovice, ✆ 220400611, www.eda.admin.ch/prag. Ⓢ 1, 2, 8 Vozovna Střešovice.

**Botschaften der Tschechischen Republik:** Wilhelmstr. 44, 10117 **Berlin**, ✆ 030/226380, www.mzv.cz/berlin.

Penzinger Str. 11–13, 1140 **Wien**, ✆ 01/89958111, www.mzv.cz/vienna. Muristr. 53 (Eingang Burgernzielweg), 3006 **Bern**, ✆ 031/3504070, www.mzv.cz/bern.

## Einkaufen

Die drei mit Abstand beliebtesten Mitbringsel aus Tschechien sind Karlsbader Oblaten, Becherovka und Zigaretten. Letztere sind um einiges billiger als zu Hause, dürfen von Österreichern und Schweizern aber nur begrenzt ins Heimatland eingeführt werden (→ Zollbestimmungen). Gern gekauft werden ferner Bohemia-Sekt (gut, gehört zu Henkell), feingeschliffenes Kristallglas aus dem Böhmerwald, bunte Keramik, Holzspielzeug und Gartenzwerge in allen Größen. Nach Kleidung schaut man sich am besten in Prag um. Hochwertige Ware – egal ob Designerhose, Digitalkamera oder Brillanten – i. d. R. jedoch teurer als im Heimatland. Wer in Sachen ČSSR-Devotionalien unterwegs ist, sollte sein Glück in einem Trödelladen *(bazar zastavarna)* versuchen. Empfehlenswerte Geschäfte finden Sie im Reiseteil des Buches unter der Rubrik „Einkaufen".

**TAX-FREE-Einkauf:** Schweizer Staatsbürger, die in Geschäften und Boutiquen mit einem TAX-FREE-Symbol am Schaufenster einkaufen, können sich bei der Ausreise an sog. *Cash Refund Offices* (an mehreren Grenzübergängen und internationalen Flughäfen) die Mehrwertsteuer von 20 % abzüglich einer Gebühr zurückerstatten lassen. Der Rechnungsbetrag muss jedoch mehr als 2000 Kč betragen. Dafür bedarf es eines vollständig ausgefüllten TAX-FREE-Schecks vom Verkäufer, der bei der Ausreise vom tschechischen Zoll abgestempelt werden muss.

## Elektrizität

Die elektrische Spannung beträgt 230 V. Wenn Ihre Geräte einen schmalen Eurostecker haben, brauchen Sie keinen Adapter. Sind die Stecker jedoch runde Schukostecker, so benötigen Sie einen Adapter für Südosteuropa.

## Feiertage

**1. Januar:** Neujahr

**Ostern:** Ostermontag ist Feiertag, am Karfreitag wird gearbeitet.

**1. Mai:** Tag der Arbeit

**8. Mai:** Tag der Befreiung Prags vom Faschismus 1945

**5. Juli:** Tag der Slawenapostel Kyrill und Method

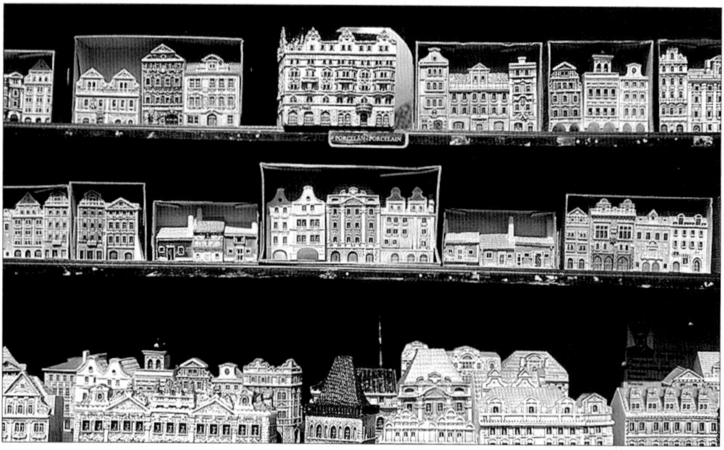

*Prag zum Mit-nach-Hause-Nehmen*

**6. Juli:** Gedenktag für Jan Hus

**28. September:** Todestag des Hl. Wenzel (Landespatron)

**28. Oktober:** Gründungstag der ersten Tschechoslowakischen Republik (1918)

**17. November:** Gedenktag an die Novemberdemonstration von 1989

**24.–26. Dezember:** Weihnachten feiert kaum eine tschechische Familie ohne panierten Karpfen – sie werden in den Tagen vor Heiligabend auf den Marktplätzen aus Becken und Brunnen verkauft.

## Geld und Geldwechsel

Der Euro wird erst mit dem Beitritt zur Europäischen Währungsunion eingeführt (voraussichtlich nicht vor 2014). Bis dahin ist die Tschechische Krone *(koruna česká),* abgekürzt Kč, gesetzliches Zahlungsmittel. Im Umlauf sind Banknoten zu 100, 200, 500, 1000, 2000 und 5000 Kč und Münzen zu 1, 2, 5, 10, 20 und 50 Kč.

1 € entsprach im Mai 2011 ca. 24,52 Kč, 1 sfr ca. 20,15 Kč

**Geldwechsel:** Wechselstuben findet man in den Kurorten, im Zentrum Prags und in allen Städten, die ausländische Touristen anziehen. Die Kursunterschiede sind insgesamt gering, auch wenn es auf den ersten Blick nicht so aussieht. Dort, wo mit besseren Kursen geworben wird, gelten diese nur für Wechselbeträge über 1000 oder 2000 € oder es fallen höhere Gebühren an. „No commission" bezieht sich in 99 % aller Fälle nur auf den Rückumtausch von Kronen. Dennoch lohnt ein Vergleich! Und ganz wichtig: Fragen Sie vor dem Umtausch konkret nach, wie viele Kronen Sie für Ihr Geld bar ausbezahlt bekommen! In der Regel bieten die Banken bessere Kurse.

**Geldautomaten** gibt es in allen größeren Ortschaften. Das Abheben mit der Maestro-Karte ist nicht nur der bequemste Weg, sondern zugleich auch der günstigste, sofern man größere Beträge zieht (max. 13.000 Kč). Trotz fälliger Gebühren ist der Kurs im Endeffekt meist besser als beim Barumtausch.

**Kreditkarten** werden in allen besseren Restaurants, Hotels und Geschäften akzeptiert.

**Reiseschecks** sind der sicherste Weg, doch leider ist der Kurs für Reiseschecks in Tschechien sehr schlecht.

**Bei Verlust einer Kredit- oder Maestro-Karte** wählen Deutsche die Servicenummer 0049-116116. Abhängig vom Ausstellungsland der Karte gelten zudem folgende Sperrnummern: Für **American Express**: ✆ 0049-69-97971000 (D/A), ✆ 0041-44-6596333 (CH). **Diners Club**: ✆ 0049-180-5070704 (D), ✆ 0041-58-7508008 (CH), ✆ 0043-1-50135135 (A). **Visa**: ✆ 800142121 (Servicenr. in CZ für D, A, CH). **Master/Eurocard**: ✆ 800-142-494 (Servicenr. in CZ für D, A, CH). **Maestro-Karte**: ✆ 0049-1805021021 (D), ✆ 0043-1-2048800 (A), ✆ 0041-800800488 (Credit Suisse), ✆ 0041-848888601 (UBS).

## Hausnummern

In allen größeren Städten Tschechiens hat jedes Haus zwei Nummern. Die weiße Nummer auf blauem Hintergrund bezeichnet i. d. R. die Lage des Hauses in der Straße, wie es auch bei uns üblich ist. Die Zahl auf rotem Hintergrund ist die Nummer, unter der das Haus im Grundbuch eingetragen ist. Das Nummerierungssystem im Grundbuch wiederum spiegelt die Reihenfolge wider, in der die Häuser in der jeweiligen Stadt bzw. ihren Stadtteilen gebaut wurden. In ein paar Städten läuft das Farbenspiel jedoch genau andersrum ab.

## Haustiere

In vielen Hotels sind Haustiere gestattet, die meisten verlangen dafür einen Aufpreis. In öffentlichen Verkehrsmitteln benötigen Sie für Ihren Hund einen Maulkorb. Für die Einreise mit Haustieren → Reisedokumente, S. 40.

## Information

Die **Tschechische Zentrale für Tourismus** (www.czechtourism.com, auch in Deutsch) unterhält im In- und Ausland Fremdenverkehrsämter, die auf Wunsch – Anruf oder Postkarte genügt – vielfältiges Informationsmaterial verschicken. Schweizer wenden sich an die Zentralen in Deutschland oder Österreich.

**Tschechische Zentrale für Tourismus,** Wilhelmstr. 44, 10117 **Berlin,** ✆ 030/2044770, info1-de@czechtourism.com.

Herrengasse 17, 1010 **Wien,** ✆ 01/53321933, info-at@czechtourism.com.

**Auskünfte vor Ort** erhalten Sie bei den Touristeninformationen. Deren Adressen sind im Reiseteil bei den jeweiligen Städten unter der Überschrift „Information“ angegeben.

**Detailgenau:** Die örtlichen Touristeninformationen halten weiterführende Literatur zu städtischen Sehenswürdigkeiten, Serviceeinrichtungen, Schlössern, Burgen, Klöstern etc. bereit. Diese Broschüren oder Bücher glänzen oft durch ihre Detailgenauigkeit. Ein Beispiel aus dem Liberecer Stadtführer: „Um das Warten auf die Züge angenehmer zu gestalten, ist am Bahnhof ein öffentliches WC und auch ein Kultraum mit Fernseher, welcher meistens nicht funktioniert und wo man nicht schlafen, essen, rauchen und laut reden darf.“

## Internet

Sofern vorhanden bzw. mit Gewinn zu nutzen, sind die Internetadressen diverser Einrichtungen wie Hotels oder Fluggesellschaften im Buch angegeben. Die offiziellen Seiten der Gemeinden und Städte des Landes finden Sie im Reiseteil unter der Überschrift „Information“. Weitere interessante Seiten sind:

**www.tschechien-online.org:** Nachrichten, Hintergrundinformationen und ein kommentierter Veranstaltungskalender – alles in Deutsch.

**www.radio.cz:** Das tschechische Pendant zur Deutschen Welle – aktuelle Nachrichten und sämtliche deutschsprachige Radiobeiträge zum Nachlesen und -hören.

**www.czech.cz:** Die offizielle Seite der Tschechischen Republik, auch in deutscher Sprache.

**www.tschechien-portal.info:** Viel Wissenswertes zum Land, unterstützt von der Robert-Bosch-Stiftung.

**www.ticketpro.cz:** Hier erfahren Sie, welche kulturellen Veranstaltungen während Ihres Besuches über die Bühnen gehen und können dafür auch gleich Tickets kaufen.

**www.expats.cz:** Englischsprachige Seite für in Prag lebende Ausländer (Wohnungen, Jobs, Veranstaltungen etc.).

Für die **Hotelsuche** im Internet → S. 28.

**Internetzugang:** Das Gros aller Hotels, egal welcher Kategorie, bietet WLAN, das gleiche gilt für viele Bars und Cafés. Zudem verfügen die meisten Touristeninformationen über eine Internetecke. Internet-Cafés (30 Min. ab 1 €) sind im Reiseteil nicht aufgeführt, da sich deren Adressen erfahrungsgemäß ständig ändern.

Aktuelle Informationen zu diesem Reiseführer, die die Autoren nach Redaktionsschluss erreichten, finden Sie auf den Westböhmenseiten des Michael-Müller-Verlags unter **www.michael-mueller-verlag.de.**

## Karten

Land-, Rad- und Wanderkarten sowie Stadtpläne sind vor Ort erheblich billiger als in Deutschland, Österreich oder der Schweiz. Ein paar Empfehlungen:

- *Straßenkarte* **Autoatlas Česká Republika 1:100.000** aus dem Verlag Kartografie Praha. Für alle, die es besonders detailliert wollen. Tschechien auf fast 200 Seiten, dazu Pläne der wichtigsten tschechischen Städte.
- *Campingkarte* **Česko Camping 1:500.000** aus dem Verlag SHOCart. Fast alle offiziellen Campingplätze samt Ausstattungskriterien und Adressen – leider nicht immer ganz zuverlässig.
- *Radwanderkarten* Empfehlenswerte Radfahrkarten gibt der Verlag **SHOCart** im Maßstab 1:60.000 für jede Ecke des Landes heraus. Da man bei diesen Radkarten schnell über den Kartenrand hinausradelt, ist das Gesamtwerk zur Republik, der **Cykloatlas Česko** (1:75.000) aus dem gleichen Verlag, die bessere Wahl. Vor Ort überall erhältlich. Für die Tourenplanung daheim ist das Kartenmaterial auf www.cykloserver.cz einzusehen.
- *Wanderkarten* Detaillierte Wanderkarten zu jeder Region gibt es ebenfalls von **SHOCart** im Maßstab 1:50.000.
- *Prag-Stadtpläne* **GeoClub Praha** 1:16.000 oder **Plán města Praha** 1:24.000. Letzterer wird von den Städtischen Verkehrsbetrieben herausgegeben und ist u. a. am Infoschalter der Metrostation Muzeum erhältlich.

## Klima

Das Wetter Tschechiens wird zum einen vom ozeanischen Klima Westeuropas beeinflusst, zum anderen vom kontinentalen Klima, das von Polen und Russland kommt. Dabei fungieren die Randgebirge zuweilen als Wetterscheide – so kann es passieren, dass Tiefdruckgebiete vom Atlantik Regen bis nach Bayern bringen, über Böhmen und Mähren aber die Sonne scheint. Im Folgenden sind die Durchschnittswerte für Prag angegeben. Beachten Sie jedoch, dass die Temperaturen in den Höhen des Böhmerwaldes oder des Riesengebirges erheblich darunter liegen – selbst im Hochsommer kann es dort ziemlich frisch sein. Andererseits ist es in den Weinanbaugebieten Südmährens meist ein paar Grad wärmer.

**Klima – Durchschnittswerte für Prag**

| Monat | Ø Lufttemperatur (Min./Max. in °C) | | Regentage | Ø Sonnenstunden. tägl. |
|---|---|---|---|---|
| Januar | -5 | 0 | 6 | 2 |
| Februar | -4 | 1 | 6 | 3 |
| März | -1 | 7 | 6 | 4 |
| April | 3 | 12 | 7 | 6 |
| Mai | 8 | 18 | 9 | 7 |
| Juni | 11 | 21 | 9 | 8 |
| Juli | 13 | 23 | 10 | 8 |
| August | 13 | 22 | 9 | 7 |
| September | 9 | 18 | 6 | 6 |
| Oktober | 5 | 12 | 7 | 4 |
| November | 1 | 5 | 5 | 2 |
| Dezember | -3 | 1 | 6 | 2 |

## Kriminalität

In puncto Umsatzeinbußen durch Ladendiebstahl ist Tschechien europaweit Spitzenreiter. Und was die Korruption im Land angeht, präsentiert man sich im europäischen Ranking auch nicht schlecht: Egal ob Baugenehmigung, TÜV-Plakette oder Studienplatz – alles nur eine Frage des Preises. Wer aber als Tourist durch Tschechien reist, hat wenig zu befürchten, sofern man bewachte Parkplätze wählt, beim Abheben mit der Bank- oder Kreditkarte darauf achtet, dass niemand den PIN-Code ausspäht und in Prags überfüllten U- und Straßenbahnen auf seine Wertsachen Auge behält.

## Literatur

Zu den großen deutschsprachigen Autoren aus Böhmen und Mähren gehören u. a. Adalbert Stifter (1805–1866, der Böhmerwalderzähler schlechthin, → S. 474), Karl Kraus (1874–1936), Egon Erwin Kisch (1885–1948, der „rasende Reporter“), Franz Kafka (1883–1924, → S. 104), Max Brod (1884–1968, u. a. auch Herausgeber von Kafkas Werk), Franz Werfel (1890–1945), Rainer Maria Rilke (1875–1926), Marie von Ebner-Eschenbach (1830–1916) und – etwas weniger bekannt – Johannes Urzidil (1896–1970), von dem u. a. die kunsthistorische Studie *Goethe in Böhmen* stammt. Im Reiseteil werden Sie diesen Autoren immer wieder begegnen. Im Folgenden eine kleine Auswahl an Literatur zu Land und Leuten und ein paar Tipps zu tschechischen Autoren.

### Václav Havel – vom Dichter zum Präsidenten und zurück

Von den meisten Künstlern und Intellektuellen des ehemaligen Ostblocks, die zum Sturz der dortigen Regime beitrugen, spricht man heute kaum noch. Anders ist das bei Václav Havel (geb. 1936). Aus dem gefeierten Dichter wurde ein gefeierter Präsident, und aus dem Präsidenten wieder ein gefeierter Dichter. Havels Familie gehörte dem Großbürgertum der Stadt an. Die Kommunisten enteigneten die Havels, und dem jungen Václav verweigerten sie wegen seiner bourgeoisen Herkunft den Besuch des Gymnasiums. So begann Havels berufliche Laufbahn als Chemielaborant und Taxifahrer. Die Abendschule brachte ihm später ein Wirtschaftsstudium ein, das er jedoch nach zwei Jahren abbrach. 1960 startete Havels Karriere am Theater – zunächst als Kulissenschieber und Beleuchter. Nebenbei absolvierte er ein Fernstudium an der Theaterfakultät, schrieb seine ersten Stücke und stieg zum Dramaturgen auf. 1964 heiratete er Olga Spíchalová. Drei Jahre später erregte Havel auf dem IV. Prager Schriftstellerkongress erstmals politisches Aufsehen, als er die Zensur und die Widersinnigkeit des kommunistischen Machtapparates öffentlich kritisierte. Nach 1968 hatte Havel in der Tschechoslowakei Aufführungs- und Publikationsverbot. Doch Havel verstummte nicht. Fortan führte er sein dramatisches und literarisches Schaffen aus dem Untergrund fort. Die Absurdität jener Zeit verarbeitete er in absurden Theaterstücken. 1977 wurde Havel Mitbegründer und Sprecher der *Charta 77* – zum Ärger der Machthaber (→ S. 52). Viermal wurde er verhaftet, insgesamt saß er 50 Monate im Gefängnis. Aus der verschärften Haft in einer nasskalten Zelle verfasste er seine viel gerühmten Briefe an Olga. War Havel in Freiheit, beschattete ihn der Geheimdienst rund um die Uhr. Verfolger und Verfolgter kannten sich im Laufe der Zeit – gerne wird die Geschichte erzählt, dass Havel seine Beschatter auch mal auf ein Pivo an den Tresen bat.

Sieben Monate nach seiner letzten Haftentlassung jagte er voller Elan – das ist belegt – mit einem Tretroller durch die Gänge der Präsidentschaftskanzlei. Dahin hatte ihn das Volk nach der Samtenen Revolution geschickt, und dort ging er als letzter Präsident der Tschechoslowakei und als erster Präsident der Tschechischen Republik in die Geschichte ein. Havel gelang es zwar nicht, die Föderation der Tschechen und Slowaken zusammenzuhalten. Als Präsident aber punktete er im In- und Ausland durch seine moralische Integrität. Und die Prager Parteipolitiker beäugten ihn neidisch: Seine glanzvollen Staatsbesuche und -empfänge degradierten sie zu Mauerblümchen. Nach einer Reihe schwerer Schicksalsschläge – 1996 verstarb seine Frau Olga, kurz darauf wurde eine bösartige Geschwulst in seiner Lunge entdeckt – heiratete Havel 1997 die 17 Jahre jüngere Schauspielerin Dagmar "Dása" Veskrnová. Das nahm ihm das Volk übel, das Olga wie eine Heilige verehrt hatte.

2003 endete Havels zweite Amtszeit. Für seine Verdienste wurde er von den Tschechen jüngst zum drittbedeutendsten Mann des Landes gewählt – nach Karl IV. und T. G. Masaryk. Dabei ging der Dichterpräsident mit dem eigenen Volk zuweilen recht hart ins Gericht: „Die Tschechen neigen zum Spießbürgertum, zum Isolationismus und Kleinmut, das ist ein wesentlicher Zug ihrer jüngeren Geschichte." Und Tabus brach er auch – vielen ging es zu weit, dass sich Havel bei den Sudetendeutschen für die Vertreibung entschuldigte. Nach dem Ausscheiden aus der großen Politik sammelte Havel Preise und Auszeichnungen wie andere Briefmarken. 2008 kehrte er mit dem Stück *Odcházení (Abgang)* zurück ins Theater – gefeiert von Kritikern und Publikum. Die Verfilmung mit Havels Frau in der Hauptrolle kam im Frühjahr 2011 in die Kinos.

• *Sachliteratur* **Hans-Jörg Schmidt/Björn Steinz: Tschechien für Deutsche. Eine Nachbarschaftskunde.** Berlin: Links Verlag 2006. Eine unterhaltsame Einstimmung v. a. für diejenigen, die einen längeren Aufenthalt im Land planen.

**Hugo Rokyta: Die böhmischen Länder. Böhmen.** Prag: Vitalis 1997. Hier werden Burgen und Schlösser der Gegend nicht architektonisch beleuchtet, sondern mit den Persönlichkeiten in Verbindung gebracht, die darin einst lebten oder zu Besuch weilten. Ebenfalls empfehlenswert sind die ergänzenden Bände *Prag* sowie *Mähren und Schlesien*.

**Peter Demetz: Prag in Schwarz und Gold.** München: Piper 2000. Die *Welt* nannte das Buch „ein Glanzstück lebendiger Geschichtsschreibung". Im flüssigen Erzählduktus werden sieben bedeutsame Epochen der Stadt vorgestellt. Der Autor ist in Prag geboren und aufgewachsen, wurde unter den Nazis deportiert, flüchtete kurz nach dem Krieg vor den Kommunisten nach England und wurde später Professor für deutsche und vergleichende Literaturwissenschaft in den USA. Wer noch tiefer in die Geschichte Prags einsteigen will, findet im Anhang eine weiterführende Bibliographie.

Vom selben Autor erschien 2007 im Paul Zsolnay Verlag Wien die autobiographische Dokumentation *Mein Prag. Erinnerungen 1939 bis 1945*, die sich mit dem Leben im Protektorat beschäftigt.

**Manfred Alexander: Kleine Geschichte der böhmischen Länder.** Ditzingen: Reclam 2008. Wie der Titel vermuten lässt, die Geschichte des Landes vom Großmährischen Reich bis zum EU-Beitritt – mit 600 Seiten aber alles andere als „klein".

**Hans Dieter Zimmermann: Tschechien.** München: Verlag C.H. Beck 2009. Einer der neuesten und besten Beiträge zur tschechischen Geschichte. Das Buch des Berliner Germanisten Zimmermann entstammt der Reihe *Die Deutschen und ihre Nachbarn*, die von Helmut Schmidt und Richard Weizsäcker herausgegeben wird.

• *Belletristik* **Božena Němcová: Die Großmutter.** Prag: Vitalis 2002. Der populärste und erfolgreichste tschechische Roman erschien Mitte des 19. Jh. (→ S. 217). Mit den naividyllischen Bildern aus dem ländlichen ostböhmischen Leben werden viele tschechische Kinder bis heute in den Schlaf gelesen.

**Detlev Arens: Literarische Streifzüge. Prag in der Literatur – Literaten in Prag.** Düsseldorf: Artemis & Winkler 2007. Detlev Arens ist zugleich der Autor des hervorragenden DuMont-Kunstführers Prag (die älteren Auflagen sind die umfangreicheren).

**Hartmut Binder: Prag. Literarische Spaziergänge durch die Goldene Stadt.** Prag: Vitalis 2008. Der Schwerpunkt liegt auf Kafka. Schön zu lesen.

**Miloš Urban: Mord in der Josefstadt.** Berlin: Rowohlt 2010. Spannend-gruseliger Historienroman, der von einer Mordserie in der Prager Judenstadt des 19. Jh. handelt.

**Bohumil Hrabal: Ich habe den englischen König bedient.** Frankfurt: Suhrkamp 2008. Hrabals Schelmenroman über einen strebsamen Kellner stammt aus dem Jahr 1971. 2006 von Jiří Menzel verfilmt.

**Milan Kundera: Die unerträgliche Leichtigkeit des Seins.** Frankfurt: Fischer TB 2009. Die bewegende Liebesgeschichte vor dem Hintergrund des Prager Frühlings, die 1988 von Philip Kaufman mit Juliette Binoche in der Hauptrolle verfilmt wurde, erschien erst 2006 in tschechischer Sprache!

**Josef Škvorecký: Feiglinge**. Wien: Deuticke 2000. Die letzten Tage der Naziherrschaft im Protektorat. Der Roman trägt viele autobiographische Züge.

**Jaroslav Rudiš: Grand Hotel.** München: Luchterhand 2008. Ein futuristisches Hotel in der nordböhmischen Provinz und ein junger Mann, der Orientierung im Leben sucht. Jaroslav Rudiš gilt als einer der erfolgreichsten Jungautoren Tschechiens. Der Roman wurde 2006 verfilmt.

**Michal Viewegh: Blendende Jahre für Hunde.** München: Piper 2000. Leider nur noch antiquarisch erhältlich. Humorvolle Familiengeschichte, die den Faden von den 60er Jahren bis zum Fall des Kommunismus spannt. Die leicht lesbaren Romane Vieweghs sind in Tschechien überaus populär. Auch der im Deuticke Verlag erschienene Roman *Die Liebe eines Vaters* ist eine Familiengeschichte, die dieses Mal allerdings in den 80er und 90er Jahren spielt.

**Lenka Reinerová: Närrisches Prag: Ein Bekenntnis.** Berlin: Aufbau Verlag 2006. Lenka Reinerová, die letzte deutschsprachige Prager Autorin, blickt auf das „alte Prag" zurück. Die 1916 in Prag geborene Jüdin flüchtete 1939 vor den Nazis nach Frankreich, lebte danach in Mexiko und Jugoslawien und kehrte 1948 nach Prag zurück. Während der stalinistischen Säuberungen war sie über ein Jahr inhaftiert. Ab 1968 hatte sie Publikationsverbot. 2006 wurde sie mit dem Bundesverdienstkreuz ausgezeichnet. 2008 starb sie 92-jährig in ihrer Prager Wohnung, sie schrieb bis zu ihrem Tod. Im Audio Verlag erschien 2006 die Hörbuchversion ihrer Erzählsammlung *Mandelduft*, die sie selbst liest – interessant, um dem Klang des alten Pragerdeutsch zu lauschen, das Josef Urzidil als „nicht akzentfrei, aber dialektfrei" bezeichnete.

**Jan Neruda: Kleinseitner Geschichten.** Prag: Vitalis 2005. Eine zu Tränen rührende Geschichte aus dem alten Prag. Mehr zu Jan Neruda → S. 335.

**Jáchym Topol: Engel Exit.** Berlin: Volk und Welt 1997. Nur noch antiquarisch zu bekommen. Die wilde Story eines drogensüchtigen Aussteigers spielt u. a rund um die Metrostation Anděl im Stadtteil Smíchov. Mit dem Nachfolgeroman *Nachtarbeit* (2003 im Suhrkamp-Verlag erschienen) verließ Topol die Szeneliteratur und wendete sich einem neuen Thema zu: dem Prager Frühling. Jáchym Topol, der Star des tschechischen Underground, unterzeichnete bereits mit 16 Jahren die Charta 77.

**Václav Havel**, → S. 36. Sein Werk ist in Deutschland im Rowohlt Verlag erschienen.

**Jaroslav Hašek**: Die Abenteuer des braven Soldaten Schwejk. Berlin: Aufbau Verlag 2008. Nach kaum einer Romanfigur sind mehr Restaurants benannt, als nach dem braven Soldaten. Ein Klassiker, → S. 497.

## Medien (fremdsprachig)

Tagesaktuelle Zeitungen und Zeitschriften aus Deutschland bekommt man in den touristischen Zentren und in Prag ohne Probleme. Hintergrundinformationen und Aktuelles zu Politik, Wirtschaft, Sport und Kultur bietet auch die jeden Donnerstag erscheinende deutschsprachige **Prager Zeitung** (www.pragerzeitung.cz). Ähnliches gilt für die umfangreichere englischsprachige Wochenzeitung **Prague Post** (www.praguepost.com), die mittwochs herauskommt. **Radio Prag** berichtet in deutscher Sprache über tagesaktuelle Ereignisse aus Tschechien. Frequenzen und Sendezeiten erfahren Sie unter www.radio.cz/de.

## Mietwagen

Autoverleiher gibt es nur in den bedeutenden touristischen Orten und größeren Städten, sie sind im Reiseteil unter „Adressen" vermerkt. Zudem vermitteln diverse Hotels und Reisebüros Fahrzeuge der v. a. in Prag sitzenden international operierenden Gesellschaften (→ S. 67). Die preiswertesten Fahrzeuge bekommt man für 50–80 € pro Tag inkl. Diebstahlversicherung. Ohne Kreditkarte geht i. d. R. nichts.

## Öffnungszeiten

Es gibt kein Ladenschlussgesetz, an das der Einzelhandel gebunden ist, die Öffnungszeiten sind von Laden zu Laden unterschiedlich. Im touristischen Zentrum Prags haben die **Geschäfte** tägl. von etwa 9 bis 20 Uhr oder noch länger geöffnet. Auf dem Land kann man mit folgenden Öffnungszeiten rechnen: Mo–Fr 9–18 Uhr, Sa 9–12 Uhr (manche Geschäfte öffnen jedoch gar nicht), So geschlossen. Über Mittag haben viele Läden zu. **Banken** haben i. d. R. Mo–Fr bis etwa 16.30 Uhr geöffnet, **Postämter** Mo–Fr bis 18 Uhr, die größeren auch samstags und sonntags. Das Gros aller **Museen** hat montags geschlossen. **Burgen und Schlösser** sind im Winter geschlossen. Im April und Oktober sind sie i. d. R. nur an Wochenenden zugänglich, von Mai bis September täglich außer montags. Seit der Samtenen Revolution wurden aus **Kirchen** des Landes Kulturgüter in unbezifferbarem Wert geraubt, weshalb heute viele Gotteshäuser oft nur noch während der Messen ihre Pforten öffnen. Zu den Öffnungszeiten von **Restaurants** → Essen und Trinken, S. 24.

## Ortsnamen

Viele Städte und Dörfer Tschechiens, v. a. in den Grenzregionen zu Deutschland, Österreich und Polen, waren bis 1945 rein deutschsprachig besiedelt oder die deutschsprachige Bevölkerung stellte die überwältigende Mehrheit. Und da Böhmen und Mähren über Jahrhunderte hinweg zum Habsburger Reich gehörten, hatten einst nahezu alle Ortschaften auch einen deutschen Namen. Karlsbad ist zum Beispiel noch heute weltweit unter seinem deutschen Namen bekannter als unter seinem tschechischen – auch die örtliche Stellen wissen dies und werben dementsprechend. Im Reiseteil dieses Buches nennen wir in den jeweiligen Überschriften sowohl den alten deutschen Ortsnamen (in Klammern) als auch den heutigen tschechischen.

## Polizei

Die Polizei besitzt keinen allzu guten Ruf, und wer mit ihr mal zu tun hat, weiß warum. Grundsätzlich unterscheidet man zwischen der dem Innenministerium unterstellten Staatspolizei *(Policie České Republiky)* und der von den Gemeinden unterhaltenen Stadtpolizei *(Městská Policie)*. Letztere stellt Ihnen bei Diebstählen jeglicher Art routiniert und gelangweilt ein Protokoll aus. Eine Fremdenpolizei, die sich um touristische Belange kümmert, gibt es nicht.

Den **polizeilichen Notruf** erreichen Sie unter ✆ 112, 158 (Staatspolizei) und 156 (Stadtpolizei).

## Post

Egal, ob die Grüße nach Österreich, die Schweiz oder Deutschland gehen, das **Porto** ist einheitlich. Es lag 2010 bei umgerechnet 0,80 € (20 Kč) für Postkarten und für Briefe bis 20 g. Damit Sie in größeren Postämtern wissen, an welchen Schalter Sie müssen, achten Sie auf folgende Schilder: *známky* für Briefmarken, *telefonní karty* für Telefonkarten und *balíky* für Pakete. Briefmarken verkaufen neben der Post auch viele Kioske. Bis die Karte bei der Oma an der Küchenwand hängt, vergehen zwei bis fünf Tage.

## Prostitution

Tschechien gehört einer *BBC*-Reportage zufolge zu den 20 beliebtesten Sextourismus-Destinationen der Welt. Die Zahl der Prostituierten im Land wird von der Caritas auf rund 30.000 geschätzt, das Gros arbeitet in Prag und an den Grenzen zu Deutschland und Österreich (oft unübersehbar an der Straße). Unter den Prostituierten sind viele Asylbewerberinnen, dazu Frauen aus Bulgarien, Russland, Vietnam, China und der Ukraine, aber auch Roma-Frauen, deren Familien in Armut leben. Ein großes Problem stellt die Kinderprostitution dar. Immerhin wächst seit dem EU-Beitritt des Landes der Druck auf die tschechischen Politiker, dagegen vorzugehen. Prostitution war bislang in Tschechien weder verboten noch erlaubt, soll zukünftig aber legalisiert werden. Damit einhergehend will man den Straßenstrich eindämmen.

## Reisedokumente

Auch wenn die deutsch-tschechische sowie die österreichisch-tschechische Grenze ohne Grenzkontrollen passierbar sind, müssen Deutsche, Österreicher und Schweizer Reisedokumente mit sich führen: entweder Reisepass oder Personalausweis bzw. die Identitätskarte. Kinder unter 15 Jahren können, sofern sie in Begleitung ihrer Eltern reisen, im Reisepass eines Elternteils eingetragen sein. Andernfalls benötigen sie unabhängig vom Alter einen Kinderausweis mit Foto. Grundsätzlich gilt, dass sämtliche Ausweisdokumente noch mindestens drei Monate gültig sein müssen.

**Mit dem Fahrzeug:** Selbstverständlich sind Führerschein und Fahrzeugschein, zudem die grüne Versicherungskarte. Ein Auslandsschutzbrief ist empfehlenswert. Ist man nicht mit dem eigenen Fahrzeug unterwegs, so bedarf es zudem einer beglaubigten Vollmacht des Fahrzeughalters.

**Mit dem Haustier:** Bei Reisen mit einem Tier (egal ob Hund oder Schlange) benötigen Sie den EU-Heimtierausweis bzw. das Schweizer Pendant. Zur Kennzeichnung muss das Tier eine Chipmarkierung oder eine Tätowierung am Ohr haben. Welche Impfungen neben der Tollwutimpfung im Heimtierausweis bzw. in der Veterinärbescheinigung verzeichnet sein müssen, erfahren Sie bei Ihrem Tierarzt.

### Die ethnische Minderheit der Roma

Im 14. Jh. erreichten die Roma (von *Rom* = Mann) Mitteleuropa – rund sechs Jahrhunderte vorher hatten sie ihre ursprüngliche Heimat in Nordindien verlassen. Zunächst begegnete man ihnen neugierig, v. a. der Adel erfreute sich an ihren künstlerisch-artistischen Darbietungen, ihrem exotischen Erscheinungsbild, ihren außerordentlichen Handwerkskünsten und ihrer fremdartigen Lebensweise. Sie erhielten besondere Privilegien, der böhmische König Sigismund (1368–1437) stattete sie gar mit Schutzbriefen aus.

Doch schon zu Mitte des 15. Jh. änderte sich die Situation. Die Kirche begann gegen die Roma zu hetzen. Ihre Privilegien wurden aufgehoben, 1697 wurden sie in Böhmen gar für vogelfrei erklärt. Damit begann die bis heute andauernde Phase der Diskriminierung. Immer wieder, v. a. in schlechten Zeiten, machte man die Roma zu Sündenböcken, und es kam zu Verfolgungs- und Vergeltungsmaßnahmen. Unter Kaiserin Maria Theresia wurden Mitte des 18. Jh. die ersten Versuche unternommen, die kulturelle Identität der Roma zu brechen, sie sesshaft zu machen und in die Gesellschaft einzugliedern. Neben dem Fahren wurde ihnen auch untersagt, ihre Sprache, das *Romanes,* zu sprechen. Romakinder wurden ihren Eltern entzogen und in die Obhut bürgerlicher Familien übergeben. Erst im 19. Jh. folgten wieder bessere Zeiten: Als Musikanten und Artisten, aber auch als Händler und Handwerker wurden die Roma für die Landbevölkerung überaus wichtig.

Anfang des 20. Jh. zogen die Roma mehr und mehr in die Städte, oft nur zum Schein, da ein fester Wohnsitz für die Ausstellung eines Gewerbescheins Voraussetzung war. Mit dem von Tschechen (!) für Roma errichteten Konzentrationslager im südböhmischen Lety (→ S. 445) und der Verfolgung und Vernichtung durch die Nazis erreichte die Roma-Diskriminierung ihren Höhepunkt. Von den rund 8000 Roma Böhmens und Mährens jener Zeit überlebten nur 600 – die anderen wurden in Auschwitz ermordet.

## Sport und Freizeit

Tschechen sind sportverrückt und dazu überaus naturverbunden. Unvorstellbare Massen bevölkern in den warmen Monaten die Wanderwege und im Winter die Loipen und Skilifte der Mittelgebirge. Und wer nicht mindestens jedes zweite Wochenende selbst schwitzt, geht ins Fußball- oder Eisstadion und schaut anderen dabei zu.

**Angeln:** Die Teiche und Flüsse bieten beste Möglichkeiten, kein Wunder, dass eine halbe Million Tschechen diesem Sport frönt. Zu den dicken Fischen, die man an Land zieht, gehören u. a. Forellen, Äschen, Karpfen, Hechte, Zander, Saiblinge und Welse. Informationen über Angellizenzen, deren Verkaufsstellen, Schonzeiten, Schutzgebiete etc. erhält man auf der Internetseite des Tschechischen Anglerverbands *(Český rybářský svaz)* unter www.rybsvaz.cz (auch in deutscher Sprache). Weitere Informationen diesbezüglich auch bei den örtlichen Touristeninformationen.

**Baden und Schwimmen:** Überall im Lande findet man Stauseen oder Teiche mit Badestränden – die schönsten sind im Reiseteil aufgeführt. Fast alle größeren Städte besitzen zudem Frei- und/oder Hallenbäder. In Prag sollte man von einem Bad in der Moldau absehen, auch wenn es viele Prager selbst tun, denn die Wasserwerte stimmen bedenklich.

Nach dem Zweiten Weltkrieg wurden Roma aus Ungarn, Rumänien und der Ostslowakei in den durch die Vertreibung entvölkerten Grenzgebieten zwangsangesiedelt. Billige Arbeitskräfte sollten sie sein. Bildungspolitische Maßnahmen wurden nicht ergriffen, die *Cikáni* (Zigeuner) sollten „unten" bleiben. Nach dem Zusammenbruch des Kommunismus erhielten die rund 250.000 Roma in Tschechien den Status einer nationalen Minderheit und damit das Recht auf Förderung der eigenen Kultur sowie auf Gründung von Vereinen, Organisationen und Parteien. Im Endeffekt aber waren die Roma die Wendeverlierer: Der Verlust der sozialen Sicherheit und mangelnde Qualifikation führten zu hoher Arbeitslosigkeit (mehr als die Hälfte der tschechischen Roma sind ohne Arbeit) und dem Abdriften an den äußersten Rand der Gesellschaft. Als arbeitsscheue Kleinkriminelle verschrien, wurden sie im Land mehr verachtet als respektiert – ein Umstand, der von Attacken Rechtsradikaler oder durch Sterilisationen von Roma-Frauen ohne deren Zustimmung (bis 2001 sind Fälle bekannt) illustriert wurde.

Infolge des Beitritts zur EU, die auf Minderheitenschutz Wert legt, hat sich die Situation der Roma im Land ein wenig gebessert. Noch immer aber führt die EU-Grundrechte-Agentur FRA die tschechischen Roma als die am meisten diskriminierte Minderheit in der EU auf. Und noch immer machen sich Politiker im Land die vorherrschende Roma-Feindlichkeit zu eigen und gehen mit rassistischen Äußerungen auf Wählerfang. Traurigerweise gilt das nicht nur für ein paar wenige Politiker aus den Randparteien: Der ehemalige Vize-Premier Jiří Čunek (bis 2009) z. B. verdankte seine Popularität der Tatsache, dass er als Bürgermeister der mährischen Stadt Vsetín Romas aus dem Vsetíner Stadtzentrum in abgelegene Containerwohnheime umsiedeln ließ. Sein Kommentar dazu: „Ich entferne nur Geschwüre, Ärzte tun das auch."

*Volkssport Nummer 1: Angeln*

**Golf:** In Tschechien gibt es über 80 Plätze, weitere werden in den nächsten Jahren entstehen – Golfen ist auf dem Vormarsch. Die schönsten sind im Reiseteil aufgeführt.

**Kanu oder Kajak:** Es gibt kaum eine schönere Art, Tschechien zu erkunden, als auf seinen Flussläufen. Es lassen sich auch mehrtägige Touren unternehmen, bei denen i. d. R. auf Campingplätzen übernachtet wird. Zu den beliebtesten Paddelflüssen gehören die Moldau (Vltava), die Lužnice sowie die Otava in Südböhmen, außerdem die Sázava in Mittelböhmen und die Metuje in Ostböhmen.

**Radfahren:** → Anreise/Unterwegs, S. 21.

**Tennis:** Der weiße Sport ist äußerst beliebt. Wie sollte es auch anders sein in einem Land, das Ivan Lendl, Martina Návratilová oder Tomáš Berdych hervorgebracht hat? Wo Sie spielen können, erfahren Sie über die örtlichen Touristeninformationen.

**Wandern:** → Anreise/Unterwegs, S. 22.

**Wintersport:** Die Areale für den alpinen Skisport sind selbstverständlich nicht so anspruchsvoll wie in der Schweiz oder in Österreich, da die Gipfel auch nur Höhen von 1600 m erreichen, dafür aber (mit Ausnahme von Špindlerův Mlýn) auch nicht so teuer. Alpinen Skisport können Sie u. a. im Riesen-, Iser-, Erz-, Adler- und Altvatergebirge, aber auch im Böhmerwald und in den Beskiden betreiben. In allen genannten Gebieten und darüber hinaus auf der Böhmisch-Mährischen Höhe finden Sie auch gute Langlaufmöglichkeiten. Über alle Skigebiete des Landes informiert die Seite www.holidayinfo.cz.

## Telefonieren

Das Telefonieren mit dem Mobiltelefon ist nahezu überall problemlos möglich. Wer keines hat oder Geld sparen will, telefoniert am einfachsten mit sog. **Prepaid-Karten** (z. B. von *Smartcall*, www.smartcall.cz) von öffentlichen Fernsprechern oder Festnetzanschlüssen. Die Karten gibt es mit verschiedenen Wertguthaben an Zeitungskiosken zu kaufen. Eine Minute kostet zwischen 0,08 und 0,50 €, je nachdem, wie

*Vyšší Brod – Kanuten auf der Moldau*

viele Einheiten man kauft und ob man ins heimische Festnetz oder Mobilfunknetz telefoniert. Das Freizeichen ist ein kurzer Ton, gefolgt von einem langen.

**Internationale Vorwahlnummern:** Deutschland ✆ 0049, Österreich ✆ 0043, Schweiz ✆ 0041. Danach wählt man die Ortsvorwahl, jedoch ohne die Null am Anfang, dann die Rufnummer.

Wer **nach Tschechien** telefonieren möchte, wählt ✆ 00420 und danach die Rufnummer. Es gibt keine Ortsvorwahl!

**Telefonauskunft:** National ✆ 1180 und international ✆ 1181. Da letztere Nummer meist mit deutschsprachigem Personal besetzt ist,das i. d. R. sehr hilfsbereit ist, kann man es hier als Ausländer auch versuchen, wenn man eine tschechische Nummer braucht.

**Notrufnummern:** Polizei ✆ 112 o. 156 o. 158, Feuerwehr ✆ 150, Rettungsdienst ✆ 155

## Toiletten

Sofern keine Symbole angebracht sind, sollten Damen auf die Bezeichnungen *Dámy* oder *Ženy* achten, Herren auf *Muži* oder *Páni*. Öffentliche Toiletten sind meist gebührenpflichtig, oder die Klofrau erwartet ein Trinkgeld. Viele Kabinen kann man nicht abschließen!

## Zeit

Es gilt wie in Deutschland, Österreich und der Schweiz die mitteleuropäische Zeit (MEZ) inklusive Sommerzeit.

## Zollbestimmungen

**Für Bürger der EU:** Bei Reisen innerhalb der EU unterliegen Waren für den Eigenbedarf keinen Beschränkungen. Jedoch gibt es Richtmengen, bei deren Überschreitung die Zöllner den Eigenbedarf in Frage stellen (kritische Marke bei Wein z. B. 90 l). Die Obergrenze für Zigaretten beträgt im Reiseverkehr zwischen Deutschland und Tschechien 800 Stück. Nach Österreich dürfen Sie ebenfalls 800 Zigaretten mitnehmen, aber nur, wenn der Warnhinweis in deutscher Sprache auf das Päckchen gedruckt (nicht geklebt!) ist. Andernfalls ist die Einfuhr auf 200 Zigaretten beschränkt.

**Antiquitäten** dürfen nur ausgeführt werden, sofern man eine Bescheinigung hat, dass sie nicht zum kulturellen Erbes des Landes gehören.

**Für Schweizer:** Eidgenossen haben die Möglichkeit, sich an der Grenze (z. B. am Prager Flughafen) die Mehrwertsteuer für die in Tschechien gekauften Produkte erstatten zu lassen (→ Tax-Free-Einkauf, S.31). Auf der Rückreise dürfen für den privaten Gebrauch gekaufte Waren (wie z. B. Kleidung) bis zu einem Wert von 300 sfr zollfrei eingeführt werden. Ansonsten gelten für Schweizer für die zollfreie Ein- bzw. Ausfuhr folgende Richtmengen:

**Tabak:** 200 Zigaretten oder 50 Zigarren oder 250 g Tabak.

**Alkohol:** 1 l über 15 % Vol. und 2 l unter 15 % Vol.

## Sieben Fälle, sieben Fallen: Schwierigkeiten beim Tschechischlernen

*Peníze* heißt Geld, *škoda* schade, *popelník* ist der Aschenbecher, und mit *kozel* ist eine Biermarke gemeint. Nur selten klingen Wörter vertraut und haben wie beim *šnuptychl* deutsche („Schnupftüchl") oder wie beim *piškoty* (*biscotti* = Keks/Gebäck) italienische Paten. (Auch der umgekehrte Weg, nämlich dass Wörter aus dem Tschechischen in andere Sprachen entlehnt werden, ist eher die Ausnahme; vgl. aber *pistole, polka* oder *roboter*.)

Wer nie eine slawische Sprache gelernt hat, wird sich mit Tschechisch schwer tun. Das Kapitel Grammatik schlägt man am besten erst gar nicht auf. Sieben Fälle – sieben Fallen. Ein Graus. Mal taucht eine Endung auf, mal geht sie unter. Das erinnert an die Delfine auf See – vielleicht erklärt das, warum sich die Tschechen mit *ahoj* verabschieden. Hinzu kommt die Aussprache und die Tatsache, dass sich die Umgangssprache stark von der Schriftsprache unterscheidet.

Wo ein Haken drüber steht, steckt auch einer drin. Nahezu ein Ding der Unmöglichkeit ist die Aussprache des ř – *r* und *sch* sollten dabei gleichzeitig über die Lippen kommen. Zum Stottern verdammen auch die Wörter, die ganz und gar ohne Vokale auskommen, z. B. *vlk* (Wolf). Zu einschüchternden Demonstrationszwecken kann man sogar ganze nichts sagende Sätze ohne Vokale konstruieren: *Strč prst skrz krk!* – „Stecke den Finger durch den Hals!"

Zum Glück kann rund ein Viertel der Tschechen Deutsch, insbesondere ältere Menschen. Die Jugend – früher zum Russischlernen verpflichtet – übt sich heute fleißig in Englisch. Als Tourist in Böhmen sind Tschechischkenntnisse nicht dringend vonnöten. In vielen Geschäften, Restaurants oder Hotels, insbesondere in Prag und den Kurorten, wird perfektes Verkaufs- oder Speisekartendeutsch gesprochen. Zudem gibt's Erläuterungen auf vielen Hinweisschildern und Prospekten auch in deutscher und englischer Sprache. Um wenigstens die Namen der Sehenswürdigkeiten einigermaßen passabel vor sich hinstottern zu können, finden Sie am Ende des Buches Hilfen zur Aussprache und einen kleinen Grundwortschatz.

*Geschichte zum Anschauen – Schloss Hluboká nad Vltavou*

# Geschichte

## Von Böhmen, Mährern und Tschechen – die Vorgeschichte

Mammutjäger und Sammler durchzogen das heutige Tschechien bereits in der Altsteinzeit. Sie hinterließen die älteste Keramik der Welt, die 25.000 Jahre alte *Venus von Věstonice,* eine gesäß- und busenbetonte Miniaturstatue aus feuergehärtetem Ton. Archäologen entdeckten sie beim gleichnamigen Dorf (→ S. 579) in Südmähren. Im 5. Jh. v. Chr. drang die keltische Volksgruppe der Bojer nach Mitteleuropa vor. Noch vor Christi Geburt wichen sie den germanischen Markomannen, der westlichen Hälfte der heutigen Tschechischen Republik hinterließen die Bojer aber ihren Namen: lat. *Boiohaemum* = Böhmen. Anfang des 6. Jh. erfolgte im Zuge der Völkerwanderung die Landnahme durch westslawische Stämme. In Mähren siedelten u. a. die Hannaken, nach denen die Hanna-Ebene rund um Olomouc benannt ist, und die Morawaner, von denen sich wiederum die Bezeichnung des Flusses Morava (March) ableitet, der schließlich namengebend für die gesamte Landschaft wurde (Morava = Mähren). Andere slawische Stämme stießen bis an die Moldau vor, der Mythologie zufolge hatte einer davon einen Anführer namens *Čech* (→ Říp, S. 292). Dieser sagenhafte Urvater Čech war es, nach dem später das ganze Land benannt wurde. Aber schon in der zweiten Hälfte des 6. Jh. wurden die erwähnten Slawenstämme von den Awaren unterworfen, einem nomadisierenden Steppenvolk aus Zentralasien.

## Von Karl dem Großen bis zum Großmährischen Reich – ab 796

Der Frankenkönig Karl der Große vertrieb die Awaren wieder. Die Fürstentümer Böhmens, Mährens und der Westslowakei fielen damit an das Fränkische Reich und mussten hohe Tributzahlungen leisten. Um sich diesen zu entziehen, bildeten sie einen Bund – Jahrhunderte später prägten Historiker dafür den Begriff „Großmährisches Reich" (Magna Moravia). Federführend waren dabei die Fürsten Mojmir I. und sein Neffe Rastislav aus Nitra (dt. Neutra, heute Westslowakei). Insbesondere Rastislav verstand es, den Einfluss der Franken durch geschickte Machtpolitik zurückzudrängen. So wandte er sich um 860 an den Papst in Rom und bat ihn, Lehrer für die Ausbildung einheimischer Priester zu entsenden, um die bis zu diesem Zeitpunkt von fränkischen Missionaren betriebene Christianisierung des Gebiets selbst kontrollieren und damit ein weiteres Stück fränkischer Einflussnahme beseitigen zu können. Als der Papst ablehnte, richtete er die gleiche Bitte an den großen Gegenspieler der Franken im Osten, den byzantinischen Kaiser, der nicht lange überlegte und einwilligte. Am 5. Juli 863 trafen die aus Konstantinopel entsandten Missionare, angeführt von den Brüdern Kyrill und Method aus Saloniki, in Mähren ein (seit der Samtenen Revolution ist dieser Tag ein Feiertag in Tschechien). Die beiden „Slawenapostel" verkündeten das Evangelium nicht in Latein, sondern – wie in der Ostkirche üblich – in der Sprache der Gemeinden, in diesem Fall also in einem slawischen Dialekt. Doch die Einführung der slawischen Liturgie, die später insbesondere in Russland und Bulgarien ganz bedeutende kulturgeschichtliche Folgen haben sollte, hatte auf dem Gebiet des heutigen Tschechien keinen nachhaltigen Effekt. Denn schon Ende des 9. Jh. wandten sich die böhmischen Fürsten erneut der lateinischen Kultur des Westens zu und verbündeten sich mit dem fränkischen Kaiser Arnulf.

Damit brach auch das sog. Großmährische Reich auseinander, und Teile der heutigen Slowakei wurden von den Magyaren, dem Urvolk der Ungarn, besetzt. Darin wurzelt übrigens die soziale und kulturelle Trennung zwischen Tschechen und Slowaken, die trotz des späteren gemeinsamen Staates nie überwunden wurde. Mähren teilte fortan weitestgehend das Schicksal Böhmens. Dort hatten nun die tschechischen Fürsten aus dem sagenumwobenen Geschlecht der Přemysliden (→ Kasten „Libušes Liebe und Visionen", S. 126) im gerade entstehenden Prag eine führende Rolle inne.

## Böhmen wird Teil des Römischen Reiches – ab 950

In jenem Jahr schickte der deutsche König und spätere Kaiser Otto der Große sein Heer nach Böhmen. Der Přemyslidenfürst Boleslav unterwarf sich ihm, womit Böhmen dem Römischen Reich einverleibt wurde. Etwas mehr als ein Jahrhundert später folgte die Ernennung der ersten böhmischen Könige. Und wieder ein Jahrhundert später warben diese Siedler aus der ober- und niederdeutschen Nachbarschaft an, Soběslav II. räumte ihnen gar Sonderrechte ein. So wurden weite Gegenden Böhmens deutschsprachig, woran sich bis 1945 kaum etwas ändern sollte.

## Erste große Blüte unter Karl IV. – im 14. Jh.

Mit dem Tod König Václavs III. 1306 erlosch nach über drei Jahrhunderten die Přemysliden-Dynastie. Das Land erlebte daraufhin innenpolitische Wirren mit Rebellion und Anarchie, bis der böhmische Adel Johann von Luxemburg die Krone anbot. Der willigte ein und verfolgte während seiner Regentschaft ehrgeizige militärische Ziele. Feldzüge aber sind bekanntlich teuer, Adel und Volk verarmten. Der König selbst bezahlte 1346 auf dem Schlachtfeld mit seinem Leben. Erfolgreicher war sein Sohn Karl IV., der als klug, kunstsinnig und sehr fromm galt und goldene Zeiten herbeiführte. Getauft war er auf den Namen Wenzel, doch am königlichen Hof in Paris, wo er erzogen wurde, nahm er den Namen seines Onkels und Paten Karl IV. von Frankreich an. 1355 wurde er in Rom zum Kaiser des mittlerweile Heiligen Römischen Reiches gekrönt. Prag stieg daraufhin zu einer der bedeutendsten und glanzvollsten Städte Europas auf.

Karls Sohn Wenzel IV., der nach dem Tod des Vaters 1378 den Königsthron bestieg, konnte das Erbe nicht auf dem Erfolgskurs weiterführen. Zwei Jahre nach seiner Krönung brach die Pest aus. Schätzungen gehen davon aus, dass jeder Siebte in seinem Reich dem Schwarzen Tod erlag. Auch politisch hatte Wenzel IV. wenig Glück, er brachte sowohl den böhmischen Adel als auch den hohen Klerus gegen sich auf und musste sich darüber hinaus noch mit den deutschen Kurfürsten herumschlagen. Auf deren Betreiben wurde er im Jahr 1400 als römisch-deutscher König abgesetzt, böhmischer König blieb er aber bis zu seinem Tod 1419. Es heißt, seine wahre Leidenschaft habe nicht den Regierungsgeschäften, sondern dem Wein gegolten, sodass er am Ende ganz folgerichtig als fauler Trunkenbold in die Geschichtsbücher einging.

*Die größte bronzene Reiterstatue der Welt: das Jan-Žižka-Denkmal auf dem Prager Vítkov-Hügel*

## Im Zeichen der Hussiten – 15. Jh.

1402 begann ein gewisser Jan Hus aus Husinec im Böhmerwald in der Prager Bethlehemkapelle in tschechischer Sprache zu predigen. Die Botschaft des zwei Jahre vorher zum Priester Geweihten war eindeutig: er verabscheute die Habsucht des Klerus und dessen Lasterleben, kritisierte, dass die Kirche über weltliche Besitztümer verfügte, zweifelte die Autorität des Papstes an und betrachtete die Worte der Bibel als einzige verbindliche Richtschnur in Glaubensfragen. Natürlich konnte das nicht lange gut gehen, und nach diversen Verwicklungen (→ S. 436f.) wurde Hus zunächst exkommuniziert und schließlich vom

Konstanzer Konzil als Ketzer zum Feuertod verurteilt. Mit seiner Verbrennung am 6. Juli 1415 nahm die Zahl seiner Anhänger in der tschechischen Heimat aber nur noch zu. Die Hussiten formierten sich in verschiedenen Gruppierungen, es kam zu Unruhen und 1419 mit dem ersten Prager Fenstersturz (→ S. 120) zur Revolte. Für den Papst waren die Hussiten jedoch nichts anderes als Ketzer aus Böhmen, und so erließ er die Kreuzzugsbulle. Doch die Hussiten stellten Heere auf und triumphierten in der berühmten Schlacht auf dem Vítkov (Veitsberg) mit Jan Žižka als Anführer über das zahlenmäßig weit überlegene Kreuzfahrerheer. Krieg auf Krieg folgte, 16 lange Jahre, dann war die Niederlage der Hussiten besiegelt. In der Folgezeit löste ein böhmischer König den anderen ab, darunter welche aus dem Geschlecht der Luxemburger und der polnischen Jagellonen. Sie alle aber waren zu schwache Persönlichkeiten für das Zeitalter religiöser Umwälzungen.

## Böhmen unter den Habsburgern – ab 1526

1526 begann mit Ferdinand I. die Habsburgerherrschaft über Böhmen. Mitte des 16. Jh. holte er die Jesuiten ins Land, die die Gegenreformation durchführen sollten. Am Ende der Regierungszeit Ferdinands I. und unter seinem Nachfolger Rudolf II. leisteten sich der katholische Adel und Klerus zahlreiche Paläste, entworfen von italienischen Baumeistern, die den Renaissancestil nach Böhmen brachten. Etliche protestantische Adelige hatten dafür mit ihrem Leben und Vermögen bezahlen müssen.

1618 eskalierten die Spannungen zwischen Protestanten und Katholiken erneut. Es kam zum berühmten zweiten Prager Fenstersturz (→ S. 120), der als Auslöser des Dreißigjährigen Krieges gilt. Die protestantischen böhmischen Stände verweigerten den katholischen Habsburgern die Gefolgschaft. Ein Jahr später wählten sie den jungen Kurfürsten Friedrich von der Pfalz zu ihrem neuen König. Als „Winterkönig“ ging er in die Geschichte ein, was ungefähr der Zeitspanne seiner Regentschaft entsprach. Denn bereits 1620 setzte der Habsburger Ferdinand II. mit seinem kaiserlichen Heer in der siegreichen Schlacht am Weißen Berg *(Bílá hora)* bei Prag seine Thronrechte über Böhmen wieder durch. Die Strafe für die Aufständischen folgte auf dem Fuß: 27 Adelige wurden in Prag am Altstädter Ring hingerichtet, andere spießte man am Altstädter Brückenturm auf – zehn Jahre lang blieben ihre Überreste dort hängen. Fast die gesamte protestantische Aristokratie und alle nichtkatholischen Geistlichen wurden verfolgt. Wer konnte, verließ das Land. Grund und Vermögen der Geflüchteten fielen loyalen katholischen Adelsfamilien zu.

Infolge des Dreißigjährigen Krieges wurde das Land verwüstet, die Bevölkerung um fast zwei Drittel dezimiert. Bis zum Westfälischen Frieden 1648 zogen das sächsische und das schwedische Heer plündernd durch Böhmen. Nach dem Krieg regierten die Habsburger Böhmen von Wien aus und ließen das Land durch hohe Steuern förmlich ausbluten. Alle Formen des Protestantismus wurden verboten, die Rekatholisierung flächendeckend durchgesetzt, Kirchen und Klöster barockisiert. Die Tschechen wurden zu Menschen zweiter Klasse, ihre Sprache zu einem verachteten Dialekt, der nur von Leibeigenen, Bauern, Handwerkern und Dienstboten gesprochen wurde. Hingegen bestand die Händlerschicht überwiegend aus Deutschen, und die deutsche Sprache, die Lingua franca des habsburgischen Zentralismus, wurde zur alleinigen Amtssprache erhoben.

## Aufklärung und Industrialisierung – 18./19. Jh.

Während der österreichischen Erbfolgekriege, die auf den Tod Karls VI. 1740 folgten, wurde Böhmen vorübergehend von Bayern, Sachsen, Franzosen und Preußen belagert, die der Thronfolgerin Maria Theresia das Erbe streitig machen wollten. Ihr Sohn Joseph II. (1765–1790) reformierte das Habsburgerreich nach den Ideen der Aufklärung: Einführung der Schulpflicht, Glaubensfreiheit, Säkularisierung der Klöster usw. Aber weiterhin herrschte eine große Kluft zwischen dem, was deutsch, und dem, was tschechisch war.

Wirtschaftlich jedoch entwickelte sich Böhmen zu einer Perle in der Krone der Habsburger, und dank der Reformen auf dem Schul- und Bildungssektor bildete sich Anfang des 19. Jh. ein kleines tschechisches Bildungsbürgertum heraus. Aus diesem ging die Bewegung der nationalen Wiedergeburt *(národní obrození)* hervor, die zunächst nur die Wiederbelebung der tschechischen Sprache und Kultur auf ihre Fahnen geschrieben hatte, was sich in der Gründung zahlreicher tschechisch-nationaler Vereinigungen in Kunst und Literatur niederschlug. Diese fanden v. a. in Prag regen Zulauf, wo infolge der industriellen Revolution und des damit verbundenen Zuzugs an Tschechen das zahlenmäßige Verhältnis zwischen Deutschen und Tschechen zugunsten Letzterer kippte. Bald ging es nicht mehr nur um Sprache und Literatur, sondern um politische Emanzipation und Widerstand gegen die deutsche Dominanz. Und die Habsburger Monarchie, die keine Gleichberechtigung kannte, die Presse- und Versammlungsfreiheit verweigerte und deren Erhalt Polizeispitzel und eine Bürokratie garantierten, die für ganz Afrika gereicht hätte, brachte mehr und mehr junge, anti-deutsch eingestellte böhmische Patrioten hervor.

Die Spannungen eskalierten schließlich im gesamteuropäischen Revolutionsjahr 1848. Um die aufständischen Tschechen zu besänftigen, wurde am 8. April ein kaiserliches Dekret erlassen, das die Gleichstellung der deutschen und tschechischen Sprache garantierte – ein Schritt, der zu spät kam. Der Traum von einem tschechischen Staat war bereits geboren, Straßenschlachten waren die Folge. Doch die Hoffnungen auf eine Hauptstadt namens *Praha* fanden schon bald ihr Ende. Bereits am 17. Juni 1848 verschaffte sich das österreichische Militär mit schwerem Geschützfeuer wieder Respekt.

Nach der kurzen Erschütterung der Habsburgerherrschaft übte sich die alte Oberschicht deutsch-böhmischer Prägung wieder in Ignoranz und Überheblichkeit. Doch das Streben der Tschechen nach nationalem Selbstbestimmungsrecht war nicht mehr umkehrbar.

## Erster Weltkrieg, erste Republik

Die Habsburgerherrschaft konnte sich noch ein gutes halbes Jahrhundert halten, dann kam der Erste Weltkrieg und mit ihm bzw. seinem Ende das Aus für die Doppelmonarchie Österreich-Ungarn. Gleichzeitig schlug die Geburtsstunde der ersten tschechoslowakischen Republik, deren Fundamente bereits während des Krieges gelegt worden waren, als sich eine Gruppe von Exilanten bei den späteren Siegermächten mit Erfolg für einen unabhängigen Nationalstaat von Tschechen und Slowaken stark gemacht hatte. Eine Schlüsselrolle unter ihnen nahm Tomáš Garrigue Masaryk (1850–1937, → S. 166) ein, der im November 1918 von der Nationalversammlung zum ersten Präsidenten des neuen Staates gewählt wurde.

Die neue ČSR hatte gute Karten, ca. 60 % der Industrieanlagen Österreich-Ungarns waren ihr in intaktem Zustand zugefallen – von heute auf morgen befand sich das Land an 10. Stelle unter den Industrienationen der Welt. Die Bevölkerung war bunt gemischt: 6,8 Mio. Tschechen, 3,1 Mio. Deutsche (über 80 % davon lebten in geschlossenen Siedlungsgebieten in Böhmen und Mähren), 1,9 Mio. Slowaken,

750.000 Ungarn, 460.000 Ukrainer und 70.000 Polen. Um ethnischen und sozialen Spannungen vorzubeugen, wurde unter Masaryk eine der liberalsten Verfassungen jener Zeit verabschiedet. Dennoch, viele Deutsche, insbesondere in den grenznahen Gebieten Böhmens, wollten die Eingliederung in die ČSR nicht akzeptieren. Und als peu à peu Gesetze folgten, die an ihrem Besitz rüttelten und ihre Rechte einschränkten (Enteignung durch Agrarreform, Entlassung von über 30.000 deutschsprachigen Beamten, da diese der tschechischen Sprache nicht ausreichend mächtig waren, Schließung deutscher Schulen etc.) formierten sie sich als Sudetendeutsche (die Bezeichnung existierte zuvor noch nicht) und forderten die Selbstbestimmung. 1933 wurde die *Sudetendeutsche Heimatfront* gegründet, aus der später die *Sudetendeutsche Partei* hervorging. Ihr Führer war Konrad Henlein, der die Nähe zum Führer in Berlin suchte. Sehnsüchtig blickten viele Sudetendeutsche ins Reich, wo die Nazis nach der Weltwirtschaftskrise für Aufschwung sorgten, während in der ČSR allein 500.000 Deutsche arbeitslos waren.

## Braune Hosen – ab 1938

Am 29. September 1938 unterzeichneten Hitler, Mussolini, Chamberlain und Daladier das Münchener Abkommen, das die Abtretung der sudetendeutschen Gebiete ans Deutsche Reich regelte. Zwei Tage später marschierten die deutschen Truppen ein. Doch die Nazis wollten mehr. Im März 1939 besetzten sie das restliche Staatsgebiet Tschechiens – die Slowakei war inzwischen auf deutschen Druck formal unabhängig geworden – und erklärten es zum sog. Reichsprotektorat Böhmen und Mähren. Wie andernorts auch festigten die Nazis ihre Herrschaft mit Unterdrückung und Terror, etwa 10.000 Tschechen nichtjüdischen Glaubens und 75.000 Juden wurden ermordet. Zu den größten Exzessen der Naziherrschaft kam es nach dem Attentat auf den stellvertretenden Reichsprotektor Reinhard Heydrich, als u. a. das Dorf Lidice nordwestlich von Prag dem Erdboden gleichgemacht und sämtliche männlichen Einwohner getötet wurden (→ S. 167).

Im April und Mai 1945 erfolgte die Befreiung des Landes, im Westen durch die Amerikaner, im Osten durch die Russen. Konrad Henlein beging in alliierter Haft Selbstmord, der letzte Reichsprotektor Frick wurde in Nürnberg zum Tode verurteilt.

## Rote Socken – ab 1946

Kurz nach Kriegsende wurde die Tschechoslowakische Republik wiederhergestellt und Edvard Beneš ihr erster Präsident. Unter seiner Führung wurden 1945 auch jene von der Potsdamer Konferenz gebilligten Dekrete verabschiedet, die der deutschen Bevölkerung das Recht auf die tschechoslowakische Staatsangehörigkeit aberkannten, was deren gewaltsame Abschiebung zur Folge hatte. Fast drei Millionen Deutsche waren davon betroffen. Nur rund 200.000 Deutsche durften bleiben, insbesondere jene, die für Industrie und Wirtschaft unersetzlich waren. Noch heute sind zwei Drittel der Tschechen davon überzeugt, dass die Vertreibung der Deutschen richtig war. Die entvölkerten Gebiete versuchte man in den folgenden Jahren mit der Ansiedlung von Tschechen, Slowaken, Roma und Ukrainern wiederzubeleben.

1946 erhielten die Kommunisten bei den Wahlen zur Nationalversammlung mit knapp 40 % der Stimmen das beste Ergebnis, das eine kommunistische Partei je in einer freien Wahl erzielen konnte. 1948 führten sie eine Regierungskrise herbei, riefen den Generalstreik aus und zwangen Beneš zum Rücktritt. Neuer Staatspräsident wurde Klement Gottwald, eine tschechische Ausgabe Stalins. Mit ihm kam eine neue Verfassung und die Entmündigung des Volkes. Es folgten die kommunistische Ideologisierung von Kultur und Wissenschaft, die Verstaatlichung von Industrie und Handel, die gewaltsame Kollektivierung der Landwirtschaft, und es folgte Fünfjahresplan auf Fünfjahresplan. Etwa 2 Mio. Tschechen und Slowaken verließen ihr Land. 1960 wurde die Staatsdoktrin dann auch im Staatsnamen festgeschrieben: die Tschechoslowakische Republik (ČSR) mutierte zur Tschechoslowakischen Sozialistischen Republik, zur ČSSR.

Die einseitige Förderung der Schwerindustrie, Korruption und die Unfähigkeit der Regierenden führten das Land in die wirtschaftliche Krise. Wer das Regime kritisierte, wurde interniert oder zum Tod verurteilt. Einigen Quellen zufolge soll bis 1968 fast jeder fünfte männliche Erwachsene vorübergehend inhaftiert gewesen sein. Auf jeden Fall litt das Volk und mit ihm litten auch überzeugte Kommunisten, die sich eingestehen mussten, dass es so nicht mehr weitergehen konnte. Aus den innerparteilichen Streitigkeiten zwischen den selbstgefälligen Genossen stalinistischer Prägung und Reformern gingen schließlich Letztere als Sieger hervor.

## Prager Frühling – 1968

Im Januar 1968 wurde Alexander Dubček Erster Sekretär der Kommunistischen Partei. Die von ihm vorgestellten Liberalisierungs- und Demokratisierungsprogramme sollten zu einem „Sozialismus mit menschlichem Antlitz" führen, was viel über das vorherige Gesicht des Systems aussagt. Konkrete Ziele waren u. a. die Aufhebung der Zensur, die Gewährung von Presse- und Versammlungsfreiheit, der Abbau des Zentralismus und auch wirtschaftliche Reformen, die ein Abrücken von der Planwirtschaft vorsahen. Das Volk jubelte Dubček zu. Es herrschte Optimismus, der Prager Frühling verwandelte die Stadt und das Land.

Walter Ulbricht aber, dem Partei- und Staatschef der DDR, gingen die geplanten Reformen vor der eigenen Haustür zu weit. Und der Kalte Krieger Leonid Breschnew in der Sowjetunion sah sogleich die Außengrenzen des Warschauer Paktes in Gefahr. Als aller nichtmilitärische Druck auf die Prager Führung erfolglos blieb, marschierten Truppen des Warschauer Paktes am 21. August 1968 in der Tschechoslowakei ein, insgesamt 650.000 Mann unter sowjetischer Führung. Es kam zu lang anhaltenden Protesten. Die Bilder gingen um die Welt: Tausende Prager auf den Straßen, in ihrer Mitte sowjetische Panzer. Sechs Studenten übergossen sich in aller Öffentlichkeit mit Benzin und zündeten sich an. Bevor der Eiserne Vorhang die Tschechoslowakei endgültig abriegelte, verließen mehr als 150.000 Menschen das Land. Das Vorgehen der Sowjetunion wurde von Breschnew im Nachhinein mit der Doktrin von der „begrenzten Souveränität der sozialistischen Staaten" und der „gemeinsamen Pflicht zur Verteidigung des Sozialismus" gerechtfertigt. Die Drohkulisse der Breschnew-Doktrin verschwand erst unter Gorbatschow und mit ihr schließlich das gesamte sozialistische Staatenbündnis.

## Lange Winter – ab 1968/1969

Die Tristesse des sozialistischen Alltags wurde wiederhergestellt, der große Hoffnungsträger Dubček zum Forstbeamten degradiert. Mit Hilfe eines gigantischen Sicherheitsapparates schaffte es die Kommunistische Partei, für Ruhe zu sorgen und den Lebensstandard sogar so weit zu verbessern, dass er im Ostblock nur noch von der DDR übertroffen wurde.

1976, in dem Jahr, in dem die ČSSR Fußballeuropameister wurde, landeten die Musiker der Undergroundband *The Plastic People of the Universe* im Gefängnis. Liberale Intellektuelle setzen sich daraufhin für sie ein und schlossen sich 1977 zur *Charta 77* zusammen, aus der das *Bürgerforum* hervorging. Einer der geistigen Urheber war Václav Havel. Man forderte die Einhaltung der Menschenrechte und erlebte dafür das Gegenteil: Überwachung, Verfolgung und Inhaftierung.

### Von Burgen, Schlössern und der Restitution

Kein Wunder, dass die Tschechoslowakei für ihre Märchen- und Kinderfilme so berühmt war – wo sonst findet man so viele natürliche Kulissen, die wie geschaffen sind für Räuber Hotzenplotz & Co.? Kaum ein Hügel ohne Burg, kaum eine Stadt ohne Schloss. Vier Jahrzehnte Sozialismus sorgten jedoch dafür, dass viele dieser Bauten zu halben Ruinen wurden und nun nach und nach restauriert werden müssen. Nicht wenige Schlösser gehören heute wieder jenen Adelsfamilien, denen sie nach dem Zweiten Weltkrieg enteignet wurden. Die Rückgabe beschlagnahmten Eigentums wird als Restitution bezeichnet. Nach dem Restitutionsgesetz aus dem Jahr 1991 wird jedoch nur jener Besitz zurückgegeben, der nach der KP-Machtübernahme am 25. Februar 1948 enteignet wurde. Nur in wenigen Ausnahmen können Adelige ihren einstigen Besitz auch dann zurückerhalten, wenn er vor 1948 enteignet wurde. Dazu müssen die Antragsteller den Beweis erbringen, dass sie bzw. ihre Vorfahren zum Zeitpunkt der Enteignung Tschechen waren, sprich: dass ihre Enteignung nicht auf Grundlage der Beneš-Dekrete erfolgte. Einige Zeit hatten viele Adelige auf diesem Wege Erfolg. Mittlerweile hat Präsident Václav Klaus, der in der Restitution einen Raubbau am tschechischen Staate sieht, jedoch peu à peu die Verfassungsrichter ausgetauscht, die die Gesetze nun in seinem Sinne neu interpretieren. Seitdem werden Restitutionsklagen nicht nur schwieriger, seitdem holt sich der tschechische Staat sogar bereits restituierte Schlösser wieder zurück, wie das Beispiel des Schlosses Opočno in Ostböhmen (→ S. 222) zeigt.

## Samten fällt der Eiserne Vorhang – 1989

Gorbatschows Politik der Perestrojka läutete Ende der 80er Jahre das Aus für die greisen Politfunktionäre des gesamten Ostblocks ein. In Berlin war die Mauer bereits gefallen (9. November 1989), in Polen, Ungarn und Bulgarien hatte sich das Volk schon erhoben, als in Prag am 17. November 1989 über 50.000 Menschen auf die Straße zogen. Die Kommunisten hatten die Kundgebung genehmigt, da sie offiziell an die Novemberdemonstration von 1939 erinnern sollte. Damals waren Studenten gegen Hitlers Einmarsch auf die Straße gegangen. Der Protest aber, so zeigte sich schnell, galt der eigenen politischen Führung. Die Demonstration schlug man brutal nieder. Über 100 Teilnehmer wurden verhaftet, ca. 500 verletzt. Dieser Tag gilt heute als der Auftakt zur *Samtenen Revolution*. Seit 2000 ist er ein Feiertag.

Es folgten Arbeitsniederlegung und Großdemonstrationen, und noch bevor das Jahr zu Ende war, hatten die Kommunisten ihre Führungsrolle verloren. Das Volk forderte mit Plakaten „Havel auf die Burg“, und so kam es schließlich auch: Der Dichter zog als erster Präsident der postsozialistischen Ära in die Residenz der tschechischen Staatsoberhäupter ein. Um die Turbulenzen jener Zeit zu verdeutlichen, wird gerne die Geschichte von Jiří Dienstbier erzählt, der als Dissident im Gefängnis saß und danach für die Heizanlagen mehrerer Plattenbauten verantwortlich war. Seine Ernennung zum Außenminister kam so prompt, dass manche kalt duschen mussten, weil seine Stelle so schnell nicht wieder besetzt werden konnte.

1990 gab es schließlich nach langer Zeit wieder die ersten freien Wahlen, zu denen nicht nur jeder gehen durfte, sondern auch ging: Die Wahlbeteiligung lag bei 99 %. Havels *Bürgerforum* gewann. Die Demokratie war nun da, aber die Fragen der Zukunft blieben ungeklärt. Eine bewegte alle ehemaligen Ostblockstaaten: Wie schafft man den Übergang von einer maroden Planwirtschaft zu einer freien Marktwirtschaft, wenn die Gesellschaft – wie Havel es ausdrückte – an einer „Postgefangenschaftspsychose" leidet, nämlich der Unfähigkeit der Menschen, selbst Entscheidungen zu treffen und eigenverantwortlich zu handeln.

## Nach der Trennung 1993

Am 1. Januar 1993 erfolgte die Trennung der ČSFR (der Name existierte seit 1990) in die Tschechische und die Slowakische Republik. Und das Gros der ehemals 1,5 Mio. Mitglieder der Kommunistischen Partei hielt fortan das Fähnchen der Demokratie und des Kapitalismus in den Wind. Viele alte Parteimitglieder starteten eine neue Karriere in Politik und Wirtschaft, schafften es auf Ministerposten oder in die Vorstände internationaler Unternehmen wie Škoda Auto oder HVB-Bank – eine bittere Enttäuschung für viele einstige Dissidenten. Erst seit 2007 gibt es das staatliche Institut für das Studium totalitärer Systeme *(Ústav pro studium totalitních režimů)*, das vergleichbar mit der Birthler-Behörde (zukünftig voraussichtlich Jahn-Behörde) in Deutschland ist.

Freuen konnten sich hingegen viele Tschechen, die nach 1948 enteignet worden waren, unzählige Gebäude, Burgen, Schlösser, Klöster und Kirchen wurden ihren früheren Besitzern zurückgegeben. Durch ein radikales Privatisierungsprogramm versuchte man, die Wirtschaft des Landes wieder auf Vordermann zu bringen. Eine große Zahl ausländischer Unternehmen investierte in den neuen Standort; deren Tochtergesellschaften sorgen heute für ca. 50 % der tschechischen Industrieproduktion und für 70 % der tschechischen Exporte.

## Seit dem EU-Beitritt 2004

Seit dem EU-Beitritt Tschechiens überweist Brüssel jährlich rund 3,5 Mrd. Euro nach Prag. Damit werden überwiegend Projekte in den Bereichen Transport und Regionalentwicklung gefördert – das spiegelt sich für den Besucher v. a. in neuen Parkplätzen und Umleitungen wider. Die Gelder werden aber auch für den Erhalt des baulichen Erbes, für Umweltschutzmaßnahmen und für vieles mehr verwendet.

*Sgraffito – die Kratzkunst der Renaissance*

# Notizen zur Architekturgeschichte

In Böhmen und Mähren sind alle bedeutenden europäischen Baustile des letzten Jahrtausends vertreten, die ältesten fast ausschließlich bei sakralen Bauten, alle anderen auch bei weltlichen. Die größte architektonische Vielfalt hat Prag, das in dieser Hinsicht nur von wenigen Städten der Welt übertroffen wird.

## Romanik

Aus der Romanik (950–1250) sind in erster Linie Sakralbauten und profane Repräsentationsbauten erhalten, denn die meisten anderen Gebäude aus jener Zeit waren einfache Holzbauten. Geschlossenheit und Festigkeit, Wucht und Strenge sind die Merkmale der Romanik. Sowohl durch ihr dickes, unverputztes Kleinquadermauerwerk als auch durch ihre Kargheit besitzen die Bauten von außen häufig Festungscharakter. Von außen wie von innen typische Beispiele für romanische Bauten sind u. a. die **Rotunde der Hl. Jungfrau Maria und der Hl. Katharina in Znojmo** und die **Kapelle der Egerer Burg.** Vielen ursprünglich romanischen Bauwerken wurden bei späteren Umbauten andere Stilelemente aufgesetzt. So präsentiert sich der bedeutendste romanische Bau des Landes, die **Sankt-Georgs-Basilika auf der Prager Burg,** heute nur noch von innen in seiner romanischen Pracht, außen trägt er ein barockes Kleid.

## Gotik

Wie überall in Europa hielt die Gotik auch in Böhmen und Mähren Mitte des 13. Jh. ihren großen Einzug. Himmelwärts strebende Bauwerke, Spitzbögen, Kreuzrippengewölbe und große Fensteröffnungen ersetzten die schweren, breit angelegten Bauten der Romanik. Als prototypisch für die Bauweise der Gotik gelten insbesondere hoch aufragende Kirchenbauten – meist Kathedralen –, in Böhmen etwa die **Bartholomäuskathedrale in Kolín,** die **St.-Barbara-Kathedrale in Kutná Hora** oder der **St.-Veits-Dom in Prag.** An den berühmtesten gotischen Bauwerken des Landes arbeitete der aus Schwäbisch Gmünd stammende Baumeister und Bildhauer Peter Parler mit. Zu den bedeutenden Profanbauten der Gotik zählen in Tschechien **Burg Kost** im Böhmischen Paradies sowie der **Altstädter Brückenturm** und die **Karlsbrücke** in Prag. Während die Epoche der Gotik im übrigen Europa gegen 1500 endete, blieb sie in Prag bis zum Anfang des 17. Jh. lebendig. Insbesondere die Hussiten förderten sie noch lange Zeit, da der neue Stil – die Baukunst der Renaissance – aus dem katholischen Italien kam. Was schon für die romanischen Bauten galt, gilt noch viel mehr für die gotischen: Spätere Umbauten verwischten oder ersetzten den ursprünglichen Stil.

## Renaissance

Die Renaissance-Architektur wurde in der zweiten Hälfte des 16. Jh. von italienischen Handwerkern und Baumeistern nach Böhmen und Mähren exportiert. Als Epochenbegriff markiert die Renaissance den Beginn der Neuzeit, in der der Geist kritischer Forschung langsam an die Stelle mittelalterlicher Autoritätsgläubigkeit tritt und das profane Leben des Menschen in den Mittelpunkt der Betrachtungen rückt. In Philosophie und Kunst, insbesondere auch in der Baukunst, orientierte man sich an den Vorbildern der griechisch-römischen Antike. Als Musterbeispiele für die böhmische Renaissance-Architektur gelten z. B. die **Schlösser von Litomyšl** in Ostböhmen, **Horšovský Týn** in Westböhmen oder **Třeboň** in Südböhmen. Die typischen Stilelemente lassen sich dort bestens nachvollziehen: figürliche und geometrische Sgraffiti und nach altrömischen Vorbildern errichtete Arkadenloggien. Auch ganze Renaissanceensembles sind in Tschechien erhalten geblieben, so z. B. **Prachatice, Telč** oder **Slavonice.**

### Sgraffito-Technik – die Kratzkunst der Renaissance

Als die italienischen Baumeister im 16. Jh. die Renaissance nach Böhmen exportierten, brachten sie die sog. Sgraffito-Technik gleich mit – viele Hausfassaden zeugen noch heute von ihrer Kunst. „Kratzputz" nennt sich die Technik im Deutschen, die das Verfahren gleichzeitig auch erklärt: Auf einen Untergrund aus Rauputz wird dunkler oder farbiger Putz aufgetragen. Dieser wiederum wird mit einer sehr dicken hellen Farbschicht übertüncht. Noch bevor diese trocken ist, werden Muster und Ornamente herausgekratzt, sodass unter der hellen Oberfläche die dunklen bzw. farbigen Stellen sichtbar werden.

## Barock

Wohl kaum ein Baustil hatte in Böhmen und Mähren mehr Erfolg als der Barock. Er entstand im 16. Jh. ebenfalls in Italien und kam in Böhmen und Mähren v. a. nach der Schlacht am Weißen Berg zur Geltung. Der Sieg der katholischen Partei war zugleich der Auftakt für die neue Kunstepoche, für die zunächst überwiegend italienische Baumeister wie Carlo Lurago oder Giovanni Domenico Orsi verantwortliche zeichneten. Der Barock, von den katholischen Habsburgern zum „Reichsstil“ erhoben, fällt in eine Zeit, die geprägt ist vom Widerstreit zwischen Lebensfreude und Todesbangen, Weltgenuss und Jenseitssehnsucht. Die barocke Architektur mit all ihrem Prunk und all ihrer Pracht stand im Dienste der Vitalisierung und Festigung christlicher Frömmigkeit und war gleichzeitig Ausdruck weltlicher Macht, die zwar als vergänglich, aber auch als gottgegeben und unantastbar galt. Gefördert wurde der Um- und Neubau von Kirchen von den Jesuiten, den Trägern der Gegenreformation im Lande. Sie engagierten so berühmte Baumeister wie Joseph Emanuel Fischer von Erlach aus Wien und Christoph Dientzenhofer aus Oberbayern (→ S. 214). Das Renaissance-Ideal von Harmonie und Ordnung wird im Barock zur stürmischen Dynamik. Gerade Linien mutieren zu schwungvollen Kurven, Flächen zu plastischen Gebilden. Typisch sind mächtige Kuppeln und illusionistische Deckengemälde (z. B. in der **Sankt-Nikolaus-Kirche** auf der Prager Kleinseite, der **Wallfahrtsbasilika im südmährischen Velehrad** und dem **Benediktinerkloster im ostböhmischen Broumov**), geschwungene Linien an Fenstern, Portalen und Gesimsen, mit Statuen geschmückte Portale und Fassaden und v. a. und überall: Putten, Putten, Putten. Zum bedeutendsten Bildhauer des Barock wurde Matthias Bernhard Braun (→ S. 188); seine grandiosen Skulpturen sieht man z. B. auf der Spitalterrasse von **Kuks** in Ostböhmen. Zu den prächtigsten Barockschlössern des Landes gehören u. a. **Karlova Koruna** in Chlumec nad Cidlinou, **Vranov nad Dyjí** in Südmähren, **Roudnice nad Labem** südlich von Litoměřice und **Jaroměřice nad Rokytnou** auf der Böhmisch-Mährischen Höhe.

Eine Sonderstellung nimmt die **Barockgotik** Giovanni Santinis (→ S. 505) ein, bei der, wie der Name schon sagt, Elemente des Barock und der Gotik verschmelzen. Besonders schöne Beispiele dieses eigenartigen symbolistischen Stils sind das **Kloster Želiv** und die **Nepomukkapelle in Žďár nad Sázavou** auf der Böhmisch-Mährischen Höhe sowie das **Kloster Kladruby** in Westböhmen.

## Rokoko

Es wird gerne gestritten, ob das Rokoko eine eigene Stilepoche oder als Variante des Spätbarock (etwa 1740–1780) anzusehen ist. Deutlich wird auf jeden Fall der Überdruss am schwülstigen Prunk und der Monumentalität des Hochbarock. Im Rokoko wurde das Dekor feiner, kleiner und verspielter. Neben Blumen und Ranken wurde die Muschel (französisch *rocaille*) zu einem der Grundmotive der Ornamentik, auffallend z. B. am 1765 errichteten **erzbischöflichen Palais im Prager Stadtteil Hradčany.** Schöne Beispiele für die Rokokoarchitektur sind außerdem die **Schlösser Dobříš** (Mittelböhmen) und **Nové Hrady** (bei Litomyšl in Ostböhmen). Zum berühmtesten Rokoko-Bildhauer Böhmens wurde Ignatz Platzer.

## Klassizismus/Empire

Stilistisch stellt der Klassizismus (1750–1840) v. a. eine Gegenreaktion auf die überschwängliche Formensprache von Barock/Rokoko dar; gleichzeitig ist er – wie der Name schon andeutet – ein erneuter Rückgriff auf die griechisch-römische (Bau-) Kunst mit ihren einfachen, klaren Formen. Insbesondere in den Kurorten Westböhmens sind tempelartige klassizistische Bauten, die sich durch Säulen, Kapitelle und Dreiecksgiebel klar an die Antike anlehnen, häufig vorzufinden. Das bedeutendste klassizistische Bauwerk Prags ist das zwischen 1781 und 1783 von Anton Haffenecker erbaute **Ständetheater.** Für die repräsentativen klassizistischen Palastbauten aus der ersten Hälfte des 19. Jh. verwendet man auch den Begriff Empire.

Die schönsten Empireschlösser des Landes sind **Schloss Kačina** bei Kutná Hora und **Schloss Kynžvart** bei Mariánské Lázně.

## Historismus

Der rapide Fortschritt von Wissenschaft und Technik und die damit einhergehende Industrialisierung in der zweiten Hälfte des 19. Jh. sowie wachsende Anforderungen an Rentabilität stellten die Architekten vor massive Probleme. Da Zeit mittlerweile Geld war und dieselbe zum Experimentieren knapp wurde, mussten schnelle Lösungen her – was lag näher als der Rückgriff auf historische Stile. Die Dekorteile wurden inzwischen maschinell produziert und wie Katalogware nach Bildern ausgesucht. Ein Bonmot aus der damaligen Zeit verdeutlicht die Situation: „Das Haus ist fertig, welcher Stil soll nun dran?" So entstanden Gebäude des Neoklassizismus (Bäderarchitektur von **Karlsbad, Marienbad** oder **Franzensbad**), der Neogotik (**Schloss Hluboká nad Vltavou** in Südböhmen und **Schloss Lednice** in Südmähren) und der Neorenaissance (**Nationalmuseum** und **Nationaltheater in Prag**).

*Schloss Troja in Prag*

## Jugendstil

Eine Antwort auf die oft unmenschlich erscheinenden Zustände der Industrialisierung hieß zu Beginn des 20. Jh. „Zurück zur Natur". Der Jugendstil suchte seine Ausdrucksform v. a. in der Ornamentik, dominierend sind der Natur entlehnte geschwungene, fließende Linien, stilisierte Tier- und Pflanzendarstellungen, aber auch Motive aus mythischen Welten wie engelhafte Nymphen mit lang wallendem Haar. In Böhmen und Mähren war der Jugendstil v. a. an der Wiener Secession orientiert, einer kurz vor der Jahrhundertwende gegründeten Künstlervereinigung, die die österreichische Variante des Jugendstils begründete. So waren viele junge tschechische Architekten aus dem berühmten Atelier des Österreichers Otto Wagner mit neuen Ideen nach Böhmen und Mähren zurückgekehrt.

Die Formensprache des Jugendstils erstarrte aber schon bald zur Spielerei, noch vor dem Ersten Weltkrieg war der Stil wie eine veraltete Mode passee. Zu den großen tschechischen Jugendstilkünstlern gehört u. a. Alfons Mucha. Er wirkte am

**Gemeindehaus Obecní dům** mit, dem Vorzeigebauwerk des Prager Jugendstils. Typische Elemente sind hier z. B. Intarsienfußböden, farbige Fenstergläser in der Kombination mit kunstgeschmiedetem Metall sowie das mit floralen Formen versehene Mosaik im Bogengiebel der Fassade. Auch außerhalb der Hauptstadt gibt es eine ganze Reihe schöner Jugendstilbauten, so das **Sparkassengebäude in Krnov** und das „Nationalhaus" **Národní dům in Prostějov,** beide in Nordmähren.

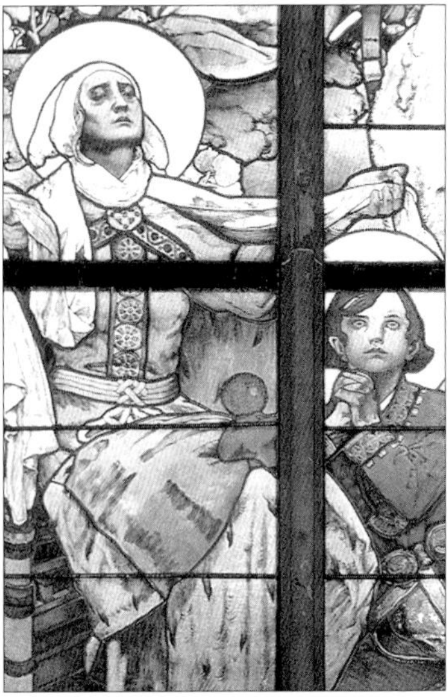

*Muchas Werke sind der Inbegriff des Jugendstils*

## Kubismus/Rondokubismus

Bezüglich seiner kubistischen Architektur ist Tschechien und v. a. Prag einzigartig auf der Welt. In der kubistischen Malerei und Bildhauerei wird versucht, Gegenstände auf ihre wesentlichen geometrischen Formen zurückzuführen: Kubus (= Würfel), Kegel und Kreis. Tschechische Architekten machten diese Idee Anfang des 20. Jh. für die Baukunst nutzbar, die bedeutendsten unter ihnen waren Josef Gočár und Josef Chochol. Dabei wurden die gesamten Gebäude einer plastischen Gestaltung unterzogen. Von außen vermitteln sie den Eindruck, als handele es sich um bewohnbare Skulpturen. Dies kommt z. B. durch kristallin gebrochene Fassaden oder diamantförmige Fensterbekrönungen zum Ausdruck. Sehenswert ist insbesondere das **Haus zur Schwarzen Madonna in der Prager Altstadt.**

Nach der Gründung der Ersten Republik 1918 entwickelte sich der sog. Rondokubismus, auch *Nationaler Stil* genannt, bei dem die eckigen, prismatischen Formen des Kubismus durch weichere, eher zylindrische ersetzt wurden. Sichtbar sind diese neuen Ansätze am von Josef Zasche und Pavel Janák projektierten **Palais Adria in der Prager Neustadt** (Corbusier nannte ihn einst etwas abfällig „assyrischer Palast"). Ein Schmankerl für speziell Interessierte stellt zudem die **Neustadt von Hradec Králové** dar. Der Rondokubismus hatte nur eine kurze Blüte.

## Funktionalismus

Ab den 1920er Jahren stand in der Architektur die Funktion eines Gebäudes im Vordergrund, die Zweckmäßigkeit wurde zum leitenden Stilprinzip erhoben, entsprechend geradlinig und ornamentlos präsentieren sich die Gebäude. Die Ideen der *Neuen Sachlichkeit* wurden in Prag beispielsweise bei der **Müllervilla** (Architekt Adolf Loos) und beim **Messepalast** (Architekten Oldřich Tyl und Josef Fuchs), heute das Museum moderner und zeitgenössischer Kunst, provokant umgesetzt. Das faszinierendste funktionalistische Gebäude des Landes aber ist das von Mies van der Rohe entworfene **Tugendhat-Haus** in Brünn. Mit **Zlín** entstand für die Verwaltung und die Arbeiter der Baťa-Schuhwerke gar eine ganze funktionalistische Stadt.

## Architektur während der sozialistischen Zeit

Das Konzept des sozialistischen Realismus geht auf Stalin selbst zurück und war der Versuch, „eine getreue und historisch korrekte Abbildung der Wirklichkeit in ihrem revolutionären Fortschritt" zu schaffen. Der sozialistische Realismus sollte sich von den Visionen eines rigiden Funktionalismus zugunsten einer gegenständlichen, parteilichen Kunst abwenden. Die Frontfassaden schmückte man wieder mit Elementen historischer Baustile. Das heutige **Hotel Crowne Plaza** (1951–59) im Prager Stadtteil Dejvice wurde z. B. mit aus der Renaissance entlehnten und mit sozialistischer Symbolik angereicherten Sgraffiti verziert. Im westböhmischen **Ostrov** (der Ort taucht nicht im Reiseteil auf) wurde das Zentrum der Neustadt im Stil des sozialistischen Realismus geschaffen. Die meisten Bauten aus sozialistischen Ära aber sind Plattenbauten. Ein besonderes beeindruckendes Bild sozialistischer Wirklichkeit präsentiert diesbezüglich die nordböhmische Stadt **Most.**

## Architektur nach 1989

Als Beispiel für innovative postrevolutionäre Architektur ist Frank Owen Gehrys **Tanzendes Haus** in Prag zu nennen, ein extravagantes Gebäude im Stil des Dekonstruktivismus – die Auflösung traditioneller statischer Verhältnisse steht dabei im Vordergrund. Ansonsten sind außergewöhnliche moderne Bauten rar im Land. Es wird zwar viel geplant, aber wenig realisiert. Für Prag sind u. a. ein avantgardistischer Kunsttempel für ein Dalí-Museum von Daniel Libeskind und die *Walter Towers*, ein w-förmiger Hochhauskomplex, entworfen von dem dänischen Architektenbüro Bjorke Ingels, in der Diskussion.

*Postrevolutionäre Architektur: das „Tanzende Haus" in Prag*

*Prager Brückenpanorama*

# Praha

(Prag)

**Um all die Facetten der tausendjährigen Stadt zu entdecken, bräuchte man Wochen. Um sie zu verstehen, Jahre. Genießen aber kann man Prag auf Anhieb.**

Prag ist eine Stadt im Wandel, eine Stadt auf dem Weg zu einer neuen Identität im Herzen Europas und innerhalb der EU. Die Tristesse aus der Zeit des Sozialismus ist passé, das Grau der Fassaden übertüncht. Das Attribut „golden" trägt Prag wieder zu Recht. Farbenprächtig und lebensfroh präsentiert sich das Zentrum – Anteil daran haben auch die Millionen Besucher aus aller Welt.

Prag zeigt seine Reize freizügig: eine erhabene Burg, hundert Türme und Kuppeln, verschlungene Gassen und prächtige Straßenzüge mit Bauten aus der Gründerzeit. Die Schätze liegen nicht wie in anderen Metropolen in Museen versteckt. Zwei Weltkriege hat die Stadt dank der ausgebliebenen Bomber nahezu unbeschadet überstanden, das kommt ihr zugute. Aber nicht nur die Vergangenheit ist an allen Ecken lebendig, auch die Gegenwart. Als eine pulsierende, weltoffene Metropole präsentiert sich Prag, als eine Stadt, die voller Optimismus in die Zukunft blickt.

Ein Optimismus allerdings, den nicht all ihre Bewohner teilen: Während sich in trendigen Cocktailbars die neureiche Oberschicht zur

Caipirinha trifft, hinter mondänen Glasfassaden die Fäden für das Prag des neuen Jahrtausends gezogen werden, in eleganten Shoppingcenter die noch unentdeckten Karolína Kurkovás flanieren und in prächtigen Jugendstilcafés Touristen über Kafka und den Golem plaudern, sitzen die einfachen Arbeiter in den Eckkneipen dicht gedrängt beim Pausenbier und studieren die Quoten der Fußballwetten. Ihre Frauen durchwühlen die Wäscheberge der Secondhandläden, von der glamourösen Hochglanzwelt können sie nur träumen. Auf den Straßen knattern Auspuffe, Presslufthämmer und Ampeln (!) um die Wette. Am Gehweg daneben erledigt der humpelnde Rauhaardackel sein Geschäft. Sein verarmtes Frauchen – zum Zaun-

gast im neuen Prag geworden – kramt in der Mülltonne. Nur eine überfüllte Straßenbahn schaut zu. Prag hat verschiedene Gesichter.

### Prag – die Highlights

**Zuschauen:** Eine Opern- oder Ballettaufführung in einem der drei prächtigsten Prager Häuser (Staatsoper, Nationaltheater oder Ständetheater) kann zum Highlight Ihres Aufenthaltes an der Moldau werden.

**Kaffee trinken:** Ein Cappuccino in einem traditionsreichen Kaffeehaus sollte drin sein. Unser Tipp ist das *Imperial* in der Neustadt.

**Staunen:** Der Altstädter Ring zählt zu den schönsten Plätzen Europas. Nachts, im sanften Scheinwerferlicht angestrahlt, ist er einfach umwerfend.

**Spazieren gehen:** Vom Altstädter Ring über die Karlsbrücke und die malerische Kleinseite hinauf zur Burg – die touristische Standardroute, aber immer wieder empfehlenswert. Unterwegs lohnt ein Blick in die Kleinseitner Nikolauskirche, die mit Abstand schönste Kirche Prags.

**Anstoßen:** Die Bierstube *Zum Schwarzen Ochsen* (U černého vola) ist eine der urigsten der Stadt. Zum überaus leckeren Bier (kosten Sie das Dunkle!) gibt es kleine, deftige Snacks.

**Durch Museen ziehen:** Der ehemalige Messepalast (Veletržní palác) im Stadtteil Holešovice beherbergt heute das Museum moderner und zeitgenössischer Kunst. Er ist eine Augenweide – nicht nur wegen seiner Exponate!

**Geschichte:** Die ersten Siedlungen auf dem Gebiet des heutigen Prag entstanden ca. 3000 v. Chr. Alte Handelswege kreuzten sich hier an einer leicht zu überquerenden Furt über die Moldau. Die eigentliche Stadtgeschichte beginnt aber erst in der zweiten Hälfte des 9. Jh. Damals wählte Herzog Bořivoj I. aus dem Geschlecht der Přemysliden jenen Bergrücken, der sich heute Hradčany nennt, zu seiner Burgstätte. Schon ein Jahrhundert später gab es unterhalb der Prager Burg ein blühendes Marktzentrum, wo Slawen, Muslime und Juden mit Sklaven, Zinn und Pelzen handelten. Bald darauf entstanden die ersten Klöster. Gegen Ende des 10. Jh. wurde flussaufwärts die Burg Vyšehrad im heutigen Prager Süden (→ S. 126) befestigt und mit einer Münzprägestätte ausgestattet.

Im Jahr 1158 ließ der Herrscher Vladislav II. die erste Steinbrücke über die Moldau errichten, die nach seiner Frau „Judithbrücke" genannt wurde. Dieser wichtige Übergang trug erheblich zur Entwicklung der Stadt bei. Insbesondere am rechten Moldauufer siedelten daraufhin mehr und mehr Kolonisten, vorrangig aus Bayern und Sachsen. Und nachdem Soběslav II. Juden, Italienern und Deutschen das Recht auf Selbstverwaltung zugestanden hatte, war deren Zuzug enorm. Man schätzt, dass in der zweiten Hälfte des 13. Jh. bereits 35.000 Menschen dort lebten. Zu jener Zeit ging auch der Name „Prag" von der Burg auf die Stadt darunter über. Das Handelszentrum, das aus mehreren Märkten bestand, wurde von einer Befestigungsmauer umgeben, die entlang der heutigen, die Alt- von der Neustadt trennenden Fußgängerzone Na příkopě (Am Graben) verlief.

In der Mitte des 14. Jh. reihte sich Prag unter Karl IV. in die Liste der bedeutendsten Städte Europas ein und wurde Mittelpunkt des Heiligen Römischen Reiches. Unter seiner Herrschaft erfolgte die Grundsteinlegung des Sankt-Veits-Doms, der ersten Universität Mitteleuropas und der Karlsbrücke, welche die durch Treibeis beschädigte Judithbrücke ersetzte. Zudem ließ Karl auf der rechten Seite der Moldau Nové Město, die Neustadt, mit weiten Straßen und Plätzen anlegen. Auf Karls Tod folgte für Prag ein Jahrhundert schwerer Rückschläge, bedingt durch verheerende Pestepidemien und die sozialen Spannungen zwischen Katholiken und Hussiten, die mit dem ersten Prager Fenstersturz (→ Kasten S. 120) die Hussitenkriege auslösten.

Erst in der zweiten Hälfte des 16. Jh. (mittlerweile zählte die Stadt rund 60.000 Einwohner) wurde Prag wieder zu einer der glanzvollsten Metropolen des Heiligen Römischen Reiches – insbesondere unter der Regierungszeit Rudolfs II., der Maler und Bildhauer, Alchemisten und Astrologen an seinen Hof kommen ließ und eine der imposantesten Kunstsammlungen weltweit aufbaute. Aber dann kam der 30-jährige Krieg, ausgelöst durch den berühmten zweiten Prager Fenstersturz (→ Kasten S. 120), und die Schweden plünderten die Kunstschätze der Prager Burg. Nach dem Krieg wurde Prag von Wien aus regiert. Im Zuge der Gegenreformation erhielt die Stadt ihr barockes Gesicht, das noch heute das „Goldene Prag" ausmacht.

1713 erlebte Prag ein verheerendes Jahr: Zum letzten Mal brach die Pest aus, 13.000 Menschen fielen ihr zum Opfer. Während des österreichischen Erbfolgekriegs wurde Prag von Bayern, Sachsen, Franzosen und Preußen belagert. Dem Preußen Friedrich II. gelang es 1745 sogar, mit einem Heer von 80.000 Mann die Stadt vorübergehend einzunehmen. 12 Jahre später versuchte er sein Glück erneut: Dieses Mal stand er mit über 100.000 Mann vor den Toren der Stadt, auf die er ebenso viele Kanonenkugeln hageln ließ. Doch einnehmen konnte er sie diesmal nicht.

In der ersten Hälfte des 19. Jh. kippte infolge der Industriellen Revolution und des damit verbundenen Zuzugs von Tschechen das zahlenmäßige Verhältnis zwischen Deutschen und Tschechen zugunsten Letzterer. Daraus entwickelte sich ein vehementer Konkurrenzkampf zwischen beiden Kulturen, der bis in die Mitte des 20. Jh. anhielt. Durch den Bau feudaler Palais, großer Theater und prachtvoller Bürgerhäuser, die noch heute der Stadt ihren besonderen Reiz verleihen, versuchten sich beide Kulturen einander zu beweisen. 1843 wurde der erste Prager Bahnhof eröffnet, vier Jahre später brannten die ersten Gaslaternen, und 1896 fuhr die erste elektrische Straßenbahn. Im Ersten Weltkrieg blieb Prag von Kriegshandlungen verschont, auch den Zweiten Weltkrieg überstand die Stadt ohne große Zerstörungen.

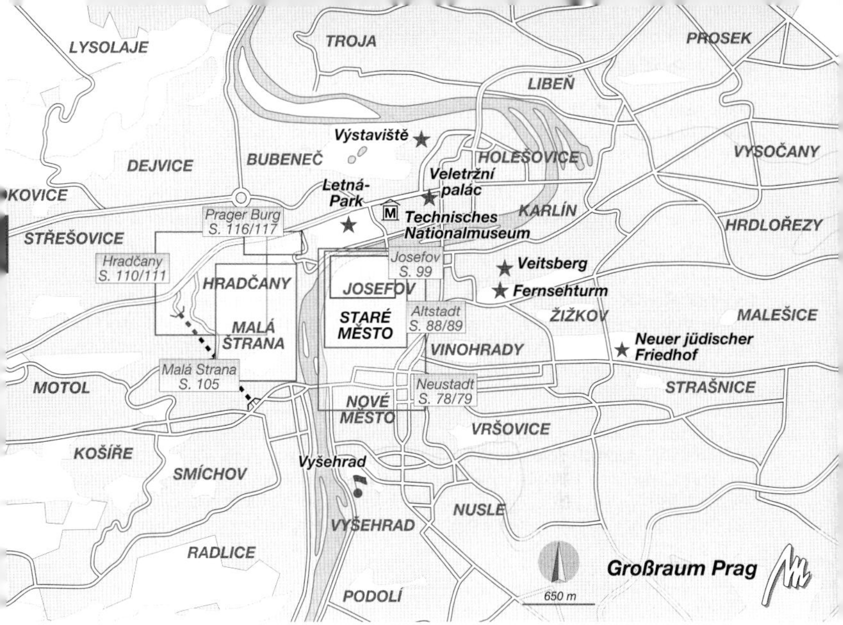


Unter den Kommunisten begann der Verfall des historischen Zentrums und der Bau von Plattenbauten rund um die Stadt. 1960 zählte Prag eine Million Einwohner und rühmte sich der größten Stalinstatue der Welt (kurz nach ihrer feierlichen Einweihung jedoch war Stalin „out“ und man riss sie wieder ab). 1968, während des Prager Frühlings, stand die Moldaustadt im Mittelpunkt des Weltgeschehens, aber kurz darauf verschwand sie hinter dem Eisernen Vorhang und geriet fast in Vergessenheit. Seit der Samtenen Revolution hat sich das wieder geändert – Prag zählt heute zu den beliebtesten Zielen für Städtereisen. Die Stadt boomt und ist ein bevorzugter Ort internationaler Investoren, ihre Zukunft sieht rosig aus. An allen Ecken wird gebaut und restauriert.

**Orientierung:** Prag ist überschaubar. Das Gros aller Sehenswürdigkeiten, darunter die Prager Burg, der Staroměstské náměstí (Altstädter Ring), die Karlsbrücke, der Wenzelsplatz und der Alte Jüdische Friedhof, liegt in den historischen Stadtteilen Hradčany und Malá Strana westlich der Moldau und Staré Město, Josefov und Nové Město östlich der Moldau. Sie alle lassen sich problemlos zu Fuß erkunden. Aber auch mit der Straßenbahn oder der Metro gelangt man ohne Umstände in die Nähe jeder Sehenswürdigkeit. Die nächstgelegene Metrostation oder Straßenbahnhaltestelle sowie die dort hinführenden Linien sind unter den einzelnen Sehenswürdigkeiten angegeben. Es ist vorteilhaft, im Zentrum zu wohnen, die Auswahl an Unterkünften ist groß.

## *Information*

Die offizielle Touristeninformation der Stadt (*Pražská informační služba*) ist im Internet unter www.pis.cz und www.prague-info.cz (auch in deutscher Sprache) vertreten. Zweigstellen mit der einheitlichen Rufnummer ✆ 12444 findet man z. B. in:

**Staré Město (Altstadt):** Staroměstská radnice (Altstädter Rathaus), Staroměstské nám. 1. Tägl. 9–19 Uhr. Ⓜ A Staroměstská.

**Malá Strana (Kleinseite):** Im Kleinseitner Brückenturm an der Karlsbrücke. April–Okt. tägl. 10–18 Uhr. Ⓢ 12, 20, 22 Malostranské náměstí.

## Verbindungen

• *Bus* Die meisten nationalen und internationalen Busse starten und enden am **Busbahnhof Florenc.** Hier befindet sich auch die gleichnamige Metrostation: Sowohl mit der roten Linie (Haltestelle Muzeum) als auch mit der gelben (Haltestelle Můstek) gelangen Sie direkt zum Wenzelsplatz. Weitere wichtige Busbahnhöfe sind **Na Knížeci** (Ⓜ B Anděl) südlich der Kleinseite im Stadtteil Smíchov, **Nádraží Holešovice** im Norden Prags (Ⓜ C) und **Roztyly** im Südosten der Stadt (Ⓜ C).

• *Zug* Prag hat mehrere Bahnhöfe. Die meisten Züge enden entweder am **Hauptbahnhof (Hlavní nádraží)** im Zentrum der Stadt oder am **Bahnhof Holešovice** (auch *Nádraží Franze Kafky* bzw. Franz-Kafka-Bahnhof) im Norden Prags. Ins Zentrum gelangt man von Letzterem mit der Ⓜ C, nach Mitternacht mit Ⓢ 54. In beiden Bahnhöfen fihrnden Sie Gepäckaufbewahrungs- und Geldwechselmöglichkeiten sowie Zimmervermittlungen. Für Touristen i. d. R. weniger von Nutzen sind die Bahnhöfe **Smíchovské nádraží** (Ⓜ B) im Stadtteil Smíchov südlich der Kleinseite und **Masarykovo nádraží** (Ⓜ B Náměstí Republiky) in der Neustadt nahe dem Náměstí Republiky.

• *Flugzeug* Prags internationaler Flughafen heißt **Letiště Ruzyně.** Er liegt etwa 20 km nordwestlich des Zentrums und verfügt über drei Terminals. Terminal 3 dient in erster Linie der Abfertigung von kleinen Privatjets, Terminal 2 der Abfertigung von Maschinen, die aus Schengenstaaten ankommen bzw. dorthin fliegen (u. a. Deutschland, Österreich und Schweiz), Terminal 1 der Abfertigung von Maschinen aus der restlichen Welt. Terminal 1 und 2 sind miteinander verbunden. Im Ankunftsbereich dieser beiden Terminals befinden sich eine Flughafen-Information, AAA-Radiotaxi-, Cedaz-Minibus- und Info-Schalter der Prager Verkehrsbetriebe. Terminal 1 beherbergt zudem mehrere Zimmervermittlungen, des Weiteren eine Gepäckaufbewahrung (mit „Baggage Deposit" beschildert).

### Transfer zwischen Flughafen und Zentrum

Der Prager Flughafen besitzt bislang noch keinen Metroanschluss – bis 2018 soll sich das aber geändert haben. Die einfachste Alternative, um ins Zentrum zu gelangen, ist mit dem **Cedaz-Minibus-Shuttleservice,** der von 7.30–19 Uhr alle 30 Min. fährt. Ins Zentrum (Endstation in der Straße V Celnici nahe dem Náměstí Republiky/Neustadt) werden pro Person 5 € fällig, direkt ins Hotel wird ein Pauschalpreis von 20 € berechnet, egal ob für eine oder vier Personen. Die Minibusse fahren direkt vorm Ankunftsbereich der Terminals 1 und 2 ab. Wer auf diese Weise vom Zentrum zum Flughafen möchte, steigt in der Straße V Celnici zu (Abfahrtsstelle vor dem ČSA-Büro).

**Taxis** ins Zentrum (Prag 1) kosten ca. 21 € – am besten über einen AAA-Schalter buchen. Wer den Preis davor nicht klärt, glaubt manchmal, Prag sei größer als New York City und ist Stunden unterwegs. Für die Strecke zwischen Zentrum und Flughafen braucht man 30 Min., planen Sie zu den morgendlichen und abendlichen Stoßzeiten zur Sicherheit 1 Std. ein.

Wer mit **öffentlichen Verkehrsmitteln** vom Flughafen ins Zentrum fahren will, steigt vor dem Ankunftsterminal in Ⓑ **119** bis Dejvická und dort in die Ⓜ A zum Wenzelsplatz um. Die Busse fahren von 4 bis 24 Uhr. Tickets bekommt man am Schalter der Prager Verkehrsbetriebe in den Ankunftsbereichen der Terminals 1 und 2. Zudem gibt es den sog. **Airport Express Bus (AE),** der zwischen 5 und 21 Uhr ca. alle 30 Min. vom Flughafen über die Metrostation Dejvická (Ⓜ A) zum Hauptbahnhof (Hlavní nádraží, Abfahrt dort vor dem Café Fantova kavárna) fährt. Tickets löst man beim Fahrer, die Fahrscheine der Prager Verkehrsbetriebe gelten hier nicht.

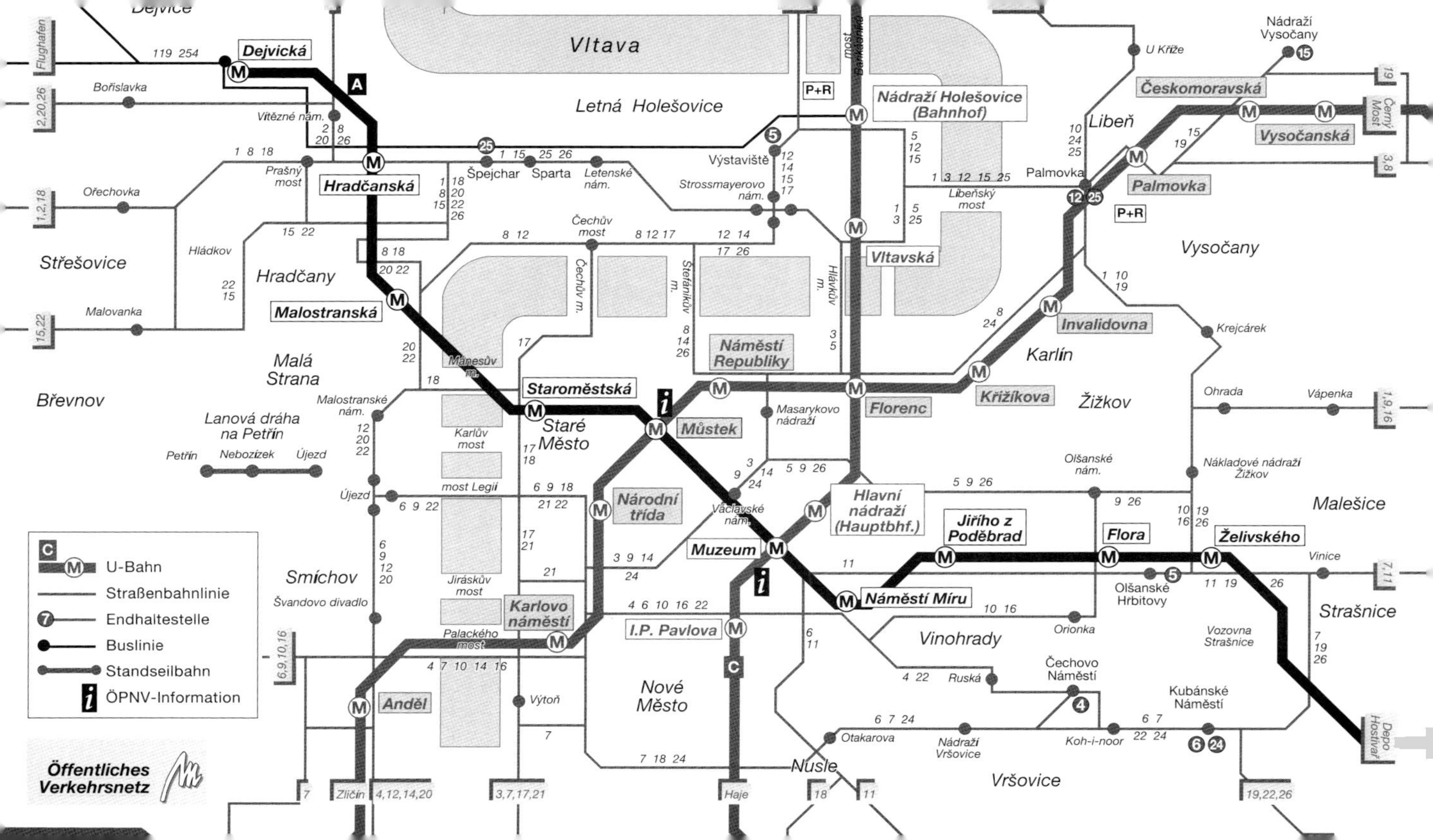

Vltava
Letná Holešovice
Dejvická
Hradčanská
Malostranská
Staroměstská
Můstek
Náměstí Republiky
Florenc
Vltavská
Nádraží Holešovice (Bahnhof)
Křižíkova
Invalidovna
Palmovka
Českomoravská
Vysočanská
Černý Most
Hlavní nádraží (Hauptbhf.)
Muzeum
Národní třída
Karlovo náměstí
I.P. Pavlova
Náměstí Míru
Jiřího z Poděbrad
Flora
Želivského
Anděl
Depo Hostivař
Flughafen
Bořislavka
Vítězné nám.
Prašný most
Ořechovka
Malovanka
Hládkov
Střešovice
Hradčany
Malá Strana
Břevnov
Lanová dráha na Petřín
Petřín
Nebozízek
Újezd
Malostranské nám.
Smíchov
Švandovo divadlo
Špejchar
Sparta
Letenské nám.
Výstaviště
Strossmayerovo nám.
Čechův most
Čechův m.
Štefánikův m.
Hlávkův m.
Libeňský most
Palmovka
Libeň
U Křiže
Nádraží Vysočany
Vysočany
Krejcárek
Karlín
Žižkov
Ohrada
Vápenka
Nákladové nádraží Žižkov
Olšanské nám.
Malešice
Vinice
Strašnice
Olšanské Hrbitovy
Vozovna Strašnice
Orionka
Vinohrady
Čechovo Náměstí
Kubánské Náměstí
Ruská
Koh-i-noor
Nádraží Vršovice
Otakarova
Nusle
Vršovice
Masarykovo nádraží
Václavské nám.
Staré Město
Nové Město
Karlův most
most Legií
Jiráskův most
Palackého most
Mánesův m.
Výtoň
Zličín
Haje
P+R
A
C
U-Bahn
Straßenbahnlinie
Endhaltestelle
Buslinie
Standseilbahn
ÖPNV-Information
Öffentliches Verkehrsnetz

## Stadtverkehr/Parken

• *Metro* Die schnellste Verbindung zwischen den Stadtteilen. Das Netz ist klein und übersichtlich. Es besteht aus drei Linien, die mit den Buchstaben und Farben A (Grün), B (Gelb) und C (Rot) gekennzeichnet sind. Die Metro fährt täglich von 5 Uhr morgens bis Mitternacht, zu Stoßzeiten alle 2–3 Min., in den verkehrsschwachen Zeiten alle 4–10 Min. Es lohnt sich, einen Stadtplan zu kaufen, auf dem alle Metro-, Straßenbahn- und Buslinien verzeichnet sind (→ Wissenswertes von A bis Z/Karten, S. 34).

**Achtung**: Wegen Sanierungsarbeiten am Schienennetz kommt es häufig zu Fahrplanänderungen bei den Straßenbahnen. Aktuelle Infos dazu unter www.dpp.cz.

• *Straßenbahn* Das Straßenbahnnetz ist sehr dicht und die meisten Linien sind auf die Minute pünktlich. Vor allem das Zentrum lässt sich besser mit der Straßenbahn als mit der Metro erkunden. Straßenbahnen *(tramvaj)* fahren i. d. R. von 4.30–0.15 Uhr, werktags alle 8–10 Min., am Wochenende und an Feiertagen alle 8–15 Min. Danach sind Nachttrams im Abstand von etwa 30 Min. unterwegs. Sie tragen 50er-Nummern und passieren das Stadtzentrum. Orientieren kann man sich an den Fahrplänen an jeder Haltestelle.

• *Bus* Auch die Busse verkehren meist auf die Minute genau, jedoch fahren sie vorrangig die Prager Außenbezirke an. Es existieren vier Nachtbuslinien – sie tragen 500er-Nummern und verkehren im 40-Min.-Takt.

• *Taxis* Am besten fahren Sie mit **AAA radiotaxi s.r.o.** (✆ 14014). Die seriöse Gesellschaft verfügt überall im Zentrum über eigene Taxistände mit Preistafeln. Betrügerische Fahrer werden fristlos entlassen. Es gibt keinen einheitlichen Taxitarif. Bei AAA kostet 1 km etwa 1,15 € (28 Kč), der Einstiegssatz beträgt 1,60 € (40 Kč).

• *Parken* Die von uns aufgeführten Unterkünfte bieten, wenn nicht anders angegeben, sichere Parkplätze an oder können einen Parkplatz außer Haus reservieren. Der bewachte Parkplatz gegenüber dem Rudolfinum in Staré Město kostet 1,60 €/Std., die Tiefgarage des Nationaltheaters an der Ostrovní in Nové Město 2 €/Std. bzw. 48 €/Tag.

### Nahverkehrstarife

Fahrscheine, die für alle öffentlichen Verkehrsmittel – egal ob Metro, Straßenbahn oder Bus – gültig sind, erhält man an den gelben Fahrkartenautomaten in den Metrostationen, zuweilen auch in Zeitungs- und Tabakläden. Nur wenige Bus- und Straßenbahnhaltestellen haben Automaten!

**Preise:** Fährt man mit der Metro nicht mehr als 5 Stationen und ist in öffentlichen Verkehrsmitteln nicht länger als 30 Min. unterwegs, reicht ein eingeschränktes Ticket *(limitovaná)* zu 1 € (24 Kč; Stand 2011). Das normale Ticket *(základní)* zu 1,30 € (32 Kč) erlaubt das Fahren und Umsteigen in allen Transportmitteln für 75 Min. Kinder zwischen 6 und 15 Jahren bezahlen die Hälfte, über 15 Jahre den vollen Preis, unter 6 Jahren fahren sie kostenlos. Für größere Gepäckstücke müssen Extratickets zu 0,55 € (13 Kč) gelöst werden, sofern Sie kein Tages- oder Mehrtagesticket haben. Schwarzfahren lohnt nicht, Kontrollen sind häufig.

**Tipp:** Kaufen Sie sich Tages- bzw. Mehrtageskarten, auch wenn Sie mit Einzelfahrscheinen vielleicht billiger wegkämen. Die Sucherei nach dem nötigen Kleingeld und dem nächsten Automaten erledigt sich damit. Tages- und Mehrtageskarten gibt es an den Ticketschaltern der Metrostationen zu kaufen. Das 24-Std.-Ticket kostet 4,50 € (110 Kč, erm. die Hälfte), das Dreitagesticket 13,20 € (330 Kč) und ein Fünftagesticket 20 € (500 Kč).

## Adressen

• *Ärztliche Versorgung* Von der deutschen Botschaft empfohlene Ärzte und Krankenhäuser: **Krankenhaus Na Homolce**, Roentgenova 2, Motol. ✆ 257271111. Bei Zahnproblemen hilft dort Dr. Liška (deutschsprachig) weiter, ✆ 257272612. Ⓜ B Anděl, weiter mit Ⓑ 167 Na Homolce.

**Medizinische Fakultät der Karlsuniversität**, auf die Behandlung von Ausländern vorbereitet ist die III. Interna, Abt. C. Die Ärzte sind deutsch- oder englischsprachig. Die Aufnahme ist unkompliziert. EHIC wird akzeptiert. Zentral gelegen: U nemocnice 2 (Karlsplatz), ✆ 224961111, Ⓜ B Karlovo náměstí.

• *Autoverleih* Die hier aufgeführten Anbieter verfügen über Zweigstellen am Flughafen und im Zentrum. Für weitere Informationen → Wissenswertes von A bis Z/Mietwagen, S. 38.

**Europcar**: Elišky Krasnohorské 9, Josefov, ✆ 224811290, www.europcar.cz. Ⓜ A Staroměstská.

**Sixt**: Pobřežní 1 (Hilton), Nové Město, ✆ 222324995, www.e-sixt.cz. Ⓜ B, C Florenc.

**Hertz**: Evropská 15 (Hotel Diplomat), Dejvice, ✆ 225345041, www.hertz.cz. Ⓜ A Dejvická.

• *Diplomatische Vertretungen* → Wissenswertes von A bis Z, S. 31.

• *Polizei* **Hauptdienststelle** an der Bartolomějská 8, Staré Město. Ⓜ A, B Můstek. Notruf: ✆ 158.

• *Post* **Hauptpost** an der Jindřišská 14, Nové Město. Tägl. 2–24 Uhr. Ⓜ A, C Muzeum.

• *Stadtrundfahrten und -führungen* Unzählige Veranstalter mit unterschiedlichsten Touren in der Innenstadt. Zwei Adressen:

**Prague Walks**, Spaziergänge zu speziellen Themen, aber auch einfach zu den Highlights. Keine Voranmeldung nötig, auf Flyer achten, Treffpunkt Altstädter Ring links der Astronomischen Uhr, ✆ 222322309, www.praguewalks.com. Ⓜ A Staroměstská.

**Premiant City Tour**, Stand vor der Na příkopě 23, Nové Město, ✆ 606600123 (mobil), www.premiant.cz. Standardtouren zu Fuß und mit dem Bus. Ⓜ A, B Můstek.

• *Stadtpläne* → Wissenswertes von A bis Z/Karten, S. 34.

• *Waschsalon* **Laundryland**, Selbstbedienungswaschsalon mit mehreren Filialen, z. B. im Shoppingcenter Černá Růže, Na příkopě 12, Nové Město (Ⓜ B Náměstí Republiky).

**Praha** Übersicht S. 63

## Einkaufen

Von einem Shoppingparadies à la London oder Paris ist Prag weit entfernt. Zum Stöbern aber – egal ob in Antiquariaten oder verstaubten Trödelläden – ist die Moldaumetropole eine gute Adresse.

• *Kunsthandwerk/Souvenirs* Böhmisches Kristall, Töpferwaren, Holzspielzeug, Marionetten, Bernsteinschmuck und bemalte Ostereier (ganzjährig!) an jeder zweiten Ecke. Ein paar Extratipps:

**Obchod pod Lampou (9/S. 105)**, einer der schönsten Marionettenläden der Stadt ist der von Pavel Truhlář im Schatten der Karlsbrücke. Handgeschnitzte Puppen, deren Kostüme vor Ort genäht werden. U Lužického semináře 5/78, Malá Strana. Ⓢ 12, 20, 22 Malostranské náměstí.

**Erpet (8/S. 88/89)**, museumsgroßer Glaspalast für böhmisches Kristall in allen Variationen, darunter auch Moser-Gläser (→ Karlsbad, S. 392). Staroměstské náměstí 27, Staré Město. Ⓜ A Staroměstská.

**Manufaktura (12/S. 88/89)**, Kunsthandwerk und Naturprodukte von bemalten Ostereiern über Holzspielzeug bis zu wohlduftenden Seifen. Mehrere Filialen, eine große in der Melantrichova 17, Staré Město. Ⓜ A, B Můstek.

• *Mode* Für *Diesel* & Co → Shoppingcenter. Boutiquen junger tschechischer Designer(innen) findet man v. a. in Josefov: z. B. **Tatiana (11/S. 99)**, Dušní 1, **Bohème (8/S. 99)**, Dušní 8, oder **Klára Nademlýnská (9/S. 99)**, Dlouhá 3. Noch zwei Adressen außerhalb Josefovs:

**Vintage (15/S. 88/89)**, wie der Name schon sagt, wird hier Erlesen-Abgefahrenes aus zweiter Hand verkauft. Wirklich schräge Teile zu günstigen Preisen! Michalská 18, Staré Město. Ⓜ A, B Můstek.

**Baťa (6/S. 78/79)**, größter Baťa-Laden der Stadt, auf 7 Etagen. Es werden auch Schuhe anderer Hersteller verkauft. Václavské náměstí 6, Nové Město. Ⓜ A, B Můstek.

• *Shoppingcenter* **Palladium**, größte Shoppingmall der Innenstadt. 170 Läden, alle bekannten Marken sind vertreten. Ein Tipp ist

*Havelská-Markt in der Altstadt*

die Foodmeile im OG. Náměstí Republiky, Staré Město. Ⓜ B.

• *Märkte* **Kolbenka**, großer Flohmarkt auf dem Gelände einer ehemaligen Stahlgießerei im nordöstlichen Stadtteil Vysočany. Überwiegend billigster Trödel, dazu geklaute Autoradios und Neuware. Sa/So 7–13.30 Uhr. Ⓜ B Kolbenova, dann den Massen hinterher.

**Havelské tržiště**, tägl. Touristenmarkt in der Altstadt. Havelská, Staré Město. Ⓜ A, B Můstek.

• *Lebensmittel* **Zemark Lahůdky (17/ S. 78/79)**, Feinkost, Spirituosen, Absinth in allen Variationen. Václavské náměstí 44, Nové Město. Ⓜ A, B Můstek oder A, C Muzeum.

• *Antiquitäten/Trödel* Hochwertigere Antiquitätengeschäfte findet man geballt im Stadtteil Josefov und in der Altstadt rund um den Betlémské náměstí. In allen anderen Stadtteilen dominieren Trödler *(bazar zastavárna)* mit einem oft recht bunten Warensortiment. Noch zwei interessante Adressen:

**Dorotheum (11/S. 88/89)**, das älteste Auktionshaus Europas, gegründet 1707 in Wien. Alles, was angeboten wird, ist antik und teuer: Porzellan, Zigarettenetuis, Orden, Glas, Gemälde usw. Ovocný trh 2, Staré Město. Ⓜ A, B Můstek.

**Art deco Galerie (13/S. 88/89)**, ausgefallener Nobeltrödler. Das meiste im Stil der 20er-Jahre, viel Kleidung. Nur Mo–Fr 14–19 Uhr. Michalská 21, Staré Město. Ⓜ B Národní třída o. Ⓢ 6, 9, 18, 21, 22 Národní třída.

• *Antiquariate/Buchhandlungen* **U Zlaté Číše (3/S. 105)**, eines der schönsten Antiquariate der Kleinseite. Nerudova 16, Malá Strana. Ⓢ 12, 20, 22 Malostranské náměstí.

**Antikvariat Můstek (7/S. 78/79)**, größere Auswahl an deutschen Büchern, Landkarten, Drucken etc. Národní 40, Nové Město. Ⓜ A, B Můstek.

**Vitalis (1/S. 116/117)**, deutsche Buchhandlung des gleichnamigen Prager Verlags. Viel Literatur zur Stadt, Übersetzungen tschechischer Autoren, zudem Kafka & Co. Im Goldenen Gässchen, Zlatá ulička 22, Pražský hrad. Ⓢ 1, 8, 15, 18, 20, 22, 26 Pražský hrad.

**Buchhaus Kanzelsberger (5/S. 78/79)**, alteingesessenes Buchgeschäft auf mehreren Etagen. Auch Noten und deutschsprachige Literatur. Dazu ein nettes Café im 1. Stock. Václavské náměstí 4, Nové Město. Ⓜ A, B Můstek.

Praha
Übersicht S. 63

## *Essen & Trinken*

Das touristische Zentrum Prags bietet eine fast unglaubliche gastronomische Vielfalt. Für Prager Standardeinkommen sind jedoch viele der dortigen Restaurants tabu, besucht werden sie vornehmlich von Touristen. Leider verstehen sich auch manche zentralen Restaurants weniger aufs Kochen, sondern mehr aufs Kassieren. Das gilt insbesondere für möchtegernschicke, bewusst traditionsbetonte Häuser und den Großteil der Restaurants, die mit einem Menüsonderangebot am Eingang werben. Das Essen ist dort meist keinen Deut besser als in der miefigsten Vorstadtkneipe, nur um ein Vielfaches teurer. Das Gros der Ausländer bekommt das gar nicht mit, da man von zu Hause solche Preise gewohnt ist oder sie für eine Großstadt als angemessen akzeptiert.

Empfehlenswerte Restaurants finden Sie in den Kapiteln zu den einzelnen Stadtteilen.

## *Übernachten*

Das Angebot an Quartieren in Prag ist vielfältig. Trotz enormer Kapazitäten kann es in der Hauptsaison (von Ende März bis Ende Juni und von Ende August bis Ende Oktober) und Topsaison (d. h. über Silvester, Ostern, Pfingsten und – je nachdem, wie die Feiertage liegen – über die verlängerten Wochenenden) zu Engpässen kommen. In der Topsaison steigen auch die hier angegebenen Hochsaisonpreise nochmals um 30–100 % an. Frühzeitig zu buchen lohnt daher. In der Nebensaison hingegen purzeln die Preise zuweilen, ein DZ in einem zentrumsnahen Vier-Sterne-Hotel ist dann auch schon mal für 40 € inkl. Frühstücksbüfett zu haben. Bis auf die Campingplätze liegen die hier aufgeführten Unterkünfte im Zentrum oder zumindest in angrenzenden und problemlos zu erreichenden Stadtbezirken. Achtung: Übers Internet (→ S. 28) können Sie viele der von uns beschriebenen Unterkünfte wesentlich günstiger buchen – wer Glück hat, bekommt ein Zimmer für die Hälfte des angegebenen Walk-in-Preises!

• *Hotels* ***** **Four Seasons (5/S. 88/89)**, eines der besten Prager Hotels, untergebracht in einem Gebäudekomplex, zu dem u. a. eine Barockvilla gehört. Großzügige, elegante Zimmer mit Marmorbädern, Telefon in der Toilette und z. T. mit Blick auf die Burg. Das Restaurant Allegro glänzt mit dem ersten und bislang einzigen Michelin-Stern Prags (→ S. 92). EZ ab 350 €, DZ ab 370 €, jedoch regelmäßig Specials. Veleslavínova 2A, Staré Město, Ⓜ A Staroměstská, ✆ 221427000, ℻ 221426666, www.fourseasons.com.

**** **U zlaté studně (Golden Well Hotel) (1/S. 105)**, in traumhafter Lage neben dem Ledebour-Garten. 17 komfortable Zimmer, 3 Suiten. Die Räume sind mit stilvollen Repliken klassischer Möbelstücke ausgestattet. Panoramablick von der Dachterrasse. Ruhig. Sehr gutes, aber auch entsprechend teures Restaurant. Zuvorkommender Service. Eigene Parkplätze 5 Fußmin. entfernt. DZ 264 € zzgl. Steuer, Frühstück extra. U zlaté studně 4, Malá Strana, Ⓜ A Malostranská, ✆ 257011213, ℻ 257533320, www.goldenwell.cz.

**** **Domus Henrici (3/S. 110/111)**, kleine, noble Herberge nahe der Burg. Altes, verwinkeltes Haus mit nur 8 Zimmern (Ausbau geplant), die über Treppchen zu erreichen sind. Geschmackvoll restauriert, Parkettböden. 2 gemütliche Gemeinschaftsterrassen mit schöner Aussicht. Partnerhotel nahe der Karlsbrücke. Zuvorkommender Service. Keine eigenen Parkmöglichkeiten. DZ ab 170 €. Loretánská 11, Hradčany, Ⓢ 15, 22 Pohořelec, ✆ 220511369, ℻ 220511502, www.hiddenplaces.com.

**** **Josef (3/S. 88/89)**, die Adresse für alle, die auf lichtes, minimalistisches Design stehen. Entworfen von der in London arbeitenden tschechischen Architektin Eva Jiřičá. EZ ab 159 €, DZ ab 169 €, Parken 21 €/Tag extra. Rybná 20, Staré Město, Ⓜ B Náměstí Republiky, ✆ 221700111, ℻ 221700120, www.hoteljosef.com.

**** **Yasmin (10/S. 78/79)**, ein Hotel mit außergewöhnlichem Design, z. T. sehr futuristisch. 198 schicke, helle Zimmer mit schwarzen Bädern. DZ ab 164 €. Politických vězňů 12, Nové Město, Ⓜ A, C Muzeum, ✆ 234100100, ℻ 234100101, www.hotel-yasmin.cz.

**** **Sax (6/S. 105)**, alteingesessenes Haus nahe der deutschen Botschaft, seit 2008 im peppigen 70er-Jahre-Retrostil detailverliebt durchgestylt. Jedes Zimmer sieht anders aus, es überwiegen die Farben Orange, Weiß und Schwarz. Witzige Bettwäsche, schöne Bäder. Ruhige Lage. Sichere Parkplätze gegen Gebühr. DZ ab 120 €. Jánský Vršek 3, Malá Strana, Ⓢ 12, 20, 22 Malostranské náměstí, ✆ 257531268, ℻ 257534101, www.sax.cz.

*** **Hotel 16 (28/S. 78/79)**, kleines, gut geführtes und etabliertes Haus. 14 leicht biedere, aber gepflegte Zimmer. Zuvorkommender Service, deutschsprachig. Kleiner Garten. EZ 87 €, DZ 110 €. Kateřinská 16, Ⓜ B Karlovo náměstí, ✆ 224920636, ℻ 224920626, www.hotel16.cz.

**Botel Matylda (24/S. 78/79)**, 2009 eröffnetes Hotelboot mit 25 freundlich-modernen Zimmern (keine engen Kajüten wie bei den Hotelbooten aus sozialistischer Zeit). Schön die oberen Zimmer zur Flussseite, aber auch die Suite am Bug mit Blick auf die Slaweninsel ist herrlich. Ein Boot weiter das gleichnamige Restaurant, wo auch das Frühstück serviert wird. EZ ab 79 €, DZ ab 89 €. Masarykovo nábřeží, Nové Město, Ⓢ 17, 21 Jiráskovo náměstí, ✆ 724800100 (mobil), www.botelmatylda.cz.

*** **Mušketýr (23/S. 78/79)**, in bester Lage schräg gegenüber dem Nationalmuseum. Zimmer in unterschiedlichen Kategorien, von recht modern-komfortablen bis hin zu einfach-abgewohnten mit simplen Bädern. Die meisten Zimmer gehen zur Rückseite hinaus (lassen Sie sich keines zur Mezibranská geben, da laut!). Wer einmal König von Prag spielen will, sollte eines der beiden Dachzimmer mit Traumterrasse buchen – das Goldene Prag liegt Ihnen hier zu Füßen. Für alle anderen gibt es eine gemeinschaftliche Aussichtsterrasse. Gutes Restaurant mit böhmischer Küche. EZ (!) und DZ ab 68 €, Parken 16 €/Nacht. Mezibranská 13, Nové Město, Ⓜ A, C Muzeum, ✆/℻ 296220000, www.musketyr.com.

*Winterliches Idyll*

**Little Town Budget Hotel (7/S. 105)**, eine empfehlenswerte Adresse für den kleineren Geldbeutel. 2009 eröffnet. Mischung aus Hotel und Hostel. Altes Stadthaus in bester Lage am Kleinseitner Ring. Zimmer mit privatem Bad, Zimmer in Apartments, die sich Küche und Bad teilen, sowie Betten im Dormitory. Spartanisch, aber freundlich im IKEA-Stil eingerichtet. Kleine Innenhofterrassen. DZ mit Bad 64 €, ohne Bad 56 €, Bett im Schlafsaal 20 €, Frühstück 4 € extra. Malostranské náměstí 11, Malá Strana, ✆/℻ 242406965, www.littletownhotel.cz.

• *Pensionen* **Museum (21/S. 78/79)**, eine Empfehlung. Die modern eingerichteten Zimmer und Suiten (z. T. behindertengerecht) sind um einen gepflegten Innenhofgarten mit Sitzgelegenheiten gruppiert. Freundlicher Service. Bewachter Parkplatz nahebei. DZ 96 €, Suite für 2 Pers. 121 €. Mezibranská 15, Nové Město, Ⓜ A, C Muzeum, ✆ 296325186, ℻ 296325188, www.pension-museum.cz.

**U zeleného věnce (16/S. 88/89)**, die Familienpension „Zum Grünen Kranz" liegt in einer ruhigen Gasse. 9 großzügige, ordentliche Zimmer mit schwedischen Holzmöbeln, eigenem Bad und Deckenbalken. Sehr sauber, nette Betreiber. Bewachter Parkplatz 5 Fußmin. entfernt. EZ 68 €, DZ 88 €. Řetězová 10, Staré Město, Ⓢ 17, 18 Karlovy lázně, ✆ 220220178, 📠 224248791, www.uzv.cz.

**Miss Sophie's (27/S. 78/79)**, moderne Pension, schickes Hotel, cooles Hostel und lässige Apartmentvermietung in einem. Egal, was man bucht: ein gutes Preis-Leistungs-Verhältnis ist einem sicher. Sehr freundlich. DZ ab 75 €, Bett im Schlafsaal 21 €, geräumige Apartments für 4 Pers. ab 140 €. Melounová 3, Nové Město, Ⓜ C I. P. Pavlova, ✆ 296303530, www.miss-sophies.com.

**Church Pension (18/S. 78/79)**, unter der Leitung der Evangelischen Brüdergemeinde. Zentral gelegen, aber ruhig. 22 schlichte Zimmer in 3 Kategorien: mit privatem Bad im Zimmer, mit privatem Bad auf dem Flur oder mit Gemeinschaftsbad. Bewachte Parkplätze in der Nähe. Freundliches Personal. EZ ab 35 €, DZ ab 46 €, Frühstück 4,60 € extra. Jungmannova 9, Nové Město, Ⓜ B Národní třída o. Ⓢ 6, 9, 18, 21, 22 Národní třída, ✆ 296245432, 📠 224999238, www.churchpension.cz.

**Pension 15**, renovierter Altbau. 15 einfache, saubere Zimmer mit Fliesenböden und Waschbecken, Etagenbad. Jugendlich eingerichtet, IKEA-Touch. Dazu im Hinterhof Apartments für bis zu 5 Pers. Laundry-Service. Parken im Hof möglich (8 €/Nacht). Preiswert: DZ 32 €, Apartments für 2 Pers. 48 €, Frühstück 2,80 € extra. Vlkova 15, Žižkov, Ⓢ 5, 9, 26 Husinecká, ✆ 222721800, 📠 222718429, www.pension15.cz.

• *Hostels* **Traveller's Hostel (1/S. 88/89)**, großes Hostel, das zu einer Kette gehört, beste Lage. Guter Traveller-Service, sehr sicher und sehr sauber. Spartanische Teppichbodenzimmer mit und ohne Bad. Dazu Apartments. Im DZ mit Bad 32 €/Pers. (ohne 28 €), im Schlafsaal 14 €, Apartments für 2–3 Pers. 90 €, für 4 Pers. 102 €. Dlouhá 33, Staré Město, Ⓜ B Náměstí Republiky, ✆ 224826662, www.travellers.cz.

**Czech Inn**, eine Topadresse in einem neogotischen Stadtpalast. Von der Lobby über die Bar bis hin zu den Zimmern sehr schickes Designer-Hostel. Freundliches Personal. Keine Parkplätze. Im Dormitory ab 12 €/Pers., DZ mit Bad 62 €, mit Etagenbad 52 €, Apartments für 5 Pers. 110 €. Am Wochenende etwas teurer, Frühstücks-Büfett 5,50 € extra. Francouská 76, Vinohrady, Ⓢ 4, 22 Krymská, ✆ 267267600, 📠 267267601, www.czech-inn.com.

**Rosemary (4/S. 78/79)**, nette, z. T. recht modern eingerichtete Zimmer. Küche. Keine eigenen Parkplätze. Auch für Gäste jenseits der 25 geeignet. DZ mit Bad 64 €, ohne Bad 56 €, im Schlafsaal 16 €/Pers. Růžová 5, Nové Město, Ⓢ 3, 9, 14, 24 Jindrišská, ✆ 222211124, www.praguecityhostel.cz.

**Sir Toby's**, 125 Betten in 25 liebevoll und sehr kreativ eingerichteten Zimmern in einem Jugendstilbau. Zimmer in allen Größen, die meisten mit eigenem Bad. Waschservice, Innenhof für Grillpartys im Sommer, gemütliche Gemeinschaftsküche (Tee stets umsonst). Deutscher Besitzer. Bewachte Parkplätze nahebei. EZ ab 22 €, DZ ab 38 €, im Mehrbettzimmer ab 7 €/Pers., Frühstück 4 €. Dělnická 24, Holešovice, Ⓜ C Vltavská, weiter mit Ⓢ 1, 3, 5, 25 Dělnická, ✆ 246032610, www.sirtobys.com.

• *Apartments* **Nebozízek (14/S. 105)**, ein Traum für Flitterwöchner: Zwei Suiten (ohne Küche) mit klassischem Mobiliar, Himmelbett und herrlichem Blick auf die Stadt. Dem gleichnamigen Restaurant am Petřín-Berg angeschlossen. 140 €/Tag. Petřínské sady 411, Malá Strana, Ⓢ 12, 20, 22 Újezd, weiter mit der Drahtseilbahn bis zur Station Nebozízek, ✆ 257315329, 📠 257321468, www.nebozizek.cz.

**The Castle Steps (4/S. 105)**, vermietet werden geschmackvoll-warm gestaltete Zimmer (z. T. mit eigenem Bad, z. T. mit Gemeinschaftsbad) und Apartments (viele davon mit schönen Parkettböden, Antiquitäten und alten Ölgemälden, teils mit toller

**Praha**
Übersicht S. 63

Aussicht) in mehreren historischen Gebäuden in bester Kleinseitner Lage, einige davon im Rezeptionsgebäude an der Nerudova. Das Angebot ist groß – vor der Buchung am besten die Webseite genau studieren. Freundliches, junges Personal. Man rühmt sich einiger VIP-Gäste, u. a. Art Garfunkel! Für 2 Pers. 50–158 €. Nerudova 7 (Rezeption), Malá Strana, Ⓢ 12, 20, 22 Malostranské námestí, ✆ 257216337, www.castlesteps.com.

**Michal Machek**, Michal Machek (ein überaus freundlicher Typ) vermietet Studios und Apartments, die einfach, aber z. T. mit Computer samt Internetzugang ausgestattet sind. Ruhige Lage. Parken vor der Tür möglich. Gutes Preis-Leistungs-Verhältnis, daher auch von Lesern gelobt. Sehr zuverlässig. Für 2 Pers. ab 51 €, günstiger ab drei Tagen. Vorausbuchung nötig, da keine Rezeption. Zahřebská 18, Vinohrady, ✆ 2340 99999, Ⓜ A Náměstí Míru, www.apartmentsinprague.cz.

• *Camping* Im **Stadtteil Troja** im Norden Prags reihen sich an der Straße Trojská 6 Plätze z. T. auf kleinen Obstbaumwiesen aneinander. Wegen der Auswahl – für jeden Geldbeutel ist etwas dabei – und der guten Anbindung ans Zentrum (auch nachts) eine der besten Anlaufstellen. Eine Auswahl:

**Autocamp Trojská**, klein, aber nett und gepflegt, deswegen auch sehr beliebt; Bungalows und Zimmer, Gartenküche, Restaurant. ✆/℻ 233542945, www.autocamp-trojska.cz.

**Camp Dana Troja**, recht schöner, schmaler Platz, ebenfalls gepflegt und mit Zimmervermietung. ✆ 283850482, ℻ 283852181, www.campdana.cz).

**Sokol Troja**, für alle mit großen Gespannen oder größeren Wohnmobilen die beste Adresse, leider kein Obstgartencharme, sondern eher Parkplatzambiente. ✆/℻ 233542908, www.camp-sokol-troja.cz.

Anfahrt für alle am einfachsten mit Ⓢ 14, 17 Trojská. Oder: Ⓜ C Nádraží Holešovice, weiter mit Ⓑ 112 Trojská oder Kazanka. Mit dem eigenen Fahrzeug folgt man vom Zentrum (Neustadt, auf der Wilsonova am Hauptbahnhof vorbei) der Beschilderung „Teplice/Dresden" und, kurz nachdem man das zweite Mal die Moldau überquert hat, der Beschilderung „Troja/Zoo". Die Campingplätze passiert man auf dem Weg zum Zoo.

Mit folgenden **Preisen** müssen Sie auf den Campingplätzen rechnen: Erwachsene 4–6 €, Kinder 3–5 €, Zelt je nach Größe 3,20–8,80 €, Pkw 3,50–5 €, Motorrad 2–3,60 €, Wohnwagen 6–7,60 €, Wohnmobil 7,60–12 €, Strom 3,40–6 €/Tag. Haustiere dürfen auf dem einen Platz umsonst das Zelt bewachen, auf anderen sind für sie bis zu 2 € zu berappen. Für eine Übernachtung in einem Bungalow muss man mit ca. 15 €/Pers. rechnen, in einem Zimmer mit Bad mit 15–20 €.

**Camp Prager**, auf dem Anwesen eines ehemaligen Bauernhofs im Vorort Šeberov. Schöner, gepflegter Platz, gut für Wohnmobile und Wohnwagen, familiäre Atmosphäre und sehr ruhig. Zimmervermietung. Ganzjährig. Leider zu Fuß ca. 20 Min. bis zur nächsten Metrostation. V Ladech 3, ✆/℻ 244912854, www.camp.cz/prager. Anfahrt: Ⓜ C Opatov, weiter mit Ⓑ 165, 325, 326 V Ladech. Anfahrt mit dem Auto: Von der Autobahn Prag – Brünn (E 50) die Ausfahrt Nr. 2 (Chodov) nehmen und dann ca. 1 km Richtung Süden (Šeberov/Jesenice) fahren, dort ausgeschildert.

**Caravan Park Praha**, auf der Moldauinsel Císařská louka nahe dem Stadtteil Smíchov – nicht ganz so idyllisch, wie es klingen mag. Ganzjährig geöffnet, netter Service, gute sanitäre Einrichtungen, genug Platz auch für größere Gespanne, jedoch etwas veraltete Sanitäranlagen. Im Sommer kann man vom Jiráskovo náměstí (Neustadt) und dem Botel Admiral (Smíchov) tagsüber ca. stündl. mit offiziellen Moldaufähren zur Insel gelangen. Außerdem in der HS stündl. von 9–20 Uhr Pendelfähre zum Stadtteil Smíchov nahe Ⓜ B Smíchovské nádraží (die Fähre legt vom Hotelboot Vodník ab). Davor und danach muss man von der Metrostation Smíchovské nádraží weiter mit Ⓢ 4, 12, 14 o. 20 Lihovar und sich von dort auf einen mind. 15-minütigen, einsamen Spaziergang gefasst machen. Mit dem eigenen Fahrzeug findet man die Beschilderung zum Campingplatz, wenn man von Süden kommend auf der Straße Nr. 4 stets links der Moldau ins Zentrum fährt. Císarská louka 599, ✆ 257318681, ℻ 257318387, www.volny.cz/convoy.

## *Kultur & Nachtleben*

Klassische Konzerte, Ballett, Theater – jeden Abend stehen unzählige Veranstaltungen in prunkvollen Opernhäusern, Kirchen und Konzertsälen auf dem Programm. Eine lange Tradition haben Prags **Schwarze Theater** (Černé divadlo). Dunkel gekleidete Schauspieler bewegen dabei unbemerkt vom Publikum Gegenstände vor einem schwarzen Hintergrund. Viele Vorstellungen bedienen sich rein pantomimischer Darstellung, Musik untermalt die einfach erzählten Geschichten. Zu viel des Zaubers, wie oft angepriesen, sollte man nicht erwarten – die Schwarzen Theater sind ein Stück Touristenkult. Berühmt ist Prag aber auch für seine Jazzclubs, rockenden Revivalbands, Avantgarde-Sessions und Festivals – auf irgendeiner Bühne laufen die Verstärker immer heiß. Ohnehin steht in Prag dem Clubbing bis zum Morgengrauen nichts im Wege, denn eine Sperrstunde gibt es nicht. Einen Überblick über Veranstaltungen und Veranstaltungsorte geben die *Prager Zeitung* und die *Prague Post*. Im Folgenden eine Auswahl der wichtigsten Adressen:

• *Konzertsäle* **Rudolfinum**, schon Dvořák und Brahms dirigierten hier (→ S. 99). Vorverkauf u. a. im Haus. Alšovo nábřeží 12, Staré Město, ✆ 227059227, www.ceskafilharmonie.cz. Ⓜ A Staroměstská.

**Smetana-Saal**, im Jugendstilbau Obecní dům (→ S. 90). 1200 Sitzplätze, Heimat des Prager Symphonieorchesters. Karten bekommt man im Haus. Náměstí Republiky 5, Staré Město, ✆ 222002101, www.obecnidum.cz. Ⓜ B Náměstí Republiky.

• *Oper/Ballett* **Stavovské divadlo (Ständetheater)**, zählt mit Recht zu den schönsten Theatern Europas (→ S. 91). Das Innere ein blau-goldener Traum, 5 Ränge, 3 davon mit Logen. Vorverkauf schräg gegenüber dem Theater am Ovocný trh 6, Staré Město. ✆ 224901448, www.narodni-divadlo.cz. Ⓜ A, C Můstek.

**Národní divadlo (Nationaltheater)**, ebenfalls eines der prächtigsten Häuser der Stadt (→ S. 82). Theater-, Opern- und Ballettaufführungen in prunkvollem Ambiente. Ticketverkauf u. a. im Haus. Národní třída 2, Nové Město, ✆ 224901448, www.narodni-divadlo.cz. Ⓢ 6, 9, 18, 21, 22 Národní divadlo.

**Státni opera (Staatsoper)**, das ehemalige Neue Deutsche Theater (→ S. 80). Wesentlich kleiner als das Nationaltheater, aber ebenfalls eine Augenweide. Ticketverkauf u. a. im Haus. Wilsonova 4, Nové Město, ✆ 224227266, www.opera.cz. Ⓜ B Hlavní nádraží.

• *Musical* **Divadlo Hybernia**, neuestes Musicaltheater der Stadt. Im Empirebau Domu U Hybernů am Náměstí Republiky 3 (Ⓜ B), Staré Město. Vorverkauf u. a. im Haus, ✆ 224224706, www.hybernia.eu.

• *Schwarze Theater* **Laterna Magica**, touristenüberlaufenes Multimediatheater mit Projektionen, Pantomime und Tanz – hört sich spannender an, als es ist. Spielort ist die Nová scéna neben dem Nationaltheater. Ticketverkauf im Haus. Národní třída 4, Nové Město, ✆ 224931482, www.laterna.cz. Ⓢ 6, 9, 18, 21, 22 Národní divadlo.

**Ta Fantastika**, gespielt wird am laufenden Band, bis zu 60 Vorstellungen im Monat. Teils müde Schauspieler. Ticketverkauf im Haus. Karlova 8, Staré Město, ✆ 222221366, www.tafantastika.cz. Ⓜ A Staroměstská.

• *Kinos* **Lucerna,** grandioser Kinopalast aus den 20er Jahren des letzten Jahrhunderts. Prächtige ornamentale Ausschmückung. 500 Sitzplätze, Standardfilmprogramm. www.lucerna.cz. Vodičkova 36, Nové Město. Ⓜ A, B Můstek oder A, C Muzeum.

**Světozor,** traditionsreiches Kino mit alternativem Programm, viele tschechische Filme mit englischen Untertiteln. Dazu Filmplakateverkauf. www.kinosvetozor.cz. Vodičkova 41 (Eingang von der Passage), Nové Město. Ⓜ A, B Můstek.

• *Jazzclubs* **Reduta (12/S. 78/79)**, legendärer Jazzschuppen seit 1958. Bill Clinton packte hier vor Václav Havel sein Saxophon aus. Dixie, Swing und Jazz-Rock. www.redutajazzclub.cz. Národní třída 20, Nové Město. Ⓜ B Národní třída o. Ⓢ 6, 9, 18, 21, 22, 53, 57, 58, 59 Národní třída.

**U malého Glena (11/S. 105)**, der Tipp für die Kleinseite. Gemütliche Bar im Erdgeschoss, winziger Club im Keller. Tägliche Live-Gigs zwischen Funk, Blues und Modern Jazz. Sehr beliebt unter US-Amerikanern. www.malyglen.cz. Karmelitská 23, Malá Strana. Ⓢ 12, 20, 22, 57 Malostranské náměstí.

Praha Übersicht S. 63

**AghaRTA Jazz Centrum (9/S. 88/89)**, für viele der beste Jazzclub der Stadt, zudem auch noch in einem wunderschönen Gewölbekeller untergebracht. Fusion und Modern Jazz. Mit kleinem Shop. www.agharta.cz. Železná 16, Staré Město. Ⓜ A, B Můstek.

• *Rock, Dance usw.* **Lucerna Music Bar (16/S. 78/79)**, Touristen und junge Prager geben sich hier ein Stelldichein. Gute Konzerte, 80's-Partys am Wochenende. Faire Preise für die Lage. www.lucerna.cz. Vodičkova 36, Nové Město. Ⓜ A, B Můstek oder A, C Muzeum.

**Vagon (9/S. 78/79)**, verqualmter Laden für Altfreaks, die sich nicht von Jimi Hendrix oder Frank Zappa lösen können. Fast tägl. Live-Gigs. Viel Blues, faire Preise. Trotz zentralster Lage vornehmlich tschechisches Publikum. www.vagon.cz. Národní třída 25, Nové Město. Ⓜ B Národní třída o. Ⓢ 6, 9, 18, 21, 22, 53, 57, 58, 59 Národní třída.

**Palác Akropolis**, Kulturzentrum mit riesigem Angebot. Originelle Kneipe im Erdgeschoss. Im Keller regelmäßig Konzerte (u. a. spielten hier schon *Nouvelle Vague*, die *Strokes* und *Ween*, aber auch schräge Trompeter aus Rumänien etc.). Dazu tägl. wechselnde DJs. Sehr empfehlenswert. www.palacakropolis.cz. Kubelíkova 27, Žižkov. Ⓜ A Jiřího z Poděbrad.

**Klub Strahov 007 (15/S. 105)**, im UG eines Plattenbau-Studentenwohnheims im Viertel Strahov westlich der Kleinseite. Undergroundclub, der bereits seit 1969 (!) einheizt, aber seit Jahren von der Schließung bedroht ist. Fast tägl. Konzerte oder DJs: Ska, Hip-Hop, Punk, Hardcore, Jungle, Electroclash etc. Illustre Gäste aus der ganzen Welt, selbst *Jello Biafra* war schon hier. Mit 150 Besuchern ist es allerdings bereits knallvoll. Günstig. www.klub007strahov.cz. Chaloupeckého, Strahov. Ⓢ 12, 20, 22, 57 Újezd, weiter mit der Standseilbahn bis zur Endstation.

**Radost FX (25/S. 78/79)**, seit Jahren einer der angesagtesten Clubs der Stadt. Schicke Sofas, Parketttanzfläche. Viel US-amerikanisches Publikum. Angegliedert sind ein gutes vegetarisches Restaurant und eine coole, gemütliche Lounge. Viel House und Latin. Lounge tägl., Club nur Do–Sa. www.radostfx.cz. Bělehradská 120, Vinohrady. Ⓜ C I. P. Pavlova.

**Mecca**, durchgestylter Danceclub in einem ehemaligen Fabrikgebäude. Mischung aus illustrem, reichem und schönem Publikum. Ebenfalls viel House. Nur Mi/Fr/Sa ab 23 Uhr. Mi freier Eintritt. www.mecca.cz. U Průhonu 14, Holešovice. Ⓜ C Nádraží Holešovice, weiter mit Ⓢ 5, 12, 15, 54 U Průhonu.

**Roxy (1/S. 88/89)**, die hiesigen Techno-, House- und Reggae-Partys im großen Kellerclub ziehen seit Jahren ein internationales Publikum an, gelegentlich gute Konzerte renommierter Bands. Mo freier Eintritt. Im 1. Stock das **NOD**, ein großräumiges, karges Szenecafé mit Künstler- und Intellektuellenpublikum. Galerie angegliedert, Sessions und Performances. www.roxy.cz. Dlouhá 33, Staré Město. Ⓢ 8, 14, 26, 51 Dlouhá třída.

**Tickets für kulturelle Veranstaltungen:** Karten können überall in der Innenstadt an diversen Vorverkaufsstellen erstanden werden. Die Preise sind niedriger als zu Hause, variieren jedoch stark je nach Veranstaltung und Platz. Für eine Theaterkarte sollte man 5–35 € einplanen, für Oper und Ballett 5–60 €, für Musicals 7–60 €. Klassische Konzerte kosten 5–40 €, Schwarze Theater 19–30 €. Für Rock- und Jazzkonzerte muss man je nach Bekanntheitsgrad der Combo mit 5–55 € rechnen. Da man bei vielen Vorverkaufsstellen versucht, zuerst oder ausschließlich die teuersten Tickets zu verkaufen (mehr Provision), lohnt es sich, die Häuser direkt aufzusuchen! Seriöse Vorverkaufsstellen sind z. B. **Ticketpro** (u. a. im Altstädter Rathaus, Ⓜ A Staroměstská, und an der Rytířská 31, Staré Město, Ⓜ A, B Můstek, www.ticketpro.cz) oder **Bohemia Ticket** (Na příkopě 16, Nové Město, Ⓜ B Náměstí Republiky, www.bohemiaticket.cz).

## Veranstaltungskalender – die Highlights

- *Januar* An **Neujahr** feiert und feuert Prag, was das Zeug hält. Menschenmassen und Rauchbomben gibt's am Wenzelsplatz und auf der Karlsbrücke. Wer das Feuerwerk in Ruhe genießen will, geht auf den Vítkov-Hügel in Žižkov oder auf die Moldauinsel Střelecký ostrov.

Beginn der **Ballsaison** – jeder Stadtteil, jeder Verein feiert seinen repräsentativen Ball. Die Spannbreite reicht von feucht-fröhlichen Polka-Partys bis zu elitären Veranstaltungen mit dem Wiener Opernball als Vorbild.

- *Februar* **Karneval** – wird vornehmlich im Stadtteil Žižkov gefeiert. *Masopust* nennt sich das dortige Spektakel mit einem Umzug am Faschingsdienstag, bei dem es von Kneipe zu Kneipe geht.

- *März* **Febiofest** – populäres Filmfestival. Es läuft Neues und Kultiges in verschiedenen Kinos der Stadt. www.febiofest.cz.

- *April* Traditionelles **Hexenfeuer** am Ausstellungsgelände Výstaviště, stets am 30. April.

**Days of European Film** – dauert rund eine Woche und bietet meist ein sehr interessantes Programm. Viele Filme laufen mit englischen Untertiteln. www.eurofilmfest.cz.

- *Mai* Das klassische Musikfestival **Prager Frühling** beginnt am 12. Mai mit einer Prozession vom Grab Smetanas (Ehrenfriedhof Vyšehrad) zum Obecní dům. www.festival.cz.

**Marathon** – die Strecke führt durch die ganze Stadt. Jeder kann nach Voranmeldung mitmachen. www.pim.cz.

**Khamoro** – größtes Romafestival Mitteleuropas mit Filmen, Tänzen und Konzerten, auf verschiedene Locations verteilt. www.khamoro.cz.

- *Juni* **Weltfestival der Marionettenkunst** – ein internationales Spektakel nicht nur für Kinder. www.puppetart.com.

**Respect Festival** – zweitägiges World-music-Open-Air auf der Moldauinsel Štvanice. www.respectmusic.cz.

- *Juli/August* **Rock- und Folkfestivals** – achten Sie auf Plakate! In den Sommermonaten finden rund um die Stadt und in der Stadt selbst größere und kleinere Festivals im Grünen statt.

**Festival italienischer Opern** – im Mittelpunkt dieses Festivals der Prager Staatsoper stehen Verdi und Puccini. www.opera.cz.

- *September* **Prager Herbst** – Festival der klassischen Musik. Hauptveranstaltungsort ist das Rudolfinum. Zukunft aufgrund finanzieller Probleme ungewiss.

**Strings of Autumn** – internationales Musikfestival, das Klassik und Jazz bietet. Geht bis in den November. Verschiedene Veranstaltungsorte. www.strunypodzimu.cz

**Mozartiana Iuventus** – Festival der Kammermusik. Zukunft ungewiss.

**AghaRTA Prague Jazz Festival** – oft mit internationaler Prominenz. Veranstaltungsort ist neben dem gleichnamigen Jazzclub auch die Lucerna Music Bar. Geht bis ins Frühjahr. www.agharta.cz.

- *Oktober* **International Jazz Festival** – ältestes Jazzfestival Mitteleuropas, u. a. im Club Reduta (→ S. 73). www.jazzfestivalpraha.cz.

- *November* **Deutsch-tschechisches Theaterfestival** – auf mehrere Theater der Stadt verteilt. www.theater.cz.

- *Dezember* Beim traditionellen **Moldauschwimmen** am 26.12. (seit 1923!) organisiert der „1. Prager Schwimmverein der Abgehärteten" den Sprung ins kalte Nass. Start am Nationaltheater.

• *Boots- und Schiffsausflüge* Sie sind in Prag ganzjährig möglich, insbesondere aber in den Sommermonaten. Die Angebote variieren dabei von Trips auf kleinen Tuckerbooten mit Platz für 8 Leute über Touren auf Moldaudampfern mit Schaufelrad bis hin zu Nachtfahrten mit Discobetrieb. Ein 1- bis 2-stündiger Ausflug kostet 8–15 €, wer Live-Musik und Essen inklusive will, muss mit etwa 25–30 € rechnen. Die meisten Boote dümpeln zwischen Nationaltheater und Burg Vyšehrad vor sich hin. Tickets sind überall erhältlich: in Hotels, an den Kiosken der Tourenveranstalter und an den diversen Anlegestellen selbst.

Die preiswerteste Möglichkeit einer Moldaufahrt besteht jedoch im Sommer mit den Fähren der Prager Verkehrsbetriebe (normaler Fahrschein für 1,30 € bzw. 32 Kč genügt). Für Touristen interessant ist v. a. die **Fährlinie Nr. 4**. Die Fähre fährt einen Zickzackkurs vom Smetanovo nábřeží (Anlegestelle auf Höhe der Galerie Hollar) zur Schützeninsel (Střelecky ostrov) und von dort weiter zur Slaweninsel (Slovanský ostrov) und zur Kinderinsel (Dětský ostrov).

**Tret- und Ruderboote** werden südlich der Karlsbrücke am Altstadtufer und auf der Slovanský Ostrov (Slaweninsel) vermietet.

• *Casinos* Die meisten Prager Casinos liegen in der Neustadt rund um den Wenzelsplatz.

• *Eishockey* Die Eishockeysaison dauert von Sept.–April. Hauptspieltage sind Fr und So, hin und wieder auch Di. Die Eintrittspreise liegen bei 4–20 €.

**HC Sparta Praha**, spielt in der Tesla Arena beim Ausstellungsgelände Výstaviště, Holešovice. Ⓢ 5, 12, 14, 15, 17 Výstaviště.

**HC Slavia Praha**, spielt in der zur Eishockey-WM 2004 nach amerikanischen Vorbildern erbauten O2-Arena, Ocelářská 460/2, Libeň. Ⓜ B Českomoravská.

• *Fußball* Die bedeutendsten Prager Fußballclubs sind Sparta Praha, Slavia Praha, Bohemians Praha und Viktoria Žižkov. Am spannendsten sind die Lokalderbys. Fußballspiele finden i. d. R. Sa und So statt, gelegentlich auch Mo. Tickets für Ligaspiele kosten 4–15 €. Wo spielt wer:

**TJ Viktoria Žižkov,** Seifertova/Ecke Krásova, Žižkov. Ⓢ 5, 9, 26 Husinecká.

**AC Sparta Praha,** Generali Arena, Milady Horákové 98, Bubeneč. Ⓜ C Vltavská, weiter mit Ⓢ 1, 25 Sparta.

**SK Slavia Praha**, spielt in der neuen Eden-Arena. Vladivostocká 10,Vršovice. Ⓢ 6, 24 Slavia.

**Bohemians 1905**, spielen im Ďolíček-Stadion, Vršovická 31, Vršovice. Ⓢ 6, 7, 24 Obloukova.

• *Moldaubäder* **$O_2$ Žluté Lázně**, traditionsreiches Moldaubad, 2006 als moderne Beachmeile wiedereröffnet. Restaurant (zugleich Treffpunkt an Sommerabenden), Biergarten, Beachvolleyball-Felder, Tretbootverleih, Sandstrandabschnitt, Liegewiesen, Kinderbecken (Erwachsene baden wie seit über 80 Jahren in der Moldau – obwohl die Wasserwerte bedenklich sind) etc. Seit $O_2$ der Sponsor ist, Eintritt frei. In Podolí, im Süden Prags am östlichen Moldauufer. Ⓢ 3, 17, 21 Dvorce (vom Zentrum kommend kurz vor der Straßenbahnhaltestelle rechter Hand).

**Pražská pláž na Smíchově**, der „Stadtstrand" von Smíchov – 700 t Sand werden dafür jährlich angekarrt. Blick auf Burg Vyšehrad, Planschbecken und eiskalte Duschen. Publikum zum Sehen und Gesehenwerden, eine beengte Angelegenheit. Hořejší nábřeží. Ⓢ 4, 7, 10, 14, 16 Zborovska.

• *Golf* Am zentrumsnächsten ist der 18-Loch-Platz des **Golf Clubs Praha**, Plzeňská 401/2, Motol. Greenfee ab 34 €. ✆ 257216584, www.gcp.cz. Ⓢ 9, 10,16 Hotel Golf. Deutlich schöner ist jedoch das **Golf Resort Karlštejn** (ebenfalls 18 Loch) in Běleč bei der Burg Karlštejn. Greenfee ab 48 €. ✆ 311604999, www.karlstejn-golf.cz.

• *Pferderennen* Galopp- und Trabrennen finden von April–Okt. (Ausnahme im Juni) nahezu jedes Wochenende auf der Rennbahn in **Velká Chuchle,** ca. 8 km südlich des Zentrums, statt. Es kann auch gewettet werden. Ⓜ B Smíchovské nádraží, weiter mit Ⓑ 129, 172, 241, 243, 244, 314, 318 Dostihová. Von dort aus noch ca. 10 Min. zu Fuß, ausgeschildert.

*Wenzelsstatue vor dem Nationalmuseum*

# Sehenswertes in Nové Město (Neustadt)

Nové Město ist das Handels- und Geschäftszentrum Prags, wenn nicht der ganzen Republik. Breite Boulevards und belebte Flaniermeilen, repräsentative Theater- und Opernhäuser, Einkaufszentren und Casinos prägen den Stadtteil. Ganz so neu aber, wie der Name vermuten lässt, ist er nicht. Bereits im 14. Jh. ließ Kaiser Karl IV. den großzügigen Grundriss von Nové Město anlegen. Das Bild bestimmen heute überwiegend monumentale Gebäude aus der Gründerzeit und der Epoche des Jugendstils, aber auch Bauten des Funktionalismus und des sozialistischen Realismus sind zu finden. Bis in die Gegenwart wird an Nové Město gefeilt. Es wird um-, an- und neu gebaut, oft werden auch nur die Fassaden gestrichen.

Nové Město zieht sich wie ein breiter Gürtel um Staré Město. Alt- und Neustadt treffen sich an den Straßen Revoluční, Na příkopě und Národní. Letztere zwei gehen vom Wenzelsplatz ab und bilden mit ihm das sog. Goldene Kreuz *(zlatý kříž)*, eines der teuersten Pflaster der Hauptstadt. Prag zeigt sich hier weltstädtisch und geschäftig. Fußgängerzonen laden zum Flanieren und Straßencafés zum Genießen ein.

**Václavské náměstí (Wenzelsplatz):** Früher hatte er das Aussehen eines Platzes und hieß Rossmarkt. Im Revolutionsjahr 1848 gestaltete man ihn in einen Boulevard um und gab ihm einen neuen Namen, nicht jedoch „Wenzelsboulevard“, sondern „Wenzelsplatz“. Zukünftig soll aus dem Boulevard mit den enormen Ausmaßen von 750 x 60 m wieder ein Platz werden, Pläne dazu liegen bereits in der Schublade. Der Verkehr soll hier dann ganz verschwinden und die Magistrale, die ihn zwischen Nationalmuseum (s. u.) und Wenzelsstatue durchschneidet, unterirdisch verlaufen.

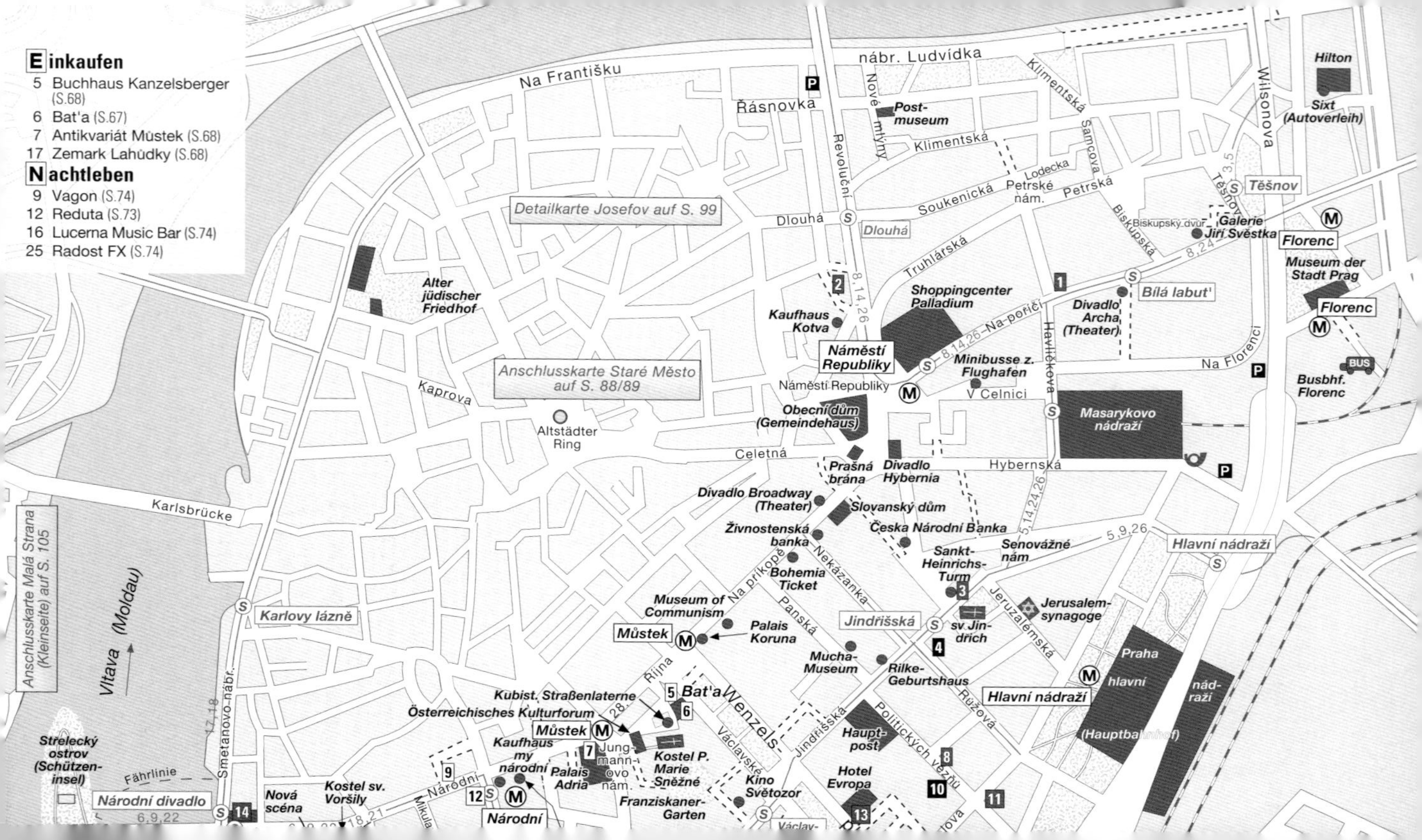
Einkaufen
5 Buchhaus Kanzelsberger (S.68)
6 Bat'a (S.67)
7 Antikvariát Můstek (S.68)
17 Zemark Lahůdky (S.68)
Nachtleben
9 Vagon (S.74)
12 Reduta (S.73)
16 Lucerna Music Bar (S.74)
25 Radost FX (S.74)
Detailkarte Josefov auf S. 99
Anschlusskarte Staré Město auf S. 88/89
Anschlusskarte Malá Strana (Kleinseite) auf S. 105
Na Františku
nábr. Ludvídka
Řásnovka
Revoluční
Nové mlýny
Post-museum
Klimentská
Samcova
Lodecka
Petrské nám.
Petrská
Soukenická
Dlouhá
Truhlářská
Biskupská
Biskupský dvůr
Galerie Jiří Švestka
Těšnov
Wilsonova
Hilton
Sixt (Autoverleih)
Florenc
Museum der Stadt Prag
Busbhf. Florenc
Na Florenci
Bílá labut'
Divadlo Archa (Theater)
Shoppingcenter Palladium
Na poříčí
Havlíčkova
Masarykovo nádraží
Minibusse z. Flughafen
V Celnici
Hybernská
Kaufhaus Kotva
Náměstí Republiky
Obecní dům (Gemeindehaus)
Alter jüdischer Friedhof
Kaprova
Altstädter Ring
Celetná
Prašná brána
Divadlo Hybernia
Divadlo Broadway (Theater)
Slovanský dům
Česka Národní Banka
Živnostenská banka
Bohemia Ticket
Na příkopě
Nekázanka
Senovážné nám.
Sankt-Heinrichs-Turm
Hlavní nádraží
Jerusalem-synagoge
Jeruzalémská
sv. Jindřich
Jindřišská
Panská
Mucha-Museum
Rilke-Geburtshaus
Museum of Communism
Palais Koruna
Můstek
Karlsbrücke
Karlovy lázně
Vltava (Moldau)
Smetanovo nábř.
Kubist. Straßenlaterne
Österreichisches Kulturforum
28. Října
Bat'a
Wenzels-
Václavské
Kostel P. Marie Sněžné
Jungmannovo nám.
Palais Adria
Kaufhaus my národní
Franziskaner-Garten
Kino Světozor
Hauptpost
Politických vězňů
Hotel Evropa
Růžová
Praha hlavní nádraží (Hauptbahnhof)
Národní
Nová scéna
Kostel sv. Voršily
Národní divadlo
Fährlinie
Strelecký ostrov (Schützeninsel)

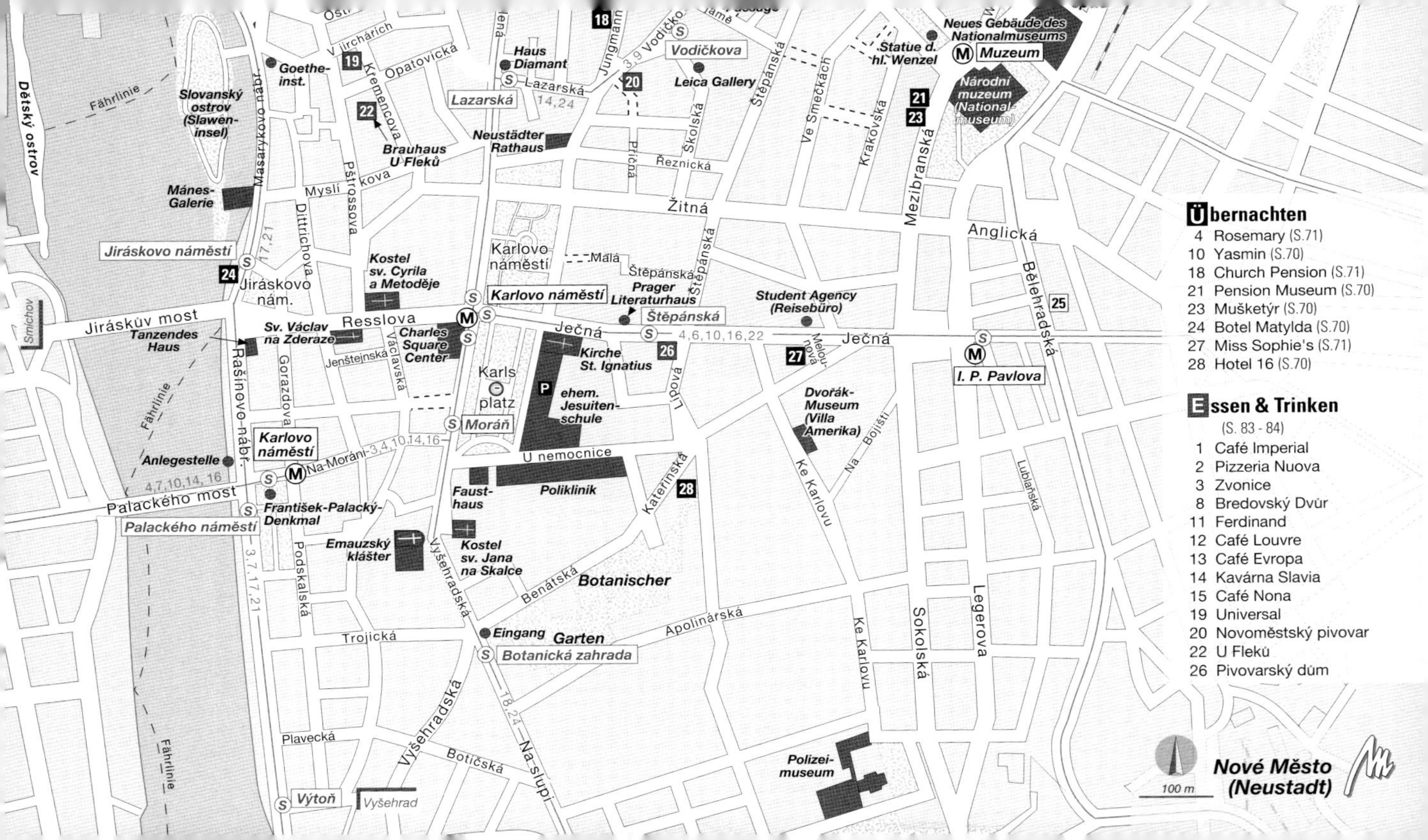
Nové Město (Neustadt)
Übernachten
4 Rosemary (S.71)
10 Yasmin (S.70)
18 Church Pension (S.71)
21 Pension Museum (S.70)
23 Mušketýr (S.70)
24 Botel Matylda (S.70)
27 Miss Sophie's (S.71)
28 Hotel 16 (S.70)
Essen & Trinken
(S. 83 - 84)
1 Café Imperial
2 Pizzeria Nuova
3 Zvonice
8 Bredovský Dvůr
11 Ferdinand
12 Café Louvre
13 Café Evropa
14 Kavárna Slavia
15 Café Nona
19 Universal
20 Novoměstský pivovar
22 U Fleků
26 Pivovarský dům
100 m
Neues Gebäude des Nationalmuseums
Muzeum
Národní muzeum (National-museum)
Statue d. hl. Wenzel
Vodičkova
Leica Gallery
Haus Diamant
Lazarská
Goethe-inst.
Slovanský ostrov (Slawen-insel)
Mánes-Galerie
Neustädter Rathaus
Brauhaus U Fleků
Jiráskovo náměstí
Jiráskovo nám.
Jiráskův most
Tanzendes Haus
Sv. Václav na Zderaze
Charles Square Center
Kostel sv. Cyrila a Metoděje
Karlovo náměstí
Karlsplatz
Moráň
Prager Literaturhaus
Štěpánská
Student Agency (Reisebüro)
Kirche St. Ignatius
ehem. Jesuiten-schule
Dvořák-Museum (Villa Amerika)
I. P. Pavlova
Poliklinik
Fausthaus
Kostel sv. Jana na Skalce
Emauzský klášter
František-Palacký-Denkmal
Palackého náměstí
Palackého most
Anlegestelle
Botanischer Garten
Eingang
Botanická zahrada
Polizei-museum
Výtoň
Vyšehrad
Smíchov
Dětský ostrov
Fährlinie
Masarykovo nábř.
Rašínovo-nábř.
Resslova
Ječná
Žitná
Mezibranská
Anglická
Bělehradská
Legerova
Sokolská
Ke Karlovu
Lublaňská
Na Bojišti
Kateřinská
U nemocnice
Benátská
Apolinářská
Vyšehradská
Na slupi
Botičská
Plavecká
Trojická
Podskalská
Na Moráni
Gorazdova
Dittrichova
Pštrossova
Myslíkova
Křemencova
Opatovická
V jirchářích
Jungmannova
Vodičkova
Lazarská
Řeznická
Příčná
Školská
Štěpánská
Ve Smečkách
Krakovská
Malá Štěpánská
Lipová
Melounová
Václavská
Jenštejnská
Sv. Václav
4,6,10,16,22
3,4,10,14,16
4,7,10,14,16
3,7,17,21
17,21
18,24
14,24
3,9

In der Geschichte Prags und Tschechiens war der Wenzelsplatz immer wieder Schauplatz von Massenaufmärschen, -demonstrationen und -feiern, zumal es kaum einen anderen Platz in der Stadt gibt, auf dem sich das Volk in so großer Zahl hätte versammeln können.

Rund um den Platz findet man repräsentative Bankgebäude, aber auch Allerweltsketten wie *C & A* und *H & M*, einfache Blumen- und Buchläden sowie Kaufhäuser und Souvenirshops, deren Warensortiment guten Geschmack auf die Probe stellt. Tagsüber marschieren die Touristen zügig auf und ab, abends torkeln manche als leichte Beute für Taschendiebe daher. Ohnehin ist hier bis spät in die Nacht viel los, nicht zuletzt wegen der Kneipen, Casinos und rot beleuchteten „Cabarets“. Auch Prostituierte stehen dann Spalier. Und über all dem zieht immer wieder der Geruch fettiger Bratwürste hinweg, denn der Wenzelsplatz ist Prags Bratwürstelmekka.

Verbindungen Ⓜ A, C Muzeum oder Ⓜ B, C Můstek.

*Kunst auf dem Wenzelsplatz*

**Národní muzeum (Nationalmuseum):** Es gilt als eines der größten Museen der ganzen Republik, und zählt man die Exponate zusammen (rund 14 Mio. im Fundus), dann ist es das garantiert. Allein die mineralogische Sammlung – Steinchen neben Steinchen in alten Vitrinen – ist eine der umfangreichsten der Welt. Auch die zoologische Abteilung ist an Vielfalt kaum zu überbieten. Keine Tierart, die nicht in ausgestopfter Form vertreten ist: Giraffe, Hammerhai, Leopard, Elefant usw. Zudem gibt es einen Saal mit Büsten und Statuen berühmter tschechischer Persönlichkeiten, eine entomologische (insektenkundliche) und eine anthropologische Sammlung etc. Ferner finden oft sehr interessante Wechselausstellungen statt.

• Verbindungen/Öffnungszeiten Václavské náměstí 68. Ⓜ A, C Muzeum. Tägl. 10–18 Uhr. Am ersten Di im Monat geschl. Eintritt 6 €, erm. 4 €, Familien 10 €. Am ersten Mo im Monat frei. Achtung: Das Museum soll wegen Restaurierungsarbeiten ab Mitte 2011 für ca. 4 Jahre geschlossen werden!

**Nová Budova Národniho Muzea (Neues Gebäude des Nationalmuseums) und Státní opera** (Staatsoper): Der bronzefarbene gläserne, auf Stelzen stehende Kasten zwischen dem Nationalmuseum und der Staatsoper war einst das Parlamentsgebäude der ČSR und ČSSR. Den steinernen Sockel des Gebäudes bildet die ehemalige Börse. Doch mit der Machtübernahme der Kommunisten wurde die Börse überflüssig und der Klotz daraufgesetzt. Bis 2008 sendete von hier *Radio Free Europe*, heute wird das Gebäude vom Nationalmuseum (s. o.) für wechselnde Ausstellungen genutzt.

Die Staatsoper wurde Ende des 19. Jh. im Neorenaissancestil als das „Neue Deutsche Theater" gebaut. Viele berühmte Künstler gaben sich hier ein Stelldichein, u. a. Mahler, Seidl, Klemperer und Szell. Im Innern dominieren roter Samt und Gold – allein schon deswegen einen Besuch wert.

*Verbindungen* Wilsonova 4. Ⓜ A, C Muzeum.

**Muzeum Antonína Dvořáka (Dvořák-Museum):** In einem der schönsten Sommerschlösschen Prags, einem Bau Kilian Ignaz Dientzenhofers aus dem frühen 18. Jh., befindet sich das Museum zum Gedenken an Antonín Dvořák (1841–1904). Das populärste Werk des wohl berühmtesten tschechischen Komponisten entstand in Amerika, die *Sinfonie in e-Moll*, auch bekannt unter dem Namen *Aus der Neuen Welt*. Dvořák selbst war übrigens gelernter Fleischer, bevor er mit Müh und Not die Aufnahmeprüfung für die Prager Organistenschule schaffte. Im Sommer finden im oberen Saal regelmäßig Konzerte statt.

*Verbindungen/Öffnungszeiten* Ke Karlovu 20. Ⓜ C I. P. Pavlova. April–Sept. Di/Mi und Fr–So 10–13.30 u. 14–17 Uhr, Do 11–13.30 u. 14–17 Uhr. Okt.–März 10.30–13.30 u. 14–17 Uhr. Mo stets geschlossen. Eintritt 2 €, erm. die Hälfte.

**Karlovo náměstí (Karlsplatz):** Er war einst der größte Platz der Stadt. Heute zu einem recht reizlosen öffentlichen Park umfunktioniert, lassen sich seine Proportionen kaum mehr ausmachen. Am nördlichen Ende steht das Neustädter Rathaus (Novoměstská radnice). Das Gebäude mit den markanten Renaissancegiebeln wurde in der Mitte des 14. Jh. im gotischen Stil errichtet und erlebte unzählige An- und Umbauten. Seine heutige weiße Fassade verdankt es der letzten großen Restaurierung Ende des 20. Jh. Berühmtheit erlangte das Neustädter Rathaus durch den Ersten Prager Fenstersturz (→ Kasten S. 120). Heute wird es nur noch für repräsentative Zwecke genutzt, gelegentlich finden auch Ausstellungen darin statt. Der 50 m hohe Turm (221 Stufen sind's hinauf) mit einer Kapelle im ersten Stock kann besichtigt werden. Weitere bedeutende Gebäude am Platz sind die barocke Kirche

*Karlsplatz und Neustädter Rathaus*

St. Ignatius (Kostel sv. Ignáce) von Giovanni Orsi und das sog. Fausthaus (Faustův dům) am südlichen Ende, in dem einst Alchemisten wohnten und das daher gerne mit der Sage des Doktor Faustus in Verbindung gebracht wird.

*Verbindungen/Öffnungszeiten* Ⓜ B Karlovo náměstí. **Turm,** Mai–Sept. tägl. (außer Mo) 10–18 Uhr. Eintritt 2 €, erm. 1,20 €. Nachts sollte man einen Bogen um den Park machen!

**Brauhaus U Fleků:** Seit 1499 existiert die traditionsreiche Brauerei, die eines der süffigsten Biere Prags, ein bitter-süßes Dunkles, ausschenkt, das nirgendwo anders in der Stadt gezapft wird. Einer Volksweise zufolge sollte zwar jeder Tscheche einmal im Leben ins U Fleků pilgern, Tschechen trifft man hier allerdings außer als Bedienung keine mehr an. Das Bier kostet das Doppelte wie anderswo in Prag, und den „Willkommensschnaps" haben Sie hinterher selbstverständlich mit auf Ihrer Rechnung stehen. Busladung auf Busladung stolpert herein, und im Garten wird zu böhmischer Blasmusik geschunkelt. Dem Brauhaus ist ein kleines *Museum* angegliedert. Heute wird noch ein- bis zweimal wöchentlich gebraut, insgesamt rund 3400 Hektoliter im Jahr, ganz ohne Chemie. Dafür ist das Bier auch nur zwei Wochen haltbar.

*Verbindungen/Öffnungszeiten* Křemencova 11. Ⓜ B Národní třída oder Karlovo náměstí. **Wirtschaft,** tägl. 10–24 Uhr, **Brauereimuseum,** Di–Sa 10–16 Uhr. Eintritt für das Museum 2 €, mit Führung durch die Brauerei, Degustation und Souvenirkrug (nur für Gruppen ab 10 Pers.) 6,50 €.

**Národní divadlo (Nationaltheater):** Das im Neorenaissancestil erbaute Theater, der Stolz der Nation, wurde überwiegend aus Spendengeldern in der zweiten Hälfte des 19. Jh. errichtet. Doch kurz vor seiner Einweihung im Jahr 1881 brannte es aus. So fand die feierliche Eröffnung erst zwei Jahre später statt. Für alle bedeutenden tschechischen Künstler der damaligen Zeit war es eine Ehre, an der Ausschmückung des Theaters mitzuwirken. Und so präsentiert es sich heute äußerst prunkvoll. Auf dem Programm stehen Theater (in tschechischer Sprache), Oper und Ballett – sollten Sie daran eine Freude haben, versuchen Sie, Tickets zu bekommen. Unter Verwaltung des Nationaltheaters ist auch die Neue Bühne *(Nová scéna)* neben dem Nationaltheater. Der gläserne Kasten erinnert an ein deutsches Kaufhaus aus den 1970ern. Die Prager lästern, es sehe aus wie „gefrorene Pisse".

*Verbindungen* Národní 2. Ⓢ 6, 9, 18, 21, 22 Národní divadlo.

**Tančící dům (Tanzendes Haus):** Das von 1992 bis 1996 errichtete dekonstruktivistische Gebäude des Versicherungskonzerns Nationale Nederlanden ist von allen modernen Bauten der Stadt eines der interessantesten. Dynamisch tritt es mit seinen massiven Stahlbetonsäulen in den Straßenraum ein. Mit Fantasie – viel Fantasie – kann man in der sich herausdrehenden, schwungvollen Fassade Ginger Rogers und Fred Astaire erkennen. Verantwortlich zeichnen der kanadische Architekt Frank O. Gehry und der Slowene Vladimír Milunič.

*Verbindungen* Jiráskovo náměstí. Ⓢ 17, 21 Jiráskovo náměstí.

**Slovanský ostrov (Slaweninsel):** Die Slaweninsel, eine der schönsten Moldauinseln, wird von den Pragern schlicht *Žofín* genannt. Sonntags gehen hier Familien spazieren, unter der Woche die Verliebten. Touristen kommen zum Tret- oder Ruderbootfahren. Vor dem einstigen Casino, heute ein vornehmes Café, steht ein Bronzedenkmal für Božena Němcová (→ Kasten S. 217).

*Verbindungen* Ⓢ 6, 9, 18, 21, 22 Národní divadlo.

**Muchovo muzeum (Mucha-Museum):** Angeblich konnte Alfons Mucha (1860–1939) zeichnen, bevor er gehen konnte. Und als er gehen konnte und auf eigenen

Füßen stand, zog es ihn nach Paris und Amerika. Dort illustrierte er Bücher und entwarf jene Plakate, die ihn als Vertreter des Jugendstils weltberühmt machten. Später, wieder zurück in seiner Heimat, stellte er sich ganz in den Dienst seines Landes, entwarf Banknoten, Orden und dergleichen. Dem kleinen Museum ist auch ein Shop angegliedert, der Mucha-Bücher und -Plakate verkauft.

*Verbindungen/Öffnungszeiten* Panská 7. Ⓜ A, C Muzeum. Tägl. 10–18 Uhr. Eintritt 6,50 €, erm. die Hälfte.

**Kostel sv. Cyrila a Metoděje (Kirche Sankt Kyrill und Method):** Die barocke Kirche, in der ersten Hälfte des 18. Jh. von Kilian Ignaz Dientzenhofer erbaut, ist heute das Zentrum der tschechisch-orthodoxen Gemeinde. In der Krypta befindet sich eine kleine Gedenkstätte für die Opfer des Nationalen Widerstandes während der deutschen Okkupation. Nach dem Anschlag auf Reinhard Heydrich (→ S. 50) im Mai 1942 suchten hier die Attentäter Zuflucht. Durch Verrat erfuhr die SS von dem Versteck und stürmte mit 360 Mann Kirche und Krypta.

*Verbindungen/Öffnungszeiten* Resslova. Ⓜ B Karlovo náměstí. **Krypta,** Di–Sa 9–17 Uhr. Eintritt 3 €, erm. 1,40 €.

**Střelecký ostrov (Schützeninsel):** Vom Nationaltheater ist sie über die Legionärsbrücke (Most legií) zu erreichen. Ab Mitte des 18. Jh. war darauf das Korps der Prager Scharfschützen positioniert, daher der Name. Heute gibt es hier im Sommer eine Freilichtbühne im Grünen, auf der allabendlich Filme gezeigt oder Konzerte geboten werden, dazu einen kleinen Bierverkaufsstand – Treffpunkt der jugendlichen Hundebesitzer.

*Verbindungen* Ⓢ 6, 9, 18, 21, 22 Národní divadlo.

**Kostel P. Marie Sněžné (Kirche Maria Schnee):** Karl IV. stiftete die heute versteckt gelegene Kirche den Karmelitern am Tage seiner Krönung zum König von Böhmen. Doch als der Chor fertig war, ging das Geld aus und der ursprünglich geplante dreischiffige Bau mit über 100 m Länge wurde nie vollendet. Anfang des 17. Jh. übernahmen die Franziskaner die Kirche bzw. den Chor und ließen ihn im Barockstil umbauen – sehenswert. Betrachtet man sie von dem kleinen angrenzenden Franziskanergarten, kann man erahnen, wie die Kirche ursprünglich hätte werden sollen.

*Verbindungen* Jungmannovo náměstí. Ⓜ A, B Můstek. Zugang über das Österreichische Kulturforum. Tägl. 9.30–11 und 14–17 Uhr.

**Museum of Communism (Kommunismusmuseum):** Hier kann man einen Rundgang durch die 41 Jahre währende sozialistische Ära der Tschechoslowakei unternehmen – vom Wahlsieg der Kommunisten 1948 bis zu den Bürgerprotesten 1989. Die Dokumentation (auch auf Deutsch) setzt sich zwar kritisch mit der Vergangenheit auseinander, die Präsentation (Büsten und Statuen von Stalin, eine nachgebaute Ladentheke usw.) ist jedoch alles andere als spannend. Für das Gebotene werden satte Preise verlangt – ein Versuch, mit dem Ostalgiekult den schnellen Euro zu machen.

*Verbindungen/Öffnungszeiten* Na příkopě 10, 1. Stock. Ⓜ A, B Můstek. Tägl. 9–21 Uhr. Eintritt 7,20 €, erm. 5,60 €.

## Essen & Trinken (→ Karte S. 78/79)

• *Restaurants* **Zvonice (3)**, in der 7. und 8. Etage des Turms der Sankt-Heinrichs-Kirche. Wer Glück hat und einen Fensterplatz bekommt, hat beim gepflegten Dinieren eine schöne Aussicht über die Dächer Prags. Ansonsten sitzt man etwas eng zwischen dem massiven Turmgebälk. Eine der besten Adressen für altböhmische Küche:

Ein Genuss ist die Wildschweinkeule auf Hagebuttensoße mit Semmel- und Preiselbeerknödeln. Hg. 16–32 €. Jindřišská, ✆ 224 220009. Ⓢ 3, 9, 14, 24 Jindřišská.

**Pizzeria Nuova (2)**, weitläufiges, durchgestyltes Lokal mit breiter Fensterfront. Originelles Konzept: Für einen All-you-can-eat-Preis von 14 € kann man sich stets neue Pasta- und Pizzavariationen an den Tisch bringen lassen. Wer sich zusätzlich noch am Antipasti-Büfett bedienen will (nur wer schafft das?), zahlt 22 €. Bis 18 Uhr günstiger. Fantastische Küche dank neapolitanischer Tomaten und Pizzabäcker. Freundliches Personal, Spielecke und Luftballons für Kinder. Revoluční 1, ✆ 221803308. Ⓜ B Náměstí Republiky.

**Universal (19)**, etabliertes jugendliches Lokal mit Bistrocharakter. Die Küche tendiert zum Französischen: Entenbrust mit Ingwer und Honig, Tournedos mit Pilzsoße oder Filet Mignon zu 6,50–13,50 €. Günstige Mittagsmenüs. Empfehlenswerter Sonntagsbrunch (Büfett, 11 €), ein beliebter Treffpunkt junger Familien. V Jirářích 6, ✆ 2249 34416. Ⓜ B Narodní třída o. Ⓢ 6, 9, 18, 21, 22 Národní třída.

**Novoměstský pivovar (20)**, Mikrobrauerei mit großem, rustikalem Restaurant (350 Plätze), sehr beliebt bei Reisegruppen. Auch von Lesern immer wieder gelobt. Alles sehr deftig, gutes Bier. Hg. 10–19 €. Vodičkova 20, ✆ 222232448. Ⓜ A, B Můstek.

**Pivovarský dům (26)**, ebenfalls eine Mikrobrauerei, die auch Bananenbier, Beerenbier und Biersekt ausschenkt ... Lichtes Ambiente im EG, Raucher werden in den Keller verbannt. Ordentliche böhmische Küche (Hase, Wild, Steaks) in „Standard-" oder „Luxusportionen", Hg. 5,50–13,50 €. Rauchen verboten. Lípová 15, ✆ 296216666. Ⓢ 4, 6, 10, 16, 22 Štěpánská.

**U Fleků (22)**, → Sehenswertes, S. 82.

**Bredovský Dvůr (8)**, moderne, laute Bierschwemme im gepflegten Backsteinambiente. Wenn Länderspiele anstehen, kommen zuweilen auch verletzte tschechische Stars zum Fußballschauen. Einsehbare Küche, in der variantenreiche böhmische Gerichte (kosten Sie die Schweinshaxe am Spieß!) gezaubert werden. Hg. 5,50–13 €. Politických Vězňů 14, ✆ 224215428. Ⓜ A, C Muzeum.

• *Pivnice* **Ferdinand (11)**, moderne, lichte Bierstube auf zwei Etagen. Zum guten Ferdinand-Bier aus dem mittelböhmischen Benešov kann man auch günstige Gerichte von der „Piggy" oder der „Moo-Cow" essen. So geschl. Opletalova 24. Ⓜ A, C Muzeum.

• *Cafés* **Café Imperial (1)**, eines der schönsten Kaffeehäuser der Stadt, wenn auch seit der kürzlichen Restaurierung deutlich steriler geworden. Wände und Decken sind – einmalig weltweit – vollständig mit kunstvoll gearbeiteter Keramik ausgeschmückt. Zum Kaffee werden kostenlos Krapfen gereicht. Manko: zuweilen Stinkstiefel-Service. Rechnung prüfen! Na Poříčí 15. Ⓜ B Náměstí Republiky.

**Kavárna Slavia (14)**, einst Rilkes und Kunderas Wohnzimmer, heute werden hier v. a. Reiseführer in allen Sprachen gelesen. Der Moldaublick ist nach wie vor grandios. Smetanovo nábřeží 2. Ⓢ 6, 9, 18, 21, 22, Národní divadlo.

**Café Louvre (12)**, von den Kommunisten wegen bourgeoiser Tendenzen geschlossen, seit 1992 wieder Kaffeehaus. Hohe, kitschig altrosa gestrichene Wände, viel Stuck. Große Auswahl an internationalen Tageszeitungen, fesche Bedienungen. Restaurant und Billardsalon angegliedert. Národní třída 20. Ⓜ B Národní třída o. Ⓢ 6, 9, 18, 21, 22 Národní třída.

**Café Evropa (13)**, Jugendstilperle in zentralster Lage, deswegen wohl auch die größte Touristenschwemme nach der Karlsbrücke. Man hat sich darauf eingestellt, serviert zweitklassigen Kaffee zu erstklassigen Preisen. Zuweilen Aufpreis für die Live-Musik am Nachmittag! Unfreundliches Personal. Trotzdem kann man dem Café den (abgewetzten) Charme nicht absprechen. Václavské náměstí 25. Ⓜ A, C Muzeum oder A, B Můstek.

**Café Nona (15)**, 2010 eröffnete, luftige Cafébar im 1. Stock der *Nová scéna*, des gläsernen Nachbarn des Nationaltheaters. Schon das protzkommunistische Innendekor aus den frühen 1980ern ist ein Grund zum Hingehen: grüner Marmor, roter Linoleumboden, kafkaesk niedrige Decken. Günstige Preise, freundliches junges Personal. Frühstück und kleine Gerichte. Auch ideal für das Gläschen Sekt nach dem Theater. Národní. Ⓢ 6, 9, 17, 18, 21, 22 Národní divadlo.

*Gemalt und in natura: die Karlsbrücke*

# Sehenswertes in Staré Město (Altstadt)

Staré Město ist einer der lebhaftesten Stadtteile Prags – der mit den meisten Restaurants, Galerien und Wechselstuben. Er gehört den Touristen, weniger den Pragern. Sein Herz ist der Staroměstské náměstí (Altstädter Ring), der gerne als der schönste Platz Europas bezeichnet wird. Aber auch die angeblich schönste Brücke der Welt ist hier zu finden, die Karlsbrücke.

Ein Wirrwarr aus engen, verwinkelten Gassen prägt die Altstadt. Ohne Plan ist man schnell darin verloren, aber das macht nichts. Lassen Sie sich einfach treiben. Die belebtesten Gassen sind die Celetná und die Karlova. Beide werden gesäumt von alten Barock- und Renaissancefassaden, die mit viel Liebe restauriert wurden; kaum noch ein Winkel, der nicht der Postkartenharmonie entspricht.

Abseits dieser Gassen geht es erheblich ruhiger zu. Und je mehr man sich von ihnen entfernt, desto mehr taucht man ein in jenen Teil der Altstadt, der erst kürzlich aus seinem Dornröschenschlaf erwacht ist. Hier sehen nicht mehr alle Häuser aus, als hätte man sie gestern erst gebaut – hier bröckelt noch der Putz und die Hinterhöfe besitzen gelegentlich jenen Charme, den wir von Italien kennen. Hier findet man noch Cafés und Kneipen, die auch von Pragern besucht werden. Hier stellen in den Galerien junge Künstler aus, die auch etwas anderes malen als Aquarelle von der Karlsbrücke.

**Staroměstské náměstí (Altstädter Ring):** „Es gibt wenige Plätze auf Erden, die sich an Schönheit mit dem Altstädter Ring in Prag messen können“. Was der Arzt und

Dichter Hugo Salus (1866–1929) Anfang des 20. Jh. schrieb, gilt noch immer, vielleicht sogar mehr denn je. Den stets belebten weiten Platz beherrscht ein *Denkmal für Jan Hus.* 1915 wurde es eingeweiht, zum 500. Todestag des Reformators (→ S. 47). Seine eingravierten Worte „Milujte se, pravdy každému přejte" sind ein Aufruf zu Brüderlichkeit und Ehrlichkeit.

Hinter der Häuserfront der Ostseite erhebt sich imposant die *Teinkirche* (Kostel P. Maria před Týnem). In der zweiten Hälfte des 14. Jh. wurde mit ihrem Bau begonnen. Die markanten Türme kamen erst im 15. und 16. Jh. hinzu. Der Zugang zum lichtdurchfluteten Inneren erfolgt durch den dritten Arkadenbogen des davor stehenden Gebäudes. In der Teinkirche liegt der dänische Astronom Tycho Brahe begraben. 1599 war er an den kaiserlichen Hof Rudolfs II. gerufen worden, zwei Jahre später war er tot. Über die Todesursache wurde viel spekuliert: Starb Brahe an einem Blasenriss nach einem Saufgelage oder wurde er ermordet? Um das Geheimnis zu lüften, wurden seine sterblichen Überreste 2010 exhumiert; die Ergebnisse der gerichtsmedizinischen Untersuchung waren bis Redaktionsschluss noch nicht veröffentlicht.

An der nordwestlichen Seite des Platzes fällt die schneeweiße barocke *Nikolauskirche* (Kostel sv. Mikuláše) ins Auge. Sie wurde 1732–35 von Kilian Ignaz Dientzenhofer errichtet. Die Fresken an Kuppel und Wänden beschreiben u. a. das Leben des Hl. Nikolaus.

Um die Ecke erblickte Franz Kafka das Licht der Welt. Von seinem *Geburtshaus* blieb zwar nicht mehr als das Portal erhalten, doch befindet sich in dem Gebäude eine Art Mischung aus Kafkaausstellung und Fanshop – im Vergleich zum Museum auf der Kleinseite (→ S. 104) jedoch die zweite Wahl.

Weitere Attraktionen am Altstädter Ring sind das Altstädter Rathaus und das Palais Kinský, die im Folgenden beschrieben werden.

*Verbindungen/Öffnungszeiten* Ⓜ A Staroměstská. **Teinkirche,** Di–Fr 15–17 Uhr. **Nikolauskirche,** tägl. 10–16 Uhr. **Kafka-Geburtshaus,** Mo–Fr 10–18 Uhr, Sa 10–17 Uhr, Eintritt 2 €.

### Die Bürger von Velvary – die Ostfriesen der Tschechen

Im Mittelalter vermengte man bei Bauten, die extremen Belastungen ausgesetzt waren, den Mörtel mit Eiern, um ihn härter und widerstandsfähiger zu machen. Das geschah angeblich auch beim Bau der Karlsbrücke. Dafür waren mehrere Tausend Eier vonnöten, die man aus sämtlichen Ecken des Landes anforderte. Zu den Ostfriesen der Tschechen wurden dabei die Bürger von Velvary nordwestlich von Prag – ihre Lieferung war hart gekocht.

**Staroměstská radnice (Altstädter Rathaus):** Das Rathaus ist der markanteste Bau am Altstädter Ring. Unter Johann von Luxemburg erhielten die Bürger der Altstadt im 14. Jh. das Recht, sich ein Rathaus zu bauen. Aus Geldmangel verzichteten sie jedoch und kauften lieber ein altes Gebäude. Was man heute sieht, ist letztendlich das Ergebnis unzähliger Um- und Anbauten. Die letzte große Restaurierung des Rathauses erfolgte nach dem Zweiten Weltkrieg, in dem es als eines der wenigen Gebäude der Stadt stark beschädigt wurde. Am beeindruckendsten ist die Astronomische Uhr (Orloj): Von 9 bis 21 Uhr zieht zu jeder vollen Stunde der Tod (rechts über dem oberen zweiten Blatt als Skelett dargestellt) an einem Seil und dreht das

Stundenglas herum. Dann öffnen sich zwei Fenster über der Uhr, und die zwölf Apostel – von Petrus angeführt – defilieren in einer Prozession vorüber. Zum Schluss kräht noch der Hahn. Betrachtet man die Zifferblätter, so zeigt das obere mit römischen Zahlen die Zeit auf Ihrer Uhr an, das mit den alten arabischen Ziffern drum herum die mittelalterliche böhmische, bei welcher der Tag mit dem Sonnenuntergang endete. Der kleinere innere Kreis steht für die Tierkreiszeichen, der farbige Hintergrund für Tag und Nacht. Darunter sieht man das Kalendarium. Und weil die Uhr so schön ist, und weil jede Stadtführung vor ihr haltmacht, hat man sich auch eine Legende einfallen lassen, um das Warten bis zur vollen Stunde unterhaltsam zu überbrücken. Demnach soll Meister Hanuš, der die Uhr im 15. Jh. geschaffen hat, geblendet worden sein, um keiner anderen Stadt eine solche Uhr ans Rathaus basteln zu können. Bald darauf aber blieb die Uhr stehen, und kein Mensch wusste, wie man sie reparieren sollte.

*Astronomische Uhr am Altstädter Rathaus*

Im Innern des Rathauses finden heute Wechselausstellungen statt, u. a. auch in den Kellergewölben. Besichtigen kann man ferner ein paar Repräsentationsräume und eine Kapelle – beide gehören nicht unbedingt zum Pflichtprogramm. Lohnenswert jedoch ist ein Blick vom Rathausturm über die Stadt.

Verbindungen/Öffnungszeiten Staroměstská radnice 1. Ⓜ A Staroměstská. Mo 11–20 Uhr, Di–So 9–20 Uhr. Für die historischen Säle und die gotische Kapelle bzw. den Rathausturm müssen separate Tickets zu jeweils 4 € gelöst werden, erm. die Hälfte.

**Palác Kinských (Palais Kinský):** Das altrosafarbene Palais auf der Ostseite des Altstädter Rings wurde nach Plänen von Kilian Ignaz Dientzenhofer zwischen 1755 und 1765 erbaut. Im 19. Jh. verbrachte die Komtesse Bertha Kinský (1843–1914), spätere Freifrau von Suttner, darin ihre Kindheit. Als überzeugte Pazifistin und Schriftstellerin (u. a. des Romans *Die Waffen nieder!*) machte sie sich einen Namen. Zu ihren größten Verehrern zählte Alfred Nobel. Er war von ihr so angetan, dass er den Friedensnobelpreis stiftete, dessen erste weibliche Trägerin (1905) sie wurde. Bis zu Ihrem Besuch will man in der Nationalgalerie neben temporären Ausstellungen die Sammlung antiker und orientalischer Kunst im Palais zeigen.

Unmittelbar an das Palais grenzt ein mittelalterlicher Bau an, das *Haus zur Steinernen Glocke* (Dům U Kamenného Zvonu). Hier finden ebenfalls wechselnde Ausstellungen, aber auch Konzerte statt.

Verbindungen/Öffnungszeiten Staroměstské náměstí 12. Ⓜ A Staroměstská. **Dauerausstellung antiker und orientalischer Kunst,** tägl. (außer Mo) 10–18 Uhr, Eintritt 6,10 €, erm. 3,30 €.

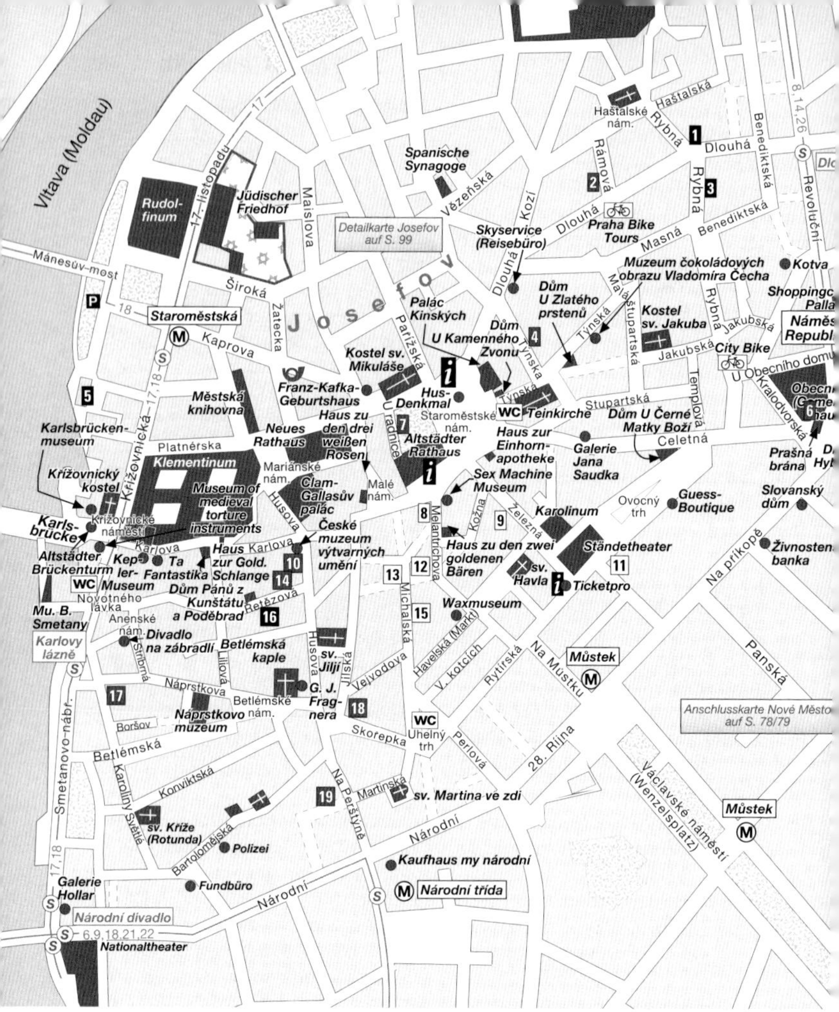


**Karlův most (Karlsbrücke):** Sie ist das eigentliche Zentrum Prags, verbindet sie doch Malá Strana (Kleinseite) mit Staré Město. Und sie ist zweifelsohne das Prager Weltwunder – trotz lange überfälliger Sanierung überstand sie das Augusthochwasser 2002. Fünf Jahre später wurde endlich mit der Restaurierung der Brücke begonnen, bis zu Ihrem Besuch sollten die Arbeiten abgeschlossen sein. Sind sie es nicht – keine Sorge: Eine komplette Sperrung der Brücke gab es infolge der Sanierungsarbeiten bislang nicht und soll es auch zukünftig nicht geben. Nicht nur am Fundament und an den Pfeilern nagte der Zahn der Zeit, auch an den barocken Statuen. Mehrere wurden daher bereits durch Kopien ersetzt.

Mit dem Bau der über 500 m langen und 10 m breiten Brücke wurde 1357 begonnen. Karl IV., nach dem sie seit 1870 benannt ist, hatte Peter Parler damit beauftragt. Bis 1741 stellte sie die einzige feste Verbindung zwischen den Stadtteilen

**Übernachten** (S. 69-72)
1 Traveller's Hostel
3 Josef
5 Four Seasons
16 U zeleného věnce

**Essen & Trinken** (S. 92/93)
2 Orange Moon
4 Maitrea
5 Allegro
6 Kavárna Obecní dům
7 Brasileiro
10 U zlatého tygra
14 Café Montmartre
17 Duende
18 U Vejvodů
19 U medvídků

**Nachtleben** (S. 73/74)
1 Roxy
9 AghaRTA Jazz Centrum

**Einkaufen** (S. 67/68)
8 Erpet
11 Dorotheum
12 Manufaktura
13 Art deco Galerie
15 Vintage

rechts und links der Moldau dar. 1683 wurde die erste Statue aufgestellt, es ist die des Hl. Nepomuk (von Staré Město aus die 8. rechts). Das Bronzerelief darunter zeigt den Augenblick seines Brückensturzes (→ S. 363). Ein paar Studenten sollen es einst blank poliert und daraufhin die Geschichte erfunden haben, dass es dem, der es berührt, Glück bringt. Als letzte der insgesamt 21 Plastiken kam 1938 die der beiden Heiligen Kyrill und Method hinzu (5. rechts). Ein wenig aus der Reihe fällt das lebensgroße Kruzifix mit dem vergoldeten hebräischen Schriftzug „Heiliger, heiliger, heiliger Herr" (3. Plastik rechts). Angeblich hatte man einen Juden dazu verurteilt, diesen anbringen zu lassen, da er vor dem Kreuz gelästert haben soll.

*Verbindungen* Ⓢ 17, 18 Karlovy lázně.

**Staroměstská mostecká věž (Altstädter Brückenturm):** Er ist wie die Karlsbrücke ein Werk des Baumeisters Peter Parler und wird vielfach als der schönste gotische Wehrturm Europas bezeichnet. 1357 begann man mit seinem Bau, und als hätte man damals schon geahnt, dass über die Karlsbrücke einmal Straßenbahnen holpern würden (bis 1950), errichtete man ihn mit einem ausreichend großen Durchgang. Man kann den Turm besteigen. In der Abenddämmerung, wenn die Prager Türme in ihrem schönsten Licht erscheinen, lohnen sich die vielen Stufen nach oben am ehesten.

*Verbindungen/Öffnungszeiten* Křižovnické náměstí. Ⓢ 17, 18 Karlovy lázně. Tägl. 10–20 Uhr, länger in den Sommermonaten. Eintritt 2,80 €, erm. 2 €.

**Klementinum:** Das Klementinum ist mit sechs Innenhöfen, zwei Kirchen und mehreren Kapellen einer der größten Gebäudekomplexe der Stadt. Es war einst Sitz der Prager Jesuiten, die von hier aus nach dem 30-jährigen Krieg die Rekatholisierung Böhmens mit aller Härte vorantrieben. Unzählige Menschen wurden von ihnen der Ketzerei beschuldigt, allein im Jahr 1651 ließen sie mehr als 200 vermeintlich Irrgläubige in gutem katholischem Glauben verbrennen. Heute ist in dem Gebäudekomplex u. a. die Nationalbibliothek der Tschechischen Republik mit mehreren Millionen Bänden untergebracht. Sehenswert ist das *Observatorium*, der einzige Ort der Welt, in dem seit mehr als 200 Jahren täglich Wetterdaten aufgezeichnet werden. Zudem gibt es einen barocken *Bibliothekssaal* mit herrlichen Decken-

*Obecní dům mit Pulvertor*

fresken, schweren, in Leder gebundenen Wälzern und alten Globen. Die Kirchen öffnen ihre Pforten meist nur zu den Gottesdiensten. In der *Spiegelkapelle* (Zrcadlová kaple) finden regelmäßig Konzerte statt.

Verbindungen/Öffnungszeiten Karlova 1. Ⓜ A Staroměstská. Bibliothekssaal, Spiegelkapelle und Observatorium sind nur im Rahmen einer Führung (50 Min.) zu besichtigen, tägl. 10–16 Uhr zu jeder vollen Std., Sa/So teils auch zu jeder halben Std. Eintritt 8,80 €, erm. 5,60 €.

**Obecní dům:** Anfang des 20. Jh. entstand der extravagante, monumentale Jugendstilbau, ein multifunktionales Repräsentationsgebäude mit sechs Sälen, französischem Restaurant, Kneipe, Kaffeehaus usw. (→ Essen & Trinken, S. 93). Es gibt kaum einen tschechischen Künstler der Sezession, der nicht an der aufwendigen Innen- oder Außengestaltung beteiligt war. Die Gemälde im Primatorensaal stammen z. B. von Alfons Mucha. Der größte Raum ist der Smetanasaal mit 1500 Plätzen. Am 28. Oktober 1918 wurde darin die Selbstständigkeit der Tschechoslowakischen Republik verkündet; seitdem ist dieser Tag ein staatlicher Feiertag.

Verbindungen/Öffnungszeiten Náměstí Republiky 5. Ⓜ B Náměstí Republiky. Bis zu 4-mal tägl. (je nach Saison) finden Führungen durch die Säle statt, die Zeiten erfahren Sie bei der Auskunft im Gebäude. Die Touren dauern 70 Min. und kosten 11 €.

**Prašná brána (Pulvertor):** Der Turm mit Durchgang ist der einzige noch existierende Wachturm aus der Zeit, als die Prager Altstadt befestigt war. Die Stadtmauer verlief entlang der heutigen Fußgängerzone Na příkopě (Am Graben). Erbaut wurde der Turm in der zweiten Hälfte des 15. Jh., seinen heutigen Namen erhielt er jedoch erst im 17. Jh., als man ihn als Pulvermagazin nutzte. Seit dem Mittelalter war er zudem der Ausgangspunkt des sog. „Königsweges“, des *Královská cesta* (→ Kasten). Man kann den Turm besteigen, der Ausblick ist aber bei Weitem nicht so imposant wie vom Altstädter Rathaus aus.

Verbindungen/Öffnungszeiten Na příkopě. Ⓜ B Náměstí Republiky. Tägl. 10–18 Uhr. Eintritt 2,80 €, erm. 2 €.

**Stavovské divadlo (Ständetheater):** Der neoklassizistische Bau entstand in der zweiten Hälfte des 18. Jh. und war kurz darauf im Besitz der böhmischen Stände, daher der Name. Hier fand am 29. Oktober 1787 die Uraufführung von Mozarts *Don Giovanni* statt. Das Innere ist ein blau-goldener Traum, nicht umsonst wählte es Miloš Forman als Kulisse für Szenen seines Films *Amadeus.* Leider ist das Theater nur in Verbindung mit einer Aufführung zu besichtigen. In unmittelbarer Nachbarschaft befindet sich das geschichtsträchtige, aber alles andere als unbedingt sehenswerte *Karolinum.* 1348 legte hier Karl IV. den Grundstock für die älteste Universität Mitteleuropas. Von dem ursprünglichen Gebäude ist heute aber von außen nicht mehr als ein gotischer Erker zu erkennen.

Verbindungen Ovocný trh 1. Ⓜ A, B Můstek.

**Dům U Zlatého prstenů (Haus zum Goldenen Ring):** Die Fundamente des gotischen Stadthauses stammen aus dem 13. Jh. Seit 2009 zeigt hier die *Städtische Galerie* (Galerie hlavního města Prahy) die sehenswerte Dauerausstellung „After Velvet" – junge tschechische Kunst der letzten 20 Jahre. Die Exposition erstreckt sich über vier Etagen, der Rundgang beginnt im obersten Geschoss.

*Tycho Brahes letzte Ruhestätte: die Týnkirche*

Verbindungen/Öffnungszeiten Týnská 6. Ⓜ B Náměstí Republiky. **Städtische Galerie,** tägl. (außer Mo) 10–20 Uhr. Eintritt 4,80 €, erm. die Hälfte.

**Dům U Černé Matky Boží (Haus zur Schwarzen Madonna):** Es wurde 1911 von Josef Gočár erbaut, einem Begründer der modernen tschechischen Architektur und einer der Initiatoren des Kubismus in Prag. Das Gebäude mit seinen facettenartig gebrochenen breiten Fenstern wurde ursprünglich als Waren- und Wohnhaus entworfen; heute ist darin das sehenswerte Museum des tschechischen Kubismus untergebracht. Auf drei Stockwerken werden u. a. Bilder der wichtigsten tschechischen kubistischen Maler wie Antonín Procházka oder Emil Filla wie auch Plastiken und Skulpturen von Otto Gutfreund sowie Plakate von Josef Čapek präsentiert. Zu sehen ist darüber hinaus kubistische Gebrauchskunst wie beispielsweise Möbel und Vasen. Angeschlossen ist ein empfehlenswertes Café im kubistischen Stil.

Verbindungen/Öffnungszeiten Celetná 34. Ⓜ B Náměstí Republiky. **Museum,** tägl. (außer Mo) 10–17.30 Uhr. Eintritt 4 €, erm. die Hälfte, Familien 6 €. Jeden 1. Mi im Monat von 15–20 Uhr Eintritt frei, ab 16 Uhr zahlt man stets die Hälfte.

**Muzeum Bedřicha Smetany (Smetana-Museum):** Wo könnte man zum Gedenken an den Komponisten Bedřich Smetana (1824–1884, → S. 228) passender ein kleines Museum einrichten als direkt an der Moldau? Korrespondenz, Zeichnungen, Pressekritiken, Porträts usw. führen in sein Werk und Leben ein.

*Verbindungen/Öffnungszeiten* Novotného lávka. Ⓢ 17, 18 Karlovy lázně. Tägl. (außer Di) 10–17 Uhr. Eintritt 2 €, erm. die Hälfte.

## *Královská cesta* oder Prag in 90 Minuten

Quer durch die Stadt verläuft der Královská cesta, jener Weg, den einst die Könige in einer feierlichen Prozession aus Anlass ihrer Krönung im Sankt-Veits-Dom abschritten. Bereits im Mittelalter hatte sich diese Tradition entwickelt, da viele Könige Böhmens aus dem Ausland kamen. Beim Eintreffen in Prag wurden sie vom Bürgermeister am Pulverturm begrüßt, wo man ihnen symbolisch den Schlüssel zu ihrer Residenzstadt aushändigte. Die letzte Krönungsprozession fand 1836 für Ferdinand V. statt, an dem Spektakel nahmen mehrere Tausend Reiter teil, nicht nur auf Pferden, auch auf Kamelen.

Der Weg führt an den schönsten Ecken und Winkeln Prags vorbei und wird von Millionen Touristen jedes Jahr bewusst oder unbewusst begangen. Auch wenn viele Sehenswürdigkeiten der Stadt abseits davon im Gassenwirrwarr versteckt liegen, das viel gerühmte „Goldene Prag“ präsentiert sich nirgendwo schöner als auf dieser Meile. Etwa 1 ½ Std. benötigt man für den Weg. Er verläuft vom Pulverturm über die Celetná zum Staroměstské náměstí und weiter über die Karlova zur Karlsbrücke. Auf der Kleinseite führt er vom Malostranké náměstí schließlich über die Nerudova hinauf zur Prager Burg.

## Essen & Trinken (→ Karte S. 88/89)

• *Restaurants* **Allegro (5)**, das dem Hotel Four Seasons (→ S. 69) angeschlossene Restaurant wurde 2008 mit einem Michelin-Stern ausgezeichnet – dem ersten an der Moldau und dem ersten in ganz Osteuropa. Sehr gediegen, Blick auf Burg und Fluss, Sommerterrasse. Chefkoch Andrea Accordi kredenzt feine internationale Küche mit Schwerpunkt auf der italienischen: Seealgen-Cannelloni mit Krebsfüllung, Filet vom Piemontrind in Rotwein oder Red Snapper mit einem Dressing aus Ingwer und grünen Tomaten. Für ein Vier-Gänge-Menü muss man rund 150 € hinlegen. Veleslavínova 2a, ✆ 221427000. Ⓜ A Staroměstská.

**U Vejvodů (18)**, gepflegtes großes Bierrestaurant auf zwei Etagen, Brauereiambiente, viele (manchmal laute) Touristengruppen. Böhmische Standards, Hg. 8–17 € (nur die Riesensteaks sind teurer). Warme Küche bis 2 Uhr. Leser fühlten sich hier allerdings schon über den Tisch gezogen. Jilská 4, ✆ 224219999. Ⓜ A, B, Můstek.

**Brasileiro (7)**, Erlebnisgastronomie im Gewölbekeller. Im Stil einer brasilianischen *Churrasqueira* kommen hier in einem fort leckere Riesenspieße (20 Sorten Fleisch!) an Ihren Tisch, dazu Fisch und Meeresfrüchte – bis man zahlt oder platzt. *All you can eat* bis 18 Uhr 20 €, danach 26 €. Wer sich nur am exzellenten Vorspeisenbüfett bedienen will, zahlt 10 bzw. 11,50 €. Ohne Reservierung hat man abends keine Chance. U Radnice 8, ✆ 224234474. Ⓜ A Staroměstská.

*Versteckte Kunst am Dvocný trh in der Altstadt*



**Orange Moon (2)**, orangefarben gehaltenes Thai-Restaurant, auch indische und burmesische Küche. Hochgelobt. Hg. 6–15 €. Rámová 5, ✆ 222325119. Ⓜ B Náměstí Republiky.

**Maitrea (4)**, rein vegetarische Küche und sehr empfehlenswert. Entspannte Atmosphäre, Feng-Shui-Raumgestaltung. Die Speisekarte führt um den Erdball, doch auch böhmische Klassiker werden nicht vergessen. Für die zentrale Lage sehr günstig, Hg. 5,40–6 €. Týnská 6, ✆ 221711631. Ⓜ B Náměstí Republiky.

• *Pivnices* **U medvídků (19)**, einst waren die Literaten Jan Neruda und Jaroslav Hašek hier Stammgäste. Heute treffen sich Touristengruppen aus aller Welt, aber auch noch viele Prager. In der Bierhalle im EG gibt es gut gezapftes Budweiser und böhmische Standards zu Blasmusik, Hg. 4–13,30 €. Zudem ein Biershop, ein kleines Museum und im OG eine Brauereikneipe, in der das selbst gebraute halbdunkle, 13-gradige *Oldgott* gezapft wird. Lesern gefiel es hier gut. Abends extrem voll, am besten reservieren oder früh kommen. Na Perštýně 7, ✆ 224211916. Ⓜ B Národní třída o. Ⓢ 6, 9, 18, 21, 22 Národní třída.

**U zlatého tygra (10)**, „Zum Goldenen Tiger". Die feuchtwarme Bierhöhle wurde berühmt durch ihren zechfreudigen Stammgast Bohumil Hrabal. Heute hängt der 1997 verstorbene Literat als Riesenporträt an der Wand, umringt von zahlreichen Kneipenmaskottchen in Tigerform. Ruppige Bedienung, das Lokal ist schon kurz nach der Öffnung um 15 Uhr überfüllt. Bestellen Sie Bierkäse *(pivní sýr)* zum Pilsner Urquell – er soll hier erfunden worden sein. Husova 17. Ⓜ A Staroměstská.

• *Cafés/Kneipen* **Kavárna Obecní dům (6)**, prunkvoller Jugendstilsaal. Gelegentlich Livepianomusik. Stets voller Touristen. Teuer, aber Kaffee und Kuchen in diesem Ambiente sind ihr Geld wert. Náměstí Republiky 5. Ⓜ B Náměstí Republiky.

**Café Montmartre (14)**, Meyrink, Werfel, Kafka und Brod – das illustre Nachtcafé zog sie einst alle an. Heute präsentiert sich das Montmartre als ruhiges, gemütliches Kaffeehaus, in dem man auch mal alleine ein paar Stunden lesend verbringen kann. Snacks. Řetězová 7. Ⓜ B Národní třída o. Ⓢ 6, 9, 18, 21, 22 Národní třída.

**Duende (17)**, eine gemütliche Oase in der Altstadt, mit viel Trödel eingerichtet (Achtung: So manchem Gast brach hier schon der Stuhl unterm Hintern zusammen). Kunterbuntes Publikum. So lange offen, bis die Bedienung keine Lust mehr hat. Karoliny Světlé 30. Ⓢ 17, 18 Karlovy lázně.

*Die Spanische Synagoge*

## Sehenswertes in Josefov (Josefstadt)

Es ist das einstige jüdische Viertel. Außer ein paar Synagogen blieb davon aber nicht viel erhalten – Ende des 19. Jh. riss man es ab. Heute findet man hier herrliche Jugendstilhäuser und eine der vornehmsten Straßen Prags: die Pařížská, die Pariser Straße.

Kein Viertel Prags wurde durch die Literatur häufiger verewigt als Josefov. Doch das Josefov, von dem dort zumeist die Rede ist, ist das Josefov der Tagelöhner, der Spieler, der Prostituierten und Zigeuner aus der zweiten Hälfte des 19. Jh. Das der Juden gab es zu diesem Zeitpunkt bereits nicht mehr, der Großteil der Juden hatte es längst verlassen, lediglich das alte Ghetto existierte noch. Es entstand im 13. Jh., als man die Siedlung mit einer Mauer umschloss, deren Tore nachts verriegelt wurden. Sechs Jahrhunderte lebten die Prager Juden dort – mal verfolgt, mal toleriert. In schlechten Zeiten wurden sie zu Sündenböcken und Opfern von Pogromen. In guten Zeiten standen sie unter dem Schutz der Krone und verhalfen Prag zu kultureller und wirtschaftlicher Blüte. Eines der größten Probleme im Ghetto war die stetig steigende Zahl seiner Einwohner. Anfang des 18. Jh. erließ die jüdische Gemeinde daher ein Gesetz, das vorschrieb, dass nur noch der älteste Sohn einer Familie heiraten durfte, und das erst nach dem Tod des Vaters. Aus der Isolation befreite Joseph II. die Prager Juden in der zweiten Hälfte des 18. Jh. Die Mauern ums Ghetto wurden abgerissen, Kleidervorschriften aufgehoben und die Glaubensfreiheit wurde gewährt. Zum Dank benannte man das Viertel nach ihm. Als ab 1796 die Juden auch außerhalb des Ghettos leben durften, verkam es zum Armenviertel der Stadt mit miserabelsten hygienischen Verhältnissen. Ein Jahrhundert später befahl der städtische Sanitätsrat deswegen die Sanierung des Stadtteils, die einem Abriss gleichkam. Bürgerliche Wohnhäuser mit stolzen Jugendstilfassaden prägen Josefov heute, an das einstige jüdische Viertel erinnern nur noch wenige Gebäude.

## Das Jüdische Museum

Das Museum mit seiner über 100-jährigen Geschichte besitzt eine einzigartige und umfangreiche Sammlung an jüdischem Kulturgut aus Böhmen und Mähren. Anlass zur Gründung gab die Sanierung der Josefstadt. Das Inventar zum Abriss freigegebener Synagogen, aber auch Gegenstände des häuslichen und religiösen Lebens wurden hier gesammelt. Das Gros des Fundus stammt jedoch aus der Zeit der deutschen Okkupation, als die Nazis die jüdische Bevölkerung nach Theresienstadt und von dort weiter in die Vernichtungslager deportierten. Das Museum war ab 1942 der Leitung des Zentralamtes für die Judenfrage direkt unterstellt und hatte die Aufgabe, das beschlagnahmte Gut zu katalogisieren. Nach dem Krieg fiel das Museum in staatlichen Besitz, seit 1994 ist es Eigentum der jüdischen Gemeinde von Prag. Diese zählt rund 1600 Mitglieder, Tendenz leicht steigend.

Auf mehrere Synagogen verteilt, zeigt das Jüdische Museum heute nur einen Bruchteil seiner Exponate, in erster Linie Drucke, Bücher, Gegenstände aus Silber, Tapisserien, Teppiche und Thoramäntel. Unter der Verwaltung des Jüdischen Museums stehen die Maiselsynagoge, die Spanische Synagoge, die Pinkassynagoge, die Klausensynagoge, der Alte Judenfriedhof und der ehemalige Zeremoniensaal. Die Altneusynagoge hingegen gehört nicht zum Jüdischen Museum. Die verschiedenen Ausstellungen sind zwar interessant, aber alles andere als zeitgemäß – ein Facelifting würde dem Jüdischen Museum guttun.

• *Öffnungszeiten* Für alle genannten Einrichtungen gelten dieselben Öffnungszeiten: tägl. (außer Sa und an jüdischen Feiertagen) 9–18 Uhr (im Winter bis 16.30 Uhr). Die Eintrittspreise des Jüdischen Museums liegen erheblich über denen anderer Museen (12 €, erm. 8 €), da es als nichtstaatliche Institution weitaus weniger Fördermittel erhält. Das Ticket ist für alle oben genannten Einrichtungen gültig. Wer auch die Altneusynagoge mit im Programm haben will, zahlt 19,20 €, erm. 12,80 €.

*Grabsteine auf engstem Raum: der alte jüdische Friedhof*

*In der Pinkassynagoge*

**Staronová synagóga (Altneusynagoge):** Der frühgotische Bau aus der zweiten Hälfte des 13. Jh. zählt zu den ältesten Synagogen Europas. Für seinen paradox klingenden Namen gibt es zwei Theorien: Die erste geht davon aus, dass die Synagoge eine an jenem Ort bereits existierende ersetzte, die andere, dass sie ursprünglich nur „Neue Synagoge" hieß, bis im 16. Jh. weitere Synagogen hinzukamen – sprich: aus „neu" wurde „alt". Tatsache ist auf jeden Fall, dass sie das Zentrum der Juden westlicher Observanz war, die isoliert von den Juden mit östlichem Ritus lebten. Letztere hatten ihr Viertel bei der heutigen Spanischen Synagoge. Das erklärt zudem, warum man in Josefov auch Kirchen findet: Die verschiedenen jüdischen Gemeinden waren bis ins 13. Jh. durch „christliche Streifen" getrennt. Im Inneren der Synagoge, genau in deren Mitte, befindet sich das *Almemor*, ein von einem schmiedeeisernen Gitter umgebenes Podium, auf welchem aus der Thora, den fünf Büchern Mose, vorgelesen wird. Die Thorarollen sind im Schrein hinter einem Vorhang verborgen. Auffallend sind die schießschartenähnlichen Fenster. Sie wurden im 18. Jh. für die Frauen eingefügt, da ihnen der Besuch der Synagoge nicht gestattet war und sie wenigstens so dem Geschehen folgen konnten.

Verbindungen/Öffnungszeiten Červená 2. Ⓜ A Staroměstská. Tägl. (außer Sa und an jüdischen Feiertagen) 9.30–17 Uhr. Eintritt 8 €, erm. 5,60 €.

**Starý Židovský Hřbitov (Alter Jüdischer Friedhof) und Pinkasova Synagóga (Pinkassynagoge):** Das ummauerte Areal des Alten Jüdischen Friedhofs umschließt auch die Pinkassynagoge aus dem 15. Jh., die gleich hinter dem Kassenhäuschen steht. Sie ist benannt nach ihrem Stifter, dem Rabbiner Pinkas. Im Inneren erinnert sie heute an die Juden aus Böhmen und Mähren, die dem Holocaust zum Opfer fielen. Das geschieht auf eine schlichte und ergreifende Weise: An den Wänden stehen die Namen der Ermordeten, 77.297 an der Zahl. Im Obergeschoss sind Zeichnungen von Kindern aus dem Ghetto Theresienstadt (→ S. 289) zu sehen. Der Friedhof selbst, auf dem Grabstein an Grabstein steht oder lehnt, wurde ebenfalls

Über den Dächern von Prag ▲▲
Gemalt und in natura – die Karlsbrücke ▲

▲▲ Prag – Stadt der tausend Türme
▲ Schwungvoll – Straßenmusikanten am Hradschiner Platz

Jugendstil – Mucha-Fenster im Dom ▲▲

Modern – Kunsthappening auf dem Wenzelsplatz ▲▲

Gotik – Maßwerk am Sankt-Veits-Dom ▲

▲▲ Nightlife rund um den Altstädter Ring
▲ Barocke Architektur unterhalb der Prager Burg

im 15. Jh. angelegt. Der älteste Stein stammt aus dem Jahr 1439, der jüngste von 1787. Wie viele Menschen hier beigesetzt wurden, weiß man nicht. Die Zahlen in der Sekundärliteratur schwanken zwischen 10.000 und 110.000. Tatsache ist, dass der Friedhof, obwohl mehrmals erweitert, stets zu klein war. So begrub man die einen über den anderen.

Viele der Grabsteine tragen Barock- oder Rokokoverzierungen, aber auch Motive, die den Namen oder Beruf des Verstorbenen symbolisieren. Auf ein paar Grabsteinen liegen statt Blumen kleine Steinchen – ein alter jüdischer Brauch als Zeichen der Pietät. Der Grabstein, auf dem die meisten Steinchen liegen, ist der des Rabbi Löw (geb. vermutlich zwischen 1512 und 1525, gest. 1609), an dem der vorgeschriebene Weg durch den Friedhof automatisch vorbeiführt. Oft sieht man auch Zettel darauf liegen, die mit Bitten und Wünschen beschrieben sind.

• Verbindungen/Öffnungszeiten Široká. Ⓜ A Staroměstská. Öffnungszeiten und Eintritt → Jüdisches Museum, S. 95. Aufgrund des Besucherandrangs ist es – falls möglich – ratsam, den Friedhof früh am Morgen zu besuchen, ansonsten wird man von den Massen wie auf einer Einbahnstraße vom Eingang zum Ausgang geschoben.

## Jehuda Liwa ben Bezal'el, genannt Rabbi Löw, und die Legende vom Golem

Polnische Chassiden waren es, die im 18. Jh. die Person des Prager Rabbi Löw mit dem legendären Golem in Verbindung brachten. Der historisch belegte Rabbi war oberster Lehrer einer Talmudschule und als Pädagoge und Theologe bereits zu Lebzeiten überaus angesehen. Die Inschrift des wohl berühmtesten Grabes auf dem Alten Jüdischen Friedhof – Löw starb 1609 – bekundet, dass er v. a. wegen seiner Weisheit geschätzt wurde. Auf die chassidischen Legenden, welche dem Rabbi übernatürliche Fähigkeiten nachsagen, ist der Glaube zurückzuführen, dass jeder Wunsch, den man in Zettelform auf das Grab des Rabbi legt, in Erfüllung geht.

Zu den sagenhaftesten Geschichten aber, die sich um den Rabbi ranken, zählt zweifelsohne die des Golem, einer mächtigen menschenähnlichen Gestalt. Angeblich hatte der Rabbi diese aus Ton geformt und dann zum Leben erweckt, indem er ihr ein *Schma* (Zettel mit magischen Formeln) in den Mund legte. Der Golem war fortan ein treuer Diener des Rabbi, stand allen Juden bei und bewahrte sie vor Pogromen. Am Sabbat jedoch musste der Golem ruhen, und so nahm der Rabbi stets am Vorabend des Sabbats das Schma aus dem Mund des Geschöpfs. Doch eines freitags vergaß dies der Rabbi. Der Golem wurde böse, so böse, dass er das Ghetto zu vernichten drohte. In letzter Sekunde gelang es dem Rabbi, den magischen Zettel aus dem Mund des Golems zu ziehen und ihn so wieder in ewigen Schlaf zu versetzen. Im Glauben der Menschen jedoch lebte der Golem im Ghetto noch lange fort, in der Literatur tut er das bis heute.

Den bekanntesten Golem-Roman schrieb Gustav Meyrinck (1868–1932), ein gebürtiger Wiener, der auch Gründer mehrerer okkulter Orden war. In seiner Golem-Fassung, einer Reise in das innerste Ich, verarbeitete er seine Drogenerlebnisse. Auch Egon Erwin Kisch (1885–1948), der rasende Reporter, der u. a. für das *Prager Tagblatt* schrieb, widmete dem Golem eine Reportage.

**Španělská synagóga (Spanische Synagoge):** Der Name hat nichts mit den sephardischen Juden zu tun, die 1492 mit dem Ende der Reconquista Spanien verlassen mussten, wenn sie sich nicht taufen lassen wollten, und u. a. auch nach Prag kamen. Die Spanische Synagoge entstand erst in der zweiten Hälfte des 19. Jh. und trägt den Namen aufgrund ihrer pseudomaurischen Stilelemente. Im sehenswerten Innern wird in Vitrinen die Geschichte der Juden Böhmens und Mährens von der Aufklärung bis zur Gegenwart dokumentiert. Vom Kapitel Holocaust zeugt u. a. eine Kiste voller Gebetsriemen (sog. Tefillin) der Ermordeten. Abends dient die Synagoge gelegentlich als Konzertsaal. Die kopflose Skulptur neben der Synagoge wurde 2003 aufgestellt und ist das erste *Kafka-Denkmal* der Stadt. Es zeigt eine Szene aus Kafkas Novelle *Beschreibung eines Kampfes.*

Verbindungen/Öffnungszeiten Vězeňská 1. Ⓜ A Staroměstská. Öffnungszeiten und Eintritt → Jüdisches Museum, S. 95.

**Maiselova synagóga (Maiselsynagoge):** Ursprünglich im Stil der Renaissance errichtet, wurde sie nach einem Brand barock wieder aufgebaut. Das gefiel aber nicht, und so erfolgte Ende des 19. Jh. ein schlichterer neugotischer Umbau. Während der deutschen Okkupation machten die Nazis aus der Synagoge ein Lager für beschlagnahmtes jüdisches Vermögen. Auch diese Synagoge wird heute als Museum genutzt und liefert die historische Ergänzung zur Spanischen Synagoge: In ihr wird die Geschichte der böhmischen und mährischen Juden von den Anfängen der jüdischen Besiedlung im 10. Jh. bis zur Aufklärung dokumentiert. Zu sehen sind u. a. hervorragende Silberarbeiten.

Verbindungen/Öffnungszeiten Maiselova 10. Ⓜ A Staroměstská. Öffnungszeiten und Eintritt → Jüdisches Museum, S. 95.

*Silberarbeiten in der Maiselsynagoge*

**Klausová synagóga (Klausensynagoge) und Bývalá obřadní síň (Zeremoniensaal):** Die beiden benachbarten Gebäude beherbergen die Ausstellung „Jüdische Traditionen und Bräuche". Von der Geburt über die Beschneidung und die Heirat bis zum Tod werden alle Stationen im Leben gläubiger Juden erläutert. Die Ausstellung beginnt in der Klausensynagoge.

Verbindungen/Öffnungszeiten U Starého Hřbitova 1 und 3. Ⓜ A Staroměstská. Öffnungszeiten und Eintritt → Jüdisches Museum, S. 95.

**Jüdisches Rathaus (Židovská radnice):** Das Eckhaus finanzierte Mordechaj Maisl, der reichste Mann im rudolfinischen Prag. Ein Blick nach oben lohnt sich: Die Zeiger der Uhr – nicht jener am Turm, sondern der darunter mit den hebräischen Ziffern – bewegen sich entgegen dem Uhrzeigersinn, so wie auch die hebräische Schrift nicht von links nach rechts, sondern von rechts nach links verläuft.

Verbindungen Maiselova 18. Ⓜ A Staroměstská.

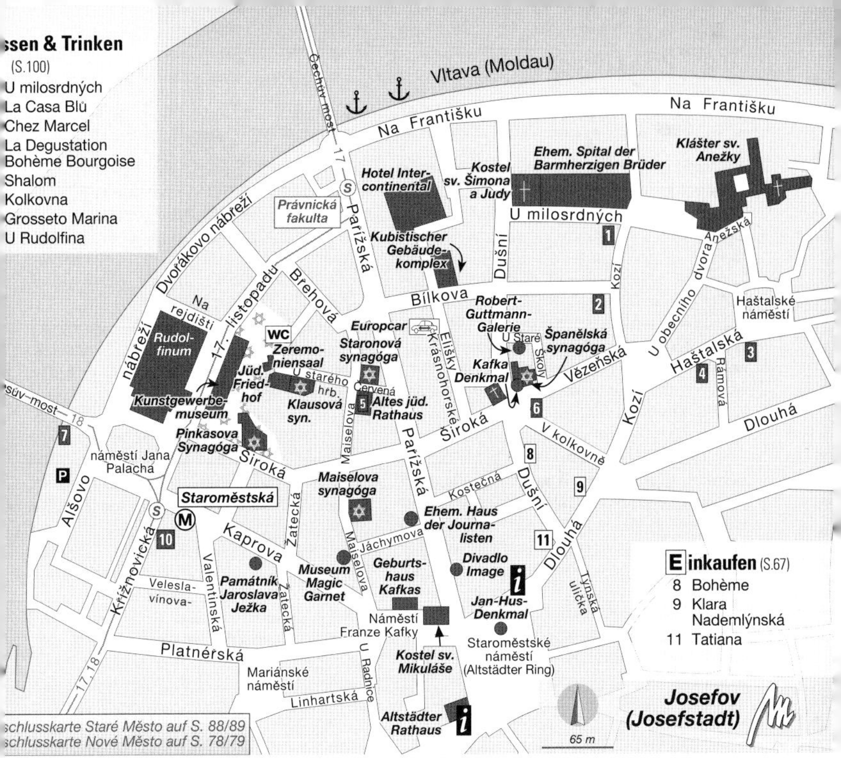


**Klášter sv. Anežky (Agneskloster):** Gründerin des einstigen Klarissenklosters im 13. Jh. war die Hl. Agnes, die ihr Leben in den Dienst der Kranken gestellt hatte. Im Kloster befindet sich heute die grandiose Sammlung böhmischer Kunst des Mittelalters, die Teil der Nationalgalerie ist.

*Verbindungen/Öffnungszeiten* Anežská 1. Ⓜ A Staroměstská o. Ⓜ B Náměstí Republiky. Tägl. (außer Mo) 10–18 Uhr. Eintritt 6 €, erm. 3,20 €, Familien 8 €, ab 16 Uhr halber Preis. Stets am ersten Mi des Monats von 15–20 Uhr freier Eintritt.

**Rudolfinum:** Das Konzertgebäude, einer der nobelsten Neorenaissancebauten Prags, entstand in der zweiten Hälfte des 19. Jh. im Zuge der tschechischen Nationalbewegung. Dvořák und Brahms dirigierten hier vor ausverkauftem Haus. Heute residiert hier die Tschechische Philharmonie – ein Konzert ist immer ein Erlebnis. Das Gebäude beherbergt zudem eine Galerie und ein Café (Eingang auf der Moldauseite).

*Verbindungen/Öffnungszeiten* Náměstí Jana Palacha 1. Ⓜ A Staroměstská. **Galerie und Café,** tägl. (außer Mo) 10–18 Uhr.

**Uměleckoprůmyslové muzeum (Kunstgewerbemuseum):** Es existiert bereits seit 1885 und besitzt einen riesigen Fundus, für den man eigentlich mehr Platz bräuchte. In schönen Sälen sind künstlerisch wertvolle Alltagsgegenstände aus den verschiedensten Epochen ausgestellt: Glas, Porzellan, Uhren, Festtagskleidung, Möbelstücke, Schmuck, Werbeplakate usw. Zudem finden immer wieder interessante Wechselausstellungen statt.

*Verbindungen/Öffnungszeiten* Ulice 17. listopadu 2. Ⓜ A Staroměstská. Tägl. (außer Mo) 10–19 Uhr. Eintritt für die Dauerausstellung 3,20 €, erm. 1,60 €, Familien 6 €.

## Essen & Trinken/Einkaufen (→ Karte S. 99)

• *Restaurants* **La Degustation Bohème Bourgoise (4)**, tschechische Küche einmal ganz anders. Der Besuch ist ein Erlebnis, das bis zu vier Stunden dauern kann. Bei den 7-Gänge-Menüs (ca. 90 €!) kommen kunstvoll arrangierte Schmankerln auf den Teller wie z. B. Prager Schinken mit Apfelschaum, südböhmische Ente mit Orangensoße, Třeboňer Forelle mit Sellerie-Béchamel-Soße usw. Modern-gediegenes Ambiente unter Gewölbedecken, einsehbare Küche. Geöffnet Mo–Sa nur abends, Di–Do auch mittags, So geschl. Haštalská 18, ✆ 222311234. Ⓢ 8, 14, 26 Dlouhá třída.

**Shalom (5)**, die Speisehalle der jüdischen Gemeinde Prags im alten jüdischen Rathaus steht zur Mittagszeit (11.30–14 Uhr) auch Touristen offen. Authentische koschere Küche, die vom Rabbi abgesegnet ist. Vouchers für das Menü (18 € inkl. kostenlosem Tischwasser) kauft man sich vorher in der Hohen Synagoge nebenan, gleichzeitig der Ticketverkauf für die Altneusynagoge. Maiselova 18, ✆ 224800806. Ⓜ A Staroměstská.

**Kolkovna (6)**, böhmische Gerichte wie marinierter Camembert oder Hirschgulasch mit Knödeln. Zum Nachtisch empfehlen wir den Apfelstrudel mit Kirschsoße und Walnusseis. Ambiente zwischen rustikal und modern. Hg. 6,60–15,20 €. V Kolkovně 8, ✆ 224819701. Ⓜ A Staroměstská.

**Grosseto Marina (7)**, der neueste Ableger der extrem populären Pizza & Pasta-Kette, gleichzeitig der mit der spektakulärsten Lage: auf der Moldau auf einem schön restaurierten alten Frachter. Zur verhältnismäßig günstigen Pizza gibt's einen superben Blick auf Burg und Karlsbrücke. Ohne Reservierung ist kaum was zu machen. Alšovo nábřeží, ✆ 605454020 (mobil). Ⓜ A Staroměstská.

• *Pivnices* **U milosrdných (1)**, „Zu den Barmherzigen" nennt sich diese dunkel getäfelte Pivnice mit ihren rustikalen Holztischen. Serviert wird in dem derb-urigen Klassiker einfache böhmische Küche. Hauptgerichte dürften nicht mehr als 5–6 € kosten, nur die Steaks sind teurer. Bestellen Sie nur Gerichte von der Karte, lassen Sie sich nichts empfehlen. Und: Knödelscheiben werden niemals einzeln abgerechnet, wie Ihnen vielleicht der eine oder andere Kellner erzählen will. So geschl. Kozí 21. Ⓜ A Staroměstská.

**U Rudolfina (10)**, verraucht, laut, tschechisch. Von außen unscheinbar, innen recht groß und auf zwei Etagen. Die Bierstrichlisten mancher Gäste haben Gartenzauncharakter! Böhmische Küche zu 4–12 €. Erfragen Sie auf jeden Fall den Bierpreis im Voraus, sonst zahlen Sie evtl. das Doppelte wie der tschechische Stammgast neben Ihnen. Křížovnická 10. Ⓜ A Staroměstská.

• *Cafe/Kneipe* **Chez Marcel (3)**, sympathisches Caférestaurant im französischen Stil. Gute französisch-internationale Küche, auch Frühstück, leckere Desserts. Hg. 6,80–16 €. Haštalské náměstí 12. Ⓢ 8, 14, 26 Dlouhá třída.

**La Casa Blů (2)**, relaxte, junge Kneipe, unter chilenischer Leitung und deswegen auch Treff der in Prag lebenden Latinos. Günstige Texmex-Küche, Bier und Cocktails, südamerikanische Musik und freundliche Leute. Rauchverbot! Bílkova 20. Ⓢ 17 Právnická fakulta.

*Zentrum der Kleinseite: Malostranské náměstí, der einstige Marktplatz*

# Sehenswertes in Malá Strana (Kleinseite)

Malá Strana, der Stadtteil unterhalb der Prager Burg am Ufer der Moldau, ist das malerischste Eck der Stadt – ein großes Schaufenster des Barock, kaum ein Gebäude, das nach dem 18. Jh. errichtet wurde. Doch so malerisch sich Malá Strana auch zeigt – die Kleinseite ist ein Stadtteil, den die Prager räumen und der das Leben aushaucht. Aus den Krämern und Trödelläden von einst oder den kleinen Handwerksbetrieben wurden Restaurants, Cafés oder Galerien, aus den großen Palais Ministerien, Botschaften oder Hotels. Kinder sieht man nur noch selten spielen, und mit jedem neu restaurierten Gebäude werden sie weniger. In Malá Strana löst nicht mehr eine Generation die nächste ab, sondern eine Gesellschaftsschicht die andere. Zwar strahlt der Stadtteil nun in immer neuerem Glanz, verliert dadurch aber auch von seinem ursprünglichen Charme. Ganz verschwinden wird dieser jedoch nie. Die Kleinseite ist zu groß, als dass man sie so wie die Prager Burg in ein einziges Schmuckkästchen verwandeln könnte – für die Denkmalpflege wird der Stadtteil eine nie enden wollende Herausforderung bleiben. Egal, wie viel Farbe man darüberlegt, die Spuren der Vergangenheit lassen sich nicht wegschminken, sie werden immer zu sehen sein. Nicht ohne Grund wählte der Regisseur Miloš Forman Malá Strana als Kulisse für seinen Film *Amadeus*, da es dem Wien des 18. Jh. näher kommt als die heutige österreichische Hauptstadt.

**Kostel svatého Mikuláše (Nikolauskirche):** Sie zählt zu den prachtvollsten Barockbauten Europas, ihre mächtige Kuppel samt Glockenturm – nach Plänen Kilian Ignaz Dientzenhofers umgesetzt – zu den Wahrzeichen Prags. Errichtet wurde die

Kirche von den Jesuiten im Zuge der Gegenreformation. Der protestantische Vorgängerbau musste dafür weichen. Lediglich der Name wurde beibehalten – schließlich wird der Hl. Nikolaus als Schutzpatron der Kaufleute verehrt, und wo steht eine Nikolauskirche besser als im Zentrum eines (einstigen) Marktplatzes? Viel Freude hatte der Orden an seinem Gotteshaus jedoch nicht, genau 100 Jahre nach der Grundsteinlegung 1673 wurden die Jesuiten des Landes verwiesen.

Im Innern der Kirche ist das Deckengemälde im Langhaus von Johann Lukas Kracker am beeindruckendsten. Mit 1500 m² ist es eines der größten seiner Art. Es zeigt Szenen aus dem Leben des Bischofs Nikolaus von Myra. Ansonsten, so weit das Auge reicht, Barock total – keine Ecke ohne Putte. Lohnenswert ist auch ein Blick über die Dächer Prags vom Kirchturm aus.

*Verbindungen/Öffnungszeiten* Malostranské náměstí. Ⓢ 12, 20, 22 Malostranské náměstí. **Kirche,** tägl. 9–16.45 Uhr. Eintritt (!) 2,80 €, erm. die Hälfte. **Turm,** tägl. 10–18 Uhr (letzter Einlass 17.30 Uhr). Eintritt 2,80 €, erm. 2 €. Zugang von der Südseite aus (außen).

**Nerudova ulice (Nerudagasse):** Sie ist zweifelsohne eine der schönsten Gassen der Kleinseite, und es gibt wohl keinen Pragreisenden, der sie nicht mindestens einmal auf- oder abschlendert. Benannt ist sie nach dem Schriftsteller Jan Neruda (1834–1891), der im *Haus zu den Zwei Sonnen* (Nr. 47) lebte und jenen Stadtteil in seinen *Kleinseitner Geschichten* literarisch verewigte. Herrliche Palais und Bürgerhäuser säumen die Gasse. Auffallend sind die reizvollen Hauszeichen. Zu den imposantesten Gebäuden gehören das Thun-Hohenstein-Palais und das Palais Czernín-Morzin. Beide sind leider nicht zugänglich, in Ersterem residiert die italienische Botschaft, in Letzterem die rumänische. In Hausnummer 13 wurde 2009 das *Muzeum Montanelli* eröffnet, das neueste Kunstmuseum der Stadt. Es wartet mit wechselnden Ausstellungen zu zeitgenössischer Kunst auf.

*Verbindungen/Öffnungszeiten* Ⓢ 12, 20, 22 Malostranské náměstí. **Muzeum Montanelli,** Di–Sa 12–18 Uhr, So bis 16 Uhr. Der Eintritt variiert je nach Ausstellung.

**Chrám Panny Marie Vítězné (Wallfahrtskirche Maria zum Siege):** Von allen Kirchen Prags zählt sie neben dem Dom die meisten Besucher, und darunter sind nicht nur Touristen auf Kulturtour, sondern echte Pilger. Der Grund ist das „Prager Jesulein" (→ Kasten) in einem Glaskasten. Die Kirche selbst wurde 1611 von deutschen Lutheranern erbaut und 1624 im Zuge der Gegenreformation dem Orden der Unbeschuhten Karmeliter übertragen. Der Orden verwaltet das Gotteshaus übrigens noch heute.

*Verbindungen/Öffnungszeiten* Karmelitská. Ⓢ 12, 20, 22, 23 Hellichova. Tägl. 8.30–19 Uhr.

**Kostel sv. Tomáše (Thomaskirche):** Sie entstand zusammen mit dem Klostergebäude der Augustiner-Eremiten zwischen 1285 und 1379. Ihr heutiges barockes Aussehen verdankt sie Kilian Ignaz Dientzenhofer, der die Umbauarbeiten in der ersten Hälfte des 18. Jh. leitete. Aus jener Zeit stammen auch die leichten und farbenfrohen Deckenmalereien, eine Bilderfolge über den Hl. Augustinus, für welche die Kirche heute überaus berühmt ist. Geschaffen wurden sie von Böhmens bedeutendstem Freskenmaler Wenzel Lorenz Reiner (1689–1743). Weite Trakte des Klosterareals wurden 2009 in ein Fünf-Sterne-Hotel verwandelt.

*Verbindungen/Öffnungszeiten* Letenská. Ⓢ 12, 20, 22 Malostranské náměstí. **Kirche,** nur zu Messen.

**Valdštejnský palác (Palais Waldstein):** Hier tagt heute der Senat. Der riesige Gebäudekomplex, der sich um fünf Höfe und eine große Gartenanlage gruppiert, wurde in der ersten Hälfte des 17. Jh. erbaut; knapp 30 Häuser mussten dafür weichen.

Sein Bauherr war Albrecht von Waldstein, eine der zentralen Figuren des 30-jährigen Krieges (→ Kasten S. 236). Ein paar Räume sind, wenn der Senat sich ins Wochenende verabschiedet, der Öffentlichkeit zugänglich. Dazu gehört der große, sich über zwei Etagen erstreckende Festsaal, der wie die meisten Räume im Stil des Manierismus ausgeschmückt ist. Daneben kann man noch wechselnde Ausstellungen in der einstigen *Reithalle* (Valdštejnská jízdárna) und den frühbarocken *Valdštejnská zahrada* (Palaisgarten) besichtigen.

*Verbindungen/Öffnungszeiten* **Palais,** Valdštejnské náměstí. Ⓢ 12, 20, 22 Malostranské náměstí. Sa/So 10–17 Uhr, Eintritt frei. **Garten,** Zugang über die Letenská. Ⓜ A Malostranská. April–Okt. tägl. 7.30–18 Uhr, ebenfalls Eintritt frei.



### Kult und Kitsch und weltberühmt – das Prager Jesulein

In der ganzen katholischen Welt wird das Prager Jesulein verehrt, eine kniehohe Wachsfigur mit einer gigantischen Krone, die dem Jesulein das Aussehen eines kleinen Königs verleiht. Im 16. Jh. hatte die Figur ein spanischer Mönch modelliert, getreu dem Abbild des Jesuskindes, wie es ihm im Traum erschienen war. Die Prinzessin Maria Maximiliana Manriquez de Lara, eine spätere Lobkowitz, brachte sie nach Prag, ihre Tochter stiftete sie schließlich den Karmelitern. Und während der Gegenreformation, als Wunder bei der Rekatholisierung des Landes ja so nützlich waren, begann das Jesulein, eines nach dem anderen zu vollbringen. Es bewahrte Prag vor Pestepidemien und dem Siebenjährigen Krieg. Und bald sprach sich auch herum, dass es Kranke heilte, Armen half und sehnsüchtig Liebenden Glück brachte. Zum Dank wurde es reich beschenkt, unter den Gaben befanden sich auch Gewänder, die ihm nun regelmäßig angezogen werden. Eines schneiderte sogar Kaiserin Maria Theresia persönlich aus Samt und Gold. Nachahmungen des Prager Jesulein gibt es überall zu kaufen, groß und klein, aus Glas und Porzellan, einfarbig und handbemalt.

**Palácové zahrady pod Pražským hradem (Palastgärten unter der Prager Burg):** Im Mittelalter dienten die Südhänge der Burg als Weingärten. Erst als der Adel im 17. Jh. die Kleinseite entdeckte, ließ er hier zu seinen Palästen terrassenförmige Gärten anlegen. Im 18. Jh. verzierte man sie mit barocken Statuen, Galerien, Balustraden, Glorietten und Brunnen. Fünf solcher Gärten wurden zur Jahrtausendwende zu einem einzigen zusammengefasst. Darunter ist auch der *Ledeburská zahrada* (Ledebour-Garten) ganz im Westen der Anlage, mit einer herrlichen Sala terrena, einem offenen Gartensaal – hier finden im Sommer gelegentlich Konzerte statt.

• *Verbindungen/Öffnungszeiten* Valdštejnská (2 Zugänge). Ⓜ A Malostranská. Auch mit „Ledeburská zahrada" ausgeschildert. April u. Okt. tägl. 10–18 Uhr, Mai u. Sept. bis 19 Uhr, Aug. bis 20 Uhr, Juni u. Juli bis 21 Uhr. Eintritt 3,20 €, erm. 2 €. Die Gärten sind auch von den südlichen Wallgärten der Prager Burg aus zugänglich.

**Franz-Kafka-Museum:** Kafka und Prag, das ist wie Goethe und Weimar. Kein Buch über die Stadt, das dem deutsch-jüdischen Versicherungsangestellten und Literaten (1883–1924) nicht die Reverenz erweist, kein Souvenirshop, der ihn nicht vermarktet. Und endlich gibt es auch ein Museum über den berühmtesten Sohn der Stadt. Kafkas Welt wird in wahrlich kafkaesker Atmosphäre dokumentiert: beengende, manchmal labyrinthartige Gänge, schwarz gestrichene Wände, niedrige Decken. Spannend sind die vielen Faksimiles: Bewerbungsschreiben, ein Zeugnis der Prager Handels-Akademie, Briefe, der Nachruf seines Freundes und späteren Herausgebers Max Brod, die Todesanzeige der Familie Kafka. Zudem erfährt man Details über die Frauen in Kafkas Leben, über den deutschsprachigen Prager Literatenzirkel und die Symbolik der wichtigsten Kafka-Romane.

*Verbindungen/Öffnungszeiten* Cihelná 2b. Ⓜ A Malostranská. Tägl. 10–18 Uhr. Eintritt 6,40 €, erm. die Hälfte.

**Vrtbovská zahrada (Vrtba-Garten):** Der barocke Terrassengarten zählt mit den Gärten unter der Prager Burg zu den reizvollsten zugänglichen Gartenanlagen der Stadt. Ende des 20. Jh. war er jedoch so heruntergekommen, dass er sich von den Obstwiesen dahinter kaum unterschied. Fünf Jahre benötigte man für die Sanierungsarbeiten – genauso lange, wie man zu Beginn des 18. Jh. brauchte, um ihn anzulegen. Von seiner obersten Terrasse genießt man eine herrliche Aussicht über die Kleinseite und auf die Prager Burg. Die antiken Götterstatuen, wie der Atlas mit der Erdkugel, sind übrigens das Werk des Tiroler Bildhauers Matthias Bernhard Braun (→ S. 188), der auch mehrere Skulpturen der Karlsbrücke geschaffen hat.

*Verbindungen/Öffnungszeiten* Karmelitská 18. Ⓢ 12, 20, 22 Hellichova. April–Okt. tägl. 10–18 Uhr. Eintritt 2,20 €, erm. 1,40 €.

**Insel Kampa:** Der Čertovka (Teufelsbach) mit seinen Mühlrädern trennt die Insel vom westlichen Moldauufer. Um diesen Bach ranken sich mehrere Legenden. Eine erzählt von einem alten Weib, das im Bach die Kleider des Adels wusch. Dabei blickte sie auf ihr Spiegelbild im Wasser und sah plötzlich den Teufel. Gelacht soll er haben und in sie gefahren sein. Das gleiche Schicksal ereilte angeblich noch andere (→ Foto S. 106). Die Kommunisten wollten den Bach eigentlich zuschütten und in eine Straße verwandeln. Zum Glück kam es nie dazu, denn dann wäre es vorbei gewesen mit dem sog. *Klein-Venedig* von Prag. Das Zentrum bildet der ovale, baumbestandene Hauptplatz Na Kampě, auf dem einst der Töpfermarkt der Stadt stattfand. Heute gibt es hier eine Reihe von Straßencafés, und es geht recht beschaulich zu. Das war nicht immer so: Die Bewohner der Insel Kampa hatten häufig unter Moldauhochwasser zu leiden. Seinen bislang höchsten Stand erreichte

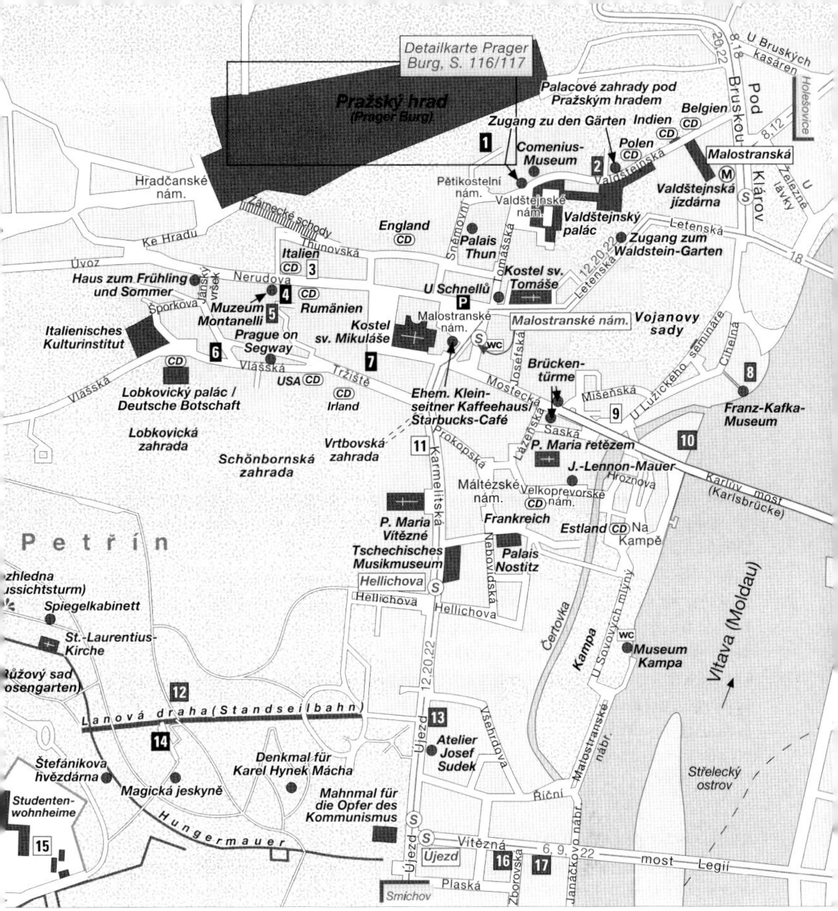

**Übernachten**
1 U zlaté studně (S.69)
4 The Castle Steps (S.71)
6 Sax (S.70)
7 Little Town Budget Hotel (S.70)
14 Nebozízek (S.71)

**Essen & Trinken** (S. 107)
2 Pálffy palác
5 Baráčnická rychta
8 Hergetova Cihelna
10 Kampapark
12 Petrínské Terasy
13 Cantina
16 Olympia
17 Café Savoy

**Nachtleben**
11 U malého Glena (S.73)
15 Klub Strahov 007 (S.74)

**Einkaufen**
3 U Zlaté Číše (S.68)
9 Obchod pod Lampou (S.67)

125 m
**Malá Strana (Kleinseite)**

der Fluss im August 2002, als die Häuser des Platzes Na Kampě bis zur ersten Etage unter Wasser standen. Die südliche Hälfte der Insel, hinter dem Museum Kampa (s. u.), nimmt der *Kampa-Park* ein, einer der idyllischsten zentralen Parks der Stadt mit alten Kastanienbäumen und Moldaublick.

Verbindungen Ⓢ 12, 20, 22 Hellichova.

*Teuflische Kunst auf der Karlsbrücke*

**Museum Kampa:** Das Museum in einer schick umgebauten alten Wassermühle am Ufer der Moldau beherbergt die Kunstsammlung des einst nach Amerika ausgewanderten Ehepaars Jan und Meda Mládek, darunter viele abstrakte Werke des Malers František Kupka (1871–1957) und kubistische Skulpturen von Otto Gutfreund (1889–1927). Auch wird zeitgenössische Kunst, insbesondere der 60er- und 70er-Jahre, aus den ehemaligen sozialistischen Bruderstaaten von Polen bis Ungarn gezeigt. Durch den Kauf dieser Werke unterstützten die Mládeks Künstler, die staatskonträres Denken in Ländern zum Ausdruck brachten, in denen die schöpferische Freiheit durch die kommunistischen Machthaber stark eingeschränkt war. In einem Nebengebäude werden zudem wechselnde Ausstellungen gezeigt. Angeschlossen ist ein Restaurant mit herrlicher Terrasse am Wasser.

*Verbindungen/Öffnungszeiten* U Sovových mlýnů 2. Ⓢ 12, 20, 22 Hellichova. Tägl. 10–18 Uhr. Eintritt 6 €, erm. die Hälfte.

**Lobkovický palác (Palais Lobkowitz):** Der hochbarocke Palastbau entstand zu Beginn des 18. Jh. Das Adelswappen der Familie Lobkowitz krönt das mächtige Eingangsportal. Ein vergleichsweise unauffälliges Schild darüber informiert über die heutigen Mieter: die Deutsche Botschaft. Der große Garten des Palais wird als einer der schönsten der Stadt gepriesen. Er ist leider nicht zugänglich. Und als er es einmal war, im Spätsommer '89, schrieb er Geschichte: Tausende DDR-Bürger campierten hier vor ihrer Übersiedlung in die BRD. Ein Trabbi auf vier plumpen Menschenbeinen, ein Werk des Pop-Künstlers David Černý im hinteren Teil des Gartens, erinnert noch heute daran.

*Verbindungen* Vlašská 19. Ⓢ 12, 20, 22 Malostranské náměstí. Um den Trabbi im Garten sehen zu können, muss man das Botschaftsgebäude in einem weiteren Bogen umrunden (zuerst bergauf und dann bei einem Spielplatz links ab).

**Petřín (Laurenziberg):** Früher baute man am Petřín Wein an, doch das ist Vergangenheit. Heute zieht sich eine steile Wiese voller Obstbäume den Prager Hausberg hinauf, der die Kleinseite vom südlichen Stadtteil Smíchov trennt. Auf dem Berg befindet sich auch ein Teil der ehemaligen Stadtbefestigung, die vom Kloster Strahov hinunter nach Újezd verlief. Einer Legende zufolge ließ sie Karl IV. errichten, um der Hunger leidenden Bevölkerung Arbeit zu geben. Daher wird sie auch Hungermauer genannt.

Auf den Petřín selbst gelangt man am einfachsten mit der *Standseilbahn* (lanová dráha). Als sie 1891 in Betrieb genommen wurde, funktionierte sie auf eine so einfache wie geniale Weise, die ein wenig an einen Flaschenzug erinnert: Beide Bahnen waren mit großen Wassertanks ausgestattet, die oben gefüllt und unten entleert wurden – stets zog die jeweils obere Bahn durch ihr höheres Gewicht die untere hinauf. Heute verkehrt eine elektrifizierte Bahn. In der Mitte der Strecke befindet sich die Haltestelle Nebozízek; daneben liegen zwei Lokale mit herrlichem Pragblick.

An der Endstation erwarten den Besucher ein im Sommer wohlduftender *Rosengarten*, eine *Sternwarte* (Štefánikova Hvězdárna), ein *Aussichtsturm* (Rozhledna) – oder besser eine missratene Kopie des Pariser Eiffelturms – und ein lustiges *Spiegelkabinett* (Zracadlové Bludiště).

• *Verbindungen/Betriebszeiten* Die **Drahtseilbahn** ist nur wenige Meter von der Straßenbahnhaltestelle Újezd (Ⓢ 6, 9, 12, 22) entfernt. Verkehrt im Winter tägl. 9–20.45 Uhr, im Sommer 9–23 Uhr, jeweils alle 10–15 Min. Ticket 1,30 € oder mit einer Zeitfahrkarte des öffentlichen Nahverkehrs.



## Essen & Trinken/Einkaufen (→ Karte S. 105)

• *Restaurants* **Kampapark (10)**, schon Lou Reed, Phil Collins und Johnny Depp genossen die zeitgemäße, ausgefallene Küche dieses eleganten Restaurants. Vorspeisen ab 14 €, Hg. ab 19 €. Tipp: Tisch auf der Terrasse mit herrlichem Blick auf die Karlsbrücke reservieren! Na Kampě 8b, ✆ 296826112. Ⓢ 12, 20, 22 Malostranské náměstí.

**Pálffy palác (2)**, der ideale Ort für ein romantisches Abendessen bei Kerzenschein und klassischer Musik. Die Küche ist international und unkonventionell, die Atmosphäre im barocken Saal mit leicht morbidem Charme einmalig. Herrliche Terrasse mit Blick auf Prager Burg und Kleinseite. 1-a-Service. Hg. 16–28 €, dreigängiges Mittagsmenü ab 12 €. Valdštejnská 14, ✆ 257530522. Ⓜ A Malostranská.

**Hergetova Cihelna (8)**, trendiges Lokal in toller Lage direkt an der Moldau und mit Karlsbrückenblick. Große Terrasse, für die man abends ebenfalls reservieren sollte. Garnelencurry, Pasta, Kaninchenkroketten oder fein abgewandelte tschechische Klassiker zu 7–24 €. Cihelná 2b, ✆ 296826103. Ⓜ A Malostranská.

**Petřínské Terasy (12)**, auf halber Höhe am Petřín, am einfachsten mit der Standseilbahn zu erreichen. Gemütlich-rustikales Restaurant (im Winter mit offenem Feuer). Wahnsinnsterrasse, die eine traumhafte Aussicht auf die Stadt bietet. Herkömmliche tschechische Küche auf etwas höherem Niveau, dazu Grillgerichte für 7–14 €. Seminářská zahrada 13, ✆ 257320688. Anfahrt → Nebozízek.

**Cantina (13)**, etabliertes mexikanisches Restaurant, ein Renner bei amerikanischen Expats – ohne Reservierung ist abends kaum ein Tisch zu bekommen. Fröhlich-bunt eingerichtet, gemütlich, netter Service und für die Lage günstig. Kosten Sie die *Fajitas*! Hg. 8,40–17 €. Újezd 38, ✆ 257317173. Ⓢ 12, 20, 22 Hellichova.

**Olympia (16)**, gepflegte Bierschwemme mit gehobener böhmischer Küche. Hg. 6,20–18 €. Abends Reservierung empfehlenswert. Vítězná 7, ✆ 251511080. Ⓢ 6, 9, 12, 20, 22 Újezd.

**Baráčnická rychta (5)**, versteckt gelegene rustikale Gaststätte. Auf der Speisekarte steht Deftiges wie Mährischer Spatz, Entenbraten oder Schweinelendchen mit Speck. Vielen Lesern gefällt es hier, andere waren zuletzt von der Qualität nicht ganz überzeugt. Hg. 6–11 €. Konzertsaal mit dem Flair eines katholischen Vereinshauses angeschlossen. Tržiště 23, ✆ 257532461. Ⓢ 12, 20, 22 Malostranské náměstí.

• *Café* **Café Savoy (17)**, hier war Franz Kafka Stammgast und hier drehte Karel Gott schnulzige Musikvideos. Nach seiner letzten Komplettrenovierung wurde das Savoy als elegantes Kaffeehaus im Stil der Jahrhundertwende wieder eröffnet. Sehr populär. Herrliche klassizistische Stuckdecke, hauseigene Patisserie, Frühstück, man kann aber auch richtig essen. Besonders stolz ist man auf die heiße Schokolade. Vítězná 1. Ⓢ 6, 9, 12, 20, 22 Újezd.

*Straßenmusikanten am Hradschiner Platz*

## Sehenswertes in Hradčany (Hradschin)

Hradčany, das ist nicht nur die Prager Burg, sondern auch die **Burgvorstadt,** der Stadtteil rund um die böhmische Akropolis. Trotz beeindruckender Palais wirkt dieser Teil der Moldaumetropole verschlafen und an manchen Ecken sogar dörflich. Bis ins 16. Jh. allerdings war die Vorstadt ein ärmliches Viertel, in dem die Burguntertanen (auf Tschechisch „Hradčani") lebten. 1541 brannten deren Hütten ab; das kleine Volk zog hinab nach Malá Strana. Der Adel übernahm den Wiederaufbau, und unzählige Paläste entstanden. Stets aber blieb Hradčany ein Anhängsel der Prager Burg, das nie einen eigenen städtischen Charakter entwickelte, was sich bis heute nicht geändert hat. In vielen der alten Paläste sind Museen und Ministerien untergebracht. Einen Metzger oder Bäcker sucht man hier nahezu vergebens, nicht jedoch Cafés, Restaurants und Souvenirshops, die auf den schnellen Euro aus sind. Schön zum Durchspazieren ist die Burgvorstadt aber allemal.

**Pražský hrad, die Prager Burg,** wird aufgrund ihrer vielen Sehenswürdigkeiten in einem eigenen, nachstehenden Kapitel behandelt.

**Strahovský klášter (Kloster Strahov):** Seit 1989 ist das Kloster wieder im Besitz des Prämonstratenserordens. Man muss kein Ungläubiger sein, wenn man den Namen zweimal liest. Die Blütezeit des Ordens ist heute zwar vorüber, im Mittelalter war er jedoch sehr populär und nahm eine zentrale Rolle bei der Christianisierung des Landes ein. Der Name des Ordens stammt von dessen erstem Kloster im Tal Prémontré in Frankreich. Gegründet hatte es Norbert von Xanten, nachdem er, vom Blitz getroffen, vom Pferd gefallen war und dabei eine Stimme vernommen hatte, die ihm zuflüsterte, er solle von der Hurerei ablassen und nur noch Anständiges tun. Das war 1115, schon fünf Jahre später gab es das Kloster in Frankreich und bereits 1140 entstand der Prager Ableger. Seit 1627 befinden sich sogar Norberts sterbliche Überreste hier in der *Abteikirche Mariä Himmelfahrt;* sie ist zugleich die größte Kirche des Klosters. In ihr liegt übrigens auch der kaiserliche Feldmarschall Gottfried Heinrich Graf zu Pappenheim begraben. Seine Popularität verdankt er Friedrich Schiller, der ihm im *Wallenstein* die geflügelten Worte „Ich kenne meine Pappenheimer" in den Mund legte.

Gleich nebenan befindet sich der Eingang zur *Bibliothek,* deren Bestand auf knapp eine Million Bände geschätzt wird. Der Blick in die zwei imposanten Lesesäle beeindruckt und lässt das Kloster ins Prager Pflichtprogramm aufrücken. Im ersten, dem sog. Philosophischen Saal, reichen die Bücherschränke, übrigens aus Nussbaum, bis unter die Decke. Diese ist mit Fresken verziert, die der österreichische Maler Anton Maulpertsch 1794 schuf und die den Drang der Menschheit nach dem wahren Wissen darstellen. Der zweite Saal, der sog. Theologische Saal, ist mit Globen bestückt. Die dortigen Fresken malte ein Ordensbruder; sie zeigen die Liebe zu Bildung und Wissenschaft. Auf dem Gang zwischen beiden Sälen befindet sich in Glasvitrinen eine kleine Kuriositätensammlung, die neben Muscheln, Skorpionen, Seesternen u. v. m. auch das Geschlechtsteil eines Wals umfasst.

Kurios ist auch das *Museum Miniatur* (beim Durchgang zum Pohořelec), das millimetergroße Arbeiten des sibirischen Künstlers Anatolij Konjenko präsentiert. Durch Vergrößerungsgläser sieht man ein Kamel im Nadelöhr, ein Beethovenporträt im Mohnkorn usw.

Im eigentlichen Klostergebäude ist die *Strahover Bildergalerie* (Strahov obrazárna) untergebracht. Malerei von der Gotik bis zur Romantik ist hier ausgestellt, darunter auch Werke von Lucas Cranach d. Ä. (1472–1553).

• *Verbindungen/Öffnungszeiten* Strahovské nádvoří. Ⓢ 15, 22 Pohořelec. **Abteikirche,** geöffnet nur zu Messen (tägl. um 18 Uhr, So auch um 10 Uhr). **Bibliothek,** tägl. 9–12 und 13–17 Uhr. Eintritt 3,30 €, erm. 2 €. **Miniaturmuseum,** tägl. 10–17 Uhr. Eintritt 2,80 €, erm. 2 €. **Bildergalerie,** tägl. (außer Mo) 9–12 und 12.30–17 Uhr. Eintritt mit Besichtigung der Klosterräume 2 €, erm. die Hälfte.

*Bibliothek im Kloster Strahov*

Praha/Hradčany
Karte S. 110/111

**Loreta (Loretoheiligtum):** Der Name des Heiligtums geht auf eine Legende zurück, die vom Wunder der Santa Casa, des Hauses der Jungfrau Maria, erzählt. Der Überlieferung nach wurde es Ende des 13. Jh. von Engeln aus Nazareth ausgeflogen, um es vor einem Sarazeneneinfall in Sicherheit zu bringen. Über Umwege gelangte das heilige Häuschen schließlich in einen Lorbeerhain bei Ancona. Dort entwickelte es sich zu einem berühmten Wallfahrtsort, der kurzerhand Loreto genannt wurde. Später, während der Gegenreformation, verkaufte die katholische Kirche das Wunder als – heute würde man sagen – PR-Gag. So entstanden überall in Böhmen Loreto-Heiligtümer (das in Prag zwischen 1626 und 1631). Sie sind eine Kopie des Originals, und wer sie besichtigt, kann sich die Fahrt nach Ancona sparen. Im Kreuzgang rund um die Santa Casa ist die wundersame Geschichte des Häuschens auf 47 Deckengemälden festgehalten.

Die Schatzkammer des Heiligtums beherbergt ein paar liturgische Gegenstände. Der wertvollste ist eine Monstranz mit über 6000 Diamanten. Zuvor zierten die Steine übrigens das Hochzeitskleid einer Gräfin. Nicht sehens-, aber hörenswert sind die 1694 in Amsterdam gegossenen 24 Glocken im Turm über dem Eingang. Sie können ähnlich wie ein Klavier gespielt bzw. in Gang gesetzt werden. Unter anderem improvisierte Franz Liszt auf ihnen. Zu jeder vollen Stunde erklingt heute das Lied *Sei tausend mal gegrüßt, Maria.*

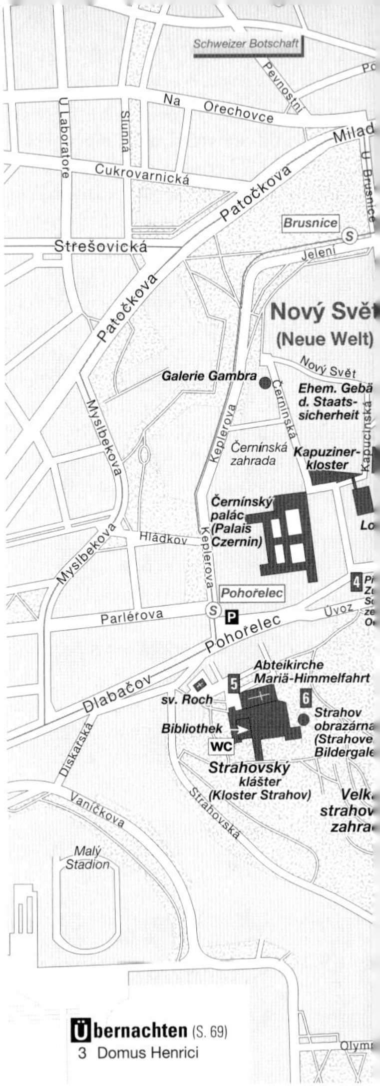


Verbindungen/Öffnungszeiten Loretánské náměstí 5. Ⓢ 15, 22 Pohořelec. Tägl. (außer Mo) 9–12.15 und 13–16.30 Uhr. Eintritt 4,40 €, erm. 3,60 €.

**Schwarzenberský palác (Palais Schwarzenberg) und Salmovského palác (Palais Salm (Prag)):** Das mit venezianischen dreidimensional wirkenden Sgraffiti in Briefchenform verzierte Palais Schwarzenberg gehört zu den prächtigsten Palastbauten Prags aus der Zeit der Renaissance. Zwischen 1545 und 1563 ließ es die Adelsfamilie Lobkowitz erbauen. Heute ist es ein würdiger Ort für die Barocksammlung der Nationalgalerie. Auf rund 4000 m² werden in teils herrlich ausgeschmückten Sälen rund 260 Gemälde und 160 Skulpturen präsentiert, darunter beeindruckende Monumentalstatuen von Matthias Bernhard Braun und Ferdinand Maximilian Brokoff

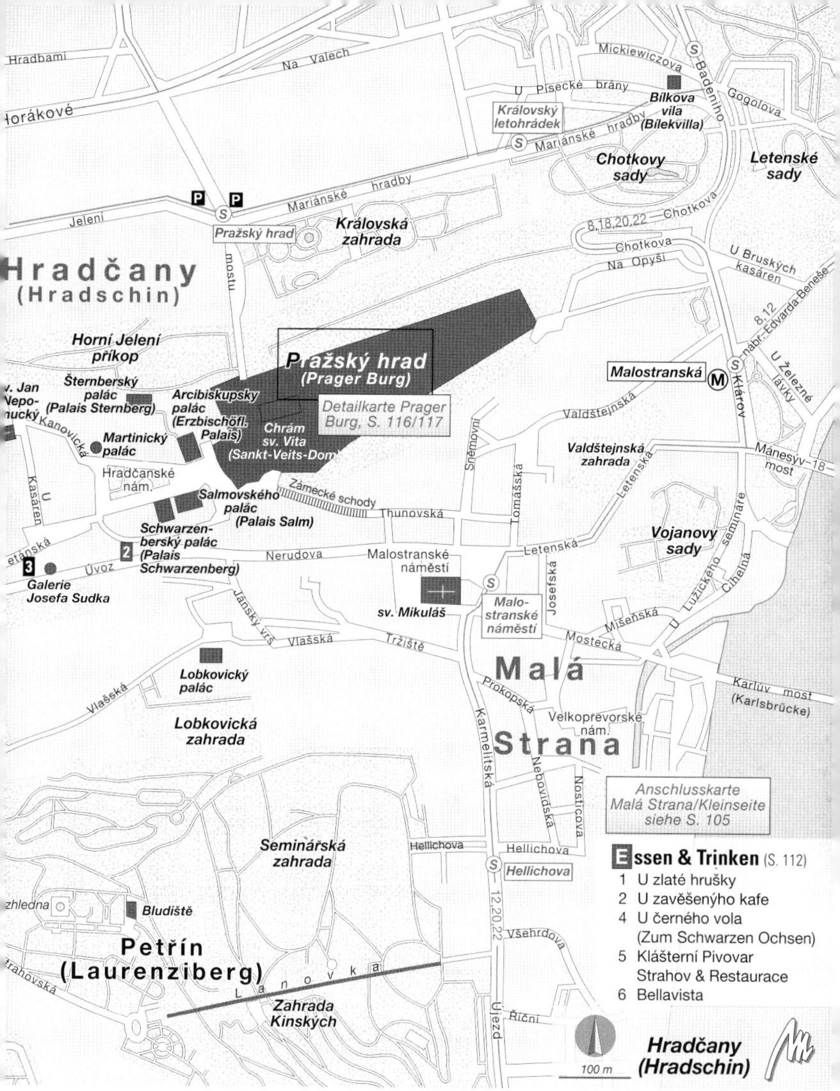


sowie Gemälde der bedeutendsten böhmischen Barockmaler wie Wenzel Lorenz Reiner, Karel Škréta und Peter Brandl. An das Palais Schwarzenberg grenzt linker Hand das Palais Salm, das ebenfalls im Besitz der Nationalgalerie ist und z. Z. d. letzten Recherche aufwendig restauriert wurde.

Verbindungen/Öffnungszeiten Hradčanské náměstí. Ⓢ 15, 22 Pražský hrad. Tägl. (außer Mo) 10–18 Uhr. Eintritt 6 €, erm. 3,20 €, Familien 8 €, ab 16 Uhr die Hälfte. Am ersten Mi im Monat von 15–20 Uhr freier Eintritt.

**Šternberský palác (Palais Sternberg):** Auch dieses hochbarocke Palais gehört zu den bedeutendsten Palastbauten Prags. Graf Wenzel Adalbert von Sternberg ließ es Anfang des 18. Jh. errichten. Heute wird das Gebäude von der Nationalgalerie verwaltet. Im Erdgeschoss zeigt sie ihre Sammlung alter Meister aus den deutschen Landen und Österreich. Wertvollstes Exponat darunter ist Albrecht Dürers *Rosenkranzfest*, das er 1506 für die San-Bartolomeo-Kirche in Venedig geschaffen hatte und das durch die Sammelleidenschaft Rudolfs II. im 17. Jh. nach Prag gelangte.

Im ersten Stock sieht man eine kleine Ausstellung antiker Kunst aus römischer und hellenistischer Zeit, zudem eine umfangreiche italienische Ikonensammlung aus dem 14. und 15. Jh. Den Rest des Stockwerks sowie die darüber liegende Etage beherrschen niederländische, italienische, spanische, französische und flämische Maler des 15.–18. Jh., u. a. sind Werke von El Greco, van Dyck, Rubens, Goya, Tintoretto und Rembrandt zu sehen. Im Innenhof des Palais lädt ein gemütliches Café zu einer Pause ein.

*Verbindungen/Öffnungszeiten* Hradčanské náměstí 15. Ⓢ 15, 22 Pražský hrad. Zugang über den Erzbischöflichen Palast (Durchgang). Tägl. (außer Mo) 10–18 Uhr. Eintritt 6 €, erm. 3,20 €, Familien 8 €, ab 16 Uhr die Hälfte. Am ersten Mi im Monat von 15–20 Uhr freier Eintritt.

**Nový Svět (Neue Welt):** Dörflicher als hier kann eine Großstadt kaum sein. Nový Svět ist der Name einer Gasse und zugleich der des Viertels, das sich nordwestlich des Hradčanské náměstí erstreckt. Die engen, verwinkelten Gassen haben Ähnlichkeit mit denen des Goldenen Gässchens (→ S. 121). Auch beider Geschichte gleicht sich: einst Armenviertel, im 19. Jh. dann restauriert. Im Gegensatz zum Goldenen Gässchen bleibt Nový Svět jedoch vom Massenandrang verschont und ist so um einiges romantischer.

*Verbindungen* Ⓢ 15, 22 Brusnice.

## Essen & Trinken (→ Karte S. 110/111)

• *Restaurants/Pivnice* **U zlaté hrušky (1)**, gediegenes Restaurant, in dem schon Margaret Thatcher speiste. So bieder, wie die eiserne Lady ist, so bieder ist auch die Einrichtung. Thunfischtatar mit Wachtelei, gegrillte Jakobsmuscheln mit schwarzen Trüffeln oder Creme aus kanadischem Hummer. Hg. 13–30 €. Angegliedert ein gemütliches Gartenrestaurant. Nový Svět 3, ✆ 220941244. Ⓢ 15, 22 Brusnice.

**U černého vola („Zum Schwarzen Ochsen“, 4)**, traditionsreiche Bierstube, eine der urigsten der Stadt. Die hübschesten Mädchen soll es einem tschechischen Schlager nach hier geben – auf jeden Fall aber gutes Bier: *Velkopopovický kozel*, frisch gezapft, dazu deftige Snacks. Und zudem heißt es: trinken für einen guten Zweck – das Gros der Erlöse fließt einer Blindenschule zu. Einziger Haken: Nach dem Besuch riechen Sie zuweilen wie der Besitzer einer Frittenbude. Loretánské náměstí 1. Ⓢ 15, 22 Pohořelec.

**Bellavista (6)**, Terrassenrestaurant mit traumhafter Aussicht auf Burg und Kleinseite. Mediterrane Küche (Gazpacho mit Ziegenkäse, Lammkoteletts mit Rosmarin oder Spinatsalat mit gegrilltem Oktopus). Hg. 7–17 €. Innen modern-gediegen eingerichtet. Strahovské nádvoří 1, ✆ 220517274. Ⓢ 15, 22 Pohořelec.

**Klášterní Pivovar Strahov & Restaurace (5)**, Brauereigaststätte auf dem Klosterareal, nicht zu verwechseln mit dem Velká Klášterní Restaurace nebenan. Leckeres 13- und 14-gradiges Svatý-Norbert-Bier, hinzu kommen je nach Saison verschiedene andere Bierspezialitäten. Außerdem gibt's böhmische Braten- und Steakküche zu 5–17 €. Viel Touristenrummel, Blasmusik, Außenbestuhlung. Strahovské nádvoří 10, ✆ 23 3353155. Ⓢ 15, 22 Pohořelec.

• *Cafe* **U zavěšenýho kafe (2)**, gemütliche, von Pragern gern besuchte Mischung aus Café und Bierstube mit dem originellen Namen „Zum aufgehängten Kaffee“. Der Tipp für den Imbiss zwischendurch, man kann aber auch richtig essen. Für die Lage sehr faire Preise. Úvoz 6. Ⓢ 15, 22 Pohořelec.

*Die Prager Burg*

# Sehenswertes auf der Pražský hrad (Prager Burg)

Die Prager Burg ist das Wahrzeichen der Stadt, der Nabel des Landes und das seit eh und je. Tausend Jahre Geschichte treffen hier auf Millionen Besucher. Paläste, Kirchen, Museen, Klöster – es gibt viel zu sehen, mehr als genug. Von der Karlsbrücke aus wirkt die Burg zu später Stunde, wenn sich ihre Fassade gebieterisch im Scheinwerferlicht erhebt, am schönsten. Die Tschechen blickten über die Jahrhunderte hinweg mit Angst und Verachtung, aber auch mit Stolz und Anerkennung nach oben. Dunkle und goldene Zeiten wurden hier eingeläutet. Die Burg war Sitz von Fürsten, Königen, Kaisern, von Bischöfen und Erzbischöfen und damit stets ein Symbol weltlicher und geistlicher Macht. Heute empfängt hier der Präsident des Landes, Václav Klaus, Staatsgäste aus aller Herren Länder. Für gewöhnlich betreten diese wie Sie die Burg vom Hradčanské náměstí.

**Wege zur Burg:** Die zwei schönsten Fußwege von Malá Strana hinauf zur Prager Burg verlaufen über die Nerudova (→ S. 102) und über die Zámecke schody (viele Treppen). Beide Wege enden am Hradčanské náměstí, von wo sich ein herrlicher Blick über Prag auftut. Wer es bequemer haben will, nimmt die Ⓢ 8, 18, 20 o. 22 von der Metrostation Malostranská bis zur Haltestelle Pražský hrad.

**Erster und zweiter Burghof:** Die Prager Burg war bis ins 18. Jh. durch einen Graben vom Hradčanské náměstí getrennt. Doch mit dem Bau des aristokratischen,

Fotoshooting vor der Burg

repräsentativen ersten Burghofs, auch *Ehrenhof* genannt, verlor sie ihren Festungscharakter nach Westen hin. Die regungslos dastehende Burgwache hat ebenfalls nur noch repräsentative Funktion. Einst in paramilitärisches Khaki gekleidet, trägt sie heute blaue Uniformen, die Theodor Pištěk, Kostümausstatter des Forman-Films *Amadeus,* entworfen hat. Stets eine Stunde müssen die Soldaten ausharren, dann werden sie abgelöst. Mittags um zwölf Uhr wird daraus ein Spektakel gemacht: Fanfarenmusik erklingt dann zum Stechschritt und zur Übergabe der Standarte des Präsidenten im Blitzlichtgewitter. Das Tor, vor dem sie wachestehen, ziert ein Rokokogitter mit den Monogrammen der Kaiserin Maria Theresia und ihres Sohnes Josephs II. Die Furcht einflößenden, todbringenden Giganten rechts und links davon schuf Ignaz Platzer. So verrußt, wie sie sind, könnte man glauben, es seien noch die Originale, dabei handelt es sich um Kopien.

Zwei hohe Flaggenmasten aus Tannenholz flankieren das barocke *Matthiastor,* einst ein freistehender Triumphbogen. An den Gebäudekomplex darüber schließen mehrere prunkvolle Räumlichkeiten an. Die beeindruckendsten sind der *Spanische Saal* und die *Rudolfsgalerie,* doch sind diese – außer zu kulturellen Veranstaltungen – der Öffentlichkeit nur zweimal im Jahr zugänglich: am ersten Samstag nach dem 8. Mai und am ersten Samstag nach dem 18. Oktober. Den etwas nüchtern wirkenden zweiten Burghof lockert ein barocker Sandsteinbrunnen auf. Links davon, also nördlich, blickt man auf das sog. *Pacassitor,* nichts anderes als eine Durchfahrt. Zu beiden Seiten befanden sich früher Pferdestallungen. Heute wird dort Kunst gezeigt: Links liegt der Eingang zur *Gemäldegalerie der Prager Burg* (s. u.), rechter Hand der zu den *Císařská konírna,* den „Königlichen Stallungen", wo wechselnde Ausstellungen präsentiert werden.

Die Passage westlich des Brunnens führt zum dritten Burghof, in dem der Sankt-Veits-Dom steht.

**Obrazárna Pražského hradu (Gemäldegalerie der Prager Burg):** Sie beherbergt eine kleine, aber feine Sammlung deutscher, italienischer, flämischer, niederländischer und tschechischer Meister der Renaissance- und Barockmalerei. Die Bilder gehörten einst zu einer der imposantesten Kunstsammlungen weltweit, die unter Rudolf II. und Ferdinand II. begonnen wurde. Doch das Gros der Gemälde ging durch Plünderungen, insbesondere während des 30-jährigen Krieges, verloren. Glücklicherweise wussten nicht alle Diebe Gutes von Schlechtem zu unterscheiden, und so blieben so wertvolle Originale wie Rubens' *Versammlung olympischer Götter,* Tizians *Junge Frau bei der Toilette* oder Tintorettos *Geißelung Christi* erhalten.

*Öffnungszeiten* Im zweiten Burghof. Im Sommer tägl. 10–18 Uhr, im Winter bis 16 Uhr. Eintritt 6 €, erm. 3,20 €, Familien 8 € oder mit Kombiticket „Lange Tour" (→ Kasten). Zudem stets Mo von 16–18 Uhr umsonst.



### Tickets und Öffnungszeiten

Um lediglich das Burggelände zu betreten, brauchen Sie kein Ticket. Das Gelände ist von April–Okt. von 5–24 Uhr zugänglich, von Nov.–März von 6–23 Uhr. Für die Sehenswürdigkeiten innerhalb des Burgareals gibt zwei verschiedene Kombitickets, keines jedoch, das alle Attraktionen einschließt. Mit dem Ticket **„Große Tour"** (14 €, erm. die Hälfte, Familien 20 €) darf man die Gemäldegalerie der Prager Burg, den Königspalast, die Ausstellung „Geschichte der Prager Burg", die Sankt-Georgs-Basilika, das Georgs-Kloster samt Ausstellung, den Rosenberg-Palast, den Sankt-Veits-Dom und das Goldene Gässchen besichtigen. Das Ticket **„Kleine Tour"** (10 €, erm. die Hälfte, Familien 12 €) erlaubt nur den Zutritt zum Königspalast, zur Sankt-Georgs-Basilika, zum Rosenberg-Palast, zum Sankt-Veits-Dom und zum Goldenen Gässchen. Einzeltickets gibt es nur für die Sehenswürdigkeiten (Preise → dort), die nicht im Ticket „Kurze Tour" inbegriffen sind.

Die Kombitickets bekommt man u. a. bei den Infoschaltern im zweiten und dritten Burghof (im Winter 9–16 Uhr, im Sommer 9–18 Uhr). Die Tickets sind zwei Tage lang gültig.

**Chrám sv. Vita (Sankt-Veits-Dom):** Von außen wirkt der Dom wie ein steinernes Tohuwabohu aus Strebe- und Tragpfeilern, Krabben und Kreuzblumen und riesigen Maßwerken. Statuen von Heiligen wechseln mit figürlichen, dämonenhaften Wasserspeiern ab, die, so der Glaube von einst, den Dom vor bösen Geistern bewahren, da diese beim Anblick ihres Ebenbildes die Flucht ergreifen. Da sich der Smog und der Ruß der Stadt über all dem niedergesetzt und das Bauwerk in ein einheitliches Graubraun getaucht haben, lassen sich auf den ersten Blick die einzelnen Bauabschnitte der Kathedrale nicht mehr unterscheiden.

1344 erfolgte unter König Johann von Luxemburg und Kronprinz Karl die Grundsteinlegung. Erster Baumeister war Matthias von Arras, der zuvor in Avignon tätig war. Er sollte jetzt auch in Böhmen den Idealtypus einer französischen Kathedrale realisieren. Ansätze davon zeigt jedoch lediglich das Chorhaupt, denn schon 1352 starb der Baumeister. Zu seinem Nachfolger berief Karl, der inzwischen zum Kaiser des Römischen Reiches gekrönt worden war, den damals gerade erst 23-jährigen Peter Parler aus Schwäbisch Gmünd. Dieser überarbeitete die Entwürfe seines Vorgängers und ließ den bis zu diesem Zeitpunkt in Ansätzen fertiggestellten Chor vollenden. Damit die Kathedrale auch schon als Gotteshaus genutzt werden konnte, schloss er den Chor dort, wo heute das Querschiff verläuft, mit einer „provisorischen"

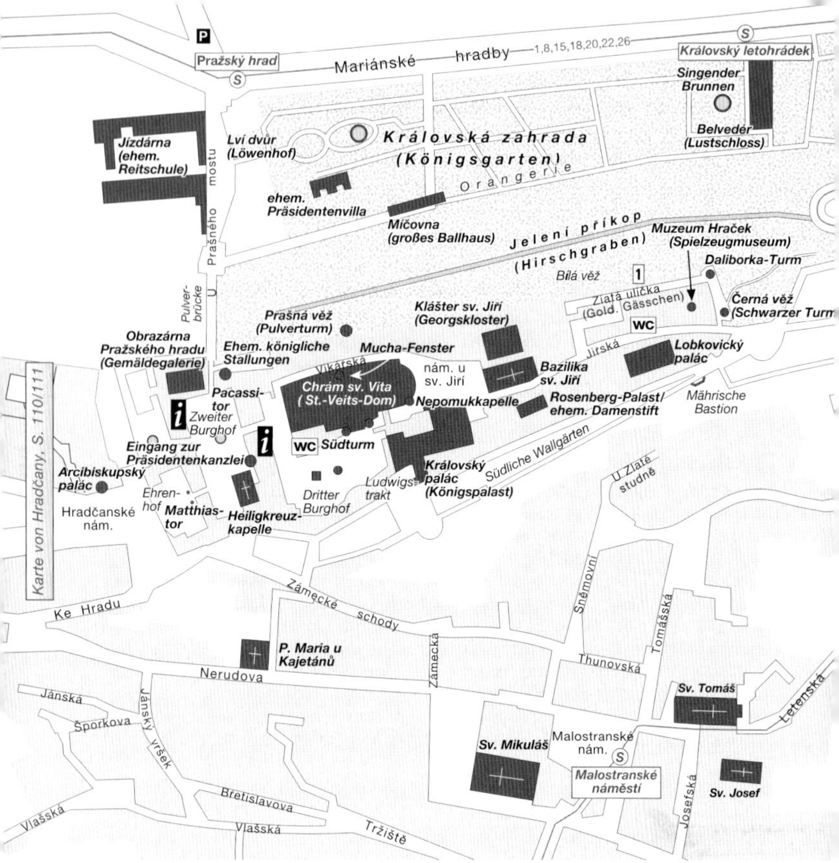


Fassade ab. Nach Parlers Tod 1399 schmückten seine Söhne die Kathedrale weiter aus. Am Grundriss sollte sich aber für die nächsten 450 Jahre nicht mehr viel ändern. Die Kathedrale war also lange Zeit nur halb so groß wie heute, und der Zutritt erfolgte über das beeindruckende *Goldene Tor* an der südlichen Längsseite, das mit einem Mosaikbild des Jüngsten Gerichts verziert ist. Erst als 1859 ein Förderverein zur Vollendung des Doms gegründet wurde, begann man mit dem Bau der westlichen Domhälfte, deren feierliche Einweihung 1929 erfolgte.

Die große kreisförmige *Rosette* über dem heutigen Eingang an der westlichen Stirnseite schaut man sich am besten von innen an. Die lebendig-bunte Bilderfolge zeigt die Genesis – 27.000 Glasstücke wurden dafür verarbeitet. Eines der farbenfrohsten Fenster in der westlichen Hälfte des Doms ist jedoch das der Neuen Erzbischöflichen Kapelle (dritte links), die als letzte Ruhestätte der Prager Bischöfe dient. Im Auftrag der Banka Slavie gestaltete es Alfons Mucha im späten Jugendstil mit Szenen aus dem Leben der heiligen Slawenapostel Kyrill und Method.

Kurz bevor man das Querschiff betritt, führt rechter Hand eine Wendeltreppe zur *Aussichtsplattform* des südlichen Domturms (96,5 m hoch). Kein anderer Turm der Stadt bietet einen faszinierenderen Ausblick über Prag, kein anderer Aufstieg ist aber auch so mühselig: 287 Stufen!

Ein paar Schritte weiter befindet sich die prunkvollste der insgesamt 22 Seitenkapellen des Sankt-Veits-Doms, die *Kapelle des Hl. Wenzel*. Durch ihre reiche Ausschmückung mit weit über 1000 Halbedelsteinen, violetten Amethysten, roten Jaspissen und grünen Chrysoprasten, z. T. in Gold eingefasst, wirkt sie wie ein riesiges Schmuckkästchen. Bereits 1372 wurde der Passionszyklus, der über dem Altar mit der Kreuzigungsszene seinen Höhepunkt erreicht, geschaffen; der Künstler ist unbekannt. Ein weiterer Zyklus mit Szenen aus dem Leben des Hl. Wenzels verläuft auf Fensterhöhe. Der frei stehende Altar darin ist zugleich das Grab des Heiligen. Hinter dem kleinen Portal auf der Südseite führt eine Treppe zur Krönungskammer über der Kapelle. Dort sind – der Öffentlichkeit verborgen – die Krönungskleinodien aufbewahrt, darunter die berühmte goldene Wenzelskrone. Sie soll übrigens jedem den Tod bringen, der sie ungebührlich aufsetzt. Ein Aberglaube? Der Letzte, der dies als Humbug abtat und sich zum Spaß mit der Krone im Spiegel betrachtete, war der Reichsprotektor Reinhard Heydrich. Kurz darauf fiel er einem Attentat zum Opfer (→ S. 50). Die kleine Tür zur Krönungskammer ist übrigens mit sieben Schlössern versehen, deren sieben Schlüssel auf sieben Persönlichkeiten der Stadt und des Staates verteilt sind.

Das barocke Gegenstück zur mittelalterlichen Wenzelskapelle ist die des Hl. Johann von Nepomuk (fünf Kapellen weiter). Vor ihr steht das silberne Grabmal des Heiligen, ein hochgepriesenes Werk, das 1733–36 nach einem Entwurf von Johann Bernhard Fischer von Erlach (u. a. Baumeister von Schloss Schönbrunn) entstand. Irgendwie kann man sich des Eindrucks nicht erwehren, dass man es einfach im Chorgang stehen ließ, als man merkte, dass es für die Kapelle zu groß geraten war.

Im Chor des Doms ist vor dem Hauptaltar noch das königliche Mausoleum sehenswert, ein großer Sarkophag aus hellem Marmor, der von einem Renaissancegitter umgeben ist. Rudolf II. stiftete ihn seinem Großvater Ferdinand I., dessen Gemahlin und deren Sohn. Die Putten drum herum scheinen sich über die drei fast lustig zu machen. Rudolf selbst ruht übrigens etwas tiefer in der Krypta. Sein Sarg ist aus Zinn und hat das Aussehen eines Brauereikessels. Mehrere Könige und Königinnen leisten ihm Gesellschaft.

*Öffnungszeiten* Im dritten Burghof. April–Okt. Mo–Sa 9–18 Uhr, So 12–18 Uhr, im Winter bis 16 Uhr. Zutritt nur in Verbindung mit einem Kombiticket, → Kasten, S. 115. Der **Domturm** ist nur im Sommer geöffnet.

### Heiliger oder Lebemann – Wenzel und kein Ende

Die Geschichte des tschechischen Nationalheiligen begann im Jahr 924: Fürst Václav (auf Deutsch „Wenzel") war jetzt verantwortlich für die Geschicke Böhmens. Elf Jahre lang regierte er, dann war er tot, umgebracht von seinem eifersüchtigen Bruder. Manchen Quellen zufolge soll seine Ermordung überflüssig gewesen sein, da er ohnehin die Macht an seinen Bruder abgeben wollte. Nach Rom plante Wenzel zu reisen, dort die Weihen zu empfangen, um als erster Bischof nach Böhmen zurückzukehren. Andere Quellen jedoch behaupten, dass der Fürst gar nicht so ein Heiliger war. Mit Heiden soll er gezecht und sich nachts mit hübschen Frauen vergnügt haben.

Sei es, wie es will, Wenzels großes Verdienst war die Christianisierung des Landes. Darauf fußen auch die Wenzellegenden, die den Herrscher zum Märtyrer und zur Heiligengestalt aufsteigen ließen. Noch im 10. Jh. wurde er heiliggesprochen. Unter Kaiser Karl IV. – er ließ die Wenzelskapelle im Dom bauen – wurde er schließlich zur Ikone, zum Landesheiligen. Es folgten Wenzelsfresken, Wenzelsdenkmäler, Wenzelsstatuen und der Wenzelsplatz. Und schließlich wurde Wenzel zum Symbol der Einheit und Unabhängigkeit des Landes, zum Schutzpatron aller Tschechen. In Prag kafkat, brodelt und kischt es also nicht nur, es wenzelt noch viel mehr. Und dass die Wenzelmanie kein Ende nimmt, dafür sorgt allein schon die Präsidentenfolge der jetzigen Republik: Václav „Wenzel" Havel wurde abgelöst von Václav Klaus.

**Královský palác (Königspalast):** In ihm residierten vom 11. bis zum 16. Jh. die Regenten Böhmens. Man betritt ihn im dritten und zugleich obersten Stockwerk. Dort befindet sich der berühmte *Vladislav-Saal,* der 62 m lang, 16 m breit und 13 m hoch ist. Er wurde in den Jahren 1492–1502 nach Plänen des Architekten Benedikt Ried gebaut. Krönungsfeierlichkeiten und Hofbälle fanden darin statt, aber auch Turniere, bei denen die Ritter zu Pferd über die Reitertreppe im Nordflügel (heute der Ausgang) hereinkamen. Seit 1918 wird hier der Präsident des Landes vereidigt. Von der südwestlichen Ecke des Vladislav-Saals gelangt man in den *Ludwigstrakt,* an sich nicht besonders sehenswert, dafür geschichtsträchtig. Hier war der Ort des zweiten Prager Fenstersturzes, der zum 30-jährigen Krieg führte (→ Kasten, S. 120).

Der *Sitzungssaal des Landtags* grenzt im Nordosten an den Vladislav-Saal. Das Mobiliar ist zwar nicht original – es stammt aus dem 19. Jh. –, wurde aber in der historischen Anordnung nachgestellt. Auf der Renaissancetribüne linker Hand saßen die Landesschreiber, rechts vom Thron der Bischof, auf den Bänken gegenüber die Adels- und Ritterstände. Links des Portals, über welches man den Vladislav-Saal verlässt, führt eine Wendeltreppe zu Räumen, in denen die sog. Landtafeln aufbewahrt wurden. In ihnen verzeichnete man Beschlüsse des Landtags, zugleich waren sie auch eine Art Grundbuch. Die Wappen an den Wänden und Decken sind die der Beamten, die die Kanzlei leiteten.

*Öffnungszeiten* Im dritten Burghof. April–Okt. tägl. 9–18 Uhr, im Winter 9–16 Uhr. Zutritt zum **Königspalast** nur in Verbindung mit einem Kombiticket, → Kasten, S. 115.

**Příběh Pražského Hradu (Geschichte der Prager Burg):** Die Ausstellung in den unteren Etagen des Königspalastes ist eine Art Parforceritt durch die Historie der

*Das Goldene Tor am Sankt-Veits-Dom*

Prager Burg. Sie ist chronologisch aufgebaut und liefert Burgmodelle zu jeder Epoche. Doch die Fülle der behandelten Aspekte (Baugeschichte, Katastrophen, Begräbniskult etc.) geht in den verwinkelten Räumlichkeiten auf Kosten der Übersichtlichkeit. Zu den sehenswertesten Exponaten gehören ein Drahtmantel und ein silberner Helm – beide soll der heilige Wenzel getragen haben –, das gotische Tympanon *Thronende Madonna* aus der Georgsbasilika, diverse Kronjuwelen und die Grabbeigaben Rudolfs I.

*Öffnungszeiten* Zugang zwischen drittem Burghof und Náměstí sv. Jiří. Öffnungszeiten wie Königspalast. Eintritt 5,60 €, erm. die Hälfte oder mit Kombiticket „Große Tour" (→ Kasten, S. 115).

**Bazilika sv. Jiří (Georgsbasilika):** Sie ist der bedeutendste und schönste romanische Sakralbau Prags und zugleich die zweitälteste Kirche der Stadt, wenn man dies von außen auch gar nicht vermuten mag. Bereits im Jahr 925 weihte man die Kirche, damals noch einschiffig, der Fürstin Ludmila, die als erste Märtyrerin Böhmens heiliggesprochen wurde. Ihre Schwiegertochter hatte sie aufgrund von Machtstreitigkeiten erdrosselt. Die sterblichen Überreste Ludmilas befinden sich heute in der Kapelle, die sich an die Südseite des Chors anschließt. Die im Chor erhalten gebliebenen Fresken stammen aus dem 13. Jh. und lassen das himmlische Jerusalem nur noch erahnen. Neben Ludmila haben noch weitere Fürsten aus dem Geschlecht der Přemysliden hier ihre Grabstätte. So befinden sich zu Füßen des Chors in der hölzernen Tumba die Gebeine Vratislavs I. Gegenüber ruht Boleslav II. unter dem von einem schmiedeeisernen Gitter umgebenen Grabstein. Dahinter, in der Krypta unter dem Chor, steht rechter Hand die Grauen erregende, dunkle Plastik der *Vanitas* aus der Mitte des 16. Jh. Sie stellt den Verfall bzw. die Vergänglichkeit des menschlichen Körpers dar. Einer Sage nach schuf sie ein Bildhauer, der aus Eifersucht seine Geliebte ermordet hatte und vor seiner Hinrichtung als letzte Bitte geäußert haben soll, zum Beweis seiner Reue ihren verwesenden Körper darstellen zu dürfen.

*Adresse/Öffnungszeiten* Náměstí u sv. Jiří. April–Okt. tägl. 9–18 Uhr, im Winter 9–16 Uhr. Zutritt nur in Verbindung mit einem Kombiticket (→ Kasten, S. 115).

### Prager Fenstersturze – eine lange Tradition

Die Premiere der Prager Fensterstürze fand am 30. Juli 1419 statt. Aufgebrachte Hussiten katapultierten damals zwei katholische Ratsherren aus den Fenstern des Neustädter Rathauses. Diese Tat markiert heute den Beginn der Hussitenkriege.

1483 rückte das Altstädter Rathaus in den Mittelpunkt. Der katholische Bürgermeister musste dieses Mal dran glauben. Der Wurf, den die Protestanten nun landeten, blieb aber für die europäische Geschichte ohne Folgen, und so wird dieser in der offiziellen Fenstersturzchronik nicht mitgezählt.

Der berühmte zweite Prager Fenstersturz fand am 23. Mai 1618 statt. Die Spannungen zwischen Protestanten und Katholiken waren erneut eskaliert. Radikale Protestanten warfen zwei Statthalter samt deren Sekretär aus der Böhmischen Kanzlei auf der Prager Burg. Alle drei überlebten den 16 m tiefen Sturz, sie landeten weich auf einem Müllhaufen. Für die erlittene Schmach wurden sie übrigens von den Habsburgern reich entschädigt. Auch der Sekretär: Er wurde in den Adelsstand erhoben und durfte sich von nun an „von Hohenfall" nennen.

Humorvoll stellte der englische Schriftsteller Jerome Klapka Jerome fest, dass die Geschichte Europas vielleicht anders verlaufen wäre, „wenn die Prager Fenster kleiner gewesen wären und zu solchen Taten nicht verlockt hätten". Er gab den Ratschlag, öfters mal im Keller zu verhandeln.

Die Kette der Fensterstürze reißt bis heute nicht ab – zum Glück lösen sie keine Kriege mehr aus. Der letzte Politiker, der aus dem Fenster fiel, war 1948 der einstige Außenminister Jan Masaryk kurz nach der kommunistischen Machtübernahme. Sein Tod ist bis heute nicht geklärt. Ebenso wenig der des Literaten Bohumil Hrabal, der 1997 angeblich beim Vogelfüttern aus dem Fenster gefallen war.

**Klášter sv. Jiří (Georgskloster):** Das Benediktinerinnenkloster wurde 927 als erstes Kloster Prags gegründet. Im Mittelalter war es durch seine illuminierten Handschriften aus dem klostereigenen Skriptorium weit über die Grenzen Böhmens hinaus bekannt. Von den vielen Um- und Anbauten erlebte es den letzten großen in der zweiten Hälfte des 17. Jh. Ende des 18. Jh. wurde es aufgelöst und in eine Artilleriekaserne umfunktioniert. Heute beherbergt es die Sammlung „Böhmische Kunst des 19. Jh.", die Bestandteil der Nationalgalerie ist. Zu sehen bekommt man Werke des Neoklassizismus und der Romantik – Landschaftsgemälde und Porträts überwiegen.

*Adresse/Öffnungszeiten* Náměstí u sv. Jiří. Tägl. 10–18 Uhr. Eintritt mit Kombiticket „Große Tour" (→ Kasten, S. 115), andernfalls 6 €, erm. 3,20 €, Familien 8 €, ab 16 Uhr halber Preis. Stets am ersten Mi im Monat von 15–20 Uhr Eintritt frei.

**Rožmberský palác (Rosenberg-Palast):** Nach dem Untergang des Sozialismus musste das Palais aufwendig restauriert werden – fast 15 Jahre dauerten die Arbeiten. Seit 2010 sind diverse Trakte des Palais erstmals in seiner Geschichte der Öffentlichkeit zugänglich, darunter der große Renaissancesaal der Rosenberger und die Dreifaltigkeitskapelle. Ein paar Räumlichkeiten wurden zudem im Stile des einstigen Damenstiftes eingerichtet und sind mit kostbaren Biedermeier- und Rokokomöbeln versehen. Die meisten Gänge und Säle des Palais aber bleiben dem Besucher verschlossen: Der Präsident hat sie für seine Kanzlei beschlagnahmt.

*Adresse/Öffnungszeiten* Jiřská. April–Okt. tägl. 9–18 Uhr, im Winter 9–16 Uhr. Zutritt nur in Verbindung mit einem Kombiticket, → Kasten, S. 115.

**Lobkovický palác (Palais Lobkowicz):** Das frühbarocke Palais, ursprünglich ein Renaissanceanwesen, wurde im Jahr 2003 der Adelsfamilie Lobkowicz restituiert, die Kommunisten hatten es 1952 konfisziert. Neben dem Palais bekam die Familie auch ihre Schlösser und Güter zurück, dazu ihre Kunstsammlung, eine der größten Mitteleuropas. Die kostbarsten Exponate zeigt die Adelsfamilie heute auf Schloss Nelahozeves (35 km nördlich von Prag, → S. 128) und im Palais Lobkowicz auf der Prager Burg, darunter Gemälde von Cranach d. Ä., Brueghel d. Ä. und Canaletto. Darüber hinaus werden Waffen und Rüstungen, Familienporträts, Beethovens Originalpartitur der 4. und 5. Symphonie und vieles mehr präsentiert.

*Adresse/Öffnungszeiten* Jiřská 1. Tägl. 10.30–18 Uhr. Eintritt 11 €, erm. 7 €, Familien 28 €.

**Zlatá ulička (Goldenes Gässchen):** Einst wohnten hier die Ärmsten der Armen in einfachen Verschlägen rechts und links der Gasse, die gerade mal 1 m breit war. Für alle gab es nur eine einzige Toilette, und die düngte den Hirschgraben. Nach einem Umbau der Burgmauern im 16. Jh. wurden aus den Hütten kleine Häuschen und vorübergehend zog die Burgwache ein. Danach lebten hier ein paar Goldschmiede – daher der Name des Gässchens. Im 19. Jh. begannen sich Wahrsager, Handwerker und Künstler einzumieten. Berühmtester Anwohner sollte Franz Kafka werden. In Haus Nr. 22 verfasste er im Winter 1917 mehrere Prosatexte. Madame de Thebes, eine damals bekannte Hellseherin, bewohnte das Haus Nr. 14. Nachdem sie den Untergang des Dritten Reiches prophezeit hatte, wurde sie von der Gestapo totgeschlagen. Heute wohnt niemand mehr hier – aus all den kleinen Häuschen sind Souvenirshops geworden, an denen sich die Touristenmassen vorbeidrängen.

*Eintritt* Zutritt nur in Verbindung mit einem Kombiticket (→ Kasten, S. 115).

*Ewiger Rummel im berühmten Goldenen Gässchen*

**Královská zahrada (Königsgarten):** Er wurde einst vielfach als der schönste Renaissancegarten nördlich der Alpen gepriesen. 1534 ließ ihn Ferdinand I. anlegen. Erstmals in Europa wurden hier Tulpen gezüchtet; die Zwiebeln stammten aus Konstantinopel. Während des Dreißigjährigen Krieges verwüsteten die Schweden und Sachsen den Garten, sodass es erst mal vorbei war mit dem herrschaftlichen Lustwandeln. Als man ihn im 18. Jh. als Barockgarten gerade neu angelegt hatte, kamen die Franzosen. Zum Glück konnte man sie durch eine Zahlung von 30 Ananas davon abhalten, dem oben erwähnten Beispiel zu folgen. Seine ursprüngliche Renaissanceform stellte man nach dem Ersten Weltkrieg wieder her.

*Singender Brunnen*

Am östlichen Ende des Gartens befindet sich das *Lustschloss Belvedér*. Den Grundstein für den Renaissancebau mit seinem auffälligen Dach in Form eines kieloben schwimmenden Schiffsrumpfs ließ Ferdinand I. 1538 legen; seiner geliebten Gemahlin wollte er das Schlösschen schenken. Es sollte dem Vergnügen und der Erholung dienen, auch ein Tanzsaal war geplant. Letztendlich zogen sich die Bauarbeiten jedoch bis 1564 hin. Während der Regierungszeit Rudolfs II. wurde das Lustschloss als astronomisches Observatorium zweckentfremdet. Heute wird es überwiegend für Ausstellungen genutzt. Der berühmte *Singende Brunnen* davor stammt aus der Mitte des 16. Jh. Das Modell, einem römischen Brunnen gleich, schuf Francesco Terzio. Für den Guss war ein Glockengießer namens Thomas Jaroš verantwortlich. Vielleicht klingen deshalb die herabfallenden Wassertropfen auf der untersten Metallschüssel wie ein nie enden wollendes Glockenspiel, das am besten zu hören ist, wenn man den Kopf unter (nicht in) das untere Brunnenbecken hält.

*Adresse/Öffnungszeiten* U prašného mostu. **Garten,** April u. Okt. tägl. 10–18 Uhr, Mai u. Sept. 10–19 Uhr, Juni u. Juli 10–21 Uhr, Aug. 10–20 Uhr.

## Essen & Trinken

Die Restaurants und Cafés im Burgbereich werden ausschließlich von Touristen aufgesucht. Dementsprechend stimmen Qualität und Service größtenteils nicht mit den Preisen überein.

*Burg Vyšehrad*

# Ziele rund um die Innenstadt

Auch außerhalb der herausgeputzten touristischen Stadtteile liegen bedeutende Sehenswürdigkeiten und lassen sich schöne Ecken entdecken. Empfehlenswerte Viertel, durch die sich ein Spaziergang lohnt, sind Vinohrady und Žižkov östlich des Zentrums, Smíchov südlich von Malá Strana und Holešovice im Norden der Stadt. Wer mit der Metro oder Straßenbahn noch weiter hinausfährt, gelangt in den breiten, Prag umschließenden Gürtel von Plattenbausiedlungen, brachliegendem Land, Parks und Industriegebieten.

**Veletržní palác – Muzeum moderního a současného umění (Messepalast – Museum moderner und zeitgenössischer Kunst):** Das Museum begeistert in zweierlei Hinsicht: aufgrund seiner Architektur und aufgrund seiner Exponate. Als der ehemalige Messepalast 1928 eröffnet wurde, war er das erste Bauwerk Europas im funktionalistischen Stil und zugleich das größte Messegebäude der Welt. Heute hat sich das Auge an solche Bauten gewöhnt, von außen nimmt man den Palast deshalb gar nicht mehr als etwas Besonderes wahr. Von innen jedoch ist er noch immer überwältigend. Den Kern des Gebäudes bildet eine imposante Halle mit verglastem Dach, die von den offenen Galerien der sechs Stockwerke umgeben wird. Die Architekten Oldřich Tyl und Josef Fuchs schufen dadurch ein Bauwerk von solcher Leichtigkeit, dass sich Le Corbusier bei dessen Anblick wie ein Dilettant vorgekommen sein soll.

Das Gros des Gebäudes belegt heute die Nationalgalerie. Im 1. Stock werden Werke internationaler Künstler des 20. Jh. gezeigt (u. a. Miró, Klee, Kokoschka, Schiele und Klimt), im 2. Stock sieht man tschechische Kunst von 1930 bis heute (Surrealismus, Aktionskunst, sozialistischer Realismus etc.). Den 3. Stock belegen eine Sammlung tschechischer Kunst von 1900 bis 1930 (viele kubistische Werke) und eine Kollektion französischer Kunst des 19. und 20. Jh. (u. a. Delacroix, Rodin, Gauguin und Monet). Im 4. Stock widmet man sich der tschechischen Kunst an der Wende vom 19. zum 20. Jh. (u. a. Jugendstilplakate von Alfons Mucha und abstrakte Gemälde von František Kupka). Im 5. Stock werden zeitgenössische Skulpturen aus Tschechien und der Slowakei präsentiert.

Verbindungen/Öffnungszeiten Dukelských hrdinů 47, Holešovice. Ⓜ C Nádraží Holešovice, weiter mit Ⓢ 12, 14, 15, 17 Veletržní. Tägl. (außer Mo) 10–18 Uhr. Eintritt 8 €, erm. 4 €, Familien 12 €.

**Národní technické muzeum (Technisches Nationalmuseum):** Wegen umfangreicher Restaurierungsarbeiten war das Museum zum Zeitpunkt der letzten Recherche bereits seit Jahren geschlossen. Bis zu Ihrem Besuch sollte es aber in neuem Glanz wieder geöffnet haben. Dann erwarten Sie u. a. eine gigantische Sammlung an fotografischen und kinematografischen Apparaten (mit annähernd 18.000 Exponaten aus über 50 Ländern eine der größten der Welt), eine astronomische Abteilung mit Instrumenten, mit denen schon Tycho Brahe und Johannes Kepler Sonne, Mond und Sterne studiert haben, eine Verkehrshalle mit alten Škodas, Tatras und Bugattis, ein über 1 km langer Nachbau einer Erz- und Kohlengrube im Untergeschoss und und und. Ein Erlebnis für Groß und Klein.

Verbindungen Kostelní 42, Holešovice. Ⓜ C Vltavská, weiter mit Ⓢ 1, 15, 25, 26 Letenské náměstí.

**Letenské sady (Letná-Park):** Hoch über der Moldau gelegen, bietet er herrliche Ausblicke über die Stadt. Auf Bierbänken sitzt man beim Letenský zámeček, einem kleinen Beinaheschlösschen, etwas gediegener im Westen der Parkanlage auf der Aussichtsterrasse des Hanavský pavilón. Dieser Jugendstilpavillon erinnert an eine russisch-orthodoxe Kirche, besitzt eine Stahlkonstruktion und wurde 1891 zur Landesjubiläumsausstellung gebaut. Ganz im Osten liegt der *Expo-Praha-58-Pavillon*. Der nahezu vollständig verglaste Pavillon gewann die Goldmedaille bei der Weltausstellung in Brüssel und fand danach auf der Letná einen neuen Standort. Einst befand sich ein nobles Restaurant mit Aussichtsterrasse darin, heute wird der Pavillon als Bürogebäude genutzt – schade. Noch zu sozialistischer Zeit wurden auf der Rückseite des Parks beim Sparta-Stadion die Maiparaden abgenommen. Aber das ist längst Vergangenheit. An die wechselvolle Geschichte des Landes erinnert heute das große *Metronom* des Pop-Künstlers David Černý. Es ist jedoch von überall in der Stadt interessanter anzusehen als vor Ort. Könnte man die Frequenz steigern, wäre der Platz davor die geniale Kulisse für eine Techno-Party.

Verbindungen Holešovice. Ⓜ C Vltavská, weiter mit Ⓢ 1, 25 Sparta.

**Vítkov (Veitsberg):** Hoch über Prag hat man hier Jan Žižka ein Denkmal gesetzt, so gigantisch, als hätte der einäugige Hussitenführer nicht nur ein Kreuzfahrerheer besiegt (→ S. 47), sondern die Welt auch noch vor einem Klingonen-Überfall bewahrt. Das Denkmal ist zugleich das größte bronzene Reiterstandbild der Welt. Aus der Nähe betrachtet, wirkt es aber gar nicht so imposant. Hinter ihm liegt die *Nationale Gedenkstätte* (Národní památník), ein riesiger konstruktivistischer Würfel aus den 20er-Jahren, der zum Ruhm der neuen Republik errichtet wurde. Die Kommunisten zweckentfremdeten das Bauwerk und machten daraus ein Mausoleum. Unter anderen fand darin auch der einstige Präsident Klement Gottwald seine Ruhestätte – allerdings nicht die letzte: 1990 bettete man ihn um auf den Friedhof Olšany (s. u.). Die Gedenkstätte kann seit 2009 besichtigt werden. Neben der Zentralhalle, einer Kapelle für gefallene Soldaten und einem Kolumbarium befindet sich darin auch eine kleine Ausstellung, die die bedeutendsten Eckdaten der Tschechoslowakei und der Tschechischen Republik vorstellt.

Verbindungen/Öffnungszeiten Žižkov. Ⓜ B, C Florenc, weiter mit Ⓑ 133 U Památníku, von dort führen Spazierwege nach oben. **Nationale Gedenkstätte,** im Sommer tägl. (außer Mo), im Winter nur Do– So 10–18 Uhr. Eintritt 4,50 €, erm. 2,50 €, Familien 6,80 €.

*Futuristisch: Prager Fernsehturm*



**Nové Židovské Hřbitovy (Neuer Jüdischer Friedhof):** Er ist ein bizarr-idyllischer Ort und nicht weniger besuchenswert als der Alte Jüdische Friedhof in Josefov, zumal hier kein Gedränge herrscht. Das Gros der Grabsteine stammt aus dem 19. und der ersten Hälfte des 20. Jh. Das bekannteste Grab ist das Franz Kafkas, der 1924 im Alter von knapp 41 Jahren an Tuberkulose starb. Er liegt zusammen mit seinen Eltern an der Südmauer begraben. Seine Fangemeinde legt hier Briefe, Blumen und Steinchen nieder. Der riesige und ebenfalls überaus interessante Friedhof Olšany (Olšanské hřbitovy) nebenan wurde ursprünglich für die Toten der Pestepidemie des Jahres 1680 angelegt.

*Verbindungen/Öffnungszeiten* Izraelská 1, Žižkov. Ⓜ A Želivského. Das Kafkagrab ist ab dem Eingang ausgeschildert. Mai–Sept. tägl. 8–19 Uhr, Okt., März u. April bis 18 Uhr, Nov.–Feb. bis 17 Uhr.

**Televizní Vysílač Praha (Fernsehturm):** Nach 7-jähriger Bauzeit wurde 1992 das letzte sozialistische Bauwerk Prags vollendet. Mehr als 100 m ragt es in den Himmel. Davor liegen noch die kümmerlichen Überreste eines jüdischen Friedhofs aus dem 19. Jh., der dem Giganten weichen musste. Ursprünglich sollte der Turm v. a. die Frequenzen westlicher Sender stören. Heute dient er der Übertragung von Radio- und Fernsehprogrammen. Der Panoramablick von der Aussichtsplattform wäre schöner, würde man öfters mal die Fenster putzen. Auf 70 m Höhe befindet sich ein Restaurant mit satten Preisen.

*Verbindungen/Öffnungszeiten* Mahlerovy sady, Žižkov. Ⓜ A Jiřího z Poděbrad. Tägl. 10–23 Uhr. Eintritt 4,80 €, erm. 3,60 €.

**Müllerova vila (Müllervilla):** Das eigenwillige funktionalistische Wohnhaus von 1928 entwarf der österreichische Architekt Adolf Loos (1870–1933). Benannt wurde das Gebäude nach dem Auftraggeber František Müller und dessen Ehefrau Milada. Nach den Grundsätzen des Architekten sollte ein Gebäude von außen schmucklos und schlicht sein und erst im Inneren seinen Reichtum entfalten. So besticht das Innere des weißen Würfels mit seinen gelben Fensterrahmen durch eine grandiose offene Raumgestaltung und erstklassige Materialien wie Marmor, Mahagoni oder Zitronenbaum. Der größte Teil der Originalmöbelstücke blieb erhalten. Eine kleine Ausstellung informiert zudem über Leben und Werk des Architekten, der durch seinen Einsatz für ornamentfreies Bauen einer radikal neuen Baukunst den Weg ebnete. Aufgrund seiner einzigartigen Architektur wurde das Gebäude 1995 zum nationalen Kulturdenkmal erhoben.

• Verbindungen/Öffnungszeiten Nad hradním vodojemem 14, Střesovice. Ⓢ1, 2, 18 Ořechovka. Führungen von April–Okt. Di, Do, Sa und So um 9, 11, 13, 15 und 17 Uhr. Von Nov.–März nur um 10, 12, 14 und 16 Uhr. Voranmeldung nötig, unter ✆ 224312012 oder www.mullerovavila.cz erfahren Sie, wann Sie sich einer deutsch- oder englischsprachigen Tour anschließen können. Eintritt 12 €, erm. 8 €.

**Burg Vyšehrad:** Zahlreiche Legenden ranken sich um die südlich von Nové Město gelegene Burg Vyšehrad auf einem Felsen hoch über der Moldau. Angeblich war sie die erste Residenz böhmischer Könige, und Prinzessin Libuše soll – wie vielfach in der Literatur beschrieben – von hier die glorreiche Zukunft Prags prophezeit haben (→ Kasten). Leider alles Humbug: Vyšehrad entstand erst um das Jahr 930 und damit später als die Prager Burg.

Von der ursprünglichen Burganlage ist heute außer den ziegelroten Festungsmauern und ein paar Toren kaum mehr etwas erhalten. Wirklich sehenswert ist lediglich der im 19. Jh. errichtete *Ehrenfriedhof.* Auf ihm ruht die Crème de la Crème der tschechischen Kunstszene unter reich verzierten Arkaden in prachtvollen Gräbern, darunter Antonín Dvořák und Bedřich Smetana. Der Friedhof liegt direkt neben der *Peter-und-Pauls-Kirche* (Kapitulní Chram sv. Petra a Pavla), deren Zwillingstürme die Burg dominieren. Ihre Fundamente reichen bis ins 11. Jh. zurück. Zu sehen gibt es ansonsten noch eine romanische *Rotunde,* auf der 1776 Prags erster Blitzableiter installiert wurde, eine kleine Kunstgalerie, die spärlichen Überreste einer Basilika aus dem 11. Jh. und die *Kasematten,* unterirdische Gewölbegänge des Befestigungswalls am nördlichen Ziegeltor. Sie münden in einen großen Saal, in dem einige Originalstatuen der Karlsbrücke aufbewahrt werden.

• Verbindungen/Öffnungszeiten Vyšehrad. Ⓜ C Vyšehrad, von dort ausgeschildert. Infobüro, tägl. 9.30–17 Uhr, im Sommer bis 18 Uhr. Führungen durch die Kasematten (Eintritt 2 €, erm. 1,20 €, Dauer 20 Min.), tägl. 10–17 Uhr (im Winter bis 16 Uhr) zu jeder vollen Stunde. Kirche (Eintritt 1,20 €, erm. 0,40 €!), tägl. (außer Mo ganztags und Fr nachmittags) 9–12 und 13–17 Uhr. Friedhof, Nov.–Feb. tägl. 8–17 Uhr, im März, April und Okt. bis 18 Uhr, Mai–Sept. bis 19 Uhr.

## Libušes Liebe und Visionen

Erstmals berichtete Domdechant Cosmas Anfang des 12. Jh. über Libuše, die Thronfolgerin des slawischen Königs Crocco. Er beschrieb sie als „liebenswürdig zu jedermann" und als „Zierde und Pracht der Weiblichkeit, die mit klugem Urteil sich der Geschäfte der Männer annahm". Doch sei sie laut Cosmas eben eine Frau gewesen, sie habe folglich nicht ordentlich von einem Thron aus regiert, sondern von „einem hochgetürmten Haufen weicher und bestickter Kissen, wie es der wollüstigen Weichlichkeit der Frauen entspricht". Das konnte selbstverständlich nicht gut gehen. Das Volk verlangte nach einem Herzog. Libuše entschied sich für einen jungen, kräftigen Ackersmann, genannt „Přemysl der Pflüger", der von seinem Glück nichts wusste, bis ihn Libuše zu sich bringen ließ. Er wurde ihr Gemahl und damit auch Fürst, der erste des Geschlechts der Přemysliden. Und an seiner Seite prophezeite Libuše, dass dort, wo ein Mann eine Schwelle (auf Tschechisch „prah") zimmert, man eine Burg bauen wird, die den Namen Praha trägt. Und mit Worten, die an Vergil erinnern, lässt Cosmas Libuše fortfahren: „Siehe, ich sehe eine große Stadt, deren Ruhm bis an die Sterne reichen wird". Cosmas Zeilen inspirierten unzählige Autoren und Komponisten, u. a. Herder, Grillparzer, Brentano, Smetana und Mahler. Bis in die Gegenwart lebt Libuše in Kunst und Literatur fort.

PRAHA
PRAHA
PRAHA
PRAHA
VÁNOCNÍ POZDRAV
PRAHA
PRAHA
PRAHA
PRAHA
PRAHA
PRAHA
PRAHA
PRAHA
JOHN LENNON
PRAHA
PRAHA
PRAHA

*Im Hof des Schlosses Nelahozeves*

# Mittelböhmen (Střední Čechy)

**„Und das war Böhmen, das ich kannte, hügelig wie leichte Musik und auf einmal wieder eben hinter seinen Apfelbäumen, flach ohne viel Horizont und eingeteilt durch die Äcker und Baumreihen wie ein Volkslied von Refrain zu Refrain."**

So lieblich beschrieb Rainer Maria Rilke (1875–1926) das Herz Böhmens, das in einem weiten Rund die Hauptstadt umarmt. Die Landschaft östlich von Prag wird geprägt durch das fruchtbare und waldarme Elbetiefland mit Feldern, so weit das Auge reicht. Den Süden und den Norden bestimmen die Flusslandschaften der Moldau und der bei Kanuten beliebten Sázava. Am abwechslungsreichsten ist der Westen, wo sich die Berounka zerklüftete Täler gegraben hat und Wanderer und Radfahrer die Rehe und Hirsche in den dichten Wäldern erschrecken. Mittelböhmen hat sich seit Rilkes Zeiten aber auch gewandelt: Prag ging in die Breite. Die Vorstädte aus der Retorte wucherten weit ins grüne Umland hinein. Aus so manchen schmucken Orten wurden trist-graue Käffer, andere wuchsen zu monotonen Städten an. Die Planwirtschaft hinterließ marode Agrarbetriebe und ausgediente Industrieanlagen. Doch in Mittelböhmen blieb zum Glück auch viel Besuchenswertes erhalten: pompöse Schlösser, publikumsträchtige Burgen und niedliche Bilderbuchdörfer.

## Nördlich von Prag

### Nelahozeves (Mühlhausen an der Moldau)

35 km nördlich von Prag liegt das unscheinbare 1800-Seelen-Städtchen Nelahozeves. Darüber thront seit dem 16. Jh. jedoch ein alles andere als unscheinbares

**Renaissanceschloss,** ein prächtiger, u-förmiger Bau mit einer schönen Sgraffitifassade und auffälligen Schornsteinen. 1623 fiel das Schloss an die Adelsfamilie Lobkowicz, in deren Besitz es mit Ausnahme der Jahre 1950–1993 bis heute ist. Wie den Prager Lobkowicz-Palais auf dem Hradschin (→ S. 121) machte die Adelsfamilie auch Schloss Nelahozeves der Öffentlichkeit zugänglich. Bei der Schlossführung passiert man zwölf Räume, darunter repräsentative Salons, das Musizier-, Schlaf- und Raucherzimmer, die Schlosskapelle und die Bibliothek. Prächtigster Saal ist der Große Salon mit kostbarstem Interieur und Gemälden von Peter Paul Rubens und Paolo Veronese. Der Kunstsinn der Lobkowicz wird übrigens von Generation zu Generation weitervererbt. Als Mäzene von Beethoven, Mozart, Haydn und Gluck taten sie sich hervor. Und der heutige Schlossherr William E. Lobkowicz (geb. 1961) studierte in Harvard nicht etwa Ökonomie oder Politik, sondern Geschichte und Musik.

Mittelböhmen
Karte S. 131

## Mittelböhmen – die Highlights

**Kokořínsko**: Klein, aber fein. Das Naturschutzgebiet 50 km nördlich von Prag gehört zu den idyllischsten Ecken Tschechiens.

**Kladruby nad Labem**: Von hier kommen die edlen Kladruber Schimmel. Die Pferde des 60 km östlich von Prag gelegenen Nationalgestüts entzücken die europäischen Königshäuser bis heute.

**Kutná Hora**: Das UNESCO-Welterbestädtchen liegt ebenfalls rund 60 km östlich von Prag und verbindet provinziellen Charme mit architektonischen Perlen. Eine Art Gruselkabinett ist die Knochenkirche im Vorort Sedlec.

**Schloss Konopiště**: Rund 40 km südlich von Prag residierte einst Franz Ferdinand d'Este. Der Prunk im Innern des Schlosses und die zahlreichen Sammlungen machen es zu einem der größten Publikumsmagneten Mittelböhmens.

**Křivoklátsko**: Das Naturschutzgebiet rund 45 km westlich von Prag lädt zu Touren im Grünen ein. Als Zugabe gibt es Rehbraten in jedem zweiten Wirtshaus und eine Märchenburg im Märchenwald.

**Lidice**: Ein Dorf, das dem Nazi-Terror zum Opfer fiel und heute eine erschütternde Gedenkstätte besitzt.

Im Schatten des monumentalen Schlossbaus verbrachte Antonín Dvořák, der berühmte tschechische Komponist (1841–1904), die ersten elf Jahre seines Lebens. Das nur 100 m vom Schlossparkplatz entfernt gelegene **Geburtshaus Dvořáks** (gegenüber einer kleinen Kirche) kann besichtigt werden. Zu sehen gibt es hier u. a. den Schaukelstuhl des großen Meisters.

Keine 2 km südlich von Nelahozeves verschandelt die Industriestadt **Kralupy nad Vltavou** mit ihren Ölraffinerien und Chemiefabriken die Moldauauen. „Schlote (...) wie Phantombäume, ohne Äste, ohne Blätter, ohne Blüten, ohne Bienen", beschrieb sie der tschechische Literaturnobelpreisträger Jaroslav Seifert (1901–1986). Also nichts wie weiter!

• *Verbindungen* Bis zu 12-mal tägl. **Züge** von Prag (Masarykovo nádraží), die Station Nelahozeves Zámek liegt nahe dem Schloss und dem Dvorák-Geburtshaus.

• *Öffnungszeiten* **Schloss,** ganzjährig tägl. (außer Mo) 9–17 Uhr. Führung (mit dt. Text) 4,80 €, erm. die Hälfte, Führung in dt. Sprache 10 €. **Dvorák-Geburtshaus,** jede 1. u. 3. Woche im Monat Mi–Sa 9.30–12 u. 13–17 Uhr, jede 2. u. 4. Woche nur Mi–Fr zu den gleichen Zeiten, Nov.–Feb. nur bis 16 Uhr. Eintritt 1,20 €, erm. die Hälfte.

## Zámek Veltrusy (Schloss Weltrus)

Das Schloss am anderen Ufer der Moldau ist Luftlinie keine 3 km von Nelahozeves entfernt. Es liegt beim gleichnamigen Städtchen inmitten einer 300 ha großen Parkanlage, die gespickt ist mit Tempelchen, Statuen, Pavillons und einem Treibhaus. Das Schloss wurde in der ersten Hälfte des 18. Jh. als Lustschloss des Grafen Václav Antonín Chotek im Barockstil errichtet und später im Geist des Rokoko umgestaltet. 1754 war es Schauplatz des *Großen Marktes der Erzeugnisse des Böhmischen Königreiches,* der angeblich ersten Handelsmesse der Welt. Unter die Gäste mischte sich damals auch Kaiserin Maria Theresia. Seit dem Moldauhochwasser im Sommer 2002, als das Wasser bis an die Fenster des Erdgeschosses reichte und der umliegende Park zum See geworden war, wird das hennarote, vierflügelige Schloss mit einem Kuppelbau in der Mitte restauriert. Der Abschluss der Arbeiten wird für 2015 erwartet. Bereits jetzt werden in den Sommermonaten auf dem Schlossareal temporäre Ausstellungen gezeigt, alljährlich wiederaufgelegt wird dabei jene über die Restaurierungsarbeiten. Was wann gezeigt wird, erfährt man unter www.veltrusy.net oder ✆ 315781146.

*Verbindungen* Regelmäßige **Busverbindungen** nach Mělník und Prag-Kobylisy (Ⓜ C).

Weiter Richtung **Nordwesten?** Informationen zu Zielen wie **Roudnice nad Labem** oder **Budyně nad Ohří** bekommen Sie ab S. 292.

## Mělník (Melnik)

Die 20.000-Einwohner-Stadt liegt etwa 35 km nördlich von Prag am Zusammenfluss von Elbe und Moldau. Ihr kleiner, kompakter Altstadtkern sitzt pittoresk auf einem Hügel, die weniger schönen Viertel erstrecken sich entlang der Zufahrtsstraßen darunter. Das Zentrum der Altstadt bildet der Hauptplatz Náměstí Míru, den einfache Bürgerhäuser aus dem 16. Jh. säumen. Darüber wacht das **Schloss** der Familie Lobkowicz, ein eigenartiges Durcheinander aus Renaissance und frühem Barock, das in den 1990ern im Zuge der Restitution an den in der Schweiz geborenen Jiří von Lobkowicz zurückgegeben wurde. Die Schlosstour führt durch diverse farbenfroh gestrichene Räumlichkeiten vom Schlafzimmer bis zum Speisesaal, außerdem durch die Schlosskapelle und die Keller aus dem 14. Jh. Im Hof befindet sich zudem ein wahrhaft königliches Schlosscafé. Im Sommer sitzt man aber schöner auf der Schlossterrasse und genießt den Panoramablicke über das fruchtbare Elbetiefland bei einem Gläschen Wein aus der lobkowizceigenen Kelterei.

An der Schloss und Hauptplatz verbindenden Straße Svatováclavská steht die **Pfarrkirche St. Peter und Paul** (Kostel sv. Petra a Pavla), in deren **Beinhaus** die Knochen von rund 15.000 Pestopfern aus der Mitte des 16. Jh. zu bizarren Formen gestapelt sind. Besichtigen kann man zudem noch eine Kinderwagensammlung im **Kreismuseum** am Marktplatz. Der gotische Gewölbekeller darunter lädt ebenfalls zur Degustation ein, aber nur für Gruppen. „Die Einzelwesen", wie vor Ort zu lesen ist, können die Weine im Museumscafé kosten.

Mělník ist das Zentrum des winzigen böhmischen **Weinbaugebietes.** Der bekannteste Wein ist der trockene *Ludmila,* der aus der gleichnamigen Rebsorte gekeltert und in diversen Vinotheken verkauft wird. Benannt ist er nach der Fürstin Ludmila,

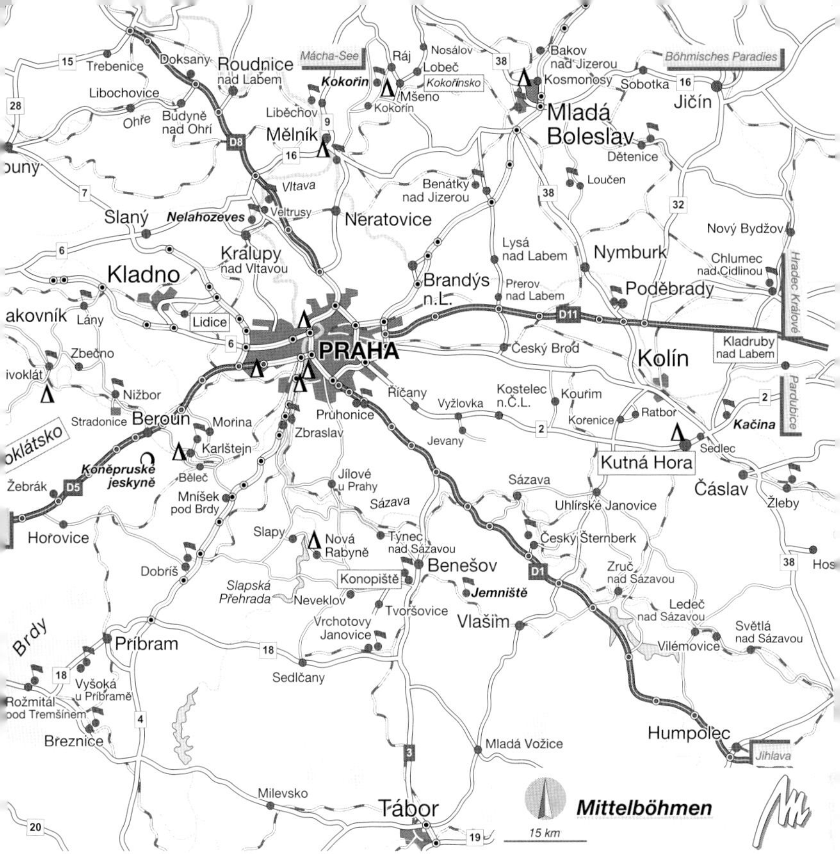


der Großmutter des Hl. Wenzel. Angeblich hatte sie bereits im 9. Jh. den Weinbau in der Gegend angeregt. Wer zufällig am letzten Septemberwochenende nach Mělník kommt, kann das traditionsreiche Weinfest erleben.

- *Information* **Infocentrum,** Legionářů 51 (beim Marktplatz), ✆ 315627503, www.melnik.info. Tägl. 9–17 Uhr.
- *Verbindungen* Bahnhof ca. 1,5 km östlich des Zentrums, Busbahnhof etwas näher. **Busse** regelmäßig zum und vom Prager Busbahnhof Holěsovice (Ⓜ C). **Züge** regelmäßig über Liběchov und Litoměřice nach Ústí nad Labem, bis zu 4-mal tägl. nach Mladá Boleslav.
- *Essen & Trinken/Übernachten* ****** Hotel U Rytířů,** beim Schloss bzw. Beinhaus. Bestes Haus der Stadt. Große. komfortable Zimmer von provinziellem Chic. Lokal mit Sommerterrasse und außergewöhnlicher böhmischer Küche: Wildschweinmedaillons mit Preiselbeersoße, Wiener Schnitzel vom Kalb oder Beefsteak mit grünem Pfeffer zu 4–13 €. DZ 84 €. Svatováclavská 17, ✆ 315621440, 📠 315621439, www.urytiru.cz.

***** Hotel Jaro,** Mittelklassehaus im Zentrum. Für die stillosen Zimmer zu teuer. DZ 50 €, EZ 32 €. 17. listopadu 174, ✆ 315626852, 📠 315626851, www.hoteljaro.cz.

**Pension Hana,** ca. 400 m außerhalb des Zentrums (nahe dem Kaufland, ausgeschildert). Einfache aber gepflegte Zimmer – besser als in so manchem Stadthotel. Parkplätze im Innenhof. Aufgeregte Hausdackel. DZ mit Bad im Zimmer 48 €, mit Bad auf dem Gang 36 €. Fügnerova 714, ✆/📠 315622485, www.fspnet.cz/leblova.

**Autocamp Mělník,** nahe dem Kaufland (beim Freibad, ca. 600 m nordöstlich des Zentrums). Hüttendorf mit einer Wiese für Zelte und Wohnmobile, gepflegt. Restaurant.

*Der Marktplatz von Mělník*

Minigolf, Tischtennis. Man kann auch in umfunktionierten Bierfässern übernachten. Ganzjährig. 2 Pers. mit Zelt u. Auto 11 €, Chata mit Bad für 4 Pers. 55 €. Klášterní, ✆ 315623856, ✆ 315626568, www.campmelnik.cz.

• *Öffnungszeiten* **Schloss,** ganzjährig tägl. 9–17 Uhr. Eintritt 3,60 €, erm. 2,80 €. **Beinhaus,** Di–Fr 9.30–16 Uhr, Sa/So 10–16 Uhr. Eintritt 1,20 €, erm. 0,80 €. **Regionalmuseum,** tägl. (außer Mo) 9–12 u. 13–17 Uhr. Eintritt 1 €, erm. 0,60 €.

## Liběchov (Liboch an der Elbe)

Das rund 1000 Einwohner zählende Örtchen 7 km nördlich von Mělník war früher ein beliebtes Kurbad. Hier verbrachte Franz Kafka den Winter 1918 und verlobte sich mit Juli Wohryzek, der Tochter eines jüdischen Schusters aus Prag. Diese Liaison passte dem Vater ganz und gar nicht, was Kafka zu seinem beißenden, nie abgeschickten *Brief an den Vater* veranlasste. Kurbadidylle gibt es heute nicht mehr, dafür ein gewaltiges Kraftwerk in der Nähe und vor Ort ein **Schloss** aus dem 16. Jh., dessen Farbkombination „Rhabarber mit Vanillesoße" Appetit macht. Leider aber litten Schloss Liběchov wie auch Schloss Veltrusy stark unter dem Augusthochwasser von 2002. Die danach begonnenen Restaurierungsarbeiten wurden bislang nicht zu Ende geführt, bei unserem letzten Besuch machte die gesamte Anlage einen ziemlich verwahrlosten Eindruck. Mal sehen, was die Zukunft bringt.

• *Verbindungen* **Busse** regelmäßig über Mělník von und nach Prag-Holešovice (Ⓜ C), der Bus hält vor dem Schloss.

• *Übernachten* **Rezidenze Liběchov**, stilvolle Unterkunft in einer herrschaftlichen Villa und bestes Hotel weit und breit. 12 Zimmer im Art-déco-Stil. Toller Garten. Restaurant. Von der Straße nach Želizy ausgeschildert. DZ 104–144 €. Liběchov 121, ✆ 3156 50000, www.rezidence-liebechov.cz.

## Kokořínsko (Naturschutzgebiet Kokorschin)

Die Räuber-Hotzenplotz-Landschaft, die rund 10 km nördlich von Mělník beginnt, ist das Schönste, was das nördliche Mittelböhmen zu bieten hat, insbesondere wenn man gerne wandert. Zahlreiche markierte Wege führen durch das Naturschutzgebiet, durch stille Wälder, cañonartige Täler und vorbei an bizarren, bis zu 20 m hohen, pilzförmigen Sandsteinfelsen. Unterwegs passiert man gepflegte Dörfer mit hübschen Fachwerkhäusern, die mit einfachen, aber gemütlichen Gaststätten und Unterkünften aufwarten.

Über das hügelige, wild zerklüftete Sandsteinplateau des Korkoschiner Tals wacht die trutzige **Burg Kokořín.** Sie liegt ca. 2 km nördlich des gleichnamigen Ortes und ist von dort über einen blau markierten Wanderweg zu erreichen (ca. 15 Min.). Die Festung entstand in der ersten Hälfte des 14. Jh., wurde jedoch bereits während der Hussitenkriege zerstört und dämmerte anschließend jahrhundertelang als romantische Ruine und Lagerplatz herumstreifender Räuberbanden dahin. 1894 erwarb sie Václav Špaček, ein Industrieller, der die Henne-Ei-Frage der Neureichen jener Zeit so gelöst hatte: erst Adelstitel kaufen, dann Burg. Sein Sohn ließ die Burg zwischen 1911 und 1918 aufwändig restaurieren – ihr heutiges pseudogotisches Aussehen geht darauf zurück. 1948 wurden die Špačeks enteignet, 2006 erhielten sie ihre Burg nach einem 16-jährigen Restitutionsstreit zurück. Grund für den langen Rechtsstreit war das heute aufgehobene Gesetz, das die Rückgabe nationaler Kulturdenkmäler unmöglich machte. Zu besichtigen sind u.a. der Wappensaal, der Rittersaal und das Jägerzimmer, schön ist auch der Ausblick vom 38 m hohen Rundturm.



• *Verbindungen* Bis zu 8-mal tägl. **Busse** von Mělník nach Kokořín, in alle anderen Dörfer des Gebiets sieht es sehr schlecht aus.

• *Essen & Trinken/Übernachten* **Milča & Malba,** 2 freundliche Pensionen im Weiler Kokořínský Důl unterhalb der Burg, dort ausgeschildert. Unter einer Leitung. Einfache, aber ordentliche Zimmer, in der Pension Milča etwas komfortabler. Je nach Pension 16–24 €/Pers. Kokořínský Důl, ✆ 603 461723 (mobil), www.kokorin.cz.

**Pension V Ráji,** gelbes Fachwerkhaus mit Garten und Grillstelle im Dorf Ráj (ca. 5 km nordöstlich der Burg Kokořín). Idyllisch und gepflegt. Alle Zimmer mit Du/WC und Kühlschrank. Parken im Hof. Rezeption im gleichnamigen hübschen Restaurant mit Sommerterrasse in unmittelbarer Nähe. Jan./Feb. geschl. DZ ab 50 €, Frühstück extra. Ráj 07, ✆ 605833003 (mobil), www.hanauer.cz.

**Zámek Lobeč,** Billigunterkunft mit Charme – man übernachtet in einem Schloss im Örtchen Lobeč. Netter Garten und Tennisplatz. Einfache 2- bis 6-Bett-Zimmer, Sanitäranlagen auf dem Gang. 12 €/Pers, des Weiteren Apartments mit Küche und Bad für 16 €/Pers. Lobeč 1, ✆ 315693321, 📠 315693585, www.dvur-lobec.cz.

**Autokempink Kokořín**, spartanischer, nicht sehr gepflegter Platz ca. 1 km südöstlich der Burg beim Dorf Kokořínský Důl, an der Straße nach Lhotka ausgeschildert. In Reihe gebaute Chatas, Camperwiese. Meist tote Hose. Mäßige Sanitäranlagen. Mai–Okt. 2 Pers. mit Zelt u. Auto 9 €, Chata für 2 Pers. 26 €. Kokořín, ✆ 731165669 (mobil), http.//camp.kokorin.info.

• *Öffnungszeiten* **Burg Kokořín,** April u. Okt. nur Sa/So 9–16 Uhr, Mai–Sept. tägl. (außer Mo) 9–12 u. 13–17 Uhr. Burgführung (Dauer ca. 30 Min.) 2,80 €, erm. 1,60 €.

Nur etwa 20 km nördlich des Kokořínsko liegt der schöne **Mácha-See.** Mehr dazu ab S. 263.

## Mladá Boleslav (Jungbunzlau)

Die wohlhabende, 45.000 Einwohner zählende Stadt wird mehr von Geschäftsreisenden als von Touristen frequentiert. Denn Industriestädte sind selten schön, und Mladá Boleslav will da nicht aus der Reihe tanzen. Größter Arbeitgeber mit rund

*Im Škoda-Museum*

24.000 Beschäftigten ist der Autobauer Škoda (→ Kasten). Das Stadtbild präsentiert sich dementsprechend: Hier das Werksareal mit großen Montagehallen, dort die restaurierten Plattenbauten der Arbeiter, dazwischen Straßen so breit wie in einer Großstadt. Die Geschichte des Autobauers von seinen Anfängen bis zur Gegenwart zeichnet das moderne, gut konzipierte **ŠkodaAuto Muzeum** an der Třída Václava Klementa ca. 700 m nördlich des Zentrums nach. Zu sehen gibt es an die 50 Fahrzeuge – darunter schöne schwarze Limousinen aus den 1920er und 30er Jahren, wie man sie aus alten Gangsterfilmen kennt. Und wie der Mutterkonzern in Wolfsburg sponsert auch *Škoda* in Mladá Boleslav den lokalen Fußballverein, der es immerhin schon bis in die Gruppenphase des UEFA-Pokals schaffte.

Mladá Boleslav besitzt auch einen kleinen historischen Kern über dem Flusslauf der Jizera. Zentrum dort ist der Staroměstské náměstí, der lang gezogene Altstädter Platz mit einem Renaissancerathaus. Den Eingang zur einstigen Burg, die im 16. Jh. in ein **Renaissanceschloss** umgewandelt wurde, findet man an dessen südlichem Ende. Unter anderem ist dort das alles andere als aufregende **Kreismuseum** (Okresní muzeum) mit einer regionalgeschichtlichen Ausstellung untergebracht.

**Orientierung:** Mladá Boleslav erscheint auf den ersten Blick etwas verwirrend. Den gesamten Nordosten der Stadt nimmt das Gelände der Škoda-Werke ein, zudem befinden sich dort der Busbahnhof und das ŠkodaAuto Muzeum (von der Straße nach Kosmonosy/Bakov nad Jizerou ausgeschildert). Stadtbusse verbinden das Gebiet mit der kleinen Altstadt im Südwesten von Mladá Boleslav.

• *Information* **Informační středisko,** im Zentrum an der Železná 107 (ausgeschildert), ☏/℻ 326322173, www.kulturamb.eu/ic. Mo–Fr 8–17 Uhr, Sa 9–12 Uhr.

• *Verbindungen* Hauptbahnhof (Hlavní nádraží, nicht zu verwechseln mit dem für Touristen uninteressanten Stadtbahnhof Mladá Boleslav Město) ca. 1,5 km südwestlich der Altstadt. Von dort **Züge** regelmäßig nach Prag (Hauptbahnhof) und Nymburk sowie bis zu 4-mal tägl. nach Mělník. Zudem beste **Busverbindungen** von und nach Prag (i. d. R. Černý Most, Ⓜ B). Vom Busbahnhof neben dem ŠkodaAuto Muzeum **Stadtbusverbindungen** ins Zentrum.

• *Essen & Trinken* **Restaurace Zlatá Kovadlina,** geschmackvolle, rustikal angehauchte Lokalität. Internationale Küche wie Rinderragout mit Portwein, Entenbrust mit Honig und Schalotten oder Risotto zu 4–13 €. Adrettes junges Personal. Zentral am Marktplatz, im Sommer auch ein paar Tische draußen unter den Arkaden. ✆ 326734013.

**U Dvou Sloupů**, ebenfalls am Hauptplatz, jedoch mehr in Richtung Burg gelegen. Pseudoschicke Angelegenheit, serviert werden u. a. Fisch, große Salate und Nudelgerichte. Hg. 4–14 €. Staroměstské nám. 107, ✆ 326734279.

• *Übernachten* Nur wenige preiswerte Unterkünfte, an Wochenenden jedoch großzügige Preisnachlässe in den Geschäftshotels.

**Hotel La Romantica,** nette, gehobene Unterkunft östlich der Altstadt (nahe dem Eisstadion). Mit Stil eingerichtete Zimmer. Wintergartenrestaurant (gehobene Preise) mit schöner Terrasse und mediterraner Küche. EZ 84 €, DZ 96 €. Viničná 134, ✆ 326734054, 📠 326734055, www.hotellaromantica.cz.

*** **Hotel Zlatý Kohout,** kleinere Herberge für Geschäftsleute am Marktplatz. Zimmer mit rustikalen Möbeln, dicken Teppichböden und Holz- oder Gewölbedecken. Eigene Parkplätze. Restaurant. EZ 71 €, DZ 79 €. Staroměstské nám. 31, ✆ 326721937, 📠 3267 21940, www.zlatykohout.cz.

**Hotel Věnec**, am Hauptplatz. Verwinkeltes Haus mit einfachen, farbenfrohen Zimmern. DZ 40 €. Staroměstské nám. 89, ✆ 326710301, 📠 326722690, www.venec.cz.

**Camping Škoda,** in Kosmonosy, dort ausgeschildert. Recht gepflegte, baumbestandene Wiese. Hüttenvermietung. Kneipe mit Biergarten, internationales Publikum. Ältere Sanitäranlagen. Nebenan Tennisplätze und ein Freibad. Mai–Sept. 2 Pers. mit Zelt u. Auto 7 €, Chata für 3 Pers. 21 €. Kosmonosy, ✆ 607665045 (mobil), 📠 326321344, www.akskoda.cz.

• *Öffnungszeiten* **ŠkodaAuto Muzeum,** tägl. 9–17 Uhr. Eintritt 2 €, erm. die Hälfte. **Kreismuseum,** Mai–Sept. tägl. (außer Mo) 9–17 Uhr, sonst bis 16 Uhr. Eintritt 1,20 €, erm. die Hälfte.

Mittelböhmen Karte S. 131

## Škoda, der Stolz der Tschechen

*ŠkodaAuto* ist der umsatzstärkste Exportschlager Tschechiens. Am Firmenhauptsitz in Mladá Boleslav rollen der *Fabia* und der *Octavia* vom Band, über 90 % der Produktion gehen ins Ausland. Weltweit wurden 2010 über 700.000 Fahrzeuge abgesetzt. Begehrt war die Marke mit dem Vogel schon immer. Früher war die Wartezeit auf einen Škoda – auf Deutsch übrigens so viel wie „schade“ oder „Mitleid“ – so lange wie im Westen die Sparzeit auf einen Mercedes.

Die Firmengeschichte nahm 1895 ihren Anfang. Damals starteten der Buchhändler Václav Klement und der Schlosser Václav Laurin in Jungbunzlau mit der Produktion von Fahrrädern der Marke *Slavia*. Vier Jahre später produzierten sie das erste Motorrad und 1905 das erste *Laurin-&-Klement*-Automobil. Zwei Jahrzehnte später folgte die Fusion mit der Pilsner Waffen- und Maschinenfabrik *Škoda*. In den 1930ern lieferte man die legendären Modelle *420 Popular* und *Škoda 422* aus. Daneben wurden in Jungbunzlau auch Busse, LKWs, Flugzeugmotoren und landwirtschaftliche Maschinen gebaut. Nach dem Zweiten Weltkrieg wurde das Unternehmen verstaatlicht, und mit jedem Fünfjahresplan nahm die Innovationsbereitschaft ab. 1991 übernahm der Volkswagenkonzern den maroden Betrieb und brachte ihn wieder auf Vordermann. Heute ist *ŠkodaAuto* das Aushängeschild der tschechischen Wirtschaft. Neben den Modellen *Fabia* und *Octavia* werden noch der *Superb*, der *Roomster*, der *Praktik* und seit 2009 das Sport-Utility-Vehicle *Yeti* produziert.

## Benátky nad Jizerou (Benatek an der Iser)

Das 7000-Einwohner-Städtchen erhebt sich auf einem Hügel rund 17 km südlich von Mladá Boleslav – aus der Ferne macht es leider einen besseren Eindruck als aus der Nähe. Aus der Silhouette der Stadt ragt ein sgraffitigeschmücktes **Renaissanceschloss** hervor. 1599 stellte es Kaiser Rudolf II. seinem dänischen Hofastronomen Tycho Brahe für Studienzwecke zur Verfügung – zwei Jahre später war Brahe tot (→ S.86). Im 19. Jh. lebte auf Schloss Benatek die Adelsfamilie Thun-Hohenstein, bei der Bedřich Smetana zwischen 1844 und 1848 als Hausmusiklehrer angestellt war. Heute befinden sich auf dem Schlossareal u. a. ein privates **Spielzeugmuseum** und das kleine **Städtische Museum** (Muzeum Benátky), das der berühmten Persönlichkeiten gedenkt, die einst im Schloss weilten.

• *Verbindungen* Die meisten **Busse** auf der Strecke Prag – Mladá Boleslav halten in Benátky. Der Busbahnhof liegt jedoch weit vom Schloss entfernt im Tal.

• *Öffnungszeiten* **Spielzeugmuseum,** April–Okt. tägl. (außer Mo) 9–12 u. 13–16.30 Uhr, Nov. nur Sa/So. Eintritt 2 €, erm. 1,60 €. **Muzeum Benátky,** Mai–Okt. tägl. (außer Mo) 9–12 u. 13–17 Uhr. Eintritt 1,20 €, erm. die Hälfte.

## Dětenice (Diettenitz)

Das von Apfelbaumplantagen umgebene Dorf liegt rund 20 km östlich von Mladá Boleslav. Hier steht ein im 18. Jh. barockisiertes **Schloss,** das durch zig Hände ging, u. a. durch die der Familien Waldstein und Clam-Gallas. Heute ist es in Privatbesitz. Die Schlossführung vorbei an vielen, vielen Fresken, Waffen und Kachelöfen ist nicht allzu spannend. Kurzweiliger ist die Tour durch die angeschlossene **Brauerei** (mit kleinem Museum), in der ein überaus süffiges, ungefiltertes Bier abgefüllt wird. Anschließend empfiehlt sich der Besuch der **Středověká Krčma,** einer urigen Kneipe im mittelalterlichen Stil mit einem super Biergarten. Dienstags bis samstags sorgen Gaukler, Burgfräuleins und Minnesänger für Stimmung, zum Wochenende ist hier die Hölle los und ohne Reservierung kaum ein Platz zu bekommen (✆ 493599142). Und das Beste für alle, die zu tief ins Glas geschaut haben: Nebenan kann man auch noch wunderbar übernachten.

• *Verbindungen* **Busse** bis zu 10-mal tägl. nach Mladá Boleslav, 4-mal nach Jičín.

• *Übernachten* *** **Hotel Rustikal**, 100 m vom Schloss entfernt. Freundliches, gepflegtes und mit Liebe gestaltetes Hotel. Individuell eingerichtete Zimmer mit Massivholzmöbeln. Hübsche Pizzeria angeschlossen. DZ 60 €, Fr/Sa 80 €. Dětenice, ✆ 493504210, ℻ 493504220, www.detenice.cz.

**Středověký Hotel**, hinter der Brauereigaststätte, 2009 eröffnet. Rustikaler geht's nicht. Recht dunkle Zimmer, auf Mittelalter getrimmt. Keine Sorge, die Bäder haben fließendes Wasser! DZ am Wochenende

100 €, sonst 80 €. Dětenice, ✆ 493596132, www.detenice.cz.

• *Öffnungszeiten* **Schloss und Brauerei,** April u. Okt. nur Sa/So 10–17 Uhr, Mai, Juni u. Sept. tägl. (außer Mo) 10–17 Uhr, Juli u. Aug. bis 18 Uhr. Schlossführung 4,80 €, erm. 3,20 €, Brauereiführung 3,20 €, erm. 2,40 €. **Brauereigaststätte,** tägl. 11–23 Uhr.

Weiter ins **Böhmische Paradies?** Informationen zu **Jičín** bekommen Sie ab S. 233, zu **Sobotoka** ab S. 240 und zu **Mnichovo Hradiště** ab S. 241.



# Östlich von Prag

## Poděbrady (Podiebrad)

Die ca. 55 km östlich von Prag gelegene Stadt ist stolz darauf, jährlich so viele Gäste willkommen heißen zu dürfen, wie sie Einwohner hat, nämlich rund 14.000. Dazu gesellen sich viele, die Poděbrady mit dem Fahrrad ansteuern – die Radwege entlang der Elbe *(Labe)* erfreuen sich einer ungeheuren Beliebtheit. Die anderen Gäste sind weniger rüstig: Poděbrady ist auch als **Kurort** bekannt. Vorrangig Herz- und Kreislauferkrankungen werden mit dem hiesigen eisenhaltigen Wässerchen behandelt. Dessen Entdeckung ist übrigens einem Zufall zu verdanken: 1905 – die Stadt litt unter Wassermangel – heuerte man einen Rutengänger an. Der zeigte auf jene Stelle, wo man in einer Tiefe von über 90 m auf das mineral- und kohlensäurehaltige Wasser stieß. 1908 kamen die ersten Kurgäste, Poděbrady ist damit der jüngste tschechische Kurort. Prachtbauten à la Marien- oder Karlsbad sind leider Mangelware, lediglich ein paar gepflegte Blumenbeete bringen Farbe ins Kurareal.

Südlich des Kurviertels breitet sich der **Náměstí Jiřího z Poděbrad** aus, ein freundlicher Platz, den eine monumentale Reiterstatue Georgs von Podiebrad (1420–1471) aus dem 19. Jh. überblickt. Den böhmischen König aus dem Geschlecht der Herren von Kunštát, gleichzeitig der letzte Tscheche auf dem böhmischen Thron, bezeichnete Goethe als eine „großdenkende, überschauende“ Persönlichkeit: Bereits 1464 schlug er den europäischen Herrscherhäusern vor, in Anbetracht drohender Türkenüberfälle einen europäischen Fürstenbund zu gründen, der auf mittlere Sicht eine Organisation zur Konfliktvermeidung werden sollte, also eine Art UN der frühen Neuzeit. Leider war den schon erstaunlich weit ausgearbeiteten Plänen kein Erfolg beschieden.

Georg von Podiebrad soll in der angrenzenden einstigen **Přemysliden-Burg** zur Welt gekommen sein. Ihre Grundmauern stammen noch aus dem 13. Jh. Im 16. Jh. wurde sie in einen Renaissancepalast und im 18. Jh. in eine Residenz Kaiserin Maria Theresias umgebaut. Zugänglich sind nur wenige Räume, u. a. die Burgkapelle mit spätgotischen Wandmalereien sowie das angebliche Geburtszimmer Georgs. Dort wird heute Bohuslav Schnirchs gedacht, des Schöpfers der oben erwähnten monumentalen Georgsstatue. Etwa 300 m östlich des Schlosses befindet sich das **Museum der Elbniederung** (Polabské muzeum), das archäologische Funde der Umgebung zeigt, sich der Flora und Fauna widmet und auf die Entwicklung des Kurbetriebes eingeht.

• *Information* **Kulturní a informační centrum,** am Hauptplatz, Nám. Jiřího z Poděbrad 19. April–Sept. Mo–Fr 9.30–18 Uhr, Sa/So bis 17.30 Uhr, sonst Mo–Fr 9.30–17 Uhr, Sa 9.30–13 Uhr. ✆ 325511946, www.polabi.com. Kurinfos bei der **Kurbadverwaltung** ein paar Schritte weiter, Nám. Jiřího z Poděbrad 39/15. Mo–Fr 8–15.30 Uhr. ✆ 325606590, www.lazne-podebrady.cz.

• *Verbindungen* Bahnhof und Busbahnhof zentral am nördlichen Ende der Kurpromenade. Regelmäßige **Busverbindungen** nach Prag und Nymburk, bis zu 8-mal tägl. nach Trutnov, bis zu 5-mal nach Hradec Králové und Spindlermühle. **Züge** tagsüber nahezu stündl. nach Hradec Králové, regelmäßig zudem nach Kolín und Prag.

• *Essen & Trinken* **Hostinec Kovárna,** vor dem Schloss links die Treppe hinunter. Kneipe unterm Backsteingewölbe. Schmiedeeiserne Leuchter, junges Personal, netter Außenbereich. Auf die Spieße, das Kurzgebratene und die vegetarischen Gerichte muss man etwas warten. Hg. 4–8 €. ✆ 325611108.

**Jihočeská Restaurace,** das bieder-verqualmte, aber sehr beliebte Restaurant des Hotels Soudek. Auf den Tisch kommen südböhmische Spezialitäten wie Třeboňer Karpfen oder gefüllte Kartoffelpuffer. Große Portionen, freundliches, auch deutschsprachiges Personal. Mittlere Preisklasse. Palackého 174 (Durchgangsstraße nahe dem Hauptplatz), ✆ 325613191.

Über gute Restaurants verfügen zudem das **Hotel Golfi** und die **Pension U Linhartů** (s. u.).

• *Übernachten* **** **Hotel Bellevue Tlapák,** im Kurpark, bestes Kurhaus vor Ort. 4 Sterne, aber ohne jeglichen Charme, dafür mit freundlichem Personal. 59 Zimmer und Apartments mit Satelliten-TV, Radio, „automatischer Telefonverbindung" und Minibar. Fitnesszentrum, Sauna, Solarium, Friseur. Restaurant. Das Hotel vermittelt auch günstige Zimmer in der benachbarten Pension Alfa (DZ 32 €). EZ ab 50 €, DZ ab 74 €. Nám. T. G. Masaryka 654, ✆ 325623111, 📠 325614584, www.bellevue.cz.

*** **Hotel Golfi,** ca. 600 m östlich des Marktplatzes, von der Straße nach Chlumec nad Cidlinou ausgeschildert. Älteres, aber gut in Schuss gehaltenes, kleines Hotel in schöner, ruhige Lage. 22 ordentliche, der Sternezahl entsprechend ausgestattete Zimmer. Gediegenes Lokal mit netter Terrasse, wo man auch Schnecken, Wild und etliche Fischgerichte bekommt. Bar im Stil eines englischen Herrenclubs. Sehr zuvorkommendes Personal. Parkplätze. EZ 64 €, DZ 76 €. Na Kopečku 595, ✆ 325613263, 📠 325615074, www.hotelgolfi.cz.

**Pension U Linhartů,** Pension mit heller, freundlich-rustikaler Gaststätte, wo es neben den üblichen Gerichten auch Wild, Fisch und Kalbfleisch gibt. Ruhige Lage, ca. 600 m östlich des Zentrums. Parkplätze im Hof. Ordentliche Zimmer. Restaurant Mo/Di geschl., Sa/So nur mittags, sonst erst ab 17 Uhr. Anfahrt: von Chlumec nad Cidlinou kommend, erste Möglichkeit hinter dem Museum rechts ab, dann zweimal hintereinander erneut rechts halten. EZ 54 €, DZ 58 €. Pavlova 270, ✆/📠 325610510, www.penzion-linhart.cz.

• *Camping* Der **Autocamping Golf** am südöstlichen Ortsrand war 2010 geschlossen (soll aber wiedereröffnet werden), lediglich das dazugehörende, nette Gartenlokal war bewirtschaftet (✆ 325612833, www.kemp-golf.cz).

• *Golf* **Golf Club Poděbrady,** 18-Loch-Platz an der Straße nach Chlumec nad Cidlinou. Greenfee 20–48 €. ✆ 325610928, www.golfpodebrady.cz.

• *Öffnungszeiten* **Schloss,** April–Okt. tägl. (außer Mo) 9–17 Uhr. Eintritt 0,80 €, erm. die Hälfte. **Polabské muzeum,** Palackého 68. Das Museum war 2010 wegen umfangreicher Rekonstruktionsarbeiten geschlossen, dürfte aber bis zu Ihrem Besuch im neuen Glanz eröffnet haben.

## Nymburk (Nimburg)

Das rund 11 km nordwestlich von Poděbrady gelegene 16.000-Einwohner-Städtchen rühmt sich einer rekonstruierten **Stadtmauer** mit sechs Basteien aus dem 13.–14. Jh., doch einzig pinkelnde Hunde haben an ihr besonderen Gefallen. Ein Ausflug nach Nymburk lohnt eigentlich nur für Bohumil-Hrabal-Fans. Dem Literaten und Tausendsassa, der in der Nymburker Brauerei einige Zeit seine Brötchen verdiente (ein prägendes Erlebnis – in vielen seiner Werke werden Brauereien thematisiert), widmet sich eine kleine Ausstellung im **Heimatmuseum** (Vlastivědné muzeum). Es liegt an der Straße Tyršova, die vom Hauptplatz Náměstí Přemyslovců abgeht. Danach stößt man am besten mit einem Glas des hiesigen *Postřižinské pivo* auf Bohumil Hrabal an – kein Schriftsteller war ein so überzeugter Stammtischbruder wie er.

• *Verbindungen* **Busse** regelmäßig nach Poděbrady, **Züge** regelmäßig nach Prag.

• *Essen & Trinken* **Pizzeria-Caffe Castello,** originell gestaltete, große und sehr beliebte Pizzeria am Hauptplatz. Terrasse. Pizzen 4–6 €. ☎ 325516185.

• *Öffnungszeiten* **Heimatkundemuseum,** tägl. (außer Mo) 9–17 Uhr. Eintritt 1,20 €, erm. die Hälfte.

### Bohumil Hrabal und der letzte Prager Fenstersturz

Bohumil Hrabal (geb. 1914 in Brünn, gest. 1997 in Prag) gehört zu den bekanntesten tschechischen Autoren und wohl auch zu denen mit der kurzweiligsten Biographie: Trotz Jurastudiums mit abschließender Promotion (1946) zog Hrabal stets die kleine Arbeiter- und Angestelltenwelt vor: Er verdingte sich u. a. als Versicherungsagent (1946), Handelsreisender (1947–49), Stahlwerker (1949–52), Sortierer in einer Altpapierpackerei (1954–58), Kulissenschieber und Statist (1959–62). Erst 1963 wagte er den Sprung zum freischaffenden Schriftsteller und begann, seine seit den 1950ern entstandenen humoristisch-satirischen Romane und Erzählungen zu publizieren. Die spaßigen, oft autobiographischen Geschichten aus dem Alltagsleben der einfachen Menschen brachten Hrabal 1968, während des Prager Frühlings, den tschechoslowakischen Staatspreis für Literatur, zwischen 1968 und 1975 aber auch mehrfach Publikationsverbote ein. Gerne wird die Geschichte erzählt, dass Hrabal daher fortan den Zensurbehörden geschönte Fassungen vorlegte, aber letztendlich seine unzensierten Originale in den Druck gab. Keinem strengen Genossen soll dies jemals aufgefallen sein. Zu Hrabals bekanntesten, auch ins Deutsche übersetzen Werken zählen *Ich habe den englischen König bedient* (1971, 2006 von Jiří Menzel verfilmt), *Tanzstunden für Erwachsene und Fortgeschrittene* (1964), *Harlekins Millionen* (1981) und *Hochzeiten im Haus* (1985). Hrabal starb 1997 auf mysteriöse Weise: Er fiel aus dem Fenster eines Prager Krankenhauses – ob aus freien Stücken oder weil er sich beim Vogelfüttern zu weit hinausgebeugt hatte, darüber wird bis heute gerätselt.



## Zámek Loučeň (Schloss Lautschin)

Der barocke Landsitz Lautschin aus dem frühen 18 Jh. liegt rund 13 km nördlich von Nymburk. Nach jahrelangen Rekonstruktionsarbeiten wurde das Schlösschen 2007 der Öffentlichkeit zugänglich gemacht. Die Inneneinrichtung wurde im Stil des frühen 20. Jh. rekonstruiert, als Graf Alexander von Thurn und Taxis und seine Frau Marie auf Schloss Lautschin lebten. Eine Besichtigung ist im Vergleich zu anderen Schlössern jedoch nicht allzu spannend. Kinder aber können sich im Schlosspark austoben, wo der angeblich größte Komplex an Irrgärten und **Labyrinthen** Europas geschaffen wurde – es gibt ein Lichtlabyrinth, ein Glaslabyrinth, ein Steinlabyrinth, ein Heckenlabyrinth usw.

• *Verbindungen* Loučeň ist ein Ziel für Selbstfahrer.

• *Übernachten* *** **Hotel Maximilian,** neben dem Schloss. Komfortables Haus in himmlisch ruhiger Lage. Angenehme Zimmer, auch Apartments im Schloss. DZ ab 72 €. Loučeň 1, ☎/📠 325585228, www.zamekloucen.cz.

• *Öffnungszeiten* **Schloss,** März/April u. Okt.–Dez. nur Sa/So 10–17 Uhr, Mai u. Sept. tägl. (außer Mo) 10–17 Uhr, Juni–Aug. tägl. 9–18.30 Uhr. Schlossbesichtigung 4,80 €, erm. 3,20 €, Park mit Labyrinthen 3,60 €, erm. 2 €, Kombiticket 6,40 €, erm. 4 €.

## Přerov nad Labem (Prscherov an der Elbe)

Přerov nad Labem liegt ca. 31 km östlich von Prag. Wer Interesse an Volksarchitektur hat, kann dort das **Freilichtmuseum der ländlichen Elbbevölkerung** (Polabské národopisné muzeum) besuchen. Zu sehen sind 33 charakteristische Bauten aus dem 18. bis frühen 20. Jh., insbesondere Bauernhäuser, die aus den umliegenden Dörfern hierher versetzt wurden. Museen dieser Art werden in Tschechien auch *Skanzen* genannt, nach dem ersten Volksarchitektur-Freilichtmuseum in einem Stockholmer Vorort. Ein weiteres Freilichtmuseum können Sie übrigens im rund 25 km südöstlich gelegenen **Kouřím** besuchen. Dorthin hat man 15 Objekte aus den umliegenden Dörfern transferiert.

- *Verbindungen* Regelmäßige Direkt**busse** nach Prag.
- *Öffnungszeiten* **Freilichtmuseum,** Mitte März–Ende Okt. tägl. (außer Mo) 9–17 Uhr, zudem Dez. Fr/Sa/So 9–16 Uhr. Eintritt 2 €, erm. 1,20 €.

## Chlumec nad Cidlinou (Chlumetz)

Das 5000-Einwohner-Städtchen liegt auf halber Strecke von Poděbrady nach Hradec Králové nahe der Autobahn. Am westlichen Ortsrand steht das repräsentative **Schloss Karlova Koruna** (Karlskrone). Franz Ferdinand Graf Kinský ließ es 1721–23 als Lust- und Jagdschloss auf den Mauern einer Wasserburg errichten; für die Pläne war kein Geringerer als Giovanni Santini (→ S. 505) verantwortlich. Das Ergebnis ist bis heute beeindruckend: Das Schloss besteht aus einem hohen, kreisförmigen, von einer Kuppel gekrönten Mittelbau, in dem drei quadratische Seitenflügel „stecken“. So kommt das Schloss, das heute wieder im Besitz der Familie Kinský ist, ohne Verbindungsgänge aus. Es können einige Säle besichtigt werden, der sog. Marmorsaal spiegelt den barocken Zeitgeist am besten wider. Drum herum lädt ein 20 ha großer **Park** zum Spazieren ein. 1775 fand in Chlumec übrigens eine der größten Bauernrevolten Böhmens statt, nach ihrer Niederschlagung wurden rund 3000 Aufständische verbrannt. Die tschechische Redensart „Sie haben so viel ausgerichtet wie die Bauern von Chlumec“ bezieht sich auf dieses Ereignis.

- *Verbindungen* Viele **Busse** auf der Strecke Prag – Hradec Králové halten auch in Chlumec. **Züge** nahezu stündl. nach Prag, regelmäßig zudem nach Hradec Králové und Trutnov.
- *Öffnungszeiten* **Schloss,** April u. Okt. nur Sa/So 9–12 u. 13–16 Uhr, Mai, Juni u. Sept. tägl. (außer Mo) 9–12 u. 13–16 Uhr, Juli u. Aug. tägl. (außer Mo) 9–17 Uhr. Eintritt 2,80 €, erm. 1,60 €.

Weiter nach **Ostböhmen?** Informationen zu **Hradec Králové** bekommen Sie ab S. 178, zu **Pardubice** ab S. 168.

## Kladruby nad Labem (Kladrub an der Elbe)

Wer sich mit Pferderassen auskennt, kennt Altkladruber. Die Rappen werden im ostböhmischen Slatiňany gezüchtet, die Schimmel hier im ca. 60 km östlich von Prag gelegenen, 2200 ha großen **Nationalgestüt Kladruby nad Labem** (Národní hřebčín Kladruby nad Labem). Als eines der ältesten Gestüte der Welt wurde es bereits 1579 von Kaiser Rudolf II. als „Seiner kaiserlichen Gnade Pferdegehege in Kladrub an der Elbe“ gegründet. Mit Pferden spanischer und neapolitanischer Herkunft wurden hier jahrhundertelang Prestigerösser für die höfischen Prunkkarossen gezüchtet. Seit dem Fall des Eisernen Vorhangs knüpft man an die alte Tradition wieder an – das dänische Königshaus hat sich bereits mit einigen Altkladrubern eingedeckt. Die rund 700 Tiere werden jeden Morgen auf die umliegenden Koppeln getrieben, wo man sie in Ruhe beobachten kann – sie gelten als überaus sanft. Zudem werden Pferdevorführungen und Besichtigungstouren angeboten, auch gibt es ein Kutschenmuseum. Wer mag, kann Reitstunden nehmen.

• *Verbindungen* Die **Busverbindungen** (mehrmals tägl. nur nach Týnec nad Labem und Přelouč) sind sehr schlecht.

• *Öffnungszeiten* **Gestüt,** 60-minütige Führungen April–Okt. tägl. (außer Mo) um 11, 13, 14.30 u. 16 Uhr, am besten vorher anmelden (✆ 466736530, kladruby@nhkladruby.cz). Eintritt 6 €, erm. 3,60 €. **Kutschenmuseum,** 2,40 €, erm. 1,60 € extra.



## Kolín (Kolin an der Elbe)

Kolín liegt 50 km östlich von Prag und zählt rund 31.000 Einwohner. Wie Mladá Boleslav ist auch Kolín eine Automobilbaustadt, jedoch ohne Tradition. Erst seit 2005 werden hier von *TPCA,* einem Konsortium aus *Toyota, Peugeot* und *Citroën,* billige Kleinwagen produziert. 300.000 Fahrzeuge rollen in Kolín jährlich vom Band, darunter die Typen *Toyota Aygo, Peugoet 107* und *Citroën C1. TPCA* brachte zwar rund 3000 Jobs, jedoch mit Gehältern, die keinen Wohlstand erwarten lassen. Das sieht man der Stadt, bestehend aus viel Platte und Industrieanlagen, an.

Zentrum der klitzekleinen, schachbrettartig angelegten Altstadt ist der Hauptplatz Karlovo náměstí mit einigen hübschen Patrizierhäusern und einem neogotischen **Rathaus** (1887–88). Folgt man vom Südosteck des Platzes der Karlova bergauf, gelangt man zur dreischiffigen **Bartholomäuskathedrale** (Chrám sv. Bartoloměje), einem der schönsten Sakralbauten Böhmens. Die Kirche entstand gleich nach der Stadtgründung (um 1260). Nach einem Brand im Jahr 1349 wurde sie von Peter Parler, dem Hofbaumeister Karls IV., ohne den auch der Prager Sankt-Veits-Dom und die Karlsbrücke nicht denkbar wären, restauriert. Auf Parler geht der in ungewöhnlich intensivblaues Licht getauchte Chor mit seinem komplizierten Maßwerk zurück, der fast die Hälfte der Kirche einnimmt und über sieben Kapellen verfügt. Die Arbeiten daran dauerten 18 Jahre. Vom freistehenden, mächtigen Glockenturm (1504) kann man einen Blick über Kolín werfen.

Gleich beim Dom, in der Brandlova 27, befindet sich das **Regionalmuseum** Kolíns (Regionalní muzeum v Kolíně), das sich der Stadtgeschichte widmet. Es ist auch Träger des ein paar Türen weiter, in Hausnummer 35 gelegenen **Dvorák-Höhlenmuseums** (Dvořákovo muzeum) mit Tonscherben aus prähistorischer Zeit.

Südwestlich des Hauptplatzes erstreckte sich einst das **jüdische Viertel.** Insbesondere zwischen dem 14. und 16. Jh. ließen sich viele Juden hier nieder. Sie waren maßgeblich am damaligen Aufstieg Kolíns zu einer reichen Handelsstadt beteiligt. Folgt man vom Hauptplatz (Südwesteck) dem dunklen Gässchen Zlatá und hält sich in der Karolíny Světlé rechts, gelangt man zur hübschen Gasse Na Hradbach. In Hausnummer 157/126, wo heute die Touristeninformation untergebracht ist, befand sich einst die jüdische Schule. Die Infostelle bildet zugleich den Zugang zur restaurierten Barocksynagoge aus der zweiten Hälfte des 17. Jh., die besichtigt werden kann. Ein besuchenswerter Ort ist auch der rund 200 m westlich der Altstadt gelegene Alte Jüdische Friedhof (ab 1418) mit über 2500 Grabsteinen. Um dorthin zu gelangen, folgt man vom Hauptplatz der Pražská, bis es nach rechts in die Kmochova abgeht. Auf dem Friedhof fand u. a. Becalel, der Sohn des berühmten

Prager Rabbis Löw (→ S. 97), seine letzte Ruhe. Der Neue Jüdische Friedhof im nördlichen Stadtteil Zálabí, der im späten 19. Jh. angelegt wurde, besitzt nicht den Reiz des alten. Dort erinnert ein Denkmal an die 487 Holocaustopfer der Region (das todbringende Zyklon B ließ Nazideutschland übrigens u. a. in den hiesigen Chemiewerken produzieren). Wer die Friedhöfe besichtigen will, erhält bei der Touristeninformation die Schlüssel (Friedhöfe Sa geschl.).

• *Information* **Městské informační centrum,** Na Hradbach 157, ☎/📠 321712021, www.mukolin.cz. Mo–Fr 9–17 Uhr, Sa/So 9–15 Uhr.

• *Verbindungen* Bahnhof und Busbahnhof liegen nebeneinander (ca. 10 Fußmin. östlich des Zentrums). Nach Verlassen des Bahnhofsgebäudes rechts halten und auf die Kirchturmspitzen zulaufen. **Züge** regelmäßig nach Prag (Hauptbahnhof o. Masarykovo nádraží), Pardubice, Brno, Nymburk und Olomouc, alle 2 Std. nach Ostrava. **Busse** regelmäßig nach Kutná Hora und Prag.

• *Essen & Trinken* **Naivní Restaurant,** freundlich-rustikales Restaurant mit Sommerterrasse. Geflügel, Steaks und mexikanische Experimente. Hg. 7,60–13 €. So geschl. Rubešova 54 (keine 100 m östlich des Hauptplatzes, von dort der Husova folgen), ☎ 321721177.

**Restaurace Stoletá,** in unmittelbarer Nähe des Naivní und mit diesem verbandelt. Eine Leserentdeckung. Noch etwas rustikaler (holzvertäfelte Wände). Sommerterrasse. Auf den Teller kommen die typischen kurzgebratenen Klassiker zu 6–11 €. So nur abends. Kutnohorská 33, ☎ 321721115.

**Café & Bar Monet,** am Hauptplatz. Angenehme Kaffeehausatmosphäre mit hohen Wänden, Pflanzen und breiten Fenstern. Pasta und mediterran angehauchte Gerichte. Hg. 4–15 €.

• *Übernachten* **Pension U Rabína**, schräg gegenüber der Touristeninformation. Charmante Pension in einem historischen Gebäude. Gemütliche Zimmer mit Teppichböden, z. T. mit Pflanzen bestückt. Schnuckeliger Frühstücksraum, gutes Restaurant mit Außenbereich. DZ 48 €. Karolíny Světlé 151, ☎/📠 321724463, penzionurabina@sezman.cz.

• *Außerhalb* **** **Hotel Chateau Kotěra,** eine tolle Unterkunft im Dorf Ratboř ca. 7 km südlich von Kolín. Schöne geräumige Zimmer mit zeitgemäßem Mobiliar, oft mit Parkettböden, in einem zwischen 1911 und 1914 von Jan Kotěra errichteten Schlösschen. Sauna, Tennisplatz, Pool, Fitnessraum. EZ ab 84 €, DZ ab 97 €, Frühstück 5,20 € extra. Komenského 40 (Straße nach Kořenice), ☎ 321613111, 📠 321613101, www.hotelkotera.cz.

• *Veranstaltung* Kolín ist eng mit František Kmoch (1848–1912), dem König der böhmischen Blasmusik, verbunden. Ihm zu Ehren findet alljährlich am 2. Juniwochenende das **Blasmusikfestival Kmochův Kolín** mit Kapellen aus dem ganzen Land statt.

• *Öffnungszeiten* **Bartholomäuskathedrale,** 2010 wegen Restaurierungsarbeiten geschl. **Kirchturm,** Mo–Sa 10–15.30 Uhr, So 13–15.30 Uhr. Eintritt 1,60 €, erm. 1,20 €. **Regional- und Höhlenmuseum**, Di–Fr 9–17 Uhr, Sa/So 10–17 Uhr. Eintritt pro Museum 1,20 €, erm. die Hälfte. **Barocksynagoge,** offiziell Mo–Fr 9–16 Uhr, So 9–14 Uhr, Sa geschl., tatsächlich aber mehr nach Lust und Laune der Infostelle, die den Schlüssel besitzt. Eintritt 1,60 €, erm. die Hälfte.

## Kutná Hora (Kuttenberg)

**Jahrhunderte ist es her, da war die königliche Bergbaustadt Kuttenberg nach Prag das bedeutendste und vornehmste Zentrum Böhmens. Doch Ruhm und Wohlstand sind bekanntlich vergänglich. Heute ist Kutná Hora ein beschauliches Städtchen. An den Glanz alter Tage erinnern aber noch immer prächtige Bauten, so wertvoll, dass das historische Zentrum und zwei monumentale Kirchen in die Welterbeliste der UNESCO aufgenommen wurden.**

Die 21.500 Einwohner zählende Kreisstadt ist ein beliebtes Tagesausflugsziel von amerikanischen, japanischen und italienischen Touristen, die im 60 km westlich gelegenen Prag residieren. Das charmante alte Zentrum Kutná Horas erstreckt sich in reizvoller Lage hoch über dem Tal der Vrchlice. Es ist weitestgehend verkehrsberuhigt und lädt zum Schlendern ein. Jedoch sind nicht alle Ecken so geleckt und herausgeputzt wie in den südböhmischen Welterbestädtchen Český Krumlov oder Telč. Die meisten Besucher kommen auch nicht allein des Zentrums wegen, sondern um sich den mächtigen St.-Barbara-Dom und die Mariä-Himmelfahrts-Kirche im Stadtteil Sedlec anzuschauen. Eine weitere, überaus schaurige Attraktion in Sedlec ist eine mit Menschenknochen ausgeschmückte Kapelle. Wer alle Sehenswürdigkeiten besuchen möchte, sollte mindestens einen Tag einplanen, besser zwei – nicht jedoch einen Montag, dann sind die meisten Museen und selbst der Dom geschlossen.



**Geschichte:** Der Legende nach entdeckte ein Zisterziensermönch bei einem Spaziergang auf jener Anhöhe, auf der heute der Dom steht, eine Silberader. Um sie wiederzufinden, breitete er seine Kutte darüber aus, und die Stadt hatte ihren Namen: *Kuttenberg.* Belegt ist, dass man auf den Ländereien des Klosters um 1260 tatsächlich auf Silber stieß. Zum Abbau warb man deutsche Bergleute aus Iglau an. Zudem wurden florentinische Münzer angeheuert, die hier den Prager Groschen prägten, der schon bald wegen seiner Reinheit in ganz Europa geschätzt wurde. Die hiesigen Silbervorkommen machten die böhmischen Könige über die Jahrhunderte zu den reichsten Herrschern Europas, kein Wunder also, dass sie gerne auch in Kuttenberg residierten. Zwischen 1290 und 1620 förderte man 2500 t Silber und 100.000 t Kupfer zu Tage, und dementsprechend entwickelte sich die Stadt – bereits Mitte des 14. Jh. galt sie nach Prag als die größte und schönste des Landes.

Auf Drängen des Reformators Jan Hus erließ der trinkfreudige König Wenzel IV. 1409 in der Stadt die *Kuttenberger Dekrete,* welche eine „Tschechisierung" der Karlsuniversität zur Folge hatten. Ein Wandgemälde im Audienzsaal des Welschen Hofes (s. u.) erinnert an dieses Ereignis. Im 16. Jh. begann der langsame Niedergang Kuttenbergs. Silber aus der Neuen Welt verdarb die Preise, zudem waren viele Minen bereits erschöpft. Um überhaupt noch an das Edelmetall heranzukommen, musste man bis zu 500 m tief graben – für damalige Verhältnisse eine respektable Leistung. Als die Schweden während des Dreißigjährigen Krieges vor den Toren der Stadt auftauchten, mussten sich die Kuttenberger bereits mit Bier anstelle von Silber freikaufen. In der Folgezeit machten mehrere Pestepidemien der Stadt zu schaffen. Als schließlich noch die Klöster säkularisiert wurden, ging es mit Kutná Hora vollends bergab. Die Stadt schrumpfte zu einem Provinznest zusammen, was sie im Grunde bis heute ist. Der Versuch, im 20. Jh. nochmals sein Glück im Bergbau zu versuchen (nicht mehr Silber, sondern Blei- und Zinnerze wurden gefördert), endete mit der Schließung der letzten Grube 1991. Zehn Jahre später empfing die Stadt ihren vorerst letzten hohen Besuch: 2001 schauten Gérard Depardieu und John Malkovich zu Dreharbeiten für die Fernsehserie *Napoleon* vorbei.

**Orientierung:** Im kleinen historischen Stadtzentrum sind alle Sehenswürdigkeiten besten ausgeschildert. Im Süden wird die Altstadt vom Tal der Vrchlice begrenzt. Die „Umgehungsstraßen", auf welchen auch die Busse verkehren, sind im Westen und Norden die *Na Valech,* im Osten die *Štefánikova.* Von Letzterer zweigt die *Masarykova* in den rund 3 km östlich gelegenen Stadtteil *Sedlec* ab, wo sich das ehemalige Zisterzienserkloster, die Mariä-Himmelfahrts-Kirche und die Beinkirche befinden. Zudem liegt dort der *Hauptbahnhof Hlavní nádraží.*

## *Information/Parken/Verbindungen*

- *Information* **Information Centre,** Palackého nám. 377, ✆/📠 327512378, www.kh.cz. April–Sept. tägl. 9–18 Uhr, Okt.–März Mo–Fr 9–17 Uhr, Sa/So 10–16 Uhr.
- *Parken* Gebührenpflichtige Parkplätze u. a. am Václavské nám. und an den Straßen Na Valech/Ecke Husova sowie Smiškova. Größerer kostenloser und zentrumsnaher Parkplatz u. a. beim Busbahnhof vor dem Supermarkt Billa.
- *Verbindungen* Hauptbahnhof ca. 3 km nordöstlich des Zentrums im Vorort Sedlec. Verbindung ins Zentrum ca. alle 30 Min. (ab 13 Uhr alle 20 Min.) mit **Stadtbus Nr. 1** – steigen Sie an der Straße Na Valech westlich des Altstadtkerns aus bzw. ein. Wer zu Fuß ins Zentrum spaziert, passiert unterwegs die Sehenswürdigkeiten in Sedlec. Vom nördlich des Zentrums gelegenen Busbahnhof läuft man max. 10 Min. ins Zentrum.

**Züge** regelmäßig nach Kolín, Prag (Hlavní nádraží) und Havlíčkův Brod. **Busse** regelmäßig nach Kolín, bis zu 9-mal tägl. nach Prag, 1-mal tägl. direkt nach Havlíčkův Brod, Pardubice, Telč und Jihlava.

## *Adressen*

- *Ärztliche Versorgung* Krankenhaus im Westen der Stadt in der Vojtěšská 237. ✆ 327503111.
- *Polizei* Unter anderem an der Straße Na Náměti 8. ✆ 156.
- *Post* Unter anderem an der Husova.
- *Einkaufen* Angeboten werden die tschechientypischen Souvenirs – Keramik, Kunsthandwerk, Mineralien und Holzspielzeug. Zudem findet man einige **Antiquitätengeschäfte** und **Antiquariate.**

**Díla českých autorů (22),** Keramik, Marionetten, Bilder, Klamotten, Schmuck aus Moldawiten – alles entstammt der Hand tschechischer Kunsthandwerker. Barborská 629.

**Petra Pilařová (14)**, sexy Frauenklamotten, wirklich im Alltag Tragbares ist kaum darunter. Komenského nám. 76.

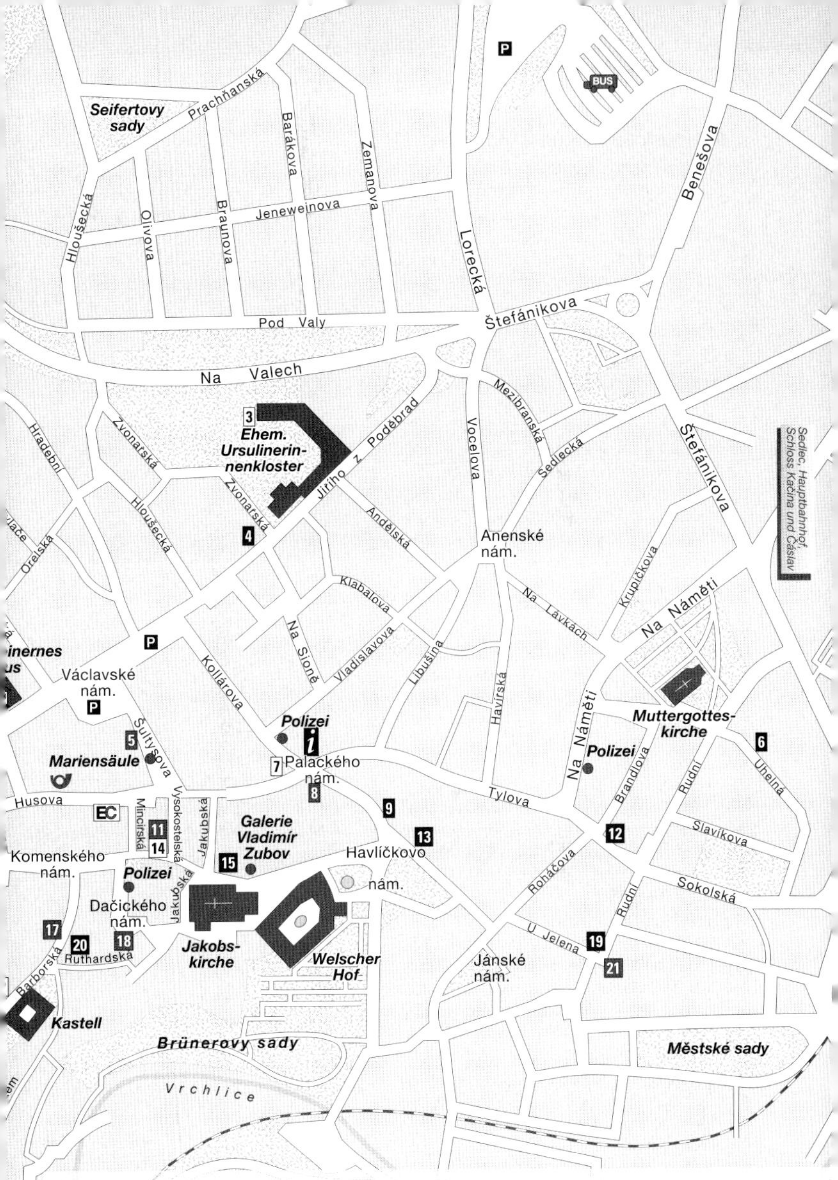


## Übernachten
1 Camping Santa Barbara
4 U Zvonu
6 U Kata
9 U vlašského dvora
10 Opat
12 Zlatá Stoupa
13 Garni Na Havlíčku
15 Centrum
19 U Slunce
20 U Hrnčíře
23 Barbora

## Einkaufen
3 Vinné sklepy Kutná Hora
14 Petra Pilařová
22 Díla českých autorů

## Nachtleben
7 Club Jáma

## Essen & Trinken
2 Česká 1
5 Calaveros
8 Pizzeria Piazza Navona
10 Mincovna
11 Harmonia U sv. Jakuba
16 Dačický pivnice
17 Kavárna Mokate
18 U Ruthardce
21 Dobrá Čajovna

### Weinanbau in Kutná Hora

In den letzten Jahrzehnten begann man peu à peu, die bereits im Mittelalter bewirtschafteten, aber dann aufgegebenen Weinberge rund um Kutná Hora zu rekultivieren. Führend ist dabei die kleine Winzerei **Vinné sklepy Kutná Hora (3),** die im einstigen Urselinerinnenkloster an der Jiřího z Poděbrad 288 einen Laden unterhält. Verkauf und Degustation Mo–Fr 10–17 Uhr, Sa 10–12 Uhr. Zu ihren besten Tropfen gehören der weiße *Tramín červený* und der rote *Pinot noir.*

## *Essen & Trinken/Nachtleben (→ Karte S. 144/145)*

• *Restaurants* **Pizzeria Piazza Navona (8)** eine von etlichen Pizzerien in der Stadt. Laut Inhaber, dem Italiener Massimo, die „einzig Wahre". Auf jeden Fall war das Navona die erste Pizzeria der Stadt (1992 gegründet) Die Pizzen kosten 4–5,60 €, sind ganz okay, aber auch keine Wunderwerke. Terrasse zum Platz, Garten nach hinten. Palackého nám. 90, ✆ 327512588.

**Calaveros (5),** hübsch dekoriertes mexikanisches Restaurant: farbenfrohe Wände, Flickenteppiche, Sombreros. Pseudomexikanische Küche: *Burritos, Enchiladas,* aber auch „Griechischer Salat", mittlere Preisklasse. Šultysova 173, ✆ 327513810.

**Mincovna (10),** das rustikale Restaurant des 4-Sterne-Hotels Opat (→ Übernachten). Man wirbt mit altböhmischer und regionaler Küche, tatsächlich dominieren aber bis auf ein paar Ausnahmen (wie Entenbrust mit Apfelpüree) die tschechischen Klassiker. Hg. 4,40–11,20 €.

**U Ruthardce (18),** rustikales Lokal mit netter Atmosphäre, schwere Holzbänke, Grill, alte Emailleschilder an der Wand. Im Sommer schöne Gartenterrasse. Auf der Karte u. a. Kartoffelpuffer, gefüllte Knödel, Steaks und Würste. Hg. 4–13 €. Dačického nám. 15, ✆ 607286298 (mobil).

**Harmonia U sv. Jakuba (11),** wegen des gemütlichen Gärtchens eine Empfehlung für den Sommer, das Lokal selbst ist wenig spektakulär. Neben tschechischen Gerichten (vorrangig Kurzgebratenes) auch Experimente mit der mexikanischen und italienischen Küche, zudem ein paar vegetarische Gerichte. Mährische Weine, junges Publikum. Hg. 4,50–13 €. Vysokostelská, ✆ 327512275.

• *Pivnices* **Dačický pivnice (16),** urige, aber dennoch gepflegte Pivnice mit einem der schönsten Biergärten Tschechiens. Wegen der höheren Preise leider mittlerweile vorrangig Touristenpublikum. Sehr gute Küche – die geräucherte Gänsebrust mit Birnen oder den eingelegten Hermelin-Käse sollte man sich nicht entgehen lassen. Hg. 5–18 €. Dazu trinkt man das hiesige *Dačický*-Bier (köstlich!). Rakova 8, ✆ 327512248.

• *Cafés/Teestube* **Kavárna Mokate (17),** kleines, sympathisches Café, ideal für eine Pause an kalten Wintertagen. Barborská 36.

**Dobrá Čajovna (21),** populäre tschechische Teestuben-Kette, an ein alternatives, junges Publikum mit Rastalocken und Strickpullis gerichtet. Jungmannovo nám.

• *Nachtleben* **Česká 1 (2),** *der* Club der Stadt, regelmäßig Rockkonzerte und andere Veranstaltungen. Im gleichen Haus (Vorderseite) die nette Pizzeria Vyžlovka mit großer Terrasse. Česka 983.

**Club Jáma (7)**, hier wird getanzt, Partys meist im Zeichen eines Hochprozentigen. Palackého nám. 90.

## *Übernachten (→ Karte S. 144/145)*

Im Sommer kann es zu Engpässen kommen, eine Reservierung ist empfehlenswert.

• *Hotels* **** **Zlatá stoupa (12),** eines der besseren Häuser Kutná Horas, in einem gelben Stadtpalais untergebracht. 59 Betten. Klassisch möblierte Zimmer mit Standardteppichboden. Eigener Parkplatz, Restaurant, Weinstube. EZ 50 €, DZ 78 €. Tylova

426, ✆ 327511540, 📠 327513808, http://web.telecom.cz/zlatastoupa.

**** **Hotel Opat (10)**, neues Hotel in einem restaurierten Altstadthaus. Angenehme Zimmer im rustikal-ländlichen Stil, in der "De Luxe"-Version blickt man auf herrlich bemalte Balkendecken. Ordentliches Restaurant. Eigene Parkplätze. Ansonsten aber wenig zusätzlicher Luxus. DZ ab 72 €, EZ ab 57 €. Husova 138, ✆ 327536900, www.hotelopat.eu.

*** **U vlašského dvora (9)**, im historischen Zentrum. 10 sehr geräumige, gepflegte Zimmer mit hellem Mobiliar, Teppichböden und Satelliten-TV, jedoch ohne besondere Note. Sauna, Restaurant. Eigene Parkplätze. DZ 60 €. 28. Října 511, ✆ 327514618, www.vlasskydvur.cz.

*** **Garni Na Havlíčku (13)**, nur ein paar Schritte weiter, gehört zum U vlašského dvora und ist über die dortige Rezeption zu buchen. Ebenfalls gepflegt und freundlich. Die Zimmer (viel dunkles Holz und grünliche Wände) sind jedoch kleiner. Café angegliedert. EZ 39 €, DZ 52 €. Havlíčkovo nám. 513, ✆ 327515773, www.vlasskydvur.cz.

*** **U Zvonu (4)**, eher Pension als Hotel. Große Zimmer mit privaten Bädern, Teppichböden und bunter Einrichtung mit Landhausstiltouch. Restaurant. Parkplätze. DZ 48 €. Zvonarská 286, ✆ 327511516, www.uzvonu.cz.

*** **U Hrnčíře (20)**, gedrungenes historisches Gebäude. Nur 5 Zimmer unterschiedlicher Größe, freundlich und farbenfroh. Beim billigsten liegt das private Bad außerhalb. Restaurant und idyllisches Gärtchen. Keine Parkplätze. Sehr freundliches junges Personal. DZ je nach Größe 30–60 €. Barborská 24, ✆ 327512113, http://home.tiscali.cz/hotel.hrncir.

** **U Kata (6)**, zentrumsnahe Übernachtungsmöglichkeit mit gutem Preis-Leistungs-Verhältnis. Größtenteils restaurierte Zimmer mit eigenen Sanitäranlagen. Nettes rustikales Restaurant (neben böhmischer Küche auch Fondue) mit Hinterhofterrasse. DZ 30–38 €. Uhelná 596, ✆ 327515096, www.ukata.cz.

• *Pensionen* **Barbora (23)**, neuer moderner Flachbau, der so gar nicht zur Stadt passen will. In unmittelbarer Nähe zum Dom. 10 Zimmer mit Kaufhausmobiliar und modernen Bädern. Sichere Parkplätze. Nettes, fast schickes Nichtraucherrestaurant mit tollen Dom-Blicken angegliedert. Der Service könnte jedoch freundlicher sein. DZ ab 56 €. Kremnická 909, ✆ 327513392, 📠 327514206, www.ubarbory.kh.cz.

**Centrum (15)**, zentrale, ruhige Lage. 7 Zimmer (nichts Besonderes) mit eigenen Bädern. Netter Innenhof, wo man nicht nur schön sitzen, sondern auch sein Auto sicher parken kann (sofern noch Platz). Cafébar. Oft ausgebucht. DZ 54 €. Jakubská 57, ✆ 327514218, www.penzioncentrum.com.

**U Slunce (19)**, in einem historischen Gebäude. 8 etwas lieblose, aber insgesamt ordentliche Teppichbodenzimmer mit eigenen Bädern. Parkplätze, Kneipenrestaurant mit Friteusenküche. 18 €/Pers. Jungmannovo nám. 321, ✆/📠 327513485.

• *Camping* **Camping Santa Barbara (1)**, kleiner Platz in Laufnähe zum Zentrum. Viel Schatten, parzellenartig abgetrennte Stellplätze. Internationales Publikum. Nagelneue, sehr saubere Sanitäranlagen, Kneipe. April–Okt. (Rezeption nur 14–22 Uhr). 2 Pers. mit Zelt u. Auto 12,50 €. Česká, ✆ 327512051, www.santabarbara.cz.

• *Außerhalb* **Chateau Hostačov**, 22 km südöstlich von Kutná Hora im Dorf Hostačov. 14 stilvolle Zimmer und Suiten in einem Renaissanceschloss aus dem 16. Jh. Oft von Hochzeitsgesellschaften in Beschlag genommen. Restaurant (3-Gänge-Menü 12 €). Nur April–Okt. Anfahrt: Von Kutná Hora die Straße Nr. 38 nach Havlíčkův Brod nehmen, ca. 8 km hinter Čáslav links ab nach Chrastice und dann der Beschilderung nach Skryje/Hostačov folgen, von der Abzweigung noch 3 km. DZ 56–84 €. Hostačov 59, ✆ 569433198, 📠 774538650, www.zamek-hostacov.com.



## Sport & Freizeit/Kultur

• *Kutschfahrten durch die Altstadt* Im Sommer am Hauptplatz, 15 Min. ca. 20 €, 1 Std. ca. 63 €.

• *Radverleih* Über die Touristeninformation. 9 €/Tag, Pfandhinterlegung von 60 € erforderlich.

• *Veranstaltungen* In der zweiten Junihälfte kehrt man beim Festival **Královské stříbření**

**Kutné Hory** („Königliches Silber von Kutná Hora") für 2 Tage ins Mittelalter zurück. Gleich anschließend findet eine **Opernwoche** statt. Anfang Juli wird zu einem internationalen **Solo-Gitarristen-Wettbewerb** geladen. Folk- und Countrymusik steht im Mittelpunkt des Festivals **Kutnohorská kocábka** Mitte Aug. Mitte Sept. findet schließlich ein **Festival der klassischen Musik** statt.

### Vladimír Zubov, Václav Havels einstiger Hofmaler

Vladimir Zubov, 1956 in Moskau geboren, kam vor rund 25 Jahren als Russischlehrer nach Kutná Hora. Als man nach der Samtenen Revolution lieber Englisch als Russisch lernte, startete Zubov seine zweite Karriere: Er wurde Porträtmaler und einer seiner Gönner der damalige Präsident Václav Havel. Als Präsent für seine Staatsgäste gab Havel zig Porträts bei Zubov in Auftrag, die dieser von Fotografien abmalte. So entstanden Konterfeis diverser Politiker, aber auch berühmter Persönlichkeiten aus der Film- und Musikbranche wie Sean Connery, Roberto Benigni oder Mick Jagger. Unbekannt ist, ob sich die Beschenkten jemals selbst an die Wand hängten ... In Zubovs Atelier am Havlíčkovo náměstí 84 kann man viele seiner Porträts bewundern und kaufen, dazu auch so manch andere psychedelisch-kitschige Arbeiten (tägl. außer Mo 11–13 u. 14–16 Uhr). Wer sich porträtieren lassen will, muss mit mindestens 200 € rechnen.

## Sehenswertes im Zentrum

Die hier beschriebenen Sehenswürdigkeiten sind so aufgeführt, dass sie theoretisch der Reihe nach abgegangen werden können, die reine Gehzeit beträgt nicht mehr als 45 Minuten. Beachten Sie jedoch die unterschiedlichen Öffnungszeiten der Kirchen und Museen und bedenken Sie, dass viele Museen nur im Rahmen einer Führung zu besichtigen sind.

**Palackého náměstí (Palacký-Platz):** Im Vergleich zu den Hauptplätzen vieler anderer böhmischer Städte ist der von Kutná Hora nur zweitklassig. Obwohl die Stadt einst überaus reich war, mangelt es hier erstaunlicherweise an prächtigen alten Bürgerhäusern. Auch ein Besuch des *Alchemiemuseums* (Muzeum Alchymie) im Untergeschoss des barocken *Sankturin-Haus* (Santurinovský dům), einem ursprünglich gotischen Bau aus dem 13. Jh., in dem sich heute auch die Touristeninformation befindet, ist nicht allzu spannend: Da steht z. B. ein altes Fläschchen Kalksalpeter vom Stickstoffsyndikat Berlin – als hätten die mittelalterlichen Alchimisten versucht, damit Gold zu machen. In der zweiten Etage gibt es noch ein Kinderwagenmuseum (Muzeum historických kočárků) mit vielen Buggys aus den Jahren 1860–1960.

*Öffnungszeiten* **Alchemiemuseum,** April–Sept. tägl. 10–17 Uhr, sonst nur bis 16 Uhr. Eintritt 2 €, erm. 1,20 €. **Kinderwagenmuseum**, gleiche Öffnungszeiten. Eintritt 1,20 €, erm. 0,80 €.

**Vlašský dvůr (Welscher Hof):** Über die 28. Října erreicht man vom Hauptplatz in wenigen Schritten den Welschen Hof, die königliche Münze. Diese wurde Ende des 13. Jh. eingerichtet und war bis 1727 in Betrieb. Der Name des Hofes erinnert an die florentinischen Münzer, die hier den Prager Groschen prägten. Die böhmischen Könige, die gerne an der Quelle ihres Reichtums residierten, ließen die Münze um einen Königspalast erweitern. Heute sitzt in dem Gebäudekomplex u. a. die Stadtverwaltung. In den Räumlichkeiten der ehemaligen Schatzkammer befindet sich eine kleine Münzausstellung. Über dem dortigen Eingang ist die Mahnung zu lesen: *„Noli me tanger“* – *„Berühre mich nicht“*. Wählt man eine Führung durch die Münzausstellung, besichtigt man auch den königlichen Audienzsaal. Vor dessen Eingang wird man ebenfalls ermahnt, diesmal von der sog. Ratsherrentafel aus dem Jahr 1595 (heute eine Kopie, Original im Kastell), deren lateinische Inschrift auch im UNO-Gebäude in New York zu lesen ist: *„Wenn du als Mitglied der Gemeinde in deiner Amtspflicht durch diese Tür eintrittst, leg all deine Leidenschaften ab: Hass, Feindseligkeit, Gewalt, Freundschaft, Heuchelei, ordne deine eignen Sorgen denen der Gemeinde unter.“* Im Audienzsaal wurde 1471 der Jagellone Vladislav II. zum böhmischen König gewählt, ein Wandgemälde erinnert daran. Zum Abschluss der Führung besichtigt man noch die Wenzelskapelle, die 1386 geweiht und 1904 mit Jugendstilmalereien ausgeschmückt wurde.

Des Weiteren beherbergt der Welsche Hof eine Galerie und ein Museum namens *Die Enthüllung des geheimen Gesichtes von Kuttenberg* (Muzeum Odhalení tajemné tváře Kutné Hory). Das klingt spannender als es ist: Zu sehen gibt es ein paar Folterinstrumente und alte Fotos der Stadt.

*In der Kuttenberger Altstadt*

• *Adresse/Öffnungszeiten* Havlíčkovo nám. **Führungen durch den Welschen Hof** in Tschechisch (mit dt. Text) Nov.–Feb. tägl. 10–16 Uhr, März u. Okt. 10–17 Uhr, April–Sept. 9–18 Uhr. Dauer ca. 40 Min. Eintritt 4 €, erm. 2,40 €. **Foltermuseum,** gleiche Öffnungszeiten. Eintritt 2,40 €, erm. 1,60 €.

**Chrám sv. Jakuba (Jakobskirche):** Neben dem Welschen Hof erhebt sich die mächtige gotische Jakobskirche (Eingang von der Nordseite). Sie entstand in den Jahren 1340–1420 als erste steinerne Kirche Kuttenbergs. Durch ihren Bau wollte man sich dem religiösen und weltlichen Einfluss des nahe gelegenen Zisterzienserklosters in Sedlec entziehen. Von den ursprünglich geplanten zwei Türmen wurde der Südturm nie vollendet, der Nordturm steht etwas schief, da die Grundmauern durch die unterirdischen Silberminen ein wenig abgesackt sind. Die Gemälde am barocken Hochaltar stammen von Peter Brandl und Franz Xaver Palko.

*Adresse/Öffnungszeiten* Havlíčkovo nám. Im Sommer tägl. 10–16 Uhr, Eintritt 1,60 €. Ansonsten nur zu Gottesdiensten geöffnet.

**Hrádek (Kastell):** Über die schmale Gasse Ruthardská gelangt man von der Jakobskirche zum Hrádek, einst eine kleine, freistehende Burganlage über der Vrchlice, die nach der Gründung Kuttenbergs in die Stadtbefestigung integriert wurde. 1490 kaufte der in königlichem Dienst stehende Jan Smíšek von Vrchovišť das Kastell und ließ es in einen prunkvollen Adelssitz umbauen. Man munkelt, dass er die dazu nötigen Prager Groschen aus der königlichen Münze abzweigte. Heute befindet sich im Kastell das *Böhmische Silbermuseum,* das sich, wie soll es auch anders sein, der Geschichte der Silber- und Kupferförderung in Kuttenberg widmet. Das Museum verwaltet auch ein mittelalterliches Bergwerk und rüstet all jene, die einmal in einen alten Stollen hinabsteigen möchten, mit Schutzkleidung (weiße Kittel), Helm und Lampe aus. Achtung: Es ist verboten, das Bergwerk nach Genuss von Alkohol zu betreten. Zudem wird Personen mit Herz- und Nervenleiden, Klaustrophobie und Problemen mit den Atemwegen vom Besuch abgeraten.

• *Adresse/Öffnungszeiten* Barborská. Juli u. Aug. tägl. (außer Mo) 10–18 Uhr, Mai, Juni u. Sept. 9–18 Uhr, April u. Okt. 9–17 Uhr. Nur mit Führung (in Tschechisch, mit dt. Text) zu besichtigen. Dauer: Museum 60 Min., Bergwerk 90 Min. Eintritt Museum 2,80 €, erm. 1,60 €, Bergwerk 4,80 €, erm. 3,20 €, beide Führungen zusammen 5,60 €, erm. 3,60 €. Fremdsprachige Führungen müssen im Voraus gebucht werden, ✆ 327512159.

**Jezuitská kolej a Kaple Božího těla (Jesuitenkolleg und Fronleichnamskapelle):** Vom Kastell führt die ansteigende Barborská an ein paar netten Terrassenlokalen vorbei zum Jesuitenkolleg, einem monumentalen Barockgebäude, das zwischen 1626 und 1667 nach einem Entwurf von Domenico Orsi entstand. Heute sitzt darin die *Galerie der Mittelböhmischen Region* (Galerie Středočeského kraje, kurz GASK, www.gask.cz), die oft spannende Wechselausstellungen präsentiert. Auf der Frontseite des Jesuitenkollegs verläuft eine Balustrade mit zwölf Barockstatuen des Bildhauers Franz Baugut zur St.-Barbara-Kathedrale. Bevor man diese betritt, kann man am Ende der Balustrade linker Hand die etwas tiefer an den Hang gebaute gotische Fronleichnamskapelle, eine alte Friedhofskapelle, besichtigen. Sie entstand um 1380 und sollte ursprünglich zwei Geschosse haben, von denen jedoch nur eines mit imposanten Gewölberippen realisiert wurde. Die Kapelle diente lange Zeit als Beinhaus, heute wird sie zuweilen für temporäre Ausstellungen genutzt.

*Öffnungszeiten* **Fronleichnamskapelle,** April–Sept. tägl. 9–17 Uhr, Okt. u. März 10–17 Uhr, Nov.–Feb. 10–16 Uhr. Eintritt 0,80 €, erm. die Hälfte. **Galerie der Mittelböhmischen Region,** Di–Sa 10–18 Uhr, So 10–17 Uhr, Eintritt abhängig von der jeweiligen Ausstellung.

**Chrám sv. Barbory (St.-Barbara-Kathedrale):** In der zweiten Hälfte des 14. Jh., als Geld in Kuttenberg keine Rolle spielte, wollte sich die aufstrebende Stadt neben der Jakobskirche noch eine weitere Prestigekirche leisten, die doppelt so groß wie der Prager Sankt-Veits-Dom werden sollte. Als Architekten beauftragte man den aus Schwäbisch Gmünd stammenden Peter Parler. 1388 wurden die Arbeiten am Chor begonnen, erst viel, viel später folgte die Schlusssteinsetzung am gegenüberliegenden Portal. Kriege und spätere Geldprobleme hatten zu einer mehrmaligen Revision der Baupläne geführt, aber auch dazu, dass der Dom heute die Handschrift verschiedener großer Baumeister trägt. Das Netzgewölbe im Chor ist z. B. ein Werk Matthias Rejseks, der ab 1506 an der Kathedrale arbeitete, das Schleifensterngewölbe im Hauptschiff (1512–1547) hingegen stammt von Benedikt Ried. Geweiht wurde der Dom der Heiligen Barbara, der Schutzpatronin der Bergleute. Der rechte Flügel des neugotischen Hauptaltars zeigt ein Bildnis von ihr (mit einem Buch in der Hand vor einem Turm stehend). Beachtenswert sind zudem die bemalten Fenster und Fresken der Kapellen im Chor, die Statue eines Bergknappen in der Tracht um 1700 und die gotische Kanzel – halb Holz, halb Stein –, die sich an einer der tragenden Säulen emporrankt.

*Öffnungszeiten* April–Okt. 9–18 Uhr, Nov.–März 10–16 Uhr. Eintritt 2 €, erm. 1,20 €.

**Kamenná kašna (Steinerner Brunnen):** Der Brunnen am Rejskovo náměstí ist ein überaus ungewöhnliches Bauwerk, das eher wie eine kleine gotische Kapelle mit eingestürztem Dach aussieht. Gebaut wurde er Ende des 15. Jh. Das Brunnenbecken versteckt sich hinter der prismenförmigen, mit Maßwerken und Filialen reich verzierten Außenwand und ist deshalb nicht einsehbar, der Zugang ist i. d. R. verschlossen.

**Kostel sv. Jan Nepomucký (Nepomukkirche):** An der Husova, wenige Meter unterhalb des Steinernen Brunnens, steht die spätbarocke Nepomukkirche mit Rokoko- und Klassizismus-Elementen. Mit ihrem Bau wurde am 16. Mai 1734, dem Namenstag Nepomuks, begonnen. Im hellen Innern lächeln Putten an jeder Ecke. Die Fresken im Gewölbe, die die Legende des Hl. Nepomuk erzählen, stammen größtenteils vom schlesischen Maler Franz Xaver Palko, der auch an der Ausschmückung der Nikolauskirche auf der Prager Kleinseite beteiligt war. Die Kirche wurde im Jahr 2000 nach aufwändigen Restaurierungsarbeiten – während sozialistischer Zeit diente sie als Feuerwehr- und Mülldepot – neu geweiht und wird heute u. a. für Konzertveranstaltungen und Ausstellungen genutzt.

*Öffnungszeiten* April–Okt. tägl. 10.30–16.30 Uhr. Eintritt 1,20 €, erm. die Hälfte.

**Kamenný dům (Steinernes Haus):** Das Steinerne Haus ist das schönste gotische Patrizierhaus der Stadt. Es entstand zwischen 1485 und 1495. Beachtenswert ist der reiche Skulpturenschmuck, insbesondere unter dem Giebel, wo Adam und Eva unter dem Baum der Erkenntnis stehen. Im sehenswerten Inneren wird die Dauerausstellung *Die königliche Bergstadt – bürgerliches Leben und Kultur vom 17. bis zum 19. Jh.* präsentiert. Im zweiten Stock wird u. a. Kuttenbergs berühmtester Sohn geehrt: der Dramatiker Josef Kajetán Tyl (1808–1856), dessen von Frantisek Skroup vertontes Bühnenlied *Kde domov muj?* („Wo ist meine Heimat?") seit 1920 tschechische Nationalhymne ist. Im Untergeschoss befindet sich das *Lapidarium* mit

*Das Steinerne Haus, ein Paradebeispiel gotischer Architektur und Bildhauerkunst*

Mittelböhmen Karte S. 131

originalen Dekorfragmenten des Steinernen Hauses, der St.-Barbara-Kirche und des Steinernen Brunnens, die später durch Kopien ersetzt wurden.

• *Adresse/Öffnungszeiten* Václavské nám./Ecke Česká. April u. Okt. tägl. (außer Mo) 9–17 Uhr, Mai, Juni u. Sept. tägl. (außer Mo) 9–18 Uhr, Juli u. Aug. tägl. (außer Mo) 10–18 Uhr, Nov. tägl. (außer Mo) 10–16 Uhr. Eintritt Ausstellung „Die königliche Bergstadt" 2 €, erm. 1,20 €, Lapidarium 1,60 €, erm. die Hälfte, beides zusammen 3,20 €, erm. die Hälfte.

**Morový sloup P. Marie a Klášter Voršilek (Mariensäule und Ursulinerinnenkloster):** Spaziert man vom Steinernen Haus geradewegs bergab, gelangt man zum Ursulinerinnenkloster an der Jiřího z Poděbrad. Dabei passiert man den Václavské náměstí, früher der Töpfermarkt. Hier lohnt ein Blick nach rechts in die Šultysova, wo eine Mariensäule an die verheerende Pest von 1713 erinnert. 6000 Kuttenberger fielen ihr zum Opfer. Ein Jahr vor dem Pestausbruch hatte sich der Ursulinerinnenorden in Kuttenberg niedergelassen. Mit dem Bau des Klosters wurde 1735 nach Plänen von Kilian Ignaz Dientzenhofer begonnen, wegen Geldmangels blieb das Projekt aber unvollendet. Die angrenzende neubarocke Kirche (meist verschlossen) kam erst Ende des 19. Jh. hinzu. Unter den Kommunisten mussten die Urselinerinnen ihr Kloster verlassen, 1994 bekamen sie es zurück. Im Gebäude befindet sich heute eine Klosterschule.

**Chrám Matky Boží na Náměti (Muttergotteskirche):** Die Muttergotteskirche vom Ende des 14. Jh. steht ganz im Osten der Altstadt an der Straße Na Náměti. Im Inneren befindet sich das Grab des Barockmalers Peter Brandl (gest. 1735), der mit seinem Werk in unzähligen Kirchen, Klöstern und Museen des Landes vertreten ist. Zum Zeitpunkt der letzten Recherche wurde die Kirche restauriert und war nicht zugänglich.

## Sehenswertes in Sedlec

Die Mariä-Himmelfahrts-Kirche und das Tabakmuseum liegen an der Durchgangsstraße des 3 km östlich gelegenen Vorortes. Die Beinkirche findet man, indem man von der Kathedrale der Zámecká folgt.

**Cisterciácký klášter/Muzeum Tabáku (Zisterzienserkloster/Tabakmuseum):** 1142 gründeten Mönche aus dem bayerischen Waldsassen das Zisterzienserkloster in Sedlec, das erste auf böhmischem Boden. Als etwas mehr als 100 Jahre später Silber auf den Ländereien des Klosters entdeckt wurde, besaß es die nötigen Mittel, seine kleine Basilika durch eine prächtige Klosterkirche, die Mariä-Himmelfahrts-Kirche (s. u.), zu ersetzen. 1785 wurde das Kloster infolge der josephinischen Reformen säkularisiert und 1812 in eine Tabakfabrik umgewandelt, heute – durch neue Produktionsanlagen erweitert – im Besitz von *Philip Morris ČR a.s.* Der Fabrik ist ein kleines modernes Tabakmuseum angeschlossen.

*Öffnungszeiten* **Museum,** April-Okt. tägl. (außer Mo) 10–16 Uhr. Eintritt frei. Führungen durch die Fabrik sind nach telefonischer Anmeldung (3 Tage vorher, ✆ 327509126) möglich.

**Chrám Panny Marie (Mariä-Himmelfahrts-Kirche):** Die fünfschiffige gotische Welterbekirche wurde zwischen 1290 und 1330 im Grundriss eines lateinischen Kreuzes erbaut. Pracht besitzt sie nur ansatzweise, da die Zisterzienser Schlichtheit forderten, deswegen fehlen z. B. auch Türme. Den beachtenswerten Umbau im Stil der Barockgotik führte Anfang des 18. Jh. Giovanni Santini (→ S. 505) durch. Das Innere zieren u. a. Plastiken des Prager Meisters Matthäus Wenzel Jäckel und Gemälde von Peter Brandl. Nach langjährigen Restaurierungsarbeiten ist die Kirche seit 2009 wieder zugänglich.

Öffnungszeiten April–Okt. Mo–Sa von 9–17 Uhr, So 12–17 Uhr. Eintritt 2 €, erm. 1 €, in Kombination mit dem Beinhaus 2,80 €, erm. 1,60 €. Wer zu spät kommt, dem empfehlen wir ein Trostbier im Biergarten der gegenüberliegenden *Hostinec U Zlatého Lva*.

**Kostnice (Beinhaus):** Ca. 400 m nördlich der Mariä-Himmelfahrts-Kirche liegt Kutná Horas heimliche Hauptattraktion, die ziemlich schief stehende Knochenkapelle von Sedlec. Die ursprünglich gotische Kapelle aus dem 14. Jh., zwischen 1703 und 1710 ebenfalls von Giovanni Santini umgebaut, steht inmitten eines Friedhofs. Da hier ein Abt 1278 eine Hand voll Erde vom Jerusalemer Kalvarienberg ausstreute, galt der Ort als überaus heilig und wurde bevorzugte Begräbnisstätte – selbst Adelige aus Bayern und Belgien erhofften sich hier einen Bonus im Jenseits. Anfang des 16. Jh. mussten die Mönche ihren Klosterfriedhof verkleinern, weil sie Platz für Ackerland benötigten. Sie legten Knochen von rund 40.000 Menschen frei – darunter auch viele Opfer der Pestepidemie von 1318 und der Hussitenkriege im 15. Jh. – und lagerten sie in der Kirche. 1870 machte sich František Rint, ein unbekannter „Künstler", daran, die Knochen so zu drapieren, wie sie heute noch zu sehen sind: da ein Kronleuchter aus Oberschenkelknochen und Rippen, dort Schädelketten, Schulterblätter als Teile eines Wappens, eine makabre Knochenmonstranz ... Viele Besucher vergessen leider, dass die Knochenkapelle keine Geisterbahn, sondern immer noch ein Ort der Andacht ist.

Bizarr: Beinhaus in Sedlec

Öffnungszeiten Mai–Sept. tägl. 8–18 Uhr, Okt. 9–12 u. 13–17 Uhr, Nov.–März 9–12 u. 13–16 Uhr. Eintritt 2 €, erm. 1,20 €, in Kombination mit der Mariä-Himmelfahrts-Kirche 2,80 €, erm. 1,60 €.

## Umgebung von Kutná Hora

**Zámek Kačina (Schloss Katschina):** Das 8 km nordöstlich von Kutná Hora gelegene, von einem weiten Park umgebene Schloss gehört zu den stilreinsten Empirebauten Böhmens: Der säulenreiche Palast, der an einen griechischen Tempel erinnert, besitzt den ausgefallenen Grundriss einer halben Ellipse. Errichtet wurde das Schloss zwischen 1806 und 1824 für den Grafen Jan Rudolf Chotek, dessen Familie es bis 1911 bewohnte. Bereits die Kommunisten richteten darin eine *Dauerausstellung zur Geschichte der Landwirtschaft, über Handwerk und Handel auf dem Land sowie zur Lebensmittelindustrie* ein, die bis heute zu besichtigen ist. Besser entscheidet man sich für eine der beiden anderen Trassen, die vom Leben der gräflichen Familie Chotek erzählen: Bei der einen durchläuft man 14 *historische Wohnräume*, bei der anderen sieht man die ehemalige *Schlossbibliothek*, eine *Apotheke aus dem 19. Jh.*, das *Schlosstheater* und die *Orangerie*.

• *Verbindungen* Nahezu alle **Busse** auf der Strecke Kutná Hora – Pardubice passieren das Schloss.

• *Öffnungszeiten* **Schloss,** April–Okt. tägl. (außer Mo) 9–17 Uhr. Dauerausstellung oder eine Trasse 2,40 €, erm. die Hälfte. Alle Trassen zusammen 4,80 €, erm. die Hälfte.

**Čáslav (Tschaslau):** Rund 10 km südöstlich von Kutná Hora liegt Čáslav. Das geruhsame, gepflegte 10.000-Einwohner-Städtchen ohne Attraktionen rühmt sich, der Geburtsort Miloš Formans zu sein. Zentrum ist der große, begrünte Marktplatz, der Náměstí J. Žižky z Trocnova, mit einigen Restaurants und Unterkünften. Seinen Namen erhielt er nicht von ungefähr: In der mächtigen *Peter-und-Paul-Kirche*, an der man zwischen dem 12. und 16. Jh. unentwegt herumbastelte, wurde 1424 der hussitische Heerführer Jan Žižka bestattet. Erst 1910 entdeckte man dessen über die Jahrhunderte hinweg verschollene Gebeine (falls es sie tatsächlich sind) in der Marienkapelle. Vom Platz zweigt die kleine Fußgängerzone Ulice Klimenta Čermáka ab, die zur sog. *Otakar-Bastion* führt, einem Abschnitt der noch in weiten Teilen gut erhaltenen Stadtmauer aus dem 13.–14. Jh.

*Verbindungen* Gute **Busverbindungen** nach Kutná Hora.

**Zámek Žleby (Schloss Schleb):** Das Märchenschloss liegt rund 6 km südöstlich von Čáslav. Ständig wechselnde Besitzer und unzählige Umbauten machten aus der ursprünglich gotischen Burg im 16. Jh. zunächst einen Renaissancepalast, der im frühen 18. Jh. spätbarock umgestaltet wurde. Das heutige romantische, vieltürmige Antlitz des Schlosses geht schließlich auf die Adelsfamilie Auersperk zurück, die es im 19. Jh. neogotisch umbaute. Die Auersperk besaßen das Schloss bis zu seiner Verstaatlichung im Jahr 1945. Zwei Führungen (à 55 Min.) werden angeboten: Ganzjährig geht es durch diverse Repräsentationssäle (besonders eindrucksvoll der reich ausgeschmückte *Rittersaal*), die *Schlosskapelle* mit wertvollen Stuckverzierungen, die *Bibliothek* und die ehemalige *Küche*. Nur in den Sommermonaten wird zudem eine Tour durch den *Westflügel* mit den Privatgemächern, hinab in die mittelalterlichen Kellergewölbe, hinauf auf den Großen Turm und durch das *Schlosstheater* angeboten. In einem Teil des weitläufigen Schlossparks wurde ein *Musterwildpark* (Obora Žleby) angelegt. Dort tummeln sich neben Falken, Mufflons, wilden Truthähnen und Wildschweinen auch seltene weiße Hirsche.

• *Verbindungen* **Busse** und **Züge** regelmäßig von und nach Čáslav.

• *Öffnungszeiten* **Schloss,** April u. Okt. nur Sa/So 9–16 Uhr, Mai, Juni u. Sept. tägl. (außer Mo) 9–16 Uhr, Juli/Aug. tägl. (außer Mo) 9–17 Uhr. Eintritt pro Trasse (mit dt. Text) 4,80 €, erm. 3,20 €.

• *Übernachten* **Chateau Hostačov**, 5 km südlich von Zámek Žleby, → S. 147.

Weiter Richtung **Ostböhmen?** Informationen zu **Pardubice** bekommen Sie auf S. 168, zu **Chrudim** auf S. 176,

## Hrad Český Šternberk (Burg Böhmisch Sternberg)

Die riesige Burganlage erhebt sich 45 km südöstlich von Prag inmitten ausgedehnter Wälder hoch über dem Flusslauf der Sázava und dem gleichnamigen Städtchen.

Ihr Anblick ist überaus imposant. Aufgrund ihrer wuchtigen Bastionen und ihrer Lage auf einem Felsvorsprung galt sie lange Zeit als uneinnehmbar. Ihre Grundmauern stammen noch aus dem 13. Jh. Schon damals ging die Burg in den Besitz der Adelsfamilie Sternberg über, die sie bis heute (mit Ausnahme der Zeit zwischen 1949 und 1991) ihr Eigen nennt.

Burg Český Šternberk

Die Sternberg, die übrigens zu den wenigen Adelsfamilien gehörten, denen in sozialistischer Zeit Wohnrecht auf ihrem einstigen Anwesen eingeräumt wurde, ließen die Burg im 17. und 18. Jh. durch eine Palastanlage erweitern. Heute zählt sie zu den am besten erhaltenen Festungen Tschechiens. Berühmtester Spross des Geschlechts war Kaspar von Sternberg (1761–1838), der Mitbegründer des Prager Nationalmuseums. Ihm erweist man durch eine kleine Ausstellung die Reverenz. Bei einer Führung durch das Innere der Burganlage, das vorrangig das barocke Zeitalter widerspiegelt, durchläuft man insgesamt 15 Räume, am spannendsten ist der Rittersaal mit seinen prächtigen Stuckreliefs und Ahnenwappen. Interessant ist zudem die Sammlung graphischer Blätter aus der Zeit des Dreißigjährigen Krieges, bestehend aus 545 Kupferstichen. Nach der Tour lädt das Burgrestaurant im Innenhof zu einer Pause ein.

• *Verbindungen* **Busse** halten zentral im Ort. Bis zu 3-mal tägl. nach Benešov, 1-mal direkt nach Prag-Roztyly (Ⓜ C).

• *Übernachten* Im Örtchen unter der Burg zwei altbackene Hotels und eine restaurierte Pension (jedoch mit Gemeinschaftsbädern).

• *Öffnungszeiten* **Burg,** April u. Okt. nur Sa/So 9–17 Uhr, Mai u. Sept. tägl. (außer Mo) 9–17 Uhr, Juni–Aug. tägl. (außer Mo) 9–18 Uhr. Führung 4 €, erm. 2,60 €.



# Südlich von Prag

## Zámek Konopiště (Schloss Konopischt)

**Die Nähe zu Prag und die publikumsträchtige Vermarktung in der Hauptstadt sorgen dafür, dass das Schloss mit seinen kostbaren Sammlungen von amerikanischen und japanischen Reisegruppen nur so überrannt wird.**

Schloss Konopiště thront 40 km südöstlich von Prag erhaben auf einem bewaldeten Hügel. Bereits im 13. Jh. stand hier eine gotische Burg. Im frühen 17. Jh. wurde diese zu einem Renaissancepalast umgebaut. 1887 gelangte Konopiště in den Besitz des österreichischen Thronfolgers Erzherzog Franz Ferdinand d'Este, dessen Ermordung in Sarajewo 1914 den Ersten Weltkrieg ins Rollen brachte. Für das heutige, wieder eher gotische Aussehen der Schlossanlage zeichnete der Architekt Josef

Mocker verantwortlich, der das Schloss im Auftrag Franz Ferdinands in einen ansehnlichen Familiensitz umgestalten sollte. Ruhe und Entspannung vom politischen Tagesgeschehen wollte Franz Ferdinand hier finden, zudem seiner großen Leidenschaft, der Jagd, nachgehen. Angeblich soll er auf alles geschossen haben, was kreuchte und fleuchte. Bis 1906 erlegte er allein über 171.000 Tiere – dies zumindest verkündet die Abschussliste im Schloss. Für Besucher stehen drei geführte Touren zur Auswahl: Tour 1 führt durch die prunkvollen Empfangssäle Franz Ferdinands mit einer großen Sammlung präparierter Tiere, Tour 2 durch Waffenkammer (die hiesige Sammlung mit 4682 Exponaten zählt zu den größten Europas), Bibliothek und Rauchsalon, Tour 3 durch die Privatgemächer der Familie. Zu sehen gibt es dort jede Menge Renaissancemöbel und Meißner Porzellan.

Kleine Extragebühren zahlt man für das Treibhaus, den Schießstand aus dem Jahr 1900 und das St.-Georgs-Museum (Muzum sv. Jiří): Der Erzherzog sammelte nämlich nicht nur Jagdtrophäen, sondern auch alles, was mit dem heiligen Drachentöter zusammenhing. Lohnenswert ist zudem ein Spaziergang durch den weitläufigen Schlosspark, wo sich mehrere Teiche und ein Rosengarten befinden. Nahe dem Parkplatz gibt es außerdem ein **Motorradmuseum** (ausgeschildert), das ca. 80 Maschinen der Firma *JAWA* aus dem nahe gelegenen Týnec nad Sázavou ausstellt.

Vom Parkplatz zur Burg läuft man sieben bis zehn Minuten, man kann aber auch mit einer Pferdekutsche oder einem Bummelzug nach oben fahren. Die nächstgelegene Stadt **Benešov** hat Besuchern außer ein paar Unterkünften und der Brauerei *Ferdinand* nichts zu bieten.

• *Verbindungen* **Züge** nahezu alle 30 Min. vom Prager Hauptbahnhof nach Benešov (und zurück), regelmäßig auch **Busse** vom Busbahnhof Roztyly (Ⓜ C) nach Benešov. Bus- und Zugbahnhof liegen in Benešov (2,5 km von der Burg entfernt) nahe beieinander, von dort mehrmals tägl. Busse zum Schloss.

• *Essen & Trinken* Das dunkel-rustikale **Restaurace Stará Myslivna** ist in einem alten Forsthaus untergebracht, dementsprechend viele Hirschgeweihe an der Wand. Wildspezialitäten, Hg. 5,50–13,50 €. Auf dem Fußweg vom Parkplatz zur Burg ausgeschildert, ✆ 317700280.

• *Übernachten* **** **Zámecký Hotel Konopiště,** ca. 9 Fahrkilometer (5 Fußkilometer) südwestlichlich des Schlosses beim Dorf Tvoršovice, von der 114 nach Neveklov ausgeschildert. Kleines Landschloss auf dem Golfareal Konopiště (zwei 18-Loch-Plätze, Greenfee 24–80 €) mit 22 klassischen Hotelzimmern und 3 Apartments. DZ ab 104 €. Tvoršovice 27, ✆ 317784044, ✆ 317784043, www.gcko.cz.

**Hotel Nová Myslivna,** neben dem Parkplatz unter dem Schloss. Altes Haus aus sozialistischer Zeit. Zimmer keineswegs stilvoll, aber für eine Nacht okay. Restaurant mit netter Terrasse. DZ mit Bad 30 €. Konopiště, ✆ 317722496, ✆ 317723017, www.hotelmyslivna.zde.cz.

• *Golf* → Übernachten.

• *Öffnungszeiten* **Schloss,** April u. Okt. Di–Fr 9–15 Uhr, Sa/So bis 16 Uhr, Mai–Aug. tägl. (außer Mo) 9–17 Uhr, Sept. Di–Fr 9–16 Uhr, Sa/So bis 17 Uhr, Nov. nur Sa/So 9–15 Uhr, Dez.–März geschl. Je nach Tour (fremdsprachig) 8,60–12 €, erm. 5,20–8 €.

**Motorradmuseum,** tägl. 10–18 Uhr. Eintritt 4 €, erm. die Hälfte. Ein weiteres Museum für Oldtimerfreaks (auch Autos) befindet sich übrigens im 10 km entfernten Netvořice.

**Zámek Jemniště (Schloss Jemnischt):** 12 km südöstlich von Konopiště liegt das elegant-verträumte, von Feldern umgebene Landschloss Jemniště. Erbaut wurde es 1725 für den Grafen Adam Trautmannsdorff im Übergangsstil vom Barock zum Rokoko. 1868 kaufte es Graf Zdeněk von Šternberg, der Ur-Ur-Großvater des jetzigen Besitzers Jiří Šternberg, der heute wieder einen Teil des Schlosses bewohnt. Erst 1995 bekam die Adelsfamilie das Schloss zurück, nachdem es 1943 von den Nazis konfisziert und nach dem Zweiten Weltkrieg verstaatlicht wurde. Was Jemniště zu einem Ziel für Verliebte macht, ist die Tatsache, dass man auf dem Landsitz romantisch übernachten und sogar heiraten kann. Kunsthistorisch bedeutsam ist eigentlich nur die Schlosskapelle, an deren Ausschmückung die berühmtesten Barockkünstler jener Zeit mitwirkten: Das Gewölbefresko der Sakristei stammt von Wenzel Lorenz Reiner, die Kalvariengruppe auf dem Hochaltar aus der Werkstatt Matthias Bernhard Brauns. Vor und nach der Besichtigung laden das nette Schlosscafé auf einen Cappuccino und das etwas gediegene Schlossrestaurant zu böhmisch-internationaler Küche ein. Schloss Jemniště ist nur ein Ziel für Motorisierte.

• *Übernachten* **Schloss Jemniště,** es werden 3 herrliche Apartments für bis zu 3 Pers. im Nebengebäude des Schlosses vermietet. Das Frühstück wird auf Wunsch ans Bett serviert. 180 €/Apartment unter der Woche, ansonsten 220 €. Zámek 1, ✆/℻ 317796212, www.jemniste.cz.

• *Öffnungszeiten* Schloss, April, Mai u. Okt. nur Sa/So 9–16.30 Uhr, Juni u. Sept. tägl. 9–17.30 Uhr, Juli u. Aug. tägl. 9–18.30 Uhr. Führungen (45 Min.) 6 €, erm. 3,60 €.



## Slapská Přehrada (Slapy-Stausee)

Der rund 40 km südlich der Hauptstadt gelegene Stausee ist *das* Naherholungsziel gestresster Prager. Dementsprechend herrscht an Sommerwochenenden reger Verkehr auf der Straße 102, die Prag mit dem See verbindet. Die Straße verläuft parallel zur Moldau. Nach dem Zusammenfluss der Moldau mit der Sázava bei Davle ist die Strecke überaus reizvoll. Der 1400 ha große und immerhin 44 km lange Stausee wirkt eher wie ein breiter, verästelter Flusslauf. Aufgestaut wurde er zwischen 1949 und 1954. Die Staumauer befindet sich 5 km östlich von Slapy, dem namengebenden Ort, der selbst nicht am See liegt. Auch wenn der See zur Energiegewinnung geschaffen wurde, größere Bedeutung besitzt er heute als Wassersportparadies vor den Toren Prags. Man kann angeln, surfen, segeln oder sich faul auf einer Liegewiese ausstrecken – Bademöglichkeiten bestehen z. B. bei Nová Rabyně am östlichen Ufer. Die meisten Urlauber wohnen in ihren eigenen Datschen oder Hausbooten. Mit Unterkünften sieht es deswegen, abgesehen von den rund zehn Campingplätzen am See, mager aus.

• *Verbindungen* Regelmäßig **Busse** von Prag-Smíchov nach Slapy und Nová Rabyně. Im Sommer Sa/So und feiertags **Ausflugsschiffe** ab Prag.

• *Camping* So Idyllisch der See, so unidyllisch die Campings, die selbst 20 Jahre nach der Revolution ihren sozialistischen Touch noch nicht abgelegt haben. Anstelle von hölzernen Chatas oft steinerne kasernenartige Baracken, dazu viel junges Partyvolk aus Prag, das zum Feiern kommt. Eine Adresse:

**Autocamp Nová Rabyně,** weitläufiger, netter Wiesenplatz direkt am See. Einfache Sanitäranlagen. Der Strand kann gegen Gebühr (1,20 €) auch von Nichtgästen benutzt werden. Juni–Sept. 2 Pers. mit Zelt u. Auto 10 €. Nová Rabyně, ✆ 602327527 (mobil).

## Zámek Vrchotovy Janovice (Schloss Janowitz)

Das nette, große Dorf Vrchotovy Janovice liegt ca. 65 km südlich von Prag und prahlt mit einem rosafarbenen Märchenschloss. Die Industriellenfamilie Nádherný von Borutín verpasste dem ursprünglichen Renaissanceschloss um 1856 sein neugotisch-romantisches Aussehen. Erst ein paar Jahre zuvor hatten sich die Nádherný Adelstitel und Schloss geleistet. Baronin Sidonie war die letzte Nádherný auf Schloss Janowitz – die Nazis vertrieben sie und richteten im Schloss eine Panzerreparaturwerkstatt ein. Die junge, kunstsinnige Baronin hatte sich hier gerne mit Intellektuellen umgeben, zu ihren Gästen gehörten u. a. Adolf Loos, Karel Čapek,

Rainer Maria Rilke und Karl Kraus. Für Karl Kraus (1874–1936) wurde Sidonie zur größten, wenn auch unglücklichsten Liebe seines Lebens. Viele Abschnitte des Lesedramas *Die letzten Tage der Menschheit* verfasste Karl Kraus im schönen Schlosspark. Die Gedichte und Briefe, die Kraus zwischen 1913 und 1936 an Sidonie schrieb, wurden 2005 im Wallstein Verlag herausgegeben (1616 Seiten). Die Briefe, die Rilke an Sidonie schrieb, erschienen 2007 ebenfalls im Wallstein Verlag (576 Seiten). Die beiden Eifersüchtigen vermieden es, sich in Janovice zu begegnen. Die Wahl Sidonies fiel schließlich auf einen italienischen Grafen.

Heute gehört das Schloss dem Prager Nationalmuseum. In den teilweise noch mit dem Originalmobiliar ausgestatteten Räumen werden drei Ausstellungen gezeigt, die sich mit der *Gesellschaft in Böhmen im 19. Jh., Rilke und Kraus in Vrchotovy Janovice* sowie *Glockengießerei in Böhmen* beschäftigen.

• *Verbindungen/Öffnungszeiten* Bis zu 6-mal tägl. **Busse** nach Benešov. **Schloss,** April, Sept. u. Okt. nur Sa/So 9–12 u. 13–17 Uhr, Mai–Aug. tägl. (außer Mo) 9–12 u. 13–17 Uhr. Für die beiden erstgenannten Ausstellungen, die nur mit Führung zugänglich sind, zahlt man zusammen 2 €, erm. 1,20 €, für die letztgenannte 0,80 €, erm. die Hälfte.

## Zámek Dobříš (Schloss Doberschisch)

42 km südwestlich von Prag liegt in unmittelbarer Nähe zur Staatsstraße 4 das 8500-Einwohner-Städtchen Dobříš, das man getrost ignorieren könnte, gäbe es hier nicht ein sehenswertes Rokokoschloss. Der dunkelapricot-gelb gestrichene, dreiflügelige Bau am östlichen Ortsrand entstand zwischen 1745 und 1765 aus einem Renaissanceschloss. Hier residierte die tschechische Adelsfamilie Colloredo-Mans-

*Schloss Dobříš*

feld (→ Opočno, S. 222) bis zu ihrer Enteignung durch die Nazis im Jahr 1942, woraufhin sich der stellvertretende „Reichsprotektor" Kurt Dalueg darin niederließ. Als deutscher Besitz wurde das Schloss 1945 von den Tschechen beschlagnahmt, die hier ein Erholungsheim für Schriftsteller einrichteten. Erst 1998 gelangte Schloss Dobříš wieder in die Hände der Familie Colloredo-Mansfeld. Feinfühlig restauriert, ist es seitdem zu besichtigen, auch werden Bankette und Hochzeitsfeiern veranstaltet. Zudem kann man im Schloss übernachten.

Bei der 60-minütigen Führung durchläuft man insgesamt elf Räumlichkeiten, darunter die Bibliothek mit 4000 Bänden. Highlight aber ist der 220 $m^2$ große, prunkvolle Spiegelsaal mit reicher Stuckverzierung und einem prächtigen Deckengemälde aus dem Jahr 1746. Zum Lustwandeln lädt der angrenzende französische Barockgarten ein, aufgrund dessen Schloss Dobříš auch „böhmisches Versailles" genannt wird. Den Garten bereichern ein wunderschöner Kaskadenbrunnen und Statuen von Ignaz Franz Platzer (1717–87), einem der bedeutendsten böhmischen Barockbildhauer. Seine eindrucksvollste Arbeit hier ist die Apollonstatue in der Orangerie.

Auf dem Schlossareal gibt es zudem das **Städtische Museum** (Městské muzeum) mit einer Ausstellung historischer Motorräder.

Mittelböhmen
Karte S. 131

• *Verbindungen* Regelmäßige **Busverbindungen** nach Příbram und Prag-Smíchov (Busbahnhof Na Knížeci). Der Bahnhof liegt weit außerhalb.

• *Essen & Trinken* Das Schlossrestaurant **Zámecká Restaurace** bietet böhmische Küche der mittleren Preisklasse. Gepflegt, aber etwas steril. Schöne Terrasse im Schlossinnenhof. ✆ 318520525.

• *Übernachten* **** **Schlosshotel Dobříš**, 10 Zimmer und eine Honeymoon-Suite. Klassisch-moderne Einrichtung, richtige „Schlossatmosphäre" kommt jedoch nicht auf. DZ ab 108 €. Zámek 1, ✆ 318586411, www.zamekdobris.cz.

• *Öffnungszeiten* **Schloss**, Nov.–März tägl. 8–16.30 Uhr, April u. Mai 8.30–17 Uhr, Juni–Okt. 8–17.30 Uhr. Fremdsprachige Schlossführung 7,60 €, verkürzte 30-minütige Führung 4 €, Museum 0,60 € extra, erm. die Hälfte.

## Příbram (Pibrans)

Die 34.000-Einwohner-Stadt besitzt eine gotische Kirche am Hauptplatz, eine kleine Fußgängerzone, dazwischen und daneben farbig gestrichene Platte und frisch restaurierte Altbauten im bunten Mix. Deswegen lohnt die Anfahrt nicht. Wer aber Interesse an Bergbaumuseen (das hiesige zählt zu den größten Böhmens) oder an Marienheiligtümern (das hiesige ist das bedeutendste des Landes) mitbringt, kann einen Abstecher in das ehemalige königliche Bergbaustädtchen unternehmen. Als solches erlebte Příbram zwischen dem 16. und 19. Jh. seine größte Blüte, 1991 wurde das letzte Bergwerk geschlossen. Das in Pibrans abgebaute Silber und Blei machte zu Ende des 19. Jh. sogar über 90 % der gesamten österreichisch-ungarischen Fördermenge aus. Damals grub man bereits Schächte in eine Tiefe von bis zu 1000 m. 1948 begann man mit der gefährlichen Uranerzförderung, die vorrangig von politischen Häftlingen verrichtet werden musste. Über dieses dunkle Kapitel der Stadtgeschichte und über den antikommunistischen Widerstand im Allgemeinen informiert das kleine **Museum des dritten Widerstandes** (Muzeum III. Odboje) im ersten Stock des Schlösschens **Zámeček-Ernestinum** an der Tyršova (tägl. außer Mo 10–16 Uhr, Eintritt 0,80 €). Eine Etage höher widmet man sich dem in Příbram geborenen Fotografen **František Drtikol** (1883–1961), zu sehen sind u. a. Porträts und Akte (tägl. außer Mo 9–17 Uhr, Eintritt 1,20 €, erm. die Hälfte).

**Orientierung:** Vom Hauptplatz *Náměstí T. G. Masaryka* ist das *Schlösschen Zámeček-Ernestinum*, in dem sich das *Infocentrum* und das *Museum des dritten Widerstandes* befinden, ausgeschildert. Die Fußgängerzone Pražská beginnt am Hauptplatz links des Hotels Modrý Hrozen, von ihr ist die *Korridortreppe* (s. u.) hinauf zur Wallfahrtskirche ausgeschildert (mit dem Auto fährt man einen kleinen Bogen hinauf). Das *Bergbaumuseum* liegt ganz im Westen der Stadt. Es ist von der Straße 18 Richtung Rožmital ausgeschildert und mit den Stadtbussen Nr. 3 und 10 ab dem Hauptplatz zu erreichen.

• *Information* **Infocentrum,** im Zámeček-Ernestinum an der Tyršova 106, ✆ 318402381, www.pribram-city.cz. Tägl. 9–17 Uhr. Weitere kleinere Infostelle am Hauptplatz Nám. T.G. Masaryka 156.

• *Verbindungen* Busbahnhof und Bahnhof nebeneinander (rund 10 Fußmin. westlich des Zentrums). Gute **Zugverbindungen** nach Březnice, bis zu 5-mal tägl. nach Písek. **Busse** regelmäßig nach Dobříš, Prag und Rožmital pod Třemšínem, bis zu 9-mal tägl. nach Březnice, 2-mal direkt nach Pilsen.

• *Essen & Trinken* **Šatlava,** stilvolles Restaurant in einem Gewölbekeller. Kleiner Außenbereich. Böhmisch-internationale Küche, Hg. 6–12 €. Vom Hauptplatz kommend, die Fußgängerzone bei der ersten Möglichkeit nach rechts verlassen, kurz darauf rechter Hand. Potoční 139, ✆ 7744 23000 (mobil).

• *Übernachten* *** **Hotel Modrý Hrozen,** am Hauptplatz. 14 farbenfrohe Zimmer mit biederem Mobiliar und Satelliten-TV. Restaurant mit nettem Hinterhofgarten. DZ 44 €. Nám. T.G. Masaryka 143, ✆/℻ 318 628901, www.modryhrozen.cz.

**Penzion Dlouhá,** nahe dem Restaurant Šatlava. Nette Zimmer (z.T. mit Antiquitäten, z. T. aber auch einfacher) in einem historischen Gebäude. Alle mit privaten Bädern, einige mit Terrasse. Sicheres Parken im Hof. Freundlicher englischsprachiger Service. EZ 26 €, DZ 36 €. Dlouhá 96, ✆/℻ 3186 32000, www.dlouhapb.cz.

*Auf dem Heiligen Berg in Příbram*

## Sehenswertes in und um Příbram

**Svatá Hora (Heiliger Berg):** Über eine 450 m lange, überdachte Korridortreppe (Svatohorské schody), an deren Ausgestaltung 1728 u. a. Kilian Ignaz Dientzenhofer mitwirkte, gelangt man vom Zentrum auf den Svatá Hora. In alten, frommeren Zeiten quälten sich die Wallfahrer auf Knien über die 323 Stufen hinauf. Das Marienheiligtum, ursprünglich eine kleine Kapelle, ließen die Jesuiten zwischen 1658 und 1675 nach Plänen von Carlo Lurago zu einem monumentalen Juwel des böhmischen Barock ausbauen. Um die Wallfahrtskirche führt ein sog. Ambitenrundgang, ein Arkadengang mit mehreren Kapellen. Viel Stuck und Deckengemälde zieren ihn. Die erhöht stehende Basilika in der Mitte besitzt eine 7 m hohe, filigran ausgearbeitete Altarwand aus Příbramer Silber. In dieser steht eine rund 50 cm große Birnenholzstatue der Jungfrau Maria aus dem 14. Jh. Seit ihrer feierlichen Krönung 1723 werden ihre Kleider regelmäßig gewechselt.

Öffnungszeiten Mo–Sa 5.45–18 Uhr, So 5.45–16.45 Uhr. Kein Eintritt. Wer Glück hat, kann sich von 9–16 Uhr einer deutschsprachigen Führung anschließen (3 €).

**Hornické muzeum (Bergbaumuseum):** Das Bergbaumuseum im Vorort Březové Hory besteht aus drei nicht zusammenhängenden Arealen, dem *Ševčin-Schacht* (Důl Ševčinský), dem *Anna-Schacht* (Důl Anna) und dem *Adalbert-Schacht* (Důl Vojtěch). Start der Besichtigung ist für gewöhnlich der Ševčin-Schacht. Auf dem dortigen Areal befinden sich auch Ausstellungen über Mineralogie, über die Geschichte des hiesigen Bergbaus (man widmet sich u. a. dem schweren Grubenbrand von 1892, bei dem 319 Menschen starben) und über das Leben der Bergarbeiter. Auf dem Areal des Anna-Schachts kann man mit der Grubenbahn 260 m in den Prokop-Stollen hineinfahren. Im Förderturm des Adalbert-Schachtes steht eine Dampfmaschine aus dem Jahr 1873, zudem erinnert auf dem Areal eine Ausstellung an das Jahr 1875, als man erstmals 1000 m tief in die Erde fuhr.

Öffnungszeiten April–Okt. tägl. (außer Mo) 9–17 Uhr, sonst Di–Fr 9–16 Uhr. Es werden verschiedene Führungen durch die Minen angeboten, je nach Führung 1,60–4,80 €, erm. die Hälfte.

*Příbram: Bergbaumuseum*

**Antonín-Dvořák-Gedenkstätte in Výsoka u Příbramě (Wysoka):** Beim ca. 10 km südwestlich von Příbram gelegenen Dorf Výsoka befindet sich in einem Neorenaissanceschlösschen eine kleine Antonín-Dvořák-Gedenkstätte (Pámatník Antonína Dvořáka). Der große Komponist hielt sich zwischen 1884 und 1904 des Öfteren in Výsoka auf und atmete die Ruhe der Gegend (er wohnte aber nicht im Schloss, sondern in einem nahe gelegenen Landhaus). Die Gedenkstätte ist mit Liebe gestaltet und mit einigen Erinnerungsstücken an Dvořák versehen. Von hier sind es nur 400 m bis zum Teich Rusalka, der Dvořák zu seiner gleichnamigen Oper inspirierte.

*Öffnungszeiten/Anfahrt* **Gedenkstätte,** April–Juni u. Sept./Okt. tägl. (außer Mo) 10–16 Uhr, Juli u. Aug. bis 17 Uhr, den Rest des Jahres bis 15 Uhr. Eintritt 1,60 €. Das Schlösschen liegt am Ortsausgang Richtung Bohutín – nur ein Ziel für Selbstfahrer.

## Březnice (Brschesnitz)

Das 3600-Einwohner-Städtchen Březnice 20 km südlich von Příbram muss man nicht unbedingt gesehen haben. Einen Stopp lohnt allerdings das **Schloss Brschesnitz** (Zámek Březnice) am Stadtrand (an der Straße nach Dobrá Voda). Sein Renaissanceaussehen erhielt es in den Jahren 1548–51. Die Besitzer wechselten mehrmals, die letzte Adelsfamilie, die es ihr Eigen nannte, waren die Pálffy (bis 1945). Mit ihnen und den vorherigen Schlossherren kann man sich bei einer Führung durch die bestens restaurierten Räumlichkeiten vertraut machen. Zwei Touren werden angeboten. Tour 1 führt u. a. durch den Renaissancespeisesaal und durch verschiedene Barock-, Rokoko- und Empiresäle. Kuriose Details sind die exotischen Trophäen des Afrikaliebhabers Jan Pálffy und die zwei Spucknäpfe in Form türkischer Turbane – Schlossherr Přibík Jeníšek von Újezd, der als Soldat der kaiserlichen Armee 1726 in türkische Gefangenschaft geriet, ließ sie anfertigen. Bei Tour 2 sieht man neben der Rüstkammer mit Waffen aus dem 16.–18. Jh. eine wunderschöne Renaissancebibliothek aus dem Jahr 1558, die zu den ältesten Böhmens zählt. Wer mag, kann vor dem Getränk im netten Schlosscafé noch einen Blick in die frühbarocke Schlosskapelle aus den Jahren 1625–32 werfen, für die Carlo Lurago verantwortlich zeichnete. Durch den weitläufigen Schlosspark werden im Sommer Kutschfahrten angeboten.

• *Verbindungen* **Züge** bis zu 6-mal tägl. nach Strakonice. Bahnhof östlich des Zentrums (nahe der Straße nach Dobrá Voda, 5 Fußmin. vom Schloss entfernt). Bis zu 9-mal tägl. **Busse** nach Příbram und Rožmitál. Busbahnhof an der Straße nach Rožmitál, 500 m vom Zentrum entfernt.

• *Öffnungszeiten* **Schloss,** April/Mai und Sept./Okt. tägl. (außer Mo) 9–16 Uhr, Juni–Aug. tägl. (außer Mo) 9–17 Uhr. Fremdsprachige Führungen pro Tour 4,80–5,60 €, erm. 4–4,40 €. Schlosskapelle 2 € extra, erm. 1,20 €.

## Rožmitál pod Třemšínem (Rosenthal)

Das 4400 Einwohner zählende, charmante Städtchen liegt 8 km nordwestlich von Březnice und wird von den Brdy-Bergen umrahmt. Weite Teile des Höhenzugs sind militärisches Sperrgebiet. Dort wollte George W. Bush eine Radaranlage für ein Raketenabwehrsystem aufbauen – Barack Obama aber verwarf den Plan. Rožmitál pod Třemšínem selbst wird dominiert vom mächtigen Schloss der Herren von Rosenthal, das im 15. Jh. aus einer gotischen Burg hervorging. Heute hätte es eine Renovierung dringend nötig. Besuchen kann man derweil das modern konzipierte Brdy-Museum (Podbrdské muzeum) nahe dem Marktplatz mit seiner pastellgelben Kirche (bzw. hinter der Infostelle). Es informiert u. a. über den Komponisten Jakub Jan Ryba, der von 1788 bis 1815 in Rožmitál wirkte.

• *Verbindungen* Gute **Busverbindungen** nach Příbram.

• *Öffnungszeiten* **Brdy-Museum**, März–Mai und Okt. –Dez. tägl. (außer Mo) 9–12 und 13–16 Uhr, Juni–Sept. bis 17 Uhr, Jan/Febr. geschl. Eintritt 3,60 €, erm. 2 €.

Nach **Südböhmen?** Auf dem Weg nach Süden können Sie Abstecher zu den Schlössern von **Lnáře** und **Blatná** (ab S. 449) unternehmen.

# Westlich von Prag

## Hrad Karlštejn (Burg Karlstein)

**Burg Karlstein, das ist Disneyland in Böhmen: Menschenmassen, Wachsfiguren, saftige Preise und viele enttäuschte Besucher.**

Kaiser Karl IV. ließ die ca. 28 km südwestlich von Prag im Böhmischen Karst (→ Beroun) gelegene Burg Karlštejn im 14. Jh. zur Aufbewahrung seiner Kronjuwelen und Reliquiensammlung errichten. Heute zählt sie zu den berühmtesten Baudenkmälern Tschechiens. Wenn man sie aus der Ferne sieht, mächtig auf einem Kalksteinfelsen thronend, wirkt sie äußerst imposant. Aus der Nähe jedoch sieht der Sachverhalt anders aus: Zum einen geht es auf und rund um das Burggelände zu, als würde man eine Plastikburg in Eurodisney besuchen, zum anderen lassen die Ende des 19. Jh. ohne Feingefühl vorgenommenen Restaurierungsarbeiten den ursprünglichen Burgcharakter nur noch erahnen. Mittlerweile ist man dabei, die alten Restaurierungsarbeiten wieder wegzurestaurieren.

Eine Führung durch die Burg ist im Ganzen ebenfalls eine Enttäuschung, da die größte Attraktion, die Heilig-Kreuz-Kapelle, nur nach vorheriger Reservierung zugänglich ist. In ihr wurden einst die Kronjuwelen aufbewahrt, hinter meterdicken Mauern, deren Wände mit 2200 Halbedelsteinen und Tafelbildern des Meisters Theodoricus verziert sind. So spaziert man durch ein paar kärglich möblierte Räume, lediglich der holzvertäfelte Audienzsaal beeindruckt ein wenig.

Durch das gleichnamige Dorf unterhalb der Burg am Flüsschen Berounka laufen etwa eine Million Touristen jährlich. Kaum ein Haus, das nicht an ihnen zu verdienen versucht. Neben unzähligen Restaurants gibt es im Dorf auch ein nettes **Krippenmuseum** (Muzeum Betlémů) und ein **Wachsfigurenkabinett.** Letzteres ist ein wenig spannender Ableger aus Prag und präsentiert 40 Wachsfiguren aus verschiedenen Epochen.

• *Verbindungen* **Züge** regelmäßig vom und zum Prager Hauptbahnhof. Vom Bahnhof in Karlštejn sind es noch ca. 35 Min. zu Fuß bis zur Burg, der Beschilderung „Hrad" folgen.

• *Parken* Großer gebührenpflichtiger Parkplatz nahe dem Dorf Karlštejn (Auto 3 €, Wohnmobil satte 12 €!). Von dort sind es noch ca. 15 Min. zu Fuß steil bergauf auf einer Straße, die für Autos gesperrt ist. Am Parkplatz warten auch **Sammeltaxis,** die 4 €/Pers. verlangen. Zudem kann man mit **Pferdekutschen** nach oben fahren (6 €/Pers.).

• *Übernachten/Essen & Trinken* Es gibt zahlreiche Unterkünfte in jeder Preisklasse.

**Romantic Hotel Mlýn,** eine schöne Übernachtungsmöglichkeit. Die alte Wassermühle (ausgeschildert) bietet 21 klassische Hotelzimmer mit einer netten Prise Individualismus, komfortabel ausgestattet. Restaurant mit schönem Außenbereich. Sichere Parkplätze, Fitnessraum, Sauna. EZ 86 €, DZ 106 €. Karlštejn 101, ✆ 311744411, ℻ 311744444, www.hotelmlynkarlstejn.cz.

**Camping Karlštejn,** idyllisch zwischen Straße (nach Beroun) und Fluss gelegen – der Verkehr auf der 116 hält sich in Grenzen. Hohe Bäume, sehr gepflegt. April–Sept. Nur Kiosk, aber Restaurants in Laufnähe. Chata für 2 Pers. 10,50 €, 2 Pers. mit Wohnmobil 9 €. Karlštejn, ✆/℻ 311681263, hc@obeckarlstejn.cz.

• *Außerhalb* **Restaurace/Penzion Pod Dračí Skálou**, von Lesern gelobtes Ausflugslokal in einem engen grünen Tal nördlich (15 Fußmin.) der Burg. Nette Terrasse, plätschernder Bach davor. Hier entgeht man dem Trubel Karlštejns. Günstige Knödelküche, dicke Steaks und etwas Wild. Es werden auch schlichte Zimmer mit Bad (DZ 44 €) vermietet. Karlštejn 130 (mit dem Auto in einem weiten Bogen über Mořina zu erreichen), ✆ 311681177, www.poddraciskalou.eu.

• *Golf* **Golf Resort Karlštejn,** sehr schöner 18-Loch-Platz mit komfortablem Clubhaus nahe dem Weiler Běleč (südlich der Burg). Greenfee 48–120 €. ✆ 311604999, www.karlstejn-golf.cz.

• *Öffnungszeiten* **Burg,** März tägl. (außer Mo) 9–15 Uhr, April u. Okt. 9–16 Uhr, Mai, Juni u. Sept. 9–17 Uhr, Juli/Aug. 9–18 Uhr, Nov. bis Feb. unregelmäßig (meist nur an Wochenenden) geöffnet. Unter ✆ 274008154 (oder per Mail über rezervace@stc.npu.cz) kann man für die Monate Juni–Okt. eine ausgedehntere Führung inkl. Heilig-Kreuz-Kapelle buchen (mindestens einen Monat vorher!). Normale Führung (stündl., Dauer ca. 50 Min.) 6 €, erm. 4 €, Führung mit Heilig-Kreuz-Kapelle 12 €, erm. 8 €.

**Krippenmuseum,** tägl. 10–19 Uhr, im Winter verkürzt. Eintritt 1,80 €, erm. 1,20 €.

**Wachsfigurenkabinett,** tägl. 9–18 Uhr. Eintritt 4,40 €, erm. 3,20 €.

## Beroun (Beraun)

Beroun, ca. 25 km südwestlich von Prag gelegen, ist ein Industriestädtchen mit rund 19.000 Einwohnern am Flusslauf der Berounka. Die teilweise noch recht gut erhaltene Stadtmauer mit zwei Toren schirmt die kleine, mittelmäßige Altstadt von der Tristesse drum herum ab (Eisen- und Zementwerke sowie die dazugehörigen Arbeiterviertel). Eines der schönsten Gebäude am Marktplatz, dem Husovo náměstí, ist das sog. Jenštejn-Haus aus dem Jahr 1612, in dem heute das **Museum des Böhmischen Karstes** (Muzeum českého krasu) untergebracht ist. Die Geologie des höhlenreichen Karstgebietes südlich der Stadt, wo sich die Berounka ein zerklüftetes Tal gegraben hat, steht im Vordergrund. Zu sehen gibt es u. a. Versteinerungen von längst ausgestorbenen Meerestieren, die der französische Geologe und Paläontologe Joachim Barrande (1799–1883) in den Kalkstein- und Schieferschichten des Karstes fand. Die zweite Attraktion der Stadt liegt im südlichen Vorort Zavadilka: Hier kann man sich mit dem *Berounský medvěd,* dem *Berauner Bärenbräu,* stärken (→ Essen & Trinken). Die einfache, skurrile **Kleinstbrauerei** inmitten eines Schrottplatzes besteht seit 1998 und schenkt ihr Dunkles und Helles nur in der eigenen Gastwirtschaft aus.

• *Verbindungen* Bahnhof in Laufnähe südlich des Zentrums. Sehr gute **Zugverbindungen** von und nach Prag.

• *Essen & Trinken* **Rodinny Pivovar Berounský medvěd,** rustikaler Saal mit schönen alten Bodenfliesen und schweren Bierbänken. Zum guten Bier gibt es variantenreiche böhmische Küche, mittags zu 2,50–3,50 €, abends etwas teurer. Terrasse. Tyršova 135 (der Straße nach Koněprusy bzw. zur Konieprus-Höhle folgen; 700 m nachdem man die Autobahn unterfahren hat, in einer Rechtskurve nach links abbiegen, dann ausgeschildert), ✆ 311622566.

• *Camping* Mehrere Campingplätze am Flusslauf der Berounka Richtung Nižbor.

• *Öffnungszeiten* **Museum des Böhmischen Karstes,** Di–Sa 9–12 u. 12.45–17 Uhr, So 10–12 u. 12.45–17 Uhr. Eintritt 1,60 €, erm. 0,40 €.

## Umgebung von Beroun

**Koněpruské jeskyně (Konieprus-Höhle):** Der Tropfsteinhöhlenkomplex 5 km südlich von Beroun ist dank bester Ausschilderung nicht zu verfehlen. Er liegt inmitten des bei Kanuten, Wanderern und Radfahrern beliebten, 129 km² großen Naturschutzgebiets Böhmischer Karst. Der Höhlenkomplex entstand vor 25 bis 30 Millionen Jahren. In ihm wurden bis zu 200.000 Jahre alte Tierknochen (u. a. die eines Nashorns!) und bis zu 70.000 Jahre alte Menschenknochen gefunden. Von den insgesamt drei Geschossen sind nur das mittlere und das obere auf einer 600 m langen Trasse begehbar. Der größte und dank seiner nahezu surrealen Tropfsteingebilde schönste Raum ist *Prošeks Dom,* benannt nach dem tschechischen Höhlenforscher Franz Prošek. Im Obergeschoss wurde eine Falschmünzerwerkstätte rekonstruiert; hier sollen zwischen 1469 und 1472 bis zu 10.000 Kupfermünzen versilbert worden sein.

*Verbindungen/Öffnungszeiten* Im Sommer bis zu 4-mal tägl. **Busse** vom Berouner Busbahnhof. April–Juni u. Sept. tägl. 8–16 Uhr, Juli u. Aug. 8–17 Uhr, Okt. 8.30–15 Uhr. Eintritt 4,80 €, erm. die Hälfte.

**Oppidum Stradonice/Infozentrum der keltischen Kultur:** Beim rund 9 km nordwestlich von Beroun gelegenen Weiler Stradonice wurde Ende des 19. Jh. ein 80 ha großer keltischer Burgwall aus dem 2. Jh. v. Chr. entdeckt. Die Funde im Oppidum (= keltische Befestigung) Stradonice, darunter Bronzestatuetten, Knochenerzeugnisse und Eisengegenstände, sind heute auf verschiedene nationale und internationale Museen verteilt. Später durchwühlten Plünderer das Gebiet. Sehenswert ist es nicht. Interessierte aber können dem modernen Infozentrum der keltischen Kultur im nahe gelegenen Schloss Nižbor einen Besuch abstatten. Es thront imposant auf einem Hügelrücken.

*Verbindungen/Öffnungszeiten* Bis zu 8-mal tägl. **Busse** von Beroun nur nach Nižbor. **Infozentrum der keltischen Kultur,** Mai/Juni u. Sept./Okt. tägl. (außer Mo) 10–17 Uhr, Juli/Aug. tägl. (außer Mo) 9–18 Uhr. Eintritt 2 €.



## Hrad Křivoklát (Burg Pürglitz)

Westlich von Beroun erstreckt sich das 630 km² große **UNESCO-Biosphärenreservat Křivoklátsko**. Es hat bislang den Status eines Naturschutzgebietes, soll nach Planungen des Umweltministeriums aber zum fünften Nationalpark der Republik erkoren werden. Es ist landschaftlich sehr reizvoll, insbesondere entlang der sich wild windenden und bei Kanuten beliebten Berounka. Die dichten Wälder sind von Rad- und Wanderwegen durchzogen. Am Nordrand des Křivoklátsko (rund 26 km nordwestlich von Beroun) thront auf einem markanten Felsvorsprung Burg Pürglitz (Hrad Křivoklát), eine mächtige gotische Feste aus der Mitte des 13. Jh. Karl IV. (1316–1378) ging hier gerne auf die Jagd, und sein Sohn Wenzel IV. erlebte einen großen Teil seiner Kindheit auf Burg Pürglitz. Im 16. Jh. diente die Burg als Gefängnis. Einer der prominentesten Gefangenen war der englische Alchimist Edward Kelley, der in Diensten Rudolfs II. stand (aber offenbar auch nicht so genau wusste, wie man den Stein der Weisen findet). Nach einem großen Brand Mitte des 17. Jh. verfiel die Burg, bis sie im 19. und Anfang des 20. Jh. unter den Fürstenberg, den letzten adeligen Besitzern, im spätgotischen Stil restauriert wurde. Seit 1929 ist die Burg Staatseigentum. Ihr Inneres ist sehenswert. Entscheiden Sie sich für Tour 1: Sie beinhaltet u. a. die Burgkapelle (1499–1516) mit einem außergewöhnlichen Netzgewölbe, einem herrlichen Flügelaltar und schönen Fenstermalereien, den Großen Saal mit spätgotischem Interieur sowie die Galerie und die Bibliothek der Fürstenberg. Bei Tour 2 steht der Große Turm im Vordergrund.

• *Verbindungen* Wer von Prag anreist, muss in Beroun umsteigen (bis zu 10-mal tägl. **Züge** von Beroun nach Křivoklát).

• *Essen & Trinken/Übernachten* Fast überall steht Wild auf der Karte. Beide Unterkünfte liegen unterhalb der Burg.

**Penzion U Jelena,** freundliche kleine, aus mehreren Gebäuden bestehende Anlage. Nur 6 gepflegte, komfortable Teppichbodenzimmer. Angeschlossen ein gutes Restaurant im Jägerstil (innen mit Kachelofen, außen schöne Sommerterrasse). DZ 40 €. Hradní 53, ✆/📠 313558235, www.ujelena.eu

**Hotel Sýkora,** von innen besser als von außen. Dennoch schlichte, abgeschabte Zimmer mit eigenen Bädern. Restaurant. DZ 24 €, kein Frühstück. Nám. Sv. Čecha 85, ✆ 313558114, www.hotel-sykora. krivoklatsko.com.

**Kempink Višnová II,** einer von mehreren Plätzen entlang der Berounka. In der gleichnamigen Siedlung (ca. 4 km südlich der Burg, nördliche Flussseite). Sehr schön am Fluss gelegen. Ältere Sanitäranlagen. Viele Wohnwagen (Camper mit Zelt bevorzugen den direkt daneben gelegenen Platz Višnová I.) Imbiss, Restaurant in der Nähe. Mai–Okt. 2 Pers. mit Wohnmobil 6 €. Višnová, ✆/📠 312249416, www.dokempu.cz.

• *Kanuverleih* Über **Asksport,** im nahen Roztoky. Kanu 8 €/Tag. Kanutransport 0,35 €/km. ✆ 605266162 (mobil), www.asksport.cz.

• *Öffnungszeiten* **Burg Křivoklát,** Jan.–März Mo–Fr 10–15 Uhr. April u. Okt. tägl. (außer Mo) 9–16 Uhr, Mai, Juni u. Sept. tägl. (außer Mo) 9–17 Uhr, Juli u. Aug. 9–18 Uhr, Nov. u. Dez. nur Sa/So und feiertags 9–15 Uhr. Tour I 4 €, Tour II 3 €, beide Touren 6 €, erm. 30 % weniger.

## Lány (Lana)

Lány ist ein einfaches Dorf 12 km nördlich der Burg Křivoklát. Auf dem hiesigen Friedhof am nördlichen Ortsrand befindet sich das schlichte **Grab Tomáš Garrigue Masaryks,** des ersten tschechoslowakischen Staatspräsidenten (1918–1935). Masaryk starb 1937 auf Schloss Lány. Das Schloss dient bis heute als Sommersitz der tschechischen Präsidenten und kann nicht besichtigt werden; lediglich der angrenzende Schlosspark ist zugänglich. Wer mehr über Masaryk erfahren möchte, kann das gleichnamige **Museum** an der Durchgangstraße besuchen.

*Verbindungen/Öffnungszeiten* Bis zu 6-mal tägl. **Busse** ab Prag-Hradčanská (Ⓜ A). **Masaryk-Museum,** Nov.–März tägl. (außer Mo) 9–16 Uhr, Mai–Juni u. Sept./Okt. Di/Fr 9–16 Uhr, Mi/Do/Sa/So 9–18 Uhr, Juli/Aug. tägl. (außer Mo) 9–19 Uhr. Eintritt 2 €, erm. 1,20 €.

### TGM – vom Bauernsohn zum Staatspräsidenten

Tomáš Garrigue Masaryk wurde 1850 im mährischen Hodonín als Sohn eines einfachen slowakischen Bauern und einer deutschen Mutter geboren. Trotz seiner Herkunft schaffte er den Aufstieg zum Philosophieprofessor an der Prager Karlsuniversität, zum sozialdemokratischen Abgeordneten und schließlich zum ersten Staatspräsidenten des Landes. Als solcher war Masaryk, der als liberaler Humanist galt, maßgeblich am Aufbau eines der progressivsten demokratischen Staatengebilde Europas jener Zeit beteiligt (mit allgemeinem Wahlrecht und einem guten Sozialversicherungssystem). Das ganze Land trauerte, als er 1937 starb. Nach dem Staatsstreich 1948 versuchten die Kommunisten, den „Mythos Masaryk“ systematisch zu entzaubern, indem sie ihn als den führenden Repräsentanten einer bürgerlichen Epoche sozialer Ungleichheit verunglimpften. Als nationale Integrationsfigur wiederentdeckt wurde er erst zur Zeit des Prager Frühlings 1968 und dann in besonderer Weise während der Samtenen Revolution von 1989, als sein bebrilltes Gesicht mit dem Spitzbart allerorten zu sehen war. Heute gibt es wohl keine Stadt Tschechiens ohne eine Masaryk-Straße oder einen Masaryk-Platz.

*Die ermordeten Kinder von Lidice*



## Lidice **(Liditz)**

Der Name des ehemaligen Bergbaudorfes Lidice, rund 20 km nordwestlich von Prag nahe der Industriestadt Kladno gelegen, ging im Sommer 1942 um die Welt. In einem brutalen Racheakt – die SS hatte fälschlicherweise die tschechischen Rädelsführer des Attentats auf Reinhard Heydrich mit dem Dorf in Verbindung gebracht – radierten die Nazis Lidice am 10. Juni 1942 von der Landkarte. 173 Männer wurden an Ort und Stelle erschossen, 184 Frauen in KZs verschleppt (49 davon kamen in Ravensbrück ums Leben). Anschließend brannte man die 102 Häuser des Dorfes bis auf die Grundmauern nieder. Von den 98 Kindern wurden ein paar „eingedeutscht", die meisten jedoch interniert und später mit Auspuffabgasen erstickt. Das Massaker löste weltweites Entsetzen aus. Unter dem Motto „Lidice soll leben" benannten sich Städte auf der ganzen Welt – u. a. in Brasilien, Mexiko, Venezuela und Südafrika – in Lidice um.

Dort, wo einst das Dorf lag, befinden sich heute ein kleines, aber erschütterndes **Museum** und eine parkähnliche Anlage mit einem Bronzedenkmal zur Erinnerung an die ermordeten Kinder sowie ein großer Rosengarten als Friedenssymbol. Die rund 30.000 Rosenstöcke entstammen internationalen Spenden. Der Garten wurde zwischen der Gedenkstätte und dem sterilen „neuen" Lidice angelegt, das 1947 für jene Frauen geschaffen wurde, die das KZ überlebt hatten. Dort gibt es auch eine interessante **Galerie** mit zahlreichen Werken internationaler Künstler, die sich mit dem Thema Lidice befasst haben. Joseph Beuys steuerte die Plastik *Für Lidice* bei, ein Stillleben mit einer Blechdose und einem menschlichen Knochen.

• *Verbindungen/Anfahrt* Regelmäßig **Busse** von Prag-Dejvice (Ⓜ A) und Prag-Zličín (Ⓜ B). Der Bus hält neben der Gedenkstätte. Lidice ist von der Autobahn Slany – Prag ausgeschildert.

• *Literaturtipp* **Eduard Stehlík:** Lidice. Geschichte eines tschechischen Dorfes. Verlag V Ráji: Prag 2004.

• *Öffnungszeiten* **Museum,** April–Okt. tägl. 9–18 Uhr, Nov.–März bis 16 Uhr, **Galerie** ganzjährig 10–17 Uhr. Kombiticket für Museum und Galerie 3,20 €, erm. die Hälfte.

# Ostböhmen (Východní Čechy)

**Ostböhmen steckt voller Widersprüche: Da gibt es die weitesten Ebenen und zugleich den höchsten Berg des Landes. Da stößt man auf internationale Touristenorte und gerät schon ein paar Kilometer weiter in die vergessensten Winkel der Republik. Da wechselt zur Schau getragener Wohlstand mit Perspektivlosigkeit ab.**

Was die Vielfalt der Landschaften angeht, ist Ostböhmen unschlagbar. Im Osten grenzt das nahezu menschenleere Adlergebirge (Orlické hory) die Region ab, im Norden das touristisch bestens erschlossene Riesengebirge. Dort entspringt die Elbe. Sie fließt gen Süden durch ein weites, flaches und überaus fruchtbares Land, das Polabí (Elbniederung) genannt wird. Weite goldene Kornfelder bestimmen das Bild. In den heißen Sommermonaten hängt meist ein staubiger Dunst darüber, im Winter sind die Stoppelfelder oft nebelverhangen. Inmitten dieser brettebenen Landschaft liegen Pardubice und Hradec Králové, die zwei größten Städte Ostböhmens und zugleich bedeutende Wirtschafts- und Industriezentren. Zwischen beiden Städten herrscht seit jeher eine gewisse Rivalität.

### Ostböhmen – die Highlights

**Pardubice:** Wenn sich das Dunkel der Nacht über die tristen Außenbezirke legt und der Marktplatz der Stadt, einer der malerischsten des Landes, im Scheinwerferlicht erstrahlt, ist Pardubice unwiderstehlich schön.

**Kuks und Betlém:** Kuks zählte zu den prächtigsten Kurbädern Böhmens. An den einstigen Glanz erinnert das Spital mit zahlreichen barocken Statuen aus der Werkstatt Matthias Bernhard Brauns. Ein paar Kilometer weiter hat sich der Barockbildhauer mit einem Skulpturenpark verewigt.

**Riesengebirge:** Das Grenzgebirge besitzt mit der Schneekoppe den höchsten Berg und die besten Skigebiete des Landes. Auch zum Wandern und Mountainbiken lädt es ein. Den Charme des Böhmerwaldes teilt es jedoch nicht.

**Adršpaško-Teplické Skály:** Die Adersbach-Weckelsdorfer Felsenstadt (auch Adersbacher und Wekelsdorfer Felsen genannt) ist ein Wirrwarr aus Felsbrücken, Felstürmen, Felsnadeln und den bizarrsten Sandsteinformationen.

**Broumovsko:** Der vergessenste Winkel des Landes mit einer Vielzahl von Kirchen- und Klosterbauten, für welche die Barockbaumeisterfamilie Dientzenhofer verantwortlich zeichnete.

**Babiččino údolí:** Die Pilgerstätte für alle Fans der *Babička*, „einer der schönsten Frauengestalten der Weltliteratur" (Kindlers Literaturlexikon). Entsprungen ist die „Großmutter" der Feder Božena Němcovás.

**Litomyšl:** Ganz im Südosten Ostböhmens gelegen, gehört Litomyšl zu den schönsten Kleinstädten des Landes. Hier erblickte der große Komponist Bedřich Smetana das Licht der Welt.

## Pardubice (Pardubitz)

**Welche berühmte Tradition pflegt Pardubice wie Liverpool? Pferderennen! Was verbindet Pardubice mit Lockerbie? Semtex! Was hat Pardubice mit Hänsel und Gretel gemein? Pfefferkuchen! Und in was steht die böhmische Stadt kaum einer italienischen nach? In ihrer Piazza.**

Die 90.000 Einwohner zählende Industriestadt (vornehmlich Chemie und Elektronik) ist in ihrer Gesamtheit alles andere als schön. Lediglich 500 x 500 m bilden die

POLEN
Jawor
A4
30
5
Bolków
Jelenia Góra
3
35
Walbrzych
Kamienna Góra
Harrachov
Krkonoše (Riesengebirge)
Sněžka (Schneekoppe) 1602
Špindlerův Mlýn
Rokytnice nad Jizerou
Bedřichov
Labská
Před. Plan 1195
Herlíkovice
Mala Úpa
Velká Úpa
Pec pod Sněžkou
Horní Maršov
Janské Lázně
Černá hora 1299
Jilemnice
Vrchlabí
Semily
14
Mladé Buky
Labe
Lomnice nad Popelkou
16
Trutnov
Adršpach
Adršpašsko-Teplické Skály
Verneřovice
Vižnov
Ruprechtice
Broumovsko
Broumov
Teplice nad Metují
Bukovice
Broumovské stěny
Křinice
Hvězda
Police nad Metují
Hronov
Babiččino údolí
Nová Paka
Jičín
Dvůr Králové nad Labem
Ratibořice
Náchod
Betlém
Kuks
Česká Skalice
Jaroměř
Hořice
Josefov
Nové Město nad Metují
Milovice
35
Chlum
33
Librice
Opočno
Dobruška
Deštné
Orlické hory (Adlergebirge)
Lodín
Trnov
Hradec Králové
Nový Bydžov
Hrádek u Nechanic
Třebechovice pod Orebem
11
Rokytnice
Kostelec nad Orlicí
Rychnov nad Kněžnou
Chlumec nad Cidlinou
37
Častolovice
Doudleby nad Orlicí
Hrobice
Žamberk
Altvatergebirge
Hradiště na Písku
Kunětická Hora
36
Holice
St. Hradiště
Letohrad
Pardubice
2
Choceň
Heřmanův Městec
Chrudim
Ústí nad Orlicí
Kutná Hora
17
Vysoké Mýto
Česká Třebová
Konopač
Slatiňany
Litomyšl
43
Čáslav
37
Nasavrky
Ležáky
Nové Hrady
35
Svitavy
Olomouc
38
Hlinsko
34
Polička
Chotěboř
12,5 km
Ostböhmen
Jihlava
Jihlava

*In den Gassen von Pardubice*

Ausnahme – das Schlossareal und die Altstadt. Dieser winzige historische Kern ist einer der schönsten Böhmens. Einen Vergleich mit italienischen Renaissanceensembles braucht das Pardubicer Herz nicht zu scheuen.

Legendär ist neben der Altstadt das seit 1874 ausgetragene Pferderennen *Pardubitzer Steeplechase,* das nach dem *Grand National* von Liverpool/Aintree schwierigste Hindernisrennen Europas – ein Highlight für alle, die nicht in einem Tierschutzverband engagiert sind. Berühmt ist die Stadt auch für ihren Eishockeyclub, den mehrmaligen tschechischen Meister, und für ihren Lebkuchen, den *Pardubický Perník,* der hier angeblich schon seit dem Mittelalter hergestellt wird. Und schließlich wäre da noch der bekannteste Exportschlager der Stadt – der Plastiksprengstoff *Semtex,* der seit 1966 in Pardubice hergestellt wird (→ S. 176).

**Orientierung:** Altstadt und Schloss werden im Norden von der Elbe und im Osten vom Flusslauf der Chrudimka umschlossen. Das Nadelöhr zur westlich gelegenen Neustadt ist das *Grüne Tor,* vor dem sich der *Náměstí Republiky* mit dem *Městské Divadlo,* einem herrlichen Jugendstiltheater, dem Shoppingcenter *Grand* und diversen Banken ausbreitet. Von hier führt die verkehrsberuhigte *Třída Míru,* die „Straße des Friedens" (später als *Palackého*), zu Brauerei, Bahnhof und Busbahnhof.

## Information/Parken/Verbindungen

- *Information* **Informační centrum Pardubice,** Nám. Republiky 1, ✆ 466768390, www.ipardubice.cz. Tägl. 10–18 Uhr.
- *Parken* Sicheres Parkhaus an der Karla IV. südlich der Altstadt.
- *Verbindungen* Busbahnhof und Bahnhof nahe beieinander an der Palackého (ca. 20 Fußmin. westlich der Altstadt). Ins Zentrum (Nám. Republiky) fahren Ⓑ 6, 8, 9 und 12.

**Busse** regelmäßig nach Hradec Králové,

bis zu 4-mal tägl. nach Liberec, 2-mal nach Budweis, 1-mal nach Spindlermühle.

**Züge** regelmäßig nach Prag, Hradec Králové, Jaroměř, Havlíčkův Brod, Kolín, Brünn und Ostrava, alle 2 Std. nach Liberec.

Den **Stadtverkehr** erledigen Busse und Trolleybusse. Für Touristen ist das innerstädtische Bussystem bis auf wenige angegebene Ausnahmen kaum interessant.

## Adressen/Einkaufen/Veranstaltungen (→ Karte S. 172/173)

• *Ärztliche Versorgung* **Krankenhaus,** Kyjevská 44 (südöstlich des Zentrums). ✆ 466011111.

• *Polizei* Zentral an der Pernerova 443. ✆ 158.

• *Post* An der Třída Míru.

• *Goethe-Zentrum Pardubice* Ein Partner des Prager Goethe-Instituts am Pernštýnské nám. 54. Mit Bibliothek. Mo/Di/Do 13–18 Uhr, Mi 9–18 Uhr.

• *Einkaufen* Hauptgeschäftszentrum ist die verkehrsberuhigte Třída Míru mit den südlich von ihr abgehenden Straßen. In der Altstadt befinden sich ein paar nette Antiquariate, z. B. in der Pernštýnská.

**AFI Palace Pardubice (17),** Shoppingcenter an der Ecke Palackého/17. listopadu. Bietet (fast) alles, was das Konsumentenherz begehrt.

**Grand (14),** das ehemalige Hotel ist heute ein weiteres Shoppingcenter mit etlichen Läden auf 3 Etagen sowie einem Supermarkt. Třída Míru/Ecke Nám. Republiky.

**Pardubický Perník (18),** Pardubitzer Lebkuchen in Hülle und Fülle, eines von vielen Geschäften dieser Art in der Stadt. Selbst das Pfefferkuchenhaus der Hexe samt Hänsel und Gretel gibt es zu kaufen. Třída Míru 67.

**Archiv Vin Zelená Brána (13),** hübsche, kleine Vinothek mit tschechischen Weinen, viele Tröpfchen kommen aus der Mělníker Gegend. Zelenobranská 70.

• *Eishockey* Die **ČEZ-Arena** liegt an der U Stadiónu westlich des Schlossareals, Ticketverkauf dort (✆ 466741630) – bei internationalen Spielen sollte man sich früh um Karten kümmern. Vom Stadionrestaurant kann man den Spielen zusehen.

• *Veranstaltungen* Highlight ist natürlich die **Pardubitzer Steeplechase** Anfang Okt. (Pferderennbahn im südwestlichen Vorort Svítkov, Shuttlebusse vom Zentrum, Infos über die Touristeninformation). Ansonsten gibt es den **Musikalischen Frühling,** ein Festival der klassischen Musik im April, ein **Folklorefestival** Anfang Juni und diverse Rockmusikfestivals im Sommer. Das **Czech Open** Ende Juli ist eines der größten internationalen Schachturniere Europas mit über 2000 Teilnehmern.

*Im Lebkuchenladen*

## *Essen & Trinken/Nachtleben*

• *Restaurants* **Bazalka (6),** eine der besseren Lokalitäten der Stadt, in einer ehemaligen Mühle untergebracht. Neben internationaler Küche und guten Salaten auch die böhmischen Klassiker. Preislich etwas gehoben. Schöne Sommerterrasse. Wernerovo nám., ✆ 466513100.

**Pizzeria Galera (11),** am Pernštynské nám. Modern-rustikale Pizzeria, mittlere Preisklasse. Nette Außenterrasse, stets bestens besucht. ✆ 77668888 (mobil).

**U dvou kohoutků (21)**, überregional bekanntes Restaurant für den etwas gehobeneren Anspruch. Zeitgemäße, gute Küche, günstige Mittagsmenüs, Sommerterrasse. Hg. 6–10 €. So geschl. Smilova 364, ✆ 466615227.

**Plzeňka (22),** großes rustikal-gepflegtes Lokal mit Sommerterrasse, der „Pilsner Urquell Original Restaurants"-Kette zugehörig, die tschechienweit für Qualität bürgt. Böhmische Küche auf höherem Niveau, korrekter Service, mittlere Preisklasse. Smilova 38 6 (etwas außerhalb der Altstadt), ✆ 466612351.

**Potrefená Husa (14),** modernes Kneipenrestaurant mit ansprechender Küche, Filiale der landesweiten Kette. Nám. Republiky 1400, ✆ 775791088 (mobil).

**Pivovarka (19),** Gaststätte der örtlichen Brauerei *Pernštejn*. Große Bierhalle mit günstiger böhmischer Küche, dazu trinkt man 12-gradiges Helles, 10-gradiges Halbdunkles, das 19-gradige (!) Starkbier *Porter* oder das alkoholfreie *Pito*. Biergarten mit Blick auf graue Platte. So geschl. Beim Busbahnhof an der Palackého.

**U Čápa (2),** einfaches Restaurant mit Sommerterrasse. Nur ein paar wenige satt machende Gerichte, die täglich wechseln und spottbillig sind – oft ist der Lendenbraten aber schon um 12 Uhr mittags aufgegessen, dann bleibt nur noch ein gut gezapftes Bier. Freundliches Personal. Zámecká 24.

• *Cafés/Teestube* **Dobrá Čajovna (5),** alternative Teestube. Nett, wenn man auf Räucherstäbchen, meditative Musik und Nichtraucherlokale steht. Teeverkauf angegliedert. Ab 14 Uhr. Kostelní 105/Ecke Pernštýnská.

**Café Bajer (15),** verspielt-liebevoll eingerichtetes Café mit Wintergarten und Innenhof. Möbel vom Trödler, viele Pflanzen und ein echter Papagei im Käfig. Gute Kuchen und etliche Kaffeesorten (z. B. Fiaker mit einem Schuss Rum). Sa/So erst ab 16 Uhr. Třída Míru 763. Seit 2009 gibt es die Filiale **Čokoláda Bajer (12)** im Wiener Kaffeehausstil in Nachbarschaft des Grünen Tors. Spezialität: heiße Schokolade. Zelenobranská 2.

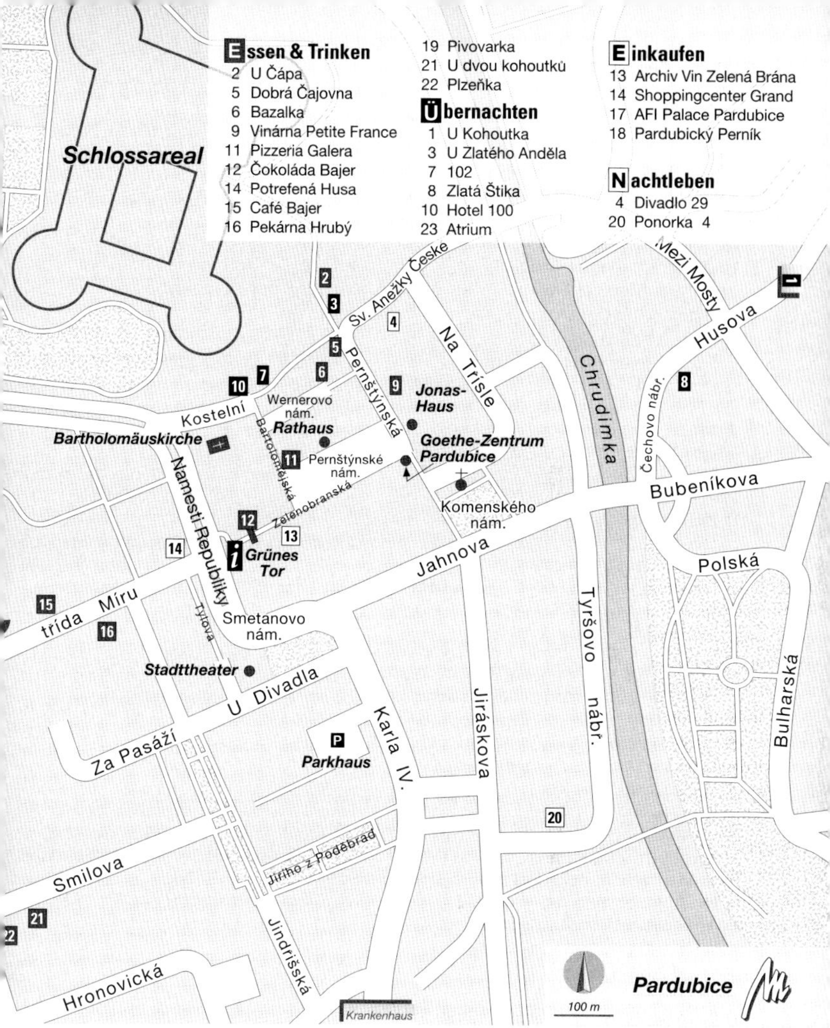


• *Weinstube* **Vinárna Petite France (9),** urgemütliche Weinstube. Nur wenige und meist besetzte Tische, an denen man sich durch etliche tschechische und französische Tröpfchen trinken kann. Kleine Snacks wie Toasts oder Käseplatten. So geschl. Pernštýnská 41.

• *Snacks* **Pekárna Hrubý (16),** Mischung aus Bäckerei, Delikatessladen und Stehimbiss. Diverse Sorten *chlebíčky* und Majonäsesalate, warme Fertiggerichte. Sehr billig. Mo–Fr 7–18 Uhr, Sa 7–12 Uhr, So geschl. Třída Míru.

• *Nachtleben* Der mit Abstand angesagteste Musikclub der Stadt ist der **Žlutý pes** („Gelber Hund") im nördlichen Vorort Cihelna. Tägl. ab 16 Uhr, regelmäßig ab 21 Uhr Konzerte (Hip-Hop, Punk, Blues, Reggae etc.). Beliebt bei den Studenten der nahe gelegenen Wohnheime. Ke Koupališti 62. Zu erreichen mit Ⓑ 10 ab dem Masarykovo nám. (AFI Palace), Haltestelle Univerzita aussteigen.

Noch jünger ist das verkiffte Publikum im Club **Ponorka (20)** an der zentrumsnahen Jiráskova 29: Technopartys und schrägschrille Konzerte. Mit Biergarten. Mehrmals monatlich gibt es alternative Musikkonzerte (Bands aus der ganzen Welt) im **Divadlo 29 (4)**, einem kleinen Theater an der Sv. Anežky České 29 – achten Sie auf Plakate.

### *Übernachten*

Die Touristeninformation reserviert auf Wunsch Hotelzimmer. Im Sommer haben Budgetreisende die Möglichkeit, für ein paar Euro ein Bett in einem der verlassenen Studentenwohnheime zu bekommen. Während der Steeplechase Anfang Oktober ist ohne Reservierung kaum etwas zu machen.

• *Hotels* *** **Zlatá Štika (8)**, in Altstadtnähe. Sehr gepflegtes Haus mit Restaurant, Konferenzräumen, Weinkeller und Bierstube. Die Zimmer wurden nach einem Betreiberwechsel 2010 umfassend restauriert. Bewachte Parkplätze. EZ ab 55 €, DZ ab 62 €. Štrossova 127, ✆ 466052100, ℻ 466052130, www.zlatastika.cz.

**U Zlatého Anděla (3)**, stilvolles kleines Hotel in einem historischen Gebäude in Schlossnähe. Sehr geräumige Zimmer mit ordentlichen Teppichböden, guten Bädern (teils mit alten Deckenbalken) und einem Mix aus rustikalem und modernem Mobiliar. Personal nicht immer fremdsprachig. EZ ab 35 €, DZ 47 €. Zámecká 25, ✆/℻ 46651 1028, www.hotelzlandel.pardubicko.com.

**Hotel 100 (10)**, in der Altstadt. 6 rustikal-gediegene Zimmer mit eigenem Bad und Minibar. Freundliches, deutschsprachiges Personal, Bistro mit Terrasse, Waschservice, kostenlose Parkplätze. EZ 40 €, DZ 48 €. Kostelní 100, ✆ 466511179, www.hotel100.cz.

• *Pensionen* **Atrium (23)**, in einer netten Einkaufsstraße in der Neustadt. 13 ordentliche Zimmer mit hellem Mobiliar und privaten Bädern. Sichere Parkplätze im Hof. Café. EZ 48 €, DZ 54 €. Smilova 343, ✆ 466615146, ℻ 466610398, www.penzionatrium.cz.

**102 (7)**, zentral in einer ruhigen Altstadtgasse. Freundlich möblierte, großzügige Zimmer mit Sitzecke, Telefon und Kühlschrank. Private Bäder, Gemeinschaftsküche. Sehr sauber. 2 Zimmer mit Gartenterrasse. Englischsprachig. DZ 40 €. Kostelní 102, ✆/℻ 466511153.

**U Kohoutka (1)**, ca. 10 Fußmin. nordöstlich der Altstadt. Nicht von der dazugehörigen verräucherten Bierkneipe abschrecken lassen – die 6 Zimmer sind sauber, besitzen private Bäder und sind mit Kiefernholzmobiliar ausgestattet. Gutes Preis-Leistungs-Verhältnis. DZ 24 €, Frühstück 4 € extra. Husova 157, ✆ 466265059, www.penzion-ukohoutka.wz.cz.

• *Camping* **Autokemp Cihelna,** beim städtischen Freibad im Norden der Stadt, von der Straße nach Staré Hradiště ausgeschildert. Sozialistisches Überbleibsel, nur im Notfall aufsuchen. Juni–Mitte Okt. 2 Pers. mit Zelt u. Auto 8,90 €, Bett in der Chata 6 €. Husova 298, ✆ 466415833, www.koupalistepardubice.cz.

## Sehenswertes

Durch US-amerikanische Bomber wurden im Zweiten Weltkrieg über 1000 Häuser zerstört. Wie durch ein Wunder blieb die pittoreske, heute **denkmalgeschützte Altstadt** verschont. Das Gros der Reisenden betritt sie vom **Náměstí Republiky** aus (mehr Kreuzung als Platz). Dabei durchquert man das **Grüne Tor** (Zelená brána), das durch einen 60 m hohen Turm führt, der zugleich das Wahrzeichen Pardubices ist. Er entstand Mitte des 16. Jh., kurz nachdem die Stadt zum zweiten Mal innerhalb weniger Jahre (1507 und 1536) niedergebrannt war. Im Sommer kann er bestiegen werden.

Durch das Grüne Tor gelangt man automatisch auf den **Pernstein-Platz** (Pernštýské náměstí), der nach dem ersten Stadtbrand angelegt wurde. Der an sich schon malerische Platz mit seinen vielen Terrassenlokalen läuft zur Höchstform auf, wenn er nachts angestrahlt wird. In seiner Mitte steht eine Mariensäule aus dem Jahr 1698. Das größte Gebäude am Platz ist das zweitürmige **Rathaus** (Radnice) im Stil der Neorenaissance, das durch den Umbau eines älterer Gebäudekomplexes Ende des 19. Jh. entstand. Die Vorlagen für die Sgraffitifassade stammen von Mikoláš Aleš. Das schönste Gebäude am Platz ist jedoch das auf der Ostseite gelegene **Jonas-Haus** (Dům u Jonáše) vom Ende des 18. Jh. Die Fassade ziert eine plastische Darstellung des Propheten Jonas mit dem Walfisch. Heute ist hier die **Ostböhmische Galerie** (Východočeská galerie) untergebracht, die in temporären Ausstellungen Kunst des 20. Jh. zeigt.

Vom Pernštýské náměstí führt die Bartolomějská zur **Bartholomäuskirche** (Kostel sv. Bartoloměje), einem ursprünglich gotischen Bau, der durch den ersten Stadtbrand von 1507 zerstört wurde. Die Stadtkirche ziert ein hübsches Fassadenmosaik, das zu Beginn des 20. Jh. ebenfalls nach Entwürfen von Mikoláš Aleš geschaffen wurde.

*Am Pernstein-Platz*

Folgt man vom Pernštýnské náměstí der Pernštýnská und ihrer Verlängerung, der Zámecká, gelangt man zum **Schloss** (Zámek). Errichtet wurde der vierflügelige Renaissancebau nach dem Brand von 1536 an der Stelle einer Wasserfeste aus dem 13. Jh. Den inneren Schlosshof betritt man durch ein Tor, das mit einem Relief versehen ist, auf dem ein Stier dargestellt ist, dem mit einem Beil der Kopf abgeschlagen wird. Die Szene steht in Zusammenhang mit der Ursprungslegende der Adelsfamilie Pernstein (Pardubitz ging 1490 in ihren Besitz über), die einen Stier mit Nasenstrick im Wappen trägt (→ Hrad Pernštejn, S. 559 ). Im Inneren präsentiert das **Ostböhmische Museum** (Východočeské muzeum) heute diverse Sammlungen, u. a. *Alte Postkarten, Waffen* und *Böhmisches Geld.* Darüber hinaus werden wechselnde Ausstellungen gezeigt.

• *Öffnungszeiten* **Zelená brána (Grünes Tor),** Turmbesteigung Mai–Okt. tägl. (außer Mo) 9–12 u. 13–17 Uhr. Eintritt 0,75 €, erm. 0,60 €. **Ostböhmische Galerie,** tägl. (außer Mo) 10–18 Uhr. Der Eintritt variiert je nach Ausstellung. **Ostböhmisches Museum,** tägl. (außer Mo) 10–18 Uhr. Eintritt für alle Sammlungen 2,40 €, erm. die Hälfte, Einzelticket pro Sammlung 0,80 €, erm. die Hälfte.

**Sehenswertes außerhalb der Altstadt:** Rund um die Altstadt ist man seit Jahren damit beschäftigt, mit etwas Farbe die vorrevolutionäre Tristesse wegzuschminken. Einen architektonisch interessanten Bau gibt es aber auch dort. Ganz im Süden der Stadt (im Stadtteil Dukla) steht das von Pavel Janák in den 1920er Jahren entworfene Krematorium. Es gilt als das schönste rondokubistische Gebäude (→ S. 58) des Landes. Anfahrt mit Ⓑ 6 ab Náměstí Republiky, Haltestelle Krematorium.

**Semtex – tödliches Marzipan aus Pardubice**

Nordöstlich von Pardubice liegt Semtín, ein Vorort halb so groß wie Pardubice selbst. Er besteht aus nichts anderem als aus Schloten und Produktionsstätten der Firma *Explosia*. Im Auftrag der tschechoslowakischen Regierung entwickelte Stanislav Breberavon dort 1966 den Plastiksprengstoff *Semtex*, der die kommunistischen Brüder Nordvietnams im Kampf gegen die US-Amerikaner unterstützen sollte. Als der Krieg 1975 zu Ende war, beglich Vietnam die noch offene Rechnung durch Entsendung von Arbeitern in die Tschechoslowakei. In der Folgezeit wurde *Semtex* zu einem der bekanntesten und begehrtesten Exportartikel des Landes. Pardubice belieferte u. a. den Iran, den Irak, Syrien, Nordkorea und v. a. Libyen, wo allein 690 Tonnen landeten. Muammar el Gaddafi reichte Hunderte von Kilo davon an die Terrorgruppen Europas (u. a. an die IRA und die Roten Brigaden) und des Vorderen Orients weiter. Und *Semtex,* formbar wie Marzipan, leicht schmuggelbar, da von Metalldetektoren an Flughäfen nicht aufspürbar, wurde zum berüchtigtsten Sprengstoff. Zum Einsatz kam es bei den Bombenanschlägen auf das World Trade Center, auf die US-Botschaft in Nairobi, auf das Zentrum von Manchester, auf die Diskothek *La Belle* in Berlin und, und, und ... Tausende von Tonnen warten noch darauf, eingesetzt zu werden. Viel ist übrigens nicht nötig für den großen Knall: Für die Explosion des PanAm-Jumbos über dem schottischen Lockerbie genügten 300 g, versteckt in einem kleinen Radio. Verkauft wird der Sprengstoff noch heute. Ab Werk mit einer Metallbeimischung, unter der Hand ohne. Das Material kommt dann u. a. aus den Militärbeständen des Landes. Immer wieder werden korrupte tschechische Militärs festgenommen, die *Semtex* für rund 500 US-Dollar pro Kilo auf dem Schwarzmarkt anbieten.

## Umgebung von Pardubice

**Chrudim:** Der 9 km südlich von Pardubice gelegene Ort (23.300 Einwohner) gleicht einem gut gereiften Käse: außen schimmlig, innen fein. Die Altstadt rund um den Resselovo náměstí lädt zum Schlendern ein, insbesondere Anfang August, wenn sie ein riesiger Jahrmarkt mit Leben füllt. Der Hauptplatz trägt den Namen des Chrudimer Ingenieurs Josef Ressel (1793–1857), seines Zeichens Erfinder der Schiffsschraube (eine Schande, dass Böhmen nicht am Meer liegt!). Am oberen Ende des Platzes erhebt sich die mächtige gotische *Hauptkirche Mariä Himmelfahrt.* Ein paar Schritte rechts von ihr führt die Břetislavova zum sog. *Mydlář-Haus,* einem herrlichen Renaissancegebäude mit Balkonen und sehenswerten Steinmetzarbeiten (1573–77). Heute befindet sich darin ein interessantes Marionettenmuseum (Muzeum Loutek) mit einem Fundus von 7000 Marionetten aus rund 40 Ländern (es wird jedoch nur ein Bruchteil gezeigt). Alljährlich Anfang Juli organisiert das Museum ein Puppentheaterfestival. Spaziert man vom Hauptplatz bergab, gelangt man zum *Regionalmuseum* (Regionalní muzeum v Chrudimi), einem herrschaftlichen Gebäude aus dem Jahr 1898 an der Široka. Es beherbergt u. a. 39 Plakate des Jugendstilkünstlers Alfons Mucha, die in den Jahren 1897/98 entstanden sind.

• *Information* **Informační centrum,** Resselovo nám. 1, ✆/℻ 469645821, www.chrudim-city.cz. Im Sommer Mo–Fr 8–17 Uhr, Sa/So 10–15 Uhr, sonst verkürzt.

• *Verbindungen* **Zug-** und **Busbahnhof** nebeneinander (ca. 500 m westlich des Zentrums), von beiden gute Verbindungen nach Pardubice.

• *Essen & Trinken* **Restaurant Dalibor,** schnuckelige Wohnzimmeratmosphäre, dazu eine nette Terrasse. Herkömmliche Küche. Mittagsmenüs bereits ab 2,40 €, abends etwas teurer. So geschl. Filištinská 30, ✆ 469620663. Das Lokal findet man, wenn man vom Hauptplatz die Široka bergab geht, rechter Hand in einer Seitengasse.

Direkt am Hauptplatz (Resselovo nám. 76, rechts von der Kirche) bietet die **Pizzeria Balustráda** riesige leckere Pizzen und gute Nudelgerichte. Service manchmal etwas schleppend. ✆ 469620666.

Nahe dem Hauptplatz, in der Seitengasse Štěpánkova, werden im Terrassencafé **Balustráda Na Podsini** Milchshakes und Torten angeboten.

• *Übernachten/Camping* *** **Hotel Bohemia,** das beste Haus im Zentrum. Gestrichener Plattenbau mit restaurierten Zimmern auf dem der Sterneanzahl entsprechenden Niveau. EZ 48 €, DZ 55 €. Masarykovo nám. 900, ✆ 469699300, ✆ 469699301, www.hotel-bohemia-chrudim.cz.

**Pension Polo Sport**, 2009 eröffnete, edel gestylte und hübsch gelegene Pension 300 m westlich des Hauptplatzes am Flusslauf der Chrudimka. Der Chef spricht fließend Deutsch. 5 Zimmer und 3 Apartments. Bewachter Parkplatz im Preis inbegriffen, Café angeschlossen. Reservierung empfehlenswert. EZ 30 €, DZ 44 €, Apartment für 2 Pers. 56 €. Radoušova 17, ✆ 777766416 (mobil), www.polosport.cz.

**Autokempink Konopáč,** ca. 10 km westlich von Chrudim mitten im Dorf Konopáč. Platz an einem Naturfreibad, insgesamt wenig Atmosphäre. Unsaubere, veraltete Sanitäranlagen. 2 schlechte Restaurants. Chata- und Zimmervermietung. Hunde verboten. Ganzjährig. 2 Pers. mit Zelt u. Auto 8,70 €, Chata für 2 Pers. 12 €. Konopáč, ✆ 469951117, ✆ 469695750, www.zeleznehory-hm.cz/1846/autokempink-konopac/.

• *Öffnungszeiten* **Puppenmuseum,** Juni–Aug. Di–So. 9–12 u. 13–18 Uhr, April–Mai u. Sept. Di–So. 9–12 u. 13–17 Uhr, Okt.–März Di–Fr 9–12 u. 13–17 Uhr, Sa/So 13–17 Uhr. Eintritt 1,50 €, erm. die Hälfte. **Regionalmuseum,** tägl. (außer Mo) 9–12 u. 13–17 Uhr. Eintritt 1,20 €, erm.0,80 €.

Ostböhmen Karte S. 169

**Slatiňany (Slatinan):** 3 km südlich von Chrudim liegt die Gemeinde Slatiňany mit einem Renaissanceschloss, das heute ein *Pferdemuseum* (Hippologické muzeum) und ein hübsches Hofcafé beherbergt. Das hiesige Gestüt ist bekannt für die Zucht von Altkladruber Rappen (→ Kladruby nad Labem, S. 140).

*Öffnungszeiten* **Pferdemuseum,** April u. Okt. nur Sa/So 10–15 Uhr, Mai–Juni tägl. (außer Mo) 9.30–16 Uhr, Juli–Aug. 9.30–16.30 Uhr, Sept. 9.30–15 Uhr. Eintritt 3,50 €, erm. 2,40 €.

**Ležáky (Lezaky):** Als die Nazis am 10. Juni 1942 das nordwestlich von Prag gelegene Dorf Lidice als Racheakt für das Attentat auf Reinhard Heydrich verwüsteten sowie deren Einwohner ermordeten und in Konzentrationslager verschleppten, ging die Nachricht um die ganze Welt (→ S. 50). Sehr viel weniger bekannt ist die Geschichte des Dorfes Ležáky, das ein ganz ähnliches Schicksal ereilte: Im Zuge der „Vergeltungsmaßnahmen“ nach dem Heydrich-Attentat wurde am 24. Juni 1942 auch die rund 20 km südöstlich von Chrudim gelegene Gemeinde von den deutschen Besatzern dem Erdboden gleichgemacht. 41 Einwohner Ležákys wurden hingerichtet, elf Kinder des Dorfes im polnischen Chmelno vergast. Im Gegensatz zu Lidice stand Ležáky tatsächlich mit dem Heydrich-Attentat in Verbindung: Dort betrieben Mitglieder der mit dem Attentat in Verbindung stehenden Widerstandsgruppe „Silver B“ eine Sendeanlage; das Gros der Einwohner wusste davon nichts. Heute ist Ležáky eine nationale Gedenkstätte. Dort, wo früher die Häuser der Gemeinde standen, mahnen große Steinblöcke mit Kreuzöffnungen an die Tragödie. Ein kleines Museum klärt über die Geschichte des Ortes und seiner Einwohner auf. Angeboten werden (auf Anfrage auch auf Deutsch) kommentierte Führungen durch das landschaftlich reizvolle Gelände.

• *Anfahrt/Verbindungen* Von der Straße 37 Chrudim – Nasavrky mit „NKP Ležáky“ ausgeschildert. Ležáky ist nur ein Ziel für Selbstfahrer.

• *Öffnungszeiten* März–Okt. tägl. (außer Mo) 9–17 Uhr. Eintritt 1,20 €, erm. 0,80 €. Fremdsprachige Führung (muss vorbestellt werden) 20 €. Weitere Infos unter www.lezaky-memorial.cz.

**Kunětická Hora (Kunietitzer Berg):** Der Name steht für einen ca. 7 km nordöstlich von Pardubice gelegenen Basalthügel und die darauf thronende Burg. Letztere wurde 1645 von den Schweden zerstört und verfiel, zu Beginn des 20. Jh. rekonstruierte man den Burgpalast samt Rundturm. Am Fuß des Burghügels laden mehrere nette Terrassenlokale auf eine Pause ein. Vom Parkplatz bis zur Burg läuft man ca. 15 Minuten.

• *Anfahrt/Verbindungen* Die Burg ist von Hradiště na Písku (an der Straße nach Hrobice) ausgeschildert. Von Pardubice mit Ⓑ 16 ab Hauptbahnhof oder Masarykovo nám./AFI Palace zu erreichen, Haltestelle Ráby, odb. Kunětická hora aussteigen. Von dort noch ca. 20 min. zu Fuß.

• *Öffnungszeiten* April u. Okt. nur Sa/So 10–16 Uhr, Mai–Aug. tägl. (außer Mo) 9.30–17.30 Uhr, Sept. nur Sa/So 10–17 Uhr. Eintritt mit Führung (Burgpalast, Turm und Kapelle) 2,80 €, erm. 2 €.

Weiter Richtung Westen, Süden oder Osten? Informationen zu **Čáslav** in Mittelböhmen bekommen Sie auf S. 499, zu **Hlinsko** auf der Böhmisch-Mährischen Höhe auf S. 154 und zu **Litomyšl** ganz im Südosten Ostböhmens auf S. 225.

## Hradec Králové (Königgrätz)

**Die 94.500-Einwohner-Stadt besitzt zwei bemerkenswerte Zentren: eine angenehme, schöne Altstadt und eine architektonisch interessante Neustadt, die zu Anfang des 20. Jh. angelegt wurde.**

Ruhig und gepflegt, fast museal präsentiert sich die restaurierte Altstadt. Im Schatten der Arkaden rund um den Hauptplatz laden Cafés und Restaurants auf eine Pause ein. In der Neustadt aus dem frühen 20. Jh. hingegen pulsiert das Leben. Die breiten Straßen säumen unkonventionelle, am Kubismus orientierte Gebäude. Zwischen Alt- und Neustadt wird fleißig in die Pedale getreten – in kaum einer anderen tschechischen Stadt sind mehr Radfahrer unterwegs als im brettflachen Hradec Králové.

Hradec Králové ist das kulturelle und wirtschaftliche Zentrum Ostböhmens und Hauptstadt des gleichnamigen Verwaltungsbezirks, der den Statistikern Höchstnoten abverlangt: Hier werden – abgesehen von Prag – im Durchschnitt die besten Gehälter der Republik gezahlt, hier gibt es die beste medizinische Versorgung des Landes, und hier ist die Kriminalitätsrate landesweit auf dem niedrigsten Stand. Auch wer nur kurz vorbeischaut, merkt schnell, dass es Hradec Králové augenscheinlich gut geht.

**Geschichte:** Die Stadt an der Mündung der Orlice (Adler) in die Labe (Elbe) zählt zu den ältesten Böhmens. Bedeutung erlangte sie jedoch erst im 14. Jh., als sie zum Witwensitz der böhmischen Königinnen wurde: *Hradec Králové* = „Burg der Königinnen". Die Burg aber, von der im Stadtnamen die Rede ist, wurde im 15. Jh. zerstört, als Königgrätz sich zu einem Zentrum der Hussitenbewegung entwickelte. Im 17. Jh. folgte die Rekatholisierung durch die Jesuiten. Im ausgehenden 18. Jh. ließ Maria Theresia die Stadt mit einer mächtigen barocken Festungsanlage umgürten – die Straßen Čs. armády und Komenského zeichnen deren Verlauf grob nach. Die Vorstädte wurden aus wehrtechnischen Gründen abgerissen. Mit Theresienstadt (Terezín) und Olmütz (Olomouc) bildete Königgrätz fortan die nördliche Verteidigungslinie des Habsburger Reiches. Den Preußen aber imponierte diese wenig. Nach der Schlacht von Königgrätz (→ S. 187) waren die politischen Karten neu gemischt und die Stadtwälle überflüssig. Durch deren Schleifung konnte die Stadt

Am Marktplatz



wieder expandieren. So entstand Anfang des 20. Jh. westlich der Elbe die Neustadt unter Federführung Josef Gočárs, eines der bedeutendsten tschechischen Architekten jener Zeit (→ S. 185). Danach sorgten die Kommunisten für Tristesse und jede Menge Plattenbauten. Mit der Samtenen Revolution kam wieder Farbe in die Stadt, die von vielen Studenten (große medizinische Fakultät) mit einem bunten Kulturleben bereichert wird.

**Orientierung:** Hradec Králové erstreckt sich zu beiden Seiten der Elbe. Westlich des Flusses liegt die *Neustadt*, zugleich das Geschäftsviertel. Das Zentrum dort bildet der *Masarykovo náměstí*. Die *Altstadt* auf der anderen Flussseite umgibt eine *Ringstraße* (bestehend aus der Čs. armády und der Komenského). Der zentrale Platz dort ist der *Velké náměstí* (zugleich Parkplatz), der in den *Malé náměstí* übergeht. Die Nummerierung der Häuser folgt in vielen Straßenzügen übrigens keinem System, was die Suche nach Adressen erschwert.

## Information/Parken/Verbindungen

• *Information* Es gibt 2 Infostellen. Das **Hauptbüro** nahe dem Bahnhof an der Gočárova 1225/33 (✆/✆ 495534482, www.ic-hk.cz, Mo–Fr 8–17.30 Uhr) und eine **Zweigstelle** in der Altstadt am Velké nám. 165 (✆ 495580492, Mai–Sept. Mo–Fr 8–17.30 Uhr, Sa/So 9–15 Uhr, im Winter verkürzt).

• *Parken* Gebührenpflichtige Parkplätze u. a. am Velké nám. in der Altstadt. Teuer!

• *Verbindungen* Bahnhof rund 20 Fußmin. westlich des Zentrums, Verbindung mit Ⓑ 2. Überlandbusse starten entweder direkt vor dem Bahnhof oder am Busbahnhof ums Eck an der Puškinova.

**Züge** regelmäßig nach Pardubice, Prag, Jaroměř, Turnov und Jičín, alle 2 Std. nach Trutnov und Liberec.

**Busse** regelmäßig nach Prag und Pardubice,

bis zu 9-mal tägl. nach Trutnov, Turnov und Liberec, 2-mal nach Spindlermühle.

Den **Stadtverkehr** erledigen Busse und Trolleybusse. Eine Fahrt kostet 0,55 € (14 Kč, Stand 2010), Tickets gibt es an Kiosken und Automaten. Man kann Hradec Králové jedoch problemlos zu Fuß erkunden.

## *Adressen/Einkaufen (→ Karte S. 182/183)*

• *Ärztliche Versorgung* **Krankenhaus** im Süden der Stadt an der Sokolská. ✆ 495831111.

• *Autoverleih* Fahrzeuge von **Europcar** (ab 75 €/Tag) vermittelt das Reisebüro **EXIM Tours** an der Dukelská 95, ✆ 495522134, www.europcar.cz.

• *Polizei* An der Dlouhá 211. ✆ 156.

• *Post* An der Čs. armády.

• *Einkaufen* Wie wäre es mit einem original **Petrof-Flügel?** Der traditionsreiche Instrumentenbauer (seit 1864) hat seinen Sitz in der Brněnska 207.

**Eurocenter (2),** großes Shoppingcenter an der Straße Nr. 11 Richtung Třebechovice (vom Zentrum mit Ⓑ 5, 11 u. 17 zu erreichen). Ein weiteres Shoppingcenter ist das **Futurum (28)** an der Straße nach Brno (vom Zentrum mit Trolleybus Nr. 2 zu erreichen).

**Antikvariát Na Rynku (12),** kleine Auswahl an deutscher Literatur, darunter einige Gesamtausgaben und günstige Taschenbücher neueren Datums. Zudem Kunstdrucke, Postkarten und CDs mit Schwerpunkt auf Jazz und keltischer Musik. Malé nám. 129.

**Pivoňka (15),** hübsches Bier- und Schnapsfachgeschäft mit über 180 Biersorten. Gleich daneben befindet sich mit **Mlsoun (15)** ein Laden mit Kaffee- und Schokoladenspezialitäten. Tomkova 1230 bzw. 911.

**Dobré Vino (17),** gut sortierte Vinothek an der V Kopečku/Ecke Tomkova. Etwas kleiner ist die Auswahl in der **Česká Vinotéka (6)** am Malé nám. 113. In beiden Geschäften sind auch Weine vom Fass erhältlich.

## *Essen & Trinken/Nachtleben (→ Karte S. 182/183)*

Rund um den Velké nám. gibt es etliche Cafés, die meisten davon mit gemütlichen Außenbereichen – teilweise hat man das Gefühl, als hätten die Königgrätzer nichts anderes zu tun, als den ganzen Tag nur Kaffee zu trinken. Auch die Neustadt wartet mit etlichen oft recht trendigen Cafés auf.

• *Restaurants* **Okresní Dům (9),** dem gleichnamigen Hotel (s. u.) angegliedert. Eines der schönsten Restaurants der Republik, eine architektonische Perle. Küche zwischen *Spaghetti aglio e olio* und Wiener Schnitzel zu 3,50–10,50 €. Palackého 409, ✆ 495054300.

**U Radnice (25),** elegant-modernes Lokal. Mittags beliebt bei Geschäftsleuten. Für die Beef- u. Pfeffersteaks oder das Hirschfilet würde man in Prag glatt das Doppelte zahlen. Hg. ab 7 €. Velké nám. (bei der Hl.-Geist-Kathedrale), ✆ 495511946.

**Šatlava (5),** ebenfalls ein sehr schönes Restaurant. Modernes Interieur zwischen den Backsteinwänden der alten Stadtmauer. Freundliches junges Personal. Küche mit Pfiff: Spinatsuppe mit Lachs, Hühnerbrust mit Dörrpflaumen und Preiselbeersauce, Rinderfilet in Portwein. So geschl. Hg. 5,50–10,50 €. Dlouhá 101, ✆ 604974830 (mobil).

**U svatého Lukáše (11),** gediegenes Lokal mit Wohnzimmeratmosphäre. Neben den gängigen Standards auch diverse Wildgerichte. Schöner Innenhof für den Sommer. Hg. 5–10,50 €. Úzká 208, ✆ 495518616.

**Cartellone (18),** eine schon fast trendige Location mit Glasfront. Hier trifft sich die „High Society" von Hradec Králové zu hausgemachter Pasta und Panini oder zur Flasche Nachmittagssekt. Hg. 3,50–11 €. Velké nám./Ecke Klicperova, ✆ 495512008.

**Sport Café (19),** sehr populäres Lokal, nicht zuletzt wegen der Sommerterrasse direkt am Hauptplatz. Restaurant, Bar und Café in einem. Kredenzt wird wenig Böhmisches, dafür Pizza aus dem Steinofen, Pasta, asiatisch Angehauchtes, Steaks, Chicken Wings oder große Salate. Auch Vegetarier kommen auf ihre Kosten. Hg. 5–10,50 €. Velké nám. 151, ✆ 495514202.

**Cook & Look (20),** junges, cooles Café-Restaurant mit Studentenküche (z. B. Nudeln mit Huhn und Gorgonzolasauce) zu Studentenpreisen (3–4 €), Velké nám. 29, ✆ 495516089.

• *Pivnice/Kneipe* **Hospoda Na Hradě (16),** die ideale Adresse für einen gemütlichen Abend mit viel Bier, bei dem das Essen (Kuttelflecksuppe, Lendenbraten mit Knödeln, Presssack) nicht unbedingt im Mittelpunkt stehen muss. Fröhliches Kneipenrestaurant unter schwerer Balkendecke, orange gestrichen, nett gestylt. Oft gestopft voll, viel junges Publikum. Špitálská 175.

**Potrefena Husa (3),** modernes Kneipenrestaurant, in dem man auch recht gut essen kann. Der tschechienweiten Kette angehörig. Třída Čs. armády 300.

• *Cafés/Teestube* **U Knihomola (21),** charmantes Studentencafé mit einem alten Klavier, knarrenden Holzstühlen und zeitgemäßer Küche. Netter Außenbereich. Velké nám. 26.

**Bazar Caffé-Caffé (4),** sehr schönes Café im Wiener Kaffeehausstil. Fliesenböden, trödelige Möbel. Publikum aller Altersklassen. Ideal für den Apfelstrudel zum gemütlichen Nachmittagskaffee. Auch kleine Gerichte. Wintergarten. Etwas außerhalb der Altstadt am Eliščino nábřeží 304/17.

**Kavárna Centrál (1),** einem alternativen Kino angeschlossenes modernes, nettes Café. Ab 15 Uhr. Daneben der rockige **Music Club Centrál.** Karla IV. 774.

**Sluneční Čajovna (22),** im Rathausgebäude. Alternative Teestube, in der auch Schmuck und allerhand andere Accessoires verkauft werden. Seminare über Yoga, Meditationstechniken usw. Velké nám. 1.

• *Nachtleben* Ein beliebter Treffpunkt ist der **Club 2001 (26)** an der Komenského nahe dem Eishockeystadion. Buntes Programm zwischen Jonny-Walker-Abenden und Jamsessions, Mi/Do 21–3 Uhr, Fr/Sa bis 4 Uhr, kleiner Eintritt.

Wer auf 80er- oder 90er-Jahre-Partys steht, kann sein nächtliches Glück in der **Bohemia Disco Club (14)** probieren – die Ansprüche sollten jedoch nicht zu hoch sein. Kleiner Eintritt. Úzká 13.

**Music Club Centrál (1)**, → Cafés.

Ostböhmen Karte S. 169

## Übernachten (→ Karte S. 182/183)

• *Hotels* ****** U Královny Elišky (7)**, kleines Hotel in der Altstadt. Behutsam restauriertes, altes Bürgerhaus mit Glasdach-Innenhof, Fitnesscenter, Innenpool und Sauna, Kongresssaal und Konferenzräumen, Restaurant und Weinstube. 35 komfortable Zimmer und Apartments ohne spezielle Note. EZ 100 €, DZ 122 €. Malé nám. 117, ✆ 495518052, 📠 495518872, www.euroagentur.cz.

**Pod Věží (23)**, gepflegtes Haus mit 19 etwas nüchternen Zimmern (auch behindertengerechte), z. T. mit tollem Blick auf den Marktplatz. Gute Bäder. Restaurant, Fitnessraum, Sauna. Parken im Hof. EZ 56 €, DZ ab 80 €. Velké nám. 165, ✆/📠 495514932, www.pod-vezi.cz.

****** Grand (10)**, nach einer Komplettsanierung 2009 wiedereröffnetes Komforthotel in zentraler Lage. 39 Zimmer mit allem Komfort. EZ 70 €, DZ 78 €, Apartment 108 €. Československé armády 295, ✆ 491614750, 📠 491619106, www.grandhk.cz.

**Okresní Dům (9),** das ehemalige Bezirkshaus der Stadt, zwischen 1903 und 1904 nach Plänen von Jan Kotěra erbaut. 2007 nach aufwändiger Restaurierung zu einem erstklassigen Hotel umfunktioniert, in dem zeitgemäßes Mobiliar der Architektur des frühen 20. Jh. eine besondere Note verleiht. Angegliedert ein gutes Restaurant. EZ 69 €, DZ 76 €, Frühstück und Parkgebühr extra. Palackého 409, ✆ 495054300, www.hotelokresnidum.cz.

**Baromeum Residence (13),** Aparthotel in einem schönen, noch nicht vollständig restaurierten Altstadthaus. Schicke Apartments für 1–4 Pers. Zentralste Lage. Viele Langzeitgäste. Für 2 Pers. ab 65 €. Špitálská 183, ✆/📠 495580344, www.boromeum.cz

**Stadion (27)**, beim Eisstadion, etwas südlich der Altstadt. Kleiner, hässlicher Kasten aus der Kommunistenzeit. Zimmer von unvorstellbarer Geschmacklosigkeit, immerhin mit privaten Bädern. Verdient lediglich aufgrund mangelnder Alternativen in dieser Preisklasse und der Zentrumsnähe Erwähnung. Eigene Parkplätze. EZ 26 €, DZ 32 €. Komenského 1214, ✆ 495514664, 📠 495514667.

• *Pensionen* **Nové Adalbertinum (24)**, in einem ehemaligen Jesuitenkloster. Ordentlich ausgestattete Zimmer mit Teppichböden, privaten Bädern, TV und Telefon. Eigene Parkplätze im Innenhof. An der sterilen Rezeption wird Dosenbier verkauft. EZ 54 €, DZ 68 €. Velké nám. 32, ✆ 495063111, www.noveadalbertinum.cz

**U svatého Lukáše (11)**, kleine Pension in einem historischen Gebäude. Altbackene, saubere Zimmer mit Bad. Gutes Restaurant. Frühzeitige Reservierung empfohlen. EZ 48 €, DZ 64 €. Úzká 208, ✆ 495518616, 📠 495511652, www.usvateholukase.com.

**Amátka (8)**, die billigste Wohnmöglichkeit in der Altstadt – dafür gar nicht schlecht. 7 ausreichend große, schlichte Zimmer. Gehört zu einer Weinstube mit netter Sommerterrasse. Da diese erst um 17 Uhr öffnet (So geschl.!), empfiehlt sich eine Reservierung, um nicht vor verschlossener Tür zu stehen. DZ mit Bad 28 €, ohne Bad 24 €, kein Frühstück. Malé nám. 120, ✆ 603331991 (mobil), http://amatka.eu.

• *Camping* **Camping Stříbrný rybník,** 3 km östlich der Stadt, von der vierspurigen Ringstraße Gočáruv okruh ausgeschildert. Verbindung ins Zentrum mit Ⓑ 11 u. 17. Großer, wenig charmanter Platz am gleichnamigen Badesee. Neue Sanitäranlagen, Restaurant mit Friteusenküche. Kinderspielplatz. Chatavermietung. Mitte Mai–Mitte Sept. 2 Pers. mit Zelt u. Auto 11 €, Chata für 2 Pers. ab 20 €. Malšova Lhota, ✆ 495518819, www.stribrny-rybnik.cz.

Für einen weiteren Platz → Hrádek u Nechanic, S. 186.

## Sport & Freizeit/Veranstaltungen

• *Baden* Der Badesee **Stříbrný rybník** (sandstrandähnliche Liegefläche) liegt 3 km östlich des Zentrums und ist mit Ⓑ 11 u. 17 ab der Komenského (Ecke Nezvalova) zu erreichen, Haltestelle Stříbrný rybník. Das Stadtbad **Městské lázně** nördlich der Altstadt am Eliščino nábřeží 842 ist eine Art Indoor-Spaßbad mit Wellenschlag- und Massagebecken. 2010 eröffnete südöstlich der Altstadt an der Malšovická 779 zudem das Erlebnis-Freibad **Flošna**. Malšovická 779.

• *Bootsausflüge* Am westlichen Elbeufer nahe dem Botel Čechie kann man im Sommer für 1,90 €/Std. Ruderboote ausleihen. Von Mai–Sept. verkehren von dort auch kleine Ausflugsdampfer (Dauer 50 Min., 3,20 €, erm. 2,50 €, Abfahrt wochentags stündl. ab 15 Uhr, Sa/So ab 10 Uhr).

• *Golf* 15 km westlich in Hrádek u Nechanic, → S. 186.

• *Radverleih* Räder ab 8 €/Tag über das Radgeschäft **Kulhánek,** Karla IV. 662. ✆ 495211365, www.vseprokolo.cz.

• *Veranstaltungen* Anfang Juni veranstaltet man zusammen mit Pardubice ein **Folklorefestival.** Ende Juni findet das traditionelle **Theaterfestival der europäischen Regionen** statt; geboten werden mehr als 100 Vorstellungen europäischer Ensembles, darunter auch Straßentheater. Junge Freaks aus dem In- und Ausland lockt das **Hip-Hop Kemp** Ende Aug. an. Mitte Okt. gibt es das Jazzfestival **Jazz goes to Town.**

## Sehenswertes in der Altstadt

Der **Velké náměstí,** der schöne „Große Platz", wird zugleich als der größte Parkplatz der Stadt missbraucht, was ihm ein wenig Charme raubt. In der Mitte des lang gezogenen, sich verjüngenden Platzes steht eine knapp 20 m hohe Mariensäule, die nach der Pestepidemie 1717 errichtet wurde. Die Westseite des Platzes dominieren fünf Türme. Die zwei spätbarocken, weißen zieren seit 1787 das **Rathaus**

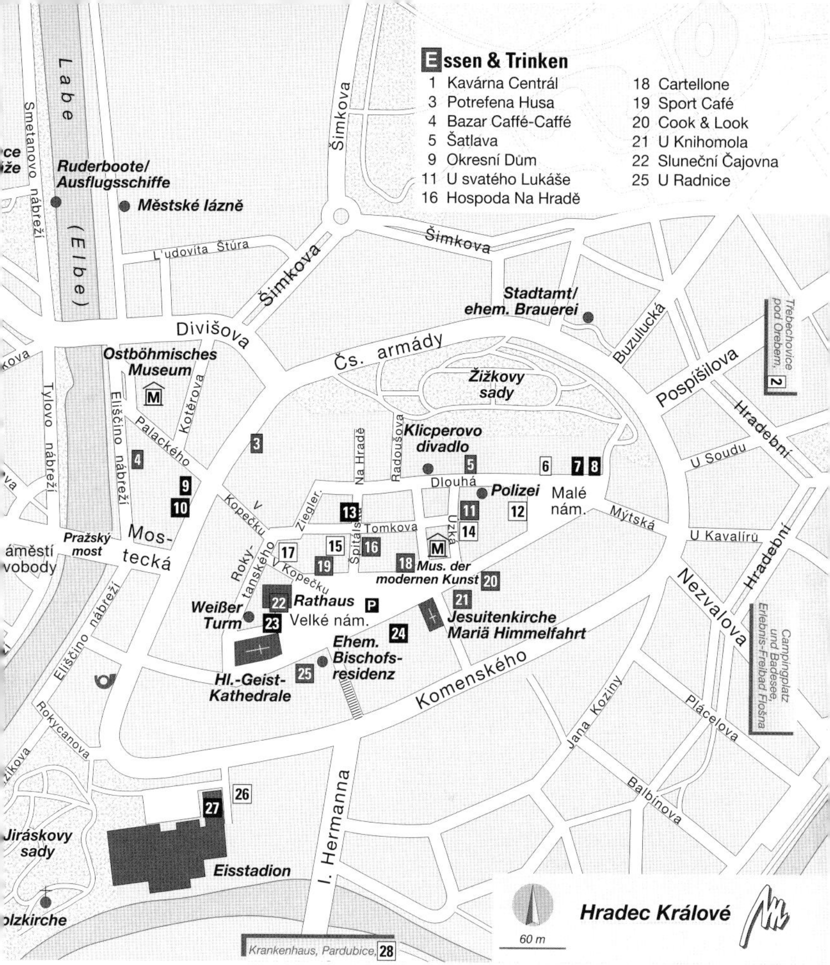


(Radnice). Links davon erheben sich der Chor und die zwei Türme der **Hl.-Geist-Kathedrale** (Katedrální kostel sv. Ducha), ein gotischer Backsteinbau aus dem 14. Jh., wie er eher für Schlesien typisch ist. Die Kathedrale besitzt ein sehenswertes Triptychon mit Szenen aus dem Marienleben (um 1500) und ein Gemälde des Hl. Antonius von Peter Brandl (ca. 1730). Etwas zurückversetzt, in der Mitte zwischen Kathedrale und Rathaus, ragt der imposante, mittlerweile ergraute **Weiße Turm** (Bílá věž) in den Himmel. Zwischen 1574 und 1580 wurde er aus weißem Sandstein als Wachturm erbaut. Seine Glocke ist zehn Tonnen schwer, seine Höhe wird – je nach Quelle – mit 74, 72, 68 oder 64 m angegeben. Auf jeden Fall besitzt er eine Aussichtsgalerie in luftiger Höhe. Bei der Uhr darunter zeigt übrigens kurioserweise der kleine Zeiger die Minuten und der große die Stunden an.

Die Bürgerhäuser auf der Nordseite des Platzes besitzen allesamt Arkadengänge. Das einzige Gebäude, das die historische Harmonie unterbricht, wurde 1911/12 von Osvald Polívka errichtet. Heute befindet sich darin das Museum der modernen

Kunst (s. u.). Schräg gegenüber erhebt sich die barocke **Jesuitenkirche Mariä Himmelfahrt** (Kostel Nanebevzetí Panny Marie), die nach Plänen von Carlo Lurago in der zweiten Hälfte des 17. Jh. entstand. Auch sie beherbergt ein Gemälde von Peter Brandl, es zeigt den Hl. Ignatius (in der gleichnamigen Kapelle). Ein paar Häuser weiter westlich befindet sich die ehemalige **Bischofsresidenz** (Biskupská rezidence) aus dem frühen 18. Jh. mit einem Portal von Giovanni Santini (→ S. 505).

*Öffnungszeiten* **Weißer Turm,** April–Okt. tägl. 9–12 u. 13–17 Uhr, Juli u. Aug. 10–14 u. 15–19 Uhr. Eintritt 0,80 €. **Kirchen,** i. d. R. nur zu Messen.

**Galerie moderního umění (Museum der modernen Kunst):** Tschechische Kunst des 20. Jh. wird hier gezeigt. Es handelt sich um eine der besten Sammlungen des Landes, auch wenn die Präsentation wenig stilvoll ist. Das Erdgeschoss ist wechselnden Ausstellungen vorbehalten. Der erste Stock zeigt überwiegend Werke aus der Zeit um 1900, darunter Bilder von Jan Preisler (1872–1918) und Josef Čapek (1887–1945), Holzskulpturen von František Bílek (1872–1941) und Bronzereliefs von Vojtěch Sucharda (1866–1916). Im zweiten Stock werden Werke von Realisten und Surrealisten gezeigt. Zu den bedeutendsten Künstlern zählen hier Emil Filla (1882–1953) und Josef Šíma (1891–1971). Letzterer war Mitglied des 1920 gegründeten provokanten Künstlerbundes *Devětsil,* einer surrealistischen Avantgardegruppierung, die eine „neue proletarische Kunst" etablieren wollte. Schwerpunkt des dritten Stocks bildet die Kunst der Nachkriegszeit bis 1975, u. a. vertreten durch Werke von Mikuláš Medek (1926–1974), dessen Arbeiten lange Zeit von der Zensur auf den Index gesetzt wurden. Ähnliches galt für diverse Werke, die im vierten Stock ausgestellt sind und Einblicke in das künstlerische Schaffen zwischen 1975 und 1990 geben. Tschechische Gegenwartskünstler fehlen leider.

*Stadtverschönerung in Hradec Králové*

*Adresse/Öffnungszeiten* Velké nám. 139–140. Tägl. (außer Mo) 9–12 u. 13–18 Uhr. Eintritt EG 0,60 €, erm. 0,20 €, Rest 2 €, erm. 1 €.

## Sehenswertes rund um die Altstadt

Im Norden schließt heute der **Žižkovy sady** an die alte Festungsstadt Königgrätz an, eine kleine, freundliche Parkanlage. Reste der ehemaligen Stadtmauern sind noch zu sehen. Am Zusammenfluss von Labe und Orlice in südwestlicher Richtung erstreckt sich der **Jiráskovy sady,** ebenfalls eine Grünanlage. Dort steht eine Holzkirche, die man im 16. Jh. aus Ruthenien (in der heutigen Ukraine) nach Königgrätz brachte. Keine zehn Fußminuten weiter nördlich liegt direkt an der Elbe das monumentale und allein wegen seiner Räumlichkeiten sehenswerte **Ostböhmische**

**Museum** (Muzeum východních Čech). Es wurde nach Plänen von Jan Kotěra zwischen 1909 und 1912 erbaut. Den Eingang zieren zwei sphinxähnliche allegorische Figuren, die Kunst und Gewerbe symbolisieren. Neben den für ein Regionalmuseum üblichen Abteilungen bereichern temporäre Architektur- und Designausstellungen das Programm.

Adresse/Öffnungszeiten **Ostböhmisches Museum,** Eliščino nábřeží. Tägl. (außer Mo) 9–17 Uhr. Eintritt 2 €, erm. 0,80 €.

**Obří akvárium (Aquarium):** Inmitten der Plattenbauvorstadt steht das sog. ENVI-Haus (abgeleitet von Environment). Es widmet sich der tropischen Flora und Fauna Süd- und Mittelamerikas. Bei schweißtreibenden Temperaturen und einer Luftfeuchtigkeit von 85–90 % geht es durch einen Mini-Regenwald, dann hinab in einen Tunnel, der durch ein Riesenaquarium (5 x 8 m) führt. Darin schwimmen Vertreter von rund 30 Fischarten, darunter Cichlas und (Pflanzen fressende!) Piranhas.

Adresse/Öffnungszeiten Baarova 1663/10. Tägl. (außer Mo) 9–18 Uhr. Eintritt 3,60 €, erm. 2,40 €.



### Gočár & Co: Architektur in der Neustadt

Anfang des 20. Jh. wurde mit den Planungen der Neustadt auf grüner Wiese am gegenüberliegenden Ufer der Elbe begonnen. Es sollte eines der größten urbanen Projekte der Ersten Republik werden. Einer der leitenden Architekten war Josef Gočár (1880–1945). Als führender Vertreter der kubistischen Architektur wird er heute zu den Größen seiner Zunft gezählt; sein 1911/12 erbautes *Haus zur Schwarzen Madonna* (→ Prag, S. 91) fehlt in keinem Bildband zur Architektur des 20. Jh. Nach dem Ersten Weltkrieg kreierte er mit anderen Architekten einen neuen Baustil, den Rondokubismus (→ S. 58). Im Gegensatz zu Pavel Janák, der als der bedeutendste rondokubistische Architekt gilt, verzichtete Gočár bei seinen Bauwerken auf eine reiche plastische Ornamentik. In Hradec Králové entwarf Gočár u. a. den Schulkomplex *V Lipkách* (1925–28) an der gleichnamigen Straße, die schräg gegenüberliegende Hussitenkirche *Ambrož* (1926–27) und die *Poštovní Banka* (urspr. Anglo-Tschechoslowakische Bank, 1924–26) am Masarykovo náměstí, dazu diverse an den Platz grenzende Gebäude – sehenswert sind sie allesamt allerdings nur für speziell Interessierte. Diese aber können in Hradec Králové noch so manch weitere architektonische Überraschung entdecken, z. B. ein 1933 errichtetes mehrstöckiges funktionalistisches Parkhaus *(Palace garáže)* an der Průmyslova oder verschiedene Jugendstilbauten von Jan Kotěra (1871–1923) wie das *Ostböhmische Museum* und das nahe gelegene Bezirkshaus *Okresní Dům* (1903–1904) an der Palackého. Letzteres beherbergt heute das gleichnamige Hotel. Das Eckhaus links daneben, das Grand Hotel, ist ebenfalls ein Kotěra-Bau und war im Gegensatz zum Okresní Dům von Anfang an als Hotel entworfen.

## Umgebung von Hradec Králové

**Třebechovice pod Orebem (Hohenbruck):** Auf der Nationalstraße 11 Richtung Kostelec nad Orlicí passiert man 10 km östlich von Hradec Králové das blasse

Städtchen Třebechovice. Am Marktplatz, wo auch die regelmäßigen Busse aus Hradec Králové halten, befindet sich das Muzeum Betlémů, ein *Krippenmuseum*, dessen Stolz eine rund 7 m lange und 3 m breite Krippe ist, an der zwei lokale Holzschnitzer 40 Jahre bastelten. Ihr Wundwerk (2000 Teile!) präsentierte die Tschechoslowakei auf der Weltausstellung 1967 in Montreal. Des Weiteren sind Krippen aus Glas, Papier und Keramik zu sehen.

*Öffnungszeiten* Jan.–April u. Ok./Nov. tägl. (außer Mo) 9–16 Uhr, Mai–Sept. tägl. (außer Mo) 9–17 Uhr, Dez. nur Sa/So 9–17 Uhr. Eintritt 2,40 €, erm. 1,60 €.

**Achtung Schlösserfans:** 13 km nordöstlich von Třebechovice kann man das Schloss von **Opočno** (→ S. 222), 15 km südöstlich das von **Častolovice** (→ S. 223) besichtigen.

**Hrádek u Nechanic:** 12 km westlich von Hradec Králové liegt das Städtchen Nechanice und rund 2 km südöstlich davon, romantisch im Grünen, das rote, einer Plastikburg ähnelnde *Schloss* Hrádek u Nechanic (bestens ausgeschildert). Graf Franz Ernst Harrach ließ es zwischen 1841 und 1854 nach dem Vorbild englischer Herrensitze im Stil der Tudorgotik als Sommerresidenz errichten. Die diversen mit kostbaren Möbeln und Sammlungen aus aller Welt ausgestatteten Schlossräume kann man sich im Rahmen von Führungen anschauen. Je nachdem, welche Tour man wählt (große Trasse 80 Min., kle ine 45 Min.), besichtigt man beispielsweise den Rittersaal mit Porträts der Harrach, die Waffensammlung, den Speisesaal oder die Bibliothek. Ein Teil des englischen Schlossparks mit altem Baumbestand ist heute ein Neun-Loch-Golfplatz.

- *Verbindungen* **Busse** bis zu 10-mal tägl. von und nach Hradec Králové, sie halten direkt vorm Schloss.
- *Camping* **Kemp Lodín,** 3-Sterne-Platz bei einem Freibad im gleichnamigen Ort ca. 9 km nordwestlich des Schlosses. Etwas steril, aber sehr ordentlich. Restaurant in Laufnähe. Mai–Okt. 2 Pers. mit Zelt u. Auto 10,80 €, Chata für 4 Pers. 24 €. Lodín 99, ✆ 495445192, www.nechanicko.cz/lodin.
- *Golf* **Golf Club Hradec Králové,** 9-Loch-Platz, PAR 66, Greenfee 19–27 €. ✆ 495441246, www.gchk.cz.
- *Öffnungszeiten* **Schloss,** April u. Okt. nur Sa/So 10–12 u. 13–16 Uhr, Mai u. Sept. Di–Fr 10–12 u. 13–16 Uhr, Sa/So 10–12 u. 13–17 Uhr, Juni–Aug. tägl. (außer Mo) 9–12 u. 13–17 Uhr. Eintritt 3,60 €, erm. 2,40 €, 100 % Aufschlag für eine fremdsprachige Führung.

## Jaroměř und Josefov (Jarmirn und Josefstadt)

Jaroměř (12.800 Einwohner) liegt 18 km nördlich von Hradec Králové und ist eine auf den ersten Blick recht unübersichtliche und wenig attraktive Stadt. Das alte Zentrum aber, von der Europastraße 67 ausgeschildert, besitzt Charme. Mittelpunkt ist der lang gezogene, teils von Arkaden gesäumte **Marktplatz** mit einer Mariensäule von Matthias Bernhard Braun (1727). Die mit Abstand größte Sehenswürdigkeit Jaroměřs ist keine Kirche (auch wenn es zwei gotische gibt) und auch kein Schloss (Fehlanzeige), sondern ein ehemaliges Kaufhaus, das heute nach seinem Bauherrn benannte **Wenke-Haus.** Es liegt abseits des alten Zentrums an der grauen, stark befahrenen Husova (Nr. 295), zugleich die Straße nach Náchod. 1910/11 wurde es nach Plänen von Josef Gočár erbaut – eines seiner ersten vorsichtigen Experimente mit der kubistischen Architektur. Ein Stahlbetongerüst ermöglichte eine für damalige Zeiten revolutionäre Glasfront und neue Raumaufteilungen. Heute befindet sich im gekonnt restaurierten Gebäude das **Städtische**

**Museum** (Městské muzeum), das neben kubistischen Möbeln und spannenden Fotos aus der „Kaufhaus-Zeit" auch Werke dreier Jarmirner Künstler zeigt: der Bildhauer Otakar Španiel (1881–1955) und Josef Wagner (1901–1957) sowie des Malers Josef Šíma (1891–1971).

## Die Schlacht bei Königgrätz

Am 3. Juli 1866 fand 10 km nordwestlich von Königgrätz eine der größten Schlachten des 19. Jh. statt. Es ging um die Vorherrschaft im Deutschen Bund. Den österreichischen Truppen mit 178.000 Mann, verstärkt durch 20.000 verbündete Sachsen, standen rund 221.000 preußische Soldaten gegenüber. Um 8 Uhr morgens begann die Schlacht, sieben Stunden später, nachdem weit über 40.000 Mann gefallen waren, gingen die Preußen unter Helmuth von Moltke als Sieger hervor. Königgrätz war einer der entscheidenden Schritte auf dem Weg zur Gründung des Deutschen Reiches (unter Ausschluss von Österreich) von 1871.

An die Schlacht erinnern heute mehrere Gedenksteine und weit verstreute Gräberfelder rund um das Dorf Chlum, die ein markierter Weg erschließt. Von einem Aussichtsturm (daneben eine Kneipe mit Biergarten) kann man auf die einstigen Schlachtfelder blicken.

Von Hradec Králové fährt man Richtung Jičín und folgt dann der Beschilderung nach Chlum. **Aussichtsturm**, April u. Okt. nur Sa/So 10–16 Uhr, Mai–Sept. tägl. (außer Mo) 9–17 Uhr. Eintritt 0,60 €, erm. 0,20 €.



1 km südlich von Jaroměř und des Zusammenflusses der Elbe mit der Metují (Mettau) liegt die in der zweiten Hälfte des 18. Jh. unter Kaiser Joseph II. erbaute Festungsstadt **Josefov.** Zusammen mit den Bollwerken Olmütz (Olomouc), Königgrätz (Hradec Králové) und Theresienstadt (Terezín) sollte sie die feindlichen Preußen von bösen Taten abhalten. Vom Aufbau ähnelt Josefov Terezín (→ S. 289), glücklicherweise teilt es jedoch nicht Theresienstadts traurige Geschichte während des Dritten Reiches. Die Monotonie der heute leer und ärmlich wirkenden, schachbrettartigen Straßenzüge unterbricht eine riesige **Empire-Garnisonskirche** am Hauptplatz. In den ehemaligen Kasernen wohnen heute überwiegend Roma-Familien. Besuchen kann man u. a. die **Kasematten** (mit „Podzemí Pevnosti Josefov" ausgeschildert) und ein **Militärmuseum** (Vojenské muzeum). Zwischen Jaroměř und Josefov verkehren Busse, ansonsten läuft man ca. 20 Minuten zu Fuß.

• *Verbindungen* **Busse** regelmäßig nach Hradec Králové, Dvůr Králové und Česká Skalice. **Züge** ebenfalls regelmäßig nach Hradec Králové und Česká Skalice.

• *Öffnungszeiten* **Wenke-Haus in Jaroměř,** Di–Fr 9–17 Uhr, Sa/So 13–17 Uhr. Eintritt 0,80 €, erm. die Hälfte.

**Militärmuseum und Kasematten in Josefov,** April u. Okt. nur Sa/So 9–12 u. 13–16 Uhr, Mai, Juni u. Sept. tägl. (außer Mo) 9–12 u. 13–17 Uhr, Juli u. Aug. tägl. (außer Mo) 9–12 u. 12.30–18 Uhr. Eintritt Militärmuseum und Kasematten (Führung ca. 50 Min.) 2 €, nur Kasematten 1,60 €, erm. jeweils die Hälfte.

Informationen zum **Babiččino údolí** (Großmuttertal) und zu **Česká Skalice** rund 15 km nordöstlich von Jaroměř bekommen Sie ab S. 216.

## Kuks

**(Kukus)**

**Das einstmals berühmte Kurbad mit biblischem Skulpturenpark, das sich sogar mit Karlsbad messen konnte, ist heute wieder ein Dorf. Wer hierher kommt, will sich die Reste der barocken Pracht anschauen.**

Kuks liegt zwischen Jaroměř und Dvůr Králové am Elbufer. Franz Anton Graf von Sporck (1662–1738), ein Kunstliebhaber und ungewöhnlicher Aristokrat zwischen Barock und Aufklärung, ließ es nach der Entdeckung der hiesigen Heilquelle zwischen 1694 und 1730 als private Kuranlage erbauen. Am Nordufer der Elbe entstanden die Bäderanlagen, die Kurhäuser, ein Theater mit Konzertsaal, die Wirtschaftsgebäude, Holzhäuser für die Bediensteten und ein Schloss für den Grafen. Das Südufer wurde mit einem Klosterspital der Barmherzigen Brüder samt Dreifaltigkeitskirche, einem Spitalgarten sowie einer kuriosen, von 40 steinernen Zwergen gesäumten Rennbahn versehen. Die Blüte des Kurortes, der sogar Karlsbad Konkurrenz machte und gerne von Johann Sebastian Bach aufgesucht wurde, war aber nur von kurzer Dauer. 1740 trat die Elbe über die Ufer und zerstörte nicht nur die meisten Gebäude, sondern ließ auch die Quelle für immer versiegen. Das Schloss des Grafen wurde 1901 abgerissen, nur der Treppenaufgang ist noch erhalten – er endet heute mehr oder weniger im Nichts.

Erhalten blieb das höher gelegene, überaus sehenswerte **Klosterspital** mit der **Dreifaltigkeitskirche,** die nach Entwürfen von Giovanni Battista Alliprandi entstand. Ein **Zyklus barocker Statuen** von Matthias Bernhard Braun (s. u.) schmückt die Terrasse davor. Westlich der Kirche (steht man vor ihr, rechts) führen die Statuen der *Zwölf Laster* zum *Engel des schmerzvollen Todes,* auf der anderen Seite die *Zwölf Tugenden* zum *Engel des gesegneten Todes.* Direkt vor der Kirche (in der Mitte) stehen die *Acht Seligkeiten* in einem Halbkreis. Durch das Klosterspital werden Führungen angeboten. Dabei besichtigt man auch die Kirche, eine Barockapotheke (Ausstellung zur Geschichte der Pharmazie) und das Lapidarium mit weiteren Arbeiten Brauns.

Im vergessenen Abseits 3 km Luftlinie westlich von Kuks liegt der Skulpturenpark Betlém (Bethlehem), zusammen mit Kuks UNESCO-Welterbe-Anwärter. Den Namen erhielt die bizarre Stätte mitten in einem Birkenwald von Statuengruppen wie *Die Ankunft der drei Weisen aus dem Morgenland* oder *Christi Geburt.* Aber nicht nur christliche Motive sind vorhanden. Dazwischen kriecht auch der wenig bekannte ägyptische Eremit Darnius aus seiner Höhle. Geschaffen wurde der Figurenpark von Matthias Bernhard Braun (1684–1738) aus frei stehenden Felsblöcken. In Rom lernte der Tiroler Bildhauer sein Handwerk und das italienische Formenvokabular, in Graf Sporck fand er seinen Mäzen. Ob Sporck Einfluss auf die Motivauswahl nahm oder ob er Braun freie Hand ließ, ist unbekannt. Vermutet wird auf jeden Fall, dass das Areal eine Art Mausoleum für Sporck werden sollte, der damit seiner Bestattung durch die Jesuiten entgehen wollte. Denn der Freigeist finanzierte den Druck von theologischen, philosophischen, medizinischen und astronomischen Werken und geriet dadurch immer wieder in Clinch mit den Jesuiten, denen die Zensur oblag. Letztendlich wurde Sporck in der Krypta der Dreifaltigkeitskirche von Kuks bestattet. Ein paar Wochen früher starb Matthias Bernhard Braun – wie viele Bildhauer jener Zeit an einer Staublunge.

• *Verbindungen* In Kuks halten die meisten **Busse** zwischen Hradec Králové und Dvůr Králové. Der Skulpturenpark ist ab Kuks mit „Braunův Betlém" ausgeschildert. Vom Parkplatz noch 5 Min. zu Fuß.

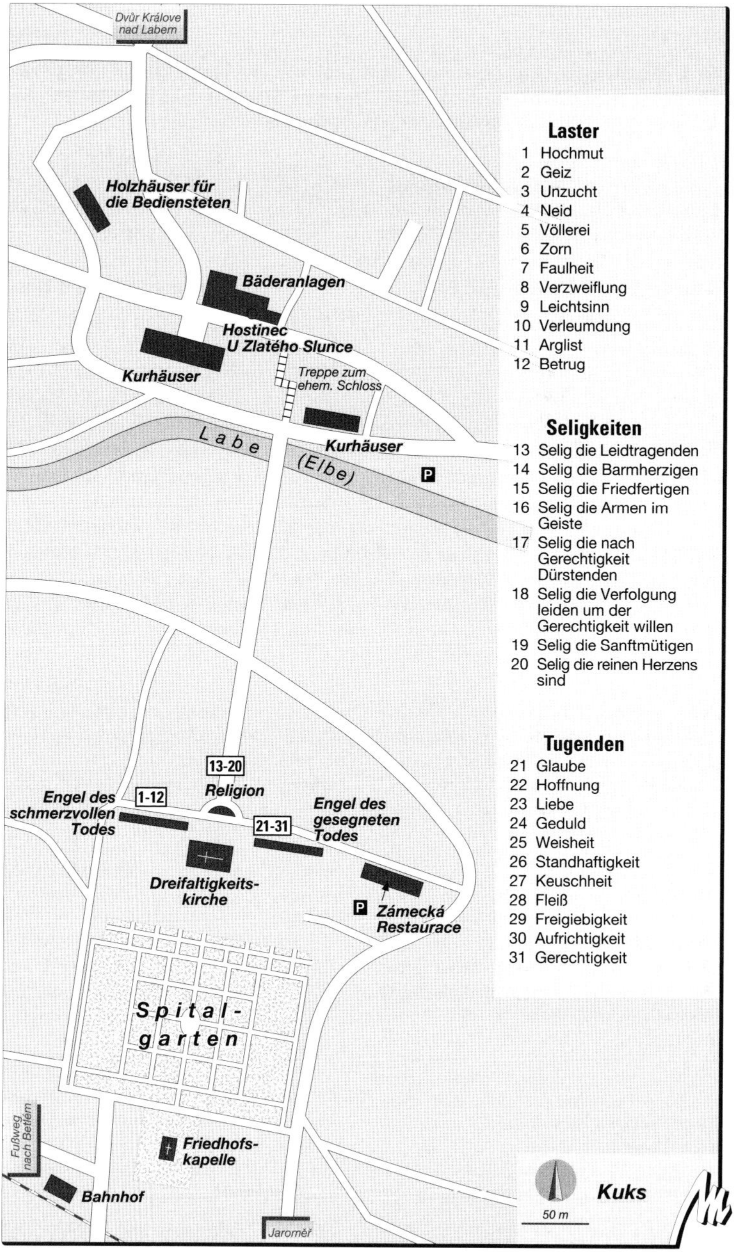


Ostböhmen Karte S. 169

• *Essen & Trinken* **Hostinec U Zlatého Slunce,** historisches Lokal in den alten Gassen von Kuks, von Graf von Sporck 1699 gegründet. Rustikaler Saal (Nichtraucher) mit konventioneller tschechischer Küche zu 3,50–10 €. Dazu *Krakonoš*-Bier aus dem Riesengebirge. Mo/Di geschl., Okt.–März nur Fr/Sa/So. ✆ 608352734 (mobil).

• *Öffnungszeiten* **Ehemaliges Kurbadgelände,** April u. Okt. nur Sa/So 9–17 Uhr, Mai, Juni u. Sept. tägl. (außer Mo) 9–17 Uhr, Juli u. Aug. tägl. 9–17 Uhr. Eintritt 2,40 €, erm. die Hälfte, mit fremdsprachiger Führung das Doppelte. Nur Apothekenmuseum 1,20 €, erm. 0,60 €. Am **Skulpturenpark** gibt es zwar ein Kassenhäuschen, dieses ist jedoch nie besetzt.

**Achtung:** Auf dem Kurbadgelände gilt das „Verbot der freien Hundlauferei"!

## Dvůr Králové nad Labem (Königinnenhof an der Elbe)

Die 13 km nördlich von Jaroměř gelegene 16.200-Einwohner-Stadt steht für den größten **Zoo** des Landes. Dieser wird – etwas übertrieben– als „Safari-Park" vermarktet, da man mit dem Bus durch ein rund 100 ha großes Freigehege mit Zebras und Antilopen kutschiert wird. Außerdem gibt es Raubtierhäuser, Tropenhäuser usw. Insgesamt sollen hier rund 850 Säugetiere, 600 Vögel und 400 Reptilien eingesperrt sein. Die Stadt selbst ist nicht allzu attraktiv. Zentrum ist der **Náměstí T. G. Masaryka** mit einer Mariensäule und einem Renaissancerathaus. Fünf Fußminuten nördlich des Zentrums informiert das **Stadtmuseum** (Městské muzeum) über die Geschichte Dvůr Královés als Witwensitz der böhmischen Königinnen, zudem wird tschechische Kunst aus der ersten Hälfte des 20. Jh. gezeigt, u. a. Werke von Otto Gutfreund und Josef Wagner.

• *Information* **Městské informační centrum,** Nám. T.G. Masaryka 2. Juni–Sept. Mo–Fr 8–17 Uhr, Sa 8–15 Uhr, So 9–13 Uhr, sonst Mo–Fr 8–17 Uhr, Sa 9–13 Uhr, So geschl. ✆ 499321742, www.dvurkralove.cz.

• *Verbindungen* Busbahnhof ca. 300 m südöstlich des Zentrums, gute **Busverbindungen** nach Hradec Králové und Trutnov. Der Bahnhof liegt weit außerhalb.

• *Essen & Trinken* **Hospoda U svobodných pánů,** gemütliche Gaststätte mit Kachelofen am Nám. T. G. Masaryka 84. Mittags günstige Knödelküche, sonst große Salate, Steaks oder Kalbsgeschnetzeltes zu 3–14 €. ✆ 603104011 (mobil).

**Hostinec Rudolfa II.,** in Zoonähe und daher ideal zur Einkehr nach einer Besichtigung. Gepflegt-rustikales Lokal mit böhmischer Küche der mittleren Preisklasse. Ebenfalls netter Außenbereich. Štefánikova 2426, ✆ 499321751.

• *Übernachten/Camping* *** **Hotel Safari,** beim Zoo. Um einen kleinen Außenpool gebaute Anlage. Angenehme Unterkunft, auch wenn die Einrichtung der 30 Zimmer (Tierbilder an den Wänden) nicht jedermanns Geschmack trifft. Parken kostenlos, Restaurant, Bowling. DZ 100 €. Štefánikova 1029, ✆ 499622451, 📠 499629393, www.hotelsafari.cz.

**** **Hotel Central,** am Hauptplatz, kürzlich renoviert. 13 ziemlich bieder und einfallslos eingerichtete Zimmer. Angeschlossen ist ein Restaurant und eine preiswerte Pension *(ubytovna)*. Im Hotel EZ 35 €, DZ 54 €, in der Pension DZ ohne Bad 25 €. Nám. T. G. Masaryka 6, ✆/📠 499622739, www.hotelcentraldknl.cz.

**Safarikemp,** 2010 eröffneter Campingplatz, der direkt an das Zoogelände anschließt. Eher klein, wenig Schatten, schöner Pool. Fahrradverleih, Kinderspielplatz. Vermietet werden zudem 10 Zimmer in 5 Bungalows (separater Zugang zu jedem Zimmer) im „afrikanischen Stil" mit Terrassen und Blick auf freilaufende Antilopen. Die Bungalows sollte man zeitig reservieren. Ganzjährig. 2 Pers. mit Zelt und Auto teure 25,50 €, DZ im Bungalow 100 €. Štefánikova 1029, ✆ 499421839, 📠 499320564, www.safarikemp.cz

• *Öffnungszeiten* **Zoo,** Mai–Sept. tägl. 9–18 Uhr, im Winter 9–16 Uhr. Eintritt 6,80 €, erm. 4 bzw. 2 €. Im Juli u. Aug. zudem von 19.30–21.30 Uhr Nachtsafaris per Bus.

**Stadtmuseum,** Sladkovského 530; vom Hauptplatz der Palackého rechts an der Kirche vorbei folgen, am Ende der Straße rechts ab, nach ca. 150 m rechter Hand. Mai–Sept. tägl. (außer Mo) 9–12 u. 13–17 Uhr, sonst bis 16 Uhr. Eintritt 0,80 €, erm. 0,40 €.

## Hořice

**(Horschitz/Horsitz)**

Als „Stadt steinerner Schönheit" preist sich das 9000 Einwohner zählende Hořice 18 km südwestlich von Dvůr Kralové. Wahrlich hochgegriffen. Dank der hiesigen, 1884 gegründeten Steinmetz- und Bildhauerschule, der angesehensten des Landes, und eines alljährlich im Juli und August stattfindenden internationalen Bildhauersymposiums besitzt Hořice jedoch eine bemerkenswerte **Skulpturensammlung** und damit eine gewisse Extravaganz. Die Plastiken verteilen sich über den Gotthardberg (Gothard) und den Smetana-Park (Smetanovy sady) zu seinen Füßen (im Osten der Stadt, vom Zentrum 5–10 Gehminuten). Inmitten des Smetana-Parks befindet sich auch eine **Galerie** (mit „Galerie Plastik" vom Marktplatz ausgeschildert) mit Werken von František Bílek, Otto Gutfreund, Josef Wagner etc.

• *Verbindungen* Die **Busse** zwischen Jičín und Hradec Králové passieren i. d. R. Hořice, regelmäßig zudem Busse von und nach Dvůr Králové nad Labem.

• *Übernachten* *** **Hotel Královský Dvůr,** am Marktplatz. Beste Unterkunft vor Ort. 20 der Sternezahl entsprechend ausgestattete Zimmer, einige ganz nett, andere recht stillos. Eigene Parkplätze vorm Haus, Radverleih, Whirlpool, Billard. DZ 36 €. Nám. Jiřího z Poděbrad 237, ✆ 493624527, www.kralovskydvur.cz.

**Autokemp Milovice,** gepflegter 4-Sterne-Platz ca. 4 km südlich von Hořice, von der Straße nach Hradec Králové ausgeschildert. Großer Pool (muss extra bezahlt werden), Minigolf, Restaurant. Gute Sanitäranlagen, auch behindertengerechte. Hüttenvermietung. Die nahe Schnellstraße ist zu hören. Mai–Mitte Okt. 2 Pers. mit Zelt u. Auto 16 €, in der Hütte 6 €/Pers. Milovice, ✆/℻ 493698149, www.campmilovice.cz.

• *Öffnungszeiten* **Galerie,** tägl. (außer Mo) 9–12 u. 13–16.30 Uhr. Eintritt 0,50 €, erm. die Hälfte.

Weiter Richtung **Jičín,** dem Tor zum Böhmischen Paradies? → S. 233.



## Trutnov

**(Trautenau)**

17 km nördlich von Dvůr Králové liegt die 31.000 Einwohner zählende Industriestadt Trutnov. Einst war die Textilbranche der größte Arbeitgeber, heute ist es die Elektro- und Chipindustrie (am Ortsrand steht u. a. ein Werke von *Siemens VDO*). Bei der Anfahrt lassen riesige Plattenbauviertel z. T. nichts Gutes erwarten. Der alte Kern aber ist hübsch, auch wenn er über keine bedeutenden Sehenswürdigkeiten verfügt. Der zentrale Platz mit Pestsäule und Rübezahlbrunnen nennt sich **Krakonošovo náměstí.** Er ist von Arkadengängen umgeben, in denen Cafés untergebracht sind. Auch die Gassen drum herum zieren Laubenhäuser mit einigen recht schicken Läden. Dank guter Unterkünfte und Restaurants eignet sich Trutnov als angenehmer Standort zur Erkundung des nördlichen Ostböhmens.

In der Gasse Školní nördlich des Marktplatzes befindet sich das in einem Empirepalais untergebrachte **Museum des Riesengebirgsvorlandes** (Muzeum Podkrkonoší). Viele Exponate erinnern an jene Zeit, als drei Viertel der Einwohner Trautenaus noch deutschsprachig waren. Das Museum beleuchtet zudem die Schlacht bei Trautenau am 27. Juni 1866 während des Preußisch-Österreichischen Krieges. Hier trugen die österreichischen Truppen den Sieg davon, sechs Tage später in der entscheidenden Schlacht bei Königgrätz ( S. → 187) aber die Preußen.

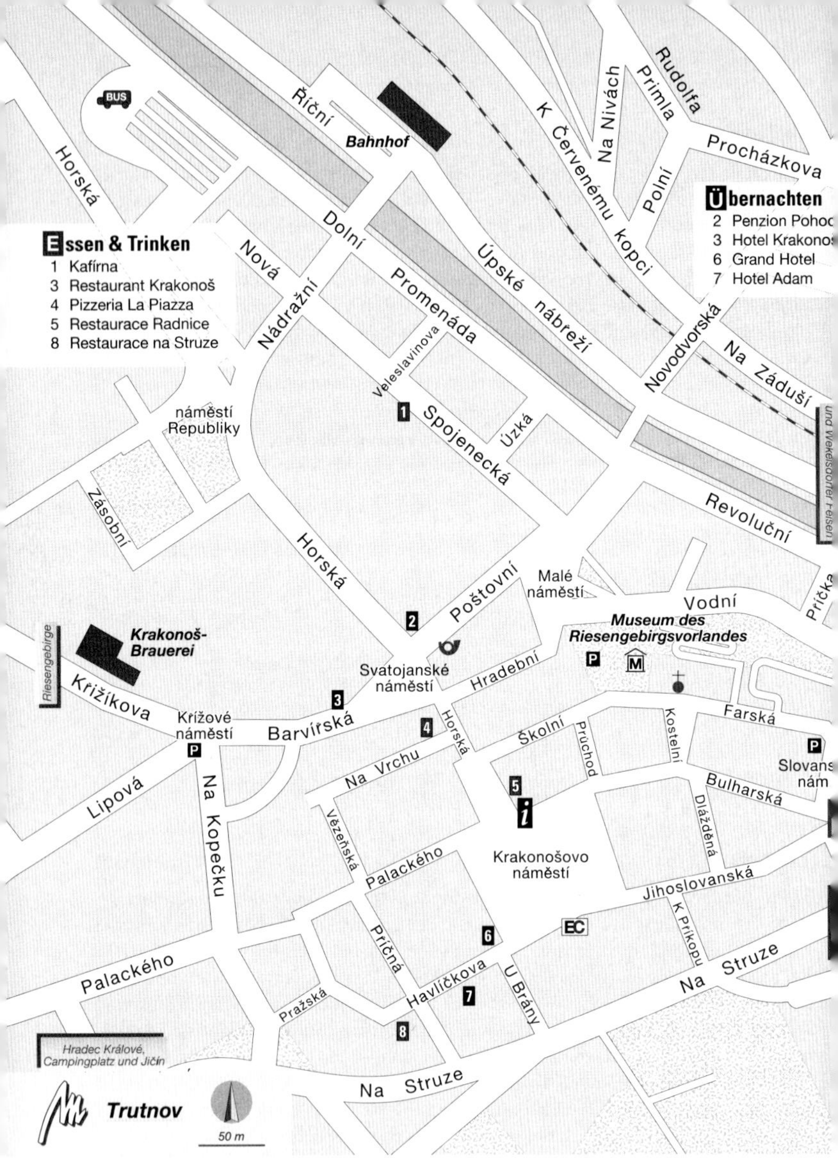


## Information/Adressen/Sonstiges

• *Information* **Turistické informační centrum,** am Marktplatz, ✆ 499818245, www.trutnov.cz. Mo–Fr 9–18 Uhr, Sa 9–12 Uhr.

• *Parken* Mehrere große, ausgeschilderte Parkplätze rund ums Zentrum.

• *Verbindungen* Busbahnhof ca. 600 m nördlich des Zentrums am Südufer der Úpa, Bahnhof schräg gegenüber am Nordufer. Bis zu 7-mal tägl. **Busverbindungen** nach Pec pod Sněžkou und Broumov, regelmäßig nach Dvůr Králové und Hradec Králové. Regelmäßige **Zugverbindungen** nach Jaroměř und Chlumec nad Cidlinou,bis zu 5-mal tägl. nach Adršpach und Teplice nad Metují.

• *Ärztliche Versorgung* **Krankenhaus** an der Maxima Gorkého östlich des Zentrums. ✆ 499866111.

• *Polizei* Am Slovanské nám. ✆ 156.

• *Post* An der Poštovní.

• *Veranstaltungen* In der zweiten Augusthälfte steht alljährlich ein großes alternatives **Open-Air-Festival** auf dem Programm, Anfang Sept. ein **Jahrmarkt.**

• *Öffnungszeiten* **Museum,** tägl. (außer Mo) 9–12 u. 13–17 Uhr. Eintritt 1,20 €, erm. 0,40 €.

## *Essen & Trinken/Übernachten*

• *Restaurants* **Restaurace Radnice (5),** im Rathausgebäude an der Horská, mit netter Sommerterrasse zum Peoplewatching. Beliebtes rustikales Restaurant mit Grillspezialitäten. Hg. 4–10 €. ✆ 499810470.

**Pizzeria La Piazza (4),** schönes, großes und gepflegtes Lokal mit ebensolcher Terrasse. Die Pizzen sind okay, dazu eine Reihe von Pasta- und Fleischgerichten. Mittlere Preisklasse. Horská 1, ✆ 499810501.

**Restaurant Krakonoš (3),** zum gleichnamigen Hotel gehörend (→ Übernachten). Brauereigaststätte mit gepflegter Bierhalle und zünftigem Biergarten. Im Ausschank sind zwei helle, ein dunkles und ein ungefiltertes *Krakonoš*-Bier. Dazu die böhmischen Standards, aber auch Wildgulasch oder Hirschsteak zu 4–12 €.

> Probieren Sie das *Krakonoš*-Bier der hiesigen Brauerei! Dort verdingte sich übrigens Václav Havel Anfang der 1970er.

**Restaurace na Struze (8),** einfaches Restaurant mit billiger böhmischer Küche: Rinderbraten mit Gurkensoße, Schnitzel und dazu *Krakonoš*-Bier. Hg. um die 3,50 €. Havlíčkova 19.

• *Café* **Kafírna (1),** süßes Café mit Möbeln vom Trödler. Man kann in Zeitschriften (auch deutschen) stöbern. Gebäckstücke, nette Musik, sehr gemütlich. Kleiner Hof. Nur Mo–Fr 8.30–19 Uhr. Spojenecká 61.

• *Übernachten* **** **Hotel Adam (7)**, ordentliches Haus in absolut zentraler Lage. Zimmer ohne persönliche Note, eigene Parkplätze vorm Haus. Restaurant, Sauna. EZ 42 €, DZ 60 €, Frühstück 5,20 € extra, Rabatte am Wochenende. Havlíkčova 10, ✆ 499811955, ℻ 499811957, www.hotel-adam.cz.

*** **Grand Hotel (6)**, am Marktplatz. Großer Name, wenig dahinter – die 27 Zimmer (teilweise ziemlich geräumig) bieten den landestypischen Mittelklassestandard. Nettes Café im EG. EZ 28 €, DZ 46 €. Krakonošovo nám. 120, ✆ 773460437 (mobil), ℻ 226015697, www.hotylek.eu.

**Hotel Krakonoš (3),** gehört zur hiesigen Brauerei, daher auch mit netter angeschlossener Brauereigaststätte. 18 freundliche, solide möblierte Zimmer. EZ 38 €, DZ 60 €. Barvířská 41, ✆ 499819190, ℻ 499819612, www.hotel-krakonos.cz.

**Penzion Pohoda (2)**, eine empfehlenswerte Unterkunft in Marktplatznähe. 6 Zimmer mit Bad und Kühlschrank sowie 5 Apartments mit komplett ausgestatteten Küchen, alle modern und freundlich eingerichtet. Restaurant. Zuvorkommendes englischsprachiges Personal. EZ 36 €, DZ 60 €. Horská 7, ✆ 499815425, www.penzionpohoda.com.

**Camping Dolce Vita,** von der Straße 16 Richtung Jičín/Prag ausgeschildert, ca. 5 km außerhalb des Zentrums. Großer, gepflegter 4-Sterne-Platz an einem Badesee. Feuerstelle, anständiges Restaurant, Tennis- und Minigolfplatz, Radverleih etc. Ganzjährig. 2 Pers. mit Zelt u. Auto 13 €, in der Hütte (mit und ohne Bad) ab 14 €/Pers. Oblanov 37, ✆ 499828555, www.camp-dolce.cz.

> **Janské Lázně** (→ S. 206) und **Pec pod Sněžkou** (→ S. 207) sind die von Trutnov nächstgelegenen Ziele im Riesengebirge. Nach Osten bieten sich Ausflüge zur **Adersbach-Weckelsdorfer Felsenstadt** (→ S. 210) im Braunauer Land an.

# Riesengebirge (Krkonoše)

**Die Heimat Rübezahls (tschech. Krakonoš) ist eine der meistbesuchten Regionen des Landes. Dafür sorgen v. a. die Wintersportzentren Špindlerův Mlýn und Harrachov. Aber ganz so riesig, wie es der Name vermuten lässt, ist das Grenzgebirge zu Polen nicht.**

Vor allem die englische Übersetzung wirkt übertrieben: *Giant Mountains.* Der Gebirgszug ist nämlich gerade mal 40 km lang und 20 km breit und steigt von rund 400 m auf lediglich 1600 m an; der höchste Berg ist die *Schneekoppe (Sněžka),* die noch 2 m mehr misst. Ungefähr zwei Drittel des Gebirges liegen auf tschechischer Seite, der Rest gehört zu Polen. Oft sind die Gipfel wolkenverhangen und die Täler im Nebel versunken. Es regnet viel. Und das, was jahrzehntelang herunternieselte, war sauer. Umweltbewusste Politik genießt auch seit der Samtenen Revolution nicht unbedingt Priorität. Noch Mitte der 1990er mussten zigtausend Hektar kranker Wald gerodet werden. Zum Glück gibt es heute EU-Umweltschutzauflagen. Aber bis diese fruchten, werden noch Jahre vergehen. Und so präsentiert sich das Riesengebirge am schönsten im Winter, wenn die kahlen Höhen unter einer weißen Pracht versunken sind.

Der Raubbau an der Natur hat im Riesengebirge Tradition. Bereits im 14. Jh., als die ersten Bergwerke eröffnet wurden, begann man, die Wälder zu roden. Das Holz wurde für den Bau der Stollen und zur Aufbereitung der Erze in den Hütten benötigt. Baumstämme aus dem Riesengebirge wurden zudem über die Elbe, die hier entspringt, bis nach Kolín geflößt und von dort über Land nach Kuttenberg (Kutná Hora) gebracht. Dort dienten sie als Stützbalken zur Sicherung der Silberminen und als Brennmaterial zum Schmelzen des edlen Metalls. Auch die Glashütten und die Köhler nutzten die Wälder des Riesengebirges als Rohstofflieferanten. Man schätzt, dass im 16. Jh. rund 35.000 $m^3$ Holz jährlich gerodet wurden. Zu Anfang des 17. Jh. waren die Hänge schon so kahl geschlagen, dass viele Holzhauersiedlungen aufgegeben bzw. ins Adlergebirge verlegt wurden. Die gerodeten Hänge ermöglichten jedoch fortan eine Weidewirtschaft, die von Kolonisten aus der Steiermark und Tirol betrieben wurde. Es entstanden die ersten Bauden (ursprünglich Hütten für Viehhirten). Zum Schutz (z. B. vor Lawinen) wurden Teile der einstigen Wälder mit Fichtenmonokulturen aufgeforstet. In den Tälern hingegen entdeckte man die Leinenweberei als neuen Wirtschaftszweig; sie boomte im 18. Jh. Doch dann kam die industrielle Tuchproduktion und mit ihr der Niedergang der heimarbeitenden Weber. Ihren Aufstand 1844 verarbeitete der spätere Literaturnobelpreisträger Gerhart Hauptmann (1862–1946), der seit 1901 u. a. in Agnetendorf (heute Jagniątków im polnischen Teil des Riesengebirges) wohnte, in seinem Drama *Die Weber,* dessen schlesische Urfassung *De Waber* hieß. Schlesische Mundart spricht heute niemand mehr, fast die gesamte Bevölkerung des Riesengebirges wurde nach dem Zweiten Weltkrieg vertrieben. An die deutsche Vergangenheit der Orte erinnert hier und da nur noch ein Denkmal für die Opfer des Ersten Weltkriegs, in Harrachov z. B. steht ein solches nahe der Touristeninformation.

Heute lebt man im Riesengebirge in erster Linie vom Fremdenverkehr. Aber Achtung: Von Ende Ostern bis Mitte Mai und von Ende Oktober bis Anfang Dezember sind viele Unterkünfte geschlossen. Hochsaison ist im Winter, die Übernachtungspreise erreichen dann v. a. in Spindlermühle alpenländisches Niveau.

### Winter- und Sommersport im Riesengebirge

Der extrem hohe Niederschlag beschert Schneesicherheit, im Winter sind Schneehöhen von bis zu 3 m nicht selten. Für den alpinen **Skisport** stehen 20 Seilbahnen und weit über 100 Schlepplifte zur Verfügung. Größere zusammenhängende Skiareale wie in den Alpen gibt es jedoch nicht. Langläufer finden rund 150 km Loipen vor, die alle Ortschaften des Riesengebirges miteinander verbinden.

Im Sommer kommt man zum **Wandern.** Es existieren rund 800 km markierte Wege, auch grenzüberschreitende (Personalausweis nicht vergessen!). In den Touristeninformationen liegen kostenlose Broschüren mit Routenbeschreibungen aus, der Kauf einer Wanderkarte ist dennoch ratsam. Das Faltblatt *Besucherordnung des Nationalparks Krkonoše* gibt zudem u. a. Auskunft darüber, wo Sie Preisel- oder Blaubeeren pflücken dürfen und wo nicht. Bevor Sie zu Kammtouren aufbrechen, erkundigen Sie sich nach dem Wetter! Wetterumschwünge können gefährlich sein.

Das Riesengebirge eignet sich auch hervorragend zum **Mountainbiking,** es gibt mehrere hundert Kilometer ausgeschilderte Wege, und die Informationsstellen halten entsprechende Radwanderkarten bereit. Während Gebirgstouren für Motorisierte oft schnell an teueren Parkplätzen enden, existieren für Mountainbiker Trassen, die Querverbindungen zwischen den Ortschaften herstellen. Zudem gibt es ein **Cyklobussystem,** das den Radtransport einschließt und damit auch Touren ermöglicht, bei denen Start- und Zielpunkt nicht identisch sein müssen. So können Sie z. B. eine Radtour von Harrachov nach Pec pod Sněžkou unternehmen und am späten Nachmittag von dort mit dem Bus zurückfahren. Nähere Auskünfte erteilen die Touristeninformationen.



## Harrachov (Harrachsdorf)

Der 700 m ü. d. M. und 3 km südlich der polnischen Grenze gelegene Ferienort ist das touristische Zentrum des westlichen Riesengebirges. Er zählt rund 1600 Einwohner und etwa die vierfache Zahl an Gästebetten. Zugleich ist Harrachov der international bekannteste Ort des gesamten Gebirgszugs. Das hat einzig und allein mit dem **Skispringen** zu tun. Alle zwei Jahre findet hier ein Weltcup statt, alle zehn Jahre eine Weltmeisterschaft, die nächste 2012. Den Skispringern zuzusehen, auch wenn es nur die Knirpse beim Training sind, ist ein eindrucksvolles Erlebnis. Die Schanzen liegen am Harrachsdorfer Hausberg, dem *Čertova hora* (Teufelsberg, 1020 m), wo auch alpiner Skisport betrieben wird (Die Rekordweite beim Skiflug von der großen Schanze liegt derzeit übrigens bei 214,5 m!). Im Sommer bringt der Sessellift Wanderer hinauf.

Schön ist Harrachov nicht unbedingt: Das Ortsbild ist zerrissen, gleicht mehr einem Straßendorf, hinzu kommt das „Billig-Schnaps-und-Zigaretten"-Ambiente der tschechischen Grenzstädte. Verglichen mit Špindlerův Mlýn oder Pec pod Sněžkou ist Harrachov daher eher die dritte Wahl. Aber auch von Harrachov lassen sich im Sommer schöne Ausflüge unternehmen (s. u.), zudem gibt es hier den einzigen Golfplatz im Riesengebirge und eine Mikrobrauerei (→ Essen & Trinken). Sie gehört zur **Glashütte Novosad** (Sklárna Novosad), einem orangefarbenen Gebäudekomplex mit **Glasmuseum** (Muzeum Skla) und -verkaufsstelle. Der Komplex befindet sich nahe der mit einer gläsernen Glocke aus dem Jahr 1910 ausgestatteten **St.-Elisabeth-Kapelle** (Kaple sv. Alžbeta) am westlichen Ortseingang. Am anderen

Ende von Harrachov kann man schließlich noch ein **Bergbaumuseum** (Hornické muzeum) besuchen und in einen Stollen hinabsteigen. Die **St.-Wenzels-Kirche** (Kostel sv. Václav) im Zentrum dazwischen besitzt einen mit reichlich Glas verzierten Hochaltar.

## Information/Verbindungen/Sport & Freizeit

• *Information* **Turistické informační centrum,** zentral an der Hauptstraße Nr. 150, ausgeschildert. Mo–Fr 9–17 Uhr, Sa 13–18 Uhr, So 10–13 Uhr. ✆ 481529600, www.harr.cz.

• *Verbindungen* Bis zu 8-mal tägl. **Busse** über Tanvald nach Jablonec nad Nisou, 4-mal nach nach Prag und Turnov, regelmäßig nach Rokytnice.

Bahnhof weit, weit außerhalb (im Westen des Ortes dem roten Wanderweg folgen). Die **Zugfahrt** nach Tanvald (bis zu 7-mal tägl.) ist dafür ein schönes Erlebnis, im Sommer finden zuweilen Fahrten mit historischen Zügen statt. In Tanvald bestehen Umsteigemöglichkeiten Richtung Liberec und Železný Brod.

• *Bierbad* In der **Brauerei Novosad** (→ Essen & Trinken). 1 Std. im Gerstensaft plantschen 28 €, 1 Std. zu zweit (= „Lovestory privat") inkl. „Relaxphase" und 2 kleinen Bieren stolze 64 €. www.sklarnaharrachov.cz.

• *Golf* **Golf Club Harrachov,** von der E 65 ausgeschildert. Weitläufig angelegter 9-Loch-Platz, 60 PAR. Greenfee 15–23 €. ✆ 728638474 (mobil), www.golf-harrachov.cz.

• *Hochseilgarten* **Hochseilgarten Proud,** ca. 3 km von Harrachov entfernt (Richtung Tanvald). Mitte April–Ende Okt. 3-stündiger Trip durch den Parcours 16 €, Mindestteilnehmerzahl 4 Pers. www.classicoutdoor.cz.

• *Rad- u. Skiverleih* Über die **JPK-Skischule** an der Durchgangsstraße. Paket aus Skiern, Stiefeln und Stöcken ab ca. 16 €/Tag, Räder ab 9 €. ✆ 481529635, www.jpk.cz.

• *Rodelbahn* Die Harrachsdorfer Rodelbahn *(bobová dráha)* ähnelt der von Špindlerův Mlýn (→ S. 205). 3,20 €/Fahrt. Ausgeschildert. www.bobovka.cz.

• *Skifahren/Snowboarden* Es gibt mehrere Liftanlagen, nennenswert sind jedoch nur die Sessellifte auf den Čertova hora. Sie ermöglichen eine schwarze, zwei rote und eine blaue Abfahrt. Tageskarten 24 €, erm. 19 €. www.skiareal.com.

• *Öffnungszeiten* **Glasmuseum,** tägl. 9–17 Uhr. Eintritt 2,80 €, inkl. Fabrikführung 7,20 €, erm. 5 €.

**Bergbaumuseum,** Juli u. Aug. tägl. 10–18 Uhr, Jan.–März u. Sept./Okt. tägl. (außer Mo) 10–18 Uhr. Eintritt 1,20 €, mit Stollenführung (45–60 Min.) 4 €, erm. die Hälfte. ✆ 602603739 (mobil).

## Essen & Trinken/Übernachten

• *Essen & Trinken* **Minipivovar Novosad,** am westlichen Ortseingang neben der Glashütte. Ziemlich steriles Restaurant mit Bierkesseln und Blick auf die Glasöfen. Zu essen gibt es die böhmischen Klassiker, Hg. 5–7,50 €. ✆ 777738712 (mobil).

**Restaurace Praha,** zentral an der Durchgangsstraße. Von innen viel schöner als von außen – ein Riesengebirgsoriginal. Urgemütliche Bierschwemme mit derbem Holzboden und trinkfreudigem einheimischem Publikum. Günstige böhmische Küche, lecker die Grillspezialitäten im Sommer. Draußen überdachte Terrasse. ✆ 776643882 (mobil).

**Bierstube Formanka,** dem Hotel Karolina angeschlossen. Urige Atmosphäre mit knarrenden Dielenböden und altem Krempel an den Wänden – nicht zu verwechseln mit dem Restaurant im gleichen Gebäude, einer charakterlosen Busgruppenabsteige. Nur Snacks und Bier zu Touristenpreisen. Am westlichen Ortseingang nahe der Glashütte.

**Blue Café Restaurant,** an der Hauptstraße im Zentrum. Pseudoschickes Café-Restaurant. Böhmisch-internationale Küche der mittleren Preisklasse, Eiskarte, leckere Mehlspeisen, sehr freundliches Personal. Im Keller eine Cocktailbar mit regelmäßigen Partys.

• *Übernachten* Die Höchstpreise werden im Winter verlangt, die Preisstaffelung ähnelt der von Špindlerův Mlýn, → dort.

*** **Sport Hotel Pomi,** nur ca. 100 m vom Sessellift auf den Čertova hora entfernt. Zimmer und Apartments mit massivem Mobiliar und 3-Sterne-Komfort, viele mit

*... und die führt ins Riesengebirge*



Balkon. Sauna, Whirlpool, Skiverleih und Skischule. DZ je nach Saison 32–88 €. Harrachov 646, ☏ 481528060, www.hotel-pomi.cz.

**Pension Amadeus,** Pension im alpenländischen Stil, ca. 400 m vom Zentrum entfernt (zu finden, wenn man von der Durchgangsstraße der Beschilderung zum Hotel U Supa folgt, dann aber die kurz darauf folgende Rechtsabzweigung ignoriert). Angenehme Zimmer mit Kiefernholzmobiliar, Du/WC und Satelliten-TV. Restaurant, Parkplätze. Rauchen verboten. DZ je nach Saison 40–72 €. Harrachov 556, ☏ 481529029, ☏ 481529022, www.amadeusharrachov.cz.

**Pension de Berg-lep,** etwas außerhalb gelegen, unter holländischer Leitung und fest in holländischer Hand. Herkömmliche Zimmer mit Du/WC, geraniengeschmückte Fenster. Haushund wie Betreiber sehr freundlich. Zu finden, wenn man vom Busbahnhof an der Durchgangsstraße die Straße rechts über die Brücke nimmt. April und Okt.–Mitte Dez. geschl. DZ je nach Saison 38–60 €. Harrachov 280, ☏/☏ 481528199, www.pensiondebergiep.cz.

**Pension U studny,** an der Durchgangsstraße im Zentrum. Großzügige Zimmer mit guten Bädern, Laminatböden und TV. Angenehmes Restaurant mit deftiger böhmischer Küche im EG. Netter Frühstückssalon mit kleiner Terrasse. DZ je nach Saison 35–44 €. Harrachov 407, ☏/☏ 481529607, www.pensionustudny.cz.

**Camping Jískra,** gepflegter, komfortabler und schattiger Platz. Ein Nachteil ist die Lage direkt an der E 65 nach Polen – zum Glück nur selten Schwerverkehr. Tennisplatz, Tischtennis, Radverleih, Waschmaschine. Ganzjährig. 2 Pers. mit Zelt u. Auto 14 €, Chata für 2 Pers. 18 €, für 4 Pers. mit Du/WC 40 €. Harrachov 257, ☏/☏ 481529536, www.camp.harrachov.cz.

## Umgebung von Harrachov

**Tal der Mumlava (Mummel):** Durch Harrachov fließt der Gebirgsbach Mumlava. Sein Quellgebiet liegt rund 6 km weiter östlich nahe dem der Elbe. Ein blau markierter Wanderweg führt am wildromantischen Bachtal entlang, vorbei an einem Wasserfall gelangt man schließlich zur Quelle. Von dort kann man weiter zur Elbquelle und nach Špindlerův Mlýn (→ S. 205) wandern.

**Rokytnice nad Jizerou (Rochlitz an der Iser):** Der sich ewig hinziehende, graue Ort mit grauer Kirche und einem zwar schönen, aber ebenfalls recht grauen Rathaus liegt 5 km Luftlinie südlich von Harrachov – vielleicht kommt ja bis zu Ihrem Besuch etwas Farbe nach Rokytnice. Nordöstlich des Ortes erhebt sich der Lysá hora (1344 m), der „Kahlberg", was das Aussehen des Gipfels passend beschreibt. Hinauf führt der längste Sessellift des Landes (auch im Sommer), hinunter die längsten Pisten Tschechiens. Übernachtungsmöglichkeiten bestehen in schlichten Hotels und Pensionen, dazu werden Privatzimmer angeboten.

• *Verbindungen* **Busse** 3-mal tägl. nach Vrchlabí, regelmäßig nach Harrachov.

• *Skifahren/Snowboarden* Es gibt in der Region 20 Lifte. Tageskarte 24 €, erm. 19 €. www.rokytnice.com.

Informationen zu Zielen im **Isergebirge,** das sich westlich an das Riesengebirge anschließt, bekommen Sie ab S. 259. **Liberec,** das über **Jablonec nad Nisou** (→ S. 257) zu erreichen ist, wird ab S. 249 behandelt.

## Vrchlabí (Hohenelbe)

Das 12.700 Einwohner zählende Städtchen an der Elbe ist das wirtschaftliche und administrative Zentrum des Riesengebirges. Nahezu alle wichtigen Einrichtungen liegen an der kilometerlangen Krkonošská, der Durchgangsstraße. So etwas wie das Zentrum bildet der Náměstí T. G. Masaryka, ein unauffälliger, aber weiter Platz westlich der Straße. An ihn grenzen ein kleines Shoppingcenter und ein weiß-rotes, viertürmiges Schlösslein. Mitte des 16. Jh. ließ es Christoph von Gendorf erbauen, der aus Hohenelbe eine Bergmannstadt machte. Heute ist es Sitz des Stadtamtes.

Die Krkonošská wird von einer Reihe traditioneller, arkadengeschmückter Giebelhäuser gesäumt, wie sie einst typisch für die Orte der Region waren. Sie besitzen einen gemauerten Unter- und einem gezimmerten Aufbau. In einem ca. 300 m nördlich des Náměstí T. G. Masaryka gelegenen Ensemble aus drei dieser volkstümlichen Bauten befinden sich heute das **Infozentrum des Nationalparks Riesengebirge** (Správa Korkonošského národního parku informační středisko) und ein Ableger des **Riesengebirgsmuseums** (Krkonošské muzeum), in dem Volkskunst präsentiert und über die Anfänge des Tourismus in der Region informiert wird. Der Hauptsitz des Museums im nahe gelegenen ehemaligen **Augustinerkloster** (die Krkonošská wieder ein paar Schritte zurück Richtung Platz und dann rechts ab in die Husova) widmet sich der Flora und Fauna der Gegend, der Geologie und der Besiedlungsgeschichte. Die barocke Klosterkirche dient als Konzertsaal.

• *Information* **Městské informační centrum**, beim Rathaus am Nám. T. G. Masaryka, ✆ 499405744, www.vrchlabi.ergis.cz. Mitte Juni–Mitte Sept. u. Mitte Dez.–Febr. Mo–Fr 9–17 Uhr, Sa–So 10–15 Uhr, sonst am Wochenende nur Sa 10–13 Uhr.

• *Verbindungen* Busbahnhof ca. 1 km südlich des Zentrums. Regelmäßige **Busverbindungen** nach Spindlermühle, Trutnov und Prag. Die Zugverbindungen sind nicht interessant.

• *Essen & Trinken/Übernachten* *** **Hotel Gendorf,** gepflegtes Haus mit 36 komfortablen klassischen Zimmern. Kleiner Wellnessbereich. EZ je nach Saison 42–90 €, DZ 56–120 €, Garagenparkplatz 6 €/Nacht. Krkonošská 153 (etwas zurückversetzt von der Durchgangsstraße), ✆ 499429629, ✆ 499429632, www.gendorf.cz.

*** **Hotel Pivovarská bašta,** ganz im Norden der Stadt an der verkehrsreichen Straße nach Spindlermühle. Touristenlokal, das 5 Sorten selbst gebrautes Bier (darunter auch eines mit 7 % Alkohol!) ausschenkt.

*Traditionelle Architektur in Vrchlabí*

Die Zimmer besitzen ordentlichen 3-Sterne-Standard, aber keine persönliche Note. Viele Busgruppen. DZ je nach Saison 40–60 €. Horská 198, ☏ 4994721272, ☏ 499421359, www.hotel-pivovarska-basta-vrchlabi.az-ubytovani.info.

• *Camping* **Eurocamp Lišcí Farma**, im Westen von Vrchlabí an der Straße 295 nach Spindlermühle (trotz Lärmschutz zu hören). Sehr gepflegt und groß. Waschraum, Sommerküche, Pool, Restaurant, Kinderspielplatz. In erster Linie holländisches Publikum. Großes Freizeitangebot: Tischtennis, Billard, Tennis, Bogenschießen, Mountainbikeverleih usw. Hütten- und Zimmervermietung. Nicht billig. Ganzjährig, Jan.April für Hütten und Hotel nur Gruppenreservierungen. –2 Pers. mit Zelt u. Auto je nach Saison 15–25 €, Hütte für 4 Pers. 24 €, DZ mit Bad 62 €. Dolní Branná 350, ☏ 499421473, ☏ 499421656, www.liscifarma.cz.

• *Nachtleben* **Zakopanej Pes,** der „Begrabene Hund" – hier ist er's nicht. Gepflegt-rustikale Cocktailbar an der Krbalova, einer Nebengasse der Durchgangsstraße zwischen Hotel Gendorf und Hauptplatz. Ab 19 Uhr.

• *Rundflüge* Vom Flugplatz an der Straße nach Trutnov. Tolle Ausblicke auf das Riesengebirge! Geflogen wird tägl. von 9–18 Uhr, auch im Winter (mit Kufenflugzeugen). 20 Min. 120 € (für 4 Pers.). ☏ 499421292, www.lkvr.cz.

• *Öffnungszeiten* **Riesengebirgsmuseum in den Giebelhäusern,** Juni–Sept. u. Jan.–März tägl. (außer Mo) 9–12 u. 13–17 Uhr, sonst tägl. (außer Mo) 9–12 u. 13–16 Uhr. Eintritt 1,20 €, erm. die Hälfte.

**Riesengebirgsmuseum im Kloster,** tägl. (außer Mo) 8–17 Uhr. Nur mit Führung. Lange Führung (2 Std.) 3,20 €, kurze (1 Std.) 2,40 €, erm. jeweils die Hälfte.

Ostböhmen
Karte S. 169

## Umgebung von Vrchlabí

**Přední Žalý (Heidelberg):** Der festungsartige Aussichtsturm mit Satellitenschüsseln auf dem nordöstlich von Vrchlabí gelegenen Žalý (1019 m) ist ein beliebtes Wanderziel. Von Vrchlabí bringt Sie ein gelb markierter Weg bis fast unter den Gipfel, für die letzten Meter folgt man der roten Markierung (insgesamt ca. 6 km). Vom rund 4 km nördlich von Vrchlabí gelegenen Herlikovice kann man auch mit dem Sessellift nach oben schweben.

*Sessellift* Mai, Juni, Sept. u. Okt. nur Sa/So, Juli u. Aug. tägl. zu jeder vollen Std. Einfache Fahrt 2,80 €, hin/zurück 3,60 €.

### Rübezahl, König des Riesengebirges

Seit wann der Berggeist Rübezahl (tschech. *Krakonoš*) durch das Riesengebirge spukt, weiß man nicht. Erstmals abgebildet wurde er auf einer Schlesienkarte von 1561: in Gestalt eines auf zwei Beinen gehenden Ziegenbocks mit Hirschgeweih. Ganz anders ist er auf dem berühmten Gemälde von Moritz von Schwind (1859) dargestellt, wo er als mäßig sympathischer Geselle mit langem rotem Bart, stierem Blick und einer mächtigen Holzkeule bewaffnet in groben Holzpantinen mürrisch durchs Riesengebirge stapft.

Die erste Sammlung von Rübezahlgeschichten gab Johannes Praetorius 1662 heraus. Diese griff uralte Volkserzählungen auf, in welchen Rübezahl Eindringlingen in sein Reich das Fürchten lehrte. Getarnt als Kröte, Pferd oder Uhu führte er Fremde in die Irre oder schickte Unwetter über sie. Aber auch Berggeister können Gutes tun, und so weiß die Sage u. a. zu berichten, dass Rübezahl einst eine arme Kräutersammlerin mit Blättern aus feinem Gold beschenkte und einem in Geldnot geratenen Bauern mit ein paar hundert Talern aushalf – ohne auch nur einen Heller davon zurückzuverlangen, als der gebeutelte Mann wieder wirtschaftlichen Boden unter den Füßen hatte!

Wenn Sie durchs Riesengebirge wandern und den alten Berggeist treffen, brauchen Sie sich also nicht allzu sehr zu fürchten. An eines sollten Sie aber immer denken: Nennen Sie ihn nicht Rübezahl, denn das könnte seine Laune nachhaltig drücken. Vielleicht sogar so, dass er wieder die alte Nummer auspackt und Sie auf irgendwelche abseitigen Pfade führt, um dann mit einem schallenden Lachen auf Nimmerwiedersehen zu entschwinden …

## Špindlerův Mlýn (Spindlermühle)

**Spindlermühle ist der mit Abstand niveauvollste Ferienort des Riesengebirges und das nach Prag teuerste Pflaster der Republik. Man setzt alles daran, sich irgendwann „böhmisches St. Moritz" nennen zu dürfen.**

13.000 Gästebetten weist die Statistik für Špindlerův Mlýn (700–850 m ü. d. M.) aus, aber nicht einmal die Hälfte davon liegt im Ort selbst. Špindlerův Mlýn ist der Sammelbegriff für mehrere Siedlungen, die fast vollständig aus Hotels und Pensionen bestehen. Auf der Stichstraße von Vrchlabí kommend, passiert man zunächst den etwas stillosen Vorort **Labská** (Krausebauden). Danach folgt **Bedřichov** (Friedrichsthal), das sich in dem engen Tal nördlich der Elbe (hier noch ein klarer Gebirgsbach) ausbreitet und dahinter den Berg hinaufklettert. Erst nachdem man die Elbe auf einer Brücke überquert hat, befindet man sich auch nominell in **Špindlerův Mlýn** und zugleich im Zentrum des Feriengebiets. Hier und da wird man herrschaftliche Gebäude aus der Zeit um 1900 entdecken, als der Adel Spindlermühle als Sommerfrische wählte. Damals konnte man sich Träger mieten, die einem das Gepäck samt Picknick zum Gipfel brachten. Heute muss man seinen Rucksack leider selbst tragen. Eine Stichstraße führt von Špindlerův Mlýn in den weiter östlich gelegenen Ortsteil **Svatý Petr** (Sankt Peter), eine weit verstreute Pensions- und Hotelansammlung in idyllischer Lage.

Hochsaison herrscht im Winter, das hiesige Skigebiet gilt als das beste des Landes. Leider ziehen die Preise dann so an, dass das Preis-Leistungs-Verhältnis – verglichen

Wintersport in Spindlermühle



mit österreichischen oder italienischen Wintersportorten – ins Wanken gerät. Im Sommer dagegen stimmen die Preise so halbwegs, und es lassen sich herrliche Ausflüge unternehmen.

## Information/Verbindungen/Adressen

- *Information* **Turistické informační centrum,** in Špindlerův Mlýn zentral gelegen, aber etwas versteckt in der Svatopetrská 173 (schräg gegenüber dem Hotel Lomnice), ✆ 499523656, www.spindlmu.info. Tägl. 9–17 Uhr. Daneben eine Reihe von privaten Infozentren.
- *Verbindungen* Von Špindlerův Mlýn stündl. **Busse** zur Spindlerbaude, regelmäßig nach Vrchlabí, bis zu 7-mal tägl. nach Prag, 5-mal nach Jičín, 2-mal nach Hradec Králové. Busbahnhof am Ortseingang.
- *Ärztliche Versorgung* Es gibt kein Krankenhaus vor Ort, nur eine **Krankenstation** an der Svatopetrská 278 neben der Touristeninformation, ✆ 499523864. Nächstes **Krankenhaus** in Vrchlabí (✆ 499502111 o. 499 422380).
- *Polizei* In Špindlerův Mlýn an der Lesní 53. ✆ 156.
- *Post* An der Durchgangsstraße (Špindlerovská 188) in Špindlerův Mlýn.
- *Waschsalon* Gegenüber der Špindlerovská Hospoda. Eine Trommel waschen und trocknen 6,80 €.

**Parken** Sie nur auf gebührenpflichtigen Parkplätzen oder auf Hotelparkplätzen. Ansonsten drohen hohe Strafen! Parkplätze (z. T. leider unverschämt teuer!) finden Sie am Ortseingang, aber auch am Ortsausgang beim Sessellift zum Medvědín.

## Essen & Trinken/Nachtleben (→ Karte S. 202/203)

- *Restaurants* **Steak Restaurant Backhus (8),** mit das Beste, was Spindlermühle zu bieten hat. Dicke Steaks, aber auch Pasta, *Lamb Chops* oder Forelle in Rosmarinbutter. Danach stehen 3 Sorten Apfelstrudel zur Auswahl. Sehr gemütliches Interieur. Hg. 5–22 €. In Špindlerův Mlýn zentral nahe dem Hauptplatz, ✆ 499523060.

**Labužník (7),** auf 2 Stockwerken angelegtes Restaurant mit Wohnzimmeratmosphäre und dicken Teppichböden. Die Karte liest sich gut, es gibt auch Lammfleisch, Entenbrust mit Orangen oder Krevetten nach bretonischer Art. Hg. 4–15 €. In Špindlerův Mlýn an der Harrachova 229, ✆ 499433298.

**Špindlerovská Hospoda (10),** gepflegt-rustikale Gaststätte mit Holzdecke, Fliesenböden und alten Fotos an den Wänden. Riesengebirgsküche – Suppen im Brotteig, Wildgulasch, Bierkäse etc. Die Speisekarte darf man als Präsent mit nach Hause nehmen. Hg. 3,50–12,50 €. In Špindlerův Mlýn am Špindlerovské nám. 11, ✆ 773175759 (mobil).

**Restaurant Myslivna (2),** beliebtes rustikales Wirtshaus am Zusammenfluss von Elbe und Weißer Elbe (Bílé Labe). Ca. 2 km nördlich von Špindlerův Mlýn, nur zu Fuß zu erreichen: im Zentrum am Hotel Savoy vorbei der blauen Markierung folgen. Deftige böhmische Küche. ✆ 499523454.

**Restaurant Lomnice (14),** einfacheres Restaurant. Wildschweinmedaillons mit Pflaumensoße, Riesengebirgsteller, von dem man 2 Tage satt bleibt, oder böhmische Standards. Hg. 3,50–11 €. Im Zentrum von Špindlerův Mlýn schräg gegenüber der Touristeninformation, ✆ 499433363.

• *Nachtleben* Im Sommer ist in Špindlerův Mlýn nur wenig los, im Winter trifft man sich in der **Diskothek Dolská (15)** mit Gogo-Tänzerinnen und gelegentlichen Beachpartys. Im **Hotel Windsor (9)** finden ab und an Jazzabende statt. Ein netter Treffpunkt ist die **Silver Rock Music Bar (11)** gegenüber dem Hotel Windsor. Im alpinen Stil eingerichtet, Terrasse mit schöner Aussicht, Mi–Sa Disco (freier Eintritt).

## *Übernachten*

Die Preisunterschiede zwischen Sommer und Winter sind bei den meisten Häusern enorm, über Weihnachten/Silvester werden die Höchstpreise verlangt. Zur groben Orientierung: Ein DZ, das an Silvester 110 € kostet, bekommt man außerhalb der Schulferienzeit im Winter für ca. 70–80 €, im Sommer für ca. 50–60 €, im April o. Okt. für ca. 35 €. Viele Häuser bieten auch HP oder VP – aber Achtung: Das kann sehr eintönig werden!

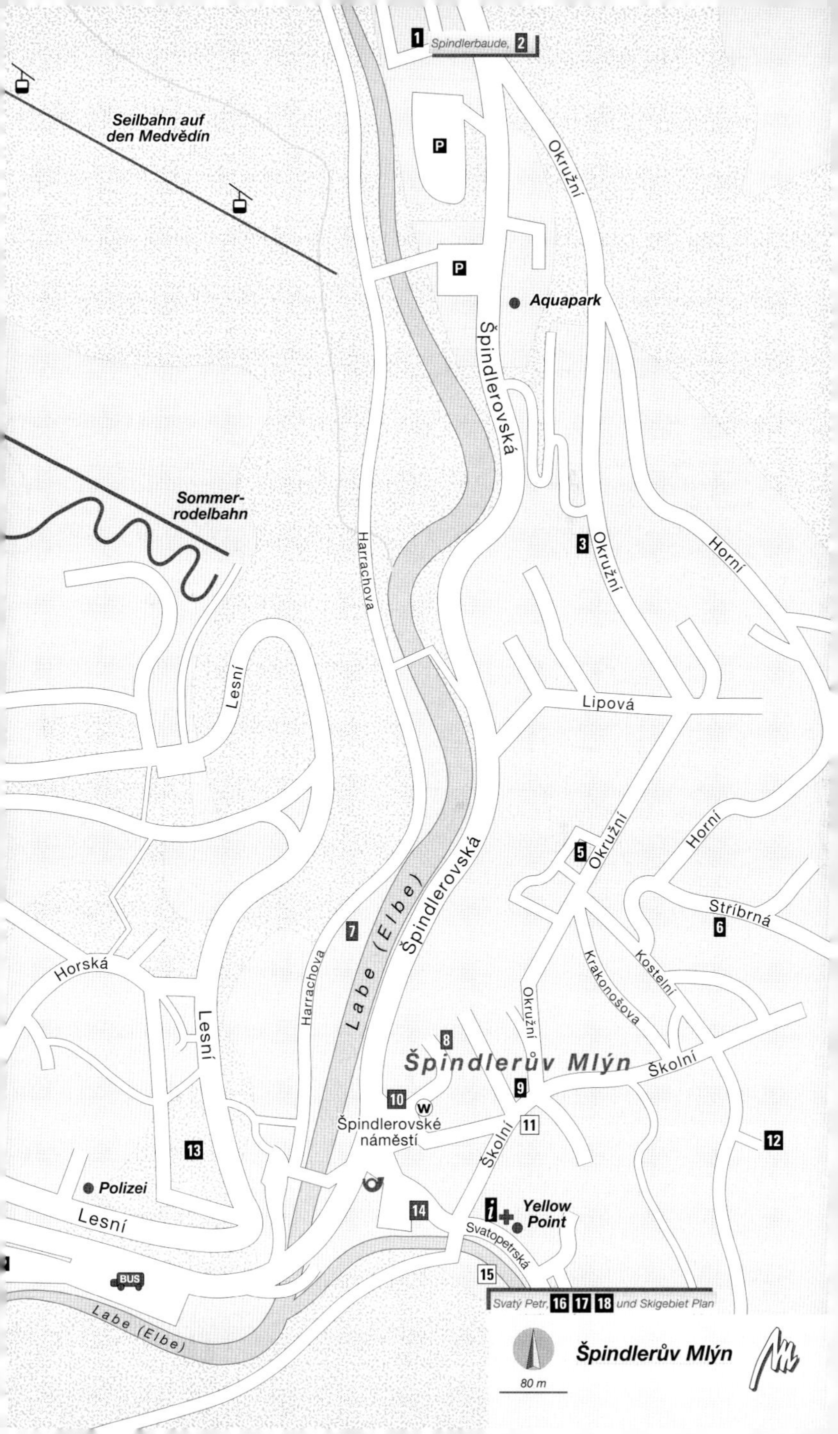
1
Spindlerbaude, 2
Seilbahn auf
den Medvědín
Okružní
Aquapark
Špindlerovská
Sommer-
rodelbahn
Harrachova
3
Okružní
Horní
Lesní
Lipová
5
Okružní
Horní
Stříbrná
6
7
Labe (Elbe)
Špindlerovská
Horská
Lesní
Harrachova
Krakonošova
Kostelní
Okružní
8
Špindlerův Mlýn
Školní
9
10
W
Špindlerovské
náměstí
11
12
13
Školní
Polizei
14
Yellow
Point
Lesní
Svatopetrská
15
BUS
Svatý Petr, 16 17 18 und Skigebiet Plan
Labe (Elbe)
Špindlerův Mlýn
80 m

• *In Špindleruv Mlýn* *** **Hotel Windsor (9)**, Hotel im Alpenstil mit Geranien an den Balkonen. Besteht aus 2 gegenüberliegenden Gebäuden, die Zimmer im hinteren Gebäude sind älteren Datums. Neben klassischen Hotelzimmern auch Apartments. Parkplatz, Restaurant mit schöner Terrasse, Jazzclub, Friseur, Wellness, Bowling etc. EZ je nach Saison 48–152 €, DZ 72–220 €. Okružní 13, ✆ 499405911, www.hotel-windsor.cz.

**Pension Miluška (6)**, gehört zum Hotel Windsor. Freundlich, familiär und doch komfortabel, bietet etwas günstigere Zimmer an. Oberhalb des Ortes. EZ je nach Saison 18–34 €, DZ 36–68 €. Stříbrná 117, ✆ 499523678, 📠 499523699, www.pension-miluska.cz.

*** **Hotel Sněžka Felicity (5)**, hoch über dem Ort, ca. 200 m vom Zentrum entfernt. 31 klassische Hotelzimmer, viele davon mit herrlicher Bergsicht. Whirlpool und Sauna. Restaurant und Bar. Eigene Parkplätze. Je nach Saison 22–60 €/Pers. Okružní 155, ✆ 499433360, 📠 499433306, www.felicity.cz.

**Pension Silva (12)**, traumhaft über dem Ort gelegene Pension, sehr gepflegt und freundlich. Nichtraucherzimmer mit 2 und 3 Betten sowie Apartments mit kleiner Küche, eines davon sogar mit eigenem türkischem Bad! Mit Möbeln im Landhausstil ausgestattet, Speiseraum mit Kamin. Eigene Parkplätze. DZ je nach Saison und Zimmer 32–112 €. Školní 242, ✆ 606715456 (mobil), 📠 499433135, www.pension-silva.cz.

**Pension Seidl (3)**, hübsches Berghaus mit Erkern und großem Giebel in Hanglage über dem Zentrum. 10 Teppichbodenzimmer. Sauna, Restaurant, Terrasse mit Grill. Frühzeitige Buchung empfehlenswert. Je nach Saison 20–50 €/Pers. Okružní 192, ✆ 605851028, www.pension-seidl.cz.

• *In Bedřichov* *** **Hotel Bedřiška (4)**, hoch über dem Ort, ca. 10 Fußmin. vom Zentrum entfernt. Angenehmes familiäres Mittelklassehotel. 22 Zimmer, sehr unterschiedlich ausgestattet, von eher schick bis eher bieder. Tischtennis, Tennis, Sauna, Hallenbad, gutes Restaurant mit Sommerterrasse, großer Garten. Zwischen Weihnachten und Neujahr nur 7-Tage-Buchung möglich. Je nach Saison 28–74 €/Pers., Parken inkl. Lesní 50, ✆ 499433103, 📠 499433108, www.bedriska.cz.

**Hotel U tří růží (13)**, einfach. Kleine Anlage, auf mehrere Häuser verteilt. Holzverkleidete Zimmer mit ziemlich altbackenem Mobiliar, alle mit Bad. Hübsches Restaurant. Sauna, Solarium, Whirlpool. Je nach Saison und Kategorie 16–30 €/Pers. Bedřichov 18, ✆/📠 499433188, www.triruze.cz.

• *In Svatý Petr* ***** **Apartments Esplanade Svatý Petr (16)**, der Spindlermühler Ableger des Prager Nobelhotels Esplanade. Das Beste, was die Gegend zu bieten hat. Kleineres Haus mit sehr stilvollen, gepflegten Apartments. Für 2 Pers. 90–320 €. Údolni 44, ✆ 499405211, 📠 499405210, www.esplanade.cz.

*** **Hotel Zátiší (18)**, 41 der Sterneanzahl entsprechend ausgestattete Zimmer, geräumig und gepflegt, wie das gesamte Hotel aber nicht sonderlich geschmackvoll eingerichtet. Restaurant, Fitnessraum, Sauna, Solarium. Herrliche Terrasse. DZ je nach Saison 62–220 €. Luční 46, ✆ 499433368, 📠 499433314, www.hotel-zatisi.com.

**Pension Slunečnice (17)**, sehr schöne Pension. Liebevoll eingerichtete Zimmer mit viel Holz, schönes Restaurant, tolle Terrasse. Freundlicher Service, sichere Parkplätze. Je nach Saison 20–60 €/Pers. Svatý Petr 67, ✆ 499433329, 📠 499433715, www.slunecnice.svpetr.cz.

• *Camping* **Autokemp U Labe (1)**, gut belegter Platz ganz im Norden des Ortes, kurz vor der Schranke zur Spindlerbaude am rauschenden Bach. Achtung – selbst im Hochsommer kann es hier nachts extrem frisch werden! Moderne Sanitäranlagen. Ganzjährig. 2 Pers. mit Zelt u. Auto 24 €, Bungalow für 4 Pers. ab 40 €. Špindlerův Mlýn, ✆ 499523534, www.kemp-spindl.cz.

## Sport & Freizeit/Kultur

• *Adventure* Beste Adresse ist **Yellow Point,** zentral in der Svatopetrská 278, ✆/📠 499433505, www.ypoint.cz. Paragliding-Tandemflüge (72 €), geführte Mountainbiketrips (5-stündiger Ausflug für eine Gruppe von 4 Pers. ab 20 €/Pers.), Rafting (28 €) usw.

• *Baden* Man kann in den **Labská-Stausee** springen, das Wasser ist aber eiskalt. Das Gleiche gilt für ein Bad in der **Weißen Elbe** (→ Umgebung/Důl Bílého Labe). Zudem gibt es einen kleinen **Aquapark** an der Špindlerovská (nahe dem Parkplatz bei der Seilbahn Medvědín). Eintritt für 2 Std. 10 €, Kinder 6 €.

• *Mountainbiking* Einen Streckenplan hält die Touristeninformation bereit. Infos erhält man auch bei **Yellow Point** (s. o.). Dort kann man auch Bikes leihen: je nach Kategorie ab 8 €/Tag.

• *Rodelbahn/Hochseilgarten* Die *Bobová dráha* ist 1400 m lang, hat 22 Kurven und ist im Sommer und Winter in Betrieb. 3,20 €/Fahrt, Kinder 2,40 €. Beim Hotel Hamry im Stadtteil Bedřichov, www.bobovka.cz. Neben der Rodelbahn befindet sich der **Monkey Park,** ein Hochseilgarten.

• *Skifahren/Snowboarden* Zur Verfügung stehen insgesamt 17 Lifte und 26 km Piste, das Skigebiet ist jedoch nicht zusammenhängend. Es gibt 2 Areale, eines am **Medvědín** (1235 m) im Norden von Špindlerův Mlýn und eines am **Plan** (1198 m) beim Ortsteil Svatý Petr, dazu hier und dort noch ein paar Lifte. Tageskarte 29 €, erm. 19 €. Schneekanonen sorgen für Schneesicherheit. www.skiarealspindl.cz.

Für Leihausrüstungen gibt es diverse Anbieter im Zentrum, z. B. Yellow Point (s. o.). Komplette Ausrüstung ab 15 €/Tag.

• *Ausflüge* Tages- und Halbtagesausflüge können über diverse Info-Büros vor Ort gebucht werden, z. B. nach Prag oder zu den Adersbacher und Wekelsdorfer Felsen (30 € inkl. Pick-up-Service).



## Umgebung von Špindlerův Mlýn

**Medvědín und Pramen Labe (Schlüsselberg und Elbquelle):** Nordwestlich von Špindlerův Mlýn erhebt sich der Medvědín (1235 m). Im Winter wird hier Ski gefahren, aber auch im Sommer bringt Sie eine Sesselbahn auf den Gipfel. Von dort führt ein erst gelb, dann rot markierter Weg zur Berghütte *Vrbatova bouda,* von wo Sie über einen gelben oder roten Weg weiter zur Elbquelle gelangen (ca. 6,5 km). Dabei handelt es sich um ein kreisrundes, ausgemauertes Wasserloch, das stellvertretend für die vielen Quellbäche steht, aus denen der Fluss entspringt. 1091 km sind es von hier bis zur Elbmündung in der Nordsee. An ein paar der Städte, die der Fluss auf dem Weg dahin durchfließt, erinnern Wappen. Entlang der noch jungfräulichen Elbe, die schon ganz schön wild sein kann (nach ca. 2 km ein Wasserfall), führt ein sehr schöner, blau markierter Weg zurück nach Špindlerův Mlýn (8 km). Von der *Vrbatova bouda* bieten sich übrigens auch verschiedene Wanderrouten nach Harrachov an (je nach Strecke 3–4 Std.).

*Sessellift* Talstation nördlich des Zentrums von Špindlerův Mlýn, der Špindlerovská bergauf folgen. Betrieb im Sommer 8–18 Uhr alle 30 Min. Einfache Fahrt 3,20 €, retour 4,80 €.

*Spindlermühle, die erste Stadt an der Elbe*

**Plan (Planur):** Wie auf den Medvědín bringt Sie im Sommer auch ein Sessellift auf den Plan (1195 m). Von dort gelangt man über einen grünen Wanderweg nach Pec pod Sněžkou (ca. 3 Std.). Bereits nach rund einem Kilometer kommt man an der Berghütte *Bouda na Pláni* vorbei. Im Winter 1943/44 trafen sich hier Offiziere des deutschen Widerstands um Graf von Stauffenberg.

*Sessellift* Talstation am Weg nach Svatý Petr. Betrieb im Sommer 8–18 Uhr alle 30 Min. Einfache Fahrt 3,20 €, retour 4,80 €.

**Důl Bílého Labe (Weißwassergrund):** Eines der schönsten Täler rund um Špindlerův Mlýn ist das Bachtal der Weißen Elbe (Bílé Labe). Der Gebirgsbach rauscht hier über Kaskaden zu Tal, dazwischen kann man ein auch im Sommer eisiges Bad nehmen. Ein Ausflug zum Weißwassergrund ist mit dem Rad oder zu Fuß leicht machbar. Vom Zentrum Spindlermühles folgt man für rund 2 km der Špindlerovská bergauf und biegt dann rechts ab auf einen blau markierten Weg entlang der Weißen Elbe. Auf diesem erreicht man nach weiteren 3,5 km die Berghütte *Bouda u Bílého Labe* mit Einkehrmöglichkeiten. Von dort führt ein gelb markierter Weg (4,7 km) zurück nach Spindlermühle.

**Špindlerova bouda (Spindlerbaude):** Die Spindlerbaude, eine der bekanntesten Bauden des Riesengebirges, liegt direkt an der Grenze zu Polen. Man kann dort ordentlich essen und anschließend gut gestärkt loswandern. Von der Baude führt ein 9 km langer, rot markierter Weg gen Osten auf die *Sněžka*, die *Schneekoppe*. Gen Westen bringt Sie der Weg zur *Petrova bouda (Peterbaude)*, wo der Wintersport im Riesengebirge seinen Anfang nahm. Per Pferdekutsche ließ man sich zur Peterbaude chauffieren und jagte dann mit Hörnerschlitten zu Tal. Der rot markierte Wanderweg ist übrigens ein Abschnitt des insgesamt 26 km langen Kammweges, der als *Tschechisch-Polnischer Freundschaftsweg* angelegt wurde. Zur Spindlerbaude kann man mit dem stündlich verkehrenden Bus fahren. Selbstfahrer zahlen an der Schranke am nördlichen Ortsende von Špindlerův Mlýn satte 12 €!

## Janské Lázně (Johannesbad)

Janské Lázně ist sowohl **Kurbad** als auch **Wintersportzentrum** in Kleinformat. Der Ort liegt zu Füßen des Černá hora (Schwarzberg, 1299 m, → S. 209), hinauf schwebt eine Kabinen-Seilbahn. In den 1930ern war Johannesbad einer der ersten Kurorte Europas, die sich in Anlehnung an Warm Springs (USA) vorrangig der Behandlung von Kinderlähmung widmeten. Aus jener Zeit sind einige schöne Gebäude erhalten. Das hiesige Kindersanatorium Vesna besitzt noch immer einen sehr guten Ruf. Die z. T. leicht radioaktiven Heilwässerchen helfen bei Erkrankungen des Bewegungsapparates und bei Nervenleiden. Im Sommer finden im netten Kurareal um die Kolonnade regelmäßig Promenadenkonzerte statt.

• *Information* **Infocentrum** an der Seilbahn-Talstation. Tägl. 9–17 Uhr. ✆ 499875186, www.janskelazne.cz.

• *Verbindungen* Regelmäßig **Busse** nach Trutnov, bis zu 10-mal tägl. nach Pec pod Sněžkou, 1-mal nach Hradec Králové.

• *Parken* Das Zentrum ist für den Verkehr gesperrt. Zentraler Parkplatz (2,50 €/Tag) bei der Talstation der Seilbahn auf den Černá hora.

• *Essen & Trinken/Übernachten* Es gibt viele Kurhäuser, aber nur wenige unabhängige Hotels und Pensionen. Die Höchstpreise werden im Winter verlangt, die Preisstaffelung ähnelt der von Špindlerův Mlýn → dort.

*** **Hotel Vyhlídka,** schöne, restaurierte Villa nahe dem zentralen Parkplatz, leider aber auch in der Nähe einiger Plattenbauten. Ordentliche Zimmer mit Kaufhausmobiliar, z. T. mit Balkon. Familiäre Atmosphäre, Restaurant mit Sommerterrasse, eigene Parkmöglichkeiten. DZ je nach Saison 36–

80 €, zwischen Weihnachten und Ende Februar Mindestbuchung 6 Nächte. Janské Lázně, ✆ 602465682 (mobil), www.vyhlidkahotel.cz.

**Penzion Kamínek,** Haus im alpenländischen Stil. 8 gepflegte, saubere Zimmer mit TV und eigenen Bädern, z. T. mit Balkon. Von Trutnov kommend an der Durchgangsstraße rechter Hand. Je nach Saison 16–32 €/Pers. Krkonošská 67, ✆ 603243332 (mobil), www.penzionkaminek.cz.

**Hoffmanova bouda,** kurz hinter dem eigentlichen Ortsausgang Richtung Vrchlabí. Urig-rustikale Stube mit Kachelofen und guter Hausmannskost zu 3,50–8,50 €. Zudem werden auch schlichte Unterkunftsmöglichkeiten in DZ und Mehrbettzimmern angeboten (keine privaten Bäder). Ab 12 €/Pers. Janské Lázně, ✆ 777946434 (mobil), www.agent.cz/bouda.

• *Golf* **Golf Club Mladé Buky,** beim gleichnamigen Dorf ca. 6 km südöstlich von Janské Lázně. 18-Loch-Platz, PAR 62, Greenfee 28–48 €. ✆ 604273293 (mobil), www.mladebuky.com.

• *Radverleih* In der Talstation der Seilbahn. Mountainbike 8 €/Tag.

• *Seilbahn* Im Sommer 9–18 Uhr stündl. bis halbstündl., einfach 4 €, hin/zurück 6 €, erm. 3,20 bzw. 4,80 €.

• *Skifahren/Skiverleih* Das Skigebiet am Černá hora verfügt über 2 Seilbahnen und 12 Schlepplifte. Rote, blaue und schwarze Pisten. Tageskarte 24 €. Ausrüstungsverleih bei der Seilbahn. www.cerna-hora.cz.



## Pec pod Sněžkou (Petzer unter der Schneekoppe)

Die ehemalige Bergbausiedlung liegt zu Füßen der Schneekoppe (→ Umgebung von Pec pod Sněžkou) auf 700 bis 800 m. ü. d. M. Heute leben die 600 Einwohner von ihren rund 8500 Gästebetten. Pec pod Sněžkou ist dank des „böhmischen Mount Everest" vor der Tür *der* Touristenmagnet des östlichen Riesengebirges. Im Sommer pilgern Tausende auf den Gipfel der Schneekoppe – die Jungen zu Fuß, die Älteren mit der Seilbahn. Im Winter lockt der Ort Skifahrer an. Gecarvt wird aber nur an Hängen zwischen 830 und 1215 m Höhe und nicht an der Schneekoppe selbst.

Das Zentrum wird überragt von einem architektonischen Sündenfall aus sozialistischer Zeit, einem kleinen „Wolkenkratzer", heute das Hotel Horizont. Die Bar im 18. Stock (!) serviert immerhin gute Cocktails. Noch bevor man Pec pod Sněžkou erreicht, passiert man übrigens den unteren Ortsteil **Velká Úpa,** ebenfalls ein alter Bergbauort mit vielen Pensionen.

• *Information* Es gibt mehrere private Infostellen vor Ort, die meisten sind mit einer Wechselstube gekoppelt. Recht gut ist das Büro **Veselý Výlet** („Lustiger Ausflug") nahe dem Busbahnhof. Hier werden auch Wanderkarten verkauft. ✆ 499736130, www.veselyvylet.cz. In der HS tägl. 8.30–18 Uhr, in der NS verkürzt.

Bei der Zimmervermittlung hilft das **Infocentrum Turista** am Ortsanfang (Pec pod Sněžkou Nr. 337, gegenüber Hotel Krotus). ✆/℡ 499736280, www.turistapec.cz. In der HS tägl. 9–18 Uhr, in der NS verkürzt.

Das **Informační středisko** (betrieben von der Nationalparkverwaltung) mit einer kleinen Ausstellung (Eintritt gratis) zur Natur, Geschichte und Gegenwart des Riesengebirges befindet sich bei der Talstation der Sesselliftanlage auf die Schneekoppe. Juni–Sept. tägl. 8.30–12 u. 12.30–17 Uhr, Okt.–Mai Mo–Fr 9–12 u. 13–16 Uhr. ✆ 499736311.

• *Parken* Parken Sie nur auf den gebührenpflichtigen, ausgeschilderten Parkplätzen. Ansonsten wird es teuer.

• *Verbindungen* Busbahnhof im Zentrum, bis zu 7-mal tägl. **Busverbindungen** nach Trutnov, bis zu 10-mal nach Janské Lázně, 3-mal nach Dvůr Králové und Prag, 1-mal nach Hradec Králové.

• *Essen & Trinken/Übernachten* **Hospoda Na Peci,** zentral an der Durchgangsstraße. Gibt es seit 1793. Eine Empfehlung. Urige Gaststätte im Blockhüttenstil, sehr beliebt. Hg. 3,50–6 €. Nur kleine, täglich wechselnde Karte mit sehr guter böhmischer Braten- und Knödelküche, dazu hausgemachte Kuchen. Es werden auch einfache Zimmer mit Bad vermietet, DZ 30–44 €. ✆ 499896210, hospoda.napeci@tiscali.cz.

Wer einen Ausflug nach Polen unternimmt, kommt an Dolní Malá Úpa vorbei. Dort lohnt es sich, nach der Pension **Rusalka** Ausschau zu halten (von Pec kommend beim Hotel Spálený Mlýn rechts ab). In der angeschlossenen Gaststätte gibt es mit die besten Blaubeerknödel der Gegend. ✆ 499329150, www.rusalka-upa.cz.

**** **Hotel Horizont,** Betonklotz mit sozialistischem Charme aus dem Jahr 1979. Besser drin wohnen als drauf blicken! Die Zimmer sind nicht die schönsten, aber der Sterneanzahl entsprechend ausgestattet. Mehrere Restaurants und Bars, umfangreiches Sport- und Wellnessangebot (Hallenbad, Whirlpool, Sauna, Solarium, Fitnessraum, Rad- und Skiverleih etc.). DZ je nach Saison 54–150 €, Parken 4 €/Tag. Velká Pláň 141, ✆ 499861222, 📠 499861444, www.hotelhorizont.cz.

** **Romantikhotel Nebozízek,** sehr gepflegtes Haus in ruhiger Lage am Waldrand. Schön gestaltete, komfortable Zimmer, teilweise mit Balkon. Freundliches Lokal mit toller Terrasse, familiäre Atmosphäre. Viel deutsches Publikum. 28 €/Pers., im Winter bis zu 50 €. Malá Plan 164, ✆/📠 499736154, www.hotelnebozizek.cz.

**Pension U Kapličky,** gehobene renovierte Pension in einem Holz-Stein-Haus am Parkplatz auf dem Weg zum Sessellift. Vorrangig tschechisches Publikum, die Besitzer sind keiner Fremdsprache mächtig. Anständige Zimmer, unterschiedlich ausgestattet. DZ 31–50 €, Parken inkl. Pec pod Sněžkou 298, ✆ 499736377, kaca.pec@seznam.cz.

**Pension Avia,** eine preisgünstige Alternative für Familien ohne großen Komfortanspruch. Gelbes Holzhaus, am Waldrand und gleichzeitig hoch über dem Ort gelegen. Zimmer mit TV und viel Holz, nur teilweise mit privaten Bädern, traumhafte Terrasse mit Bergblick, Restaurant, Parkplätze sowie laut hauseigener Broschüre „Kinderschlepper direkt beim Haus". DZ mit Bad 36 €, ohne Bad 24 €, teurer im Winter. Pec pod Sněžkou 155 (oberhalb des Hotels Horizont), ✆/📠 499896253, www.pensionavia.cz.

**Luční Bouda,** große Berghütte in toller einsamer Lage, aber mit eher schlichten Unterkunftsmöglichkeiten: Mehrbettzimmer mit und ohne Bad. Je nach Kategorie und Saison 9–28 €/Pers. Pec pod Sněžkou 203, ✆ 499736144, 📠 499896356, www.lucnibouda.cz.

• *Skifahren/Skiverleih* Es gibt 9 Schlepplifte, einen Sessellift und viele leichte Abfahrten. Tageskarte 24 €. www.skipec.com. Für eine komplette Ausrüstung müssen Sie mit ca. 15 €/Tag rechnen.

• *Rodelbahn* Sie nennt sich **Relaxpark** und befindet sich beim Parkplatz des Schneekoppe-Lifts. Ganzjährig. Nebenan ein Hochseilgarten. 2,80 €/Fahrt, Kinder 2 €.

## Umgebung von Pec pod Sněžkou

**Sněžka (Schneekoppe):** Der oft wolkenverhangene, raue Gipfel der Schneekoppe, mit 1602 m ü. d. M. der höchste Berg Böhmens, liegt über der Waldgrenze. Über den Gipfel verläuft zugleich die Grenze zu Polen. Auf polnischer Seite steht die Laurentiuskapelle (17. Jh.) und eine Baude mit Imbiss und meteorologischer Station. Auf tschechischer Seite gibt es ein Postamt, das die Urlaubsgrüße mit einem Sněžka-Sonderstempel versieht. Ein Erlebnis ist es, sich wie Goethe (1790) den Sonnenuntergang vom Gipfel anzuschauen. Von Pec pod Sněžkou gelangt man am einfachsten mit dem Sessellift hinauf. Die Talstation liegt ca. 1,5 km nördlich des Ortes. Von dort geht es zuerst auf den Růžova hora (Rosenberg, 1390 m), wo man umsteigen muss. Wenn Sie auf den Gipfel der Schneekoppe wandern möchten, folgen Sie von Pec zuerst dem grün markierten Weg bis zur Zwischenstation, dann dem gelben bis zum Gipfel (5,5 km Gesamtlänge). Für den Rückweg bietet sich eine Tour durch den Riesengrund (s. u.) an, der Weg ist erst rot, dann blau markiert (9 km).

*Sessellift* Tägl. 8–18 Uhr, im Sommer bis 19 Uhr stündl. Fahrten. Hin/zurück 13,20 €, erm. 6,80 €.

**Obří důl (Riesengrund):** Das Tal der Úpa (Aupa) nördlich von Pec, wo auch die Talstation des Sessellifts zur Schneekoppe liegt, nennt sich Riesengrund. Es ist eines der schönsten Täler des Riesengebirges. Hindurch führt ein blau markierter Wanderweg. Nach ca. 1 ½ Stunden erreicht man das alte *Bergwerk Kovárna,* von wo man in das Innere der Schneekoppe vorstoßen kann. Das alte Stollensystem, das einst dem Abbau von Erzen und Kupfer diente, wurde 2004 der Öffentlichkeit zugänglich gemacht. 2010 war es aufgrund von Erweiterungsarbeiten geschlossen, 2011 soll es wieder für Besucher freigegeben werden. Führungen finden i. d. R. aber nur im Juli und August statt – Details in der Touristeninformation.

*Die Schneekoppe, der höchste Berg Böhmens*

**Černá hora (Schwarzberg):** Der 1299 m hohe Berg erhebt sich südlich von Pec, seine Südhänge bilden das Skigebiet von Janské Lázně (→ S. 206). Nördlich des Gipfels erstreckt sich ein Hochmoor. Auf den Berg führt von Pec ein erst gelb (bis zur Berghütte *Kolínská bouda*) und dann rot markierter Wanderweg. Für den Rückweg bietet sich der gelb markierte Wanderweg nach Velká Úpa an. Auf diesem durchquert man nicht nur das Hochmoor, sondern passiert auch die Siedlung *Vlašské Boudy,* wo die *Horská farma Sosna* zur Brotzeit mit selbst gemachtem Quark und Joghurt einlädt (tägl. außer Mo 11–17 Uhr).

**Aussichtsturm Hnědý vrch (Braunberg):** 2009 wurde auf dem 1207 m hohen Braunberg südöstlich von Pec ein 30 m hoher Aussichtsturm eröffnet, der ein eindrucksvolles Riesengebirgspanorama bietet. Nach oben fährt ein Sessellift (9–16 Uhr stündl., hin/zurück 4,80 €).

*Öffnungszeiten* Juni–Okt. tägl. 9–16 Uhr. Eintritt frei.

Zwischen den Riesengebirgsorten Pec und Janské Lázně und dem Braunauer Land (Broumovsko) liegt das freundliche Städtchen **Trutnov** (→ S. 191).

## Broumovsko (Braunauer Land)

**Braunauer Land nennt sich der nach Polen hineinragende Zipfel ganz im Nordosten Böhmens. Das Eck ist abgeschieden und arm, jedoch reich an Kirchenbauten, die die Handschrift der Barockbaumeisterfamilie Dientzenhofer tragen. Zudem warten bizarre Sandsteingebirge auf ihre Erkundung.**

Die vergessene Region wird auch als der „tote Winkel“ der Republik bezeichnet und besitzt keinen guten Ruf. Das war nicht immer so: Riesige, heute dem Verfall preisgegebene Gutshöfe zeugen vom einstigen Wohlstand der Region. Doch nach der Vertreibung von über 22.000 Deutschen war das nach der größten Ortschaft benannte Braunauer Land so gut wie ausgestorben. Viele Dörfer verschwanden, und die neuen, z. T. unter Zwang angesiedelten Bewohner konnten sich mit der Gegend nicht anfreunden, viele Gehöfte und Kirchen verfielen, weil sich niemand um sie kümmerte. Wer konnte, zog wieder weg. Zurück blieben die sozial Schwachen. Mit Programmen zur Wiederbelebung des Braunauer Lands versucht man, die Region wieder attraktiver zu machen. Potenzial ist auf jeden Fall vorhanden, denn das Naturschutzgebiet Broumovsko bietet eine ganze Reihe landschaftlicher Highlights und lädt zum Wandern nur so ein.

## Adršpašsko-Teplické Skály (Adersbacher und Wekelsdorfer Felsen)

Eines dieser Highlights liegt ungefähr auf halber Strecke zwischen Trutnov und Broumov: das 17 $km^2$ große Naturschutzgebiet Adršpašsko-Teplické Skály, ein Tohuwabohu aus Felsbrücken, Felstürmen und Felsnadeln. Die bizarre Felsenstadt (Skalní Město) ist das Resultat der Jahrmillionen währenden Erosion an einer mächtigen Sandsteinmasse. Das Felsenlabyrinth mit seinen wilden Schluchten und imposanten Felstürmen war bis vor gar nicht allzu langer Zeit noch weitestgehend Terra incognita. Lediglich in Kriegszeiten wagten sich die Menschen 100–200 m hinein, um sich zu verstecken. Erst durch einen mehrwöchigen Waldbrand 1824 wurden die zuvor verwilderten, tiefen Schluchten passierbar. In manchen davon liegt noch bis ins späte Frühjahr Schnee.

Da im Norden das Örtchen **Adršpach** (Adersbach) an die Felsenstadt grenzt, bezeichnet man die nordwestliche Hälfte des Massivs als *Adršpašské skály* (Adersbacher Felsen). Hindurch führt ein grün markierter Rundweg (3,5 km, Einstieg nahe dem Bahnhof), auf dem man auch den **Adersbacher See** passiert (Möglichkeit einer Floßfahrt). Die südöstliche Hälfte der Felsenstadt bilden die *Teplické skály* (Wekelsdorfer Felsen), benannt nach dem Städtchen **Teplice nad Metují** (Wekelsdorf). Durch diesen Teil führt ein 6 km langer, blau markierter Rundweg (Einstieg knapp 2 km westlich des Zentrums an der Straße nach Adršpach). Verbunden sind die beiden Teile durch die **Wolfsschlucht,** durch die ein gelb markierter Weg verläuft. Wer nicht beide Felsenstädte besichtigen will, sollte den imposanteren Adersbacher Felsen den Vorzug geben. Viele Felsgebilde tragen Namen, manche so lustige wie *Rübezahls Zahn, Liebespaar, Geballte Faust, Fleischerbeil* oder *Smetana am Klavier*. Die Besichtigung der Felsenstädte ist kostenpflichtig (s. u.).

Das Gebiet ist auch ein Eldorado für **Kletterer,** eine Herausforderung sind insbesondere die senkrecht aufsteigen, bis zu 70 m hohen Felstürme. Angeblich können mehr als 1700 Türme bestiegen werden. Wer sich hier länger zum Klettern oder Wandern aufhalten will, findet in Adersbach und in Wekelsdorf eine Reihe von Unterkünften und Restaurants. Im Sommer sind allerdings viele Häuser ausgebucht.

• *Information* **Infostellen** gibt es in Teplice nad Metují und Adršpach: ✆ 491581197, www.teplickeskaly.cz bzw. ✆ 491586012, www.skalyadrspach.cz. Die Büros sind in beiden Orten ausgeschildert.

• *Verbindungen* Bis zu 5-mal tägl. **Zugverbindungen** von Teplice (Bahnhof im Ort selbst und beim Zugang zur Felsenstadt, Station Skály) über Adršpach nach Trutnov. Zudem regelmäßig **Busse** von Teplice nach Broumov und Adršpach.

• *Übernachten* Auch ohne Sie machen die Pensionen und Hotels ihren Umsatz, also erwarten Sie nicht zu viel Freundlichkeit.

**Pension Adršpach,** größere Pension am Ortseingang von Adršpach (von Teplice kommend). Etwas steriler Neubau mit ziemlich konservativer Atmosphäre. Or-

*Leitersteigen in den Wekelsdorfer Felsen*



dentliche Zimmer mit Bad. Restaurant. DZ je nach Saison und Aufenthaltsdauer ab 40 €. Dolní Adršpach 24, ✆ 491586102, ℻ 49 1586106, www.adrspach-skaly.cz.

**Pension Skalní Mlýn,** restaurierte alte Mühle zwischen Teplice und Adršpach. Sehr hübsche Zimmer im romantischen Landhausstil, alle mit privaten Bädern. Zudem kann man im Sommer günstig in hundehüttenähnlichen „Bungalows" im Garten unterkommen (ohne Bad). Parkplätze, nettes Restaurant mit Sommerterrasse. DZ 48 €, Bungalow für 4 Pers. 24 €. Dolní Adršpach 1, ✆ 491586961, ℻ 4915 86964, www.skalni-mlyn.cz.

**Hotel Javor,** am Ortseingang von Adršpach neben der Pension Adršpach. Angenehme, z. T. recht großzügige, komfortable Zimmer. Sichere Parkplätze, freundliches Personal. Restaurant. DZ 72 €. Dolní Adršpach 10, ✆ 491586187, ℻ 491586188, www.hotel-adrspach.cz.

**Pension Severka,** 7-Zimmer-Pension am Parkplatz bei den Teplicer Felsen – tagsüber trubelig, am Abend tot. Jugendlich-farbenfroh, schöne Bäder. DZ 28 €, Frühstück 3 € extra. Im Winter nur Gruppenreservierung ab 10 Pers. Střmenské podhradí, ✆ 604749405 (mobil), www.penzion-adrspach.cz.

**Penzion U Skalního Potoka,** direkt hinter dem Eingang zu den Teplicer Felsen. 6 schlichte Zimmer, nur teilweise mit privaten Bädern, Gemeinschaftsküche, Aufenthaltsraum, Terrasse am Bach mit Grillmöglichkeiten. DZ mit Bad 26 €, ohne Bad 20 €, kein Frühstück. Střmenské podhradí 130, ✆/℻ 491581317, www.penzion.adrspach.cz.

** **Zámecký Hotel Bischofstein,** eine nette Adresse für junge Leute im 4 km südwestlich von Teplice gelegenen Weiler Skály. Weder ein Hotel (eher eine Jugendherberge) noch ein Schloss (eher ein ummauerter Gutshof), aber sehr idyllisch. Innenhof mit Spielplatz, Restaurant mit Schullandheimatmosphäre, junges freundliches Personal. Im Zimmer mit Etagenbad 14 €/Pers. In Teplice ausgeschildert, ✆ 491581023, www.bischofstein.cz.

**Camp Kamenec,** kleiner, eng mit dreiecksförmigen Chatas bestückter Camping, für Camper mit Zelt oder Wohnmobil bleibt wenig Platz. Kneipe. Einfach, aber mit einigen netten Details angenehm aufgepeppt. Mai–Okt. 2 Pers. mit Auto u. Zelt 9 €, Chata ab 5,50 €/Pers. In Teplice ausgeschildert, ✆ 604989353 (mobil), www.camp.adrspach-ubytovani.cz.

**Autokempink Bučnice,** Wiese mit Chatas direkt an der Straße von Teplice nach Adršpach, daher wenig Flair. Sanitäranlagen na ja und Duschen nur stundenweise geöffnet! Kiosk. Mai–Sept. Bett in der Chata 5,60 €, 2 Pers. mit Zelt u. Auto 9,20 €. Teplice, ✆ 491581387, www.autokemp.wz.cz.

• *Klettern* **Alptrend** in Teplice erteilt Infos und bietet Kurse an. Adršpach 73, ✆ 6021253 33 (mobil), www.alptrend.cz.

• *Öffnungszeiten* **Felsenstädte,** April–Nov. tägl. 8–18 Uhr. Eintritt (egal ob von Teplice oder Adršpach) 2,40 €, erm. die Hälfte. Es lohnt sich der Kauf einer Wanderkarte.

Weitere **Informationen zu den Adersbacher Felsen** finden Sie im Internet unter www.skalyadrspach.cz.

## Broumov (Braunau)

Das 8000-Einwohner-Städtchen präsentiert sich als ein Schatten vergangener, besserer Zeiten. Zwar wurde bereits fleißig restauriert, doch nach wie vor warten noch viele Häuser und Fassaden auf ihre Renovierung. Immerhin blieb genügend alte Baussubstanz erhalten, sodass Broumov irgendwann wieder mit einem adretten Stadtbild aufwarten kann. Bis der alte Glanz wieder hergestellt ist, werden aber noch einige Jahre vergehen.

Inmitten des ansehnlichen **Marktplatzes Mírové náměstí** reckt sich eine über 10 m hohe Mariensäule (1706) in den Himmel, die Madonna ganz oben soll ein Werk Johann Brokoffs sein. Folgt man vom oberen Ende des Platzes der Gasse Klášterní nach rechts, steht man nach rund 30 m vor dem sehenswertesten Bau der Stadt, dem monumentalen **Benediktinerkloster.** Bereits 1322 wurde es gegründet. Für den barocken Umbau sorgten Christoph Dientzenhofer und sein Sohn Kilian Ignaz (→ Kasten). 1945 musste Abt Dominikus Prokop mit seinen Mönchen die Abtei verlassen, in Rohr (Bayern) begründeten sie einen neuen Konvent. Aus dem Braunauer Kloster machten die Kommunisten ein Arbeitslager für Geistliche. Einige Teile des Klosters können besichtigt werden. Dazu gehören das Refektorium und die prächtige Bibliothek mit 17.000 Bänden. (Es waren einmal viel mehr, doch während des Sozialismus wurden wertvolle Handschriften ins Ausland verkauft, aus anderen produzierte man Alt- bzw. Klopapier.) Zudem lohnt die Klosterkirche einen Besuch, eine der prächtigsten Kirchen Böhmens. Das Altarbild in der ersten Kapelle rechts ist ein Werk von Wenzel Lorenz Reiner. In der Klosterprälatur ist ein **Stadtmuseum** untergebracht.

Folgt man der Straße Protifašistických bojovníků rechts des Hauptplatzes bergab, gelangt man zur barocken **Wenzelskirche** (Kostel sv. Václava), ebenfalls ein Werk Kilian Ignaz Dientzenhofers. Und wer von Kirchen gar nicht genug bekommt, kann schließlich die **Kirche zu Unserer Lieben Frau** (Kostel Panny Marie) ansteuern. Die Holzkirche, eine der ältesten des Landes (1449), steht rund einen Kilometer südlich des Zentrums an der Straße nach Křinice inmitten eines verwunschenen Friedhofs. Ihr mit einem Rokokoaltar ausgestattetes Inneres ist sehenswert. Die Grabsteine auf dem Friedhof geben Zeugnis von der einstigen deutschen Bevölkerung ab.

• *Information* **Informační centrum Broumovska,** Mírové nám. 56, ✆ 491524168, www.broumov.net. Im Sommer Mo–Fr 8–16 Uhr, im Winter Mo–Do 8–16 Uhr, Fr 8–15 Uhr. Von Mai–Sept. dient an den Wochenenden (8–12 u. 13–17 Uhr) das Stadtmuseum im Kloster als Infozentrale.

• *Verbindungen* Regelmäßig **Busse** nach Křinice, Adršpach, Teplice nad Metují, Police und Náchod sowie über Hradec Králové nach Prag. Die Zugverbindungen sind uninteressant.

• *Übernachten/Essen & Trinken* **Hotel Veba,** bestes Haus der Stadt, untergebracht in einer Art Landvilla westlich des Zentrums (an der Straße nach Nowa Ruda). Parkähnli-

*Benediktinerkloster in Broumov*

cher Garten. Nette Terrasse. Zimmer etwas schwerfällig-bieder ausgestattet, aber okay. Die kleineren und billigeren Zimmer befinden sich in der Dependance im Garten. Restaurant. DZ je nach Standard 60–72 €. Šalounova 127, ✆ 491580211, 📠 491580210, http://hotel.veba.cz

*** **Vila Barbara**, Nichtraucher-Pension in einer ehemaligen Fabrikantenvilla nahe dem Zentrum. 4 ordentliche DZ und 1 Apartment. Restaurant mit gutem Preis-Leistungs-Verhältnis. Sommerterrasse, Wintergarten. Von Lesern sehr gelobt. DZ 50 €. Vančurova 126 (nahe dem Hotel Veba), ✆/📠 491523715, www.vila-barbara.cz.

*** **Hotel Praha,** am Marktplatz. Die z. T. sehr geräumigen Zimmer sind mit Kiefernholzmöbeln ausgestattet, wirken durch die Fliesenböden allerdings etwas kühl. Das Hotelrestaurant ist günstig und genießt einen recht guten Ruf. Freundliches Personal. EZ 36 €, DZ 48 €. Mírové nám. 49, ✆ 491523786, 📠 491523787, www.hotel-praha.cz.

• *Öffnungszeiten* **Kloster,** April–Okt. Di–Sa 9–11 u. 13–16 Uhr stündl. Führungen, So nur um 10, 11, 14, 15 u. 16 Uhr. Im Juli u. Aug. auch Mo geöffnet. Eintritt 2,60 €, erm. 1,80 €.

**Stadtmuseum,** Mai–Sept. tägl. (außer Mo) 8–12 u. 13–17 Uhr. Eintritt 0,60 €, erm. 0,40 €.

**Kirche zu Unserer Lieben Frau**, nur Juli u. Aug. tägl. 9–12 u. 13–17 Uhr, sonst durch ein Gitterfenster einsehbar. Eintritt 0,80 €.

## Broumovské stěny (Braunauer Wand)

Im Westen wird der Braunauer Kessel von einem Sandsteingebirgszug abgegrenzt. Aus der Ferne wirkt er eher wie ein bewaldeter Hang, Ähnlichkeit mit einer Wand bekommt er erst aus der Nähe. Das Gebiet lädt zum Wandern ein. Höchste Erhebung der Braunauer Wand ist der Božanovský Špičák (773 m). Auf 674 m Höhe, am Rande der Felsen, steht die **Kapelle der Jungfrau Maria** (Panny Marie Sněžné), die nach Plänen von Kilian Ignaz Dientzenhofer in Form eines fünfzackigen Sterns erbaut wurde (daher auch *hvězda,* „Stern“, genannt). Von hier genießt man herrliche Ausblicke übers Braunauer Ländchen bis hinüber nach Polen. Danach kann man in der benachbarten *Chata* einkehren.

Ostböhmen Karte S. 169

• *Anfahrt/Weg zur Kapelle* Von Broumov fährt man an der Holzkirche vorbei nach Křinice und durch das Dorf hindurch bis zum Ende der Straße. Am Restaurant Amerika parken, von dort geht es ca. 700 m zu Fuß weiter (ausgeschildert, rote Markierung). Zudem ist die Kapelle von der Straße Nr. 303 in Bukovice, dem nördlichen Vorort von Police nad Metují, ausgeschildert; von der Abzweigung noch 5 km und abschließende 5 Fußmin.

## Dientzenhoferkirchen am Flusslauf der Stěnava

Christoph und Kilian Ignaz Dientzenhofer (→ Kasten) bauten Anfang des 18. Jh. nicht nur das Kloster Braunau um, sondern erhielten zudem den Auftrag für eine ganze Reihe von Dorfkirchen in der Umgebung (auch in der Klodzko-Region jenseits der Grenze). Die neuen barocken Bauten sollten helfen, die protestantischen deutschen Schlesier für den Katholizismus zurückzugewinnen. Bei jeder Kirche experimentierten die beiden Baumeister aufs Neue. In **Vernéřovice** (Wernersdorf, rund 10 km nordwestlich von Broumov) ist der Grundriss oval. In **Ruprechtice** (Ruppersdorf, ca. 6 km nordwestlich von Broumov) plante man den Bau in Form eines verlängerten Achtecks, und in **Vižňov** (Wiesen, ca. 8 km nordwestlich von Broumov) hat der Kirchenbau die Form eines unregelmäßigen Ovals. Leider sind die Kirchen meist verschlossen, i. d. R. lässt sich jedoch ohne viel Mühe ein Schlüssel in den Dörfern auftreiben.

### Familie Dientzenhofer – die großen Meister des Barock

Der Baustil des Barock, im 16. Jh. in Italien kreiert, hielt im 17. Jh. seinen großen Einzug in Böhmen. Unter den Jesuiten, die die Gegenreformation des Landes vornehmlich in die Hände genommen hatten, wurde der prunkvolle barocke Um- und Neubau sakraler Bauten gefördert. Dazu wurden auch die Dientzenhofers aus dem oberbayrischen Bad Aibling herangezogen. Es waren mehrere – fünf Söhne hatte der Bergbauer Georg Dientzenhofer –, und alle begaben sich in die Lehre nach Prag. Während vier davon später nach Süddeutschland zurückkehrten und zahlreiche Städte mit prachtvollen Barockbauten verschönerten, blieb **Christoph Dientzenhofer** (1665–1727) in Böhmen. Hier verwirklichte er grandiose Projekte wie das Benediktinerkloster Braunau oder das Stift Tepl in Westböhmen. An Berühmtheit übertraf ihn lediglich sein in Prag geborener Sohn **Kilian Ignaz Dientzenhofer** (1689–1751), der als großer Meister des Spätbarock gilt. Studienreisen führten ihn nach Italien und Frankreich. 1720 kehrte der Künstler an die Moldau zurück. Bis zu seinem Tode lebte er dort, abgesehen von zahlreichen Dienstreisen kreuz und quer durch Böhmen, wo er für unzählige Barockbauten verantwortlich war. Zu seinen Meisterwerken gehört die Sankt-Nikolaus-Kirche auf der Prager Kleinseite (→ S. 101).

## Police nad Metují **(Politz an der Mettau)**

Durch das 4300-Einwohner-Städtchen führt die Straße 303 von Broumov nach Náchod. Am Ortseingang kommt man an einem im 13. Jh. gegründeten **Benediktinerkloster** (linker Hand) vorbei. An dessen barockem Umbau war in der ersten Hälfte des 18. Jh. – wer auch sonst – Kilian Ignaz Dientzenhofer beteiligt. Die sehenswerte Klosterkirche wurde bereits restauriert, das Kloster wartet noch darauf. Im Kloster befindet sich heute u. a. das **Stadtmuseum** mit einer Exposition zum Schulwesen und zur Textilproduktion. Am nahe gelegenen Marktplatz fallen eine schiefe Mariensäule und ein Brunnen mit noch erhaltenen deutschen Inschriften ins Auge.

*Verbindungen/Öffnungszeiten* Fast alle **Busse** von Trutnov oder Náchod nach Broumov halten in Police. **Stadtmuseum,** Mai (nur Fr/Sa/So.) u. Juni–Sept. tägl. (außer Mo) 9–12 u. 13–16.30 Uhr Uhr. Eintritt 0,80 €, erm. die Hälfte.

## Náchod (Nachod)

Náchod ist eine Industriestadt (Textil, Chemie, Maschinenbau) mit 20.800 Einwohnern an der Grenze zu Polen. Die hiesige *Pivovar Náchod* braut das *Primátor*-Bier – das dunkle *Double 24°* ist das stärkste Bier Tschechiens (10 % Alkohol!) und mit das Beste, was die Stadt zu bieten hat. Zentrum ist der **Masarykovo náměstí,** ein weiter (Park-)Platz mit der **St.-Lorenz-Kirche** (Kostel sv. Vavřince) in der Mitte, deren Grundmauern aus dem 14. Jh. stammen. Sie besitzt unterschiedliche Holzschindeltürme, die ziemlich lustig ausschauen und vom Volksmund *Adam und Eva* genannt werden. An den Platz grenzt auch das **Neue Rathaus** (Nová Radnice), ein großer Neorenaissancebau mit Turm vom Beginn des 20. Jh. Ihm gegenüber steht das schlichte barocke **Alte Rathaus** (Stará Radnice, 1657–59) von Carlo Lurago, das heute ein Optikergeschäft und ein Antiquariat beherbergt. Ums Eck, ebenfalls am Platz, gibt das **Stadtmuseum** (Městské muzeum) Einblicke in die Geschichte Náchods.



### Josef Škvorecký, Náchods berühmtester Sohn

In Náchod wurde 1924 Josef Škvorecký geboren, einer der international bekanntesten tschechischen Schriftsteller. Unter dem Namen *Kostelec* machte Škvorecký Náchod zum Schauplatz mehrerer seiner Romane. Der bekannteste ist *Feiglinge,* eine Geschichte über Liebe, Jazz und das Chaos in den letzten Kriegstagen 1945. Dieser 1948/49 entstandene und mit autobiographischen Zügen versehene Roman war unter den Kommunisten lange Zeit verboten, da er den tschechischen Widerstand alles andere als heroisierte. 1969 emigrierte Škvorecký nach Kanada, gründete dort den Verlag *Sixty-Eight Publishers* für Exil- und Dissidentenliteratur und erhielt 1971 eine Professorenstelle an der Universität von Toronto. 1999 ehrte man ihn in der Tschechischen Republik mit dem Staatspreis für tschechische Literatur. In Náchod aber tut man sich bislang noch schwer, den bekanntesten Sohn der Stadt zu würdigen.

Spaziert man links am Alten Rathaus vorbei bergauf, gelangt man über 315 Stufen zum hoch über der Stadt gelegenen, mächtigen **Schloss.** Es ging aus einer frühgotischen Feste hervor, an die heute nur noch der Rundturm erinnert. In der zweiten Hälfte des 16. Jh. wurde die Burg in ein Renaissanceschloss verwandelt, in der zweiten Hälfte des 17. Jh. folgte dann unter dem Adelsgeschlecht der Piccolomini die Barockisierung, verantwortlicher Baumeister war auch hier Carlo Lurago. Die letzten adeligen Besitzer – aus dem Geschlecht Schaumburg-Lippe – bewohnten das Schloss von 1842 bis 1945. Näheres über die Adelsfamilie erfährt man beim Schlossrundgang. Sehenswert sind zudem der *Spanische Saal* im Stil des Rokoko mit einem Fresko, das Octavio Piccolomini verherrlicht, und die *Sammlung flämischer Gobelins.* An das Schloss grenzt ein *französischer Garten* und ein *englischer Park.*

Die Reitschule des Schlosses beherbergt die **Galerie der Bildenden Künste** (Galerie výtvarného umění). Gezeigt werden eine Dauerausstellung russischer Malerei des 19. und 20. Jh. sowie wechselnde Expositionen. Ach ja – die zwei Bären im Burggraben heißen Ludvik und Dascha.

• *Information* **Informační centrum,** nahe dem Marktplatz (von dort ausgeschildert). Mo–Fr 8–17.30 Uhr, Sa 8.30–11.30 Uhr. Kamenice 144, ☎/℻ 491420420, www.mestonachod.cz.

• *Verbindungen* Bahnhof und Busbahnhof rund 300 m östlich des Zentrums. Per **Zug** regelmäßig nach Teplice nad Metují und Starkoč (dort Umsteigemöglichkeit zu vielen Zielen in Ostböhmen). Nach Hradec Králové gelangt man schneller mit dem **Bus** (ebenfalls regelmäßig).

• *Übernachten/Essen & Trinken* ****Hotel U Beránka,** Stadthotel am Marktplatz. 55 Zimmer, z. T. mit Klimaanlage. Nett und abwechslungsreich gestaltet. Restaurant mit üppiger Speisekarte, Hg. 4–17 €. DZ je nach Standard ab 75 €, EZ 56 €. Masarykovo nám. 74, ☎ 491433118, ℻ 491433119, www.hotel-beranek.cz.

**** **Zámecký Hotel**, unmittelbar vor dem Schlosseingang gelegen. 17 Zimmer und 2 Apartments, gepflegt-rustikal eingerichtet, z. T. behindertengerecht. Restaurant. DZ 40 €, EZ 28 €. Smiřických 1280, ☎ 491426503, ℻ 491427882, www.zameckyhotel-nachod.cz.

**Marco Polo,** Pension und Bar in unmittelbarer Nähe zum Marktplatz (die Gasse beim Restaurant U Slovana nehmen). Empfehlenswerte Unterkunft für junge Leute. Nur 4 Zimmer, alle in unterschiedlichen Farben gestaltet und mit Holzböden sowie eigenen Bädern versehen. Freundliches Personal. DZ 30 €. Weyrova 12, ☎ 602113029 (mobil), penzion.polo@seznam.cz.

**Camping Běloves,** am nordöstlichen Stadtrand, von der Straße nach Polen ausgeschildert. Von Chatas umgebene Wiese am Waldrand. Null Charme. Mai–Mitte Sept. 2 Pers. mit Zelt u. Auto 6,50 €, Chata für 2 Pers. 10,50 €. K Tábořiště, ☎ 491423014, www.sweb.cz/kemp-nachod.

**U Slovana,** nettes, rustikales Weinrestaurant am Marktplatz. Zu den Spezialitäten zählen Jägerschnitzel und das Steak mit Kräuterquark. Mittlere Preisklasse. ☎ 491428455.

• *Öffnungszeiten* **Stadtmuseum,** tägl. (außer Mo) 9–12 u. 13–17 Uhr. Eintritt 1,20 €, erm. die Hälfte.

**Schloss,** April u. Okt. nur Sa/So 10–16 Uhr, Mai, Juni u. Sept. tägl. (außer Mo) 9–17 Uhr, Juli–Aug. tägl. 9–18 Uhr, Mo 10–16 Uhr. Eintritt je nach Tour 2,80–6,40 €, erm. die Hälfte, 100 % Aufschlag für fremdsprachige Führungen. Wegbeschreibung für Autofahrer: vom Marktplatz Richtung Červený Kostelec fahren, dann mit „Zámek" ausgeschildert.

**Galerie der Bildenden Künste,** tägl. (außer Mo.) 9–12 u. 13–17 Uhr. Eintritt 1,20 €, erm. die Hälfte.

Informationen zum nur ca. 10 km südwestlich gelegenen Städtchen **Nové Město nad Metují** bekommen Sie ab S. 218.

## Babiččino údolí (Großmuttertal)

Das idyllische Großmuttertal erstreckt sich nördlich von Česká Skalice (s. u.). Es ist ein Teil des Tals der Aupa (Úpa) und verdankt seinen Namen dem Roman *Die Großmutter* von Božena Němcová (→ Kasten), der hier in der Gegend spielt. Das ist kein Zufall: Božena Němcová, die ursprünglich Barbara Pankl hieß, kannte das Tal wie ihre Westentasche, denn ihre Mutter war Kammerfrau der Fürstin von Sagan auf dem hiesigen Schloss Ratiborschitz, zur Schule ging Božena in Česká Skalice.

Die liebliche Landschaft des Tals lädt zu längeren Spaziergängen – am besten mit Němcovás Roman im Picknickkorb – nur so ein. Von Česká Skalice kommend, passiert man zuerst erwähntes **Schloss Ratiborschitz** (Ratibořice), ein ursprünglich barockes Schloss, das im Empirestil umgebaut wurde. Die hiesige Herzogin von

Von außen imposanter als von innen: Burg Karlštein ▲▲
Empire pur – Schloss Kačina ▲

FANFÁN TULIPÁN
Divadelní komedie se zpěvy na Zámecké zahradě
2.,3.,16.,17.,24.,30. 31. cervence, 6.,7.,14.,20.,21.,28. srpna od 21.00 h.

Seglerrevier Slapy-Stausee ▲▲

Zwölf barocke Statuen säumen den Weg zur gotischen ▲
St.-Barbara-Kathedrale (Kutná Hora)

▲▲ Arkadenloggia des Schlosses Opočno
▲ Wo Mauern Geschichten erzählen (Schloss Litomyšl)

Sagan lernt man bei der Lektüre der *Großmutter* als „Frau Fürstin" kennen. Sie war die Gastgeberin des sog. Dreikaisertreffens 1813, als auf Schloss Ratiborschitz Zar Alexander I., König Friedrich Wilhelm III. und Kanzler Fürst von Metternich berieten, wie man sich Napoleon I. gegenüber verhalten sollte. Das romantisch gelegene Schlösschen kann besichtigt werden, die Räumlichkeiten des Obergeschosses erinnern an die Zeit der Herzogin, die des Erdgeschosses an die letzten adeligen Besitzer, die Fürstenfamilie Schaumburg-Lippe.

Auch die im Roman erwähnte *Alte Bleiche,* die *Alte Mühle* und der *Wirtschaftshof,* in dem die Familie Pankl lebte, stehen noch im Tal – einen Übersichtsplan findet man am Eingang zum Schloss. Neueren Datums ist die Statuengruppe der Großmutter mit zwei Hunden und vier Kindern, ein Werk Otto Gutfreunds aus dem Jahr 1923. Sie steht ca. 500 m nördlich des Schlosses. Entweder man läuft hin, oder man fährt am Schloss vorbei gen Norden und nimmt die erste Abzweigung (rechts) wieder hinab zum Tal.

- *Verbindungen* Das Tal ist nur ein Ziel für Selbstfahrer.
- *Öffnungszeiten* **Schloss Ratiborschitz,** April, Sept. u. Okt. Sa/So 10–15 Uhr, Mai u. Juni tägl. (außer Mo) 10–16 Uhr, Juli–Aug. tägl. 9–17 Uhr. Es werden 2 Führungen angeboten, beide zusammen (ca. 60 Min.) 3,20 €, erm. 2 €.



## Božena Němcová und die *Babička*

Božena Němcová (1820–1862), die „tschechische George Sand", gilt als die Begründerin des tschechischen Realismus. Das Konterfei der bedeutendsten Schriftstellerin des Landes ziert heute den 500-Kronen-Schein. In vielen Novellen und Erzählungen prangerte sie die soziale Ungleichheit der Frauen an. Wer sich ins Babiččino údolí aufmacht, sollte ihr bekanntestes Werk gelesen haben, den Roman *Babička,* der in mehr als 20 Sprachen übersetzt wurde und auf Deutsch *Die Großmutter* heißt. Er ist mehr Dichtung als Wahrheit, auch wenn die Geschichte an realen Orten angesiedelt ist und viele autobiographische Züge enthält.

Geboren wurde Božena Němcová als Barbara Pankl. Ihr Vater war Deutscher und oft auf Reisen, ihre Mutter Tschechin und Kammerfrau (später Kastellanin) der Fürstin von Sagan auf Schloss Ratiborschitz. Da die Eltern kaum Zeit für die kleine Barbara hatten, wuchs sie in der Obhut ihrer Großmutter mütterlicherseits auf. Aus dieser machte sie später die Titelheldin des Romans – eine Großmutter, die mit schlichter Weisheit, Güte und Liebe das Idealbild mütterlicher Fürsorge verkörpert.

Viele Jahre später schrieb Božena Němcová: „Meine Kinderjahre waren die schönsten meines Lebens. Als ich heiratete, weinte ich über meine verlorene Freiheit, über die Träume und Ideale, die zunichte gemacht wurden." Auf Drängen der Mutter hatte sich Božena im Alter von 17 Jahren mit dem fast doppelt so alten und ihr intellektuell weit unterlegenen Finanzbeamten Josef Němec vermählt. Die Ehe war von Kummer und Entbehrungen geprägt – nur das poetische Schaffen tröstete Božena über die wachsende Entfremdung von ihrem Mann, Geldnot und Krankheit hinweg. *Die Großmutter* war zugleich eines ihrer letzten Werke. Božena Němcovás Grab befindet sich auf dem Prager Ehrenfriedhof Vyšehrad (→ S. 126).

## Česká Skalice (Böhmisch Skalitz)

Česká Skalice ist alles andere als ein idyllisches Städtchen an einem See, wie es auf der Landkarte wirken mag. Denn Städtchen und See trennt die Europastraße 67, über die der Schwerverkehr rollt. Auf dem Marktplatz mit einer Büste Božena Němcovás steht eine Übersichtstafel, auf der man erfährt, wo sie die Schule besuchte (heute die Gedenkstätte **Areál Barunčiny školy**) und in welcher Kirche sie später heiratete. Im alten Gasthaus Steidler, wo ihre Hochzeitsfeier über die Bühne ging, befindet sich heute das **Božena-Němcová-Museum** (Muzeum Boženy Němcove) mit einer Ausstellung über Leben und Werk der Schriftstellerin. Gleich daneben informiert ein **Textilmuseum** (Textilní muzeum) über die Geschichte der regionalen Textilindustrie. Am 10 km² großen, 1972 angelegten Rozkoš-Stausee südlich der Stadt liegt einer der größten Campingplätze des Landes, der **Autocamping Rozkoš** (s. u.) mit Stellflächen für rund 3500 Camper. Im Sommer ist hier die Hölle los. Da der See kaum Tiefe hat, ist das Wasser recht warm.

- *Verbindungen* Regelmäßige **Busverbindungen** nach Náchod und Nové Město nad Metují, zudem alle 2 Std. **Zugverbindungen** über Jaroměř nach Hradec Králové.
- *Camping* **Autocamping Rozkoš,** ein Megaareal am See (am Ortsausgang von Česká Skalice Richtung Náchod). Kneipen, Disco, Kinderspielplatz, Riesenrutsche ins Wasser, Hüttenvermietung. Nichts für Ruhebedürftige! Ganzjährig. 2 Pers. mit Zelt u. Auto 10 €, „Luxushütte" mit Bad und Küche für 4 Pers. 48 €, „Wohnzelle" mit 4 Betten 20 €. Třída T. G. Masaryka 836, ✆ 491451112, ✆ 491452400, www.atcrozkos.com.
- *Öffnungszeiten* **Areál Barunčiny školy,** Mai u. Juni tägl. (außer Mo) 8–17 Uhr, Juli u. Aug. tägl. 9–17 Uhr, Sept. tägl. (außer Mo) 9–16 Uhr. Eintritt 1 €, erm. 0,80 €.

**Božena-Němcová-Museum und Textilmuseum,** Mai/Juni tägl. (außer Mo) 8–17 Uhr, Juli/Aug. tägl. 9–17 Uhr, Sept. tägl. (außer Mo) 9–16 Uhr, Okt.–April Mo–Fr 8–15 Uhr. Eintritt für beide Museen 1,60 €, erm. 1,20 €.

> Nach **Westen?** 17 km südwestlich von Česká Skalice liegt **Jaroměř,** das auf S. 186 beschrieben wird. Auch nach **Kuks** (→ S. 188) und **Dvůr Králové nad Labem** (→ S. 190) ist es nicht weit.

## Nové Město nad Metují (Neustadt an der Mettau)

Das 9900-Einwohner-Städtchen rund 30 km nordöstlich von Hradec Králové besitzt zwei völlig gegensätzliche Ortsteile. Beschränkt man sich auf die Beschreibung der kleinen, verschlafenen Altstadt, gerät man leicht ins Schwärmen. Das historische Zentrum Nové Městos, voll von musealem Charme, thront pittoresk auf einem Bergvorsprung über einer Flussschleife der Metují. Treffpunkt ist der von Arkaden gesäumte, bildhübsche Husovo náměstí mit einer Mariensäule und einer Statue der Heiligen Dreifaltigkeit. An den Hauptplatz grenzt auch das hiesige Schloss (→ Sehenswertes). Rund um die Altstadt sind noch weite Abschnitte der alten Stadtbefestigung aus dem 16. Jh. erhalten. Von Nové Město bieten sich nicht nur Ausflüge ins Adlergebirge (→ S. 222) an, sondern auch Kanufahrten auf der Mettau nach Jaroměř (→ S. 186).

> **Orientierung:** Vom *Husovo náměstí,* dem Altstädter Hauptplatz mit Parkmöglichkeit, führt die *U Zázvorky,* die in die *Komenského* übergeht, gen Norden in die geschäftige, aber recht graue *Neustadt* und zum Busbahnhof.

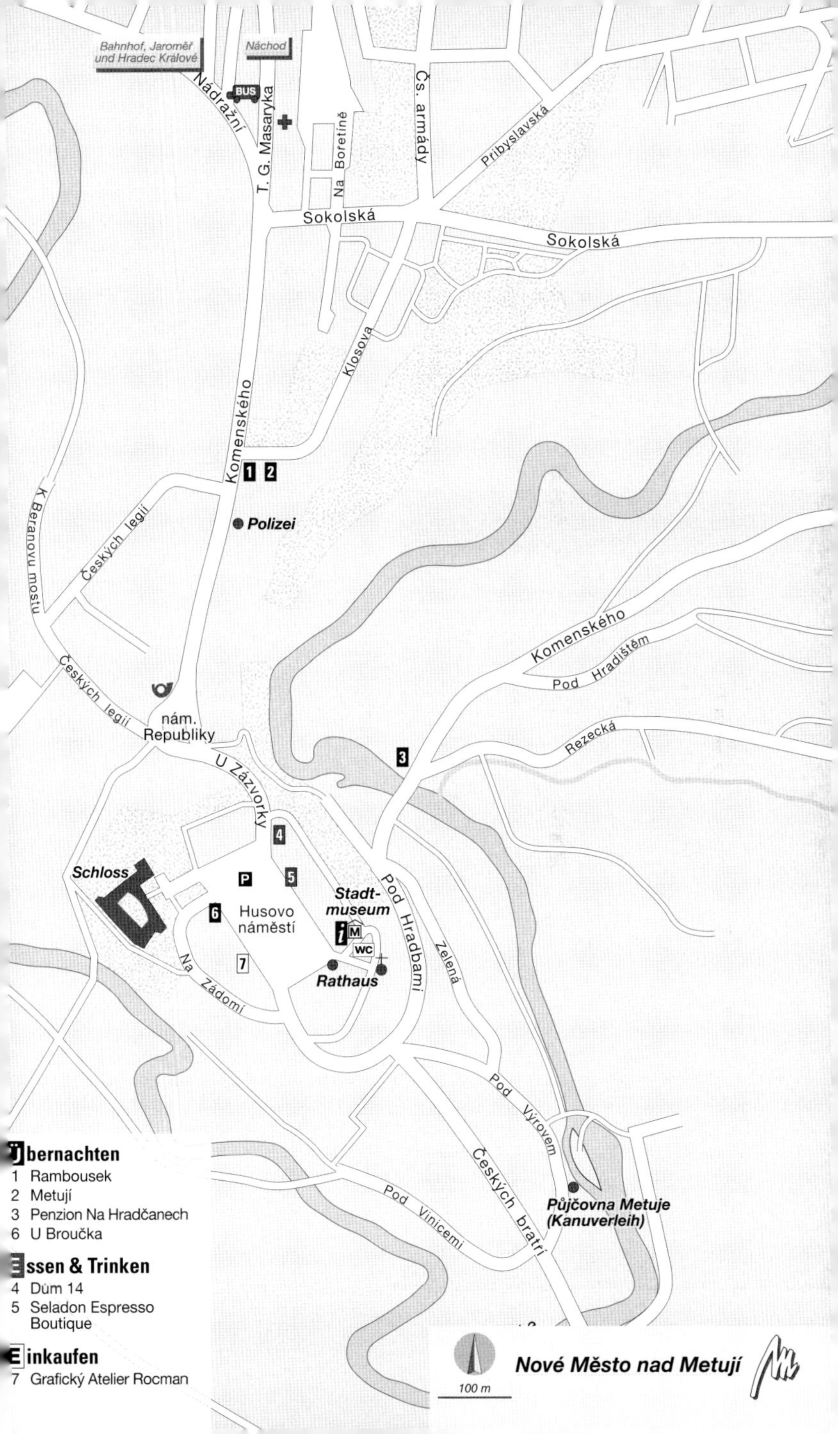


**Übernachten**
1 Rambousek
2 Metují
3 Penzion Na Hradčanech
6 U Broučka

**Essen & Trinken**
4 Dům 14
5 Seladon Espresso Boutique

**Einkaufen**
7 Grafický Atelier Rocman

• *Information* **Městské informační centrum,** etwas versteckt am Südosteck des Marktplatzes, dort ausgeschildert. ☏ 491472 119, www.muzeum-nmnm.cz. Mai–Sept. Mo–Fr 9–12.30 u. 13–17 Uhr, Sa/So 10–12.30 u. 13–17 Uhr, Okt.–April Di–Fr. 9–12.30 u. 13–17 Uhr, Sa/So 10–12.30 u. 13–16 Uhr.

• *Verbindungen* Busbahnhof in der Neustadt (1 km nördlich der Altstadt). Viele **Busse** halten und starten aber auch in der Altstadt, von dort geht es z. B. regelmäßig nach Náchod, Deštné und Česká Skalice.

Bahnhof ca. 2,5 km nordwestlich der Altstadt, regelmäßig **Züge** nach Náchod, bis zu 7-mal tägl. nach Teplice nad Metují, 2-mal nach Broumov.

*Nové Město nad Metují: Kunstwerk am Rande*

• *Ärztliche Versorgung* **Krankenstation Zdravotnické středisko** an der Komenského 48. Nächstes Krankenhaus in Náchod, ☏ 491601111.

• *Polizei* An der Komenského (300 m nördlich der Altstadt). ☏ 156.

• *Post* Am Nám. Republiky im Rathausgebäude.

• *Einkaufen* **Grafický Atelier Rocman (7),** uriges Künstleratelier wie aus längst vergangenen Zeiten. Alte Schnitte. Unregelmäßig geöffnet. Husovo nám. 1241.

• *Essen & Trinken* **Dům 14 (4),** etwas düsteres, aber sehr populäres Lokal mit langer Theke. Verschiedene Pastagerichte, lecker sind zudem die Lendenstückchen mit Lachs in Estragonsauce. Hg. 3,50–11 €. Husovo nám. 14, ☏ 491471355.

• *Café* **Seladon Espresso Boutique (5),** am Marktplatz (Hnr. 1220). Mischung aus Café, Kaffeemaschinenverkauf (!) und Vinothek mit netter Außenbestuhlung unter den Arkaden. Zudem gemütlicher Hinterhof. Neben etlichen Sorten Wein auch Eisbecher.

• *Übernachten* Leider fehlt es der Stadt noch an guten Unterkünften. Vielleicht hat ja bis zu Ihrem Besuch etwas Neues eröffnet.

*** **Hotel Rambousek (1)**, einfaches Haus zwischen Alt- und Neustadt. 18 schlichte Zimmer und Apartments mit eigenen Bädern. Restaurant (So geschl.). EZ 23 €, DZ 35 €. Komenského 60, ☏ 491470403, ℻ 491470419, www.rambousekhotel.cz.

*** **Hotel Metují (2)**, gleich daneben. 3 Sterne? 60 simple Apartments und Zimmer, Letztere allesamt mit Etagenbädern. Radverleih. DZ ab 24 €, Apartment 36 €. Klosova 471, ☏/℻ 491814615, www.hotel-metuj.cz.

**Hotel U Broučka (6)**, in einem schönen historischen Gebäude am Marktplatz in der Altstadt. Hinter dem Namen verbirgt sich jedoch nicht mehr als eine Bierstube mit Zimmervermietung. Diese sind stillos und schlicht, dafür mit privaten Bädern. EZ 24 €, DZ 32 €, kein Frühstück. Husovo nám. 1245, ☏ 603457915 (mobil).

**Penzion Na Hradčanech (3),** in absolut idyllischer Lage am rauschenden Bach. 3 kleine Apartments für jeweils 2 Pers. mit Küche, 2 mit Balkon. Parkplätze, Garten mit Grill. Für 2 Pers. 30 €. Na Hradčanech 1095, ☏ 603915804 (mobil), penzionnahradcanech@email.cz.

• *Kanufahrten* **Půjčovna Metuje,** Pod Výrovem 1045, ☏ 491473011, www.reky.cz/metuje. Kajak ab 11,20 €/Tag.

## Sehenswertes

**Zámek (Schloss):** Ursprünglich stand hier eine mittelalterliche Feste, die Mitte des 16. Jh. unter der Herrschaft der Grafen von Pernstein in ein mächtiges Renaissanceschloss verwandelt wurde. Mitte des 17. Jh. ließ das schottische Adelsgeschlecht der Leslies das Schloss durch italienische Baumeister (u. a. Carlo Lurago) im frühbarocken Stil erneuern. Anfang des 19. Jh. starben die Leslies aus, und das Schloss verfiel. 1908 kaufte der Textilindustrielle Josef Bartoň das Anwesen und ließ es vom slowakischen Architekten Dušan Jurkovič (→ Luhačovice, S. 591) im Geist des Jugendstils (v. a. in den Innenräumen) und der walachischen Volksarchitektur (z. B. die hölzerne Brücke im Garten) restaurieren. Jurkovič schaffte auch die lustigen barocken Zwergenstatuen heran, die heute den Besucher vorm Schloss anlachen. Der Bildhauer Matthias Bernhard Braun hatte sie ursprünglich für das Heilbad Kuks geschaffen. Bis 1941 werkelte schließlich Pavel Janák, der durch seine rondokubistischen Bauten in Prag berühmt geworden war, am Schloss herum. Josef Bartoň wurde 1948 enteignet, durfte jedoch in drei Räumen im Obergeschoss seinen Lebensabend mit Frau und Koch verbringen. Er verstarb 1951 im Alter von 98 Jahren. Seit 1992 gehört das Schloss seinen Erben.

Die Schlossführung umfasst die barocke *Schlosskapelle,* die Räumlichkeiten der ersten Etage *(Wintergarten, Arbeitszimmer, Schlafgemach, Speisezimmer)* mit einem faszinierend-schönen Durcheinander verschiedenster Stilrichtungen sowie die zweite Etage mit den *Repräsentationssälen* und einem *orientalischen Speisesaal.*

*Öffnungszeiten* April u. Okt. nur Sa/So 10–16 Uhr, Mai, Juni u. Sept. tägl. (außer Mo) 9–16 Uhr, Juli u. Aug. tägl. 9–17 Uhr. Eintritt 3,60 €, erm. 2,40 €, fremdsprachige Führung 8 €, erm. 4,80 €.

Ostböhmen
Karte S. 169

*Vorm Schloss*

**Městské muzeum (Stadtmuseum):** Das nett eingerichtete Stadtmuseum befindet sich hinter dem Rathaus im Gebäude der Touristeninformation. Es widmet sich der Geschichte Nové Městos, der Natur der Region und alten Handwerksberufen. Angeschlossen ist eine Galerie.

*Öffnungszeiten* Mai–Sept. Di–So 10–12.30 Uhr u. 13–17 Uhr, Okt.–April Mi–So 10–12.30 u. 13–16 Uhr. Eintritt 1,40 €, erm. 0,60 €.

## Adlergebirge (Orlické hory)

Östlich von Nové Město nad Metují erstreckt sich an der Grenze zu Polen das Adlergebirge mit Höhen von bis zu 1115 m. Es ist ein abgeschiedenes, weitestgehend unbewohntes Eck, in dem sich Fuchs und Hase gute Nacht sagen. Unendlich weite Wälder, rauschende Bäche und holprige Straßen bestimmen das Bild. Die Region ist touristisch kaum erschlossen, in manchen Dörfern werden ein paar Chatas vermietet. Lediglich **Deštné v Orlických horách** kann man als so etwas wie ein Ferienzentrum bezeichnen, jedoch ohne einen Funken Bergdorfromantik. Dafür ist die Umgebung schön. Im Sommer laden die verkehrsarmen Straßen zum Radfahren ein. Im Winter bestehen gute Langlaufmöglichkeiten, auch alpiner Skisport wird betrieben.

- *Information* **Informační centrum,** privates Infozentrum in Deštné an der Durchgangsstraße. ✆/℻ 492601601, www.destne.info. Tägl. 9–11 u. 13–16 Uhr.
- *Verbindungen* Deštné ist per **Bus** regelmäßig von Nové Město nad Metuji zu erreichen, zudem 2-mal tägl. von Hradec Králové und Prag. Durch das Adlergebirge fahren an Sommerwochenenden zudem **Cyklobusse,** die auf die Mitnahme von Rädern spezialisiert sind.
- *Übernachten* *** **Hotel Praha,** in Deštné direkt an der Liftstation Marta I. Klassische Hotelzimmer mit farbenfroh gestrichenen Wänden. Restaurant. DZ je nach Saison 32–72 €. Deštné 175, ✆ 724168070 (mobil), www.hotel-praha-destne.cz.
- *Skifahren* In Deštné gibt es 6 Schlepplifte und einen Sessellift am **Zimní Kopec** (883 m). Daraus ergeben sich eine schwarze, zwei rote und viele blaue Abfahrten. Tageskarte 17 €.

## Opočno (Opotschno)

Opočno liegt rund 16 km südlich von Nové Město nad Metují und ist ein unscheinbares Städtchen mit alter Substanz – von den Gebäuden bis zur Herrenrunde am weiten Hauptplatz. Im Zentrum, etwas abseits der Hauptdurchgangsstraße, steht ein **Renaissanceschloss** aus dem 16. Jh. mit einer herrlichen dreistöckigen Loggia. 1634 ging es in den Besitz der Colloredo (später Colloredo-Mansfeld) über, die bis zum Zweiten Weltkrieg mit den Schwarzenberg und den Liechtenstein zu den größten Grundbesitzern der Tschechoslowakei zählten.

Wie Schloss Dobříš (→ S. 158), das ebenfalls den Colloredo-Mansfeld gehörte, wurde auch Schloss Opočno von den Nazis beschlagnahmt. Ihren Protest gegen diese Entscheidung begründeten die Colloredo-Mansfeld mit ihrer Gegnerschaft zu Edvard Beneš, der ab 1935 tschechoslowakischer Präsident gewesen und 1938 ins politische Exil nach London gegangen war. Die Nazis lehnten den Einspruch ab. Als Beneš 1945 zurückkam und erneut Präsident wurde, las er die Akte und verlängerte verärgert die Beschlagnahme. Erst 2003 bekam Kristina Colloredo-Mansfeld – die Familie war nach Österreich emigriert – Schloss Opočno (zunächst) zurück und machte es der Öffentlichkeit zugänglich. Doch in den Jahren danach tauschte Präsident Václav Klaus, der die Restitutionen als Raubbau am tschechischen Staat betrachtet, peu à peu die Verfassungsrichter aus. Diese interpretierten die Gesetze fortan in seinem Sinne und hoben 2005 den Beschluss von 2003 auf. Ihre Begrün-

*Arkadenloggia des Schlosses Opočno*



dung: Schlossherr Josef Colloredo-Mansfeld hatte während des Zweiten Weltkrieges einen Antrag auf Einbürgerung ins Deutsche Reich gestellt (was Kristina Colloredo-Mansfeld abstreitet), womit die Verstaatlichung auf Grundlage der Beneš-Dekrete rechtmäßig gewesen war.

Das Schloss kann im Rahmen von Führungen besichtigt werden. Auf der kleinen Tour (50 Min.) kann man sich die Bibliothek mit rund 12.000 Bänden anschauen, die Gemäldegalerie mit Werken italienischer, flämischer und böhmischer Meister aus dem 16.–18. Jh. und diverse Räume und Säle mit historischem Interieur. Auf der großen Tour (75 Min.) bekommt man darüber hinaus u. a. noch die Waffensammlung zu sehen. Zum Schloss gehört ein englischer Park (22 ha) mit einem chinesischen Pavillon und einem Lustschloss.

• *Verbindungen* Bahnhof weit außerhalb, besser ist die Anfahrt mit dem **Bus.** Regelmäßig Verbindungen nach Hradec Králové, 2-mal tägl. nach Nové Město nad Metují.

• *Camping* **Camping Broumar,** am Ortsrand Richtung Trnov. Sehr einfacher, schattenloser Platz am Badesee. Mai–Sept. 2 Erwachsene mit Zelt und Auto 7,60 €. ✆ 494668309.

• *Öffnungszeiten* **Schloss,** April u. Okt. nur Sa/So 9–11.30 u. 12.30–16 Uhr, Mai, Juni u. Sept. tägl. (außer Mo) 9–11.30 u. 12.30–17 Uhr, Juli u. Aug. bis 18 Uhr. Je nach Führung 2,80–4 €, erm. 2–2,80 €, 100 % Aufschlag auf fremdsprachige Führungen.

Das 22 km südwestlich gelegene **Hradec Králové** (→ S. 178) erreicht man von Opočno über **Třebechovice pod Orebem** (→ S. 185).

## Zámek Častolovice (Schloss Tschastolowitz)

Schloss Častolovice steht fast direkt an der Nationalstraße 11 und fast exakt 28 km östlich von Hradec Králové. Erbaut wurde es im 16. Jh. unter der Adelsfamilie

Oppersdorff auf den Grundmauern einer verödeten Wasserburg. 1694 erwarb die Familie Sternberg das Schloss, in deren Besitz es – mit Ausnahme der Jahre 1948–1992 – bis heute ist. Die Sternberg ließen es mehrmals umbauen, im Stil des Barock, des Klassizismus und der Tudorgotik. Anfang des 20. Jh. gaben sie dem Schloss wieder sein Renaissance-Aussehen zurück.

Die Führungen durch die Räumlichkeiten dauern etwa 45 Minuten. Die Repräsentationssäle besitzen neben kostbaren Möbeln und Gemäldesammlungen grandiose Kassettendecken mit biblischen und antiken Motiven (am beeindruckendsten im Rittersaal). An das Schloss grenzt ein 40 ha großer englischer Park mit weißen Damhirschen. Im gepflegt-gediegenen Schlosslokal *Zámecká restaurace* wird böhmisch-internationale Küche (Hg. 4–8 €) serviert, im Winter im Gewölbesaal, im Sommer im bildschönen Innenhof, wo man zu klassischer Musik speist.

• *Verbindungen* Častolovice passieren sämtliche **Busse** und **Züge** auf der Strecke Hradec Králové – Vamberk.

• *Öffnungszeiten* **Schloss Častolovice,** tägl. (außer Mo) 9–18 Uhr. Eintritt 3,60 €, erm. die Hälfte.

## Umgebung von Častolovice

**Kostelec nad Orlicí (Adlerkosteletz):** Für Schlösserfans ganz nebenbei: 3 km östlich von Častolovice gibt es mit dem *Neuen Schloss* (Nový zámek) ein schönes, in einem stimmungsvollen englischen Landschaftspark gelegenes Empireschloss. Es wurde zwischen 1829 und 1833 errichtet. In kommunistischer Zeit war darin ein Forschungsinstitut für Schweinezucht untergebracht. Heute gehört das Schloss wieder der Adelsfamilie Kinský, die es zuletzt umfangreich restaurieren ließ und künftig der Öffentlichkeit zugänglich machen wird.

*Verbindungen* → Častolovice.

**Rychnov nad Kněžnou (Reichenau an der Knjeschna):** Die einzige Attraktion des rund 8 km nordöstlich von Častolovice gelegenen 11.500-Einwohner-Städtchens ist das monumentale *Schloss* der Kolowrat, welches das Adelsgeschlecht zwischen 1676 und 1690 errichten ließ und seit 1992 wieder sein Eigen nennen darf. Aber auch wenn der hochbarocke Umbau unter der Regie des großen Architekten Giovanni Santini (→ S. 505) vonstatten ging, allzu beeindruckend ist es nicht. Im Schloss (vom Marktplatz mit „Zámek" ausgeschildert) befindet sich u. a. eine Galerie mit Werken italienischer, niederländischer und böhmischer Barockmaler – es dominieren Porträts, Stillleben und Jagdmotive.

• *Verbindungen* **Busse** bis zu 8-mal tägl. nach Hradec Králové. Der Busbahnhof liegt näher am Zentrum als der Bahnhof.

• *Übernachten* *** **Hotel Havel,** gepflegtes Haus direkt am Marktplatz. 26 solide ausgestattete Zimmer und Apartments in einem schönen historischen Gebäude. Restaurant. EZ 40 €, DZ 52 €. Staré nám. 61, ✆ 4945 34576, 📠 494534636, www.hotelhavel.cz.

Einfacher, aber ganz okay ist die **Pension Stánik** gegenüber dem Havel. EZ 24 €, DZ 34 €. ✆ 494533626.

• *Öffnungszeiten* **Schloss,** Mai tägl. (außer Mo.) 9–16 Uhr, Juni tägl. (außer Mo) 10–12 u. 13–17 Uhr, Juli u. Aug. tägl. (außer Mo) 9–12 u. 13–17 Uhr, Sept. tägl. (außer Mo) 10–12 u. 13–17 Uhr, Okt. nur Sa/So 10–16 Uhr. Schlossführung (60 Min.) 3,20 €, erm. 2,40 €.

**Zámek Doudleby (Schloss Daudleb):** Das hübsche, kleine Schloss des Ortes Doudleby nad Orlicí liegt inmitten eines Parks an der Nationalstraße 11 (8 km östlich von Častolovice und 7 km südlich von Rychnov). Es besitzt einen herrlichen Arkadenhof und eine bemerkenswerte Sgraffitofassade, die den örtlich hergestellten Spitzenarbeiten ähnelt. Im Inneren werden Renaissancemöbel und Tapisserien ausgestellt, zudem Waffen und Uniformen.

*Verbindungen/Öffnungszeiten* Verbindungen → Častolovice. April Sa/So 10–17 Uhr, Mai/Juni u. Sept./Okt. tägl. (außer Mo) 10–17 Uhr, Juli/Aug. tägl. (außer Mo) 9–18 Uhr. Eintritt 3,20 €, erm. 2 €.

## Letohrad (ehem. Kyšperk/Geiersberg)

Aus Letohrad stammen die Großeltern der ehemaligen US-Außenministerin Madeleine Albright. Diese Tatsache allein macht das große Dorf 7 km südöstlich von Žamberk natürlich nicht zu einer Touristenattraktion. Wer zufällig am hübschen Marktplatz landet, kann das **Barockschloss** besuchen. Es entstand zwischen 1680 und 1685 unter dem Grafen Hynek Jetřich Vitanovský Vlčkovice, die letzten adeligen Besitzer waren die Grafen von Stubenberg, die 1948 enteignet wurden. Zu den Highlights der Schlosstour gehören einige Werke des Jugendstilkünstlers Alfons Mucha (→ S. 82), der sich hin und wieder nach Letohrad zurückzog. Das **Stadtmuseum** (Městské muzeum) am Marktplatz neben der Touristeninformation ist stolz darauf, den Schlitten zu besitzen, mit dem Napoleon 1812 aus Russland geflohen ist. Etwa 300 m vom Marktplatz entfernt (ausgeschildert) kann man schließlich das große **Museum der Handwerkskunst** (Muzeum řemesel) besichtigen, in dem 40 rekonstruierte Werkstätten aus den Jahren 1890–1930 zu sehen sind.

• *Verbindungen* **Busse** regelmäßig nur nach Žamberk, bis zu 2-mal tägl. nach Pardubice. Die Busse halten am Marktplatz. **Züge** regelmäßig nach Doudleby nad Orlicí.

• *Essen & Trinken* **Nový dvůr,** großes Nichtraucher-Restaurant mit Scheunenflair im Handwerksmuseum. Rustikal-gemütlich, viel Holz. Flinker Service. Überdurchschnittlich gute böhmische Küche, darunter etliche Sorten Kurzgebratenes und Wild. Sehr günstige Tagesgerichte, sonst Hg. 4,80–9,60 €. ✆ 465621555.

• *Übernachten* **Hotel na Zámku,** in einem Teil des Schlosses. Alle Zimmer mit Bad, TV und Blick in den Schlosshof, leider nur mit billigsten Mitteln restauriert. Restaurant mit Wintergarten. DZ 32 €, Frühstück 4 € extra. Václavské nám. 1, ✆ 465621980, www.webpark.cz/hotelnazamku.

• *Öffnungszeiten* **Handwerksmuseum,** April–Okt. tägl. 9–17 Uhr. Es gibt 2 Trassen, je nach Trasse 1,50–3,20 €, erm. 1,10–1,50 €, 0,80 € Aufschlag für das dt. Textblatt.

**Schloss,** Juli u. Aug. Mo–Fr 9–17 Uhr, Sa 9–17 Uhr, So 13–17 Uhr stündl. Führungen (Führer über die Touristeninformation am Marktplatz), Sept.–Juni nur nach Vorbestellung (✆ 465622092, muzeum@letohrad.cz). Eintritt 0,80 €, erm. die Hälfte.

**Stadtmuseum,** Juli u. August → Schloss, Sept.–Juni Mo–Fr 9–16 Uhr, Sa 8–11 Uhr. Eintritt 0,80 €.

## Litomyšl (Leitomischl)

**Litomyšl gehört zu den schönsten Kleinstädten des Landes. Hier wurde der große Komponist Bedřich Smetana geboren, und hier steht ein Musterbeispiel der Renaissancebaukunst, eingetragen in der Welterbeliste der UNESCO.**

10.300 Einwohner zählt Litomyšl, das sich gerne mit dem Beinamen „Smetana-Stadt“ schmückt. Dem Komponisten zu Ehren gehen alljährlich im Sommer die Smetana-Festspiele über die Bühne. Sie finden im Schlosshof statt, nur ein paar Schritte von Smetanas Geburtsort entfernt: einer ehemaligen Brauerei. Das Festival lockt Besucher aus nah und fern, ansonsten hält sich der Touristenandrang noch in Grenzen. Dementsprechend bescheiden fällt die Zahl der Galerien und Souvenirshops rund um den reizvoll-natürlichen Smetanovo náměstí, den Hauptplatz Litomyšls, aus. Unter den Arkaden werden Gemüse und Waschpulver verkauft, nicht Keramik, Oblaten oder Postkarten.

**Geschichte:** Im 12. Jh. wurde auf dem heutigen Schlosshügel auf Initiative des Olmützer Bischofs ein Prämonstratenserkloster namens Ölberg gegründet, zu dessen

Ostböhmen
Karte S. 169

Füßen sich die Stadt entwickelte. Das Kloster war maßgeblich an der Besiedlung des Schönhengstgaus (→ Svitavy, S. 231) beteiligt, wurde aber bereits im 14. Jh. aufgelöst. 1547 ging das Areal in den Besitz der Adelsfamilie Pernstein über, die 1568 italienische Architekten mit dem Bau des Schlosses beauftragte. 1640 holten die Pernstein die Piaristen in die Stadt, die Lateinschulen gründeten und die Gegenreformation vorantrieben. Von 1650 bis 1757 gehörten Schloss und Stadt den Trautmannsdorf, von 1757 bis 1855 den Waldstein-Wartenberg. Die letzten adeligen Besitzer des Schlosses waren die Thurn und Taxis (bis 1945). Danach geriet Litomyšl in Vergessenheit und verfiel. Das erste Facelifting erfolgte 1993, nachdem sich Václav Havel entschieden hatte, im Sommer darauf sechs Staatspräsidenten (u. a. Richard von Weizsäcker) in Litomyšl zu empfangen. 1999 wurde das Schloss in die Welterbeliste der UNESCO eingetragen.

• *Information* **Infocentrum,** Smetanovo nám. 72, ✆/✆ 461612161, www.litomysl.cz. Mo–Fr 9–19 Uhr, Sa/So 9–15 Uhr. Okt.–Mai Mo–Fr 8.30–18 Uhr, Sa 9–14, So geschl. Weitere Infostelle am Schlosseingang.

• *Parken* Gebührenpflichtige Parkplätze am Hauptplatz.

• *Verbindungen* Busbahnhof 200 m südwestlich des Zentrums, Bahnhof 500 m nordwestlich davon. **Busse** regelmäßig nach Polička und Svitavy, bis zu 10-mal tägl. nach Brünn, 2-mal direkt nach Prag. **Züge** bis zu 6-mal tägl. nur nach Choceň, dort Umsteigemöglichkeiten nach Pardubice.

• *Ärztliche Versorgung* **Krankenhaus** in der J.E. Purkyně 652 südlich des Zentrums. ✆ 461655111.

• *Polizei* **Stadtpolizei** am Smetanovo nám. 61, ✆ 156.

• *Post* An der Jiráskova.

• *Einkaufen* **Vinotéka (9),** mährische Weine und Metweine. Smetanovo nám. 86.

**Dům Keramiky (10),** Porzellan und Keramik zwischen kitschig, lustig und praktisch. Smetanovo nám. 105.

• *Veranstaltungen* Das bedeutendste Ereignis ist das Opernfestival **Smetanas Litomyšl** Mitte–Ende Juni.

• *Essen & Trinken/Nachtleben* **Restaurace Karlov (1),** im feudalen Smetanův dům. Gediegenes Restaurant mit böhmischer Küche der gehobeneren Preisklasse. Hohe Wände, Parkettböden. Nette Terrasse. Komenského nám. 402, ✆ 461613417.

**Restaurace Pod Klášterem (5),** Terrassenlokal, zur gleichnamigen Pension gehörend (→ Übernachten). Gute Auswahl an leckeren Pastagerichten, große Salate, Fisch und Fleisch, alles frisch zubereitet. Hg. 3–10 €, Couvert 0,60 €. ✆ 461615901.

**Pekařství a Cukrářství Sázava (3),** guter Bäcker mit Straßenverkauf. Ecke Váchalova/Smetanovo nám.

**Garáž Bar (8),** Backstein, Stühle aus Omas Küche, große Deckenventilatoren und schicke Theke im wilden Mix. Dient auch als Galerie. Im Ausschank sind *Staropramen* und *Kelt*. Ropkova 53.

• *Übernachten* **** **Hotel Aplaus (7),** neues Komforthotel ein paar Schritte vom Marktplatz. 21 Zimmer und 2 Apartments, alle sehr großzügig, modern und der Sterneanzahl entsprechend ausgestattet. Das angeschlossene Restaurant Bohém bietet internationale und böhmische Küche auf gehobenem Niveau (Hg. 8–17 €). DZ 96–112 €, Apartment ab 140 €. Šantovo nám. 181, ✆ 461614900, ✆ 461614903, www.hotel-aplaus.cz.

*** **Hotel Zlatá Hvězda (11),** trotz toller Aufgänge – 30 recht biedere Teppichbodenzimmer und -apartments in einem nicht besonders ansprechenden Haus am Marktplatz. Schöner Blick von manchen Zimmern. Sehr beliebtes Restaurant mit tschechischer und internationaler Küche. EZ 54 €, DZ 67 €. Smetanovo nám. 84, ✆ 461615338, ✆ 461615091, www.zlatahvezda.com.

**Penzion Petra (6),** in zentraler, aber ruhiger Lage. 4 ordentliche und großzügige Zimmer, unterschiedlich ausgestattet, aber alle mit Du/WC und Satelliten-TV. DZ 62 €. B. Nemcové 166, ✆ 777613061 (mobil), ✆ 461613051, www.penzion-petra.cz.

**Apartment im Smetana-Geburtshaus (2),** vermietet wird ein Apartment mit 2 Schlafzimmern (4 Betten) und schwerem Mobiliar. Nur mit Vorausbuchung, oft belegt. Für 2 Pers. 56 €. Jiráskova 133, ✆ 461612575, ✆ 461616071, www.smetanovalitomysl.cz.

**Paseka (4),** in einer vom Marktplatz abgehenden Seitenstraße. Nur 3 freundliche Apartments für max. 4 Pers., mit Holzböden und Massivholzmöbeln, zudem alle mit Küche und Satelliten-TV. Rezeption im

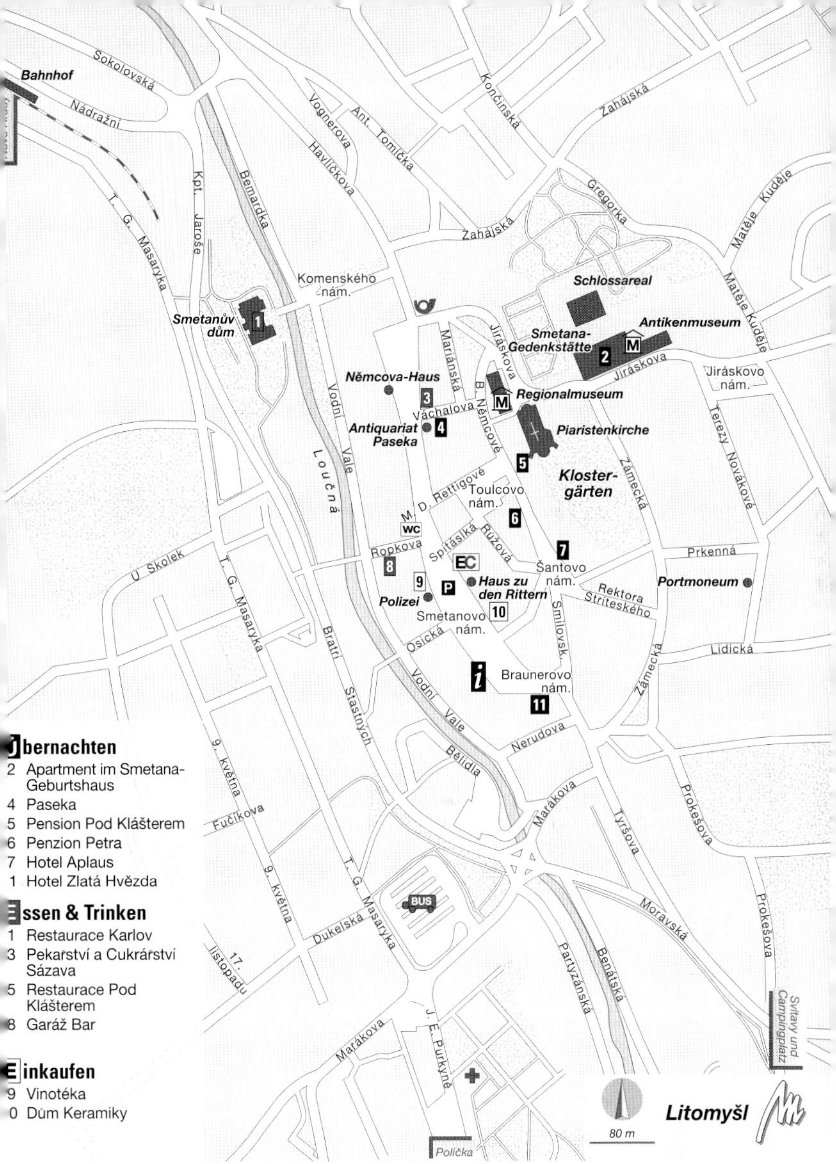


angeschlossenen Buchladen. Ab 48 €. Váchalova 127, ✆/℻ 461614723, www.pensionpaseka.cz.

**Pension Pod Klášterem (5)**, nur 2 schöne DZ und ein Apartment für 4 Pers. Jugendlich-farbenfroh gestaltet und freundlich eingerichtet. Gutes Restaurant. DZ 36 €, Frühstück extra. B. Němcové 158, ✆ 461615901, www.podklasterem.cz.

• *Camping* **Camping Primátor**, von der Straße nach Svitavy ausgeschildert. Einfacher Platz mit Chatas. Schattige Wiese. Mai–Sept. 2 Pers. mit Wohnmobil 7,60 €, in der Hütte 7,20 €/Pers. Strakovská, ✆ 461612238, www.camplitomysl.cz.

### Bedřich Smetana (1824–1884), das Wunderkind aus Litomyšl

Zur Geburt des kleinen Bedřich am 2. März 1824 ließ der Vater, Direktor der Brauerei Leitomischls, angeblich Freibier an die Belegschaft ausschenken. Man stieß auf ein Kind an, das ein Wunderkind werden sollte. Im Alter von sechs Jahren trat Bedřich erstmals am Klavier im hiesigen Schlosstheater auf, mit acht komponierte er seine erste Symphonie. In Prag erhielt er bei dem damals bekannten Musikpädagogen Josef Proksch eine professionelle Ausbildung, doch eine Karriere als Klaviervirtuose wollte nicht glücken. Smetana wandte sich daraufhin an Franz Liszt (1811–1886), der ihn förderte und der neben Richard Wagner (1813–1883) zu seinem großen Vorbild wurde. Die Ereignisse des Revolutionsjahres 1848 bewegten den noch jungen Smetana. Obwohl oder vielleicht gerade weil er in einem deutschsprachigen Umfeld aufgewachsen war – Tschechisch beherrschte er bis zu seinem Lebensende nicht fehlerfrei –, begeisterte er sich für die tschechische Nationalbewegung *(národní obrození)*, später wurde er sogar zu einer ihrer Leitfiguren.

Der künstlerische Durchbruch gelang ihm mit der Oper *Die verkaufte Braut* (1866/1869). Für seine Opern *Dalibor* (1868) und *Libuše* (1870–72) schrieb der deutsche, ebenfalls von der tschechischen Nationalbewegung angetane Dichter Josef Wenzig (1807–1876) die Libretti, die Ervin Špindler ins Tschechische übersetzte. Diese beiden Werke sind bis heute so etwas wie die „tschechischen Nationalopern". Aufgrund einer Syphilisinfektion ertaubte Smetana 1874, komponierte jedoch weiter. Zwischen 1874 und 1879 entstand der symphonische Zyklus *Ma vlast* („Mein Vaterland"), zu dem Smetanas wohl bekanntestes Stück *Vltava* („Die Moldau") gehört. Seine zwei letzten Lebensjahre verbrachte er geistig verwirrt in einer Nervenheilanstalt. Smetana ist heute neben Dvořák der wohl international bekannteste Komponist des Landes. Grund dafür sind v. a. seine leicht fassbaren Melodien, die oft Volksliedern entlehnt und mit fesselnden Polka-Rhythmen unterlegt sind.

## Sehenswertes

**Rund um den Smetanovo náměstí:** Den gut 500 m langen Hauptplatz, selbstverständlich mit Mariensäule und Brunnen bestückt, säumen überwiegend spätbarocke und neoklassizistische Fassaden mit Arkadengängen. In Haus Nr. 27 brachte die Schriftstellerin Božena Němcova (→ S. 217) ihren Sohn Karel auf die Welt. Das wohl schönste Gebäude am Platz aber ist das *Haus zu den Rittern* (Dům U rytířů) aus dem 16. Jh. – man beachte die Steinmetzarbeiten im Obergeschoss. Heute hat hier eine *Kunstgalerie* ihren Sitz. Am spaßigsten jedoch ist die Verzierung des Hauses Nr. 127, in dem sich das Antiquariat Paseka befindet: Ums Eck (an der Váchalova) ist es mit Sgraffitoverzierungen von Josef Váchal (s. u.) geschmückt, darunter recht bizarre Bilder und überaus denkwürdige Sinnsprüche, z. B. „Sauf'st, stirb'st, sauf'st net, stirb'st auch".

*Adresse/Öffnungszeiten* **Kunstgalerie im Haus zu den Rittern,** Smetanovo nám 110. Okt.–April tägl. (außer Mo) 9–12 u. 13–16 Uhr, Mai–Sept. tägl. (außer Mo) 10–12 u. 13–17 Uhr. Der Eintritt variiert je nach Ausstellung.

**Zámek (Schloss):** Das Schlossareal erstreckt sich auf einer Anhöhe keine 200 m östlich des Hauptplatzes. Man betritt es über einen Gebäudekomplex, der einst die

*Renaissance pur: Schloss Litomyšl*

Ostböhmen
Karte S. 169

Brauerei Leitomischls beherbergte. In ihr wurde Bedřich Smetana geboren. Heute erweist man dem großen Komponisten dort mit einer kleinen Ausstellung die Reverenz. In der einstigen Drei-Zimmer-Wohnung der Familie gibt es u. a. das Klavier des jungen Smetana zu sehen. An die Brauerei schloss gen Osten die Reitschule an, heute zeigt darin das *Antikenmuseum* (Muzeum Antického sochařství a architektury) Kopien antiker Skulpturen und Architekturfragmente. Die den Hof gen Osten abschließenden Gebäude hinter dem Brunnen waren einst die Kutschenhalle und die Stallungen – heute stehen sie größtenteils leer. Das Schloss selbst – ein vierflügeliges Gebäude mit einem quadratischen Schlosshof – ist eine Augenweide. Errichtet wurde es zunächst unter der Regie des kaiserlichen Baumeisters Giovanni Battista Aostalli (1510–1575), der später von seinem Neffen Ulrico Aostalli abgelöst wurde. Am beeindruckendsten ist die prächtige Fassadenverzierung mit rund 8000 verschiedenen Briefchensgraffiti, die von Šimon Vlach stammt. Selbst die Schornsteine sind sgraffitogeschmückt, auf ihnen entdeckt man Krokodile, Trompetenspieler, sämtliche Obstsorten, lachende und weinende Gesichter und, und, und … Der Schlosshof begeistert aufgrund der wohl schönsten dreistöckige Loggia Böhmens. Bei den Schlossführungen kann man zwischen zwei Touren wählen, jede dauert etwa 50 Minuten: Die eine Tour führt durch die *Bankettsäle des Nordflügels* und zur *Schlosskapelle;* die andere, spannendere schließt die *Repräsentationssäle des Westflügels* und das *klassizistische Theater* vom Ende des 18. Jh. ein. Des Weiteren kann man im Schloss die *städtische Galerie* mit Wechselausstellungen zur tschechischen Kunst des 19. und 20. Jh. und die *Skulpturenexposition Olbram Zoubeks* besuchen. Der Leitomischler Künstler Olbram Zoubek (geb. 1926), einer der angesehensten des Landes, war ein Schüler Josef Wagners. Der Ausstellungsort könnte nicht passender gewählt sein: Zoubek verdingte sich in der kommunistischen Ära als Restaurator am hiesigen Schloss.

• *Öffnungszeiten* April u. Okt. nur Sa/So 9–16 Uhr, Mai–Sept. tägl. (außer Mo) 9–17 Uhr. Schlossführung jeweils 3,60 €, erm. 2,40, in fremder Sprache das Doppelte; Smetana-Gedenkstätte 0,80 €, erm. die Hälfte; Antikenmuseum 1,20 €, erm. die Hälfte; Zoubek-Ausstellung 0,80 €, erm. die Hälfte; der Eintritt für die Galerie variiert je nach Ausstellung.

### Oskar Schindler und der Umgang mit der Realität

In einem heute grauen, unscheinbaren Haus an der Poličská 24 in Svitavy (der Straße nach Polička) wurde 1908 Oskar Schindler geboren. Im Alter von 66 Jahren starb er in Hildesheim, beigesetzt wurde Schindler auf dem Zionsberg in Jerusalem. 20 Jahre nach seinem Tod, nachdem Steven Spielberg *Schindlers Liste* in die Kinos gebracht hatte, setzte man ihm im Park schräg gegenüber seinem Geburtshaus eine kleine Gedenktafel mit der Aufschrift „Dem unvergessenen Lebensretter 1200 verfolgter Juden Oskar Schindler". Der Enthüllung des Denkmals waren Proteste im Stadtrat vorausgegangen, da Schindler früh der NSDAP beigetreten war und ab 1935 als Informant der deutschen Abwehr brisante Informationen über die Tschechoslowakei preisgegeben hatte. Viel mehr wussten die Einwohner Svitavys über Schindler nicht. Denn als Schindler hier lebte, gab es hier so gut wie keine Tschechen, und unter den Kommunisten wurde später das Nazi-Image Schindlers gepflegt.

In Zwittau war Schindler als trinkfester Frauenheld bekannt, der von der Schule geflogen war, weil er angeblich die Zeugnisse gefälscht hatte. 1939 gelang es ihm über seine Parteiverbindungen, in Krakau eine Fabrik aufzubauen, in der jüdische Zwangsarbeiter beschäftigt wurden. Er behandelte sie mit einfacher Menschlichkeit, nicht mit brutaler, obszöner Willkür. Um später Juden der Vernichtungsmaschinerie der Nazis zu entziehen, stellte er Kranke und Schwache zur Arbeit ein. Als 1944 die Ostfront näher rückte, viele Fabriken schnellstens aufgelöst und die jüdischen Zwangsarbeiter dem sicheren Tod in den KZs entgegengekarrt wurden, entschloss sich Schindler, seinen Betrieb ins „sicherere" Hinterland nach Brünnlitz (heute Brněnec, 15 km südlich von Svitavy) zu verlegen. Für die Transportgenehmigung wurde eine Namensliste – Schindlers Liste – erstellt, auf der rund 1000 Menschen als Zwangsarbeiter z. T. mit fingierten Alters- und Berufsangaben verzeichnet waren. Da seine neue Waffenfabrik in Brünnlitz nur wenig produzierte, kaufte Schindler Waren auf dem Schwarzmarkt, um sie als eigene Waren wieder zu verkaufen. Das dazugehörige Lager Brünnlitz wurde am 25. Mai 1945 durch die Rote Armee befreit. Schindler hatte sich kurz zuvor gen Westen abgesetzt, zum Abschied schenkten ihm „seine" Juden einen goldenen Ring mit der Aufschrift „Wir danken". Im Stadtmuseum an der Máchova alej 1 (Městské muzeum ve Svitavách, vom Marktplatz ausgeschildert) erinnert heute eine Ausstellung an Oskar Schindler.

**Piarististcký chrám a Regionalní muzeum (Piaristenkirche und Regionalmuseum):** Die schräg gegenüber dem Eingang zum Schlossareal gelegene Piaristenkirche wurde zwischen 1714 und 1722 nach Plänen von Giovanni Battista Alliprandi (1665–1720) gebaut. Für die bildhauerische Ausschmückung sollen Matthias Bernhard Braun und dessen Schüler verantwortlich zeichnen. Im ehemaligen Piaristengymnasium ist heute das Regionalmuseum untergebracht, das sich von anderen tschechischen Regionalmuseen nicht sonderlich unterscheidet.

*Adresse/Öffnungszeiten* **Regionalmuseum,** Jiráskova. März–Nov. tägl. (außer Mo) 9–12 u. 13–17 Uhr, Dez.–Feb. Di–Fr 8–12 u. 13–16 Uhr, Sa/So 9–12 u. 13–17 Uhr. Eintritt 1,20 €, erm. die Hälfte.

**Portmoneum:** Josef Portman (1893–1968), ein Beamter im Rentenwesen, wohnte ca. 300 m östlich des Marktplatzes in der Terézy Novákové 75. Zu seinen Freunden zählte Josef Váchal (1884–1969), ein Autodidakt, der sich als Maler, Grafiker und Schriftsteller versuchte. 1920 bat Portman Váchal um die Ausschmückung zweier Räume. Und Váchal begann, die Wände, Decken und Möbel wild zu bemalen. Seitdem tummeln sich hier Teufel, Geister, sündhafte Gestalten neben Puttchen und himmlischen Lichtgestirnen. Dazwischen kann man sich an hindustanischen Gedichten und vielem mehr ergötzen. Váchals schräge „Kunst" lässt sich nicht kategorisieren, vielleicht am ehesten noch als „naiv-absurd" beschreiben.

*Öffnungszeiten* Mai–Sept. tägl. (außer Mo) 9–12 u. 13–17 Uhr. Eintritt 2,40 €, erm. die Hälfte.

## Umgebung von Litomyšl

**Zámek Nové Hrady (Schloss Nové Hrady):** Im gleichnamigen Dorf rund 13 km westlich von Litomyšl steht eines der stilreinsten Rokokoschlösser Tschechiens, auch „böhmisches Versailles" und „Klein Schönbrunn" genannt. Fertig gestellt wurde es 1777 unter dem Grafen Jean Antoine Harbuvale de Chamaré. 1991 wurde die Ruine, aus deren Dach bereits Bäume wuchsen, den Nachkommen der letzten Besitzer, der Adelsfamilie Bartoň, zurückgegeben. Diese ließen das Schloss leider weiter verfallen, bis sie es schließlich 1997 an die Familie Kučera verkauften. Die Kučeras zogen in den ersten Stock und restaurieren seitdem fleißig. Bei einer Führung sieht man u. a. den prächtig ausgeschmückten Rokokosaal und acht Salons mit historischem Mobiliar aus der Sammlung des Kunstgewerbemuseums Prag. Eine Galerie zeigt zudem wechselnde Ausstellungen, außerdem gibt es ein Schlossrestaurant sowie das angeblich erste und einzige Fahrradmuseum Tschechiens.

*Verbindungen/Öffnungszeiten* Bis zu 8-mal tägl. **Busse** von und nach Litomyšl. **Schloss,** April, u. Okt. nur Sa/So 10–16 Uhr, Mai–Sept. tägl. 10–16 Uhr. Eintritt mit fremdspr. Führung 4,80 €, sonst 3,20 € erm. 2 €.

**Svitavy (Zwittau):** Eine hübsche 17.000-Einwohner Stadt mit einem von Arkaden umrahmten Marktplatz, der in seiner Pracht dem von Litomyšl nicht arg nachsteht – doch Svitavy besitzt keine herausragenden Sehenswürdigkeiten und liegt so im touristischen Abseits. Als sich die Einwohner noch Zwittauer nannten, war die Stadt eines der Zentren des Schönhengstgaus, der größten deutschen Sprachinsel, die es auf dem Boden der heutigen Tschechischen Republik einst gab. Der rund 1200 km$^2$ große Landstrich an der ostböhmisch-nordmährischen Grenze umfasste zudem die Städte Mährisch-Trübau (Moravská Třebová), Landskron (Lanškron), Müglitz (Mohelnice) und Hohenstadt (Zábřeh). Besiedelt wurde der Schönhengstgau im 13. und 14. Jh. von Bauern, Kaufleuten und Handwerkern aus Bayern, Franken, Schwaben und Sachsen. 1930 lebten im Schönhengstgau rund 125.000 Deutsche und 6000 Tschechen.

• *Information* **Informační centrum města Svitavy,** Nám. Míru 48, ☏ 461534300, www.svitavy.cz/ic. Mo–Fr 8–17 Uhr, Sa/So 9–12 Uhr.

• *Verbindungen* Busbahnhof zentrumsnah, Bahnhof östlich des Zentrums. Regelmäßig **Busse** nach Polička, Litomyšl und Hradec Králové, bis zu 3-mal tägl. nach Pardubice und Olomouc. Stündl. **Züge** nach Brünn, alle 2 Std. nach Prag.

• *Übernachten* **Penzion Zlatý lev,** kleine, restaurierte Pension. Alle 5 Zimmer mit Bad. Gepflegtes Restaurant. DZ 44 €. An der Pražská 16, der Straße nach Litomyšl, ☏ 461531577, www.hotelzlatylev.cz.

• *Öffnungszeiten* **Stadtmuseum,** Di–Fr 9–12 u. 13–17 Uhr, Sa/So 13–17 Uhr, Juli u. Aug. tägl. (außer Mo) 9–12 u. 13–17 Uhr. Eintritt 0,70 €, erm. die Hälfte.

Nur 17 km trennen Svitavy von **Polička,** das bereits zur Böhmisch-Mährischen Höhe gehört und auf S. 500 beschrieben wird.

*Burg Trosky, das Wahrzeichen des Böhmischen Paradieses*

# Nordböhmen (Severní Čechy)

**Die bezauberndsten und die erschreckendsten Landschaften Tschechiens geben sich in Nordböhmen die Hand.**

## Nordböhmen – die Highlights

**Böhmisches Paradies:** Felsen über Felsen. Die kleinen steinernen Meere nordwestlich von Jičín gehören zu den spektakulärsten Ecken, die Tschechien zu bieten hat. Ein Tipp für Naturverbundene, Wanderer und Kletterer.

**Frýdlant:** Ein altertümliches Städtchen im Isergebirge und darüber eine mächtige Burg mit einem sehenswerten Museum.

**Máchovo jezero:** Abkühlung gefällig? Dann nichts wie ab an den Mácha-See.

**Horní Světla, Krompach und Mařenice:** Idyllischer als diese drei Siedlungen im Südosten des Lausitzer Gebirges können Dörfer kaum sein. Hänsel und Gretel lassen grüßen.

**Böhmische Schweiz:** Wie im Böhmischen Paradies findet man auch hier skurrile Felsformationen. Die schönste ist das Prebischtor.

**Litoměřice:** Die himmlischste Stadt Nordböhmens. Die Hölle aber lag einst nur 3 km weiter im **Ghetto Theresienstadt.**

Nordböhmen, das ist zunächst der vielfältige Gebirgsstreifen an den Grenzen zu Sachsen und Polen. Die Kammlinie des Erzgebirges kuschelt sich ans bizarre Elbsandsteingebirge, dieses ans kleine Lausitzer Gebirge und das an die Hochmoore des Isergebirges, welches im Osten Rübezahls Riesengebirge Hallo sagt. Von den Höhen neigt sich die Landschaft sanft zum Binnenland hin und geht über in das

Böhmische Mittelgebirge mit seinen zahlreichen Vulkankuppen. Dazwischen haben sich Eger, Elbe und ihre zahlreichen Nebenflüsse reizvolle Täler geschaffen. Auch wenn Nordböhmen mit Märchenlandschaften wie der Böhmischen Schweiz und dem Böhmischen Paradies sowie mit etlichen kulturhistorischen Sehenswürdigkeiten über ein großes touristisches Potential verfügt, ist es doch gleichzeitig eines der bedeutendsten industriellen Zentren des Landes. Das Braunkohlebecken rund um Most lässt trotz aller Rekultivierungsmaßnahmen noch immer jeden Tschechienurlauber gruseln: Der „verkohlte" Landstrich bietet v. a. Schlote am Horizont und „modern bebaute" Städte – der einstige Stolz der sozialistischen Tschechoslowakei.

# Böhmisches Paradies (Český Ráj)

**Das Land der erstarrten Riesen – immer wieder ragen märchenhafte Sandsteingebilde aus den Wäldern empor. Man wandert durch verwunschene Täler oder erkraxelt mittelalterliche Burgruinen auf felsi gen Höhen.**

Das böhmische Eden erstreckt sich im Dreieck zwischen Jičín, Mnichovo Hradiště und Železný Brod. Es ist gespickt mit mehreren bizarren Felsenstädten. Diese Felslabyrinthe entstanden im Verlauf von rund 100 Millionen Jahren: Tektonische Bewegungen spalteten die hiesigen Sandsteinablagerungen aus der Kreidezeit auf, und Wind, Wasser, Frost und Sonne formten daraus natürliche Plastiken. Heraus kam eine vielerorts surreal anmutende Märchenwelt. Auf den schwer zugänglichen Felsentürmen errichtete man im Mittelalter Festungsanlagen, und so gibt es heute kaum ein Felsental ohne Burgruine(n). Die schönsten Felsenstädte findet man bei Jičín und Hrubá Skála. Die Fläche aller Felsenstädte zusammen beträgt jedoch nicht mehr als 20 $km^2$. Die bedeutendsten hat man bei der UNESCO als Weltnaturerbe angemeldet – das soll den Tourismus fördern. Im Hochsommer herrscht aber schon jetzt gewaltiger Andrang. Die die steinerne Idylle umgebenden Städtchen geizen leider größtenteils mit ihren Reizen, einzige Ausnahme ist Jičín. Dafür kann man hier und dort – wie überall in Böhmen – noch ein Schloss besichtigen. Gutes Kartenmaterial für Wanderer, Radfahrer und Kletterer ist vor Ort erhältlich.

Nordböhmen Karte S. 234/235

**Hinweis für Radfahrer:** Durch das Böhmische Paradies fahren im Sommer sog. **Cyklobusse,** die Fahrräder mitnehmen und so Touren ermöglichen, bei denen Start- und Endpunkt nicht identisch sein müssen. Es gibt sechs verschiedene Linien, aktuelle Fahrpläne erhält man in den Touristeninformationen vor Ort oder im Internet unter www.csadsemily.cz.

## Jičín (Jitschin/Gitschin)

**Jičín ist schmuck, aber kein Schmuckkästchen. Das „Tor zum Böhmischen Paradies" ist fest mit dem Namen Waldstein verbunden.**

Die 16.500-Einwohner-Stadt liegt dort, wo die fruchtbare Elbniederung auf die Ausläufer des Riesengebirges trifft. Sie ist ein guter Standort für Ausflüge in die Felsentäler des Böhmischen Paradieses, die Prachower Felsen liegen direkt vor der Tür. Schon Albrecht von Waldstein (→ S. 236) wusste dies zu schätzen und fand Gefallen an der Stadt. Er prägte Jičín wie kein anderer. So steht der Name des Generals hier nicht wie anderswo für Folter, Tod und Verwüstung, sondern für die größte Blüte. Ohne ihn besäße die Stadtchronik nur austauschbare Ereignisse. Nach der

Schlacht am Weißen Berg war der Flecken Jitschin in Waldsteins Besitz gelangt, und nur ein paar Jahre später wurde aus ihm die Hauptstadt seines Herzogtums Friedland. 1623 ließ Waldstein italienische Architekten kommen. Sie bauten ihm ein Jesuitenkolleg, ein Kartäuserkloster, ein Gymnasium, eine Münzstätte und eine Residenz, die seinem Prager Palais (→ S. 102) in nichts nachstehen sollte – was jedoch misslang.

Waldstein drückte Jitschin seinen Stempel auf, und so ist es kein Wunder, dass der weite Hauptplatz nach ihm benannt ist. Der **Valdštejnovo náměstí,** das Zentrum der in großen Teilen verkehrsberuhigten Altstadt, ist umgeben von hübschen Laubenhäusern. Zwei Brunnen und eine Pestsäule schmücken ihn zusätzlich. Seit Waldsteins Tod hat er sein Gesicht kaum verändert. Am Platz, in Haus Nr. 43 (Ecke Valdštejnovo náměstí/Fortná), hatte übrigens der Vater von Karl Kraus (1874–1936) einen Kolonialladen – Verkaufsschlager waren geklebte Papiertüten, eine Marktlücke zu jener Zeit. Durch sein apokalyptisches Lesedrama *Die letzten Tage der Menschheit* wurde der Gesellschaftskritiker Kraus in Literatenkreisen weltberühmt.

## Information/Parken/Verbindungen

• *Information* **Městské informační centrum,** am Hauptplatz, dem Valdštejnovo nám. 1, ✆ 493534390, www.jicin.org. Im Sommer Mo–Fr 8–18 Uhr, Sa 9–16 Uhr, So 10–17 Uhr, im Winter verkürzt.

• *Parken* Gebührenpflichtige Parkplätze am Valdštejnovo nám. Günstiger sind die Parkplätze außerhalb des Zentrums, z. B. an der Denisova, der 17. Listopadu oder am Busbahnhof.

• *Verbindungen* Busbahnhof in Zentrumsnähe südöstlich der Altstadt, Bahnhof ebenfalls südöstlich, ca. 1 km vom Zentrum entfernt.

**Busse** regelmäßig nach Mladá Boleslav und Sobotka, bis zu 7-mal tägl. nach Poděbrady, bis zu 10-mal tägl. nach Trutnov und zu den Prachower Felsen.

**Züge** regelmäßig nach Hradec Králové und Nymburk, bis zu 9-mal tägl. nach Turnov.

## Adressen/Veranstaltungen

• *Ärztliche Versorgung* **Krankenhaus** an der Bolzanova nordöstlich des Zentrums. ✆ 493582111.

• *Polizei* Im Gebäudekomplex zwischen Balbínova und Na Hrádku. ✆ 156.

• *Post* An der Šafaříkova im Südosten des Zentrums.

*Radverleih* Über **Velomat** (zugleich Fahrradladen). Husova 556, ✆ 493534939. 10 €/Tag.

• *Rundflüge* **Tec-Air,** in Cessnas über das Böhmische Paradies. 60 €/15 Min. für bis zu 3 Pers. Startpunkt ist am Flugplatz in Vokšice ca. 3 km südwestlich von Jičín. ✆ 493522680, www.tec-air.cz.

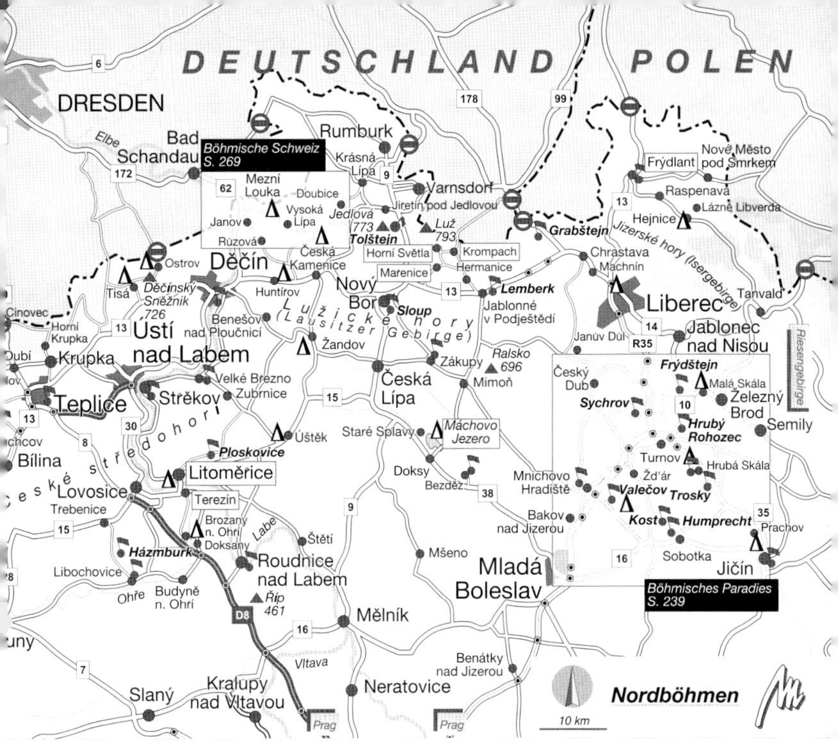


• *Veranstaltungen* Größte Veranstaltung ist das **Märchenfest** Mitte Sept. Es huldigt dem Märchenerzähler Václav Čtvrtek (1911–1976), der die Gestalt des im Jičíner Umland umherstreifenden Räubers Rumcajs schuf. Eine kleine Rumcajs-Galerie befindet sich übrigens neben der Touristeninformation. Eintritt frei.

## Essen & Trinken (→ Karte S. 237)

• *Restaurants* **U dělové koule (2),** gepflegtes Restaurant im k. u. k. Stil im Hotel Jičín (→ Übernachten). Böhmisch-internationale Küche: Froschschenkel, Entenleber, Muscheln in Rotwein, Hühnerbrust in Thymian und Honig, auch Grillspezialitäten. Hg. 3,50–21 €.

**Restaurant Divá Bára (3),** Lokal im Industriedesign, lange Theke für Cocktailabende, schöner Biergarten. Die Karte bietet viele Steaks und raffinierte Desserts (probieren Sie die gegrillte Ananas mit Whiskey und Pfeffer auf Vanilleeis). Hg. 6–14 €. Žižkovo náměstí 39, ✆ 493524887.

**U Piráta (6),** schönes, geschmackvoll eingerichtetes Lokal mit nettem Innenhof. Überschaubare Auswahl an Gerichten, darunter frischer Fisch aus dem Fischladen nebenan. Wie wäre es mit einer *Pirátská lahůdka*, einer Leckerei für 2 Pers. mit Hai, Lachs und Thunfisch? Hg. 3–11,60 €, für das Gebotene günstig. Husova 127, ✆ 493532190.

**Restaurant Lucie (9),** zur gleichnamigen Pension gehörend (→ Übernachten). Billig-schicke Einrichtung. Auf der Karte steht viel Wild (z. B. Eberfilet mit Steinpilzen), danach greift man am besten zum Topfenknödel mit Fruchtfüllung. Mittlere Preisklasse.

**Restaurant Harmonie (5),** einfaches Lokal, zu jeder Tageszeit bestens besucht. Gute Wildkarte, Tipp für den großen Hunger: das Hirschsteak Monterrey. Hg. 7–14 €. Chelčického 9, ✆ 777651916 (mobil).

• *Café* **Cukrárna Kavárna 39 (4),** lichtes Café mit Kuchen und Süßigkeiten, dazu leckeres Softeis, für das man im Sommer auch einmal Schlange steht. Außenbestuhlung. Husova (gegenüber dem Hotel Paříž).

### Wie aus Albrecht von Waldstein „Wallenstein" wurde

Nach dem Horoskop, das der kaiserliche Hofastrologe Johannes Kepler für Albrecht von Waldstein anhand von dessen Geburtszeit (14. September 1583 um 16 Uhr) erstellte, sollte der spätere General Charaktereigenschaften wie „habgierig" und „betrügerisch" aufweisen. Kepler schien Recht zu behalten. Albrecht von Waldstein, eine der zentralen Figuren des Dreißigjährigen Krieges, stammte aus einer protestantischen böhmischen Adelsfamilie, konvertierte zum Katholizismus und kam durch Heirat zu großem Reichtum. Diesen wusste er geschickt zu vermehren. Für Ferdinand II., Kaiser des Heiligen Römischen Reiches, stellte er auf eigene Kosten Heere von bis zu 40.000 Mann Stärke auf, denn die Kriegsbeute gehörte stets dem, der die Söldner bezahlte. Er ließ aus Raffgier morden, vertrieb nichtkatholische Adelige und eignete sich deren Vermögen an. Machtbesessen, wie er war, mussten sich seine Offiziere auf seine Person statt auf den Kaiser verpflichten. 1630 erwarb sich Wallenstein das Recht, seinen Hut in Gegenwart des Kaisers aufzubehalten. Als er schließlich 1634 offen gegen Ferdinand II. zu rebellieren begann, verdächtigte dieser ihn des Hochverrats und ließ seine Ermordung anordnen. Eine bunt zusammengewürfelte Truppe u. a. aus englischen, irischen und schottischen Söldnern wurde nach Eger geschickt und schlug zu, als sich der General gerade im Nachthemd aus seinem Bett erhob. Unsterblich wurde er jedoch durch Friedrich Schillers Historiendrama, das aus einem *Waldstein* einen *Wallenstein* machte.

*Übernachten*

*** **Hotel Jičín (2)**, in einem historischen Gebäude. 16 geschmackvolle, großzügige und komfortable, z. T. suitenähnliche Zimmer mit farbenfroh gestrichenen Wänden. Freundliches Personal. Eigene Parkplätze. EZ 43–52 €, DZ 56–70 €. Havlíčkova 21, ☏ 493544250, ℻ 493544251, www.hoteljicin.cz.

*** **Hotel U Krále (1)**, neues, ruhig gelegenes Haus unweit des Marktplatzes. 11 Zimmer und 1 Apartment mit geschmackvoller Ausstattung aus dunklem Holz. Fahrradräume. DZ 60 €. Nerudova 45, ☏ 777137305 (mobil), www.ukrale.cz.

**Hotel Paříž (7)**, 29 Zimmer mit und ohne Bad, größtenteils jugendlich restauriert und mit Massivholzmöbeln ausgestattet. Auch die Zimmer ohne Bad sind okay. Hoteleigener Parkplatz, uriges Restaurant, Bierstube und Bowling. DZ mit Bad 54 €, ohne Bad 35 €. Žižkovo nám. 3, ☏ 493532750, www,hotel-pariz-jicin.cz.

**Penzion Lucie (9)**, anständige Pension in zentraler Lage. Alle Zimmer mit Bad und Satelliten-TV. Radverleih, Pool im Garten, Restaurant. EZ 32 €, DZ 40 €, Frühstück 4 € extra. Fügnerova 197, ☏/℻ 493531192, www.penzion-lucie.cz.

**Penzion Na Rynečku (8)**, 2 ordentliche, recht freundliche, farbenfroh gestrichene Apartments mit jeweils 4 Betten, Bad und Küche. Zentrale Lage. Nur das Personal könnte freundlicher sein. Parkplätze. Für 2 Pers. 40 €. Nám. Svobody 19, ☏ 493534857, www.rynecek.wz.cz.

• *Camping* **Camping Rumcajs,** ca. 1,5 km abseits des Zentrums an der Ausfallstraße nach Mladá Boleslav. Trostloser Chataplatz mit Stellflächen zwischen den Holzhütten. Vorteile: freundlich geführtes, ordentliches Restaurant und saubere Sanitäranlagen. Mai–Sept. 2 Pers. mit Zelt u. Auto 6,50 €, Chata ab 5 €/Pers. Koněvova 331, ☏ 608155769 (mobil), www.autocamprumcajs.cz.

**Autokemp Košťálov,** ab vom Schuss ca. 24 km nördlich von Jičín, im gleichnamigen Ort ausgeschildert. Idyllischer Platz im Grünen, Wiese perfekt gemäht. Mit (öffentlichem) Freibad. Mai–Sept. 2 Pers. mit Zelt u. Auto 6 €, Chata 14 €. Košťálov, ☏ 605784802 (mobil), www.kostalov.cz.

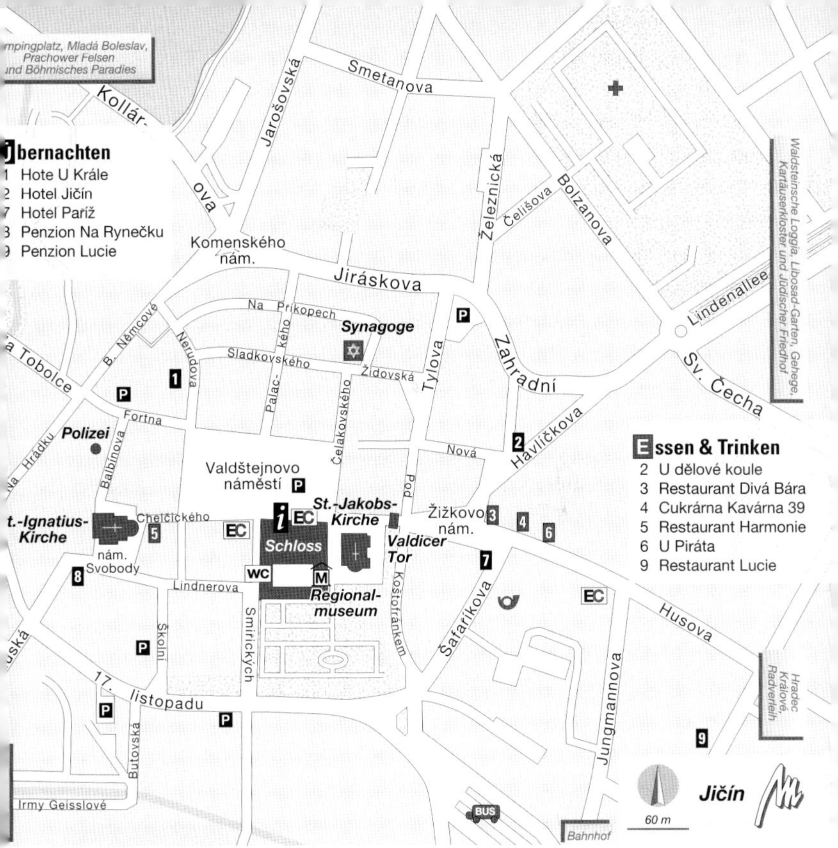


## Sehenswertes

**Zámek/Regionalní muzeum (Schloss/Regionalmuseum):** Etwas zurückversetzt vom Valdštejnovo náměstí (Südseite) steht die einstige Residenz Albrecht von Waldsteins, die durch einen Umbau in der Mitte des 19. Jh. ihr heutiges Aussehen erhielt. 1813 unterzeichneten darin Zar Alexander I., der österreichische Kaiser Franz I. und der preußische König Friedrich Wilhelm II. die *Heilige Allianz* gegen Napoleon. Heute befindet sich in einem Teil des Schlosses das Regionalmuseum, das eine umfangreiche Sammlung an historischem Plunder und Kuriosem besitzt: das Grab eines spätsteinzeitlichen Afrikaners, der nach langen Wanderjahren in Mähren starb, Münzen aus der Wallensteinzeit, Trachten, ausgestopfte Tiere, eine Kücheneinrichtung aus den Jahren zwischen den Weltkriegen usw. Eine Passage führt vom Museum in ein Oratorium, von wo man in die benachbarte St.-Jakobs-Kirche (s. u.) blicken kann. Hier konnten die Adeligen der Messe beiwohnen, ohne von ihren Untertanen belästigt zu werden.

*Öffnungszeiten* **Museum,** tägl. (außer Mo) 9–18.30 Uhr, im Juli u. Aug. tägl. Eintritt 2,40 €, erm. 1,20 €.

**Kirchen:** Mit dem Bau der *St.-Jakobs-Kirche* (Kostel sv. Jakob) neben dem Schloss wurde 1627 begonnen, er zog sich rund 100 Jahre hin. Ursprünglich sollte die

Kirche ein Bischofsdom werden, doch das von Albrecht Waldstein geplante Jitschiner Bistum kam nie zustande. Auch wurden die Kirchtürme nie realisiert. Nach dem Tod des Generals war zudem kein Geld mehr da für eine prunkvolle Ausschmückung des Inneren. Einzig die illusionistischen Kuppelmalereien beeindrucken. Die im Südwesten der Altstadt am Náměstí Svobody gelegene *St.-Ignatius-Kirche* (Kostel sv. Ignác) ist die älteste Kirche der Stadt. Sie stammt ursprünglich aus dem 14. Jh., wurde jedoch mit der Ankunft der Jesuiten 1622 grundlegend umgebaut.

**Valdická Brána (Valdicer Tor):** Der 52 m hohe Torturm, die Verbindung zwischen dem Žižkovo und dem Valdštejnovo náměstí, entstand zwischen 1658 und 1678 als Teil der alten Stadtbefestigung. Wer die 154 Stufen zur Galerie nicht scheut, genießt einen Panoramablick über die Stadt.

*Öffnungszeiten* Mai–Sept. tägl. 9–17 Uhr, April nur Di–So. Eintritt 0,80 €, erm. die Hälfte.

**Synagóga (Synagoge):** Von den 84 Jitschiner Juden, die 1943 in Konzentrationslager verschleppt wurden, überlebten nur sechs die Gräuel. An die einstige jüdische Gemeinde der Stadt erinnern heute nur noch eine liebevoll restaurierte, seit 2010 wieder zugängliche Synagoge an der Sladkovského und ein Friedhof beim Waldstein-Gehege (s. u.).

*Öffnungszeiten* Juni u. Sept. nur Sa/So 9–17 Uhr, Juli u. Aug. tägl. 9–17 Uhr. Eintritt 0,80 €, erm. die Hälfte.

**Lipová alej (Lindenallee):** Die vierreihige, ca. 2 km lange Lindenallee (ca. 1200 Bäume!), die von der Innenstadt nach Nordosten führt, war ein Geschenk Wallensteins an die Stadt. Sie endet an der *Waldsteinschen Loggia* (Valdštejnská lodžie) aus dem Jahr 1632, einem großartigen Beispiel des italienischen Manierismus. Waldstein blieben gerade noch zwei Jahre, um in der Sala Terrena die feine Gesellschaft zu unterhalten. Südlich der Loggia erstrecken sich der weitläufige *Libosad-Garten*

*Jičín, vom Valdicer Tor gesehen*

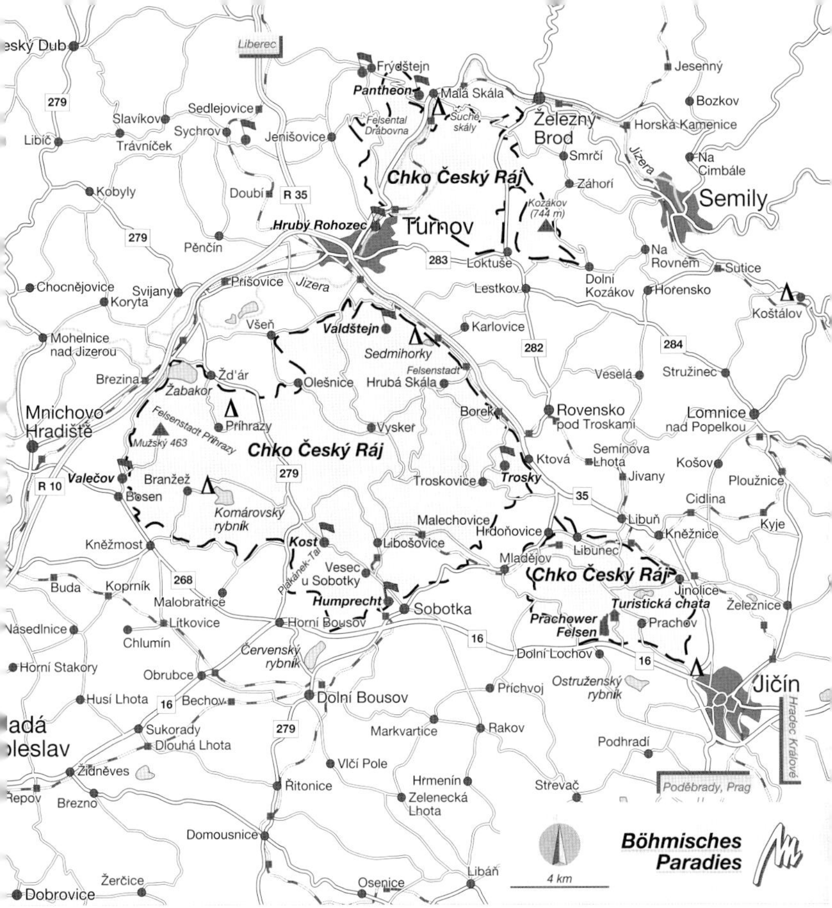


und das ehemalige *Tiergehege* des Generals. Gleich in der Nähe (im Vorort Valdice) befindet sich das von Waldstein begründete Kartäuserkloster. Waldsteins sterbliche Überreste ruhten hier bis zur Überführung in die Schlosskapelle von Mnichovo Hradiště (→ S. 241) im Jahre 1758. Sowohl den Habsburgern als auch den Kommunisten diente das Kloster später als Gefängnis.

Von Jičín weiter nach **Ostböhmen?** Auf dem Weg nach **Hradec Králové** (→ S. 178) oder **Dvůr Králové nad Labem** (→ S. 190) passieren Sie **Hořice** (→ S. 191).

## Umgebung von Jičín

**Prachovské skály (Prachower Felsen):** Die größte Felsenstadt des Böhmischen Paradieses erstreckt sich ca. 7 km nordwestlich von Jičín. Mehrere markierte Wege führen durch das Areal, die sich zu Touren unterschiedlicher Längen kombinieren lassen – eine gute Übersichtskarte ist an den Eingängen erhältlich. Die Wege verlaufen durch labyrinthische Felsgänge, es geht hinauf auf Aussichtspunkte und wieder hinab in enge Schluchten. Man passiert unzählige schlanke Felstürme mit Namen wie *Rübezahl, Madonna mit Jesuskind* oder *Prachower Nadel*. Vor allem an der „Nadel" hängen im Sommer Schwärme von Kletterern. Der Waldboden ist vielerorts von einem Teppich aus Sand bedeckt, daher der Name der Felsenstadt *(prach = Staub)*. Einkehrmöglichkeiten bestehen in der zentral gelegenen Turistická chata (→ Übernachten), in deren Nähe sich auch das *Freibad U Pelíška* befindet.

*Kletterspaß an den Prachower Felsen*

• *Verbindungen* **Busse** bis zu 10-mal tägl. von und nach Jičín.

• *Übernachten* *** **Parkhotel Skalní Město,** nahe den Felsen, dort bestens ausgeschildert. In die Jahre gekommene Busgruppenabsteige, in der Nebensaison kommt man sich ein bisschen vor wie im Film *Shining* mit Jack Nicholson. Größtenteils renovierungsbedürftige Zimmer mit Sat-TV. Restaurant. Vorteile: parkähnlicher Garten, absolut ruhige Lage. EZ 37 €, DZ 50 €. Pařezská Lhota 34, ☏ 493525011, 📠 493525014, www.skalnimesto.cz.

**Turistická chata,** einfache Holzhütte beim Nebeneingang zu den Felsen. Uriges Restaurant. Sehr simple Zimmer ohne private Sanitäranlagen, dafür auch sehr günstig. Ab 11 €/Pers. im Mehrbettzimmer. Prachovské skály, ☏ 493524641, www.prachov.cz.

• *Öffnungszeiten* Im Sommer tägl. 8–17 Uhr, im Winter 9–16 Uhr. Eintritt 2 €, erm. 1,20 €, Kinder bis 6 Jahren frei. Es gibt zwei Eingänge, den Haupteingang beim gleichnamigen Dorf mit kleinem naturkundlichem Museum und den Nebeneingang etwas weiter nordwestlich.

**Sobotka:** „Ein hübscher ovaler Gipfel und darauf ein rundes Schlösschen oder eher ein Turm mit einem Halbmond oben (...). Dieses Schlösschen ist meilenweit sichtbar und unten ist ein altes hölzernes Städtchen mit einem Marktplatz und einer schweren Kirche (...)". Heute besteht das 2500-Einwohner-Städtchen zwar weitestgehend aus steinernen Häusern, ansonsten hat sich an dem von Karel Čapek (1890–1938, → S. 377) gezeichneten Bild von Sobotka (13 km westlich von Jičín) nur wenig geändert. Die mächtige weiße Kirche gibt es noch, dazu einen teilweise von Arkaden gesäumten Marktplatz und das alles überblickende *Jagdschlösschen Humprecht*. Errichtet wurde es zwischen 1666 und 1668 für den Adeligen Johann Humprecht Czernín von Chudenice nach Plänen von Carlo Lurago. An die türkische Gefangenschaft Czeníns sollte nicht nur der Halbmond auf dem Dach erinnern, sondern auch die dem Istanbuler Galataturm nachempfundene Form des Gebä udes. Im Inneren beeindruckt ein 16 m hoher ovaler Saal, der im Trompe-l'Œil-

Stil gestaltet ist und durch seine außergewöhnliche Akustik mit mehrfachem Widerhall besticht (nur bei Trasse 1 zu besichtigen).

- *Verbindungen* **Züge** bis zu 12-mal tägl. nach Mladá Boleslav. **Busse** regelmäßig nach Jičín und Mladá Boleslav.
- *Öffnungszeiten* **Jagdschloss Humprecht,** April u. Okt. nur Sa/So 9–15.30 Uhr, Mai–Aug. tägl. (außer Mo) 9–16.30 Uhr, Sept. tägl. (außer Mo) 9–16 Uhr. Eintritt je nach Rundgang 0,40–2,40 €, erm. 0,20–1,20 €.

**Hrad Kost (Burg Kost):** Die bestens erhaltene gotische Burg thront imposant auf einem Sandsteinfelsen 4 km nordwestlich von Sobotka. Jan Žižka biss sich an ihr die Zähne aus. „Diese Burg ist hart wie ein Knochen, und Knochen gehören den Hunden", soll der Hussitenführer nach seiner erfolglosen Belagerung geflucht haben. Žižka ging, und die Burg hatte ihren Namen: *Kost* = Knochen. So die Legende.

Tatsache ist, dass die Burg Kost Mitte des 14. Jh. von den Herren von Wartenberg gegründet wurde. Die folgenden Besitzer vergrößerten sie im Laufe der nächsten Jahrhunderte durch verschiedene Palastanbauten. Seit 1993 gehört die Burg wieder – wie bis 1948 – der Familie Kinský dal Borgo. Aus der Gründungszeit stammt der mächtige Hauptturm. Er besitzt den Grundriss eines Trapezes. Wer unter der Burg (bei der Brücke am Bach) nach oben schaut, kann deswegen mit Glück alle vier Ecken des Turmes gleichzeitig erblicken. Durch das Innere der Festung werden zwei verschiedene Führungen angeboten. Der erste Rundgang beinhaltet den *Burgpalast,* den *Waffensaal,* die *Kapelle* und eine *schwarze Küche* aus dem 17. Jh. Die zweite Tour führt u. a. in die *Folterkammer.*

Bei der Burg befindet sich eine gemütliche Gartenkneipe. Eine schöne kleine Wanderung (erst rot, dann blau markiert) führt von Kost ins romantische *Plakánek-Tal* (Údolí Plakánek) und von dort weiter ins Bilderbuchdorf *Vesec* mit einigen alten Blockhäusern.

- *Verbindungen* Keine Anbindung an das öffentliche Verkehrssystem.
- *Übernachten* **Penzion Křineč,** ca. 6 km nordwestlich der Burg, von der Straße nach Branžež ausgeschildert. Nette Pension in abgeschiedener Lage, 50 m vom Komárovský-See entfernt. Tischtennisplatte, Pool, Liegestühle im Garten, Grill, Sauna. Freundliche Zimmer mit Bad und TV. Sichere Parkplätze. Kein Restaurant! Mai–Sept. DZ 40 €. Zakopaná 14, ✆ 724052636 (mobil), www.penzionkrinec-ceskyraj.cz.

**Duo Camp,** Campingplatz rund 7 km nordwestlich der Burg, von Kost kommend am Ortseingang von Branžež, am Komárovský-See. Umzäunte Wiese hinterm See, einfach, aber ganz okay. Idyllische Lage, nettes Terrassenlokal, Tretbootverleih. In der ersten Reihe werden Hundehüttenchatas vermietet, dahinter die Zelte aufgestellt. Neues Sanitärgebäude. April–Okt. 2 Pers. mit Zelt u. Auto 6,20 €, Chata für 2 Pers. ab 13,50 €. Branžež, ✆ 604287501 (mobil), www.duocamp.cz.

- *Öffnungszeiten* **Burg Kost,** April u. Okt. tägl. (außer Mo/Di) 9–16 Uhr, Mai, Juni u. Sept. tägl. (außer Mo) 9–17 Uhr, Juli u. Aug. tägl. 9–18 Uhr. Eintritt pro Führung (jeweils 90 Min.) 4 €, erm. 2,80 €.



## Mnichovo Hradiště (Münchengrätz)

Das 8500 Einwohner zählende Städtchen begrenzt das Böhmische Paradies im Westen. Einzig und allein sehenswert ist das große **Schloss** (ausgeschildert), das Albrecht von Waldstein nach der Schlacht am Weißen Berg konfiszierte und das bis 1945 im Besitz der Waldstein blieb. Zwischen 1697 und 1703 ließ es die Adelsfamilie im Barockstil umbauen. In der Gruft der Schlosskapelle der Hl. Anna ruhen seit 1785 die sterblichen Überreste Albrecht von Waldsteins – zumindest das, was davon übrig blieb: Angeblich fehlt der Kopf des Feldherrn. Im Lapidarium unter der Kapelle sind Barockstatuen des wenig bekannten tschechischen Bildhauers Josef

Jelínek ausgestellt. Die erste der drei Touren durch das Innere des Schlosses (50 Min.) führt durch repräsentative Salons und private Räumlichkeiten, in denen die Waldstein dem Luxus frönten. Zu sehen sind Sammlungen von Delfter Fayencen, Meißner Porzellan sowie die Waldsteinsche Bibliothek aus dem Schloss Dux (→ S. 300), die u. a. die Hinterlassenschaft Casanovas enthält. Wer das Schlosstheater besichtigen will, sollte sich für die zweite Schlossrunde (15 Min.) entscheiden, und wer einmal die Wallenstein-Gruft betreten möchte, für die dritte (30 Min.). Sparen kann man sich das Stadtmuseum im zweiten Stock des Schlosses.

4 km südöstlich von Mnichovo Hradiště erhebt sich oberhalb des Örtchens Boseň die frei zugängliche **Burgruine Valečov** aus dem 14. Jh. Starten Sie von dort zu einer Wandertour rund um den Berg Mužský (463 m) – je nachdem, welche markierte Route man wählt, ist man 12–25 km unterwegs. Dabei kann man weitere Burgruinen (eher spärliche Überreste) entdecken und durch die **Felsenstadt Příhrazy** (nordöstlich des Mužský) wandern. Dort strecken sich 178 Felstürme dem böhmischen Himmel entgegen. Das Kletterer-Ziel schlechthin ist das bizarre Felsengebilde *Stutenkopf* (Kobylí hlava). Beim Dorf Příhrazy gibt es einen Campingplatz.

• *Verbindungen* Bahnhof südöstlich des Zentrums, Busbahnhof am zentralen Masarykovo nám. **Züge** regelmäßig nach Turnov und bis zu 7-mal tägl. über Mladá Boleslav nach Prag. **Busse** regelmäßig nach Mladá Boleslav.

• *Öffnungszeiten* **Schloss,** April u. Okt. nur Sa/So 9–15 Uhr, Mai–Sept. tägl. (außer Mo) 9–16 Uhr. Fremdsprachige Führung Tour 1 7,20 €, erm. 4,40 €. Tour 2 u. Tour 3 jeweils 3,20 €, erm. 2 €.

Weiter nach Westen **Richtung Mácha-See?** Lesen Sie weiter ab S. 263.

## Hrubá Skála (Groß-Skal)

Hrubá Skála, ca. 8 km südlich von Turnov gelegen, steht für das gleichnamige Dorf, für ein Schloss und die daran angrenzende Felsenstadt. Das **Schloss,** das bis 1821 den Waldstein gehörte, wurde im 19. Jh. von der Adelsfamilie Aehrenthal im neogotischen Stil umgebaut. Die Brücke, über die man zum Schloss gelangt, konnte früher hochgezogen werden, sodass die auf einem Sandsteinfelsen thronende Anlage uneinnehmbar wurde. Heute beherbergt das Schloss ein Hotel (→ Übernachten), der Aussichtsturm ist auch Nichthotelgästen zugänglich.

Zur Erkundung der zweitgrößten **Felsenstadt** (Hroboskálské Skalní Město) des Böhmischen Paradieses besorgt man sich am Parkplatz vorm Schloss am besten einen Orientierungsplan. Es erwartet Sie eine verwunschene Felslandschaft mit rund 400 bis zu 55 m hohen Felstürmen auf ca. 4 km$^2$, dazu schmale Treppen und enge Durchgänge. Auch in Hrubá Skála tummeln sich die Kletterer. Auf vielen Felsen gibt es Bücher in metallenen Kästchen, in die sich die Gipfelstürmer eintragen können.

Grün markiert ist die Strecke durch den Felsspalt *Myší díra* („Mäuseloch") zum Kurareal *Sedmihorky* (ca. 1,5 km → Übernachten). Über die gelbe Markierung gelangt man von Hrubá Skála zur *Marienaussicht* (Mariánská vyhlídka) mit fotogenen Blicken auf die Felsenstadt, auf Schloss Hrubá Skála und Burg Trosky (s. u.). Unterhalb des Aussichtspunktes befindet sich ein *symbolischer Bergsteigerfriedhof* (Symbolícký hřbitov horolezců), der der in allen möglichen Gebirgen der Welt umgekommenen tschechoslowakischen Bergsteigern gedenkt. Weiter verläuft der gelb markierte Weg zur *Burg Valdštejn* (ca. 4 km, → S. 246). Zu erreichen ist diese von

Die Felsenstadt von Hrubá Skála



Hrubá Skala auch über einen rot markierten Weg (auch mit dem Rad machbar). Man kommt vorbei an einigen Aussichtspunkten und dem *Arboretum Bukovina* mit einer Reihe von südamerikanischen Hölzern.

• *Verbindungen* **Busse** ca. 8-mal tägl. nach Turnov und über Sobotka nach Jičín.

• *Übernachten* ** **Hotel Zámek Hrubá Skála,** das Schlosshotel. Romantische Atmosphäre und für jedermann erschwinglich. 57 Zimmer, darunter ganz einfache mit Etagentoilette, aber auch schön restaurierte mit viel Komfort sowie eine Suite in der alten Schlosskapelle. Restaurant mit nettem Ausblick und gutsortierter Weinkarte. Klettergarten. EZ mit Bad 57 € (ohne 16 €), DZ mit Bad 77 € (ohne 24 €). Hrubá Skála 1, ✆ 481659111, 📠 481659333, www.hrubaskala.cz.

**Hotel Štekl,** am Parkplatz rechter Hand vorm Schloss. Palastähnlicher Bau mit Deko-Zinnen. Innen viel Stuck, besonders die Flure sind sehr charmant. Die Zimmer (alle mit Bad) werden peu à peu restauriert. Restaurant, ruhige Lage. EZ 30 €, DZ je nach Größe und Ausstattung 36–56 € (Letztere mit Balkon). Hrubá Skála 5, ✆ 48 1389684, www.hotel-stekl.cz.

** **Hotel Lázně Sedmihorky,** Kurhotel ca. 2 km nördlich des Schlosses, von der E 442 ausgeschildert. Sanierungsbedürftiger Komplex aus mehreren niedrigen Gebäuden in absolut ruhiger Lage am Waldrand. 47 schlichte Zimmer ohne jegliche persönliche Note. Die gesamte Anlage wird jedoch nach und nach restauriert. Wasserkuren, Massage, Fitness. Restaurant. Es werden auch günstigere Zimmer ohne private Bäder angeboten. Standard-DZ 51 € inkl. Frühstück, DZ ohne Bad 13 € ohne Frühstück. Karlovice u Turnova 12, ✆ 481550111, 📠 481550333, www.sedmihorky.cz.

**Camp Sedmihorky,** von der E 442 ausgeschildert. Ganzjährig. Schöner gepflegter und sehr ruhiger 4-Sterne-Platz am Waldrand und an einem Badesee mit künstlichem Sandstrand. Gute Sanitäranlagen, Kinderspielplatz, Minigolf, Volleyballfeld. 2 Pers. mit Auto u. Zelt 10 €, 2-Pers.-Chata ab 14 €. Sedmihorky 72, ✆ 481389162, 📠 481389160, www.campsedmihorky.cz.

• *Öffnungszeiten* **Schloss,** das Areal ist tagsüber stets zugänglich. Eintritt 2,50 €, erm. die Hälfte. Die **Felsenstadt** war 2010 nicht in ihrer Gesamtheit zugänglich, mehrere Areale waren gesperrt.

## Hrad Trosky (Burg Trosky)

Die beiden Türme der auf steilen Basaltfelsen thronenden Burgruine Trosky sind *das* Wahrzeichen des Böhmischen Paradieses; schon Goethe und Alexander von Humboldt waren von ihrem Anblick begeistert. Gegründet wurde die Burg zwischen 1380 und 1390 von den Herren von Wartenberg. Dank der natürlichen Begebenheiten waren Sicherheitsvorkehrungen wie Schanzen, Gräben oder Brücken nicht nötig. Im 17. Jh. verödete die Burganlage, übrig blieben die beiden Türme *Panna* („Jungfrau", 57 m) und *Baba* („Altes Weib", 47 m). Die einstigen Wohngebäude standen auf dem Sattel zwischen den Felsen. Die Weitsicht von der jungfräulichen Aussichtsterrasse ist herrlich. Ihren bezeichnenden Namen *Trosky*, „Ruinen", erhielt die Burg übrigens erst in jüngerer Zeit. Von Hrubá Skála führt ein 5,5 km langer Wanderweg zur Burg.

• *Verbindungen* Ca. 10-mal tägl. **Züge** von Jičín und Turnov nach Ktová, von dort noch ca. 2,5 km zu Fuß (grün markiert). Mit dem **Auto** fährt man über Troskovice an, von dort ausgeschildert. Am Parkplatz werden häufig Autos aufgebrochen – Vorsicht!

• *Öffnungszeiten* **Burg Trosky,** April u. Okt. nur Sa/So 8.30–16 Uhr, Mai–Aug. tägl. (außer Mo) 8.30–17.30 Uhr, Sept. tägl. (außer Mo) 8.30–16 Uhr. Eintritt 2 €, erm. 1,40 €.

## Turnov (Turnau)

Turnov (14.500 Einwohner) liegt im Herzen des Böhmischen Paradieses, besitzt im Vergleich zur Landschaft drum herum aber wenig Reize. Zentrum ist der Marktplatz Náměstí Českého Ráje, den eine viel befahrene Straße durchkreuzt. Eyecatcher ist dort einmal nicht das Rathaus, sondern das dekorative Gebäude der örtlichen Sparkasse (Česká Spořitelna). Gleich ums Eck, in der Skálova, liegt das **Museum des Böhmischen Paradieses** (Muzeum Českého Ráje). Es beschäftigt sich vorrangig mit den Bodenschätzen der Region und der damit zusammenhängenden Kunst des Edelsteinschleifens. Bereits 1884 wurde in Turnov eine Kunstgewerbeschule für Schmuckherstellung gegründet, sie besteht bis heute. Unter den glitzernden Exponaten befindet sich ein Replikat des Edelsteinkreuzes, das 1992 vom Turnauer Betrieb *Granat* für Papst Johannes Paul II. angefertigt wurde. Quelle des hiesigen Kunsthandwerks ist der östlich gelegene **Berg Kozákov** (744 m), der u. a. Achate, Jaspisse, Amethyste und v. a. Granate ausspuckt. Hinter dem Museum entstand mit Fördermitteln der EU jüngst das sog. **Steinschneider-Haus** (Kamenářský dům), die Kopie eines typisch nordböhmischen Umgebindehauses aus

*Schloss Hrubý Rohozec*

*Interieur des Schlosses Hrubý Rohozec*

Nordböhmen
Karte S. 234/235

dem 18. Jh. Den Besuch der Kunsthandwerksausstellung darin kann man sich jedoch sparen. Eindrucksvoller ist der Besuch der Turnauer **Synagoge** (1719) in der Krajířova nahebei. Es ist das einzige jüdische Gotteshaus in Nordböhmen, das die NS-Okkupation heil überstand.

Im Norden der Stadt (nördlich der Jizera, dort ausgeschildert) steht **Schloss Hrubý Rohozec** (Groß Rohosetz), ursprünglich ein Renaissancebau, der 1822 in ein Empireschloss umgewandelt wurde. In die Literatur ging das Schloss als Schauplatz von Rainer Maria Rilkes Novelle *Teufelsspuk* ein. Die letzten adeligen Besitzer (1628–1945) kamen aus dem Geschlecht der Des Fours. Durch das Schloss werden zwei Touren à 60 Minuten angeboten. Beim ersten Rundgang besichtigt man v.a. den ersten Stock, darunter den neogotischen Speisesaal aus dem 19. Jh. mit vielen Waffen, eine Bibliothek mit rund 10.000 Bänden und den sog. Grünen Salon mit ein paar intarsiengeschmückten Möbelstücken aus dem 17. und 18. Jh. Der zweite Rundgang führt durch das zweite Stockwerk und beinhaltet eine kleine Ausstellung über die Entwicklung des Mobiliars von der Renaissance bis zum Biedermeier.

• *Information* **Regionální turistické centrum,** am Marktplatz. Sept.–Juni Mo–Fr 8–17 Uhr, Sa 9–12 Uhr, Juli u. Aug. Mo–Fr 8–18 Uhr, Sa 9–16 Uhr, So 9.30–15 Uhr. ✆/℡ 481366256, www.infocentrum-turnov.cz. Ein **Stadtplan** am Marktplatz hilft bei der ersten Orientierung.

• *Verbindungen* Regelmäßige **Zugverbindungen** nach Liberec (über Sychrov) und Hradec Králové, bis zu 9-mal tägl. nach Pardubice (über Malá Skála, Železný Brod, Kuks und Jaroměř) und Jičín sowie bis zu 7-mal tägl. nach Prag (über Mladá Boleslav).

Die regelmäßigen **Busse** von Turnov nach Železný Brod und Jablonec nad Nisou passieren auch Schloss Hrubý Rohozec.

• *Übernachten/Essen & Trinken* *** **Hotel Karel IV.**, kleines Kongresshotel etwas abseits der Altstadt. 25 Zimmer ohne persönliche Note, dazu 9 Studios und Apartments für bis zu 4 Pers. Kleiner Außenpool, Planschbecken, Spielplatz, Parkplätze. Angeschlossen ist die Pizzeria U Karla mit Pizzen aus dem Holzofen. EZ 37 €, DZ 49 €. Žižkova 501 (vom Hauptplatz stets der Skálova vorbei am Museum für rund 750 m gen Norden folgen, dann linker Hand), ☏ 481323855, 📠 481321708, www.hotelkareliv.cz.

• *Öffnungszeiten* **Museum/Steinschneiderhaus,** März–Sept. tägl. (außer Mo) 9–17 Uhr, Okt.–Feb. bis 16 Uhr. Eintritt 2 €, erm. die Hälfte.

**Synagoge,** April/Okt. nur Sa/So 9–17 Uhr, Mai–Sept. tägl. (außer Mo) 9–17 Uhr. Eintritt 1,60 €, erm. die Hälfte.

**Schloss Hruby Rohozec,** April u. Okt. Di–Fr 10–15 Uhr, Sa/So 9–16 Uhr, Mai–Sept. tägl. (außer Mo) 9–17 Uhr. Eintritt je nach Rundgang 2,40–3,20 €, erm. 1,80–2,40 €.

## Hrad Valdštejn (Burg Waldstein)

Die 4 km südlich von Turnov gelegene Stammburg der gleichnamigen Raubritter, die erst Albrecht von Waldstein salonfähig machte, wurde im 13. Jh. gegründet. Bereits im 16. Jh. war sie eine Ruine. 1722 errichtete man auf der Vorburg eine dem Hl. Nepomuk geweihte Kapelle, wodurch die Burg zum Wallfahrtsort wurde. Aus jener Zeit stammt auch die barocke zweibogige Brücke mit prächtigen Heiligenfiguren. Auf die romantischen Bestrebungen des 19. Jh. gehen schließlich die neogotischen Restaurierungsversuche der Anlage zurück. Schöne Wanderwege führen von Hrubá Skála (→ S. 242) zur Burg, grün markiert ist der Weg ab dem Bahnhof Turnov-Město.

• *Anfahrt* Von der Straße nach Jičín ausgeschildert. Vom Parkplatz noch 500 m zu Fuß. Keine Verbindung mit öffentlichen Verkehrsmitteln.

• *Öffnungszeiten* März, April u. Okt. nur Sa/So 9–17.30 Uhr, Mai–Sept. tägl. 9–17.30 Uhr. Eintritt 1,60 €, erm. 0,80 €.

Informationen zum **Schloss Sychrov,** das bereits **auf dem Weg nach Liberec** liegt, bekommen Sie ab S. 248.

## Malá Skála (Kleinskal)

Auf dem Weg von Turnov nach Železný Brod passiert man Malá Skála. Das rund 1100 Einwohner zählende Örtchen liegt an sich reizvoll im Flusstal der Jizera. Leider führt durch das enge Tal jedoch auch die Europastraße 65. Den Ort überblickt eine neogotische Kapelle, das **Pantheon** – ein toller Aussichtspunkt. Die Kapelle geht zurück auf den skurrilen Fabrikanten Franz Zacharias Römisch, der hier Anfang des 19. Jh. auf den Ruinen der gotischen Festung Vranov eine „Gedenkstätte" berühmter Persönlichkeiten errichtete. Im sog. Heldensaal stehen die Büsten der drei Monarchen der Allianz gegen Napoleon. Von der Brücke am nördlichen Ortsende ist die Kapelle auf einem rot markierten Wanderweg zu erreichen. Dieser führt weiter zu der rund 3,5 km westlich gelegenen **Burgruine Frýdštejn** aus dem 14. Jh. mit einem walzenförmigen, 15 m hohen Turm. Von dort kann man den Rückweg über das romantische kleine **Felsental Drábovna** südlich von Malá Skála antreten. Hauptattraktion rund um Malá Skálá sind jedoch die **Suché Skály** („Trockene Felsen") östlich des Ortes, ein Felskamm, der von weitem an eine riesige Orgel erinnert. Das Klettereldorado ist vom Zentrum Malá Skálas auf einem roten und auf einem blauen Wanderweg zu erreichen.

• *Verbindungen* **Busse** regelmäßig nach Turnov, Železný Brod und Mladá Boleslav, bis zu 5-mal tägl. nach Harrachov. **Züge** → Turnov und Železný Brod.

• *Essen & Trinken* **Hostinec a Galerie u Boučků,** absolut urige Wirtschaft in einem gezimmerten Holzhaus. Hausmannskost wie gefüllte Paprika, Szegediner Gulasch oder Buchteln, Hg. um die 3 €. Stets bestens besucht. Im 1. Stock eine Galerie mit wechselnden Ausstellungen. So nur bis 19 Uhr, Mo Ruhetag. Mit „Boučkův statek" ausgeschildert, ✆ 775260841 (mobil).

• *Übernachten* *** **Hotel Skála,** in zentraler Lage. Stillose Busgruppenabsteige mit 80 Betten, zuvorkommender Service. Sauna, Billard, Radverleih. Restaurant. DZ 44 €, EZ 25 €. Malá Skála 69, ✆ 776778377 (mobil), www.hotelskala.cz.

*** **Hotel Kavka,** über dem Ort (Westseite) gelegen, von der E 65 ausgeschildert. Minipool, Terrasse, Restaurant. Zuweilen mäßiger Service. 33 durchschnittliche Zimmer mit eigenen Bädern, aber auch ganz einfache mit Etagenbädern. DZ je nach Standard 28–42 €. Vranové 159, ✆ 483392488, ℻ 483392513, www.hotelkavka.cz.

**Penzion Neco,** im „Zentrum" auf der südlichen Flussseite. 6 saubere Apartments für 3–7 Pers., 3 davon mit Balkon bzw. Terrasse. Dazu Hostelzimmer mit Etagenbetten. Gemeinschaftsraum, Grill auf der Terrasse, abgeschlossener Parkplatz, Abstellraum für Fahrräder. Apartment für 4 Pers. ab 44 €, im Mehrbettzimmer ab 7,50 €/Pers. Malá Skála 54, ✆ 605723442 (mobil), www.penzionneco.cz.

**Camping Ostrov,** einfacher Platz zwischen E 65 und Fluss. Mäßige Sanitäranlagen, das Restaurant dient zugleich als laute Dorfpinte. Für eine Nacht okay. Mai–Sept. 2 Pers. mit Zelt u. Auto 6 €. Malá Skála, ✆ 777880203 (mobil), www.camp-ostrov.info.

*Das Pantheon in Malá Skála*

• *Öffnungszeiten* **Pantheon,** Juni–Aug. tägl. 9–18 Uhr, April, Mai, Sept. u. Okt. nur Sa/So 9–18 Uhr. Eintritt 1,50 €, erm. 0,80 €.

**Burg Frydštejn,** Mai–Okt. tägl. (außer Mo) 10–17 Uhr. Eintritt 1,60 €, erm. 1,20 €.



## Železný Brod (Eisenbrod)

Das 6500 Einwohner zählende Städtchen liegt 14 km nordöstlich von Turnov und bildet das nördliche Schlusslicht des Böhmischen Paradieses. Es ist kein Ort zum Verweilen, auch wenn einige schöne alte Fachwerkhäuser zwischen sozialistischen Zweckbauten und maroden Fabrikanlagen erhalten blieben. An verregneten Tagen bietet sich ein Besuch des örtlichen **Glasmuseums** (Muzeum Skla) am Marktplatz an, das u. a. Glasplastiken der hiesigen Glasschule präsentiert. Die Glasherstellung besitzt in Železný Brod eine lange Tradition, bis heute ist die Glasindustrie ein bedeutender Wirtschaftszweig der Stadt.

• *Verbindungen* **Busse** regelmäßig über Malá Skála nach Turnov. **Züge** regelmäßig über Malá Skála nach Turnov, etwa alle 2 Std. über Dvůr Králové, Jaroměř und Hradec Králové nach Pardubice.

• *Öffnungszeiten* **Glasmuseum,** Mai, Juni u. Sept. tägl. (außer Mo) 9–12 u. 13–16 Uhr, Juli u. Aug. bis 17 Uhr, Okt.–April nur Sa/So 9–12 u. 13–16 Uhr. Eintritt 1 €, erm. 0,60 €.

Weiter Richtung **Norden?** Informationen zum **Isergebirge** bekommen sie auf S. 259, zum **Riesengebirge** auf S. 194.

Schloss Sychrov

## Zámek Sychrov (Schloss Sichrow)

Das zwischen 1690 und 1693 errichtete Schloss nahe der Autobahn von Turnov nach Liberec (von dort ausgeschildert) ist sehenswert. Unter der aus der Bretagne stammenden Adelsfamilie Rohan, die das Schloss ab 1820 besaß, erhielt es sein heutiges Aussehen im Stil der französischen Neogotik. Die Rohan ließen auch den weiten Schlosspark mit vielen exotischen Bäumen anlegen. Durch das gepflegte, aus mehreren Gebäudekomplexen bestehende Schlossareal werden verschiedene Führungen angeboten. Bei der Standardtour (60 Min.) durchstreift man reichlich mit Schnitzwerk verzierte und kunstvoll ausgeschmückte neogotische Räumlichkeiten und bekommt Fayencen- und Glassammlungen der Rohans zu sehen. Eine zweite Tour (60 Min.) wird nur im Juli und August angeboten, sie führt durch diverse Renaissancesäle und vorbei an viel Meißner Porzellan. Eine Besonderheit stellen dabei die Ahnengalerie und die Porträtsammlung französischer Könige aus dem 16. und 17. Jh. dar, die die Rohan aus Frankreich mitgebracht hatten, insgesamt rund 250 Gemälde. Außerdem gibt es eine Ausstellung im sog. Berta-Flügel zu besichtigen, die sich – ähnlich wie jene auf Schloss Hrubý Rohozec (→ S. 245) – mit der Entwicklung aristokratischer Möbel von der Renaissance bis zum Historismus beschäftigt. Während einer dritten Tour (50 Min.) kann man Restauratoren über die Schulter blicken und erfährt allerlei über deren Arbeit. Im Sommer finden auf Schloss Sychrov gelegentlich Konzertveranstaltungen statt, die an die zahlreichen Aufenthalte Antonín Dvořáks anknüpfen.

• *Verbindungen* Bis zu 5-mal tägl. **Busse** von und nach Turnov.

• *Übernachten* **** **Zámecký Hotel Sychrov,** Neubau neben dem Schloss. Schickes Hotel mit ebensolchem Restaurant. 34 unterschiedlich ausgestattete, sehr schöne Zimmer und Apartments bzw. Suiten im minimalistischen Stil. Spricht Business People an, daher auch mit Kongresssaal. Relaxzentrum inkl. Whirlpool, Sauna, Fitness. Pferdeausritte auf dazugehöriger Ranch möglich. EZ 73 €, DZ 106 €. Sychrov, ✆ 482425444, 📠 482425499, www.zameckyhotelsychrov.cz.

• *Öffnungszeiten* Jan.–März sowie Nov. u. Dez. tägl. 10–14 Uhr, April, Sept. u. Okt. tägl. 9–15.30 Uhr, Mai–Aug. tägl. 9–16.30 Uhr. Fremdsprachige Führung je nach Rundgang 8,10–16,20 €, erm. 4–8,10 €. Park 0,80 € extra.

# Liberec (Reichenberg)

**Liberec liegt in einem vom Jeschken- und Isergebirge umrahmten Becken. Ein pompöses Rathaus, feudale Villen und prächtige Stadthäuser erinnern an die Zeit, als Reichenberg einmal wirklich reich war.**

„Wohl nirgends anderswo leben so viele Musikanten, Gaukler, Sonderlinge, bärtige Skifahrer, allabendliche Läufer, Touristen, alte Weiber ...", verkündet die Stadtbroschüre. Tatsache ist, dass Liberec über 101.000 Einwohner zählt und das industrielle, wirtschaftliche und kulturelle Zentrum Nordböhmens ist. Touristen können dort gut einen Tag zubringen, neben einem freundlichen Zentrum gibt es zwei ordentliche Museen, dazu einen botanischen und zoologischen Garten. Im Winter kann man am Hausberg, dem Jeschken (Ještěd), Ski fahren. Dort finden alljährlich auch Weltcupspringen statt. Sportliche Unterhaltung bietet zudem der lokale Fußballverein *FC Slovan,* der schon diverse Bundesligisten aus dem UEFA-Cup geschossen hat. Eines der Mankos von Liberec ist jedoch das Wetter. Scherzhaft bezeichnen die Einwohner ihre Stadt als „Nachttopf Europas". „Wenn es nicht gerade regnet, dann schneit es", sagt man. Statistisch gesehen, ist der hiesige Niederschlag aber nicht viel höher als anderswo in der Republik. Doch die Temperaturen liegen deutlich unter denen Prags.

**Geschichte:** Jahrhundertelang war Reichenberg nichts anderes als eine kleine Poststation auf dem Handelsweg von der Lausitz nach Böhmen. Boden und Klima ließen keine ertragreiche Landwirtschaft zu, die Menschen lebten mehr schlecht als recht von der Schafzucht. Erst unter der Herrschaft der Herren von Redern, die hier im 16. Jh. ein Schloss erbauen ließen, stieg die Siedlung zur Stadt auf. Nach der Schlacht am Weißen Berg (1620) fiel Reichenberg an Albrecht von Waldstein (→ S. 236). Er ließ hier die ersten Leinenwebereien errichten, die Uniformen für seine Armeen herstellten. Doch die Stadt blieb noch bis ins 19. Jh. klein und unbedeutend und bestand aus nicht viel mehr als einer Vielzahl geduckter Holzhäuser rund um ein großes Schloss. Dann aber folgte Reichenbergs rapider Aufstieg zu einem Zentrum der Textilindustrie. Eines der größten Unternehmen wurden die *Liebig*-Werke, ihre Baumwoll- und Seidenstoffe, Teppiche und Gobelins genossen Weltruf. Es kam Geld in die Stadt, die alten Holzhäuser wurden abgerissen und an ihrer Stelle Stadtpalais, das imposante Rathaus, Theater und Villen errichtet. Zu jener Zeit erblickte im südöstlichen Vorort Maffersdorf (heute Vratislavice) der spätere Autobauer Dr. Ferdinand Porsche (1875–1951) das Licht der Welt. An ihn und die Geschichte des Motorsports im Raum Liberec erinnert dort heute ein kleines Museum (vom Zentrum mit den Straßenbahnen Nr. 5 und 11 zu erreichen, Haltestelle Pivovar; nur März–Okt. So 10–16 Uhr, Eintritt 1,20 €, erm. 0,40 €).

Anfang des 20. Jh. gab es über 50 Textilfabriken, dazu metallverarbeitendes Gewerbe wie die Automobilfabrik *RAF.* Zugleich wurde Reichenberg zum Zentrum verschiedener Arbeiterbewegungen. Als sich die Deutschen Nordböhmens dem Anschluss an die Tschechoslowakische Republik 1918 entziehen wollten, wählten sie Reichenberg zum Sitz der deutschböhmischen Landesregierung, die sogar eigene

Banknoten in Druck gab. Doch noch bevor das Jahr vorüber war, war die Regierung vor dem tschechischen Militär nach Wien geflohen.

Die Nazis machten die Stadt zum administrativen Zentrum des Reichsgaus Sudetenland. Nach dem Zweiten Weltkrieg wurden zwischen 25.000 und 45.000 Deutsche aus Liberec vertrieben, die Zahlen in der Literatur schwanken erheblich. Tatsache ist, dass viele Deutsche von der Vertreibung ausgenommen wurden, um das Fortbestehen der lokalen Industrie zu sichern. Die Zahl der heute in Liberec lebenden Deutschen wird mit 4000 angegeben.

1968 war Liberec neben Prag einer der wenigen tschechoslowakischen Orte, in denen es zu Auseinandersetzungen mit den Truppen des Warschauer Pakts kam. Seit der Samtenen Revolution blüht die Grenzstadt wieder auf. Die Universität wurde ausgebaut, die Industrie modernisiert. Auch in den Fremdenverkehr wurde investiert, insbesondere als Liberec 2009 zum Schauplatz der größten Sportveranstaltung in der Geschichte Tschechiens wurde, der 47. Nordischen Ski-WM. Um den Gästen aus aller Welt zu imponieren, wurde allerorts gebaut und restauriert. Für die tschechischen Sportler und die Stadt Liberec endete die WM allerdings in einem Fiasko: Die heimischen Athleten erreichten nur eine Silbermedaille, und die Veranstalter waren am Ende pleite.

**Orientierung:** Das Zentrum von Liberec ist klein und übersichtlich, alle Sehenswürdigkeiten dort lassen sich spielend zu Fuß erkunden. Herz der Stadt ist der *Benešovo náměstí*, der autofreie und deswegen sehr beschauliche Hauptplatz vor dem Rathaus. Die davon bergab führenden Pflastergassen *Pražská* und *Moskevská* sind die belebtesten Einkaufsstraßen. Zu Füßen der Moskevská liegt der Stadtbusbahnhof, von wo auch die Straßenbahnen zu den umliegenden Sehenswürdigkeiten und nach Jablonec nad Nisou fahren. Das Bild rund um das Zentrum ist uneinheitlich: alte Palais, triste Fabrikanlagen mit rauchenden Schloten, moderne Shoppingcenter, graue Plattenbauten und grüne Parkanlagen.

## Information/Parken/Verbindungen

• *Information* **Městské informační centrum,** am Benešovo nám. 1 in Nachbarschaft zum Rathaus. Juni–Sept. Mo–Fr 8–18 Uhr, Sa/So 9–12 Uhr, Okt.–Mai Mo–Fr 8–17 Uhr, Sa 9–12 Uhr. ✆ 485101709, www. infolbc.cz.

• *Parken* Recht sicher steht Ihr Fahrzeug im **Parkhaus der Bibliothek** (knihovna), Einfahrt von der Pastýřská, zudem im **Parkhaus Centrum** an der Blažkova.

• *Verbindungen* Ⓢ2 u. 3 (→ Stadtverkehr) fahren vom Zentrum zum südwestlich gelegenen Bahnhof und Intercitybusbahnhof – zu Fuß ca. 15 Min.

Gute **Busverbindungen** in alle nord- und ostböhmischen Städte, halbstündl. zudem von und nach Prag (Černý Most an der Ⓜ C, nur 70 Min.). Mitte Dez.–Ende März auch regelmäßig zum Skigebiet Bedřichov (werktags 8-mal, Sa/So 13-mal).

**Züge** regelmäßig nach Frýdlant und Děčín, alle 2 Std. nach über Turnov nach Pardubice, bis zu 8-mal tägl. nach Ústí nad Labem, 5-mal nach Harrachov, 4-mal nach Dresden.

**Stadtverkehr:** Für Touristen interessant sind die Straßenbahnlinien Ⓢ2, die den Zoo ganz im Nordosten der Stadt via Nordböhmisches Museum, Zentrum und Bahnhof mit den südwestlichen Vororten verbindet, Ⓢ3 (vom Zentrum über den Bahnhof zur Gondelbahn auf den Ještěd) und Ⓢ11, die von Liberec nach Jablonec fährt (Dauer ca. 30 Min.). Zentraler Stadtbusbahnhof Nádraží MHD an der Fügnerova. Tickets bekommt man an allen Kiosken und bei der Touristeninformation.

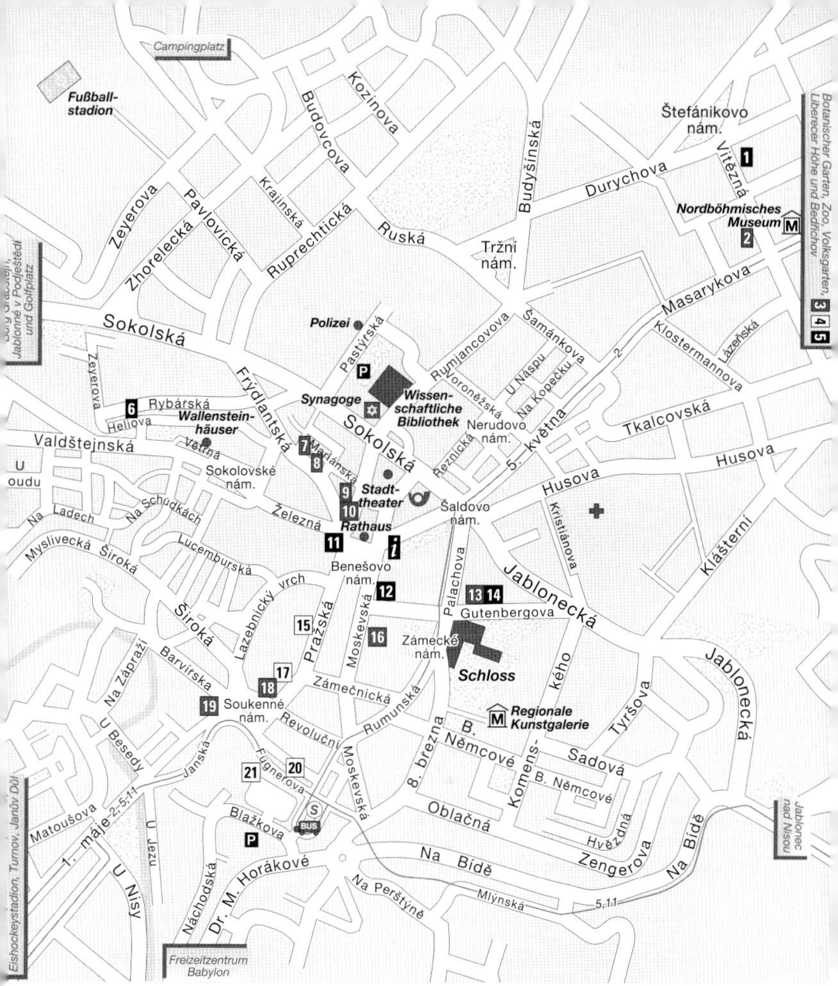


## ssen & Trinken

2 La Bohème
3 Rybářská bašta
7 Pizzeria Maškova
8 Ananda
9 Tatáž-Pakáž
0 Porta Café
3 Svijanská Hospůdka U Lva
16 Balada
18 Sluneční Zahrada
19 Potrefena Husa

## Nachtleben

4 Diskothek Dábelská Hut'

## Übernachten

1 Penzion U Muzea
5 Hotel U Jezírka
6 Pension Bambino
11 Hotel Praha
12 Hotel Radnice
14 Grandhotel Zlatý lev

## Einkaufen

15 Fryčovo Antikvariát a Knihkupectví
17 Granát
20 Shoppingcenter Delta
21 Plaza Center

100 m

**Liberec**

## Adressen

• *Ärztliche Versorgung* **Krankenhaus** an der Husova östlich des Zentrums. ✆ 485311111.

• *Autoverleih* Etliche lokale Anbieter, eine Liste hält die Touristeninformation bereit. Billigstes Auto ab ca. 50 €/Tag.

• *Polizei* An der Pastýřská nördlich des Zentrums. ✆ 156.

• *Post* Am Benešovo nám.

*Fast wie ein Schloss: Rathaus in Liberec*

• *Einkaufen* Im Zentrum viele Läden an der **Pražská** und der **Moskevská.**

Neben dem Stadtbusbahnhof steht das moderne **Shoppingcenter Delta (20)** mit Geschäften auf dem Niveau von *C & A* und *H & M*. Schräg gegenüber hat 2009 eine weitere Shoppingmall, das **Plaza Center (21)**, eröffnet. Noch 2 Extratipps:

**Fryčovo Antikvariát & Knihkupectví (15),** Buchhandlung, der ein gut bestücktes Antiquariat mit einer ausgesprochen großen Auswahl an deutschsprachiger Literatur angegliedert ist. Internetcafé im 1. Stock. Pražská 14.

**Granát (17)**, Juwelierkette mit Edelsteinschmuck aus dem nahen Turnov (→ S. 244). Soukenné nám. 156.

## Essen & Trinken/Nachtleben (→ Karte S. 251)

Für ein Essen mit Panoramablicken bietet sich auch ein Ausflug auf den Ještěd-Fernsehturm (→ Sehenswertes) an.

• *Restaurants* **La Bohème (2),** in der Masarykova 699/9 gegenüber dem Nordböhmischen Museum. Freundliches Ambiente, Deckengewölbe, hell beleuchtet. Nette Bedienung. Serviert wird moderne tschechische Küche, darunter auch üppige Salate. Gute Weinauswahl. Hg. 8–16 €. So Ruhetag. ✆ 485223113.

**Rybářská bašta (3),** Restaurant in einem Fachwerkchalet am Schwanenteich *(Labutí jezírko)* in der Nähe des Zoos. Idyllische Sommerterrasse am Wasser, am Wochenende viele Familien. Servicekräfte zuweilen unfreundlich. Wild und diverse Süßwasserfischspezialitäten, insbesondere Forelle und Karpfen, Hg. 4,60–11 €. Masarykova 726 (Ⓢ 2, Haltestelle Botanická-Zoo), ✆ 482710177.

**Balada (16),** jugendliches Restaurant mit internationaler Küche: Pasta, Steaks und Salate zu 4–7 €. Warm-holziges Interieur mit Backsteintheke, fast eine Spur zu dunkel. Gezapft wird das nordböhmische *Svijany*-Bier. Nette Terrasse zur Fußgängerzone davor, Nichtraucherraum vorhanden. Moskevská 13, ✆ 485110109.

**Pizzeria Maškova (7),** Pizzeria (in diesem Fall mal bosnisch) mit Scheunenambiente und Hinterhofflair. Gute Pizzen aus dem Holzofen, die vor den Augen der Gäste zubereitet werden. Wer keine Pizza mag, greift zum Balkansteak oder zu einer Teigtasche mit Lamm. Hg. 3,60–7,20 €. Frýdlantská 285, ✆ 485105695.

**Svijanská Hospůdka U Lva (13),** modern-rustikales, helles Kneipenrestaurant. Hier gibt es ebenfalls das gute regionale *Svijany*-Bier (10- bis 13-gradig), und zwar auch in 2,5-Liter-Giraffengläsern! Ordentliche Küche, leckere Aufläufe. Billige Mittagsmenüs (ca. 2,50 € mit Gratis-Vorspeise). So populär, dass man für den Abend besser reserviert. Gutenbergova 126/3, ✆ 485256719.

**Ananda (8),** vegetarisches Schnellrestaurant für Nichtraucher. Sehr günstig. Kuchen zum Mitnehmen, Verkauf von Bioprodukten, Tee und Kaffee. Frühstück. Nur bis 18 Uhr, Sa bis 15 Uhr, So geschl. Frýdlantská 12, ✆ 485103741.

• *Cafés* **Sluneční Zahrada (18)** Café, Restaurant und Bar in einem. 50er-Jahre-Interieur mit futuristischen Elementen. Empfehlenswert sind die Pfannkuchen. Auch die Omlettes (3 €) für den kleineren oder die Steaks (ca. 8 €) für den großen Hunger sind ok. Terrasse. Soukenné nám. 156/9.

**Porta Café (10)**, Lifstyle-Café und Cocktailbar am Marktplatz. Gemischtes Publikum. Sommerterasse mit Blick auf das Rathaus. Zum Frühstücken (ab 4 €) und für den schnellen Mittagslunch (Steaks ab 10 €) gleichfalls geeignet. Benešovo nám. 4.

• *Kneipen* **Potrefena Husa (19),** die Kette bürgt tschechienweit für Qualität. Moderne, lichte Kneipe, jüngeres Publikum und recht gute Küche der mittleren Preisklasse. Freundliches Personal. Soukenné nám./ Ecke Barvířska.

**Tatáž-Pakáž (9),** Kneipe mit Holzboden, derben, langen Tischen und einer gut gelaunten, freakig-jungen Gesellschaft. Grungige Musik. Zum Bier gibt's Snacks wie panierten Käse, fettig-spritzige Würste oder eingelegten Hermelín-Käse (empfehlenswert). Unter der Woche ab 14 Uhr, Sa/So ab 17 Uhr. Frýdlantská 185.

• *Nachtleben* **Ďábelská Hut' (4),** Diskothek mit angeschlossenen Billardräumen und Bar an der Masarykova nahe dem Zoo (Ⓢ 2, Haltestelle Botanická-Zoo). Publikum und Musik querbeet. Bar tägl. ab 11 Uhr, Disco nur Mi/Fr/Sa ab 21 Uhr. Kleiner Eintritt.



## *Übernachten (→ Karte S. 251)*

Die Touristeninformation vermittelt während der Sommermonate Betten in den Studentenwohnheimen der Technischen Universität (ab 6,50 €). Eine Reihe von günstigen Privatpensionen findet man auch unterhalb des Ještěd (zwischen Straßenbahnendstation und Talstation der Gondelbahn), auf dem Ještěd selbst zudem ein überaus ungewöhnliches Hotel (→ S. 257).

• *Im Zentrum* **** **Hotel Babylon,** großer Komplex mit über 1000 Betten etwas abseits des Zentrums, angegliedert ein Shoppingcenter (viel Nippes) und ein Freizeitpark (Aqua- und Lunapark sind im Hotelpreis inbegriffen). Der Sternezahl entsprechend ausgestattete Zimmer ohne besondere Note. Wellnesslandschaft mit Sauna und Massageangeboten. Spiegellabyrinth für Kinder, kleines Casino, Bowlingbahn. EZ ab 86 €, DZ ab 130 €. Nitranská 1, ✆ 485251597, www.centrumbabylon.cz.

**** **Grandhotel Zlatý lev (14)**, Jugendstilbau im Zentrum. Die 117 in hellen Farben gehaltenen Zimmer sind komfortabel, aber nichts Besonderes. Gediegen-biederes Ambiente. Sauna, Whirlpool, Friseursalon. Eigene Parkplätze. EZ 75 €, DZ 98 €. Gutenbergova 3, ✆ 485256700, 📠 485256426, www.clariongrandhotelzlatylev.com.

*** **Hotel Praha (11)**, Jugendstilbau am zentralen Platz. Feudaler Eingang, die Zimmer sind größtenteils jedoch nur zweckmäßig restauriert. Dafür Aussicht auf den Marktplatz. Café, Restaurant, Casino. Eigene Parkplätze. Rollstuhlfahrergerecht. EZ 48 €, DZ 65 €. Železná 2/1, ✆ 485102655, www.hotelpraha.net.

**** **Hotel Radnice (12)**, in bester Lage am Hauptplatz. Historisches Gebäude mit 21 komfortablen Zimmern, wenn auch das Mobiliar weder zeitgemäß noch geschmackvoll ist. Beliebtes Restaurant mit Außenbestuhlung. Parkplätze (3 €/Tag). EZ 51 €, DZ 59 €. Moskevská 11, ✆ 485105257, 📠 485146453, www.hotelradnice.cz.

*** **Hotel U Jezírka (5)**, in recht ruhiger Lage beim Zoo. 38 einfache Zimmer, billig und bis auf den Fernseher recht spartanisch ausgestattet. Krankenhausatmosphäre auf den Gängen. Terrassenrestaurant. EZ 24–32 €, DZ je nach Größe 32–48 €. Masarykova 44 (Ⓢ 2, Haltestelle Botanická-Zoo), ✆ 482710407, 📠 482710437, www.hotelujezirka.cz.

**Pension Bambino (6)**, familienfreundliches, etwas hellhöriges Haus in Zentrumsnähe. Einfache Zimmer mit Küchenzeile, schöne Bäder. Kinderspielecke. EZ 28 €, DZ 36 €,

Vierbettzimmer 60 €, Frühstück 4 € extra. Heliova 287, ✆ 603449185 (mobil), www.pensionbambino.cz.

**Penzion U Muzea (1)**, im Villenviertel nahe dem Nordböhmischen Museum. 11 Zimmer mit und ohne Bad und alles andere als herrschaftlich eingerichtet, aber geräumig, sauber und ordentlich. Ideal für Selbstverpfleger, jeder Stock hat eine eigene Küche. Kostenlose Parkmöglichkeit. Der Hausherr hat seine Launen. DZ mit Bad 22 €, ohne Bad 16 €, Frühstück 2 € extra. Vítězná 24 (Ⓢ 2, Haltestelle Muzeum-Výstaviště), ✆/📠 485102693, www.penzionumuzea.cz.

• *Camping* **Autocamp Pavlovice,** im nördlichen Stadtteil Staré Pavlovice, mit Ⓑ 12 vom Zentrum zu erreichen (Haltestelle Pavlovice Stadion). Mit dem Auto folgt man der Beschilderung „Pavlovice". Zwar abseits, aber gepflegt, mit kleinem Pool, Restaurant und guten Sanitäranlagen. Sehr launisches Personal! Große Supermärkte (Kaufland und Penny) nebenan. Mai–Sept. 2 Pers. mit Zelt u. Auto 12 €, Bett in der Chata ab 8 €/Pers. Ulice Letná, ✆ 485123468, www.autocamp-liberec.cz.

**Camping 2000,** ca. 22 km südwestlich von Liberec im Dorf Janův Důl. Unter holländischer Leitung und entsprechend überwiegend holländisches Publikum. Liebevoll angelegter Platz um einen alten Gutshof. Tischtennis, Kneipe in der Scheune, schöne Poolanlage mit langer Rutsche, Abenteuerspielplatz. Stellflächen zwischen noch jungen Bäumen. Mai–Mitte Sept. 2 Pers. mit Zelt u. Auto satte 22 €, Hütte für 4–6 Pers. je nach Saison 27–83 €. Janův Důl 15, ✆ 485179621, www.camping2000.com.

## Sport & Freizeit/Kultur

• *Eishockey* Die **Tipsport Arena,** zugleich das Eisstadion der *Bílí tygři* („Weiße Tiger"), liegt ca. 20 Fußmin. südlich des Bahnhofs (Ⓑ 17 vom Busbahnhof, Haltestelle Tipsport Arena). Tickets in der Touristeninformation.

• *Freizeitpark* Im 25.000 m² großen Freizeitpark **Babylon** an der Nitranská gibt es einen Aquapark mit mehreren Pools, Rutschen, Sauna- und Massageräumen, Palmen und Außenterrassen. Ganztägiger Eintritt 11,50 €, eine Std. 5,50 €, für Kinder bis 140 cm 9,50 € bzw. 3,50 €, für Kinder unter 100 cm frei. Ab 16 Uhr ermäßigte Tarife.

• *Fußball* Der *FC Slovan* spielt im nördlich des Zentrums gelegenen Stadion U Nisy (Ⓑ 24 ab dem zentralen Stadtbusbahnhof, Haltestelle Dopr. Hřiště). Tickets kauft man direkt im Stadion oder bei der Touristeninformation.

• *Golf* **Golf Club Liberec,** ca. 5 km nordwestlich von Liberec im Dorf Machnín. 18-Loch-Platz, PAR 68. Greenfee 23–31 €. ✆ 482772 711, www.gc-liberec.cz.

• *Radfahren* Im Sommer verkehren Cyklobusse (Busse, die Radfahrer und Räder mitnehmen) auf der Strecke Liberec – Bedřichov – Turnov – Jablonec. Infos bei der Touristeninformation oder unter www.csadsemily.cz.

• *Skifahren* Zum Hausberg **Ještěd** → S. 256 . Des Weiteren kann man in **Bedřichov** nordöstlich von Liberec Ski fahren: 8 Lifte, keine schwarze Piste, kinderleichte Hänge. Tageskarte 15 € (gilt auch im Skigebiet **Severák** bei Jablonec).

• *Veranstaltungen* **Skispringwettbewerbe** am Ještěd im Jan. und Feb. Cineasten freuen sich in der ersten Aprilhälfte auf das internationale Filmfestival **Febiofest.** Eine kuriose Veranstaltung sind die **Liberecké primátorky** im Juni, eine Wettfahrt skurriler Wasserfahrzeuge auf der Neiße. In der zweiten Monatshälfte wird zudem ein **historischer Jahrmarkt** mit Rittern, Burgfräuleins etc. am zentralen Platz abgehalten. Im Sept. steht ein **Blaskapellenfestival** an.

## Sehenswertes im Zentrum

Das Wahrzeichen der Stadt ist das **Rathaus** (Radnice), mächtig wie eine Kathedrale. Es ist ohne Übertreibung eines der schönsten Böhmens und entstand zwischen 1888 und 1893. Die Ähnlichkeit zum Wiener Rathaus kommt nicht von ungefähr: Für beide zeichnete Architekt Franz Ritter von Neumann verantwortlich. Der 56 m hohe Turm, der sich über dem frohen Stilmix erhebt, kann bestiegen werden.

Gegenüber dem Rathaus steht seit 2010 wieder der **Neptunbrunnen** (Neptunova kašna), allerdings nur als Kopie. Das Original aus der ersten Hälfte des 19. Jh. befindet sich im Nordböhmischen Museum.

Neptunbrunnen am Marktplatz

Unmittelbar hinter dem Rathaus hingegen steht das **Stadttheater** (Městské divadlo, 1881–83), das heute den Namen des in Liberec geborenen Literaturkritikers František Xaver Šalda (1867–1937) trägt. Die Entwürfe des Neorenaissancebaus kamen vom Wiener Architekturbüro *Helmer & Fellner*. Etwas weiter fällt an der Rumjancevova ein moderner Bau ins Auge, die **Knihovna,** eine wissenschaftliche Bibliothek, die nach der Samtenen Revolution als tschechisch-deutsches Projekt unter der Schirmherrschaft der Präsidenten beider Länder errichtet wurde. Sie beherbergt einen umfangreichen Fundus an sog. *Sudetika* (sudetendeutscher Literatur). Bis zur Reichskristallnacht (1938) befand sich an jener Stelle die größte Synagoge Reichenbergs. Heute trifft sich die kleine jüdische Gemeinde von Liberec in der modernen Minisynagoge neben der Bibliothek. Gelegentlich finden Führungen statt (Infos unter ✆ 48241211).

Ein paar Straßenzüge westlich des Theaters verstecken sich die **Wallenstein- bzw. Waldsteinhäuser** (Valdštejnské domky) in der engen Seitengasse Větrná. Das Gebäudeensemble aus vier Fachwerkhäusern aus dem späten 17. Jh. ist leider nicht zugänglich. Tuchmacher und Handwerker wohnten einst darin. Außer dem Namen haben die Häuser aber mit Wallenstein nichts gemein.

In entgegengesetzter Richtung (südöstlich des Benešovo náměstí) steht das Liberecer **Schloss** (Zámek), das auf die Herren von Redern zurückgeht. Lange Zeit war darin ein Glasmuseum der Glasmanufaktur *Sklo Export* untergebracht. Seit dem Konkurs des Unternehmens ist das Schloss samt sehenswerter Schlosskapelle (1604) der Öffentlichkeit nicht mehr zugänglich.

Zu Füßen des Schlossparks (Zugang von der 8. března) liegt die **regionale Kunstgalerie** (Oblastní Galerie) in einem klassizistischen Palais. Sie beherbergt eine kleine Sammlung von französischen, holländischen und flämischen Malern, ein Vermächtnis des Industriellen Johann Liebig (→ Geschichte). Das Gros der Gemälde und Skulpturen stammt jedoch von tschechischen Künstlern des 19. und 20 Jh., darunter Werke des Kubisten Josef Čapek, des Expressionisten Mikuláš Medek und des Symbolisten Josef Váchal. Auch findet man hier eine der wenigen erhaltenen Skulpturen von Otokar Švec, jenem Künstler, der in den 1950ern das größte Stalinmonument der Welt schuf. Es stand auf dem Prager Letná-Berg.

• *Öffnungszeiten* **Rathaus,** über die Touristeninformation können Führungen durch das Rathaus (Juni–Nov. Mo–Sa stündl. bis 15 Uhr, im Winter nur Do) gebucht werden. In der Regel wird dabei auch der Rathausturm bestiegen. Je nach Umfang der Führung 0,40–2,50 €. **Bibliothek,** Mo/Mi/Do/Fr 10–19 Uhr, Di 13–19 Uhr, Sa 9–13 Uhr. **Regionale Kunstgalerie,** tägl. (außer Mo) 10–18 Uhr. Eintritt 2 €, erm. 0,80 €.

## Sehenswertes nordöstlich des Zentrums

Vom Zentrum führt die 5. května, die in die Masarykova übergeht, durch ein ansehnliches Villenviertel (Schweizer Stil, Secession und Neorenaissance) zum Zoologischen Garten. Straßenbahn Nr. 2 nimmt den gleichen Weg. Unterwegs passiert man das **Nordböhmische Museum** (Severočeské Muzeum, Masarykova 6, 15 Fußminuten vom Zentrum) in einem repräsentativen Gebäude vom Ende des 19. Jh. Es informiert eindrucksvoll über die wirtschaftliche und kulturelle Vergangenheit Nordböhmens. Lediglich die Naturkundeabteilung im Erdgeschoss kann man sich sparen.

Eine Straßenbahnstation weiter führt linker Hand die Lesní bergauf zum **Botanischen Garten** (Botanická zahrada), der insbesondere für seine Orchideen bekannt ist. Die größte Attraktion ist jedoch das angeblich seltene Exemplar einer Seerose namens *victoria regia*. Ihr stabiles Blatt könnte selbst ein Kind tragen. Sie blüht nur eine Nacht, dann ist der botanische Garten rund um die Uhr geöffnet.

Der **Zoologische Garten** (Zoologická zahrada) von Liberec ist der älteste Tiergarten Böhmens (1906 eröffnet). Neben den üblichen Verdächtigen sind darin weiße Tiger zu sehen. Hinter dem Zoo schließt der **Volksgarten** (Lidové sady) an, von wo Sie ein gelb markierter Wanderweg in ca. 15 Minuten zur **Liberecer Höhe** (Liberecká Výšina) bringt, der einstigen Heinrichshöhe. Den dortigen Bau im Stil einer mittelalterlichen Burg mit Aussichtsturm ließ der Industrielle Heinrich Liebig um 1900 als Ausflugsziel errichten. Er soll der Öffentlichkeit künftig wieder zugänglich gemacht werden.

• *Öffnungszeiten* **Nordböhmisches Museum,** tägl. (außer Mo) 9–17 Uhr. Eintritt 1,60 €, erm. die Hälfte. **Botanischer Garten,** im Sommer tägl. 8–18 Uhr, im Winter bis 16 Uhr. Eintritt 3,30 €, erm. die Hälfte. **Zoo,** April–Juni u. Okt. tägl. 8–18 Uhr, Juli–Sept. bis 19 Uhr, sonst bis 17 Uhr. Eintritt 4 €, erm. 2 €.

# Ještěd (Jeschken)

Der Hausberg von Liberec ist mit 1012 m. ü. d. M. die höchste Erhebung des gleichnamigen Höhenzuges südwestlich der Stadt. Auf seinen Gipfel führt eine Kabinenseilbahn der Tschechischen Bahn. Gekrönt wird er seit 1973 von einem sich kegelförmig verjüngenden Sendeturm, der nachts eindrucksvoll illuminiert wird. Darin befindet sich ein Hotel (→ Übernachten) mit einem miefigen und überteuerten Restaurant – wegen des abgefahrenen Science-Fiction-Designs trotzdem besuchenswert. Der Gipfel, der bis zu 150 Tage im Jahr schneebedeckt ist und einen herrlichen Fernblick bis nach Deutschland und Polen bietet, ist im Sommer Ausgangspunkt von Wandertouren. Im Winter ist der Jeschken ein beliebtes Wintersportzentrum.

• *Anfahrt/Verbindung* Vom Zentrum nimmt man Ⓢ3 bis zur Endstation (Horní Hanychov). Von dort sind es bis zur Talstation der Ještěd-Gondelbahn noch ca. 15 Min. zu Fuß (1 km) bergauf, bis zur Talstation des Sesselliftes auf den zum Ještěd-Skiareal gehörenden Skalka 150 m. Mit dem **eigenen Fahrzeug** kann man bis auf den Gipfel fahren (Beschilderung „Ještěd" folgen), allerdings sind dort viele der wenigen Parkplätze (3 €) für Hotelgäste reserviert. Die Parkplätze zu Füßen der Gondelbahn sind ebenfalls gebührenpflichtig (ebenfalls der Beschilderung „Ještěd" folgen).

• *Übernachten* **Pension Daro,** unterhalb des Ještěd an der Straßenbahnendstation, unweit der Gondelbahn. Gepflegte 18-Betten-Pension in einem Neubau. Sommerterrasse, Biergarten, ordentliche Zimmer mit Bad. Viel deutsches Publikum. DZ 28 €, Frühstück 2€ extra. Za domovem 333, ✆ 482 771203, www.sweb.cz/pension.daro/.

*** **Horský Hotel Ještěd,** phänomenal! Hotel im Fernsehturm auf dem Ještěd. Alles im Raumschiff-Enterprise-Design – von den Lampen der Lobby bis zu den Zimmerfenstern. Ostcharme ohne Ende, dafür teils recht wenig Komfort. Grandiose Aussicht. Nur wenige Parkplätze. Das Hotel diente als Kulisse für die Verfilmung des Jaroslav-Rudiš-Bestsellers *Grand Hotel*. DZ mit Bad je nach Saison 68–88 €, DZ ohne Bad 35–53 €. Horní Hanychov 153, ✆ 485104291, ✆ 48 5104295, www.jested.cz.

• *Betriebszeiten der Gondelbahn* Mo 14–18 Uhr, Di–So 8–19 Uhr halbstündl. bis stündl. Einfach 3 €, retour 4,80 €.

• *Skifahren* Neben der Gondelbahn gibt es noch 3 Sessellifte und 4 Schlepplifte. Gesamte Pistenlänge (12 Abfahrten) ca. 9 km. Tageskarte 23 €. Skischule und Ausrüstungsverleih vor Ort. www.skijested.cz.

Auf dem Ještěd

## Umgebung von Liberec

**Jablonec nad Nisou (Gablonz an der Neiße):** 45.000 Einwohner zählt das südöstlich an Liberec anschließende Jablonec nad Nisou. Unter dem Namen Gablonz war es einst als Bijouterie-Stadt bekannt. Die ersten Glasmacher kamen im 16. Jh. aus Sachsen hierher. Im 18. Jh. begann man, Edelsteine zu imitieren, und die Bijouterie-Produktion wurde zum lukrativen Geschäft. Während des preußisch-französischen Krieges 1870/71, als die Konkurrenz ausgeschaltet war, exportierte man Ohrringe, Arm- und Halsbänder bis nach Indien, Australien, Argentinien und Westafrika. Bis zu 16.000 Arbeiter waren in den 200 hiesigen Bijouteriemanufakturen beschäftigt. Der Reichtum der boomenden Bijouterie-Zeit spiegelte sich im frühen 20. Jh. auch im Bau herrschaftlicher Villen, Bürgerhäuser und prunkvoller öffentlicher Gebäude wider, die bis heute Hingucker sind. Erwähnenswert sind u. a. die *altkatholische Jugendstilkirche* (Starokatolický kostel Povýšení svatého kříže, 1900–1902) am Náměstí Božena Němcové ca. 500 m östlich des Zentrums, das *Stadttheater* (Městské divadlo, 1907 erbaut von dem Wiener Architekturbüro *Helmer & Fellner*) an der Poštovní westlich des Zentrums und der elegante Ziegelbau der konstruktivistischen *Herz-Jesu-Stadtpfarrkirche* (Kostel Nejsvětějšího srdce

Ježíšova) nördlich des Zentrums an der Palackého. Das funktionalistische *Neue Rathaus* (1931–33) am Hauptplatz, dem Mírové Náměstí, mag für den einen ein architektonisches Juwel sein, für den anderen hingegen nur ein trister Klotz.

Nach der Vertreibung der Deutschen (rund 90 % der Einwohner) war es mit den fetten Jahren vorbei. Viele der Vertriebenen ließen sich nahe dem schwäbisch-bayerischen Kaufbeuren nieder und gründeten dort die Gemeinde *Neugablonz,* wo sie ihre Bijouterietradition fortsetzten. Die einheimische Glasschmuckproduktion hingegen wurde mit sozialistischer Geschmacklosigkeit fortgesetzt. Produziert wird bis heute in mehreren kleinen Betrieben, nur wenige fertigen originelle Stücke, die meisten eher schrillbunten Billigkitsch. Zwei Schulen bilden zudem den Glasmachernachwuchs in der Stadt aus. Einen Besuch wert ist das moderne *Glas- und Bijouteriemuseum* (Muzeum skla a bižuterie). Es ist untergebracht in einem herrlichen Jugendstilbau in der U Muzea 398/4 – einfach zu finden, wenn man vom Rathaus die Kamenná bergab geht und sich bei dem darauffolgenden Platz (Dolní Náměstí) links hält. Neben sehenswerten Glas- und Schmuckarbeiten aus verschiedenen Jahrhunderten beherbergt es u. a. die mit 220 m angeblich längste Perlenkette der Welt, die örtliche Kunststudenten in nur vier Stunden hergestellt haben sollen.

• *Information* **Informační centrum,** im Rathaus am zentralen Mírové nám. 3100/19, ✆ 774667677 (mobil), www.jablonec.com. Mo–Fr 9–17 Uhr, Sa 9–12 Uhr, im Juli u. Aug. auch So. Kostenlose Stadtpläne, die die Orientierung deutlich erleichtern.

• *Anfahrt/Verbindungen* Die Stadt ist sehr unübersichtlich und das Zentrum weitestgehend für den Verkehr gesperrt. Daher fährt man am besten mit Ⓢ 11 von Liberec an (alle 20 Min., Dauer ca. 30 Min.). Von der Endstation ist der Weg ins Zentrum ausgeschildert.

• *Einkaufen* Vor Ort hergestellten Glitzerkram kann man in den vielen kleineren Geschäften in der Fußgängerzone erwerben. Eine Übersicht über die örtlichen Hersteller und Händler hält die Touristeninformation in Form einer Broschüre bereit Zudem macht es Spaß, die **Trödler** der Stadt nach alten Glasperlenketten zu durchforsten.

• *Essen & Trinken/Übernachten* **** **Zlatý Lev,** freundliches Haus mit nur 15 Zimmern (die schönsten unterm Dach) und einem großen Terrassenlokal (böhmische Klassiker zu fairen Preisen). Eigener Parkplatz. 100 m vom Rathaus entfernt, von dort der Komenského folgen. EZ ab 48 €, DZ ab 77 €. Kostelní 19, ✆ 483333000, www.zlatylevjbc.cz.

• *Öffnungszeiten* **Glas- und Bijouteriemuseum,** tägl. (außer Mo) 9–17 Uhr. Eintritt 3,20 €, erm. 2 €.

**Hrad Grabštejn (Burg Grafenstein):** Die im 16. Jh. zu einem Schloss umgestaltete gotische Grenzfeste 17 km nordwestlich von Liberec, im heutigen Dreiländereck, fügte Albrecht von Waldstein im Dreißigjährigen Krieg in seine Friedländer Herrschaft ein. Alle späteren Umbauten gehen auf die nachfolgenden Besitzer, die Clam-Gallas, zurück, die das Schloss bis in die 1930er als Sommerresidenz nutzten. Nach deren Enteignung wanderten die kostbaren Möbel und Gemälde z. T. ins Ausland und schmückten tschechoslowakische Botschaften. Vorübergehend zog das Militär ins Schloss ein, dann verfiel die Anlage. Seit 1989 wird peu à peu restauriert. Auch ist man bemüht, das einstige Inventar und verschiedene Sammlungen der Clam-Gallas auf die Burg zurückzubringen. Besichtigen kann man bislang den Nordflügel, den *Burgturm* und die reich verzierte *St.-Barbara-Kapelle* mit wunderbaren Wandfresken aus der Renaissance.

*Verbindungen/Öffnungszeiten* Mehrmals tägl. **Busse** von und nach Liberec. April–Okt. tägl. (außer Mo) 9–17 Uhr. Eintritt mit dt. Führung 4 €, erm. 2,80 €. Ein Pfad führt vorbei an ehemaligen Wirtschaftsgebäuden des Anwesens (heute Militär!) zum Schloss.

Weiter **gen Westen?** Informationen zu Jablonne v Podještědí bekommen Sie ab S. 262.

*Frýdlant, Vorbild für Kafkas „Schloss"?*



## Isergebirge (Jizerské Hory)

**Nordöstlich von Liberec, entlang der Grenze zu Polen, erheben sich die glatzköpfigen Berge des Isergebirges – eine überaus dünn besiedelte Region mit weiten Hochmooren.**

Das Isergebirge, der westliche Ausläufer des Riesengebirges, ist benannt nach dem gleichnamigen Fluss (tschech. *Jizera*), der hier entspringt. Höchster Berg ist der 1124 m hohe Smrk (Tafelfichte). Im 15. Jh. wurde das Gebirge durch Köhler besiedelt, später kamen Abenteurer, die in den Bächen und an den Flussläufen Gold und Edelsteine schürften (heute ist das Schürfen verboten!), und dann Glasbläser. Im 18. und 19. Jh. wurden die hiesigen Mischwälder durch Fichtenwälder ersetzt – mit fatalen Auswirkungen im 20. Jh. Gegen die Emissionen des polnischen Kraftwerkes Bogatynia und den damit verbundenen sauren Regen zeigten sich die Monokulturen wenig resistent. Heute wird fleißig aufgeforstet. Trotz des angeschlagenen Images ist das Isergebirge bei Aktivurlaubern beliebt. Die Region ist durchzogen mit Rad- und Wanderwegen, die über die Hochebenen führen, zudem ist die Isermagistrale ein Tipp für Langläufer. Unterwegs stößt man nicht selten auf alte Gedenksteine, die an diverse Unglücksfälle erinnern („Verirrt und erfroren", „Versehentlich von einem Wilderer erschossen" etc.). Bei der abgeschiedenen Bergsiedlung **Jizerka** (mit Unterkünften und Restaurant) kann man einem Naturlehrpfad durch eines der für die Region charakteristischen Hochmoore folgen. Mit dem Auto erreicht man Jizerka nur von Süden, von Kořenov.

**Frýdlant (Friedland):** „Das überraschend übereinander gebaute Schloss, das sich, wenn man in den Hof tritt, lange nicht ordnet, da der dunkle Efeu, die grauschwarze Mauer, der weiße Schnee, das schieferartige, Abhänge überziehende Eis die Mannigfaltigkeit vergrößern. Das Schloss ist eben nicht auf einen breiten Gipfel aufgebaut, sondern der ziemlich spitze Gipfel ist umbaut." Franz Kafka notierte dies 1911 in sein *Reisetagebuch.* Ob ihm die schöne *Schlossburg Friedland,* die sich auf einem Basaltfelsen im nordwestlichen Zipfel des Isergebirges erhebt, als Vorbild für seinen Roman *Das Schloss* diente, so die These mancher Literaturhistoriker, ist bis heute ein Rätsel. Der Anblick ist auf jeden Fall märchenhaft: ein walzenförmiger, 49 m hoher Turm, darunter der sgraffitiverzierte Renaissancepalast der Herren von Redern, die die ehemals gotische Burganlage umbauen und erweitern ließen. 1622 fiel das Anwesen an Albrecht von Waldstein (→ S. 236), den späteren Herzog von Friedland. Bis zu seiner Ermordung im Jahre 1634 verbrachte der General hier aber nur wenige Tage. Danach gehörte Frýdlant der Adelsfamilie Gallas (ab 1759 Clam-Gallas), die die Schlossburg bis 1945 bewohnte. Bereits 1801 hatte die Adelsfamilie darin ein Museum eingerichtet, das bis heute besteht: Es zeigt u. a. Delfter Keramik, eine Pfeifensammlung und eine historische Küche. Zudem beherbergt das Schloss eine Waffenkammer und eine Gemäldegalerie mit Werken von Karel Škréta, Wenzel Lorenz Reiner, Peter Brandl und weiteren Barockmeistern.

Unterhalb des Schlosses erstreckt sich das gleichnamige, verschlafene 7600-Einwohner-Städtchen mit schöner alter Bausubstanz. Am Marktplatz, dem Náměstí T. G. Masaryka, findet man zwei Restaurants. Auffälligstes Gebäude dort ist das *Neorenaissancerathaus* (1893–95) mit einem Glockenspiel im Turm. Im zweiten Stock ist das *Stadtmuseum* untergebracht, dessen Besuch kein Muss ist. Wer vom Marktplatz der Beschilderung „Betlém" folgt, gelangt zum Häuschen des Friedländer Krippenbauers Gustav Simon (1873–1957). An der dort ausgestellten Weihnachtskrippe mit rund 100 Figuren bastelte der gute Mann zehn Jahre. Das Haus wurde bei unserem letzten Besuch grundlegend saniert (voraussichtlich ab Mai 2011 wieder geöffnet).

• *Information* **Městské informační centrum,** am Hauptplatz Nám. T. G. Masaryka 37, ✆ 482464013, www.mesto-frydlant.cz. Mo–Fr 8–16 Uhr, Mai–Sept. auch Sa 9–15 Uhr.

• *Verbindungen* **Busse** regelmäßig nach Liberec und Hejnice, bis zu 10-mal tägl. nach Lázně Libverda. **Züge** regelmäßig von und nach Liberec.

• *Übernachten* **Hotel Zámeček,** rund 3 km südöstlich von Frýdlant im Örtchen Raspenava an der Durchgangsstraße. Restauriertes Schlösschen. Klassische, relativ schnörkellose und helle Hotelzimmer mit Satelliten-TV. Pool im Garten, Tennisplätze, Restaurant mit deftiger böhmischer Küche (Spezialität ist das Eisbein). Freundlicher Service. Für das Gebotene günstig. EZ 30 €, DZ 40 €. Fučíkova 500, ✆/℻ 482319064, www.hotelzamecek.com.

• *Öffnungszeiten* **Schloss,** April u. Okt. tägl. (außer Mo) 9–15.30 Uhr, Mai u. Sept. tägl. (außer Mo) bis 16 Uhr, Juni–Aug. tägl. (außer Mo) bis 16.30 Uhr. Fremdsprachige Führung Trasse 1 (90–120 Min., Museum und Gemäldegalerie) 5,20 €, erm. 3,20 €, Trasse 2 (60 Min., Waffenkammer) 6,40 €.

**Stadtmuseum,** Juni–Sept. tägl. (außer Mo) 9–15 Uhr, Okt.–April nur Di u. Do 9–15 Uhr. Eintritt 0,80 €, erm. 0,40 €.

**Hejnice (Haindorf):** Hejnice ist ein lang gezogenes Straßennest mit einem einfachen Campingplatz und einem ehemaligen Franziskanerkloster, zu dem die mächtige *Wallfahrtskirche Maria Heimsuchung* (Chrám Navštívení Panny Marie) gehört. Sie ist Station auf der sog. *Via Sacra,* einer mit EU-Geldern etablierten Touristenroute, die insgesamt 16 sakrale Stätten in Sachsen, Polen und Tschechien miteinander verbindet. In der Kirche wird die *Mater Formosa* verehrt, eine rotbäckige Madonnenstatue mit Jesuskind, die angeblich schon seit dem 13. Jh. hilft und heilt. Ursprünglich stand die Statue in einer frei stehenden gotischen Kapelle (heute eine Seitenkapelle), über die man nach Plänen von Thomas Haffenecker zwischen 1722 und 1729 eine prächtige Barockkirche setzte. Schon zuvor, 1691, war neben dem heiligen Ort ein Franziskanerkloster gegründet worden. 1950 wurde aus diesem ein Internierungslager für Geistliche, später eine Kantine und ein Kinderhort. Seit der Samtenen Revolution unterhält das Bistum Leitmeritz im Kloster ein *Internationales Zentrum der geistlichen Erneuerung* mit Unterkunftsmöglichkeiten für Pilger, aber auch für Touristen. Die Kirche ist im Inneren bereits schön restauriert und kann mit Führung besichtigt werden. Unter der Kirche befindet sich die Familiengruft der Adelsfamilie Clam-Gallas.

• *Verbindungen* Regelmäßige **Busverbindungen** nach Frýdlant.

• *Übernachten* **Mezinárodní centrum duchovní obnovy**, wer einmal hinter (ehemaligen) Klostermauern übernachten möchte, kann das hier tun. Solide eingerichtete Zimmer. Möglichkeit der Vollverpflegung. EZ ab 32 €, DZ ab 52 €. Klášterní 1, ✆ 482360211, www.mcdo.cz.

• *Öffnungszeiten* **Kloster/Kirche,** April–Sept. tägl. 9–17 Uhr, Okt.–März 9–16 Uhr. Führung 2,50 €, erm. 1,50 €.

*Fassrestaurant bei Lázně Libverda im Isergebirge*

**Lázně Libverda (Bad Liebwerda):** Gerade 2 km nördlich von Hejnice liegt dieser kleine Kurort, dessen Heilquellen schon im 16. Jh. geschätzt wurden – selbst Albrecht von Waldstein ließ sich das hiesige Mineralwasser auf seinen Kriegszügen hinterherschicken. Carl Maria von Weber, Kapellmeister am Prager Ständetheater, verbrachte 1814 seinen Urlaub in Bad Liebwerda und komponierte hier einen Teil seiner Oper *Der Freischütz*. Das winzige Kurareal im Stil der klassizistischen Bäderarchitektur stammt aus dem 19. Jh. Heute werden hier Erkrankungen des Nervensystems und des Bewegungsapparates mit Kohlensäure- und Moorbädern geheilt. Rüstigere Kurgäste spazieren gerne zum 500 m oberhalb von Libverda gelegenen Restaurant Obří Sud (s. u.), das 1931 in der Form eines riesigen Fasses errichtet wurde. Als Dessert empfehlen wir die vor Ort hergestellten Oblaten.

• *Verbindungen* Bis zu 10-mal tägl. **Busse** nach Frýdlant, der Bus hält auch am Fassrestaurant.

• *Essen & Trinken* **Obří Sud,** vor Ort bestens ausgeschildert. Tolle Lage, vom Biergarten schöne Aussicht. Mittags deftige Knödelküche, abends Kurzgebratenes vom Jägerschnitzel bis zum Wiener Rostbraten zu 4–6 €. Mo geschl., von Okt.–April nur Fr–So. ✆ 482322714.

Nordböhmen Karte S. 234/235

**Weiter ins Riesengebirge?** Im Sommer führt ein schönes Bergsträßlein von Hejnice nach Desná (nahe Tanvald), von wo man über die Europastraße 65 nach Harrachov gelangt. Im Winter ist die Strecke häufig gesperrt!

## Jablonné v Podještědí (Deutsch Gabel)

Das unauffällige 3800-Einwohner-Städtchen liegt rund 25 km westlich von Liberec. Die Attraktion des Ortes ist das heute wieder von Mönchen bewohnte **Dominikanerkloster** nahe dem Marktplatz mit der prächtigen barocken **St.-Laurentius-Basilika** (Chrám sv. Vavřinec, 1699–1729) von Johann Lukas von Hildebrandt. Gegründet wurde das Kloster 1250 von Zdislava, der Ehefrau des Burgherrn von Lemberk. Zdislava kümmerte sich aufopferungsvoll um Schwache und Kranke, viele genasen unter ihrer Obhut. Selbst Wunder wurden ihr nachgesagt, weswegen sie 1995 von Papst Johannes Paul II. heiliggesprochenen wurde. Die Krypta mit ihren sterblichen Überresten ist nur am letzten Samstag im Mai, dem Wallfahrtstag, zugänglich. Dann strömen zahlreiche Pilger zur Wallfahrtstätte der böhmischen Schutzpatronin der Armen und Kranken. Die Kirche und das kleine **Klostermuseum** mit sakraler Kunst können besichtigt werden.

Zdislava verbrachte ihr Leben auf der von ihrem Mann Havel aus dem Geschlecht der Markvartic errichteten **Burg Lemberk** 2 km nordöstlich von Jablonné. Jan Rudolf Breda, ein Oberst Albrecht von Waldsteins, dem die Burg ab 1634 gehörte, ließ sie im Barockstil umbauen. In den Räumlichkeiten präsentiert man heute eine Ausstellung über modernes Kunstglas, zudem wird das Leben der Hl. Zdislava veranschaulicht. Bei der eigentlichen Burgführung durchläuft man u. a. eine schwarze Küche, die Schlosskapelle und den herrlichen Fabelsaal, auf dessen Kassettendecke 77 Szenen aus äsopischen Fabeln gemalt wurden.

*Die St.-Laurentius-Basilika in Jablonné v Podještědí*

• *Verbindungen* **Busse** regelmäßig nach Liberec. **Züge** regelmäßig nach Liberec und Česká Lípa. Wer die Burg Lemberk besichtigen will, steigt an der Station Lvova aus.

• *Essen & Trinken/Übernachten* ******Pension U Salvátora,*** freundliche kleine Pension in einem schönen alten Haus am Marktplatz. 9 farbenfrohe Zimmer, die mit einfachen Mitteln liebevoll restauriert wurden. Hübsches Restaurant mit Außenterrasse. EZ 16 €, DZ 32 €. Náměstí Míru 161, ✆ 48 7754333, www.pensionusalvatora.cz.

**Restaurant U Českého Lva,** am Marktplatz. Rustikales, gepflegtes Restaurant mit ordentlicher böhmische Küche zu 2,80–5 €. Probieren Sie auch mal die Nudelgerichte. Náměstí Míru 158, ✆ 487762800.

• *Öffnungszeiten* **Kloster**, Mai–Sept. Di–Fr 9–11 u. 14–16 Uhr, Sa/So nur 14–16 Uhr, April u. Okt. Sa/So Führungen um 14, 15 u. 16 Uhr. Eintritt 1,50 €, erm. 1 €.

**Burg Lemberk,** April u. Okt. nur Sa/So 9–15 Uhr, Mai u. Juni tägl. (außer Mo) 9–16 Uhr, Juli u. Aug. tägl. (außer Mo) 9–16.30 Uhr. Je nach Rundgang bzw. Ausstellung 4–4,80 €, erm. 2,80–3,60 €.

Weiter ins **Lausitzer Gebirge?** Näheres ab S. 268.

## Máchovo jezero (Mácha-See)

Der 278 ha große, von Wäldern umrahmte See und die sanft gewellte Landschaft drum herum gehören zu den schönsten Ecken Nordböhmens. Schon der romantische Dichter Karel Hýnek Mácha (1810–36) verliebte sich in die Gegend, die heute wie der See nach ihm benannt ist: *Máchův kraj,* „Mácha-Land".

Die zwei Siedlungen hinter dem See – in sozialistischer Zeit voller Erholungsheime für Arbeiter – haben sich in den letzten Jahren zu ganz passablen Urlaubsorten für Familien ohne große Ansprüche gemausert. Man kann segeln, surfen, eine kleine Fährfahrt unternehmen oder einfach ein Nickerchen an einem der Sandstrände (!) machen. Das mit 5000 Einwohnern größere **Doksy** liegt am südlichen Seeufer. Im schlichten Zentrum, an der Ecke Valdštejnská/Máchova, widmet sich das kleine **Mácha-Museum** dem kurzen Leben und dem literarischen Werk des Romantikers. Die bunte Urlauberschar strömt i. d. R. an dem schönen alten Holz-Stein-Haus vorbei und direkt zum Hauptstrand im Norden des Ortes. Auf dem Weg dahin passiert man unzählige Asiastände und einen **Hochseilgarten. Staré Splavy** am Nordufer des Sees ist eine reine Feriensiedlung mit etlichen Pensionen, Privatunterkünften und Datschendörfern.

Das sich fast bis zum Berg Ještěd bei Liberec erstreckende, menschenleere Terrain nordöstlich des Mácha-Sees erweckt auf Karten ganz den Eindruck eines Wanderparadieses. Doch Achtung: Das nach dem höchsten Berg (696 m) **Ralsko** genannte, riesige Areal war bis 1990 ein sowjetischer Militärstützpunkt. Als die Truppen abzogen, hinterließen sie rund 3000 t Schad- und Sprengstoffe. Bis heute ist man mit Aufräumarbeiten beschäftigt. Erst wenige (Rad-)Wanderwege, die man tunlichst nicht verlassen sollte, sind markiert.

• *Information* **Infocentrum Doksy,** zentral am Nám. Republiky 191, ✆ 487872067, www.doksy.com. Juli u. Aug. Mo–Sa 9–18 Uhr, So 9–12 Uhr, sonst verkürzt und mit Mittagspause.

• *Verbindungen* **Busse** von beiden Orten regelmäßig nach Česká Lípa, von Doksy zudem regelmäßig nach Bezděz und 2-mal tägl. direkt nach Prag. **Züge** von beiden Orten regelmäßig nach Česká Lípa, bis zu 6-mal tägl. über Mladá Boleslav nach Nymburk. **Fähren** verkehren im Juli u. Aug. 3-mal tägl. zwischen Staré Splavy und Doksy (Hauptstrand, pro Fahrt 3 €, erm. die Hälfte).

*Březňák – Bierqualität aus Nordböhmen*

• *Essen & Trinken* **Restaurace Alfa,** schnuckeliges Gartenrestaurant in einer ruhigen Seitenstraße von Stare Splavy. Überschaubare Karte mit individuell zubereiteten Gerichten (böhmische und internationale Küche). Stilvoll eingerichtetes Inneres (im Winter die Wohnräume der Gastgeber). Man vermietet auch Zimmer (DZ 36 €). Nur Mai–Sept. Krále Václava II., ✆ 487873281.

**Restaurant U Doušů,** im Zentrum von Doksy neben dem Grand Hotel. Angenehmes Restaurant mit kleinem Hof. Günstige böhmische Mittagskarte, am Abend das übliche Kurzgebratene in zig Variationen. Hg. 5–10 €. Mi–Fr ab 17 Uhr, Sa/So ab 11 Uhr, Mo/Di geschl. Máchova 143, ✆ 487872136.

• *Übernachten* Am See selbst gibt es leider kaum Unterkünfte!

*** **Hotel Port,** zwischen Staré Splavy und Doksy, von der Straße Nr. 38 ausgeschildert. Eines der wenigen Hotels direkt am See. Realsozialistisches Flair, die Sanierung steht laut Personal kurz bevor. 25 Zimmer ohne jegliche persönliche Note, bestehen Sie auf einem mit Seeblick (Aufpreis 3,50–6,50 €!). Großer Pool im Garten, Fitnessraum, Rad- und Bootsverleih usw. Sehr freundliches Personal. DZ mit Balkon und Seeblick 82 €. Valdštejnská 530, ✆ 487809711, ℻ 487809744, www.hotelport.cz.

*** **Hotel Bellevue,** Villa in Doksy auf dem Weg zum Strand. Zimmer zwischen sehr altbacken und möchtegernschick. Pool, Billard, Solarium und Fitnessraum. Restaurant, Sommerterrasse, abschließbare Parkplätze, Radverleih. EZ 34 €, DZ 60 €. Máchova 129, ✆ 487873516, ℻ 487873517, www.hotelbellevue.cz.

*** **Parkhotel Bohemia,** gepflegtes, überschaubares Familienhotel hoch über dem See in Staré Splavy. Schön gelegen. 20 ältliche Zimmer und Apartments, sollen 2011 restauriert werden. Weinstube, Restaurant. Zuvorkommendes Personal. EZ 36 €, DZ 52 € . Staré Splavy 82, ✆/℻ 487525392, www.parkhotelbohemia.cz.

**Penzion Diana**, familiengeführte Pension mit kleinem Lokal in Staré Splavy (300 m vom Strand entfernt). Ganzjährig. Kleine, einfache Zimmer mit Bad. Nettes Personal. DZ 36 €. Jana Roháče 80, ✆ 602719366 (mobil), http://diana.splavy.com.

**Penzion Pegas,** einer Kneipe angeschlossene Pension in zentraler Lage in Doksy, ausgeschildert. Ganzjährig. 4 einfache Zimmer mit TV und Bad, mit etwas IKEA aufgepeppt. Freundliche junge Leitung (englischsprachig). DZ 24 € ohne Frühstück. Jiřího z Poděbrad 241, ✆ 725542104 (mobil).

• *Camping* **Camp Borný,** von den Campings am See u. E. der Beste. Ca. 3 km von Staré Splavy (dort ausgeschildert) entfernt, direkt am See. Großer 3-Sterne-Platz mit modernen Sanitäranlagen, mehreren (recht guten) Restaurants und Sandstrand. Traumhaft in der Vor- und Nachsaison, im Hochsommer extrem voll und nachts laut. Es werden auch Zimmer und Chatas vermietet. Mai–Sept. 2 Pers. mit Zelt u. Auto 8,50 €, Bett in der Chata ab 12 €. Staré Splavy, ✆ 777101090 (mobil), www.campborny.cz.

• *Öffnungszeiten* **Mácha-Museum in Doksy,** April u. Okt. nur Sa/So 9–12 u. 13–17 Uhr, Mai–Sept. tägl. (außer Mo) 9–12 u. 14–18 Uhr. Eintritt 1,20 €, erm. die Hälfte.

**Hrad Bezděz (Burg Bösig):** Schönste Art und Weise, die südöstlich des Sees gelegene Königsburg zu erreichen, ist der 7 km lange, rot markierte *Mácha-Weg* von Doksy. Die Festung ruht imposant auf einem spitzen Bergkegel oberhalb des gleichnamigen Dorfes. Da sie über die Jahrhunderte hinweg nie bedeutende Umbauten erfuhr, ist ihr gotisches Aussehen bis heute weitestgehend erhalten geblieben. Gegründet wurde sie 1264 vom Přemyslidenkönig Otakar II. 1623 wurde sie von Wallenstein konfisziert und nach dessen Tod in ein Benediktinerkloster umgewandelt. 1785 verließen die letzte Mönche Bezděz, danach verödete die Burg. Zugänglich sind u. a. der 30 m hohe, sog. *Große Turm* und die *St.-Michaels-Kapelle,* die zu den bedeutendsten frühgotischen Sakralbauten des Landes gehört.

*Burg Bezděz*

• *Verbindungen* **Busse** regelmäßig nach Doksy. **Selbstfahrer** müssen im Dorf parken, von wo es je nach Kondition noch 20–35 Min. hinauf zur Burg sind.

• *Öffnungszeiten* **Burg,** April nur Sa/So 10–16.30 Uhr, Mai–Sept. tägl. (außer Mo) 9–16.30 Uhr, Okt. nur Sa/So 9–15.30 Uhr. Eintritt 2,40 €, erm. 1,60 €.

Nur etwa 20 km südlich des Mácha-Sees liegt das wunderschöne **Naturschutzgebiet Kokořínsko.** Mehr darüber im Kapitel Mittelböhmen ab S. 132.

## Česká Lípa (Böhmisch Leipa)

Česká Lípa liegt rund 20 km nordwestlich des Mácha-Sees. Nach dem Zweiten Weltkrieg verlor die Stadt mehr als 80 % ihrer Einwohner, keine 2000 blieben übrig, heute zählt man rund 38.000 Seelen. Der rapide Bevölkerungsanstieg ist dem Uranboom in den 1970ern zu verdanken, der zudem für einen unschönen Gürtel um die Stadt sorgte. Das kleine Zentrum rund um den schmucken Hauptplatz Náměstí T. G. Masaryka präsentiert sich jedoch sehr freundlich. Mehr und mehr hübsche Lokale und Unterkünfte sind hier im Entstehen. An der Paní Zdislavy, nur ein paar Schritte vom Platz entfernt (die Gasse bei der Pizzeria Moravanka nehmen), liegt das von Albrecht von Waldstein 1627 gegründete ehemalige **Augustinerkloster** (Augustiánský klášter). Der schwarz-weiße Bau, der an portugiesische Sakralbauten erinnert, beherbergt ein wenig spannendes **Heimatmuseum**.

• *Verbindungen* **Busse** regelmäßig nach Nový Bor und zum Mácha-See. **Züge** regelmäßig nach Nový Bor, zum Mácha-See, nach Benešov nad Ploučnici, Děčín und über Jablonné v Podještědí nach Liberec, bis zu 9-mal tägl. nach Litoměřice, bis zu 5-mal über Mladá Boleslav nach Nymburk.

• *Essen & Trinken* **Klášterní Restaurace,** nettes Lokal in den Klostergemäuern mit historischem Ambiente. Böhmische Küche. So Ruhetag. Nám. Osvobození 297 (neben dem Klostermuseum), ✆ 487521395.

• *Übernachten* **** **Hotel Morris,** restauriertes Stadthaus am Marktplatz, auf Luxus

Nordböhmen Karte S. 234/235

getrimmt. 28 komfortable Zimmer mit Jugendstilanklängen. Sauna, Whirlpool. Freundlicher Service. Parkplatz im Preis inbegriffen. EZ 108 €, DZ 118 €. Nám. T. G. Masaryka, ✆ 487829761, ✆ 487829760, www.hotelmorris.cz.

**Pension U Hrabala,** ebenfalls am Marktplatz. 5 schön möblierte Zimmer mit Holzböden und guten Bädern. Café mit Außenterrasse und Restaurant angegliedert. DZ 49 €, Frühstück 4 € extra. Nám. T.G. Masaryka, ✆ 487522040, www.uhrabala.cz.

**Autocamping Slunce,** beim ca. 10 km westlich gelegenen Dorf Žandov, vom dortigen Hauptplatz ausgeschildert. Kleiner Platz mit Hütten und Camperwiese, von Bäumen umrahmt. Schwimmbad, Tennisplatz, Restaurant. Mitte Mai–Mitte Sept. 2 Pers. mit Auto u. Zelt 8,30 €, Hütte ab 5 €/Pers. Volfartická, ✆ 487861116, http://kempsluncezandov.sdeluje.cz.

• *Öffnungszeiten* **Museum im Kloster,** Mai–Sept. tägl. (außer Mo) 9–12 u. 13–17 Uhr, März, April sowie Okt.–Dez. nur Mi–So zu den gleichen Zeiten. Eintritt 2 €, erm. die Hälfte.

## Zákupy (Reichstadt)

Das 8 km östlich von Česká Lípa gelegene 2800-Einwohner-Städtchen wirkt ärmlich und zurückgeblieben. Aus besseren Zeiten stammt das **Schloss,** die einzige Attraktion. Im 17. Jh. wurde es im Stil des Frühbarock umgewandelt. Die letzte große Restaurierung erfuhr es Mitte des 19. Jh. unter dem abgedankten österreichischen Kaiser Ferdinand I., der es als Sommersitz nutzte. Für ihn versah der Biedermeiermaler Josef Navrátil einige der zu besichtigenden Prunkräume mit dekorativen Wandmalereien. In der Schlosskapelle heiratete Erzherzog Franz Ferdinand d'Este im Jahr 1900 Gräfin Sophie Chotek. Glanz und Gloria sind heute vergessen, Besucher selten. Einzig der Bär Medoušek, der den Schlossgraben umpflügt, sorgt für Leben.

• *Verbindungen* **Busse** regelmäßig nach Česká Lípa. **Züge** bis zu 10-mal tägl. nach Česká Lípa und über Jablonne v Podještědí nach Liberec.

• *Öffnungszeiten* **Schloss,** Mai–Sept. tägl. (außer Mo) 9–16 Uhr, April u. Okt. nur Sa/So 9–15 Uhr. Eintritt 3,20 €, erm. 2,40 €, mit dt. Textblatt 0,80 € mehr.

## Nový Bor (Haida)

Nový Bor (12.200 Einwohner) ist von alters her als Glasmacherstadt bekannt. Im 19. Jh. wurde hier das rote Rubinglas erfunden, das bis heute u. a. charakteristisch für böhmische Glasprodukte ist. Zentrum ist der ausgedehnte Náměstí Míru, eher Park- als Hauptplatz. Ihn und die abgehenden Straßen säumt eine bunte Mischung aus Häusern mit dörflichem Charakter, Empiregebäuden der reichen Industriellen des 19. Jh. und sozialistischen Schandflecken. Über die Geschichte der regionalen Glasherstellung informiert das schön restaurierte **Glasmuseum** (Sklářské muzeum) am Platz. Wer sich mit Zerbrechlichem eindecken will, kann sich z. B. bei der Firma *Crystalex* am Ortsausgang Richtung Děčín umschauen.

Nový Bor steht für ein dunkles Kapitel der deutsch-tschechischen Geschichte. Am 2. Juni 1945 erschossen tschechische Revolutionsgarden auf dem Marktplatz acht deutsche Männer und Frauen und ließen die Leichen zur Abschreckung zwei Tage vor dem Rathaus liegen. Heute erinnert ein Gedenkstein auf dem Friedhof daran.

• *Information* **Turistické informační centrum,** an der T.G. Masaryka 46, ca. 150 m südlich des Marktplatzes, von dort ausgeschildert. Mai–Sept. tägl. 9–12 u. 13–17 Uhr, Okt.–April Mo–Fr 9–12 u. 13–16 Uhr. Im 1. Stock die kostenlose Ausstellung „Handwerk und Kunst im Glas". ✆ 487726815, www.novy-bor.cz.

• *Verbindungen* Busbahnhof und Bahnhof nahe beieinander, keine 10 Fußmin. westlich des Zentrums. **Busse** regelmäßig nach Česká Lípa, über Kamenický Šenov nach Česká Kamenice und nach Sloup v Čechách, nur 3-mal tägl. nach Zákupy. **Züge** häufig nach Česká Lípa.

• *Essen & Trinken/Übernachten* **Ajeto Restaurant**, Erlebnisgastronomie der besonderen Art: In der Schauwerkstatt des Glasmacherbetriebs Ajeto wird an den kunstvollen Glaserzeugnissen gearbeitet, während man im modern eingerichteten Lokal durch eine Scheibe getrennt speisen kann. Gehobenes Preisniveau, leichte Küche, aber auch Deftig-Böhmisches. Eigenes Glasmuseum (tägl. außer Mo 9–17 Uhr). An der zentralen T.G. Masaryka 805, ✆ 487521660.

**** **Parkhotel,** ca. 100 m vom Marktplatz entfernt. Altes Palais mit angesetztem Neubau. Bestes Haus in der Stadt, 2010 grundsaniert. 41 Zimmer, dunkle Rottöne dominieren. Viele Businessgäste. Gediegenes Restaurant, das meistens leer ist. EZ 48 €, DZ 98 €. Žižkova 269, ✆ 487723157, www.hotelmorris.cz.

**Pension & Restaurant Verona,** 900 m südlich des Zentrums, der T. G. Masaryka stadtauswärts folgen. 5 Standardzimmer mit privaten Bädern. Die Einrichtung des Restaurants könnte aus dem Asiakatalog stammen, dafür nettes Gärtchen. Eigene Parkplätze. EZ 26 €, DZ 40 €. T. G. Masaryka 240, ✆ 605077240 (mobil).

• *Öffnungszeiten* **Glasmuseum,** tägl. (außer Mo) 9–12 u. 13–16 Uhr, April–Okt. bis 17 Uhr. Eintritt 1,60 €, erm. die Hälfte.

## Umgebung von Nový Bor

**Sloup v Čechách (Bürgstein):** Die Attraktion des Dorfes 4 km südöstlich von Nový Bor ist ein etwa 35 m hoher, ähnlich den kappadokischen Tuffsteinfelsen (Türkei) durchlöcherter *Sandsteinfelsen*. Auf ihm wurde vermutlich im 13. Jh. eine kleine Burganlage errichtet, die bis zum Dreißigjährigen Krieg bestand. Um 1670 ließen sich Einsiedler in den Felsräumen nieder, im 19. Jh. avancierte der Felsen zum beliebten Ausflugsziel. Bei einem eindrucksvollen Rundgang sieht man u. a. eine aus dem Sandstein geschlagene Kapelle, einen Brunnen, eine schwarze Einsiedlerküche und einige Wohnräume.

*Verbindungen/Öffnungszeiten* **Busse** → Nový Bor. Mai–Aug. tägl. 9–17 Uhr, Sept. tägl. (außer Mo) 9–17 Uhr, April u. Okt. nur Sa/So 9–16 Uhr. Eintritt 2 €, erm. die Hälfte.

**Kamenický Šenov (Steinschönau):** Im 18. und 19. Jh. war der Ort 5 km westlich von Nový Bor für seine Glasveredlungsmanufakturen bekannt. Ludwig XV. dinierte unter einem Kristalllüster aus Steinschönau genauso wie Kaiserin Maria Theresia. Noch immer wird hier Glas veredelt, aber schon lange nicht mehr für Königshäuser. Wer Interesse an einem protzigen Lüster hat, kann im *Preciosa*-Shop an der Straße nach Česká Kamenice einen Stopp einlegen. Zudem wirbt Kamenický Šenov mit einer der angeblich größten Basaltformationen Mitteleuropas, dem sog. *Herrenhausfelsen* (Panská skála). Wer von Nový Bor kommt, kann ihn links der Straße beim Vorort Práchen ausmachen. Doch das, was man vor Ort sieht, wirkt nur durch ein Weitwinkelobjektiv gigantisch. Zu sehen ist nämlich lediglich die Spitze des Basaltfelsens. Die fünf- und sechskantigen Basaltsäulen ragen gerade 10–15 m aus dem Boden. Das Basaltmassiv entstand durch eine unterirdische Explosion vor Millionen von Jahren, als geschmolzener Basalt an die Erdoberfläche geschleudert wurde, sich abkühlte und kristallisierte. Der kleine Teich davor ist ein altes Abbauloch.

*Verbindungen* **Busse** regelmäßig nach Česká Kamenice und Nový Bor.

**Česká Kamenice (Böhmisch Kamnitz):** Die 5500-Einwohner-Stadt 5 km nordwestlich von Kamenický Šenov ist einer der hübschesten Orte der Glasmachergegend am Fuße des Lausitzer Gebirges. Der kleine Marktplatz kokettiert mit einigen gezimmerten Häusern im Stil der nordböhmischen Volksarchitektur; daneben stehen schöne alte Bürgerhäuser, Zeugen des einstigen Wohlstandes. Zu tun gibt es hier allerdings nichts.

• *Verbindungen* **Busse** → Nový Bor. **Züge** alle 2 Std. durchs Lausitzer Gebirge nach Rumburk, regelmäßig nach Benešov nad Ploučnici und Děčín.

• *Übernachten* **Ubytování U Šneků,** altes Bauernhaus im ca. 5 km nördlich gelegenen,

Nordböhmen
Karte S. 234/235

idyllischen Weiler Líska. Einer Kunsthandwerkswerkstatt und Galerie (tägl. außer Mo 9–17 Uhr) angegliedert. Vermietet wird leider nur ein einziges Zimmer mit Bad, dieses ist jedoch äußerst liebevoll gestaltet – schöne Kunstschreinerarbeit. Am besten früh buchen. DZ 20 €. Líska, ✆ 603898851 (mobil), sneci.z.lisky@atlas.cz.

Weiter **Richtung Děčín?** Unterwegs passiert man das nette Städtchen **Benešov nad Ploučnicí.** Mehr dazu ab S. 278.

## Lausitzer Gebirge (Lužické Hory)

Das kleine Lausitzer Gebirge – 270 km² sind Naturschutzgebiet – erstreckt sich nördlich der Linie Nový Bor – Jablonné v Podještědí in einem weit nach Sachsen hineinragenden Zipfel. Auf deutscher Seite schließt das Zittauer Gebirge an. Aus dem durchschnittlich rund 600 m hohen Plateau ragen einige Vulkankegel empor, darunter die **Luž** (Lausche, 793 m), der höchste Berg der Region. Ihr Gipfel ist vom Dörfchen Horní Světla auf einem rot markierten Wanderweg zu erreichen. Der Landstrich südlich der Luž gleicht einem natürlichen Freilichtmuseum. Egal, ob **Horní** und **Dolní Světla, Krompach** oder **Mařenice,** idyllischer und verträumter kann Tschechien kaum sein. Die volkstümlichen nordböhmischen Blockbauten – die ältesten stammen aus dem 18. Jh. – sieht man in den Dörfern in den verschiedensten Farbkombinationen. Giebel, Fenster und Türen sind oft mit herrlichen Schnitzereien verziert. Wer nicht aufpasst, überfährt hier einen der sieben Zwerge, und wer gut aufpasst, sieht Hänsel und Gretel zwischen den Lebkuchenhäusern grüßen. Die meisten der gepflegten Holzhäuschen dienen heute als Feriendatschen, traditionelle Dorfstrukturen bestehen nicht mehr. Das Gebiet ist fest in der Hand inländischer Touristen, nicht wenige erkunden es per Rad.

Die ländliche Romantik hört leider schnell auf. Elefantenfarbene Städte und Asiastände am Straßenrand bestimmen das Bild des nördlichen Lausitzer Gebirges. Marode Industrieanlagen und prächtige, aber heruntergekommene Fabrikantenvillen aus dem 19. Jh. erinnern vielerorts an das einst blühende Textilgewerbe der Region, etwa im 3700-Einwohner-Städtchen **Krásná Lípa. Jiřetín pod Jedlovou** hat im Süden ein kleines Skigebiet am Jedlova (774 m) und die Burgruine Tolštejn (→ Übernachten) aufzuweisen. **Rumburk** (11.400 Einwohner) schließlich besitzt ein Kapuzinerkloster mit einer Loreto-Kapelle aus den Jahren 1704–1707.

• *Verbindungen* Rumburk, Krásná Lípa und Jiřetín pod Jedlovou sind von Děčín ca. 7-mal tägl. mit dem **Bus** zu erreichen. Regelmäßige **Zugverbindungen** zwischen Rumburk und Krásná Lípa, zudem von beiden Städten über Benešov nad Ploučnicí nach Děčín.

Die Dörfer im Südosten des Lausitzer Gebirges steuert man am besten **mit dem eigenen Fahrzeug** an.

• *Übernachten* Die Region weist ein überaus gutes Preis-Leistungs-Verhältnis im Übernachtungssektor auf. Jährlich kommen neue Unterkünfte hinzu. An Sommerwochenenden ist es trotzdem schwer, ohne Reservierung ein Zimmer zu bekommen.

**Penzion Ceská Chalupa,** in Horní Světlá. Sehr gepflegt und sehr sauber. 10 geräumige Zimmer mit Teppichboden und Kiefernholzmobiliar. Fahrradraum. Restaurant (Mo Ruhetag), netter Hof, viel deutsches Publikum. 18 €/Pers. Horní Světlá 14, ✆ 487754311, www.ceskachalupa.ic.cz.

**Hradní restaurace a ubytování Na Tolštejně,** Gästehaus und Restaurant (schöne Terrasse) in rund 700 m Höhe mit malerischer Aussicht bis nach Deutschland. 1865 wurde die erste Gaststätte auf den Ruinen der ehemals mittelalterlichen Burg Tollenstein errichtet. Heute bietet sie einfache Zimmer mit Holzverkleidung, aber ohne Bad. Ab 14 €/Pers. Jiřetín pod Jedlovou, Rozhled 79, ✆ 412386657.

**Česká Hospoda,** in Heřmanice v Podještedí. 40 ordentliche, etwas sterile Zimmer mit Teppichboden und Bad, aufgeteilt auf 2 Häuser. Rustikales Restaurant mit Sommerterrasse. Bowlingbahn. Tennisplatz, Fahrradraum und -verleih. DZ 25 €. Heřmanice 116, ✆/📠 487762299, www.ceska-hospoda.cz.

**Ranč Malevil,** Pferderanch in Heřmanice v Podještedí am südöstlichen Rand des Lausitzer Gebirges, gut ausgeschildert. Ein Tipp für Aktivurlauber. Weites Gelände mit 18-Loch-Golfplatz (Greenfee 28–45 €), Hochseilgarten, Paintball etc. Die Zimmer sind klein und okay, könnten aber schöner sein. Es werden auch Apartments für Gäste mit mehr Platzanspruch vermietet. 2 Restaurants, eines mit afrikanischem (!) Einfluss (Speisekarten in „Suaheli-Tschechisch“). Haustiere (2 €) sind herzlich willkommen – sogar das Pferd (10 €) kann mit. Countryabende. Radverleih, Pool, Tennisplatz, Sauna, Solarium und Ausritte. DZ 58–66 €, Frühstück 5,50 € extra. Heřmanice 280, ✆/📠 487762760, www.malevil.cz.

# Böhmische Schweiz (České Švýcarsko)

**Die Böhmische Schweiz, das sind wildromantische Schluchten, niedliche Fachwerkdörfer, steinerne Riesen, sagenumwobene Felsenburgen, spitz aufragende Vulkankegel und eine mal träge, mal reißend dahinfließende Elbe.**

1776 führten die Schweizer Künstler Adrian Zinng und Anton Graff, die durch die bizarre Felslandschaft wanderten und sich dabei an ihre Heimat erinnert fühlten, den Namen „Böhmische Schweiz“ ein. Mittlerweile gibt es einen Nationalpark Böhmische Schweiz (Národní Park České Švýcarsko), an den im Nordwesten der Nationalpark Sächsische Schweiz anschließt. Obwohl man zwischen Böhmischer und Sächsischer Schweiz unterscheidet, handelt es sich geologisch gesehen um eine Region. Als solche tritt sie auch immer mehr in Erscheinung. Grenzüberschreitende

Nordböhmen
Karte S. 234/235

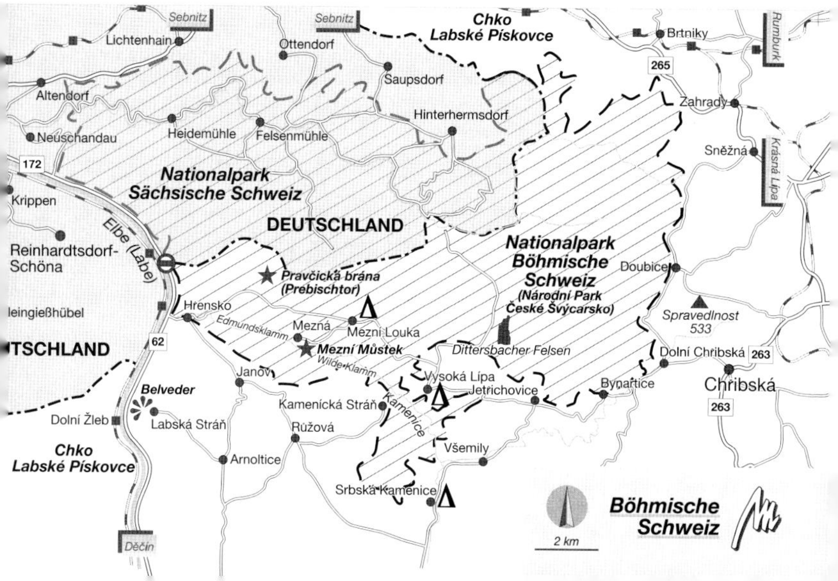

Fuß- und Radwanderwege (Karten bei den Touristeninformationen) verbinden die beiden Nationalparks, die zusammen das Elbsandsteingebirge (Labské pískovce) bilden. Die mit 700 $km^2$ größte Sandsteinregion Europas wird sogar als Anwärter auf einen Platz auf der UNESCO-Weltnaturerbeliste gehandelt.

Die Entstehungsgeschichte der Felsenwelt gleicht der des Böhmischen Paradieses (→ S. 233). Die mächtigen Sandsteinablagerungen aus der Kreidezeit wurden im Laufe der Jahrmillionen durch Regen, Frost, Wind und Sonne aufgebrochen und ausgewaschen. Die Flussläufe der Kamenice und der Elbe fraßen tiefe Schluchten in den Sandstein. Die faszinierende Landschaft lockt im Sommer viele Touristen an, eine frühzeitige Zimmerreservierung ist daher ratsam. Die schönsten Ecken entdeckt man nur per pedes. Klettern ist sehr populär, aber nur an ausgewiesenen Stellen erlaubt und vom 1. März bis 30. Juni grundsätzlich verboten.

## Hřensko (Herrnskretschen)

Die Grenzgemeinde Hřensko liegt 14 km nördlich von Děčín. Die Häuser quetschen sich in das von hohen Felsen umrahmte Tal der Kamenice, die hier in die Elbe mündet. Die Gemeinde leidet immer wieder unter schweren Hochwassern, zuletzt im Sommer 2010, als die Kamenice so stark über die Ufer trat, dass viele Häuser bis zur ersten Etage unter Wasser standen – dabei hatte man sich gerade erst so richtig vom Hochwasser 2002 erholt... Früher als Schmugglernest und Holzhauerstädtchen bekannt (die Stämme wurden auf der Elbe bis nach Hamburg geflößt), lebt man heute vorrangig vom Tourismus. Es kommen Naturliebhaber mit dicken Wanderschuhen, aber noch viel mehr sächsische Tagestouristen, angelockt von günstigen Zigaretten und Gartenzwergen. So präsentiert sich der an sich hübsche Ort tagsüber als ein geschmackloser Asiamarkt. Dennoch bietet sich Hřensko aufgrund seiner Infrastruktur – es gibt eine Reihe von Unterkünften und Restaurants – und seiner Nähe zu den größten Sehenswürdigkeiten der Böhmischen Schweiz als Standort an.

**Wandervorschläge von Hřensko:** Eine wunderschöne **Rundwanderung** führt vom östlichen Ortsende zunächst auf einem rot markierten Weg zum Prebischtor, dann weiter ins Dorf Mezní Louka. Von dort gelangt man auf einem erst blau, dann gelb markierten Weg hinab in die imposanten Schluchten der Kamenice, in der es – zu Fuß und mit dem Boot – durch die Wilde Klamm und die Edmundsklamm zurück nach Hřensko geht. Die Gesamtlänge beträgt ca. 15 km, planen Sie 5–6 Std. ein, bitte beachten Sie den Hinweis auf S. 272. Ein weiterer schöner Wanderweg führt von Hřensko hoch über dem Flusslauf der Elbe nach Děčín. Er ist 18 km (6–7 Std.) lang, ebenfalls rot markiert und gespickt mit Aussichtspunkten. Einer der schönsten ist der **Belveder** (s. u.) beim Örtchen Labská Stráň auf einem 160 m hohen Sandsteinfelsen. Auf der Terrasse darauf lud im 18. Jh. der hiesige Adel zu kulturellen Veranstaltungen ein.

• *Information* **Informační středisko Národního parku Česko Švýcarsko,** am Ufer der Kamenice gegenüber dem Hotel Labe. April–Okt. tägl. 9–18 Uhr, Nov.–März 9–16 Uhr. ✆ 412554286, www.ceskosaske-svycarsko.cz. Zweigstellen in Mezní Louka und am Prebischtor.

• *Verbindungen* **Busse** bis zu 6-mal tägl. nach Děčín, sehr unregelmäßig in die Dörfer der Böhmischen Schweiz.

**Ausflugsschiffe** April–Okt. tägl. (z. T. mehrmals) nach Děčín (Fahrtdauer 90 Min., 4 €, → Děčín, S. 275), 2-mal wöchentl. nach Ústí nad Labem (4 Std.), 3-mal nach Bad Schan-

*Gaststätte in Hřensko*

dau (90 Min.). Nähere Auskünfte bei der Touristeninformation.

• *Essen & Trinken* **Restaurace u Kostela**, am Ende der Einkaufsstraße gegenüber der kleinen Kirche. Sehr gemütlicher Biergarten mit Blick auf den Fluss. Vor allem Kurzgebratenes, empfehlenswert ist das Kaninchenschnitzel. Deutsche Tagestouristen dominieren. ✆ 412554080.

**Restaurace U Raka,** im Zentrum. Die Wirtsstube ist etwas für Jäger und Waffennarren, die Terrasse direkt an der Kamenice schattig und hübsch. Böhmische Standards der mittleren Preisklasse. ✆ 412554157.

• *Übernachten* **** **Hotel Praha,** im Zentrum, beste Unterkunft vor Ort. Traditionsreiches Haus, 1910 eröffnet, nach der Wende von Grund auf restauriert. Komfortable, geräumige, klassische Hotelzimmer mit und ohne Balkon, auch behindertengerechte. Parkplatz, Restaurant, Bar, Terrasse. Sehr freundliches Personal. Beim Hochwasser 2010 war das Untergeschoss überflutet, mit der Instandsetzung wurde sofort begonnen. DZ 70 €. Hřensko, ✆ 412554006, ℻ 412554162, www.hotel-hrensko.cz.

** **Hotel u Lipy**, flussabwärts der Kamenice direkt am Wasser. Schlichte Zimmer mit Bad, für den Preis in Ordnung. Restaurant mit böhmischen Standards, schöner Biergarten. DZ 40 €. Hřensko, ✆ 412554017, www.hotelulipy.webnode.cz.

**Hotel Labe,** altes, an einen Felsen gepresstes Haus. Zentral. Sicher nicht stilvoll, dafür manche Zimmer mit Balkon und gutes Preis-Leistungs-Verhältnis. DZ 39 €. Hřensko, ✆ 412554088, ℻ 412554265, www.hotel.labe.cz.

• *Außerhalb* **Belveder,** Ausflugsrestaurant mit Hotel ca. 7 km südlich von Hřensko nahe dem Dorf Labská Stráň (→ Wandervorschläge von Hřensko). Herrliche Aussichtsterrasse auf einem 160 m hohen Sandsteinfelsen über der Elbe. Böhmische Küche der mittleren Preisklasse. 13 einfache Zimmer, von vielen tolle Ausblicke. Minipool im Garten. DZ 48 €. Labská Stráň 105, ✆/℻ 412553121, www.belvederhotel.cz

• *Golf* Ein **18-Loch-Platz** befindet sich beim Dörfchen Janov 3 km südöstlich von Hřensko. Greenfee 20–24 €. ✆ 412514334, www.golfjanov.cz.

## Pravčická brána (Prebischtor)

Der spektakuläre Sandsteinbogen ist die größte natürliche Felsbrücke Europas (Spannweite 26,5 m, Höhe 16 m) und zugleich die bekannteste und meistbesuchte Attraktion des Nationalparks. Schon Märchenonkel Hans Christian Andersen geriet bei dessen Anblick ins Schwärmen. Damit die vor Millionen von Jahren entstandene Felsformation noch mehreren Generationen erhalten bleibt, darf sie seit über zwei Jahrzehnten nicht mehr bestiegen werden. Am Fuß des Bogens errichtete man im 19. Jh. ein prächtiges Hotel, das *Falkennest* (Sokolní hnízdo). Übernachten kann man darin heute nicht mehr, das Gebäude dient als Ausflugslokal und Ausstellungsort. Das Prebischtor liegt 4 km nordöstlich von Hřensko und ist von dort über einen rot markierten Wanderweg (s. o.) zu erreichen.

*Öffnungszeiten* April–Okt. tägl. 10–18 Uhr, Nov.–März 10–16 Uhr. Eintritt 3 €, erm. 1 €.

## Mezní Louka und Mezná (Rainwiese und Stimmersdorf)

Die nur wenige Kilometer östlich von Hřensko gelegenen netten Dörfer Mezní Louka und Mezná bieten sich ebenfalls als Ausgangspunkte für Wanderungen an. Auch hier findet man Unterkünfte und Restaurants. Zudem befindet sich die eindrucksvolle **Kamenice-Schlucht** (s. u.) direkt vor der Haustür. Die Schlucht wurde über die Jahrhunderte hinweg als unüberwindbare Wildnis betrachtet. Erst 1877 wurde sie erstmals auf Flößen durchfahren.

• *Verbindungen* **Busse** bis zu 6-mal tägl. von Mezní Louka nach Hřensko.

• *Übernachten* ***** The Brana Way Hotel Mezní Louka,** traditionsreiches, schlossähnliches Haus (seit 1892) an der Durchgangsstraße in Mezní Louka. 23 ordentliche, aber noch lange nicht stilvolle Zimmer. Terrassenrestaurant. DZ 52 €, Frühstück 5 € extra. Mezní Louka 71, ✆ 412511839, 📠 412511604.

**Penzion Zvoneček,** ca. 4 km östlich von Mezní Louka im Dorf Vysoka Lípa. Geschmackvoll eingerichtete Apartments mit Holzböden. Nette Terrasse. Freundliche deutschsprachige Betreiber. Am besten frühzeitig buchen. 19 €/Pers. Vysoká Lípa 101, ✆ 603119692 (mobil), www.zvonecek.euroregin.cz.

Im Sommer zudem einfache Unterkünfte für Rucksacktouristen (10 €/Pers.)

**Camping Mezní Louka,** an der Durchgangsstraße von Mezní Louka. Gepflegter Platz unter Birken. Viele Zelte, aber auch Chatavermietung. Saubere Sanitäranlagen. April–Okt. Bett in der Chata ab 9 €, 2 Pers. mit Auto u. Zelt 10 €. Mezní Louka, ✆ 412554084, www.npcs.cz.

## Divoká soutěska/ Edmundova soutěska (Wilde Klamm/Edmundsklamm)

Von Mezná führt ein grün markierter Weg hinab (steiler Treppenabstieg) in die Kamenice-Schlucht zur Hängebrücke Mezní Můstek. Der Schluchtabschnitt zur Linken (gen Osten) nennt sich **Wilde Klamm** (Divoká soutěska) – 450 m des Canoñs sind nicht begehbar und müssen mit dem Boot überwunden werden. Vom östlichen Ende der Wilden Klamm führt ein erst gelb, dann blau markierter Wanderweg nach Mezní Louka, von wo man über einen grün markierten Weg zurück zum Ausgangspunkt gelangt (Dauer ca. 3 Std.). Wandert man von der Hängebrücke Mezní Můstek hingegen auf dem gelb markierten Weg nach rechts (Westen), gelangt man in den nach dem Fürsten Edmund Clary-Aldringen **Edmundsklamm** (Edmundova soutěska) genannten Schluchtabschnitt. 1890 heuerte der Fürst italienische Tunnelbauer an, die unter schwierigsten Bedingungen Wege und Stege in die bis zu 150 m hohen, senkrechten Felswände hauten. 960 m durch den Canoñ müssen aber auch hier mit Booten überbrückt werden. Folgt man nach der Bootspassage dem gelb markierten Weg weiter, gelangt man nach Hřensko.

• *Öffnungszeiten* **Klammen,** April–Okt. tägl. 9–17 Uhr. Eintritt für beide Klammen 3 €, erm. 1,20 €. Achtung: Im Sommer lange Wartezeiten an den Bootsanlegestellen! **Hinweis**: Durch das Hochwasser 2010 waren z. Z. d. letzten Recherche beide Klammen für den Publikumsverkehr geschlossen. 2011 sollen sie aber wieder zugänglich sein, aktuelle Auskünfte über die Touristeninformation in Hřensko.

## Jetřichovice

**(Dittersbach)**

Jetřichovice ist ein bildhübsches Dorf mit den für die Region typischen, reich verzierten Fachwerkhäusern. Die Umgebung ist beliebt bei Kletterern, zudem kreuzen sich hier mehrere Wanderwege. Ein schöner, rot markierter Wanderweg führt von Jetřichovice bis nach Hřensko. Er verläuft vorbei an den sog. **Dittersbacher Felsen** (Jetřichovické stěny), die sich nordwestlich des Dorfes erstrecken. Man passiert u. a. den **Marienfelsen** (Mariina skála) mit tollen Ausblicken, das **Kleine Prebischtor** (Malá Pravická brána, nur 2,3 m hoch und3,3 m breit) sowie seinen gewaltigen Bruder (s. o.).

• *Verbindungen* **Busse** max. 3-mal tägl. nach Děčín.

• *Übernachten/Camping* **Pension Starý Mlýn,** an der Straße nach Hřensko ausgeschildert. Alte Mühle, etwas abseits der Straße in absolut idyllischer Lage. Vermietet werden kleine Apartments. Rustikale Wirtsstube, Terrasse am rauschenden Bach. Für 2 Pers. 40 €. Jetřichovice 43, ✆ 602587431 (mobil), straymlyn.jetrichovice@seznam.cz.

**Hotel Zámeček,** eine sehr schöne Anlage. Komfortables, neueres Landhotel im ca. 2 km östlich von Jetřichovice gelegenen Dorf Rynartice. Ruhigste Lage. 16 angenehme, freundlich ausgestattete Zimmer. Schwimmbad, Sauna. Restaurant mit Marmorböden und Kronleuchtern. Schöne Terrasse. EZ 44 €, DZ ab 71 €. Rynartice 44, ✆ 412588031, ℻ 412555270, www.hotel-zamecek.cz.

**Pension Pod Skalou,** sehr schöner Komplex mit angeschlossenem Restaurant im Landhausstil – wie der tschechische Name sagt, direkt an einem Felsen. 8 schlicht eingerichtete Zimmer mit Bad, z. T. holzverkleidet, auf 3 Fachwerkhäuser verteilt. Nette Terrasse, abschließbarer Parkplatz und Fahrradunterstellmöglichkeit. Grill. Für jeden Gast gibt es sogar Hausschuhe. 18,50 €/Pers. Jetřichovice 105, ✆ 412555216, www.pravcickabrana.cz.

**Intercamp U Ferdinanda,** ca. 3 km südwestlich des Dorfes kurz vor Srbská Kamenice. Ungepflegter Platz, der in erster Linie als Ferienlager dient – neben Kinderhorden nur ein paar wenige Zeltler. Sanitäranlagen in ausreichender Zahl, jedoch alles andere als im besten Zustand. Chatavermietung, günstig. Mai–Sept. 2 Pers. mit Zelt u. Auto 6,40 €. Srbská Kamenice 148, ✆/℻ 412555333, www.intercamp.cz.

**Mosquito Intercamp,** ca. 4 km westlich von Jetřichovice, von dort kommend am Ortseingang von Vysoká Lípa linker Hand. Leider auch nicht die Welt. Schmales Gelände, vollgepfropft mit Holzhütten, hinten raus eine Wiese für Camper. Restaurant. 2 Pers. mit Zelt u. Auto 7,60 €. Vysoká Lípa 1, ✆ 728973842 (mobil), www.mosquito.cz.



## Doubice

**(Daubitz)**

Auch diesem Dorf an der Grenze des Nationalparks Böhmische Schweiz zum Naturschutzgebiet Lausitzer Gebirge gebührt im Wettbewerb um das schönste Örtchen der Region ein vorderer Platz. Die meisten der schnuckeligen Fachwerkhäuser dienen heute als Feriendatschen – Doubice zählt nur 100 feste Einwohner. Ein gelb markierter Wanderweg führt vom Dorf zum 533 m hohen **Basaltberg Spravedlnost.**

• *Verbindungen* Bis zu 3-mal tägl. ein **Bus** von und nach Krásná Lípa.

• *Essen & Trinken/Übernachten* **Penzion U Matyáše,** am Ortsausgang Richtung Jetřichovice. Rustikales Haus mit altem Interieur (wie aus dem Museum). 5 Zimmer (eigene Bäder außerhalb) und 1 Apartment. Sauna. Restaurant mit idyllischer Terrasse. DZ 30 €. Doubice 196, ✆ 605329093 (mobil), www.matyas.doubice.cz.

## Děčín (Tetschen)

**Die alte Hafen- und junge Universitätsstadt besitzt viele Brücken, unzählige Kreisverkehre und zwei Zentren, eins auf der westlichen und eins auf der östlichen Elbseite. Ein wenig Charme hat Děčín auch, aber nicht auf den ersten Blick.**

Die geschäftige 52.200-Einwohner-Stadt liegt 12 km südlich der deutsch-tschechischen Grenze. Wer seine Wanderungen durch das Elbsandsteingebirge mit ein bisschen Urbanität verbinden will, kann das „Tor zur Böhmischen Schweiz" als Standort nutzen. Děčín besitzt einige nette Ecken, aber auch ein extrem zerrissenes, von breiten Verkehrsschneisen durchschnittenes Stadtbild. Östlich der Elbe befindet sich die ursprüngliche Altstadt von Děčín. Hauptplatz ist dort der Masarykovo náměstí mit dem neogotischen Alten Rathaus und einem interessanten Jugendstilbrunnen. Die südlich davon abgehenden Gassen zur barocken Kreuzkirche (Kostel sv. Kříže) und zum Schloss sind hübsch restauriert. Das zweite Zentrum befindet sich im Stadtteil **Podmokly** am gegenüberliegenden Elbufer – Mittelpunkte sind hier der Husovo náměstí mit einer pseudoromanischen Kirche und der Mírové náměstí. Dahinter klettern prächtige Villen die Hänge hinauf.

**Geschichte:** Über Jahrhunderte hinweg profitierte und litt die Stadt von bzw. unter ihrer Lage an der Elbe. Tetschen erlebte seine erste große Blüte unter den Rittern von Bünau, denen die Stadt ab dem 16. Jh. gehörte. Für den wirtschaftlichen Aufschwung sorgten Zolleinnahmen (Tetschen lag an einem bedeutenden Handelsweg), aber auch Schiffsbau und Salzhandel. Im Zuge der Rekatholisierung ging das Schloss der protestantischen Ritter von Bünau 1628 in den Besitz des Südtiroler Adelsgeschlechts der Thun-Hohenstein über. Die neuen Schlossherren konnten gut zwei Jahrhunderte später miterleben, wie die ersten Dampfer die Elbe entlangfuhren (1838) und die ersten Züge auf der 1851 eröffneten Bahnlinie Prag – Dresden

*Blick von der Schäferwand*

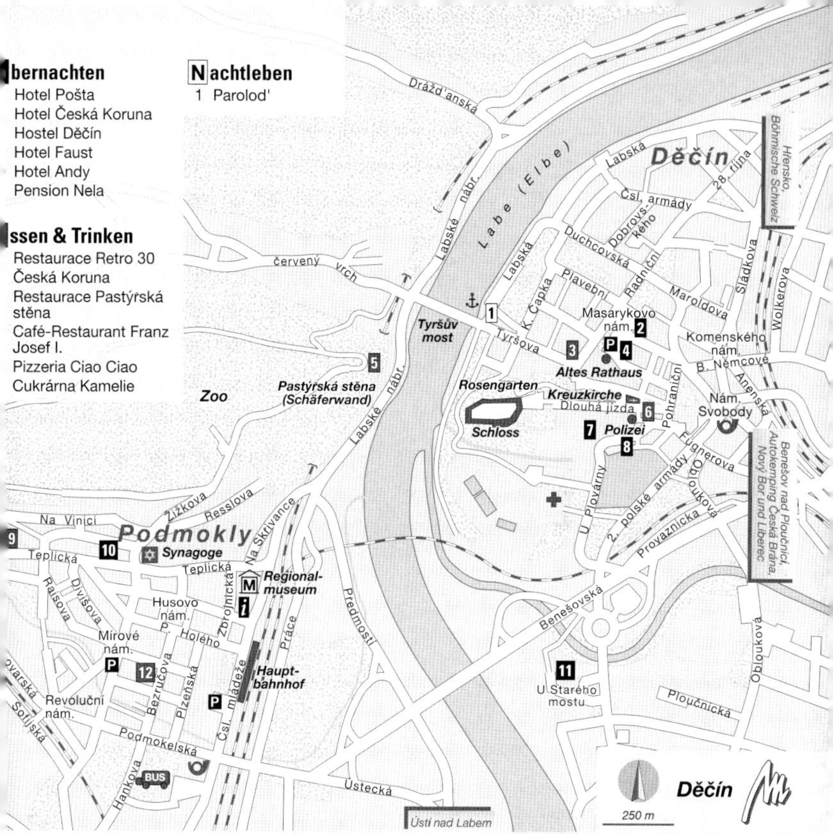


im nagelneuen Bahnhof Station machten. Der lag allerdings nicht in Tetschen selbst, sondern am westlichen Elbufer im Dorf Bodenbach (heute Stadtteil Podmokly), das sich schnell zu einer modernen Stadt mit viel Industrie entwickelte. 1945, nachdem Tetschen und Bodenbach drei Viertel ihrer Einwohner verloren hatten, wurden die zwei Elbschwestern zu Děčín zusammengeschlossen.

## Information/Parken/Verbindungen

• *Information* **Informační centrum Děčín REGIOcentrum,** Zbrojnická 14, ✆ 412540014, www.ceskesvycarsko.cz. Di–Sa 8.30–12 Uhr u. 12.30-17 Uhr.

• *Parken* Gebührenpflichtige Parkplätze überall im Zentrum, in Děčín u. a. am zentralen Masarykovo nám., in Podmokly am Mírové nám. und beim Bahnhof.

• *Verbindungen* Hauptbahnhof und Busbahnhof liegen nahe beieinander im westlichen Stadtteil Podmokly. Fast alle Stadtbusse, die dort starten, fahren hinüber nach Děčín.

**Züge** regelmäßig über Velké Březno nach Ústí nad Labem, nach Benešov nad Ploučnicí, Česká Lípa, Roudnice nad Labem und nach Prag (Hauptbahnhof), bis zu 10-mal tägl. nach Rumburk, alle 2 Std. nach Dresden. Gute bis sehr gute **Busverbindungen** mit allen größeren Städten Nord- und Westböhmens sowie mit Prag.

**Ausflugsschiffe** nach Hřensko (Fahrtdauer 90 Min.) von Juni–Ende Sept. Nähere Auskünfte bei der Touristeninformation und unter www.mmdecin.cz. Ablegestelle bei der Brücke Tyršův most.

## Adressen

• *Ärztliche Versorgung* Poliklinik in der U Plovárny 14, südlich des Schlosses in Děčín. ✆ 412502111.

• *Polizei* **Stadtpolizei,** Ecke Dlouhá jízda/Nároží östlich des Schlosses. ✆ 156.

• *Post* In Děčín am Nám. Svobody, in Podmokly am Hauptplatz Masarykovo nám.

## Essen & Trinken/Nachtleben (→ Karte S. 275)

• *Restaurants* **Česká Koruna (4),** Restaurant des gleichnamigen Hotels (→ Übernachten) am Masarykovo nám. in Děčín. Pseudogediegenes Inneres mit Fliesenböden und ein paar eleganten Lämpchen – bei schönem Wetter sitzt man netter draußen auf den rustikalen Bierbänken. Neben den böhmischen Klassikern Kurzgebratenes, Pasta und Salate. Hg. 4–12 €.

**Restaurace Pastýřská stěna (5),** → Sehenswertes/Pastýřská stěna. Traumhaft über der Stadt gelegenes Aussichtslokal mit toller Sommerterrasse. Speisesaal mit Teppichböden. Forelle, Lende oder Burritos zu 6–12 €. Von der Teplická ausgeschildert, Želenická 1540, ✆ 412532198.

**Pizzeria Ciao Ciao (9),** kleines italienisches Lokal mit netter (wenn auch etwas lauter) Dachterrasse. Einsehbare Küchenecke. Die Antipasti kann man sich aus der Vitrine wählen. Ansonsten Pizza und Pasta. Hg. 2–8 €. Teplická 365/60, ✆ 412530953.

**Restaurace Retro 30 (3),** gemütliches, rustikales Kneipenrestaurant für junge Leute. Bierselige Atmosphäre. Viel Holz, rockige Musik, Raucher- und Nichtraucherbereich. Neben typisch böhmischen Gerichten wie Lendenbraten auch Vegetarisches, dazu eine Reihe von Snacks zum Bier, Pasta und große Salate. Hg. 3–7 €. Tyršova/Ecke Radniční, ✆ 41251040.

• *Cafés* **Cukrárna Kamelie (12),** moderne Konditorei, zugleich ein nettes Örtchen zum Frühstücken (So erst ab 10 Uhr). Stets volle Kuchenvitrine. Ecke Č. S. Legii/Bezručova.

**Café-Restaurant Franz Josef I. (6)**, nettes Restaurant und Kaffeehaus im k.u.k.-Stil in Schlossnähe. Im Sommer hausgemachtes Eis, für das man Schlange steht. U Plovárny 38/2.

• *Nachtleben* **Parolod' (1),** außergewöhnliche Location am Flussufer direkt an der Elbbrücke. Auf der Terrasse hat man das Gefühl, auf einem Dampfschiff zu sitzen, insbesondere abends, wenn die Lichterketten an sind. Im EG ein Café, im 1. Stock ein Restaurant (Pizza und Pasta), im Keller der **Club Škuner** – mal Disco, mal Livemusik, mal andere kulturelle Events. Tyršova 347/30.

## Übernachten/Camping (→ Karte S. 275)

• *Stadtteil Děčín* **** **Hotel Ceská Koruna (4)**, zentral gelegen. Zimmer in 2 Kategorien: Standard und First Class. Die Letzteren sind größer und mit besserem Mobiliar ausgestattet. Gutes Restaurant. EZ je nach Ausstattung 39–55 €, DZ 54–70 €, Parken 4 €/Tag. Masarykovo nám. 60, ✆ 412516104, ℻ 412519086, www.hotelceskakoruna.cz.

*** **Hotel Faust (8)**, am Schlossteich. 30 freundlich eingerichtete Zimmer und 8 Apartments, Laminatböden. Videoüberwachte Parkplätze. Freundliches Personal. Wird überwiegend von deutschen Busreisegruppen angesteuert. Restaurant. DZ 54 €, EZ 32 €. U Plovárny 43, ✆ 412518859, ℻ 412518868, www.hotelfaust.cz.

**Pension Nela (11)**, 15 Gehmin. südlich des Zentrums, keine besonders schöne Lage. Schlichte Zimmer mit privaten Bädern. Familiäre Atmosphäre. Netter Frühstücksraum, Garten, abgeschlossene Parkplätze. Schnell ausgebucht. DZ 47 €, ab 2 Nächten 40 €. U starého mostu 111/4, ✆/℻ 412517026, www.volny.cz/nela.dc.

**Hostel Děčín (7)**, im restaurierten Kornspeicher des Schlosses. Das Studentenwohnheim ist – sofern Kapazitäten frei sind – eine gute Adresse für Budgetreisende. 2 geräumige Zimmer mit 3–4 Betten teilen sich Bad und Kochzeile. Parkplätze vor der Tür. Nichtraucher! 12 €/Pers., kein Frühstück. Nároží 21 (etwas versteckt in einem Hof), ✆ 412513481.

**Hotel Pošta (2)**, zentral am Hauptplatz gelegene, einfache Unterkunft. Zum Teil sehr spartanisch eingerichtete Zimmer. Etwas für diejenigen, die nur ein Dach über dem Kopf brauchen. DZ ab 16 € mit Etagenbad. Masarykovo nám. 9, ✆ 412511544.

• *Stadtteil Podmokly* *** **Hotel Andy (10)**, eine der schönsten Unterkünfte der Stadt, in Synagogennähe. Sehr angenehme, großzügige Zimmer im Landhausstil, Dielenböden. Solarium, eigene Parkplätze. Nettes Wintergartenlokal mit toller Terrasse. Nicht immer perfekter Service. EZ 40€, DZ 56 €. Teplická 346, ✆/✆ 412532170, www.andy-dc.cz.

• *Camping* **Autokempink Česká Brána,** ca. 12 km östlich von Děčín, von der E 442 bei Huntířov ausgeschildert. Schöner, gepflegter, fast idyllischer Platz an einem See. Angenehmes internationales Publikum, dazu viele Hunde. Zu mieten gibt es auch kleine Bungalows und große „Hundehütten". Mitte April–Ende Sept. 2 Pers. mit Zelt u. Auto 10,40 €, Chata für 2 Pers. 9 €. Stará Oleška, ✆ 412555094, www.ceskabrana.cz.

## Sehenswertes

**Zámek (Schloss):** Das mächtige Schloss blickt von einem Felsvorsprung auf Děčín und die Elbe herab. Sein klassizistisches Mäntelchen bekam es um 1790 übergestülpt. An seine barocke Vergangenheit erinnert u. a. der knapp 300 m lange, 10 m breite und von einer Mauer gesäumte Zufahrtsweg (um 1672), der *Dlouhá jízda,* „lange Fahrt", genannt wird. An seinem oberen Ende (noch vor dem Schlosstor) gelangt man rechter Hand in den frühbarocken *Rosengarten* (Růžová zahrada). Der lang gezogene Ziergarten mit Statuen, Sala Terrena, Glorietten, Treppen und Terrassen ist eine wunderschöne Kulisse für sommerliche Klassikkonzerte.

1932 verkauften die letzten adeligen Schlossherren, die Familie Thun-Hohenstein, das Schloss an den Staat. Danach wurde es als Kaserne zweckentfremdet. Die sowjetische Armee, die zwischen 1968 und 1991 darin hauste, ließ es derart verwüstet zurück, dass die Restaurierungsarbeiten bis heute nicht vollständig abgeschlossen sind. Ein Teil der *repräsentativen Räume,* in denen die Adelsfamilie lebte, kann bereits besichtigt werden. Da das Originalinterieur nicht mehr existiert, ist die 45-minütige Schlossführung jedoch leider nicht allzu spannend. Zudem kann man sich auf dem Schlossareal das *Kreismuseum* (Okresní muzeum) ansehen. Es zeigt eine Exposition zu barocker Kunst, eine Waffenkammer und Stadtansichten des alten Tetschen. Im Schlosshof befindet sich auch ein Café mit gelegentlichen Kunstausstellungen.

Nordböhmen Karte S. 234/235

• *Öffnungszeiten* **Rosengarten,** Mai–Aug. tägl. 10–20 Uhr, Sept. 10–18 Uhr, April u. Okt. nur Sa/So 10–18 Uhr. Eintritt 0,50 €, erm. die Hälfte. **Schlossführungen,** Nov.–März tägl. 10–16 Uhr, Sa/So 10–17 Uhr, April–Juni u. Sept.–Okt. tägl. 9–17 Uhr, Juli u. Aug. 9–18 Uhr. Eintritt 2,80 €, erm. die Hälfte. **Museum,** April–Juni sowie Sept. u. Okt. tägl. 9–17 Uhr, Juli u. Aug. 9–18 Uhr. Eintritt 1,20 €, erm. die Hälfte. Für alle Sehenswürdigkeiten gibt es auch Kombitickets zu 3,60 €.

**Oblastní muzeum (Regionalmuseum):** Das hübsche klassizistische Gebäude im Stadtteil Podmokly wurde 1735 errichtet und diente einst als Jagdschloss. Wer ihm einen Besuch abstattet, sollte sich für die Geschichte der Elbschifffahrt und/oder die gotische Bildhauerei Nordböhmens interessieren.

*Adresse/Öffnungszeiten* České Mládeže 1/31. Tägl. (außer Mo) 9–12 u. 13–17 Uhr. Eintritt 1,20 €, erm. die Hälfte.

**Synagoga (Synagoge):** Die gelb gestrichene Synagoge ist in einem kurzen Spaziergang vom Husovo náměstí in Podmokly zu erreichen. Sie wurde zwischen 1906/07 im pseudoorientalischen Stil mit deutlichen Jugendstileinflüssen errichtet. Damals zählte die jüdische Gemeinde rund 500 Mitglieder. Den Naziterror überlebten die wenigsten. Seit 1996 ist die Synagoge wieder im Besitz der jüdischen Gemeinde Děčíns und dient als Kulturzentrum.

*Adresse/Öffnungszeiten* Žižkova 4. Nur zu kulturellen Veranstaltungen geöffnet.

**Pastýřská stěna (Schäferwand):** Seitdem der Aufzug vom Labské nábřeží auf die 150 m hohe Sandsteinanhöhe nicht mehr funktioniert, ist der Weg hinauf für Nichtmotorisierte eine schweißtreibende Qual. Aber er lohnt sich. Auf der Schäferwand thront ein schlossähnliches Gebäude aus dem Jahr 1905, in dem ein Restaurant (→ Essen & Trinken) untergebracht ist. Vom gegenüberliegenden Flussufer sieht es in mondlosen Nächten aus, als würde es im Himmel schweben. Traumterrasse! Auf dem Weg dahin kommt man am Eingang zum hiesigen *Zoo* (Zoologická zahrada) vorbei, einem der kleinsten Tschechiens. Die Attraktion sind Grizzlybären.

*Öffnungszeiten* **Zoo,** Mai–Aug. tägl. 8–19 Uhr, April u. Sept. bis 18 Uhr, März–Okt. bis 17 Uhr, Nov.–Feb. bis 16 Uhr. Eintritt im Sommer 3,10 €, im Winter 2,30, erm. die Hälfte.

Alles Wissenswerte zur imposanten Felslandschaft der **Böhmischen Schweiz** nordöstlich von Děčín finden Sie ab S. 269.

## Umgebung von Děčín

**Benešov nad Ploučnicí (Bensen):** Das von grünen Hügeln umrahmte Städtchen mit 4000 Einwohnern liegt rund 12 km südöstlich von Děčín. Unten am Fluss erinnern marode Industrieanlagen an verlorene Arbeitsplätze, am Hang hoch darüber träumt der nette, abschüssige Marktplatz vor sich hin. An diesen grenzt ein Renaissanceschlosskomplex, für dessen Bau die sächsische Adelsfamilie Salhausen verantwortlich zeichnete. Das sog. *Obere Schloss* (Horní Zámek) entstand zwischen 1522 und 1524. Architektonisch interessanter ist das *Untere Schloss* (Dolní Zámek, 1540–44), das die schlichte sächsische Renaissance präsentiert, auf die man in Böhmen sonst kaum irgendwo stößt. Die Ausstellung im Oberen Schloss befasst sich u. a. mit dem Leben des niederen Adels im 16. und 17. Jh. (Führung 30 Min.). Im Unteren Schloss sieht man jede Menge historisches Mobiliar, Porzellan, Waffen und Gemälde (Führung 50 Min.).

• *Verbindungen* Die regelmäßigen **Busse** von und nach Děčín halten am Marktplatz. Der Bahnhof liegt weit unterhalb des Zentrums.

• *Essen & Trinken* **Limma Pekařství,** am Marktplatz. Kleine Bäckerei mit sehr gutem Landbrot, leckeren süßen Teilchen und Kaffee aus dem Automaten. Keine richtige Sitzgelegenheit. So geschl.

• *Übernachten* **Apartma Miroslav Kofroň,** am Marktplatz. 4 bieder-billige Apartments mit Mehrbettzimmern. Viel Platz, freundliche Inhaber, idyllisches Hinterhofgärtchen. 10 €/Pers. Nám. Míru 6, ✆ 728585605 (Mobil).

• *Öffnungszeiten* **Schloss,** April u. Okt. Mi–So 9–16 Uhr, Mai u. Sept. tägl. (außer Mo) 9–17 Uhr, Juni–Aug. tägl. (außer Mo) 9–18 Uhr. Führung durch beide Schlösser 4,50 €, erm. 2,80 €.

**Tisá (Tyssa):** Tisá liegt ca. 20 km westlich von Děčín nahe der E 442 nach Teplice. Nördlich des Dorfes droht die gewaltige Kulisse der *Tyssauer Wände* (Tiské stěny), ein Sandsteinmassiv mit bis zu 70 m hohen Felstürmen. Vom Parkplatz na he der Dorfkirche führt ein rot markierter Wanderweg in die bizarre Landschaft. Die Felsen haben so lustige Namen wie *Warzenstein, Elefantenfuß, Dünner Doktor* oder *Napoleonschuh*. Tisá kann man auch zu Fuß in einer schönen Tageswanderung von Děčín erreichen (Wegbeginn bei der Brücke Tyršův most). Der rot markierte Weg führt zunächst auf den *Schneeberg* (Děčínský sněžník), den mit 726 m höchsten Tafelberg des Landes. Auf dem riesigen Felsplateau steht ein Aussichtsturm aus dem Jahr 1864. Weiter geht es zum Weiler *Ostrov*, der im felsigen Flusstal der Bělá direkt an der deutschen Grenze liegt. Vorbei an den Tyssauer Wänden erreicht man schließlich Tisá.

• *Verbindungen* Gute **Busverbindungen** nur nach Ústí nad Labem.

• *Übernachten/Essen & Trinken/Camping*
**** **Hotel Ostrov,** ca. 4 km nordöstlich von Tisá in der Siedlung Ostrov. Idyllisch an einem kleinen Badeweiher gelegenes Haus. Klassische, moderne Hotelzimmer, viele davon mit Balkon. Relaxzentrum mit Schwimmbecken, Whirlpool und Dampfbad. Restaurant, nette Lobbybar. Große Sommerterrasse. DZ ab 85 €. Ostrov u Tisé, ✆ 475222428, ✆ 475222380, www.hotelostrov.com.

**Pension Refugio**, schöne familiengeführte Pension in Tisá. Modern eingerichtete Zimmer mit viel Holz. Helles Restaurant, viel Vegetarisches auf der Karte, mittlere Preisklasse. DZ 36 €. Tisá 372, ✆ 724166693 (mobil).

Zudem gibt es in Tisá noch eine Reihe einfacher **Privatpensionen.**

Ein spartanischer **Minicampingplatz** mit 8 Chatas und einer Feuerstelle befindet sich am Ortsausgang Richtung Nový Dvůr/Rájec. Nur für den Notfall!

Informationen zu **Teplice** bekommen Sie ab S. 294.

## Ústí nad Labem

**(Aussig)**

Ústí nad Labem stieg im 19. Jh. durch den Braunkohleabbau zu einem der größten böhmischen Industriezentren auf und im 20. Jh. zu einer der hässlichsten tschechischen Städte ab. Rauchende Schlote der Chemiewerke prägen die Silhouette der unübersichtlichen 96.000-Einwohner-Stadt an der Elbe. Ústís altes Zentrum wurde im Zweiten Weltkrieg von den Alliierten zerbombt und danach mit realsozialistischen Standardbauten „verziert“. Heute versucht man, zu retten, was noch zu retten ist. Mit jedem neu gestrichenen oder abgerissenen Gebäude wird die Stadt ein wenig – aber auch nur ein wenig – netter.

Wer einen Stopp am zweitgrößten Elbhafen nach Hamburg einlegen will, folgt den „Centrum“-Schildern bis zum tristen Hauptplatz, dem Mírové náměstí. Man erkennt ihn an einem riesigen Betonklotz, dem einstigen Sitz der Kommunistischen Partei. Südlich davon ragen zwei Kirchen in den Himmel. Die mit dem kupfergrünen, spitzen Turm ist die gotische **Erzdekanatskirche Mariä Himmelfahrt** (Kostel Nanebevzetí Panny Marie). Im Zweiten Weltkrieg schlug in ihrer Nähe eine Bombe ein, seitdem neigt sich ihr Turm um annähernd 2 m zur Seite. Die barocke **St.-Adalbert-Kirche** (Kostel sv. Vojtěch) stammt in ihrer heutigen Form aus dem Jahr 1731 und dient als Ausstellungsort.

Westlich des Hauptplatzes, an der Masarykova, liegt das Neorenaissancegebäude des **Stadtmuseums** (Městské Muzeum). Es wurde z. Z. d. letzten Recherche umfassend restauriert und wird ab 2012 – erstmals und lange Zeit ein Tabu in Tschechien – eine Ausstellung über die Geschichte der Deutschen in den Böhmischen Ländern beherbergen. Verantwortlich dafür zeichnet das *Collegium Bohemicum*, eine Kultur-, Bildungs- und Forschungseinrichtung, die sich dem deutschen Kulturerbe widmet. Dass es ein solches gibt, ist für viele Tschechen neu, da es Jahrzehnte lang geleugnet wurde.

Über der Stadt thront auf dem gleichnamigen Gipfel (205 m) das Ende des 19. Jahrhunderts vom Aussiger Bergverein erbaute, romantische Restaurant- und Ausflugsschlösschen **Větruše** (Ferdinandshöhe) – tolle Ausblicke auf Burg Střekov! Seit Ende 2010 führt vom zentralen Shoppingcenter Forum an der Bílinská eine Seilbahn hinauf (ganzjährig 8–22 Uhr, 0,60 €/Fahrt).

## Werwölfe und das Massaker von Aussig

*Werwölfe* nannte sich eine weit verzweigte nationalsozialistische Terrorvereinigung, die mit brutalsten Mitteln auch dann noch als Freischärler für das Deutsche Reich kämpfte, als der NS-Staat längst besiegt war. In Böhmen schürten ihre grausamen Aktionen zusätzlichen Hass gegen alles Deutsche. Auf das Konto der sudetendeutschen *Werwölfe* schrieb man lange Zeit auch die Sprengung eines Depots mit konfiszierten deutschen Waffen im Aussiger Ortsteil Krásné Březno (Schönpriesen) am 30. Juli 1945. Halb Schönpriesen lag danach in Schutt und Asche, 14 Tschechen kamen ums Leben. Als Antwort folgte ein Massaker an den deutschen Einwohnern Aussigs. Wie viele Frauen, Kinder und Männer gelyncht und in die Elbe geworfen wurden, ist umstritten. Tschechische Quellen sprechen von höchstens 80–100 Opfern, deutsche Quellen von bis zu 2000. Das Massaker verübten tschechische „Revolutionsgardisten", die mit dem Zug aus Prag gekommen waren – es waren also nicht, wie später behauptet, die Tschechen Aussigs. Im Gegenteil, die Tschechen Aussigs, die zu jener Zeit nur ein Fünftel der Einwohner ausmachten, hatten vielfach ihre deutschen Nachbarn davor gewarnt, auf die Straße zu gehen und die weiße Armbinde zu tragen, die damals jeder Deutsche anlegen musste.

Heute gehen Historiker davon aus, dass der Sabotageakt von der Prager Führung unter Beneš angeordnet wurde. Der Terrorakt sollte am vorletzten Tag der Potsdamer Konferenz als weiterer Beweis dafür dienen, dass ein Zusammenleben zwischen Tschechen und Deutschen unmöglich sei. Beneš, der, wie viele seiner Äußerungen belegen, antideutsch eingestellt und davon besessen war, die deutsche Frage in Böhmen und Mähren ein für allemal zu klären, fürchtete, dass die Vertreibungspolitik ins Stocken geraten oder gar verhindert werden könnte. Denn selbst Stalin hatte Beneš noch im Juni des Jahres um Geduld gebeten, da die Sowjets gar nicht mehr wussten, wohin mit den bis dato schon 400.000 Vertriebenen in ihrer Besatzungszone.

• *Information* **Informační středisko,** Mírové nám. 1/1 (im Zentrum), ✆ 47701700, www.usti-nad-labem.cz. Mai–Sept. tägl. 8–17 Uhr, Okt.–April Mo–Fr 9–17, Sa 9–12 Uhr.

• *Verbindungen* Hauptbahnhof im Osten des Zentrums an der Elbe, Westbahnhof (Ústí nad Labem západ) südwestlich des Zentrums in Laufnähe, Busbahnhof südlich des Zentrums, ebenfalls in Laufnähe.

**Züge** vom Hauptbahnhof regelmäßig nach Děčín, über Teplice und Most nach Chomutov sowie nach Prag. Vom Westbahnhof regelmäßig über Litoměřice nach Mělník. Gute bis sehr gute **Busverbindungen** mit allen größeren nord- und westböhmischen Städten und mit Prag.

• *Essen & Trinken* **Restaurace Pivovarská Šenkovna**, dem Namen nach eine Bierschenke, in Wirklichkeit ein nettes Lokal. Verwinkelter Innenraum mit ruhigen Ecken. Außenbestuhlung an der lauten Straße. Günstiger Mittagstisch, abends das typische Kurzgebratene, Hg 8–14 €. Zentral an der Velká Hradební 20, ✆ 475216015.

• *Übernachten* Sofern nichts Neues aufmacht: Besser nach Děčín ausweichen!

**** **Hotel Vladimír,** das – man mag es nicht glauben – beste Haus vor Ort. Der neunstöckige sozialistische Klotz mitten im Zentrum gehört der Best-Western-Kette an und wurde mit einfachen Mitteln restauriert. Die Zimmer wirken trotz des Sternestandards charakterlos und sind für das Gebotene überteuert. Eigene Parkplätze (8,80 €/Nacht extra). DZ je nach Standard 128–158 €. Masarykova 36, ✆ 475235111, ℻ 475210412, www.hotelvladimir.cz.

*** **Interhotel Bohemia,** noch ein Plattenbauhotel im Zentrum – der Name sagt schon alles. 130 Zimmer und Apartments auf größtenteils vorrevolutionärem Mittelklasseniveau. Restaurant, Casino, Café, Radverleih, Tiefgarage (8 €/Tag). EZ 40 €, DZ 65 €. Mírové nám. 6, ✆ 475311111, ✆ 475211698, www.ihbohemia.com.

**Pension Duel,** einfache, saubere Pension in Laufnähe zum Zentrum. Zimmer teils übelst abgewohnt, andere nett restauriert. Freundliches Personal. DZ 31–40 €, Frühstück 3 € extra. Moskevská 30, ✆/✆ 475210640, www.pensionduel.o1.cz.

## Umgebung von Ústí nad Labem

**Hrad Střekov (Burg Schreckenstein):** Die Burg thront 2 km südlich von Ústí auf einem 85 m hohen, fast senkrecht abfallenden Felsen über dem rechten Elbufer – Loreley lässt grüßen! Gegründet wurde die Festung um 1318 zur Sicherung der Landesgrenzen, später kontrollierte man von hier aus die Schifffahrt auf der Elbe. Im 18. Jh. verödete die Burganlage, erst die Romantiker entdeckten sie im 19. Jh. wieder. Goethe bezeichnete sie als eine der schönsten Burgen Europas, und Richard Wagner soll hier in einer Vollmondnacht zur Komposition seines *Tannhäuser* inspiriert worden sein. Unter den Lobkowicz, denen die Burg bis 1945 gehörte und seit der Samtenen Revolution wieder gehört, wurden erste Restaurierungsarbeiten eingeleitet. Heute ist die Burg ein beliebtes Ausflugsziel mit zwei Restaurants (s. u.). Die Besichtigung der historischen Burgräume ist nicht allzu spannend, obwohl zuletzt der Rittersaal öffentlich zugänglich gemacht wurde. Auch bietet der Blick von der Aussichtsterrasse keine Spur von Romantik mehr, Industrialfans sollten aber den Marker zücken.

• *Anfahrt/Verbindungen* Im Zentrum Ústís Richtung Litoměřice halten, dann ausgeschildert. **Stadtbus Nr.17** (ab Hauptbahnhof) fährt am Burgfels vorbei, von der Haltestelle Pod Hradem sind es ca. 400 m steil bergauf.

• *Essen & Trinken* Das **Wágnerka** (nur in der Saison) hat eine wunderbare Aussichtsterrasse und das überaus süffige *Lobkowicz*-Bier im Ausschank. ✆ 475531644.

Nordböhmen
Karte S. 234/235

*Blick von Burg Střekov*

Das **Kovárna,** ein edles, teilweise in den Fels gehauenes Lokal am Eingang zum Gelände, hat die besseren Köche. Kosten Sie die Kaninchenfilets oder den „Klosterrostbraten". Reichhaltige Weinkarte. Hg. 6–13 €. ✆ 475531644.

• *Öffnungszeiten* Mitte März–Okt. tägl. (außer Mo) 9.30–16.30 Uhr, Nov. nur Sa/So 9.30–16 Uhr. Eintritt mit dt. Text 2,60 €, erm. 1,80 €. Die Aussichtsterrasse ist kostenlos.

**Velké Březno (Großpriesen):** 10 km östlich von Ústí nad Labem liegt Velké Březno, ein Ort mit vielen alten Villen. Die größte davon (am westlichen Ortseingang, südlich der Bahngleise und der Elbe; mit „Zámek" ausgeschildert) hat den Sprung zum *Schloss* geschafft. Es wurde als einer der letzten Feudalbauten Böhmens im Empirestil zwischen 1842 und 1845 für Karel Graf Chotek errichtet. Ein halbes Jahrhundert später folgte der Umbau im Stil der Neorenaissance. Das Innere entführt den Besucher in das ländliche Leben der Adeligen an der Wende vom 19. zum 20. Jh. Die Räume sind noch mit dem Originalmobiliar ausgestattet, so die Bibliothek, der Speisesaal mit üppig geschnitzter Täfelung und der Große Saal mit reicher Stuckdekoration und Kamin. Den Grafen Chotek ist übrigens auch die 1853 gegründete *Brauerei Březňák* gleich in der Nähe zu verdanken. Deren 10- und 12-gradige Biere gehören zu den beliebtesten der Region.

• *Verbindungen* Bis zu 7-mal tägl. **Züge** nach Ústí nad Labem und Děčín. Zudem regelmäßig **Busse** nach Ústí.

• *Öffnungszeiten* **Schloss,** April u. Okt. Mi–So 9–16 Uhr, Mai–Sept. tägl. (außer Mo) 9–18 Uhr. Eintritt 2,80 €, erm. 2 €.

**Zubrnice (Saubernitz):** Das Dorf am Fuße des Buková hora kuschelt sich 6 km südöstlich von Velké Březno in die Hügellandschaft des Böhmischen Mittelgebirges (České středohoří). Mit dem *Museum der ländlichen Architektur* (Muzeum lídové architektury) besitzt es ein ansprechendes Freilichtmuseum. Ein Teil der schönen alten Gebäude steht an den Originalplätzen, andere wurden aus den Dörfern der Umgebung nach Zubrnice transferiert. Bislang gibt es u. a. einen Dorfladen aus dem 19. Jh., eine ursprünglich gotische Dorfkirche, zwei kleine Mühlen mit Mühlrad, ein bäuerliches Fachwerkhaus und eine Dorfschule. Weitere Bauten sollen folgen. Hinter dem kleinen *Eisenbahnmuseum* (Malé Železníční muzeum) nahebei verbirgt sich bislang noch nicht viel mehr als ein wenig spektakulärer Zugschrottplatz. Doch zukünftig sind Fahrten mit historischen Zügen geplant.

• *Verbindungen* Regelmäßige **Busverbindungen** nach Velké Březno, bis zu 6-mal tägl. nach Úštěk.

• *Öffnungszeiten* **Museum der ländlichen Architektur,** April u. Okt. Mi–So 9–16 Uhr, Mai–Sept. tägl. (außer Mo) 9–18 Uhr. Eintritt 2 €, erm. 1,20 €.

**Eisenbahnmuseum,** April u. Okt. nur Sa/So 10–17 Uhr, Mai, Juni u. Sept. nur Sa/So 9–18 Uhr, Juli u. Aug. tägl. (außer Mo) 9–18 Uhr. Eintritt 1,80 €, erm. 1,20 €.

## Úštěk (Auscha)

Das 3000-Einwohner-Städtchen 16 km nordöstlich von Litoměřice ist ein charmanter, liebenswert-zurückgebliebener Ort. Er entstand im Mittelalter um eine heute kaum mehr erhaltene Burg auf einem Felsvorsprung. Der lang gezogene Marktplatz ist bestückt mit hübschen Giebelhäusern (Gotik und Renaissance), an seiner breitesten Stelle steht die barocke Pfarrkirche St. Peter und Paul aus der zweiten Hälfte des 18. Jh. Der schmucke Marktplatz war immer wieder Kulisse für tschechische Filme, darunter den oscarprämierten Streifen *Kolya*. Westlich des Marktplatzes kann man der kleinen **Synagoge** einen Besuch abstatten. Sie bildete einst das Zentrum des Auschaer Judenviertels, wurde in den 1990er Jahren aufwendig restauriert und wird heute für wechselnde Ausstellungen genutzt (April–Okt. tägl. außer Sa

Am Marktplatz von Úštěk



10–17 Uhr). Wer ein bisschen mehr Zeit mitbringt, kann zudem durch die schmalen Gässchen hinunter zum Úštěcký-Bach laufen und in der Straße Kamenná auf die Suche nach den sog. **Vogelhäusern** *(Ptačí domky)* gehen. Diese schwalbennestähnlichen, an die Felswand geklebten Häuschen aus dem 19. Jh. verdankt Úštěk italienischen Arbeitern, die beim Bau der hiesigen Eisenbahnstrecke halfen.

• *Verbindungen* **Bus** regelmäßig über Velké Březno nach Ústí nad Labem, bis zu 6-mal tägl. nach Litoměřice. Die Busse halten am Marktplatz. **Züge** alle zwei Stunden nach Česká Lípa, regelmäßig nach Litoměřice.

**ATC Chmelař**, schattiger, weitläufiger, aber nicht sehr gepflegter Platz am gleichnamigen Badesee (Sandstrände!). Überwiegend tschechische Gäste mit Zelten. Restaurant. Auch günstige Chatas. Mai–Sept. 2 Pers. mit Zelt u. Auto 7 €, 2-Pers.-Chata ab 10 €. Levínská 3, an der Straße nach Ústí nad Labem, von dort ausgeschildert, ✆ 416795571, www.kempustek.cz.

Weiter nach Westen? Informationen zu **Česká Lípa** bekommen Sie ab S. 265, zum **Mácha-See** ab S. 263.

## Zámek Ploskovice (Schloss Ploschkowitz)

Das schöne **Schloss** liegt im Zentrum des gleichnamigen Ortes 6 km nordöstlich von Litoměřice. Errichtet wurde es zwischen 1720 und 1730 im hochbarocken Stil für Großherzogin Anna Maria Franziska, Baumeister war vermutlich Kilian Ignaz Dientzenhofer. Besonderheiten sind die zwei vom Haupttrakt abgehenden Arkadengalerien und die künstliche, mit Wassergottheiten verzierte Grotte im Souterrain. Ab 1849 nutzte der als „gutmütiger Depp" bekannte, 1848 abgetretene Habsburgerkaiser Ferdinand I. (1835–48) Schloss Ploschkowitz neben dem Schloss in Zákupy (→ S. 266) als Sommerresidenz. Er ließ es aufstocken und engagierte – wie auch in Zákupy – den Biedermeiermaler Josef Navrátil zur Ausgestaltung der Wände und Decken. Ab 1918 diente das Schloss als Sommersitz des Außenministeriums, während des Protektorats richteten die Nazis darin eine Schulungsstätte ein. Heute ist das Schloss Staatsbesitz. Im Inneren bekommt man u. a. ein paar schöne Möbelstücke aus dem 19. Jh. zu Gesicht, frivole, vergnüglich anzusehende Stuckarbeiten, Porzellan und eine Glassammlung aus Nový Bor (→ S. 266).

• *Verbindungen* **Busse** regelmäßig von und nach Litoměřice, der Bus hält vorm Schloss.
• *Öffnungszeiten* April u. Okt. tägl. (außer Mo/Di) 9–16 Uhr, Mai u. Sept. tägl. (außer Mo) 9–17 Uhr, Juni–Aug. tägl. (außer Mo) 9–18 Uhr. Eintritt 2,80 €, erm. 2 €. Grotte 0,40 € extra.

## Litoměřice (Leitmeritz)

**Litoměřice ist ein nordböhmisches Kleinod an der Mündung der Eger in die Elbe. Nicht nur Kirchenfans kommen in der Bistumsstadt auf ihre Kosten.**

Die ruhig-beschauliche 23.600-Einwohner-Stadt liegt inmitten des Böhmischen Mittelgebirges (České středohoří), einer überaus fruchtbaren Region, die auch „Garten Böhmens" genannt wird: Obstbäume prägen die Gegend, auch Wein wird angebaut. Die meisten Touristen besuchen Litoměřice in Verbindung mit dem nahen Theresienstadt. Besichtigen Sie das Ghetto am besten im Anschluss, ansonsten ist Ihre Stimmung zu getrübt, um Freude an einem Spaziergang durch das reizvolle Litoměřice zu haben. Zentrum der denkmalgeschützten Altstadt ist der kopfsteingepflasterte, restlos unverschandelte Mírové náměstí, der „Friedensplatz". Er gehört zu den größten und schönsten Plätzen Böhmens. Ihn säumen prächtige Laubenhäuser im Stil der Gotik und der Renaissance. Drum herum gibt es ein Labyrinth an geschäftigen oder verwunschen-einsamen Gassen zu entdecken.

**Geschichte:** Im 8. und 9. Jh. siedelten auf dem Domhügel die *Ludomericen,* ein slawischer Stamm, auf den der Stadtname zurückzuführen ist. Im 12. Jh. folgte die Besiedlung durch deutschsprachige Kolonisten. Bereits 1227 erhielt Leitmeritz die Stadtrechte und entwickelte sich zu einer florierenden Handelsstadt mit eigener Münze. Nach einem großen Brand im Jahr 1537 wurde die Stadt im Renaissancestil umgebaut, das Ergebnis beeindruckt bis heute. Tod und Verwüstung brachte dann der Dreißigjährige Krieg: Die Einwohnerzahl sank von 6000 auf 600, nur die Hälfte der Häuser blieb stehen. Mit der Errichtung des Bistums 1655 kam neben neuem Wohlstand der Barock in die Stadt. Haus- und Hofbaumeister des Klerus wurde der Italiener Octavio Broggio (1670–1742), kaum ein repräsentatives Gebäude, an dem er nicht mitwirkte. Von 1810 bis zu seinem Tod 1836 lebte mit Karel Hynek Mácha *der* tschechische Romantiker schlechthin in Litoměřice. Als bedeutendstes Werk Máchas gilt das Versepos *Máj,* eine Hommage an den Frühling und die Verliebten. 1877 wurde der expressionistische Zeichner und Schriftsteller Alfred Kubin (gest. 1959) in Leitmeritz geboren. Mitte des 20. Jh. endete die Zweisprachigkeit, mehr als die Hälfte der Einwohner wurde vertrieben. Heute hat das unverfälscht-provinzielle Litoměřice mit dem hessischen Fulda eine passende Partnerstadt gefunden.

**Orientierung:** Alle wichtigen Sehenswürdigkeiten befinden sich am oder um den Marktplatz sowie am Domhügel südwestlich davon und sind spielend zu Fuß abzuspazieren. Gen Osten führt die *Einkaufsstraße Dlouhá* Richtung Stadtbahnhof und Busbahnhof. Um nach Terezín (3 km) zu gelangen, folgt man der *Mezíbraní* über die Elbe stadtauswärts.

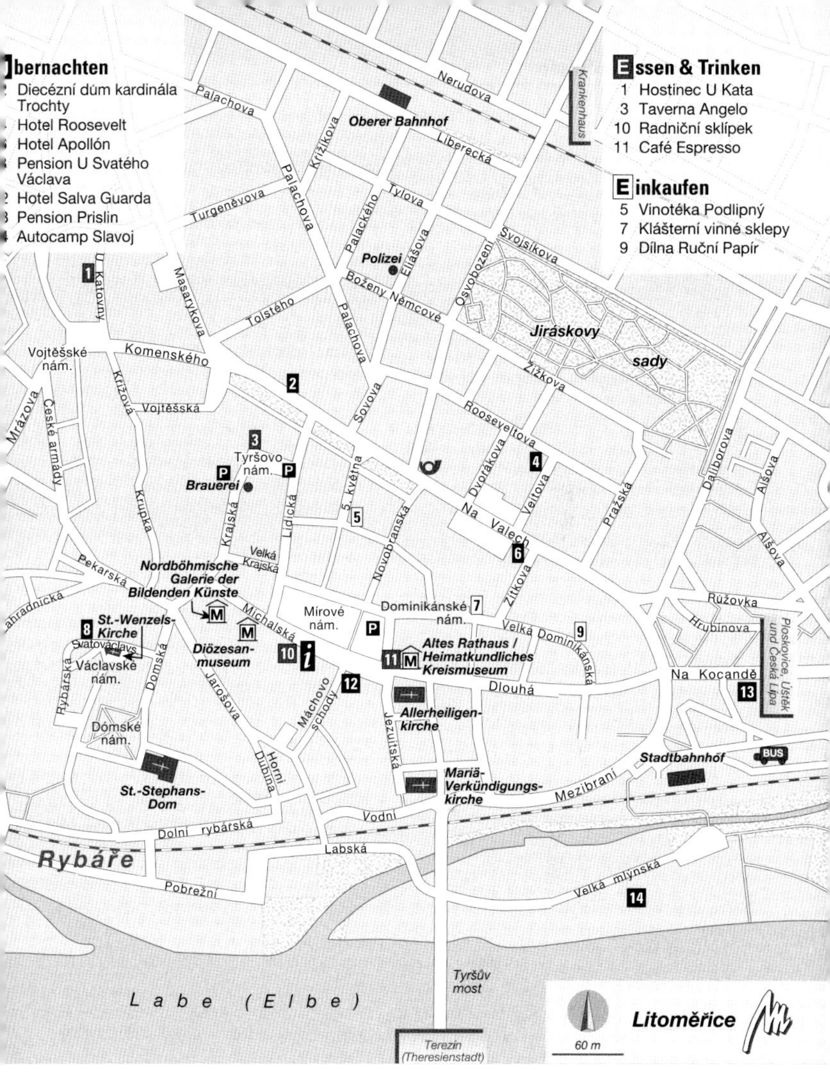


## Information/Parken/Verbindungen

- *Information* **Centrum cestovního ruchu Litoměřice,** Mírové nám. 16/8a, ✆ 416732440, www.litomerice.cz. Im Sommer tägl. 9–18 Uhr, im Winter verkürzt und So geschl. Stadtführungen.
- *Parken* Kostenpflichtige Parkplätze am Mírové nám. und bei der Brauerei.
- *Verbindungen* Es gibt 2 Bahnhöfe, den Horní nádraží ca. 800 m nördlich des Zentrums und den Stadtbahnhof (Litoměřice-město) ca. 450 m südöstlich des Zentrums, wo sich auch der Busbahnhof befindet.

Gute bis sehr gute **Busverbindungen** nach Terezín und in alle größeren Städte Nord- und Mittelböhmens sowie nach Prag (Busbahnhof Nádraží Holešovice, Ⓜ C).

**Züge** vom Horní nádraží alle 2 Std. über Úštěk nach Česká Lípa, vom Stadtbahnhof regelmäßig nach Ústí nad Labem und über Liběchov nach Mělník.

• *Ausflugsschiffe* Verkehren u. a. zwischen Litoměřice und Ústí nad Labem (3½ Std., 7 €) in den Sommermonaten mehrmals wöchentl. Nähere Informationen beim Infozentrum.

## Adressen/Veranstaltungen (→ Karte S. 285)

• *Ärztliche Versorgung* **Krankenhaus** an der Žitenická. ✆ 416723111.

• *Polizei* An der Eliášová nördlich des Zentrums. ✆ 156.

• *Post* An der Ecke Na Valech/Osvobození.

• *Einkaufen* **Vinotéka Podlipný (5),** internationale Weine und Tröpfchen aus der Region, z. B. aus Velké Žernoseky (ca. 2 km westlich) oder Roudnice nad Labem (→ S. 292). Okružní/Ecke 5. května.

**Klášterní vinné sklepy (7),** Weinkeller im ehemaligen Dominikanerkloster mit angeschlossenem Weinverkauf (nur Mo/Mi/Fr 8–14 Uhr). Wer die Keller besichtigen will, muss im Laden anfragen oder unter ✆/℻ 41 6732829 reservieren. Velká Dominikánská 9.

**Dílna Ruční Papír (9),** Einladungskarten, Briefpapier, Bücher – hier wird Papier nach traditionellen Methoden per Hand hergestellt. Wer mag, kann sein eigenes Papier produzieren. Mit Galerie. Nur Mo/Do 10–17 Uhr, klingeln. Velká Dominikánská 33.

• *Veranstaltungen* **Vinobraní,** das örtliche Weinlesefest, findet stets Ende Sept. statt.

## Essen & Trinken (→ Karte S. 285)

**Radniční sklípek (10),** kleines, dunkel-uriges Weinlokal in den Kellergeschossen des Rathauses. Verwinkelt und eng – Kopf einziehen! Wenn voll, wegen fehlender Klimaanlage recht stickig. Im Sommer tischt man draußen auf dem Marktplatz auf. Gulasch, Ente oder Wildschweinschnitzel, dazu mährische Weine, Hg. ab 4,30 €. Mírové nám. 21/13, ✆ 416731142.

**Taverna Angelo (3),** mediterran angehauchtes Lokal mit möchtegerngediegenem Ambiente. Pizza und Pasta zu 3–7 €, aber auch böhmisch-internationale Küche. Tyršovo nám. 6, ✆ 722464296 (mobil).

**Hostinec U Kata (1),** beliebtes Kneipenrestaurant in einem alten Fachwerkhaus. An sich idyllische Terrasse, denkt man sich die Plattenbauten drum herum weg. Grundehrliche böhmische Küche ohne Schnörkel, sehr günstig. U Katovny 58/59, ✆ 416734697.

**Café Espresso (11),** nettes Café zum Frühstücken. Günstige Preise. Die Pfannkuchen sind Glückssache, der Kaffee ist dafür gut. Tische draußen unter den Arkaden. Mírové nám./Ecke Dlouhá.

## Übernachten/Camping (→ Karte S. 285)

**** **Hotel Salva Guarda (12),** 16 gediegene, leicht altbackene Zimmer und 4 Apartments in einem Renaissancehaus am Marktplatz. Restaurant mit Gewölbedecke. Bewachte Parkplätze (2,20 €/Tag), Radverleih. EZ 50 €, DZ ab 70 €, Frühstück 5,60 € extra. Mírové nám. 12, ✆ 416732506, www.salva-guarda.cz.

*** **Hotel Apollón (6),** recht neues Haus mit 12 etwas sterilen Zimmern mit Standardmobiliar und Teppichböden. Sichere Parkplätze (2 €/Tag). EZ 42 €, DZ 52 €. Na Valech 2094, ✆ 416531450, ℻ 416531995, www.apollonhotel.cz.

*** **Hotel Roosevelt (4),** ruhig gelegen und in einer netten Villa untergebracht. Die 32 Zimmer sind mit eher billig-schickem Mobiliar versehen. Restaurant, abgeschlossene Parkplätze, Fahrradraum, Sauna. EZ 32 €, DZ 50–65 €. Rooseveltova 18, ✆ 416733595, ℻ 416733593, www.hotelroosevelt.cz.

**Pension Prislin (13),** ca. 10 Fußmin. östlich des Zentrums. Sehr freundliche Unterkunft in nicht besonders schöner Umgebung. 4 Apartments mit Küche für bis zu 6 Pers., alle individuell eingerichtet. Großzügige, farbenfrohe Räume. Kostenlose abgeschlossene Parkplätze, netter Garten mit kleiner Sommerschenke. Für 2 Pers. 50 €, für 4 Pers. 77 €. Na Kocandě 12, ✆ 416735833, www.prislin.cz.

**Pension U Svatého Václava (8),** sehr gepflegte Unterkunft in einem altehrwürdigen Gebäude in ruhiger Lage bei der St.-Wenzels-Kirche. 5 sehr saubere Zimmer, alle mit Bad und TV. Kleiner Garten, Sauna, Bierkeller. EZ 32 €, DZ 49 €. Svatováclavská 12, ✆/℻ 416737500, ww.upfront.cz/penzion.

**Diecézní dům kardinála Trochty (2),** Hostel in einer ehemaligen katholischen Schule. Nur billig! Holzklasse in alten Klassen-

Allerheiligenkirche

zimmern, Bettwäsche wird gestellt. An den Wänden hängen religiöse Bilder oder Kruzifixe. Im DZ ab 7 €/Pers. Komenského 4, ✆ 416732077.

• *Camping* **Autocamp Slavoj (14)**, kleiner, enger Wiesenplatz am Elbufer, extrem populär bei Holländern und Dänen. Nahe dem Stadtbahnhof (Zugverkehr auch in der Nacht – laut!) und damit in Laufnähe zum Zentrum. Saubere Sanitäranlagen. Nebenan Tennisplätze, Restaurant. Mai–Sept. 2 Pers. mit Zelt u. Auto 11 €, Hütte für 2 Pers. 16 €. Střelecký ostrov, ✆ 416734481, www.autokempslavojlitomerice.w1.cz.

## Sehenswertes

**Stará radnice/Vlastivědné muzeum (Altes Rathaus/Heimatkundliches Kreismuseum):** Das Alte Rathaus an der Ostseite des Mírové náměstí ist das älteste Renaissancegebäude im Zentrum (1537–39). Auf seinem linken Strebepfeiler hat es sich eine *Rolandstatue* bequem gemacht, ein Symbol des Stapelrechts, sprich des Rechts, vorbeireisende Händler zu zwingen, ihre Waren für eine bestimmte Zeit in der Stadt feilzubieten. Darunter sieht man die *böhmische Elle,* anhand derer man betrügerische Tuchhändler überführen konnte. Im Gebäude befindet sich heute das *Heimatkundliche Kreismuseum,* das die Stadtgeschichte – wie die meisten Regionalmuseen des Landes – nur bis 1945 nachzeichnet. Stolz ist man auf ein Stadtmodell aus dem Jahr 1700 und die gotische Glocke des Leitmeritzer Rathauses.

*Adresse/Öffnungszeiten* **Museum,** Mírové nám. 171. Tägl. (außer Mo) 10–17 Uhr. Eintritt 1 €, erm. die Hälfte.

**Kostel Všech svatých a Kostel Zvěstování P. Marie (Stadtkirche Allerheiligen und Mariä-Verkündigungs-Kirche):** Die 1235 erstmals erwähnte Allerheiligenkirche mit dem auffälligen dreiteiligen Zeltdach steht gegenüber dem Alten Rathaus an der Dlouhá. Einst war sie in die Stadtbefestigung integriert. Ihre umfangreiche Barockisierung erfolgte 1717–29 durch Octavio Broggio, der hier auch begraben ist. Im Inneren sollte man dem wertvollen Tafelgemälde *Christus auf dem Ölberg* (um 1500)

Nordböhmen Karte S. 234/235

*St.-Stephans-Dom in Litoměřice*

des sog. *Meisters des Leitmeritzer Altars* Beachtung schenken. Der nebenstehende Turm ist leider nicht zugänglich. Nur ein paar Schritte südlich der Stadtkirche steht an der Jezuitská die Mariä-Verkündigungs-Kirche. Sie wurde 1731 ebenfalls nach Plänen von Octavio Broggio erbaut. Durch einen gedeckten Gang ist sie mit dem einstigen Jesuitenkolleg verbunden. Nach der Auflösung des Ordens 1773 diente sie einer Brauerei als Lagerraum. Heute ist sie nur zu gelegentlichen Ausstellungen geöffnet.

**Dům U Kalicha (Haus zum Kelch):** Das 1560–70 errichtete Gebäude besitzt einen ungewöhnlichen, kelchförmigen Turm, heute ein Aussichtsturm. Er erinnert an die hussitische Tradition der Kelchkommunion. Im Gebäude sind das Stadtamt und die Touristeninformation untergebracht.

*Adresse/Öffnungszeiten* Mírové nám. 15/7. Führungen April–Okt., Näheres in der Touristeninformation. Eintritt 2,20 €.

**Radniční sklípek (Rathauskeller):** Die historischen Keller der Häuser am Marktplatz sind durch ein System weit verzweigter Gänge miteinander verbunden, die Gesamtlänge beträgt 3 km. Vom Restaurant Radniční sklípek (→ Essen & Trinken) kann man in die Leitmeritzer Unterwelt absteigen und die Gänge auf 366 m begehen. Achten Sie auf das Hinweisschild am Eingang: „Auch Vorsicht auf den Kopf, überall sind die niedrige Decke. Wenn wir durch Alkohol gestärkt werden, haben wir die Probleme mit der Beherrschung unseres Körpers und kann man passieren, dass wir uns einfach die Beule nach Hause bringen."

*Adresse/Öffnungszeiten* Mírové nám. 21/13. im Restaurant bzw. in der Touristeninformation fragen. Eintritt 1,20 €, erm. die Hälfte.

**Diecézní muzeum a Severočeská galerie výtvarného umění (Diözesanmuseum und Nordböhmische Galerie der bildenden Künste):** Das Museum beherbergt Kunstwerke aus den Sammlungen des Leitmeritzer Bistums, darunter auch romanische Plastiken. Glanzstücke sind die Gemälde *Hl. Antonius* und *Madonna mit*

Am Benešovo náměstí (Liberec) ▲▲
Libochovice (Nordböhmen) ▲

▲▲ Blick vom Ještěd (Liberec)
▲ Mácha-See, ein kleines böhmisches Meer

Kloster Doksany ▲

▲▲ Hruba Skála (Böhmisches Paradies) (TZT)

▲ Dreharbeiten in der Festung Budyně nad Ohří

*Halsband* von Lucas Cranach d. Ä. (1472–1553), dazu das Tafelbild *Madonna im geschlossenen Garten,* das dem *Meister der tiburtinischen Sibylle* zugeschrieben und auf das Jahr 1494 datiert wird. Nur ein paar Schritte weiter empfängt die modern konzipierte Nordböhmische Galerie der bildenden Künste ihre Besucher. Die Dauerausstellung befasst sich mit der Kunst des 14. bis 20. Jh. Die wechselnden Ausstellungen zeitgenössischer Künstler sind teilweise recht spannend.

• Adressen/Öffnungszeiten **Diözesanmuseum,** Mírové nám. 24. April–Sept. tägl. (außer Mo) 9–12 Uhr u. 13–18 Uhr, Okt.–März tägl. (außer Mo) bis 17 Uhr. Eintritt 1,10 €, erm. 0,70 €. **Galerie der bildenden Künste,** Michalská 7. Okt.–März tägl. (außer Mo) 9–12 u. 13 –17 Uhr, April–Sept. tägl. (außer Mo) 9–12 u. 13–18 Uhr. Eintritt 1,20 €, erm. 0,30 €.

**Katedrála sv. Štěpána a Kostel sv. Václav (St.-Stephans-Dom und St.-Wenzels-Kirche):** Der Domhügel war schon in keltischer Zeit besiedelt, im 11. Jh. stand hier bereits eine romanische Basilika. Der heutige, einschiffige Dombau im frühbarocken Stil wurde 1681 geweiht, Baumeister war wahrscheinlich Domenico Orsi. Ein Glockenturm war nicht geplant, der Turm (begehbar von Juni–Aug. 13–17 Uhr, Eintritt 2 €, erm. die Hälfte) kam erst im späten 19. Jh. hinzu. Man verband ihn durch eine brückenartige Arkade mit dem Dom. Das schwarz-goldene Interieur kann man leider nur zu Messen bewundern, ausgeschmückt ist es u. a. mit Gemälden des Barockmeisters Karel Škréta. Die hellblau-apricotfarbene St.-Wenzels-Kirche am Václavské náměstí nördlich des Domplatzes wurde aus Dank für das Ausbleiben der Pest zwischen 1714 und 1716 nach Plänen von Octavio Broggio errichtet. Heute trifft sich hier die kleine orthodoxe Gemeinde Litoměřices. Auch diese Kirche ist nur zu Messen geöffnet.

Weiter **nach Teplice?** Auf dem Weg über die E 55 passieren Sie den **Milešovka,** den mit 837 m höchsten Berg des Böhmischen Mittelgebirges. Glaubt man Alexander von Humboldt, genießt man von oben den „drittschönsten Blick der Welt".

## Terezín (Theresienstadt)

**Durch die Nazis wurde die Festung Theresienstadt zu einem Symbol für Deportation und Barbarei. An das Leben im Ghetto erinnern heute mehrere Museen. Ein Besuch hinterlässt unvergessliche schmerzliche Eindrücke.**

Die Festungsstadt Terezín – benannt nach der österreichischen Kaiserin Maria Theresia – wurde Ende des 18. Jh. von den Habsburgern zur Verteidigung der nördlichen Grenze gegen die Preußen gebaut. Sie besteht aus einer **Großen Festung** (Hlavní pevnost) und einer etwa einen Kilometer weiter südlich gelegenen **Kleinen Festung** (Malá pevnost). Die Große Festung hat die Form eines länglichen Oktogons mit acht Bastionen und vier Toren. Die Stadt in ihrem Inneren hat eine Fläche von 700 x 500 m und ist schachbrettförmig angelegt. Die klassizistischen Häuserblocks beherbergten einst Kasernen und Wohnungen für 15.000 Menschen, Waffenarsenale, Spitale usw. In der Mitte, vor der Empirekirche, befand sich der Exerzierplatz. Beim Preußisch-Österreichischen Krieg 1866 lagen die Schlachtfelder jedoch weiter östlich, und so erlebte die modernste Festungsanlage ihrer Zeit nie den Ernstfall. 1886 wurde die Garnisonsstadt aufgelöst und die Kleine Festung in ein Staatsgefängnis umgebaut. Im Ersten Weltkrieg diente Theresienstadt als Kriegsgefangenenlager.

*Theresienstadt: Eingang zur kleinen Festung*

Im Oktober 1941 entschieden sich die Nazis für die Einrichtung eines Ghettos in der Großen Festung. Geplant war, vorzugsweise Juden aus dem sog. Protektorat Böhmen und Mähren, deutsch-jüdische Soldaten des Ersten Weltkriegs und jüdische Prominente aus anderen europäischen Ländern nach Theresienstadt zu deportieren. Man gewährte ihnen eine Art Selbstverwaltung, es gab Schulen, Theater- und Opernaufführungen. Aber schon ab Juni 1942 entwickelte sich Theresienstadt zu einem Sammel- und Durchgangslager auf dem Weg in die osteuropäischen Vernichtungslager. Zu den Deportierten zählten nun auch Juden aus Holland, Ungarn und Dänemark. Die Zahl der Gefangenen stieg rapide an, und die Lebensverhältnisse verschlechterten sich drastisch. Dort, wo in Vor-Ghetto-Zeiten gerade mal etwa 7000 Menschen gelebt hatten, fristeten nun zeitweise bis zu 60.000 Inhaftierte ihr Dasein.

Im Jahr 1944 nutzten die Nazis Theresienstadt dann für einen großen Propagandacoup: Am 23. Juni öffneten sie einer Delegation des Internationalen Roten Kreuzes die Ghetto-Tore und kamen damit vordergründig den schon lange erhobenen Forderungen nach einer von unabhängiger Seite durchzuführenden Inspektion der deutschen Konzentrationslager nach. Was der Delegation präsentiert wurde, war aber nichts weiter als eine von langer Hand vorbereitete Inszenierung, denn die Nazis hatten schon ab Ende 1943 Verschönerungsaktionen angeordnet, die Theresienstadt in eine Art „Musterghetto" verwandeln sollten. Und so fuhr die Delegation fast zwangsläufig mit einem positiven Bericht im Gepäck nach Hause, denn sie hatte eine kurortähnliche Anlage mit Parks, Musikpavillons, einem „Gesellschaftshaus" und einer Gebetsstube vorgefunden. Dass für die Propagandaaktion viele Kranke und unterernährte Häftlinge, die das Bild der Sommerfrische getrübt hätten, vorher nach Auschwitz abtransportiert worden waren, konnten die Inspekteure nicht wissen. Kurz vor Kriegsende wurde Theresienstadt schließlich zu einem reinen Durchgangslager auf dem Weg nach Auschwitz. Bis Mai 1945 hatten etwa 150.000 Juden das Ghetto durchlaufen, davon starben 33.000 Menschen bereits vor Ort, 87.000 bestiegen die Züge in die todbringenden Vernichtungslager.

Friedhof vor der Kleinen Festung

Heute wirkt die Stadt unheimlich und seelenlos, nur 3000 Menschen leben noch hier, überwiegend Rentner und Roma. Hingegen sieht der Ort jährlich rund 200.000 Touristen. Häufig sind es israelische oder amerikanische Jugendliche, die sich als Angehörige jüdischer Opfer Jahrzehnte nach dem Holocaust auf die Spurensuche nach ihren Vorfahren machen. Zwei hervorragende Museen konfrontieren auf erschütternde Weise mit dem dunkelsten Kapitel deutscher Vergangenheit. Das zentral am Hauptplatz gelegene **Ghetto-Museum** informiert über das Schicksal der Juden und die Lebensverhältnisse im Ghetto von 1941 bis 1945 – absolut sehenswert, nehmen Sie sich Zeit dafür. In der ehemaligen **Magdeburger Kaserne** (Magdeburská kasárna, etwa 350 m südlich des Ghetto-Museums, ausgeschildert), einst Sitz der jüdischen Selbstverwaltung, widmet man sich dem kulturellen Leben im Ghetto: dem literarischen Schaffen, den Theateraufführungen, der Musik und der Bildenden Kunst. Zudem wurde hier eine Häftlingsunterkunft aus der Ghettozeit rekonstruiert. Des Weiteren verteilen sich über das Areal noch ein paar zusätzliche Expositionen: Im einstigen **Krematorium,** ca. 400 m außerhalb der Festungsmauern (ausgeschildert), befindet sich eine Ausstellung zum Thema „Tod im Ghetto“. Gezeigt werden Statistiken zu den Todesursachen, man sieht die alten Sektionsräume usw. Auf dem Weg dahin passiert man die **Zeremonienräume** und die **zentrale Leichenhalle** des Ghettos. Sie befinden sich inmitten des Festungswalls. Hier erinnert eine kleine Ausstellung an die Beisetzungszeremonien im Ghetto, zudem hat man Erde von all jenen Orten hierher gebracht, an denen die Deportierten ermordet wurden. Schräg gegenüber lag das **Kolumbarium.** Hier wurde die Asche der im Krematorium Verbrannten aufbewahrt. Als die Front jedoch näher rückte, kippte man die Urnen (rund 22.000) in die Eger – keiner sollte von den Morden in Theresienstadt erfahren. Heute erinnern im Kolumbarium Gedenktafeln an das Grauen.

Besichtigen kann man auch die **Kleine Festung** (Malá pevnost), die die Prager Gestapo ab 1940 als Gefängnis für Oppositionelle nutzte. Etwa 32.000 Häftlinge wurden während des Krieges darin interniert. Die Gemeinschaftszellen waren mit bis zu 600 Mann belegt. Es wurde gefoltert und gemordet. Dazwischen, im sog. Herrenhaus, wohnten die Aufseher mit ihren Familien. Der zynische Nazi-Slogan „Arbeit macht frei“ ist über einem Tor links nach dem Eingang noch zu sehen. Auf dem Friedhof vor dem Eingang liegen über 10.000 Menschen begraben.

• *Verbindungen/Anfahrt* Terezín ist von Litoměřice mit dem **Bus,** fast schneller aber zu Fuß (3 km) zu erreichen. Zudem nahezu stündl. Busse von Prag/Holešovice (Ⓜ C) nach Terezín.

• *Übenachten* Unterkünfte vorhanden. Besser jedoch übernachtet man in Litoměřice.

Nordböhmen Karte S. 234/235

• *Öffnungszeiten* **Ghetto-Museum und Magdeburger Kaserne,** April–Okt. tägl. 9–18 Uhr, sonst 9–17.30 Uhr. **Kleine Festung,** April–Okt. tägl. 8–18 Uhr, sonst 8–16.30 Uhr. **Jüdischer Friedhof und Krematorium,** Nov.–März tägl. (außer Sa) 10–16 Uhr, sonst tägl. (außer Sa) 10–17 Uhr. **Kolumbarium, Zeremonienräume und Zentrale Leichenhalle,** ganzjährig tägl. 9–17 Uhr. Kombiticket für Ghetto-Museum, Magdeburger Kaserne und Kleine Festung 8 €, erm. 6 €, Fam. 16 €. Die restlichen Sehenswürdigkeiten dürfen umsonst besichtigt werden.

## Weitere Ziele südlich von Litoměřice

**Doksany (Doxan):** In dem ansonsten unscheinbaren Ort 15 km südlich von Litoměřice steht ein mächtiges, 1144 gegründetes Prämonstratenserinnenkloster. Zwischen 1710 und 1729 wurde es im Barockstil umgebaut, Octavio Broggio soll daran beteiligt gewesen sein. 1782 folgte im Zuge der josephinischen Reformen die Säkularisierung, in der zweiten Hälfte des 20. Jh. der Verfall des Klosters. Mittlerweile leben wieder sieben Nonnen auf dem Klosterareal, zudem haben sich Handwerksbetriebe auf dem Gelände niedergelassen. Bereits restauriert ist die *Kirche Mariä Geburt,* eine reich dekorierte dreischiffige Basilika. Barockmaler Peter Brandl war an der Ausschmückung des Hauptaltars beteiligt. Highlight ist jedoch die von 47 Säulen getragene romanische *Krypta* unter der Kirche.

• *Verbindungen* **Busse** regelmäßig nach Prag-Holešovice (Ⓜ C), Litoměřice und Terezín.

• *Camping* **Autokemping Brozany,** 1,5 km südwestlich von Doksany nahe dem Dorf Brozany, vom Kloster ausgeschildert. Für seine 3 Sterne bietet der Platz außer sehr sauberen Sanitäranlagen eigentlich recht wenig. Chatavermietung, kleine Kneipe. Die nahe Autobahn ist zu hören. April–Okt. 2 Pers. mit Zelt u. Auto 12 €, Bett in der Chata ab 7 €. Brozany, ✆/📠 416861263, www.kempbrozany.cz.

• *Öffnungszeiten* **Kirche Mariä Geburt,** Besichtigungen Juli–Sept. Di–Do u. Sa 9–11.45 u. 13–16 Uhr, So nach dem Gottesdienst um 10.30 u. von 13–16 Uhr. Sonst nach Reservierung beim Pfarramt, ✆ 736466799 (mobil).

**Roudnice nad Labem (Raudnitz an der Elbe):** Das 13.300-Einwohner-Städtchen 21 km südöstlich von Litoměřice hat insgesamt wenig zu bieten, auch wenn es über ein paar ganz interessante historische Bauten verfügt. Dazu gehört das auffällige, rosa-weiße *Barockschloss* am abschüssigen, freundlichen Marktplatz. Es war einst der Hauptsitz der Herren von Lobkowicz, heute befindet sich darin ein Militärkonservatorium, Touristen sind unerwünscht. Besuchen kann man das 1333 gegründete *Augustinerkloster* nordöstlich des Zentrums an der Komenského (Mo–Fr 14–15.30 Uhr, Sa/So 10.30–15 Uhr, Eintritt 1,20 €, erm. 0,40 €).

*Verbindungen* **Busse** bis zu 9-mal tägl. nach Prag (Holešovice Ⓜ C), regelmäßig nach Litoměřice und Mělník. **Züge** alle 2 Std. nach Děčín, regelmäßig nach Prag (Holešovice).

**Říp (Georgsberg):** 7 km südöstlich von Roudnice erhebt sich der Říp (456 m), der „Heilige Berg" der Tschechen. Der Legende nach kolonisierte Urvater Čech Anfang des 6. Jh. von hier aus das Land. Seit 1126 steht auf dem Berg eine dem Hl. Georg geweihte romanische Rotunde. Der Berg ist von Rovné ausgeschildert, die letzten Meter müssen zu Fuß zurückgelegt werden.

*Öffnungszeiten* **Rotunde,** April u. Okt. Mi–So 9–16 Uhr, Mai–Sept. tägl. (außer Mo) 9–18 Uhr. Eintritt 0,40 €.

Weiter **Richtung Prag?** Informationen zu den Schlössern **Veltrusy** und **Nelahozeves** auf dem Weg dorthin bekommen Sie ab S. 128.

**Budyně nad Ohří (Budin an der Eger):** Das geruhsame, große Dorf liegt ca. 25 km südlich von Litoměřice. Abwechslung vom Vogelgezwitscher am Marktplatz bietet der Besuch der benachbarten *Wasserfestung*, die gerne als Filmkulisse genutzt wird. Sie stammt aus dem 14. Jh. und wurde im Laufe der Zeit mehrmals umgebaut. Bis 1614 gehörte sie den Herren von Házmburk. Der letzte Burgbesitzer aus jenem Geschlecht, Jan Zbyněk Zajíc von Házmburg, ging an der Alchimie Bankrott. Sie lieferte ihm kein Gold, sondern verschlang nur sein Geld, sodass er die Burg letztendlich verkaufen musste. An ihn erinnert eine witzige nachgestellte Alchimistenküche mit Totenschädel und diversen „Kochgeräten". Zudem kann man sich eine Ausstellung zur Regionalgeschichte und den Goldenen Saal mit schönen Renaissancemalereien anschauen.

*Verbindungen/Öffnungszeiten* **Busse** regelmäßig nach Roudnice nad Labem und Libochovice, 2-mal tägl. direkt nach Prag. **Wasserburg,** April–Okt. tägl. (außer Mo.) 10.30–12 Uhr u. 13.30–17 Uhr, in den Wintermonaten verkürzt. Eintritt 1,20 €, erm. die Hälfte.

*Schloss Libochovice*

Nordböhmen Karte S. 234/235

**Libochovice (Libochowitz):** Die Attraktion des verschlafenen 3600-Seelen-Städtchens 26 km südwestlich von Litoměřice ist das frühbarocke *Schloss* am schmalen, langen Marktplatz. Ein paar Kübelpalmen und umherspazierende Pfauen sorgen im Garten für einen Hauch mediterranes Flair. Das stattliche Schloss war im Besitz mehrerer Adelsfamilien, u. a. der Lobkowicz, Sternberg, Dittrichstein und zuletzt der Herberstein. 1787 wurde im Schloss der Pathologe, Physiologe, Politiker und Sänger Jan Evangelista Purkyně geboren (gest. 1869) – nach ihm sind die Purkinje-Fasern und das Purkinje-Phänomen benannt. Bei einer Schlossführung kann man sich über sein interessantes Leben informieren, zudem besichtigt man bei einer Tour durch die Räumlichkeiten den sog. Saturnsaal, den schönsten Saal des Schlosses, der sich über zwei Etagen des Südflügels hinzieht, die Schlosskapelle und die Sala Terrena mit Trompe-l'Œil-Fresken von italienischen Künstlern.

• *Verbindungen* **Busse** bis zu 6-mal tägl. nach Litoměřice, regelmäßig nach Roudnice nad Labem und Budyně nad Ohří. **Züge** regelmäßig nach Louny.

• *Öffnungszeiten* **Schloss,** April u. Okt. tägl. (außer Mo/Di) 9–16 Uhr, Mai u. Sept. tägl. (außer Mo) 9–17 Uhr, Juni–Aug. tägl. (außer Mo) 9–18 Uhr. Eintritt 2,80 €, erm. 2 €.

Informationen zum 24 km südwestlich von Libochovice gelegenen **Louny** bekommen Sie ab S. 309. Wer über Třebenice nach Litoměřice zurückkehrt, passiert 4 km nördlich von Libochovice die Ruinen der weithin sichtbaren **Burg Házmburk** (14. Jh.). Ihre zwei Türme thronen imposant auf einem Vulkankegel – ein schöner Anblick.

## Teplice (ehem. Teplice-Šandov/Teplitz-Schönau)

**Einst bildete Teplitz-Schönau mit Karlsbad, Marienbad und Franzensbad das Quartett der vier großen böhmischen Bäder. Heute gehört Teplice zu den modernen industriellen Zentren des Landes, gekurt aber wird noch immer.**

Die 51.200 Einwohner zählende Stadt am Fuß des Erzgebirges ist das älteste Kurbad des Landes. Der Legende nach wurde das warme, leicht radioaktive Heilwasser im Jahr 762 von einem Hirten entdeckt, dessen wühlende Schweine die Quellen zum Vorschein brachten. Tatsache ist, dass Teplice bereits im 14. Jh. wegen seines Heilwassers geschätzt und besucht wurde. 1793 brannte ein großer Teil der Kurstadt nieder. Der Wiederaufbau im klassizistischen Stil leitete Teplitz-Schönaus große Blüte ein. Als „Klein-Paris" lockte der Kurort im 19. Jh. die geistige Elite Europas an. Wer war nicht alles hier – Niccolò Paganini, Franz Liszt, Richard Wagner, Arthur Schopenhauer ... Selbst Beethoven und Goethe lernten sich in Teplitz kennen. 1880 aber setzten der Braunkohleabbau rund um Teplitz und die damit einhergehende Industrialisierung ein. Der Kurort verlor peu à peu an Reputation. Im Sozialismus verwandelte sich Teplice schließlich in eine triste Industriestadt. Seit 1990 versucht man wieder an die Kurtradition anzuknüpfen. Zugleich lösen moderne Industrieanlagen die alten ab, deren Giftwolken nahezu alle WHO-Grenzwerte um das Zigfache überstiegen hatten.

Das Facelifting ist fortgeschritten, aber noch lange nicht beendet. Teplice ist eine Stadt im Wandel und mittlerweile besser als sein Ruf. Immer mehr Prachtbauten im Zentrum erstrahlen in neuem Glanz, und in den Kurparks sprudeln die Brunnen wieder. Die Eleganz von Karls- oder Marienbad wird man dennoch nie mehr erreichen, dafür hat der Sozialismus zu viele Schandflecken hinterlassen. Heute mischen sich überraschenderweise viele wohlhabende Araber unter die gicht- und rheumakranken Kurgäste.

**Orientierung:** Die Innenstadt gliedert sich in zwei Teile. Das lebendige Geschäftszentrum erstreckt sich rund um die Plätze *Benešovo náměstí*, *Náměstí Svobody* (ziemlich trist) und *Zámecké náměstí* (Schlossplatz). Der östlich davon gelegene Stadtteil *Šanov* (Schönau) wird von weitläufigen Parkanlagen und Kurhäusern dominiert. Beide Teile verbindet die von Linden gesäumte *Lípová*.

*Die geschäftige Innenstadt von Teplice*



## Information/Parken/Verbindungen

• *Information* **Informační centrum,** am Benešovo nám. 840, ✆ 417510666, www.teplice.cz. Mo–Fr 8–17 Uhr, Mai–Sept. auch Sa 8–12 Uhr.

• *Parken* Gebührenpflichtige Parkmöglichkeiten z. B. am Nám. Svobody südwestlich des Benešovo nám. oder am Tržní nám. nördlich davon.

• *Verbindungen* Bahnhof (sehr schön, aber restaurierungsbedürftig) und Busbahnhof nah beieinander, ca. 500 m nördlich des Zentrums, Stadtbusverbindungen dahin.

Gute bis sehr gute **Busverbindungen** in alle größeren Orte Nordböhmens und in die Orte des Kohlebeckens, bis zu 8-mal tägl. nach Prag-Holešovice (Ⓜ C).

**Züge** regelmäßig über Bílina und Most nach Chomutov, nach Ústí nad Labem und nach Osek, bis zu 8-mal tägl. nach Prag, alle 2 Std. nach Cheb.

## Adressen (→ Karte S. 296/297)

• *Ärztliche Versorgung* **Krankenhaus** westlich des Zentrums an der Duchcovská. ✆ 417519111.

• *Polizei* Zum Beispiel neben der Touristeninformation am Benešovo nám. ✆ 156.

• *Post* An der Dubská.

• *Einkaufen* **Libverdky (7)**, nicht nur Marien- und Karlsbad haben sie! Hier gibt's die relativ unbekannten Teplitzer Oblaten in allen Geschmacksvariationen zu kaufen. U Kamenných lázní (schräg gegenüber dem Steinbad).

**Vineta (11),** große Vinothek mit Weinen aus der ganzen Welt, darunter auch Tröpfchen von rund 20 mährischen und böhmischen Winzereien. Rooseveltova (neben dem Hotel Paradies).

**Český Porcelán (8),** Porzellanverkauf mit Schwerpunkt auf Produkten der Manufaktur *Royal Dux Bohemia*. Allzu viel Edles ist nicht darunter. U Cisařských lázní 19.

**Shoppingcenter Olympia,** große Shoppingmall mit allem Drum und Dran. Außerhalb des Zentrums im Osten der Stadt (an der Straße nach Ústí nad Labem). Halbstündl. mit dem kostenlosen Shuttlebus Nr. 30 ab dem Benešovo nám. zu erreichen.

## Essen & Trinken/Nachtleben

Teplice besitzt eine große gastronomische Vielfalt. Rund um das Kurviertel findet man aufgrund der vielen arabischen Kurgäste auch das eine oder andere libanesische Restaurant.

• *Restaurants* **Prince de Ligne (13),** das gehoben-rustikale Restaurant des gleichnamigen Hotels (→ Übernachten). Zu den Spezialitäten gehören Steaks, vom Schwein ab 7 €, vom Rind ab 11 €.

**U Petra (15),** auch: Švejk Restaurant. Ebenfalls zum Hotel Prince de Ligne gehörend. In einem Renaissancebau neben der Dekanatskirche. Böhmische Küche auf hohem Niveau (z. B. Gulasch mit Speckknödeln oder hausgemachte Knoblauchsuppe), Hg. 3,5–9 €. Rooseveltova 1, ✆ 417538337.

**U Kozičky (16),** freundliches Restaurant mit großer Sommerterrasse. Böhmische Standards zu fairen Preisen. Rooseveltova 262, ✆ 417816413.

**Bulldog Steakhouse (6),** wer von Kloß mit Soß die Nase voll hat, kann dieses jugendliche Restaurant probieren. Schwere Steaks in etlichen Varianten vom Huhn, Schwein, Truthahn oder Rind. Hg. 5,30–15 €. Erst ab 15 Uhr. U Hadích Lázní 42, ✆ 417569050.

**Teplická krčma (12),** düster-originelles Restaurant im Stil einer mittelalterlichen Schenke. Dazu passen Met, dicke Fleischlappen vom offenen Grill, keltische Musik und die Kleidung des Personals. Mittlere Preisklasse. Dlouhá 65, ✆ 604296655 (mobil).

**El Cubanito (14)**, Cocktailbar und Restaurant im Zeichen Kubas. Trotz der Kuba-Deko kommt eine karibische Stimmung kaum auf. Kubanische Gerichte, große Cocktailkarte. So erst ab 16 Uhr. Zámecké nám. 7, ✆ 777002209 (mobil).

• *Café* **Dubrovnik Cukrárna a Kavárna (4),** Eiscafé mit Fotos aus Kroatien an den Wänden. Gute Kuchenauswahl, leckeres Eis. U Cisařských lázní (gegenüber dem Theater).

• *Nachtleben* Es ist nicht viel los. Fr/Sa kann man sein Glück im **Unico Me Club (9)** neben dem Stadion versuchen. 2 Ebenen,

aufgebrezeltes junges Publikum. Buntes Programm, Go-go-Tänzerinnen. Na Stínadlech 3113.

**Bar Alex (2),** Bar mit Tanzfläche. Über 30 Cocktailsorten auf der Karte, Am Wochenende wird oft bis in den Morgen zu bunter Musik getanzt. Kein Eintritt. 28. října 12.

## Übernachten

• *Hotels* ****** Prince de Ligne (13)**, Stadtpalast. Komfortable, mittlerweile etwas ältlich wirkende Zimmer, zudem 1 Apartment im Stil Ludwigs XIV. Das angeschlossene Restaurant ist zu empfehlen. Für 2011 ist eine Renovierung geplant. EZ 77 €, DZ 100 €, am Wochenende 20 % Preisnachlass. Zámecké nám. 136, ✆ 417514111, ℻ 417537727, www.princedeligne.cz.

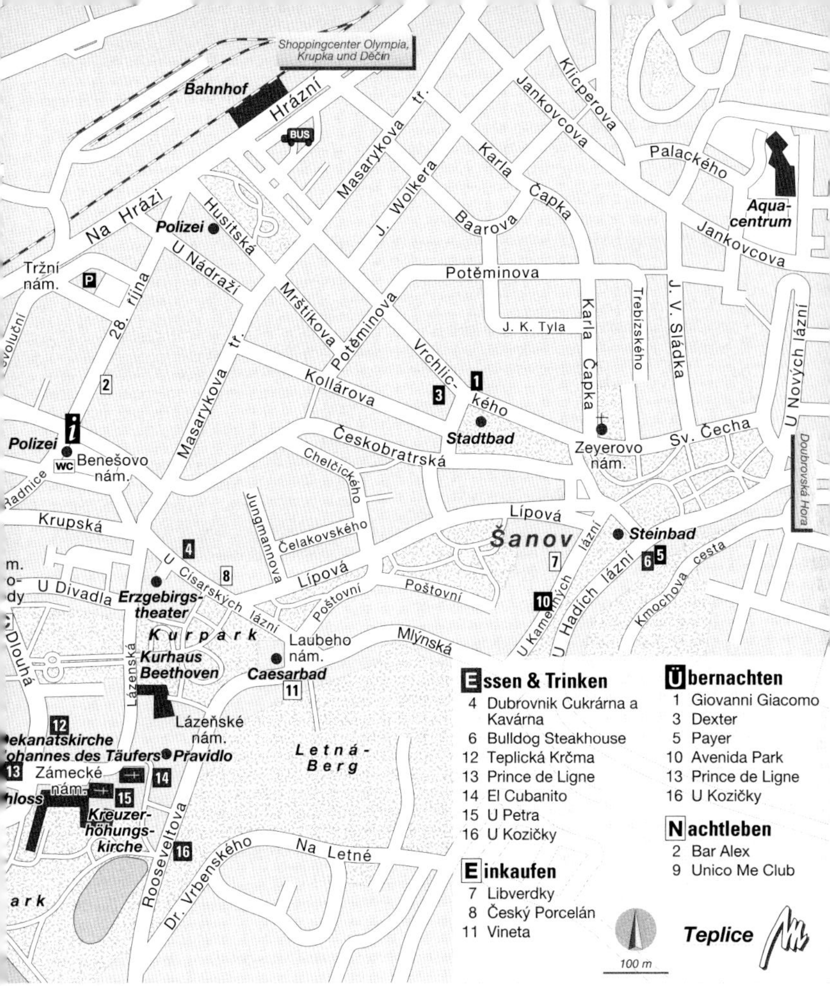


****** Payer (5)**, im Kurbereich. Auf 2 traditionsreiche Gebäude verteiltes Komforthotel. Alle 35 Zimmer sind restauriert, die teuren im Stil eines Designhotels. Alle Zimmer mit Klimaanlage, Satelliten-TV und Minibar. Behindertengerecht. Eigene Parkplätze vor der Tür. EZ 64 €, DZ 105–124 €. U Hadích Lázní 1153/44, ✆ 417531446, 📠 417531448, www.hotelpayer.cz.

****** Giovanni Giacomo (1)**, 18 Zimmer und 4 Apartments in villenähnlichen Gebäuden. Laut Prospekt (bzw. Selbstüberschätzung) ein „Luxus-Hotel". Zimmer zwar stilvoll eingerichtet, eine besondere Note fehlt aber. Massage, Restaurant. Zuweilen viele russische Gäste. EZ 52 €, DZ 78 €. Vrchlického 1243/17, ✆ 417537583 , 📠 226013838.

***** Avenida Park (10)**, neuere Unterkunft im Kurviertel. Jugendlich-moderne Zimmer mit Kiefernholzmobiliar, alle mit Satelliten-TV. Im EG eine Art Szenecafé. DZ 48–57 €. U Kamenných lázní 335/23, ✆ 777100013 (mobil), 📠 474549009, www.avenidaparkhotel.cz.

• *Pensionen* ***** U Kozičky (16)**, sehr empfehlenswerte Unterkunft am Hang mit Blick auf den Schlosspark. 6 klassische Zimmer und 4 Apartments auf 3-Sterne-Hotelstandard. Restaurant. Eigene Parkplätze (3 €/Nacht). Internationales Publikum. EZ 35 €, DZ 55 €. Rooseveltova 262, ✆ 417816411, 📠 417816419, www.ukozicky.cz.

*** **Dexter (3)**, in einem Villenviertel und selbst in einer klassizistischen Villa untergebracht. 7 überwiegend große Zimmer und 2 Apartments von unterschiedlicher Ausstattung (mal mit Parkett und mal mit PVC-Boden), aber alle mit Bad (z. T. sogar mit Sprudelmassagegerät!). Parkplätze verfügbar. EZ 28 €, DZ 40 €. Vrchlického 701/16, ✆/℻ 417536454, www.dexter-tp.cz.

• *Camping* → Osek, S. 301.

## Sport & Freizeit/Kur & Kultur

• *Baden* **Aquacentrum,** Wellnesscenter mit Schwimmbecken, Sauna, Fitnessraum, Solarium, Squashhalle. Außenbereich im Sommer. An der Aloise Jiráska 3149 nordöstlich des Kurzentrums (zu erreichen mit Ⓑ 12 o. 13 ab dem Benešovo nám.).

Im **Kurhaus Beethoven** (→ Sehenswertes) kann jedermann Mo–Sa von 14–20 Uhr u. So von 8–20 Uhr baden. Sprudel-, Kohlensäure- oder Salzbad 12,50 €.

• *Golf* **Golf Club Teplice,** in Cinovec an der deutschen Grenze, ca. 13 km nördlich von Teplice. 9-Loch-Platz. Greenfee 12–16 €. ✆ 606724995 (mobil), www.golf-teplice.cz.

• *Fußball* Der **FK Teplice** kickt im Stadion Na Stínadlech westlich des Zentrums (von dort in Laufnähe). Tickets am Stadion.

• *Kuren* Der Kurverwaltung (Lázně Teplice v Čechách, Mlýnská 253, ✆ 417977444, www.lazneteplice.cz.) sind 7 Kurhäuser angeschlossen. Behandelt werden insbesondere Krankheiten des Bewegungsapparates, Venenleiden, Gicht und Rheuma, und zwar mit Thermalbädern, Schlammpackungen, Gasinjektionen, Akupunktur usw. Kuraufenthalt pro Tag (mit VP und allen Behandlungen) je nach Standard und Saison im EZ 65–85 €.

• *Skifahren* Ca. 15 km nordwestlich von Teplice befindet sich das kleine Skiareal **Bouřňák-Mikulov** (589–869 m): 6 Lifte, knapp 6 km Piste, Tageskarte 15 €.

• *Theater* Das schöne **Erzgebirgstheater** (Krušnohorské divadlo) an der U Císařských lázní wurde zwischen 1919 und 1924 im neoklassizistischen Stil errichtet. Ticketverkauf Mo–Fr 10–22 Uhr, Sa/So ab 14 Uhr. ✆ 417515940, www.dkteplice.cz.

## Sehenswertes

**Zámecké náměstí (Schlossplatz) und Umgebung:** Der Zámecké náměstí vor dem Teplitzer Schloss (s. u.) gehört zu den freundlichsten Plätzen der Stadt. Ihn ziert eine herrliche Pestsäule, die 1717 nach einem Entwurf von Matthias Bernhard Braun errichtet wurde. Hinter der neogotischen *Kreuzerhöhungskirche* (Pravoslavný chrám Povýšení sv. Kříže), die an das Schloss grenzt, steht die barocke *Dekanatskirche Johannes' des Täufers* (Kostel sv. Jana Křitele) aus dem 12. Jh. Ihr heutiges Aussehen erhielt sie zwischen 1700 und 1703. Ihr Inneres ist mit Gemälden der Barockmaler Wenzel Lorenz Reiner und Peter Brandl ausgeschmückt. Nur ein paar Schritte sind es von der Kirche zum *Pravidlo,* der bedeutendsten Teplicer Quelle. Der „Urbrunnen" tröpfelt aus dem Maul eines Wildschweins. Nahebei markiert eine kleine Pyramide jene Stelle, unter der sich der 51 m tiefe Quellschacht befindet, aus dem täglich rund 24.000 Hektoliter des 46 °C warmen Wassers emporsprudeln. Schon mehrmals aber versiegte die Quelle, und der Kurbetrieb stand vor dem Aus: 1755 z. B. während des großen Erdbebens von Lissabon (!) und 1879 infolge von Grubenarbeiten. Vorbei am schönen *Kurpark* (Lázeňský sad) gelangt man zum Laubého náměstí. 230 Stufen führen von dort hinauf auf den *Letná-Hügel,* von wo sich ein Blick auf Teplice auftut.

**Zámek/Regionální museum (Schloss/Regionalmuseum):** Das Teplitzer Schloss wurde zwischen 1585 und 1635 im Stil der Renaissance errichtet und 1751 barock umgestaltet. Sein heutiges Antlitz erhielt es im 19. Jh. durch einen weiteren Umbau im Empirestil. Bis 1945 residierte hier die Adelsfamilie Clary-Aldringen, die großen Anteil am Aufbau des hiesigen Kurwesens hatte. Heute befindet sich im Schloss das Regionalmuseum, das sich der Geschichte des Bäderwesens widmet, zudem gibt es gotische und barocke Kunst, alte Uhren, Porzellan und eine Münzsammlung zu sehen. Die Führung beinhaltet zudem die Besichtigung mehrerer Schlossräume und einer *romanischen Krypta,* die Archäologen neben der Kreuzerhöhungskirche (s. o.) freilegten. Diese ist ein Überbleibsel des 1153 auf dem Schlosshügel errichteten und im 15. Jh. verlassenen Benediktinerinnenklosters. Im Süden schließt ein schöner *Park* an das Schloss an.

Öffnungszeiten Tägl. (außer Mo) 10–12 u. 13–17 Uhr. Eintritt 1,60 €, erm. 1 €.

**Šanov (Schönau):** Der ehemals selbstständige Ort – bis 1945 hieß Teplice *Teplitz-Schönau* – gehört schon lange zur Innenstadt und steht heute wie ehedem ganz im Zeichen des Bädertourismus. Gepflegte Parkanlagen und mit Villen geschmückte Straßen laden zu Spaziergängen ein – werfen Sie beispielsweise einen Blick in die Vrchlického und die Českobratřská. Dazwischen stehen die Kurhäuser. Viele von ihnen sind schön restauriert wie das *Steinbad* (Kamenné Lázně), ein edler neobarocker Bau aus dem Jahr 1911.

*Alte Pracht im Kurviertel*

**Doubravská Hora (Eichenwaldberg):** Der 393 m hohe Hügel ganz im Osten der Stadt ist ein beliebtes Ausflugsziel der Kurgäste. Vom Aussichtsturm auf dem Gipfel tut sich ein interessantes Panorama auf. Das Restaurant auf dem Berg ist jedoch bereits seit Jahren geschlossen.

Verbindungen Wer nicht die ganze Strecke laufen will, nimmt Ⓑ 5, 12 o. 13. An der Haltestelle Panorama aussteigen, dann noch ca. 30 Min. zu Fuß.

## Umgebung von Teplice

**Krupka (Graupen):** Das sich ewig hinziehende 14.000-Einwohner-Straßennest an den Ausläufern des Erzgebirges liegt 7 km nordöstlich von Teplice. Bergidylle kann man der unglücklichen Mischung aus Alt- und Plattenbau nur schwerlich abgewinnen. Am Marianské náměstí im „Ortszentrum" steht die pompöse *Wallfahrtskirche der schmerzhaften Mutter Gottes (*Kostel Sedmibolestné Panny Marie), die zu Anfang des 18. Jh. nach Plänen von Octavio Broggio erbaut wurde. Sehenswert ist insbesondere der Kreuzgang mit den sieben Kapellen, welche die sieben Schmerzen der Mutter Gottes symbolisieren. An die Geschichte der Stadt als einstige Bergmannssiedlung – bis in die 1950er wurde Zinnerz gefördert – erinnern das *Stadtmuseum* (Muzeum Krupka) westlich der Kirche und das der Öffentlichkeit zugänglich gemachte *Bergwerk Alter Martin* im Ortsteil Horní Krupka 2 km nördlich. Wen es eher nach oben treibt, der schwebt mit dem Sessellift (mit „Lanová dráha" bzw.

Nordböhmen Karte S. 234/235

„Lanovka" ausgeschildert) in 15 Minuten auf den Gipfel des 808 m hohen *Komáří Hůrka* (Mückentürmchen). Mit Glück kann man von dort bis zum Riesengebirge blicken. Im Winter sind Skiabfahrten möglich.

• *Verbindungen* Sehr gute **Busverbindungen** nach Teplice. **Züge** bis zu 5-mal tägl. nach Děčín.

• *Übernachten/Essen & Trinken* **Hrad Krupka**, Hotel und Restaurant inmitten der Ruinen der Burg Graupen hoch über der Stadt (ausgeschildert). Rühmt sich damit, dass bereits Goethe hier geschlafen hat. 9 Zimmer mit Teppichboden und Holzmöbeln, alle mit Bad. Bewachter Parkplatz. Schöner Kaminsaal. Probieren Sie im Restaurant (Mo Ruhetag) „Goethes Fleischnadel". DZ 48 €. Panský dům 12, ✆ 417852052, www.hradkrupka.cz.

• *Öffnungszeiten* **Wallfahrtskirche,** tägl. (außer Mo/Do) 9–16 Uhr, Fr/So ab 10 Uhr, ggf. beim Pfarramt gegenüber klingeln. **Stadtmuseum,** Mi–So 9.30–16.30 Uhr. Eintritt 1,20 €, erm. die Hälfte. **Besucherbergwerk,** Mai–Okt. tägl. 9.30–16.15 Uhr, stündl. Führungen. Eintritt 2 €, erm. 1,40 €.
**Sessellift,** im Sommer tägl. 8.30–18.30 Uhr, im Winter bis 16.30 Uhr. Einfache Fahrt 3,20 €, hin u. zurück 6 €, erm. 4 €.

## Nordböhmisches Kohlebecken

**„Schwarzes Dreieck" nannte man die Region zwischen Chomutov, Teplice und Most bis vor gar nicht allzu langer Zeit. Immer noch bietet sie wenig Schönes, dafür so manch Interessantes.**

Mit der Braunkohleförderung begann man in der zweiten Hälfte des 19. Jh. Sie bildete den Grundstock für die Entstehung einer gigantischen Industrieagglomeration. Insbesondere die Kommunisten protegierten den Abbau des minderwertigen Energieträgers für die Schwerindustrie und für Wärmekraftwerke. Zu besten Zeiten kam 75 % des tschechoslowakischen Kohlebedarfs aus dem Nordböhmischen Becken. Gigantische Schürfmaschinen zermalmten die einst liebliche Landschaft, etliche Ortschaften wurden vom Tagebau – man grub selten tiefer als 10 m – einfach verschluckt. Der Fünfjahresplan kannte nur die Ausbeutung der Natur, nicht deren Schutz: Es entstand eine Mondlandschaft aus braunen Schlammfeldern, in der Chemiefabriken und Kraftwerke farbig-giftige Wolken in den Himmel furzten. Dass die kranken, vom sauren Regen betroffenen Wälder des östlichen Erzgebirges alles andere als Touristenmagneten sind, wundert somit nicht. Auf das Verschwinden des alten politischen Systems folgte auch der Untergang vieler Betriebe – aus ökologischer Sicht ein Glücksfall für die Region. Nach und nach drosselte man die Braunkohleförderung, die verbliebenen Kraftwerke wurden mit Entschwefelungsanlagen dem gegenwärtigen Stand der Technik angepasst. Heute werden alte Gruben rekultiviert, mancherorts wird ihre Attraktivität durch das Anlegen von Seen, Badeweihern und Naherholungsgebieten gesteigert. An den Südhängen versucht man sich u. a. im Weinanbau. In den grauen Trabantenstädten kommt aber ansonsten wenig Freude auf. Die Arbeitslosigkeit ist das größte Problem. Most ist mit einer Arbeitslosenrate von über 20 % der traurige Spitzenreiter der tschechischen Statistik. Händeringend sucht man Investoren.

**Duchcov (Dux):** Das 9000 Einwohner zählende Duchcov 9 km südwestlich von Teplice ist eine der freundlichsten Städte der Region. Seine Attraktion ist das weißockerfarbene *Schloss* am kleinen Hauptplatz. Es wurde von den Lobkowicz in der zweiten Hälfte des 16. Jh. als Renaissanceschloss errichtet und erfuhr unter den Waldstein zwischen 1675 und 1685 große barocke Um- und Anbauten. Verantwortlich zeichnete der französische Architekt Jean Baptiste Mathey, an der Ausschmückung beteiligten sich die größten Barockkünstler jener Zeit, u. a. Matthias

*Im nordböhmischen Kohlebecken*



Bernhard Braun und Maximilian Brockoff. Die gegenwärtige klassizistische Fassade des Schlosses, das seit 1921 in Staatsbesitz ist, stammt aus dem frühen 19. Jh. In den 1950ern kamen die Kohle fressenden Schaufelradbagger Duchcov immer näher. Nur vehemente Bürgerproteste konnten den Abriss eines Großteils der Stadt verhindern. Es traf jedoch den Schlosspark und die barocke Spitalkapelle des Schlosses mit einem wertvollen Fresko des Barockmalers Wenzel Lorenz Reiner. Der Garten wurde rekultiviert, das Fresko 1982 in einen Betonpavillon transferiert. Zuletzt war es jedoch leider nicht möglich, das kunstvolle Wandgemälde zu besichtigen.

Die meisten Besucher werden jedoch vom Mythos Giacomo Girolamo Casanova (→ Kasten, S. 302) nach Duchcov gelockt. Der große Verführer starb 1798 auf Schloss Dux, wo er die letzten 13 Jahre seines Lebens als Bibliothekar und Gesellschafter des Grafen Josef Karl von Waldstein verbrachte. Bei einer Führung durch das Schloss sieht man die Wohnräume Casanovas, selbst seinen Sterbesessel. Zudem durchläuft man einige der Waldstein-Räume und eine interessante Exposition zur Möbelentwicklung von der Romanik bis zum Kubismus. Die Exponate entstammen dem Fundus des Prager Kunstgewerbemuseums.

• *Verbindungen* Regelmäßige **Busverbindungen** nach Teplice.

• *Übernachten* *** **Hotel Casanova,** beim Barbora-Teich, die beste Unterkunft des Ortes. 30 ordentliche Zimmer und Apartments, alle mit privaten Bädern. Kleines Restaurant mit Terrasse, bewachte Parkplätze. EZ 30 €, DZ 48 €. Husova 45, ☏ 417835714, ℻ 417836723, www.hotelcasanova.eu.

• *Öffnungszeiten* **Schloss,** April u. Okt. Mi–So 9–16 Uhr, Mai u. Sept. tägl. (außer Mo) 9–17 Uhr, Juni–Aug. bis 18 Uhr. Deutschsprachige Führung (60 Min.) 5,60 €, erm. die Hälfte.

**Osek (Ossegg):** Rund 5 km trennen Duchcov von der verschlafenen Kleinstadt Osek (5000 Einwohner) am Nordrand des Reviers, in der lediglich der Verkehr auf der Hauptdurchgangsstraße für etwas Leben sorgt. Dort steht ein *Zisterzienserkloster* (Cisterciácký klášter), das zum Ende des 12. Jh. gegründet wurde und lange Zeit die Entwicklung der Gegend prägte. Seine wirtschaftlich größte Blüte erlebte es im 18. Jh. Eine klostereigene ertragreiche Textilmanufaktur (angeblich die älteste Böhmens) erlaubte zwischen 1712 und 1718 den prächtigen Barockumbau der dreischiffigen Basilika durch Octavio Broggio und eine Erneuerung der Klostergebäude. Seit 1991 wird das Kloster wieder von Mönchen bewohnt, die Führungen anbieten. Neben der sehenswerten Kirche (die Fresken im Inneren stammen vornehmlich von Wenzel Lorenz Reiner) besichtigt man den Kreuzgang, die Galerie und den frühgotischen Kapitelsaal (1220–1250). Blickfang ist dort neben einer Madonnenstatue (1340) ein steinernes romanisches Lesepult.

• *Verbindungen* Gute **Busverbindungen** nach Teplice.

• *Camping* **Autocamp Osek,** im Westen von Osek, im Ort ausgeschildert. Schöner Platz an einem Badesee. Sehr freundliches Personal. Nette Atmosphäre, gemischtes Publikum. Dazu eine Pension und ein gutes Restaurant. Mai–Sept. 2 Pers. mit Auto u. Zelt 11 €, kleine Chata für max. 4 Pers. 20 €, Pensionszimmer 16 €/Pers. Osek, ✆/📠 417837221, www.autocamposek.cz.

• *Öffnungszeiten* **Kloster,** Mai–Aug. Di–Sa 9–17 Uhr, So ab 13 Uhr, April, Sept. u. Okt. bis 16 Uhr, Mittagspause 12–12.30 Uhr. Fremdsprachige Führung 2,40 €, erm. die Hälfte.

### Casanova – von Venedig nach Dux

Giacomo Girolamo Casanova, am 2. April 1725 in Venedig geboren, ist der Inbegriff des *homme à femmes*. So zahlreich seine Affären waren, so zahlreich waren auch seine Begabungen. In seinen Lebenserinnerungen begegnet man ihm als Literaten und Spieler, Advokaten und Spitzel, Humanisten und Abenteurer, Laienprediger, Musiker und Scharlatan. Er verkehrte in Adelskreisen, an den Spieltischen der Casinos, in den verruchtesten Bordellen und stellte sogar den Nonnen nach. Stets war er in Händel verwickelt, doch einflussreiche Gönner halfen ihm fast immer wieder heraus. Als Opfer einer Denunziation wurde Casanova im Juli 1755 wegen Blasphemie verhaftet. Fünf Jahre sollte er in den sog. Bleikammern des venezianischen Dogenpalastes eingesperrt bleiben. Doch nach rund 15 Monaten gelang ihm nach nächtelangen Bohrarbeiten die Flucht aus der Zelle. Er setzte sich ins europäische Ausland ab, von wo er erst nach 18 Jahren, mittlerweile amnestiert, zurückkehrte – nur kurzfristig, denn eine abermalige Denunziation führte zur endgültigen Verbannung. Chevalier de Sengalt, wie er sich fortan nannte, trieb es nun in den verschiedensten Funktionen an die Höfe von Paris, London, Wien, St. Petersburg und schließlich als Bibliothekar des Grafen Waldstein nach Dux. Hier konnte er all das genießen, was er sein Leben lang vermisst hatte: ein festes Einkommen, eine bequeme Wohnung, Ruhe und eine gute Bibliothek. Er nutzte die Stellung, um seine berühmte, mit erotischen Anekdoten gespickte *Geschichte meines Lebens* zu schreiben. Casanova verschied 1798 in Dux angeblich mit den Worten: „Ich habe als Philosoph gelebt und sterbe als Christ." Er wurde auf dem örtlichen Friedhof beigesetzt, die Lage seines Grabes ist heute nicht mehr bekannt.

**Zámek Jezeří (Schloss Eisenberg):** Von der Europastraße 442 zwischen Most und Chomutov hat man nicht nur den besten Blick auf die hiesigen Abraumhalden, sondern sieht auf den dahinter ansteigenden, bewaldeten Hügeln auch Schloss Jezeří aufragen. Um es zu erreichen, muss man allerdings einen anderen Weg wählen:

Beim erbärmlich stinkenden Chemiewerk Chemopetrol zwischen Most und Litvínov zweigt eine Straße nach Horní Jiřetín ab, von wo das einsam im Wald gelegene Schloss ausgeschildert ist (Sackgasse!). Ursprünglich ein Renaissanceschloss, wurde es von den Lobkowicz, denen es bis 1945 gehörte, zu Anfang des 18. Jh. im frühbarocken Stil umgebaut. Die Nazis richteten darin ein Internierungslager für Offiziere der Alliierten ein, u. a. war hier der Bruder Charles de Gaulles inhaftiert. In kommunistischer Zeit verfiel das Schloss. Heute wird es stufenweise restauriert, bei der Besichtigung ist nicht selten *work in progress* zu sehen.

*Öffnungszeiten* April u. Okt. Mi–So 9–16 Uhr, Mai–Sept. tägl. (außer Mo) 9–18 Uhr. Eintritt 2 €, erm. 1,20 €.

**Most (Brüx):** Das historische Brüx fiel ab den 1960ern nach und nach dem Übertageabbau zum Opfer, denn die alte Bausubstanz stand auf zig Millionen Tonnen Braunkohle. Dafür wurde das neue Most aufgebaut – monotone Wohnblocks und dazwischen breite Straßen, auf denen die Trambahnen träge ihre Runden ziehen. 67.000 Einwohner leben heute hier. Neben einer fast grotesk wirkenden barocken Pestsäule, die am tristen Hauptplatz wieder aufgestellt wurde, erinnert nur noch die spätgotische *Dekanatskirche Mariä Himmelfahrt* (Děkanský kostel Nanebevzetí Panny Marie) an das alte Brüx. Die Kirche wurde 1517 von Jakob Heilmann, einem Schüler Benedikt Rieds, errichtet und 1975 bei einer spektakulären Transferaktion vor dem Abriss gerettet. Dabei wurde das Interieur vollkommen demontiert und der Kirchturm Stein für Stein abgetragen. Den über 10.000 t schweren, mit einer Stahlkonstruktion gefestigten Kirchenkörper verschob man auf Gleisen um 841 m (ca. 30 m pro Tag) und setzte ihn auf ein neues Fundament zwischen der heutigen Autobahn und einer mittlerweile rekultivierten Grube am nördlichen Stadtrand. Die darauf folgenden Restaurationsarbeiten dauerten bis 1993, dann war auch der Barockaltar aus dem Jahr 1730 wieder integriert. Heute ist das von außen recht schlichte Gotteshaus mit seinem herrlichen Netzgewölbe im Inneren ein Museum. In den Seitenkapellen wird nordböhmische Kunst der Renaissance und Gotik präsentiert, zudem zeigt man einen 15-minütigen Film über den Kirchentransfer.

Most und Umgebung

Wer Most und Umgebung aus der Vogelperspektive betrachten will, kann die *Burg Hněvín* auf einem Hügel am nordwestlichen Ortsende ansteuern (vom Zentrum ausgeschildert). Die Burg ist das romantisierende Replikat einer mittelalterlichen Feste vom Anfang des 20. Jh. In ihr befindet sich ein Restaurant, zudem kann man dort nett übernachten (s. u.). Die Ausblicke von der Burg werden sich zukünftig ändern: Die Rekultivierung der Industrielandschaft ist in vollem Gange. Bis 2012 soll nahe Most der zweitgrößte See Tschechiens

Nordböhmen
Karte S. 234/235

(samt Yachtclub!) aus den gigantischen Erdlöchern entstehen. Ein schon weitgehend abgeschlossenes Rekultivierungsprojekt ist die *Pferderennbahn* (Hipodrom Most) inmitten der einstigen Velebudice-Halde im Süden der Stadt. Auch wird wieder Wein angebaut, wie am Südhang des Burgberges.

• *Verbindungen* Bahnhof im Norden der Stadt nahe der Kirche. **Züge** regelmäßig nach Chomutov, Ústí nad Labem, Louny und Žatec, bis zu 9-mal tägl. nach Prag.

• *Essen & Trinken/Übernachten* **Hotel Hrad Hnevín,** angenehme, komfortable Zimmer und Apartments in toller Lage. Angeschlossen ein sehr gepflegtes Restaurant mit Rittersaalambiente und herrlicher Terrasse. Sieht man von den Geräuschen des nahe gelegenen Motodroms einmal ab, ruhige Lage. DZ 88 €, Apartment für 2 Pers. 104 €. ✆ 476449955, www.hradhnevin.cz.

• *Öffnungszeiten* **Dekanatskirche Maria Himmelfahrt,** Nov.–März Mi–Fr 9–15 Uhr, April u. Okt. Mi–So 9–16 Uhr, Mai u. Sept. tägl. (außer Mo) 9–17 Uhr, Juni–Aug. tägl. (außer Mo) 9–18 Uhr. Eintritt 2,40 €, erm. 1,60 €. **Burg Hněvin,** Mai–Sept. tägl. 11–23 Uhr. Der Aussichtsturm kostet 0,60 € Eintritt, erm. 0,20 €. **Pferderennbahn**, Saisondauer von April–Okt., Rennen und Springreiten meist Sa/So.

## Leben zwischen Plattenbau und Datscha

Most und Chomutov sind Paradebeispiele sozialistischer Wohnungsbaupolitik aus der Zeit der Tschechoslowakei: Plattenbauten, so weit das Auge reicht. In den 50ern schraubte man die ersten Blocks zusammen, heute lebt fast jeder dritte Tscheche in einem Plattenbau. Auf 50 Jahre wurde die „Lebenserwartung" dieser Modularbauten einst angesetzt, Jahr für Jahr überschreiten also immer mehr dieses Alter. Vielerorts hat man damit begonnen, die einst einheitsgrauen Fassaden zu verschalen und zu streichen. Doch im Inneren lebt der Geruch des Sozialismus meist noch bis heute fort, ein eigenartiger Dreiklang aus Bohnerwachs, Küchenmief und dem in jeder Betonritze festsitzenden Gestank verheizter Braunkohle. Die Gänge erinnern an Flure von Krankenhäusern, in denen man niemals gesund wird. Die Klospülung im 10. Stock ist auch noch im Keller zu hören und der Streit des jungen Ehepaars im Erdgeschoss durch die ganze Etage – als Mega-Reality-Soap entpuppt sich schließlich das Leben. Die Enge der Wohnung ist bedrückend, aus dem Weg kann man sich kaum gehen – kein Wunder also, dass tschechische Kneipen stets gut gefüllt sind. Die Raumknappheit führte übrigens auch dazu, dass die Tschechen überaus früh heirateten, eine Tradition, die bis heute fortbesteht, wenn auch in abgeschwächter Form. Es war die einzige Möglichkeit, den vier Wänden bei Mama und Papa zu Hause zu entkommen.

Einen Ausgleich zur Anonymität der Plattenbauten finden die Tschechen in ihren Datschen. Sie sind ebenfalls ein Relikt aus sozialistischer Zeit. Die meisten Laubenkolonien findet man an Seen und Flussläufen. Fast jede Familie besitzt ein Wochenendhäuschen. Dort vergisst man Arbeitsstress und grauen Beton, grillt stattdessen Würstchen und plaudert mit dem Nachbarn am Gartenzaun. Wie die Zukunft der Plattenbauten liegt auch die der Datscha-Kultur im Ungewissen – für viele Tschechen ist ein Badeurlaub an der türkischen Riviera mittlerweile attraktiver als ein Schrebergarten an der Eger.

**Chomutov (Komotau):** Die 50.000-Einwohner-Stadt grenzt das Kohlerevier gen Westen ab. Wären Sie vor 60 Jahren gekommen, hätten Sie Komotau als idyllisches Städtchen kennen gelernt. Der Hauptplatz, der *Náměstí 1. Máje* mit seinen herrlichen Laubenhäusern, und die davon abgehenden Gassen bezeugen dies. Doch der alte Kern nimmt heute nur noch etwa 5 % der Stadtfläche ein. Der große Rest der Stadt besteht überwiegend aus Hässlichkeiten der sozialistischen Zeit und Industrieanlagen. Wertvollstes Gebäude am Hauptplatz ist die 1281 geweihte *St.-Katharinen-Kirche* (Kostel sv. Kateřina). Sie bildet eine Einheit mit dem Rathaus, dem einstigen Schloss, in dem heute auch ein Teil der Sammlungen des *Gebietsmuseums* (Oblastní muzeum) untergebracht ist. Zu sehen bekommt man u. a. gotische Kunst aus der Komotauer Region, eine Barockapotheke und eine Rüstkammer. Ausgelagert ins ehemalige Jesuitenkolleg (südwestlich des Marktplatzes an der Palackého) ist die wenig überzeugende naturwissenschaftliche Exposition. Einen Rundblick über Chomutov ermöglicht der *Stadtturm* (Městská věž) im Norden des Marktplatzes. Er wurde 1525 errichtet und 1874 im neugotischen Stil umgebaut. Halten Sie von oben Ausschau nach dem *Alaunsee* (Kamencové jezero) nördlich des Zentrums, einem beliebten Naherholungsziel. Bevor der 16 ha große Baggersee geflutet wurde, baute man hier Alaun, ein als Ätz- und Beizmittel verwendetes Salz sowie Schwefel ab. Fische können in dem See nicht überleben, ein Bad aber soll gut für die menschliche Haut sein. Am See gibt es eine Reihe von Liegeflächen, einen Campingplatz und nördlich davon einen *Zoo* mit rund 130 Tierarten. Man läuft vom Zentrum zum See etwa 15 Minuten oder steigt bei der Touristeninformation in Bus Nr. 3 und bei der Haltestelle Jezero aus.

Ganz nebenbei: Noch bis 2008 war Chomutov auch für seinen Straßenstrich bekannt. Doch dann installierten Stadt und Polizei in den sündigen Meilen Kameras und stellten die Bilder live ins Internet. Die Kampagne war umstritten, aber erfolgreich.



• *Information* **Městské informační centrum,** zentral in der Chelčického 99, ✆ 474637 460, www.chomutov-mesto.cz. Mo–Fr 8–17 Uhr, Juli u. Aug. auch Sa 9–12 Uhr.

**Hinweis für Autofahrer:** Nur eine einzige Straße führt auf den Hauptplatz – folgen Sie von der Ringstraße, die um die Altstadt führt, der Beschilderung „Městská policie/Infocentrum". Parken (gebührenpflichtig) ist auf dem Hauptplatz möglich.

• *Verbindungen* Hauptbahnhof im Westen der Stadt, Busbahnhof ebenfalls im Westen, aber etwas näher zum Zentrum.

Gute **Busverbindungen** in alle größeren Städte Nordwestböhmens.

**Züge** regelmäßig nach Žatec, alle 2 Std. nach Prag, über Most nach Ústí nad Labem sowie über Kadaň und Klášterec nad Ohří nach Karlsbad.

• *Essen & Trinken* **Radora Restaurant**, schick-cooles Lokal unter Gewölbe, 2010 eröffnet. Günstiger Mittagstisch, abends kleine, aber feine Karte mit internationaler Küche wie Barbarieentenbrust mit Calvadossauce oder Zander mit Couscous. Beim Essen kann man den Fischen im Aquarium zusehen. So Ruhetag. Vom Marktplatz die Gasse rechts am Stadtturm vorbei nehmen, die nächste links ab, dann rechter Hand. Klostermannova 148, ✆ 723867092 (mobil).

**Restaurant Hradčany,** gepflegtes Lokal ca. 100 m nördlich des Marktplatzes. Außenbestuhlung, aber an lauter Straße. Günstige böhmische Mittagskarte, abends Kurzgebratenes zwischen T-Bone-Steak und gefüllter Schweinelende, mittlere Preisklasse. Vom Marktplatz die Gasse rechts am Stadtturm vorbei nehmen, nach ca. 100 m rechter Hand. Mostecká 24, ✆ 77193879 (mobil).

• *Übernachten* **** **Hotel Royal,** Altstadthaus am Marktplatz. Sehr gepflegt und komfortabel. Lobbybar, Restaurant mit Terrasse, abgeschlossene Parkplätze, behindertengerecht. EZ ab 64 €, DZ ab 92 € (am Wochenende Preisnachlässe). Nám. 1. Máje 14, ✆ 474650359, ℻ 474650613, www.hotelroyal.cz.

*** **Hotel U dvou medvídků,** kleines familiäres Hotel in einem Haus aus dem 16. Jh. 13 Standardzimmer und Apartments mit Satelliten-TV und Minibar, behindertengerecht. Ruhige und doch zentrale Lage. Sichere Parkplätze. Vom Marktplatz die Gasse rechts am Stadtturm vorbei nehmen, dann die erste wieder rechts. EZ 40 €, DZ 47 €. Revoluční 32, ✆ 474652817, ✆ 474651108, www.udvoumedvidku.cz.

**Pension Zlatý Kaštan,** gepflegte Pension ca. 7 Fußmin. vom Zentrum. 8 Zimmer mit Bad, TV und Minibar. Im EG ein gemütliches Restaurant mit Biergarten, das böhmische Küche über dem Standard serviert. Vom Zentrum der Beschilderung nach Blatno folgen, kurz vor einer Bahnunterführung rechter Hand. DZ 35 €, Frühstück 2,50 € extra. Blatenská 800, ✆ 731558809 (mobil), ✆ 474621307, www.zlatykastan.cz.

• *Öffnungszeiten* **Gebietsmuseum,** Di–Fr 10–17 Uhr, Sa 9–14 Uhr. Eintritt für beide Expositionen 0,60 €, erm. die Hälfte. **Stadtturm,** Mai–Sept. tägl. (außer Mo) 9–17 Uhr. Eintritt 1 €, erm. die Hälfte. **Alaunsee,** Mitte Mai–Mitte Sept. tägl. 9–19 Uhr. Eintritt 0,70 €. **Zoo,** April–Sept. tägl. 9–16.30 Uhr. Eintritt 2,60 €, erm. 1,60 €.

Informationen zum rund 20 km westlich gelegenen Städtchen **Kadaň** bekommen Sie ab S. 311.

## Žatec (Saaz)

**„Kde se pivo vaří, tam se dobře daří" – „Wo Bier gebraut wird, lässt es sich gut leben" heißt ein tschechisches Sprichwort. Bei einem Besuch der böhmischen Hopfenmetropole können Sie prüfen, ob's stimmt.**

Die sympathische 19.300-Einwohner-Stadt thront auf einem Hügelrücken inmitten des fruchtbaren Saazer Beckens. Endlose grüne Hopfenfelder prägen die Landschaft drum herum. 1004 wurde der Flecken erstmals erwähnt, 1234 zur Stadt erhoben. Um jene Zeit begann man auch schon Hopfen anzubauen, das Braurecht erhielt Saaz offiziell 1265. Das „Grüne Gold" (→ Kasten S. 309) brachte der Bevölkerung ab dem 15. Jh. einen gewissen Wohlstand, im 19. Jh. gar Reichtum. Im frühen 20. Jh. exportierte man bereits nach Amerika und Japan. Nach der Samtenen Revolution hing Žatec im Facelifting lange Zeit noch vielen anderen böhmischen Kleinstädten hinterher, was der Stadt aber gleichzeitig einen gewissen morbiden Charme verlieh. Dieser wiederum lockte immer wieder internationale Filmteams an. Unter anderem wurden in Žatec Szenen für die Kinofilme *Yentl* (1983), für die Neuauflage von *Doktor Schiwago* (2002), für *Oliver Twist* (2005) und *La Vie en Rose* (2006) gedreht. Heute sind die meisten Häuserfassaden herausgeputzt und erstrahlen im neuen Glanz.

*Žatec: Vor der Kirche Mariä Himmelfahrt*

Das Zentrum der denkmalgeschützten Altstadt bildet der Náměstí Svobody. Blickfang des hübschen Hauptplatzes mit einer figurenreichen Pestsäule (1582) ist das weiß-graue **Rathaus** aus dem 14. Jh. Seinen barocken Zwiebelturm erhielt es

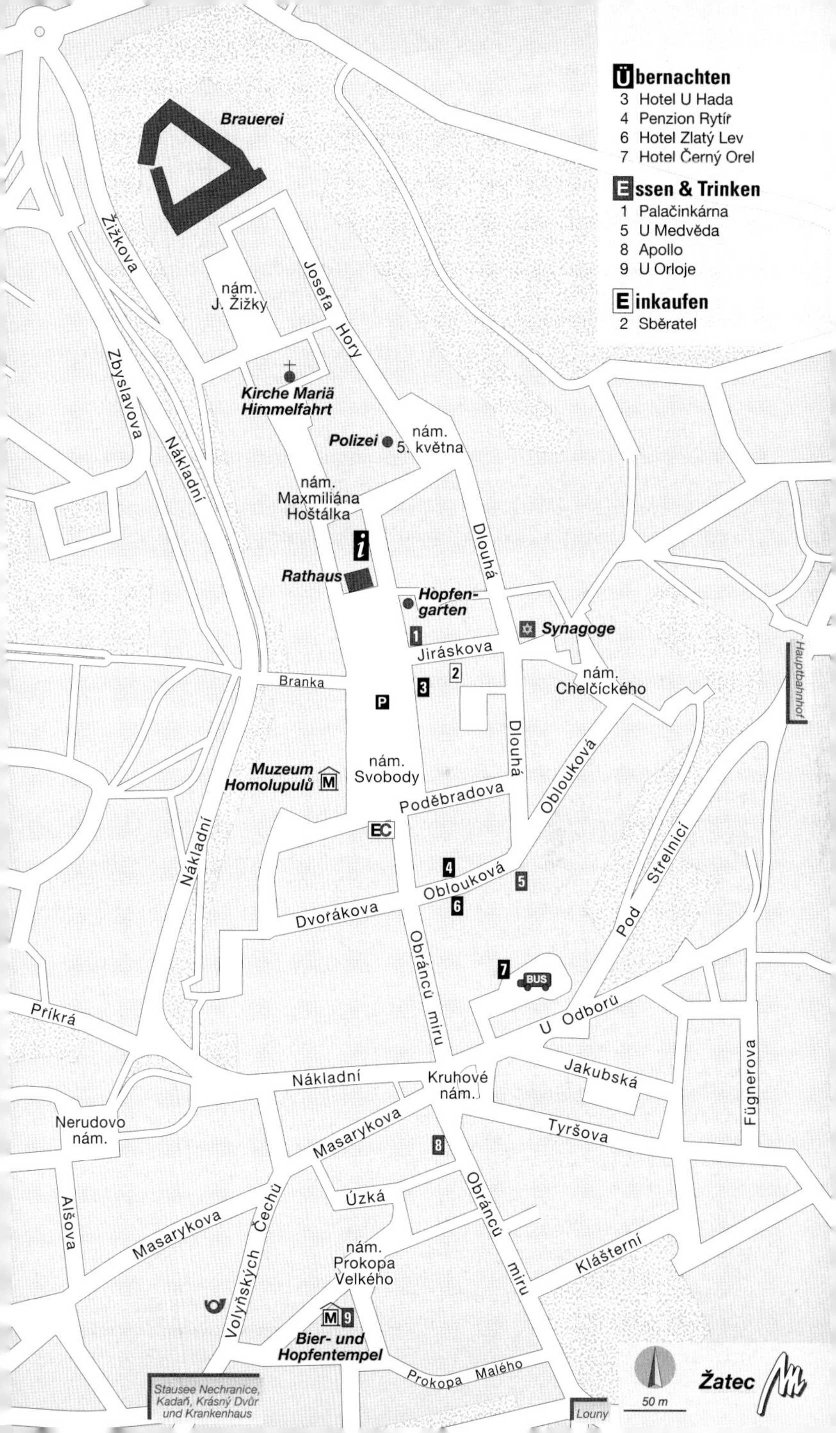
Übernachten
3 Hotel U Hada
4 Penzion Rytíř
6 Hotel Zlatý Lev
7 Hotel Černý Orel
Essen & Trinken
1 Palačinkárna
5 U Medvěda
8 Apollo
9 U Orloje
Einkaufen
2 Sběratel
Brauerei
Žižkova
nám. J. Žižky
Josefa Hory
Zbyslavova
Kirche Mariä Himmelfahrt
Nákladní
Polizei
nám. 5. května
nám. Maxmiliána Hoštálka
Dlouhá
Rathaus
Hopfengarten
Synagoge
Jiráskova
Branka
nám. Chelčíckého
Hauptbahnhof
Muzeum Homolupulů
nám. Svobody
Oblouková
Poděbradova
Pod Střelnicí
Dvořákova
Obránců míru
BUS
U Odborů
Příkrá
Kruhové nám.
Jakubská
Nerudovo nám.
Masarykova
Tyršova
Fügnerova
Úzká
Alšova
Volyňských Čechů
nám. Prokopa Velkého
Klášterní
Bier- und Hopfentempel
Prokopa Malého
Stausee Nechranice, Kadaň, Krásný Dvůr und Krankenhaus
Louny
50 m
Žatec

im 18. Jh.; er dient heute als Aussichtsturm (Mo–Fr 9–16 Uhr, Sa 9–12 Uhr, Eintritt 1,60 €, erm. die Hälfte). Schräg gegenüber befindet sich der **kleinste Hopfengarten der Welt,** der Stolz der Stadt. Dahinter erblickt man die **Synagoge,** eine der größten Böhmens (1871). In der Reichskristallnacht wurde sie niedergebrannt und seitdem nie mehr genutzt. Nach Abschluss der Restaurierungsarbeiten sollen im Gebäude ein Hotel und ein Kulturzentrum untergebracht werden. Den Norden der Altstadt beherrscht die mächtige **Kirche Mariä Himmelfahrt** (Chrám Panny Marie). Die barocke Fassade erhielt das dreischiffige Gotteshaus, ursprünglich eine gotische Hallenkirche, im Jahr 1738.

Am Náměstí Svobody findet stets am letzten August- oder ersten Septemberwochenende das **Saazer Hopfenfest** statt. Bei dem zweitägigen Spektakel wird natürlich ordentlich gezecht, zudem versucht man alljährlich, einen neuen Weltrekord in der Sparte „Bierbecherschlange" aufzustellen – alle leeren Bierbecher werden dabei übereinander gestülpt. Die älteste Brauerei der Stadt ist übrigens die *Žatecký pivovar* (gegründet 1801). Ganz so außergewöhnlich, wie man es in der Hopfenmetropole erwarten könnte, schmeckt das Bier aber nicht. Touristen trinken es bislang nur selten. Damit sich das ändert, streben die Stadtväter den Eintrag Žatecs in die UNESCO-Welterbeliste an.

• *Information* **Turistické informační centrum,** Nám. Svobody 1, ✆/℻ 415736156, www.mesto-zatec.cz. Im Sommer Mo–Fr 8–17 Uhr, Sa/So 9–13 Uhr, im Winter verkürzt.

• *Parken* Kostenlose Parkplätze am Hauptplatz.

• *Verbindungen* Hauptbahnhof ca. 1,5 km nordöstlich des Zentrums, Busbahnhof zentral südlich des Hauptplatzes. **Busse** regelmäßig nach Louny und Chomutov, bis zu 5-mal tägl. nach Kadaň. **Züge** regelmäßig nach Chomutov und Most, bis zu 6-mal tägl. nach Pilsen.

• *Ärztliche Versorgung* **Krankenhaus** im Süden der Stadt an der Husova. ✆ 414110111.

• *Polizei* **Stadtpolizei** am Nám. 5 května. ✆ 156.

• *Post* An der Volyňských Čechů.

• *Einkaufen* **Sběratel (2),** ein kurioser Antikhandel. An- und Verkauf von antikem Glas, Uhren und technischen Kuriositäten jeder Art. Jiráskova 153.

• *Essen & Trinken* **U Medvěda (5),** Kneipenrestaurant im amerikanischen Stil. Leuchtreklame, Fahnen, Backstein, große Theke. Gute Küche: mittags günstige böhmische Gerichte zu ca. 3 €, am Abend Steaks in unzähligen Variationen zu 6–12 €. Žatecer Bier. Obloukova 222, ✆ 415710755.

**U Orloje (9),** die Brauereigaststätte des Bier- und Hopfentempels (s. u.). Na klar mit Bierkesselatmosphäre. Serviert werden die typischen böhmischen Klassiker. Preiswerte Mittagsgerichte um die 3 €. Gutes Bier. Nám. Prokopa Velkého, ✆ 415210952.

**Apollo Restaurant (8),** typisches tschechisches *Restaurace* mit der üblichen böhmischen Karte. Mittlere Preisklasse. Obránců Míru 314, ✆ 415710779.

**Palačínkárna (1),** mit Liebe gestaltetes Café mit Mosaiktheke am Marktplatz. Es stehen rund 30 Sorten süße und herzhafte Palatschinken auf der Karte. Dazu Obst- und Gemüsesalate sowie Žatecer Bier oder Kaffee. So erst ab 14 Uhr.

• *Übernachten* **** **Hotel Zlatý Lev (6),** das beste Haus der Stadt. 30 komfortable Zimmer, jede Etage in einer anderen Farbe, viel Marmor an Böden und Wänden. Radverleih, Kellerrestaurant, abgeschlossene Parkplätze (10 €/Tag). DZ 72–102 €. Obloková 228, ✆ 4152400302, www.zlaty-lev.cz.

*** **Hotel U Hada (3),** historisches Gebäude am Marktplatz. Beruft sich auf eine lange Tradition (seit 1547). Auf schick gemachte Rezeption. 22 leicht abgewohnte Teppichbodenzimmer, manche mit schönem Blick. Parkplätze, Restaurant, Weinstube. EZ 30 €, DZ 50 €. Nám. Svobody 155, ✆/℻ 415711000, www.uhada-zatec.cz.

*** **Hotel Černý Orel (7),** am Busbahnhof. Im Haupthaus farbenfrohe Zimmer mit roten Teppichböden und privaten Bädern. Im zweiten Haus gegenüber gibt es für Budgetreisende einfache Zimmer mit Etagenbad. Restaurant mit Trophäen, Geweihen und Fellen an den Wänden. DZ mit Bad 32–47 €, mit Etagenbad 20 €. Kruhové nám. 233, ✆ 602627777 (mobil), www.hotelzatec.cz.

**Penzion Rytíř (4)**, 7 kleine, einfache Zimmer mit Bad. Für das Gebotene nicht gerade preiswert, dafür freundlicher, deutschsprachiger Service. DZ 36 € ohne Frühstück. Obloukovà 170, ☏/℻ 415711203, ubytovanizatec@seznam.cz.

Weitere Übernachtungsmöglichkeiten inkl. Camping → Stausee Nechranice, S. 311.

## Hopfen, das grüne Gold Böhmens

Was wäre Pilsner Urquell ohne Saazer Hopfen? *Humulus lupulus* ist der botanische Begriff für die mit dem Hanf verwandte Kletterpflanze, die dem Bier Haltbarkeit, Schäumvermögen und den charakteristischen Bittergeschmack gibt. Schon die alten Ägypter sollen ihr Bier mit Hopfen gebraut haben. In Europa tauchte die Pflanze im 8. Jh. auf – angeblich veredelten die Mönche des bayerischen Klosters Weihenstephan ihren Gerstensaft erstmals mit Hopfen –, in Böhmen entdeckte man sie im 9. Jh. Heute werden jährlich rund 6000 t Hopfen in Tschechien eingebracht, das Gros davon in der Saazer Region. 80 % sind für den Export bestimmt, die größte Menge geht nach Japan. Die Pflanzen wachsen 10–35 cm pro Tag und brauchen dafür viel Feuchtigkeit. 150–400 g Hopfen reichen für einen Hektoliter Bier. Deutlich weniger braucht man für die immer mehr in Mode kommenden süßlichen Biere, das rote Tuch der hiesigen Hopfenbauern.

Wer mehr über den Saazer Hopfen wissen will, kann das örtliche **Hopfenmuseum** (Chmlařské muzeum) besuchen, das die Entwicklung des Hopfenanbaus vom Mittelalter bis zur Gegenwart nachzeichnet. Gleich gegenüber dem Museum gibt es seit 2010 den **Bier- und Hopfentempel** (Chrám chmele a piva) mit modernem Aussichtsturm, einem Labyrinth im Zeichen des Hopfens, einer Mikrobrauerei samt Gaststätte und einer Uhr an der Fassade, die ein bierseliges Figurenspiel zeigt. Witzig ist zudem das winzige **Muzeum Homolupulů**, das in einem Bollwerk der ehemaligen Stadtbefestigung aus dem Jahr 1463 untergebracht ist (heute im Innenhof des Restaurants Na Baště). Es beherbergt die sterblichen Überreste des angeblich „ältesten Biertrinkers der Welt", die 2001 unter dem Marktplatz entdeckt wurden. Nach Erkenntnissen der Saazer Spaßarchäologen gehört er zu den sog. *Homolupulen,* einem vorgeschichtlichen Hopfenvolk – auf Altersangaben verzichtet man. Im Grab fand man ein Tongefäß, die Reste eines Holzfasses und eine Tontafel mit sieben Kerben, sozusagen der erste Bierfilz der Welt. Der gute Mann erhielt den Namen Lojza Lupulin ...

**Hopfenmuseum,** Nám. Prokopa Velkého. Mo–Sa 10–17 Uhr. Eintritt 2 €. **Aussichtsturm des Bier- und Hopfentempels**: Nám. Prokopa Velkého. Im Sommer tägl. (außer Mo) 10–18 Uhr, im Winter Di–Fr 11–15 Uhr. Eintritt 1 €. **Muzeum Homolupulů,** etwas versteckt am Südende des Nám. Svobody. Das Museum kann man sich von Mai–Sept. vom Personal der Touristeninformation aufsperren lassen. Eintritt 0,70 €.

**Louny (Laun):** Louny (18.800 Einwohner), 20 km östlich von Žatec gelegen, wurde noch vor einigen Jahren von der tschechischen Tageszeitung *Mladá Fronta Dnes* zur Stadt mit den schlechtesten Lebensbedingungen des Landes gekürt. Niederes Einkommen und hohe Arbeitslosigkeit waren die Hauptgründe. Trist aber ist die quirlige kleine Stadt ganz und gar nicht. Die einzige große Sehenswürdigkeit ist die spätgotische *St.-Nikolaus-Kirche* (Kostel sv. Mikuláš) mit dreifachem Zeltdach und 60 m hohem prismatischem Turm. 1538 wurde das Gotteshaus nach 18-jähriger Bauzeit fertig gestellt. Verantwortlicher Baumeister war Pavel aus Pardubice und nicht – wie oft angenommen – Benedikt Ried, auch wenn die Kirche sehr an die St.-Barbara-Kathedrale in Kutná Hora (→ S. 150) erinnert. Das helle, nüchtern wirkende Innere lockern ein herrlicher, aus Lindenholz geschnitzter Barockaltar (1700–1708) und die gotische Tonschieferkanzel auf. Der Kirchturm kann bestiegen werden. Er ist das einzige Überbleibsel der gotischen Vorgängerkirche, die bei einem Brand im Jahr 1517 zerstört wurde.

• *Verbindungen* Busbahnhof in bequemer Laufnähe südöstlich des Zentrums. **Busse** regelmäßig nach Žatec und Prag. Vom Hauptbahnhof am östlichen Ortsrand fahren **Züge** regelmäßig nach Most.

• *Essen & Trinken/Übernachten* Die Restaurantauswahl ist für eine Stadt dieser Größe ziemlich bescheiden.

**Kalich,** urige Stehpinte, in der man das örtliche *Louny*-Bier probieren kann. Gegenüber dem Eingang zur Kirche in die Česká einbiegen, nach wenigen Metern linker Hand.

*** **Hotel Merlot,** jugendlich-modernes Mittelklassehotel in zentraler Lage am Žatecer Stadttor (Žatecká brána). Schöne, geschmackvolle Zimmer, Vinothek mit böhmischen und mährischen Weinen. Gutes, stilvolles Restaurant, das mediterran Angehauchtes serviert, z. B. marinierte Hühnchenbrust mit Rosmarin oder Putensteak in Safranmarinade. Hg. 3,70–9 €. EZ 36 €, DZ 56 €. Žatecká 186, ✆/℡ 415653025, www.hotelmerlot.cz.

• *Öffnungszeiten* **Kirche,** oft nur durch das Glasportal einsehbar. **Kirchturm,** April–Sept. tägl. (außer Mo) 10–17 Uhr, Okt.–März Di–Fr 14–16 Uhr. Eintritt 0,40 €.

Weiter **gen Osten?** Nach ca. 24 km erreicht man **Libochovice** (→ S. 293).

**Zámek Krásný Dvůr (Schloss Schönhof):** Das spätbarocke, rosafarbene Schloss versteckt sich nahe dem gleichnamigen, unscheinbaren Dorf in der böhmischen Pampa (rund 20 km südwestlich von Žatec). Franz Josef Černín ließ das dreiflüge-

*Schloss Krásný Dvůr*

lige Bauwerk zwischen 1720 und 1724 errichten. Das aus den Beständen verschiedener Schlösser zusammengesammelte Interieur (Kachelöfen, Porzellan, Glas, Uhren, Möbel und eine 42-teilige Hundeporträtsammlung) lässt den Besuch jedoch kaum zu einem unvergesslichen Erlebnis werden. Lohnenswert ist aber ein Spaziergang durch den 100 ha großen *englischen Park* (1793), den schon Goethe bewunderte. Er wurde mit zahlreichen romantisierenden Bauten aufgepeppt, u. a. mit einem Obelisken, einem chinesischen Pavillon und einem klassizistischen Pan-Tempel.

*Verbindungen/Öffnungszeiten* Das Schloss ist ein Ziel für Selbstfahrer. April u. Okt. Mi–So 9–16 Uhr, Mai u. Sept. tägl. (außer Mo) 9–17 Uhr, Juni–Aug. tägl. (außer Mo) 9–18 Uhr. Eintritt mit dt. Text 3,20 €, erm. 2,40 €.

**Vod. nádrž Nechranice (Nechranice-Stausee):** Zwischen Žatec und Kadaň liegt der bei Campern und Surfern überaus beliebte Nechranice-Stausee. Die Campingplätze befinden sich allesamt am Südufer. Der Blick auf die Schlote des Tušimice-Kraftwerks nördlich des Sees trübt jedoch die Idylle. Das kleine „touristische Zentrum“ am See ist das Dorf Vikletice.

• *Verbindungen* Vikletice wird bis zu 6-mal tägl. von **Bussen** aus Chomutov, bis zu 4-mal tägl. aus Kadaň angefahren.

• *Übernachten* **Holiday Centrum**, relativ neue, kleine Ferienanlage am Ortseingang von Vikletice (von der 225 Žatec–Kadaň kommend). Restaurant mit Kaminsaal im historischen Haupthaus (böhmische Küche). Im Neubau zum See hin 6 freundliche, gelb gestrichene Zimmer und 1 Apartment. Diverse Sportmöglichkeiten. Ganzjähriger Betrieb. DZ 32 €, Frühstück 3 € extra. Vikletice 7, ✆ 474392043, www.holidaycentrum.cz.

**Kemp Greisa**, kleiner Campingplatz (wenig Stellmöglichkeiten) direkt am See in Vikletice. Saubere Sanitäranlagen, Tischtennis, Angelmöglichkeit, Kiosk mit Lebensmitteln. Mai–Sept. 2 Pers. mit Zelt u. Auto 10 €, 2-Pers.-Chata je nach Saison 10–20 €. Vikletice, ✆ 60673700 (mobil), www.nechranice.unas.cz.

**Camping Hradec,** bei Hradec u Kadaně westlich des Stausees an einem Badeteich. Großer Platz mit großen Rutschen. Vornehmlich junges Publikum in Partylaune – trashige Countrybands sorgen am Wochenende zuweilen für Stimmung. Restaurant. 2 Pers. mit Zelt u. Auto 7,20 €, Holzhütte für 2 Pers. 14 €. Mai–Sept. Von der Straße von Žatec nach Kadaň ausgeschildert, ✆ 605216105 (mobil), www.atchradec.com.

Nordböhmen Karte S. 234/235

## Kadaň (Kaaden)

Kadaň (18.000 Einwohner) im Vorland des Erzgebirges ist eine freundliche Stadt, auch wenn es die Umgebung auf den ersten Blick nicht vermuten lässt. Dort, wo sich einst weite Hopfenfelder erstreckten, ragen heute rußende Schornsteine, riesige Kühltürme und Schlote von Strom- und Heizkraftwerken in den Himmel. Im Ortszentrum merkt man von alldem glücklicherweise nichts. Die Altstadt steht komplett unter Denkmalschutz. Der weite, gepflasterte **Marktplatz** mit einer figurenreichen Pestsäule aus dem 18. Jh. ist umgeben von frisch restaurierten Laubenganghäusern. Am Marktplatz steht auch das **Rathaus** mit einem eigenartigen gotischen Turm. Schräg gegenüber beginnt die **Katova ulička,** die „Henkerstraße“, die angeblich schmalste Gasse Böhmens, in die nur spärliches Licht durch ein Labyrinth von Stützpfeilern fällt. Der Henker wohnte einst übrigens am Ende der Gasse unter dem Tor.

Im Süden der Altstadt, über dem Flusslauf der Ohře (Eger), wo noch weite Abschnitte der Stadtbefestigung erhalten sind, erhebt sich eine **gotische Burg** (Gotický hrad). In ihrem Inneren befinden sich heute ein Seniorenheim, die städtische Bibliothek und eine meist geschlossene Galerie. Im Westen Kadaňs (etwas außerhalb der Altstadt) liegt das ehemalige **Franziskanerkloster der Vierzehn heiligen**

*Kadaňs Altstadt steht unter Denkmalschutz*

**Nothelfer** (Františkánský klášter) aus dem 15. Jh., das heute das Stadtmuseum beherbergt. Es widmet sich in erster Linie der Archäologie, Mineralogie, Geologie und dem Bergbau. Der Andrang hält sich in Grenzen, doch das ist man gewohnt. Zu sozialistischer Zeit befand sich darin eine Ausstellung über die Arbeiterbewegung der Region, wegen Besuchermangels wurde sie schon bald nach der Eröffnung wieder geschlossen. Im Klostergarten lädt das Café Konírna posezaní auf ein kühles Getränk ein.

• *Information* **Městské informační centrum** am Hauptplatz, dem Mirové nám. 1. Im Sommer Mo–Fr 8–19 Uhr, Sa/So 8–20 Uhr, im Winter verkürzt. ✆/✆ 474319550, www.mesto-kadan.cz.

• *Parken* Gebührenpflichtiger Parkplatz am Mírove nám.

• *Verbindungen* Bahnhof außerhalb des historischen Zentrums im Norden der Stadt, ebenso der Busbahnhof. **Busse** häufig nach Klášterec nad Ohří (einige davon fahren weiter nach Perštejn) und Chomutov, 5-mal tägl. nach Žatec, 3-mal nach Karlsbad (über Ostrov), 2-mal nach Prag. Regelmäßig **Züge** nach Chomutov.

• *Ärztliche Versorgung* **Krankenhaus** im Norden der Stadt an der Golovinova. ✆ 474944111.

• *Polizei* Im Norden der Stadt an der Chomutovská. ✆ 156.

• *Post* Zentral in der Kpt. Jaroše 58 oder nördlich des Zentrums in der Poštovní.

• *Essen & Trinken* **Střelnice (7),** das „Schützenhaus". Etwas steril, aber sehr gepflegt. Am besten kommt man im Sommer in den lauschigen Biergarten. Schwere Fleischlappen (z. B. Eber- oder Lammsteaks) oder verschiedene Gulaschsorten. Hg. 3,50–10 €. Čechova 147, ✆ 474332864.

**Bílý Beránek (2),** etwas gehobenere, populäre Lokalität. Internationale Karte: Schnecken, Garnelen, Borschtsch, Chili con Carne, Cordon bleu etc. Mittlere Preisklasse. Čsla. Armády 27, ✆ 474343402.

**U svaté brány (5),** gute Pizzeria, die Alternative zu Kloß mit Soß. Pizzen 3,60–5,80 €, auch Pasta, Fleisch und Fisch. Kleiner Gartenbereich hinterm Haus. J. Švermy 18, ✆ 4743432 95.

• *Übernachten* **Penzion U Johanky (3),** Familienbetrieb mit freundlicher deutschsprachiger Betreuung. 10 Zimmer und Apartments in einem historischen Gebäude. Hell eingerichtet. Nettes Café im EG. EZ ab 35 €, DZ 50 €, Apartment für 4 Pers. 92 €. Jana Švermy 17, ✆/✆ 474343307, ja.kl@worldonline.cz.

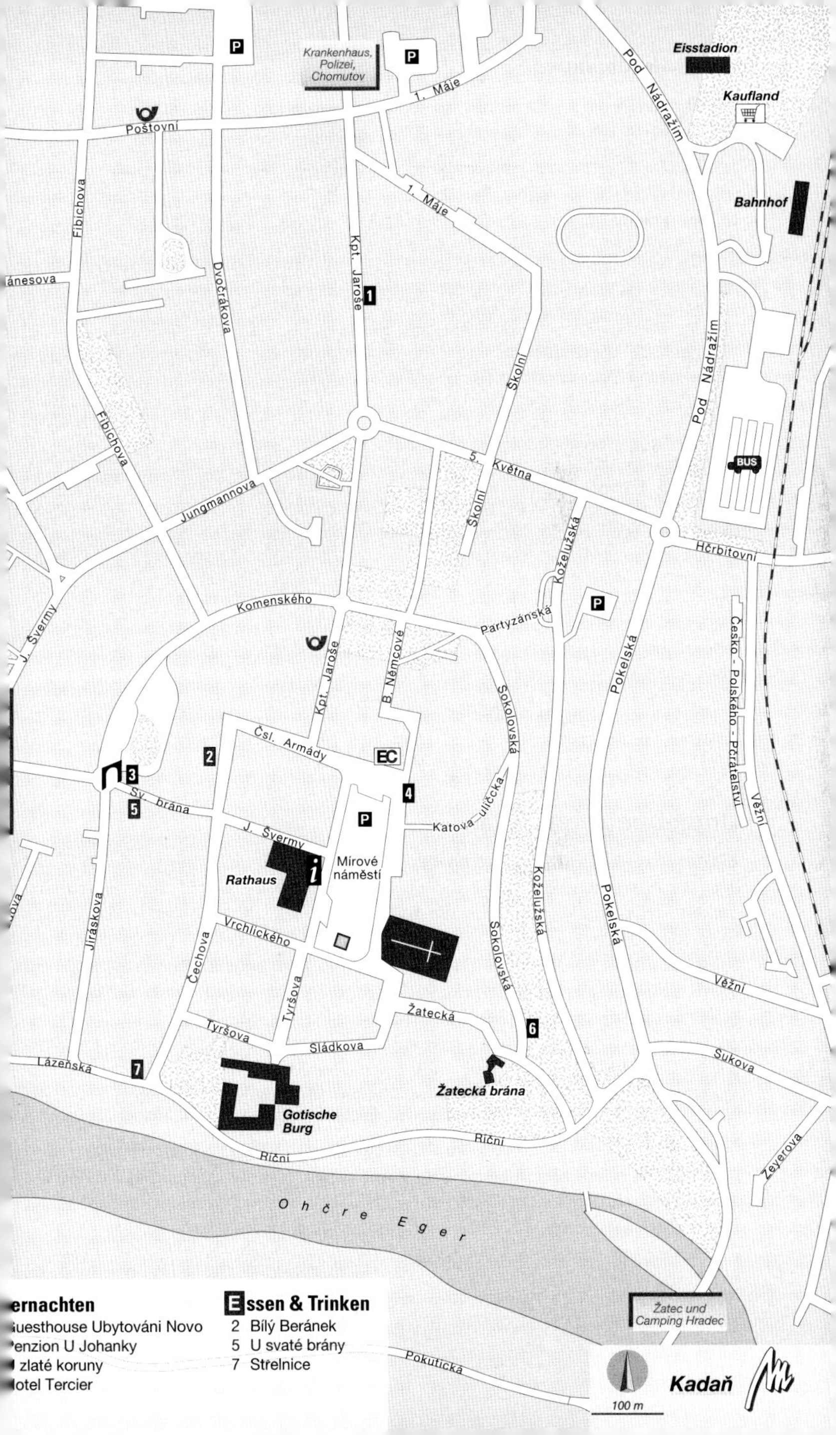

P
Krankenhaus, Polizei, Chomutov
1. Máje
Poštovní
Pod Nádražím
Eisstadion
Kaufland
Bahnhof
Fibichova
ánesova
Dvořákova
Kpt. Jaroše
1
Školní
5. Května
BUS
Jungmannova
Hřbitovní
Koželužská
Komenského
Partyzánská
J. Švermy
Pokelská
Česko - Polského - Přátelství
B. Němcové
Sokolovská
Čsl. Armády
2
3
EC
Katova ulička
4
5
Sv. brána
J. Švermy
Rathaus
i
Mírové náměstí
Vězní
Jiráskova
Vrchlického
Čechova
Tyršova
Žatecká
6
Sládkova
Lázeňská
7
Sukova
Žatecká brána
Gotische Burg
Říční
Zeyerova
Ohčre Eger
Žatec und Camping Hradec
ernachten
uesthouse Ubytováni Novo
enzion U Johanky
zlaté koruny
otel Tercier
Essen & Trinken
2 Bílý Beránek
5 U svaté brány
7 Střelnice
Pokutická
100 m
Kadaň

** **Hotel Tercier (6),** etwas einfachere Zimmer in warmen Farben, dazu ein Restaurant mit Höhlenambiente (künstliche Tropfsteine an der Decke). EZ 38 €, DZ 50 €. Žatecká 566, ✆ 474345234, www.restaurace-kadan.cz.

**U zlaté koruny (4),** am Marktplatz. Nur 3 Zimmer mit Bad, diese dafür sehr geräumig. Teils mit Holzböden, teils mit Teppich, recht rustikal und gepflegt. Die Vermieterin spricht nur Englisch. Eigene Parkplätze. EZ 32 €, DZ 44 €. Mírové nám. 72, ✆ 474345108, www.penzion-uzlatekoruny.cz.

**Guesthouse Ubytováni Novo (1),** eine Unterkunft für den schmalen Geldbeutel, 5 Fußmin. vom Zentrum entfernt. 12 schlichte Zimmer (auch Mehrbettzimmer) mit Bad und TV in einem Altbau. Sicheres Parken im Hof. Die Rezeption ist nicht immer besetzt, besser reservieren. EZ 11 €, DZ 22 €, kein Frühstück. Kpt. Jaroše 733, ✆ 775611518 (mobil), ubytovnanovo@seznam.cz.

• *Camping* → Nechranice-Stausee, S. 311.

• *Veranstaltung* Zwischen Ende Aug. und Mitte Sept. wird der **Kaisertag** (Císařský den) gefeiert, der an den Einzug Karls IV. in die Stadt erinnert – ein Kostümfest mit Rittern, Gauklern usw.

• *Öffnungszeiten* **Stadtmuseum,** Führungen Di–Fr u. So 14.30 u. 16 Uhr, Sa auch um 11 u. 13 Uhr, Juli u. Aug. tägl. (außer Mo) zu allen angegebenen Zeiten. Eintritt 2,50 €, erm. 0,80 €.

*Persil vor Clementine*

## Umgebung von Kadaň

**Klášterec nad Ohří (Klösterle an der Eger):** Der 16.000 Einwohner zählende Ort liegt 8 km westlich von Kadaň auf dem Weg nach Karlsbad. Einzige Sehenswürdigkeit ist das dunkelrote *Vitzthumer Schloss* (Zámek) in der Altstadt, das die aus Österreich zugewanderten Thuns in der ersten Hälfte des 17. Jh. im damaligen Klösterle an der Eger erwarben. Dabei handelt es sich um jene Thuns, die Ende des 18. Jh. eine Porzellanfabrik gründeten, und deren Name noch heute für Porzellan steht, das für einen Polterabend zu schade ist. Die Räumlichkeiten hinter der neugotischen Fassade beherbergen passend dazu das „Museum des böhmischen Porzellans", das durch chinesische und japanische Exponate sowie Stücke aus der Meißner Manufaktur bereichert wird. Zudem kann man Führungen buchen, die auch die Thun'sche Familiengruft im Programm haben.

Ganz im Süden des Städtchens (am Flusslauf der Ohře) liegt die *Mineralquelle Eugenie* (Pramen Evženie), die ein Wasser mit einem erhöhten Gehalt an Kieselsäure zutage fördert. Im kleinen *Kurareal Kyselka* wird dieses getrunken und für Bäder verwendet. Insbesondere bei Magenerkrankungen soll es Wirkung zeigen.

• *Verbindungen* Nach Karlovy Vary regelmäßig mit dem **Zug,** nach Kadaň mit dem **Bus.** Busbahnhof und Bahnhof ganz im Osten der Stadt, Ⓑ 2 bringt Sie in die Altstadt.

• *Übernachten/Essen & Trinken* **Lázeňský Penzion/Restaurant Peřeje,** in schöner Lage im Kurareal. Geräumige, freundliche Zimmer, kleiner Fitnessraum, Sauna. Beliebt ist auch das nette dazugehörige Restaurant mit kleiner Terrasse direkt am Fluss. Endlos-ermüdende Karte, Hg. 6–12 €. Freundlicher Service. DZ 60 €. Kyselka 102, ✆ 604520910 (mobil), www.restaurantpereje.cz.

• *Camping* **U Jezu,** ca. 1 km außerhalb des historischen Zentrums, vom Kurareal ausgeschildert. Unattraktiver Platz, dafür gut gesichert. Wenige, aber saubere Sanitäranlagen. Restaurant in Laufnähe. Es werden auch Zimmer vermietet. Mitte April–Ende Okt. 2 Pers. mit Zelt u. Auto 9,20 €, DZ 32 €. Klášterec nad Ohří, ✆ 602415872 (mobil), www.pensionujezu.wz.cz.

• *Öffnungszeiten* **Schloss,** April–Sept. tägl. 10–17 Uhr, Okt.–März Di–Sa 9–15 Uhr. 4 Rundgänge, je nach Rundgang in dt. Sprache bzw. mit dt. Text 1,60–4 €, erm. 0,80–3,20 €.

Schöne Unterkünfte gibt es auch im nahen Kadaň (s. o.).

**Perštejn (Pürstein) und Umgebung:** Auf der reizvollen Strecke von Klášterec nach Ostrov passiert man das in einem schönen Tal gelegene Perštejn. Zu sozialistischer Zeit galt Perštejn als das tschechische Meran (ein Vergleich, den man nur so lange aufrechterhalten konnte, wie die Grenzen dicht waren). Im Ort findet man ein paar Restaurants und Unterkünfte. Auf einigen Höhen der Umgebung stehen Burgruinen. Eine der besuchenswertesten ist die *Burg Hauenštejn.* Oberhalb der Häuseransammlung Horní Hrad (von der Straße nach Ostrov kurz hinter Stráž nad Ohří ausgeschildert) ragt sie aus dem Wald. Ihre Grundmauern stammen aus der zweiten Hälfte des 13. Jh., im 19. Jh. wurde die Burg neugotisch im Windsor-Stil umgestaltet. Ihre letzten Bewohner mussten sie 1945 verlassen, danach verkam sie zusehends. Trotz laufender Restaurierungsarbeiten, die sich wahrscheinlich noch Jahre hinziehen werden, ist die romantische Baustelle zugänglich – die Turmbesteigung belohnt mit tollen Ausblicken.

*Beliebte Mitbringsel*

• *Verbindungen* **Züge** (Bahnhof sehr weit außerhalb!) auf der Strecke Karlovy Vary – Klašterec nad Ohří halten i. d. R. in Perštejn. **Busse** regelmäßig von und nach Kadaň, jedoch nur 3-mal tägl. über Ostrov nach Karlsbad. Letztere halten auch an der Abzweigung zur Burg Hauenštejn.

• *Übernachten/Camping* **Selský Dvůr,** die schönste Unterkunft Perštejns, hoch über dem Ort. Berghotel im alpenländischen Stil, innen wie außen sehr rustikal. Pool, Sauna, Restaurant, Fitnessraum und traumhafte Aussicht. Es werden auch Ausritte angeboten (12 €). Zudem kann man campen – leider überwiegend Hanglage! Von der Verbindungsstraße von Perštejn nach Klášterec nad Ohří unübersehbar ausgeschildert. DZ ab 60 €, Chata für 2 Pers. ohne Bad 26 €, Campen für 2 Pers. mit Wohnmobil 12 €. Perštejn 300, ✆ 474319410, ℻ 474319418, www.selsky-dvur.com.

• *Öffnungszeiten* **Burg Hauenštejn,** April–Juni tägl. 10–17 Uhr, Juli u. Aug. tägl. 9–19 Uhr, alle anderen Monate Sa/So 10–17 Uhr. Eintritt 2,40 €, erm. 1,60 €.

Weiter **nach Westböhmen?** Informationen zu **Karlsbad** bekommen Sie ab S. 378, zum **Erzgebirge** ab S. 396.

# Westböhmen (Západní Čechy)

**Ein Potpourri aus goldenen Weizenfeldern, dichten Wäldern, Teichen und Obstbäumen entlang der Straßen kennzeichnet das dünn besiedelte Westböhmen. Eine quirlige Metropole und elegante Kurbäder sorgen für Abwechslung.**

Kein Jahrhundert ist es her, da zählten die westböhmischen Kurorte Karlsbad, Marienbad und Franzensbad zu den bevorzugten Locations der vornehmen Gesellschaft. Kaiser und Könige, Dichter und Denker, Reiche und Schöne kamen hierher – weniger irgendwelcher Leiden wegen, mehr, um zu sehen und gesehen zu werden. Doch während der kommunistischen Abgeschiedenheit hinter dem Eisernen Vorhang fiel das Bäderdreieck in einen Dornröschenschlaf und geriet in Vergessenheit. Heute erwacht es von neuem.

Westböhmen auf das Bäderdreieck zu reduzieren ist aber falsch. Die Region zwischen Erzgebirge und Tschechischem Wald, zwischen Cheb und Pilsen, zwischen slawischer Welt und deutschsprachigen Ländern bietet mehr: mittelalterliche Städte, unzählige Schlösser und Burgen, erstklassige Biere und stille, ursprünglich gebliebene Landschaften. Das wusste schon der gute alte Goethe, der Westböhmen – rechnet man all seine Reisen zusammen – mehrere Jahre durchstreifte.

### Westböhmen – die Highlights

**Bäderdreieck:** Egal, ob Sie sich für das urbane **Karlsbad,** das mondäne **Marienbad** oder das stille, kleine **Franzensbad** entscheiden – auch ohne Moorpackung und Schnabeltasse lässt es sich in den westböhmischen Kurorten gut aushalten.

**Bečov nad Teplou:** Idylle pur. Das romantische Städtchen zwischen Karlsbad und Marienbad besitzt ein sehenswertes Schloss.

**Domažlice:** Die reizvolle kleine Provinzmetropole ist ein guter Ausgangspunkt für die Erkundung des Tschechischen Waldes (Český les).

**Horšovský Týn:** Ein gemütlicher Ort für einen ebensolchen Nachmittag. Schauen Sie sich das prächtige Renaissanceschloss an!

**Klášter Kladruby:** Braun, Dientzenhofer und Santini – die drei größten Barockmeister der Landes verewigten sich hier. Die Klosterkirche ist ein architektonisches Highlight. Auch das nahe **Kloster Plasy** lohnt einen Besuch.

**Loket:** Eine mächtige Burg und darunter ein schnuckeliges Städtchen oder – wie Goethe sagte – „ein landschaftliches Kunstwerk".

**Doubrava:** Das Dorf bei Cheb besticht durch Gehöfte im Egerländer Fachwerk.

## Františkovy Lázně (Franzensbad)

**Franzensbad ist der Archetyp eines Heilbads. Ockerfarbene neoklassizistische Bauten prägen das Kurzentrum, in dem selbst das Kino noch mit Pilastern geschmückt ist. Drum herum laden Parks zum Spazieren durch die Quellenlandschaft ein.**

Von den drei renommierten westböhmischen Kurorten ist Franzensbad mit rund 5500 Einwohnern der ruhigste und kleinste. Alles steht hier im Zeichen der Erholung. Das schachbrettartig angelegte Kurzentrum ist verkehrsberuhigt. Schrilles

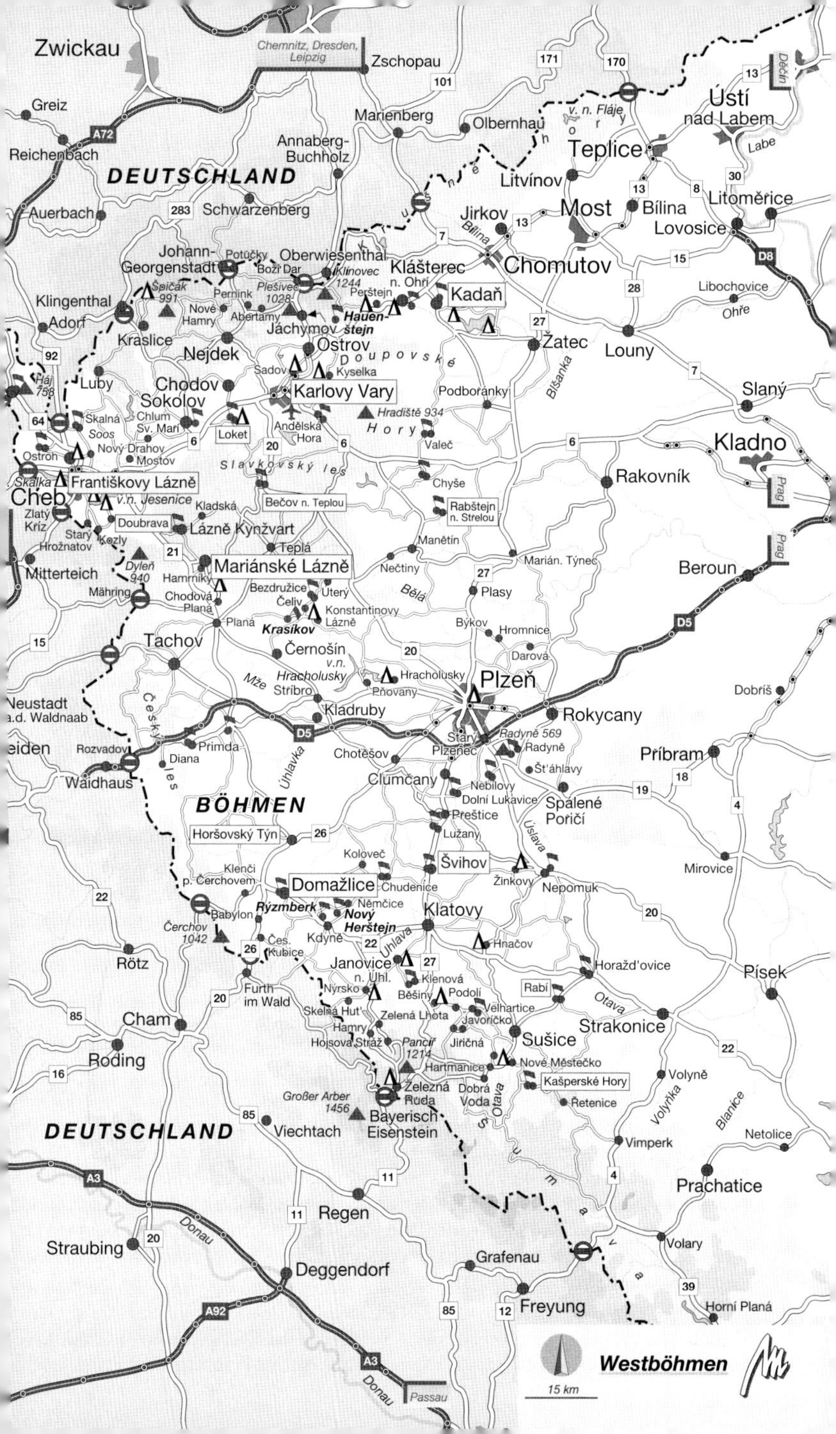
Westböhmen
15 km
DEUTSCHLAND
BÖHMEN
DEUTSCHLAND
Zwickau
Chemnitz, Dresden, Leipzig
Zschopau
Greiz
Reichenbach
A72
Marienberg
Olbernhau
Annaberg-Buchholz
Auerbach
Schwarzenberg
Johann-Georgenstadt
Potůčky
Boží Dar
Oberwiesenthal
Klínovec 1244
Plešivec 1028
Špičák 991
Klingenthal
Adorf
Pernink
Nové Hamry
Abertamy
Jáchymov
Hauenštejn
Kraslice
Nejdek
Ostrov
Sadov
Kyselka
Doupovské Hory
Karlovy Vary
Hradiště 934
Chodov
Sokolov
Chlum Sv. Maří
Loket
Luby
Háj 758
Skalná
Soos
Nový Drahov
Mostov
Ostroh
Skalka
Cheb
Františkovy Lázně
v.n. Jesenice
Zlatý Kříž
Starý Hrozňatov
Kozly
Doubrava
Kladská
Lázně Kynžvart
Bečov n. Teplou
Slavkovský les
Andělská Hora
Teplá
Mariánské Lázně
Dyleň 940
Mitterteich
Hamrníky
Mähring
Chodová Planá
Planá
Bezdružice
Čelív
Uterý
Konstantinovy Lázně
Krasíkov
Tachov
Černošín
v.n. Hracholusky
Hracholusky
Mže
Stříbro
Kladruby
Přnovany
Neustadt a.d. Waldnaab
Weiden
Rozvadov
Waidhaus
Primda
Diana
Český les
Úhlavka
Chotěšov
Plzeň
Starý Plzenec
Radyně 569
Radyně
Šťáhlavy
Rokycany
Chlumčany
Nebilovy
Dolní Lukavice
Spálené Poříčí
Přeštice
Lužany
Úslava
Horšovský Týn
Koloveč
Švihov
Žinkovy
Nepomuk
Klenčí p. Čerchovem
Domažlice
Chudenice
Čerchov 1042
Babylon
Rýzmberk
Němčice
Nový Herštejn
Kdyně
Klatovy
Čes. Kubice
Uhlava
Hnačov
Janovice n. Úhl.
Klenová
Běšiny
Podolí
Nýrsko
Skelná Hut'
Zelená Lhota
Hamry
Hojsova Stráž
Velhartice
Javoríčko
Jiřičná
Pancíř 1214
Hartmanice
Sušice
Nové Městečko
Kašperské Hory
Řetenice
Železná Ruda
Dobrá Voda
Otava
Großer Arber 1456
Bayerisch Eisenstein
Viechtach
Rötz
Furth im Wald
Cham
Roding
Regen
Deggendorf
Straubing
Donau
Passau
Grafenau
Freyung
Šumava
Vimperk
Volary
Horní Planá
Prachatice
Netolice
Blanice
Volyňka
Volyně
Strakonice
Horažďovice
Rabí
Písek
Mirovice
Příbram
Dobříš
Beroun
Prag
Kladno
Slaný
Rakovník
Louny
Žatec
Blšanka
Podbořanky
Valeč
Chyše
Rabštejn n. Střelou
Manětín
Nečtiny
Bělá
Plasy
Marián. Týnec
Býkov
Hromnice
Darová
Kadaň
Klášterec n. Ohří
Perštejn
Chomutov
Jirkov
Bílina
Most
Litvínov
Krušné hory
v. n. Fláje
Teplice
Ústí nad Labem
Labe
Děčín
Bílina
Lovosice
Litoměřice
Libochovice
Ohře
A3
A92
D5
D8
171
170
101
13
283
7
30
8
15
28
27
92
64
6
20
21
15
26
22
19
18
4
20
22
85
16
85
11
12
39

*Im Kurzentrum*

Nachtleben, das die Genesung beeinträchtigen oder die Nachtruhe stören könnte, gibt es nicht, lediglich ein paar „Nightclubs" am Stadtrand, die den deutsch-tschechischen Grenzverkehr ankurbeln. Das Kurpublikum bilden heute überwiegend deutsche Rentner. Zur Blütezeit des Ortes kamen Maler wie Carl Spitzweg, Komponisten wie Ludwig van Beethoven oder Johann Strauß, Philosophen wie Friedrich Nietzsche oder Arthur Schopenhauer, Staatsmänner wie Otto von Bismarck oder der serbische König Milan und Dichter wie der Prager Schriftsteller Jan Neruda, aber selbstverständlich auch der überall in Böhmen kurende Johann Wolfgang von Goethe.

**Geschichte:** Schon im Mittelalter war die Gegend für ihr Quellwasser bekannt, der Säuerling (kohlensaures Wasser) wurde geschätzt und gerühmt. Dadurch entwickelte sich im 17. Jh. das 5 km entfernte Eger (das heutige Cheb) zu einem Kurort. Ganze Scharen von Trägern verdienten sich ihr Brot mit dem Transport des Wassers von der Quelle in die Stadt. Ein dortiger Kaufmann begann während des Dreißigjährigen Krieges, das Wasser in Tonkrüge abzufüllen und in verschiedene europäische Städte zu versenden. Schiller und Goethe z. B. ließen es sich nach Weimar schicken. 1793 erst wurde das Heilbad gegründet, und die kleine Häuseransammlung von „Egerwasser" in „Kaiser Franzensdorf" nach Kaiser Franz I. umbenannt. Verständlicherweise hatte das Proteste der Wasserträger zur Folge, die um ihr Einkommen fürchteten. In den ersten Jahren des Kurbetriebs trank man nur das Wasser der Franzensquelle. Aufgrund der starken Nachfrage und der vielen Gäste reichte es bald nicht mehr aus, und man suchte und bohrte nach weiteren Quellen. So entdeckte man die Luisenquelle (benannt nach der Tochter Kaisers Franz I.) und Gasquellen, die zur Einrichtung der ersten Gasbäder führten. Auch begann man zu jener Zeit mit Moorbehandlungen zu experimentieren, Franzensbad war in diesem Punkt wegbereitend.

Mitte des 19. Jh. gab es schon drei Kurgebäude. 1865 wurde Franzensbad zur Stadt erhoben. Im gleichen Jahr erfolgte der Anschluss an das Eisenbahnnetz, was der weiteren Entwicklung der Stadt zugute kam. Damals machte Franzensbad übrigens noch

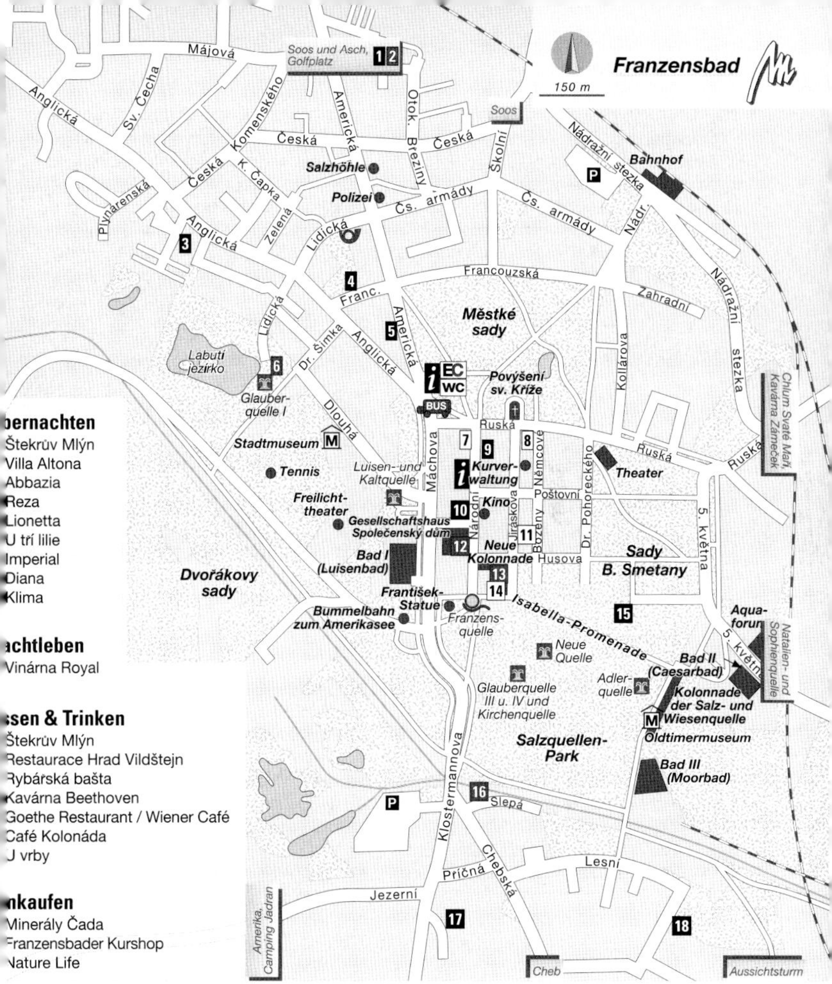


einen recht bunten Eindruck, die Häuser waren in pastelligen Blau-, Grün-, Rot- und Gelbtönen gestrichen. Seine große Blütezeit erlebte der Kurort vor dem Ersten Weltkrieg. Zum Wohle und zur Freizeitgestaltung der Besucher waren Sporteinrichtungen gebaut worden: Es entstanden Reitanlagen, Tennis- und Golfplätze, Kricketfelder usw. Damit die Kurgäste nicht durch Lärm gestört wurden, war schon damals das Bauen während der Kursaison verboten. Bis zu 20.000 Kurgäste und 80.000 Kurzbesucher zählte man im Jahr. Nach dem Ersten Weltkrieg, in dem Franzensbad als Lazarett fungierte, wurden neue Quellen entdeckt. 1941 richtete man gar ein balneologisches Forschungsinstitut ein. Vier Jahre später stand die Stadt leer, sämtliche deutsche Einwohner waren vertrieben. Unter den Kommunisten verfiel Franzensbad, die Gebäude wurden verstaatlicht. Zugleich wurde es eine Art kleine Künstlerenklave, da sich viele Journalisten, Schriftsteller, Schauspieler und Regisseure, die in Prag Publikations- oder Auftrittsverbot hatten, in Franzensbad niederließen. Seit der Wende wird fleißig restauriert – die Fassaden erstrahlen größtenteils in neuem Glanz.

**Orientierung:** Franzensbad liegt inmitten eines weiten, leicht welligen Beckens. Kein Hügel oder großes Bauwerk kann als Orientierungspunkt herangezogen werden. Das eigentliche Kurzentrum ist klein und fast quadratisch, es umfasst nur fünf Straßenzüge, ist aber weitgehend von Wäldern und Parkanlagen umgeben. Nördlich, entlang der Americká, schließt sich das „moderne" Františkovy Lázně an. Dort liegen auch die Restaurants und Kneipen, die von den Einheimischen besucht werden.

## Information/Parken/Verbindungen

• *Information* Das Reisebüro **FL Tours** in der Americká 2 fungiert zugleich als städtisches Informationsbüro. Mo–Fr 8–18 Uhr, Sa/So 8–14 Uhr. ✆ 354543162, www.frantiskolazensko.cz. Eine weitere Infostelle befindet sich zentral an der Národní 10.

• *Parken* Recht sicher sind die Parkplätze an der Ecke Chebská/Klostermannova im Süden des Orts und der Großparkplatz gleich beim Bahnhof.

• *Verbindungen* Bahnhof im Norden der Stadt an der Nádražní stezka. Regelmäßig **Züge** nach Cheb und Aš, alle 2 Std. nach Zwickau, 2-mal tägl. nach Marienbad.

Die **Busse** fahren in der Americká beim Infobüro FL Tours ab. Ständige Verbindungen nach Cheb, regelmäßig nach Aš, 4-mal tägl. nach Prag und Karlovy Vary, 1-mal nach Stříbro und Plzeň.

## Adressen/Einkaufen (→ Karte S. 319)

• *Ärztliche Versorgung* In vielen Kurhäusern gibt es einen ärztlichen Bereitschaftsdienst rund um die Uhr.

• *Einkaufen* Im Kurzentrum wird viel böhmisches Glas angeboten, ansonsten gibt es nur wenig Interessantes oder Außergewöhnliches zu kaufen.

**Nature Life (14),** tschechische Naturkosmetik, dazu Wein aus Mähren. Neue Kolonnade.

**Franzensbader Kurshop (11),** hier kann man sich mit den leckeren hiesigen Oblaten eindecken und zudem den Kräuterlikör „Dr. Adler" kosten. Jiráskova 15.

**Minerály Čada (8),** kleine Verkaufsgalerie, in der vornehmlich Mineralien, Halbedelsteine und schöner Schmuck angeboten werden. Sa/So geschl. Boženy Němcové 2.

• *Polizei* An der Americká 16. ✆ 156.

• *Post* In der Lidická.

## Essen & Trinken/Nachtleben (→ Karte S. 319)

• *Restaurants* **Goethe Restaurant (12),** im Gesellschaftshaus Společenský dům. Vornehmste Lokalität der Stadt. Eleganter Saal mit gelb-weißem Stuck und dunkelroten Vorhängen. Am Wochenende abends Klavierbegleitung. Das Besondere aber ist der Boden, zugleich Europas größtes Bodenaquarium – hier tummeln sich 50 japanische Koi-Karpfen. Neben Knödelküche auch zeitgemäße internationale Kost. Hg. 8,50–22 €. Národní třída, ✆ 354500146.

**Rybářská bašta (6),** kleines Fischlokal in einem romantischen Minischlösschen am Schwanensee (Labutí jezírko). Im Winter heizt der offene Kamin, im Sommer sitzt man draußen. Vor allem Forelle und Karpfen in zig Variationen, leider wird oft sehr fettig gebraten. Hg. 5,50–10,50 €. Dlouhá 8, ✆ 354542964.

**Rudý Baron Amerika,** Fachwerkhaus am Amerika-See. Das Innere ist eher unspektakulär, aber nette Terrasse. Viele verschiedene Fleischvariationen, auch Wild und Kaninchen. Hg. 5–13 €. ✆ 354535535.

**Chaloupka U Vody,** Blockhaus direkt am Ufer des Amerika-Sees gleich gegenüber dem Rudý Baron – herrliche Terrasse. Innen sehr rustikal. Eher gewöhnliche Karte zwischen Schnitzel und paniertem Käse, nachmittags gibt es Kuchen. Lesermeinung: „Verdammt gemütlich und der Service lässt nichts zu wünschen übrig". Mo geschl. Hg. 3–8 €. ✆ 354673135.

**Restaurace Hrad Vildštejn (2),** in der romantischen Burg Wildstein, ca. 6 km nördlich von Franzensbad in Skalná (im Ort ausgeschildert). Lokal im Stil einer mittelalterlichen Schenke, es werden auch Ritteressen angeboten. Der Ober im höfischen Kostüm, mittelalterliche Musik aus den Boxen. Empfehlenswert sind die originellen Gerichte auf Bestellung (✆ 354594930): gefüllte Wachteln, gebratener Fasan oder ein ganzes 18-kg-Ferkel. Netter Service, mittlere Preisklasse. Im UG befindet sich ein Museum mit Funden aus der Burg, im 2. Stock ein Feuerwehrmuseum. Ganz nebenbei: Der Burgherr selbst ist ein echter Ritter. Pumr Miroslav, zugleich auch Unternehmer, wurde dazu geschlagen, nachdem er sich um den Wiederaufbau der Burg verdient gemacht hatte. Regelmäßig mit dem Bus von Cheb und Franzensbad zu erreichen.

**U vrby (16),** die Gaststätte selbst hat zwar das Flair eines Vereinslokals, besitzt jedoch eine nette Terrasse am Bach. Gute Möglichkeit, um mit Franzensbadern ins Gespräch zu kommen. Die Mittagsgerichte (kleine Auswahl an ordentlichen Braten) sind auf einer Tafel nur in Tschechisch angeschrieben, abends gibt es Kurzgebratenes. Freundliches Personal, sehr günstig. *Chodovar*-Bier. Slepá 2, ✆ 354544078.

• *Außerhalb* **Štekrův Mlýn (1),** idyllisch gelegene alte Mühle ca. 3 km nördlich von Franzensbad. Nebenan fließt ein Bächlein, und die Pferde weiden auf der Koppel. Böhmische Hausmannskost, Hg. 3,50–10 €. Zudem Vermietung von 9 Zimmern mit Kiefernholzmöbeln, DZ 44 €. Von der Straße nach Vojtanov (E 49) ausgeschildert. ✆ 354542204, www.stekr.euweb.cz.

• *Cafés* **Wiener Café (12),** im Gesellschaftshaus Společenský dům an der Národní třída. Gediegenes Kaffeehaus mit viel Gold und Stuckdecken. Guter Platz, Passanten zu beobachten, ohne selbst beobachtet zu werden – die Fenster sind verspiegelt. Schöne Terrasse, hauseigene Konditorei.

**Café Kolonáda (13),** die ideale Terrasse für den Nachmittagskaffee im Sommer. Neue Kolonnade.

• *Tanz* **Vinárna Royal (7),** der Tanzsaal gehört zur **Kavárna Beethoven (7)**. Fast tägl. Schlager-Livemusik (unter der Woche bis 24 Uhr, Sa/So bis 2 Uhr). Dazu Wein und Pizza, im Sommer zuweilen auch Gegrilltes von der Innenhofterrasse. Kein Eintritt. Absolute Geschmackssache! Národní třída 7.

Westböhmen Karte S. 317

## *Übernachten (→ Karte S. 319)*

Grundsätzlich gilt: Lassen Sie sich vom äußeren Eindruck des Hauses nicht täuschen und bestehen Sie darauf, Ihr Zimmer vor Bezug zu sehen. Viele Häuser nämlich verfügen unter demselben Dach über Zimmer vom Hostel- (nur mit Waschbecken!) bis zum 3-Sterne-Niveau. An Kurzurlauber werden nicht in allen Kurhäusern Zimmer vermietet, in den hier aufgeführten Hotels dürfte dies jedoch kein Problem sein. Wer günstig unterkommen will, findet preiswerte Pensionen insbesondere im Norden der Stadt zwischen den Straßen Anglická und Americká.

• *Hotels* **** **Imperial (15),** eines der elegantesten Hotels Westböhmens und das Beste, das Franzensbad zu bieten hat. Freistehende Palastvilla. 49 stilvolle, komfortable Zimmer, darunter auch behindertengerechte. Lobby-Bar, Terrasse, bewachte Parkplätze. Kuranwendungen im Haus. Absolute Ruhe, hier muss man einfach gesund werden. EZ ab 75 €, DZ ab 96 €. Sady Bedřicha Smetany, ✆ 354206600, ℻ 354206652, www.franzensbad.cz.

**** **U tří lilie (10),** inmitten des Kurzentrums. Goethe und Fürst von Metternich weilten schon hier. Zimmer mit großzügigen Bädern. Mit Teppichböden wurde nicht gespart. Restaurant, Café. Kuranwendungen. EZ ab 75 €, DZ ab 100 €. Národní 3, ✆ 354208900, ℻ 354208995, www.franzensbad.cz.

**** **Reza (5),** 39 der Sterneanzahl entsprechend ausgestattete Zimmer in einem Hotelgebäude, das 1823 als „Brandenburger Tor" eröffnet wurde. Schwimmbad, Sauna, Kosmetiksalon usw. Restaurant, Café. Kuranwendungen im Haus. Beim Frühstücksbüffet kommt man sich mit 50 Jahren noch wie ein Teenager vor. EZ 58 €, DZ 90 €, Parken 3,50 €/Tag extra. Americká 47, ✆ 354544111, ℻ 354544099, www.hotelreza.cz.

**Diana (17),** privates Kurhaus ganz im Süden von Franzensbad. Neubau. Im Foyer grüßen

Hirschgeweihe. Helle Zimmer mit Kaufhausmobiliar, die meisten davon mit Balkon. Es wird viel geboten: Außen- und Innenpool, Radverleih, Organisation von Jagdausflügen, Kurbehandlungen etc. EZ 32 €, DZ 60 €, Parken 1,50 €/Tag extra. Klostermannova 122/1A, ✆ 354402111, ✆ 354543708, www.diana-ld.com.

• *Pensionen* **Klima (18),** ruhige und abseits des Zentrums gelegene, familienfreundliche, kleine Kuranlage im Fachwerkstil. Überaus populär – frühzeitige Buchung dringend notwendig. Große Zimmer mit Hotelkomfort. Kleiner Pool im Garten. Ärztliche Untersuchungen und Kuranwendungen im Haus. Ab 38 €/Pers. Lesní 1, ✆ 354542890, ✆ 354542691, www.sanatoriumklima.cz.

**Lionetta (9),** Teppichbodenzimmer mit Bad, nichts Besonderes. Küchenbenutzung möglich. Mitten im Zentrum. EZ 24 €, DZ 40 €. Národní 10, ✆ 606716359 (mobil), www.lionetta.cz.

**Abbazia (4),** historisches Gebäude (1870) nördlich des Kurzentrums. 8 z. T. farbenfrohe Zimmer mit Naturholzmöbeln, neuen Bädern und Satelliten-TV. Abschließbarer Parkplatz. EZ 32 €, DZ 40 €. Francouská 169, ✆ 354542660, www.abbazia.cz.

**Villa Altona (3),** in einem ruhigen Wohnviertel nordwestlich des Kurzentrums. Zwar keine Villa, aber ebenfalls ein historisches Stadthaus. Ordentliche Teppichbodenzimmer mit Bad, TV, Minibar. Parkplätze im Hof. EZ 26 €, DZ ab 35 €, Frühstück extra. Anglická 63, ✆ 354542979, ✆ 354542185, www.villa.altona.cz.

• *Außerhalb* **Štekrův Mlýn (1),** → Essen & Trinken.

• *Camping* Der alteingesessene Campingplatz **Jadran** in der Nähe des Amerikasees beschränkte sich 2010 nur noch auf Bungalowvermietung und bot keine Campingmöglichkeiten mehr. Mit finanzieller Unterstützung der Stadt und v. a. der EU plant man, entweder den Platz bis 2011 (vielleicht auch erst 2012) zu renovieren oder am Amerikasee einen neuen Campingplatz einzurichten. Bis dahin weicht man am besten auf die Campingplätze bei Cheb (→S. 330) aus.

### Sport & Freizeit/Kur & Kultur

• *Baden* **Aquaforum**, nahe dem Caesarbad an der 5. května. Der Aquapark im Stil eines antiken Tempels bietet etliche Becken, Relaxräume, eine Liegewiese, eine Sauna, Solarium etc. Wellnesszentrum. Tägl. 9–21 Uhr. Eintritt für 2 Std. 4,80 €, für 4 Std. 8 €.

• *Casino* **Casino Ingo,** im 1. Stock des Gesellschaftshauses Společenský dům an der Národní třída. Roulette, Poker und Black Jack. Für 10 € Eintritt bekommt man Jetons im gleichen Wert. Mindesteinsatz 1 €. Angemessene Kleidung erbeten. Tägl. 15–4 Uhr.

• *Golf* **Golf Club Františkovy Lázně,** 18-Loch-Platz (72 Par) ca. 6 km nördlich von Franzensbad bei Hazlov (von der Straße nach Aš ausgeschildert). Greenfee 48–56 €. ✆ 354595402, www.gr-fl.cz.

• *Kuren* Die über 20 Quellen von Franzensbad und die vor Ort gewonnene radioaktive Moorerde haben den Kurort zu einem Herz-, Rheuma- und Frauenheilbad von Weltrang gemacht. Interessierte können umfangreiches Infomaterial von der **Kurverwaltung** in der Jiráskova 3 anfordern, ✆ 354201104, www.franzensbad.cz. Auch ohne Pauschalkur können einzelne Anwendungen gebucht werden, einfach in den Kurhäusern oder bei der Kurverwaltung nachfragen. Angeboten werden z. B. Reflexmassagen (15 €) oder Aromabäder (11 €).

• *Radverleih* Immer wieder wechselnde Anbieter. Die Touristeninformation erteilt Auskünfte, wer gerade Räder verleiht.

• *Theater* **Divadlo B. Němcové,** an der Ecke Dr. Pohoreckého/Ruská. Neben Vorstellungen in tschechischer Sprache auch Konzerte und Operetten. Kartenvorverkauf Mo–Fr 13–15 Uhr. ✆ 354542077, www.divadlofl.org. Seinen Namen erhielt das Theater übrigens von der tschechischen Schriftstellerin Božena Němcová (→ S. 217), die hier 1846 zur Kur weilte.

• *Veranstaltungen* Mitte Mai **Quellenweihe** und Eröffnung der Kursaison. Juli–Sept. **Musiksommer.**

## Sehenswertes

Das kleine **Kurzentrum,** umgeben von weiten Parks, ist ein Gesamtkunstwerk. Das Erscheinungsbild ist von Maß und Eleganz, nicht von überladener Tortigkeit wie in Marienbad oder Karlsbad. Dazu trägt jedes einzelne der in Schönbrunner

Gelb und Stuckweiß gehaltenen Gebäude bei. Wirklich hervorzuheben ist abgesehen vom Společenský dům (s. u.) jedoch kaum eines. Auch die Kirchen machen da keine Ausnahme.

**Národní třída (Nationalstraße):** Auch wenn der Name eine breite, stark befahrene Avenue vermuten lässt, ist sie die Hauptflaniermeile im Kurzentrum. Auf Deutsch hieß sie früher „Kaiserstraße". Einen schönen Blick auf die Straße genießt man vom Musikpavillon im *Stadtpark* (Městské sady), wo im Sommer regelmäßig Nachmittagskonzerte veranstaltet werden. Spaziert man die Straße hinab, vorbei an gusseisernen Laternen und jungen Bäumchen, passiert man unter anderem die *Kavárna Beethoven*. Hier wohnte Ludwig van Beethoven 1812. Weiter am örtlichen Kino und dem *Společenský dům* (s. u.) vorbei, führt die Národní třída direkt auf den Pavillon der *Franzensquelle* (Františkův pramen, s. u.) zu. Er wurde 1832 errichtet und löste einen Vorgängerbau aus dem Jahre 1793 ab. Linker Hand befindet sich die *Neue Kolonnade* mit einem gemütlichen Café. Wenige Meter rechts vom Pavillon steht die *Statue des František*, eines puttenartigen Jungen mit Fisch, der auf einer Kugel sitzt. Ein alter Volksglaube veranlasst Frauen, seine Füße und andere Körperteile zu berühren, um fruchtbar zu werden. Wer daran glauben will, sollte zumindest die Originalfigur anfassen; sie steht im städtischen Museum (s. u.).

Weiter südlich schließt sich der *Salzquellenpark* (Sadý Solného) an, in dem sich die Halle der berüchtigten Glaubersalzquelle (→ Quellen) befindet.

**Izabelina promenáda (Isabellapromenade):** Hinter der Neuen Kolonnade führt die von klassizistischen Statuen und Vasen gesäumte Isabellapromenade zur *Kolonnade der Salz- und Wiesenquelle* (Kolonáda Solného a Lučního prmene). Einst war die Isabellapromenade selbst eine offene Kolonnade mit über 60 dorischen Säulen. Doch sie war nicht allzu standhaft; nachdem sie ein Sturm vernichtet hatte, baute sie niemand mehr auf. In der Kolonnade der Salz- und Wiesenquelle befindet sich auch ein *Oldtimermuseum* mit rund 30 Exemplaren, darunter einige Motorräder (tägl. 10–17 Uhr, Eintritt 2 €).

Nördlich der Isabellapromenade erstreckt sich der *Smetanapark* (Sady Bedřicha Smetany). Neben einem Goethedenkmal im Stil der Wiener Sezession aus dem Jahr 1906 findet man dort auch das *Kurhaus Imperial*, eines der elegantesten Hotels Westböhmens (→ Übernachten).

**Společenský dům (Gesellschaftshaus):** Es wird auch Traiterhaus genannt und ist eines der ältesten und schönsten Gebäude der Stadt. 1795 wurde es feierlich eröffnet. Der Neue Saal im Stil der Neorenaissance wurde 1876 angebaut. Alle bedeutenden gesellschaftlichen Veranstaltungen – Bälle, Versammlungen und dergleichen – wurden zur Blütezeit des Kurbads darin abgehalten. Heute beherbergt es das Casino des Orts, das ausgefallene Goethe-Restaurant und das Wiener Café (→ Essen & Trinken). Im Neuen Saal finden noch immer Tanznachmittage und -abende statt; das Niveau hat aber fürchterlich nachgelassen. An Goethes Aufenthalte in Franzensbad erinnern Medaillons im Gebäude. Direkt hinter dem Gesellschaftshaus schließt das *Hotel U tří lilie* (Zu den Drei Lilien) an, ebenfalls eines der ersten Gebäude Franzensbads.

**Městské muzeum (Stadtmuseum):** Auf zwei Etagen informiert es über die Geschichte des Kurorts und des Kurwesens überhaupt. Zu sehen gibt es alte Badewannen, Arztbestecke zum Aderlass, Fitnesstrainer, Etiketten längst zerbrochener Wasserflaschen usw. Des Weiteren beherbergt das Museum die Originalstatue des František.

*Adresse/Öffnungszeiten* Dlouhá 4. Tägl. (außer Mo) 10–17 Uhr. Eintritt 1,20 €, erm. 0,80 €.

*Ein sprudelndes Abführmittel – die Glauberquelle*

**Quellen:** Rund um die Stadt entspringen rund 20 Quellen mit einer Temperatur zwischen 10,1 und 12,5 °C. Viele davon wurden in Empirepavillons gefasst, so z. B. die bekannteste Quelle des Ortes, die *Franzensquelle* (Františkův pramen) unter einer schlichten klassizistischen Rotunda. Ihr Wasser besitzt einen hohen Salzgehalt, unterstützt die Rekonvaleszenz und hilft bei Verdauungsstörungen. Einen besonderen Ruf haben die in ihrer Wirkung „durchschlagenden" *Glauberquellen* (Glauberův pramen) von Franzensbad. Es gibt vier, die durch römische Zahlen unterschieden werden. Glauberův pramen IV weist den höchsten Glaubersalzanteil aller Glauberquellen der Welt auf. Das Salz ist übrigens ein Natriumsulfat und trägt seinen Namen nach dem Apotheker und Chemiker Johann Rudolf Glauber (1604–1670). Verwendung findet es außer als bewährtes Abführmittel bei der Glasfabrikation und der Stofffärberei. Weitere bedeutende Quellen sind die *Neuquelle* (Nový pramen), die bei Anämie hilft, die schwefelhaltige *Salzquelle* (Solný pramen), deren Wasser insbesondere bei Atemwegserkrankungen eingesetzt wird, sowie die *Sophienquelle* (Pramen Žofie) und die *Natalienquelle* (Pramen Natálie), die Linderung bei Nierenerkrankungen schaffen. Das Wasser der *Adlerquelle* (Adlerův pramen), benannt nach Bernhard Vinzenz Adler, der sich um die Gründung des Kurorts verdient gemacht hatte, der *Luisenquelle* (Luisin pramen), die in einem herrlichen Empirepavillon aus dem Jahr 1826 gefasst ist, und der *Kaltquelle* (Studený pramen) wird insbesondere für Bäder verwendet. Das Wasser der *Wiesenquelle* (Luční pramen) unterstützt zudem noch die Magen- und Darmfunktion.

*Öffnungszeiten* Die Quellen liegen über die ganze Stadt verteilt (→ Stadtplan), viele sind nur während der Kursaison zugänglich. Ganzjährig sind die Natalienquelle, die Eisenquelle, die Luisenquelle, die Kaiserquelle sowie die Quellen Glauber I und Glauber II zugänglich.

**Amerika:** Keine Stadt Europas liegt näher an Amerika als Franzensbad. Nur meinen die Franzensbader mit Amerika einen ca. 1,5 km südwestlich des Kurzentrums gelegenen See und den zwischen Ort und See angelegten Waldpark. An Sommernachmittagen fährt mindestens stündlich eine Bummelbahn, angetrieben von einem Range Rover, vom Aréal Milano zum See. Wer zu spät kommt, muss laufen, aber das tun viele, Amerika ist ein beliebtes Ausflugsziel. Beim See gibt es einen Minizoo (kostenlos) mit Ziegenböcken, Schafen und Straußen und zwei gemütliche Restaurants (→ Essen & Trinken). Bei Letzteren findet man auch eine kleine Liegewiese mit Bootsverleih – Baden ist jedoch nicht erlaubt, der See dient der Fischzucht.

## Umgebung von Františkovy Lázně

**Soos:** Das über 200 ha große Naturreservat liegt etwa 6 km nordöstlich von Franzensbad nahe dem denkmalgeschützten Bauerndorf Nový Drahov. Mofetten, kleine schlammgefüllte Erdlöcher, in denen Kohlendioxyd blubbernd und gelegentlich auch zischend zutage tritt, sind die letzten Zeichen vulkanischer Aktivität in Mitteleuropa. Der angeblich jüngste Vulkan Mitteleuropas ist übrigens der *Komorní Hůrka* (Kammerbühl), ein 500 m hoher Hügel ca. 2 km westlich von Franzensbad. Leider ist der Hügel bewaldet und an die Zeit, als er Lavafontänen gen Himmel spukte, erinnert nichts mehr – immerhin geschah es am Ende des Quartärs, vor ca. 1,5 Millionen Jahren. Durch das Naturschutzgebiet führt ein Lehrpfad auf einem Holzsteg (Dauer ca. 1 Std.). Es geht vorbei an Sümpfen, Mooren, Quellen und schwarzen Seen. Seltenen Vögeln und Pflanzen bietet das Terrain Schutz, auch gibt es viele Schlangen. Früher transportierte man von hier Schlamm für Kurbehandlungen nach Karlsbad. Zwei Museen am Eingang des Naturreservats informieren über Soos, die Entstehung des Lebens und zeigen ein paar Modelldinos.

• *Verbindungen* Nur selten **Busse** von Františkovy Lázně nach Nový Drahov, von da aus noch ca. 10 Min. zu Fuß. Jedoch bis zu 9-mal tägl. **Zug**verbindungen von Cheb nach Nový Drahov, der Bahnhof liegt außerhalb der Ortschaft direkt beim Naturreservat.

• *Übernachten/Essen & Trinken* **Selský dvůr,** in Nový Drahov, einem denkmalgeschützten Bauerndorf mit Weiher. Ehemaliger Gutshof, der zu einer Pension mit Restaurant umgebaut wurde. Beliebtes Tagesausflugsziel bayerischer Grenztouristen. Deftige Hausmannskost, Hg. 4–8 €. Große Terrasse. 17 Zimmer, 18 €/Pers. Nový Drahov 5 (Durchgangsstraße), ✆ 354542449, ✆ 354544231, www.bauernhof.cz.

• *Öffnungszeiten* **Soos,** März/April u. Sept.–Nov. tägl. 9–17 Uhr, Mai–Aug. 9–18 Uhr. Eintritt 2,40 €, erm. 1,20 €, die Eintrittskarte gilt für alle Sehenswürdigkeiten auf dem Gelände.

Westböhmen Karte S. 317

Informationen zum nur 5 km südlich von Franzensbad gelegenen **Cheb** bekommen Sie ab S. 326.

**Hrad Ostroh (Burg Seeberg):** Über schmale Sträßlein erreicht man etwa 5 km westlich von Franzensbad das kleine Dorf Ostroh mit der mittelalterlichen gleichnamigen Burg. Der frühere, deutsche Name „Seeberg" ist heute ein wenig irreleitend, denn einen See zu Füßen der Burg gibt es schon seit Jahrhunderten nicht mehr. Dennoch, die Burg liegt schön und ist ein beliebtes Ausflugsziel. Sie beherbergt in ihren gut restaurierten Räumlichkeiten verschiedene kleine Ausstellungen. In der Vorburg werden alte landwirtschaftliche Geräte, Bauernschränke, Spinnräder, Trachten, vergilbte Fotografien usw. aus dem Egerland gezeigt. In der Hinterburg, von der Vorburg durch einen Graben getrennt, präsentiert eine Werbeausstellung Karlsbader Porzellan; zudem sind mehrere Räume mit Möbeln verschiedener Stilrichtungen – von Empire bis Chippendale – ausgestattet. Ritterburgromantik kommt aber nicht auf. Angeschlossen ist ein etwas biederes Burgrestaurant (ganzjährig geöffnet). Ostroh ist mit öffentlichen Verkehrsmitteln kaum zu erreichen.

• *Übernachten* *** **Hotel Seeberg,** im Dorf nicht zu verfehlen. 22 helle, ordentliche Zimmer, sehr ruhig, teilweise mit Balkon oder Terrasse. Wer billiger wohnen will, geht in die dazugehörende Pension auf der anderen Straßenseite: etwas einfacher (keine Minibar, kein Tresor), aber alle Zimmer mit Du/WC. Hauseigene Kurbehandlungen. DZ im Hotel 42 €, in der Pension 33 €. Ostroh 2, ✆ 354595081, www.seeberg.cz.

• *Öffnungszeiten* **Burg,** März/April sowie Okt./Nov. tägl. 10–16 Uhr, Mai/Sept. 10–17 Uhr, Juni 9–17 Uhr, Juli/Aug. 9–18 Uhr. Eintritt 2,40 €, erm. 1,20 €.

**Aš (Asch):** Nordwestlich von Franzensbad erstreckt sich das *Ascher Ländchen,* auch Ascher Zipfel genannt, weit nach Deutschland hinein und trennt dort Bayern von Sachsen. Im Mittelpunkt steht das rund 13.000 Einwohner zählende, wenig ansprechende Aš. Bis 1945 lebten hier rund 45.000 Deutsche und nur 500 Tschechen. Im Zweiten Weltkrieg wurde Asch stark in Mitleidenschaft gezogen. Heute ist das einzig blühende Gewerbe des Städtchens zugleich das älteste der Welt. Doch das soll sich ändern: Die englisch-israelische Investorengruppe BCD plant in Aš einen 70 ha großen Hightech-Industriepark für mehr Arbeitskräfte als die Stadt Einwohner hat, dazu vier Wohntürme und ein durchgestyltes Vergnügungszentrum. Schon seit Jahren jedoch wird der Baubeginn immer wieder verschoben (zuletzt wurde 2011 ins Auge gefasst). Und selbst wenn der erste Spatenstich getan sein sollte – so befürchten Skeptiker –, wird das Projekt niemals umgesetzt werden, da BCD nach deren Meinung nur EU-Fördergelder abgreifen will. So ist anzunehmen, dass Asch bis auf Weiteres erst mal ein welkes Mauerblümchen bleibt: Einen Stadtkern sucht man vergebens, das Zentrum bildet die lange Durchgangsstraße. An ihr stehen ein paar Häuser im Stil des Historismus, viele davon warten noch immer auf ihre Restaurierung. Finanzieller Art sind auch die Gründe, weshalb das *Stadtmuseum* (Městské muzeum) im *Neorenaissanceschlösschen* des Grafen Zedtwitz an der Mikulašská 3 voraussichtlich noch für Jahre geschlossen bleiben wird. Irgendwann aber will man hier wieder eine Ausstellung zur Textilgeschichte Aschs einrichten.

• *Verbindungen* **Busse** und **Züge** regelmäßig nach Cheb und Franzensbad.

• *Übernachten/Essen & Trinken* **** **Schlosshotel Větrov,** ein ehemaliges Jagdschlösschen, nebenan ein kleiner Park mit Teich. Gepflegtes Restaurant. Gediegene Zimmer im Haupthaus, etwas einfacher die im Nachbargebäude. DZ im Schloss ab 115 €, im Nebengebäude 58 €. Krásná 274 (2 km nördlich von Aš, von der Straße nach Podhradí ausgeschildert), ✆ 354525179, ✆ 354599099, www.hotel-vetrov.cz.

## Cheb (Eger)

**Cheb besitzt eine herrliche Altstadt und einen farbenfrohen Marktplatz, der eines Kostümfilms würdig ist. Nur kunterbuntes Markttreiben fehlt darauf. Das findet man jedoch im nahen Dragon Bazar, dem größten Asia-Markt Tschechiens.**

Cheb, 10 km von der deutschen Grenze entfernt und Kreisstadt der westlichsten Region Böhmens, ist ein wichtiger Verkehrsknotenpunkt und ein bedeutendes Industriezentrum. Sehenswert ist die Altstadt mit ihrem lebendigen Marktplatz, auf dem im Sommer Straßencafés und Restaurants auf eine gemütliche Pause einladen. Gotik-, Renaissance- und Barockbürgerhäuser, hinter deren fröhlichen Fassaden sich so manch geschichtsträchtiges Ereignis abgespielt hat, verleihen ihm ein besonderes Flair. Rund um die Altstadt liegen weniger einladende Viertel. Dort bekommt ein plattengrauer Gürtel langsam Farbe, auch gibt es eine Reihe neuer Gewerbegebiete. Kehrt man diesen den Rücken, wird es gleich ländlich. Dann erfreuen Wiesen, Weiden und Wälder das Auge, zudem ist die Umgebung seenreich.

*Egerländer Fachwerk*

## Vom Egerland zur Euregio Egrensis

Das historische Egerland im Nordwesten Böhmens umfasste einst das Egertal bis Karlsbad, den Kaiserwald (Cískařský les) und das Tepler Hochland (Tepelská plošina). Im 12. Jh. wurde das Gebiet von Westen her, überwiegend aus dem heutigen Bayern, besiedelt. Und obwohl hier über die Jahrhunderte hinweg Deutsch gesprochen wurde, gehörte die Region ab dem 14. Jh. stets zur böhmischen Krone. Die Bevölkerung blieb bis 1945 größtenteils deutschsprachig, sprach eine eigene Mundart und pflegte ihr besonderes Brauchtum mit Trachten, Dudelsackmusik usw.

Das Gros der Egerländer und Tschechen hegte keine Sympathien füreinander, aufgrund mangelnder Kontakte waren jedoch im Egerland – anders als in Prag oder Ostböhmen – ethnische Spannungen lange Zeit die Ausnahme. Das änderte sich, als die Egerländer gegen ihren Willen nach dem Ersten Weltkrieg in die ČSR eingegliedert wurden. Mit der Sudetendeutschen Partei unter der Führung von Konrad Henlein bereiteten sie den Anschluss an das Deutsche Reich vor. Und als die Hakenkreuzfahne über Eger und später über Prag wehte, herrschte zunächst Jubelstimmung unter vielen. Den Gipfel nationalsozialistischer Gesinnung markiert Hitlers Aussage aus dem Jahr 1942: „Die Tschechen sind ein Fremdkörper inmitten der deutschen Gemeinschaft. Es gibt keinen Platz für uns beide. Einer muss verschwinden". Diese Haltung gegenüber den Tschechen kehrte sich am Ende des Zweiten Weltkrieges um in einen offenen Hass gegenüber allem Deutschen und gipfelte in der Vertreibung der Egerländer.

Mit der Schaffung der „Euregio Egrensis" (1992), ein bayerisch-böhmisch-sächsischer Zusammenschluss grenznaher Regionen, will man sich wieder näher kommen und alte Mauern v. a. in den Köpfen einreißen. Die länderübergreifende Initiative hat sich zum Ziel gesetzt, insbesondere den Ausbau der Infrastruktur, des Tourismus, der Wirtschaft und der Kultur auf dem Gebiet des ehemaligen Egerlands zu fördern. Vielleicht verhilft dies der Region irgendwann einmal wieder zu einer neuen Identität.

**Geschichte:** Erstmals urkundlich erwähnt wurde Eger 1061. Unter Kaiser Friedrich I. Barbarossa entwickelte sich die Stadt gegen Ende des 12. Jh. zu einem wichtigen Handels- und Verwaltungszentrum. 1355 erhielt sie von Kaiser Karl IV. das Münzrecht. Im folgenden Jahrhundert stieg Eger zu einer der größten und reichsten Städte der böhmischen Krone auf. Tuchmacher, Gerber und Kaufleute zählten zu den wichtigsten Zünften. Im 16. Jh. erlebte die Stadt eine kulturelle und wirtschaftliche Blütezeit, herrschaftliche Häuser im Zentrum bezeugen dies noch heute. Der 30-jährige Krieg führte die Stadt jedoch an den Rand des Abgrunds, viele Bewohner emigrierten. Erst mit der Entstehung des nahe gelegenen Kurorts Franzensbad Ende des 18. Jh. folgten wieder bessere Zeiten. Nach dem Anschluss an das Eisenbahnnetz Mitte des 19. Jh. siedelten sich Industriebetriebe rund um den Ort an. Anfang des 20. Jh. fuhr man sogar auf den Straßen Berlins oder Londons mit Fahrrädern und Motorrädern der Marken *Premier* und *Eska* aus Eger. Die Einwohnerzahl stieg rapide an, zwischen 1870 und 1921 verdoppelte sie sich auf über 27.000, der Anteil an Tschechen betrug dabei keine 5 %. 1944 lag die Einwohnerzahl gar bei über 40.000. Vernichtend für Eger sollten sich der Zweite Weltkrieg und dessen Folgen auswirken, weniger jedoch durch Schäden im Stadtbild als vielmehr durch den Aderlass an der Bevölkerung. Das Gros der jüdischen Einwohner war von den Nazis ermordet worden; lediglich die Židovská (Jüdische Straße) erinnert heute noch an sie. Und die Deutschen selbst, die sich stets vehement gegen alles Tschechische gewehrt hatten – Eger war z. B. die einzige Stadt Böhmens, die sich lange Zeit geweigert hatte, tschechische Straßennamen anzuschreiben –, wurden vertrieben. So blieb eine leere, tote Stadt zurück. Nicht gerade mit Erfolg gekrönt waren die Versuche in der zweiten Hälfte des 20. Jh., Tschechen in Cheb anzusiedeln. Nur wenige wollten sich hier niederlassen. So versuchte man der Stadt durch Umsiedlung von Slowaken und Einbürgerung von Sinti und Roma neues Leben einzuhauchen. Seit der Grenzöffnung ist Cheb eine aufstrebende Kreisstadt, deren Stadtkern sich in neuem Glanz zeigt.

## Information/Parken/Verbindungen

- *Information* **Turistické infocentrum** am Náměstí krále Jiřího z Poděbrad 33, ✆ 354440302, www.mestocheb.cz. Tägl. 9–17 Uhr.
- *Parken* Mehrere bewachte Parkplätze im Zentrum, u. a. beim Hotel Hvězda.
- *Verbindungen* Bahnhof und Busbahnhof ca. 500 m südlich des Zentrums.

**Züge,** regelmäßig Verbindungen nach Karlovy Vary, alle 2 Std. nach Prag und Plzeň. **Busse,** regelmäßig nach Františkovy Lázně und Mariánské Lázně, bis zu 8-mal tägl. nach Prag, bis zu 5-mal nach Karlovy Vary und Plzeň.

## Adressen/Veranstaltungen (→ Karte S. 331)

- *Ärztliche Versorgung* **Okresní nemocnice** (Bezirkskrankenhaus) in der K nemocnici 17 südlich des Zentrums. ✆ 354405111.
- *Polizei* An der Jiráskova/Ecke Mánesova südlich des Zentrums. ✆ 156.
- *Post* Zum Beispiel in der Šlikova.
- *Einkaufen/Markt* Ein paar kleine **Kunsthandwerksläden** haben sich im Stöckl am Marktplatz eingemietet. Zu kaufen gibt es alles zwischen Keramik, Kristall und Holzspielzeug.

**Podníková prodejna Chebský pivovar (5),** hier kann man das leckere Egerer Hradní-Bier erstehen. Die Produktion des hellen 11-gradigen Bieres wurde in den 1990er-Jahren eingestellt und die Brauerei abgerissen. Erst seit 2010 wird es wieder gebraut, allerdings im nahen bayerischen Waldsassen – unter Aufsicht und nach dem Rezept des Egerer Brauers Jaroslav Malkovský. Náměstí krále Jiřího z Poděbrad 481/3.

**Kolonáda (6),** hier gibt es die berühmten Karlsbader Oblaten zu kaufen. Náměstí krále Jiřího z Poděbrad, gegenüber dem Hotel Hvězda.

**Dragon Bazar,** größter Asia-Markt Tschechiens. Verkaufsgepflogenheiten ähnlich wie in Saigon. Nahezu nichts, was es hier nicht gibt: Markenimitate von der Rolex bis zur Levis, Bataillone von Gartenzwergen, Zigaretten, Schnapsflaschen. Am Grenzübergang Svatý Kříž/Waldsassen ca. 5 km südwestlich von Cheb.

• *Veranstaltungen* Ein internationales **Festival der Jugendblasorchester** geht jedes gerade Jahr im Juni über die Bühne. Den Juli und August bestimmt alljährlich der **Kultursommer** mit zahlreichen Veranstaltungen. Ende Aug./Anfang Sept. gibt es die **Wallenstein-Tage** mit historischem Markt, Umzügen etc. Einen **internationalen Tanzwettbewerb** bringt der Oktober. Gleichzeitig findet dann das **Jazz Jam Cheb** statt, ein traditionelles Jazzfestival.

## Aus der Fabrik an den Marktstand – Vietnamesen in Tschechien

In nahezu allen grenznahen Städten gibt es Vietnamesenmärkte. Sie schossen nach der Wende wie Pilze aus dem Boden, inzwischen ist der große Boom jedoch vorbei. Angeboten werden in erster Linie billiger Alkohol, Markenimitate und Zigaretten. Die Vietnamesen kamen v. a. nach dem Vietnamkrieg (ab 1975) ins Land. Die offene Rechnung für die tschechoslowakischen Waffen- und Sprengstofflieferungen (→ Kasten „Semtex ...", S. 176) an die kommunistischen Brüder in Nordvietnam beglich Vietnam durch Entsendung von Arbeitern für die hiesigen Industriebetriebe. Nach 1990 folgte der Nachzug der Verwandten. Mittlerweile sind jedoch auch viele Vietnamesen wieder in ihre Heimat zurückgegangen, rund 200.000 Menschen in Vietnam sprechen Tschechisch. In Tschechien leben heute noch etwa 60.000 Vietnamesen (geschätzte 20.000 davon illegal), in Cheb 3000, wo sie rund ein Zehntel der Einwohner ausmachen.



## Essen & Trinken/Nachtleben (→ Karte S. 331)

• *Restaurants* **Barbarossa (7),** das Restaurant des gleichnamigen Hotels (→ Übernachten). Etwas bieder, aber luftig-hell, besonders im mit Korbmöbeln bestückten Wintergarten. Weißhemdige Kellner. Wie wäre es mit Beefsteak, Schweinemedaillons in Rahmsoße oder Zander mit Naturkruste? Hg. 6,80–14 €.

**Hannibal (11),** etwas außerhalb des Zentrums, der gleichnamigen Pension angeschlossen (→ Übernachten). Sehr gepflegtes Restaurant im Bauernstubenstil, hübscher Hinterhofgarten mit Goldfischteich. Fleischlappen jeder Art, dazu auch ein paar Fischgerichte. Hg. 4–12 €.

**Restaurace U Kralé Jiřího (8),** einfach-rustikale, typisch tschechische Gaststätte. Gewohnter Mief, gewohnt deftige Kost: Rauchfleisch mit Kartoffelknödeln und Kraut, Schweinefleisch mit Schwarzbiersoße oder ein gemischter Bauernteller zu 4–9 €. Březinova 2, ✆ 354422031.

• *Cafés* **Café U Kamennýho červa (3),** kleine gemütliche Bar mit schöner Innenhofterrasse im Schirndinger Haus. Junges Publikum. Mit Galerie. Náměstí krale Jiřího z Poděbrad 7.

**Bartholomeus (4),** die Adresse am Hauptplatz – morgens, mittags und abends. In der netten Cafébar servieren Kellner mit weißem Hemd und roter Krawatte. Náměstí krale Jiřího z Poděbrad 37.

• *Kneipen* **Hradní Krčma (1),** netter Biergarten auf dem Stadtwall bei der Burg. Hier wird das lokale Bier (→ Einkaufen) ausgeschenkt.

**Šenk U Mnicha (2),** ebenfalls ein feuchtfröhlicher Treffpunkt (günstiges Bier) mit vornehmlich jungem Publikum. Billard. Úzká 2.

*Übernachten*

****** Barbarossa (7),** gepflegtes Altstadthaus und bestes Hotel im Zentrum. In einer ruhigen Seitengasse. 21 geräumige Zimmer mit Kiefernholzmobiliar. Freundliches Personal. Dennoch: 4-Sterne-Niveau nach westeuropäischem Maßstab besitzt es nicht. Hotelgarage (kostenlos). EZ 50 €, DZ ab 67 €. Jateční 7, ✆ 354423446, www.hotel-barbarossa.cz.

***** Hotel Slavie (10),** saniertes Haus in der Fußgängerzone. Zimmer mit TV, Telefon, Safe und kratzigen Teppichböden. Modern, aber recht billig eingerichtet. Videoüberwachte Parkplätze im Hof. EZ 33 €, DZ 56 €. Svobody 32, ✆ 354433216, ✆ 354433494, www.hotel-slavie.cz.

**Hotel Monika (9),** beste Lage. Eher schlichte, wenig geschmackvoll ausgestattete Zimmer mit und ohne Bad. Sehr freundliches, junges Personal. Sehr beliebtes Restaurant. DZ mit Bad 47 €, ohne Bad 35 €. Svobody 9, ✆ 354430046, ✆ 354437792, www.hotel-monika.com.

**Pension Hannibal (11),** ca. 5 Fußmin. abseits des Zentrums. Hübsche Zimmer im Bauernstubenstil, wahlweise mit Du/WC oder nur mit Dusche (WC auf dem Gang). Gutes Restaurant mit Hinterhofgarten. Wegbeschreibung: Den Marktplatz bergab gehen, dann der Svobody folgen, bis es rechts ab in die Májová geht, von dort noch ca. 300 m (ab hier auch ausgeschildert). DZ je nach Standard 36–42 €. Májová 10, ✆ 603501068 (mobil), pension.hannibal@quick.cz.

• *Camping* Mehrere Plätze an den stadtnahen Stauseen. Eine gute Empfehlung:

**Autokemp Václav,** großer Platz in schöner Lage am Nordufer des Jesenice-Sees, von Chebs südlichem Vorort Podhrad aus beschildert. Beliebt bei Holländern, freundliches Personal. Restaurant, Kinderspielplatz, Fußballwiese, Waschmaschine etc. April–Sept. Bahnhof Všebor in Laufnähe, bis zu 9-mal tägl. Zugverbindungen nach Cheb und Mariánské Lázně. 2 Pers. mit Zelt u. Auto je nach Lage und Größe des Stellplatzes ab 20 €, Podhrad, ✆/✆ 354435653, www.kempvaclav.cz.

## Sehenswertes

Die Sehenswürdigkeiten Chebs liegen alle in der Altstadt, das Gros sogar rund um den Marktplatz. Von dessen Westseite zweigen romantische Gassen ab, die auch auf der Prager Kleinseite liegen könnten. Die geschäftigste Straße der Stadt ist die Třída Svobody, die als Fußgängerzone vom Marktplatz Richtung Bahnhof verläuft.

**Náměstí krále Jiřího z Poděbrad (Marktplatz):** Der lang gestreckte brunnengeschmückte Platz, heute benannt nach König Georg von Poděbrady (1458–71), dem ersten europäischen König, der dem katholischen Glauben abschwor, ist seit dem 12. Jh. das Zentrum des Städtchens. Der untere Teil diente früher als Gemüse-, der obere als Pferdemarkt. Er ist umgeben von schönen alten Bürgerhäusern; die wichtigsten im Überblick: An der Ostseite steht das *neue Rathaus* (Nová Radnice), ein auffälliger Barockbau mit Uhrturm aus der ersten Hälfte des 18. Jh., heute Sitz der Staatsgalerie (s. u.). Rechts daneben schließt das sog. *Schillerhaus* (Schillerův dům, Nr. 17), ein Patrizierhaus, an. Ende des 18. Jh. befand sich darin der Gasthof „Zum Goldenen Hirsch“, in dem sich Schiller für seine Recherchen zur Wallensteintrilogie 1791 einmietete. Ebenfalls an der Ostseite, etwas tiefer am Platz, hebt sich das graue *Schirndinger Haus* (Schirndingerův dům, Nr. 7) ab, das einzige Gebäude, dessen Giebelseite zum Platz ausgerichtet ist. Hinter dem gotischen Portal besitzt es einen schönen Arkadenhof mit Bar (→ Essen & Trinken). Direkt daran grenzt linker Hand das rosa-weiße *Gablerhaus* (Gablerův dům, Nr. 6) mit einer reich verzierten Rokokofassade. Goethe übernachtete einst darin.

Den unteren Teil des Marktplatzes dominiert das *Stöckl* (Špalíček), ein verschachtelter Gebäudekomplex aus elf bizarren Fachwerkhäusern. Im Mittelalter befanden sich darin deutsch-jüdische Handelshäuser, später Krämerläden, heute sind hier

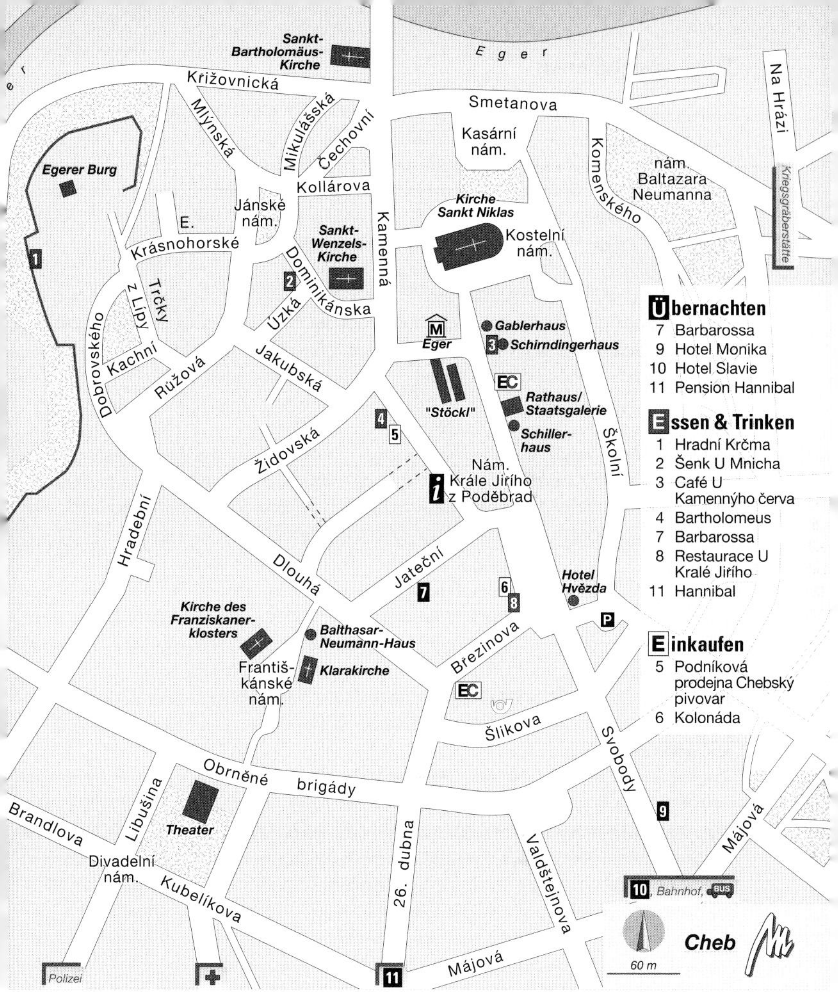


einfache Geschäfte, Kunsthandwerksläden und ein Café untergebracht. Hinter dem Stöckl, im Stadthaus Nr. 3, hat heute das Egermuseum seinen Sitz.

**Chebské muzeum (Egermuseum):** Das Museum informiert über die Entwicklung der Stadt und der Region von ihren Anfängen bis zur Gegenwart, das Thema Vertreibung wird jedoch nur gestreift, das Thema Neuansiedlung schlicht ignoriert. Zu sehen sind u. a. Heiligenfiguren, das Beil, das Karl Huss, dem letzten Henker von Eger gehörte, Folterinstrumente, Egerländer Trachten, Ölgemälde aus dem 17. und 18. Jh. usw. Zudem widmet sich das Museum in besonderem Maße Albrecht von Wallenstein (→ Kasten, S. 236), der hier 1634 auf Anordnung von Kaiser Ferdinand ermordet wurde. Er selbst ist als Gipsbüste anwesend. Auch seinem Pferd, das in der Schlacht bei Lützen 1632 erschossen wurde, huldigt man mit einer Kopie. Zudem können Wallensteins Spitzenkragen, seine Stiefel, sein Sterbezimmer und anderes besichtigt werden.

*Adresse/Öffnungszeiten* Náměstí Krále Jiřího z Poděbrad 3. Tägl. (außer Mo) 9–12.30 u. 13–17 Uhr. Eintritt 2,40 €, erm. die Hälfte.

**Státní galerie výtvarných umění (Staatsgalerie der bildenden Kunst):** Sie beherbergt im 1. Stock eine durchaus sehenswerte Sammlung tschechischer Kunst des 20. Jh., auch wenn diese nicht gerade ansprechend präsentiert wird. Beachtenswert sind insbesondere die kubistischen Plastiken Otto Gutfreunds (leider oft an andere Galerien verliehen) und die Arbeiten des Bildhauers František Bílek im 2. Stock. Zudem finden hier häufig wechselnde Ausstellungen statt.

Adresse/Öffnungszeiten Náměstí krále Jiřího z Poděbrad 16. Di–So 10.30–12 u. 12.30–17 Uhr. Eintritt 2,80 €, erm. die Hälfte. Jeden ersten Do im Monat frei.

**Chebský hrad (Egerer Burg):** Im Nordwesten der Stadt, hoch über dem Flusslauf, liegt die Egerer Burg, auch Kaiserburg genannt, da sie Kaiser Friedrich I. Barbarossa in der zweiten Hälfte des 12. Jh. auf den Fundamenten einer alten slawischen Befestigung errichten ließ. Eine Besonderheit ist die romanische *Burgkapelle*, komplett erhalten und bestens restauriert. Eigentlich handelt es sich dabei um zwei übereinander liegende Kapellen. Die untere, dunklere war für das Dienstpersonal bestimmt. Deren Kreuzgewölbe ruht auf vier stämmigen Granitsäulen mit Würfelkapitellen. Die obere, in der der Kaiser zu beten pflegte, ist beschwingter, schlanke Marmorsäulen tragen hier ein spitzbogiges Gewölbe.

Hinter der Burgkapelle befand sich früher der *Palast* mit einem großen Bankettsaal, in dem Wallensteins Generäle ermordet wurden, wenige Stunden bevor der große Feldherr selbst sterben musste. Seitdem soll der Geist Wallensteins stets um Mitternacht in einer von vier Rappen gezogenen Kutsche hier erscheinen. Von dem Palast sind ein paar Mauerreste mit einem Rundbogenfenster erhalten.

Wer will, kann noch den *Schwarzen Turm* (Černá věž) besteigen, ein Relikt der slawischen Befestigung mit 3 m dicken Mauern. Die vielen Stufen belohnen aber nicht mit einer tollen Aussicht.

Adresse/Öffnungszeiten Trčky z Lípy. April, Mai, Sept. tägl. (außer Mo) 9–12 u. 13–17 Uhr, im Juni bis 18 Uhr, Okt./Nov. bis 16 Uhr, Juli/Aug. tägl. 9–12 u. 13–18 Uhr. Eintritt 1,60 €, erm. die Hälfte.

**Dům Balthasara Neumanna (Balthasar-Neumann-Haus):** 1687 wurde Balthasar Neumann, einer der großen Architekten des europäischen Barock, in Eger geboren. 1753 starb er in Würzburg – die dortige Residenz zählt zu seinen imposantesten Werken. Das Balthasar-Neumann-Haus ist nicht – wie der Name vermuten lässt – das Geburtshaus des Baumeisters, sondern das ehemalige Gästehaus des Klarissenklosters. Heute dient es als deutsch-tschechische Begegnungsstätte. Unter anderem werden hier Seminare und Sprachkurse abgehalten, zudem gibt es eine Bibliothek. Auch können sich Interessierte einige wenige Andenken an Balthasar Neumann ansehen.

Adresse/Öffnungszeiten Františkánské náměstí. Nur Di 10–12 u. 14–19 Uhr sowie Mi 10–12 u. 13–17 Uhr. Kein Eintritt.

**Kirchen:** Nordöstlich des Egermuseums steht die gotische *Hauptkirche Sankt Niklas* (Kostel sv. Mikulaše), ursprünglich eine romanische Basilika, im 18. Jh. nach einem Brand u. a. durch Balthasar Neumann barockisiert – ihr Inneres ist sehenswert. Die nahe gelegene *Sankt-Wenzels-Kirche* (Kostel sv. Václava) des ehemaligen Dominikanerklosters ließ der Deutsche Ritterorden zwischen 1688 und 1689 errichten. Auf einen Kirchturm verzichtete man. Der Orden unterhielt hier auch ein Brauhaus. Das Kloster beherbergt heute mehrere Agenturen, seine Säle können für Veranstaltungen gemietet werden. Wie die St.-Niklas-Kirche entstand auch die *Mariä Verkündigungskirche des Franziskanerklosters* (Františkánský klášter) südwestlich des Marktplatzes im 13. Jh. Leider wurde das Gros ihres kostbaren Interieurs während der sozialistischen Herrschaft beschädigt, zerstört oder geraubt. Heute ist das Gotteshaus stark renovierungsbedürftig. Nebenan kann jedoch der Kreuzgang, der auch wechselnden Ausstellungen dient, besichtigt werden. Die *Klarakirche* (Kostel Klarisek) schräg gegenüber war einst die Klosterkirche des Klarissenordens. Sie wurde Anfang des 18. Jh. errichtet und ist vermutlich das Werk Christoph Dientzenhofers (→ S. 214). Heute stellt man hier gotische Bildhauerei des historischen Egerlands und europäische Kunst des 17. und 18. Jh. aus. Eine weitere erwähnenswerte Kirche ist die *Sankt-Bartholomäus-Kirche* (Kostel sv. Bartoloměje) nahe dem Fluss Ohře (Eger), die zu Beginn des 15. Jh. von den Kreuzherren mit dem roten Stern erbaut wurde. Das einst dazugehörige Spital jagten deutsche Truppen 1945 versehentlich in die Luft, als man versuchte, die nahe gelegene Brücke zu sprengen, um den Amerikanern den Einzug in die Stadt zu erschweren.

• *Öffnungszeiten* **Sankt-Niklas-Kirche,** tagsüber i. d. R. geöffnet. **Klarakirche,** tägl. (außer Mo/Di) 9–12 u. 13–17 Uhr. Eintritt 2,40 €, erm. die Hälfte. Jeden ersten Do im Monat frei. Alle anderen Kirchen sind nur zu Messen oder Veranstaltungen geöffnet. **Kreuzgang des Franziskanerklosters,** Mai–Sept. tägl. (außer Mo) 10–12 u. 13–17 Uhr. Eintritt frei.

## Umgebung von Cheb

**Chlum Svaté Maří (Maria Kulm):** Chlum Svaté Maří, ca. 18 km östlich von Franzensbad, ist eine kleine verschlafene Ortschaft. Das war nicht immer so: Im 17. Jh., als man zu Chlum Svaté Maří noch Maria Kulm sagte, war der Ort größer als Karlovy Vary. Man zählte über 1800 Einwohner, neun Schuhmacher und 21 Gasthäuser. Heute sind es 330 Einwohner, kein Schuhmacher und zwei Gasthäuser. In ganz Böhmen berühmt wurde Maria Kulm einst durch Heinrich Cunos (1796–1835) Drama *Die Räuber von Maria Kulm,* in welchem das tapfere Burgvogtstöchterlein Bibiena einer gefürchteten Räuberbande das Handwerk legt. Das Stück löste des Öfteren Tumulte unter den Zuschauern aus und geriet dadurch immer wieder in die Schlagzeilen. Heute ist Maria Kulm einzig und allein noch wegen der *Wallfahrtskirche Mariä Himmelfahrt* bekannt. Pilgerfahrten dahin finden von Mai bis Oktober statt. Über die letzte wundersame Heilung, so wurde uns mitgeteilt, durfte sich im Sommer 2000 ein Deutscher freuen. Obwohl evangelisch, bereitete ihm der Ischiasnerv vom einen auf den anderen Moment keine Beschwerden mehr. Die sehenswerte und reich ausgeschmückte Kirche wurde 1702 nach Plänen von Jean Baptiste Mathey fertig gestellt. Heute restauriert man fleißig. Die Kuppel der Kirche ist eine Kopie der Kuppel des Petersdoms. Das dazugehörige Kloster verwalten die Kreuzherren mit dem roten Stern. Dieser Männerorden wurde übrigens im 13. Jh. von der Hl. Agnes von Böhmen gegründet.

• *Verbindungen* Mit dem **Bus** regelmäßig von Sokolov zu erreichen.

• *Übernachten/Essen & Trinken* *** **Schlosshotel Mostov**, im gleichnamigen Dorf, rund 5 km Luftlinie (ca. 16 km mit dem Fahrzeug) südwestlich von Chlum Svaté Maří. Halb Museum (es kann eine Porzellansammlung mit rund 200 Exponaten besichtigt werden), halb Hotel. 50 Zimmer (nicht alle im Schloss) auf 3-Sterne-Niveau. Schöner Garten. Das angeschlossene Restaurant bietet verfeinerte böhmische Küche, Hg. 6–18 €. Von der E 48 Eger – Karlsbad Ausfahrt 160 (Odrava) nehmen. DZ ab 92 €. Mostov 1, ✆ 354400450, ℻ 354400451. www.mostov.cz.

• *Öffnungszeiten* **Kirche,** einfach klingeln, tagsüber ist immer jemand da. Führungen finden Fr–So statt. Eintritt frei, Spende erwünscht.

Weiter Richtung **Karlsbad** (→ S. 378)? Auf dem Weg liegt **Loket** (→ S. 394).

**Doubrava (Taubrath):** Doubrava, ca. 10 km südöstlich von Cheb, ist ein Dorf wie aus dem Bilderbuch. Gäbe es keine Telefonleitungen und Straßenbeleuchtungen, würde man glauben, die Zeit sei hier vor 100 Jahren stehen geblieben. Der kleine idyllische Ort besteht aus typischen alten, Egerländer Fachwerkhäusern. Die Gebäude mit ihren bunt bemalten Balken sind allesamt restauriert – liebevoll, nicht mit der oft anderswo üblichen Gleichgültigkeit. Aus einem *Wehrhof* aus der Mitte des 18. Jh., einem der ältesten noch erhaltenen der Gegend, wurde ein Gasthof mit gemütlichem kleinem Biergarten und privatem Freilichtmuseum. Es zeigt alte landwirtschaftliche Geräte, antike Bauernmöbel und Hausrat.

*Verbindungen/Öffnungszeiten* **Busse** nur 3-mal tägl. über Kozly von und nach Cheb. **Museum,** tägl. 11–20 Uhr, im Winter bis 16 Uhr. Eintritt 2 €, erm. 1,20 €.

## Mariánské Lázně (Marienbad)

**„Marienbad ist unbegreiflich schön", schwärmte einst Franz Kafka. Und das ist der Kurort noch immer: Ein inmitten von dicht bewaldeten Hügeln gelegenes, mit weiten Parkanlagen durchsetztes Paradies. Es gibt nur wenige Städte Europas, die ohne Küstenromantik so viel Flair haben.**

Allein die Tatsache, dass Dichter und Denker, Könige und Adelige hier gerne verweilten, ist eigentlich schon Beweis genug. Die Gästeliste des Kurortes liest sich wie ein Who's who des 19. und frühen 20. Jh. Richard Wagner reiste mehrmals an und plante gar, seine Festspiele nicht in Bayreuth, sondern in Marienbad ins Leben zu rufen. Friedrich Hebbel verfasste in Marienbad den geistreichen Satz: „Hier sitz' ich in einem böhmischen Bade". Mit seiner Frau war er angereist, der die Leber Sorge bereitete. Der russische Literat Nikolaj Wassiljewitsch Gogol

*Marienbad: Nové Lázně – das neue Bad*

kam, er hatte es mit dem Magen. Ein gleichzeitig anwesender Millionär inspirierte ihn übrigens zur Gestalt des Kostausschogel in seinem Roman *Tote Seelen*. Ein anderer russischer Autor, Iwan Aleksandrowitsch Gontscharow, schuf in Marienbad die Gestalt der Olga Sergejewna Iljinska für seinen *Oblomov* – jener literarische Antiheld, der das Bett nie mehr verlassen wollte. Hugo von Hofmannsthal schrieb in Marienbad *Das Bergwerk von Falun.*

Seiten könnte man mit Schriftstellern füllen, die das westböhmische Bad besuchten: Johann Wolfgang von Goethe, Iwan Sergejewitsch Turgenjew, Henrik Ibsen, Rudyard Kipling, Mark Twain, Maxim Gorki, Jan Neruda, Alexander K. Tolstoj usw. Aber auch mit Komponisten wie Antonín Dvořák, Johann Strauß oder Anton Bruckner oder aber mit Wissenschaftlern wie dem Slawisten Josef Dobrovský, Sigmund Freud oder Samuel von Basch, der eine wissenschaftliche Methode zur Messung des Blutdrucks begründete. Gekrönte Häupter kamen ebenfalls, u. a. Napoleon III., Otto I. von Griechenland, Kaiser Franz Josef I. oder Englands König Eduard VII.

Es war en vogue, in den weltberühmten, von weiten Kiefernwäldern umgebenen Kurort Marienbad zu reisen. Die Gäste liebten die stets etwas frischere und kühle Luft des Ortes in den heißen Sommermonaten, immerhin liegt Marienbad auf 630 m ü. d. M. Aber sie genossen auch die in den Stadtkern einbezogene Quellenlandschaft, die Galanterie- und Luxuswarengeschäfte, die vielen Parks und nicht zuletzt den Prunk der Kurhäuser, Casinos, Hotels und Musikpavillons, viele mit einem Überschwang an historisierenden Formen. Noch heute ist das alte Kurzentrum Marienbads eine fast unbeschreibliche Pracht. Wo man hinsieht, stehen klassizistische Brunnentempel, Schweizerhäuser und luxuriöse Prachtbauten, die ein Bild von der Üppigkeit des Fin de Siècle vermitteln.



**Geschichte:** Erstmals erwähnt wurden die Quellen Marienbads im 16. Jh. Damals gab es den Ort jedoch noch nicht. Dort, wo die Quellen sprudelten, existierte nichts anderes als sumpfiges, bewaldetes Terrain. Bereits im ausgehenden 17. Jh. gewann man aus Verdampfung des Quellwassers der heutigen Kreuzquelle Glaubersalz, welches man als *sal teplensis* verkaufte und das sich schnell zu einem geschätzten Abführmittel entwickelte. Erst 1808 wurde hier auf Initiative des Abtes Karl Kasper Reitenberger vom nahe gelegenen Stift Tepl (→ S. 347) und des Arztes Dr. Joseph Johann Nehr ein Heilbad gegründet. Zehn Jahre später erklärte man Marienbad offiziell zum Kurort. Ein Denkmal des Abtes befindet sich an der Promenade, die an die Neue Kolonnade anschließt, eine Büste des Arztes beim Kreuzbrunnen. Letzterer schrieb auch die erste Abhandlung über die medizinische Bedeutung der Marienbader Quellen. Hohe Verdienste an der heutigen Erscheinung des Ortes hatte der Gartenarchitekt Václav Skalník. Nach seinen Plänen wurden im frühen 19. Jh. das gesamte Tal trockengelegt, weitläufige Parkanlagen geschaffen und gezielt Kurhäuser und Hotels drum herum platziert.

Einer der ersten VIPs, die den Ort populär machten, war der zu jener Zeit schon bejahrte Johann Wolfgang von Goethe. Die rapide Entwicklung Marienbads ließ ihn zu dem Ausspruch hinreißen: „Mir war es, als wäre ich in den nordamerikanischen Einsamkeiten, wo man Wälder aushaut, um in drei Jahren eine Stadt zu bauen." Wahre Worte. Etwas mehr als zehn Jahre vergingen und schon besaß der Ort ein Symphonieorchester. Zu Mitte des 19. Jh. kamen bereits 25.000 Kurgäste im Jahr. 1872 erhielt Marienbad Anschluss an das Eisenbahnnetz. Bis dato lag neben dem heutigen Chopin-Haus die Postkutschenstelle, die zugleich das Zentrum des Ortes bildete. Ende des 19. Jh. reihte sich Marienbad neben Karlsbad in die Liste der bedeutendsten europäischen Kurorte ein. Bis zur Weltwirtschaftskrise, welche der Ort schwer zu spüren bekam, stieg die Zahl der Gäste auf über 50.000 Besucher im Jahr.

Nach dem Zweiten Weltkrieg und dem Fall des Eisernen Vorhangs geriet Marienbad in Vergessenheit. Das sozialistische Einheitsgrau legte sich über die Mauern. Mittlerweile ist das Gros der alten palastartigen Kurbäder und der feudalen Bauten restauriert und strahlt in neuem Glanz. Der VIP-Glamour der alten Tage ist jedoch der Bodenständigkeit gewichen. All jenes, was vor gar nicht allzu vielen Generationen nur den Reichen und Berühmten der Welt vorbehalten war, steht heute nahezu jedem offen. Nur wie lange noch? Mit viel Mühe wird versucht, den Anschluss an die international renommierten elitären Weltbäder wiederherzustellen.

**Orientierung:** Die *Hlavní třída*, die Hauptstraße, ist die Hauptachse des Kurortes. Sie verbindet das nördlich gelegene Kurzentrum mit den weniger reizvollen südlichen Vororten, wo das Gros der ca. 15.000 Einwohner Marienbads lebt. Elektrobusse fahren auf ihr hoch und runter. Der Schnittpunkt zwischen dem alten und neueren Teil Marienbads befindet sich ungefähr auf Höhe der *Chebská*, wo auch bislang die einzige Ampel des Ortes steht. Ein Zentrum im üblichen Sinne gibt es nicht.

## *Information/Parken/Verbindungen*

- *Information* **Infocentrum** im Dům Chopin an der Hlavní třída 47. Tägl. 9–18 Uhr. ✆ 354622474, www.marianskelazne.cz.
- *Parken* Am sichersten steht das Auto im Parkhaus **Parking Centrum** an der Pramenská 653/1 in der Nähe des Stadttheaters.
- *Verbindungen* Die Stadtbusse verkehren leider nicht allzu oft. Die genauen Abfahrtszeiten hängen bei der zentralen Bushaltestelle nahe dem Hotel Excelsior ausgehängt. 0,40 €/Fahrt. Mit Ⓑ 5 gelangen Sie zum Bahnhof. Ⓑ 13 fährt zur Seilbahn und weiter bis zum Golfplatz.

**Seilbahn:** Sie nennt sich *Lanová dráha* und führt zum über der Stadt gelegenen Hotel Krakonoš. April u. Okt. nur Sa/So, Mai–Sept. tägl. (außer Mo) 9.30–16.45 Uhr. Einfache Fahrt 1,60 €, hin/zurück 2,40 €.

**Überlandbusse und Züge:** Intercity-Busbahnhof und Bahnhof im Süden Marienbads: Regelmäßige Busverbindungen nach Cheb, Chodová Planá, Planá und Lázně Kynžvart. Zudem ca. 5-mal tägl. nach Pilsen, Stříbro und Tachov sowie 2-mal nach Aš und Prag.

Per Zug 5-mal tägl. über Bečov nad Teplou nach Karlsbad (tolle Strecke!), alle 2 Std. nach Prag, Plzeň, Teplá und Chodová Planá, regelmäßig nach Planá, Lázně Kynžvart, Stříbro und Cheb, 2-mal tägl. nach Františkovy Lázně.

## *Adressen/Einkaufen (→ Karte S. 338/339)*

- *Ärztliche Versorgung* Krankenhaus in der Vorstadt Úšovice. U Nemocnice 1. ✆ 354625561.
- *Polizei* In der Hlavní třída 64. ✆ 156.
- *Post* In der Hlavní třída 17.
- *Einkaufen* Böhmisches Kristall und Porzellan gibt es in Hülle und Fülle an der Hlavní třída. Dort findet man auch Juwelier- und ein paar Designerläden; insgesamt ist das Angebot an qualitativ hochwertigen Waren bislang aber eher bescheiden – zu viele reisen mit dem Bus an, zu wenige mit dem Rolls. Ein einziger Tipp:

**Lera (18),** hochwertige Rindslederwaren aus Tschechien, insbesondere Damenhandtaschen. Inhaber Peter Kušnír verkauft auch die außergewöhnlichen handbemalten und -gravierten *Bambas Art Bags*, jede ein Kunstwerk für sich (100–400 €/Tasche). Sie entstammen einem kleinen Atelier im Böhmerwald. Hlavní třída 224.

*Essen & Trinken/Nachtleben* (→ *Karte S. 338/339*)

Preiswertere Restaurants, wo auch die Tschechen essen, finden Sie insbesondere in der südlichen Vorstadt. Ein Traum sind im Sommer die vielen Cafés mit ihren herrlichen Terrassen. Was das Nachtleben angeht, so ist es im Ganzen vorwiegend auf Kurgäste zugeschnitten – Konzertabende à la Karel Gott und Tanztees veranstalten etliche Häuser.

• *Restaurants* **Royal Golf Restaurant (6),** auf dem gleichnamigen Golfplatz (→ Sport & Freizeit/Golf). Gediegenes Nichtraucherrestaurant mit Bar im Stil eines englischen Herrenclubs. Pasta, Steaks und feine Fischgerichte, dazu eine kleine Auswahl an böhmischen Gerichten. Alles sehr lecker, zuvorkommender Service. Hg. 7–35 € (kanadisches Bisonsteak). ✆ 354622623.

**U zlaté koule (2),** liebevoll und gemütlich eingerichtetes Restaurant mit ausgefallener Speisekarte, darunter Fasanenbrust, Wachteln mit Gänseleberfülle oder gegrillte Riesengarnelen. U. a. schauen Stoffbären und Holzpuppen beim Essen zu. Hg. 10–19 €. Nehrova 26, ✆ 354624455.

**Charlie (14),** dunkel-gemütliches Nichtraucherlokal mit Wohnzimmeratmosphäre. Wählen Sie z. B. spanische Hühnerbrust mit Oliven oder gedünstete Froschschenkel. Inhaber Charlie ist gleichzeitig Küchenchef – da kann es auch mal dauern. Tägl. mittags und abends. Hg. 5,60–11 €. Anglická 137, ✆ 354622974.

**Moravská Restaurace U Ječminků (15),** einfach-rustikale Gaststätte mit mährischen Spezialitäten auf dem Teller (lecker die Brünner Lendchen mit Rahmsoße oder das Schnitzel im Weinteig) und Folklore aus den Boxen. Hg. 4–9 €. Klíčova 10, ✆ 354595032.

• *Cafés* **Café Amsterdam (8),** Caférestaurant. Historischer Saal mit üppiger ornamentaler Ausschmückung, leider durch diverse Geschmacklosigkeiten verschandelt. Altmodische Polstergruppen, zuweilen etwas gähnende Atmosphäre. Terrasse. Hlavní třída 34.

**New York Barcaffé (22),** trendige Cafébar samt Restaurant (internationale Küche). Bringt einen Hauch von Großstadtflair nach Marienbad. Große Fensterfront. Junges Publikum. Faire Preise. Hlavní třída 233.

**Café Classic (12),** nettes Café im Stil eines französischen Bistros, eine Adresse fürs Frühstück. Hin und wieder Jazzabende: Dixieland, Swing, Latino oder Blues. Restaurant angeschlossen (neben böhmischen Standards auch große Salate und Fisch). Hlavní třída 50.

Westböhmen Karte S. 317

*Profi-Kurer*

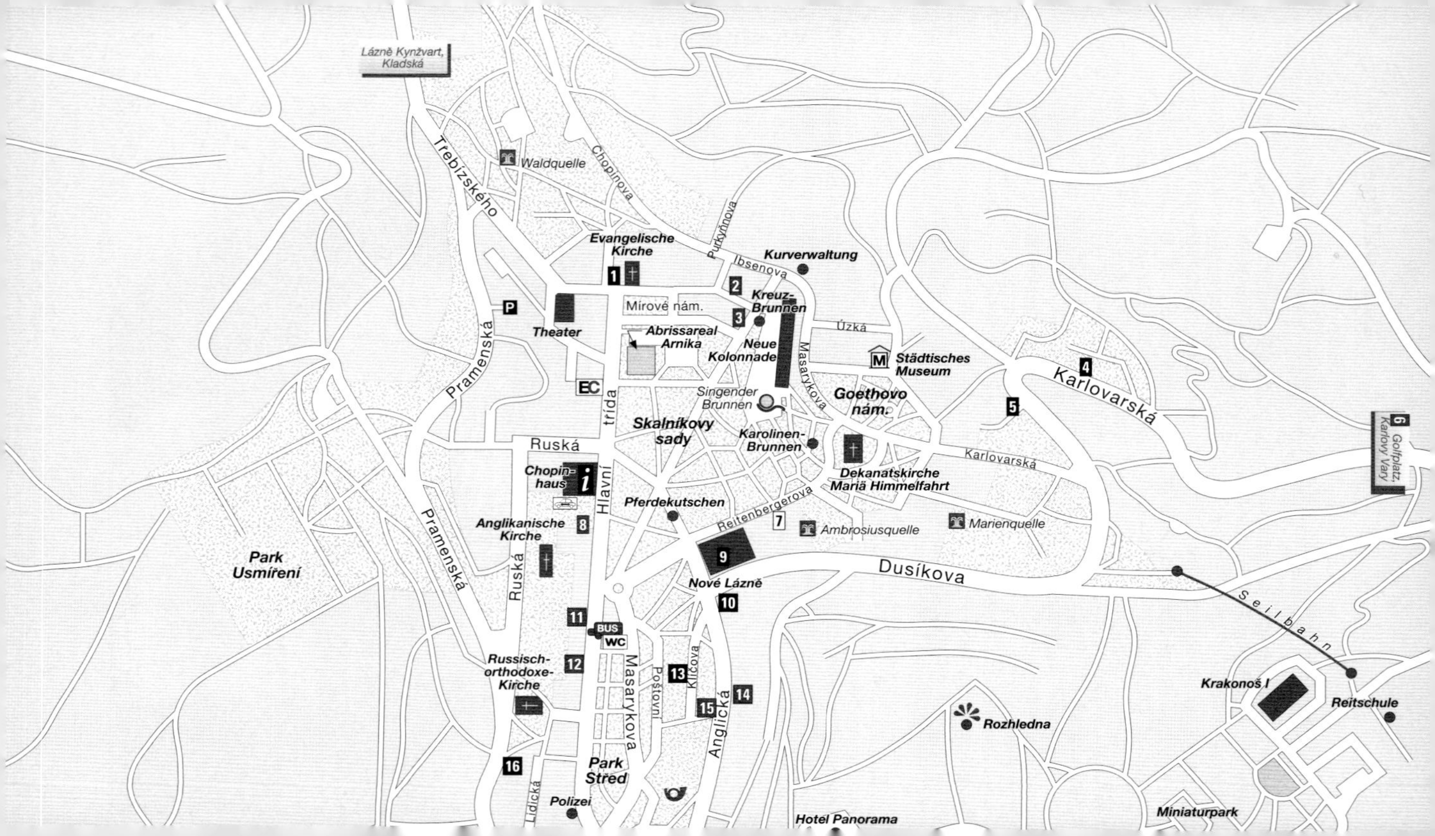
Lázně Kynžvart, Kladská
Třebízského
Waldquelle
Chopinova
Purkyňova
Evangelische Kirche
1
Ibsenova
Kurverwaltung
2
Kreuz-Brunnen
3
Mírové nám.
P
Theater
Abrissareal Arnika
Neue Kolonnade
Úzká
Städtisches Museum
Masarykova
Pramenská
EC
třída
Singender Brunnen
Goethovo nám.
4
Karlovarská
5
6 Golfplatz, Karlovy Vary
Skalníkovy sady
Karolinen-Brunnen
Ruská
Karlovarská
Chopin-haus
Hlavní
Dekanatskirche Mariä Himmelfahrt
Pferdekutschen
Reitenbergerova
Anglikanische Kirche
8
7
Ambrosiusquelle
Marienquelle
9
Park Usmíření
Pramenská
Ruská
Dusíkova
Nové Lázně
10
Seilbahn
11
BUS
WC
Russisch-orthodoxe-Kirche
12
Masarykova
Poštovní
13
Klíčova
14
15
Anglická
Krakonoš I
Reitschule
Rozhledna
16
Park Střed
Lidická
Polizei
Hotel Panorama
Miniaturpark

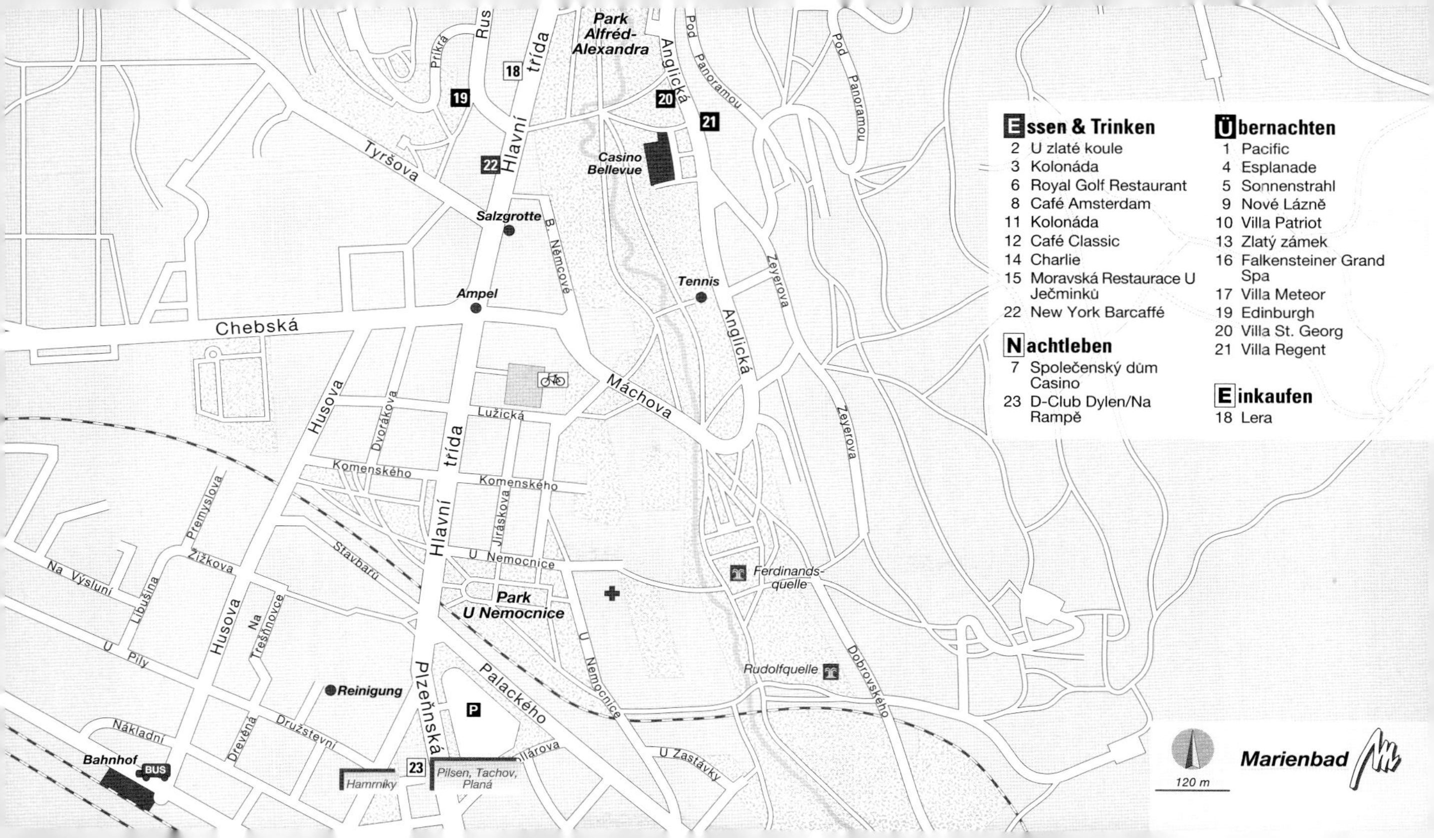
Essen & Trinken
2 U zlaté koule
3 Kolonáda
6 Royal Golf Restaurant
8 Café Amsterdam
11 Kolonáda
12 Café Classic
14 Charlie
15 Moravská Restaurace U Ječminků
22 New York Barcaffé
Nachtleben
7 Společenský dům Casino
23 D-Club Dylen/Na Rampě
Übernachten
1 Pacific
4 Esplanade
5 Sonnenstrahl
9 Nové Lázně
10 Villa Patriot
13 Zlatý zámek
16 Falkensteiner Grand Spa
17 Villa Meteor
19 Edinburgh
20 Villa St. Georg
21 Villa Regent
Einkaufen
18 Lera
Marienbad
120 m
Park Alfréd-Alexandra
Casino Bellevue
Salzgrotte
Ampel
Tennis
Park U Nemocnice
Ferdinandsquelle
Rudolfquelle
Reinigung
Bahnhof
BUS
Pilsen, Tachov, Planá
Hamrníky
Chebská
Hlavní třída
Husova
Máchova
Anglická
Zeyerova
Pod Panoramou
Tyršova
B. Němcové
Lužická
Dvořákova
Komenského
Jiráskova
U Nemocnice
Stavbařů
Palackého
Plzeňská
Dobrovského
U Zastávky
Družstevní
Dřevěná
Nákladní
Na Třešňovce
Žižkova
Premyslova
Libušina
Na Výsluní
U Pily
Rus
Příkrá

**Kolonáda (11),** Oblatenverkaufsstelle mit angegliedertem kleinem, preiswertem Café. Heiße Schoko-, Kakao- und Nussoblaten. Hlavní třída 44. Eine **weitere Kolonáda-Verkaufsstelle (3)** befindet sich an der Nehrova/Ecke Masarykova.

• *Tanz* **Společenský dům Casino (7),** wo Casino drauf steht, muss nicht Casino drin sein. Der Neorenaissancebau aus dem späten 19. Jh. dient heute kulturellen Veranstaltungen jeglicher Art. Regelmäßige Tanzabende in prunkvollem Ambiente, beliebt bei fitten Kurgästen. Reitenbergerova 66.

• *Clubs* **Na Rampě (23),** großer Club, regelmäßig Konzerte und DJ-Partys (Rock, Reggae etc.). Nur ein paar Schritte weiter (im gleichen Komplex) befindet sich der **D-Club Dylen (23).** Wechselndes Programm zwischen Blackmusic-Nächten, Oldie-Abenden und Partys im Zeichen irgendeines Hochprozentigen. Mit Restaurant. Kollárova 707 (Vorstadt Úšovice).

**Morrison,** Rockclub in der ca. 4 km vom Zentrum gelegenen Gemeinde Hamrníky (Ⓑ 13). Großer Saal, in dem an Wochenenden Livebands ihr Bestes geben. Ansonsten Musik von Metal bis Techno. Tägl. 18–2 Uhr. Vítězství 3.

## *Übernachten (→ Karte S. 338/339)*

Das Gros der Mehr-Sterne-Hotels verfügt über eigene Kurbäder. Preiswerte Pensionen mit böhmischer Standardausstattung finden Sie in der südlichen Vorstadt in großer Zahl (DZ ab ca. 25–30 €).

• *Hotels* ***** **Esplanade (4),** der über den Dächern Marienbads (ca. 5 Fußmin. ins Zentrum) gelegene weiße Prachtpalast wurde bereits 1911 als Luxushotel errichtet und 2002 nach einer Generalrestaurierung wiedereröffnet. Seitdem eines der besten Häuser Westböhmens. Nicht immer stilsicher, aber mit viel Komfort: 110 Zimmer und Suiten mit Klimaanlage, 200-Kanal-TV sowie Marmorbädern (inkl. Massagestrahl). Limousinenservice, Indoor-Pool, römisches Bad, eigenes Kurzentrum und, und, und ... DZ ab 203 €, Suite ab 252 €. Karlovarská 438, ✆ 354627855, 📠 354627860, www.esplanade-marienbad.cz.

***** **Nové Lázně (9),** das „Neue Bad" (→ Sehenswertes) ist eines der architektonisch schönsten Kurhäuser Marienbads. 98 komfortable Zimmer mit Stuck, Kronleuchtern und z. T. Originalkacheln aus dem späten 19. Jh. Sämtliche Kuranwendungen unter einem Dach, z. T. in herrlichen historischen Bädern. EZ ab 113 €, DZ ab 186 €. Reitenbergerova 53, ✆ 354644111, 📠 354644044, www.marienbad.cz.

**** **Falkensteiner Grand Spa (16),** Kurhotel oberhalb des Zentrums – Aufstieg! Viele deutschsprachige Gäste, freundliches Personal. Gesundheits- und Wellnessbereich auf 2005 m². Schöner Pool, Sonnenterrasse, Bibliothekszimmer, Tiefgarage und diverse Extras mehr. DZ ab 156 €. Ruská 123, ✆ 354929396, 📠 354929398, www.marienbad.falkensteiner.com.

**** **Pacific (1),** plüschiges Kurhotel in bester Lage. 95 Zimmer mit klassischem Mobiliar. Lassen Sie sich eines mit Balkon und Blick über den Skalníkovy Sady geben. Diverse Kuranwendungen im Haus. EZ ab 96 €, DZ ab 152 €. Mírové náměstí 84, ✆ 3546 51111, 📠 354651200, www.marienbad.cz.

*** **Villa Regent (21),** schöne Villa in ruhiger Lage. 25 geräumige, farbenfrohe Zimmer mit Jugendstilbildern, teilweise mit Balkon und toller Aussicht, sehr gepflegt. Kuranwendungen im Haus, Terrassenlokal. Parkplatz. EZ 53 €, DZ 82 €. Anglická 116, ✆ 354402010, 📠 354402040, www.marienbad.com/ckregent.

**** **Villa St. Georg (20),** mit Geschmack restaurierte Fachwerkgiebelvilla im Grünen, unweit des Kurzentrums. 13 stilvolle, gehoben ausgestattete und geräumige Zimmer und 2 Apartments mit Küche. Eigene Parkplätze (4 €/Tag). Von Lesern sehr gelobt. Der hilfsbereite Inhaber hat lange Jahre in der Schweiz gelebt. EZ 47 €, DZ 69 €. Anglická 358/4, ✆ 603244914 (mobil), 📠 354600228, sant.georg@telecom.cz.

**Zlatý zámek (13),** Tipp unter den billigeren Unterkünften. Großes, verwinkeltes Gebäude in bester Lage. Mischung aus einfachem Hotel und Jugendherberge. Ordentliche, wenn auch nicht unbedingt schöne Zimmer mit und ohne Bad. Etwas anonym. DZ mit Bad 40 €, ohne Bad 24 €. Klíčova 4, ✆/📠 354623924, www.hotelzlatyzamek.cz.

• *Pensionen* **Villa Meteor (17),** kleines Häuschen zwischen Wald und Wiesen auf einem Hügel über dem Ort – sehr idyllisch und ruhig. 4 unspektakulär möblierte Zimmer mit eigenem Bad. Nettes Gärtchen, sichere Parkplätze, freundliche deutsch-tschechische Inhaber. Wer hier nächtigt, sollte entweder gut zu Fuß sein oder ein Fahrzeug mitbringen. DZ 50 € (ohne Frühstück), ab 3 Nächten 40 €. Pod Krakonošem 584, ✆/℻ 354625418.

• *Apartments* **Villa Patriot (10),** klassizistische Villa mit jugendlich-modernen, großzügigen Suiten (Schlafzimmer, Wohnzimmer, Bad, keine Küche!). Nettes Personal, gute Lage, sehr gutes Restaurant mit schöner Sommerterrasse. Parkplätze. Für 2 Pers. 100 €. Dusíkova 62, ✆ 354673143, ℻ 354673144, www.villa-patriot.cz.

**Edinburgh (19),** kleine Pension am Rande des Kurzentrums. 6 individuell eingerichtete, freundliche Zimmer in einem Altbau. Sichere Parkplätze. EZ 32 €, DZ ab 50 €. Ruská 56, ✆ 354620804, www.pensionedinburgh.com.

**Sonnenstrahl (5),** 1910 erbaute Villa 300 m oberhalb der Kolonnade. 9 im bunten Stilmix möblierte, auf elegant getrimmte Apartments. Garten mit Grill, Sandkasten und Goldfischteich. Sehr freundlicher Service. Je nach Apartmentgröße 52–90 €. Karlovarská 334, ✆ 354620825, ℻ 354620957, www.villa-sonnenstrahl.com.

• *Camping* **Camp Stanowitz,** im Dörfchen Stanoviště, ca. 3 km südlich von Marienbad, an der Straße nach Karlovy Vary ausgeschildert. Freundlicher, von sympathischen Leuten geführter Platz: idyllische Obstbaumwiese, gemütliche Terrasse, sauberste Sanitäranlagen (wenn auch nicht viele), gutes Restaurant. Es werden auch nette Zimmer mit Bad vermietet. Keine Busanbindung. 2 Pers. mit Zelt u. Auto 12,40 €, DZ 40 €. Stanoviště 9, ✆/℻ 354624673, www.stanowitz.com.



## Sport & Freizeit/Kur & Kultur

• *Baden* Im Waldbad **Koupaliště Lido** nahe dem Vorort Hamrníky, dort ausgeschildert. Kleiner See mit Ruderbootverleih. Ⓑ 13 hält in Hamrníky.

• *Casinos* Empfehlenswert ist das **Casino Bellevue,** eines der schönsten des Landes, 1835 als Kaffeehaus errichtet. Unter deutscher Leitung. 10 € Eintritt (für Jetons). Mindesteinsatz je nach Spiel 1–5 €. Die Turnschuhe sollten im Hotel bleiben. Exquisites Restaurant (nur abends). So–Do 15–3 Uhr, Fr/Sa/So 15–4 Uhr. Anglická 281.

• *Golf* **Royal Golf Club Mariánské Lázně,** sehr schöner 18-Loch-Platz, 72 Par, am nordöstlichen Ende Marienbads. 1905 vom englischen König Edward VII. eröffnet, bei der 100-Jahr-Feier 2005 war Prinz Edward dabei. Greenfee 60–68 €. ✆ 354624300, www.golfml.cz.

• *Kuren* Therapiert werden insbesondere Erkrankungen, die mit Nieren, Harnwegen, Atemwegen und Dickleibigkeit in Verbindung stehen. Dagegen helfen Moorpackungen, Inhalationen, Bäder, Trinkwasserkuren und – betrachtet man das Angebot in den Cafés vor den Heilbädern – ewig fette Sahnetorten. Preise und Infos zu Kurangeboten erhält man bei der Kurverwaltung **Léčebné lázně Mariánské Lázně** (Marienbad Kur & Spa-Hotels), Masarykova 22, ✆ 354655501, www.marienbad.cz.

• *Radverleih* **Ramala,** Hlavní třída 267 (nahe der einzigen Ampel Marienbads, etwas zurückversetzt). Mountainbike 12 €/Tag. ✆ 354595240, mar.lazne@ramala.cz.

• *Theater* Im **Städtischen Theater** (Městské divadlo) überwiegend Gastspiele, hin und wieder auch Oper und Ballett. Třebízského 106, ✆ 354622036. Kartenverkauf auch über die Touristeninformation.

• *Veranstaltungen/Festivals* Am 2. Samstag im Mai wird die **Kursaison** festlich eröffnet. In der ersten Juliwoche findet alle zwei Jahre ein renommierter **Pianistennachwuchswettbewerb** statt. Auch geht Anfang Juli ein **Jazzfestival** über die Bühne. Stets in der 3. Augustwoche begeistert das **Chopinfestival.** Im Juli und Aug. wartet zudem der **Marienbader Kultursommer** mit verschiedenen Veranstaltungen auf. Ende Aug./Anfang Sept. gibt es schließlich die **Goethetage,** die ganz im Zeichen des großen Dichters stehen.

## Sehenswertes

Das Kurzentrum Marienbads mit seinen vielen Zuckertortenbauten, seinen Parkanlagen, Kolonnaden und Pavillons, in denen die Quellen sprudeln, ist beeindruckend und verzaubert die Sinne. Zu jedem der feudalen Hotels ließen sich unzählige Geschichten erzählen: In die westböhmischen Kurorte zog es nämlich nicht nur die Leidenden, sondern auch die Gelangweilten und die Hautevolee aus aller Welt mit ihren heiratsfähigen Töchtern. Herzschmerz war hier nicht seltener als Rückenschmerz.

**Skalníkovy Sady (Skalník-Park):** Der Park ist das Herz des Kurviertels. Benannt ist er nach dem Gartenkünstler Václav Skalník (→ Geschichte Marienbad). Im Norden der Grünanlage liegt der einzige schäbige Fleck im Kurzentrum, die *Bauruine Arnika,* ein Relikt aus sozialistischer Zeit. Die künftige Nutzung des Areals steht derzeit noch in den Sternen. Im Westen des Parks, vor der Neuen Kolonnade (s. u.), sprudelt der *Singende Brunnen* (Zpívající fontána) mit einem Durchmesser von 18 m. Zu jeder vollen ungeraden Stunde finden hier computergesteuerte Wasserspiele zu klassischer Musik statt, am späten Abend werden sie zudem farbenfroh illuminiert.

**Nová kolonáda (Neue Kolonnade):** Die lange, leicht geschwungene gusseiserne Konstruktion mit Motiven aus Neorenaissance und Neobarock ist zweifelsohne eines der schönsten Bauwerke der Stadt. Sie wurde 1889 gebaut. In der Mitte befindet sich eine kleine Orchesterbühne, auf der im Sommer fast täglich Blasmusik geboten wird. Des Weiteren beherbergt sie Cafés, Geschäfte und ein öffentliches WC. Direkt daneben liegt der *Kreuzbrunnen* (Křížový pramen), ein klassizistischer Brunnentempel, der von 72 Säulen umgeben wird. Hier lassen sich auch das ganze Jahr über drei verschiedene Quellwasser probieren (→ Quellen).

**Nové Lázně (Neues Kurbad):** 1896 wurde das Bad im Stil der Neorenaissance am südlichen Rand des Skalník-Parks eröffnet. Es ist das imposanteste und prunkvollste Kurbad des Orts und auch Nichthotelgästen (→ Übernachten) zugänglich. Das Nové Lázně bietet für jedermann ärztliche Untersuchungen und Kuranwendungen von Mineralbädern über „pulsierende Magnettherapien" bis zu Paraffinwickel.

• *Öffnungszeiten* Rezeption Mo–Fr 7–20 Uhr, Sa/So 9–20 Uhr, Terminvereinbarung nötig. Preisbeispiele: Mineralbad in der Königskabine 42 €, Sprudelbad 10 €, Fußreflexmassage 18 €, Ganzkörpermassage 26 €.

**Tipp:** Verlangen Sie *kabina 1* oder *kabina 2,* die für königliche Besucher eingerichtet wurden.

**Dům Chopin (Chopinhaus):** Als man das Gebäude baute, war es das fünfte des ganzen Ortes und hieß „Haus zum Weißen Schwan" *(Dům U bílé labutě).* 1836 wohnte der damals 26-jährige polnische Komponist Frédéric Chopin in der zweiten Etage. Wie Goethe (→ Kasten) verliebte auch er sich in Marienbad. Und wie Goethe hatte auch er kein Glück, als er um die Hand einer jungen Dame anhielt. Seine Angebetete, die 16-jährigen Maria, stammte aus einer alten polnischen Adelsfamilie. Da Chopin aber nicht standesgemäß war, vereitelte Marias Vater eine Verbindung. Seine Sehnsucht verarbeitete der Komponist später in der Ballade *G-Moll.* Heute erinnert im zweiten Stock des Gebäudes eine kleine Ausstellung (Památník Fryderika Chopina) an Chopin. Im Erdgeschoss hat die städtische Touristeninformation ihren Sitz.

*Adresse/Öffnungszeiten* Hlavní třída 47. **Chopingedenkstätte,** nur im Sommer Di/Do/So 14–17 Uhr, Eintritt 0,80 €, erm. die Hälfte.

### Goethe und eine Liebesquelle, die nicht sprudeln wollte

Als Johann Wolfgang von Goethe 1821 in Marienbad weilte, waren die Tage von Wolken verhangen und es regnete unaufhörlich. Das Haus zu verlassen war unmöglich, und so vertrieb sich der Dichter die Zeit bei Tee und Gesellschaftsabenden. Dabei lernte er die junge Ulrike von Levetzow kennen. 1823, bei Goethes letztem Besuch der Stadt, trafen sich die zwei erneut. Goethe war – wie heute die meisten Besucher Marienbads – über 70, sie gerade 19 Jahre alt geworden. Auf Gesellschaften und Smalltalk hatte Goethe keine Lust mehr: „Auch ist es trostlos von politischen Dingen, wohin man auch horcht, zu vernehmen. Mich von allen solchen wie von ästhetischen Gesprächen und Vorlesungen zu befreyen, hatte ich mich auf sechs Wochen einem hübschen Kinde in Dienst gegeben." Ein inniges Verhältnis sollte entstehen, das er später in seiner *Marienbader Elegie* beschrieb. Hand in Hand schlenderten sie durch die Parkanlagen und tranken für gewöhnlich vom Ambrosiusbrunnen, der auch „Quelle der Liebe" genannt wird. Nebenbei lernte Goethe Tschechisch und sammelte fleißig Steine – eine seiner Leidenschaften. Den Serpentinvorkommen und Mineralien der Gegend widmete er in der Abhandlung *Marienbad überhaupt und besonders in Rücksicht auf Geologie* ein Kapitel. Weniger ertragreich sollte seine leidenschaftliche Neigung zu Ulrike werden: Es gab angeblich nur einen Kuss, und als Goethe um ihre Hand anhielt, bekam er eine Absage. Die anmutige Ulrike, die ihr Leben lang unverheiratet blieb, tat später immerhin noch den berühmten Spruch: „Keine Liebschaft war es nicht."

Westböhmen
Karte S. 317

**Městské muzeum (Städtisches Museum):** Das klassizistische Gebäude hieß früher „Zur Goldenen Traube". Goethe residierte hier 1823 bei seinem vierten und letzten Aufenthalt in Marienbad. Das heute darin untergebrachte Museum erfüllt so passenderweise zugleich die Funktion einer Goethegedenkstätte: Mehrere Räume zeigen noch das Originalinventar aus der Zeit des Dichters. Ansonsten widmet sich das Museum der kurgeschichtlichen Entwicklung des Ortes.

*Adresse/Öffnungszeiten* Goethovo náměstí 11. Di–So 9.30–17.30 Uhr, im Winter bis 16.30 Uhr. Eintritt 2,40 €, erm. die Hälfte.

**Quellen:** Weit über 40 kalte Quellen (9–12 °C) befinden sich in und rund um Marienbad. Sie kommen aus unterschiedlichen Tiefen, haben z. T. sehr unterschiedliche chemische Zusammensetzungen, weisen aber nahezu alle einen hohen Anteil an Kohlendioxyd auf, weshalb sie auch als Sauerbrunnen bezeichnet werden. Teils sprudelten sie einst einfach aus dem Boden und wurden gefasst, teils hat man sie durch Bohrungen zum Vorschein gebracht. Um viele von ihnen baute man klassizistische Pavillons. Die bedeutendsten Quellen sind der *Kreuzbrunnen* (Křížový pramen) und die *Ferdinandsquelle* (Ferdinandův pramen) – beide haben einen hohen Anteil an Glaubersalz, das stark abführend wirkt, zudem sind sie gut gegen Allergien. Die *Rudolfquelle* (Rudolfův pramen) und die stark eisenhaltige *Ambrosiusquelle* (Ambrožův pramen) helfen bei urologischen Beschwerden und bei Blutarmut. Der *Karolinenbrunnen* (Karolinin pramen) soll gegen Blasensteine ankommen. Das alkalische Wasser der *Waldquelle* (Lesní pramen) ist gut gegen Atemwegserkrankungen. Unter uns gesagt, schmecken die meisten fürchterlich. Die vielen anderen Quellen der Stadt helfen noch so gegen manch andere Zipperlein. Erkundigen Sie sich vor dem Genuss der Wässerchen bei einem Arzt, wie viel Sie wovon trinken sollten.

Übrigens: Die *Marienquelle* (Mariin pramen), die dem Kurort überhaupt erst seinen Namen gab, ist keine Wasser-, sondern eine Gasaustrittsquelle. Das als „Mariengas" bekannte $CO_2$-Gas wird u. a. in Form von Gasumschlägen verabreicht und wirkt gegen Bluthochdruck und Durchblutungsstörungen.

• *Adressen/Öffnungszeiten* Die Quellen liegen über die ganze Stadt verteilt. Im **Kreuzbrunnen** vor der großen Kolonnade kann man die Rudolf-, Karolinen- und Kreuzbrunnenquelle kosten, tägl. 6–18 Uhr. Dort gibt es auch Schnabeltassen zu kaufen. Angeblich soll man nämlich beim Spazierengehen trinken, und mit der Profikurtasse verschüttet man weniger.

**Kirchen:** Hoch über dem Ort an der Ruská liegt die sehenswerteste Kirche Marienbads, die *russisch-orthodoxe Kirche* (auch: Sankt-Wladimir-Kirche, Pravoslavny kostel). Sie wurde 1902 gebaut und beherbergt wertvolle Ikonen und eine Ikonostase (dreitürige Bilderwand), die auf der Pariser Weltausstellung 1900 ausgezeichnet wurde. Sie ist kunstvoll mit Emaillemalereien verziert und angeblich das größte Porzellanstück der Welt. Nur ein paar Schritte weiter liegt die kleine *anglikanische Kirche* (Anglický kostel), ein roter Backsteinbau aus der zweiten Hälfte des 19. Jh. Gottesdienste mit königlichem Besuch finden darin nicht mehr statt, heute werden in ihr Ausstellungen und Lesungen veranstaltet.
Den Skalník-Park überblickt die römisch-katholische *Dekanatskirche Mariä Himmelfahrt* (Nanebevzetí Panna Maria). Der Bau in Form eines Oktagons entstand in der Mitte des 19. Jh. im üppigen neobyzantinischen Stil. Dekorative Szenen aus dem Apostelzyklus schmücken ihr Inneres.

Ein eher unauffälliges Gebäude ist die *evangelische Kirche* (Evangelický kostel) am Mírové náměstí. Auch sie wurde in der Mitte des 19. Jh. gebaut, gestiftet vom preußischen König Friedrich Wilhelm IV. In ihr gab einst Albert Schweitzer ein Orgelkonzert.

*Neue Kolonnade*

• *Öffnungszeiten* **Russisch-orthodoxe Kirche,** Mai–Okt. tägl. 8.30–12 u. 13–17 Uhr, Nov.–April 9.30–11.30 u. 14–16 Uhr. Eintritt 0,80 €, erm. die Hälfte. **Anglikanische Kirche,** nur zu Ausstellungen geöffnet. **Römisch-katholische Kirche,** im Sommer tägl. 10–18 Uhr, im Winter 9–16 Uhr. Die **evangelische Kirche** ist nur zu Orgelkonzerten und zum sonntäglichen Gottesdienst um 10 Uhr geöffnet.

**Weitere Sehenswürdigkeiten:** Der *Boheminium* genannte *Miniaturpark,* ein kleiner Freizeitpark, zeigt originalgetreue Nachbauten landesweit bekannter Burgen, Schlösser und dergleichen – ein Spaß für Kinder. Er liegt hoch über Marienbad neben dem alten *Hotel Krakonoš,* dem märchenhaftesten Hotel der Stadt. Jahrelang stand es leer und verfiel zusehends. 2010 begann man mit umfangreichen Restaurierungsarbeiten – eine neue Nobelunterkunft ist Marienbad damit gewiss. Vom Hotel Krakonoš führt ein schöner Spazierweg vorbei an einem Wildgehege zu einer nur noch spärlich erhaltenen, aber dennoch romantischen *Burgruine mit Aussichtsturm* (der Beschilderung „Rozhledna" folgen), von wo man einen herrlichen Blick über Marienbad genießt.

*Anfahrt/Öffnungszeiten* Das Hotel Krakonoš und der benachbarte Miniaturpark sind von der Dusíkova entweder zu Fuß, mit der Seilbahn oder mit Ⓑ 13 zu erreichen. **Boheminium,** April–Okt. tägl. 10–17.30 Uhr. Eintritt 2,80 €, erm. die Hälfte.

## Umgebung von Mariánské Lázně

**Lázně Kynžvart (Bad Königswart):** In der ersten Hälfte des 19. Jh. wurde der Kurort Bad Königswart gegründet. Die Familie Metternich wollte damit dem ca. 5 km südöstlich gelegenen Marienbad Konkurrenz machen. Doch mit der Pracht Marienbads kann der kleine Ort trotz so mancher ansehnlicher Bauten keinesfalls mithalten. Dafür hat Lázně Kynžvart heute die jüngeren Besucher, es ist die bedeutendste Kureinrichtung für Kinder in der Tschechischen Republik.

Lohnenswert ist ein Besuch des *Schlosses Königswart* am Ortsrand, das Fürst Metternich zwischen 1833 und 1839 nach Plänen des Wiener Architekten Pietro Nobile im Empirestil umbauen ließ. Fürst Metternich (1773–1859) – heute in erster Linie als Sektmarke bekannt – war einer der wichtigsten europäischen Staatsmänner seiner Zeit. Dem Verfechter der Monarchie war das Gedankengut der Französischen Revolution und Volkssouveränität jeglicher Art verhasst. Privat war der gebürtige Koblenzer ein leidenschaftlicher Sammler. In seinem Schloss häufte er Kunstgegenstände, Porzellan, literarische Werke, Kuriositäten usw. an und wandelte es schließlich in ein Museum um, heute eines der ältesten Europas. Zeitgenossen wie der Dramatiker Friedrich Hebbel beschrieben die Kollektion als „mehr durch den Zufall zusammengebracht, als mit Sinn und Absicht angelegt". Wie dem auch sei, eine Führung durch das Schloss, u. a. durch das Kanzlerarbeitszimmer, die Bibliothek, das Zeughaus mit rund 220 Waffen, das Billardzimmer, den Speisesaal mit einer Kollektion von 22 Familienporträts und den Musiksalon ist interessant. Am bizarrsten ist das Kabinett der Kuriositäten Hier sind u. a. ein Handschuh des 1867 hingerichteten mexikanischen Kaisers Maximilian, eine Spazierstocksammlung und ein Abdruck der rechten Hand von Alexandre Dumas – der französische Literat weilte öfters hier – ausgestellt. Im Sommer finden im weiten Schlossgarten gelegentlich Konzerte statt. In den einstigen Wirtschaftsgebäuden ist heute das günstige *Schlosshotel Metternich* untergebracht.

• *Verbindungen* **Busse** regelmäßig von und nach Mariánské Lázně, der Bus hält vorm Schloss. Bahnhof weit außerhalb.

• *Öffnungszeiten* **Schlossführungen** finden April u. Okt. nur Sa/So von 9–16 Uhr statt, Mai, Juni u. Sept. tägl. (außer Mo) 9–16 Uhr, Juli/Aug. tägl. (außer Mo) 9–17 Uhr. Eintritt 3,60 €, erm. 2,20 €.

**Kladská (Glatzen):** Das ist Alpenromantik ohne Berge, ca. 9 km nördlich von Mariánské Lázně und ca. 4,5 km nordöstlich von Lázně Kynžvart. Inmitten des Kaiserwalds ließ Fürst Otto Schönburg-Waldenburg in der zweiten Hälfte des 19. Jh. ein *Jagdschloss* im Stil einer Schweizer Jagdhütte errichten. Im Laufe der Zeit kamen mehrere Blockhütten im Alpenstil hinzu. Kladská entwickelte sich zum Wanderermekka und zu einem beliebten Ausflugsziel der Marienbader Kurgäste. Heute ist das Wald- und Seengebiet drum herum ein *Naturschutzgebiet* mit Naturlehrpfad.

• *Verbindungen* **Busse** bis zu 4-mal tägl. nach Mariánské Lázně.

• *Übernachten/Essen & Trinken* **Lovecký zámeček,** das unübersehbare Jagdschlösschen des Fürsten. Düsterer Eingangsbereich und Speisesaal mit Holzvertäfelung, Antiquitäten, Trophäen und offenem Kamin. Das Haus hat was, auch wenn die Zimmer extrem in die Jahre gekommen sind. EZ ab 23 €, DZ ab 42 €, etwas teurer zur Jagdsaison im Okt. Kladská 9, ✆/℻ 354691339, www.kladska.com.

**Pension Kladská,** Familienbetrieb mit hervorragendem Restaurant, wo man sich marinierte Wachteln, Wildschweinschinken oder gespickte Wildhasenkeule auftischen lassen kann (Hg. 10–18 €). Dazu 6 einfache Zimmer, am schönsten sind die mit Balkon unterm Dach. DZ 50 €. Kladská - 6 (ausgeschildert), ✆/℻ 354691888, www.pensionkladska.cz.

**Chodová Planá (Kuttenplan):** Etwa 8 km südlich von Marienbad liegt Chodová Planá, aus dem das süffige, malzige *Chodovar-Bier* kommt. Abgefüllt wird es in der gleichnamigen Brauerei, die bereits 1573 gegründet wurde. Ende Juni findet hier der traditionelle Wettkampf im Rollen von Eichenholzfässern statt, im August das lokale Bierfest – beide Male steht das Städtchen kopf. Ein ganzjähriger Tipp ist das *Bierbad* im Keller des Brauereihotels U Sládka (→ Übernachten). Für rund 24 € darf man sich dort 20 Minuten lang in eine mit dunklem, 34 °C warmem Badebier gefüllte Wanne legen. Das soll sehr wohltuend sein. Ausklingen lässt man das Relaxbad am besten in einer der zwei *Brauereigaststätten*. Die eine nennt sich *Ve Skále*, ist in einem stilvollen Gewölbekeller aus dem 12. Jh. untergebracht und fungiert gleichzeitig als kleines Brauereimuseum. Die andere Gaststätte ist die *Stará Sladovna*, und tatsächlich befindet sie sich auch, dem Namen entsprechend, in einer alten Mälzerei. Mit einem schönen Biergarten davor ist sie *die* Adresse für den Sommer.

• *Verbindungen/Anfahrt* Für Verbindungen → Planá. Brauerei, Hotel und Gaststätten sind im Ort nicht zu übersehen.

• *Übernachten* *** **Hotel U Sládka,** das der Chodovar-Brauerei angeschlossene Hotel an der Durchgangsstraße. Herkömmliche Zimmer, dem 3-Sterne-Standard entsprechend ausgestattet. EZ 47 €, DZ 76 €. Pivovarská 107, ✆ 374617100, ℻ 374617000, www.chodovar.cz.

• *Brauereiführungen* Tägl. um 14 Uhr, 2,80 €/Pers.

**Planá (Plan):** Das Städtchen Planá, ca. 11 km südlich von Marienbad, besitzt das, was Chodová Planá nicht hat: eine Umgehungsstraße. Dadurch wirkt das kleine Zentrum schon viel freundlicher. Der lang gezogene, meist zugeparkte Marktplatz mit einer Nepomukstatue ist umringt von einfachen, niedrigen Bürgerhäusern. Den Störchen gefällt der Anblick, auf so manchen Schornsteinen drum herum nistet ein Paar. Etwas abseits vom Marktplatz steht die *Marienkirche* mit einem alles überragenden neobarocken Turm samt Zwiebelhaube. Lohnenswert ist ein Besuch des *Bergbaumuseums* (Hornické muzeum; ausgeschildert). Es befindet sich in einem alten Stollen, aus welchem vom Ende des 16. bis ins frühe 20. Jh. Silber gefördert wurde. Mit einem Schutzhelm geht es hinein, zu sehen gibt es alte Grubenlampen und Bergbaugeräte.

• *Verbindungen* Bahnhof und Busbahnhof etwas außerhalb des Zentrums im Südwesten der Stadt. **Züge** stündl. nach Tachov, Marienbad und Cheb, ca. 8-mal tägl. nach Pilsen und Prag.

Regelmäßig **Busse** über Chodová Planá nach Marienbad und nach Tachov, bis zu 8-mal tägl. nach Stříbro, bis zu 4-mal nach Konstantinovy Lázně.

• *Essen & Trinken* **Na Náměstí,** verwinkeltes neueres Fischlokal am Marktplatz (Hnr. 41). Forelle, Lachs oder Wels in verschiedenen Zubereitungsformen, dazu Kurzgebratenes vom Schwein oder Huhn. Hg. 4,20–6,30 €. ✆ 374798862.

• *Camping* **Camp Karolina,** ca. 6 km südlich von Planá bzw. 2 km südöstlich von Brod nach Tichou mitten in der Pampa. Bereits von der Straße 21 Planá – Bor ausgeschildert. Idyllisch am Bach gelegener, von Bäumen umgebener privater Platz. Sehr gepflegt. Internationales Publikum. Beliebt bei Familien, es wird viel für Kinder geboten: Spielplatz, Pool etc. Restaurant. Mai bis Mitte Okt. 2 Pers. mit Wohnmobil 16 €, Bungalow mit Küche, WC (keine Dusche) und 5 Betten 42 €. Brod nad Tichou, ✆ 777296990 (mobil), ✆ 377370378, www.camp-k.cz.

• *Öffnungszeiten* **Bergbaumuseum,** April, Mai u. Sept. nur Sa/So, Juni–Aug. tägl. (außer Mo) 10–12 u. 13–16 Uhr. Führungen zur vollen Std. Eintritt 2,40 €, erm. die Hälfte.

**Klášter Teplá (Stift Tepl):** Das 12 km östlich von Marienbad gelegene Kloster wurde 1193 von Fürst Hroznata gestiftet und mit Mönchen des Prämonstratenserordens aus dem Kloster Strahov in Prag besetzt. Das barocke *Konventsgebäude* wurde nach Plänen von Christoph Dientzenhofer Ende des 17. Jh. umgebaut. Bis ins 20. Jh. prägte das Kloster maßgeblich die Entwicklung des gesamten Umlands. 1950 wurden die Mönche vertrieben, und die tschechoslowakische Armee zog ein. 1990 bekam der Orden das Kloster zurück, aber nicht mehr in dem Zustand von einst. Obwohl schon seit Jahren Restaurierungsarbeiten im Gange sind, blicken die hier wieder lebenden Mönche noch vielfach auf blankes Mauerwerk und bröselnden Stuck. Sehenswert ist die gut erhaltene *Bibliothek* im Neobarockstil (1905–1908), die zweitgrößte Böhmens. Sie besitzt über 100.000 Bände, im Hauptsaal befindet sich davon rund ein Drittel. In ihrem Archiv lagert die älteste deutsche Übersetzung des Neuen Testaments aus dem 14. Jh. und über 700 bedeutende Handschriften. Ein Schmuckstück ist auch die *Klosterkirche,* eine dreischiffige Basilika mit gotischem Kreuzrippengewölbe, die ebenfalls im 17. Jh. barockisiert wurde. Ihre Pracht entfaltet die Kirche aber bislang nur im restaurierten Inneren, wo in den Sommermonaten Orgelkonzerte stattfinden. Die sterblichen Überreste Fürst Hroznatas ruhen im nördlichen Querschiff in einem monumentalen Grabbau. Nach dem Tode seiner Frau war er selbst dem Orden beigetreten. Am 14. Juli 1217 starb er in Gefangenschaft. 1897 wurde er heiliggesprochen. Mitte des 20. Jh. stieg er zum Schutzpatron der politischen Gefangenen auf. Seitdem pilgern an seinem Todestag politisch Verfolgte aus der Ära des Sozialismus an sein Grab.

*Die Giebel von Planá*

Westböhmen Karte S. 317

• *Verbindungen* Von Marienbad kein direkter **Bus** zum Kloster, im Ort Teplá (2 km entfernt) umsteigen.

• *Übernachten/Essen & Trinken* *** **Hotel Klášter Teplá,** in der ehemaligen Scheune des Klostergebäudes. Hält innen leider nicht, was es von außen verspricht. 58 Zimmer (die man öfters mal lüften könnte) mit billigen Furniermöbeln und abgeschabten Teppichböden. Die Bäder sind nur in den „Businesszimmern" restauriert. Immerhin ist ein gutes Restaurant angegliedert. EZ 28 €, DZ ab 36 €. Teplá, ☎ 353392264, ℻ 353392312, www.hotelklastertepla.cz.

• *Öffnungszeiten* **Kloster,** Okt.–Dez. u. Febr.–April Mo–Sa 9–15.30 Uhr, So 11–15.30 Uhr, Mai–Sept. Mo–Sa 9–17 Uhr, So 11–17 Uhr, Jan. geschl. Besichtigung nur mit Führung. Eintritt 4 €, erm. 2,80 €.

## Bečov nad Teplou (Petschau)

**Von tiefen Wäldern umgeben, erhebt sich Bečov nad Teplou auf einem Hügelrücken. Eine Burg und ein Schloss überragen den reizvollen, romantischen Ort.**

Der kleine Ort auf halber Strecke von Marienbad nach Karlsbad macht einen verschlafenen Eindruck. Lediglich ein paar Touristen sorgen für Leben. Das war nicht immer so. Bečov nad Teplou war einst viel größer und zählte annähernd 2500 Einwohner. Nach der Vertreibung der deutschen Bevölkerung blieben keine 200 übrig. Alle Versuche, Tschechen hier anzusiedeln, scheiterten, niemand wollte sich in dem abgelegenen Ort niederlassen. Viele Häuser wurden schließlich abgerissen und keine Plattenbauten kamen hinzu. So konnte der Ort seinen alten Charme bewahren.

Die **Burg** wurde im 14. Jh. als Wach- und Zollstation gegründet. Im 16. Jh. erweiterte man sie durch einen Renaissanceanbau. Direkt unterhalb der Burg kam Mitte des 18. Jh. das **Barockschloss** mit seinem markanten achteckigen Turm hinzu. Die letzten Adeligen, die darin wohnten, gehörten dem belgischen Geschlecht Beaufort-Spontini an. Sie brachten auch das heute wertvollstes Stück der Schlosssammlung

*Schloss Bečov nad Teplou*

nach Bečov, den ursprünglich aus Florennes (Belgien) stammenden Reliquienschrein des Hl. Maurus aus dem 13. Jh. Noch bevor die Adelsfamilie zu Ende des Zweiten Weltkriegs das Land verlassen musste, vergrub sie den Schrein in der Burgkapelle, die mit ihren gotischen Wandmalereien ebenfalls sehenswert ist. Rund 40 Jahre blieb er dort versteckt. Heute, nach jahrelangen Restaurierungsarbeiten, ist das knapp 140 cm lange Reliquiar in Form einer Tumbe wieder zu bewundern. Es ist verziert mit kostbaren Steinen und winzigen Emailbildchen, die Szenen aus dem Alten Testament zeigen, zudem mit filigranen Goldschmiedearbeiten wie den zwölf Aposteln an den Seiten.

• *Verbindungen* Ca. stündl. mit dem **Bus** nach Karlovy Vary. Bahnhof ca. 15 Fußmin. westl. des Zentrums im Tal der Teplá. **Züge** bis zu 9-mal tägl. nach Karlovy Vary und über Teplá nach Marienbad.

• *Übernachten/Essen & Trinken* **Pension Hradní Bašta,** am Marktplatz. Die Zimmer sind aufwendig restauriert und geschmackvoll ausgestattet. Im angeschlossenen Restaurant (tolle Terrasse) kann man gut essen: Knödelgerichte und Wild zu 5,60–13 €. EZ 31 €, DZ 55 €. Nám. 5. května 19, ✆ 353222802, www.hradnibasta.cz.

**Penzion U zámku,** gleich daneben. Helle, z. T. recht geräumige, mit Liebe, aber ohne besonderen Geschmack (Teppiche an den Türen!) ausgestattete rosafarbene Zimmer. Nette Terrasse nach vorne und herrliche nach hinten hinaus. Böhmische Küche der mittleren Preisklasse, Spezialität Forelle. DZ 42 €. Nám. 5. května 17, ✆/℻ 353999365, www.volny.cz/korbelarova.

• *Öffnungszeiten* **Schloss**, April u. Okt. nur Sa/So 9–16 Uhr, Mai, Juni u. Sept. tägl. (außer Mo) 9–16 Uhr, Juli u. Aug. tägl. (außer Mo) 9–17 Uhr. Es werden zwei Führungen angeboten, die eine widmet sich dem Schrein des Hl. Maurus, die andere dem Schloss selbst mit seinen diversen Salons. Beide Führungen zusammen 5,60 €, erm. 5,80 €, für eine fremdsprachige Führung zahlt man 2 € extra.

Informationen zu **Karlsbad** bekommen Sie auf S. 378.

Westböhmen Karte S. 317

## Konstantinovy Lázně (Konstantinsbad)

Der kleine **Kurort** liegt etwa 34 km südöstlich von Marienbad mitten im Nirgendwo. Zwischen gepflegten Wiesen und Wäldchen verstecken sich ein paar Häuser – Konstantinovy Lázně ist mehr Park als Ort. Egal, ob am Tag oder in der Nacht, Ruhe ist garantiert. Und da man vor lauter Bäumen keine Stadt sieht, ist zum Glück alles bestens ausgeschildert.

Anfang des 19. Jh., als es hier nur Felder und eine schwefelhaltige Quelle gab, welche die deutschen Bauern „Stinker" nannten, nahm die Kurgeschichte ihren Lauf. Beeinflusst von der Entwicklung Marienbads glaubte man, auch hier ein Kurhaus bauen zu müssen, auf das eine folgte das zweite und so weiter. Ende des 19. Jh. erlebte Konstantinsbad, so der damalige Name, schließlich seine Blüte – insbesondere bei Offizieren und Industriellen war der Kurort beliebt. In jungen Jahren verbrachte der Dichter Rainer Maria Rilke (1875–1926) hier seine Sommerwochen, damals noch ein Nobody unter den Gästen, heute einer der wenigen Namen, mit denen sich der Ort schmücken kann. Behandelt werden in erster Linie Herz-Kreislauf-Erkrankungen, Epilepsie, Blutarmut, Stoffwechselstörungen und Krankheiten der Atemorgane. Die Prusíkquelle hilft dagegen. Ihr Wasser ist ein Gemisch aus fünf verschiedenen Quellen.

• *Information* **Infocentrum,** etwas zurückversetzt von der Hauptstraße Lázeňská. Sept.–Juni nur Mo/Mi/Sa 12–17 Uhr, Juli u. Aug. tägl. 10–17 Uhr. ✆ 374625450, www.infokl.cz.

• *Verbindungen* **Busse,** ständig nach Bezdružice, bis zu 4-mal tägl. nach Planá, bis zu 6-mal nach Stříbro, nur 1-mal nach Pilsen. Die Zugverbindungen sind sehr schlecht.

• *Essen & Trinken* An gehobeneren Restaurants herrscht Mangel. Im Restaurant des **Hotels Jitřenka** an der Hauptstraße Lázeňská gibt es neben den tschechischen Klassikern (Dillsuppe, Lendenbraten, Mährischer Spatz) auch internationale Kreationen wie „Indonesien Hühnerpfanne". Hg. 3,60–8,80 €. ✆ 374625218.

• *Übernachten* **Kurhotel Jirásek,** eines der besten Kurhäuser vor Ort, aber nicht zu viel erwarten. Ausgeschildert. Um übernachten zu können, braucht man keine Kur zu buchen. Vermittelt auch das Gros der anderen Kurhäuser. Restaurierte Teppichbodenzimmer ohne besondere Note. DZ 92 €. Konstantinovy Lázně, ✆ 374615500, ✆ 374625550, www.konstantinovy.cz.

**Pension Villa,** in einem rosafarbenen Stadthaus an der Hauptstraße. 5 sehr gepflegte und große, aber alles andere als stilvolle Zimmer mit Bad. Die Vermieterin spricht kein Deutsch. DZ 26 €, kein Frühstück. Lázeňská 12, ✆/✆ 374694065, www.konstantinsbad.xf.cz.

• *Camping* **Camping La Rocca,** in Konstantinsbad ausgeschildert. Großer, gepflegter Platz mit wenig Schatten. Restaurant, Kiosk, Kneipe, Feuerstelle, gute Sanitäranlagen. Tennisplatz und Pool. Hütten mit und ohne Bad. Mai–Sept. 2 Pers. mit Zelt u. Auto 10 €, Hütte für 4 Pers. mit Bad 39 €. Konstantinovy Lázně 136, ✆ 374625287, www.larocca.cz.

## Umgebung von Konstantinovy Lázně

**Bezdružice (Weseritz):** Das verschlafene, typisch böhmische Landstädtchen liegt 2 km nördlich von Konstantinovy Lázně. Es wird überragt von einem spätbarocken, gelb-roten *Schloss*, das im 18. Jh. auf den Resten einer gotischen Burg entstanden war. In sozialistischer Zeit diente das Schloss als Erholungsheim, heute ist es jedermann zugänglich. Im Schloss präsentiert man u. a. moderne tschechische Glaskunst, darunter eine große Krippe aus geschmolzenem Kristall. Zum Getränk im Schlosscafé (mit schöner Terrasse) empfiehlt sich die Lektüre der *Verlorenen Geliebten* von Johannes Urzidil. Das Werk hat u. a. Weseritz zum Inhalt.

• *Verbindungen* **Busse,** ständig nach Konstantinsbad, 5-mal tägl. nach Stříbro. **Züge,** bis zu 7-mal tägl. nach Konstantinsbad.

• *Öffnungszeiten* **Schlossgalerie,** Mi–So 10–17 Uhr. Eintritt 3,60 €, erm. die Hälfte.

## Tachov (Tachau)

Die Kreisstadt mit rund 14.000 Einwohnern liegt 24 km südwestlich von Marienbad. Der Stadtkern hat ein paar schöne Ecken, vieles wirkt dennoch eher schmucklos. Den leicht bergauf verlaufenden Marktplatz umgeben mehrere alte Bürgerhäuser. Auch gibt es eine **Stadtmauer,** die in weiten Teilen erhalten und abschnittsweise begehbar ist, und ein Schloss, das heute die Stadtverwaltung und eine Schule beherbergt. Das in einem ehemaligen Franziskanerkloster untergebrachte **Museum des Tschechischen Waldes** (Muzeum Českého Lesa) sammelt fleißig: Heiligenfiguren, hussitische Kanonenkugeln, Renaissance- und Barockschlüssel, alte Bierflaschen der Chodovar-Brauerei, dazwischen ein paar Keramikfunde aus der späten Steinzeit, ausgestopfte Tiere und die Ergebnisse des letzten Grundschulmalwettbewerbs.

• *Verbindungen* Busbahnhof und Bahnhof etwas außerhalb des Zentrums im Norden der Stadt. Stündl. **Züge** nach Planá, bis zu 4-mal tägl. nach Domažlice. Regelmäßig **Busse** nach Planá und Stříbro, ca. 5-mal tägl. nach Přimda, Pilsen und Marienbad.

• *Übernachten* Die Stadt besitzt nur wenige Unterkünfte. Eine Empfehlung im Zentrum: **Pension Praha,** schräg gegenüber dem Museum. 4 Zimmer mit Standardausstattung. Einchecken nur bis 21 Uhr. DZ 32 €. B. Němcové 480, ✆/✆ 374724343.

• *Öffnungszeiten* **Museum des Tschechischen Waldes,** an der Durchgangsstraße. Im Sommer Mo–Fr 9–17 Uhr, Sa/So 10–16 Uhr, im Winter verkürzt. Eintritt 0,80 €, erm. die Hälfte.

### Verschwundene Ortschaften

Auf das Ende des Zweiten Weltkriegs folgte die Zwangsaussiedlung der Sudetendeutschen aus der damaligen Tschechoslowakei. In den Gebieten zur bayerischen Grenze verloren damit viele Städte das Gros ihrer Einwohner, manche Dörfer waren gar ausgestorben. Um die Gegend wiederzubeleben, versuchte die Regierung in Prag, wolhynische Tschechen – im Nordwesten der Ukraine lebende Landsleute – zum Übersiedeln in die Grenzgebiete zu bewegen. Doch der Erfolg war bescheiden. Schließlich siedelte man, teils auch unter Zwang, Slowaken, Rumänen, Ukrainer, Sinti und Roma an. Das Terrain unmittelbar vor der Grenze wurde durch den Eisernen Vorhang zum Sperrgebiet. Die Ortschaften in jenem Streifen verfielen im Lauf der Zeit und wurden von der Natur zurückerobert. Allein im Grenzland bei Tachov verschwanden so über 20 Dörfer mit Kirchen, Schulen, kleinen Schlössern und Kapellen, zudem etliche Einöden, Mühlen usw. Jenes Gebiet lässt sich heute per pedes oder Rad herrlich erkunden. An die Ortschaften erinnert oft so gut wie nichts mehr. Wer aufpasst, findet irgendwo im Wald noch eine Hausfassade stehen, anderswo ein Denkmal für die Opfer des Ersten Weltkriegs, von Sträuchern verschlungen. Angeblich sollen hier noch viele Schätze unter der Erde schlummern, vom Tafelsilber bis zum Familienschmuck, vergraben von den Sudetendeutschen kurz vor ihrer Vertreibung.

Mit dem Thema Vertreibung setzen sich viele Tschechen (egal ob Historiker, Politiker oder Honza Normalverbraucher) bis heute ungern kritisch auseinander, vielmehr übt man sich darin, die deutschböhmische Vergangenheit auf dem Boden der heutigen Tschechischen Republik schlicht zu ignorieren. Ganz im Gegensatz dazu versucht die junge tschechische Initiative **Antikomplex**, das verschwundene Sudetenland mit verschiedenen Projekten und Veranstaltungen ins Gedächtnis zurückzurufen. Ihr über 650 Seiten starker Katalog zur Ausstellung „Zmizelé Sudety/Das verschwundene Sudetenland" wurde vom Verlag Nakladatelství Českého lesa Domažlice herausgegeben (ISBN 80-86125-73-4). Weitere Infos unter www.antikomplex.cz.

## Stříbro (Mies)

Das 8000 Einwohner zählende Städtchen ist kein Ort, den man gesehen haben muss. Eine kleine Pause ist er dennoch wert. Die Deutschen nannten den Ort Mies nach dem zu seinen Füßen fließenden gleichnamigen Fluss (tschech. Mže). Stříbro, übersetzt „Silber", ist genauso passend, zumal der Wohlstand des Städtchens bis zum 30-jährigen Krieg auf den reichen Silbervorkommen der hiesigen Bergwerke gründete. Die Schweden jedoch zerstörten die Stollen.

Zentrum des Städtchens ist der **Masarykovo náměstí,** ein gemütlicher Platz, umgeben von einer Vielzahl hochgiebeliger Bürgerhäuser, die fast alle restauriert sind. Eines der schönsten Renaissancerathäuser Böhmens ist hier zu finden. An dessen Turm erfreut ein Glockenspiel. Gegenüber, in den Räumlichkeiten eines alten Minoritenklosters, befindet sich das **Stadtmuseum** (Městské muzeum). Es klärt über die Bergbauvergangenheit des Städtchens auf, präsentiert Mineralien, Keramik, Möbel, Waffen usw. (2010 leider geschlossen). Rund um die Altstadt sind noch Teile der alten Befestigungen erhalten.

Westböhmen Karte S. 317

• *Verbindungen* Busbahnhof ca. 5 Fußmin. westl. des Zentrums, ausgeschildert. **Busse** regelmäßig nach Tachov und Kladruby, bis zu 8-mal tägl. nach Planá, bis zu 5-mal nach Pilsen, Mariánské Lázně und Cheb, 2-mal nach Františkovy Lázně und Asch.

Bahnhof ca. 2 km südlich des Zentrums. **Züge** fahren regelmäßig nach Pilsen, alle 2 Std. über Marienbad nach Cheb sowie nach Prag und Lázně Kynžvart.

• *Übernachten/Essen & Trinken* **** **Hotel Alexander,** am Marktplatz. Neueres Haus in einem Gebäude aus dem 16. Jh. 24 angenehme Zimmer, komfortabel ausgestattet (u. a. mit Safe), aber leider nicht mit der Aufmerksamkeit eingerichtet, die das so liebevoll restaurierte Haus verdient hätte. EZ 43 €, DZ 62 €, Fr–So 30 % Rabatt. Masarykovo nám. 13, ✆ 373737816, ℻ 373737862, www.hotel-alexander.cz.

**Pension U Rybiček,** nur ca. 80 m vom Marktplatz entfernt. 9 ordentliche Teppichbodenzimmer und 2 Apartments, doch noch wichtiger sind die nette angeschlossene Weinstube und das Restaurant mit Mikrobrauerei (beide mit Außenbereich): Hirschrücken, Wildgulasch oder Rib-Eye-Steak zu 4–11 €. EZ 31 €, DZ 40 €. Plzeňská, ✆ 374782428, www.urybicek.eu.

## Klášter Kladruby (Kloster Kladrau)

**Erst Benediktinerabtei, dann Schloss. Die barockgotische Klosterkirche, ein Meisterwerk Giovanni Santinis, zählt zu den bedeutendsten Sakralbauten des Landes.**

Das ehemalige Kloster Kladrau erhebt sich 4 km südlich von Stříbro majestätisch auf einer Anhöhe über der gleichnamigen Ortschaft. Vladislav I. stiftete es im Jahr 1115 dem Orden der Benediktiner, zehn Jahre später fand er hier selbst seine letzte Ruhe. In seiner Blütezeit unterstanden dem Kloster weit über 100 Dörfer, mehrere Gemeinden und Burgen.

Schwer in Mitleidenschaft gezogen wurde die Klosteranlage während der Hussitenkriege und im Dreißigjährigen Krieg. Für den Wiederaufbau der ursprünglich romanischen, dreischiffige Basilika, der heutigen Klosterkirche Sankt Marien (Kostel Panny Marie), zeichnete in der ersten Hälfte des 18. Jh. Giovanni Santini verantwortlich. Kladruby gilt als eine seiner Meisterleistungen. So verwundert es nicht, dass an der riesigen, 84 m langen Kirche romanische, gotische und barocke Elemente ineinander verschmelzen. Die Altarplastiken und die Heiligenstatuen sind ein Werk Matthias Bernhard Brauns (→ S. 188). Das Konventsgebäude schuf vermutlich Kilian Ignaz Dientzenhofer. 1785 wurde das Kloster säkularisiert und diente vorübergehend als Kaserne und Hospital. 1825 ging das Gebäude in den Besitz der Adelsfamilie Windischgrätz über, die es in ein Schloss umwandelte und eine Brauerei darin einrichtete. Die Kommunisten nutzten es später als Kulturzentrum. Heute finden hier jedes Jahr im Sommer diverse Musikveranstaltungen statt.

*Kloster Kladruby*

Zwei Klosterführungen werden angeboten. Eine hat die Kirche und das Kloster als Benediktinerabtei zum Schwerpunkt (60 Min.), die andere das Kloster als Schloss derer zu Windischgrätz (50 Min.).

• *Verbindungen* **Busse** regelmäßig nach Stříbro, bis zu 3-mal tägl. nach Plzeň.

• *Öffnungszeiten* **Klosteranlage**, April u. Okt. nur Sa/So 9–16 Uhr, Mai u. Sept. tägl. (außer Mo) 9–16 Uhr, Juni–Aug. tägl. (außer Mo) 9–17 Uhr. Beide Führungen zusammen 4,80 €, erm. 3,60 €, eine Führung die Hälfte.

Nach Osten? Informationen zu **Pilsen** bekommen Sie ab S. 364.

## Horšovský Týn (Bischofteinitz)

Horšovský Týn ist ein beschauliches 5000-Einwohner-Städtchen 12 km nördlich von Domažlice. Die Lage des Ortes zu beiden Seiten des Flusslaufs der Radbuza ist äußerst reizvoll und der Náměstí Republiky, der denkmalgeschützte Hauptplatz, ein Schmuckstück. Pastellfarbene Giebelhäuser aus verschiedenen Epochen säumen ihn. Die barockisierte **Peter-und-Paul-Kirche** (Kostel sv. Petra a Pavla), im 13. Jh. als gotischer Bau errichtet, beherrscht dessen Mitte. Dominiert wird der Ort von einem vierflügeligen, sgraffitoverzierten **Renaissanceschloss.** Im 13. Jh., als Horšovský Týn noch Zollstation (= Teyn) an einem bedeutenden Verkehrsknotenpunkt war, stand hier eine gotische Bischofsburg. Sie brannte Mitte des 16. Jh. aus. Auf ihren Ruinen ließen die Lobkowitz ein prächtiges Schloss errichten, der alte Befestigungscharakter blieb dabei erhalten. Spätere Umbauten führten dazu, dass heute von der Frühgotik bis zum Klassizismus nahezu alle Stilrichtungen im und am Schloss vorzufinden sind. Wer es besichtigt, kann zwischen verschiedenen Touren wählen. Es gibt u. a. eine Führung durch den Burggrafenpalast, eine durch den Wappensaal, eine durch die Mauern der ehemaligen Burg, eine durch die Küchen (ostasiatisches Porzellan!) und eine durch das Schloss als solches, zugleich die spannendste Tour. Salons, Tanzsaal und Bibliothek sind noch weitestgehend mit dem Originalmobiliar ausgestattet: Porzellanleuchter mit echten Edison-Birnen, englische Reisewecker aus dem Barock, böhmische und venezianische Kristalllüster usw. Nördlich des Schlosses schließt sich der schöne große **Schlosspark** an. Besonders lohnenswert ist ein Besuch von Horšovský Týn übrigens zur Anna-Kirchweih Ende Juli, einem dreitägigen Fest mit mittelalterlichen Events.

• *Information* **Regionální informační centrum,** Náměstí Republiky 105, Mo–Fr 8–16 Uhr, Juni–Aug. auch Sa/So 9–17 Uhr. ✆ 379415151, www.horsovskytyn.cz.

• *Verbindungen* Regelmäßig **Busse** nach Domažlice und Pilsen.

• *Übernachten/Essen & Trinken* *** **Hotel Gurmán,** neben dem Schlosseingang. Beste Unterkunft des Orts mit schlichtem Restaurant. 10 farbenfrohe Zimmer (buchen Sie das „Schlosszimmer" Nr. 104 mit Himmelbett!). Auch Pierre Brice hat hier schon übernachtet. Ob ihm auch das Essen geschmeckt hat? Konventionelle böhmische Küche zu 4–10 €. EZ 38 €, DZ ab 80 €. Nám. Republiky 2, ✆ 379410020, ℻ 379410033, www.trendstav.cz.

*** **Hotel Šumava,** am Markplatz. Trotz angeblich dreier Sterne – einfaches Haus mit ebensolchen Zimmern, schlicht möbliert, aber alle mit Bad. Restaurant. EZ 28 €, DZ 46 €, Frühstück extra. Nám. Republiky 11, ✆ 379422800, www.hotel.htyn.cz.

• *Öffnungszeiten* **Schloss,** April u. Okt. nur Sa/So 9–12 u. 13–16 Uhr, Mai u. Sept. tägl. (außer Mo) 9–12 u. 13–16 Uhr, Juni–Aug. tägl. (außer Mo) 9–12 u. 13–17 Uhr. Nov.–März geschl. Die verschiedenen Touren dauern 30–60 Min. und kosten 0,80–2,40 €. Legt man Wert auf eine fremdsprachige Führung, kommen noch mal jeweils 2,10 €/Pers. dazu.

## Domažlice (Taus)

**Die reizvolle mittelalterliche Stadt ist das Herz des Chodenlandes. Zum Bleiben lädt sie vor allem Mitte August ein, wenn ein ausgelassenes Folklorefest gefeiert wird.**

Das freundliche Domažlice mit seinen rund 11.000 Einwohnern ist offiziell eine Kreisstadt und inoffiziell die Hauptstadt des Chodenlandes, das durch farbenfrohe Trachten, eine eigene Mundart und die typische Dudelsackmusik bekannt ist. Doch an das Brauchtum der Choden, eines uralten slawischen Volksstamms (→ Kasten), erinnert in Domažlice außer in Souvenirgeschäften und Museen oder zu Festtagen nur wenig. Lediglich auf den Dörfern im Umland sieht man noch gelegentlich ältere Frauen in ihren herrlichen Trachten und hört – sofern man des Tschechischen mächtig ist – ihren eigenartigen Dialekt.

### Hundsköpfe mit Dudelsack – das chodische Volk

Wer die Choden eigentlich sind und woher sie kommen, weiß niemand so genau. Urkundlich erwähnt wurde der slawische Volksstamm erstmals im Jahr 1040, als er den böhmischen Herzog Bratislav erfolgreich im Kampf gegen den deutschen Kaiser Heinrich III. unterstützte. In jenem Jahrhundert wurden die Choden auch mit der Überwachung der bayerisch-böhmischen Grenze betraut. Die deutsche Expansion Richtung Osten sollte damit aufgehalten werden. Die Aufgabe der Grenzkontrolle, die die Choden mit Kampfbeilen und scharfen Hunden durchführten, gab dem Volk auch seinen Namen (tschech. *chodit* = patrouillieren). Als Gegenleistung erwarben die Choden von den böhmischen Königen, insbesondere von König Johann von Luxemburg im Jahr 1325, besondere Privilegien: Als Freibauern sollten sie zeitlebens keinem anderen Menschen als dem König untertan sein, weniger Steuern bezahlen, von Zollgebühren befreit sein und so viele Hasen in den Wäldern jagen dürfen, wie sie wollten. Drei Jahrhunderte konnten sie ihren Sonderstatus genießen. Doch nach der Schlacht am Weißen Berg, wo sich die Choden auf die Seite der protestantischen böhmischen Stände geschlagen hatten, wurden ihnen ihre Privilegien aberkannt. Ihrem Widersacher, dem siegreichen General Maximilian Laminger von Albenreuth, wurde die gesamte Region rund um Domažlice vermacht. Sämtlich Versuche, die alten Privilegien mit legalen Mitteln zurück zu gewinnen, schlugen fehl. Es kam zum Aufstand. Diesem folgte der blutige Gegenschlag der kaiserlichen Truppen. Den Führer des chodischen Widerstandes, Jan Sladký Kozina, ließ Laminger von Albenreuth 1695 in Pilsen öffentlich hinrichten. Einer Legende nach prophezeite Kozina noch am Galgen dem General dessen Tod auf Jahr und Tag. Und wie angekündigt starb dieser exakt ein Jahr später an einem Schlaganfall.

Zur Romantisierung des chodischen Volkes trug insbesondere Alois Jiráseks (1851–1930) Roman *Hundsköpfe* bei – benannt nach dem Hundekopf im chodischen Wappen, einem Symbol für Treue und Wachsamkeit. In kommunistischer Zeit rechtfertigte man die Aufgaben der Grenzsoldaten des Kalten Krieges übrigens mit der Geschichte der chodischen Grenzhüter.

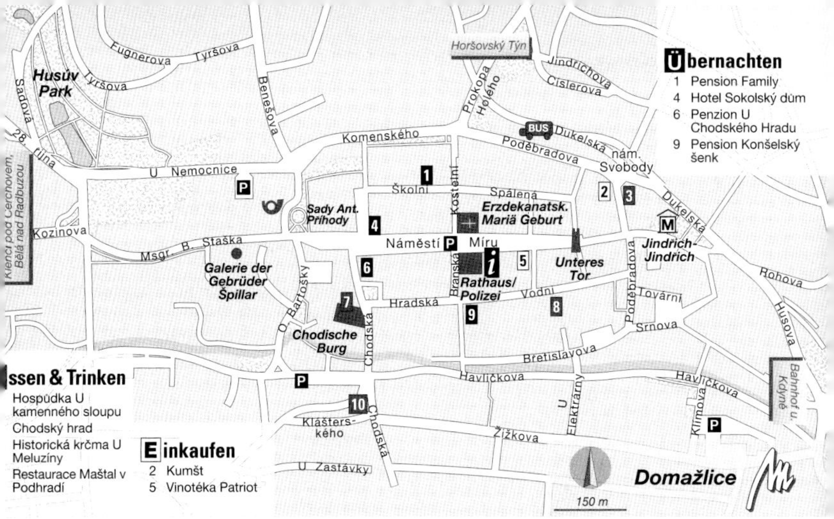


Die meisten Besucher des Städtchens sind Tagesausflügler aus dem 15 km entfernten Bayern. Erstaunlich, dass nicht mehr Touristen kommen, wartet Domažlice doch nicht nur mit billigen Zigaretten, gemütlichen Restaurants und schattigen Cafés unter Arkaden am Marktplatz auf, sondern mittlerweile auch mit einigen netten Pensionen. Beschaulich geht es v. a. am Abend in den engen gepflasterten Gassen der denkmalgeschützten Altstadt zu. Liebevoll gefertigte Hauszeichen erinnern dort ein wenig an die Prager Kleinseite.



## Information/Parken/Verbindungen

• *Information* **Městské informační centrum,** Nám. Míru 51. Juni–Sept. Mo–Fr 7.30–17 Uhr, Sa/So 10–14 Uhr, sonst Mo–Fr 7.30–16 Uhr, Sa 9–12 Uhr. ✆ 379725852, www.idomazlice.cz.

• *Parken* Gebührenpflichtig am Marktplatz möglich. Ein weiterer großer Parkplatz befindet sich an der Hruškova nahe der Burg.

• *Verbindungen* Intercity-Busbahnhof nahe dem Zentrum zwischen Poděbradova und Dukelská, Bahnhof etwas außerhalb südöstlich des Zentrums. Am Bahnhof fahren zudem die Busse in die nahe gelegenen Dörfer ab. **Züge,** 2-mal tägl. nach Regensburg, Horažd'ovice und Planá, bis zu 5-mal tägl. nach Prag und Tachov, regelmäßig nach Plzeň und Klenčí pod Čerchovem, bis zu 7-mal nach Klatovy. **Busse,** regelmäßig nach Plzeň, Horšovský Týn und Kdyně, bis zu 6-mal tägl. nach Klatovy, bis zu 3-mal tägl. nach Prag. Im Sommer zudem ständige Verbindungen nach Babylon.

## Adressen/Einkaufen/Veranstaltungen

• *Ärztliche Versorgung* Krankenhaus westlich des Zentrums an der Kozinova. ✆ 379710111.

• *Polizei* Stadtpolizei im Rathaus am Marktplatz. ✆ 156.

• *Post* Am Sady Ant. Příhody.

• *Einkaufen* **Kumšt (2),** Kramlädchen mit historischen Replika (u. a. Ritterrüstungen), Kunsthandwerk, Met, Glas, Fell etc. – vieles davon von Hand gefertigt. Liebevoll eingerichtet. Poděbradova 88.

**Vinotéka Patriot (5),** kleine Vinothek mit Schwerpunkt auf mährischen Produkten. Nám. Míru 9–12.

• *Baden* Einen schönen Badesee findet man ca. 7 km südwestlich beim Ferienort **Babylon.**

• *Veranstaltung* Alljährliches Highlight ist das farbenprächtige **Chodenfest** mit Dudelsackpfeifern, Tanz, Musik und einer Messe auf dem 3 km südwestlich von Domažlice gelegenen Laurentiusberg (Veselá Hora) am Wochenende nach dem 10. August.

Essen & Trinken/Übernachten/Camping (→ Karte S. 355)

• *Essen & Trinken* **Chodský hrad (7),** im Burggebäude. Rustikal angehauchte Räumlichkeiten, vornehmlich deutsches Publikum. Typisch böhmische Küche (auch wenn die Nudelgerichte südländisch klingen mögen ...) der mittleren Preisklasse. Chodské nám. 96, ✆ 379776010.

**Historická krčma U Meluzíny (8),** uriges, rustikal eingerichtetes Kneipenrestaurant. Sattmacherküche wie *Halušky* mit Kraut (eine slowakische Spätzlevariante) oder Kartoffelspinatnudeln mit Pilzen. Zudem Kaninchen, Wild und Fisch auf der Karte. Im Sommer werden zuweilen auch gute Grillgerichte serviert. Hg. 5–10 €. Gemütliche Innenhofterrasse. Nur mittags und abends. Vodní 19, ✆ 379768698.

**Restaurace Maštal v Podhradí (10),** von innen schöner als von außen. Auf Bauernstube gestyltes Restaurant mit alten Rädern an der Decke. Miniterrasse. Herzhafte böhmische Küche, Hg. 2,50–5,50 €. Jiráskova 42, ✆ 379722406.

**Hospůdka U kamenného sloupu (3),** gepflegtes Wirtshaus östlich des Unteren Tors. Neben regionaler, deftiger Küche auch ein paar vegetarische Gerichte. Hg. 3,50–6,50 €, lediglich die Steaks sind teurer. Mit Pension. Poděbradova 139, ✆ 379778386.

• *Übernachten* **Hotel Sokolský dům (4),** in bester Lage am Marktplatz. 12 an sich recht hübsche Zimmer (z. B. schöne Holzdecken) mit neuen Bädern, jedoch etwas lieblos ausgestattet. Restaurant. EZ 32 €, DZ 48 €. Nám. Míru 121, ✆ 379720084, www.sokolskydum.cz.

**Pension Konšelský šenk (9),** in zentraler Lage. 10 liebe- und geschmackvoll eingerichtete Zimmer: helles Holz, Parkettböden, farbenfrohes Interieur. Hinterhofgarten und gemütliche Pizzeria im gleichen Haus. Parken frei. Sehr freundliche Betreiber. EZ 27 €, DZ 43 €. Vodní 33, ✆ 604916396 (mobil), www.konselskysenk.cz.

**Penzion U Chodského Hradu (6),** ebenfalls am Marktplatz. 15 sehr freundlich ausgestattete Zimmer mit Holzboden, am schönsten sind die unterm Dach. Viele Zimmer mit kleiner Teeküche. DZ 48 €. Nám. Míru 66, ✆/℻ 379423415, www.penzionuchodskehohradu.eu.

**Pension Family (1),** von einer Leserin empfohlen, die sich hier bestens aufgehoben fühlte. 6 Zimmer und ein kleines Apartment. Sauna und kleiner Hinterhofgarten fürs Frühstück im Sommer. DZ 32 €, Frühstück (3,20 €) und Parken (1,20 €/Nacht) extra. Školní 107 (über der Pizzeria Venezia), ✆ 604763934 (mobil), www.pensionfamily.cz.

• *Camping* **Autokemp Babylon,** im ca. 7 km südwestlich gelegenen gleichnamigen Ferienort. Große Stellwiese mit (schlechtem) Restaurant und Kochgelegenheiten. Leider nur wenig Schatten. Chatavermietung. Veraltete Sanitäranlagen. Mai–Sept. 2 Pers. mit Zelt u. Auto 9,20 €, Chata für 2 Pers. 15,20 €. Zahradní 542, ✆/℻ 379724031, www.babylon-obec.cz/autokemp.

## Sehenswertes

**Náměstí Míru (Platz des Friedens):** Er ist einer der schönsten Marktplätze Westböhmens. Über eine Länge von 500 m säumen ihn farbenfrohe Bürgerhäuser mit romantischen Laubengängen, Barock- und Rokokogiebeln. Im Osten begrenzt das *Untere Tor* (Dolní Brána) den Marktplatz. Es ist ein Relikt der alten Stadtmauer und heute ein Wahrzeichen Domažlices. Überragt wird der Platz von einem etwas schiefen, 56 m hohen Rundturm, der zur *Erzdekanatskirche Mariä Geburt* (Arciděkanský kostel Narození Panny Marie) gehört. Von seiner Galerie blickt man im Süden auf den Tschechischen Wald und im Norden auf die historische Anhöhe von Baldov, wo im Jahr 1431 die Hussiten das kaiserliche Kreuzfahrerheer besiegten. Auf dem Turm befindet sich auch ein kleines Glöcklein aus dem 15. Jh. Der Volksmund hat dem Glöckchen den Namen „Advent" gegeben, da es vom ersten Adventssonntag bis Weihnachten täglich um 18 Uhr erklingt. Die Erzdekanatskirche war ursprünglich gotisch, das Kreuzgewölbe lässt dies noch erkennen. Mitte des 18. Jh. wurde sie von Kilian Ignaz Dientzenhofer im Barockstil umgebaut. Gegenüber der Kirche befindet sich das *Rathaus* von Domažlice, ein schönes Gebäude im Neorenaissancestil.

*Öffnungszeiten* **Kirchturm,** Mai–Sept. Mo–Sa 9–12 u. 13–17 Uhr, So 13–17 Uhr. Eintritt 1,20 €, erm. die Hälfte.

**Chodský hrad (Chodische Burg):** Der heute eher schlossartige Komplex verdankt sein Aussehen einem Barockumbau im 18. Jh. An die alte Burg erinnert nur noch der schlanke Burgturm, von dem man einen Rundblick über die Stadt genießen kann. Früher tagte das chodische Gericht in der Burg, zudem wurden hier die sog. Majestätsbriefe, die Dokumente über die Privilegien der Choden, aufbewahrt. Heute beherbergen die Räumlichkeiten ein modern konzipiertes Volkskundemuseum zur chodischen Kultur. Zu sehen gibt es allerhand Trachten, Spitzen, Keramik, antike Möbelstücke und eine hübsche Bauernstube. Archäologische Funde beleuchten zudem die frühgeschichtliche Entwicklung der Region. Lohnenswert.

*Adresse/Öffnungszeiten* Chodské náměstí. April–Okt. tägl. 9–12 u. 13–17 Uhr, im Winter Mo–Fr 9–12 u. 13–16 Uhr. Eintritt 1,60 €, erm. die Hälfte.

*Das Untere Tor in Domažlice*

**Národopisné muzeum Jindřicha Jindřicha (Jindřich-Jindřich-Museum):** Ein weiteres Museum, das sich mit der chodischen Kultur befasst. Es entstand aus der Privatsammlung des Domažlicer Komponisten und Volkskundlers Jindřich Jindřich (1876–1967), der eine erstaunliche Kollektion an Töpferwaren, Heiligenbildern und Fotografien zusammengetragen hatte. Ein Blickfang ist die chodische Stube mit historischen Möbelstücken.

*Adresse/Öffnungszeiten* Náměstí Svobody 67. Zum Zeitpunkt der letzten Recherche wegen Restaurierungsarbeiten geschlossen. Danach wieder Mo–Fr 9–12 u. 13–16 Uhr.

## Umgebung von Domažlice

**Čerchov (Schwarzkoppe):** Rund 10 km südwestlich von Domažlice erhebt sich der Čerchov, mit 1042 m der höchste Berg des Tschechischen Waldes, des böhmischen Pendants zum Oberpfälzer Wald. Gekrönt wird der Gipfel von einem *Aussichtsturm,* den man Anfang des 20. Jh. errichtete, schon damals war der Berg ein beliebtes Ausflugsziel. Doch fast die gesamte zweite Hälfte des letzten Jahrhundert stand der Grenzberg unter der Kontrolle des Militärs und war Sperrgebiet. Erst seit der Wende darf man ihn wieder besteigen und vom Aussichtsturm das betrachten, was früher nur für die Augen und Ohren der Militärs bestimmt war. Östlich des Čerchov liegt der kleine Ferienort *Babylon* mit Badesee, nördlich des Berges das

Westböhmen
Karte S. 317

Örtchen *Klenčí pod Čerchovem (Klentsch),* das für die Herstellung von Keramik mit traditionellen chodischen Motiven bekannt ist – entlang der Hauptdurchgangsstraße gibt es bunte Teller, Vasen und dergleichen zu kaufen.

• *Anfahrt* Eine Anfahrt zum Gipfel ist nicht möglich. Der kürzeste Fußweg hinauf (ca. 5 km) beginnt beim Parkplatz im Weiler Carpatice auf 580 m Höhe, ausgeschildert.

• *Öffnungszeiten* **Aussichtsturm,** Mai/Juni und Sept./Okt. nur Sa/So 9–17 Uhr, Juli/Aug. tägl. 9–17 Uhr.

## Klatovy (Klattau)

**Klatovy ist auch bekannt als Tschechiens Nelkenmetropole. Und einer aufgehenden Blüte gleich zeigt sich das Zentrum, doch drum herum viele welke Blätter.**

Ein Glück, dass es Stadtmauern gibt. Im Falle Klatovys brauchen sie gottlob nicht mehr vor Feinden schützen, sondern vor unliebsamen Ausblicken: Die teils noch gut erhaltenen Befestigungsanlagen aus dem 14. und 15. Jh. trennen die kleine freundliche Altstadt von monotonen Plattenbausiedlungen. Zentrum der Altstadt ist der leicht abfallende, kopfsteingepflasterte **Náměstí Míru.** Er wird gesäumt von schönen alten Bürgerhäusern, die im Kern größtenteils gotisch sind. Das prächtigste Gebäude am Platz ist das **Rathaus.** Daneben erhebt sich der 81 m hohe **Schwarze Turm** (Černá věž) aus dem 16. Jh. Man kann ihn besteigen.

Marktplatz von Klatovy

Ums Eck steht die barocke **Jesuitenkirche der Unbefleckten Empfängnis der Jungfrau Maria** (Neposkvrněného Početí P. Marie) aus dem Jahr 1665. Die drei Frontportale sollen das Werk Kilian Ignaz Dientzenhofers sein, für den Rest der Kirche zeichnen Domenico Orsi und Carlo Lurago verantwortlich. Spannender als die Kirche selbst sind die unter ihr gelegenen **Katakomben.** Hier ruhen mumifizierte Jesuiten und wohlhabende Einheimische, zusammengeschrumpelt auf 8–10 kg. Die der Jesuitenkirche benachbarte **Barockapotheke** zählt zu den schönsten des Landes und ist seit 1964 ein Museum (Historická Expozice Barokní Lékárna). Ausgestellt sind u. a. Glasgefäße mit getrocknetem Ziegenblut und eingelegten Därmen, Apparate zum Pillendrehen und zur Salbenherstellung. Zu sehen gibt es außerdem ein 2 m langes Stoßhorn eines männlichen

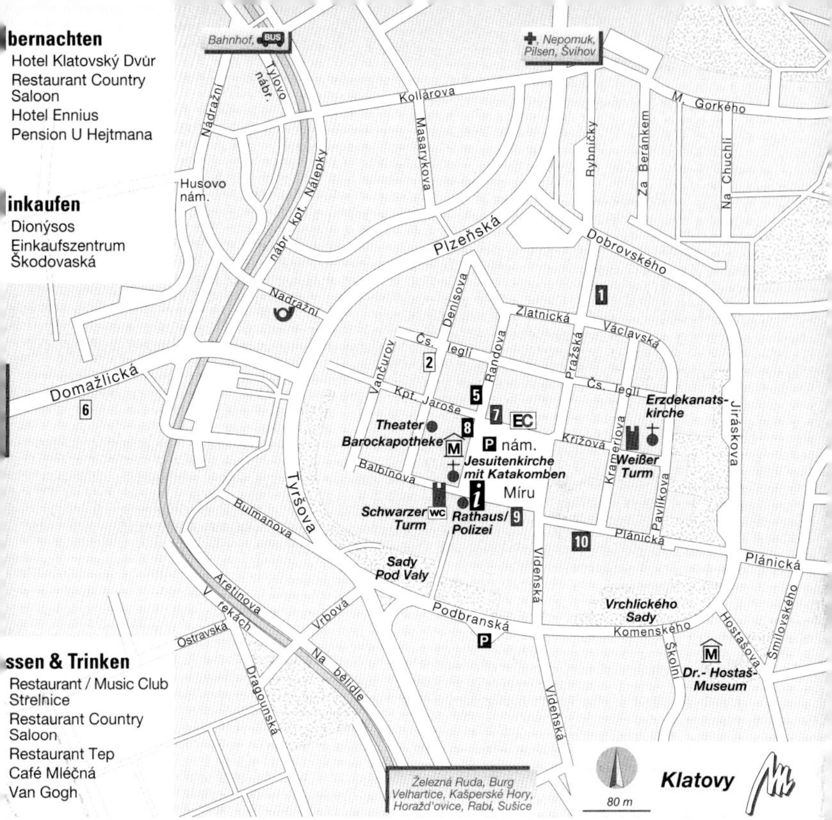


Narwals, das einstige Maskottchen des Apothekers. Bei den Einheimischen galt es als das Horn des legendären Einhorns, nach dem das Gebäude auch seinen Namen *U Bilhého Jednorožce* (Zum Weißen Einhorn) erhielt.

Beste Zeit für einen Besuch der 23.000 Einwohner zählenden Kreisstadt ist Anfang/Mitte Juli, wenn die *Klattauer Kirchweih* über die Bühne geht. Dann kommen nämlich auch die Nelkenzüchter aus den umliegenden Ortschaften und präsentieren ihre Neuzüchtungen. Die ersten Nelken kamen übrigens 1813 als Souvenir aus Nancy im Gepäck von heimkehrenden Soldaten, die an den Napoleonischen Kriegen teilgenommen hatten, an den Rand des Böhmerwalds. Heute genießen die heimischen Züchter landesweiten Respekt.

## *Information/Parken/Verbindungen/Adressen*

- *Information* **Informační centrum Klatovy,** Náměstí Míru 63. Mai–Sept. tägl. 9–17 Uhr, im Winter nur Mo–Fr. ✆ 376347240, www.klatovy.cz/icklatovy.
- *Parken* Gebührenpflichtig am Hauptplatz möglich.
- *Verbindungen* Bahnhof (vom Zentrum mit allen Stadtbussen zu erreichen) und Busbahnhof ca. 2 km außerhalb des Zentrums im Nordwesten der Stadt. Regelmäßig **Züge** nach Pilsen und Nýrsko, ca. 10-mal tägl. nach Sušice, Železná Ruda und Horažd'ovice, 7-mal nach Domažlice. **Busse:** Regelmäßig Verbindungen nach Pilsen, Švihov und Janovice nad Úhlavou (Burg Klenová), bis zu 6-mal tägl. nach Domažlice, bis zu 3-mal nach Železná Ruda.

• *Ärztliche Versorgung* Krankenhaus in der Plzeňská 569 nördlich des Zentrums. ✆ 376335111.

• *Polizei* Im Rathaus. ✆ 156.

• *Post* **Hauptpost** nordwestlich des Altstadtkerns an der Nádražní.

• *Radverleih* Über **Priorit** (Ostravská 169), telefonisch buchbar unter ✆ 602163613 (mobil). 10,50 €/Tag.

• *Einkaufen* **Škodovaská (6),** Einkaufszentrum mit einem großen TESCO-Supermarkt und etlichen weiteren Geschäften an der Straße nach Domažlice.

**Dionýsos (2),** freundlicher Weinladen, in dem man sich mit tschechischen Tröpfchen weit über Supermarktniveau eindecken kann. Denisova 103.

• *Öffnungszeiten* **Schwarzer Turm,** April u. Okt. nur Sa/So 10–12 u. 13–16 Uhr, Mai, Juni u. Sept. tägl. (außer Mo) 9–12 u. 13–17 Uhr, Juli u. Aug. tägl. 9–12 u. 13–18 Uhr. Eintritt 1,60 €, erm. die Hälfte. **Katakomben,** April u. Okt. nur Sa/So 9–12 u. 13–17 Uhr, Mai–Sept. tägl. zu den gleichen Zeiten. Eintritt 1,60 €, erm. die Hälfte. **Barockapotheke,** Mai–Okt. tägl. (außer Mo) 9–17 Uhr. Eintritt (nur mit Führung) 1,60 €, erm. die Hälfte.

## Essen & Trinken (→ Karte S. 359)

• *Restaurants* **Van Gogh (10),** neueres, schick-trendiges Caférestaurant im Zeichen des niederländischen Malers. Internationale Küche der mittleren Preisklasse, zu den Spezialitäten gehören die Steaks. Planická 3, ✆ 777265438 (mobil).

**Tep (7),** gediegen und zugleich altmodisch-verspielt eingerichtet. Geboten wird eine skurrile Mischung aus böhmischer, französischer, mexikanischer und argentinischer Küche. Schon Václav Klaus aß hier! Hg. bereits ab 3 €. Mo–Do nur mittags, So geschl. Nám. Míru 151 (2. Stock), ✆ 777263546 (mobil).

**Restaurant/Music Club Střelnice (1),** Mischung aus Restaurant und Bierhalle, der „Pilsner-Urquell-Original-Restaurant"-Kette zugehörig, die tschechienweit für Qualität bürgt. Zapftheke im kupfernen Brauerei-Look, böhmische Küche der mittleren Preisklasse, die nicht nur die Standards bietet. Im Club nebenan, einem der wenigen Nightspots der Stadt, hin und wieder Konzerte und „tschechoslowakische Partys". Pražská 22, ✆ 775383129 (mobil).

• *Außerhalb* **Country Saloon (4),** originelles Restaurant mit Cowboystiefeln an der Decke und Kuhfellen an der Wand. Serviert wird böhmische „Cowboyküche" wie „Bleichgesicht-Überraschung" oder „Das Geheimnis vom Apachenhäuptling". Hinter den Namen verbergen sich vorrangig Steaks, auch vom Bison, die vom offenen Grill kommen. Terrasse. Hg. 5,20–17,50 €, ab und zu Live-Musik. Vermietet werden zudem im „Western-Style" eingerichtete Zimmer (teils sehr geräumig) im gleichen Gebäude. DZ 36 €, sehr gutes Preis-Leistungs-Verhältnis. ✆ 376313338, www.countryklatovy.cz. Etwa 3 km westlich von Klatovy an der Straße nach Domažlice im Dorf Beňovy.

• *Café* **Mléčná (9),** Café mit Korbmöbeln und an den Wänden alte Stadtansichten. Gute Kuchen- und Tortenauswahl sowie belegte Brötchen. Netter kleiner Außenbereich. Náměstí Míru.

## Übernachten/Camping (→ Karte S. 359)

*** **Hotel Ennius (5),** gepflegteste Unterkunft in der Altstadt, wenn es auch von außen nicht so aussieht. Geräumige Zimmer mit Kiefernmöbeln und Plastiktopfpflanzen. Rustikales Restaurant im Rittersaal-Ambiente. Keine eigenen Parkplätze. EZ 36 €, DZ 56 €. Randova 1, ✆ 376320567, ℻ 376320564, www.sweb.cz/ennius.

**Hotel Klatovský Dvůr (3),** etwas außerhalb des Zentrums an der Straße nach Domažlice, deswegen leider etwas laut. 11 einfache Zimmer mit Bad, z. T. sehr geräumig. Eigene Parkplätze. EZ 24 €, DZ 40 €. Domažlická 188, ✆/℻ 376321517, www.klatovskydvur.cz.

**Pension U Hejtmana (8),** 7 biedere Zimmer mit TV, Kühlschrank und Kochnische. Kleiner Parkplatz, sehr zentral. Reservierung erforderlich, da keine Rezeption. DZ je nach Größe 20–28 €, kein Frühstück. Kpt. Jaroše 145, ✆/℻ 376317918, www.uhejtmana.klatovynet.cz.

• *Außerhalb* **Country Saloon (4),** → Essen & Trinken.

• *Camping* **Camping Hnačov,** schöner Platz ca. 13 km östlich von Klatovy nahe dem gleichnamigen Weiler am See. Weitläufige Wiese mit einem kleinen Wald daneben. Beliebt bei Seglern und Surfern.

Am Schlossbad in Karlsbad ▲▲
Märchenschloss in Žimkovy ▲

▲▲ Der Kreuzbrunnen in Marienbad
▲ Kloster Teplá

Das Kurhaus Imperial in Franzensbad ▲▲
Auf dem Marktplatz in Eger ▲

▲▲ Die Renaissancefassade am Pilsner Rathaus
▲ Kutschenfahrt durch Westböhmen

Neues Sanitärgebäude, Feuerstellen. Restaurant. Juni–Sept. Anfahrt: Straße nach Horažd'ovice nehmen, bei der zweiten Abzweigung nach Plánice links ab. Bushaltestelle nahe dem Gelände (2-mal tägl. nach Plzeň, mehrmals tägl. nach Klatovy). 2 Pers. mit Zelt u. Auto 7 €, Hütten mit 4 Betten ab 20 €. Hnačov, ✆/📠 376394258, www.hnacov.cz.

## Umgebung von Klatovy

**Švihov (Schwiehau):** Bei der Ortschaft Švihov, rund 10 km nördlich von Klatovy, erhebt sich im Auenbereich des Flusses Úhlava die berühmte *Wasserburg*, eine der mächtigsten Böhmens. Errichtet wurde sie zwischen 1480 und 1510. Im 18. Jh. diente sie als Getreidelager, im 20. Jh. als Kulisse für Märchen- und Ritterfilme. Unter anderem wurde hier *Drei Nüsse für Aschenbrödel* gedreht. Bei einer Führung durch die Festung werden u. a. Räumlichkeiten mit Renaissancemöbeln besichtigt, ein großer Tanzsaal mit einer herrlichen Kassettendecke, eine Waffenkammer und die Burgkapelle mit einem Fresko des Hl. Georg als Ritter aus dem frühen 16. Jh.

• *Verbindungen* Bahnhof am Ortsausgang Richtung Klatovy. Stündl. **Züge** nach Klatovy und Plzeň. Regelmäßig **Busse** nach Klatovy, Pilsen und Přeštice, bis zu 7-mal tägl. nach Chudenice.

• *Öffnungszeiten* **Wasserburg,** April u. Okt. nur Sa/So 9–15 Uhr. Mai u. Sept. tägl. (außer Mo) 9–16 Uhr, Juni–Aug. tägl. (außer Mo) 9–17 Uhr. Es werden 2 Führungen angeboten, eine führt durch die Burg (60 Min., die interessantere), die andere durch den Küchentrakt (50 Min.). Je nach Führung 2–2,80 €, erm. 1,40–1,80 €.

**Pilsen** (→ S. 364) erreichen Sie von Švihov über **Přestice** (→ S. 373).

Westböhmen Karte S. 317

**Chudenice:** Ungefähr 15 km westlich von Švihov liegt das von weiten Wäldern umgebene Chudenice. Es ist kein besonders hervorstechender Ort, ohne jedoch hässlich zu sein. Ob sich der Name des Orts von den einst recht bedürftigen Einwohnern ableitet („chudý" = arm), sei dahingestellt. Alles andere als arm war auf jeden Fall das Adelsgeschlecht Czernín, das sich ab dem 13. Jh. hier niederließ. Deren einstige Residenz, das **Alte Schloss** (Starý zámek) im Zentrum des Orts, kann besichtigt werden. Durch die feudalen Salons schlurft man mit Filzschlappen über 250 Jahre alte Holzböden hinweg. Unter anderem sieht man ein Originalporträt der Kaiserin Sissi und den Fächer der Schriftstellerin Božena Němcová, den diese einst als Dank für eine Führung durch das Schloss zurückließ. Heute werden solche Gaben nicht mehr akzeptiert, mit 60 Kronen Eintritt ist man jedoch dabei. Für ein paar Kronen mehr darf man zudem das kleine Heimatmuseum im Schloss besuchen, das auch über die Geschichte Chudenices informiert.

• *Verbindungen* Regelmäßig **Busse** nach Klatovy.

• *Öffnungszeiten* **Altes Schloss,** April, Mai, Sept. u. Okt. nur Sa/So 9–12 u. 13–17 Uhr, Juni–Aug. tägl. (außer Mo) 9–12 und 13–18 Uhr. Führung durch das Schloss 2,40 €, erm. 1,60 €. Für das Schlossmuseum braucht man ein separates Ticket (0,80 €, erm. die Hälfte).

**Hrad Klenová (Burg Klenau):** 2 km südöstlich des grauen Städtchens Janovice nad Úhlavou erhebt sich auf einer bewaldeten Anhöhe die frühgotische Burgruine Klenová aus dem Ende des 13. Jh. samt einem *Renaissanceschloss.* Von der Burganlage angetan war der romantische Dichter Ludwig Tieck (1773–1853), der hier als Gast des Reichsgrafen Stadion-Thannhausen zu Besuch weilte. Das Schloss wird heute von der Galerie Klatovy-Klenova verwaltet und beherbergt eine Ausstellung über historische Möbelstücke. Zudem wird in vier Sälen tschechische Kunst des 20. Jh. gezeigt, darunter Werke von Max Švabinsky und Emil Filla. Auch finden immer wieder anspruchsvolle Wechselausstellungen statt. Zudem ist auf dem Areal ein Skulpturenpark im Entstehen. Nach dem Besuch des Schlosses lädt ein recht gediegenes Restaurant zu einer Pause ein. Hrad Klenová ist mit öffentlichen Verkehrsmitteln nicht zu erreichen.

*Öffnungszeiten* **Schloss,** April u. Okt. tägl. (außer Mo) 10–12 u. 12.30–16 Uhr, Mai, Juni u. Sept. tägl. (außer Mo) 9–12 u. 12.30–17 Uhr, Juli u. Aug. tägl. 9–12 u. 12.30–18 Uhr. Eintritt 2,80 €, erm. 1,20 €.

Informationen zu Zielen südlich von Klatovy wie **Nýrsko** (→ S. 489), **Burg Velhartice** (→ S. 486) oder **Sušice** (→ S. 484) bekommen Sie im Kapitel „Böhmerwald".

## Horažd'ovice (Horaschdowitz)

Das 5700 Einwohner zählende Städtchen liegt ca. 32 km südöstlich von Klatovy. Seine Gründungsgeschichte könnte Pate stehen für so manche Ortschaft im hohen Alaska: Bereits im 13. Jh. ließen sich hier am Flusslauf der Otava vom Goldrausch getriebene Abenteurer nieder und begannen nach dem kostbaren Metall zu schürfen. Doch der Goldsegen hielt nicht lange an, und so verlegte man sich auf die Zucht von Flussperlmuscheln. Bis zur ersten Hälfte des 20. Jh. verdienten auf diese Weise viele Einwohner von Horaschdowitz ihre Brötchen.

Am gemütlichen Marktplatz und in den davon abgehenden Nebengassen stehen schöne alte Bürgerhäuser. Beherrscht wird der Ort von einem Barockschloss, das auf einem ursprünglich gotischen Kastell errichtet wurde. Darin befindet sich heute das **Stadtmuseum** (Městské muzeum), das über die Geschichte Horažd'ovices informiert. Nebenbei beherbergt es eine große Trophäensammlung. Die Besichtigung führt auch in eine mit Fresken reich verzierte Barockkapelle. Im Schlossareal befindet sich auch eine Pizzeria, die im Sommer im schönen Hof serviert.

• *Verbindungen* Bahnhof und Busbahnhof liegen nahe beieinander, ca. 200 m östlich des Zentrums. Regelmäßige **Busse** und **Züge** nach Klatovy.

• *Öffnungszeiten* **Stadtmuseum,** Juni–Sept. tägl. (außer Mo) 9–16 Uhr. Eintritt 1,20 €, erm. die Hälfte.

Weiter Richtung Südböhmen? Nur 12 km sind es bis **Strakonice** (→ S. 450), 16 km über **Rabí** (→ S. 486) nach **Sušice** (→ S. 484) und 20 km zum Schloss **Lnáře** (→ S. 449).

## Nepomuk

Das 3500-Einwohner-Städtchen Nepomuk liegt an der Europastraße 49 zwischen Písek und Pilsen. Es soll der Geburtsort des Hl. Nepomuk sein (→ Kasten). An der Stelle seines angeblichen Geburtshauses etwas abseits des Zentrums wurde 1734–36 eine barocke **Wallfahrtskirche** nach Plänen von Kilian Ignaz Dientzenhofer erbaut. Oberhalb des weiten, bergauf verlaufenden Marktplatzes befindet sich die ehemalige katholische Schule, heute das städtische **Volkskundemuseum** samt einer Galerie. Etwas nördlich des Zentrums thront auf einer Anhöhe das barocke **Schloss Zelená Hora** (Grünberg), das aus einer mittelalterlichen Burg hervorging. Es war u. a. im Besitz der Familien Sternberg, Colloredo-Mansfeld und Auersperg. In sozialistischer Zeit

## Die Nepomuk-Legende

Den Intrigen zwischen Kirche und Krone Ende des 14. Jh. fiel der Generalvikar des Prager Erzbischofs, Johannes aus Pomuk, „ne Pomuk", zum Opfer. Wenzel IV. hatte ihn zu Tode foltern und in die Moldau werfen lassen. Drei Jahrhunderte später, während der Gegenreformation, spannen die Jesuiten daraus die Geschichte vom schweigsamen Beichtvater Nepomuk, der die Beichtgeheimnisse der Königin nicht preisgeben wollte und deswegen sterben musste. Zum Beweis für seine Schweigsamkeit exhumierten sie seinen Leichnam und fanden seine unverweste Zunge, die sie der Welt zur Schau stellten. (Laut weniger frommen Quellen soll es sich dabei um das verschrumpelte Gehirn gehandelt haben.) 1729 erfolgte schließlich die Heiligsprechung Johannes Nepomuks. Acht Tage dauerten die prunkvollen Feierlichkeiten in Prag. Durch sein Denkmal auf der Karlsbrücke, 1683 errichtet, wurde er zum wichtigsten Brückenheiligen der katholischen Welt.



saß darin das Militär. Zum Zeitpunkt der letzten Recherche wurde das Schloss aufwendig restauriert, die Arbeiten werden voraussichtlich nicht vor 2012/2013 abgeschlossen sein. Dann soll darin u. a. ein Hotel eröffnen.

Etwa 6 km westlich von Nepomuk liegt die verträumte 1000-Einwohner-Gemeinde **Žinkovy** idyllisch an einem See. Das mit Zinnen und Türmchen verzierte Märchenschloss an seinem Ostufer ist bislang leider nicht zugänglich, soll aber wie Schloss Grünberg nach Abschluss der Restaurierungsarbeiten (vielleicht schon 2011) touristisch genutzt werden.

- *Verbindungen* Mehrmals tägl. **Busse** nach Plzeň und Blatná. Zugbahnhof 3 km außerhalb.
- *Essen & Trinken/Übernachten* *** **Hotel U Zeleného Stromu,** zentral gegenüber dem Museum. 56-Betten-Hotel in einem historischen Gebäude. Ordentliche Zimmer, jedoch ohne persönliche Note. Gepflegtes rustikales Restaurant im Zeichen des braven Soldaten Švejk angeschlossen. Hochwertige böhmische Küche zu 4–11 €. Freundliches junges Personal. EZ 38 €, DZ 58 €. Nám. A. Němejce 69, ✆ 371580371, ℻ 371580372, www.hotelnepomuk.cz.
- *Öffnungszeiten* **Museum,** Di–Fr 9–11 u. 12–16 Uhr, Sa/So nur bis 15 Uhr. Eintritt 1,60 €, erm. die Hälfte.

- *Camping* **ATC Nový Rybník,** ca. 3 km außerhalb von Nepomuk nahe der Straße nach Žinkovy. Schöne Lage an einem Badesee. Wasserrutsche, Restaurant, Minigolf-, Tennis- und Beachvolleyballplatz. Freundliches Personal. Bushaltestelle fast vor der Tür. Mai–Sept. 2 Pers. mit Zelt u. Auto 7,20 €, Chata für 2 Pers. 16 €, für 4 Pers. 26 €. Plzeňská 456, ✆/℻ 371591359, www.novyrybnik.cz.

*Herausgeputzt – das Pilsner Zentrum*

## Plzeň (Pilsen)

**Pilsen ist berühmt wegen seiner Braukunst und begehrt als Produktionsstandort. Besuchenswert macht die westböhmische Metropole v. a. ihr reges Kulturleben.**

Pilsen ist nach Prag mit rund 163.000 Einwohnern die zweitgrößte Stadt Böhmens. Ihren Horizont begrenzen Industrieanlagen mit rauchenden Schloten, Gewerbeparks mit modernen Fabrikationshallen internationaler Unternehmen und frisch gestrichene Plattenbaukonglomerate. Das Zentrum ist sympathisch, wenn auch bei Weitem kein Schmuckkästchen.

Pilsen bezeichnet sich selbst gerne als „Hauptstadt des Bieres". Das Bier wurde hier zwar nicht erfunden, die nach der Stadt benannte Biersorte aber schon. Trinken kann man es in aller Welt. Allein wegen des Gerstensafts nach Pilsen zu fahren, lohnt also kaum. Eher schon kommt man wegen so mancher Sehenswürdigkeit, auch wenn kein wirkliches Highlight darunter ist. Was der Stadt jedoch Attraktivität verleiht, ist die Mischung aus Bier, Sehenswürdigkeiten und der Tatsache, dass Pilsen eine überaus lebendige Studentenstadt (19.000 Studenten!) ist mit allem, was dazugehört: eine große Kneipenvielfalt, verschiedene Bibliotheken, gemütliche Cafés, interessante Galerien, mehrere Theater usw. Unterm Strich lohnt Pilsen daher mehr als nur einen kurzen Zwischenstopp.

**Geschichte:** Pilsens Chronik unterscheidet sich bis in die Mitte des 19. Jh. kaum von der anderer böhmischer Städte: Es gab gute Zeiten und schlechte Zeiten, Letztere bedingt wie fast überall durch große Feuersbrünste und Pestepidemien, die Hussitenkriege und den 30-jährigen Krieg. Stolz ist man heute darauf, dass in Pilsen 1468 mit der *Trojanischen Chronik* das erste tschechische Buch gedruckt wurde, und dass Kaiser Rudolf II. die Stadt 1599 für knapp ein Jahr zu seiner Residenz machte – er war vor der in Prag wütenden Pest geflohen. In der ersten Hälfte des 19. Jh. versuchte man sein Glück im Kurwesen – mit Karlsbad und Marienbad als die großen Vorbilder. Im Norden der Stadt, beim heutigen Lochotinský-Park ließ man einen Kurpark anlegen. Doch die einzige eisenhaltige Quelle, in die man seine Kurorthoffnungen gesetzt hatte, versiegte nach kurzer Zeit.

Als Pilsens Straßen 1858 eine Gasbeleuchtung erhielten, zählte man ca. 14.000 Einwohner. Waffen und Bier besorgten Pilsens rasanten Aufstieg zur Wirtschaftsmetropole, genauer „Škoda“ und die Rüstungsindustrie sowie die „Westböhmische Brauerei“ und das Pilsener Urquell. Infolgedessen vervielfachte sich die Einwohnerzahl. Die Kehrseite dieser Entwicklung brachte der Zweite Weltkrieg. Pilsen wurde durch die Rüstungsschmiede Škoda, die gleich hinter Krupp kam, zum Ziel alliierter Luftangriffe: 11-mal tauchten Bomber über Pilsen auf, knapp 7000 Häuser wurden zerstört. Als die US-Armee Pilsen befreite, lagen weite Teile der Stadt in Schutt und Asche.

Nach dem Krieg bauten die Kommunisten die Škoda-Werke wieder auf und tranken dazu fleißig Bier. Um Pilsen errichteten sie Plattenbauten und im Zentrum Hässlichkeiten wie das Dům kultury in Bahnhofsnähe, eine Mischung aus Shopping- und Kulturzentrum. Zudem förderten sie das Hochschulwesen, aber nicht alle Studenten dankten es ihnen mit Ehrfurcht: Etwas außerhalb, im Gefängnis Bory an der Straße nach Klatovy, inhaftierte man politisch oppositionelle Intellektuelle. Unter anderem saßen hier der ehemalige Präsident Václav Havel und der einstige Außenminister Jiří Dienstbier ein. In den letzten 15 Jahren bemühte man sich, das Stadtbild wieder zu verschönern. Bis heute wird an allen Ecken saniert und restauriert. Die architektonischen Gräueltaten der kommunistischer Ära wegzuschminken, ist jedoch fast ein Ding der Unmöglichkeit. Bis 2015, wenn Pilsen zusammen mit der belgischen Stadt Mons den Titel „Europäische Kulturhauptstadt“ umgehängt bekommt, will man aber auf jeden Fall glänzen, u. a. mit einem neuen Theater.



**Orientierung:** Das Zentrum der Stadt erstreckt sich um den *Náměstí Republiky*. Es ist schachbrettartig angelegt und wird dort, wo einst die Stadtbefestigungen standen, z. T. von schmalen Grünstreifen umschlossen. Mit Ausnahme der Pilsner-Urquell-Brauerei und des Škoda-Museums liegen alle Sehenswürdigkeiten nahe beieinander und lassen sich gemütlich zu Fuß abgehen.

## *Information/Parken/Verbindungen*

• *Information* **Městské informační středisko Plzeň,** neben dem Rathaus am Náměstí Republiky 41. April–Sept. tägl. 9–19 Uhr, sonst bis 18 Uhr. ✆ 378035330, www.icpilsen.cz.

• *Parken* Recht sicher ist der **Parkplatz nahe der Großen Synagoge** und die **Nonstop-Tiefgarage** (Podzemní Garáže) beim Bahnhof, Zufahrt von der U Trati (die Straße verläuft südlich der Bahngleise, von Norden bzw. vom Zentrum kommend am Bahnhof vorbei und dann rechts halten). Parkmöglichkeiten zudem im **Innenhof der Pilsner-Urquell-Brauerei** östlich des Zentrums.

• *Verbindungen* **Stadtverkehr:** Zusteigemöglichkeiten für die Straßenbahnen bestehen u. a. am Náměstí Republiky; Busse und Trolleybusse fahren z. B. am Kopeckého Sady nahe dem Westböhmischen Museum ab.

**Überlandbusse:** Busbahnhof an der Husova, ca. 1,5 km westlich des Zentrums. Nahezu stündl. Busse nach Prag, außerdem gute Verbindungen in alle größeren Städtchen Westböhmens, insbesondere nach Domažlice und Karlovy Vary.

**Züge:** Bahnhof ca. 1 km südwestlich des Zentrums. Häufige Verbindungen nach Prag, Mariánské Lázně und Cheb.

## Adressen

• *Ärztliche Versorgung* Mehrere Krankenhäuser vor Ort, z. B. im südlich des Zentrums gelegenen Stadtteil Bory, Ed. Beneše 13. ✆ 377402274.

• *Autoverleih* Eine Liste hält die Touristeninformation bereit. Günstigstes Auto ca. 50 €/Tag.

• *Polizei* Zentrale Polizeidienststelle an der Perlova. ✆ 158.

• *Post* Hauptpost im Zentrum in der Solní.

• *Einkaufen* **Plzeň Plaza (3),** neueste Shoppingmall im Zentrum, über 100 Läden. Radčická 2.

**Koření od Antonína (7),** alternativer Gewürzladen, dessen Duft bis auf die Straße zieht.

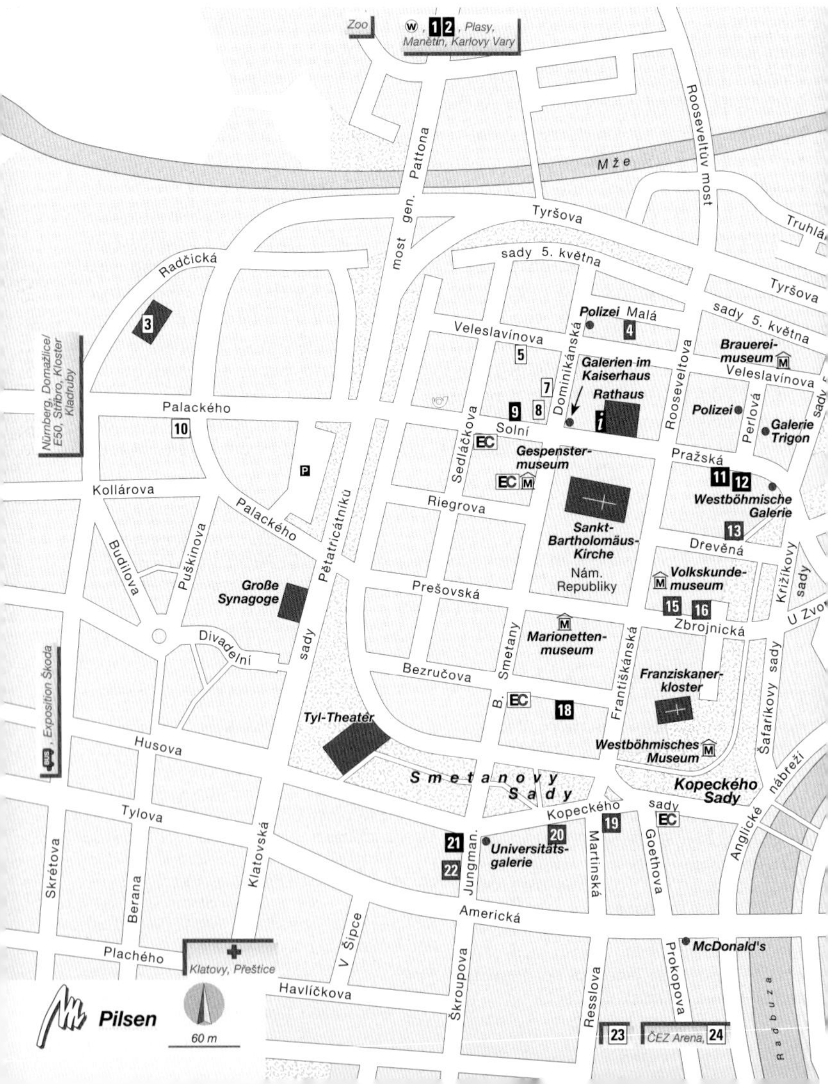

Offene Gewürze en masse. Dominikánská 7.

**Music Records (8),** großer, auf 2 Läden verteilter CD-Shop mit angeblich über 10.000 Titeln. Dominikánská 3.

**Antik Mini Galerie (5),** einer von vielen kleinen Trödelläden in der Stadt. Der Schwerpunkt liegt auf Schmuck und Silber. Nebenan ein **Antiquariat**, das auch Deutschsprachiges bereithält. Veleslavínova 25.

## *Essen & Trinken/Nachtleben*

Die Auswahl an guten Restaurants im Stadtzentrum ist enorm und jedes Jahr werden es mehr. Die gleiche Vielfalt zeichnet auch das Pilsner Nachtleben aus.

**El Cid (16),** eine sehr gute Wahl für alle, die Abwechslung suchen. Eher gediegenes, aber trotzdem legeres Lokal mit weißen Tischdecken. Mediterranes mit Schwerpunkt auf der spanischen Küche. Empfehlenswert: Paella, Entenbrust mit Portwein und Orangen oder Lachsfilet mit Spinat und getrockneten Tomaten. Außenbereich, zuvorkommender Service. Hg. 8–16 €. Křížíkovy sady 1, ✆ 377224595.

**Pils'n' Grill (6),** das schicke Lokal ist dem Hotel Marriot Courtyard (→ Übernachten) angegliedert. Wie der Name schon sagt, auf Grillgerichte spezialisiert: Forelle oder Lachs genauso wie dicke Steaks. Hg. 6–18 €. Sady 5. května 57, ✆ 373370100.

> **Stará Sladovna (4),** ein Tipp in Sachen Erlebnisgastronomie. Dunkle Höhle, in der „mittelalterliche" Kost auf den Tisch kommt. Empfehlenswert sind z. B. die Wildbretmischung mit Wildschwein und Hirsch oder die bizarren „Überreste vom Pilsner Henker". Wer will, kann mit Groschen zahlen und mit den Händen essen. Das Essen wird im Tongeschirr zu angemessener Musik serviert. Hg. 7–14 €. Malá ulice 3, ✆ 377225151.

**U Mansfelda (13),** gehört zur tschechienweiten Kette der „Pilsner Urquell Original Restaurants", die für Qualität bürgt. Rustikal-modernes Ambiente, gute böhmische Küche – kosten Sie das Putenschnitzel im Kartoffelpufferteig, den Bauernschweinebraten oder *Halušky* (eine Art Spätzle) mit Kraut und Speck. Terrasse. Hg. 5–13 €. Dřevěná 9, ✆ 377333844.

**U Salzmannů (11),** älteste Bierstube Pilsens. Dunkel getäfelter Speisesaal, einfaches Ambiente. Große, fleischlastige Standardkarte, Hg. 5–9 €, günstige Mittagsgerichte. Hin und wieder selbstgebrautes Bier – sehr lecker! Pražská 8, ✆ 377235476.

Westböhmen Karte S. 317

**Slunečnice (22),** helles Schnellrestaurant mit Sonnenblumen an den Wänden, das sich ganz der gesunden Bioküche verschrieben hat. Viel Gemüse und Salate, aber auch Hühnchen- und Fischgerichte, täglich wechselndes Angebot. Hg. bereits ab 2,60 €. Es wird auch gutes Vollkornbrot verkauft. Nur Mo–Fr bis 22 Uhr (16 Uhr im Hochsommer). Jungmannova 4, ✆ 377236093.

• *Cafés/Kneipen* **Měšťanská Beseda (20),** imposantes Kaffeehaus im Wiener Stil. Pompöse Leuchter, ultrahohe Decke. Ideal für den Nachmittagskaffee. Kopeckého sady.

**Cross Café (17),** zu einer Kette gehörendes Café mit dem typischen American-Style-Krimskrams samt Muffins und Smoothies. Das Besondere hier: Das Café befindet sich im 16. Stock des Business-Centers Bohemia – grandiosere Ausblicke auf Pilsen gibt es nicht. Anglické nábř. 1.

**Caffé Emily (15),** nettes Café im französischen Bistrostil, junges, gestyltes Publikum. Kleines Frühstücksangebot, Eisbecher, Cocktails und Kuchen. Schöne Terrasse auf einem Abschnitt der alten Stadtmauer. Zbrojnická 7.

**Potrefena Husa (19),** tschechienweit vertretenes und überaus beliebtes Kneipenrestaurant. Junges Publikum, recht gutes Essen. Das dazugehörige Clubrestaurant **Potrafena Husa PH+** nebenan (Di–Sa bis 5 Uhr) gehört mit zum Beliebtesten, was Pilsen zu bieten hat. DJ-Partys. Musik (R'n'B, Hip-Hop, House etc.) und Klientel im Gegensatz zur Dekoration wenig aufregend. Kopeckého sady.

**Dominik (8),** witzige Outdoor-Kneipe in einem schattigen Hinterhof. Manchmal laute Musik und oft langhaariges Publikum. Kleine Gerichte. Im Winter trifft sich das Völkchen nebenan im gleichnamigen Kneipencafé mit Kicker (1. Stock). Dominikánská 3.

• *Nachtleben* **House of Blues (24),** ca. 10 Fußmin. südlich des Zentrums. Großer Club, der sich, wie der Name schon sagt, auf Blues, Jazz und Rock spezialisiert hat. Man wirbt mit „Konzerten von Spitzenkünstlern aus aller Welt", tatsächlich aber vorrangig tschechische Bands. Di–Sa 18–4 Uhr. Černická 10. Vom Zentrum die Prokopova nehmen (Abzweigung beim McDonald's an der Americká), nach den Bahngleisen die zweite (U Radbuzy) links ab und dann gleich wieder rechts.

**Zach's Pub (10),** Mischung aus Irish Pub, in dem das Guinness in Strömen fließt, und Music-Club mit regelmäßigen Konzerten. Man kann auch essen, z. B. ein *Full Irish Breakfast* oder Chili con Carne. Netter Biergarten im Innenhof. Palackého nám. 2.

**Neutral (23),** Club und Cafe. DJs und Konzerte – geboten wird alles andere als Mainstream (Jungle, Reggae, Punk, Techno). Freakiges Publikum, kleiner Eintritt. Resslova 17.

**Potrefena Husa PH+ (19),** → Kneipen.

### Was der Big Mac mit Pilsen zu tun hat

1994 wurde das erste McDonald's in Pilsen eröffnet – in jener Stadt, aus der die Familie Ray Krocs, des Begründers des Fast-Food-Imperiums, ursprünglich stammt. Ray Kroc war Milchshake-Mixer-Vertreter, bevor er in das Schnellrestaurantgeschäft einstieg. Mit ein paar Schwarz-Weiß-Fotos erweist die McDonald's-Filiale an der Americká dem Franchisepionier die Reverenz – nicht gerade spannend. Und der Burger ist hier auch nicht größer oder besser als anderswo ...

## *Übernachten (→ Karte S. 366/367)*

• *Hotels* ****** U Zvonu (14),** von außen ein steriler Neubau, von innen aber ein recht ansprechendes Haus, das sich so manches bei Designhotels abgeschaut hat. 27 schicke, der Sterneanzahl entsprechend komfortable Zimmer mit hübschen Bädern. Café und Restaurant (mit Teppichboden!). Bewachte Tiefgarage (12 €/Nacht). EZ 74 €, DZ 108 €. Pražská 27, ✆ 378011855, ℻ 378011856, www.hotel-uzvonu.cz.

****** Marriot Courtyard (6),** wenig innovativer Neubau in unmittelbarer Nähe des Zentrums. Lobby mit niedrigen Decken im zeitgemäßen Design. Die 195 Zimmer und Suiten sind zwar sehr komfortabel (Safe, Minibar, Flachbild-TV), aber recht konventionell eingerichtet. In den dicken Teppichböden kann man fast versinken. Zuvorkommendes englischsprachiges Personal. Parken in der Tiefgarage (12 €/Nacht). Standardzimmer (egal ob DZ oder EZ) ab 88 € exkl. Frühstück und Mehrwertsteuer. Sady 5. května 57, ✆ 373370100, 📠 373370101, www.marriot.com.

*** **Rango (12),** neueres familiäres Hotel in einem Altstadthaus aus dem 16. Jh. 11 großzügige, komfortable Zimmer und 1 Apartment mit Internetanschluss und Minibar. Bewachte Garagenplätze, beste Lage. Restaurant mit mediterraner Küche. EZ 58 €, DZ 86 €. Pražská 10, ✆ 377221188, 📠 377220728, www.rango.cz.

*** **Slovan (21),** traditionsreiches Haus, Ende des 19. Jh. erbaut, mit pompösen Treppenaufgängen und verblichenem Glanz. Leider nur bieder-schwerfällige Standardzimmer (teils noch ohne Bad), die eine Beauty-Kur dringend nötig hätten. Eigene Parkplätze. DZ ohne Bad 40 €, mit Bad 52 €. Smetanovy sady 1, ✆ 377227256, 📠 377227012, http://hotelslovan.pilsen.cz.

• *Pensionen* **K (18),** restauriertes Haus aus dem 18. Jh. Hübscher Eingangsbereich mit Jugendstilbildern und vielen Pflanzen. Zimmer z. T. fröhlich gestrichen, aber mit altbackenem Mobiliar ausgestattet. Sauber, geräumige Bäder. EZ 32 €, DZ 54 €. Bezručova 13, ✆/📠 377329683, pensionk@volny.cz.

**V Solní (9),** zentral gelegene Minipension. 3 geräumige Zimmer mit eigenem Bad (sehr sauber) und Standardmobiliar. Schnell ausgebucht, frühzeitige Reservierung ratsam. EZ 24 €, DZ 41 €, Frühstück extra. Solní 8, ✆ 377236652, www.volny.cz/pensolni.

**U Salzmannů (11),** 8 unterschiedlich große, ältlich-biedere 08/15-Zimmer und Apartments mit TV und eigenem Bad. Die Pension ist der ältesten Pilsner Bierstube angegliedert. Eigene Parkplätze. DZ je nach Ausstattung und Lage 28–60 €, Apartment für 2 Pers. 76 €. Pražská 8, ✆ 377235476, www.usalzmannu.com.

• *Camping* **Autocamp Ostende (1),** am nördlichen Stadtrand direkt an einem Badesee – für einen Stadtcampingplatz ein fast schon idyllischer Ort. Große Anlage mit viel Schatten. Restaurant. Sanitäranlagen etwas veraltet, aber okay. Mai–Sept. Von der Straße nach Most ausgeschildert. Wer ohne fahrbaren Untersatz unterwegs ist, nimmt vom Zentrum Ⓢ 1 o. 5 bis Plaská, muss dann aber noch ca. 10 Min. laufen. 2 Pers. mit Zelt u. Auto 15 €, Hütte für 4 Pers. mit Du/WC 66 €. Malý Bolevec, ✆/📠 377520194, www.cbox.cz/atc-ostende.

• *Außerhalb* *** **Schlosshof Býkov (2),** wer eine nette Unterkunft zentraler Wohnlage vorzieht, dem sei dieser ca. 10 km nördlich von Pilsen gelegene Barockhof aus dem frühen 18. Jh. empfohlen. Ein vormaliger Besitzer des Guts war Fürst Metternich. Die Zimmer (komfortabel, aber nicht immer das allerschönste Mobiliar) sind um einen gemütlichen Innenhof angelegt. Zum Hotel gehören Kongressräume, ein kleines Museum, eine Kapelle und ein gemütliches Lokal. Reitpferde, Mountainbikes, Fitnesscenter, Solarium, Sauna. Auch behindertengerechte Zimmer. Der Hof befindet sich nahe der Ortschaft Hromnice. Von Pilsen der Straße Nr. 27 nach Třemošná/Kaznějov folgen, dann ausgeschildert. EZ 48 €, DZ 56 €. Hromnice 55, ✆ 377193111, 📠 377959345, www.bykov.cz.



## Sport & Freizeit/Kultur

• *Golf* **Golf Park Plzeň,** 18-Loch-Platz ca. 8 km nordöstlich von Pilsen bei Dýšina. Greenfee 48–72 €. ✆ 373729961, www.golfplzen.cz.

• *Theater* Lohnenswert ist ein Besuch des **Tyl-Theaters,** das Anfang des 20. Jh. als Gegenstück zum Prager Nationaltheater entstand. Benannt ist es nach dem Komponisten und Dramatiker Josef Kajetán Tyl, der 1856 in Pilsen verstarb. Smetanovy Sady 16, Kartenvorverkauf in der Sedláčkova 2, Mo–Fr 9–18 Uhr, ✆ 378038190, www.djkt-plzen.cz.

• *Veranstaltungen/Festivals* Pilsen hat viel zu bieten. Zu den Highlights gehören von Febr./März z. B. die **Smetana-Tage** (Kulturfestival), Ende April das **Finále** (Festival des tschechischen Films), Mitte Juni ein **Folklorefestival,** in der ersten Augusthälfte das Straßenfestival **Na Ulici,** im Sept. ein **Theaterfestival** und im Okt./Nov. ein **Jazzfestival.** Ende Aug. findet zudem i. d. R. das **Bierfest** der Pilsner-Urquell-Brauerei statt.

*Studentenstadt Pilsen*

## Sehenswertes

**Náměstí Republiky (Platz der Republik):** Zentrum Pilsens ist der Náměstí Republiky, einer der größten Plätze Böhmens. Ihn säumen schöne Barock- und Renaissancehäuser, das Alter ihrer Grundmauern reicht z. T. bis ins 13. Jh. zurück. Zu den Sehenswürdigkeiten rund um den Platz gehören das *Volkskundemuseum* (s. u.) und die Galerien im sog. *Kaiserhaus*, die zu den besten der Stadt zählen und überwiegend moderne tschechische Kunst zeigen. Dominiert wird der Náměstí Republiky von der gotischen *Sankt-Bartholomäus-Kirche* (s. u.). Zwischen ihr und dem Rathaus, ein Renaissancebau mit reichem Sgrafittoschmuck, steht die Pestsäule. Die Bürger Pilsens stifteten sie 1681 der Muttergottes aus Dankbarkeit dafür, dass ihre Stadt vor einer schweren Epidemie verschont blieb. Letztmalig brach die Pest übrigens 1714 in Pilsen aus. Viele der Toten wurden gleich hier auf dem Platz bestattet; die südliche Hälfte des Náměstí Republiky war bis zum Ende des 18. Jh. ein Friedhof.

**Chrám sv. Bartoloměje (Sankt-Bartholomäus-Kirche):** Im ausgehenden 13. Jh. wurde mit dem Bau der dreischiffigen Hauptkirche begonnen, zu Beginn des 16. Jh. waren die Arbeiten abgeschlossen, aber nicht für immer. Verheerende Stadtbrände führten dazu, dass sie mehrmals wiederaufgebaut werden musste. In der Mitte des neugotischen Hauptaltars steht die hoch verehrte, über einen Meter hohe steinerne *Pilsner Madonna* aus dem Ende des 14. Jh. Der Glockenturm der Kirche (1837) ist mit 102 m der höchste tschechische Kirchturm. Man kann ihn besteigen, 301 Stufen führen hinauf.

*Öffnungszeiten* **Kirchturm mit Aussichtsplattform,** tägl. 10–18 Uhr. Eintritt 1,20 €, erm. 0,80 €. **Kirche,** April–Sept. Mi–Sa 10–16 Uhr, Okt.–Dez. Mi–Fr 10–16 Uhr.

**Národopisné Muzeum (Volkskundemuseum):** Das liebevoll gestaltete *Národopisné Muzeum* (Volkskundemuseum) vermittelt u. a. einen Eindruck davon, wie die Menschen in den letzten Jahrhunderten auf dem Land und in der Stadt gelebt haben. Dementsprechend hat man auch diverse Räumlichkeiten als Wohnstuben im Stil unterschiedlicher Epochen mit dem jeweils passenden Interieur eingerichtet.

Adresse/Öffnungszeiten Náměstí Republiky 13. April–Okt. tägl. (außer Mo) 10–18 Uhr, im Winter 9–17 Uhr. Eintritt 0,80 €, erm. die Hälfte.

**Velká synagoga (Große Synagoge):** Die laut Synagogenprospekt drittgrößte Synagoge der Welt wurde 1892 im maurisch-romanischen Stil erbaut. Anfangs plante man die Synagoge übrigens noch größer und im neogotischen Stil, auch sollten ihre beiden Türme höher werden. Der Entwurf wurde jedoch von den Stadtvätern abgelehnt: Kein jüdischer Bau durfte die Sankt-Bartholomäus-Kirche in den Schatten stellen. Heute erinnert die Synagoge an die einst große jüdische Gemeinde Pilsens, die durch die Nationalsozialisten ihr gewaltsames Ende fand. Von den 3200 deportierten Pilsner Juden, kehrten nach dem Krieg nur 116 zurück. Das Innere der Synagoge ist sehenswert, hin und wieder finden hier auch Konzerte statt.

Adresse/Öffnungszeiten Sady Pětatřicátníků 11. Tägl. (außer Sa) 10–18 Uhr. Eintritt 2,20 €, erm. 1,40 €.

**Pivovarské muzeum (Brauereimuseum):** Kein Museum Pilsens lockt so viele Besucher an: Mit rund 50.000 im Jahr hält es den Rekord. Es ist untergebracht in einer Mälzerei aus dem Jahr 1492. Zu sehen gibt es jede Menge Gläser, Flaschen, Abfüllanlagen usw. Darunter befindet sich auch eines jener 30 gläserner Fässer (3 l passen rein), die sich Papst Pius XII. (1876–1958) jeden Monat zukommen ließ. Ob er die Bierfässer allein leerte oder in Gesellschaft, ist unbekannt. Zu sehen gibt es weiterhin Eis- und Lagerkeller sowie die Rekonstruktion einer Pilsner Bierstube aus den 1930er-Jahren. Eine Bierverköstigung im Museum gibt es nicht, dafür erhält man mit der Eintrittskarte eine Münze, mit der man in der beliebten Schenke U Parkánu nebenan einen halben Liter Bier umsonst bekommt.

Adresse/Öffnungszeiten Veleslavínova 6. April–Dez. tägl. 10–18 Uhr, sonst 10–17 Uhr. Eintritt mit Text 3,60 €, erm. 2,40 €, mit Audioguide 4 €, erm. 3,20 €.

**Františkánsky klášter (Franziskanerkloster):** Das Kloster samt Kirche entstand Ende des 13. Jh., war einst mit der Stadtmauer verbunden und blieb trotz schwerer Zerstörungen während der Hussitenkriege und dem Dreißigjährigem Krieg im Wesentlichen in seiner frühgotischen Gestalt erhalten. Heute beherbergt der Gebäudekomplex u. a. das *Diözesanmuseum*. Es zeigt Plastiken aus der Zeit der Gotik, der Renaissance und des Barock. Sehenswert ist die mit Fresken geschmückte *Barbarakapelle*. Die Wandmalereien, um 1460 entstanden, zeigen Szenen aus dem Leben der Hl. Barbara.

Adresse/Öffnungszeiten Františkánská 11. Das **Diözesanmuseum** war z. Z. der letzten Recherche geschlossen.

**Západočeské muzeum (Westböhmisches Museum):** Im Südosten der Altstadt liegt das Westböhmische Museum, ein mächtiges Neorenaissancegebäude mit dekorativen Jugendstilelementen. Es entstand zwischen 1893 und 1902 und besitzt einen gewaltigen Fundus an kunstgewerblichen und historischen Sammlungen, insgesamt rund 76.000 Objekte. Die seit Jahren andauernden Umbau- und Restaurierungsarbeiten haben jedoch zur Folge, dass das Gros der Exponate unter Verschluss ist. So waren zuletzt neben temporären Expositionen lediglich der Jubiläumssaal im Obergeschoss (mit einer Ausstellung über Meißner Porzellan) und die im Untergeschoss eingerichtete Rüstkammer (viele Kanonenkugeln, Morgensterne, Schanzengewehre, Schutzhelme etc.) zu besichtigen. Für die Zukunft sind weitere Dauerausstellungen zur Paläontologie und zur Industriegeschichte geplant.

Adresse/Öffnungszeiten Kopeckého sady 2. Tägl. (außer Mo) 10–18 Uhr. Eintritt für die Dauerausstellung 0,80 €, erm. die Hälfte.

**Plzeňské Podzemí (Pilsner Untergrund):** Schon im 13. Jh. begann man in Pilsen mit der Unterkellerung von Häusern. Im Lauf der Jahrhunderte erreichten die Keller Tiefen von bis zu vier Stockwerken. Sie dienten als Depots für Lebensmittel, aber auch als Werkstätten oder Brennereien. Viele waren durch ein Tunnelsystem miteinander verbunden. Einen Teil der unterirdischen Gewölbegänge kann man besichtigen, gezeigt werden dabei auch Fundstücke aus Glas und Keramik, die in alten Brunnenschächten entdeckt wurden.

• *Adresse/Öffnungszeiten* In den Untergrund steigt man vom Brauereimuseum aus (s. o.), dort kauft man auch die Tickets. April–Dez. tägl. 10–18 €, sonst 10–17 Uhr. Führungen in englischer Sprache finden um 13 Uhr statt, sonst nur Führungen in tschechischer Sprache (man bekommt dann einen Audioguide mit verschiedenen Sprachen). Dauer 50 Min. Eintritt 4 €, erm. 3,20 €. Pulli mitnehmen!

**Plzeňský Prazdroj (Pilsner-Urquell-Brauerei):** Die Brauerei produziert eines der weltweit besten Biere. Wer sich für Braukunst interessiert, kann an einer Führung teilnehmen, dabei geht es vorbei an Braupfannen, Sudkesseln, der Abfüllanlage (120.000 Flaschen/Std.) und durch Gär- und Lagerkeller (Letztere besitzen eine Länge von insgesamt 9 km!). Die einzelnen Arbeitsgänge erfährt man per Video. Zum Schluss gibt's ein kleines Glas Bier, das zu Demonstrationszwecken noch nach jener alten Methode in einem Holzfass zur Reife gelangte, wie es zur Gründungszeit der Brauerei 1842 Usus war. Auf dem Brauereigelände befinden sich zudem ein Souvenirladen und das Restaurant *Na Spilce,* eine gepflegte Bierhalle für 550 Gäste.

Hinter dem Areal der Pilsner-Urquell-Brauerei liegt die 1869 gegründete Gambrinus-Brauerei. Beide Brauereien gehören heute zum südafrikanischen Bierkonzern *SABMiller.* Zusammen produzieren sie weit über 10 Mio. Hektoliter Bier pro Jahr, 2500 Beschäftigte helfen dabei mit. Noch bis Ende 2003 konnten diese übrigens – einmalig in tschechischen Brauhäusern – nach Schichtende in der Brauereikneipe umsonst und unbegrenzt bechern gehen. Als man anfing, einen kleinen Obolus zu verlangen, kam es fast zum Aufstand.

• *Adresse/Öffnungszeiten* Die **Brauerei** liegt östlich des Zentrums an der U Prazdroje 7; nicht zu übersehen. Für Einzelpersonen finden im Sommer tägl. um 13 und 14.30 Uhr Führungen (ca. 90 Min.) statt, im Winter Mo–Fr um 14.30 Uhr, Sa/So zusätzlich um 13 Uhr. Eintritt 6 €. Wer die Führung mit einem Besuch des Brauereimuseums (s. o.) kombinieren will, zahlt 10 €.

**Exposition Škoda:** Wer hier Oldtimer erwartet, liegt falsch, denn diese gibt es im Škoda-Museum in Mladá Boleslav nordöstlich von Prag zu besichtigen, wo die Autos vom Band laufen. Die kleine, interaktive und auch deutschsprachige Exposition Škoda in Pilsen informiert in erster Linie über die Geschichte des Unternehmens, insbesondere am Standort Pilsen, wo heute u. a. Werkzeugmaschinen, Walzwerke, Druckwasserreaktoren, Dampfturbinen für Kohlekraftwerke und so weiter produziert werden. Škoda/Pilsen lieferte übrigens auch Reaktorteile für den störanfälligen Temelín-Meiler.

Die Unternehmensgeschichte nahm 1869 ihren Anfang, als der Ingenieur Emil Škoda (1839–1900) die gerade zehn Jahre zuvor gegründete *Graf Waldsteinische Maschinenfabrik* in Pilsen kaufte. Anfangs konstruierte man Maschinen für den Bergbau, für Brauereien und Zuckerfabriken. Mit dem Einstieg in die Stahlerzeugung und die Rüstungsproduktion stieg Škoda zu einem der bedeutendsten Unternehmen Österreich-Ungarns auf. Neben Wehrtechnik (Großkaliberhaubitzen, Schiffsgeschütztürme usw.) entwickelte man aber auch weiterhin Projekte für die zivile Nutzung, z. B. Stauanlagen für den Suezkanal. Anfang des 20. Jh. kam durch die Übernahme der Kraftwagenfabrik *Laurin und Klement* in Mladá Boleslav der Automobilbau hinzu, Ende des Ersten Weltkriegs der Lokomotivenbau. Schließlich stand der Name Škoda auch für Schiffe, Flugzeuge und Stahlbrücken.

Mit der deutschen Besetzung Böhmens wurde Škoda Teil der Reichswerke Hermann Göring AG. Nach dem Krieg verstaatlichte die Tschechoslowakei das Unternehmen und nach dem Untergang des Kommunismus wurde es in eine Aktiengesellschaft überführt, der deutsche Volkswagenkonzern übernahm 1991 die Automobilsparte.

• *Adresse/Öffnungszeiten* Die Exposition Škoda ist die einzige permanente Ausstellung der Technikshow Techmania, die versucht, Kindern physikalische, akustische, optische und mechanische Thematiken näherzubringen. Die Ausstellung befindet sich auf dem Škoda-Werksgelände, Zufahrt über die Borská. Zu erreichen mit Ⓑ 22 o. 41 bis Škoda v brána. Mo/Mi/Fr 8.30–15 Uhr, Di/Do/Sa/So 8.30–17 Uhr. Eintritt 5,60 €, erm. 3,60 €.

## Umgebung von Plzeň

**Zámek Kozel (Schloss Kozel):** Nahe der Ortschaft *Šťáhlavy,* ca. 14 km südöstlich von Pilsen, liegt das Jagdschloss Kozel, ein eingeschossiger klassizistischer Bau, um den sich ein malerisches Ensemble ebenfalls niedriger Pavillons mit Mansardendächern gruppiert. Die Anlage ist umgeben von einem englischen Garten mit exotischen Bäumen und einem Teich mit Seerosen. Johann Adelbert Czernín von Chudenice ließ das Schloss in der zweiten Hälfte des 18. Jh. bauen. Später ging es in den Besitz von Christian Vinzenz Waldstein-Wartenberg über, jenem Mann, dessen kleine Maschinenfabrik ein gewisser Emil Škoda übernahm und weltberühmt machte. Die Räumlichkeiten des Schlosses sind sehenswert, Wandschmuck und Mobiliar – überwiegend im Empirestil – blieben weitestgehend erhalten und vermitteln so einen Eindruck, in welch angenehmer Umgebung der Adel seine Sommer verbrachte. Vom Ankleidezimmer über die große Bibliothek bis zum Billardsalon können alle Räumlichkeiten des Hauptgebäudes besichtigt werden. Beim Schloss findet man ein Restaurant und ein Café. „Zámekioten" tanken dort für gewöhnlich auf, bevor sie ins 9 km südwestlich gelegene Nebílovy fahren. In der kleinen, verschlafenen Ortschaft steht das *Barockschloss Nebillau* aus dem frühen 18. Jh. Das Hauptgebäude wurde bereits restauriert und kann besichtigt werden, dahinter sieht es jedoch noch arg heruntergekommen aus.

• *Verbindungen* Mit dem **Zug** erreicht man Šťáhlavy alle 2 Std. von Plzeň aus, vom Bahnhof ca. 1,5 km zu Fuß.

• *Öffnungszeiten* **Schloss,** April u. Okt. Sa/So 9–16 Uhr, Mai u. Sept. tägl. (außer Mo) 9–16 Uhr, Juni–Aug. tägl. (außer Mo) 9–17 Uhr. Führungen 4,80 €, erm. 3,20 €, mit dt. Text 0,80 €/Pers. extra.

**Přeštice (Pschreschtitz) und Umgebung:** Přeštice, ca. 22 km südlich von Pilsen gelegen, ist ein Plattenbaustädtchen mit rund 6400 Einwohnern. Der Ortskern wird von einer weithin sichtbaren, rot-beigefarbenen Kirche überragt, ein prächtiger Barockbau aus der Mitte des 18. Jh., entworfen von Kilian Ignaz Dientzenhofer. Leider ist das Gotteshaus meist verschlossen. Verlässt man Přeštice auf der E 53 gen Süden, erreicht man nach rund 2 km *Lužany (Luschan).* Biegt man dort gleich hinter dem „Coop Konzum" links ab (kein Hinweisschild), gelangt man zum einstigen Schloss des Architekten Josef Hlávka (1831–1908). Hlávka, bekannt z. B. durch den Bau der Wiener Oper, ließ das ursprünglich im Renaissancestil errichtete Anwesen nach seinen Vorstellungen umbauen und scharte dort allerlei Künstler um sich. Zu seinen Gästen zählte u. a. Antonín Dvořák, der ihm zur Einweihung der Schlosskapelle die Messe in D-Dur op. 86 komponierte. Der Komponist Joseph Haydn hingegen weilte im 4 km nördlich von Přeštice gelegenen *Schloss von Dolní Lukavice* (Unter-Lukawitz). Mitte des 18. Jh. war er dort beim Grafen Karl Josef Morzin als Kammerkomponist für 200 Gulden, freie Kost und Logis angestellt. Zu Haydns Ehren finden heute immer im September **Festspiele** in Dolní Lukavice statt. Das Barockschloss selbst ist jedoch arg verwahrlost und nicht zugänglich.

• *Verbindungen* Přeštice ist regelmäßig per **Bus** und **Zug** von Plzeň zu erreichen, von dort regelmäßige Busverbindungen nach Lužany und Dolní Lukavice.

• *Öffnungszeiten* **Schloss Lužany,** war zuletzt nur an wenigen Sommerwochenenden zugänglich, Infos unter zamekjh@cmail.cz.

Den ca. 18 km südlich gelegenen Ort **Klatovy** (→ S. 358) erreichen Sie von Lužany über **Švihov** (→ S. 361).

**Přehrada Hracholusky (Hracholusky-Talsperre):** 1964 wurde die Mže (Mies) ca. 15 km westlich von Pilsen durch einen Damm gestaut. Der dadurch entstandene See wirkt eher wie ein breiter Fluss. Sein Nordufer ist überwiegend bewaldet, das Südufer wird touristisch genutzt: Hier gibt es auch die besten Bademöglichkeiten – zu viel erwarten sollte man sich aber nicht. Rechts und links der Ortschaft *Hracholusky* erstrecken sich weite Datschensiedlungen.

• *Verbindungen* Die Anbindung mit öffentlichen Verkehrsmitteln ist sehr schlecht, der See ist in erster Linie ein Ziel für Selbstfahrer.

• *Camping* Sie haben die Wahl zwischen mehreren Campingplätzen, auf denen im Sommer Zelte und Wohnwagen dicht an dicht stehen.

Die größte Sehenswürdigkeit westlich von Pilsen ist das **Kloster Kladruby,** → S. 352.

## Plasy (Plass)

Etwa 2000 Einwohner zählt das kleine Städtchen Plasy ca. 21 km nördlich von Pilsen im grünen Tal der Střela. Es steht ganz im Schatten eines weitläufigen barocken **Zisterzienserklosters.** Bereits 1144 wurde das Kloster von Vladislav II. gegründet. Das Gros der heute zu sehenden Bauten stammt jedoch aus dem 17. und 18. Jh., für sie zeichnen so berühmte Architekten wie Giovanni Santini und Kilian Ignaz Dientzenhofer verantwortlich. Da das ganze Areal auf sumpfigem Boden errichtet wurde, stehen die Fundamente der Kirchen und Klostergebäude auf über 5100 Eichenholzpfählen. 1826 ging das Kloster zusammen mit 55 Dörfern in den Besitz des Fürsten Metternich über, dem erzkonservativen österreichischen Kanzler, dessen Familie das Kloster bis 1945 gehörte (→ Lázně Kynžvart, S. 345). Am nahe gelegenen Friedhof (gegenüber der Straße) ließ er die Friedhofskapelle zu einer klassizistischen Familiengruft umbauen. Ganz im Sinne seines politischen Denkens stellt sie den dahinter liegenden Friedhof der Bürgerlichen in den Schatten.

Das Technische Nationalmuseum Prag machte sich zuletzt dafür stark, die maroden Wirtschaftsgebäude des Konvents vor dem Verfall zu retten. Bis 2014 sollen diese restauriert werden und dann ein „Zentrum für Architekturgeschichte" beherbergen. Bislang werden zwei Führungen angeboten. Eine widmet sich dem Konvent als solchem, wobei zu den Höhepunkten der barocke Lesesaal der Bibliothek, die einst 14.000 Bände umfasste, und jener Flügel, in dem das Krankenhaus unterge-

*Santini-Wendeltreppe im Kloster Plasy*

bracht war, gehören. Sehenswert dort ist die Wendeltreppe von Giovanni Santini. Bei der zweiten Tour steht die Mariä-Himmelfahrts-Kirche mit ihrem monumentalen Barockaltar und dem Reliquienschrein des Hl. Antonius im Mittelpunkt.

• *Verbindungen* Bahnhof ca. 1 km vom Kloster entfernt, der Bus hält vor der Tür. **Busse** regelmäßig nach Plzeň und Kralovice (Mariánský Týnec), bis zu 4-mal nach Manětín. **Züge** stündl. nach Plzeň.

• *Essen & Trinken/Übernachten* **Penzion Rudolf II.,** an der Durchgangsstraße schräg gegenüber dem Klostereingang. 17 freundliche Zimmer (Kiefernholzmobiliar, bunte Bettbezüge). Die besseren verfügen über Wannenbäder und Satelliten-TV mit deutschen Programmen. Rustikales Restaurant mit einem Touch Mittelalterambiente (Ritterrüstungen). Außergewöhnliche ländliche Küche, z. B. Rostbraten vom Strauß, Wildschweingulasch oder Fasan. Auch einige Fischgerichte. Kleiner Außenbereich mit Kinderspielplatz. Einziger Haken: Durch die Nord-Süd-Verkehrsachse vor der Tür etwas laut. Hg. 5–12 €. DZ je nach Ausstattung 28–52 €. Plzeňská 37, ✆ 724105952, ✆ 721802971, www.rudolf-II.cz.

• *Öffnungszeiten* **Kloster Plasy,** April u. Okt. nur Sa/So 9–15 Uhr, Mai u. Sept. tägl. (außer Mo) 9–16 Uhr, Juni–Aug. tägl. (außer Mo) 9–17 Uhr, Mittagspause 11.45–12.45 Uhr. Eintritt je nach Führung 1,60–2,40 €, erm. 0,80 –1,60 €.

Westböhmen Karte S. 317

## Umgebung von Plasy

**Mariánský Týnec (Maria Teinitz):** Nahe der Ortschaft Kralovice und ca. 9 km nordöstlich von Plasy liegt Mariánský Týnec, ein Dorf mit einer großen *Wallfahrtskirche* samt Propstei. Gebaut wurde diese in der Mitte des 18. Jh. von Giovanni Santini, der auch am Kloster Plasy wirkte. Und wie Plasy ging auch Mariánský Týnec in den Besitz der Metternichs über, die kein Interesse an der Pflege des einstigen Wallfahrtsorts zeigten. 1919 stürzte die große Kuppel der Kirche ein. Seit Jahren werden – mit EU-Geldern – umfangreiche Restaurierungsarbeiten durchgeführt. Die Propstei beherbergt heute das *Heimatmuseum* der Region Pilsen/Nord, das ein buntes Sammelsurium aus allen Epochen präsentiert. Bei einem Rundgang ist auch die Kirche zu besichtigen.

• *Verbindungen* Kralovice ist am einfachsten mit dem **Bus** von Plzeň zu erreichen, von dort ca. 2 km zu Fuß weiter.

• *Öffnungszeiten* **Museum,** April–Okt. tägl. (außer Mo) 9–18 Uhr, sonst bis 15 Uhr. Eintritt 1,60 €, erm. 0,80 €.

## Manětín

**(Manetin)**

Etwa 35 km nordwestlich von Pilsen liegt Manětín, ein gemütlicher kleiner Flecken ganz im Zeichen des Barock. Das einzige Leben spielt sich an der Hauptstraße vorm Schloss ab, wo man eine Handvoll Geschäfte findet, und im „Schlossrestaurant" (Zámecká restaurace), wo schon um 11 Uhr morgens bei Bier und Schnaps über Gott und die Welt und den örtlichen Fußballverein TJ Sokol diskutiert wird. Zur Gemütlichkeit des Orts tragen auch die an jeder Ecke im Ort stehenden Barockplastiken aus Sandstein bei – die Frauenfiguren stellen übrigens die Tugenden und Jahreszeiten dar, die Heiligenstatuen sind Landes- und Schutzpatrone.

*Schloss Manětín*

Das **Schloss** entstand auf den Grundmauern eines mittelalterlichen Johanniterkonvents. Es wurde in der ersten Hälfte des 18. Jh. im Auftrag des Adelgeschlechts Lažanský errichtet, das es bis 1945 bewohnte. Durch das Schloss werden Führungen angeboten, zu sehen bekommt man u. a. ein paar herrliche Deckenfresken, Porzellan in Vitrinen, die Schlossbibliothek mit mehr als 5000 Bänden – das Gros davon in deutscher Sprache – und die Dekanatskirche, die durch eine überdachte Straßenbrücke mit dem Schloss verbunden ist.

*Verbindungen/Öffnungszeiten* **Busse** bis zu 7-mal tägl. nach Plzeň, bis zu 4-mal nach Rabštejn nad Střelou und Plasy. **Schloss,** April u. Okt. nur Sa/So 9–16 Uhr, Mai–Sept. tägl. (außer Mo) 9–16 Uhr. Eintritt mit dt. Führung 5,60 €, erm. 4 €.

## Umgebung von Manětín

**Rabštejn nad Střelou (Rabenstein):** Das von Wäldern umgebene Rabštejn nad Střelou liegt rund 10 km nordwestlich von Manětín und ist ein Dorf wie aus dem Märchen: Über dem Flusslauf der sich schlängelnden Střela klettern die Häuser einen steilen, hohen Felsen hinauf. Gekrönt wird dieser von der Pfarrkirche und einem einstigen, heute leer stehenden Kloster. Direkt darunter liegt ein Barockschloss (nicht zugänglich). Ganz unten am Fluss befindet sich die einzige Schenke, der Klub Hubert, wo sich Ausflügler auf ein kühles Bier und einen Karnickelbraten versammeln. Die wenigen Wege und Straßen säumen Kreuze und Heiligenstatuen.

20 ständige Einwohner zählt der Ort, der sich gerne als die kleinste Stadt Mitteleuropas bezeichnet. Häuser gibt es für etliche Einwohner mehr, das Gros davon jedoch wird als Wochenendhaus genutzt. Rabštejn nad Střelou ist ein beliebtes Etappenziel, zumal die Gegend drum herum dank kaum befahrener Straßen zum Wandern und Radfahren nur so einlädt.

• *Verbindungen* **Busse** bis zu 4-mal tägl. nach Manětín.

• *Übernachten/Essen & Trinken* **Penzion U Zámku,** ca. 3,5 km östlich von Rabštein an der kaum befahrenen Straße nach Žihle. In einem restaurierten, denkmalgeschützten Gebäude. Solide möblierte Zimmer mit privaten Bädern. Grill- und Spielplatz, Sauna, Restaurant mit Terrasse. Freundlich und deutschsprachig. DZ 44 €. Nový Dvůr 2, ✆ 373395337, www.pensionbeimschloss.de.

## Chyše (Chiesch)

Das kleine Städtchen nahe der Europastraße 48 Karlsbad – Prag kündigt sich schon aus der Ferne durch seine überdimensionale, weiß-rote Kirche an. Warum man ausgerechnet deren Frontfassade nie gestrichen hat, weiß der Henker. Einzige Sehenswürdigkeit des Ortes ist das **Schloss der Familie Lažanský,** im 16. Jh. errichtet und im 18. Jh. barockisiert. Anfang des 20. Jh. war darin der Schriftsteller Karel Čapek (1890–1938) als Hauslehrer tätig. Čapek zählt zu den bedeutendsten tschechischen Dramatikern und Prosaautoren des frühen 20. Jh. Seine utopischen Werke wurden in alle Weltsprachen übersetzt. Das heute so gängige Wort „Roboter" ist z. B. seine Schöpfung. An den Autor erinnert eine kleine Ausstellung im Schloss (nur auf Tschechisch), zudem können mehrere schön restaurierte Salons in unterschiedlichen Farben besichtigt werden.

Neben dem Schloss wurde jüngst die alte **Schlossbrauerei** reanimiert, deren Spezialität das *Bíle Jantar* („Weißer Bernstein"), ein ungefiltertes Helles, ist. Angeschlossen ist ein Restaurant. Aus Chiesch stammen übrigens die Vorfahren des rasenden Reporters Egon Erwin Kisch. Als die Familie im 17. Jh. nach Prag übersiedelte, nannte sie sich nach ihrem Herkunftsort.

• *Verbindungen* **Züge** (Bahnhof im Norden des Orts) bis zu 5-mal tägl. nach Bečov nad Teplou. Für Pilsen und Žatec steigt man in Blatno um. **Busse** bis zu 3-mal tägl. nach Valeč.

• *Öffnungszeiten* **Schloss,** Führungen (50 Min.) April u. Okt. nur Sa/So stündl. 10–17 Uhr, Mai–Sept. tägl. (außer Mo) 10–17 Uhr, im Juli u. Aug. Sa/So bis 18 Uhr. Eintritt 3 €, erm. 2,20 €.

*Valeč – morbider Charme*

## Umgebung von Chyše

**Valeč (Waltsch):** 10 km nördlich von Chyše liegt Valeč, ein kleiner Ort mit ein paar barocken Bauten und Fachwerkhäusern, die unter Denkmalschutz stehen. Valeč präsentiert sich als Mischung aus malerisch und schäbig, tendiert im Ganzen aber bislang noch eher zu Letzterem – das kann sich bis zu Ihrem Besuch aber schon geändert haben. Die Kehrtwende ist eingeleitet, die *Pfarrkirche* mit ihrem imposanten Holzschindeldach wurde bereits restauriert. Und fleißig setzt man das hoch über dem Ort thronende *Renaissanceschloss* (Zámek Valeč) in Stand, das Ende des 17. Jh. seine barocke Gestalt erhielt und bis zu Ihrem Besuch vielleicht

Westböhmen Karte S. 317

wieder zugänglich ist. Auch begann man mit der Restaurierung des *Schlossparks* mit seinen barocken Skulpturen (heute Kopien) aus der Werkstatt des Bildhauers Matthias Bernhard Braun. Und schließlich wurde 2010 auch an der *Dreifaltigkeitskirche* gegenüber dem Parkeingang fleißig gewerkelt. Den Barockbau entwarf Giovanni Santini.

*Verbindungen* **Busse** nur max. 3-mal tägl. nach Chyše, Andělská Hora und Karlovy Vary.

## Karlovy Vary (Karlsbad)

**„Karlsbad ist ein Brillant in einer Smaragdfassung" – so beschrieb Alexander von Humboldt das prunkvolle Kurzentrum mit seiner verschwenderischen Pracht an Bauten aus der Belle Époque. Umgeben von grünen, waldreichen Höhen liegt es inmitten des romantischen Teplá-Tals.**

Karlovy Vary ist noch heute auf der ganzen Welt unter dem deutschen Namen Karlsbad bekannt. Knapp 55.000 Einwohner zählt die Stadt und ca. 9000 Gästebetten. Sie liegt rund 340 m ü. d. M. Die Hügel drum herum erreichen Höhen von knapp 650 m. Von allen großen böhmischen Kurorten ist Karlsbad nicht nur der berühmteste, sondern auch der nobelste. Exklusive Designerboutiquen, Pelz- und Schmuckgeschäfte dominieren im Kurzentrum. Das Publikum zeigt sich im Vergleich auch gemischter und jünger; es beschränkt sich nicht in erster Linie auf deutsche Rentner. Laut Kurbadstatistik reisen Besucher aus fast 90 Ländern an. Im Durchschnitt verweilen sie elf Tage.

Ein Großteil der Kurgäste kommt aus Russland, von Moskau und St. Petersburg gibt es Direktflüge nach Karlovy Vary. Die Russen kamen schon immer gern, den Anfang machte der russische Adel. Aber auch Könige und Kaiser, indische Maharadschas und afrikanische Prinzen trugen sich in die Gästelisten Karlsbads ein, die an berühmten Persönlichkeiten wohl weltweit von keinem anderen Kurort übertroffen werden. Allein die Auflistung von Staatshäuptern und Staatsmännern würde Seiten einnehmen. Heute, nach einem halben Jahrhundert „Arbeiter- und Bauernkuren" knüpft Karlsbad – und darin unterscheidet sich der westböhmische Kurort von allen anderen – an alte Tage an und ist bereits wieder eine bevorzugte Kuradresse der Königshäuser. Schon König Harald V. aus Norwegen oder Prinzessin Sayako, die Tochter des japanischen Kaisers, waren zu Besuch.

Aber nicht nur als Kurort hat Karlsbad einen Namen. Im Rampenlicht steht die Stadt auch stets in der ersten Julihälfte, wenn das Internationale Filmfestival über die Bühne geht. Zwar wird Karlsbad noch nicht in einem Atemzug mit Cannes, Venedig oder Berlin genannt, dennoch reisen Größen aus Hollywood an. Wer war nicht schon alles hier? Leonardo DiCaprio, Whoopi Goldberg, Gregory Peck, Robert de Niro usw. Auch als Filmkulisse selbst lockt die Stadt Produktionsgesellschaften an, u. a. wurden im Festsaal des Hotels Pupp im Jahr 2007 verschiedene Szenen der Édith-Piaf-Biografie *La Vie en Rose* gedreht.

**Geschichte:** Damit die Geschichte der Kurstadt nicht mit nüchternen Jahreszahlen beginnt, hat man sich eine Gründungslegende einfallen lassen. Angeblich ging Karl IV. im 14. Jh. in der Gegend gerne auf Jagd. Einmal hatten seine Hunde die Fährte eines großen Hirschen aufgenommen. Um seinen Verfolgern zu entkommen, sprang der Hirsch von einem mächtigen Felsen und landete in heißem Quellwasser. Die Hunde sprangen hinterher und jaulten auf. So entdeckte Karl IV. die Quellen und gründete hier die nach ihm benannte Stadt.

*Vor der Mühlbrunnenkolonnade*



In Wirklichkeit aber gab es hier schon vor den Zeiten Kaiser Karl IV. eine kleine Gemeinde, und die Quellen waren schon damals wohlbekannt. Unter Karl IV. lernte man sie jedoch als Heilquellen zu schätzen. Bereits im 15. Jh. kamen die ersten Kurgäste aus verschiedenen europäischen Adelshäusern. Anfangs badete man in den Thermen, mit Trinkkuren begann man erst im 16. Jh. Im Jahre 1604 zählte man bereits exakt 102 Häuser in Karlsbad. Das weiß man aus einem Bericht, der verfasst wurde, weil ein gewaltiges Feuer 99 davon vernichtet hatte – lediglich drei blieben stehen.

Anfang des 18. Jh. wurde Karlsbad schließlich weltberühmt; die ersten Kaiser und Zaren kamen zur Kur. In jenem Jahrhundert glaubte man übrigens auch, durch das Trinken von Karlsbader Wasser Armut heilen zu können. Bis zu 500 Becher pro Hungerleider wurden dagegen verschrieben. 1762 entstand das erste große Badehaus. 1812 schrieb Goethe in einem Brief an Wilhelm von Humboldt: „Weimar, Karlsbad und Rom sind die einzigen Orte, wo ich leben möchte". Wie in Marienbad (→ Kasten S. 343) fühlte sich der alte Goethe übrigens auch in Karlsbad zu jungen Damen hingezogen: Angeblich hatte er ein heimliches Techtelmechtel mit der 20-jährigen Marie Louise, der Gattin Napoleon Bonapartes. Goethe verbrachte insgesamt, zählt man die Tage seiner 13 Aufenthalte zusammen, fast zwei Jahre seines Lebens in Karlsbad.

In der zweiten Hälfte des 19. Jh. entstand das Gros der heute erhaltenen Kur- und Bürgerhäuser, und Karlsbad entwickelte sich zu einem einzigartigen weltoffenen Erholungsort, an dessen Quellen sich Menschen mit unterschiedlichsten Ansichten, Hautfarben und Religionen trafen – lediglich Geld und Macht waren ihnen gemein.

1870 erfolgte die Anbindung an das Eisenbahnnetz, worauf immer mehr Besucher kamen. Einer unter ihnen war übrigens Karl Marx mit seiner Tochter Eleanor. In das Gästebuch trug er sich als Charles Marx, Privatier aus London ein. Die habsburgerische Geheimpolizei überwachte ihn. Die Kommunisten setzten ihm später ein Denkmal an der Petra Velikého im Norden des Kurzentrums. Auch wurde in Karlsbad das einzige Marxmuseum in der ganzen kommunistischen Welt eröffnet; es existiert aber nicht mehr.

Zu Anfang des 20. Jh. verzeichnete man jährlich über 70.000 wohlhabende Kurgäste. Doch dann kamen die Weltkriege und dazwischen die Weltwirtschaftskrise – für den internationalen Nobelkurort eine Katastrophe. Als schließlich nach 1945 die Deutschen aus der Stadt vertrieben wurden, die die Mehrzahl der Einwohner gestellt hatten, war es mit dem Glanz Karlsbads vorbei. Die Kommunisten verstaatlichten das Kurwesen. Das Kurzentrum ließ man verfallen, dafür entstanden im Süden der Stadt große Plattenbausiedlungen. Seit der Samtenen Revolution sieht der Sachverhalt genau umgekehrt aus. Den Ortsrandsiedlungen schenkt man wenig Beachtung, das Kurzentrum wurde und wird aufwendig saniert. Die Investoren kommen größtenteils aus Russland, die Gelder dazu aus oft unbekannten Quellen. Die „neuen Herren von Karlsbad" sind vielen Ortsansässigen ein Dorn im Auge. Die letzte Neuigkeit aus Karlsbad: 2010 bewarb sich der Kurort zusammen mit Marienbad und Franzensbad um die Aufnahme in die UNESCO-Welterbeliste.

**Orientierung:** Das Kurzentrum liegt im Süden Karlovy Varys und erstreckt sich das gewundene Teplá-Tal entlang. Das Geschäftszentrum und der Intercity-Busbahnhof befinden sich im Norden der Stadt. Die Grenze zwischen Geschäfts- und Kurviertel liegt in etwa auf Höhe der Hauptpost. Der Flusslauf der Ohře (Eger), in welche die Teplá fließt, grenzt gleichzeitig die nördlichen Plattenbausiedlungen vom Geschäfts- und Kurzentrum ab.

## *Information/Parken/Verbindungen*

• *Information* Hauptbüro des **Infocentrum města** (städtisches Informationsbüro) im zentralen Bad III (Mlýnská nábř. 5). Mo–Fr 9–17 Uhr, Sa/So 10–17 Uhr. ✆ 355321176, www.karlovy-vary.cz. Weitere Infostellen u. a. am Unteren Bahnhof, in der Sprudel-Kolonnade und im Bad V.

• *Parken* Verhältnismäßig sicher ist das Parkhaus des Hotels Thermal (1,20 €/Std., 10 €/Tag). Rund um die Uhr bewacht sind die Parkplätze des Hotels Pupp (1,20 €/Std., 14 €/Tag). Die meisten Unterkünfte verfügen zudem über eigene Parkplätze.

**Hinweis:** Das Kurzentrum ist für Fahrzeuge gesperrt. Lediglich Hotelgäste dürfen zum Ent- bzw. Beladen am Tag der An- und Abreise zu ihrem Hotel vorfahren. Dafür bedarf es einer Einfahrerlaubnis, lassen Sie sich eine solche von Ihrem Hotel zuschicken.

• *Verbindungen* Alle **Stadtbuslinien** treffen sich am Busbahnhof Tržnice. Fahrkarten erhält man in vielen Geschäften oder Kiosken (0,75 €, mit Umsteigen 1 €, beim Ticketkauf im Bus stets 1 €).

**Standseilbahnen:** Die Bergbahn vom Hotel Pupp zum Aussichtsturm Diana fährt tägl. von 9–19 Uhr (im Winter nur bis 17 Uhr, im Januar kein Betrieb) alle 15 Min. Einfache Fahrt 1,60 €.

Die Standseilbahn vom Divadelní náměstí hinauf zum Hotel Imperial verkehrt Mo–Sa von 5.30–21 Uhr, So von 6.45–21 Uhr ca. alle 20 Min., 0,75 €/Fahrt.

**Überlandbusse und Züge:** Karlovy Vary besitzt zwei Bahnhöfe. Am oberen, dem Horní nádraží (zu erreichen mit Ⓑ 12 u. 13), fahren die Züge nach Prag (alle 2 Std.), Marienbad (5-mal tägl.), Chomutov (9-mal tägl.) und Cheb (ca. stündl.) ab. Am unteren, dem Dolní nádraží (zu erreichen mit Ⓑ 12), fahren ebenfalls Züge nach Marienbad (8-mal tägl.) ab, zudem nach Potůčky/Johanngeorgenstadt (5-mal tägl.). Dort befindet sich auch das Intercity-Busterminal, von dem man in fast alle größeren Orte Westböhmens gelangt. Für Reisen nach Prag sollte man von Karlsbad dem erheblich schnelleren Bus den Vorzug geben.

**Zum Flughafen:** Ⓑ 8 fährt vom innerstädtischen Busbahnhof zum Flughafen Karlsbad. Zum Airport von Prag fährt von 7.30–20 Uhr ca. stündl. ein Bus vom Intercity-Busbahnhof ab.

**Pferdekutschen:** Stehen an der Zahradní gegenüber der Hauptpost und am Divadelní nám. bereit, der Preis ist Verhandlungssache.

## Adressen/Einkaufen (→ Karte S. 382/383)

• *Ärztliche Versorgung* Krankenhaus an der Bezručova 19. ✆ 353115111 o. 359015111.
• *Autoverleih* Zum Beispiel bei **Czechocar** im Hotel Kolonáda an der I. P. Pavlova. Billigstes Fahrzeug ab 28 €/Tag zzgl. 19 % Steuer. ✆ 800321321, www.czechocar.cz.
• *Polizei* An der I. P. Pavlova 24. ✆ 156.
• *Post* **Hauptpost** an der T. G. Masaryka 1.
• *Einkaufen* **Vinotheque Le Bouchon (10),** edler Laden ganz im Zeichen guter französischer Weine, aber auch ein paar niveauvolle mährische Tropfen sind im Angebot. Degustationen. Zudem Accessoires wie Dekanter, Gläser, Korkenzieher etc. Zahradní 35.
**Music instruments Roko (13),** kleine, bis unter die Decke vollgestopfte Musikalienhandlung. Tipp für all diejenigen, die auf der Suche nach günstigen Geigen, Gitarren oder Schlagstöcken sind. Im Garten wird schräge Kunst ausgestellt. Na vylídce 17.
**Kolonáda (3),** die obligatorischen Karlsbader Oblaten, warm oder kalt, offen oder verpackt. Café angegliedert. I. P. Pavlova 15.
**Botanicus (28),** ein kleines duftendes Paradies. Handgemachte Seifen, Öle, Tee, Gewürze und Kräutermischungen. Liebevoll dekoriert. Mariánskolázeňská 15.
• *Shoppingcenter/Supermärkte* Große Einkaufszentren und Supermärkte (wie das **Fontána** mit einem großen TESCO und etlichen Bekleidungsgeschäften) liegen an der Ausfallstraße nach Eger oder sind von dort ausgeschildert (auch zu erreichen mit Ⓑ 2).

## Essen & Trinken/Nachtleben (→ Karte S. 382/383)

Im Kurzentrum reihen sich zig Restaurants von ähnlichem Niveau und mit nahezu identischen Speisekarten und (hohen!) Preisen aneinander. Tschechen werden Sie hier nur als Bedienungen erleben. Dafür haben fast alle Lokale Tische im Freien mit Blick auf den Fluss. Wer billig und authentisch essen will, geht am besten ins nördlich des Kurzentrums gelegene quirlige Geschäftsviertel – in der Fußgängerzone Zeyerova z. B. befindet sich eine ganze Reihe ordentlicher Terrassenlokale. Ansonsten treffen Sie mit den folgenden Restaurants eine gute Wahl:

• *Restaurants* **Poštovní dvůr (32),** gediegenes Restaurant in historischem Gemäuer, mit Brunnen und offenem Kamin! Serviert werden französisch-böhmische Spezialitäten (Wild, Froschschenkel, aber auch Ente oder Gulasch). Riesige Sommerterrasse mit gelegentlichen Livemusikabenden. Hg. 13–25 €. Südlich des Kurzentrums an der Slovenská 2, ✆ 353224119.
**Embassy (26),** dem gleichnamigen Hotel angegliedert. Edel-vornehmes, mehrfach ausgezeichnetes Restaurant mit zuvorkommendem Service, den schon Klaus Maria Brandauer, Gerard Depardieu oder Václav Havel genossen. Gemütliches Ambiente mit Kachelofen. Hummersuppe, Fasanenbrüstchen oder Chateaubriand. Für das Gebotene günstig, Hg. 7–16 €, lediglich ein paar Spezialitäten wie das Bisonfiletsteak sind teurer. Reservierung empfohlen. Nová Louka 21, ✆ 353221161.
**Promenáda (21),** ebenfalls ein Hotelrestaurant und ebenfalls bekannt für seine gute Küche. Gediegenes Interieur (leider Teppichboden!), erlesene Speisekarte. 2009 vom Gourmet-Magazin *Der Feinschmecker* ausgezeichnet. Zu den Spezialitäten gehören die Gänsestopfleber (vermutlich nicht aus einem ethisch korrekten Betrieb) mit Äpfeln und Calvados, aber auch die Wild- und Fischgerichte sind sehr zu empfehlen. Gute Weinkarte. Hg. 16–20 €. Tržiště 31, ✆ 353225648.
**La Strada (6),** neueres Kellerrestaurant in provinziellem Schick, Jan-Saudek-Drucke schmücken die Wände. Neben dicken Steaks vom Grill und tschechischen Klassikern gibt es auch hausgemachte Pasta sowie eine kleine Auswahl an Fisch und vegetarischen Gerichten. Hg. 5,60–15,20 €. Jaltská 12, ✆ 353223878.
**U Švejka (22),** urig-rustikales Restaurant, dessen schwere böhmische Kost Leser loben. Beschallung mit Volksmusik. Hg. 5–13 €, teures Bier! Außenbestuhlung. Etwas zurückversetzt von der Stará Louka (Hausnr. 10), eine Švejk-Puppe weist den Weg, ✆ 353232276.
**Malé Versailles (19),** das Ausflugsrestaurant zehrt noch heute von seinem Ruf, einst Johann Wolfgang von Goethe als Stammgast bewirtet zu haben. Schöne im Grünen gelegene Sommerterrasse, das Interieur ist weder in der Bierstube Formanka noch im benachbarten strohblumenlastigen „Saloon" (mit Countryabenden am Wochenende) der Renner. Viele Fleischgerichte, viel Kurzgebratenes, Hg. 7,60–12 €. Křižíkova 420, ✆ 353228097.

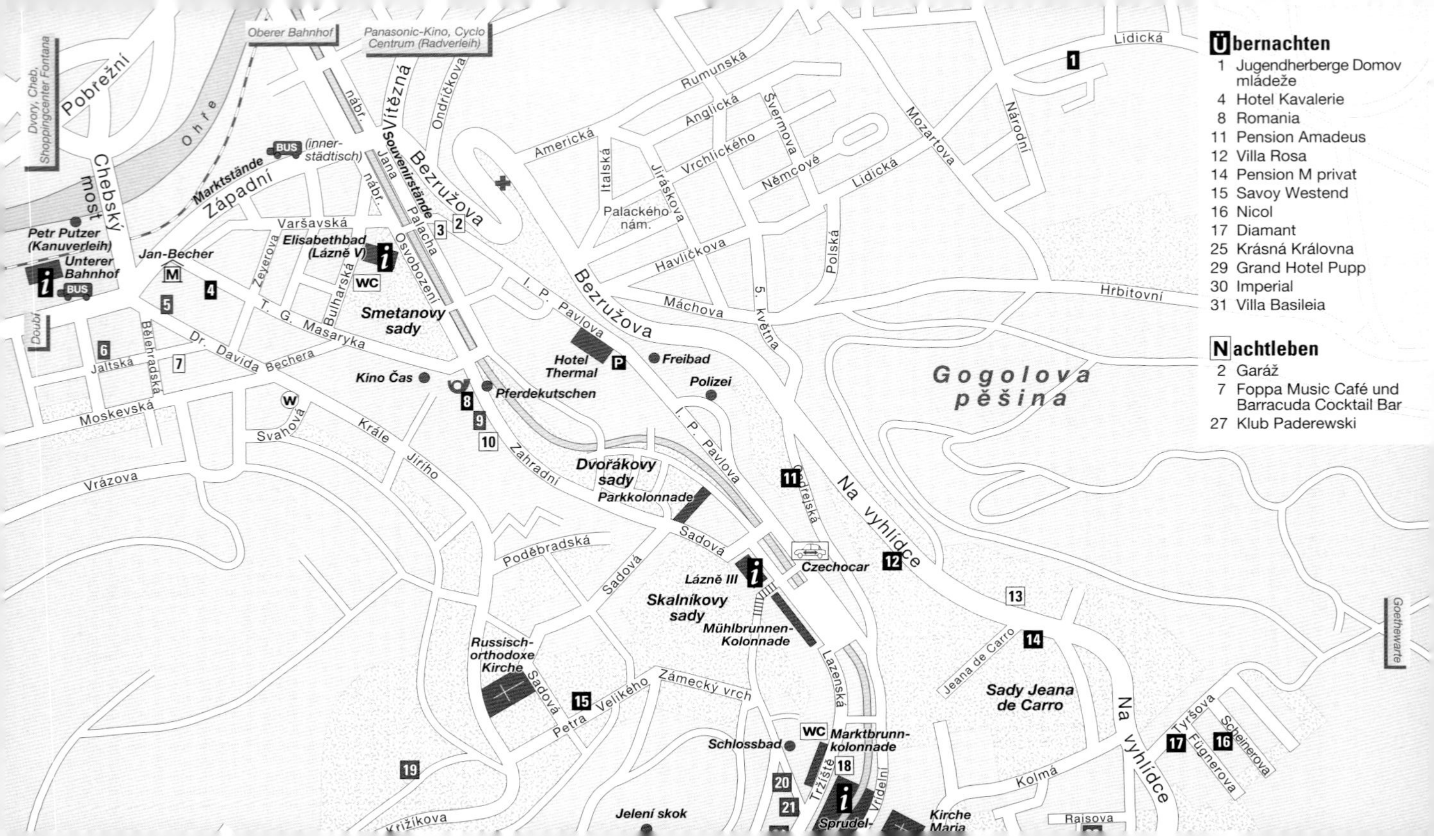
Übernachten
1 Jugendherberge Domov mládeže
4 Hotel Kavalerie
8 Romania
11 Pension Amadeus
12 Villa Rosa
14 Pension M privat
15 Savoy Westend
16 Nicol
17 Diamant
25 Krásná Královna
29 Grand Hotel Pupp
30 Imperial
31 Villa Basileia
Nachtleben
2 Garáž
7 Foppa Music Café und Barracuda Cocktail Bar
27 Klub Paderewski
Dvory, Cheb, Shoppingcenter Fontana
Oberer Bahnhof
Panasonic-Kino, Cyclo Centrum (Radverleih)
Goethewarte
Pobřežní
Ohře
Chebský most
Petr Putzer (Kanuverleih)
Unterer Bahnhof
Jan-Becher
Marktstände
Západní
(innerstädtisch)
Varšavská
Elisabethbad (Lázně V)
Souvenirstände
Vítězná
Ondříčkova
Bezručova
Jana Palacha nábr.
Osvobození
Zeyerova
Bulharská
T. G. Masaryka
Dr. Davida Bechera
Smetanovy sady
Jaltská
Bělehradská
Moskevská
Svahová
Krále Jiřího
Vrázova
Kino Čas
Pferdekutschen
Hotel Thermal
Freibad
Polizei
I. P. Pavlova
Zahradní
Dvořákovy sady
Parkkolonnade
Americká
Italská
Palackého nám.
Jiráskova
Havlíčkova
Máchova
Rumunská
Anglická
Vrchlického
Švermova
Němcové
Lidická
Mozartova
Národní
Polská
5. května
Hrbitovní
Gogolova pěšina
Na vyhlídce
Ondřejská
Czechocar
Lázně III
Sadová
Poděbradská
Skalníkovy sady
Mühlbrunnen-Kolonnade
Lazenská
Russisch-orthodoxe Kirche
Petra Velikého
Zámecký vrch
Schlossbad
Marktbrunn-kolonnade
Tržiště
Vřídelní
Sprudel-
Kirche Maria
Jelení skok
Křižíkova
Jeana de Carro
Sady Jeana de Carro
Kolmá
Raisova
Tyršova
Fügnerova
Scheinerova

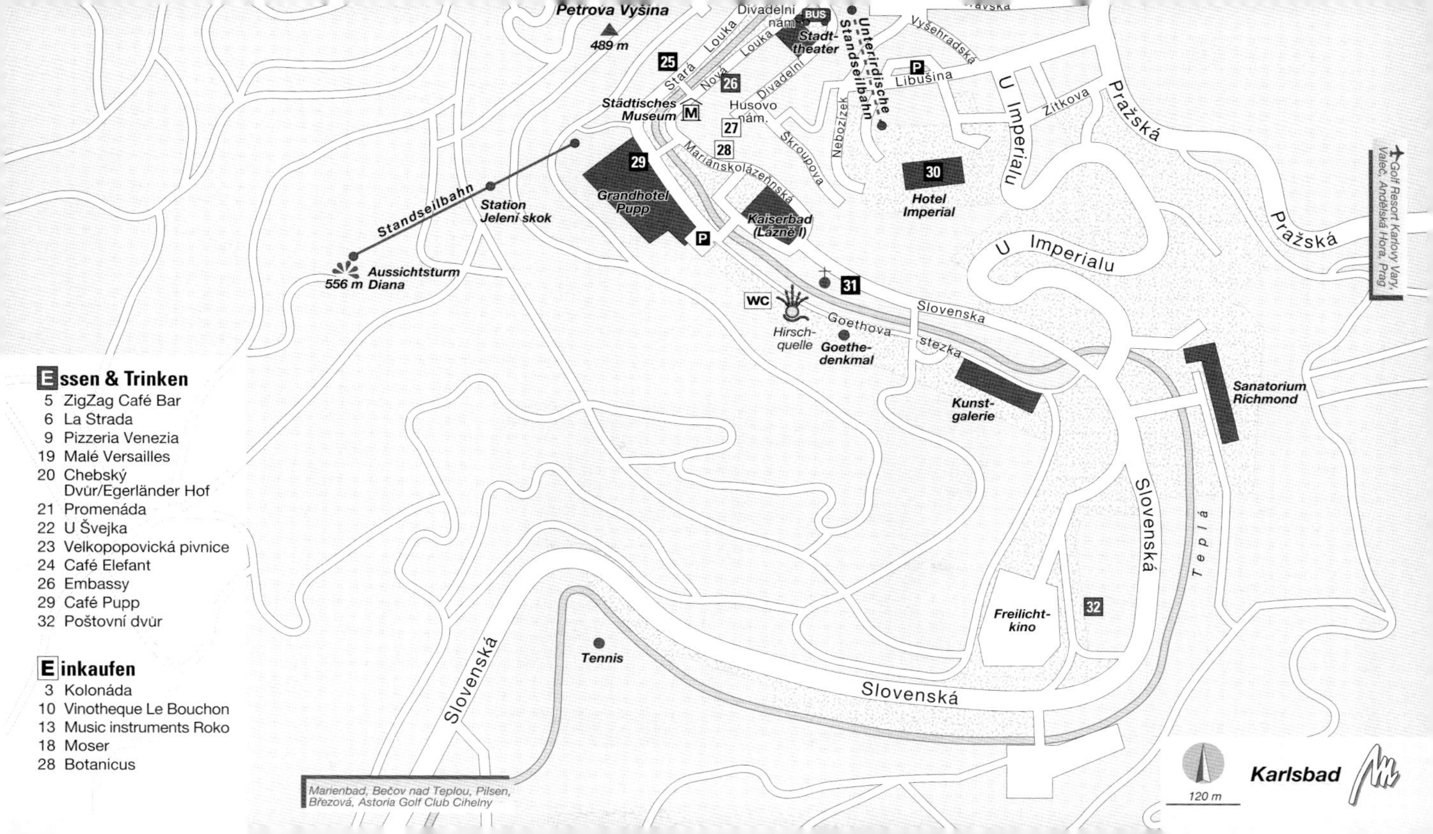
Petrova Vyšina
489 m
Divadelní nám.
BUS
Stadt-theater
Unterirdische Standseilbahn
Vyšehradská
Stará Louka
Louka
Nová
Divadelní
25
26
Libušina
Städtisches Museum
M
Husovo nám.
27
28
Nebozízek
Škroupova
Mariánskolázeňská
U Imperialu
Zítkova
Pražská
Golf Resort Karlovy Vary, Valeč, Andělská Hora, Prag
29
Grandhotel Pupp
30
Hotel Imperial
Kaiserbad (Lázně I)
P
Standseilbahn
Station Jelení skok
Aussichtsturm Diana
556 m
31
WC
Hirsch-quelle
Goethova stezka
Goethe-denkmal
Slovenska
Kunst-galerie
Sanatorium Richmond
Slovenská
Teplá
Freilicht-kino
32
Tennis
Marienbad, Bečov nad Teplou, Pilsen, Březová, Astoria Golf Club Cihelny
120 m
Karlsbad
Essen & Trinken
5 ZigZag Café Bar
6 La Strada
9 Pizzeria Venezia
19 Malé Versailles
20 Chebský Dvůr/Egerländer Hof
21 Promenáda
22 U Švejka
23 Velkopopovická pivnice
24 Café Elefant
26 Embassy
29 Café Pupp
32 Poštovní dvůr
Einkaufen
3 Kolonáda
10 Vinotheque Le Bouchon
13 Music instruments Roko
18 Moser
28 Botanicus

**Chebský Dvůr/Egerländer Hof (20),** eine Leserempfehlung in zentralster Lage. Rustikal-schlichtes Restaurant mit Wintergartenterrasse. Viel deutsches Publikum, das sich an Jägerschnitzel, Schweinebraten, Rouladen oder kalten Platten erfreut. Zügiger Service, riesige Portionen. Hg. 5,50–10,50 €. Tržiště 39, ✆ 353229332.

**Pizzeria Venezia (9),** der Besitzer ist Italiener und weist auch stolz darauf hin. Leicht plüschiges Inneres mit hohen Wänden. Außenterrasse mit Blick aufs Hotel Thermal. Neben Pizzen auch Pasta, Risotto, Fisch und Fleisch. Hg. 4–18 €. Zahradní 43, ✆ 776335058 (mobil).

*Karlsbader Zentrum*

**Velkopopovická pivnice (23),** rustikaler Gasthof mit Wagenrädern und getrocknetem Knoblauch an der Wand. Herzhafte urböhmische Küche: panierter Käse, Lendenbraten, Palatschinken usw. Hg. 5–10 €. Fest in tschechischer Hand. Petřín 10, ✆ 353232007.

• *Cafés* **Café Elefant (24),** Kurgäste schwören drauf – nicht zuletzt der Tortenvitrine wegen. Große Spiegel, gediegen-kitschiges Mobiliar. Stets gut besucht, und das schon seit Goethes Zeiten: Der große Dichter feierte hier seinen 37. Geburtstag. Stará Louka 30.

**Café Pupp (29),** → S. 390.

**ZigZag Café Bar (5),** tagsüber ein trendiges Café mit ebensolchem Publikum. Abends oft DJ-Partys (House, Black Music). Dr. Davida Bechera 24.

• *Nachtleben* **Garáž (2),** Kneipe, Restaurant und Cocktailbar. Modern-rustikal eingerichtet. Beliebt bei jungen Karlsbadern und bei Touristen. Ab 17 Uhr. I. P. Pavlova.

**Foppa Music Café (7),** stylishe Bar mit gold gestrichenen Stuckdecken und breiten Fensterfronten. Abends trifft sich hier die Jeunesse dorée von Karlsbad zum DJ-Sound (alles zwischen Happy House und Hip-Hop), es wird auch getanzt. Tagsüber ein nettes, luftiges Café mit leichter Snackküche. Beliebt ist auch die **Barracuda Cocktail Bar (7)** nebenan. Jaltská 7.

**Klub Paderewski (27),** Livemusikclub im Gebäude des Theaters Husovka. Konzerte von grau- und langhaarigen tschechischen Rockern überwiegen. Achten Sie auf Plakate. Husovo nám. 2.

• *Casinos* Zu empfehlen ist der noble **Pupp Casino Club,** dem gleichnamigen Hotel angegliedert. Roulette und Black Jack. Mindesteinsatz 4 €. Angemessene Kleidung wird erbeten. Tägl. 20–4 Uhr.

## *Übernachten (→ Karte S. 382/383)*

Die meisten Luxushotels – jährlich werden es mehr – und gehobeneren Pensionen befinden sich im Kurzentrum. Für Karlsbad noch verhältnismäßig günstig wohnt man in den vielen Privatpensionen auf dem Hügel östlich des Kurzentrums, vornehmlich in den Straßen Tyršova und Fügnerova.

• *Hotels* ****–***** **Pupp (29),** das traditionsreichste Haus der Stadt (→ S. 390), auch wenn die Lobby etwas popelig wirkt. 2 Kategorien: 5 Sterne = Grand Hotel de Luxe, 4 Sterne = First Class. Hier treffen sich alle: Stars und Sternchen, arabische Großfamilien und russische Nörgler. DZ im Grand Hotel de Luxe ab 310 €, in der First Class 260 €. Mírové nám. 2, ✆ 353109630, ℻ 353226638, www.pupp.cz.

**** **Imperial (30),** protziges, 1912 erbautes Nobelkurhotel mit Schlosscharakter hoch über der Stadt. Über 200 geräumige Zimmer. Viel russisches Publikum. Große Kurabteilung, Tennisplätze, Golfübungsplatz etc. EZ ab 120 €, DZ ab 200 €. Libušina 18, ✆ 353203113, ℻ 353203151, www.spa-hotel-imperial.cz.

***** **Savoy Westend (15),** im ruhigen Villenviertel Westend. Herrschaftliches Wohnen in ruhiger Lage, dazu erstklassiger Service – ein Tipp. Besteht aus dem prunkvollen Haupthaus und 4 Villen in der Nachbarschaft. Viel Blattgold, Goldbrokat und Marmor, Stuck und Kronleuchter. 128 edel ausgestattete Zimmer und Suiten, viele mit Balkon, weitläufige Bäderabteilung. EZ ab 150 €, DZ ab 215 €, Parken inkl. Petra Velikého 16, ✆ 359018888, www.savoywestend.cz.

**** **Krásná Královna (25),** komfortables Kurhotel. Beste Lage. 21 großzügige Zimmer mit Parkettboden, klassischem Mobiliar und geräumigen Bädern. EZ 104 €, DZ 128 €. Stará Louka 48, ✆ 3535852611, ℻ 353852612, www.krasnakralovna.cz.

*** **Romania (8),** günstiges Hotel in einem historischen Stadthaus im Norden der Kurzone. Etwas düsterer Eingangsbereich. 31 biedere Standardzimmer mit Teppichboden, Kühlschrank und TV, manche mit schönem Blick und Balkon. Parkplätze in der Nähe. Freundliches Personal. EZ 40 €, DZ ab 68 €. Zahradní 49, ✆ 353222822, ℻ 353222501, www.romania.cz.

** **Kavalerie (4),** kleines Hotel im Herzen des Geschäftsviertels. 16 Zimmer auf unterschiedlichem Niveau – teils freundlich-komfortabel, teils lieblos-einfach mit zusammengewürfeltem Mobiliar. Angeschlossen ein Café mit Sommerterrasse. DZ 48–62 €. T. G. Masaryka 43, ✆ 353229613, ℻ 353 236171, www.kavalerie.cz.

• *Pensionen* **Amadeus (11),** am Hang über der Stadt. 16 individuell eingerichtete Zimmer und ein Apartment – größtenteils etwas bieder, z. T. jedoch mit Stuck oder schwarz-weißen Fußbodenkacheln im Stil der 30er-Jahre. Manche bieten herrliche Panoramablicke. Freundliche deutschsprachige Inhaberin. EZ ab 60 €, DZ ab 76 €. Ondřejská 37, ✆ 353235334, ℻ 353353336, www.pension-amadeus.cz.

**Villa Rosa (12),** in einer ockerfarbenen Villa hoch über der Stadt. 9 Zimmer und Apartments mit schweren Eichenmöbeln. Das ist nicht jedermanns Sache, die traumhafte Aussicht auf das Kurzentrum von einigen Zimmern (teilweise mit Balkon!) aber ist grandios. Sehr gepflegt und sauber, dazu freundlicher deutschsprachiger Service. Rauchverbot in den Zimmern. Eigene Parkplätze (5 €/Tag). EZ 48 €, DZ 68 bzw. 84 € (mit toller Panoramaaussicht), Suite 96 €. Na vyhlídce 22, ✆ 353239121, ℻ 353239120, www.villarosa.cz.

**Villa Basileia (31),** zweigeschossige Villa am Fluss im Süden des Kurzentrums. Die Zimmer und Apartments sind ideal für alle, die zeitgemäßes Design nicht mögen. Im Winter lockt der Whirlpool, im Sommer kann man die Füße in das kleine Becken im hübschen Garten hängen. Grillabende. Eigene Parkplätze. Unbedingt Zimmer zur Flussseite hin reservieren, andernfalls laut. DZ 75 €, Apartment für 2 Pers. 94 €. Mariánskolázeňská 4, ✆ 353224132, ℻ 353227804, www.villabasileia.cz.

**Diamant (17),** im Osten von Karlsbad. Einfache Zimmer mit Teppichboden und Bad, jedoch ohne besondere Note. Dafür freundlicher Service, Weinstube für die Gäste und eigene Parkplätze. EZ 39 €, DZ 52 €. Tyršova 4, ✆ 353227060, ℻ 353229067, www.pension-diamant.cz.

**M privat (14),** Pension mit nur 4 Zimmern, geräumig und sehr sauber. 2 Zimmer teilen sich Bad und Toilette. Zuvorkommender Service. Nicht von der etwas tristen Fassade abschrecken lassen! 24 €/Pers. Na vyhlídce 28, ✆ 353222854, info@m-penzion.cz.

• *Apartments* **Nicol (16),** 4 Apartments mit gut ausgestatteten Küchen in einem Neubau, 3 mit Balkon/Terrasse. Wilder Möbelmix – schön ist was anderes, dennoch okay. Eigene Parkplätze. 8 Min. ins Zentrum. Für 2 Pers. 38 €, für 4 Pers. ab 64 €, Frühstück extra. Scheinerova 2, ✆ 353223284, www.apartments-nicol.cz.

• *Jugendherberge* **Domov mládeže (1),** abseits des Zentrums im Vorort Drahovice. Das Schülerinternat hält stets einige konventionelle Zimmer für Touristen frei, z. T. mit Kühlschrank, TV und eigenem Bad. Gute Busverbindungen (auch nachts). DZ mit Bad 33 €, ohne Bad 22 €, kein Frühstück. Lidická 38, Ⓑ 10, 15 Národní, ✆ 353241111.

• *Camping* Wir empfehlen folgende Plätze außerhalb der Stadt:

**Autokemp Sasanka,** gepflegter Platz ca. 6 km nördlich von Karlsbad im Dorf Sadov. Recht schattenlose Wiese mit jungen Bäumen und Holzhütten drum herum. Moderne, saubere Sanitäranlagen, Restaurant in Laufnähe. Achtung, der Platz stand zuletzt zum Verkauf – Zukunft ungewiss. Gute Busverbindungen nach Karlsbad. April–Okt. 2 Pers. mit Wohnmobil 10,80 €, Bungalow für 5 Pers. 28 €. Sadov 7, ✆/℻ 353590130, campsadov@seznam.cz.

**Na Špici,** → Kyselka, S. 393.

## Sport & Freizeit/Kur & Kultur

• *Baden* Zum Hotel Thermal gehört ein hoch über der Stadt gelegenes **Freibad** (bazén), das u. a. mit warmem Quellwasser gefüllt wird. Für 4 € können auch Nichthotelgäste für 1 ½ Std. darin baden.

Infos zum Baden in Kurbädern → Sehenswertes/Kurbäder.

• *Golf* **Golf Resort Karlovy Vary**, ca. 6 km südöstlich von Karlsbad an der Straße nach Prag. Einer der besten und schönsten Plätze des Landes. Alter Baumbestand, es gibt ihn immerhin seit 1904. 18 Loch, 72 Par. Greenfee 80 €. ✆ 353331001, www.golfresort.cz.

**Astoria Golf Resorts Cihelny**, 18-Loch-Platz (70 Par) 6 km südwestlich von Karlsbad (von der Straße nach Bečov nad Teplou ausgeschildert). Mit Hotel. Greenfee 58–68 €. ✆ 353972281, www.astoria-golf.cz.

• *Radverleih* **Cyclo Centrum,** Vítězná 15, ✆ 353229566, www.cyclo-vondracek.cz. 10 €/4 Std., 16 €/Tag.

**Ein Tipp für Radfahrer:** Von Mitte Mai–Ende Sept. besteht an Wochenenden und Feiertagen die Möglichkeit, auf sog. **Cyklobusse** aufzusteigen. Das sind Busse, die Fahrräder mitnehmen und auf diese Weise Radtouren ermöglichen, deren Start- und Zielpunkte nicht identisch sind. 5 Linien stehen zur Auswahl. Angesteuert werden u. a. Boží Dar, Nové Hamry, Bečov nad Teplou, Loket, Cheb, Chyše und Valeč. Genaue Fahrpläne und Preise erhalten Sie bei den Touristeninformationen sowie unter www.autobusy-kv.cz/doprava-cyklodoprava.html.

• *Wandern/Spaziergänge* Es gibt unzählige gut markierte Spazier- und Wanderwege rund um Karlovy Vary (Gesamtlänge ca. 130 km). Aufgrund der hügeligen Landschaft muss man jedoch bei den meisten Wegen mit anstrengenden Aufstiegen rechnen. Gemütliche Naturen fahren deshalb mit der Standseilbahn zum Aussichtsturm und **Ausflugsrestaurant Diana** und starten von dort. Wer will, kann auch auf halber Strecke aussteigen und von dort zur **Petrova výšina (Petershöhe)** spazieren; angeblich hat Peter der Große aufgrund einer verlorenen Wette auf einem ungesattelten Pferd hierher reiten müssen. Von der Petershöhe führt ein Weg weiter zum **Ausflugscafé Jelení skok (Hirschensprung),** das nahe jenem legendären Ort liegt, von dem einst Hirsch und Hunde in die heißen Quellen gesprungen sein sollen (→ Geschichte). Tolle Aussicht über die Stadt! Ein weiteres schönes Ausflugsziel ist die **Goethewarte (Goethova vyhlídka)** östlich der Teplá, die man über den **Gogolweg (Gogolova pěšina)** erreicht. Von dem dortigen Aussichtsturm – 180 Stufen sind es hinauf – genießt man ebenfalls eine herrliche Weitsicht.

• *Kuren* Behandelt werden insbesondere Leber-, Gallen-, Magen- und Darmerkrankungen, aber auch Störungen des Bewegungsapparates sowie des Stoffwechsels. Wer eine Kur machen will, kann sich über die städtische Touristeninformation Infomaterial zuschicken lassen.

• *Pferderennen* Die Veranstaltungen finden in den Sommermonaten in unregelmäßigen Abständen auf der Rennbahn (Závodiště) im Vorort Dvory statt (zu erreichen mit Ⓑ 1 Závodiště).

• *Veranstaltungen* Anfang Januar wird die **Ballsaison** im Grand Hotel Pupp eingeleitet, die bis April andauert. Höhepunkt ist der **Ball der Adeligen** Ende April (→ Sehenswertes/Grand Hotel Pupp). Stets am 1. Maisamstag findet die festliche **Eröffnung der Kursaison** statt. Der **Karlovarský Pohár,** ein internationaler Kunstflugwettbewerb, geht Ende Mai über die Bühne. Die erste Julihälfte steht seit Jahrzehnten ganz im Zeichen der **Internationalen Filmfestspiele.** Im Juli u. Aug. kann man sich auf den **Musiksommer des Karlsbader Symphonieorchesters** freuen (verschiedene Veranstaltungsorte). Der Sept. beginnt mit dem **Karlsbader Folklorefestival,** bei dem Gesangs- und Tanzgruppen aus ganz Europa mitwirken. Das traditionelle Musikfestival **Dvořáks Karlsbader Herbst** erinnert alljährlich in der 2. Septemberhälfte an den Aufenthalt des berühmten Komponisten im Kurort. Stets Anfang Okt. heizt ein fünftägiges **Jazzfest** ein. In der Weihnachtszeit gibt es regelmäßig **Festkonzerte** im Grand Hotel Pupp.

## Sehenswertes

Das gesamte **Kurzentrum** mit seinen überwiegend eklektizistischen Bauten ist eine Augenweide. Das offenbart sich einem, sobald man dem 1976 erbauten Hotel Thermal, einer 16-stöckigen Schandtat am nördlichen Rand des Kurgebiets, den Rücken zugewandt hat. Die prächtigste aller Straßen ist die **Stará Louka (Alte Wiese),** eine belebte Promenadenstraße mit zahlreichen Geschäften. Le Corbusier sah in den Bauten „eine Reihe von Torten, alle vom gleichen Stil und der gleichen Eleganz". Einen wesentlichen Anteil am heutigen Erscheinungsbild der Stadt hatte übrigens das Architekturbüro *Helmer & Fellner* aus Wien. Zu über 20 Bauten Karlsbads lieferte es in den 80er- und 90er-Jahren des 19. Jh. die Entwürfe, darunter für das Theater, die Markt- und die Parkkolonnade, das ehemalige Kaiserbad usw.

**Kolonnaden und Quellen:** In Karlovy Vary und Umgebung gibt es mehr als 80 Quellen. Im Gegensatz zu Marien- oder Franzensbad fördert das Gros der Quellen heißes Wasser zutage (auf Deutsch heißt *vary* „kochend"). Ihre Ergiebigkeit schätzt man täglich auf mehrere Millionen Liter. In den verschiedenen Mineralquellen werden bis zu 18 gelöste Mineralsalze in unterschiedlicher Konzentration nachgewiesen. Diese Mineralsalze zeichnen auch für die Heilwirkung des Wassers verantwortlich, insbesondere bei Verdauungsproblemen. Für Heilzwecke genutzt werden i. d. R. jedoch nur zwölf alkalische Glaubersalzthermen mit Temperaturen zwischen 39 und 73 °C. Die Quellwasser, die zudem einen unterschiedlichen Gehalt an Kohlensäure aufweisen, verwendet man für Bäder, sie werden aber auch getrunken. Obligatorisch ist dann ein Kurbecher – eine Schnabeltasse –, damit man beim Spazieren nichts verschüttet. Für Anfänger gibt es gewöhnliche Plastikbecher zu kaufen. Es wird empfohlen, vor einer Trinkkur einen Arzt zu konsultieren. Egal, was im Befund steht, mehr als fünf bis sieben Becher täglich sollte man nicht zu sich nehmen. Früher trank man mehr: Friedrich Schiller, der Karlsbad 1791 besuchte, kippte noch 18 Becher pro Tag hinunter. Heute genießt man die Quellwässerchen Schluck für Schluck wie einen guten Rotwein. Die lokale Infobroschüre beschreibt die Trinkkur gar als eine „kleine Feierlichkeit" und warnt zugleich: „Es ist nicht möglich, mit dem Mineralwasser die umstehenden Pflanzen zu gießen." (!)

Die Quellen im Zentrum sind allesamt gefasst. Um dem Versiegen vorzubeugen, müssen sie wegen der krustenbildenden Eigenschaft des Wassers immer wieder nachgebohrt werden. Über den Quellen wurden Pavillons und Kolonnaden errichtet. Die schönste ist die klassizistische *Mühlbrunnenkolonnade,* eine 130 m lange Säulenhalle im korinthischen Stil aus der zweiten Hälfte des 19. Jh. an der Lazenská. Die zwölf Plastiken auf dem Dach stellen die zwölf Monate dar. Hier kann man das Wasser aus gleich fünf verschiedenen Quellen kosten: das der *Felsenquelle* (Skalní pramen, 44,8 °C), der *Libusaquelle* (Pramen Libuša, 62 °C), der *Fürst-Wenzel-Quelle* (Pramen kníže Václava I., 65 °C), der *Nymphenquelle,* auch *Rosenquelle* genannt (Pramen Rusalka, 60 °C) und des *Mühlbrunnens* (Mlýnský pramen, 56 °C). Etwas weiter südlich (an der Tržiště) steht die mit Schnitzereien verzierte *Marktbrunnkolonnade* (Tržní kolonáda). Darin sprudeln die *Kaiser-Karl-IV.-Quelle* (*Pramen Karla IV.,* 42,6 °C), der *Marktbrunnen* (Tržní pramen, 59,6 °C) und die *Untere Schlossbrunnquelle* (Horní Zámecký pramen, 53,4 °C).

*Beliebtes Andenken: Schnabeltassen aus Karlsbad*

### Becherovka – die 13. Quelle

Becherovka ist der berühmteste Likör des Landes und wird in Karlsbad auch liebevoll die „13. Quelle" genannt. Denn wie den Mineralquellen vor Ort schreibt man auch dem Kräuterlikör eine heilende Wirkung zu, v. a. aber regt er die Verdauung an. Getrunken wird er in Tschechien aber nicht nur als Digestif, sondern auch als Aperitif und ohnehin zu jeder passenden Gelegenheit.

Erfunden hat den Magenlikör ein Engländer namens Dr. Frobrig. Im Jahre 1805 besuchte er Karlsbad und mietete sich im Haus des Apothekers Josef Becher ein. Tagsüber trank er sich an den zwölf Quellen der Stadt gesund und abends experimentierte er mit aromatischen Kräutern und Ölen in Bechers Apotheke. Zwei Jahre später verkaufte Becher Frobrigs Mischung unter der Bezeichnung *Carlsbad English Bitter*, später dann als *Original Karlsbader Becherbitter*. Das Elixier stieß auf große Beliebtheit und fand reißenden Absatz, und die Erfolgsgeschichte des Familienunternehmens nahm ihren Lauf. Jahr für Jahr wurden neue Eichenfässer angeschafft. Bereits Anfang des 20. Jh. wurden mehr als 50.000 l im Jahr produziert. Versuche, den Becherbitter zu kopieren, gab es unzählige, der *Underberg* ist einer davon. Jedoch wird die Rezeptur streng gehütet und kein anderes Tröpfchen kann – so die hiesige Meinung – dem Original die Stange reichen. Mit der Vertreibung der Deutschen nach dem Zweiten Weltkrieg wurde auch die Familie Becher des Landes verwiesen und das Unternehmen verstaatlicht. Während der Zeit des Sozialismus konnte sich der Becherovka als eines der wenigen angesehenen Markenprodukte der Tschechoslowakei behaupten. Nach der Samtenen Revolution überführte man das Unternehmen in eine Aktiengesellschaft, an welcher Pernod-Ricard größter Anteilseigner wurde. Die Produktionsmenge beträgt heute ca. 6,5 Mio. l pro Jahr. In rund 30 Länder wird der Likör exportiert, selbst die Taiwanesen schätzen seine heilenden Kräfte. Über die Geschichte und die Produktion des Likörs informiert das Jan-Becher-Museum (Jan Becher Muzeum). Ganz nebenbei: Für wen der Becherovka pur wie Hustensaft schmeckt, der sollte ihn mal mit Tonic probieren. Das Getränk nennt sich dann „Beton".

Jan-Becher-Museum in der T. G. Masaryka 57 (tägl. 9–17 Uhr), zwei Türen weiter der Jan-Becher-Shop (tägl. 10–18 Uhr). Unter ✆ 359578142 erfahren Sie, wann deutschsprachige Führungen durch das Museum stattfinden (kein Besuch ohne Führung, Dauer ca. 50 Min., 4 €/Pers.). Die Produktion war z. Z. d. letzten Recherche noch vor Ort, soll aber bis zu Ihrem Besuch in einen Vorort von Karlsbad verlegt werden.

Schräg gegenüber liegt die *Sprudelkolonnade* (Vřidelní kolonáda), ein unschöner Komplex aus Glas und Beton. Der sog. *Sprudel* (*Vřídlo*, 73,4 °C) ist die älteste und heißeste Quelle der Stadt. Einem Geysir ähnlich stößt die Quelle in einem gewaltigen, hohen Strahl (bis zu 12 m) unter einer gläsernen Rotunde annähernd 2000 l Wasser in der Minute aus. Kosten kann man das Wasser, aus welchem übrigens auch das Karlsbader Sprudelsalz gewonnen wird, in der angrenzenden Kolonnade in unterschiedlichen Temperaturen.

*Öffnungszeiten* Das Gros der Kolonnaden und Quellen ist während der Kursaison frei zugänglich. Die **Vřídelní-Kolonnade,** in der man den Sprudel kosten kann, ist tägl. von 6–19 Uhr geöffnet.

**Městské divadlo (Stadttheater):** Das Theater am Divadelní náměstí 2, in welchem schon Gustav Mahler dirigierte, entstand in den Jahren 1884–1886. Sehenswert ist der Zuschauersaal und dort insbesondere der Bühnenvorhang – aber nur in Verbindung mit einem Theaterbesuch zu bewundern. Der berühmteste Vertreter der Wiener Secession, Gustav Klimt, arbeitete am Vorhang mit und porträtierte sich selbst darauf als Flötenspieler (rechts unten).

*Kartenvorverkauf* Tägl. 12–17.30 Uhr. ✆ 353225537, www.karlovarskedivadlo.cz.

**Grand Hotel Pupp:** Es ist das berühmteste Hotel Karlsbads (→ Übernachten) und liegt im Süden der Stadt am Mírove náměstí. Ende des 19. Jh. galt es als eines der nobelsten Häuser der Welt. Es war die bevorzugte Adresse des Adels, ein Ort, um zu sehen und gesehen zu werden. Mittlerweile knüpft das Grand Hotel Pupp wieder an die Tage der Belle Époque an: Zum Frühjahrsball im April trifft sich hier der europäische Hochadel. Für den Rest des Jahres wohnt darin v. a. die russische Mafia, das behaupten zumindest böse Zungen. Der Name des Hotels geht übrigens auf den Zuckerbäcker Pupp zurück, der durch Heirat zu Reichtum gekommen war und das Hotel im Jahre 1775 erwarb. Hineinschauen sollte man auf jeden Fall einmal, und sei es auch nur auf einen Kaffee. Die Kuchen dazu werden noch immer nach Pupps Originalrezepten gebacken. Ganz nebenbei, das luxuriöseste Zimmer ist die Präsidentensuite (Nr. 355). Für stolze 1450 € wohnt man darin auf weit mehr als 100 m².

*Pause am Karlsbader Theater*

*Beim Schlossbad*

Westböhmen
Karte S. 317

**Sanatorium Imperial:** War das Grand Hotel Pupp das Refugium des Adels, so wählte die Hochfinanz das Sanatorium Imperial (→ Übernachten) hoch auf einem Hügel über der Stadt. Damit die Gäste den mühsamen Aufstieg vom Kurzentrum nicht zu Fuß bewerkstelligen mussten, baute man eine unterirdische Standseilbahn, die noch heute in Betrieb ist (→ Verbindungen). 2003 ließ der russische Konzern *Sariin* das Hotel für mehrere Millionen Kronen modernisieren.

**Goethova stezka (Goetheweg):** Im Süden Karlsbads beginnt hinter dem Grand Hotel Pupp der Goetheweg. Er führt durch einen schmalen Stadtparkstreifen entlang der Teplá zur *Kunstgalerie* (Galerie umění), die tschechische Kunst des 20. Jh. zeigt. An Felsen rechts des Weges sieht man Tafeln – das Ganze erinnert fast an einen Wallfahrtsort –, die Kurgäste aus Dankbarkeit über ihre Genesung anbringen ließen. Auch kommt man an einem Goethedenkmal vorbei.

*Adresse/Öffnungszeiten* **Kunstgalerie,** Goethova stezka 6. Tägl. (außer Mo) 9.30–12 u. 13–17 Uhr. Eintritt 1,20 €, erm. die Hälfte.

**Kurbäder:** Es gibt insgesamt sechs zentrale Bäder. Nicht ausschließlich Kurgästen vorbehalten ist das *Schlossbad* (Zámecké lázně) schräg gegenüber der Sprudelkolonnade (Vřidelní kolonáda). Es besitzt ein herrliches großes Thermalwasserbassin, ein Bad darin ist ein Genuss. Ebenfalls für jedermann zugänglich ist das *Elisabethbad* (Alžbětiny lázně, auch: Lázně V). Vor dem Prunkbau im historisierenden Stil aus dem Jahr 1906 erstreckt sich der kleine Smetanapark mit einem netten Sommercafé. Ohne ärztliche Untersuchung können hier Perl-, Bier- und Moorbäder sowie verschiedene Massagen genossen werden.

Das einst prächtigste und pompöseste Bad ist das *Kaiserbad* (Císařské lázně, auch: Lázně I) im Stil der französischen Renaissance ganz im Süden der Stadt. 1895 wurde es feierlich eröffnet, 1990 wurde der Betrieb eingestellt, danach stand es leer. 2010 wurde mit der Restaurierung begonnen – zukünftig soll es jedoch nicht mehr als Bad genutzt werden, sondern kulturellen Zwecken dienen und darüber hinaus ein Museum über das Bäderwesen beherbergen.

• *Öffnungszeiten* **Elisabethbad,** Mo–Fr 8–19 Uhr, Sa 9–19 Uhr. Perlbad 16 €, Bierbad 17 €, Moorbad 18 €, Massagen ab 16 € (die billigste ist die Schröpfkopfmassage). Nach ärztlicher Eingangsuntersuchung (38 €) können Sie auch Jodbäder (18 €) und diverse andere Anwendungen genießen. **Schlossbad,** Mo–Fr 7.30–19.30 Uhr, Sa/So 8.30–19.30 Uhr. Wer für 19–32 € (je nach Saison) „Relax plus" bucht, darf 1 Std. lang zwischen dem Thermomineralbecken, dem japanischen Akupressurbassin sowie der Massage- und Zirkulationsdusche hin und her springen.

**Kirchen:** Von allen Kirchen Karlsbads sind lediglich zwei sehens- und besuchenswert, zumal die anderen auch meist verschlossen sind. Oberhalb der Sprudelkolonnade liegt die katholische, zweitürmige *Kirche Maria Magdalena* (Kostel sv. Máří Magdaleny). Sie ist ein barockes Meisterwerk Kilian Ignaz Dientzenhofers (→ Kasten S. 214), der sie im Auftrag des Kreuzherrenordens in der ersten Hälfte des 18. Jh. entwarf. An der Krále Jiřího bezaubert die blau-weiße *russisch-orthodoxe Kirche Peter und Paul* (Kostel sv. Petra a Pavla) (→ Foto S. 387)mit ihren vergoldeten Zwiebeltürmen. Sie entstand Ende des 19. Jh. im historisierend-byzantinischen Stil, der ihr etwas Märchenhaftes verleiht. Angeblich ist sie eine Nachahmung der Kirche von Ostankino. Gebaut wurde sie für den russischen Adel, der damals einen hohen Anteil der Kurgäste stellte.

*Öffnungszeiten* Beide Kirchen sind tägl. von 9–19 Uhr zugänglich.

**Museen:** Von den drei Museen Karlsbads ist das *Städtische Museum* (Karlovarské Muzeum) das einzige im historischen Kurzentrum. Es widmet sich der Geschichte des Kurorts und der Natur der Gegend. Das Museum beherbergt zudem Modelle von Loket (→ S. 394) und Karlsbad, die die Ortschaften in der Zeit um 1650 zeigen, als nahezu alle Bauten noch Fachwerkhäuser waren. Des Weiteren gibt es das *Jan-Becher-Museum* (Jan Becher Muzeum → S. 389) und das *Moser-Museum* (Moser Muzeum → Kasten).

*Adresse/Öffnungszeiten* **Städtisches Museum,** Nová Louka 23, im Sommer tägl. (außer Mo) 9–12 u. 13–17 Uhr, im Winter nur Mi–So. Eintritt 1,20 €, erm. die Hälfte.

## Moser – geblasen und geschliffen

Was eine Rolex unter den Uhren ist oder ein Rolls unter den Automobilen, das ist Moser unter den Gläsern: teurer Glanz. Von der holländischen Königin bis zum einstigen Schah von Persien – ihren Champagner trinken oder tranken sie aus Moser-Gläsern. In ihnen spiegeln sich nicht nur Tradition und Moderne wider, sie sind zugleich ein Statussymbol. Wer zur High Society gehört oder gehören will, besitzt Moser-Gläser. Dabei ist es schon erstaunlich, dass der Karlsbader Glasbetrieb die Zeit des Sozialismus überhaupt überlebt hat – zum Arbeiter und Bauern passten bekanntlich Hammer und Sichel und vielleicht ein steinerner Krug, aber keine Luxusgüter. Die Geschichte des Glasbetriebs reicht übrigens bis ins Jahr 1857 zurück. Damals setzte der Glasgraveur Ludwig Moser mit seinem perfekten Glasschnitt neue Maßstäbe. Noch heute ist das Unternehmen mit seinen rund 350 Mitarbeitern bemüht, die hohe Qualität beizubehalten. Produziert werden u. a. prächtige Farbgläser, Vasen mit geschliffenen, geätzten oder vergoldeten Dekoren usw.

Im **Moser-Geschäft (18, Karte S. 382/383)** an der Tržiště 7 kann man die bunte Produktpalette bewundern. Das billigste Glas kostet ca. 32 €. Der Glashütte im Stadtteil Dvory (Ⓑ 1 Sklářská) ist ein Museum angeschlossen, auch kann man die Glashütte selbst besichtigen (Museum tägl. 9–17 Uhr, Glashüttenführung tägl. 9–15 Uhr alle 30 Min; Eintritt Museum 3,20 €, Glashüttenführung 4,80 €, beides zusammen 7,20 €).

## Umgebung von Karlovy Vary

**Andělská Hora (Engelsberg):** Andělská Hora, ca. 8 km südöstlich von Karlovy Vary, ist ein schön gelegenes Städtchen unterhalb einer wildromantischen **Burgruine,** die seit jeher ein beliebtes Ausflugsziel der Karlsbader Kurgäste ist. Wer die Reste der Burganlage aus dem 14. Jh., die auf einem über 700 m hohen Felsen thront, besichtigen will, findet einen Orientierungsplan hinter der Kirche in der Ortsmitte. Die Ruine soll nach den ehrgeizigen Plänen der Bürgermeisterin übrigens zu einem Kulturzentrum mit Naturbühne ausgebaut werden.

*Verbindungen* **Busse** regelmäßig von und nach Karlovy Vary.

**Doupovské hory (Duppauer Gebirge):** Das Gebirge östlich von Andělská Hora nimmt eine Fläche von rund 330 km² ein, ist unbesiedelt und als militärisches Sperrgebiet nicht zugänglich. Dies war nicht immer so: Bis zur Vertreibung der Deutschen lebten hier über 15.000 Menschen, es gab das Städtchen Duppau und drum herum 17 kleine Dörfer.

*Klettern an den Hans-Heiling-Felsen*

**Kyselka (Gießhübel):** 12 km nordöstlich von Karlovy Vary, direkt am Flusslauf der Ohře (Eger), die sich hier durch ein reizvolles schmales Tal windet, liegt der kleine ehemalige Kurort Kyselka. An seine einstige Pracht erinnern feudale Kurbauten aus der zweiten Hälfte des 19. Jh. – heute jedoch allesamt im Verfall begriffen. Das Quellwasser des Orts ist aber noch immer berühmt, Kyselka ist die Heimat des Mattoni-Tafelwassers, und so stehen auf der einzigen Straße des Orts die Sprudellaster Schlange. Eine Zeitlang gab es Pläne, Kyselka für den Tourismus wieder attraktiv zu machen, u. a. als eine Art romantisches Disneyland. Doch daraus wurde nichts.

- *Verbindungen* **Busse,** regelmäßig nach Karlovy Vary, bis zu 5-mal tägl. nach Ostrov.
- *Übernachten/Camping/Kanuverleih* **Na Špici,** im nördl. an Kyselka angrenzenden Dorf Radošov. Großer, freundlicher Platz an der Eger, der beste vor Ort. Tischtennis, Badminton, Feuerstellen, Waschmaschine. Kanu- und Radverleih, Gartenrestaurant. Chata- und Zimmervermietung. Ganzjährig. 2 Pers. mit Zelt u. Auto 12,40 €, Hütten 24 € für 4 Pers., DZ mit Du/WC 32 €. Radošov 87, ✆ 353941152, 353941285, www.camp.cz.

Weiter nach Norden? Informationen zu **Klášterec nad Ohří** bekommen Sie ab S. 314, zu **Jachýmov** im Erzgebirge ab S. 396.

**Svatošské skalý (Hans-Heiling-Felsen):** Etwa 9 km südwestlich von Karlovy Vary, auf halber Strecke nach Loket, liegen die Hans-Heiling-Felsen, ein beliebtes Ausflugsziel von Wanderern, Radfahrern und Kletterern. Dabei handelt es sich um bizarre Granitwände, die einer Legende nach einen versteinerten Hochzeitszug darstellen. Die imposante Felsformation über dem hier überaus reizvollen Flusstal der Eger (Ohře) beflügelte u. a. die Fantasie Goethes und der Brüder Grimm. Der deutsche Komponist Heinrich August Marschner verwandelte die Legende in die romantische Oper *Hans Heiling* (1833). Ein weißblau markierter Wanderweg führt vom Aussichtsturm Diana (Rozhledna Diana), hoch über Karlsbad, an den Felsen vorbei und weiter bis nach Loket. Gegenüber den Felsen gibt es zwei idyllische Waldrestaurants mit Sommerterrasse.

• *Anfahrt* Von Karlsbad auf der Straße Nr. 20 (Richtung Pilsen/Bečov nad Teplou) kommend, im Vorort Doubí beim Hotel Prima rechts abbiegen (Hinweisschild). Dann stets der Vorfahrtsstraße folgen, bis die Straße für den Verkehr gesperrt ist. Hier parken und zu Fuß weiter, noch ca. 2,5 km.

Über die Europastraße 49 gelangt man von Doubí nach **Bečov nad Teplou** (→ S. 348).

# Loket

**(Elbogen)**

**Keine Stadt Böhmens – außer natürlich Prag – wurde öfter von Malern verewigt als Loket. Goethe nannte die Stadt zu Recht „ein landschaftliches Kunstwerk". Daran hat sich bis heute nichts geändert.**

Der Anblick Lokets ist märchenhaft: Auf einem riesigen Granitfelsen, der in einer Schleife von der Ohře (Eger) umflossen wird, erhebt sich eine prachtvolle Burg, zu deren Füßen sich die Ortschaft schmiegt. Wie durch ein Wunder überstand das Städtchen nordwestlich von Karlsbad die kommunistische Ära, kein Plattenbau raubt dem Zentrum sein Flair. Der weite Markplatz mit einer barocken, rot-weißen Kirche aus der ersten Hälfte des 18. Jh. und einer Pestsäule ist malerisch. Ihn umgeben Häuser im Stil der Renaissance, Gotik und des Barock. Viele davon wurden aufwendig und liebevoll restauriert und machen Loket zu einer Perle unter den böhmischen Städten – keine Gasse, durch die man nicht schlendern will. Schade nur, dass man alle recht schnell durchlaufen hat, denn der Ort ist klein. Loket zählt knapp 3200 Einwohner. Verliebten scheint das Städtchen trotz seines romantischen Charmes aber wenig Glück zu bescheren: Goethe feierte hier 1823 seinen 74. Geburtstag mit der von ihm angebeteten Ulrike von Levetzow. Bekanntlich wurde nichts daraus (→ Kasten S. 343). Der Dichter besuchte Loket nie mehr wieder.

• *Information* **Infocentrum Loket,** schräg gegenüber dem Hotel Císař Ferdinand an der T. G. Masaryka 12. Tägl. 10.30–12.30 u. 13–17 Uhr. ✆/℻ 352684123, www.loket.cz. Kompetentes und freundliches Personal.

• *Verbindungen* Regelmäßig **Busse** nach Sokolov und Karlovy Vary, 6-mal tägl. nach Bečov nad Teplou, 1-mal nach Cheb.

• *Parken* Am Marktplatz.

• *Polizei* In der Zahradní. ✆ 156.

• *Einkaufen* **Hrnčírna (8),** hübscher kleiner Keramikladen – einer von vielen im Ort. Tassen, lustige Figuren, beim Töpfern der Produkte kann man zusehen. Zudem alternative Batikkleidung. Nettes Café daneben. Náměstí T. G. Masaryka 32/36.

Ebenfalls recht hübsch ist das **Atelier ve Zbrojnici (4),** auch hier kann man beim Töpfern zusehen und sich mit allerlei Schräg-Kitschigem für den Garten eindecken. T. G. Masaryka 11.

**Nikola (11),** originelles Schnapslädchen, wo neben Absinth und Slivovice auch der sog. „Gottstein Lok", ein hiesiger Bitterlikör, verkauft wird. Náměstí T. G. Masaryka 61.

• *Veranstaltungen* Alljährliches Highlight ist der **Loketer Kultursommer** in der zweiten Julihälfte, ein Open-Air-Opernfestival im Freilichttheater.

• *Restaurants* **Hradní Restaurant (3),** gepflegtes, fast gediegenes, etwas düsteres Lokal in den Kellergemächern der Burg. Zuvorkommender Service. Neben den böhmischen Klassikern auch ausgefallene Kalbs-, Lamm- und Wildgerichte. Hg. 4,80–18 €. Jan.–Juni So/Mo abends geschl. Zámecká 67, ✆ 352685103.

**Švejk Restaurant (1),** von Lesern hochgelobtes Lokal: „Nirgendwo in Tschechien haben wir besser gegessen." Böhmische Küche wie „gebratene Schweinshaxe nach Art des Leutnants Cajthaml" oder „Gulasch vom Feldkurator Katz mit Speckknödeln", darüber hinaus Wild, aber auch frischer Fisch, den man zuweilen aus einer Vitrine wählen kann. Sehr freundlicher, zuvorkommender Service. Nett-gemütliche Einrichtung, Sommerterrasse. Reservierung empfohlen. Hg. 4–17 €. T. G. Masaryka 10, ✆ 776873472 (mobil).

**Císař Ferdinand (2),** → Übernachten.

Böhmische Standards zu fairen Preisen servieren auch die Restaurants der Hotels **Goethe (10)** und **Bílý kůň (12)** am Platz. Letzteres besitzt eine herrliche Sommerterrasse.

• *Übernachten* **Hotel Císař Ferdinand (2)** und **Hotel St. Florian (5),** zwei zusammengehörende, gegenüberliegende Hotels in schönen alten Stadthäusern. Familienbetrieb mit sehr freundlichem Service. Standard-Mittelklasse-Zimmer (23 im Císař Ferdinand, 29 im St. Florian), darunter viele große, aber auch ein paar winzige, was der Baustruktur geschuldet ist. Im Haus Císař Ferdinand (dort befindet sich auch die Rezeption) ist auch eine Mikrobrauerei untergebracht. Zum leckeren 11-gradigen, halbdunklen Bier gibt es eine überschaubare Auswahl an böhmischen Klassikern. Keine eigenen Parkplätze. EZ 42 €, DZ 74 €. T. G. Masaryka 81, ✆ 352327130, ✆ 353225959, www.hotel-loket.cz.

***** Bílý kůň (12),** Hotel mit langer Geschichte – schon Goethe nächtigte hier. Recht spießige, teilweise aber sehr geräumige

*Blick auf Loket*

Zimmer mit Kaufhausmobiliar. Zuweilen mäßiger Service. Dafür zentralste Lage und herrliche Panoramaterrasse zum Fluss hin. EZ 44 €, DZ 62 €, Apartment 106 €. Nám. T. G. Masaryka 10, ✆ 352661809, ✆ 352661877, www.hotel-bilykun.cz.

**Pension Ulrika (9)**, beste Lage. Freundliche Zimmer mit Dielenböden, SAT-TV und Minibar. Stolz ist man darauf, dass die Pension bei den Dreharbeiten zu dem James-Bond-Film *Casino Royale* kurzzeitig als Kamerastandort genutzt wurde. EZ 40 €, DZ 56 €. Zámecká 19, ✆ 352684193, www.pensionulrika.cz.

**U Frídy (7),** Minipension. Nur 2 schöne, große Zimmer mit klassischer Einrichtung. Das Bad wird geteilt. DZ 44 € inkl. Parken. Zámecká 3, ✆ 352684058, goldtalinka@email.cz.

**Lazy River Hostel (6),** einfaches, aber nettes Hostel in einem historischen Stadtgebäude in Burgnähe. Teils knarrende Holzböden, teils Pflanzen in den Zimmern. Nur wenige Privatzimmer, ansonsten Schlafsäle. Saubere Gemeinschaftsbäder, Küche für alle. Freundlich und deutschsprachig. 12 €/Pers. Kostelní 61, ✆ 776235417 (mobil), www.hostelloket.com.

Westböhmen Karte S. 317

## Sehenswertes

**Hrad (Burg):** Wer *Casino Royale* gesehen hat, kennt die Burg, denn Szenen des James-Bond-Thrillers wurden hier gedreht. Die Burg wurde Ende des 12. Jh. zum Schutz der böhmischen Westgrenze errichtet. Nach mehrfachen Umbauten im Laufe der Zeit diente sie im 19. Jh. als Staatsgefängnis. Heute im Besitz der Stadt und weitestgehend restauriert, darf man die einstigen Kellerverliese (mit nachgestellten Folterszenen!) freien Fußes betreten und auch wieder verlassen. In anderen Räumlichkeiten der Burg werden Waffen, eine alte Apotheke, archäologische Funde und eine Sammlung von böhmischem Porzellan gezeigt. Ausgestellt ist auch die Kopie eines Bruchstücks eines schwarzen Meteoriten, der ursprünglich 107 kg schwer war. 1775 fand man diesen im Burggraben und hielt ihn für einen versteinerten Burggrafen. Der ehemaligen Festsaal dient wechselnden Ausstellungen. Den Burgturm bewohnt übrigens der Furcht einflößende Plastikdrache Šarkan.

*Öffnungszeiten* April–Okt. tägl. 9–16.30 Uhr (an Sommerwochenenden oft länger), sonst bis 15.30 Uhr. Eintritt mit Führung 3,60 €, mit dt. Textblatt 3,20 €, erm. 2,40 € bzw. 1,70 €.

**Městská knihovna (Städtische Bibliothek):** Die Bibliothek befindet sich im spätbarocken Rathaus am Marktplatz, das wegen seines Giebelturms ins Auge sticht. Angeschlossen ist eine kleine Ausstellung zum Buchbinderhandwerk, die der Sammelleidenschaft des 1997 aus den USA zurückgekehrten Loketer Buchbinderehepaars Sobota entspringt.

*Öffnungszeiten* Juli/Aug. Mi/Do/Sa/So 10–17 Uhr, außerhalb der Saison verkürzt. Eintritt 0,80 €.

# Erzgebirge (Krušné Hory)

**Einsame Hochmoore und weite Hochebenen, wo das Radwandern und Langlaufen zur Lust wird, kennzeichnen das Erzgebirge genauso wie wenig ansprechende Ortschaften und anspruchslose Skipisten.**

Das Grenzgebirge zwischen der Tschechischen Republik und Deutschland erstreckt sich über eine Länge von ca. 140 km vom Elstergebirge im Westen bis zum Elbsandsteingebirge im Osten. Die Kammlinie besitzt keine herausragenden Bergmassive, sondern verläuft leicht wellig. Bewaldete Kuppen bilden meist die Gipfel, die z. T. auf über 1200 m ansteigen. Jedoch sind die Wälder aufgrund der Emissionen der Braunkohlekraftwerke im Kohlebecken (→ S. 300) und des damit verbundenen sauren Regens stark in Mitleidenschaft gezogen. Dies gilt v. a. für den nordböhmischen Abschnitt zwischen Chomutov und Teplice, der aus touristischer Sicht weitestgehend uninteressant ist. Die Besiedlung des Erzgebirges erfolgte im 12. Jh. durch Bergleute, die hier, wie der Name schon verrät, insbesondere Erze, aber auch Silber abbauten. Die Landwirtschaft wird bis heute vernachlässigt, da hohe Niederschlagsmengen, niedrige Temperaturen und ein alles andere als fruchtbarer Boden keine guten Ernten versprechen.

**Jáchymov (St. Joachimsthal):** Jáchymov zu Füßen des Keilbergs (→ S. 399) ist zweifelsohne der schäbigste Kurort Westböhmens. Das Gros der ausländischen Besucher aus dem grenznahen Sachsen kommt auch nicht zum Kuren, sondern der billigen Liebe und Zigaretten wegen. Dabei liegt der Ort eigentlich ganz idyllisch in einem tiefen Taleinschnitt, in dessen unterer Hälfte rund um das *Sanatorium Radium Palace* sogar ein kleiner ansehnlicher Park samt einem neuen Aquazentrum existiert. Besuchenswert ist bislang nur das *Stadtmuseum* (Městské muzeum) im oberen Teil des Orts beim Rathaus. Das in der ehemaligen königlichen Münze un-

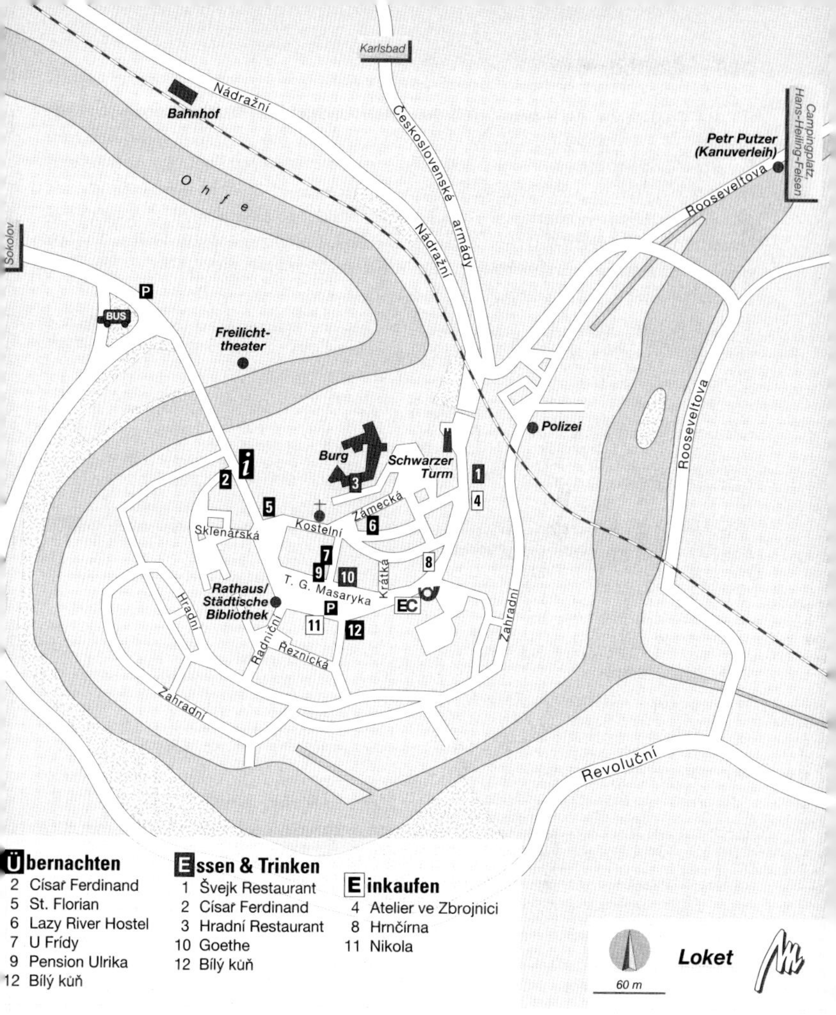


tergebrachte Museum erinnert an die Zeit, als der Ort noch wegen seiner Silbervorkommen berühmt war. Im Jahre 1519 begann man, in St. Joachimsthal Silbermünzen zu prägen. Aus dem sog. „Joachimsthaler" leiteten sich später die Bezeichnungen „Taler" und „Dollar" ab.

In Jáchymov liegen aber nicht nur die Anfänge des Dollars, sondern auch des Uranerzabbaus. Zur Glas- und Porzellanherstellung wurde es verwendet. Zu Beginn des 20. Jh. entdeckte die Chemikerin Marie Curie im Joachimsthaler Uranerz das Element Radium, wofür sie später den Nobelpreis erhielt. Doch der Kontakt mit dem Uran erwies sich für sie als genauso tödlich wie für Generationen deutscher Bergleute. Die durchschnittliche Lebenserwartung lag in Jáchymov bis in die Mitte des 20. Jh. bei 42 Jahren. Danach besorgten in erster Linie politische Gefangene im Zuge der stalinistischen Säuberungen den Abbau des Urans. Der Name Jáchymov stand für eines der berüchtigsten Konzentrationslager der Tschechoslowakei. Viele Internierte starben an Erschöpfung, Hunger und Leukämie. Daran soll künftig ein *Freilicht-Bergbaumuseum* samt Lehrpfad erinnern, das 2010 noch im Aufbau begriffen war. Nach dessen Fertigstellung wird man u. a. die Nachbildung einer Gefangenenbaracke sehen können. Bislang ist lediglich der sog. *Stollen Nr. 1* nahe der alten, unübersehbaren Zeche Svornost im oberen Ortsteil zugänglich. Der 260 m lange Stollen diente als Erkundungsstollen für neue Uranerzlager, die Tore sollten die hier arbeitenden Gefangenen an der Flucht hindern.

Seit 1964 wird kein Uran mehr abgebaut. Im ehemaligen Uranerzbergwerk entspringen jedoch radioaktive Thermalquellen, deren Wasser in der Behandlung von Nerven- und Rheumaerkrankungen Anwendung findet. Was hier einst den Tod brachte, schenkt heute Kranken Linderung. Ein solches Radonbad ist nur nach ärztlicher Voruntersuchung möglich.

• *Information* **Informační centrum Jáchymov,** im Rathaus am Náměstí Republiky. Mo–Fr 8–12 u. 12.30–17 Uhr, Sa/So ab 9 Uhr. ✆/℻ 353811379, www.mestojachymov.cz. Kurinfos erhält man bei der **Kurverwaltung** nahe dem Kreisverkehr (im Haus „Tolar") im unteren Ortsbereich. ✆ 353833333, www.laznejachymov.cz.

• *Verbindungen* **Busse** ständig über Ostrov nach Karlovy Vary, bis zu 7-mal tägl. nach Abertamy, Pernink, Potůčky und Boží Dar.

• *Öffnungszeiten* **Stadtmuseum,** Mincovní 37, Mi–So 9–12 u. 13–17 Uhr. Eintritt 2,40 €, erm. die Hälfte.

**Stollen 1,** Führungen April–Okt. Mi–So um 10, 11, 13, 14 u. 15 Uhr. Eintritt 1,60 €, erm. die Hälfte.

**Boží Dar (Gottesgab):** Die kleine 178-Seelen-Gemeinde auf 1028 m Höhe ist das touristische Zentrum des Erzgebirges auf tschechischer Seite. Das ehemalige Bergbaustädtchen nahe der deutschen Grenze steht heute ganz im Zeichen des *Wintersports*. Geboten werden mehr als 120 km gespurte Langlaufloipen, einige davon führen ins benachbarte Oberwiesenthal. Für Abwechslung im alpinen Skisport sorgen 20 Lifte, die meisten davon an Boží Dars Hausberg, dem *Klínovec* (s. u.). Aber auch im Sommer lockt der Ort Touristen an, insbesondere zum Wandern und Radfahren. Ein interessanter Weg ist der Naturlehrpfad durch das südwestlich des Orts gelegene *Hochmoor* (ausgeschildert). Im Ort selbst gibt es zwar jede Menge Hotels, Pensionen und Restaurants, oft in hübschen Holzhäuschen, ansonsten aber wenig zu tun. Um dem ein wenig abzuhelfen, hat man im Informationszentrum ein kleines *Heimatmuseum* eingerichtet.

• *Information* **Infocentrum Boží Dar,** im winzigen „Zentrum". ✆ 353815108, www.bozidar.cz. Tägl. 8–18 Uhr.

• *Verbindungen* **Busse** bis zu 7-mal tägl. über Jáchymov und Ostrov nach Karlovy Vary.

• *Wintersport* In und rund um Boží Dar gibt es 3 Skiareale mit 20 Liften. Anspruchsvollere Abfahrten bestehen am Klínovec (bis zu 2,5 km Länge, s. u.), für Kinder und Anfänger genügt das Areal Novako direkt am Ort. Eintägiger Skipass 10–21 €. Ski- und Snowboardunterricht sowie Ausrüstungsverleih (ab ca. 13 €/Tag) gibt es in Boží Dar an jeder Ecke.

• *Restaurants* **Sv. Petr,** eines der beliebtesten Restaurants im Ort, der gleichnamigen Pension (s. u.) angegliedert. Rustikale Einrichtung. Ausgefallene böhmische Küche, viele Wildgerichte. Im Sommer mit offenem Grill auf der Terrasse. Mittlere Preisklasse.

**Zelený dům („Grünes Haus"),** unübersehbar grünes Haus an der Hauptdurchgangsstraße. Hier übernachtete schon Luther. Urgemütlich-dunkles Restaurant im Bauernstubenstil. Leser loben die gute Küche – dicke Pfeffersteaks, Braten und Wildgerichte zu 4–10,80 €. Nette Terrasse. Boží Dar 46, ✆ 353815133.

**Kolíba,** urige, mit Holz beheizte Bierstube. Rund ein Zehntel der Dorfbevölkerung kommt hier allabendlich zusammen. Tschechische Schlager und die Stones aus den Boxen. Herzlicher Wirt, der gern Wacholderschnaps trinkt. Tägl. 17–1 Uhr. Gegenüber der Kirche.

• *Übernachten* In Boží Dar gibt es rund 2000 Betten, fast jedes zweite Haus ist ein Hotel oder eine Pension. Im Sommer wird man wenig Probleme haben, irgendwo unterzukommen, im Winter reserviert man besser im Voraus. Der erstgenannte Preis ist der Sommer-HS-Preis, der zweite der Winter-HS-Preis.

*** **Hotel Praha,** eines der besten Häuser vor Ort. Leicht rustikal angehauchte, gepflegte Zimmer. Kleiner Wellnessbereich mit Hallenbad und Sauna. Lift hinterm Haus. DZ 44/70 €. Boží Dar 45 (an der Straße, die am Ort vorbeiführt), ✆ 353815023, 📠 353851865, www.hotelpraha.cz.

**Pension Sv. Petr,** 3 Türen vom Sv. Hubert entfernt. 8 schlichte Teppichbodenzimmer für 2–5 Pers., mit Kabel-TV. Ordentliches Restaurant, eigene Parkplätze. DZ 32/60 €. Boží Dar 6, ✆/📠 353449381, www.pension-svaty-petr.cz.

**U sněhuláka,** kleine Pension mit 7 Zimmern, z. T. im netten Landhausstil. Café (hausgemachte Kuchen). DZ 28/72 €. Boží Dar 48 (bei der Kirche), ✆/📠 353815123, www.pensionusnehulaka.cz.

**Klínovec (Keilberg):** Östlich von Boží Dar erhebt sich mit 1244 m ü.d.M. der stolzeste Hügel des Erzgebirges. Auf seinem höchsten Punkt befindet sich eine heruntergekommene, verwaiste Hotelanlage (die seit Jahren restauriert werden soll) und ein mit Satellitenanlagen bestückter Sendeturm. Der Klínovec war bis vor ein paar Jahren weniger von grünen Wäldern umgeben, sondern mehr von mausgrauen. Die Zahl toter Bäume in den oberen Lagen war erschreckend, mittlerweile wurde aber vielerorts aufgeforstet.

• *Anfahrt* Von der Verbindungsstraße Boží Dar – Vejprty (Richtung Chomutov) aus beschildert. Mit dem **Auto** kann man bis zum höchsten Punkt fahren. Im Winter auch **Skibusse** ab Boží Dar.

• *Sessellift auf den Klínovec* Die Talstation liegt ca. 3 km außerhalb von Jáchymov (s. o.), vom Kreisverkehr im unteren Ortsbereich mit „Lanovka" ausgeschildert. Im Winter befördert der Lift Skifahrer, im Sommer Wanderer hinauf. Tägl. 10–18 Uhr, einfache Fahrt 2,40 €.

• *Übernachten* **Sport Hotel Rudolf,** auf dem Klínovec, nur wenige Meter unterhalb des Gipfels. Acht zwar ziemlich billig ausgestattete, aber insgesamt freundliche Zimmer (z. T. mit toller Aussicht), Restaurant mit herrlichem Biergarten, beliebt bei Radfahrern und Wanderern. Sauna und kleines Hallenbad. Mit HP im Winter 40 €/Pers., im Sommer 28 €. Klínovec, ✆ 353812000, 📠 353812001, www.sporthotelrudolf.cz.



**Plešivec (Plessberg):** Wie der Klinovec ist auch der Plešivec (1028 m), ca. 8 km südwestlich von Boží Dar, ein beliebtes Ausflugsziel. Diverse markierte *Wanderwege* kreuzen sich hier. Von seinem Gipfel genießt man an klaren Tagen eine herrliche Fernsicht. Von der Straße zwischen Jáchymov/Boží Dar und Abertamy ist der Weg auf den Plešivec beschildert. Rund um den Gipfel gibt es mehrere Übernachtungsmöglichkeiten.

**Pernink (Bärringen):** Etwa 2,5 km westlich von Abertamy liegt Pernink, einst Bärringen genannt, da einer Legende nach ein Bär hier einen Zinnbarren ausgrub. Schön ist Pernink nicht gerade. Es bietet jedoch mehrere Unterkünfte und Restaurants, die insbesondere im Winter gut besucht sind, zumal es ein paar Schlepplifte gibt und Abfahrten dazu, die man allesamt im Schuss meistern kann.

*Verbindungen* Busse bis zu 7-mal tägl. nach Jáchymov und bis zu 10-mal tägl. nach Karlovy Vary. Der Bahnhof liegt recht abseits.

**Horní Blatná (Bergstadt Platten):** 3 km nördlich von Pernink erreicht man Horní Blatná, ein ehemaliges Bergbaustädtchen mit exakt 237 Häusern. Das schönste davon, ein liebevoll restauriertes Fachwerkpatrizierhaus, beherbergt ein unspektakuläres *Zinnmuseum*. Es befindet sich an der Bezručova, nur wenige Schritte vom Dorfplatz mit seiner barocken Pfarrkirche und ein paar Restaurants entfernt. Nahe dem Ort liegen die *Wolfsgruben;* einfach am Museum vorbei bergauf und dann der roten Wandermarkierung folgen (Dauer ca. 30 Min.). Dabei handelt es sich um

*Im Erzgebirge*

Stollen, die jedoch schon vor Jahrhunderten einstürzten. So entstanden tiefe, bizarre Schluchten, in denen bis in den Sommer hinein oft noch Schnee liegt.

• *Verbindungen* **Busse** bis zu 6-mal tägl. nach Jáchymov und Potůčky und bis zu 4-mal tägl. nach Karlovy Vary.
**Züge** bis zu 9-mal tägl. nach Potůčky, bis zu 7-mal über Pernink und Nejdek nach Karlovy Vary.

• *Öffnungszeiten* **Zinnmuseum,** in ungeraden Wochen Mi–Fr 9.30–15 Uhr, in geraden Wochen Mi–Fr 14–18 Uhr, Sa/So 9–12 u. 14–17 Uhr. Eintritt 0,80 €, erm. die Hälfte.

**Potůčky (Breitenbach):** 4 km trennen Horní Blatná von Potůčky, einem beliebten Ausflugs- und Einkaufsziel der Sachsen. Ein Grenzübergang verbindet den Ort mit *Johanngeorgenstadt* auf deutscher Seite. Und wie es sich für einen tschechischen Grenzort gehört, gibt es hier einen riesigen Asia-Markt, auf dem man neben Zigaretten Spielzeug, Bier, Wein, Gardinen, Riesenschnitzel, Trikots, Hossa-Hossa-CDs, Briefkästen usw. kaufen kann.

*Verbindungen* **Busse** bis zu 7-mal tägl. nach Jáchymov, bis zu 3-mal tägl. nach Karlovy Vary. **Züge** bis zu 7-mal tägl. über Horní Blatná, Pernink und Nejdek nach Karlovy Vary.

**Nejdek (Neudek):** In einem schönen Tal (7,5 km westlich von Pernink) liegt das annähernd 9000 Einwohner zählende Nejdek. Das Zentrum rund um den Náměstí Karla IV. ist freundlich und mit Bürgerhäusern im Jugendstil und im Stil des Historismus durchsetzt. Ins Auge fällt der *Schwarze Turm* (Černá věž) auf einem überhängenden Felsen, der einst Teil einer gotischen Burg war (nicht zugänglich). Ganz in der Nähe liegt das örtliche *Museum,* das aus dem Fundus des Karlsbader Museums wechselnde Ausstellungen präsentiert. Den Süden der Stadt dominieren Industriebetriebe, darunter die größte Kammgarnspinnerei Tschechiens.

• *Verbindungen* **Züge** regelmäßig nach Karlovy Vary, bis zu 11-mal tägl. nach Nové Hamry und bis zu 9-mal tägl. über Pernínk und Horní Blatna nach Potůčky.
**Busse** regelmäßig nach Karlovy Vary, bis zu 6-mal tägl. nach Nové Hamry, bis zu 4-mal nach Ostrov.

• *Übernachten* *** **Hotel Anna,** beste Unterkunft vor Ort. 21 Zimmer, der Kategorie entsprechend, jedoch ziemlich geschmacklos ausgestattet. Der Service hinkt der Sterneanzahl noch hinterher. Restaurant. EZ 38 €, DZ ab 52 €. Nám. Karla IV 486, ✆/℻ 353825756, www.annahotelnejdek.eu.

• *Öffnungszeiten* **Museum,** Mi–So 8.30–12 u. 13–16.30 Uhr. Eintritt variabel.

**Nové Hamry (Neuhammer):** Verlässt man Nejdek in Richtung Norden, erreicht man nach ca. 5 km Nové Hamry, ein bäuerlich wirkendes kleines Dorf in einem malerischen Tal. Die Anfahrt mit dem Zug von Karlsbad über Nejdek ist herrlich, die Strecke idyllisch.

*Verbindungen* **Züge** bis zu 10-mal tägl. über Pernink und Horní Blatná nach Potůčky sowie über Nejdek nach Karlovy Vary. **Busse** bis zu 6-mal tägl. nach Nejdek.

**Kraslice (Graslitz):** Annähernd 8000 Einwohner zählt das von Klinkersteinhäusern geprägte Städtchen rund 30 km nordwestlich von Karlsbad. Es wirkt um einiges größer und lebendiger, zumal es auch für die umliegenden, kleinen Ortschaften des westlichen Erzgebirges das kulturelle und wirtschaftliche Zentrum darstellt. Bekannt war das ehemalige Graslitz wegen seiner langen Tradition im Musikinstrumentenbau, in erster Linie Geigen, und in der Textilfertigung, insbesondere Spitzen.

• *Verbindungen* Bahnhof und Busbahnhof ca. 500 m westlich des Zentrums. **Busse** bis zu 6-mal tägl. nach Sokolov, nur 2-mal tägl. nach Karlovy Vary.

**Züge** stündl. nach Sokolov, Zwickau und Klingenthal.

• *Übernachten/Essen & Trinken* **Pension Krista,** 8 geräumige Zimmer mit etwas zusammengewürfelter Standardausstattung. Angegliedert ist ein bei deutschen Tagestouristen recht beliebtes Restaurant mit böhmischer Küche (große Portionen, aber nicht die Welt). Sichere Parkplätze im Hof. DZ 44 €. Dukelská 753 (Straße Richtung Chodov/Sokolov), ✆ 352686054, www.krista.cz.

**Camping Nancy,** der einzige Campingplatz im Herzen des westlichen Erzgebirges und bezüglich der Lage einer der schönsten Westböhmens. Idyllischer Wiesenplatz mit Naturpool, einem plätschernden Bächlein und Grill gelegenheiten. Nur Imbiss. Fahrbarer Untersatz vonnöten. Es werden auch 4 Zimmer (nur teilweise mit privatem Bad) im oberhalb gelegenen Forsthaus vermietet. Ganzjährig. Campen 4,80 €/Pers., egal ob mit Zelt oder Wohnmobil, DZ 27 €, Frühstück extra. Ca. 6 km nördlich von Kraslice an der Straße nach Přebuz, ✆ 352696360, www.atc-nancy.euweb.cz.

Westböhmen Karte S. 317

*Straßenzug in Jáchymov*

# Südböhmen (Jižní Čechy)

**Südböhmen gehört zu den beliebtesten Urlaubsregionen der Republik, und das nicht umsonst: Hier findet man die schönsten Bergregionen des Landes, dazu weite Teichlandschaften und dazwischen ein paar bildschöne Orte.**

Glanzlicht ist der viel besungene Böhmerwald, eine bukolische Welt aus rauschenden Flüssen, gurgelnden Bächen, rauem Weideland und tiefen Fichten- und Kiefernwäldern – immer noch so schön, wie ihn der hier gebürtige Schriftsteller Adalbert Stifter einst porträtierte. Und nach dem Fall des Eisernen Vorhangs lädt das Naturparadies an der Grenze zu Deutschland und Österreich heute wieder zu ausgedehnten Streifzügen ein. Südböhmen ist aber nicht nur der Böhmerwald. Unendliche Teichlandschaften, sanftes Hügelland und – wo die Moldau ins Stocken gerät – idyllische Stauseen prägen Südböhmen genauso. So vielfältig die Landschaft ist, so abwechslungsreich war die Geschichte der Region. Sie erzählt vom Goldrausch noch vor der Entdeckung des hohen Alaska, von den Adelsgeschlechtern der Eggen-, Rosen- und Schwarzenberg, die mächtige Burgen und Dornröschenschlösser hinterließen, und von den Hussiten, die sich von hier aufmachten, um Europa in Atem zu halten. Das historische Erbe der Region spiegelt sich in prächtigen Städten und Städtchen wider, die einen im Stil der Renaissance mit einem Hauch von Italien, die anderen mit barockem Puppencharme. Einziger Wermutstropfen ist das Atomkraftwerk Temelín.

### Südböhmen – die Highlights

**Český Krumlov:** „Die Moldau macht einen Ring. Dann macht sie außerhalb desselben einen zweiten verkehrten und dann noch einen größeren." So Adalbert Stifter. Alles klar? Dazwischen liegt Český Krumlov, *der* Touristenmagnet Südböhmens. Wer kein überlaufenes Paradies will, besucht es am besten im Winter.

**Böhmerwald und Lipno-Stausee:** Hier tummeln sich die Aktivurlauber. Zum Baden, Wandern und Radfahren ist die Region einfach ideal.

**Holašovice:** Ein Bilderbuchdorf im Bauernbarock – seit 1998 auf der UNESCO-Welterbeliste.

**Třeboň:** Ein schnuckeliges Städtchen in einer entzückenden Teichlandschaft. Naturliebhaber und Radler sollten den Marker zücken.

**Jindřichův Hradec:** Eine schmucke, lebendige Stadt und ein idealer Ausgangspunkt für die Besichtigung des roten Wasserschlosses Červená Lhota.

**Orlík-Stausee:** An dem lang gestreckten See kann man nicht nur baden, sondern auch noch zwei Hinterlassenschaften der Adelsfamilie Schwarzenberg, Schloss Worlik und Burg Klingenberg, besuchen.

**Rožmberk:** Das hübsche Moldaudorf zu Füßen einer mächtigen Schlossburg ist ein beliebter Kanutentreff.

**Burg Rabí:** Nichts als Mauern – die Festung ist eine Dominante in der Landschaft, furchteinflößend und imposant.

**Hluboká nad Vltavou:** Das neogotische Schloss nahe České Budějovice gehört zu den schönsten und publikumsträchtigsten des Landes.

*Der Marktplatz von České Budějovice, einer der größten Tschechiens*

## České Budějovice (Böhmisch Budweis)

**České Budějovice ist die Metropole Südböhmens und unter dem Namen Budweis für Bierkenner gar eine weltbekannte. So steuern viele Besucher zuerst die Brauerei an. Aber es gibt noch mehr zu sehen.**



Die 100.000-Einwohner-Stadt ist das industrielle, wirtschaftliche und administrative Zentrum Südböhmens – mit allem, was dazugehört. Die meisten Touristen kommen für einen Tagesausflug aus dem nahe gelegenen Český Krumlov oder sind auf der Durchreise. Auf den ersten Blick wirkt České Budějovice großstädtisch und, da man auf dem Weg ins Zentrum die typisch tschechischen Stadtrandsiedlungen passiert, nicht unbedingt einladend. Aber die am Zusammenfluss von Malše (Maltsch) und Moldau gelegene ruhige Altstadt mit ihren sorgfältig restaurierten Laubenhäusern ist überschaubar und lädt zum Bummeln ein. Allzu große kunsthistorische Attraktionen besitzt Budweis nicht, dafür rund 12.000 Studenten, die für ein junges, lebendiges Flair sorgen.

**Geschichte:** 1265 wurde Budweis unter König Přemysl Otakar II. zur Stadt erhoben, ein Jahrhundert später mit Privilegien ausgestattet, die das Städtchen zu einem bedeutenden Handelszentrum machten. Im 16. Jh. vermehrten ergiebige Silberfunde den Reichtum und führten zur Einrichtung einer königlichen Münze. Im Dreißigjährigen Krieg stand das katholische Budweis auf Seiten des Kaisers. Hohe Beamte suchten Schutz in der Stadt, die von einem mächtigen Wall umgeben war. Doch noch vor dem Westfälischen Frieden lag Budweis in Schutt und Asche, nicht durch Kriegseinwirkung, sondern durch einen Großbrand im Jahre 1641. Der Wiederaufbau dauerte Jahrzehnte. 1832 liefen die ersten „Züge“ aus Linz in Budweis ein, nicht dampfbetrieben, sondern von Pferden gezogen (→ Sehenswertes). 1847 wurde die Papier- und Bleistiftfabrik der Gebrüder Hardmuth gegründet, die noch

Stříbro
Mže
Město Touškov
PLZEŇ
20
27
D 5
Prag
Dobříš
4
Nýřany
Rokycany
Starý Plzenec
26
Příbram
18
Mirošov
Dobřany
180
Radbuza
66
Stod
Úhlava
Spálene Poříčí
19
26
27
20
Úslava
Holýšov
Přeštice
Rožmitál pod Třemšínem
Popelik
Orlík-Stausee
Kamenice
Blovice
Staňkov
Březnice
Kožlí
Lety
Schloss Orlík
Orlík nad Vltavou
Švihov
Měčín
Mirovice
Nepomuk
Lnáře
Burg Zvíkov
Mirotice
Blatná
Kdyně
Klatovy
Zvíkovské Podhradí
22
Habartice
Janovice nad Úhlavou
Hnačov
Otava
Klenová
Horažďovice
Písek
Lišči
Běšiny
Podolí
Kolinec
Chudenín
Nýrsko
Skelná Hut
Rabí
Kestřany
Zelená Lhota
Velhartice
Svojšice
Strakonice
Putim
Blanice
Petrovice u Sušice
Hamry
Hojsova Stráž
Javoříčko
Sušice
Štětice
Pančíř 1214
Jiřičná
Nové Městečko
Kloub
Brčálník
Hartmanice
Burg Kašperk
Volyně
Helfenburk
Krtětice
Vodňany
Špičák
Železná Ruda
Annín
Dobrá Voda
Kašperské Hory
Vodňanské Svobodné Hory
Großer Arber 1456
Nationalpark
Řetenice
Stachy
Dub
Račov
Blanice
Prášily
Srní
Zdíkov
Lomec
Horská Kvilda
Nový Dvůr
Žichovec
Šumava
Zadov
Vimperk
Husinec
Schloss Kratochvíle
Netolice
Antýgl
Regen
Zwiesel
Modrava
Filipova Huť
Kvilda
Nové Hutě
Boubín 1362
Prachatice
Černá hora 1315
Teplá Vltava
Kubova Huť
Libín 1119
Regen
Horní Vltavice
Kaplice
Blažejovice
Zátoň
Lenora
Volary
85
České Žleby
Grafenau
National-park Šumava
Černý Kříž
Stožec
533
12
39
NSG Šumava
DEUTSCHLAND
Freyung
Nové Údolí
Jelení
Vltava
Bělá
Ovesná
Hodňov
Horní Planá
Dreisessel 1332
Plechý/ Plöckenstein 1378
Nová Pec
Bližší Lhota
A 3
85
Přední Zvonková
Černá v Pošumaví
Radslav
Schöneben
Lipno-Stausee
Dolní Lukavice
Donau
Ulrichsberg
Moldaublick
Vítkův Kámen
Frýdava
12
Svatý Tomáš
Přední Výtoň
38
Passau
388
Rohrbach

Südböhmen
Prag
Novy Knín
(Moldau)
Benešov
Bystrice
Vlašim
Zruč nad Sázavou
Sázava
Ledeč nad Sázavou
Světlá nad Sázavou
Švihov-Stausee
D1
Blanice
Sedlčany
Votice
Sedleč-Prčice
Šelmberk
Mladá Vožice
Želivka
Humpolec
Cunkov
Borotín
Pacov
Milevsko
Chýnovska j.
Pelhřimov
Chýnov
Kozí Hrádek
Lužnice
Štadle
Černovice
Dobronice
Choustník
Horní Cerekev
Kamenice nad Lipou
Vltava (Moldau)
Bechyně
Černice
Roštejn
Deštná
Počátky
Kloděje
Komárov
Soběslav
Nová Včelnice
Týn nad Vltavou
Klečaty
Schloss Červená Lhota
Studnice
Řásna
Lhotka
Temelín
Veselí nad Lužnicí
Jindrichuv Hradec
Buk
Jindriš
Kunžak
Mosty
Schloss Jemčina
Horní Pěna
Hluboká nad Vltavou
Böhmisch Kanada
Schloss Ohrada
Stráž nad Nežárkou
Nová Bystrice
Landštejn
Rožmberk-Teich
Novy Vojirov
Stálkov
Cizkrajov
Hosín
Klášter
Slavonice
Rudolfov
Třeboň
Chlum u Třeboně
Staňkov
Mariž
ČESKÉ BUDEJOVICE
Plána
Hamr
Litschau
Trocnov
Divčí Kámen
Žižka-Denkmal
Thayaland
Zlatá Koruna
Římov
Heidenreichstein
Trhové Sviny
Mojné
Malše
Svachova Lhotka
Waidhofen an der Thaya
Český Krumlov
Nové Hrady
České Velenice
Schrems
Terezino údolí
Kaplice
Gmünd
Thaya
Bujanov
Rožmitál
Weitra
Novohradské hory
ÖSTERREICH
Rožmberk nad Vltavou
Ottenstein Stausee
Zwettl
Dyje
3
18
19
29
105
34
602
23
24
303
41
38
125

heute unter dem Namen *Koh-i-Noor* existiert. Mit der Industrialisierung einher ging der Zuzug von Tschechen, die zu Beginn des 20. Jh. die deutsche Bevölkerungsmehrheit kippten. In sozialistischer Zeit verdoppelte sich die Einwohnerzahl auf den heutigen Stand.

**Orientierung:** Die Altstadt ist fast komplett von der *Malše* und ihren Nebenarmen umringt. Weil sie schachbrettförmig aufgebaut ist, kann man sich kaum verlaufen. Bis auf die *Brauerei Budvar* lassen sich alle Sehenswürdigkeiten zu Fuß erkunden. Die Verbindung vom Zentrum zum 500 m östlich gelegenen Bahnhof bzw. Busbahnhof stellt die *Lannova* dar, eine der Hauptgeschäftsstraßen.

## Information/Parken/Verbindungen

• *Information* **Městské informační centrum** im Rathaus am Nám. Přemysla Otakara II. 2. Im Sommer Mo–Fr 8.30–18 Uhr, Sa 8.30–17 Uhr, So 10–16 Uhr, im Winter verkürzt. ✆ 386801413, 📠 386801414, www.c-budejovice.cz.

• *Parken* Bewachter Parkplatz u. a. nördlich des Zentrums an der Pražská beim unübersehbaren Hotelklotz Gomel (24 Std. 2,40 €). Zudem gebührenpflichtige Parkplätze u. a. am Hauptplatz und vor dem Südböhmischen Theater.

• *Verbindungen* **Flugzeug:** Der ehemalige Militärflughafen bei Planá 6 km südlich des Zentrums soll bis 2013 zu einem internationalen Flughafen ausgebaut werden.

Bahnhof und Busbahnhof eng beieinander (rund 500 m östlich des Zentrums).

**Züge** bis zu 9-mal tägl. nach Český Krumlov, Pilsen und Jindřichův Hradec, 5-mal tägl. nach Linz, bis zu 7-mal tägl. nach Volary, Brünn und Písek, stündl. über Tábor und Benešov nach Prag.

**Busse** regelmäßig nach Český Krumlov und Prag, 5-mal tägl. nach Brünn, 3-mal tägl. nach Telč.

**Stadtbusse:** Einen Übersichtsplan hält die Touristeninformation (dort auch Ticketverkauf) bereit.

## Adressen/Sport & Freizeit/Kultur (→ Karte S. 409)

• *Ärztliche Versorgung* **Krankenhaus** an der B. Němcové südlich des Zentrums. ✆ 387871111.

• *Autoverleih* Zum Beispiel **Europcar,** günstigstes Fahrzeug 59 €/Tag, über das Reisebüro Rekrea, Široká 12, ✆ 387312290, www.europcar.cz.

• *Polizei* Zum Beispiel an der Pražská nördlich des Zentrums. ✆ 156.

• *Post* **Hauptpost** am Senovážné nám.

• *Einkaufen* **Shoppingcenter IGY (1),** Ecke Pražská/Pekárenská, ca. 20 Fußmin. nördlich des Zentrums. Mall mit rund 80 Läden (*H & M, Deichmann, New Yorker, Orsay* etc.).

**Apatyka/Pl Centrum (4),** 2 benachbarte Läden mit stark alternativem Touch. Im Apatyka kann man sich mit Kräutern, Tee und Tarotkarten eindecken, im Pl Centrum mit Naturkosmetik und Bioprodukten. Gegenüber dem Rabensteiner Turm in der Panská 1.

**Domestika (3),** in einem Nebengebäude des Rabensteiner Turms. Schöner großer Kramladen, den man ohne ein Mitbringsel kaum verlässt. Liebevoll eingerichtet. Bunte Kissen und Topflappen, Keramik, Kerzen, Schmiedeeisernes usw. Panská.

**Koh-I-Noor Papírnictví (24),** nahezu alles, was der lokale Schreibwarenproduzent herstellt, ist hier zu bekommen. Široká 1.

• *Golf* → **Hluboká nad Vltavou,** S. 412.

• *Zoo* → **Jagdschloss Ohrada,** S. 415.

• *Theater/Konzerte* Das größte Budweiser Theater ist das im 19. Jh. im Empirestil erbaute **Südböhmische Theater** *(Jihočeske divadlo)* in der Dr. Stejskala 23, ✆ 386356643, www.jihoceskedivadlo.cz. Die südböhmische Kammerphilharmonie ist in der **Otakar-Jeremiáš-Konzerthalle** in der Kněžská 6 (✆ 386353561, www.music-cb.cz) zu Hause.

• *Veranstaltungen* Größtes Ereignis ist das **Internationale Musikfestival** zu Ehren der einstigen Operndiva Emma Destinnová im Spätsommer. Anfang April gibt es einen großen **Jahrmarkt.**

*Essen & Trinken/Nachtleben* (→ *Karte S. 409*)

• *Restaurants* **U Solné Brány (20),** kleines, gediegenes Hotelrestaurant mit niveauvoller böhmischer Küche. Als Vorspeise empfiehlt sich der gratinierte Ziegenkäse mit Blattspinat, danach die Entenbrust mit Apfelchutney und Calvados. Der Betreiber ist ein Weinkenner, was sich auch in der Karte niederschlägt. Hg. 6–14 €. Radniční 11, ✆ 386354121.

**La Cabaña (7),** gemütliches Lokal mit Fokus auf spanischer Küche (Tapas, Paella), so gut diese von einem tschechischen Koch eben zubereitet werden kann – eine Alternative zur schweren böhmischen Kost. Günstige Tagesgerichte, ansonsten mittlere bis gehobene Preise. Netter Außenbereich. Panská 14, ✆ 387202820.

**Life is Dream (10),** das Restaurant mit dem lustigen Namen zieht sich über mehrere verwinkelte Etagen, außerdem gibt es eine Sommerterrasse. Spannende, eher kleine Karte, auf der die böhmischen Klassiker genauso auftauchen wie interessante Kreationen aus der ganzen Welt. Auch Vegetarier werden bedacht. Hg. 6–18 €. Kněžská 31, ✆ 733609225 (mobil).

**Alchymista (25),** beliebtes Restaurant im Backsteingewölbe mit dem in Südböhmen so populären Mittelalterflair – pseudo-keltische Musik, Gerichte vom offenen Grill und zuweilen Bedienungen in historischen Kostümen. Achtung, am nächsten Tag brauchen Sie eine frische Garderobe. Hg. 7,20–13,20 €. U Tří lvů 10, ✆ 386356545.

**Česká Rychta (18),** luftig-helles Kneipenrestaurant, der „Pilsner Urquell Original Restaurant"-Kette zugehörig. Gute böhmische Küche der mittleren Preisklasse. Es kann etwas dauern, bis man sein Essen bekommt, es schmeckt dafür aber auch. Zum Nachtisch sollten Sie Liwanzen kosten. Nám. Přemysla Otakara II. 29, ✆ 387311384.

**Masné krámy (12),** in den ehemaligen Fleischbänken aus dem 16. Jh. Nach umfangreicher Restaurierung präsentiert sich das Restaurant in sehr ansprechendem Gewand. Zum Budweiser Bier gibt es die böhmischen Klassiker wie Gulasch oder Lendenbraten mit hausgemachten Knödeln, aber auch diverse Wildgerichte. Immer wieder saisonale Angebote. Faire Preise, sehr populär. Krajinská 13, ✆ 387201301.

**Zeleninový Bar (15),** die „Gemüsebar" ist ein vegetarisches Schnellrestaurant (auch Fisch). Tägl. wechselnde Gerichte. Liebevoll gestaltet: grüne Wände mit Blümchen, Naturholzmöbel. Zudem Verkauf von Tofu und Sojaprodukten. Mo–Fr 10–17 Uhr. In einem Hinterhof am Nám. Přemysla Otakara II. 26, ✆ 736748211 (mobil).

**Potrefena Husa (17),** Kneipenrestaurant mit modernem Interieur und jungem Publikum. Tschechienweite Kette, der Budweiser Ableger hebt sich durch eine schöne Sommerterrasse mit Flussblick ab. Gute Küche. Česká 66, ✆ 387420560.

• *Pivnice/Biergarten* **Budvarka (21),** dem Hotel Malý pivovar angeschlossene, äußerst beliebte Bierhalle. Schon um 17 Uhr wird man hier Schwierigkeiten haben, einen Platz zu finden. An den Wänden alte Fotografien der Budvar-Brauerei, Kellner in Hemd und Krawatte. Böhmische Küche wie Brauereigulasch oder Selchfleisch im Kartoffelpuffer, Hg. 3,60–10,40 €. Karla IV. 8–10, ✆ 386360471.

**Hostinec U Zelené Ratolesti (2),** großes Kneipenrestaurant etwas außerhalb des Zentrums. Im Sommer empfehlenswert wegen der schönen Terrasse (mit Kinderspielplatz). Pasta und Fleischgerichte zu 4–11,20 €. Bis 24 Uhr geöffnet (So geschl.). Wer nach dem Zapfenstreich noch Lust auf mehr hat, geht in die kleine, hässliche Szenebar **Jokers** nebenan, wo an Wochenenden nonstop ausgeschenkt wird. Husova 5.

• *Cafés* **Caffé Ionia (5),** modernes Interieur, orangefarbene Wände. Studentenpublikum. Zu Ihrem Cappuccino können Sie hier ein Stück *Medovník* (Honigkuchen) wählen. Im Sommer wird auch im Innenhof serviert. So geschl. Plachého 25.

**Vin de Café (22),** gestyltes Caférestaurant. Wer auch essen will, greift zu Carpaccio, Pasta, Risotto oder belegten Bagels. Dr. Stejskala 13.

• *Nachtleben* **Mc Fabrika (23),** neuere Location etwas außerhalb des Zentrums. Mischung aus Kneipe und Musicclub mit recht interessantem Programm zwischen Livebands (Alternativ, Punk, Grunge) und DJ-Abenden. Bunt gestrichene Wände, ansonsten wenig innovativ eingerichtet. Jeronýmova 6.

**Club & Café Velbloud (26),** regelmäßig Konzerte (von Psychedelic bis Punkrock), darunter auch wirklich interessante Gigs. D'n'B-Nights, Jamsessions etc. Angeschlossen ein Café (Mo–Fr ab 15 Uhr, ansonsten ab 17 Uhr). U Tří lvů 4.

**Krajinská 27 (6),** bestehend aus einem provinziell eingerichteten Music Club im 2. Stock (Mi–Sa ab 21 Uhr, tschechoslowakische Abende, Pop und Rock, tägl. wechselndes Programm) und einer lang gezogenen Budvar-Kneipe (sehr beliebt, mit überdachtem Innenhof) im EG. Das Haus hat übrigens Geschichte: Jaroslav Hašek, Autor der „Abenteuer des braven Soldaten Švejk", schrieb hier einige Kapitel seines berühmten Romans. Krajinská 27.

*Übernachten*

• *Hotels* **** **Grand Hotel Zvon (16)**, traditionsreiches Hotel, hier nächtigte bereits Mozart. Belegt 3 zusammenhängende historische Häuser am Hauptplatz – lassen Sie sich ein Zimmer mit schöner Aussicht geben. Zimmer unterschiedlich ausgestattet: in der Standard-Version billig-schick, in der „Executive-Version" recht groß und freundlich. Eigene Parkplätze. DZ je nach Ausstattung 104–180 € (lediglich die Suiten sind teurer, ab 460 €). Nám. Přemysla Otakara II. 28, ☎ 381601601, ℻ 381601605, www.hotel-zvon.cz.

**** **Budweis (8),** in einer alten Mühle, die komplett entkernt und umgebaut wurde. Nun ein rosafarben gestrichener und mit Zinnchen versehener Kitschpalast. Innen sehr modern, Glas, Holz und Leder. 60 Zimmer mit Teppichböden, viele mit netter Aussicht auf die Stadt. Tee und Kaffee stehen parat, Minibar, Parkplätze. Rauchverbot. Schickes Hotelrestaurant. EZ 100 €, DZ 120 €. Mlýnská 6, ☎ 389822111, ℻ 389822121, www.hotelbudweis.cz.

**Residence U Černé věze (9),** 27 schöne, neue Studios und Apartments für 2–4 Pers. (33–76 m²) in einem schick restaurierten Altstadtkomplex in bester Lage. Zeitgemäße Einrichtung, Parkett- bzw. Laminatböden, Kochnische, Waschmaschine. Parkmöglichkeiten (6 €/Nacht). Angeschlossen ist eine trendige Cafébar, die gleichzeitig als Rezeption fungiert. Für 2 Pers. ab 97 €, für 4 Pers. ab 135 €, kein Frühstück. U Černé věže 13, ☎ 725178584 (mobil), www.ucerneveze.cz.

*** **Klika (11),** sympathisches, familiäres Hotel mit sehr freundlichem Empfang. 25 ausreichend große, solide möblierte Zimmer mit Teppichböden. Restaurant mit Terrasse am Fluss. Eigene Parkplätze. EZ 61 €, DZ 78 €. Hroznová 25, ☎ 387318171, ℻ 387222775, www.hotelklika.cz.

**** **U Solné brány (20),** kleiner Familienbetrieb im Herzen der Stadt. 12 ordentliche Zimmer. Freundlicher deutschsprachiger Service. Gutes Lokal. EZ 60 €, DZ 80 €. Radniční 11, ☎ 386354121, ℻ 386354120, www.hsb.cz.

• *Pensionen* **Hradský (14),** direkt am Hauptplatz. 10 einfache, aber restaurierte Zimmer mit privaten Bädern, leider blicken nur 2 davon auf den Platz. EZ ab 25 €, DZ 40 €. Nám. Přemysla Otakara II. 22, ☎ 38635 1735, www.penzion-hradsky.cz.

**Centrum (13/19),** gibt es 2-mal. Die zentral gelegene Pension Centrum bietet 12 unterschiedlich ausgestattete Zimmer, die Spannbreite reicht von schönen Antiquitäten bis zu furniertem Billigmobiliar, alle Zimmer aber mit privaten Bädern und TV. Gepflegt und sauber. Keine Parkplätze. Restaurant. EZ 40 €, DZ 56 €. Biskupská 130/3, ☎ 387311801, ℻ 387311393, www.penzionrestaurantcentrum.crnet.cz.

Die kleinere Dependance am Rande der Innenstadt ist etwas einfacher, aber ebenfalls gepflegt und preiswerter: EZ 30 €, DZ 36 €. Na Mlýnské stoce 6, ☎/℻ 386352030.

• *Studentenwohnheime* **Zimmer in Studentenwohnheimen** vermittelt während der Semesterferien im Juli u. Aug. die Touristeninformation. Ab 12 €/Pers. Die Wohnheime liegen i. d. R. etwas außerhalb.

• *Camping* **Dlouhá Louka,** ca. 1,5 km südwestlich des Zentrums, von der Straße Nr. 3 in Fahrtrichtung Český Krumlov ausgeschildert. Teilrestaurierte Anlage mit in Reihe gebauten Bungalows. Internationales Publikum. Radverleih, Freibad in der Nähe. Für einen Stadtplatz ganz okay. In Laufnähe ein gutes Restaurant. April–Nov. 2 Pers. mit Wohnmobil 18 €, Bungalow mit Du/WC für 2 Pers. 30 €. Stromovka 8, ☎ 387203601, ℻ 387203595, www.dlouhalouka.cz.

## Sehenswertes

**Náměstí Přemysla Otakara II.:** Stolze 133 x 133 m misst der Hauptplatz von Budweis, den schmucke, farbenfrohe Laubenhäuser im Stil des Barock und Klassizismus umrahmen. Das auffälligste Gebäude ist das hellblaue, dreitürmige *Rathaus* im Südwesten des Platzes (1727–30). Über dem mittleren Fenster sieht man das

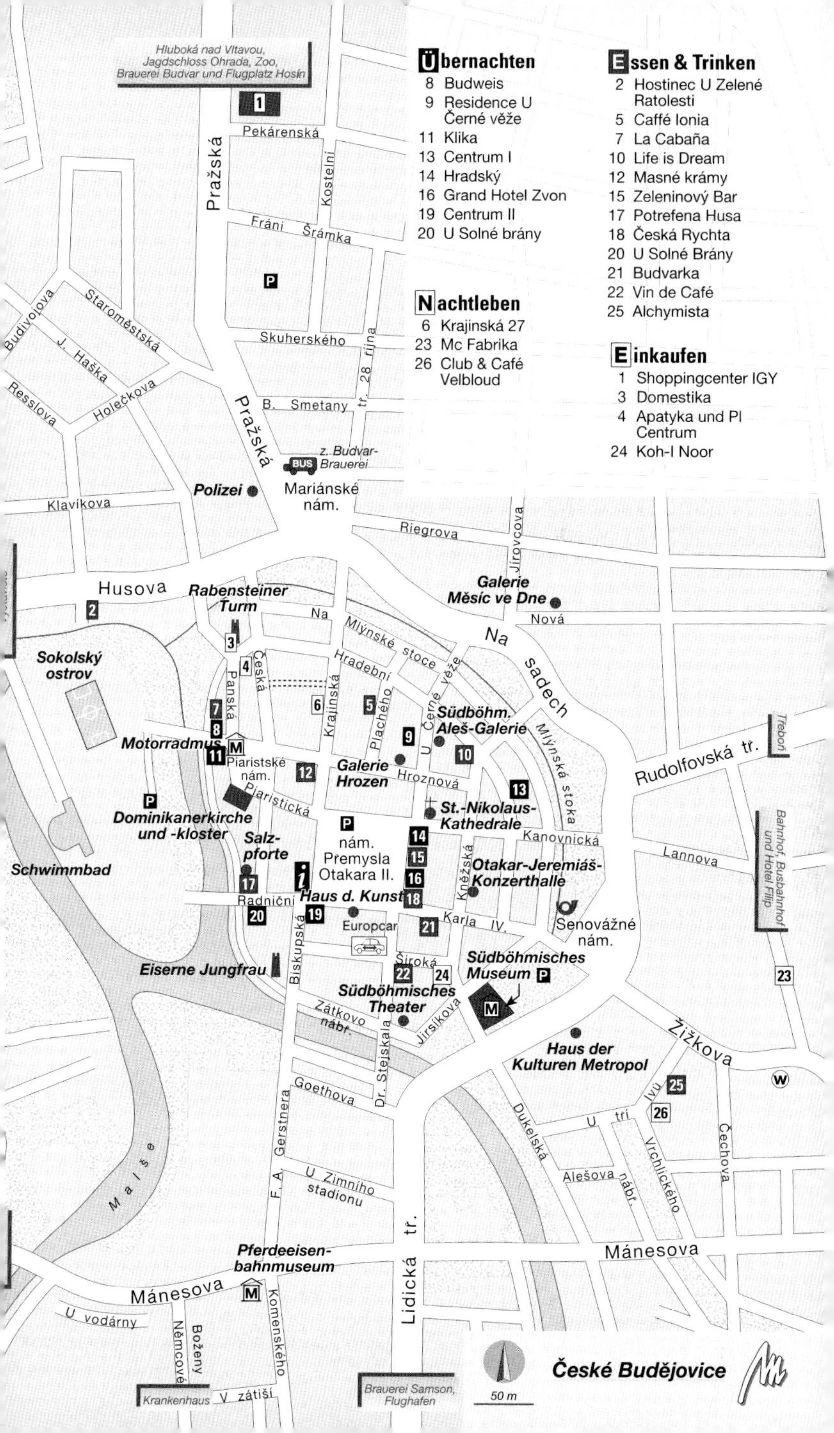

Übernachten
8 Budweis
9 Residence U Černé věže
11 Klika
13 Centrum I
14 Hradský
16 Grand Hotel Zvon
19 Centrum II
20 U Solné brány
Essen & Trinken
2 Hostinec U Zelené Ratolesti
5 Caffé Ionia
7 La Cabaña
10 Life is Dream
12 Masné krámy
15 Zeleninový Bar
17 Potrefena Husa
18 Česká Rychta
20 U Solné Brány
21 Budvarka
22 Vin de Café
25 Alchymista
Nachtleben
6 Krajinská 27
23 Mc Fabrika
26 Club & Café Velbloud
Einkaufen
1 Shoppingcenter IGY
3 Domestika
4 Apatyka und Pl Centrum
24 Koh-I Noor
Hluboká nad Vltavou, Jagdschloss Ohrada, Zoo, Brauerei Budvar und Flugplatz Hosín
Pekárenská
Pražská
Kostelní
Fráni Šrámka
Budivojova
Staroměstská
J. Haška
Resslova
Holečkova
Skuherského
tř. 28 října
B. Smetany
z. Budvar-Brauerei
BUS
Polizei
Mariánské nám.
Klavíkova
Riegrova
Jírovcova
Husova
Rabensteiner Turm
Galerie Měsíc ve Dne
Nová
Na Mlýnské stoce
Na sadech
Sokolský ostrov
Česká
Panská
Hradební
Krajinská
Plachého
U Černé věže
Südböhm. Aleš-Galerie
Mlýnská stoka
Třeboň
Rudolfovská tř.
Motorradmus.
Piaristické nám.
Galerie Hrozen
Hroznová
Piaristická
Dominikanerkirche und -kloster
St.-Nikolaus-Kathedrale
Bahnhof, Busbahnhof und Hotel Filip
Salzpforte
nám. Přemysla Otakara II.
Kanovnická
Lannova
Schwimmbad
Kněžská
Otakar-Jeremiáš-Konzerthalle
Radniční
Haus d. Kunst
Europcar
Karla IV.
Senovážné nám.
Široká
Biskupská
Eiserne Jungfrau
Südböhmisches Museum
Südböhmisches Theater
Zátkovo nábř.
Jirsíkova
Dr. Stejskala
Žižkova
Haus der Kulturen Metropol
Goethova
Gerstnera
Dukelská
U tří lvů
Čechova
Malše
F. A.
U Zimního stadionu
Alešova nábř.
Vrchlického
Lidická tř.
Pferdeeisenbahnmuseum
Mánesova
U vodárny
Němcové
Boženy
Komenského
Krankenhaus
V zátiší
Brauerei Samson, Flughafen
50 m
České Budějovice

Budweiser Stadtwappen, darüber imposante Wasserspeier in Drachenform und an der Attika allegorische Statuen, die Gerechtigkeit, Tapferkeit, Tugend und Weisheit symbolisieren. Vom Turm ertönt zu jeder vollen Stunde ein Glockenspiel. Falls noch Zeit bis dahin ist, können Sie die Eckpfeiler des Rathauses nach einem eisernen Band von der Länge der sog. Wiener Elle absuchen. 1765 wurde es angebracht und war fortan den Tuchhändlern, die es bis dato mit exakten Maßen nicht so genau genommen hatten, ein Dorn im Auge. Der achteckige *Samson-Brunnen* in der Mitte des Platzes ist ein Werk der Bildhauer Zachariáš Zorn und Joseph Dietrich aus den Jahren 1721–26. Obenauf sieht man Samson, den mit übermenschlichen Kräften ausgestatteten letzten großen Richter des Alten Testaments, mit einem Löwen kämpfen.

**Chrám sv. Mikuláše (St. Nikolaus-Kathedrale) und Černá věž (Schwarzer Turm):** Mitte des 17. Jh. wurde die barocke St.-Nikolaus-Kirche errichtet, nachdem ihr Vorgängerbau dem verheerenden Stadtbrand 1641 zum Opfer gefallen war. Mit der Ernennung von Budweis zum Bistum wurde der dreischiffige Bau 1785 zum bischöflichen Dom erhoben. Vor über 300 Jahren wäre der Besuch der Kirche spannender gewesen: Während der Wirren des Dreißigjährigen Krieges wurden dort die böhmischen Kronjuwelen und das berühmte *Rosenkranzfest* von Albrecht Dürer (heute als Teil der Nationalgalerie im Prager Palais Sternberg zu sehen, → S. 110) vorübergehend aufbewahrt. Der Schwarze Turm nebenan überstand den Brand von 1641. Zwischen 1550 und 1577 wurde er als Ausguck und Glockenturm errichtet. Mit 72 m ist er zugleich das höchste Gebäude der Stadt. 225 Stufen führen auf seine Galerie.

Adresse/Öffnungszeiten Kanovnická, Ecke U Černé věže. Die **St.-Nikolaus-Kathedrale** war zuletzt nur unregelmäßig geöffnet. **Schwarzer Turm,** April–Juni sowie Sept. u. Okt. tägl. (außer Mo) 10–18 Uhr, im Juli/Aug. auch Mo. Eintritt 1,20 €, erm. 0,80 €.

**Rund um den Piaristické náměstí (Piaristenplatz):** Im 18. Jh. übernahm der Piaristenorden das ehemalige Dominikanerkloster am kleinen, baumbestandenen Piaristické náměstí im Westen der Altstadt und richtete darin ein Gymnasium ein. Noch heute befindet sich hier eine Schule. Besichtigen kann man die *Klosterkirche Mariä Opferung* (Kostel Obětoivání Panny Marie), das zusammen mit dem Kloster älteste Bauwerk der Stadt (1265–1300). Der gotische Kreuzgang blieb weitestgehend im Originalzustand erhalten, das Innere der Kirche wurde teilweise im Barockstil verändert. Am Hauptaltar ist das Bild der *Budweiser Jungfrau Maria* eingesetzt, einst ein Ziel frommer Wallfahrer. Die imposante Orgel stammt aus dem 17. Jh.

An der Nordwestseite des Piaristenplatzes befindet sich das ehemalige *Zeughaus* (Zbrojnice) aus dem Jahr 1531, in dem später Salz aus dem österreichischen Salzkammergut gelagert wurde. Statt Salz gibt es hier heute heiße Öfen zu sehen – im Gebäude ist ein privates *Motorradmuseum* (Jihočeské moto muzeum) untergebracht.

Öffnungszeiten **Klosterkirche,** tägl. 10–18 Uhr. Eintritt (!) 0,40 €. **Motorradmuseum,** tägl. (außer Mo) 10–18 Uhr, Nov.–März geschl. Eintritt 2 €, erm. 0,80 €.

**Jihočeské muzeum (Südböhmisches Museum):** Der große, gelbe Prunkbau hält trotz unzähliger Exponate leider von innen nicht ganz das, was er von außen verspricht. Man sieht viel Ausgestopftes (Federvieh, Luchse und Füchse, selbst Karpfen), Vitrinen voller Pilze und Fundgegenstände aus der Bronzezeit (Tonscherben). Dazu kommen Schlüssel und Schlösser, Kleider und Schmuck, Musikinstrumente, Trachten, historische Uhren etc. aus den Palästen und Burgen der Umgebung. Ein Neuarrangement der Sammlungen ist geplant.

Adresse/Öffnungszeiten Dukelská 1. Tägl. (außer Mo) 9–12.30 u. 13–17.30 Uhr. Eintritt 1,20 €, erm. die Hälfte.

*Samson beim Duschen – im Zentrum von České Budějovice*

**Pferdeeisenbahnmuseum (Muzeum koněspřežky):** 1832 nahm die Pferdeeisenbahn auf einem hölzernen Schienenstrang von Budweis nach Linz ihren Betrieb auf. Für die 128 km lange Strecke benötigten Personentransporte im Trab ca. 14 Stunden. Mit Güterwaggons (vorwiegend Salz wurde gen Norden geladen, in die andere Richtung Holz), die im normalen Pferdegang unterwegs waren, dauerte die Reise gar drei ganze Tage. An den Umspannstationen im Abstand von rund 20 km wurden die Pferde gewechselt und Reparaturen vorgenommen. 1872 kam die Dampfeisenbahn und damit das Ende der „PS-Züge". Das kleine Museum, untergebracht im ehemaligen Bahnwärterhäuschen, liegt abseits der Altstadt zwischen Lebensmittel-Discountern und lässt ein wenig die alte Zeit Revue passieren.

*Adresse/Öffnungszeiten* Mánesova 10 (rund 10 Fußmin. südwestlich der Altstadt). Mai–Okt. tägl. (außer Mo) 9–12.30 u. 13–17 Uhr. Eintritt 0,80 €, erm. die Hälfte.

**Brauerei Budvar:** Das bekannteste Exportgut von Budweis ist das mehrfach international ausgezeichnete *Budweiser* bzw. *Budvar* der gleichnamigen Brauerei. Über 600 Mitarbeiter besorgen dort einen Ausstoß von 1,3 Millionen Hektolitern Bier jährlich, fast die Hälfte davon geht in den Export. In mehr als 50 Ländern kann das Bier getrunken werden, aber nicht in allen unter dem Namen Budweiser (→ Kasten). Das Brauwasser kommt aus mehrere Hundert Meter tiefen Brunnen. So süffig das Bier auch ist – besonders prickelnd sind die Führungen durch die moderne Brauerei nicht, und in der dortigen Bierhalle (tägl. 10–22 Uhr) schmeckt es auch nicht anders als im Zentrum.

• *Adresse/Öffnungszeiten* **Brauerei Budvar,** Karoliny Světlé 4/Ecke Pražská (Straße Richtung Tábor/Prag), ca. 2,5 km nördlich des Zentrums. Zu erreichen mit Ⓑ 2 (steigen Sie am Mariánské nám. nördlich der Altstadt zu und an der Haltestelle „Budvar" aus). Taxi vom Zentrum ca. 4 €. Führungen werktags um 14 Uhr. Dauer: 1 Std. Mit Bierprobe 2,50 €.

Direkt weiter nach **Český Krumlov** (→ S. 456) Unterwegs passieren Sie **Zlatá Koruna** (→ S. 467) mit einem bedeutenden Kloster.

### Budweiser – ein Schutzmarkenstreit

Auch wenn seit dem 13. Jh., also seit der Gründung der Stadt, Bier in Budweis gebraut wird: Die *Böhmische Brauerei AG*, die heutige *Budějovický Budvar n.p.*, Produktionsstätte des hiesigen *Budvar*, wurde erst 1895 gegründet. Im fernen Amerika aber gab es ein Bier namens Budweiser schon früher. 1852 hatte ein gewisser Georg Schneider in St. Louis die *Bavarian Brewery* gegründet. Acht Jahre später ging diese an Eberhard Anheuser über, dessen Tochter Lilly Anheuser kurz darauf einen Herrn Adolphus Busch heiratete. Der Name Anheuser-Busch steht heute für einen der größten Brauereikonzerne der Welt. Und dieser brachte nach eigenen Angaben schon 1876 ein Bier namens Budweiser auf den Markt und ließ damals den Namen als Schutzmarke eintragen. Da sich die tschechische und die amerikanische Brauerei nicht auf ihre nationalen Märkte beschränkten, war der Streit um den Markennamen vorgezeichnet. Die Akte Budweiser beschäftigte und beschäftigt noch immer Gerichte weltweit (2010 waren noch 22 Klagen in 14 Ländern anhängig). Bei der Klärung des Namensstreits wurde und wird nicht in allen Ländern zugunsten des besseren Geschmacks entschieden. So kommt es, dass unter dem Namen „Budweiser“ in Großbritannien z. B. Anheuser-Busch-Bier aus den Zapfhähnen fließt, in Deutschland aber das aus České Budějovice. Das „tschechische Budweiser“ in den USA heißt übrigens *Czechvar*. Ein Ende des Schutzmarkenstreits könnte sich in Bälde abzeichnen. Es bedarf nur noch der Zustimmung des Finanzministeriums, das staatseigene Unternehmen zu privatisieren. Anheuser-Busch hat schon Interesse am Kauf angemeldet, immerhin ist man bereits Generalimporteur von *Czechvar* in den USA.

## Hluboká nad Vltavou (Frauenberg)

**Das Märchenschloss mit seinen Türmen und Türmchen, Basteien und Zinnen auf Kragsteinen thront auf einem Felsen über der Moldau. Was die Besucherzahlen angeht, zählt es zu den Top-Ten-Schlössern Böhmens.**

Davon profitiert das gleichnamige kleine Städtchen zu Füßen der imposanten Schlossanlage keine 10 km nordwestlich von České Budějovice. Die vielen Gäste spülen Geld in die Kassen, und so präsentiert sich Hluboká nad Vltavou um einiges gepflegter als die umliegenden Orte. Das Zentrum steht ganz im Zeichen des Ausflugstourismus: Es gibt eine Vielzahl von Restaurants, dazu ein paar Pensionen und Hotels. Die Schilder für den zehnminütigen Fußweg hinauf zum Schloss hätte man sich sparen können, Souvenirstände weisen den Weg.

Schloss Frauenberg erhebt sich auf den Fundamenten einer frühgotischen Burg, die bereits im 13. Jh. erwähnt wurde. Ende des 16. Jh. wurde die Burg in ein Renaissanceschloss umgebaut. 1661 erwarben die Schwarzenberg das Schloss und ließen es barockisieren. Die Idee zum Umbau im Stil der Tudorgotik hatte Johann Adolf II. von Schwarzenberg. Mit seiner Gemahlin Eleonora wurde er 1838 zu den Krönungsfeierlichkeiten von Königin Viktoria nach Schloss Windsor geladen. Nach der Reise wollte auch der Fürst in solch einem Palast residieren. 1871 war der Umbau abgeschlossen.

Die stilistische Reinheit, die das Äußere des Schlosses auszeichnet, ist im Inneren nicht gegeben. Hier sorgt ein bunter Stilmix für Abwechslung. Über 140 Räumlichkeiten gibt es, aber nur einen kleinen Bruchteil bekommt man zu Gesicht.

Die stilistische Reinheit, die das Äußere des Schlosses auszeichnet, ist im Inneren nicht gegeben. Hier sorgt ein bunter Stilmix für Abwechslung. Über 140 Räumlichkeiten gibt es, aber nur einen kleinen Bruchteil bekommt man zu Gesicht. Drei verschiedene Führungen werden durch das Schloss angeboten. Die spannendste ist jene durch die Repräsentationsräume und Salons (1 Std.), dabei passiert man u. a. den sog. Morgensalon mit der Ahnengalerie der Schwarzenberg, die Bibliothek mit 12.000 Bänden, das Schlosstheater und die Rüstkammer. Es geht vorbei an schmucken Kaminen, Tischchen mit Intarsienarbeiten, italienischen Fayencen, chinesischen Vasen, kostbaren Gobelins oder geschnitzten Wandtäfelungen. Des Weiteren gibt es eine Tour durch die Schlossküche aus dem 19. Jh., in der für bis zu 120 Personen gekocht wurde, und eine durch die Privatgemächer der Schwarzenberg, der letzten Schlossbesitzer vor der Enteignung. Egal, für welche Tour Sie sich entscheiden – achten Sie auf die Details! Es gibt manch Kurioses zu entdecken, und das schon am Hauptportal: Werfen Sie dort einen Blick auf die Türgriffe in Form eines Raben, der in den Kopf eines Türken hackt – ein Bestandteil des Wappens der Schwarzenberg.

### Von böhmischen Dörfern und der Boheme

„Ich sag' ihm das bei meiner Ehren, mir das böhmisch' Dörfer wären" – im didaktischen Tierepos *Froschmeuseler* von Georg Rollenhagen, das im Jahr 1595 erschien, tauchte die Redewendung erstmals auf. Viele Ortsnamen Böhmens klangen für deutsche Reisende schon damals fremd und unaussprechbar – was nach und nach dazu führte, dass der Ausdruck „böhmische Dörfer" für Unverständliches bzw. Unverstandenes im Allgemeinen verwendet wurde. Die Tschechen benutzen übrigens eine ganz ähnliche Wendung, nur sind es dort keine *böhmischen*, sondern *spanische Dörfer*, mit denen sich der Ahnungslose konfrontiert sieht. Kommt Ihnen das etwa spanisch vor?

Ein *Böhme* steckt natürlich auch im Wort *Boheme* (aus frz. *bohème*), das zunächst für die Pariser Künstleravantgarde vom Anfang des 19. Jh. stand und schon bald ungezwungenes (Lebens-)Künstler-Dasein schlechthin bezeichnete. Nun ist offenkundig nicht jeder Böhme ein Bohemien, aber das ist auch gar nicht gemeint. Die Wortgeschichte fußt auf einer frühen Verwendungsweise von *Böhme*, als auch noch Zigeuner bzw. Sinti so genannt wurden – vermutlich weil sie über Böhmen nach Westeuropa eingewandert waren. Populär wurde das Wort *bohème* dann durch Henri Murgers Roman *Scènes de la vie de Bohème* (1851), der literarischen Vorlage von Puccinis Oper *La Bohème* (1896).

In der ehemaligen Reithalle neben dem Schloss zeigt heute die **Südböhmische Aleš-Galerie** (Alšovo jihočeská galerie) gotische Kunst aus dem 13.–16. Jh. Die Sammlung, vorrangig Skulpturen und wertvolle Tafelbilder, gilt nach der des Agnes-Klosters in Prag (→ S. 99) als bedeutendste ihrer Art in Tschechien. Zudem sieht man Gemälde niederländischer und flämischer Meister aus dem 16.–18. Jh.

• *Information* **Infocentrum Hluboka,** an der Hauptstraße im Zentrum. Hilft auch bei der Zimmersuche. Tägl. 9–18 Uhr, im Winter verkürzt. ✆ 380999555, www.hluboka.cz.

• *Parken* Im Zentrum. 3 €.

• *Verbindungen* Bahnhof weit außerhalb, besser mit dem **Bus** anfahren. Sehr gute Verbindungen nach Budweis und Týn nad Vltavou, bis zu 8-mal tägl. nach Bechyně.

• *Essen & Trinken* **Originál Švejk Restaurant,** großzügiges, rustikales Restaurant mit Holzboden und langer Theke. Terrasse. Guten Appetit bei Gulasch „Otto Katze" oder Lendenbraten „Frau Müller". Hg. 4,50–9 €. Zentral am Náměstí Čsl. armady 28, ✆ 387965529.

**** **Hotel Štekl,** in einem ebenfalls im Tudorstil gehaltenen Nebengebäude des Schlosses. 44 komfortable Zimmer, manche mit herrlicher Aussicht und Himmelbetten – ein Tipp für Romantiker und Flitterwöchner. Sauna, Innenpool, Fitnesscenter usw. Restaurant mit schöner Innenhofterrasse. EZ ab 92 €, DZ ab 119 €. Bezručova 141, ✆ 387967491, ✆ 387965943, www.hotelstekl.cz.

****Hotel Podhrad**, gepflegtes Haus mit der Sternezahl entsprechend ausgestatteten, klassischen Zimmern. Pool, Sauna. Im Zentrum nahe der Kirche. DZ 92 € (bekommt man aber oft auch für 65 €). Náměstí Čsl. Armády 30, ✆ 387983690, ✆ 387983693, www.podhrad.cz.

• *Golf* **Golf Club Hluboká nad Vltavou,** 18-

## Die Dynastie Schwarzenberg: Könige des Böhmerwaldes, der Stoff für eine Familiensaga

Durch Heirat, Politik und Waffengang stieg der unterfränkische Uradel der Schwarzenberg zu einem der bedeutendsten Geschlechter Böhmens auf. Aus den Hussitenkriegen gingen sie als Freiherren hervor, der Dreißigjährige Krieg brachte ihnen enorme Ländereien. Zwischendurch erfolgte die Erhebung in den Grafenstand und nistete sich ein Rabe ins Familienwappen ein, der einem goldenen Türkenhaupt ein Auge aushackt: Kaiser Rudolf II. zeigte sich auf diese Weise Adolf von Schwarzenberg dankbar, der als Heeresführer 1598 die von den Türken besetzte Festung Raab (heute Györ, Ungarn) zurückerobert hatte. Johann Adolf I. (1615–1683) durfte sich schließlich für seine Verdienste als Präsident des Reichshofrates mit dem Titel Reichsfürst schmücken. Dieser Titel wurde stets auf den erstgeborenen Sohn weitervererbt. Adam Franz (1680–1732) verstand es ohne großes Zutun, den Reichtum der Schwarzenberg weiter zu vergrößern. Von seiner Tante Marie erbte er 1719 den Besitz der Eggenberg, nämlich die Herrschaften Český Krumlov, Netolice, Volary, Vimperk, Orlík, Zvíkov und Chýnov. Unter Fürst Josef von Schwarzenberg (1768–1833) wurde der Schwarzenbergkanal (→ S. 475) zum Abtransport von Holz über die Große Mühl und die Donau bis nach Wien fertig gestellt. Seinem jüngeren Bruder Karl überließ er die Herrschaft Orlík (→ S. 444), die zum Stammsitz der von Karl begründeten Nebenlinie des Geschlechts wurde. Der befehligte übrigens die österreich-russisch-preußischen Truppen 1813 in der Völkerschlacht bei Leipzig und fügte dort Napoleon eine vernichtende Niederlage zu.

Fürst Josef hinterließ drei Kinder: der Erstgeborene, Johann Adolf II. (1799–1888), verlegte den Sitz der Familie von Schloss Krumau nach Schloss Frauenberg, der Zweitgeborene, Felix, wurde 1848 österreichischer Ministerpräsident, und der Jüngste, Friedrich, 1850 Erzbischof von Prag. Zu jener Zeit zählten die Schwarzenberg zu den reichsten Adelshäusern der Habsburger Monarchie. Ihre Ländereien hatten die Größe des Saarlandes, dazu besaßen sie rund zwei Dutzend Schlösser, 150 Meiereien, 13 Brauereien, drei Bergwerke und, und, und … Ansehen genossen die Schwarzenberg nicht nur unter ihresgleichen, sondern auch beim einfachen

Loch-Platz, Teil eines großen Sportareals mit Aquapark, Tennisplätzen, Fußballplatz etc. Im Ort ausgeschildert. Greenfee 30–38 €. ✆ 387966621, www.golfhluboka.cz.

• *Öffnungszeiten* **Schloss,** Nov.–März tägl. (außer Mo) 10–16 Uhr, April, Sept. u. Okt. tägl. (außer Mo) 9–16.30 Uhr, Mai u. Juni tägl. (außer Mo) bis 17 Uhr, Juli/Aug. tägl. 9–17 Uhr. Fremdsprachige Führung je nach Trasse 6,80–9,20 €, erm. 3,20–6 €.

## Umgebung von Hluboká nad Vltavou

**Zámek Ohrada (Jagdschloss Zwinger):** In idyllischer Lage an einem Teich rund 2 km südwestlich von Hluboká nad Vltavou steht das Jagdschloss Ohrada, das Fürst Adam Franz von Schwarzenberg 1708–21 erbauen ließ. Heute befindet sich darin ein *Forst-, Jagd- und Fischereimuseum* (Muzeum lesnictví, myslivosti a rybářství) mit vielen ausgestopften Tieren (darunter der letzte im Böhmerwald erlegte Bär aus dem Jahr 1856), jeder Menge Geweihe, Fischernetze, Jagdwaffen etc. Wer Tiere lieber lebend sieht, findet daneben den Eingang zu einem *Zoo* mit Kängurus, Eulen, Präriehunden, Flamingos, Schildkröten etc.

Volk: Starb oder erkrankte einer der Angestellten, so sorgte der Fürst dafür, dass die Familie nicht in Armut geriet.Infolge der Bodenreformen in der Ersten Republik, die insbesondere deutsche Großgrundbesitzer traf (von deutscher Seite oft als Diskriminierung ausgelegt; das Unrecht war aber kaum größer als die Ungerechtigkeit der Besitzverhältnisse bis dato), verloren die Schwarzenberg sechs Großgüter und viele Ländereien. Den verbliebenen Besitz konfiszierte 1940 die Gestapo: Die Schwarzenberg hatten nicht mit den Nazis kooperieren wollen, sich mutig gegen sie gestellt. Fürst Heinrich (1903–1965) landete im KZ Buchenwald. Danach bemächtigten sich die Kommunisten des Familienvermögens auf tschechoslowakischer Seite. Mit dem Tod Fürst Heinrichs ging das Erbe auf österreichischer Seite, darunter die Herrschaft Murau in der Steiermark und ein Millionenbetrag, auf Heinrichs Adoptivsohn Karl über. Karl, genauer Karl Johannes Nepomuk Josef Friedrich Antonius Wratislav Mena, 12. Fürst zu Schwarzenberg, gefürsteter Landgraf in Klenggau, Graf von Sulz und Herzog von Krumau, wurde 1937 geboren und verbrachte seine Kinderjahre – 1948 emigrierte die Familie nach Österreich – auf Schloss Orlík. In seinem Wiener Palais umgab er sich mit Künstlern, Schriftstellern, Staatssekretären und Industriellen. 1985 wurde er Präsident der Internationalen Helsinki-Föderation für Menschenrechte, die sich insbesondere für Oppositionelle in Osteuropa einsetzte. Vier Jahre später erfolgte die Auszeichnung mit dem europäischen Menschenrechtspreis. 1990 holte ihn Václav Havel auf die Prager Burg und ernannte ihn zum Leiter der Präsidentschaftskanzlei. 1992 erhielten die Schwarzenberg all jenen Besitz zurück, der nach dem 25. Februar 1948 enteignet worden war, darunter Schloss Orlík, dazu einige Gebäude in Prag. Heute mischt Karl Fürst von Schwarzenberg die Politik auf. Im November 2004 wurde er in den tschechischen Senat gewählt, 2007 (von den Grünen nominiert) und erneut 2010 (als Vorsitzender seiner wirtschaftsliberalen Partei TOP 09) zum Außenminister ernannt. Präsident Václav Klaus, der aus seiner Abneigung gegen die EU nie einen Hehl machte, hat es seitdem mit einem europafreundlichen Außenminister zu tun, der zudem, so die Worte des Präsidenten, „mit einem Bein in Österreich steht.“ Dabei besitzt der Fürst neben der tschechischen Staatsbürgerschaft nicht die Österreichs, sondern die der Schweiz …

• *Camping* **Bezdrev,** ca. 2 km südlich des Schlosses Ohrada. Weitläufiges, schattiges Areal direkt am gleichnamigen Teich. Kinderspielplatz, Tretbootverleih, Fischrestaurant. Könnte jedoch etwas gepflegter sein. Mai–Sept. 2 Pers. mit Zelt u. Auto 9 €, Hütte ohne Bad 12 €/Pers., mit Bad 14 €. Bezdrev, ✆ 387965098, 📠 387966591, www.h-r.cz.

• *Öffnungszeiten* **Jagdschloss Ohrada,** April–Okt. tägl. (außer Mo) 9–17 Uhr. Eintritt 2,40 €, erm. die Hälfte. **Zoo,** April–Juni u. Sept./Okt. tägl. 9–18 Uhr, Juli u. Aug. bis 19 Uhr, Nov.–März bis 16 Uhr. Eintritt 3,20 €, erm. 2 €.

Nach Norden? Informationen zu **Týn nad Vltavou** bekommen Sie ab S. 441.

**Holašovice (Holaschowitz):** Holašovice liegt 17 km westlich von České Budějovice und ist ein Dorf wie aus dem Bilderbuch. Rund zwei Dutzend Gehöfte im Bauernbarockstil gruppieren sich um den lang gezogenen, begrünten Dorfplatz samt Tümpel. Das Gros der Höfe entstand zwischen 1840 und 1880, die meisten der verzierten Giebelfassaden sind heute liebevoll und farbenfroh restauriert. Selbst die alten Brunnen wurden wieder hergerichtet und die Straßenlaternen aus sozialistischer Zeit ersetzt. In einem Gehöft (Hausnr. 30) hat man zudem eine kleine Ausstellung über das Dorfleben Südböhmens eingerichtet (mehr nach Lust und Laune geöffnet, Eintritt 1,60 €, erm. die Hälfte). 1998 wurde Holašovice als typisches Beispiel für die früheren ländlichen Milieus in die Welterbeliste der UNESCO aufgenommen. Seitdem verirren sich selbst japanische und amerikanische Reisegruppen hierher. Bis zu 100.000 Besucher zählt der Ort pro Jahr, doch kaum einer bleibt länger als ein Stündchen – schließlich gibt es nicht viel mehr zu tun, als einmal um den Dorfanger zu spazieren und danach in eines der beiden Gasthäuser einzukehren. Wer dennoch länger bleiben will: Das Restaurace Špejchar U Vojti bietet auch Zimmer (DZ 24 €, ✆ 777621221, mobil).

*Verbindungen* **Busse** bis zu 5-mal tägl. nach Budweis.

Gen Westen? Nicht mehr weit ist es von Holašovice nach **Prachatice** (→ S. 451) und zum **Schloss Kratochvíle** (→ S. 455).

**Žižka-Denkmal (Památník Jana Žižky):** Trocnov, ca. 13 km südöstlich von České Budějovice gelegen, gilt gemeinhin als der Geburtsort des Hussitenführers Jan Žižka (→ Kasten, S. 436), der hier um 1370 das Licht der Welt erblickt haben soll. Einer Legende nach kam er jedoch nicht im Dorf Trocnov selbst zur Welt, sondern während eines Gewittersturmes in einem nahen Wald unter einer Fichte. An der vermutlichen Geburtsstätte steht heute ein Gedenkstein, etwas weiter eine annähernd 10 m große Žižka-Statue aus Granit (1969). Nahebei befindet sich ein alter Hegerhof mit einer kleinen Žižka-Ausstellung und einem beliebten Ausflugslokal (Montag Ruhetag).

• *Anfahrt/Verbindungen* Denkmal nahe dem Dorf Radostice, von der Straße Trocnov – Ledenice ausgeschildert. **Züge** von Budweis zur Bahnstation Trocnov ca. alle 2 Std., von dort führt ein blau markierter Wanderweg zur Gedenkstätte.

• *Öffnungszeiten* **Žižka-Ausstellung,** Mai–Sept. tägl. (außer Mo) 9–17 Uhr. Eintritt 1,20 €, erm. die Hälfte.

**Trhové Sviny (Schweinitz):** Trhové Sviny, ca. 18 km südöstlich von Budweis gelegen, ist ein gemütliches 5000-Einwohner-Städtchen mit einem Springbrunnen am terrassierten Marktplatz. Südlich des Zentrums (nahe der Straße nach Benešov nad

Černou) steht die schmucke, vermutlich von Kilian Ignaz Dientzenhofer entworfene *Wallfahrtskirche der Hl. Dreifaltigkeit* aus den Jahren 1705–1709. Der Zentralbau mit vier Kapellen ist von einem Kreuzgang umgeben.

*Verbindungen* **Busse** regelmäßig nach Budweis und Nové Hrady.

**Žumberk (Sonnberg):** Das Dörfchen Žumberk träumt im touristischen Abseits - rund 9 km südöstlich von Trhové Sviny vor sich hin. Im Unterschied zu den vielen Bauernsiedlungen der Umgebung besitzt es nicht nur einen Badeweiher und ein Wirtshaus, sondern auch noch mittelalterliche Wehranlagen (darunter vier Türme). Die dazugehörende gotische *Burg*, über Jahrhunderte hinweg Sitz der Herren von Žumberk, wurde im 16. Jh. im Stil der Renaissance umgebaut und erweitert. Im Innern informiert eine Ausstellung über die Geschichte des Wehrdorfes, zudem werden bemalte Bauernmöbel aus dem 18. und 19. Jh. präsentiert.

- *Verbindungen* Schlechte Busanbindung.
- *Übernachten* **Penzion Marie,** neben der Kirche. Restaurierte Landpension mit 55 Betten in gepflegten Zimmern und Apartments im Landhausstil, darunter auch behindertengerechte. Garten, nettes Terrassenausflugslokal. DZ 38 €. Žumberk 24, ☏ 386361112, www.zumberk.com.
- *Öffnungszeiten* **Burg,** April u. Okt. nur Sa/So 9–17 Uhr, Mai, Juni u. Sept. tägl. (außer Mo) 9–17 Uhr, Juli u. Aug. tägl. (außer Mo) 9–18 Uhr. Führung (60 Min., die letzte 1 Std. vor Schließung) 2,40 €, erm. 1,30 €.

## Nové Hrady (Gratzen)

Das Gratzener Bergland (Novohradské hory) an der Grenze zu Österreich ist mehr hügelig als bergig, kaum eine Erhebung, die die 1000-Meter-Marke übersteigt. Bis zum Zweiten Weltkrieg gab es hier etliche kleine Ortschaften. Heute ist die Gegend verwaist und eines der wirtschaftlichen Schlusslichter Tschechiens. „Zentrum" der Region ist das 2600-Einwohner-Örtchen Nové Hrady. Es ist ein ruhiger Ort, aus dessen besseren Zeiten noch ein paar prächtige Bauten erhalten blieben wie das **Renaissancerathaus** am viereckigen Marktplatz. Etwas zurückversetzt davon steht das 1677 gegründete **Servitenkloster** (Klášter Servitů) mit der frühbarocken **Kirche St. Peter und Paul.** Von 1950 bis 1991 diente das Kloster der Grenzmiliz als Kaserne, danach bekam es der Orden in extrem verwahrlostem Zustand zurück. Das Innere der Klosterkirche besticht mit einem prächtigen vergoldeten Altarbau. Fast die gesamte Ostseite des Marktplatzes nimmt die sog. **Residenz** (1636–1644) ein, einst der Wohnsitz des Adelsgeschlechts der Buquoy, die die Geschicke Nové Hradys vom 17. Jh. bis 1945 bestimmten. Heute ist in der Residenz das gleichnamige Hotel untergebracht (→ Übernachten).

Die hiesige **Burg** aus dem 13. Jh. liegt nur ein paar Schritte vom Marktplatz entfernt. Durch die Burg werden zwei verschiedene Führungen angeboten. Spannender ist die längere (50 Min.), bei der man u. a. die Porträtgalerie der Familie Buquoy und Trophäen exotischer Tiere zu Gesicht bekommt. Auch erfährt man etwas über die Zeit, als Nové Hrady noch bekannt war für die Herstellung von Hyalit, ein mit Mangan dunkelrot bis schwarz gefärbtes Glas. Da die Rezeptur verschollen ist, kann es heute nicht mehr produziert werden. Die zweite Tour (30 Min.) führt u. a. durch eine nachgestellte Beamtenwohnung aus der Wende vom 19. zum 20. Jh.

Ein rot markierter Wanderweg führt von Nové Hrady zum 2 km entfernten **Terezíno údolí,** einem weitläufigen englischen Park mit einigen romantischen Bauten aus der zweiten Hälfte des 18. Jh. Er wurde nach der Gräfin Therese Buquoy benannt.

## Radtouren in Kombination mit Bus- oder Bahnfahrten

Durch Südböhmen verkehren sog. Cyklobusse, die sich auf die Mitnahme von Fahrrädern spezialisiert haben und so Radwanderrouten ermöglichen, bei denen Start- und Zielpunkt nicht identisch sein müssen. Sie fahren von Mitte Juni bis Ende September i. d. R. samstags, sonntags und feiertags, im Juli und August auf manchen Strecken gar täglich. Die meisten Busse starten in České Budějovice (CB) frühmorgens und fahren am späten Nachmittag zurück, in diversen Orten unterwegs kann man zu- bzw. aussteigen. Darüber hinaus gibt es Busse durch die Lipno-Region und den Nationalpark Böhmerwald. Die Routen:

**Modrá linka (blaue Linie – in den Böhmerwald über Vimperk):** CB – Netolice – Prachatice – Husinec – Vimperk – Nové Hutě – Kvilda und zurück.
**Šedá linka (graue Linie – in den Böhmerwald über Volary):** CB – Netolice – Prachatice – Volary – Lenora – Horní Vltavice – Borová Lada – Kvilda und zurück.
**Červená linka (rote Linie – in den Böhmerwald über Český Krumlov):** CB – Zlatá Koruna – Český Krumlov – Černá v Pošumaví – Horní Planá – Nova Pec – Volary – Lenora – Horní Vltavice – Borová Lada – Kvilda und zurück.
**Vltavská linka (Moldau-Linie – über Český Krumlov zum Lipno-See):** CB – Český Krumlov – Rožmberk – Vyšší Brod – Lipno – Frymburk – Černá v Pošumaví – Horní Planá und zurück.
**Zelená linka (grüne Linie – durch die Třeboňer Teichlandschaft nach Slavonice):** CB – Třeboň – Jindřichův Hradec – Nové Bystřice – Landštejn – Slavonice (z. T. weiter bis Znojmo) und zurück.
**Žlutá linka (gelbe Linie – zum Orlík-Stausee):** CB – Hluboká n. Vlt. – Písek – Nevězice – Schloss Orlík und zurück.
**Novohradská linka (Gratzener-Bergland-Linie):** CB – Nová Ves – Trhové Sviny – Nové Hrady – Dobra Voda und zurück.
**Linky v NP Šumava 440840 (Böhmerwaldlinien 440840 – verkehren zwischen Kvilda und Železná Ruda in beiden Richtungen):** Kvilda – Modrava – Srní – Prášily – Železná Ruda und zurück bzw. andersrum.
**Linky v NP Šumava 433570 (Böhmerwaldlinien 433570 – verkehren zwischen Sušice und Kvilda in beiden Richtungen):** Sušice – Dlouhá Ves – Kašperské Hory – Srní – Modrava – Kvilda und zurück bzw. andersrum.

Reservierungen sind nicht erforderlich, erwünscht jedoch bei Gruppen. Bezahlt wird beim Fahrer (je nach Entfernung: 50 km kosten ca. 2 €). Weitere Informationen bei den Touristeninformationen vor Ort oder unter www.cyklotrans.cz.

Auch auf vielen Bahnstrecken Südböhmens kann man das Rad mitnehmen. Zudem verleiht die Tschechische Bahn (České dráhy, kurz ČD) im Sommer an den Bahnhöfen Tábor, Písek, Strakonice, Veselí n. L., Jindřichův Hradec, Třeboň, České Velenice, Volary, Nová Pec, Horní Planá, Černá v Pošumaví, Lipno nad Vltavou, Český Krumlov und Telč Fahrräder. Zurückgeben kann man die Räder entweder dort oder an den Stationen Vyšší Brod klášter, Prachatice, Vimperk, Nové Hrady, České Velenice, Sezimovo Ústí, Milevsko, Soběslav und Nová Bystřice. Die Leihgebühr für 6 Std. beträgt 5,50 €, für 24 Std. 7,50 €, die Kaution 40 €. Weitere Infos auf www.cd.cz.

• *Information* **Kulturní a informační centrum,** im Rathaus am Marktplatz. ✆ 386362195, www.novehrady.cz. Juli/Aug. tägl. 9–17 Uhr, sonst nur Mo–Fr 9–16 Uhr.

• *Verbindungen* Vom **Bus**bahnhof (an der Straße zum Camping) bis zu 10-mal tägl. Verbindungen nach Budweis und Trhové Sviny.

• *Übernachten* *** **Hotel Rezidence,** in der Residenz am Marktplatz. Von außen vielversprechend, von innen ziemlich lieb- und geschmacklos restauriert – schade um das schöne Gebäude. Auf dem Weg zu den Dachgeschosszimmern kann man sich wegen der engen, schrägen Gänge leicht einen schiefen Hals holen! Man macht auf Wellness (Pool, Sauna, Massagen). 64 Zimmer mit Teppichböden, Kaufhausmobiliar und naiven Landschaftsmalereien. Restaurant. DZ ab 50 €. Nám. Republiky 1, ✆ 386321618, www.rezidencenh.cz.

**Penzion Pod Hradem,** im Vorort Údolí an der Durchgangsstraße, ca. 1,5 km vom Zentrum entfernt. Ordentliche Teppichbodenzimmer mit und ohne Bad. Gemütliches Restaurant. Oft ausgebucht. DZ mit Bad ab 52 €, ohne Bad (und ohne Frühstück) 24 €. Údolí 10, ✆ 386361173, www.penzion-pod-hradem.cz.

**Servitenkloster,** im zentral gelegenen Kloster werden 21 schlichte Zimmer mit 1–7 Betten vermietet. Gemeinschaftsbäder. Radverleih. Rezeption nur zu den Klosteröffnungszeiten (s. u.) besetzt. EZ 24 €, DZ 26 €, Frühstück extra. Husova 2, ✆/℻ 386301322, www.klaster.cz.

• *Camping* **Camping Veveří,** ca. 3 km südlich von Nové Hrady, vom Marktplatz ausgeschildert. Liebevoll gestalteter Platz im einstigen Sperrgebiet. Saubere Sanitäranlagen, Kinderspielplatz. Nettes Terrassenlokal, schöne Wiese, nebenan der Wald. Meist Radler mit Zelten. Bade- und Fischteich in der Nähe. Mai–Okt. Hütte 20 €, 2 Pers. mit Wohnmobil 8,80 €. Veveří 308, ✆ 605551369 (mobil).

• *Öffnungszeiten* **Burg,** April u. Okt. tägl. (außer Mo) 9.30–15.30 Uhr, Mai u. Sept. bis 16 Uhr, Juni bis 16.30 Uhr, Juli/Aug. bis 17 Uhr. Eintritt je nach Führung mit dt. Text 2–2,80 €, erm. 1,20–1,60 €.

**Kloster,** Mo–Fr 9–11.30 u. 12–17 Uhr, Sa 9–11.30 u. 12–18 Uhr, So 10–12 u. 12.30–18 Uhr. Führung 2 €.

**Dobrá Voda (Brünnl):** Weithin sichtbar dominiert die mächtige *Wallfahrtskirche Mariä Himmelfahrt* rund 10 km südlich von Nové Hrady das Gratzener Hügelland. Man fragt sich, was beeindruckender ist: der Anblick der Kirche aus der Ferne oder der Ausblick von der Kirche auf die umliegenden Wälder und Felder. Unter der Haupttreppe des zwischen 1708 und 1715 errichteten Gotteshauses plätschert die Quelle, die der Siedlung ihren Namen gab (*dobrá voda* = „gutes Wasser"). Das Wasser soll eine heilsame Wirkung haben. Dobrá Voda ist nur ein Ziel für Selbstfahrer.

## Třeboň (Wittingau)



**In der Altstadt Renaissancegiebel, Laubengänge und enge Stadttore, drum herum einmal keine Berge, sondern Teiche, so weit das Auge reicht. Třeboň ist Radlermekka, Kurort und Zentrum der böhmischen Fischereiwirtschaft.**

Třeboň und sein Umland sind in Böhmen *die* Garanten für das weihnachtliche Traditionsgericht: Nahezu sämtliche Städte Böhmens werden alljährlich eine Woche vor Heiligabend mit fetten Karpfen aus den Třeboňer Teichen versorgt. Aus den Brunnen der Marktplätze oder aus großen wassergefüllten Bottichen werden sie dann noch zappelnd verkauft und nach ihren letzten Tagen in der heimischen Badewanne mit Bergen von Kartoffelsalat verdrückt. Třeboň ist aber mehr als eine „Karpfenmetropole": Das schnuckelige 8700-Einwohner-Städtchen besitzt ein prächtiges Schloss und eine sehenswerte, denkmalgeschützte Altstadt, die UNESCO-Weltkulturerbeanwärterin ist. Die Terrassencafés am kopfsteingepflasterten Marktplatz werden im Sommer überwiegend von Radlern bevölkert. Kein Wunder, lädt doch die nur leicht hügelige, mit etwa 500 Teichen gespickte Landschaft drum herum zu ausgedehnten Touren ein.

**Geschichte:** Der alte deutsche Name des Städtchens erinnert an das sagenumwobene Geschlecht der Witigonen (→ S. 468), das hier im 13. Jh. eine Siedlung an einem Handelsweg nach Bayern gegründet haben soll. 1366 ging diese an die Rosenberg über. Im 15. und 16. Jh. begann man in großem Stil, das sumpfige Umland durch den Bau eines Teichsystems wirtschaftlich zu nutzen. Viele der damals angelegten Kanäle, insbesondere die Abzuggräben, welche die Flüsse Lužnice und Nežárka miteinander verbinden, bestehen noch heute. Der Erfolg der Fischzucht blieb nicht aus. Zu Anfang des 17. Jh., unter der Herrschaft des letzten Rosenbergers Peter Wok II., eines bunten Vogels mit Hang zu Drogen und zur Alchimie, erlebte Wittingau seine große Blüte. 1660 ging das Schloss in den Besitz der Schwarzenberg über, wo es bis zum Ende des Zweiten Weltkriegs verblieb. 1883 wurde das Kurhaus Berta (Bertiny Lázně) eröffnet, in welchem man versuchte, mit Schlamm aus den Mooren der umliegenden Wälder Schmerzen zu lindern. Erst 1960 erhielt Třeboň den Status eine Kurortes. Heute lebt man v. a. von der Fisch- und Geflügelzucht, aber auch vom Tourismus.

**Orientierung:** Die Třeboňer Altstadt nimmt nur wenige Prozent der Stadtfläche ein und besteht nur aus sehr wenigen Straßen – man kann sich unmöglich verlaufen. Bis auf die 1,5 km südlich gelegene Schwarzenberggruft befinden sich alle Sehenswürdigkeiten im Stadtzentrum.

## Information/Parken/Verbindungen/Adressen

- *Information* **Informační a kulturní středisko,** Masarykovo nám. 103, ✆ 384721169, www.trebonsko.cz. Mai–Sept. Mo–Sa 9–18 Uhr, So 10–17 Uhr, im Winter verkürzt.
- *Parken* Möglichkeiten rund um die Altstadt.
- *Verbindungen* **Busbahnhof** in der Neustadt (ca. 1,5 km westlich des Zentrums). Gute Verbindungen nach Budweis und Jindřichův Hradec, nur 1-mal tägl. direkt nach Prag.

Hauptbahnhof ca. 1,5 km nördlich des Zentrums, alle Züge halten jedoch auch an der nur 400 m nordöstlich des Zentrums gelegenen Station Třeboň-Lázně. **Züge** bis zu 10-mal tägl. nach České Velenice (österreichische Grenze) und Veselí nad Lužnici (dort Umsteigemöglichkeit nach Brünn, Prag etc.).

- *Ärztliche Versorgung* **Poliklinik** an der Klofáčova westlich des Zentrums. ✆ 384721505.
- *Polizei* **Stadtpolizei** am Palackého nám. westlich des Zentrums. ✆ 156.
- *Post* Etwas westlich des Zentrums an der Seifertova.
- *Einkaufen* **Galerie Bell (4),** originelle Verkaufsgalerie mit alternativen Klamotten, Keramik, lustig bemalten Blechtassen, Stoffbären usw. Masarykovo nám./Ecke Rožmberská.

**Obchod pro Sběratele (3),** ein super Hinterhoftrödler. Alte Platten und CDs, Möbel, Bücher, Gemälde etc. Březanova 79.

**Kovárna U Vojtěcha (9),** im Schlossareal. Schmiedeeisernes jeglicher Art.

## Essen & Trinken/Nachtleben

Wo so viele Teiche für frischen Fisch sorgen, sollte man – je nach Abfischsaison – Schleie *(lín)*, Wels *(sumec)* oder Hecht *(štika)* probieren. Dazu trinkt man ein Glas *Bohemia Regent* – in Třeboň wird eines der ältesten Biere Tschechiens gebraut (seit 1379). Neben den hier aufgeführten Lokalen sind die Restaurants des Hotels Myslivna und der Pension U Míšků (→ Übernachten) zu empfehlen.

- *Restaurants* **Šupina (14),** gilt als bestes Lokal des Städtchens. Gehoben-rustikales Interieur, nette Terrasse. Gute Fischgerichte und Fleisch vom Lavagrill zu 7,20–14 €. Sehr gepflegt (aber nicht gerade stilvoll) ist auch das dazugehörige Restaurant (mit „k") **Šupinka (13)** gleich gegenüber. In Stoßzeiten enorm voll. Valy 155, ✆ 384721149.

**Rožmberská Bašta (10),** ebenfalls recht angenehmes Lokal und ebenfalls auf die Leckereien aus den umliegenden Teichen spezialisiert. Kosten Sie die Fischsuppe, Karpfenwürfel mit Knoblauch-Honig-Soße oder den Kümmelhecht vom Rost. Hg. 5,60–10,40 €. Rožmberská 59, ✆ 728777068 (mobil).

- *Pivnice* **Pivovarská pivnice (15),** einfache, nette und ursprüngliche Bierhalle bei der Brauerei. Schöne Terrasse (Selbstbedienung). Deftige böhmische Küche zu günstigen Preisen, dazu auch Snacks wie eine dicke *Klobása*, eingelegter *Hermelín* oder *Olmützer Quargeln*. Auf dem Gelände

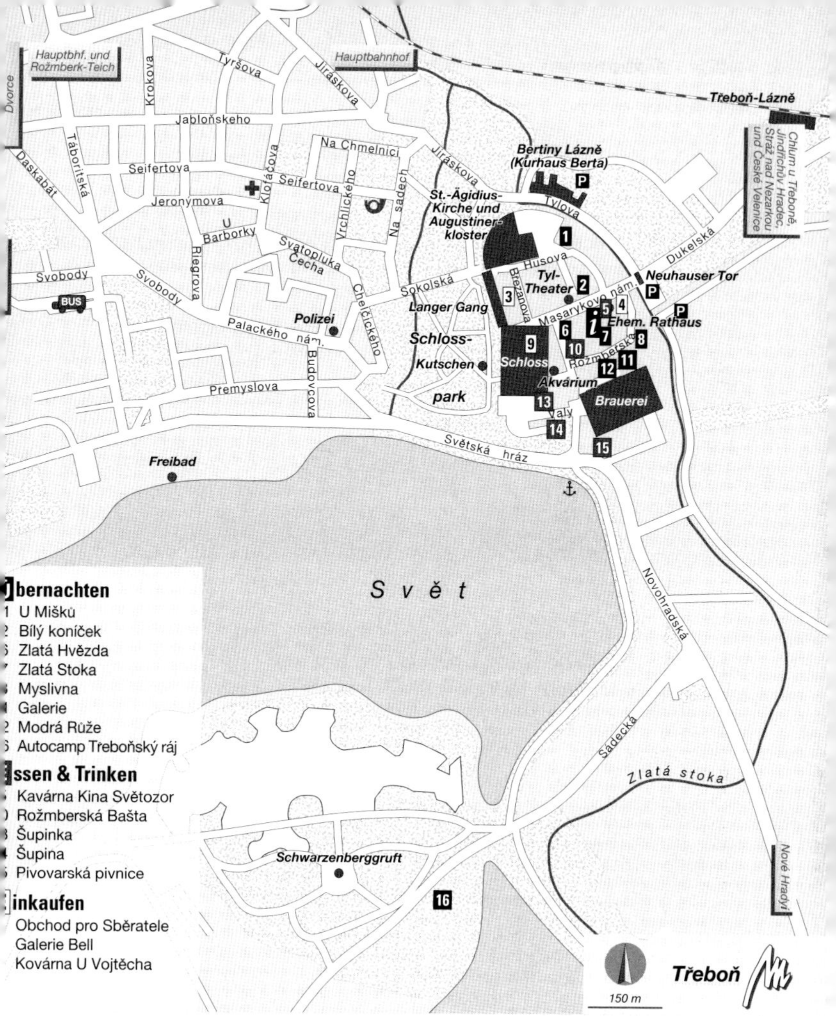


wird auch Bier zum Mitnehmen verkauft – wer mag, bekommt's fassweise. Trocnovské nám.

• *Cafe* **Kavárna Kina Světozor (5),** das Kinocafé mit glitzernden Lampen und weißen Stühlen ist auch abends ein beliebter Treff. Am Masarykovo nám. im ehemaligen Rathaus (Passage nehmen).

## *Übernachten*

• *Hotels* ****** Zlatá Hvězda (6),** Altstadthaus am Marktplatz. 48 Zimmer und Apartments, komfortabel, aber reichlich altbacken eingerichtet. Restaurant, Terrasse, Bowlingbar, Radverleih. Wellnessangebote. EZ 68 €, DZ ab 98 €, Parken extra. Masarykovo nám. 107, ✆ 384757111, ℻ 384757300, www.zhvezda.cz.

***** Galerie (11),** in einem historischen Gebäude. 12 großzügige, nette Standardzimmer auf der Sterneanzahl entsprechendem Niveau. Familiäre Atmosphäre, schönes Restaurant im EG. EZ 52 €, DZ 74 €. Rožmberská 35, ✆ 384385293, ℻ 384385294, www.hotel-trebon.cz.

**Bílý koníček (2),** ansprechendes Renaissancehaus am Marktplatz. 23 ordentliche, aber wenig aufregende Zimmer, für den Preis durchaus okay. Eigene Parkplätze, Fahrradverleih. EZ 32 €, DZ 40 €. Masarykovo nám., ✆/✆ 384721213, www.hotelbilykonicek.cz.

**Myslivna (8),** 13 schlichte Zimmer mit Bad. Restaurant mit Hirschgeweihen an den Wänden: Wildgerichte, aber auch jede Menge Fisch vom Aal über den Hecht bis zum Zander. Kosten Sie „Rosenbergs Fischsuppe". Hg. 6–12 €. DZ ohne Frühstück 32 €. Rožmberská 33, ✆ 384721833, www.myslivna.com.

• *Pensionen* **U Míšků (1),** hübsches zweigiebliges, rosa-blaues Haus im südböhmischen Bauernbarockstil. Großzügige Zimmer (darunter auch 2 Apartments) auf 3-Sterne-Niveau. Kleiner Innenpool, Sauna, Fitnessraum, Solarium. Hübsches, verspielt eingerichtetes Caférestaurant mit nettem Innenhof (Fischspezialitäten). EZ 64 €, DZ 76 €. Husova 11, ✆ 384721698, ✆ 384723917, www.misek.cz.

**Modrá Růže (12),** kleine, oft ausgebuchte Pension in bester Lage. Zimmer mit Küchenzeile, Bad und TV, im Ganzen aber nichts Besonderes. DZ 20 €/Pers. Rožmberská 39, ✆/✆ 384722167, www.modra-ruze.cz.

**Zlatá Stoka (7),** renovierte, saubere Pension. Unterschiedlich eingerichtete Zimmer mit Fliesenböden und Bad. DZ 38 €. Rožmberská 65, ✆ 728031433 (mobil), www.zlatastoka.cz.

• *Camping* ** **Autocamp Třeboňský ráj (16),** ca. 1,5 km vom Zentrum entfernt (nahe der Schwarzenberggruft), ausgeschildert. Großes Gelände an einem See mit einem Inselchen davor. Zum Teil parzellenartig unterteilt, wenig Schatten. Restaurant, Kinderspielplatz. Im Hochsommer oft sehr voll. Anfang Mai–Ende Sept. 2 Pers. mit Wohnmobil 11 €, Bett in der Chata 9 €. Třeboň, ✆ 384722586, www.autocamp-trebon.cz.

## Sport & Freizeit/Kultur (→ Karte S. 421)

• *Baden* Bademöglichkeiten bestehen am Stadtteich **Svět.** Vom Zentrum der Uferstraße Světská hráz gen Westen folgen.

• *Radverleih* Räder kann man über die **Tschechische Bahn** (→ S. 418) und im **Hotel Zlatá Hvězda** (→ Übernachten) leihen. Ca. 12 €/Tag.

• *Kuren* Třeboň besitzt 2 Kurhäuser, wo Störungen des Bewegungsapparates mit Moor- und anderen Bädern sowie den verschiedensten Massagen behandelt werden: das traditionsreiche **Bertiny Lázně** im Norden des Zentrums (✆ 384754111, www.berta.cz, Tylova 1) und das aus sozialistischer Zeit stammende, jedoch modernisierte **Lázně Aurora** am westlichen Ortsrand (✆ 384750111, www.aurora.cz, Lázeňská 1001).

• *Veranstaltungen* Stolz ist man auf das **Festival Okolo Třeboně** Ende Juni/Anfang Juli mit Konzerten, Theateraufführungen usw. Das **Abfischen** im Okt. u. Nov. wird mancherorts von kleinen Volksfesten begleitet.

## Sehenswertes

**Masarykovo náměstí (Masaryk-Platz):** Der längliche Platz mit Brunnen und Mariensäule ist das Zentrum der Altstadt. Herrliche Laubenganghäuser mit Fassaden im Stil der Renaissance und des Barock umgeben ihn. Das auffälligste ist das 1544 errichtete *Haus zum Weißen Pferdchen* (Bílý koníček) mit einem vierstöckigen Giebel, Zinnen und schießschartenähnlichen Öffnungen, die dem Gebäude Festungscharakter verleihen. Heute befindet sich darin ein Hotel (→ Übernachten). Gegenüber steht das 1566 erbaute ehemalige *Rathaus* (heute Kino und Städtische Galerie), dessen 31 m hoher Turm mit Umgang, Uhr und Zwiebelhaube erst 1638 hinzukam. Der Turm kann bestiegen werden und bietet einen schönen Ausblick auf die Fischteiche der Umgebung. Das *Tyl-Theater* (1832–33) hinter dem Rathaus gehört zu den ältesten tschechischen Bürgertheatern. Den Osten des Marktplatzes schließt das sog. *Neuhauser Tor* (Hradecká brána) aus dem 16. Jh. ab, eines von drei noch erhaltenen Stadttoren. Gleich dahinter fließt der *Zlatá stoka:* Der rund 45 km lange „Goldene Kanal" verbindet seit dem 16. Jh. etliche Fischteiche miteinander.

*Öffnungszeiten* Der **Rathausturm** ist unregelmäßig geöffnet, die aktuellen Zeiten erfahren Sie bei der Touristeninformation.

*Masarykovo náměstí, das Herz der Stadt*



**Zámek (Schloss):** Für das kleine Třeboň überrascht die Größe des mit schneeweißen Sgraffiti verzierten Schlosses. Allein der Schlosspark im englischen Stil besitzt die Fläche der gesamten Altstadt. Das Renaissanceschloss mit mächtigen Toren und mehreren Höfen ließen die Rosenberg zwischen 1565 und 1575 errichten, nachdem die vormalige gotische Burg einer Feuersbrunst zum Opfer gefallen war. Unter den Schwarzenberg wurden einige Barockgebäude hinzugefügt, dazu ein Brunnen, den ein Motiv aus dem Wappen der Familie ziert: Ein Rabe hackt einem Türken in den Kopf. Bei Führungen kann man heute den Spuren beider Adelsgeschlechter folgen: Auf der Tour, die an die Rosenberg und die ältere Schlossgeschichte erinnert, besichtigt man Räumlichkeiten mit Renaissanceinterieur, die andere Tour verläuft durch die Apartments der Schwarzenberg aus dem 19. Jh. Eine dritte Trasse führt durch Reitstall, Küche und Kasematten. Den größten Teil des Schlosses nimmt das nicht zugängliche staatliche *Regionalarchiv* ein, eines der größten der Republik. Die älteste dort aufbewahrte Urkunde stammt aus dem Jahr 1184.
*Öffnungszeiten* April, Mai, Sept. u. Okt. tägl. (außer Mo) 9–16 Uhr, Juni–Aug. tägl. (außer Mo) 9–17.15 Uhr. 2,40–3,20 €/Führung (jeweils ca. 45 Min.), erm. 1,20–2 €.

**Kostel sv. Jiljí a augustiánský klášter (St.-Ägidius-Kirche und Augustinerkloster):** Der sog. *Lange Gang (Dlouhá chodba),* ein über 100 m langer Gebäudekomplex, verbindet das Schloss mit dem Augustinerkloster im Norden der Altstadt. Es wurde 1367 unter den Rosenberg gegründet. Die dazugehörige Konventskirche, die St.-Ägidius-Kirche, wurde wenige Jahre vor der Säkularisierung des Klosters (1785) barockisiert. Dabei entfernte man ihren Hauptaltar und verteilte den um 1380/1390 entstandenen Bilderzyklus des *Meister von Wittingau* genannten unbekannten Malers auf umliegende Kirchen. Die Prager Nationalgalerie besitzt noch drei Tafeln davon, Kopien sind im Schloss ausgestellt. Der Kirche erhalten blieb die gotische Pläuerkalksteinskulptur der sog. *Madonna von Wittingau* (um 1400). Die Konventsgebäude dienen heute u. a. als Schülerwohnheim.

Adresse/Öffnungszeiten Husova 142. Führungen nur im Sommer tägl. um 15 Uhr. Eintritt 2 €, erm. 1,20 €.

**Schwarzenberská Knížecí Hrobka (Schwarzenberggruft):** Bis weit ins 19. Jh. wurden die Angehörigen der Hauptlinie des Schwarzenberger Adelsgeschlechts in der Friedhofskirche St. Ägidius (Kostel sv. Jiljí) am Südufer des Teiches Svět bestattet. Als dort kein Platz mehr war, setzte sich Fürstin Eleonore von Schwarzenberg für die Errichtung einer Familiengruft ein paar hundert Meter weiter ein. Der imposante neugotische Bau im Waldpark U Hrobky entstand 1874–77. Eine monumentale Treppenrampe führt ins Innere.

Wegbeschreibung/Öffnungszeiten Der Straße nach Borovany stadtauswärts etwa 1,5 km gen Süden folgen, ausgeschildert. April, Mai, Sept. u. Okt. tägl. (außer Mo) 9–11.30 u. 13–15.30 Uhr, Juni–Aug. tägl. (außer Mo) 9–11.30 u. 13–16.30 Uhr. Führung 2 €, erm. 1,20 €.

### Naturparadies Třeboňsko

Třeboňsko nennt sich die Wittingauer Teichlandschaft, ein Gebiet, das 700 $km^2$ umfasst, von denen 15 % mit Wasser bedeckt sind. Da die außergewöhnliche Landschaft aus Teichen und Kanälen ein Werk von Menschenhand ist, soll sie nicht nur UNESCO-Biosphärenreservat (seit 1977) bleiben, sondern sogar UNESCO-Welterbe werden, angemeldet ist sie immerhin schon.

Die ersten Fischteiche ließen die Zisterzienser und der Deutsche Ritterorden im 13. Jh. anlegen, die Karpfen sollten den Speiseplan während der Fastenzeit bereichern. Der größte Teich ist der *Rožmberk* nördlich von Třeboň. Er misst 490 ha. Bis zu 2000 Zentner Karpfen werden in guten Jahren allein daraus abgefischt. Als der Rožmberk-Teich Ende des 16. Jh. angelegt wurde, war er noch mehr als doppelt so groß. Für seinen 2,5 km langen Damm wurden damals 750.000 $m^3$ Erde aufgeschüttet.

Dafür, dass sich die Karpfen nicht alleine fühlen, sorgen Schleie, Hechte, Welse, Aale und Zander. In den Flüssen und Kanälen tummeln sich zudem rund 150 Flussotter, darüber flattern Fischreiher, Wildgänse, Rohrdommeln, Schwarzstörche und selbst Seeadler. In den dichten Wäldern drum herum sollen sich sogar Elchfamilien wohlfühlen.

## Umgebung von Třeboň

**Chlum u Třeboně (Chlumetz):** Der 2100-Einwohner-Ort liegt ca. 14 km südöstlich von Třeboň am *Badesee Hejtman*. Er ist beliebter Anlaufpunkt einer bunten Camperschar, über zehn Plätze säumen seine Ufer. Pensionen und Hotels gibt es hingegen nur wenige. Zu den Sehenswürdigkeiten des Ortes – allesamt nicht allzu spannend – gehören die *Wallfahrtskirche Mariä Himmelfahrt,* die 1745 nach dem Vorbild der Kirche Maria Zell in der Steiermark entstand, und das hiesige *Schloss,* ein ursprünglich barockes Jagdschloss aus dem Jahr 1710. Es ist bislang noch nicht zugänglich. Berühmtester Schlossherr war der habsburgische Thronfolger Franz Ferdinand d'Este.

• *Verbindungen* **Busse** bis zu 5-mal tägl. nach Jindřichův Hradec sowie regelmäßig nach Majdalena, wo ca. 10-mal tägl. **Zug**anschlüsse nach Třeboň bestehen.

• *Camping* **Camping Sever,** direkt am Hejtman-See in Chlum. Großer, durch Bäume unterteilter Wiesenplatz, der komfortabelste der Gegend. Sanitäranlagen in ausreichender Anzahl, Kiosk, Ruderbootverleih. Auch Chatavermietung. April–Okt. 2 Pers. mit Zelt u. Auto 9,60 €. Chlum u Třeboně 443, ✆/📠 384797189, www.campsever.cz.

## Jindřichův Hradec (Neuhaus)

**Jindřichův Hradec ist eine quicklebendige Kleinstadt mit einer glorreichen mittelalterlichen Vergangenheit. Aus jener Zeit rührt noch immer ein Zauber, der nicht gleich eine Zeile hinter dem historischen Marktplatz endet.**

Die mit ca. 23.000 Einwohnern recht kleine Stadt besitzt nach Prag und Český Krumlov das drittgrößte Burg- und Schlossareal der Tschechischen Republik. Es nimmt eine Fläche von drei Hektar ein. Direkt daran angrenzend breitet sich die charmante Altstadt aus. Sie steht unter Denkmalschutz und ist von Mauern und Wasser umgeben. Die Häuser, geschmückt mit Sgrafitti, Zunftzeichen, aufwendigen Giebeln, Fensterläden, Malereien oder massiven Portalen, versprühen einen Hauch jener Romantik, die italienische Städte so anmutig erscheinen lässt – ein Erbe der Renaissancebaumeister, die sich von jenseits der Alpen hierher aufmachten und Jindřichův Hradec ihren architektonischen Stempel aufdrückten. All diese baulichen Schätze teilen die Einheimischen gerne mit den Touristen; anders als in Prag oder Český Krumlov sitzt man in den Cafés und Restaurants der Altstadt mit ihnen an einem Tisch.

**Geschichte:** Wann hier ein Marktflecken mit einer Burg entstand, weiß man nicht. Gewiss ist aber, dass 1220 ein gewisser Jindřich (Heinrich) aus dem sagenumwobenen Geschlecht der Witigonen (→ S. 468) die Burg zum *nova domus,* zum „neuen

Südböhmen
Karte S. 404/405

*Jindřichův Hradec: Blick aufs Schloss*

Haus", ausbauen ließ. Bis zu ihrem Aussterben 1604 regierten hier die Herren von Neuhaus. Ihr Erbe, ein prächtiges Renaissanceschloss, dazu eine Stadt, die durch Schafzucht, Tuchmacherei und Teichwirtschaft reich geworden und von einem mächtigen Schanzenwall umgeben war, ging an das Geschlecht der Slavata von Chlumec und Košumberk über. Deren berühmtester Vertreter war Wilhelm (Vilém) Slavata, der 1618 als fliegender königlicher Statthalter beim Prager Fenstersturz in die Geschichte einging. 1653 zählte man exakt 405 Häuser, was genügte, um im Ranking der größten böhmischen Städte Platz drei hinter Prag und Pilsen zu belegen. Ende des gleichen Jahrhunderts fiel der Besitz an die Adelsfamilie Czernín von Chudenice, denen das Schloss bis 1945 gehörte. 1773 musste die Familie mit ansehen, wie ihre Residenz in Flammen aufging. 1801 traf es vornehmlich die Stadt – acht Tage wütete die Feuersbrunst. Ein jahrzehntelanger Wiederaufbau war die Folge. Doch an die einstige Bedeutung konnte Jindřichův Hradec nie mehr anknüpfen. Seit Mitte der 1990er gibt es eine Universität, die angeblich kleinste Mitteleuropas.

**Orientierung:** Der Hauptplatz der Altstadt ist der *Náměstí Míru*, das Zentrum der Neustadt der *Masarykovo náměstí*. Beide Plätze verbindet die *Panská*, eine der Hauptgeschäftsstraßen.

## Information/Parken/Verbindungen

• *Information* **Informační středisko město Jindřichův Hradec,** Panská 136, ✆ 384363546, www.jh.cz. Mo–Fr 8–17 Uhr, Sa 8–12 Uhr, Juli u. Aug. tägl. 8–17 Uhr.

• *Parken* Am Nám. Miru, ansonsten im Zentrum kaum Möglichkeiten.

• *Verbindungen* Bahnhof und Busbahnhof rund 15 Fußmin. nördlich des Zentrums.

Beste Verbindungen mit dem **Bus** in die Städte Südböhmens, zudem mehrmals tägl. nach Prag.

**Züge** bis zu 7-mal tägl. nach Brünn, Budweis, Pilsen und Jihlava, regelmäßig nach Veselí nad Lužnicí (von dort weiter nach Prag). Mit einer **Schmalspurbahn** besteht zudem ein regelmäßiger Eisenbahnbetrieb gen Norden über Kamenice nad Lipou nach Černovíce u Tábora und gen Süden nach Nová Bystřice. Im Sommer verkehrt auf der Strecke 1-mal tägl. auch ein historischer Dampfzug. Näheres bei der Touristeninformation oder unter www.jhmd.cz.

## Adressen (→ Karte S. 429)

• *Ärztliche Versorgung* **Kreiskrankenhaus** ca. 300 m südöstlich des Schlosses, U Nemocnice III/380. ✆ 384376111.

• *Polizei* **Stadtpolizei,** Nám. Míru 88. ✆ 156.

• *Post* Klášterská, Ecke Husova.

• *Radverleih* Räder kann man z. B. über **KG Sport** in der Štítného 116 mieten. 10 €/Tag. ✆ 608357177 (mobil), gasek@iol.cz.

• *Einkaufen* **Kava a Čaj (3),** duftender Laden, in dem neben Tee und Kaffee auch tschechischer Met und in Honig eingelegte Nüsse verkauft werden. Růžova 3.

**Moravská vína (2),** gute Auswahl an Weinen aus Mähren. Klášterská 142.

**Kavárnička U dvou lvů (9),** schnuckeliger Laden, in dem Marionetten, Papier, Holzspielzeug und asiatisch anmutende Kissen verkauft werden. Man kann auch gemütlich einen Kaffee trinken (nur 2 Tische!) und der dezenten Musik lauschen. Nur bis 17 Uhr. Nám. Míru 83.

## Essen & Trinken (→ Karte S. 429)

• *Restaurants* **U zlaté husy (7),** im Hotel Concertino (s. u.), gilt als das beste Restaurant der Stadt. Gediegen, doch wie das Hotel ohne besonderes Flair. Böhmische und internationale Küche. Sommerterrasse. Hg. 5–13 €. ✆ 384362320.

**Černej Pták (5),** das beliebteste Lokal der Stadt. Modern-rustikal eingerichtet, hinten raus mit Terrasse. Böhmische Küche mit mediterranen Anklängen. Auch an Vegetarier wird gedacht. Hg 4,50–10 €. Štítného 117, ✆ 384390787.

**Restaurace Pod Věží (6),** recht steriles Lokal in gelb gestrichenen alten Gemäuern. Freundliches Personal. Im Sommer wird die Gasse davor bestuhlt. Interessante Karpfengerichte, Wildgulasch oder Kaninchenmedaillons zu 5–10 €. Štítného 128, ✆ 777575872 (mobil).

**Pizzeria Padrino (8),** jugendliches Ambiente, bunt gestrichen, Holzofen. Pizzen 4–5,60 €. Nám. Míru 158, ✆ 777660870 (mobil).

• *Pivnice* **Bistro Pod Hradem (16),** kleine, einfache Bierkneipe mit gemütlicher Terrasse am rauschenden Bach. Mo–Sa 17 Uhr, So ab 15 Uhr. Pod Hradem.

• *Cafés* **Jadranská zmrzlina (4),** leckeres Eis im Stehverkauf. Panská 113. Nebenan ein nettes Café.

**Čajovna U zámku (12),** alternative Teestube zwischen Nám. Míru und Schloss.

## Von grünen Schnäpsen und grünen FeenI

Jindřichův Hradec ist bekannt für Absinth – Hill's und Fruko-Schulz sind die lokalen Produzenten. Picasso soll mit dem giftgrünen, gallenbitteren Likör seine blaue Periode durchlebt haben, Van Gogh schnitt sich im Absinthrausch ein Ohr ab. In den letzten Jahren feierte Absinth eine kleine Renaissance, aber außer dem Namen und seiner Hochprozentigkeit hat der Modedrink mit „richtigem" Absinth wenig gemein. Letzterer nämlich enthält den aus Wermutblättern gewonnenen namengebenden Bitterstoff Absinthin und dazu Thujon, ein Nervengift, das psychedelisch wirkt und in hohen Dosen zu psychischen Schäden führen kann – wenn man zu viel des giftgrünen Stoffes trinkt, so heißt es, sieht man eine Fee gleicher Farbe. Nicht zuletzt aus diesem Grund war Absinth lange Zeit in vielen Ländern der Welt verboten. Was heute auf den Markt kommt, ist eine Art *Absinth light* mit maximal einem Fünftel der Thujonmenge aus der Zeit Picassos und Van Goghs. Dennoch heißt es aufgepasst: Schon ein Gläschen kann die Sightseeing-Tour in ein anderes Licht rücken. Wer stilecht probieren möchte, entzündet einen Löffel mit absinthgetränktem Zucker und kippt die karamellisierte Flüssigkeit zurück ins Glas.

**Hill's Liqueure,** 1920 gegründet, seit 1990 wieder in Familienbesitz, unterhält ganzjährig einen Verkauf in der Mlýnská 121 **(17),** im Sommer auch in der Dobrovského 197/1 **(15).** Eine Flasche Absinth kostet ca. 15 €. Den Absinth von **Fruko-Schulz** bekommt man in der Verkaufsstelle **(10)** an der Komenského 12.

*Übernachten*

• *Hotels* **** **Concertino (7),** stillos-komfortables Haus in einem historischen Gebäude am Hauptplatz. 37 z. T. recht geräumige Zimmer mit Standardmobiliar. Kongresssaal, Tiefgarage. Gutes Restaurant. EZ ab 48 €, DZ ab 68 €. Nám. Míru 141, ✆ 384362320, ✆ 384362323, www.concertino.cz.

*** **Grand Hotel (11),** düstere Gänge, Zimmer mit billigem Kaufhausmobiliar, dafür viele mit schöner Aussicht. Biederes Restaurant im EG. Ausgesprochen freundlicher Service, kleiner Wellnessbereich. EZ ab 38 €, DZ 54 €. Nám. Míru 165/1, ✆ 384361252, ✆ 384361251, www.relaxhotel.cz.

**Bílá paní (13),** kleineres Haus nahe dem Schloss. Gepflegte Zimmer, z. T. recht groß, manche mit alten Bauernmöbeln. Restaurant mit Terrasse, zu den Spezialitäten zählt die „Weiße Frau" (Schweinefleisch im Kartoffelpuffer). Hg. 4–12 €. EZ 31 €, DZ 50 €. Dobrovského 5, ✆/✆ 384363329, www.hotelbilapani.cz.

• *Pensionen* **Cyklopenzion Jindřichův Hradec (14),** kleine, freundliche Pension mitten im Zentrum. Spricht – wie der Name schon sagt – vornehmlich Radwanderer an (Raum für Radaufbewahrung, Reparaturen). 8 gepflegte Zimmer. Kleine Terrasse, Garagenparkplätze. Nettes Café angeschlossen. EZ 30 €, DZ 50 €. Nám. Míru 178, ✆ 723358139 (mobil), www.cyclopenzionjh.cz.

**Černej Pták (5),** 8 recht schlichte Zimmer mit Bad. Gutes Restaurant. EZ 32 €, DZ 48 €. Štítného 117, ✆ 384390787, www.cernejptak.cz.

**U Tkadlen (18),** in den ehemaligen Gerberhäusern aus dem 16. Jh., idyllisch am Fluss mit Biergärtchen. Einfache Zimmer mit Bad. Parkplätze. Falls die Rezeption nicht besetzt ist, im Restaurant nachfragen. EZ 29 €, DZ 40 €. Pod hradem 7, ✆ 384321348, ✆ 384326076, www.utkadlen.wz.cz.

• *Außerhalb* **Klenovská Hájovna/ Jagdhaus (1),** gehobenere Pension ca. 8 km nordwestlich der Stadt in einsamer, absolut idyllischer Lage. Untergebracht im ehemaligen Jagdhaus der Adelsfamilie Czernín. 7 freundlich-gemütliche, komfortable Zimmer, netter Garten. Gutes Restaurant für die Gäste. Wellnessbereich. Unter österreichischer Leitung. Anfahrt: Von Jindřichův Hradec der Straße 128 Richtung Děstná folgen, nach ca. 3,5 km links ab nach Studnice, durch Studnice hindurch Richtung Pluhův Žďár und nach ca. 3 km erneut links ab (ausgeschildert). 29 €/Pers. Velký Ratmírov 62, ✆ 384364382, ✆ 384364386, www.wellness-pension.cz.

• *Camping* **Camping Jindřiš,** im gleichnamigen Dorf ca. 5 km östlich von Jindřichův Hradec (von der E 551 und von der Straße nach Kunžak ausgeschildert). Einfacher, aber gepflegter Wiesenplatz auf einer Anhöhe. Ordentliche Sanitäranlagen. Kiosk. Keine Chatas. Mai–Okt. 2 Pers. mit Zelt u. Auto 8,80 €. Jindřiš 15, ✆ 384326758, www.cbox.cz/behoun.

## Sehenswertes

Zentrum der Altstadt ist der Hauptplatz **Náměstí Míru** („Platz des Friedens") mit einer prächtigen Mariensäule aus den Jahren 1764–66. Ihn säumen schöne Bürgerhäuser mit barocken und klassizistischen Fassaden. Fast alle Gebäude – die meisten haben einen gotischen Kern – besaßen einst offene Laubengänge. Nach den großen Bränden wurden sie jedoch größtenteils zugemauert. Lediglich an der Nordseite des Platzes ist ein Häuserensemble mit Laubengängen erhalten geblieben, darunter das sog. **Langerhaus** (Langrův dům), dessen herrliche Renaissancefassade deutschsprachige Inschriften aufweist.

**Zámek (Schloss):** Das Areal präsentiert ein Baustilmosaik der letzten sechs Jahrhunderte. Angeblich benötigt man 500 verschiedene Schlüssel, um die Türen und Tore zu den rund 320 Räumlichkeiten zu öffnen. Zum Glück gibt es organisierte Führungen. Es werden drei Touren angeboten, alle beginnen im dritten Burghof. Tour A führt durch den sog. *Adamsflügel,* einen von Adam II. in Auftrag gegebenen Renaissancepalast, für den italienische Baumeister im 16. Jh. verantwortlich zeich-

neten. Noch ganz im Stil der Renaissance ist hier das *Grüne Zimmer* gehalten, die restlichen Räumlichkeiten sind überwiegend mit neoklassizistischem und barockem Mobiliar versehen. Unter anderem sieht man ein Klavier, auf dem schon Mozart klimperte, und mehrere Gemälde von Peter Brandl (1668–1735), der von František Josef Czernín gefördert wurde. Tour B hat die *mittelalterliche Burg* zum Schwerpunkt. Zu den Stationen zählen die *Heilig-Geist-Kapelle* mit Fresken aus dem 14. Jh., die die Legende des Hl. Georg zeigen, und eine *schwarze Küche*. Tour C widmet sich der Geschichte des Schlosses im 18. und 19. Jh. (in der Zeit der Czernín) und seinem Wahrzeichen, dem *Gartenrondell* aus dem 16. Jh., eine Perle des europäischen Manierismus. Wer es betrat, sollte sich wie im Himmel fühlen. Genutzt wurde es vorrangig im Rahmen von Bällen und Sommerfesten. Bei Veranstaltungen saß das Orchester in einem Raum unter dem Hauptsaal, damit die Distanz zwischen Musikern und Feiernden gewahrt blieb. Die Musik stieg durch eine kleine Öffnung in der Mitte des Raumes zu den Gästen empor.

*Öffnungszeiten* April u. Okt. tägl. (außer Mo) 10–15.15 Uhr, Mai u. Sept. tägl. (außer Mo) 10–16.15 Uhr, Juni–Aug. tägl. (außer Mo) 9–16.15 Uhr. 3,60–4 €/Tour (ca. 45 Min.), erm. 2–2,40 €.

**Zámecký Mlýn (Schlossmühle) und Národní muzeum dílna tapiserií (Nationales Tapisseriemuseum):** Auf dem Weg vom Schloss zur Schlossmühle passiert man die einstige Brauerei von Neuhaus, in der u. a. František Smetana, der Vater des berühmten Komponisten, gearbeitet hat. In der Schlossmühle selbst werden immer wieder wechselnde Ausstellungen gezeigt, zudem kann man ein altes, 1888 errichtetes Wasserkraftwerk besichtigen, das noch heute voll funktionsfähig ist, aber nicht genutzt wird. Der Schlosstrakt gegenüber der Mühle wurde zuletzt aufwendig restauriert und soll bis 2012 zu einem Tapisseriemuseum umgebaut werden. Jindřichův Hradec ist bekannt für die Herstellung und Restaurierung von Gobelins.

*Adressen/Öffnungszeiten* **Schlossmühle,** Ende Mai–Ende Sept. tägl. 10–18 Uhr. Eintritt 2 €, erm. 1,20 €.

**Okresní muzeum (Kreismuseum):** Das Museum ist in den Räumlichkeiten des einstigen Jesuitenseminars untergebracht. Stolz ist man auf eine einzigartige *Weihnachtskrippensammlung,* insbesondere auf die Krippe des lokalen Strumpfmachers Tomáš Krýza (1838–1918), die es als weltweit größte Krippe 1998 ins *Guinness-Buch der Rekorde* schaffte. Auf einer Fläche von 60 m² stehen 1398 Figuren – Menschen und Tiere –, 152 davon sind beweglich. Zudem informiert das Museum über das Uhrmacherhandwerk und zeigt archäologische Funde der Region, eine alte Barockapotheke sowie Sakralgegenstände.

Der Marktplatz von Jindřichův Hradec

*Adresse/Öffnungszeiten* Balbínovo nám. April–Dez. tägl. (außer Mo) 8.30–12 u. 13–17 Uhr, Juni–Aug. auch Mo. Jan.–März geschl. Eintritt 2 €, erm. 1,20 €.

**Národní muzeum fotografie (Nationales Fotografiemuseum):** Das moderne Museum im ehemaligen Jesuitenkolleg, einem schönen Renaissancebau, zeigt in Wechselausstellungen Werke tschechischer und ausländischer Künstler, darunter Klassiker genauso wie vergessene oder relativ unbekannte Fotografen.

*Adresse/Öffnungszeiten* Balbínovo nám. Tägl. (außer Mo) 10–17 Uhr. Der Eintritt hängt von der Ausstellung ab.

**Kirchen und Türme:** Nur ein paar Schritte vom Náměstí Míru entfernt steht die *Propsteikirche Mariä Himmelfahrt (Kostel Nanebevzetí Panny Marie).* Sie entstand im 14. Jh. unter dem Patronat des Deutschen Ritterordens. Die schönste Kapelle mit dekorativem Maßwerkkrippengewölbe ist die des Hl. Hippolyt. 150 Stufen führen auf die Galerie des 69 m hohen Kirchturms. Eine weitere bedeutende Kirche ist die zweischiffige spätgotische *Kirche Johannes' des Täufers (Kostel sv. Jana Křtitele).* Das angrenzende einstige Minoritenkloster wurde 1320 gegründet. Kloster und Kirche dienen heute dem Kreismuseum als Ausstellungs- und Veranstaltungsort.

• *Adressen/Öffnungszeiten* **Turm der Propsteikirche** (Za Kostelem), April u. Mai sowie Sept.–Dez. Sa/So 10–12 u. 13–16 Uhr, Juni–Aug. tägl. 10–12 u. 13–16 Uhr. Eintritt 0,80 €. **Kloster und Kirche Johannes' des Täufers** (Štítného, Ecke Svatojánská), sofern Ausstellungen stattfinden, tägl. (außer Mo) 9–12 u. 13–16 Uhr. Eintritt variiert je nach Ausstellung.

## Červená Lhota (Rothlhota)

Das bonbonrote Schlösschen 12 km nordwestlich von Jindřichův Hradec thront inmitten stiller Wasser. Es ziert die Titelseiten von Reiseführern und Prospekten, und das nicht umsonst – man kann es ohne Übertreibung als eines der malerischsten Schlösser Europas bezeichnen. Hervorgegangen ist es aus einer ursprünglich gotischen Wasserfeste, die so viele Umbauten wie Besitzer erlebte. Die letzte große Umgestaltung, die dem Schloss sein heutiges Aussehen gab, ging in den Jahren 1903–1912 vonstatten. Die letzten adeligen Besitzer waren bis zu ihrer Enteignung 1945 die Schönburg-Hartenstein. Bereits im 17. Jh. bekam das Renaissanceschlösschen seinen roten (tschech. rot = *červená*) Anstrich, zuvor nannte man es *Nová (Neues) Lhota*. Zu jener Zeit ersetzte man auch die Zugbrücke durch eine steinerne Brücke. 1799 starb auf Schloss Rothlhota der verarmte Komponist Carl Ditters von Dittersdorf (→ Altvatergebirge/Javorník, S. 627), der im nahen Deštná beigesetzt wurde. Auf Einladung des Freiherrn von Stillfried hatte er hier seine letzten Lebensjahre verbracht. Durch das Innere des vierflügeligen Schlosses mit einem kleinen Hof in der Mitte werden Führungen angeboten, am spannendsten ist die durch die Salons der ersten Etage. Das Interieur präsentiert sich überwiegend im Stil der Renaissance und des Rokoko. Ein Teil der Räumlichkeiten kann für Traumhochzeiten gebucht werden. Dann fallen die Führungen aus und es lohnt sich, ein Ruderboot zu mieten und einmal rund um das von Wasser umspülte Schloss zu paddeln. Die Busanbindungen nach Červená Lhota sind übrigens miserabel.

*Öffnungszeiten* April u. Okt. nur Sa/So 9.30–16 Uhr, Mai u. Sept. tägl. (außer Mo) 9.30–16 Uhr, Juni–Aug. bis 17 Uhr. Führung (50 Min.) 3,60 €, erm. 2 €. Fremdsprachige Führungen müssen vorbestellt werden.

### Česká Kanada, „Böhmisch Kanada“

Zieht man von Jindřichův Hradec eine Linie gen Südosten nach Nová Bystřice, von dort gen Osten nach Slavonice, dann gen Nordwest nach Kunžak und schließlich zurück gen Westen nach Jindřichův Hradec, so hat man grob das Gebiet umrahmt, das *Česká Kanada,* „Böhmisch Kanada“ genannt wird. Es ist eine dünn besiedelte Landschaft mit zahlreichen Seen, großen Wacholderbeständen und weiten Fichtenwäldern, in denen sich Hirsche und Rehe wohl fühlen – viele Abschnitte stehen unter Naturschutz. Die höchste Erhebung ist der *Vysoký Kámen* mit 738 m. In den Wäldern rund um Kunžak erwarten den Besucher bizarre Granitformationen. Im Spätsommer sieht man viele Pilzsammler durch das Gebiet ziehen, so manche in einem Outfit, das an die einstigen Fallensteller im echten Kanada erinnert. Böhmisch Kanada eignet sich bestens für ausgedehnte Wanderungen und Radtouren, diverse markierte Pfade und Wege laden dazu ein – denken Sie jedoch an gutes Kartenmaterial!

## Kamenice nad Lipou (Kamenitz an der Linde)

Kamenice nad Lipou liegt knapp 20 km nördlich von Jindřichův Hradec und ist ein verschlafenes Städtchen mit rund 4000 Einwohnern. Daran, dass der Ort schon bessere Zeiten gesehen hat, erinnern noch ein paar prächtige historische Bauten im Zentrum. An den begrünten Marktplatz grenzt das rosafarbene **Schloss Kamenitz,** das seit 2004 der Öffentlichkeit zugänglich ist. Es beherbergt zum einen ein modern konzipiertes Stadtmuseum, zum anderen Ausstellungen von Schmiedearbeiten, Möbeln des 19. und 20. Jh. und altem Spielzeug, allesamt aus der Sammlung des Kunstgewerbemuseums Prag. Im Schlosspark steht – heute mehr breit als hoch – eine über 750 Jahre alte Linde. Rainer Maria Rilke (1875–1926), dessen Ahnen das Schloss bewohnten, verewigte die Anlage samt Linde in mehreren Werken.

• *Verbindungen* **Busse** regelmäßig nach Pelhřimov und Jindřichův Hradec. Bahnhof 1 km südlich des Zentrums, bis zu 10-mal tägl. Züge nach Jindřichův Hradec.

• *Öffnungszeiten* **Schloss Kamenitz,** Jan.–April u. Okt.–Dez. Di–Fr 10–15 Uhr (April u. Okt. auch Sa/So 10–17 Uhr), Mai–Sept. tägl. (außer Mo) 10–17 Uhr. Eintritt für alle Ausstellungen 3,20 €, erm. die Hälfte.

Weiter auf die Böhmisch-Mährische Höhe? Informationen zu **Pelhřimov** bekommen Sie ab S. 490, zu **Telč** ab S. 526 und zu **Slavonice** ab S. 522.

## Tábor (Tabor)

**Das Städtchen Tábor ist untrennbar mit der Hussitenbewegung verbunden. Der alte Kern mit seinen verwinkelten Gassen und niederen Bürgerhäusern präsentiert sich reizvoll – selbst die mit Plastikblumen dekorierte öffentliche Toilette am Marktplatz macht da keine Ausnahme …**

Die 36.500 Einwohner zählende Kreisstadt 88 km südlich von Prag, der es augenscheinlich gut geht, lohnt jederzeit einen Abstecher. Die Altstadt mit ihren krummen Gässchen, oft so eng, dass nicht einmal ein Auto hindurchpasst, lädt zum Bummeln ein. Sie besitzt den Charme des Unperfekten: Hier bröckelt zuweilen noch der Putz, hier reiht sich noch nicht Galerie an Galerie, und hier sind japanische Reisegruppen noch die Ausnahme. Allzu groß aber ist der historische Kern nicht, und nach ein paar Stunden hat man alles gesehen.

**Orientierung:** Die Altstadt mit dem zentralen *Žižkovo náměstí* erhebt sich hoch über dem Flusslauf der *Lužnice* (Lainsitz). Gen Osten erstreckt sich die *Neustadt*, wo Busbahnhof und Bahnhof liegen. Die Hauptverbindungsstraße zwischen Alt- und Neustadt und zugleich die Hauptgeschäftsstraße ist die *Pražská*, die in die *Palackého* und die *9. května* übergeht. Im Norden wird die Neustadt vom Stausee *Jordán* begrenzt, der 1492 zur Trinkwasserversorgung angelegt wurde.

### *Information/Parken/Verbindungen*

• *Information* **Infocentrum Město Tábor,** zentral am Žižkovo nám. 2. Mai bis Sept. Mo–Fr 8.30–19 Uhr, Sa/So 10–16 Uhr, sonst Mo–Fr 9–16 Uhr. ✆ 381486230, www.tabor.cz.

• *Parken* Gebührenpflichtige Parkplätze u. a. an der 9. května, der Palackého, in der

Märchenschloss Červená Lhota ▲▲
Am Strand von Horní Planá ▲

Schloss Hluboká nad Vltavou ▲▲
Am Marktplatz in Bechyně ▲

▲▲ Vor der Klosterkirche in Želiv

▲ Durch diesen Eingang gingen schon Johann Strauß und Joseph Haydn: Schloss Náměšť nad Oslavou

*Táborer Rathaus*

Tiefgarage an der Třída Čs. Armády und am Žižkovo nám.

• *Verbindungen* Busbahnhof und Bahnhof liegen nah beieinander im Osten der Stadt, bis ins Zentrum läuft man ca. 15 Min.

Gute **Busverbindungen** in alle Zentren Südböhmens. Regelmäßig nach Prag (Florenc oder Roztyly an der Ⓜ C).

**Züge** regelmäßig nach Prag und Budweis, 1-mal tägl. nach Linz, bis zu 9-mal tägl. nach Bechyně.



## Adressen/Veranstaltungen (→ Karte S. 434/435)

• *Ärztliche Versorgung* **Krankenhaus** nordwestlich der Altstadt, Zufahrt von der Kpt. Jaroše. ✆ 381608111.

• *Polizei* Am zentralen Platz gegenüber der Touristeninformation. ✆ 156.

• *Post* Neben der Polizei.

• *Radverleih* Über die Tschechische Bahn am Bahnhof möglich.

• *Einkaufen* Im Sommer jeden Mi kleiner **Markt** am Žižkovo nám., hauptsächlich Gemüse. *TESCO, Kaufland* & Co. südlich des Zentrums nahe der E 55. Noch 2 Tipps:

**Antikvariát Bastion (6),** nettes Antiquariat mit Musikbeschallung, Galerie und kleiner Auswahl an deutscher Literatur. Auch So 13–18 Uhr. Palackého 6.

**Antik No. 14 (3),** kleiner Antiquitätenladen auf 2 Etagen in einem Hinterhof. Neben Möbeln viel Porzellan, Kaffeemühlen, Bilder und Lampen. Žižkovo nám. 14.

• *Veranstaltungen* Highlight sind die **Táborer Begegnungen** *(Táborská setkáni)* Mitte Sept., bei denen sich das Zentrum für 3 Tage in eine mittelalterliche Stadt verwandelt, Ritterkämpfe und Umzüge inklusive.

## Essen & Trinken/Nachtleben (→ Karte S. 434/435)

• *Restaurants* **U dvou koček (2),** gepflegtes Restaurant im ländlichen Stil mit deftiger Küche wie *Halušky* (eine Art Spätzle) oder mit Speck und Kraut gefüllten Kartoffelknödeln. Auch Fondue und Raclette. Hg. 4–16 €. Svatošova 310, ✆ 381256802.

**Restaurace Škochův dům (4),** im wenig stilvoll eingerichteten Inneren sitzt man unter einem schönen alten Gewölbe, draußen auf einer windgeschützten Terrasse. Die Steakadresse – zig Sorten! Außerdem überbackene Toasts, Pasta und Palatschinken. Hg. 4,50–14,50 €. Am Marktplatz, ✆ 381251221.

**Restaurace Na Schůdkách (10),** nettes, gehobenes Lokal mit Holzböden und schön bemalten, alten Decken. Viel Fleisch, wir empfehlen die diversen Grillgerichte. Hg. 6–10 €. Klokotská 106, ✆ 776722600 (mobil).

**Restaurace Švejk (1),** Kneipenrestaurant im Zeichen des braven Soldaten. Magenfüllendes tschechisches Essen, kleine Bierterrasse. Špitalské nám. 509, ✆ 381257733.

• *Café* **Café Campanila (8),** schwarz-weiß gekacheltes Café mit großer Fensterfront. Leckere Torten und Kuchen. Straßenbestuhlung. Angeschlossen eine Pizzeria. 9. května.

## Übernachten

• *Hotels* **** **Dvořák (12),** komfortables Hotel auf dem Gelände der ehemaligen Brauerei von Tábor, wirkt etwas überdimensioniert. Poppige Lobby mit durchsichtigen Plastiksesseln. 72 Zimmer mit wenig persönlicher Note, dafür z. T. recht geräumig. Kleines Hallenbad, sichere Parkplätze (im Hof gratis, in der Tiefgarage 10 €/Tag extra). Auf der Restaurantterrasse wird im Sommer zuweilen gegrillt. EZ 100 €, DZ ab 114 €. Hradební 3037, ✆ 381207211, ℻ 38 1207333, www.orea.cz/dvorakta.

**** **Lázně,** kleines Hotel in herrlicher Lage am Lužnice-Ufer (etwa 10 Gehmin. südl. der Altstadt). 15 komfortable, große Zimmer mit Standardeinrichtung und Teppichböden, manche mit Balkon zum Fluss und Blick über die Stadt. Ordentliches Restaurant. EZ 52 €, DZ 84 €. U Lázní 44, ✆ 381202511, ℻ 381202513, www.hotellazne.cz.

**** **Nautilus (5),** Boutiquehotel in einem Altstadthaus am Marktplatz. Eines der schönsten Hotels auf dem tschechischen Land. Die 22 Zimmer sind im geschmackvollen Stilmix ausgestattet (Parkettböden, Antiquitäten, junges Design usw.) und mit viel Liebe zum Detail dekoriert. Schönes Restaurant mit zeitgemäßer Küche der gehobeneren Preisklasse. Sehr zuvorkommendes Personal. EZ 85 €, DZ ab 102 €. Žižkovo nám. 20, ✆ 380900 900, ℻ 380900999,www.hotelnautilus.cz.

• *Pensionen* **189 (11),** kleine Pension unter freundlicher Leitung (englischsprachig). 2 ältlich-biedere DZ und 3 Apartments mit Kitchenette. Garten, Sauna. Für 2 Pers. ab 48 €. Hradební 189, ✆/℻ 381252109, www.pension189.cz.

**Jana (7),** am östlichen Rand der Altstadt. Restauriertes Gebäude aus dem 16. Jh., 2 Zimmer und 1 Apartment. Gefrühstückt wird im gotischen Saal oder im netten Innenhof. Kostenlose Parkmöglichkeiten, ideal auch für Radtouristen. Freundliche Inhaberin (deutschsprachig) und ebensolcher Haushund. Frühzeitige Buchung im Sommer ratsam. EZ 24 €, DZ 44 €, Apartment ab 48 €. Kostnická 161, ✆ 381254667, www.bedandbreakfast.euweb.cz.

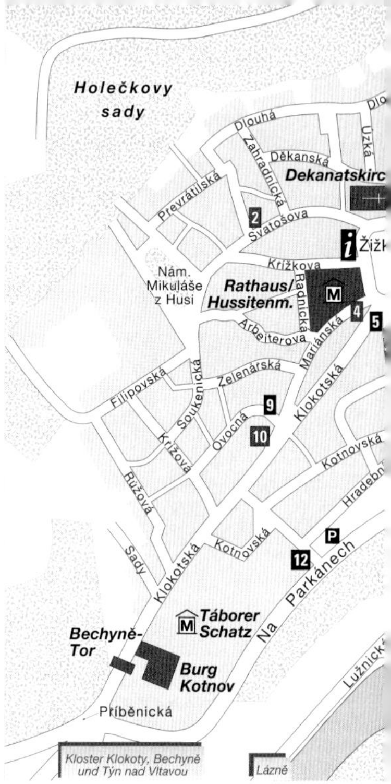


**Modrá růže (9),** in einer ruhigen Altstadtgasse. Unterschiedlich große Zimmer und Apartments mit unschönen 80er-Jahre-Möbeln, jedoch sauber und mit privaten Bädern. Sauna, Restaurant mit Sommerterrasse. Deutschsprachig. EZ 20 €, DZ 32 €. Ovocná 63, ✆ 381231277, M.Vohradnik@seznam.cz.

• *Camping* **Autocamping Knížecí Rybník,** ca. 5 km östlich von Tábor, nahe der viel befahrenen Straße Nr. 19. Trotz einiger altgrauer Gebäude auf dem großen Gelände gar nicht so schlecht. Badeweiher, neue Sanitäranlagen. Restaurant mit Terrasse direkt über dem Wasser. Volleyballfeld, Tennisplatz, Radverleih. Es werden auch Zimmer und Chatas vermietet. Ganzjährig. 2 Pers. mit Wohnmobil 8 €, Chata für 3 Pers. 18 €, DZ mit Bad 40 €. Měšice, ✆ 381252546, www.knizecirybnik.cz.

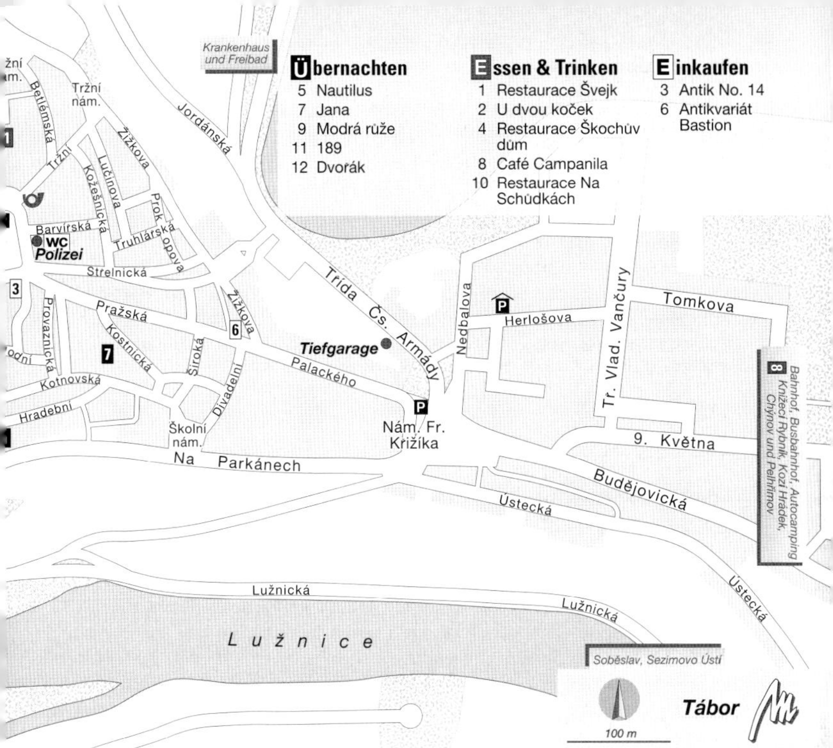




## Sehenswertes

Den besten Überblick über die schöne Altstadt gewinnt man vom **Turm der Dekanatskirche** (1440–1516) am Hauptplatz. Sie können ihn von Mai bis August tägl. von 10 bis 17 Uhr besteigen (0,70 €). Das kleine Ziegeldächermeer, auf das Sie von hier blicken, entstand nach den verheerenden Stadtbränden 1532 und 1559; bis dahin war das Gros der Táborer Häuser aus Holz gebaut. Beim Spaziergang durch das historische Zentrum kommt man an vielen kleinen Bürgerhäusern im Stil der Renaissance mit teils herrlichen Flammengiebeln vorbei.

**Radnice (Rathaus):** Der spätgotische Bau (1440–1521) am Žižkovo náměstí beherbergt ein sehenswertes Museum, das sich der Hussitenbewegung (→ Kasten S.436 f.) widmet, zudem gibt es eine Galerie mit tschechischer Kunst des 17.–20. Jh., darunter mehrere Skulpturen des Bildhauers František Bílek (1872–1941), der aus dem nahe gelegenen Chýnov (→ S. xx) stammt. Vom Rathaus gelangt man auch in die bis zu 16 m tiefen unterirdischen Gewölbe der Stadt. Sie wurden als Bierkeller angelegt (ganzjährig herrscht darin eine Temperatur von 7–8 °C), dienten aber bei Bedrohung auch als Zufluchtsort. Gerne erzählt man die Geschichte, dass Frauen, die heimlich Bier getrunken hatten, für einen Tag in die Keller gesperrt wurden – angeblich war ihnen der Bierkonsum bis ins 18. Jh. verboten. Mitte des 20. Jh. wurden die Kellerräume durchbrochen und miteinander verbunden.

*Öffnungszeiten* Okt.–März Mi–Sa 9–17 Uhr, So 13–17 Uhr, sonst tägl. 9–17 Uhr. Kombiticket für alle Ausstellungen 3,20 €, erm. die Hälfte.

**Bechyňská brána a Hrad Kotnov (Bechyně-Tor und Burg Kotnov):** Folgt man vom Hauptplatz der Klokotská, gelangt man zum Bechyně-Tor (um 1420), dem einzigen noch erhaltenen Stadttor. In den darüber liegenden Räumlichkeiten befindet sich eine Ausstellung über die Lebensverhältnisse im Mittelalter. An das Tor schließt ein Rundturm an, der bestiegen werden kann. Er ist Teil der alten gotischen Burganlage Kotnov, in deren Schutz Tábor entstand. Außer dem Turm ist jedoch nicht mehr viel erhalten, der Stadtbrand von 1532 zerstörte den größten Teil der Burg. Vom 17. bis ins 20. Jh. diente das Burgareal als Brauerei. Heute befindet sich dort das Vier-Sterne-Hotel Dvořák (→ Übernachten).

*Öffnungszeiten* **Bechyně-Tor,** Mai–Okt. tägl. 8.30–17 Uhr. Eintritt 1,60 €, erm. die Hälfte. **Burgturm,** gleiche Öffnungszeiten. Eintritt 0,80 €, erm. die Hälfte.

## Von Hus, Žižka, den Taboriten und Pikarden

Als einer der großen Reformatoren der Weltgeschichte gilt Jan Hus, der hundert Jahre vor Luther für eine Reform von Gesellschaft und Kirche eintrat. Um 1370 wurde er im südböhmischen Husinec als Sohn eines Bauern geboren. Trotz seiner ärmlichen Herkunft schaffte er es an die Prager KarlsUniversität, wo er ab 1398 Theologie studierte. 1400 wurde er zum Priester geweiht. Ein Jahr später folgte die Ernennung zum Dekan der philosophisch-theologischen Fakultät, und wiederum ein Jahr später wurde er Professor. In den Jahren 1409/10 stieg Hus sogar zum Rektor der Universität auf. Er förderte deren Tschechisierung und rüttelte an der Vorherrschaft der deutschen Professoren. Berühmt wurde Hus durch seine radikalen, in der Volkssprache Tschechisch vorgetragenen Predigten in der Bethlehemkapelle, wo er in Anlehnung an die Thesen des englischen Reformators John Wyclif die Abkehr der Kirche von Besitz und weltlichem Machtstreben forderte. Seine Kritik am Ablasshandel, der u. a. dazu diente, die päpstlichen Kriege zu finanzieren, und die Ermutigung des Volkes, sich gegen ihre Herren aufzulehnen, brachten den konservativen deutschen Klerus in Aufruhr. Als sich 1412 die theologische Fakultät gegen ihn stellte und der Papst ihn exkommunizierte, floh Hus auf die Burg Kozí Hradek, wo er sein Hauptwerk *De ecclesia* („Über die Kirche") verfasste. 1414 wurde er vor das Konzil in Konstanz (heute die Partnerstadt Tábors) beordert. Hus weigerte sich, seine Thesen zu widerrufen, und wurde am 6. Juli 1415 als Ketzer verbrannt, obwohl ihm König Sigismund (ab 1433 Kaiser) freies Geleit zugesichert hatte. Mit seiner Hinrichtung wollte man der Gefahr einer immerwährenden Spaltung der Kirche entgegenwirken, doch in Böhmen erreichte man damit genau das Gegenteil. Hus wurde zum Märtyrer und Nationalhelden der Tschechen, sein Todestag ist heute ein staatlicher Feiertag.

Die Anhänger von Hus formierten sich nach seinem Tod in verschiedenen Gruppierungen, die seine reformatorischen Ideen mehr oder minder radikal in die Tat umsetzen wollten. Eine davon floh wenige Monate nach dem ersten Prager Fenstersturz (1419) in den Schutz der Burg Kotnov. Dort errichtete die Gruppe ein Zeltlager, aus dem schon bald eine festungsähnliche Stadt hervorging, deren (bis heute unverändertes) Gassenwirrwarr jeden Angreifer zur Verzweiflung treiben sollte. Sie nannten ihre neue Stadt *Tábor* nach dem neutestamentarischen Berg der Verklärung Jesu. „Není nic méa nic tvé, než všecko v obc rovně mají" („Nichts gehört mir, nichts gehört dir, alles gehört allen") war das Motto der religiösen Gemeinschaft,

**Táborský poklad (Táborer Schatz):** Die moderne Dauerausstellung befindet sich in der Mälzerei der oben erwähnten ehemaligen Brauerei. Sie vermittelt ebenfalls Einblicke in den Alltag der Táborer Bürger im ausgehenden Mittelalter. Als Grundlage dient der namengebende „Schatz", den man 2001 bei Grabungsarbeiten in der Altstadt entdeckte: gotische Kacheln, Keramikgefäße aus dem späten 16. Jh. und v. a. 4000 Silbermünzen, von denen die älteste aus dem Jahr 1524 stammt.
*Adresse/Öffnungszeiten* Hradební, Zugang über den Hof des Hotels Dvořák. Mai–Sept. tägl. 9–12 u. 13–17 Uhr, Okt.–April Mo–Sa 10–12 u. 13–16 Uhr. Eintritt frei.

**Klášter Klokoty (Kloster Klokoty):** Vom Bechyně-Tor führt ein ausgeschilderter Spazierweg (ca. 1,5 km) ganz in den Westen von Tábor zum Kloster Klokoty, dessen kupferfarbene Kuppeln weithin sichtbar sind. Die dazugehörende *Wallfahrtskirche*

Privatbesitz gab es nicht. Wer in Tábor leben wollte, musste sich nach diesem frühsozialistischen Modell seines gesamten Besitzes entledigen. Männer und Frauen hatten die gleichen Rechte. Das Abendmahl wurde in beiderlei Gestalt an die Gemeinde verteilt, also auch in Gestalt des Kelches mit dem Blut Christi, der im Ritus der römischen Kirche den Priestern vorbehalten war, was auf dem Konzil von Konstanz noch einmal ausdrücklich bestätigt worden war. Der sog. Laienkelch, den man von steinernen Tischen vorm Rathaus (sie stehen noch heute) verabreichte, wurde so zum Symbol der Männer und Frauen aus Tábor, die als Taboriten in die Geschichte eingegangen sind.

Als eine der radikalsten und sozialrevolutionärsten hussitischen Gruppierungen forderten die Taboriten nicht nur die Säkularisierung des Kirchenguts, die freie Predigt und die Rückkehr zur apostolischen Armut, sondern auch die Errichtung eines Gottesreiches durch das Schwert. Ihr militärischer Führer war Jan Žižka, um 1370 bei Trocnov geboren. Žižka gelang es sogar, Heere aufzustellen. Bereits 1420 besiegte er das kaiserliche Kreuzfahrerheer am Prager Vítkov-Berg, wo er heute in Form des größten Reiterstandbildes der Welt geehrt wird. Auch in Tábor ist er zu sehen, hier auf dem nach ihm benannten Hauptplatz. Sein erblindetes Auge ist abgedeckt, porträtiert wurde er fast immer im Profil. Beim Sturm auf die Burg Rabí verlor er 1421 sein zweites Auge. Auch vollständig erblindet gewann er noch mehrere Schlachten, bis er am 11. Oktober 1424 verstarb.
Die Kunde vom widerspenstigen Tábor durchlief ganz Europa und führte dazu, dass diverse Sekten das Städtchen zu ihrem Zufluchtsort erkoren. Eine darunter war die der Pikarden aus der nordfranzösischen Region Picardie. Ihre Auffassung, dass es die perfekte Seele nicht nötig habe, tugendhaft zu sein, kam bei den tugendhaften Taboriten aber schlecht an. Die Pikarden wurden aus der Stadt getrieben und ließen sich auf der nahen Burg Příběnice (heute eine Ruine westlich von Tábor) nieder. Ähnliche den legendären Adamiten folgten sie frei jedem ihrer Triebe. Dies führte zu rituellem Nudismus und „Liebesfesten". Ein schockierter Chronist vermerkte: „Beim Durchstreifen der Wälder und Hügel wurden manche derart vom Wahnsinn gepackt, dass Männer und Frauen ihre Kleider abwarfen und nackt herumliefen [...], dieser selbe Wahnsinn machte sie glauben, dass es keine Sünde sei, wenn sie miteinander Geschlechtsverkehr hätten." Žižka höchstpersönlich sandte eine Streitmacht aus, um 50 von ihnen auf dem Scheiterhaufen zu verbrennen, weitere 25 überließ er dem Volkszorn.

*Mariä Himmelfahrt* aus dem frühen 18. Jh. zählt zu den schönsten Barockbauten der Gegend. Sie wurde im Grundriss eines orthodoxen Kreuzes angelegt. Ihr Baumeister ist unbekannt, man vermutet Giovanni Santini. Zuletzt war das Kloster leider gar nicht und die Kirche nur zu Messen zugänglich.

## Umgebung von Tábor

**Chýnov (Chejnow):** 10 km östlich von Tábor liegt Chýnov, ein unspektakuläres Städtchen, für Kunstinteressierte aber dennoch einen Besuch wert. Denn aus Chýnov stammt die Familie des Bildhauers František Bílek (1872–1941). Bílek gilt als *der* tschechische Vertreter des symbolistischen Jugendstils, zu seinen Bewunderern zählte u. a. Franz Kafka. In dem 1898 errichteten Wohnhaus Bíleks ist heute ein Museum mit Werken des Künstlers untergebracht, auch sind etliche Originalmöbelstücke zu sehen. Sehenswert ist auch der hiesige Friedhof, den Bílek mit einigen monumentalen Grabsteinen aufpeppte. Er selbst ruht im Kreise seiner Familie – halten Sie nach einer alles überragenden Statue Ausschau.

5 km nordöstlich von Chýnov kann man die bestens ausgeschilderte *Chýnov-Höhle* (Chýnovská jeskyně) besuchen. Der Höhlenkomplex in der Tiefe des Berges *Pacovská hora* (573 m) beeindruckt durch bizarre, farbige Dolomit-Kalksteinformationen. 45 Minuten dauert eine Tour, 260 m weit geht es in die Höhle hinein.

• *Verbindungen* Regelmäßig **Busse** und **Züge** nach Tábor.

• *Öffnungszeiten* **Bílek-Museum** (Údolní, im Ortskern mit „Dům F. Bílek" ausgeschildert), Mitte Mai–Mitte Okt. tägl. (außer Mo) 10–12 u. 13–17 Uhr. Eintritt 2 €, erm. 1,20 €. Der **Friedhof** ist von der Straße zur Höhle mit „Hřbitov" ausgeschildert. **Höhle,** April–Juni u. Sept. tägl. (außer Mo) 9–15.30 Uhr, Juli/Aug. tägl. (außer Mo) 9–17 Uhr, Okt. tägl. (außer Mo) Führungen um 10, 12 u. 14 Uhr. Eintritt 3,20 €, erm. die Hälfte.

**Milevsko (Mühlhausen):** Das 24 km westlich von Tábor gelegene 9500-Einwohner-Städtchen ist kein Ort, der zum längeren Verweilen einlädt. Nahe der Schnellstraße 19 (am nördlichen Ortsrand) erhebt sich jedoch ein mächtiges *Prämonstratenser-*

*Geruhsame Mahlzeit in Bechyně*

*kloster.* Mit dem Bau wurde 1184 begonnen, seine goldene Zeit erlebte es Anfang des 15. Jh. Heute steht es in weiten Teilen ruinös da, auch wenn der Haupttrakt und die *Kirche Mariä Heimsuchung* schon restauriert sind. In dem ursprünglich romanischen Gotteshaus, das später immer wieder umgebaut wurde, beten noch sieben Mönche. Zudem ist auf dem Areal das *Stadtmuseum* (Milevské muzeum) untergebracht, das mit barocken Statuen, Bauernmöbeln, Trachten und martialisch-makabren Relikten aus dem Zweiten Weltkrieg aufwartet. Neben dem Kloster steht die *Friedhofskirche St. Ägidius* (Kostel sv. Jiljí), ebenfalls aus dem 12. Jh., aber leider meist verschlossen.

• *Verbindungen* Am besten fährt man mit dem **Bus** an, der Busbahnhof liegt zentral. Bis zu 4-mal tägl. nach Orlík und Tábor, bis zu 2-mal nach Bechyně, häufig nach Písek.

• *Öffnungszeiten* **Stadtmuseum,** März–Dez. tägl. (außer Mo) 9–12 u. 13–17 Uhr. Eintritt 1 €, erm. 0,60 €.

Informationen zum **Orlík-Stausee** bekommen Sie ab S. 443.

## Bechyně (Bechin)

**Bechyně, 26 km südwestlich von Tábor, ist ein verschlafen-verstaubtes Schmankerl in der südböhmischen Provinz.**

Die 5500 Einwohner leben romantisch auf einer Felszunge hoch über dem Zusammenfluss von Lužnice und Smutná. Der zu groß geratene Hauptplatz **Náměstí T. G. Masaryka** vermittelt ein Bild fast dörflicher Trägheit. Die ihn säumenden, niederen Häuser wurden weitestgehend hergerichtet, auch an der in den Platz ragenden rosa-weißen **Dekanatskirche St. Matthias** mit Zwiebelhaube hat man bereits Hand angelegt. Die Ruhe vor Ort wissen die Gäste des kleinen **Kurareals** nordöstlich des Zentrums zu schätzen. Die kohlensäurehaltigen Heilquellen werden für Trink- und Badekuren bei Störungen des Bewegungsapparates und Rheumatismus verwendet.

Hauptsehenswürdigkeit ist das hiesige **Renaissanceschloss.** Peter Wok von Rosenberg II., unter dessen Regierungszeit Bechin seine größte Blüte erlebte, ließ es zwischen 1581 und 1584 auf den Grundmauern einer gotischen Burg errichten. In dem heute nach ihm benannten Prunksaal heiratete er im Alter von 40 Jahren die 14-jährige Katharina von Ludanitz. Zur Hochzeitsfeier sollen 35.000 Liter Wein und 30.000 Liter Bier geflossen sein. 1715 gelangte das Schloss in den Besitz der Adelsfamilie Paar, der es mit Ausnahme der sozialistischen Ära bis heute gehört. In der ehemaligen Schlossbrauerei hat der Bechiner Ableger der **Südböhmischen Aleš-Galerie** (Alšovo jihočeská galerie) seinen Sitz. Präsentiert wird internationale Keramik zwischen Kaffeepötten und größeren Plastiken.

Direkt am Marktplatz liegt das kleine **Stadtmuseum** (Městské muzeum), das vornehmlich als Feuerwehrmuseum (Helme, Schläuche, Spielzeugfeuerwehrautos) dient. An der Široka steht die kleine ehemalige **Synagoge** (Synagoga), ein Zeugnis der einstigen jüdischen Gemeinde Bechins. Sie wird seit 2006 als „Touristikmuseum" (Muzeum Turistiky) genutzt, was sich jedoch hauptsächlich auf die Geschichte des tschechischen Wanderklubs bezieht – sehr langweilig! An der Klášterní und hoch über dem Flusslauf der Lužnice befindet sich schließlich das ehemalige **Franziskanerkloster** (Klášter), das an der Wende vom 15. zum 16. Jh. entstand. Heute ist auf dem Areal eine Schule untergebracht. Zu besichtigen ist die spätgotische Klosterkirche Mariä Himmelfahrt und der Kreuzgang, beide mit einem Rippengewölbe aus gebrannten Ziegeln.

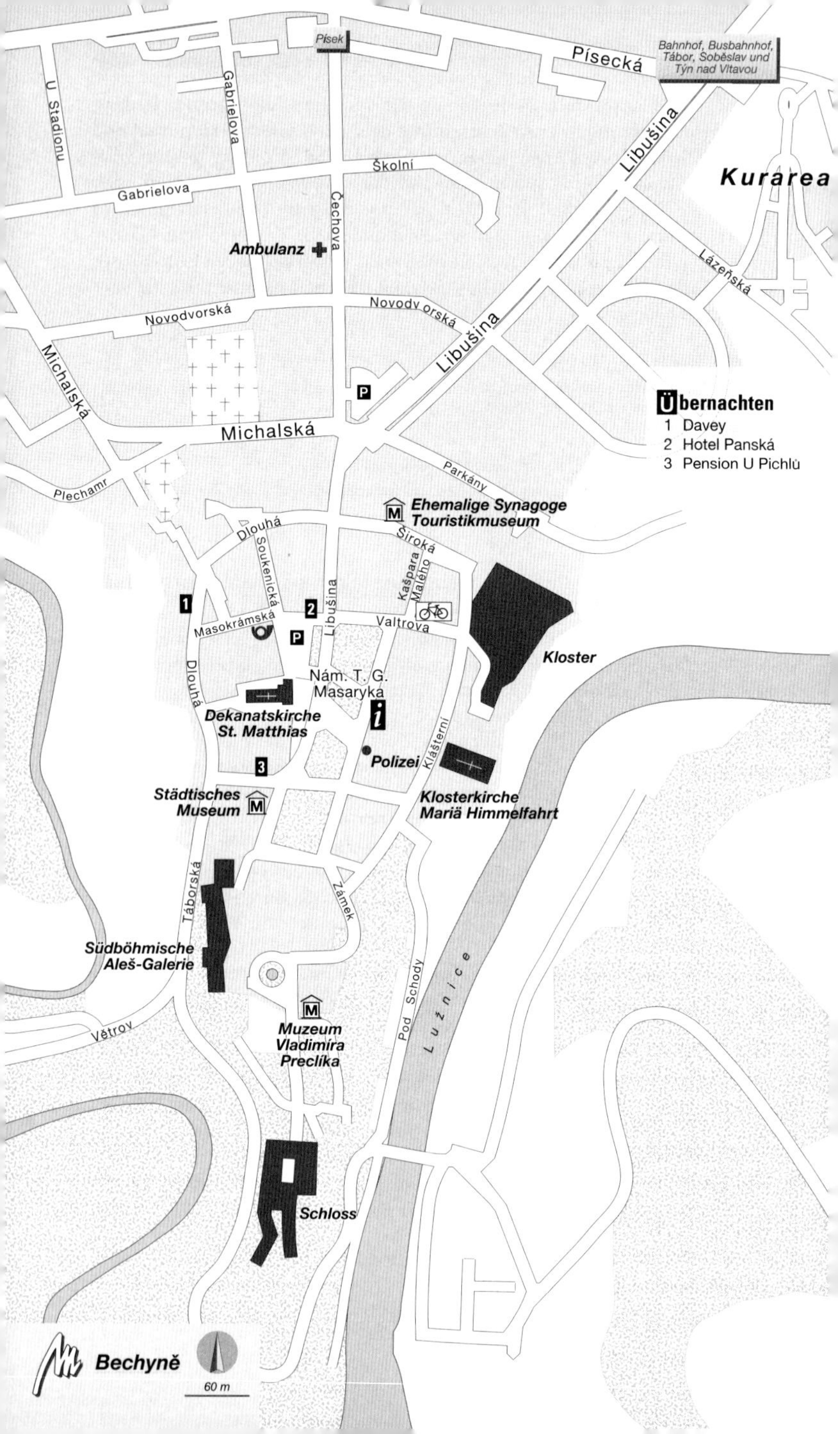
Písek
Bahnhof, Busbahnhof, Tábor, Soběslav und Týn nad Vltavou
Písecká
U Stadionu
Gabrielova
Školní
Gabrielova
Libušina
Kurarea
Čechova
Ambulanz
Lázeňská
Novodvorská
Novodvorská
Libušina
Michalská
P
Michalská
Übernachten
1 Davey
2 Hotel Panská
3 Pension U Pichlů
Parkány
Plechamr
Ehemalige Synagoge Touristikmuseum
Dlouhá
Soukenická
Široká
Kašpara Malého
Libušina
Masokrámská
Valtrova
P
Kloster
Dlouhá
Nám. T. G. Masaryka
Dekanatskirche St. Matthias
Polizei
Klášterní
Städtisches Museum
Klosterkirche Mariä Himmelfahrt
Táborská
Zámek
Südböhmische Aleš-Galerie
Pod Schody
Lužnice
Větrov
Muzeum Vladimíra Preclíka
Schloss
Bechyně
60 m

• *Information* Private **Tourist Information Bechyně** am Nám. T. G. Masaryka. ✆/℡ 381213822, www.visitbechyne.cz. Juni–Aug. tägl. 8–19 Uhr, sonst tägl. 9–12 u. 13–17 Uhr.

• *Parken* Kostenlose Parkmöglichkeiten am Marktplatz.

• *Verbindungen* Bahnhof und Busbahnhof liegen nahe beieinander ca. 1,5 km nordöstlich des Zentrums. Bis zu 9-mal tägl. **Züge** nach Tábor. **Busse** regelmäßig nach Týn nad Vltavou und Tábor sowie über Hluboká nad Vltavou nach Budweis, 1-mal tägl. nach Prachatice.

• *Ärztliche Versorgung* **Ambulanz** an der Čechova nördlich des Zentrums. Unter der Notrufnummer 155 zu erreichen.

• *Polizei* Am Nám. T. G. Masaryka. ✆ 158.

• *Post* Am Nám. T. G. Masaryka/Ecke Masokrámská.

• *Radverleih* Bei **Cycloservis Růžička** zentral in der Valtrova 15. 7,20 €/Tag. ✆ 603480889 (mobil).

• *Übernachten/Essen & Trinken* *** **Hotel Panská (2),** historisches Gebäude am Marktplatz. 29 komfortable Zimmer und Apartments. Freundlicher deutschsprachiger Service. Restaurant mit Sommerterrasse, bei dem die Qualität der Speisen (Fisch, Fleisch, Pasta) der Sterneanzahl hinterherhinkt (Hg. 4–10 €). EZ 52 €, DZ 72 €. Billiger sind die einfacheren Zimmer in der Dependance auf dem Schlossareal (DZ ab 60 €). Nám. T.G. Masaryka 54, ✆ 381211235, www.resort-bechyne.cz.

**Davey (1),** nur ein einziges freundliches Zimmer und ein Apartment in zentraler Lage. Garten, eigene Parkplätze. DZ 40 €, Apartment 50 €. Vermittlung über die Tourist Information.

**Pension U Pichlů (3),** am Marktplatz. 5 Zimmer, alle mit TV und Bad, okay für das Geld. Restaurant mit offenem Kamin, böhmische und internationale Küche (Hg. 3,50–7,50 €, nur die Steaks sind teurer). Im Sommer sitzt man draußen auf Bierbänken. DZ 32 €. Nám. T.G. Masaryka 141, ✆ 603927893 (mobil).

• *Öffnungszeiten* **Schloss,** Juni–Sept. tägl. 10.30–18 Uhr. Führungen Juli u. Aug. tägl. (außer Mo) 11–16 Uhr jede Std., Juni u. Sept. nur Sa/So um 11, 13 u. 15 Uhr. Eintritt 5,60 €, erm. die Hälfte,

**Südböhmische Aleš-Galerie,** Ende Juni–Mitte Sept. tägl. 9–12 u. 13–18 Uhr. Eintritt 1,60 €, erm. 0,80 €.

**Stadtmuseum,** Mai–Sept. tägl. (außer Mo) 9–12 u. 13–17 Uhr. Eintritt 1,20 €, erm. 0,40 €.

**Synagoge,** Juni u. Sept. nur Sa/So 9–12.30 u. 13–17 Uhr, Juli u. Aug. tägl. (außer Mo) zu den gleichen Zeiten, sonst geschl. Eintritt 1,60 €, erm. die Hälfte.

**Kloster,** Führungen durch das Kloster finden ganzjährig statt, jedoch nur für Gruppen ab 5 Pers. Die größten Chancen hat man im Sommer, erkundigen Sie sich in der Tourist Information, dort sind die Führer stationiert. Kostenpunkt 2 €/Pers., erm. 1,20 €.

## Umgebung von Bechyně

**Týn nad Vltavou (Moldautein):** Der rund 9 km südlich von Bechyně gelegene Ort verdankt seinen einstigen Reichtum der Flößerei und dem Salzhandel. Das Salz wurde aus Budweis auf Lastkähnen angeschippert und hier auf Pferdefuhrwerke umgeladen, da die Moldau aufgrund gefährlicher Stromschnellen in ihrem weiteren Verlauf nicht mehr befahren werden konnte. Heute verdient das Gros der 8000 Einwohner im nur 8 km entfernten *Atomkraftwerk Temelín* (→ Kasten S.442) seine Brötchen. Dass man mit einem solchen Nachbarn nicht zum Tourismusmagneten aufsteigt, versteht sich von selbst. Wer dennoch zufällig in Týn nad Vltavou landet, kann sich am schmucken kopfsteingepflasterten Marktplatz, dem Náměstí Míru, das rosafarbene *Rokokorathaus* ansehen, die gelbe *Barockkirche St. Jakob* mit einer der ältesten Orgeln Böhmens oder das pastellblau gestrichene erzbischöfliche Palais aus dem 17. Jh., heute Sitz des *Stadtmuseums.* Dieses präsentiert u. a. südböhmische Marionetten sowie sog. Moldavite (glasartiges, in der Gegend gefundenes Meteoritengestein) und informiert über die Flößergeschichte.

Südböhmen
Karte S. 404/405

## Damoklesschwert Temelín

Am 11. Oktober 2004 erteilte die tschechische Nuklearaufsichtsbehörde die Genehmigung für die Dauerzulassung der zwei Druckwasserreaktoren des Atomkraftwerks Temelín. Vorausgegangen war eine vierjährige Testphase mit einer Serie von Störfällen, deren Auflistung ein ganzes Buch füllen würde. Und auch seit der regulären Inbetriebnahme reißt die Kette der Störfälle nicht ab: Mal läuft radioaktiv verseuchte Flüssigkeit aus, mal kommt es zum Ausfall fast des kompletten Sicherheitssystems, mal gibt eine Hauptzirkulationspumpe ihren Geist auf und so fort. Kein Wunder, dass Václav Havel am Ende seiner Amtszeit resümierte: „Wenn ich mir etwas als den größten Fehler vorwerfe, den ich in den zehn Jahren meiner Präsidentschaft gemacht habe, ist dies der, dass ich [...] nicht schärfer gegen den Bau Temelíns vorgegangen bin." Die Grundsteinlegung fand bereits 1987 statt, das Know-how dazu (Pläne, die dem Tschernobyl-Reaktor ähnelten) lieferte der große Bruder Sowjetunion. Nach der Wende, als ausländische Proteste fruchteten, wurde der US-Konzern Westinghouse damit beauftragt, das Kraftwerk dem damals neuesten Stand der Technik anzupassen. Die erheblichen Sicherheitsbedenken konnten dadurch allerdings nicht ausgeräumt werden, sodass es in Österreich und Deutschland zu massiven Protesten gegen die Inbetriebnahme des Kraftwerks kam. Vor Ort regte sich dagegen wenig Widerstand: Temelín stand für neue Arbeitsplätze. Zudem versprach der Betreiber, die ČEZ AG, den umliegenden Haushalten billigen Strom – ein Versprechen, das jedoch nie eingelöst wurde. Der bereits beschlossene Ausbau Temelíns von derzeit zwei auf vier Reaktorblöcke wurde im Oktober 2010 auf Eis gelegt. Der Grund ist rein wirtschaftlicher Natur: Deutschland fällt durch die beschlossene Laufzeitverlängerung seiner eigenen Atomkraftwerke als Stromimporteur aus.

Das Kraftwerk liegt nahe der Ortschaft Temelín und macht durch seine vier 155 m hoch in den Himmel ragenden Kühltürme auf sich aufmerksam. In einem kleinen Schlösschen daneben gibt es ein **Infozentrum** (ausgeschildert), das tägl. von 9–16 Uhr (im Sommer bis 17.30 Uhr) über Tschechiens Aushängeschild modernster Technik informiert. Nach vorheriger Vereinbarung unter ✆ 381102639 werden für Gruppen auch Führungen angeboten. Über Pleiten, Pech und Pannen des Kraftwerkes informiert u. a. die Webseite www.temelin.com.

• *Verbindungen* **Busbahnhof** an der Straße nach Temelín/Budweis ca. 800 m südlich des Zentrums. **Busse** regelmäßig nach Temelín, Budweis und Bechyně, bis zu 7-mal nach Písek und Tábor.

• *Essen & Trinken/Übernachten* **Pension Plzeňka,** nahe dem Marktplatz. Pension und bieder-rustikales Wirtshaus mit deftiger böhmischer Küche, auch Wild (Hg. 4–8 €). Gartenterrasse. Saubere Zimmer mit Bad. DZ 40 €. Tyršova 31, ✆ 385732108, www.plzenka-tyn.cz.

**Camping Koloděje,** ca. 4 km nördlich von Týn in Koloděje nad Lužnicí (von Týn der Straße nach Milevsko folgen, dann ausgeschildert). Schöne Lage am Flusslauf der Lužnice. Unter holländischer Leitung, auch fast ausschließlich holländisches Publikum. Nette Atmosphäre, kleines Restaurant mit kleinem Speisenangebot. Haustiere willkommen. Auch Zimmer- und Hüttenvermietung. April–Sept. 2 Pers. mit Wohnmobil 14,40 €. Koloděje nad Lužnicí, ✆ 625580151 (mobil), www.campingkolodeje.eu.

• *Öffnungszeiten* **Stadtmuseum**, März–Mai, Sept. u. Dez. Mo–Fr 9–16 Uhr, So 14–16 Uhr, Juni–Aug. Di–Fr 9–17 Uhr, Sa/So 10–17 Uhr, Okt. u. Nov. nur Mo–Fr 9–16 Uhr. Eintritt 2 €, erm. 1,20 €.

Richtung Süden? Auf dem Weg nach **Budweis** (→ S. 402) passieren Sie von Týn nad Vltavou das Schloss **Hluboká nad Vltavou** (→ S. 412).

*Auf der Ždákovsky-Brücke*

## Orlík-Stausee

**(Orlícká přehradní nádrž)**

**Der sich ewig windende Stausee ist ein beliebtes Naherholungsgebiet. Zwei bedeutende Sehenswürdigkeiten an seinen Ufern machen ihn auch für Kulturtouristen interessant: Burg Zvíkov und Schloss Worlík.**

Der Orlík- oder Worlik-Stausee, wie ihn die Deutschen nennen, entstand zwischen 1956 und 1966. Bei Solenice ganz im Norden des heutigen Sees wurde der Moldau ein 450 m langer und 91 m hoher Staudamm in den Weg gestellt. Etliche Dörfer versanken in den Fluten. Der See ging jedoch kaum in die Breite, vielmehr in die Länge, und zwar weit über den Zusammenfluss der Moldau mit der Otava hinaus. Heute ist der über 2700 ha große See ein Tummelplatz von Ausflugsschiffen, Wassersportlern und Anglern. Vor allem Letztere kommen in Scharen, denn das Gewässer gilt als eines der besten Angelreviere Tschechiens. Um den See lässt es sich herrlich wandern und Rad fahren. Durch steil abfallende Felsformationen direkt am Ufer sind die Einstiegsmöglichkeiten jedoch nicht überall optimal. Die meisten Dörfer und Weiler am See sind ohne eigenen fahrbaren Untersatz kaum zu erreichen. Etwas Abhilfe schaffen die während der Saison verkehrenden Fähren (→ Hrad Zvíkov/Verbindungen).

**Hrad Zvíkov (Burg Klingenberg):** „Königin der böhmischen Burgen“ wurde Burg Klingenberg einst genannt. Majestätisch thronte sie damals noch hoch über dem Zusammenfluss von Wottawa und Moldau auf einem Felsen. Seit der Orlík-Stausee die Täler gefüllt hat, ist die Lage der Burg zwar nicht mehr ganz so spektakulär, auf drei Seiten von Wasser umflossen, gibt sie aber noch immer ein überaus romantisches Bild ab. König Wenzel I. ließ die Burg 1234 errichten. Sie galt als uneinnehmbar. Bis 1355, dem Jahr der feierlichen Einweihung der neuen Burg Karlstein bei Prag, bewahrte man in ihr die böhmischen Kronjuwelen auf. Im 16. Jh. erfolgte ein Umbau im Stil der Renaissance. 1759 zerstörte ein Brand die Burg, bis zu ihrem

Wiederaufbau durch die Schwarzenberg blieb sie für rund 100 Jahre unbewohnt. Das Zentrum der Anlage bildet der fünfflügelige, frühgotische *Königspalast* mit einem im 19. Jh. teilweise rekonstruierten Arkadenhof. Sehenswert ist auch die *Burgkapelle* mit wertvollen Fresken, am schönsten aber ist der Blick vom *Burgturm* auf die vorbeisegelnden Jachten unten am See.

• *Verbindungen/Anfahrt* **Busse** von Zvíkovské Podhradí (ca. 1,5 km von der Burg entfernt) 3-mal tägl. nach Milevsko, bis zu 6-mal nach Písek.

**Hinweis für Selbstfahrer:** Die Burg ist nur über den Ort Zvíkovské Podhradí und dieser wiederum nur über die Straße 121 Mirotice – Milevsko zu erreichen. Vom Parkplatz am Ende der Straße zur Burg sind es noch ca. 7 Min. zu Fuß.

**Motorschiffe** verbinden Burg Zvíkov und Schloss Worlík von April–Okt. tägl. (außer Mo) bis zu 5-mal, eine andere Route führt von Burg Zvíkov zu den Campingplätzen am See. Längste Strecke 4,80 €. Zudem finden im Hochsommer Rundfahrten statt. Infos unter www.lodnidopravaorlikslapy.cz.

• *Essen & Trinken/Übernachten* *** **Hotel Zvíkov,** von der Straße zur Burg ausgeschildert. Eine sehr altbackene Angelegenheit mit düsterer Rezeption. 27 Zimmer, einige davon mit Flussblick, dazu 14 einfachere Bungalows mit Du/WC und Kühlschrank. Pool, Sauna, Tennis, Volleyball, Radverleih, Angelkarten. Für 2 Pers. im Hotelzimmer 66 €, 2-Bett-Bungalow 42 €. Zvíkovské Podhradí, ✆ 382285659, ℻ 382285655, www.hotelzvikov.cz.

**Pivovarský dvůr,** Hotel, Restaurant und Mikrobrauerei (helles und dunkles Bier) an der Straße zur Burg. Deftiges Essen wie „Altböhmisches Brettchen" und Wildschweinschnitzel, mittlere Preisklasse. Terrasse. 15 freundliche Zimmer. DZ 62 €. Zvíkovské Podhradí 92, ✆ 382285660, ℻ 382285722, www.pivovar-zvikov.cz.

• *Öffnungszeiten* **Burg Zvíkov,** April u. Okt. nur Sa/So 9–12 u. 13–15.30 Uhr, Mai u. Sept. tägl. (außer Mo) 9.30–12 u. 13–16 Uhr, Juni tägl. (außer Mo) 9–12 u. 13–17 Uhr, Juli u. Aug. tägl. (außer Mo) 9–17 Uhr. Eintritt Burgpalast 2,80 €, erm. 1,60 €. Das Burggelände ist stets frei zugänglich.

**Zámek Orlík nad Vltavou (Schloss Worlík):** Schloss Worlík liegt 14 km flussabwärts und überblickte einst wie Burg Zvíkov (s. o.), einem Adlerhorst (tschech. *orlík* = kleiner Adler) ähnlich, das Moldautal. Nach dem Bau des Staudamms verwandelte es sich in ein Wasserschloss, dessen Grundmauern verstärkt werden mussten, um ein Wegschwemmen zu verhindern. Das tiefe Tal verschlangen die Wassermassen, die Wasserhöhe stieg bei Orlík um etwa 60 m an.

Die äußerst gepflegte Schlossanlage fußt auf einer gotischen Burgruine. Für den letzten großen Umbau im neogotischen Stil zeichnete das Adelsgeschlecht der Schwarzenberg in der Mitte des 19. Jh. verantwortlich. Während die nahe gelegene Burg Klingenberg in Staatsbesitz verblieb, bekamen die Schwarzenberg Schloss Worlík im Zuge der Restitution 1992 zurück. Bei einer Besichtigungstour kann man in die Welt der aristokratischen Dekadenz des 19. Jh. eintauchen, zudem lernt man die Sammelleidenschaft der Schwarzenberg kennen: In den Sälen, darunter *Jagdsaal, Rittersaal* und *Bibliothek,* werden u. a. Empiremöbel, unzählige Trophäen, rund 300 Gewehre sowie archäologische Funde aus Europa und selbst der Türkei präsentiert. Zum Abschluss bietet sich ein Besuch des Lokals *U Toryka* im ehemaligen Pferdestall an. Es wurde unter Leitung Karls Fürst von Schwarzenberg, der seine Kindheit auf Orlík verbracht hatte, restauriert.

Nahe Orlík nad Vltavou (auf der Straße Nr. 19) passiert man die 541 m lange *Žďákovsky most,* die hier den Orlík-Stausee überbrückt. Werfen Sie einen Blick hinab – Kanada lässt grüßen! Der Name der Brücke erinnert an ein im See versunkenes Dorf.

• *Verbindungen* **Busse** bis zu 5-mal tägl. von Orlík-Zentrum nach Písek. Zur Burg Zvíkov fährt man am besten mit dem **Schiff** weiter (→ Hrad Zvíkov/Verbindungen).

• *Übernachten/Camping* **Pension Mlýn Kamenice,** in einer alten Mühle im gleichnamigen Weiler. Zwar 15 Fußmin. vom See entfernt, aber absolut idyllische Lage. Kleine, freundliche Apartments, Restaurant mit Terrasse und Grill. Reitmöglichkeiten, Badeteich vor der Tür. Ideal für Familien. Anfahrt: am Ostufer des Sees Richtung Podskalí fahren, ab Kluċenice ausgeschildert. Für 2 Pers. 36 €. Kamenice 4, ✆ 728535104 (mobil), www.penzionkamenice.cz.

**Kemp Popelíky,** nahe der Staumauer und dem Örtchen Milešov. Schöner, zum See hin abfallender Wiesenplatz mit guten Bademöglichkeiten. Neue Sanitäranlagen (für die Größe des Platzes jedoch nicht allzu viele). An Wochenenden laute Partystimmung. Restaurant, Kiosk, Lädchen. Mai–Sept. 2 Pers. mit Zelt u. Auto 10,50 €. Milešov, ✆ 318853114.

• *Öffnungszeiten* **Schloss Orlík,** April, Sept. u. Okt. tägl.(außer Mo) 9–16 Uhr, Mai–Aug. bis 17 Uhr. Fremdsprachige Führung 6,40 €, erm. 3,60 €.

### Lety – eine traurige Geschichte, die zum Himmel stinkt

Beim rund 5 km westlich von Orlík gelegenen Dorf Lety wurden in einem eigens für Sinti und Roma (→ Kasten, S. 40) errichteten Konzentrationslager während des Zweiten Weltkrieges um die 1300 Menschen interniert. Über 300 starben im Lager, mindestens 500 wurden nach Auschwitz verschleppt. Jedes Jahr im Mai wird in Lety vor einem kleinen steinernen Monument der Opfer gedacht. In Würde ist dies aber nicht möglich: An dem Ort des Schreckens wurde in den 1970ern eine Schweinefarm errichtet, die die Luft verpestet. Roma-Verbände protestieren seit Jahren gegen den unhaltbaren Zustand und fordern einen Abriss der Farm zugunsten eines Mahnmals – bislang jedoch vergebens. Lety war nämlich das einzige KZ im von Nazideutschland sog. „Protektorat Böhmen-Mähren", das ausschließlich von Tschechen betrieben wurde.



## Písek (Pisek)

**Písek rühmt sich der ältesten Steinbrücke Böhmens und einer Vergangenheit als Goldgräberstädtchen. Gold wert ist heute noch das grüne, bewaldete Umland, nicht aber der provinzielle Marktflecken selbst. Das soll aber niemanden von einer Stippvisite abhalten.**

Das 30.000-Einwohner-Städtchen an der Otava verdankt seinen Namen dem goldhaltigen Sand (= *písek*), den der Fluss seit Urzeiten aus dem Böhmerwald mitbringt. Über Jahrhunderte hinweg galt das Edelmetall aus Písek als bestes und reinstes Gold, das keine weitere Bearbeitung nötig hatte. Der Goldrausch ist längst vorbei, doch kleinere Nuggets werden noch heute in Flusswindungen gefunden.

Das historische Zentrum der Stadt gibt leider nicht allzu viel her. Zwar wird es hier und da durch ein paar schöne Patrizierhäuser im Barock- oder Renaissancestil aufgelockert, doch wer bereits den Charme der bekannten Vorzeigestädte Südböhmens genossen hat, den wird Písek kaum in Begeisterung versetzen.

Zu den bedeutendsten Bauten der Stadt gehört die **Kamenný most,** die angeblich älteste Steinbrücke Böhmens. Sie entstand vermutlich vor dem Ende des 13. Jh. Der Überlieferung nach leitete man beim Bau das Wasser der Otava um, weil man bei den Arbeiten keine nassen Füße bekommen wollte. Diverse Hochwasser

*Písek besitzt die angeblich älteste Steinbrücke Böhmens*

machten im Laufe der Zeit immer mal wieder Restaurierungsarbeiten notwendig, zuletzt im August 2002, als das Wasser 2 m über der Brücke stand.

Von den Kirchen Píseks ist die am südlichen Eingang zur Altstadt gelegene **Dekanatskirche Maria Geburt** (Děkanský kostel Narození Panny Marie) die sehenswerteste. Mit dem Bau der dreischiffigen Pseudobasilika wurde Mitte des 13. Jh. begonnen. Der 74 m hohe, reliefgeschmückte Turm stammt aus dem Jahr 1489. Zu den Kostbarkeiten im Inneren gehören ein frühgotischer Bilderzyklus an den Mittelpfeilern und die sog. *Madonna von Písek,* ein gotisches Tafelbild aus dem 14. Jh. im Seitenschiff. Besuchenswert ist zudem das **Prachiner Museum** (Prácheňské muzeum) am Velké náměstí, das zu den besten Regionalmuseen Böhmens zählt. Es belegt u. a. den Westflügel der ehemaligen Burg, den einzigen Teil der Festungsanlage, der 1532 nach einem verheerenden Stadtbrand erhalten blieb. Der Zugang erfolgt über den Innenhof des zweitürmigen barocken **Rathauses** (1740–1767). Im Museum wird die Regionalgeschichte kritisch und kurzweilig bis in jüngste Zeit durchlaufen. Zu den Highlights gehören der gotische Burgsaal mit Fresken aus der zweiten Hälfte des 15. Jh., die Exposition zum Goldgräberwesen (Schürfgeräte, historische Fotos) und die archäologische Abteilung (Schmuck und Keramik).

**Orientierung:** Písek erstreckt sich zu beiden Seiten der *Otava,* sein kleiner Altstadtkern liegt am östlichen Ufer. Er besitzt zwei Marktplätze, den kleineren *Alšovo náměstí* mit einer Pestsäule in der Mitte und den größeren *Velké náměstí* mit Rathaus und Museum.

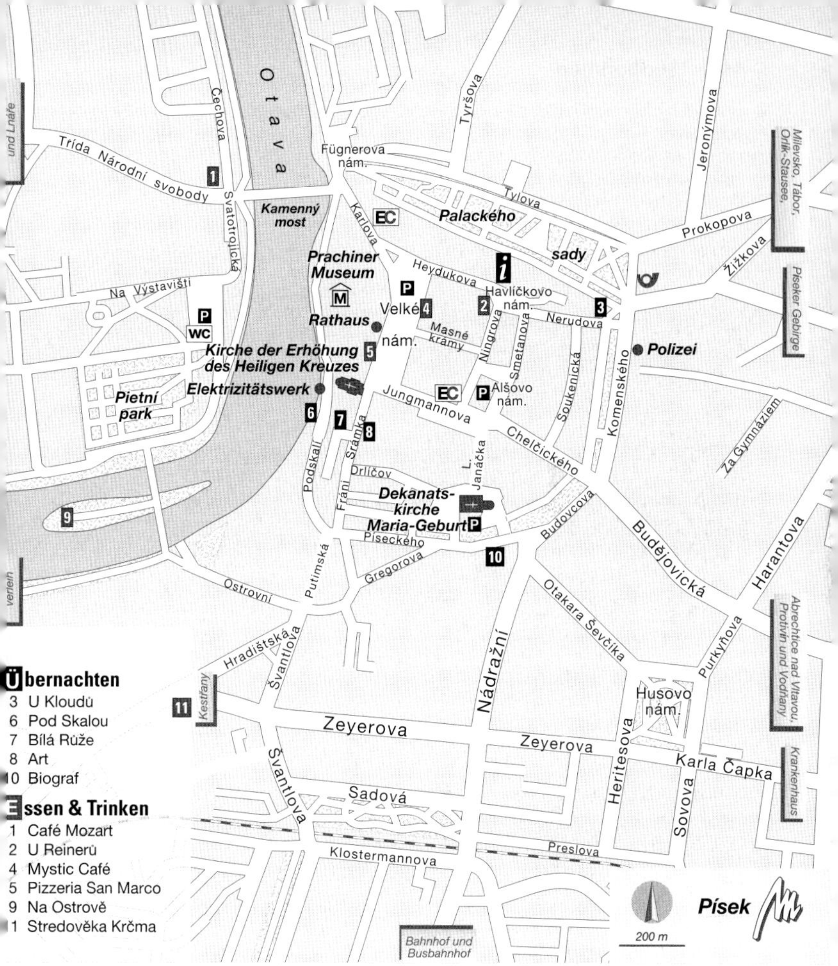


## Information/Parken/Verbindungen

• *Information* **Infocentrum Písek,** Heydukova 97, ✆/📠 382213592, www.icpisek.cz. Im Winter Mo–Fr 10–17 Uhr, im Sommer tägl. 9–18 Uhr.

• *Parken* Gebührenpflichtige Parkplätze am Alšovo nám., kostenlose am großen Parkplatz am westlichen Flussufer nahe der Steinbrücke.

• *Verbindungen* Der winzige Bahnhof und der Busbahnhof liegen nahe beieinander im Süden der Stadt (ca. 10 Fußmin. vom Zentrum, ausgeschildert).

**Busse** regelmäßig nach Prag (Busbahnhof Na Knížecí/Smíchov), Budweis und Strakonice, alle 2 Std. nach Český Krumlov, bis zu 3-mal tägl. nach Prachatice, 5-mal nach Tábor.

**Züge** alle 2 Std. nach Tábor.

## Adressen/Veranstaltung/Öffnungszeiten

• *Ärztliche Versorgung* **Krankenhaus** südöstlich des Zentrums an der Karla Čapka. ✆ 382771111.

• *Polizei* An der Komenského. ✆ 156.

• *Post* Am östlichen Ende des Palackého-Parkes.

• *Veranstaltung* Highlight ist der **Goldwaschwettbewerb** im 5 km südwestlich von Písek gelegenen Dörfchen Kestřany, der alljährlich am ersten Samstag im August veranstaltet und von einem Volksfest begleitet wird.

• *Öffnungszeiten* **Prachiner Museum,** März–Sept. tägl. (außer Mo) 9–18 Uhr, Okt.–Dez. tägl. (außer Mo) 9–17 Uhr. Eintritt 1,60 €, erm. die Hälfte.

## Essen & Trinken (→ Karte S. 447)

• *Restaurants* **Středověká Krčma (11),** der Tipp für alle, die auf Ritter- und Burgfräuleinflair stehen. In der alten Brauerei von Písek, tolles Ambiente. Stroh auf dem Boden, schummriges Kerzenlicht, Minnesängermusik, Kellner in historischen Kostümen. Selbstverständlich schwere Kost, die man an schweren Bierbänken zu sich nimmt. Liebevoll dekorierter Außenbereich mit Biergarten. Nur Do–So (Fr/Sa abends mittelalterliches Programm, dann 5 € Eintritt!). Cz. Hradišťská 326, ✆ 382213819.

**Pizzeria San Marco (5),** riesige Pizzen mit hauchdünnem Teig aus dem Holzofen. Nettes Ambiente, superpopulär. Außenbestuhlung. Pizzen ab 4 €. Auch Eisverkauf. Velké nám. 118, ✆ 382224389.

**U Reinerů (2),** großräumiges, holzgetäfeltes Restaurant mit Tradition. Einfach und beliebt. Deftige böhmische Küche, darunter auch Außergewöhnlicheres wie Fasan oder Kalbfleisch. Netter Außenbereich am Palackého-Park. Hg. 3,20–9,20 €. Heydukova 95, ✆ 382213484.

**Na Ostrově (9),** ein Tipp für den Sommer. Auf der Flussinsel Městský ostrov gelegener einfacher Biergarten vor einem historischen Backstein-Fachwerkhaus. Vornehmlich Plastikbestuhlung. Gezapft wird leckeres Bier aus Strakonice, da wird das Essen zur Nebensache. ✆ 774365669 (mobil).

• *Cafés* **Café Mozart (1),** für das Café spricht weniger die unspektakuläre Einrichtung als vielmehr die angegliederte Bäckerei – sehr gute Backwaren. Breite Fensterfront zum Fluss hin. Auch dicke Eisbecher und Palatschinken. Nur bis 19 Uhr. Čechova.

**Mystic Café (4),** Café im schicken Design, viel junges Volk. Kuchen, Eisbecher, Palatschinken. Fast schöner als drinnen sitzt man draußen. Direkt am Velké nám.

## Übernachten (→ Karte S. 447)

• *Hotels* **** **Biograf (10),** Hotel in einem entkernten, minimalistisch durchgestylten Altstadthaus. 49 Zimmer in hellen Farben, auch behindertengerechte. Café und Restaurant mit böhmischer und mediterran angehauchter Küche im gleichen Stil. Sehr freundliches Personal. EZ ab 58 €, DZ ab 76 €. Gregorova 124, ✆ 380425510, ℻ 380425513, www.hotelbiograf.com.

**Art (8),** ebenfalls in einem renovierten Stadthaus, 2009 eröffnet. 15 modern eingerichtete Zimmer und 3 Apartments. Angeschlossen eine Weinbar und ein Restaurant (laut Kellner gute Fischgerichte). DZ 70 €, Apartments 88 €. Fráni Šrámka 158, ✆ 382212962, www.hotelart.cz.

*** **Bílá Růže (7),** restauriertes Haus mit 80 Betten. Unterschiedliche Zimmer vom klassischen Standard bis hin zu leicht plüschigem Touch. Die Lobby dient gleichzeitig als pseudotrendiges Caférestaurant. EZ 40 €, DZ 58 € (inkl. Parken). Fráni Šrámka 169, ✆ 382214931, ℻ 382219002, www.hotelbilaruze.cz.

** **Pod Skalou (6),** empfehlenswert allein aufgrund der Lage direkt am Fluss. In die Jahre gekommenes Haus. Schlichte Zimmer mit vorrevolutionärem Touch, die meisten mit Flussblick, aber ohne Balkon. Restaurant mit gemütlicher Sommerterrasse (gut für ein Bier, weniger zum Essen). EZ ohne Bad 14 € (die alten Zimmer ohne Bad sollen jedoch peu à peu restauriert werden), DZ mit Bad 32 € (bislang nur eines), kein Frühstück. Podskalí 158, ✆/℻ 382214753, www.hotelpodskalou.cz.

• *Pension* **U Kloudů (3),** saubere, große Zimmer mit privaten Bädern, leider recht geschmacklos möbliert. Parkplätze, Hunde erlaubt, Restaurant und Café. Außenbereich. EZ 20 €, DZ 34 €, Apartment 42 €, Frühstück extra. Nerudova 66, ✆ 382210802, ℻ 382215210, www.pensionukloudu.cz.

## Umgebung von Písek

**Albrechtice nad Vltavou (Albrechtitz):** Der 15 km südöstlich von Písek gelegene Ort würde wohl nie in einem Reiseführer auftauchen, wäre hier nicht einer der schönsten *Dorffriedhöfe* Böhmens zu finden. In dessen Mitte steht die weiß getünchte *Peter-und-Paul-Kirche* aus dem 12. Jh. mit romanischen Fresken zum Jüngsten Gericht. Umschlossen wird der Friedhof von einer hohen Mauer mit über 100 farbenfrohen Blindarkaden aus der ersten Hälfte des 19. Jh. Volkstümliche Heiligenbilder mit moralisierenden Versen schmücken sie.

*Verbindungen* **Busse** regelmäßig nach Týn nad Vltavou und Písek.

Weiter nach Osten? Informationen zu **Týn nad Vltavou** bekommen Sie ab S. 441.

## Blatná (Platten)

Das durch seine Rosenzucht bekannte Städtchen (6700 Einwohner) liegt an der E 49 von Písek nach Pilsen. Ein paar Schritte südwestlich des Marktplatzes thront ein **Wasserschloss** märchenhaft auf einer Insel im hier teichähnlichen Fluss Lomnice. Das Schloss entstand schrittweise aus einer romanischen Festung. Unter den Herren von Rožmitál baute der Architekt Benedikt Ried, der auch für den Vladislav-Saal auf der Prager Burg verantwortlich zeichnete, zwischen 1520 und 1530 einen Renaissancepalast an. Ein dritter Palast entstand schließlich während der Zeit der Herren von Rozdražov ab 1576. Unter den Herren von Hildprant (ab 1798 und seit 1992 wieder) kam der englische Park hinzu. Es werden zwei Führungen angeboten, zu empfehlen ist insbesondere die längere (1 Std. 15 Min.). Dabei bekommt man u. a. spätgotische Fresken im wuchtigen Hauptturm und im Rittersaal zu sehen, zudem Räumlichkeiten mit historischem Interieur und die Schlosskapelle. Zum Abschluss genießt man eine herrliche Aussicht auf den Schlosspark.

- *Verbindungen* Bahnhof etwas außerhalb, bis zu 11-mal tägl. **Züge** nach Strakonice, bis zu 8-mal nach Nepomuk. Zentraler halten die **Busse.** Bis zu 9-mal tägl. nach Písek, regelmäßig nach Strakonice, 2-mal nach Horažd'ovice, Lnáře und Budweis.
- *Öffnungszeiten* **Wasserschloss,** April u. Mai sowie Sept. u. Okt. nur Sa/So 10–16 Uhr, Juni tägl. (außer Mo) 10–16 Uhr, Juli/Aug. tägl. (außer Mo) 10–17 Uhr. Je nach Führung 4–6 €, erm. 2,90–4,90 €.

## Umgebung von Blatná

**Zámek Lnáře (Schloss Schlüsselburg):** 8 km nordwestlich von Blatná liegt an der verkehrsreichen E 49 die einzige Sehenswürdigkeit des großen Dorfes Lnáře: das anmutige Barockschloss aus der zweiten Hälfte des 17. Jh. Es wechselte häufig die Besitzer, allzu klangvolle Namen waren nicht darunter. Im Rahmen einer 60-minütigen Führung bekommt man u. a. verschiedene Freskensäle, die Schlosskapelle und eine kleine Ausstellung zur hiesigen Teichwirtschaft zu sehen. Wer mag, kann sich danach noch im *Katzenmuseum* (!) über Samtpfoten aus der ganzen Welt informieren. Noch ein Tipp für Romantiker: Im Schloss kann man auch heiraten und die Hochzeitsnacht in einem historischen Apartment verbringen (→ Übernachten).

• *Verbindungen* Lnáře ist in erster Linie ein Ziel für Selbstfahrer.

• *Übernachten* **Schlosshotel Lnáře,** das Schloss bietet 60 Betten, z. T. auch in sehr stilvollen historischen Apartments. Tennisplatz, Außenpool. Vorausbuchung erforderlich. DZ 44 €. Zámek Lnáře, ✆ 607759704 (mobil), www.lnare.cz.

• *Öffnungszeiten* **Schloss,** Mai, Juni u. Sept. nur Sa/So 10–16 Uhr, Juli u. Aug. tägl. (außer Mo) 10–17 Uhr. Führung 2,80 €, erm. 1,60 €. Katzenmuseum 0,80 € extra, erm. die Hälfte.

Weiter nach Mittelböhmen? Nach **Březnice** (→ S. 162) sind es von Lnáře nur 20 km. Oder nach Westböhmen? Nach **Nepomuk** (→ S. 362) sind es rund 15 km.

## Strakonice (Strakonitz)

In der Industriestadt Strakonice (ca. 24.000 Einwohner) am Zusammenfluss von Otava und Volyňka wird *Nektár,* ein überaus süffiges Bier, gebraut. Recht nett präsentiert sich das Zentrum um die beiden Hauptplätze Velké náměstí und Palackého náměstí: Ersteren schmückt eine reich mit Sgraffiti verzierte Schule, Letzteren eine Mariensäule. Ansonsten dominieren eher triste Häuserzeilen.

Der Stolz und das Wahrzeichen der Stadt ist die auf der anderen Seite der Otava gelegene mächtige **Burg,** die von einem Rundturm, *Rumpál* genannt, überragt wird. Sie wurde im ersten Viertel des 13. Jh. vom Geschlecht der Bavor gegründet, jedoch bereits 1243 an den Johanniterorden abgegeben, der sie zum Sitz des böhmischen Großmeisters machte. Der Orden behielt die Festung bis 1925. Der Kapitelsaal mit Wandmalereien aus dem 14. und 15. Jh., das ehemalige Ordenshaus, der Kreuzgang mit verblichenen Fresken (ebenfalls aus dem 14. Jh.) und die romanische, um 1300 im Stil der Gotik umgebaute St.-Prokop-Kirche sind zu besichtigen.

Das weite Burgareal beherbergt zudem das **Museum des mittleren Otavagebietes** (Muzeum středního Pootaví), das mit so manchen Strakonitzer Kuriositäten überrascht. Dazu gehören z. B. die Exponate aus der örtlichen Textilfabrik *Fezko,* die im 19. und 20. Jh. fast die gesamte islamische Welt mit dem Fes, einer kegelstumpfförmigen Filzkappe, belieferte. Als die Kopfbedeckung im Orient immer unpopulärer wurde, stellte man die Produktion auf Hüte um, heute ist man Textilzulieferer für die Automobilindustrie. Nicht minder interessant ist die Ausstellung über den *dudák,* den südböhmischen Dudelsack – die uralte Tradition des Dudelsackspielens wird in Strakonice bis heute gepflegt (→ Veranstaltungen). Anders als in Schottland wird der recht kleine Blasebalg des südböhmischen Dudelsacks mit dem Unterarm zusammengepresst. Auf diese Weise entfällt das Einblasrohr, und man kann beim „Pfeifen" auch singen. Die Highlights des Museums sind für viele jedoch die heißen Öfen der Strakonitzer *ČZ-Werke* aus den 1930er-, 40er- und 50er-Jahren. Das Unternehmen (1500 Beschäftigte) besteht bis heute. Seit 1996 werden jedoch keine Motorräder mehr produziert, vielmehr ist man Zulieferer von Turboladern und Kleinteilen für die internationale Automobilindustrie geworden.

• *Information* **Městské informační centrum,** Velké nám. 2, ✆ 383700700, www.strakonice.net. Im Sommer Mo–Fr 8–18 Uhr u. Sa 9–13 Uhr, im Winter Mo/Di/Do/Fr 8–16 Uhr, Mi 8–18 Uhr.

• *Verbindungen* Bahnhof und Busbahnhof ca. 1 km südöstlich des Zentrums, der Weg ins Zentrum ist ausgeschildert. Gute **Busverbindungen** nach fast überallhin in Süd- und Westböhmen, zudem nach Prag. **Züge** regelmäßig nach Budweis, bis zu 9-mal tägl. nach Pilsen und Březnice.

• *Essen & Trinken* **Restaurace Kalich,** nettes, recht großes Lokal mit schwerer Holzdecke und Terrasse. Fleischberge in jeglicher Variation zu 5,20–13,20 €, dazu auch etwas Fisch. Velké nám. 53, ✆ 383321306.

• *Übernachten* Vielleicht hat bis zu Ihrem Besuch ein neues Haus eröffnet – zu wünschen wäre es.

*** **Amber Hotel Bavor,** das „beste" Hotel der Stadt. 9-stöckiger Bau, von der Burg zu sehen. 77 Zimmer, z. T. mit gepolsterten Türen und Teppichen an den Wänden! Bar, Restaurant, bewachte Parkplätze. EZ ab 48 €, DZ ab 64 €. Na Ohradě 31, ✆ 383321300, ℻ 383321299, www.amberhotels.cz.

*** **Hotel Bílá Růže,** in einem historischen Stadtgebäude. Die Räumlichkeiten zeugen vom Glanz vergangener Tage. Frisch restaurierte Zimmer mit neuen Bädern – Geschmäcker können verschieden sein. Im EG eine 08/15-Pivnice mit Stuckdecke. DZ 47 €. Palackého nám. 80, ✆ 383321946, ℻ 383326822, www.hotelruzest.cz.

**Kemp Podskalí,** von der Burg ausgeschildert. Eigentlich recht schön an der Otava gelegen, im Sommer aber zuweilen sehr voll mit jungen Kanuten – laute Partystimmung! Sanitäranlagen akzeptabel, aber nicht die Welt. Ins Zentrum läuft man ca. 15 Min. 2 Pers. mit Zelt u. Auto 6,50 €, Chata für 4 Pers. 27 €. Strakonice, ✆ 602140000 (mobil), www.podskali.net.

• *Veranstaltungen* Ende Juli/Anfang Aug. findet das **Rumpálování** statt, ein historisches Fest mit viel Musik und Kultur im Burgareal. Merken sollte man sich das 4-tägige **Mezinárodní Dudácký Festival,** das internationale Dudelsackfestival, das in geraden Jahren Ende Aug. über die Bühne geht.

• *Öffnungszeiten* **Burg,** Mai u. Juni sowie Sept.–Nov. tägl. (außer Mo) 9–16 Uhr, Juli u. Aug. tägl. 10–18 Uhr. Eintritt 1,60 €, erm. die Hälfte.

Informationen zum rund 20 km westlich gelegenen **Horažďovice** bekommen Sie ab S. 362, zum rund 30 km südlich gelegenen **Vimperk** ab S. 478.

## Prachatice (Prachatitz)

**Dem Salzhandel verdankt Prachatice eine denkmalgeschützte Altstadt, in der sich schmucke Renaissancebauten um die besten Plätze streiten – eine angenehme Station auf dem Weg in den Böhmerwald.**

Aus der Ferne gibt das 12.000-Einwohner-Städtchen zu Füßen des 1096 m hohen Libín jedoch kein besonders schönes Bild ab. Dafür ist die „Neustadt" verantwortlich, die zusammen mit der in sozialistischer Zeit florierenden Elektronik- und Möbelindustrie entstand. Die kleine, kreisförmige Altstadt hingegen zieht im Sommer Touristen an. Man betritt sie i. d. R. durch das Piseker Tor (Písecká brána), ein Relikt der alten Stadtmauer, die bis heute in Teilen erhalten ist. Zentrum ist der leicht abschüssige Marktplatz, der stolz Velké náměstí, „Großer Platz", genannt wird. Drum herum stehen dicht gedrängt prächtige Renaissancebauten, und auch die vom Platz abgehenden schmalen Gassen werden fleißig restauriert – ein Spaziergang durch die Altstadt ist kurz, aber nett.

**Geschichte:** Anfang des 14. Jh. wurde die Stadt an einem Handelsweg von Bayern nach Böhmen gegründet. Ende des gleichen Jahrhunderts soll hier der Kirchenreformator Jan Hus einen Teil seiner Studienjahre verbracht haben. Das schützte die Stadt aber nicht vor seinen Anhängern: 1420 machten die Hussiten unter Jan Žižka Prachatitz dem Erdboden gleich. Es folgte der Wiederaufbau und nach einem Großbrand im Jahr 1507 der prachtvolle Umbau im Stil der Renaissance. Den Reichtum dazu brachte der *Goldene Steig* (*Via aurea* oder tschech. *Zlatá stezka*), jener Handelsweg, auf dem nicht nur Stoffe, Gewürze, Wein und Waffen transportiert wurden, sondern auch Salz – für Böhmen, das keine eigenen Salzvorkommen hatte, ein so begehrtes wie kostbares Gut. Die Lastpferde mit Salz waren die sprichwörtlichen Goldesel, bis zu 1300 machten pro Woche in Prachatitz Station. Im 17. Jh. jedoch stieg Budweis zum großen Salzumschlagplatz auf – der Niedergang von Prachatitz war eingeläutet. An den Wohlstand und die Bedeutung von einst konnte man nie mehr anknüpfen.

• *Information* **Infocentrum** im Neuen Rathaus am Velké nám. 1, ✆ 388607574, ✉ 388312563, www.prachatice.cz. Im Sommer Mo–Fr 8–17 Uhr, Sa/So 10–12 u. 13–16 Uhr, im Winter Mo–Fr 8–17 Uhr.

• *Parken* Teuer am Marktplatz, preiswerter auf diversen Parkplätzen außerhalb der Altstadt.

• *Verbindungen* Bahnhof und Busbahnhof nahe beieinander an der Nádražní im Osten der Stadt, ca. 10–15 Fußmin. vom Zentrum. **Züge** tagsüber alle 2 Std. nach Volary, regelmäßig nach Vodňany. Gute **Bus**verbindungen zu allen größeren Städten in Südböhmen, zudem bis zu 7-mal tägl. Busse nach Prag.

• *Ärztliche Versorgung* **Krankenhaus** südöstlich des Zentrums (nahe der Nebahovská). ✆ 388600111.

• *Polizei* **Stadtpolizei** am Marktplatz. ✆ 156.

• *Post* An der Pivovarská.

• *Radverleih* Eine Liste der Verleiher hält die Tourist Information bereit.

• *Einkaufen* **Vinotéka Michal Kočan (5),** neben mährischen Tröpfchen wird hier auch der *Libínský sýr* verkauft, eine regionale Käsespezialität. Husova 69.

• *Veranstaltungen* Highlight des Jahres ist das **Fest des Goldenen Steiges** mit mittelalterlichem Jahrmarkt und umfangreichem Kulturprogramm (letztes Juniwochenende).

• *Essen & Trinken* Auch im Restaurant des **Hotels Koruna** (→ Übernachten) kann man recht gut essen.

**Restaurace Černý Mědved (2),** v. a. wegen seiner schönen Sommerterrasse zu empfehlen, das Innere ist ziemlich altbacken. Die Karte ist innovativer als das Interieur vermuten lässt. Lecker sind die mit getrockneten Tomaten gefüllte Hähnchenbrust und das Kalbsschnitzel mit warmem Kartoffelsalat. Hg. 5–12 €. Am Marktplatz, ✆ 388300412.

**Pizzeria Marco (7),** nette Pizzeria. Neben Pizza auch zig Sorten Pasta, Risotto und große Salate. Pizza und Pasta bereits ab 3 €. Husova 106, ✆ 388316950.

• *Cafés* **Vanesa (1),** kleine Konditorei mit guter Kuchenauswahl. Gartenterrasse. Kostelní nám.

**Kavárna Duras (6),** die zweite Frühstücks- oder Kaffeepausenadresse, dieses Mal direkt am Marktplatz. Nette Terrasse zum Peoplewatching.

• *Übernachten* Es gibt recht wenige Unterkünfte, v. a. im Zentrum.

*** **Albatros,** ca. 1 km außerhalb des Zentrums an der Straße nach Písek/Vodňany. Nett-modernes Lokal mit italienisch-mexikanischer (!) Küche. Die Zimmer (teils mit Balkon) sind jedoch eher steril-bieder. Abenteuerspielplatz, kleine Innenpoolanlage mit Pseudogrottenambiente, Sauna, sichere Parkplätze. EZ 45 €, DZ 70 €. Vodňanská 1321, ✆/✉ 388311400, www.hotelalbatros.cz.

*** **Parkán (3),** historisches Altstadthaus in bester Lage. Von außen viel hübscher als von innen. 17 Zimmer mit liebloser Standardausstattung, teilweise etwas dunkel wegen der schmalen Fenster, dafür einige mit Balkon. EZ 28 €, DZ 40 €. Věžní 51, ✆/✉ 388311868, www.hotelparkan.cz.

*** **Koruna (4),** verwinkeltes Haus nahe dem Marktplatz. 21 kleine, aber ordentliche Zimmer mit Furnierholzmöbeln und Satelliten-TV. Freundliches, uriges Restaurant, böhmische Standards zu 6–13 €. EZ 34 €, DZ 50 €. Velké nám. 48, ✆ 388310177, ✉ 388310240, www.pthotel.cz.

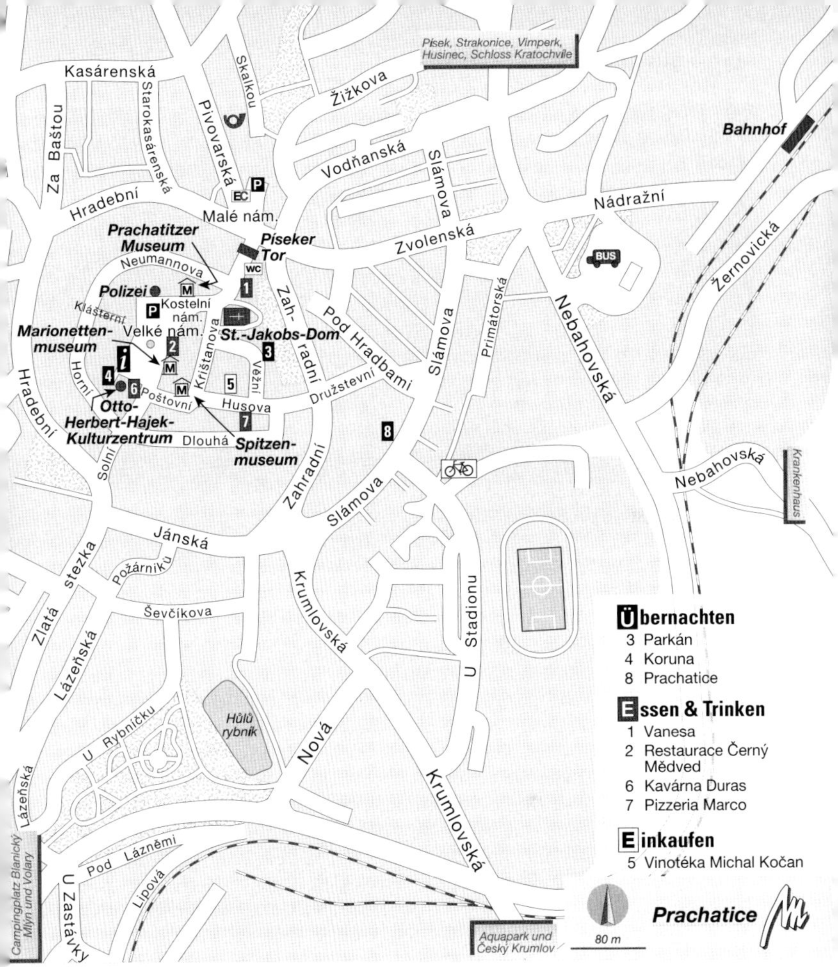


• *Pension* **Prachatice (8),** neuere Pension nahe der Altstadt. 7 Zimmer unterschiedlicher Größe (z. T. sehr groß) und Ausstattung, alle farbenfroh und mit neuen Sanitäranlagen versehen. Bar im Souterrain, ein paar Bierbänke und ein Kinderspielplatz im Garten. DZ 30 €. Slámova 268, ✆ 608973458 (mobil), www.penzion-pt.cz.

• *Camping* **Blanický Mlýn,** rund 11 km südwestlich von Prachatice, von der Straße nach Volary ausgeschildert. Nur etwas für den Notfall, eine ziemlich trostlose Angelegenheit. Enge, nicht besonders gepflegte Wiese im Wald, drum herum ein paar Chatas. Restaurant, Lagerfeuerplatz. Waldbad Křišťanovice 1 km weiter. Pension angeschlossen. Ganzjährig. 2 Pers. mit Wohnmobil 13 €, in der Hütte 17 €/Pers., im Zimmer mit Bad 21 € (jeweils mit HP). Blažejovice, ✆ 388337152, 📠 388337016, www.blanicky-mlyn.cz.

## Sehenswertes

Alle Sehenswürdigkeiten liegen direkt am oder nur ein paar Schritte vom **Velké náměstí** entfernt. Das Gebäude mit der künstlerisch wertvollsten Fassade am Platz

*In den Gassen von Prachatice*

ist das reich mit Sgraffiti dekorierte **Alte Rathaus** (Stará radnice) aus dem Jahr 1571. Unter dem Giebel verkörpern allegorische Figuren die Tugenden. Das Stadttheater trennt das Alte Rathaus vom **Neuen Rathaus** (Nová radnice), einem Pseudorenaissancebau aus dem Jahr 1903.

**Prachatické muzeum (Prachatitzer Museum):** Das Museum im sog. Syter-Haus (erbaut 1604) am Velké náměstí feierte 2004 seinen 100. Geburtstag. An seinem siebten Geburtstag besuchte es Erzherzog Eugen von Habsburg und meinte: „Es ist zwar klein, aber sehr interessant." Daran hat sich bis heute nichts geändert. Neben einem Modell der Stadtbelagerung durch Jan Žižka 1420 sieht man Funde, die bei der jüngsten Restaurierung des Marktplatzes zum Vorschein kamen (darunter das Skelett eines jahrhundertealten Pferdes), dazu eine Sammlung an bemalten Zielscheiben sowie Bilder und Tafeln aus jener Zeit, als die Stadt noch überwiegend deutschsprachig war. Zudem wird über den Goldenen Steig informiert.

*Adresse/Öffnungszeiten* Velké nám. 13; April, Mai u. Dez. tägl. (außer Mo) 10–16 Uhr, Juni–Sept. Di–So 9–17 Uhr, Mo 10–17 Uhr, Okt. u. Nov. tägl. (außer Mo) 13–16 Uhr, Jan.–März geschl. Eintritt 1 €, erm. 0,40 €.

**Kulturní centrum O. H. Hajeka (Otto-Herbert-Hajek-Kulturzentrum):** Das Kulturzentrum auf der Südseite des Hauptplatzes zeigt einen Querschnitt aus dem Werk des 1927 im nahen Nové Hutě geborenen Künstlers Otto Herbert Hajek. Hajek, 1945 vertrieben, studierte nach dem Zweiten Weltkrieg Bildhauerei an der Staatlichen Akademie der Bildenden Künste in Stuttgart, wo er danach bis zu seinem Tod im Jahr 2005 lebte und arbeitete. Zu Ruhm kam der zeitweilige Vorsitzende des Deutschen Künstlerbundes (1972–1979) insbesondere durch Teilnahmen an der Kasseler *documenta* (1964) und der Biennale in Venedig (1958). Internationales Aufsehen erregten seine begehbaren Plastiken, die ihn in die Avantgarde der informellen Bildhauer aufsteigen ließen.

*Adresse/Öffnungszeiten* Velké nám. 184. Juni–Sept. Di–Fr 10–16 Uhr, Sa/So 10–12 u. 13–15 Uhr. Eintritt 0,80 €, erm. die Hälfte.

**Muzeum České Loutky a Cirkusu (Marionetten- und Zirkusmuseum):** Im ersten Stock wird die Geschichte des tschechischen Marionettentheaters von den Volkspuppenspielern des 19. Jh. bis hin zu den populären Puppenstars Spejbl und Hurvínek erzählt. Im zweiten Stock widmet man sich – erstmals in Tschechien – dem

Zirkuswesen. Zu sehen sind alte Zirkusplakate, abgewetztes „Zaubererwerkzeug", aber auch das Motorrad, mit dem die Bären des berühmten tschechischen Zirkusdirektors Ferdinand Berousek ihre Runden drehten.

*Adresse/Öffnungszeiten* Velké nám. 43. Tägl. (außer Mo) 9–17 Uhr. Eintritt 2 €, erm. 1,20 €.

**Chrám sv. Jakuba (St.-Jakobs-Dom):** Der größte Sakralbau Prachatices steht am Kostelní náměstí, ungefähr auf halber Strecke zwischen Marktplatz und Píseker Tor. Der Domturm überragt das historische Zentrum. Mit dem Bau der dreischiffigen Kirche wurde kurz nach der Stadtgründung begonnen, fertig gestellt wurde sie jedoch erst im Jahr 1513. Das Portal weist spätgotische Verzierungen auf, schön ist auch das Schnitzwerk am Altar. Eine Kapelle ist Johann N. Neumann (1811–1860) geweiht, einem weiteren berühmten Sohn der Stadt: 1836 wanderte der Missionar nach Amerika aus, wo er 1852 zum Bischof von Philadelphia ernannt wurde. 1977 sprach ihn Papst Paul VI. heilig.

**Muzeum Krajky (Spitzenmuseum):** Das kleine Museum in einem schönen Renaissancegebäude aus dem 16. Jh. erinnert an die mittlerweile fast schon vergessene Kunst des Spitzenklöppelns in der Region. Zu sehen sind historische Klöppelarbeiten (Verzierung von Trachten und Tischdecken), zudem altes Klöppelwerkzeug.

*Adresse/Öffnungszeiten* Poštovní 178. April–Okt. Di–Fr 10–17 Uhr, Sa 9–16 Uhr, So 10–16 Uhr. Eintritt 1,60 €, erm. 1 €.

## Umgebung von Prachatice

**Husinec (Husinetz):** Das zu groß geratene Dorf oder zu klein geratene Städtchen liegt 7 km nördlich von Prachatice und ist vorrangig Ziel von Historikern und Theologen. Denn an der Hauptdurchgangsstraße, ca. 200 m von der Kirche entfernt, steht ein unauffälliges, einfaches Haus, in welchem Jan Hus (um 1370–1415, → S. 436) geboren wurde. Heute befindet sich darin eine Gedenkstätte zu Ehren des Kirchenreformators (Památník Místra Jana Husa).

*Verbindungen/Öffnungszeiten* Gute **Busanbindung** nach Prachatice. Zugbahnhof 3 km außerhalb. **Gedenkstätte,** Mai/Juni u. Sept./Okt. tägl. (außer Mo) 9–12 u. 13–16 Uhr, Juli/Aug. tägl. (außer Mo) 9–12 u. 12.30–17 Uhr. Eintritt 1 €, erm. 0,60 €.

**Zámek Kratochvíle (Schloss Kurzweil):** 12 km östlich von Husinec (an der Straße nach Netolice) liegt dieses Juwel unter den südböhmischen Renaissanceschlössern, das an eine italienische Landvilla erinnert. Wilhelm von Rosenberg ließ es zwischen 1583 und 1589 als Jagd- und Lustschloss errichten. Da das Terrain einst überaus sumpfig war, steht das Schloss auf Holzpfählen. Die letzten adeligen Besitzer waren die Schwarzenberg. Das Palais ist von einem Wassergraben und einer quadratischen Befestigungsanlage umgeben – beides diente jedoch nie Verteidigungszwecken. Highlight der Schlosstour ist der sog. „Große Goldene Saal" mit seiner reichen Stuckausschmückung, die Motive aus der römischen Geschichte zeigt. Zudem passiert man das rekonstruierte Arbeits- und Schlafzimmer von Wilhelms Bruder Peter Wok II., dem letzten Rosenberger (gest. 1611).

*Adresse/Öffnungszeiten* Die Busse zwischen Prachatice und Budweis halten vor der Schlossanlage, Schloss nur Juni–Aug. tägl. (außer Mo) 9–12 u. 13–17.15 Uhr. Eintritt 3,60 €, erm. 2,40 €.

Weiter nach **Budweis** (→ S. 403)? Auf dem Weg dahin lohnt ein Abstecher ins Weltkulturerbedorf **Holašovice** (→ S. 416).

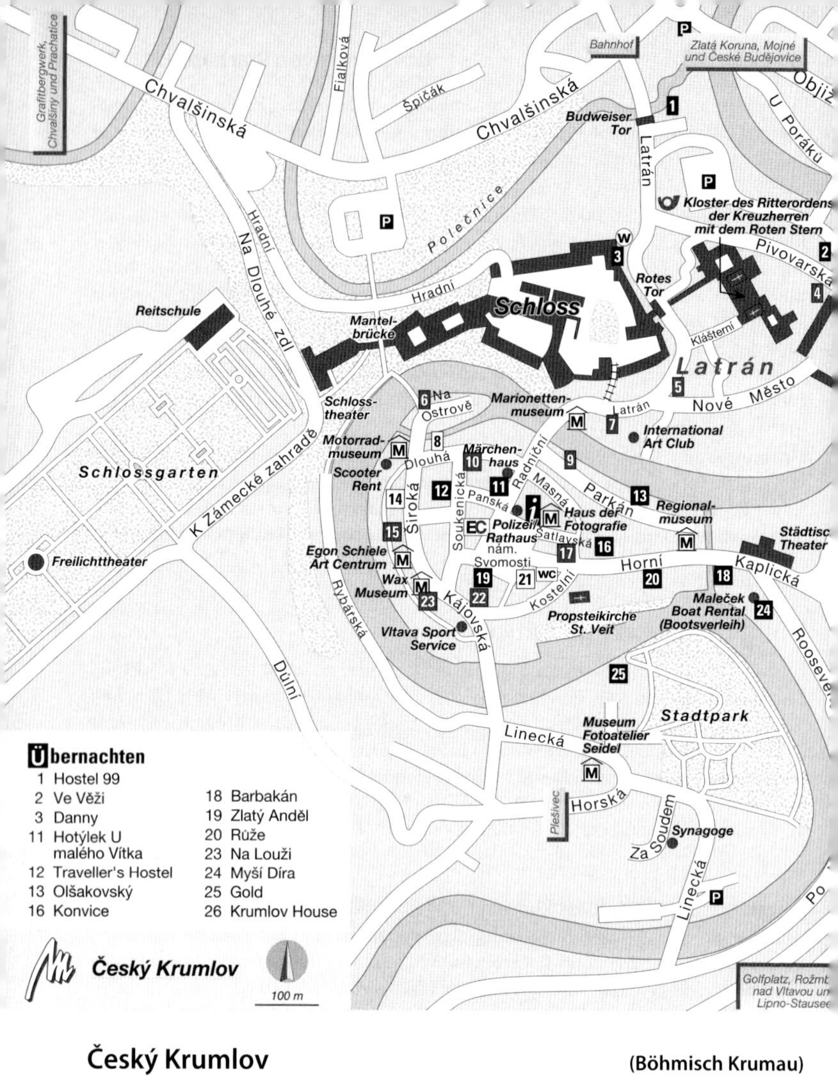


## Český Krumlov (Böhmisch Krumau)

**Český Krumlov ist ein Wirrwarr aus Giebeln, Erkern, Laubengängen, Zinnen, Sgraffiti, Fresken, Balustraden, Brunnen, Säulen, Pflastersteinen, schrägen Treppen, roten Ziegeldächern und so fort. Und weil's einfach schön ist, ist das Städtchen an den Ausläufern der Šumava nicht nur UNESCO-Welterbe, sondern im Sommer auch gnadenlos überlaufen.**

Als der Schriftsteller Karel Čapek in der ersten Hälfte des 20. Jh. Český Krumlov besuchte, notierte er in seinen Reiseskizzen: „Ich weiß nicht, wievielmal sich hier die Moldau wendet […]. Wie viel Bewohner Böhmisch Krumau hat, weiß ich auch nicht, aber 24 Wirtshäuser, drei Kirchen, ein Schloss besitzt die Stadt, dafür ein ganz großes, zwei Tore und dazu die schwere Last von Denkmälern. Eigentlich ist

die ganze Stadt ein historisches Denkmal und man erinnert sich hier an Siena oder Stirling und andere berühmte Städte. Wohin man sich kehrt, überall malerische und altertümliche Winkel und ruhmvolle Vergangenheit." Das Bild von einst lässt sich heute noch genauso zeichnen, auch wenn die Zahl der Wirtshäuser eindeutig gestiegen ist.

Český Krumlov, ein 13.500-Einwohner-Städtchen 25 km südlich von České Budějovice, ist zweifelsohne der malerischste Ort Südböhmens, damit aber auch der touristischste. Was das Gedränge der Besucher in den engen Gassen angeht, braucht er einen Vergleich mit dem toskanischen San Gimignano nicht zu scheuen. Wirklich idyllisch präsentiert sich Český Krumlov eigentlich nur noch an kalten Winterabenden. Den Rest des Jahres ist die Stadt ein beliebtes Ziel von Japanern und Amerikanern, die von Prag hierher einen Abstecher unternehmen, von Deutschen und Österreichern, die von Český Krumlov per Rad oder pedes den Böhmerwald erkunden, und von Tausenden von Tschechen, die von hier zu ausgedehnten Kanufahrten auf der Moldau starten.



**Geschichte:** Die Burg von Český Krumlov wurde erstmals 1253 als Sitz der sagenumwobenen Witigonen (→ S. 468) erwähnt, das dazugehörende Städtchen 1274 urkundlich verzeichnet. Es entwickelte sich an einer Moldaufurt, die Teil eines wichtigen Handelsweges war. Die Auenlage und der Lauf der Moldau, der hier mehrere Schleifen beschreibt, gaben dem Städtchen seinen Namen: Krumben Ouwe (= „krumme Aue"). 1302 ging der Ort an die Rosenberg über, die für die nächsten drei Jahrhunderte hier herrschten. 1336 bekam die Stadt das Braurecht, ab 1497 wurde in der Umgebung Silber geschürft. Unter Wilhelm von Rosenberg erfolgte in der zweiten Hälfte des 16. Jh. mit Hilfe von italienischen Architekten der Umbau der gotischen Burganlage in ein repräsentatives Renaissanceschloss.

Aus Geldnot – die Silberminen waren versiegt – musste Peter Wok II. von Rosenberg Krumau 1602 an Kaiser Rudolf II. verkaufen. Bis 1622 blieb Krumau im Besitz der Krone, dann schenkte Kaiser Ferdinand II. es Johann Ulrich Freiherr von Eggenberg als Dank für seine Dienste im Dreißigjährigen Krieg. Die örtliche Brauerei sorgt bis heute dafür, dass der Name Eggenberg in guter Erinnerung bleibt. Mit dem Tod des letzten Eggenberg 1719 erbten die Schwarzenberg das Städtchen und erhoben es zum Mittelpunkt ihrer Herrschaft.

Nach der Vertreibung der Schwarzenberg fiel Český Krumlov in einen jahrzehntelangen Dornröschenschlaf. Mit der Adelsfamilie hatte auch die deutschsprachige Bevölkerung Krumau verlassen müssen, die rund 90 % der Einwohner gestellt hatte. Zur Wiederbelebung siedelte man u. a. Roma-Familien an. Der Touristenboom, der Geld für nötige Restaurierungsarbeiten brachte, setzte erst mit der Aufnahme Český Krumlovs in die UNESCO-Welterbeliste 1992 ein. Heute gehört Krumau zu den wohlhabendsten tschechischen Kleinstädten, rund 1 Mio. Gäste inkl. Tagestouristen zählt man jährlich. So waren auch genügend finanzielle Mittel vorhanden, um die Schäden des katastrophalen Augusthochwassers im Jahr 2002, bei dem die Altstadt 2 m unter Wasser stand, schnell zu beseitigen.

**Orientierung:** Das Zentrum Český Krumlovs lässt sich in drei Teile gliedern. Die mächtige *Burg- bzw. Schlossanlage*, ihr zu Füßen der Stadtteil *Latrán* (ehemals die Unterburg, wo die Bediensteten lebten) und die *Altstadt* rund um den *Náměstí Svornosti*.

## Information/Parken/Verbindungen (→ Karte S. 456/457)

• *Information* **Infocentrum Český Krumlov,** am Hauptplatz. Tägl. 9–19 Uhr, Sa/So 13–14 Uhr Mittagspause. ✆ 380704622, www.ckrumlov.cz/info.

• *Parken* Rund um das Zentrum gebührenpflichtige Parkplätze. Im Zentrum selbst ist längeres Parken nicht gestattet. Die meisten Unterkünfte verfügen über private, kostenpflichtige Parkplätze.

• *Verbindungen* Busbahnhof östlich des Zentrums, keine 10 Gehmin. vom Hauptplatz. Häufig **Busse** nach Zlatá Koruna und Budweis, bis zu 10-mal tägl. über Tábor nach Prag (erheblich schneller als der Zug), bis zu 4-mal tägl. über Rožmberk nad Vltavou, Vyšši Brod und Lipno nach Frymburk, 7-mal tägl. nach Horní Planá.

Zugbahnhof gut 30 Fußmin. nördlich des Zentrums. **Züge** bis zu 8-mal tägl. nach Budweis (von dort weiter nach Prag), Nová Pec und Černý Kříž.

## Adressen/Einkaufen (→ Karte S. 456/457)

• *Ärztliche Versorgung* **Krankenhaus** an der Nemocniční beim Busbahnhof. ✆ 380761911.

• *Polizei* **Stadtpolizei** im Rathaus am zentralen Platz. ✆ 156.

• *Post* **Hauptpost** an der Straße Latrán im gleichnamigen Stadtteil.

• *Einkaufen* Ein beliebtes Mitbringsel ist **Bernsteinschmuck.** Regionales **Kunsthandwerk** (Keramik, Spitzen, Holzspielzeug usw.) verkaufen unzählige Läden im Zentrum. Hinzu kommen „Galerien" mit naiven Český-Krumlov- und Glasmalereien.

Ein nettes **Antikvariát (8)** befindet sich in der Dlouhá 91: vornehmlich deutsche Literatur, auch einige Bände zum Böhmerwald.

## Essen & Trinken/Nachtleben (→ Karte S. 456/457)

In Český Krumlov haben Sie die Wahl zwischen über 80 Restaurants. Viele davon besitzen schöne Sommerterrassen – entweder mit tollem Panoramablick oder in lauschiger Lage am Fluss. Recht provinziell präsentiert sich das Nachtleben.

• *Restaurants* **Don Julius (22),** stilvolles Lokal, zum Hotel Zlatý Anděl (→ Übernachten) gehörend. Rustikales Ambiente, offener Kamin. Neben den herkömmlichen Standards serviert man u. a. auch Hühnerbrust mit frischen Steinpilzen und Lauchzwiebeln oder – für Vegetarier – gegrilltes Saisongemüse mit paniertem Ziegenkäse und Wildpreiselbeeren. Hg. 6–16 €. Kájovská, ✆ 380712310.

**Papa's Living Restaurant7),** gepflegtes Lokal unter schönem Gewölbe, jedoch wenig stilsichere Wanddekoration: Schwarz-Weiß-Aufnahmen Krumaus neben Louis Armstrong neben den Beatles. Tolle Terrasse mit Blick über die Stadt. Nichts Böhmisches auf der Karte, dafür dicke Steaks (11–17 €), große Salate, Pasta und Rippchen. Latrán 13, ✆ 380711583.

**Brauereigaststätte Eggenberg (4),** in den ehemaligen Kühlräumen der Brauerei im Stadtteil Latrán. Riesiger rustikaler Gewölbesaal. Zu hervorragendem Bier (kosten Sie das ungefilterte!) gibt es böhmische Spezialitäten zu 6–11 €. Lebhafter und natürlicher ist die derb-einfache **Pivnice Formanka** im gleichen Gebäude, mittags ein Arbeitertreff. Die supergünstigen Tagesgerichte (Standards wie Gulasch oder Lendenbraten) sind nur in Tschechisch auf einer Tafel angeschrieben. Von Lesern sehr gelobt. Pivovarská, ✆ 380711917.

**Hospoda Na Louži (23),** die urigste Kneipe im Zentrum! Nur ein paar derbe Holztische, ein ausgedientes Klavier und an den Wänden alte Emailleschilder, die Hinweise geben wie „Das Ausgießen der Bieruntersetzer auf den Fußboden wird vom Wirtshaus genehmigt" oder „Das Ausspucken auf den Fußboden ist amtlich verboten". Serviert werden Sattmacher wie Böhmerwaldschnitzel im Kartoffelpuffer oder „Gefüllte Bürgermeistertasche". Hg. 3,50–7,50 €. Kájovská 66, ✆ 380711280.

**Krčma ve Šatlavské ulici (17),** gemütlicher Kerzenscheinkeller mit wohligwarmer, mittelalterlich angehauchter Atmosphäre. Offener Grill. Kosten Sie die Knoblauch- oder Zwiebelsuppe im Brotteig und hinterher einen Spieß vom Rost. Für Vegetarier gibt es gegrillten *Hermelín*. Mittlere Preisklasse. Achtung: Die Klamotten vom Abend können Sie am nächsten Tag nicht mehr tragen! Reservierung empfohlen. Horní 157, ✆ 380713344.

**Pizzeria Latrán (5),** das ehemalige Café Fink war Schieles Lieblingslokal. Heute ist hier eine freundliche Holzofenpizzeria untergebracht – eine Alternative zu Kloß mit Soß! Pizzen 4–7 €. Latrán/Ecke Nové Město, ✆ 380712651.

**Krčma U dwau Maryí (9),** auch dieses kleine, schnuckelige Lokal im 1. Stock würde in jedem Kostümfilm als mittelalterliche Schenke durchgehen. Terrasse am Fluss. Neben deftiger altböhmischer Küche auch Vegetarierfreundliches (Hirseauflauf, Buchweizengerichte). Zuweilen etwas überforderte Köche und Bedienungen. Hg.5–7 €. Parkán 104, ✆ 380717228.

**Laibon (9),** gleich nebenan. Das vegetarische Restaurant bietet internationale Küche wie Ziegenkäse mit Oliven, Gemüsecurry oder marinierte Sojascheiben mit Preiselbeeren. Ebenfalls idyllische Terrasse am Fluss. Schlichtes Interieur. Hg. 5,20–8 €. Parkán 105, ✆ 775676654 (mobil).

**Rybářské občerstvení (6),** simpel-düsteres Inneres, netter die Bänke vor der Tür. Das Lokal des örtlichen Angelvereins serviert frischen Fisch in verschiedenen Variationen, je nach Saison Karpfen, Wels, Zander, Aal oder Forelle. Super Kartoffelsalat! Hg. ab 4,80 €. Na ostrově 84, ✆ 380712310.

**Cikánská Jizba (10),** die „Zigeunerstube", eine von einer Romafamilie geführte, an sich unspektakuläre Restaurantkneipe. Nicht jedoch am Wochenende: Bei feuriger Live-Zigeunermusik herrscht dann die ausgelassenste Stimmung im Städtchen – ein Erlebnis! Touristen und Einheimische im bunten Mix, es kann eng werden! Das Essen ist eher Nebensache. Nur am Abend, So geschl. Dlouhá 31, ✆ 380717585.

• *Café* **Café Egon Schiele (15),** dem Egon Schiele Art Centrum (→ Sehenswertes) angegliedert. Überaus gemütliche Lokalität, natürlich mit Kunst an den Wänden. Fair-Trade-Kaffee. Široká.

• *Nachtleben* Die beste Stimmung herrscht allabendlich in der Bar des **Traveller's Hostel (12),** → Übernachten. Zu den internationalen Backpackern gesellen sich etliche Locals, hin und wieder Konzerte oder DJs.

**Tornado (14),** Bar und Musicclub mit lang gezogener Theke. Dazu ein paar Tische am Fluss. Das Coolste, das die Stadt zu bieten hat. Oldiefeten oder Partys ganz im Zeichen irgendeines Schnapses. Kicker. Hradební 81.

**Hrozen (21),** am zentralen Platz. Die einzige Disco vor Ort lockt die Landjugend und Kurzurlauber mit Bierlaune an. Zuweilen Schaumpartys. Musik quer durch den Garten, manchmal Oldieabende. Faire Preise. Mi/Do 21–3 Uhr, Fr/Sa bis 6 Uhr.

*Übernachten* (→ Karte S. 456/457)

Český Krumlov verfügt über mehr als 100 Unterkünfte, trotzdem kann es im Sommer hin und wieder zu Engpässen kommen, insbesondere zum *Festival der fünfblättrigen Rose* (→ Veranstaltungen). Falls alles voll ist: Eine ganze Reihe von ordentlichen, aber unspektakulären Pensionen findet man in der Rooseveltova und im südlichen Stadtteil Plešivec (DZ 32–43 €).

• *Hotels* ***** **Růže (20),** feudales Haus. 70 Zimmer in einem Jesuitenkloster aus dem 16. Jh., Dekor und Kostümierung des Rezeptionspersonals treffen den Geschmack von Rittern und Burgfräuleins. Amerikanischen Reisegruppen gefällt es. Schwimmbad, Fitnesscenter, Friseur etc. Preislich faires Restaurant mit Panoramaterrasse. EZ 160 €, DZ ab 212 €, Parkplatz zusätzliche 14 €/Tag. Horní 154, ✆ 380772100, www.hotelruze.cz.

**** **Gold (25),** freistehendes Gebäude nahe dem Stadtpark und direkt an der Moldau in ruhiger Lage. 27 geräumige Zimmer. Bieder-klassisches Flair (z. T. Stuckdecken), Suiten mit Palastambiente. Gutes Restaurant, bewachter Parkplatz (6 €/Nacht). Leser loben den zuvorkommenden Service. EZ 76 €, DZ ab 116 €, Suiten für 2 Pers. 196 €. Linecká 55, ✆ 380712551, ℻ 380712553, www.hotelgold.cz.

**** **Zlatý Anděl (19),** belegt am zentralen Platz 3 aneinandergrenzende, ursprünglich gotische Häuser. 28 Zimmer und 12 Suiten von unterschiedlicher Größe und Ausstattung – vom schmiedeeisernen Mobiliar bis zum gemütlichen Landhausstil. 2 Restaurants, Café mit Terrasse zum Platz, Cocktailbar und Bierstube. Bewachte Parkplätze. EZ ab 68 €, DZ ab 80 €. Nám. Svornosti 10, ✆ 380712310, www.hotelzlatyandel.cz.

**Konvice (16),** kleines Haus mit 13 Zimmern auf mehrere Gebäude verteilt. Unterschiedlichste Ausstattung: manche mit Antiquitäten oder Repliken, manche mit Parkettböden und/oder schweren Holzdecken, andere mit Teppichböden und Standardmobiliar. Restaurant mit schöner Sommerterrasse. Sehr freundliches Personal. Unter deutscher Leitung. DZ 68–140 €. Horní 145, ✆ 380711611, ℻ 380711327, www.boehmerwaldhotels.de.

**Hotýlek U malého Vítka (11),** „Zum Kleinen Veitchen". In 3 miteinander verbundenen Gebäuden befinden sich 20 Zimmer, alle unterschiedlich groß, mit Gefühl für die alte Bausubstanz eingerichtet. Stuck- oder Gewölbedecken, originelle Bäder, schöne Dielenböden. Jedes Zimmer heißt anders, z. B. „Honigbiene Emilka" oder „Geist Buru Buru". Von Lesern gelobt. Restaurant. DZ je nach Ausstattung 60–108 €. Radniční 27, ✆ 380711925, ℻ 380711937, www.vitekhotel.cz.

**Na Louži (23),** gehört zur gleichnamigen Hospoda. Einfaches, kleines Hotel in einem Bürgerhaus aus dem 15. Jh. 11 Zimmer im Bauernstubenstil. Nicht besonders groß, aber gemütlich. Laut Eigenwerbung besitzen alle Zimmer nicht nur Duschen, sondern auch „Klosetts mit Wasserspülung". DZ ab 48 €. Kájovská 66, ✆/℻ 380711280, www.nalouzi.cz.

• *Pensionen* **Myší Díra (24),** 10 hübsche, geräumige Zimmer mit viel Kiefernholz. Parkplätze. Das Frühstück wird aufs Zimmer gebracht. DZ 75 €. Rooseveltova 28, ✆ 380712853, ℻ 380711900, www.ceskykrumlov-info.cz.

**Barbakán (18),** gegenüber dem Stadttheater. 8 geräumige Zimmer, z. T. mit schmiedeeisernen Betten. Viel Naturholz, ein paar Antiquitäten, Holz- oder Fliesenböden. Teilweise herrliche Aussicht. Schönes Terrassenrestaurant. 3 Parkplätze vor der Tür. EZ ab 52 €, DZ ab 68 €. Horní 26, ✆/℻ 380717017, www.barbakan.cz.

**Ve Věži (2),** gegenüber der Brauerei Eggenberg, in einem Rundturm aus dem frühen 16. Jh. Nur 4 kleine Zimmer (2 DZ und 2 Vierer) mit ebensolchen Fenstern und konventioneller Einrichtung. Gemeinschaftsbad. Kleine Gartenterrasse. DZ 56 €. Pivovarská 28, ✆ 721523030 (mobil).

**Olšakovský (13),** 5-Zimmer-Pension in toller Lage direkt am Fluss. Davor ein kleines Gärtchen mit Tischen. Der Hausherr spielt mit Leidenschaft Akkordeon. Große, fast apartmentähnliche Zimmer unterm Dach, kleinere ein Stockwerk tiefer, alle mit Bad. DZ 40–50 €. Parkán 114, ✆ 604430181 (mobil), www.olsakovsky.cz.

**Danny (3),** freundliche 8-Zimmer-Pension mit ebensolchen Besitzern. Die schönsten Zimmer sind die unterm Dach – viel Holz. Im EG ein Restaurant mit netter Sommerterrasse. DZ mit Bad ab 42 €. Latrán 72, ✆ 380712710, www.pensiondanny.cz.

• *Hostels* **Traveller's Hostel (12),** ein Ableger aus Prag. Verschachteltes, großes Haus mit ganz unterschiedlichen Zimmern (auch DZ), spartanisch, aber sauber. Der fehlende

Luxus wird durch allerhand andere Annehmlichkeiten kompensiert: Gemeinschaftsküche, Waschservice, Grillabende, Balkon mit Schlossblick, Bar-Restaurant mit gelegentlichen Live-Konzerten. Ab 12 €/Pers. im Schlafsaal, DZ mit Bad ab 36 €. Soukenická 43, ✆ 380711345, www.travellers.cz.

**Hostel 99 (1),** sehr freundliches Haus. Nette, farbenfrohe Schlafsäle mit Holzböden, ein paar recht beengte DZ (die man teilweise nur über andere Zimmer erreicht), aber sehr nett dekoriert. Saubere Gemeinschaftsbäder. Gemütliche Kneipe mit Biergarten (samt netter Aussicht) und Grill. Zudem Laundryservice, Radverleih und jeden Mittwoch ein Freibier. Wer es etwas komfortabler mag: In einem Nachbarhaus werden auch einige Pensionszimmer mit privaten Bädern vermietet. Im Schlafsaal 13 €/Pers., DZ (ohne Bad) 32 €, Pensions-DZ mit Bad 40 €. Věžní 99, ✆ 380712812, www.hostel99.com.

**Krumlov House (26),** kleines Hostel mit sehr familiärer Atmosphäre. Gut geführt und empfehlenswert. Rauchfrei. Der Treffpunkt ist die nette Küche. Bunte Zimmer, Schlafräume mit max. 6 Betten. Waschservice, Grillabende, Book Exchange, kostenloser Schlittschuhverleih im Winter. Im Schlafsaal 14 €/Pers., DZ mit eigenem Bad 32 €, mit Gemeinschaftsbad 30 €. Rooseveltova 68, ✆ 380711935, www.krumlovhostel.com.

• *Außerhalb/Camping* **Caravan Camp Petráškův Dvůr,** ca. 5 km nordwestlich der Stadt an der Straße nach Chvalšiny. 2 Wiesen rechts und links der Straße. Linker Hand zeltet man unter Solaranlagen (hört sich schlimmer an, als es ist), rechter Hand idyllisch am Bach. Insgesamt gepflegtes Areal mit Restaurant, Biergarten und guten Sanitäranlagen. Mitte Mai–Ende Sept. Keine Chatas. 2 Pers. mit Zelt u. Auto 10 €. Petráškův Dvůr, ✆ 774833168 (mobil), www.petraskuv-dvur.cz.

**Guesthouse Rajka,** Pension und Campingplatz im Dorf Mojné, ca. 8 km nordöstlich von Český Krumlov gelegen. Ein Top-Tipp, unter junger holländischer Leitung. Tolles Campingareal bei einem alten, restaurierten Gutshof. Im Gutshof selbst befinden sich einfache, aber liebevoll eingerichtete Zimmer und Apartments. Idyllischer Innenhofgarten, Küche, Feuerstelle, relaxte Atmosphäre. Kein Restaurant! Juni–Sept. 2 Pers. mit Wohnmobil 18 €, DZ 30 €, Apartment für 4 Pers. 74 €. Mojné 7, ✆/✆ 380743855, www.guesthouserajka.com.



## Sport & Freizeit/Kultur

• *Golf* **Golf Club Český Krumlov,** beim Weiler Svachova Lhotka ca. 4 km östlich von Český Krumlov. 18-Loch-Platz, Par 71. Greenfee 28–40 €. ✆ 606754570 (mobil), www.golfck.cz.

• *Radverleih* Mountainbikes kann man über **Vltava Sport Service** (Hradební 60, ✆ 380711988, www.ckvltava.cz) leihen. Ab 13 €/Tag.

• *Theater/Oper/Ballett* Ein Highlight sind die allsommerlichen Aufführungen im **Freilichttheater** mit drehbarer Zuschauertribüne im Schlossgarten. Da es sich häufig um Ballettstücke, Opern oder Musicals handelt, sind Tschechischkenntnisse nicht vonnöten (Tickets 11–60 €). Kartenvorverkauf über die Touristeninformation.

• *Veranstaltung* Absolutes Highlight ist das **Fest der fünfblättrigen Rose** alljährlich im Juni am Wochenende nach der Sommersonnenwende. Für drei Tage kehrt die Stadt in die Zeit der Ritter, Burgfräuleins und Gaukler zurück, es gibt Umzüge, Ritterturniere usw.

### Mit dem Kanu die Moldau entlang

Von Český Krumlov bieten sich Touren unterschiedlichster Länge an. Die gängigsten Routen sind 5–35 km lang (Dauer 1½–8 Std.). Vermietet werden Raftingboote für 3–8 Pers., Kanus für 2–3 Pers. sowie Kajaks. Einen guten Ruf hat z. B. **Vltava Sport Service** (→ Radverleih). Preisbeispiele inkl. Transport: 5 km Kajak 14 € (Kanu 20 €, Raftingboot 28–34 €), 15 km Kajak 16 € (Kanu 28 €, Raftingboot 36–48 €), 35 km Kajak 26 € (Kanu 36 €, Raftingboot 48–60 €).

Český Krumlov – ein Glanzlicht auch bei trübem Wetter

## Sehenswertes

... gibt es unglaublich viel, es wimmelt nur so von Museen und Galerien. Alles lässt sich spielend zu Fuß erkunden.

### In der Altstadt

**Náměstí Svornosti (Platz der Eintracht):** Der trapezförmige Platz, den eine Mariensäule (1714–16) dominiert, ist das Herz der Altstadt. Drum herum laden im Sommer mehrere Lokale, deren Tische im Schatten der Laubengänge stehen, auf eine Pause ein. Auch wenn heute viele Häuser eine Renaissance-, Barock- oder klassizistische Fassade haben, im Kern sind sie meist gotisch. So auch das *Rathaus* an der Nordseite des Platzes (links der Touristeninformation): Hinter der weißen Renaissancefassade, deren raffinierte Attika von Vasen gekrönt wird, verbirgt sich eine Häuserzeile von mehreren älteren Gebäuden. In den Kellergewölben des Rathauses befindet sich das *Foltermuseum* (Muzeum Tortury), ein Ableger aus Prag. An die 100 Folterinstrumente werden präsentiert, darunter die Jungfrau von Nürnberg, ein Spanischer Schuh und ein Hexenstuhl. Mit Ton- und Lichteffekten wird versucht, eine gruselige Atmosphäre zu schaffen – leider vergebens. Ein paar Schritte weiter liegt etwas versteckt in der Šatlavská 141 das *Haus der Fotografie* (Dům Fotografie), wo seit Jahren Fotos von Jan Saudek gezeigt werden.

*Öffnungszeiten* **Haus der Fotografie,** tägl. 10–18 Uhr. Eintritt variabel. **Foltermuseum,** tägl. 9–19 Uhr. Eintritt 4 €, erm. 3,20 €.

**Entlang der Horní:** Folgt man vom Náměstí Svornosti dem Sträßlein Horní bergauf, fällt rechter Hand die dreischiffige *Propsteikirche St. Veit* (Kostel sv. Vít) ins Auge. 1439 wurde sie eingeweiht, im ausgehenden 17. Jh. begann man, sie im Stil des Barock auszuschmücken. Aus jener Zeit stammt auch der Hauptaltar mit dem Hl.

Wenzel, dem Schutzpatron der Stadt, im oberen Abschluss. Weiter entlang der Horní passiert man u. a. das ehemalige *Jesuitenkolleg*, einen typischen Renaissancebau mit beachtenswerten Malereien am Sims und im Hof. Heute befindet sich darin das Nobelhotel Růže (→ Übernachten). Noch etwas weiter bergauf steht linker Hand das frühbarocke Jesuitenseminar, heute Sitz des *Regionalmuseums* (Regionální muzeum). Im bunten Durcheinander wird über die Entwicklung Krumaus und seiner Umgebung bis ins 19. Jh. informiert. Zu den schönsten Exponaten gehören eine barocke Jesuitenapotheke und ein Keramikmodell (ca. 6 x 3 m) der Stadt im Maßstab 1:200, welches das historische Zentrum um 1800 zeigt.

*Öffnungszeiten* **Regionalmuseum** (Horní 152), tägl. (außer Mo) 9–12 u. 12.30–17 Uhr. Eintritt 2 €, erm. 1 €.

### Egon Schiele in Krumau – vom Ausgebürgerten zum Aushängeschild

Egon Schieles (1890–1918) Zeichnungen und Aquarelle, v. a. die der Akt- und Landschaftsmalerei, begeistern durch eine spannungsvolle, ornamentale Liniensprache. Beeinflusst war Schiele von Gustav Klimt und der Wiener Secession. Im Mai 1911, zwei Jahre nach seinem Abschluss an der Akademie der bildenden Künste in Wien, entfloh er der großstädtischen Hektik und zog nach Krumau. „Nach dem Böhmerwald will ich, Neues muß ich sehen und will es forschen, will dunkle Wasser kosten, krachende Bäume, wilde Lüfte sehen, will modrige Gartenzäune staunend ansehen und zitternde Blätter hören, will Licht, Sonne sehen und nasse grünblaue Abendtäler genießen [...]" – so drückte der junge Maler seine Sehnsucht in einem Brief an seinen Freund Anton Peschka aus. Krumau hatte er nicht zufällig gewählt, der Ort war die Geburts- und Heimatstadt seiner Mutter. Mit seiner Lebensgefährtin Wally Neuzil mietete er sich in einem kleinen Häuschen an der Moldau (Plešivecká 343) ein. Wally war gerade 17, als Modell Gustav Klimts hatte er sie kennen gelernt. In Krumau malte Schiele neben einer Reihe ausdrucksstarker Stadtansichten auch Wally – nackt im Garten. Das ging den biederen deutsch-böhmischen Einwohnern Krumaus zu weit. Als Schiele auch noch begann, die hübschesten Töchter der Stadt in teils gewagten ekstatischen Stellungen Modell sitzen und stehen zu lassen, wurde er zum Verlassen der Stadt gedrängt. Nach nur drei Monaten Aufenthalt in Krumau zog Schiele zurück nach Wien. Dort trat er der Künstlervereinigung *Sema* bei, der auch Paul Klee und Alfred Kubin angehörten. In den Jahren darauf nahm er an Ausstellungen in ganz Europa teil. 1915 heiratete er Edith Harms. Ihr Glück war von kurzer Dauer. Drei Jahre später, im Oktober 1918, starben Schiele und seine schwangere Frau an der Spanischen Grippe. Der Nachwelt hinterließ der Künstler, der bei seinem Tod gerade 28 Jahre alt war, ein Werk von rund 330 Gemälden und 3000 Arbeiten auf Papier, das zu den künstlerischen Meisterleistungen des frühen 20. Jh. zählt und seit 1992 auch in Český Krumlov gewürdigt wird.



**Egon Schiele Art Centrum:** Das mit Abstand sehenswerteste Museum Krumaus belegt die sanierten Räumlichkeiten der einstigen Stadtbrauerei und bietet 4000 $m^2$ Ausstellungsfläche. Die permanente Egon-Schiele-Exposition unterm Dach nimmt nur einen relativ kleinen Teil davon ein. Sie beleuchtet das Leben und Werk des

Künstlers, präsentiert Aquarelle, Grafiken, eine kartographische Rekonstruktion seiner Krumauer Motive und ein paar von ihm entworfene Ateliermöbel. In den anderen verwinkelten Räumlichkeiten werden wechselnde Ausstellungen namhafter Künstler des 20. Jh. gezeigt – u. a. standen hier bereits Werke von Pablo Picasso, Andy Warhol, Salvador Dalí und Alfred Kubin im Mittelpunkt. Zudem gibt es ein Café (→ Essen & Trinken) und einen Shop mit Ausstellungskatalogen.

*Adresse/Öffnungszeiten* Široká 70–72. Tägl. 10–18 Uhr. Eintritt 4,80 €, erm. 2,80 €. Weitere Infos unter www.schieleartcentrum.cz.

**Pohádkový dům (Märchenhaus):** Den Mittelpunkt der liebevoll auf zwei Etagen angelegten Ausstellung bilden über 200 historische Marionetten, darunter richtig gruselige Spukgestalten und Märchenfiguren aus aller Herren Länder. Sie stammen aus den Beständen des Nationalmuseums und des Náprstek-Museums (beide in Prag). Zudem sieht man ein Puppentheater aus dem mittelböhmischen Schloss Kačina (1819) und das Modell eines Rummelplatzes mit beweglichen Figuren aus den 1930er Jahren. Ein Spaß für Kinder!

Närrisches Český Krumlov

*Adresse/Öffnungszeiten* Radniční 29. Im Sommer tägl. 10–19 Uhr, im Winter bis 18 Uhr. Eintritt 3,20 €, Kinder die Hälfte.

**Wax Museum (Wachsfigurenmuseum):** Exakt 55 steife Gestalten erwarten Sie hier, darunter Persönlichkeiten aus Politik und Kultur (Michael Jackson, Elton John, Václav Havel, Eduard Beneš etc.) sowie solche, die als Schmied, Glasmacher oder Bergmann in Szene gesetzt sind – im Ganzen wenig prickelnd.

*Adresse/Öffnungszeiten* Kájovská 68. Tägl. 9–20 Uhr. Eintritt 4 €, erm. 3,20 €.

**Museum Fotoatelier Seidel:** Das sehenswerte Museum wurde 2008 im Atelier und Wohnhaus der deutsch-böhmischen Fotografenfamilie Seidel eingerichtet. Josef Seidel (1859–1935) und sein Sohn Franz (1908–1997) wurden als Bildchronisten des Böhmerwaldes bekannt, dessen Menschen und Landschaften sie in unzähligen Aufnahmen festhielten. Anfang der 1950er-Jahre musste Franz Seidel, der der Vertreibung entgangen war, das Atelier schließen, ließ es aber bis zu seinem Tod weitgehend im ursprünglichen Zustand. Auch konnte er rund 140.000 Glasplatten und Zelluloidnegative auf dem Dachboden verstecken und so vor staatlichem Zugriff bewahren. Der schöne Gebäudekomplex ist heute im Besitz der Stadt. Die rund einstündige, eindrucksvolle Tour führt u. a. durch die ehemaligen Verkaufsräume, die in Zusammenarbeit mit Zeitzeugen rekonstruiert werden konnten, durch die Privaträume der Familie Seidel, durch das Labor und das Atelier, in dem selbst die Leinwand erhalten ist, vor denen die Modelle posierten. Eine Zeitreise!

*Adresse/Öffnungszeiten* Linecká 272. Mai–Sept. 9–18 Uhr, sonst bis 17 Uhr. Eintritt 5,20 €, erm. 3,20 €.

Im Schlosstheater

## In Latrán

**Muzeum marionet (Marionettenmuseum):** Von der Altstadt gelangt man über die Lazebnický-Brücke in die Latrán, die Hauptgasse des gleichnamigen Stadtteils. Wenige Schritte nach der Brücke passiert man die *St.-Jobst-Kirche* (Bývalý kostel sv. Jošta), die zusammen mit einem Spital um 1330 errichtet und 1788 in ein Wohnhaus umgebaut wurde. Das Spital gab es bis 1922. Heute befindet sich in der Kirche das zweite Marionettenmuseum Český Krumlovs mit historischen und modernen Marionetten.
Adresse/Öffnungszeiten Latrán 6. Mo–Fr 9–17 Uhr, Sa/So 10–17 Uhr. Eintritt 3,20 €, erm. 2 €.

**Klášter rytířského řádu Křižovníku s Červenou Hvězdou (Kloster des Ritterordens der Kreuzherren mit dem Roten Stern):** Im Jahre 1350 wurde das Kloster für Klarissinnen und Minoriten gegründet, beides Zweige des Franziskanerordens. Der Klosterteil der Klarissinnen wurde 1782 infolge der Reformen Josephs II. säkularisiert, jener der Minoriten durch die Kommunisten 1950. In den Trakt Letzterer zog 1998 der Ritterorden der Kreuzherren mit dem Roten Stern ein. Das Areal ist mittlerweile in weiten Teilen restauriert, lediglich die *Fronleichnam- und Maria-Schmerz-Klosterkirche* befand sich 2010 noch in einem bedauernswerten Zustand. Sie wurde bereits 1358 geweiht und im 17. Jh. barockisiert. Sollte sie bei Ihrem Besuch wieder zugänglich sein, lohnt ein Blick ins Innere: Die Ausschmückung ist üppig, Beachtung verdient die pompöse geschnitzte Kanzel. Der rechter Hand an die Kirche anschließende Kreuzgang aus der Zeit um 1500 wartet mit einer Serie von Szenen aus dem Leben des Hl. Franziskus auf. Im sog. Paradieshof, der vom Kreuzgang umgeben wird, errichtete man 1688 nach dem berühmten Schweizer Vorbild die *Kapelle der Jungfrau Maria von Einsiedeln* mit einer schwarzen Gottesmutter.
Adresse/Öffnungszeiten Latran 50, Zugang über die Gasse Klášterní. Z. Z. d. letzten Recherche war nur der Vorgarten des Klosters zugänglich.

Südböhmen Karte S. 404/405

## In Burg und Schloss

An dem Wahrzeichen der Stadt wurde sechs Jahrhunderte lang gefeilt, immer wieder wurde um-, an- und neu gebaut. Die drei großen Adelsgeschlechter Südböhmens, die Rosen-, Eggen- und Schwarzenberg, zeichneten dafür verantwortlich. Das Resultat ist die nach Prag zweitgrößte Burganlage Böhmens mit fünf Schlosshöfen, um die sich zig Gebäude gruppieren, und mehr Zimmern, als das Jahr Tage hat.

Für gewöhnlich betritt man das Burgareal von der Latrán-Straße durch das **Rote Tor.** Über diesem erinnerte einst die Aufschrift „Audi, vide et tace, si vis vivere in pace" („Höre zu, beobachte und schweige, wenn du in Frieden leben willst") den einfachen Mann daran, wie er dem Adel zu begegnen hatte. Heute gilt der Spruch für all jene, die sich einer Führung durch die Räumlichkeiten der Burganlage anschließen wollen. Zwei Routen stehen zur Auswahl: Auf **Tour I** taucht man in jene Zeit ein, als die Rosen- und Eggenberg herrschten. Highlight ist der **Maskensaal,** der 1748 von Joseph Lederer in der Trompe-l'Œil-Technik mit Szenen aus der Commedia dell'Arte ausgemalt wurde. **Tour II** führt durch einen Schlosstrakt, der nach Inventarlisten wieder so eingerichtet wurde wie zu Regierungszeiten des Schwarzenbergfürsten Johann Adolf II. (1833–1887) und seiner Frau Eleonore. Des Weiteren können besichtigt werden:

**Schlosslapidarium:** In den Kellerräumen der Burggrafschaft (Zugang vom ersten Schlosshof) werden Bildhauerarbeiten gezeigt, die vom Schlossareal oder Umland zum Schutz vor Verwitterung hierher gebracht und vielerorts durch Kopien ersetzt wurden.

**Schlossturm:** Der Turm und der ihm angeschlossene Gebäudekomplex bilden den ältesten Teil der Burganlage. Ursprünglich war er erheblich niedriger. Während des Renaissanceumbaus um 1580 wurde er aufgestockt und mit einer schmucken Fassadenmalerei und einem Arkadenrundgang versehen – die Aussicht über Stadt und Schloss ist herrlich. Der Zugang erfolgt vom zweiten Schlosshof.

**Wenzelskeller:** Das Kellerlabyrinth, das man vom vierten Schlosshof erreicht, stammt aus dem 14. Jh. Einer Sage nach wurde darin 1394 der böhmische König Wenzel IV. gefangen gehalten, daher der Name. Heute zeigt hier die *International Art Gallery* oft interessante Wechselausstellungen.

**Schlosstheater:** Über die sog. Mantelbrücke mit einer so aufwändigen wie auffälligen Arkadenkonstruktion aus der zweiten Hälfte des 18. Jh. gelangt man zum barocken Schlosstheater, das einst weit über die Grenzen Böhmens bekannt war. Es entstand in den Jahren 1765/66 und zählt heute mit dem Theater von Drottingholm zu den ältesten erhaltenen Barocktheatern der Welt. Ein technisch ausgetüfteltes Bühnensystem ermöglichte angeblich über 40 Szenenwechsel, ohne die Handlung auf der Bühne zu unterbrechen. Zum Fundus des Theaters gehören eine Vielzahl alter Kulissen und Kostüme, Notensammlungen und Partituren.

**Schlossgarten:** Der Rokokogarten umfasst eine Fläche von 11 ha. Betritt man ihn vom Schloss aus, liegt rechter Hand zuerst die *Winterreitschule* (Zimní Jízdárna, 1745) mit einem gemütlichen Terrassencafé. Von dort erreicht man, vorbei an einem schönen *Kaskadenbrunnen* (1750–65), das *Freilichttheater* mit einer drehbaren Zuschauerbühne (1956): Je nachdem, wohin das Publikum gedreht wird, dient als natürliche Kulisse die baumbestandene Parkanlage oder das *Lustschlösschen Bellaria* (1706–1708). Bis 2016 muss die Zuschauerbühne allerdings verschwinden – eine Auflage der UNESCO, die dadurch das historische Ensemble Český Krumlovs verunstaltet sieht.

• *Öffnungszeiten* Das **Burgareal** ist mit Ausnahme des Schlossgartens ganzjährig zugänglich. Durch das **Schloss** werden von April–Okt. tägl. (außer Mo) von 9–12 und 13–17 Uhr (Juni–Aug. bis 18 Uhr) 2 verschiedene Touren (s. o.) à jeweils 60 Min. angeboten. Beide beginnen im dritten Schlosshof. Tickets kauft man im zweiten Schlosshof. Tour I 5 €, Tour II 4 €, erm. die Hälfte, in dt. Sprache fast das Doppelte. Das **Lapidarium** ist nur Juli/Aug. tägl. (außer Mo) von 10–17 Uhr zu besichtigen, Eintritt 1,30 €, erm. 0,80 €. Auf den **Schlossturm** kann man von April–Okt. tägl. (außer Mo) zu den gleichen Zeiten steigen, Eintritt 2 €, erm. 1,20 €. Der **Wenzelskeller** ist April–Dez. tägl. von 10–17 Uhr geöffnet, Eintritt 2 €, erm. 1,20 €. Durch das **Schlosstheater** finden von Mai–Okt. um 10, 11, 13, 14 u. 15 Uhr Führungen statt, Dauer 45 Min. Eintritt 10 €, erm. 8 €, in dt. Sprache 14,50 €. Der **Schlossgarten** ist im April u. Okt. von 7–17 Uhr, von Mai–Sept. von 7–19 Uhr zugänglich, kein Eintritt. **Weitere Infos** unter www.castle.ckrumlov.cz.

## Umgebung von Český Krumlov

**Kleť (Schöninger):** Der Kleť ist mit 1088 m der höchste Gipfel und das Zentrum des *Naturschutzgebietes Blanský les*. Es erstreckt sich nördlich von Český Krumlov und bietet gute Wandermöglichkeiten. Wer sich den schweißtreibenden Aufstieg auf den Kleť ersparen möchte, kann vom Weiler Krasetín mit einer Seilbahn hinauffahren (von der Verbindungsstraße Třísov – Křemže bei Holubov mit „Lanovká Kleť" ausgeschildert). Auf dem Gipfel stehen eine Sternwarte und der älteste steinerne Aussichtsturm Tschechiens (1825). Bei günstigem Wetter kann man von hier bis zu den Alpen blicken.

*Seilbahn* Ende Juni–Anfang Sept. Mo–Fr 9–17 Uhr, Sa/So 9–18 Uhr, ansonsten nur Sa/So 9–16 Uhr. Retourticket 4 €, erm. 2,40 €. Zur Seilbahn verkehren keine öffentlichen Verkehrsmittel.

**Zlatá Koruna (Goldenkron):** Gerade 5 km müssen die Bolzer des *FK Slavoj Český Krumlov* zurücklegen, wenn sie zum Auswärtsspiel beim *FC Zlatá Koruna* antreten. Letzterer ist nach dem gleichnamigen *Zisterzienserkloster* benannt, das 1263 unter König Přemysl Otakar II. gegründet wurde. Ursprünglich hieß es „Heilige Krone" *(Svatá Koruna)* nach einer hier aufbewahrten Reliquie, einem Dorn aus der Dornenkrone Christi. Schon 1420 wurde das Kloster von den Hussiten niedergebrannt und dämmerte dann rund 200 Jahre als halbe Ruine dahin, bis es im Barockstil erneuert wurde. Aber auch die neue Blüte war nicht von allzu langer Dauer. 1785 wurde das Kloster säkularisiert und in eine Fabrik umgewandelt. In der ersten Hälfte des 20. Jh. nahmen sich die Schwarzenberg des Areals an und ließen es restaurieren. Heute dient das Kloster nur noch musealen Zwecken. Highlights der einstündigen Führung sind der Kreuzgang mit schönen Stuckaturen, die rosafarbene Schutzengelkapelle (der älteste Teil der Anlage, 1270–1280) und die barocke Konventskirche Mariä Himmelfahrt mit einer wunderbaren Rosette am Querschiff. Michael Parler, der Bruder des berühmten Peter Parler, soll am Bau der Kirche mitgewirkt haben. Zudem ist im Kloster eine Ausstellung über die Literatur Südböhmens und des Böhmerwaldes zu sehen, für die separat Eintritt zu zahlen ist.

• *Verbindungen* Regelmäßige **Busse** von und nach Český Krumlov, der Bus hält vor dem Klostereingang.

• *Öffnungszeiten* **Kloster,** April, Mai, Sept. u. Okt. tägl. (außer Mo) 9–12 u. 13–16 Uhr, Juni–Aug. bis 17 Uhr. Deutschsprachige Führung 4 €, erm. die Hälfte. Literaturausstellung 2,40 € extra, erm. 1,60 €.

Informationen zum 16 km nordöstlich von Zlatá Koruna gelegenen **Budweis** bekommen Sie ab S. 403.

## Rožmberk nad Vltavou (Rosenberg)

Rožmberk nad Vltavou, ca. 20 km südlich von Český Krumlov gelegen, ist ein südböhmisches Vorzeigedorf. Es erstreckt sich zu Füßen seiner mächtigen **Schlossburg** an der hier wild mäandernden Moldau. Am Fluss gibt es einige Unterkünfte und Restaurants mit netten Terrassen. Von hier kann man den Kanuten zusehen oder es ihnen gleichtun.

Der Gründungsmythos der Burg blickt zurück bis zum Urvater der Witigonen, dem legendären, angeblich 1194 verstorbenen Ritter Witiko, der reicher als der König gewesen sein soll und dem Adalbert Stifter in seinem gleichnamigen Epos ein Denkmal setzte. Witiko, so heißt es, habe sein Erbe – unendliche Ländereien – auf seine fünf Söhne aufgeteilt. Jedem schenkte er dazu eine fünfblättrige Rose in unterschiedlicher Farbe, die ihr Wappen werden sollte. Und Sohn Jindřich (goldene Rose) zog los und gründete Jindřichův Hradec, Witiko II. (grüne Rose) erbaute Český Krumlov, Witiko IV. (silberne Rose) errichtete Třeboň, Sezima (schwarze Rose) schuf das Gut Sezima (heute Sezimovo Ústí, ein Vorort von Tábor), und Witiko III. (rote Rose) machte Burg Rožmberk zu seinem Sitz. Tatsache ist jedenfalls, dass es in Südböhmen ein weit verzweigtes Geschlecht der Witigonen gab. Tatsache ist auch, dass sich die Herren von Rosenberg nach der Mitte des 13. Jh. gegründeten Festung Rosenberg benannten. Als Stammsitz diente ihnen die Burg aber nur bis zur Übersiedelung nach Český Krumlov 1302, in ihrem Besitz blieb sie jedoch bis zum Aussterben des Geschlechts im frühen 17. Jh. Von 1620 bis 1945 besaß die Adelsfamilie der Buquoy das Anwesen Rosenberg.

### Die weiße Frau von Rožmberk

Wer Burg Rožmberk besichtigt, wird im sog. *Rosenberger Saal* auf das Bild einer traurig blickenden, weiß gekleideten Frau mit blonden Korkenzieherlöckchen stoßen. Es handelt sich um Berta von Rosenberg, die um 1430 als Tochter Ulrichs II. von Rosenberg geboren wurde. Als 16-Jährige verliebte sie sich in den jungen böhmischen Grafen Sternberk, doch versprochen war sie bereits Hans von Liechtenstein aus der Obersteiermark. Während der Hochzeitsfeierlichkeiten traf sie sich ein letztes Mal mit ihrem Geliebten. Hans von Liechtenstein erfuhr davon und bescherte seiner Gemahlin aus Rache bis zu seinem Tode ein überaus unglückliches, von seinem Hass erfülltes Leben. Aus Gram darüber, sich nie mit ihrem Mann versöhnt zu haben, irrt Berta seitdem – in ihr weißes Witwengewand gehüllt – durch die Rosenberger Schlösser. Franz Grillparzer (1791–1872) schuf ihr in seiner Tragödie *Die Ahnfrau* ein literarisches Denkmal.

Der auffällige, walzenförmige **Jakobínka-Turm** ist das einzige Überbleibsel der 1522 einem Brand zum Opfer gefallenen **Oberburg.** Die **Unterburg** wurde im 16. Jh. zu einem Renaissanceschloss umgebaut und im 19. Jh. im neogotischen Stil verändert. Die Buquoy richteten darin zur Selbstglorifizierung ein **Familienmuseum** ein. Dieses ist weitestgehend im Originalzustand erhalten geblieben. Die Räume sind mit schwerem neogotischem Mobiliar förmlich vollgestopft, zudem sieht man eine Reihe von Kriegsandenken, die Waffenkammer, die Kapelle und den im Renaissancestil geschmückten Rittersaal. Die sog. Kreuzrittergalerie informiert über berühmte, mit den Buquoy verwandte Kreuzfahrer wie z. B. Kaiser Friedrich I. Barbarossa. Eine zweite Tour führt durch die rekonstruierten Privaträume der Buquoy wie Speisesaal, Salon und Spielzimmer.

• *Verbindungen* **Busse** 5-mal tägl. nach Český Krumlov.

• *Essen & Trinken/Übernachten* *** **Hotel Studenec,** ca. 2 km nördlich von Rožmberk, von der Straße nach Český Krumlov ausgeschildert. Gelbes Haus in idyllischer Lage am Waldrand. 13 recht kleine und hellhörige, aber ordentliche Zimmer. Die unterm Dach sind restauriert und deutlich netter möbliert als die im 1. Stock. Wintergartenterrasse mit schönem Blick. EZ 30 €, DZ 54 €. Rožmberk 15, ✆ 380749818, ✆ 380749707, www.hotel-studenec.cz.

*** **Hotel U Růže,** gepflegtes kleines Mittelklassehotel am Dorfplatz. 14 Zimmer, z. T. mit Balkon. Terrassenrestaurant, wo im Sommer hin und wieder Riesenhendl gegrillt werden. Ansonsten gute Fisch- und Fleischküche der mittleren Preisklasse. DZ ab 51 €, Apartment ab 66 €. Rožmberk 78, ✆ 380749715, ✆ 380749717, www.hotel-ruze.cz.

*** **Hotel U Martina,** ebenfalls am Dorfplatz. Ganz unterschiedliche Zimmer und Apartments, manche recht stilvoll mit Holzböden und schmiedeeisernen Betten, andere einfacher. Rustikales Grillrestaurant mit Terrasse. DZ ab 40 €, Frühstück extra. Rožmberk 79, ✆/✆ 380749745, www.hotelumartina.cz.

• *Camping* **Vodácké Tábořiště,** sehr einfacher Platz an der Moldau, vor Ort ausgeschildert. Junges Kanutenvolk, Festivalatmosphäre, es wird fleißig gegrillt. Mai–Mitte Sept. 2 Pers. mit Zelt u. Auto 8,40 €, Chata 16 €. Rožmberk, ✆ 380749816.

• *Kanuverleih* Mehrere Anbieter. Preise wie in Vyšši Brod (s. u.).

• *Öffnungszeiten* **Burg,** April u. Okt. nur Sa/So 9–15.30 Uhr, Mai u. Sept. tägl. (außer Mo) 9–15.30 Uhr, Juni–Aug. tägl. (außer Mo) 9–16.30 Uhr. Deutschsprachige Führungen je nach Tour 5,20–7,20 €, erm. 3,20–4 €.

# Die Lipno-Region

**Shakespeare hatte doch Recht: Böhmen liegt am Meer, zumindest seit der Flutung des hiesigen Moldautals, das seit 1958 den Lipno-Stausee bildet und als „Böhmische Riviera" vermarktet wird.**

Der rund 45 km lange und bis zu 4 km breite Lipno-Stausee auf einer Höhe von 725 m ist *der* Urlaubermagnet Südböhmens. Bis 1950 erstreckte sich hier ein fruchtbares Tal mit ein paar Dörfern vor der Kulisse des rauschenden Böhmerwaldes. Dann wurde der Damm aufgeschüttet, 25 m hoch und 282 m lang. Der See hat heute eine durchschnittliche Tiefe von 6 bis 7 m. *Darauf* streiten Surfer, Segelboote, Ausflugsschiffe und Fähren um die Vorfahrt. *Darin* tummeln sich Hechte, Zander, Karpfen, Renken, Weißfische und, und, und ...

Am Nordufer drängt sich Campingplatz an Liegewiese und Datschensiedlung. Die kleinen Orte dazwischen machen seit der Samtenen Revolution eine rasante Entwicklung durch und stellen sich peu à peu auf die gehobeneren Ansprüche ihrer stetig wachsenden neuen Klientel ein. Zu den Stammgästen aus Tschechien gesellen sich jeden Sommer mehr Niederländer. Wer im Juli und August nicht im Voraus reserviert hat, wird sich wie Maria und Josef auf Herbergssuche fühlen und sich mit dem begnügen müssen, was gerade noch frei ist.

Das malerische Südufer zu Füßen des Böhmerwaldes, das bis 1989 im Sperrgebiet lag, ist hingegen kaum erschlossen. Auf jeden Bewohner kommen hier rund 33 ha – ein Paradies für Wanderer und Radfahrer, nicht aber für Autofahrer, denn das Gros der Straßen ist aus Naturschutzgründen für den Verkehr gesperrt. Ab der Höhe von Frymburk gehört die Lipno-Region zum *Naturschutzgebiet (CHKO) Böhmerwald (Šumava).*

Südböhmen Karte S. 404/405

## Vyšší Brod (Hohenfurth)

Das 2600-Einwohner-Städtchen liegt auf dem Weg von Rožmberk nad Vltavou zum Lipno-See. Es vollzieht gerade die Wandlung von einer einst vergessenen, grauen Stadt zu einem farbenfrohen Touristenmagnet. Die Tische der Restaurants rund um den baumbestandenen Hauptplatz belegen überwiegend **Kanuten,** die sich stärken, bevor es über die Moldau nach Český Krumlov geht, oder Kulturtouristen vor oder nach dem Besuch des mächtigen **Zisterzienserklosters** etwas außerhalb an der Straße nach Lipno. Gegründet wurde es 1259 von Peter Wok I. von Rosenberg. Das Ordensleben dauerte bis 1941 an, dann schlossen die Nazis das Stift. Unter den Kommunisten setzte der Verfall des Klosters ein. 1990 wurde das Areal den Zisterziensern zurückgegeben, rund zehn Mönche spazieren seitdem wieder zwischen den z. T. recht leprösen Gemäuern umher.

*Das Zisterzienserkloster von Vyšší Brod*

Über die Jahrhunderte hinweg war das Kloster nicht nur kulturelles Zentrum, sondern diente auch als letzte Ruhestätte der Rosenberg. Peter Wok II. (an Drogen- und Alkoholmissbrauch 1611 verstorben) war das letzte Familienmitglied, das hier beigesetzt wurde. Einer Legende nach erheben sich die Rosenberger alljährlich an Allerheiligen um Mitternacht aus dem Reich der Toten und versammeln sich in der **Domkirche Mariä Himmelfahrt.** Diese stammt aus der zweiten Hälfte des 14. Jh. Ihren frühbarocken Hauptaltar zierten einst neun Tafelbilder des „Meisters von Hohenfurth", die um 1350 entstanden und zu den bedeutendsten künstlerischen Leistungen der böhmischen Gotik gehören. Die Tafelbilder sind im Besitz der Nationalgalerie Prag, die eine Rückgabe bislang verweigerte. Das Tafelbild der *Hohenfurther Madonna* (um 1400) kehrte dagegen schon an seinen ursprünglichen Platz in die Kapelle der Jungfrau Maria zurück. Ein Rundgang durch das Kloster führt zudem durch die **Gemäldegalerie,** in der Werke des böhmischen Barock präsentiert werden, und durch die aus der Mitte des 18. Jh. stammende **Bibliothek.** Sie beherbergt in ihren beiden prächtigen Sälen an die 70.000 Bände. Schmuckstück der **Kunstsammlung** des Klosters ist das sog. *Záviš-Kreuz,* eine mit Perlen und Edelsteinen verzierte Goldschmiedearbeit aus der ersten Hälfte des 13. Jh.

In der ehemaligen Abtei ist ein **Postmuseum** (Poštovní muzeum) untergebracht, das über die Geschichte des Postwesens von seinen Anfängen im 16. Jh. bis heute informiert.

• *Verbindungen* **Busse** 5-mal tägl. über Rožmberk nach Český Krumlov. Nach Lipno nad Vltavou gelangt man per Bus und Zug, die Busverbindungen weiter entlang dem Lipno-See sind dürftig.

• *Übernachten* **Pension Inge II,** nahe dem Kloster. Historisches Gebäude am rauschenden Fluss, Garten mit Grill. 7 teils bieder ausgestattete Zimmer mit Bad und Kühlschrank. Wählen Sie am besten eines im 1. Stock mit Klosterblick. Nicht zu verwechseln mit der weniger schönen Pension Inge I beim Parkplatz in der Nähe, in welcher sich die Rezeption für beide Häuser befindet. DZ 34 €, Frühstück 2,50 € extra. Vyšši Brod 379, ✆/℻ 380746482, www.pensioninge.cz.

• *Kanuverleih* Zum Beispiel über **Půjčovna lodí Inge** (mit Sitz am örtlichen Campingplatz, ✆ mobil 775748800, www.ingetour.cz) oder bei **Loděboot Petr Putzer** (auf der anderen Flussseite gegenüber, ✆ mobil 602129817, www.putzer.cz). 2- bis 3-stündige Touren mit Transport 23 €, 8- bis 10-stündige Touren 38 €.

• *Veranstaltung* Alljährliches Highlight ist das **Plavidla,** ein Wettbewerb skurriler Wasserfahrzeuge Anfang Sept.

• *Öffnungszeiten* **Kloster,** Mai–Sept. Di–Sa 9.30–17 Uhr, So 12.30–17 Uhr. Fremdsprachige Führung (1 Std.) 5,50 €, erm. 4,70 €. **Postmuseum,** April–Okt. tägl. (außer Mo) 9–12 u. 13–17 Uhr. Eintritt 2 €, erm. 0,80 €.

## Lipno nad Vltavou (Lippen)

Die alte Flößergemeinde Lipno liegt heute 50 m unter dem Seespiegel. Das „neue“ Lipno ist ein weit verstreuter, künstlicher Ferienort, der jedes Jahr sein Gesicht verändert – es wird gebaut und gebaut. Am Seeufer erstrecken sich Hotels und Campingplätze, dazu gibt es die **Marina Lipno,** ein tschechisch-holländisches Projekt mit einem modernen Feriendorf aus der Retorte. Etwas zurückversetzt von der Uferstraße liegt die **Promenáda Lipno,** eine sterile Flaniermeile mit Touristeninformation, Souvenirläden und ein paar Lokalen. Flair besitzt Lipno nicht, dafür aber ein gutes Freizeitangebot: Abwechslung zum Bad im See bietet die hiesige **Aquaworld,** zudem kann man Golf spielen oder eine Schifffahrt unternehmen. Im Winter ruft das Skigebiet Kramolín zum Brettlvergnügen, im Sommer kann man mit der Seilbahn nach oben schweben und zu Wandertouren aufbrechen. Auch fordern diverse Cross-Country-Routen Mountainbiker heraus.

• *Information* **Infocentrum Lipno,** im Hochsommer tägl. 9–19 Uhr, ansonsten verkürzt. ✆ 380736053, www.lipnoservis.cz.

• *Verbindungen* **Busse** 5-mal tägl. über Vyšší Brod und Rožmberk nach Český Krumlov. 2-mal tägl. zudem über Frymburk und Horní Planá nach Volary.

• *Übernachten* Wenig Ansprechendes. Die meisten Lipno-Urlauber übernachten direkt am See in den komfortablen, aber etwas seelenlosen Apartment-Resorts **Landal Marina Lipno** (www.landal.nl, für 2 Pers. 612 €/Woche) und **Lipno Point** (www.lipno point.cz, für 4 Pers. 160 €/Tag).

• *Golf* **Lipno Golf Club,** an der Straße nach Frymburk ausgeschildert. 18-Loch-Platz. Greenfee 28–32 €. ✆ 603442495 (mobil), www.lipnogolf.cz.

• *Schiffsrundfahrten* Mitte Juni–Mitte Sept. bis zu 3-mal tägl., in der NS unregelmäßiger ab Lipno. Die Touren dauern 1 ½ Std. Ticket 9,60 €, erm. 5,20 €. Infos unter ✆ 380736276, www.lipno-line.com.

• *Seilbahn im Sommer* Fahrten tägl. 10–17 Uhr regelmäßig. Fahrt hin/zurück 3,20 €, erm. die Hälfte. Radtransport für Mountainbiker möglich.

• *Skifahren* 4 Schlepplifte und eine Seilbahn ermöglichen die Abfahrt auf 2 roten und 3 blauen Pisten. Tageskarte 19,60 € (erm. 13,60 €). Es gibt einen Snowboardpark, einen Skiverleih und eine Skischule. Langläufern stehen rund 40 km gespurte Loipen zur Verfügung.

• *Öffnungszeiten* **Aquaworld,** Sa–Do tägl. 10–21 Uhr, Fr nur 14–21 Uhr, außerhalb der Saison verkürzt. 2-Std.-Ticket 6,40 €, erm. 4,80 €.

## Frymburk (Friedberg)

Das 1300-Einwohner-Städtchen ist mit Abstand das hübscheste am Lipno-Stausee. Es liegt idyllisch auf einer Halbinsel, die durch die Flutung des Moldautals entstanden ist. Zwar sind dabei einige Häuser untergegangen, der ursprüngliche Ortskern samt spätgotischer **St.-Bartholomäus-Kirche** mit elegantem, spitzem Turm – der Blickfang Frymburks – ist aber erhalten geblieben. Rund um den freundlichen, baumbestandenen Marktplatz mit Brunnen gibt es eine Reihe netter Unterkünfte und Restaurants.

Von Frymburk besteht eine Fährverbindung ans Südufer des Sees nach Frýdava. Von dort führt ein erst gelb, dann rot markierter Wanderweg in ca. zwei Stunden zur frühgotischen **Burgruine Wittinghausen** (Vítkův Kámen). Die würfelförmige, noch bis ins 18. Jh. bewohnte Burg auf 1032 m Höhe verewigte Adalbert Stifter im Roman *Witiko* und der Erzählung *Der Hochwald*. Mit dem Rad gelangt man von der Fähranlegestelle Frýdava auf Radwanderweg Nr. 1021 zur Burgruine.

*Frymburk, ein beliebter Ferienort*

• *Verbindungen* **Busse** halten an der Durchgangsstraße nahe der Abzweigung ins Zentrum. 2-mal tägl. direkt nach Český Krumlov, 2-mal. tägl. nach Vyšší Brod und 2-mal tägl. nach Horní Planá.

**Autofähre nach Frýdava,** April u. Okt. werktags 7.20–16 Uhr alle 60–90 Min., Mai–Sept. werktags tägl. ab 7.20 Uhr, Sa/So ab 9.30 alle 60–90 Min., im Mai bis 17 Uhr, im Juni und Sept. bis 18 Uhr, im Juli bis 20 Uhr, im Aug. bis 19 Uhr. 0,60 €/Pers., Fahrrad 0,60 €, Auto mit Fahrer 2,80 €. Infos unter ✆ 775925340 (mobil).

• *Übernachten/Essen & Trinken* ****** Vltava Hotel,** kleines, komfortables Hotel am Dorfplatz. 25 teils recht geräumige Zimmer mit Teppichböden und Minibar. Hallenbad, Sauna. Im Restaurant kann es passieren, dass man etwas aufs Essen warten muss, dafür bekommt man gute, frisch zubereitete Gerichte mit Pfiff. Eigene Parkplätze (2,80 €/Tag extra). Fahrrad- und Surfbrettverleih. DZ 104 €. Frymburk 45, ✆ 380735605, ✆ 380735603, www.hotel-vltava.com.

***** Hotel Maxant,** am Marktplatz. Modern eingerichtete Zimmer. Sauna, Solarium, Hallenbad etc. Restaurant mit Sommerterrasse, zu den Spezialitäten gehören der Friedberger Spieß mit verschiedenen Fleischsorten, die Lipno-Forelle und die südböhmische Bratente (Hg. 5,20–15 €). EZ 47 €, DZ 70,50 €, Garagenparkplatz 4,50 €/Tag. Frymburk 80, ✆ 380735229, ✆ 380727161, www.hotelmaxant.cz.

**Pension Markus,** ebenfalls am Marktplatz. 24-Betten-Pension. Geräumige Zimmer mit

Laminatböden, dazu Apartments in verschiedenen Größen. Das Mobiliar ist nicht immer das schönste, dafür nettes deutschsprachiges Personal und eigene Parkplätze. Restaurant. 26 €/Pers. Frymburk 11, ☎ 602696798 (mobil), www.markus.lipensko.cz.

• *Camping* **Autocamp Frymburk,** ca. 800 m östlich des Zentrums, unter holländischer Leitung. Terrassenförmig angelegter Platz, fast alle Stellplätze direkt am Wasser. Kleiner Strand und Liegewiese. Moderne, saubere Sanitäranlagen. Vermietung von Chatas und einer Art „hölzerner Wohnwagen". Wassersportangebot. Im Hochsommer oft ausgebucht. Mitte April–Ende Sept. 2 Pers. mit Wohnmobil ab 26 €, 2-Pers.-Hütte 32 €. Frymburk 20/55, ☎ 380735284, www.campingfrymburk.cz.

## Černa v Pošumaví (Schwarzbach)

Die sich dem Örtchen Černa v Pošumaví südöstlich anschließende Halbinsel ist für viele Tschechen der Inbegriff für Urlaubsfreude an der „Böhmischen Riviera". Am westlichen Ortsende führt die Uferstraße vorbei an einem netten Naturfreibad, einer kleinen Marina sowie ein paar überfüllten Campingplätzen und Liegewiesen vorbei bis hinunter in die Häuseransammlung **Radslav.** Ein zweites Sträßlein verläuft von Černa v Pošumaví über die Halbinsel hinweg nach **Dolní Lukavice.** Von der dortigen Liegewiese kann man beim Sonnenbaden hinüber nach Österreich blicken. Ein privat betriebenes Fährboot verbindet Dolní Lukavice im Sommer mit dem Südufer des Lipno-Sees.

• *Verbindungen* **Züge** bis zu 7-mal tägl. nach Volary und über Český Krumlov nach Budweis. **Busse** regelmäßig nach Český Krumlov.

• *Camping* **Villa Bohemia,** 4-Sterne-Platz mit gepflegter Wiesenfläche und einem schönen Sandstrand davor. Freundliche Betreiber (deutsch-tschechisch), großes Angebot für Kinder, gute Sanitäranlagen. Restaurant. April–Sept. 2 Pers. mit Auto u. Zelt je nach Stellplatz ab 18,40 €, Bungalow für 4 Pers. 41 €. Bližná 16 (am westlichen Ortsende von Černa die Uferstraße zur Halbinsel abbiegen, dann ausgeschildert), ☎/📠 380744004, www.villabohemia.cz.

## Horní Planá (Oberplan)

„Im Tale, das weit und fruchtbar ist, sind Dörfer herumgestreut, und mitten unter ihnen steht der kleine Flecken Oberplan." So sah es hier 1842 aus, als Adalbert Stifter die Erzählung *Der Hochwald* verfasste. Heute zählt der Geburtsort Stifters 2200 Einwohner und liegt am Ufer des Lipno-Stausees. Mehrere Brände haben seitdem auch das ursprüngliche Bild des Marktfleckens verwischt. Sieht man vom farbenfroh

gestrichenen, winzigen Zentrum ab, ist der Badeort eine eher traurige Angelegenheit, zumal mittendurch die Fernstraße 39 führt, mit brummenden Trucks als Zugabe. Dafür gibt es am Seeufer einen fast sandigen Strand, wo sich eine fröhliche, ölsardinenartig zusammengepresste Urlauberschar im Sommer rosarot brät.

Das **Geburtshaus Stifters** (Rodný dům Adalberta Stiftera) steht an der Durchgangsstraße Richtung Černa v Pošumaví und beherbergt eine Ausstellung zum Leben und Werk des Dichters. Man sieht u. a. seine Totenmaske, den Schlüssel seines Sarges, seinen Siegelring und einen seiner Zylinder. Am Museum beginnt der rund 4 km lange **Adalbert-Stifter-Weg.** Der Lehrpfad führt u. a. an dem hoch über dem Ort stehenden, den See überblickenden Stifterdenkmal und einer Bronzestatue aus dem Jahr 1906 (Pomník A. Stiftera) vorbei.

## Adalbert Stifter – Langweiler oder Meistererzähler?

Niemand anders hat den Böhmerwald so tiefgründig und anschaulich besungen wie Adalbert Stifter. Seine Verehrer bezeichnen ihn als den „größten Schilderer der Naturwelt in deutscher Sprache“ und als „Meister des poetischen Realismus“. Thomas Mann hingegen nannte ihn die „Ehrenrettung der Langeweile“.

Adalbert Stifter wurde am 23. Oktober 1805 als Sohn eines Webers und Flachshändlers in Oberplan geboren. Sein Vater starb, als er 12 Jahre alt war. Der Großvater schickte den jungen Adalbert nach Oberösterreich zur Schule. Nach dem Abitur studierte Stifter in Wien Jura und Naturwissenschaften. Nebenbei beschäftigte er sich mit der Landschaftsmalerei und der Dichtkunst, bei der insbesondere die Darstellung seiner Kindheitswelt im Böhmerwald im Vordergrund stand. Erzählungen wie *Der Hochwald* (1842) brachten ihm ersten Ruhm. 1850 nahm er als Sicherheit für seine Familie eine Stelle als Schulinspektor in Wien an. Im Geiste aber blieb er im Böhmerwald.

„Sanftes Gesetz“ nannte Stifter sein ästhetisches Programm, nach dem das Stille, Kleine und Gewöhnliche Ursprung alles Großen und Edlen ist. Meist skizzierte er einfache, klare Naturen, nicht umsonst gehören Kindergestalten wie in der Erzählung *Bergkristall* (1853, 2004 von Josef Vilsmaier verfilmt) zu seinen schönsten Schöpfungen.

Ab Anfang der 1860er quälte Stifter ein tückisches Leberleiden. 1868 setzte er – so heißt es – während eines Schmerzanfalls seinem Leben ein Ende. Ein Jahr zuvor hatte er sein größtes Werk, das 1000-seitige Mittelalterepos *Witiko,* beendet.

• *Information* **Kulturní a informační centrum Horní Planá,** in der Komenského in unmittelbarer Nähe des Marktplatzes, ausgeschildert. Im Reisebüro nebenan werden Räder und Kanus verliehen. Tägl. 8–12.15 u. 13–18 Uhr. ✆/℻ 380738008, www.horniplana.cz.

• *Verbindungen* **Züge** bis zu 7-mal tägl. nach Volary und über Český Krumlov nach Budweis. **Busse** bis zu 9-mal tägl. nach Černa v Pošumaví und Český Krumlov. **Autofähre nach Bližší Lhota** auf der anderen Seite des Stausees April–Okt. 6.30–20.30 Uhr halbstündl. bis stündl. Auto 1,60 €, 0,40 €/Pers., Fahrrad 0,60 €.

• *Übernachten* **Pension Šejko,** an der Straße zum Strand bzw. der Fähranlegestelle. Gepflegte gehobene Pension, Zimmer mit Hang zum Romantischen eingerichtet. Schöne Anlage mit Pool im Innenhof. Sichere Parkplätze. 24 €/Pers., Frühstück 4 € extra. Jiráskova 170, ✆ 606635257 (mobil), www.sejko.cz.

*** **Hotel Na Pláži,** größeres Hotel direkt am Strand und daher die beste Adresse für alle, die von früh bis spät ins Wasser springen wollen. Gartenrestaurant. DZ 53 €. Jiráskova 42, ✆/📠 380738374, www.hotel-plaz.cz.

**Pension Adam,** am Marktplatz. Kleine Pension mit 4 Zimmern und 2 Apartments, alle mit gefliestem Boden, überwiegend Naturholzmöbeln und neuen Bädern. Café im EG. DZ 33 €. Náměstí 58, ✆ 775672414 (mobil), www.pensionadam.cz.

• *Öffnungszeiten* **Adalbert-Stifter-Haus,** April–Juni u. Sept. tägl. (außer Mo) 10–12.30 u. 13.30–18 Uhr, Juli/Aug. auch Mo, Okt.–Mitte Dez. tägl. (außer Mo) 9–12 u. 12.30–16 Uhr. Eintritt 2 €, erm. die Hälfte.

## Nová Pec (Neuofen)

Die verstreute Häuseransammlung am westlichen Ende des Lipno-Stausees besitzt neben mehreren Sägewerken einen Bahnhof, eine spartanische Camperwiese wie auch ein paar Restaurants und Pensionen. Viel zu erleben gibt es vor Ort nicht, als Ausgangspunkt für Wanderungen (s. u.) ist Nová Pec aber ideal. Die verstreute

3 km südlich von Nová Pec verläuft der sog. **Schwarzenbergkanal** (mit „Švarcenberský kanál" ausgeschildert, vom Parkplatz noch ca. 15 Fußmin.). Der 45 km lange Kanal wurde zwischen 1789 und 1822 gebaut, um aus den abgelegenen Höhen des Böhmerwaldes Brenn- und Bauholz über die Große Mühl und die Donau bis nach Wien driften zu können. Projektiert wurde das für die damalige Zeit technische Wunderwerk mit 87 Brücken und 22 Schleusen von Josef Rosenauer, dem Forstingenieur der Adelsfamilie Schwarzenberg. Einige Abschnitte blieben bis 1962 in Funktion. Heute sind Teilstücke des Kanals verfallen und führen kein Wasser mehr, andere wurden restauriert und werden in den Sommermonaten zu „Holzschwemmshows" gelegentlich wieder in Betrieb genommen.

• *Verbindungen* **Züge** bis zu 7-mal tägl. nach Volary und über Český Krumlov nach Budweis. Auf der Strecke Nová Pec – Ovesná – Černý Kříž verkehren ebenfalls bis zu 7-mal tägl. Züge, auf der Strecke Nové Údolí – Černý Kříž bis zu 5-mal. Nur mäßige **Busverbindungen** in die umliegenden Orte.

• *Übernachten/Essen & Trinken* **Wellness Hotel Marlin,** nahe dem Bahnhof (an der Straße nach Österreich rechter Hand). Neueres Hotel, freundlich geführt. Schlichtnette Zimmer mit Kiefernholzmobiliar und Dielenböden. Der Begriff „Wellness" verweist auf Solarium, Fitnessraum und Minipool im Haus. Angeschlossen ist das beliebte Fischrestaurant Rybářská bašta: Karpfen, Forelle, Zander, Hecht usw. zu moderaten Preisen. DZ 46 €. Nová Pec 110, ✆ 388328193, www.wellnesshotelmarlin.cz.

**Penzion Mauritz,** blau gestrichener Gutshof aus dem 16. Jh., im Dorf Bělá nördlich von Nová Pec an der Durchgangsstraße, nicht zu verfehlen. Schöne, rustikale Apartments für 2–6 Pers. Schnuckeliges Restaurant. Ab 18 €/Pers. Běla, ✆ 728941923 (mobil).

Südböhmen Karte S. 404/405

## Wanderungen von Nová Pec in den Nationalpark Šumava

Ein 16 km langer, gelb markierter und nicht umsonst **Bärensteig** (Medvědí stezka) genannter Wanderweg beginnt an der 2 km nördlich von Nová Pec gelegenen Bahnstation **Ovesná.** Man passiert dabei den **Bärenstein** (Medvědí kámen), der an den letzten im Böhmerwald erlegten Bär erinnert. Noch vor dieser Stelle besteigt man den Perník (1049 m) und kommt an der Siedlung Jelení vorbei. Der Schwarzenbergkanal führt dort durch einen 429 m langen Tunnel. Der Bärensteig endet in **Černý Kříž,** von wo man mit der Bahn nach Nová Pec zurückkehren kann.

Rund 11 km lang ist die recht anstrengende Wanderung von Nová Pec zum **Plöckensteinsee** (Plešné jezero) auf 1090 m Höhe; der Weg ist erst gelb, dann grün markiert. Auf einem Plateau rund 150 m über dem See – einer der schönsten Aussichtspunkte

*Wasserwandern auf der Moldau bei Nová Pec*

Südböhmens (gelbe Wegmarkierung vom See) – befindet sich ein Denkmal zu Ehren des Heimatdichters Adalbert Stifter, ein 15 m hoher Granitobelisk. Steigt man noch weiter bergauf, gelangt man auf den Gipfel des **Plöckenstein** (Plechý), den mit 1378 m höchsten Berg des Böhmerwaldes direkt an der österreichisch-tschechischen Grenze. Anspruchsvolle Wanderer folgen von hier dem rot markierten, ca. 13 km langen Kammweg entlang der Grenze über das **Dreiländereck** (Trojmezí, Ausweis nicht vergessen!) und den **Dreisesselberg** (1312 m, Třístoličník) nach **Nové Údolí,** wo man den Rückweg mit dem Zug (umsteigen in Černý Kříž) antreten kann.

# Šumava (Böhmerwald)

**Wilde Bergflüsse, geheimnisvolle Torfgründe, steinerne Meere, abgeschiedene Gletscherseen – der Böhmerwald präsentiert sich voll von herber, paradiesisch unberührter Schönheit.**

*Šumava,* „Die Rauschende", nennen die Tschechen den Böhmerwald, der sich von Nýrsko südwestlich von Klatovy bis zum Lipno-Stausee erstreckt. Das grenznahe Gebiet zwischen dem See und Železná Ruda bildet dabei den **Nationalpark Böhmerwald** (Národní Park Šumava), der mal breitere und mal dünnerer Streifen drum herum das **Naturschutzgebiet Böhmerwald** (CHKO Šumava). Bestens markierte Wander- und Radwege führen durch dunkles Gehölz, wo man den Böhmerwald vor lauter Bäumen nicht sieht, hin zu den abgelegensten Winkeln: auf stürmische Gipfel, zu verfallenen Burgen, auf Hochebenen mit Mooren von scheinbar unendlicher Weite, zu alten Gutshöfen mit krähenden Hähnen davor, zu einsamen Seen und zu Dornröschen und den sieben Zwergen.

Besiedelt wurde der Böhmerwald im 12. und 13. Jh. zuerst in den Niederungen und Tälern. Viele der damaligen Kolonisten waren vom Goldrausch beseelt. Erst im 18. und 19. Jh. wurden die unwirtlichen, niederschlagsreichen und kühlen Hochlagen des Böhmerwaldes durch Holzfällersiedlungen erschlossen. Diese belieferten Glashütten, aber auch die aufkommende Streichholz-, Papier- und Druckindustrie. Über den Schwarzenbergkanal transportierte man ab der ersten Hälfte des 19. Jh. Holz aus dem Böhmerwald bis nach Wien. Damals verstand man unter dem Böhmerwald den gesamten bayerisch-böhmisch-österreichischen Gebirgszug vom heutigen Cheb bis ins österreichische Mühlviertel. Die neuen geopolitischen Verhältnisse nach dem Zweiten Weltkrieg ließen den Wald dann in Teilregionen zerfallen. Heute bezeichnet man den Abschnitt südlich von Cheb bis zur Senke zwischen Furth im Wald und Domažlice als *Český les* (Tschechischer Wald), erst dann beginnt die im Folgenden präsentierte Šumava. Das deutsche Pendant zum Tschechischen Wald wiederum ist der *Oberpfälzer Wald* und das zur Šumava der *Bayerische Wald.*

Die Vertreibung der Bevölkerung nach dem Zweiten Weltkrieg und der danach gezogene Eiserne Vorhang ließen viele Dörfer von der Landkarte verschwinden, schufen aber zugleich ein von Menschenhand weitestgehend unberührtes Naturparadies, in dem sich Auerhahn und Fischotter gute Nacht sagten. Die noch verbliebenen Dörfer erwachen heute zu neuem Leben – v. a. in der Ferienzeit.

Gefahr droht der Schönheit des Böhmerwaldes jedoch seit einigen Jahren in Gestalt des Borkenkäfers. Auf tschechischer Seite, wo lange Zeit die Meinung vertreten wurde, dass der Wald der Natur überlassen werden müsse, traf der Waldfresser auf keinen Widersacher. In der östlichen Region des Böhmerwaldes um den Plöckenstein (Plechý, s. o.) gleichen mittlerweile schon 10.000 ha (!) Wald, so die Schätzungen, einem Baumfriedhof. Die Borkenkäferplage führte gar zu einem handfesten Streit zwischen Tschechien und dem Nachbarn Österreich, der seinen Wald von den aus Böhmen einfliegenden Käfern bedroht sieht. 2010 entschloss sich Tschechien deshalb, nun doch Maßnahmen gegen die Borkenkäferplage einzuleiten.

## Volary (Wallern)

Das 4000-Einwohner-Städtchen wurde an der Wende vom 13. zum 14. Jh. von Kolonisten aus Tirol gegründet. Die Händlerkarawanen, die Salz auf dem Goldenen Steig nach Prachatitz brachten, nutzten Wallern als Raststation – damals entsprach die Distanz von 18 km einem Tagesmarsch. Holzverarbeitung und Viehzucht sind heute die wirtschaftlichen Standbeine der Bevölkerung. Gerne würde man auch stärker am einträglichen Geschäft mit dem Tourismus partizipieren, doch das heutige Volary ist alles andere als eine Perle im Böhmerwald. Man rühmt sich zwar seiner alten *Tirolerhäuser* (Gebäude mit steinernem Erd- und gezimmertem Obergeschoss, die Wohnraum, Stall und Scheune unter einem breiten Satteldach aus Schindeln vereinigen), doch leider gibt es im ganzen Ort nur noch zehn davon (der Rest brannte im 19. Jh. ab). In einem davon ist heute das örtliche **Museum** (Volarské muzeum) untergebracht, wo man u. a. etwas über die lokalen Handwerkskünste wie Holzschnitzerei und Glasherstellung erfährt.

• *Verbindungen* **Busse** bis zu 3-mal tägl. nach Lenora, bis zu 9-mal nach Prachatice. **Züge** 7-mal tägl. nach Budweis, bis zu 5-mal über Stožec nach Nové Údolí, bis zu 8-mal über Kubova Huť und Vimperk nach Strakonice – eine tolle Strecke.

• *Wegbeschreibung/Öffnungszeiten* **Museum,** von Prachatice kommend, die zweite Straße nach der weiß-grauen Hauptkirche rechts abbiegen, Česká 71 (im Ort nur spärlich ausgeschildert). Mai–Sept. tägl. (außer Mo) 10–17 Uhr. Eintritt 0,80 €, erm. die Hälfte.

Informationen zum 17 km nördlich gelegenen **Prachatice** bekommen Sie ab S. 451.

## Umgebung von Volary

**Lenora (Eleonorenhain):** Das farblose Straßennest liegt etwa 8 km westlich von Volary. An den einstigen Ruhm der hiesigen Glashütten – 1990 ging die letzte große nach einer misslungenen Privatisierung Pleite – erinnert das ausgeschilderte *Glasmuseum* (Sklářské muzeum). Es zeigt schönes Kristallglas, das durch kunstvollen Schliff und Färbung veredelt wurde. Nebenan bietet ein lokaler Glasschleifer seine handbearbeitete Ware an. Von Lenora führt ein blau markierter Wanderweg auf den Boubín (s. u.).

*Verbindungen/Öffnungszeiten* **Busse** 1-mal tägl. über Volary nach Prachatice, bis zu 8-mal tägl. über Kašperské Hory nach Vimperk. **Glasmuseum,** Mai–Okt. tägl. (außer Mo) 9–12 u. 13–16 Uhr. Eintritt 0,60 €, erm. 0,40 €.

**Stožec (Tusset):** Die kleine, wiederbelebte Gemeinde mit Restaurants, ein paar Pensionen und Böhmerwald-Infozentrum liegt rund 13 km südlich von Lenora am Flusslauf der Kalten Moldau (Studená Vltava). Für motorisierte Fahrzeuge ist hier Endstation – die Straßen weiter zur Grenze und gen Süden sind für sie gesperrt. Stožec ist ein guter Ausgangspunkt für Wanderungen in den Nationalpark (Tourenvorschläge bekommt man beim Infozentrum).

## Vimperk (Winterberg)

Das 8000-Einwohner-Städtchen machte lange Zeit den Eindruck, als hätte es nahezu alle Entwicklungen nach der Samtenen Revolution verschlafen. Die Wende kam hier zeitversetzt. Erst heute restauriert man fleißig, und auch die Schaufensterauslagen werden von Jahr zu Jahr zeitgemäßer. Das charmante Zentrum schmiegt sich an den Hang, ganz oben thront die Burg. Deren Fundament ereichen bis ins 13. Jh. zurück. Im 16. Jh. wurde die Burg unter den Rosenberg in ein Renaissanceschloss verwandelt und im 19. Jh. nach einem Brand unter den Schwarzenberg wieder aufgebaut. Die Burg bezeugt den einstigen Reichtum Winterbergs, das an einer Nebenroute des Goldenen Steiges lag und deswegen in ewiger Rivalität mit Prachatice stand. Daran erinnert das kleine **Museum des Goldenen Steiges** (Minimuzeum Zlaté Stezky) am Marktplatz. In der Burg selbst hat das **Städtische Museum** seinen Sitz. Es widmet sich u. a. der Glasherstellung (als Erwerbszweig längst von der Holz- und Möbelindustrie abgelöst) und dem Buchdruck. Die örtliche Jan-Steinbrenner-Druckerei wurde 1484 – wenige Jahrzehnte nach Gutenbergs Erfindung – als eine der ersten Böhmens gegründet und existierte bis 2003. Gedruckt wurden vorrangig religiöse Bücher, und zwar in 24 Sprachen, darunter auch Miniaturausgaben des Korans.

• *Information* **Městské informační středisko,** am Marktplatz, ✆ 388402230, www.info.vimperk.cz. Mo 8–12 Uhr, Di–Fr 8–11.30 u. 12.30–17 Uhr, Sa 8.30–12 u. 12.30–14 Uhr, So 8.30–12 Uhr.

• *Verbindungen* Bahnhof und Busbahnhof im Südwesten des Städtchens (ca. 1 km vom Zentrum entfernt). **Busse** regelmäßig nach Zdíkov und Prachatice, bis zu 8-mal tägl. nach Lenora und Strakonice, 2-mal nach Tábor, Písek und Český Krumlov. **Züge** bis zu 8-mal tägl. nach Strakonice und Volary.

• *Essen & Trinken* **Restaurace Miš-Maš,** neueres, beliebtes Lokal im Souterrain, schöne Gewölbedecken, modernes Interieur. Netter Hinterhof mit Bierbänken. Vorrangig Kurzgebratenes (zu empfehlen die Rumpsteaks), günstige Mittagskarte, sonst Hg. 3,20–14 €. Pivovarská 2, ✆ 775115059 (mobil). Wegbeschreibung: Vom Marktplatz die Gasse links des Glockenturms bergab nehmen. Vorbei an der Kirche gelangt man zu einem Platz mit Brunnen, hier rechts halten.

• *Übernachten* **Hotel Zlatá Hvězda,** Traditionshotel (seit 1833), schon Kaiser Franz Josef I. übernachtete hier. Nach einer Totalrestaurierung mit EU-Geldern 2010 wiedereröffnet. Geräumige, konventionelle Zimmer auf 3-Sterne-Niveau, solide möbliert, z. T. mit Küchenzeile. Große Gaststube. Freundliches deutschsprachiges Personal. Gutes Preis-Leistungs-Verhältnis. Wegbeschreibung: Vom Marktplatz die Gasse links des Glockenturms bergab nehmen. Vorbei an der Kirche gelangt man zu einem Platz mit Brunnen, hier rechts halten, nach ca. 150 m rechter Hand. EZ 24 €, DZ 38 €. 1. máje 103, ✆ 388513400, ℻ 388313405, www.hotelzlatahvezda.cz.

• *Öffnungszeiten* **Museum des Goldenen Steiges,** wird von der Infostelle verwaltet, fragen Sie dort nach einer Begleitperson. Eintritt 0,80 €, erm. die Hälfte. **Burg,** Mai, Juni, Sept. u. Okt. tägl. (außer Mo) 9–16 Uhr, Juli u. Aug. 9–18 Uhr. Eintritt 1,60 €, erm. die Hälfte.

Informationen zum 17 km östlich von Vimperk gelegenen **Prachatice** bekommen Sie ab S. 451, zum 30 km nördlich gelegenen **Strakonice** ab S. 450, zu **Kašperské Hory** (rund 25 km nordwestlich) ab S. 482.

## Umgebung von Vimperk

**Boubínský prales (Kubany-Urwald):** Rund 8 km südlich von Vimperk erhebt sich der 1363 m hohe Boubín. Rund um den Berg erstreckt sich der 600 ha umfassende Boubínský prales, ein Urwald mit bis zu 400 Jahre alten Fichten und Tannen, der seit 1858 unter Naturschutz steht. Auf dem bewaldeten Gipfel des Boubín (Aussichtsturm) treffen sich verschiedene Wanderwege. 5,5 km beträgt der kürzeste Aufstieg (blau markiert) von Kubova Huť.

**Kubova Huť (Kubohütten):** 10 km südlich von Vimperk liegt Kubova Huť, einst eine abgeschiedene Glashütte, heute eine lang gezogene Pensionssiedlung parallel zur stark befahrenen Nationalstraße 4. Zugleich weist das Dorf die höchstgelegene Eisenbahnstation Böhmens auf, der Bahnhof liegt auf 995 m. Die Züge von Vimperk nach Volary machen hier Halt – ohne Zahnradantrieb müssen sie eine Steigung von 28 % bewältigen.

*Verbindungen* Bis zu 8-mal tägl. halten die **Züge** von Vimperk nach Volary in Kubova Huť.

**Zadov-Churáňov:** Zadov-Churáňov ist eines der drei „großen" Skigebiete des Böhmerwaldes. Von der Straße 145 Vimperk – Kašperske Hory zweigt bei Stachy eine Stichstraße dorthin ab. Langläufer finden um Zadov rund 50 km gespurte Loipen, alpinen Skifahrern stehen sieben Liftanlagen (überwiegend älteren Datums) zur Verfügung, darunter ein Sessellift auf den Churáňov (1119 m) mit einer meteorologischen Station auf dem Gipfel. Die Hänge säumen neben ein paar Häusern im alpenländischen Stil auch Hotelklötze aus vorrevolutionärer Zeit. So etwas wie ein Ortszentrum gibt es nicht.

• *Verbindungen* Im Sommer 6-mal tägl. ein **Bus** nach Kvilda.

• *Übernachten im und um das Skigebiet* ****** Schlosshotel Zdíkov,** ein ehemaliger Herrensitz im gleichnamigen Dorf (ca. 7 km östlich von Zadov). Sehr charmante Adresse unter deutscher Leitung. 25 individuell eingerichtete Zimmer, allerdings in einem bunten Stilmix: Kronleuchter neben Bauernschrank, Antiquitäten auf Teppichböden. Vornehmlich deutsches Publikum. Hallenbad, Sauna. Sichere Parkplätze. Restaurant, im Sommer wird ganz romantisch der Schlosshof bestuhlt. DZ ab 52 €, Apartment für 2 Pers. 103 €. Zdíkov 1, ✆ 339426828, ℻ 38 8426729, www.boehmerwaldhotels.de.

**Pension Anna,** eine der angenehmeren Pensionen in Zadov. Ziemlich weit oben am Churáňov. Schlichte, aber ordentliche Zimmer mit Bad und hellem Holzmobiliar, manche davon mit toller Aussicht. Familiäre Atmosphäre. Parkplätze. Mini-Konditorei angegliedert. Buchung einige Monate im Voraus empfehlenswert. DZ mit HP 42 €. Zadov 2, ✆ 388428114, www.zadovpenzionanna.cz.

Südböhmen
Karte S. 404/405

• *Camping* **Mlečná draha,** ca. 10 km nordöstlich von Zadov beim Dörfchen Račov. Einer der schönsten Plätze des Landes, jedoch ausschließlich an Nudisten gerichtet (keine Ausnahmen!). An einem Badeweiher, in den man mittels einer Seilrutsche hineindüsen kann. Moderne Sanitäranlagen, gemütliches Restaurant, Garten zum Grillen, drum herum weidende Kühe. Unter holländischer Leitung und fast ausschließlich holländisches Publikum. Zimmervermietung. Mitte Mai–Mitte Sept., Pension ganzjährig. Anfahrt: Von Vimperk kommend, am Ortseingang von Zdíkov ausgeschildert, von da noch 4 km. 2 Pers. mit Zelt u. Auto 27 €, DZ 48 €. Račov 15, ✆ 388426222, www.m-d.nl.

• *Skifahren* Das Skigebiet besteht aus drei Arealen (Churáňov, Kobyla und Nové Hutě), die nicht miteinander verbunden sind. Tageskarte 19 €. Weitere Infos unter www.lazadov.cz.

## Kvilda (Außergefild)

Das Dorf Kvilda liegt 1065 m ü. d. M. inmitten einer Šumava-Hochebene. Gegründet wurde die einstige Holzfällergemeinde und Raststation auf dem Goldenen Steig im 15. Jh. Rund um die neogotische **Kirche des Hl. Stephan** aus dem 19. Jh. stehen ein paar traditionelle Holzhäuser, aber auch einige Bauten aus der sozialistischen Ära. Es gibt mehrere Pensionen und Hotels, einen kleinen Supermarkt, ein Postamt und einen Radverleiher. Eine Reihe von **Hochmooren** und die **Moldauquelle** (Pramen Vltavy) auf 1172 m Höhe machen die Gegend um Kvilda zum Wanderparadies. Ein blau markierter, 7 km langer Waldwanderweg führt von Kvilda zum Ursprung der „Mutter der böhmischen Flüsse“, wie die Moldau gerne genannt wird. Im Winter lädt die Region zum Langlaufen ein.

• *Information* **Informační středisko,** zentral gelegen. Tägl. 8.30–12 u. 12.30–17 Uhr. ✆ 388 435544, iskvilda@npsumava.cz.

• *Verbindungen* **Busse** im Sommer alle 2 Std. über Modrava, Srní und Prášily nach Železná Ruda, 2-mal tägl. nach Lenora, 4-mal tägl. über Kašperské Hory nach Sušice. Ganzjährig verkehren nur die Busse nach Zdíkov (7-mal tägl.) und Vimperk (5-mal tägl.).

• *Essen & Trinken* **Pekárna Kvilda,** am Ortseingang von Kvilda (von Horská Kvilda kommend). Die traditionelle Dorfbä-

*Kvilda, eine der höchstgelegenen Gemeinden Böhmens*

ckerei hat erweitert und nennt sich nun „Restaurant". Suppen und deftige Hausmannskost. Dazu hervorragendes Brot, leckere Kolatschen und Plunder. Super Frühstücks-adresse.

• *Übernachten* **** **Hotel Šumava Inn,** die vielen Sterne hat man sich wohl selbst gegeben, dennoch eine gute Adresse im Zentrum von Kvilda. Modern eingerichtete Zimmer. Sauna, Whirlpool, Fitnessraum. Gemütliches, rustikales Restaurant mit gehobener böhmisch-internationaler Karte. Gute Wildgerichte, dazu Exotisches wie Strauß oder Känguru. Hg. 5–13 €. DZ 66 €. Kvilda 26, ✆ 388402511, www.sumavainn.cz.

**Hotel Rankl,** in Horská Kvilda, 5 km nördlich von Kvilda mitten in der Pampa. Neueres Landhotel im Böhmerwaldstil. Von Lesern gelobt. 16 Zimmer mit Kühlschrank. Das an sich recht nette Restaurant (Terrasse) dient tagsüber als Selbstbedienungsrestaurant und bietet die typischen Fertiggerichte. DZ 64 €. Horská Kvilda, ✆ 388435044, ℻ 388435045, www.hotelrankl.cz.

### Karel Klostermann und der Rankl Sepp

In Horská Kvilda, einem Weiler 5 km nördlich von Kvilda, steht die Statue eines lustig dreinblickenden Mannes mit Hut: Es ist der legendäre Rankl Sepp, ein Fuhrmann, der mit übermenschlichen Kräften ausgestattet gewesen sein soll und die Glashütten mit Quarzstein und Holz versorgte. Der Heimatdichter Karel Klostermann (1848–1923) verewigte ihn in seinem Roman *Im Böhmerwaldparadies,* der genau hier, in Horská Kvilda, beginnt. Klostermann wurde in Österreich geboren, verbrachte aber die meiste Zeit seines Lebens in Südböhmen. Ähnlich wie Adalbert Stifter (→ S. 466) romantisierte er den Böhmerwald in zahlreichen Romanen und Erzählungen. Überregionale Berühmtheit wie Stifter erlangte Klostermann jedoch nie.

## Umgebung von Kvilda

Südböhmen
Karte S. 404/405

**Modrava (Mader):** 7 km westlich von Kvilda liegt die Siedlung Modrava (980 m ü. d. M). Ein grün markierter Wanderweg führt von hier in die *Mader Hochmoore* (Modravské slatě), den größten Hochmoorkomplex (3615 ha) im Böhmerwald. Nur die Randgebiete des überaus quellreichen Gebiets dürfen besichtigt werden, verlassen Sie den Weg nicht! Die Vegetation ist typisch für die hiesigen Moorgegenden: Alpenglöckchen, Enzian, Distel, Sonnentau, Knieholzgewächse, Latschenkiefern und verkümmerte Zwergbirken.

• *Verbindungen* **Busse,** im Sommer regelmäßig nach Kvilda, alle 2 Std. über Srní und Prášily nach Železná Ruda, 2-mal tägl. nach Horní Vltavice. Ganzjährig fährt nur der Bus über Kašperské Hory nach Sušice (bis zu 5-mal tägl.).

• *Übernachten/Essen & Trinken* **Hotel Modrava,** in Modrava an der Straße nach Antýgl. Gepflegtes Hotel. Farbenfrohe Aufgänge und rustikal-moderne Zimmer. 1-a-Service, gutes Restaurant mit gemütlicher Terrasse. Sauna und Billardsalon. DZ 63 €. Modrava 79, ✆/℻ 376599325, www.hotelmodrava.cz.

*** **Klostermannova chata,** von der Straße nach Kvilda ausgeschildert. 1924 errichtete große Berghütte mit Schindeldach, heute nach aufwendiger Restaurierung Hotelbetrieb. 15 Zimmer zum Wohlfühlen (bestehen Sie auf einem mit Aussicht!), tolle Terrasse, gutes Restaurant. Sauna, Bowling, Billard. DZ ab 60 €. Modrava 4, ✆/℻ 376324256, www.klostermannovachata.cz.

**Antýgl (Antiegl):** Ca. 5 km nördlich von Modrava liegt der Weiler Antýgl. Man kann hier campen und wandern, mehr aber nicht. Dafür ist die Wanderung, die hier beginnt, ein echtes Highlight: Sie führt in die wildromantische *Vydra-Schlucht* (vom Parkplatz erst der Straße Richtung Srní bis zur Brücke folgen, dann rechts des

Flusses weiter, der Weg ist rot markiert). Nach 2–3 km, bei der idyllisch gelegenen Turnerova Chata (Turnerhütte), wird das tief eingeschnittene Flussbett mit seinen mächtigen Granitblöcken, ihrer Form wegen auch „Riesentöpfe" genannt, am schönsten.

*Verbindungen* **Busse** im Sommer 10-mal tägl. nach Kvilda, alle 2 Std. über Srní und Prášily nach Železná Ruda. Ganzjährig verkehrt nur der Bus über Kašperské Hory nach Sušice (bis zu 5-mal tägl.).

**Srní (Rehberg) und Prášily (Stubenbach):** Das Böhmerwalddorf Srní liegt 5 km nördlich von Antýgl und ist nicht ganz so „urwüchsig und charmant", wie es sich selber sieht. Beliebt aber ist der Ort auf jeden Fall, es gibt eine ganze Reihe an Unterkünften. Zudem ist Srní ein guter Ausgangspunkt für Wander- und Radtouren. Das Gleiche gilt für Prášily, das ca. 11 km westlich von Srní liegt. Ein beliebtes Ziel von beiden Orten aus ist der Gipfel des Poledník (1315 m). Jahrzehntelang durchstreiften dieses Gebiet neben Rehen und Füchsen nur Milizen mit geschulterten Kalaschnikows. Die Umgebung von Prášily war ein weites militärisches Übungsgelände und das ehemalige Stubenbach ein Ziel von Schießübungen. Nur der Kern des Dorfes blieb erhalten.

• *Verbindungen* **Busse,** im Sommer 10-mal tägl. nach Kvilda, alle 2 Std. über Srní und Prášily nach Železná Ruda. Ganzjährig verkehrt nur der Bus über Kašperské Hory nach Sušice (bis zu 5-mal tägl.).

• *Übernachten* **Mechovský Dvorec,** in Srnís westlichem „Vorort" Mechov. Eine Leserempfehlung. Hübsches Böhmerwaldhaus, Terrasse, sehr gepflegt. Alle Zimmer mit Bad. Deutschsprachig. An der Haustüre werden die Schuhe ausgezogen. 24 €/Pers. Mechov 181, ✆ 376324063, www.sumava-mechov.cz.

## Kašperské Hory (Bergreichenstein)

Bereits im 13. Jh. war Kašperské Hory bekannt für seinen Goldreichtum, aus über 40 Stollen förderte man das edle Metall. Etwa 300 Goldmühlen gab es rund um den Ort. Doch mit der Zeit versiegte eine Goldader nach der anderen, und das Städtchen verarmte. Mit dem Fall des Eisernen Vorhangs hat sich eine neue Goldader aufgetan: der Fremdenverkehr. Immerhin zählt der geruhsame 1600-Einwohner-Ort zu den hübschesten im Böhmerwald.

Rund um den kleinen Dorfplatz mit einer rosa-weiß gestrichenen Pfarrkirche in der Mitte findet man Cafés und Restaurants mit Tischen und Stühlen im Freien. Damit man auch etwas besichtigen kann, gibt es zwei Museen: Ein **Böhmerwaldmuseum** (Muzeum Šumavy) gleich hinter der Kirche und ein **Motorradmuseum** (Moto muzeum), das durch ein großes Werbebanner auf sich aufmerksam macht. Ersteres zeigt u. a. Ausgestopftes vom jungen Reh bis zur Forelle, Putten und Heiligenfiguren sowie sog. „Totenbretter". Auf diesen lagen einst die im Winter Verstorbenen bis zum Frühjahr, wenn der Boden nicht mehr gefroren war und sich ein Grab ausschaufeln ließ. Nach der Beerdigung wurden die Bretter mit Inschriften und Schnitzarbeiten verziert und am Haus des Verstorbenen, an der Kirche oder am Ort seines Verscheidens angebracht. Etwas einheitlicher geht es im Motorradmuseum zu: Zu bewundern gibt es Fabrikate von NSA, BMW, F.N., DKW, BSA usw. Die älteste Maschine ist eine Wanderer, Baujahr 1913. Für Abwechslung sorgen im gleichen Gebäude eine Ausstellung über das Brauwesen im Böhmerwald und eine über Holzspielzeug.

• *Information* **Městské kulturní a informační centrum,** im Rathaus in der Ortsmitte. Juli u. Aug. Mo–Fr 8.30–17 Uhr, Sa/So 9–15 Uhr, Juni u. Sept. So geschl., Okt.–Mai nur Mo–Fr 9–12 u. 13–16 Uhr. ✆ 376503411, www.sumavanet.cz/khory.

• *Verbindungen* Im Sommer 3-mal tägl. **Busse** über Srní, Antýgl und Modrava nach

Kvilda. Ganzjährig regelmäßig Busse nach Sušice.

• *Übernachten/Essen & Trinken* **** **Park Hotel Tosch,** in der Ortsmitte. 43 klassisch-elegante, geräumige Zimmer und Apartments mit Marmorbädern. Innenpool, Parkmöglichkeiten im Hof, Tennisplatz, Radverleih. Viel deutsches Publikum. EZ 58 €, DZ 88 €, Apartment 138 €. Náměstí 4, ✆ 376582592, ℻ 376582500, www.tosch-parkhotel.cz.

**Hotel Kašperk,** Komforthotel in einem schönen historischen Stadthaus direkt am Marktplatz. 24 modern eingerichtete Zimmer, nicht überschick, aber doch sehr zeitgemäß, im gleichen Stil das Restaurant. Große Pluspunkte: Die Schwimmhalle mit einem 17 x 6 m großen Pool und der Megasandkasten – zu Recht bei Familien sehr beliebt. Eigene Parkmöglichkeiten. EZ 40 €, DZ 80 €. Náměstí 3, ✆/℻ 376324113, www.hotelkasperk.cz.

**Rychta na Racánku,** → Hrad Kašperk.

• *Camping* **Autokemp Annín I,** ca. 7 km nordwestlich von Kašperské Hory, jedoch nicht in Annín selbst, sondern auf der anderen Flussseite, von der Straße nach Sušice ausgeschildert. Schöner, an der Otava gelegener Platz, Einstiegsmöglichkeiten in den Fluss. Restaurant, ordentliche Sanitäranlagen. April–Okt. 2 Pers. mit Zelt u. Auto 8 €, Hütten je nach Größe und Ausstattung 7–17 €. Annín, ✆ 376522698, ℻ 376522698, www.kempannin.sumava.net.

• *Öffnungszeiten* **Böhmerwaldmuseum,** Mai–Okt. Di–So 9–12 u. 12.45–17 Uhr. Eintritt 1,60 €, erm. 0,80 €.

**Motorradmuseum,** Juni–Sept. tägl. 9–17.30 Uhr, ansonsten bis 16 Uhr. Eintritt 2 €, erm. die Hälfte.

## Umgebung von Kašperské Hory

**Hrad Kašperk (Burg Karlsberg):** 3 km nördlich von Kašperské Hory ragt die Burg auf einem Felsmassiv (870 m) imposant aus einem Nadelwald empor. Kaiser Karl IV. ließ sie in der Mitte des 14. Jh. zum Schutz der Landesgrenzen und der Goldgräbersiedlungen errichten. Kašperk war übrigens eine der wenigen Burgen Böhmens, deren wehrhafte Mauern allen Angriffen standhielten. Zwei Führungen werden angeboten. Bei der einen besichtigt man neben dem Palast auch den Westturm, bei der anderen den Ostturm und die Burgkeller. Jede Tour dauert ca. 45 Minuten.

*Mit der Kutsche zur Burg Kašperk*

• *Anfahrt* Vom Motorradmuseum am Marktplatz in Kašperské Hory aus beschildert. Nach ca. 3 km liegt linker Hand ein großer Parkplatz, von dort noch 1,5 km zu Fuß.

• *Übernachten* **Rychta na Racánku,** sympathische Landpension neueren Datums nahe dem Parkplatz. Ruhige Lage, toller Obstgarten mit Planschbecken, Hängematte und Sandkasten. Beliebtes Ausflugsrestaurant mit schöner Terrasse angeschlossen (Mo Ruhetag). Zimmer mit privaten Bädern. DZ 32 €. Žlíbek 17, ✆/℻ 376582117, www.racanek.cz.

• *Öffnungszeiten* **Burg,** Mai/Juni u. Sept./Okt. tägl. (außer Mo) 9–17 Uhr, Juli u. Aug. tägl. (außer Mo) 9.30–18 Uhr. 2,40 €/Tour, erm. 1,70 €.

**Dobrá Voda (Gutwasser) und Hartmanice (Hartmanitz):** Rund 16 km westlich von Kašperské Hory passiert man auf dem Weg nach Železná Ruda das Dorf Dobrá Voda. Das *Šimon-Adler-Museum* (Muzeum Dr. Šimona Adlera) informiert dort über den Rabbiner und Historiker Dr. Šimon Adler, der 1944 in Auschwitz ermordet wurde. Nur ein paar Schritte vom Museum entfernt steht die *Kirche des Hl. Einsiedlers Gunther,* ein barocker Sakralbau aus der ersten Hälfte des 18. Jh. mit einem interessanten modernen Glasaltar. Die Kirche wurde erst 1996 neu geweiht, während des Sozialismus diente sie als Munitionslager der Grenztruppen. Nur 2 km sind es von Dobrá Voda nach Hartmanice. Die dortige 1883 erbaute *Bergsynagoge* beherbergt seit 2006 ein Museum, das sich mit dem einstigen deutsch-jüdisch-tschechischen Leben im Böhmerwald beschäftigt – sehr aufschlussreich.

• *Verbindungen* Die **Bus**anbindungen nach Dobrá Voda sind miserabel. Von Hartmanice häufig **Busse** nach Sušice, 3-mal tägl. nach Železná Ruda.

• *Öffnungszeiten* **Šimon-Adler-Museum,** April–Okt. tägl. (außer Mo) 9–12 u. 12.30–17 Uhr, sonst bis 16 Uhr. Eintritt 0,80 €, erm. die Hälfte. Im Museum sind auch Eintrittskarten (gleicher Preis) für die Kirche (!) zu bekommen. Führungen durch die **Kirche** tägl. (außer Mo) im Stundenrhythmus.

**Synagoge in Hartmanice,** tägl. (außer Mo) 9–18 Uhr. Eintritt 1,60 €, erm. die Hälfte.

## Sušice (Schüttenhofen)

Das „Tor zum Böhmerwald“ erstreckt sich in einem weiten, von grünen Hügeln umrahmten Tal. Fährt man jedoch von Norden hinein, macht Sušice einen wenig freundlichen Eindruck. Triste und teils verlassene Industriebetriebe säumen die Straßen – Zeugen des Niedergangs der hiesigen Streichholzindustrie (→ Kasten). Die Altstadt präsentiert sich dagegen ganz ansehnlich, insbesondere rund um den **Náměstí Svobody,** den großen, baumbestandenen Hauptplatz. Ihn umgeben ein paar Gebäude aus jener Zeit, als die Stadt noch von der Salz- und Goldgewinnung lebte. Dazu gehört z. B. das heute leer stehende **Rozacínovský-Haus** (Nr. 48) mit einem gotischen Türbogen und einer Sgraffitofassade, die erst 1914 bei Restaurierungsarbeiten unter dem Putz entdeckt wurde. Das **Voprchovský-Haus** (Nr. 40), ein ursprünglich gotisches Bürgerhaus, schmückt ein außergewöhnlich schöner Giebel. Es beherbergt heute das **Böhmerwaldmuseum** (Šumava muzeum Sušice) mit einer witzigen Sammlung an Streichholzschachteln und einer der größten mechanischen Weihnachtskrippen Tschechiens.

• *Information* **Městské informační středisko,** im Rathaus am Nám. Svobody. ✆ 376 540214, www.sumavanet.cz/mususice. Okt.–April Mo–Fr 9–16 Uhr, Mai–Sept. Mo–Fr 9–17 Uhr, Sa/So 9–14 Uhr.

• *Verbindungen* **Busse** fahren am Flussufer ab. 1-mal tägl. direkt nach Plzeň, regelmäßig nach Klatovy und Kašperské Hory, nur im Sommer 4-mal tägl. über Srní, Antýgl und Modrava nach Kvilda. Bahnhof ungünstige 4 km nördlich des Zentrums.

• *Kanuverleih* **Otavatour Sušice**, am Nám. Svobody 28. Für bis zu 3 Pers. 12 €/Tag. ✆ 606909924 (mobil), www.otavatour.cz.

• *Essen & Trinken* **Hotel Fialka,** in einem schönen historischen Gebäude am Marktplatz. Schlicht und unspektakulär, Raucher- und Nichtraucherraum. Außenbestuhlung. Greifen Sie zu Schaschlik oder den Rehfleischschnitten in Rotwein. Günstige Mittagsgerichte, sonst Hg. 4–10 €. Ein dazugehöriges Hotel gibt es trotz des Namens nicht. Kein Telefon.

• *Übernachten* *** **Hotel Gabreta,** provinzielles Mittelklassehotel gleich beim Marktplatz. Standardzimmer, z. T. recht geräumig, mit TV. Eigene Parkplätze und Fahrradverleih. Im Restaurant gibt es neben den böhmischen Standards auch einige Wildgerichte. Hg. 4–9 €. EZ 26 €, DZ 40 €. Americké armády 73, ✆/℻ 376528016, www.hotelgabretasusice.cz.

**Pension Milli,** nahe dem Marktplatz. Saubere Zimmer mit Bad, etwas in die Jahre gekommen und wenig zeitgemäß möbliert, dafür mit Kühlschrank und für den Preis durchaus okay. Kleine Terrasse fürs Feierabendbier. Restaurant. 12 €/Pers., Frühstück extra. Kostelní 70, ✆ 376526598, www.sweb.cz/pension.milli.

• *Außerhalb* **Hotel Gandalf,** die schönste Unterkunft der Gegend liegt im beschaulich-ruhigen Dorf Svojšice. Mit Liebe wurde hier die ehemalige Schule des Dorfs in ein Hotel umgewandelt. 15 helle Zimmer (auch Familienzimmer) mit alten Dielenböden. Auf (unnötigen) Schnickschnack wie TV wurde bewusst verzichtet. Garten, Bar im Keller, Innenpool mit Zugang zur Terrasse. Unter belgischer Leitung (deutschsprachig). Mit HP 49 €/Pers. Anfahrt: Sušice auf der 171 Richtung Petrovice verlassen und nach ca. 5 km rechts Richtung Cihelná abzweigen. 2 km weiter wieder rechts ab nach Castkov, durch den Ort, und schon sieht man die alte Schule von Svojšice. Svojšice 44, ✆ 602474605 (mobil), ℻ 376520662, www.hotelgandalf.com.

• *Öffnungszeiten* **Böhmerwaldmuseum,** Mai–Okt. tägl. (außer Mo) 9–12 u. 12.45–17 Uhr, So nur halber Tag. Eintritt 1,60 €, erm. 0,80 €.

## Heiße Ware – Rotköpfe aus Sušice

Ende des 19. Jh. wurde heiße Ware aus Südböhmen in der ganzen Welt gehandelt – in Afrika, Nord- und Südamerika, Australien, Asien und überall in Europa: Streichhölzer aus Schüttenhofen. In aller Herren Ländern flackerten sie auf wie heute die Birnen von Osram.

Angefangen hatte alles 1839, als der Zimmermann Adalbert Scheinost sich mit seiner Frau Marie in ein gerade abgebranntes (!) Haus am Marktplatz einmietete und die Köpfe von Holzspänen mit Phosphor überzog. Die Technik dazu hatte das Ehepaar in Wien erlernt. Die zündende Idee überhaupt war erst ein paar Jahre zuvor in England geboren worden. Knapp zwölf Monate später stieg der hiesige Kaufmann Bernhard Fürth in die Zündholzproduktion mit ein; große Maschinen konnten angeschafft werden, und keine zehn Jahre später exportierte man schon nach Übersee. 1903 überführte man die Schüttenhofener Zündholzfabriken – mittlerweile gab es mehrere – in eine Aktiengesellschaft namens SOLO. Kurz darauf erreichte die hiesige Zündholzproduktion ihren Höhepunkt. Doch dann kamen die Weltkriege, dazwischen die Weltwirtschaftskrise, schließlich die Verstaatlichung des Unternehmens unter den Kommunisten und – parallel zu alledem – der Siegeszug des Feuerzeugs. Zur sinkenden Nachfrage gesellten sich immer höhere Herstellungskosten. Das konnte nicht gut gehen. 2009 verlagerte SOLO die Produktion nach Asien und Russland. Vom Standort Sušice werden die Streichhölzer nur noch vertrieben. 30 Mitarbeiter sind geblieben – von einst 2000 in den Glanzzeiten des Unternehmens.

Südböhmen Karte S. 404/405

## Umgebung von Sušice

**Hrad Velhartice (Burg Welhartitz):** Diese Befestigungsanlage aus dem 14. Jh. (ca. 12 km nordwestlich von Sušice) zählt zu den romantischsten Burgen Südböhmens. Sie liegt landschaftlich überaus reizvoll am Rande eines steil abfallenden Plateaus und hoch über einem rauschenden Bach, wie geschaffen für Rapunzel & Co. Eine vierbogige Brückenkonstruktion verbindet den klotzigen Wehrturm mit der Ruine des alten Palasts, auch Paradieshaus *(Rájsky dům)* genannt. Der weiße Spätrenaissancepalast neben dem Paradieshaus kam im 17. Jh. hinzu. Zwei Führungen werden angeboten: Bei der langweiligeren stolpert man durch die Burganlage, vorbei an Zisternen und Kellerräumen. Bei der spannenderen wandelt man durch die Salons des Spätrenaissancepalasts. Unter anderem erfährt man dabei auch etwas über die Gesellschaftsspiele, die zu jener Zeit in Mode waren.

• *Anfahrt/Verbindungen* Die Burg ist mit „Hrad" ausgeschildert. Vom Parkplatz noch ca. 5 Min. zu Fuß. **Busse** bis zu 5-mal tägl. vom Ort Velhartice nach Klatovy.

• *Öffnungszeiten* **Burg,** Juni–Aug. tägl. (außer Mo) 9–18 Uhr, Mai u. Sept. tägl. (außer Mo) 9–17 Uhr, April u. Okt. nur Sa/So 9–16 Uhr. Eintritt in das Burgareal 1,20 €, jede Führung 2,20 €, erm. die Hälfte.

Weiter Richtung **Klatovy** → S. 358.

## Hrad Rabí (Burg Rabí)

Die mächtige gotische Adelsburg aus dem 14. Jh., deren Mauern eine Gesamtlänge von 9 km haben, thront über dem 10 km nordöstlich von Sušice gelegenen Dorf gleichen Namens. Schon bei ihrem Anblick aus der Ferne scheint das Mittelalter ganz nah zu sein; nicht das von den Romantikern verklärte Mittelalter, sondern das

*Burg Rabí: Im Juli tummeln sich hier die Ritter*

„dunkle“ Zeitalter, als Feudalherren und Raubritter das Volk ausbeuteten und Burgen ein Symbol der Bedrohung waren. Bei der Belagerung der Burg im Jahr 1421 verlor der ohnehin schon einäugige Hussitenführer Jan Žižka sein zweites Auge. Im 18. Jh. wurde die Burg verlassen und verfiel. Erste Restaurierungsarbeiten begannen, nachdem das Dorf Rabí die Burg 1920 für eine Krone an den Staat verkauft hatte. Heute ist der größte Teil des weitläufigen Geländes mit vielen Treppen, Auf- und Abgängen sowie einem mächtigen Wohnturm der Öffentlichkeit zugänglich und zählt zu den meistbesuchten Burganlagen Böhmens. Von nah und fern reist man insbesondere im Juli an, wenn zwischen den alten Festungsmauern ein **Ritterfest** veranstaltet wird. Das kommt auch dem gepflegten **Dorf Rabí** mit schönen Bauten im typisch südböhmischen Stil am Fuße der Burg zugute, es lebt vornehmlich vom Tourismus.

• *Verbindungen* **Busse** regelmäßig nach Sušice und Horažd'ovice.

• *Übernachten* *** **Hotel Atawa,** die beste Unterkunft vor Ort. Hübsche, in blauen Farbtönen gehaltene Zimmer mit Holzboden. Hallenbad und Sauna, Parkplätze im Hof. Für das Gebotene günstig. Reservierung empfohlen. EZ 30 €, DZ 48 €. Rabí 9, ✆ 731446080 (mobil), www.hotelatawa.cz.

• *Öffnungszeiten* Juni–Aug. tägl. (außer Mo) 9–17 Uhr, Mai u. Sept. tägl. (außer Mo) 9–16 Uhr, April u. Okt. nur Sa/So 10–16 Uhr, Mittagspause 12–13 Uhr. Es gibt 2 verschiedene Touren, beide zusammen kosten 3,60 €, erm. 2 €.

## Železná Ruda (Markt Eisenstein)

Der 1600 Einwohner zählende Grenzort in einem Tal am Flusslauf der Řezná hat sich ganz auf den Fremdenverkehr eingestellt. Es stehen mehr als 5000 Gästebetten zur Verfügung. Im Winter kommen Skifahrer, im Sommer Wanderer und Radfahrer und das ganze Jahr über Sextouristen und Schnäppchenjäger, Letztere zum Zigaretten- und Vogelhäuschenkauf. Sehenswertes gibt es kaum. Dem Infozentrum angegliedert ist das **Böhmerwaldmuseum** (Muzeum Šumavy), das in fünf Räumen die typischen Exponate der Region zeigt: Hirschgeweihe, ein paar antike Möbel, Gläser usw. Schräg gegenüber der Kirche mit ihrem überdimensionalen zwiebelförmigen Kirchturm liegt das kleine **Motorradmuseum** (Muzeum Historických Motocyklů), das auch ein paar historische Fahrräder präsentiert. Im gleichen Gebäude wird zudem eine **Ausstellung zur Geschichte des Skisports in der Region** (Historie Lyžování Na Zeleznorudsku) gezeigt.



In der kalten Jahreszeit bildet Železná Ruda mit dem nördlich angrenzenden Ferienort Špičák ein **Wintersportzentrum.** An den beiden Hausbergen, dem Pancíř (1214 m) und dem Špičák (1202 m), erschließen 17 Liftanlagen 11 km Abfahrtspisten, dazu stehen 55 km Langlaufloipen zur Verfügung.

Im Sommer bieten sich rund um den Ort herrliche Wandermöglichkeiten. Eine schöne Tagestour führt auf einem erst blau, dann rot markierten Weg von Železná Ruda zum idyllisch gelegenen **Teufelssee** (Čertovo jezero). Dort ist angeblich der Teufel ertrunken, weil ihm ein gemeines Mädchen einen Stein an den Schwanz band und ihn anschließend mit ihren nackten Reizen zum Baden verführte. Vom Teufelssee führt der rot markierte Weg weiter zum **Kleinen Špičák** (1159 m) und zum **Schwarzen See** (Černé jezero), der seinen Namen seiner dunkel schimmernden Wasseroberfläche verdankt. Ein gelb markierter Weg bringt Sie von dort in die Ortschaft Špičák, von wo man mit dem Bus zurück nach

Železná Ruda gelangt. Ein anderer schöner Weg (rot markiert) verläuft vom Gipfel des **Pancíř** (1214 m) zum **Prenet** (1071 m). Wer sich den Aufstieg auf den Pancíř sparen will, fährt von Špičák mit dem ganzjährig betriebenen Sessellift (9–16 Uhr, hin/zurück 2,80 €, erm. die Hälfte) hinauf.

• *Information* **Informační centrum,** an der Hauptdurchgangsstraße Javorská 154, ✆/📠 376397033, www.sumava.net/itcruda. Tägl. 8–12.30 u. 13.30–18 Uhr.

• *Verbindungen* Bis zu 5-mal tägl. **Busse** nach Klatovy und Nýrsko, im Sommer häufiger. Nur im Sommer bis zu 7-mal tägl. über Srní und Modrava nach Kvilda.

Bahnhof ca. 600 m nördlich des Zentrums an der Straße nach Špičák. **Züge** bis zu 10-mal tägl. nach Klatovy und Nýrsko, 3-mal nach Plzeň.

• *Essen & Trinken* Im Ortskern drängt sich Restaurant an Restaurant. Ausstattung und Qualität unterscheiden sich meist nur wenig. Etwas aus der Reihe fallen folgende Lokalitäten:

**Belvedér,** das rustikale Restaurant des einsam gelegenen Hotels hoch über Železná Ruda serviert keine außergewöhnlichen Gerichte, eher die Standards zu günstigen Preisen. Außergewöhnlich ist jedoch das selbst gebraute Bier, das es in der hellen, halbdunklen und dunklen Variante gibt. Terrasse, aber ohne nennenswerte Aussicht. Železná Ruda 189, ✆ 376397016. Von Bayern kommend, kurz vor dem Motorradmuseum nach links bergauf in die Belvederská abbiegen, dann immer den Berg hoch für ca. 1,2 km.

**Šenkýrka U Hamru,** gemütlich-warmes Lokal in einem alten Holzhaus. Forelle, Kartoffelpuffer oder Obstknödel zu fairen Preisen. Hier sitzt man gerne länger, auch draußen. Di–Sa ab 18 Uhr. Sklářská (von Bayern kommend vor der Kirche rechts ab), ✆ 777840440 (mobil).

**Café Charlotte,** bei bayerischen Grenzgängern äußerst beliebtes, großes und recht rustikales Café. Grund: Mega-Tortenvitrine, 30 verschiedene Eisbecher. Über den Köpfen der Gäste fährt eine Modelleisenbahn. Terrasse. Von Bayern kommend hinter der Kirche rechts abbiegen, dann unübersehbar.

• *Übernachten* *** **Hotel Špičák,** in ruhiger Lage nahe dem Ortsteil Špičák, von der Straße nach Nýrsko ausgeschildert. Fünfstöckiges Berghotel (Bj. 1970, jedoch renoviert), 71 der Sterneanzahl entsprechend ausgestattete Zimmer mit Standardeinrichtung. Buchen Sie ein Zimmer mit Balkon und Panoramablick auf den Böhmerwald. Haken: Ab vom Schuss, im Winter sind Schneeketten für die letzten paar Meter ein Muss. Oft von Reisegruppen in Beschlag genommen. Bewachte Parkplätze. Sauna, Solarium, Skischule, Sommerterrasse etc. DZ ab 56 €, oft zudem gute Paketpreise. Špičák 95, ✆ 376372111, 📠 376397119, www.orea.cz.

**Hotel Malá Paříž,** im Ortsteil Špičák (ausgeschildert). Kleines, sympathisches Familienhotel. Freundliche Zimmer und Apartments, auch wenn Mobiliar und Kunstdrucke an den Wänden nicht recht zusammenpassen wollen. Restaurant. Sehr zuvorkommender Service. DZ 42 €. Špičák 17, ✆/📠 376397511, www.malapariz.cz.

**Penzion U Zlomené lyže,** etwas oberhalb des Zentrums. Schnuckeliges Böhmerwaldhaus aus dem frühen 18. Jh. mit umlaufendem Holzbalkon samt Geranien. 6 nette Zimmer. Mit viel Liebe ist das kleine Kneipenrestaurant (Nichtraucher) im EG eingerichtet. Sommerterrasse. Anfahrt: Von Bayern kommend, kurz vor dem Motorradmuseum links bergauf in die Belvedérská abbiegen, nach ca. 200 m linker Hand. 18 €/Pers. Belvedérská 2, ✆ 376391378, www.uzlomenelyze.cz.

• *Radverleih* **Mountainbikes** gibt es an vielen Ecken zu mieten, z. B. bei **MAX** (hinter dem Restaurant Bultas an der Durchgangsstraße). 10 €/Tag. ✆ 603524262 (mobil), www.ski-snow.max.sweb.cz.

• *Skifahren* Überall können Skier geliehen werden, ca. 22 €/Tag. Für eine Tageskarte muss man mit ca. 21 € rechnen.

• *Öffnungszeiten* **Böhmerwaldmuseum,** Di–Sa 9–17 Uhr, So 9–12 Uhr. Eintritt 0,80 €, erm. die Hälfte. **Motorradmuseum,** tägl. 9–17 Uhr. Eintritt 1,70 €, erm. 0,80 €. **Skiausstellung,** wie Motorradmuseum. Eintritt 0,90 €.

# Nýrsko

Das ca. 25 km nordwestlich von Železná Ruda gelegene Nýrsko wirkt auf der Landkarte wie ein viel versprechendes Städtchen nahe einem Stausee. Leider entpuppt sich der schön gelegene See vor Ort als ein Trinkwasserreservoir, in dem Baden verboten ist. Auch der Ort selbst enttäuscht, obwohl er das Marktzentrum einer landschaftlich reizvollen Region am Rande des Böhmerwaldes ist. Den Ortskern teilt ein Fluss in zwei Hälften, drum herum überwiegen schlichte Bauten. Schöner sind die umliegenden Dörfer wie **Skelná Hut', Zelená Lhota** oder **Hamry,** die mit einer Reihe von netten Unterkünften aufwarten können, was man von Nýrsko nicht gerade behaupten kann.

• *Information* **Informační a kulturní centrum Nýrsko,** am Busbahnhof im Zentrum, ausgeschildert. Mo–Fr 9–16 Uhr, im Sommer auch samstags. ✆ 376571616, www.sumavanet.cz/icnyrsko.

• *Verbindungen* **Busse** ca. 5-mal tägl. nach Železná Ruda und Klatovy. Der Bahnhof liegt weit außerhalb.

Bäuerin im Böhmerwald

• *Übernachten* *** **Hotel Kollerhof,** gut geführtes Haus unter deutsch-tschechischer Leitung in Hamry. Von der Straße Nýrsko – Železná Ruda bestens ausgeschildert. Natur pur. Berghotel mit traumhafter Aussicht. Komfortable, helle Zimmer, alle mit Parkettboden und Balkon. Herrliche Terrasse, Sauna, empfehlenswertes Restaurant (sehr gute Regionalküche, die nett dekoriert zum Tisch kommt, Hg. ab 5 €). Äußerst zuvorkommender Service. EZ 34 €, DZ 60 €. Hamry 29, ✆ 376390113, www.hotelkollerhof.com.

**Penzion Bečvářův srub,** an der Durchgangsstraße in Hojsova Stráž, fast exakt zwischen Železná Ruda und Nýrsko. Hübsche Pension im Blockhüttenstil, alles sehr rustikal. Angenehm möblierte Zimmer mit Holzböden, alle mit Bad, teilweise mit Kochmöglichkeit. Restaurant mit schöner kleiner Terrasse. DZ ca. 45 €. Hojsová Stráž 201, ✆ 602602221 (mobil), ✆ 376383679, www.sumavasrub.cz.

**Autokemp Nýrsko,** im Süden von Nýrsko (ausgeschildert). Enger Wiesenplatz ohne Schatten, dafür Schwimmbad nebenan. Restaurant und kleiner Laden. Kinderspielplatz. Sehr freundliches Personal. Mai–Sept. 2 Pers. mit Zelt u. Auto 8 €, Hütte für 2 Pers. 12,50 €. Tylova 778, ✆ 376571220, www.autokemp-nyrsko.cz.

# Böhmisch-Mährische Höhe

## (Českomoravská vrchovina)

**Der auch Vysočina genannte Höhenzug trennt Südböhmen von Südmähren. Der liebe Gott hat diesen Landstrich ohne Wasserwaage geschaffen: Er gleicht eher einem missratenen Hochplateau als einem Gebirge.**

Südlich der *Polabí,* der weiten Elbniederung Ostböhmens, baut sich der Böhmisch-Mährische Gebirgszug auf, der Höhen von über 800 m erreicht. Das Zentrum der Region ist Jihlava. Mit Ausnahme von Telč, eine der meistbesuchten Städte Tschechiens, hinkt die touristische Infrastruktur vielerorts noch hinterher. Schmale, oft holprige Sträßlein schlängeln sich durch Wiesen und Wälder. Hier und da ein weißes Mohnfeld, von „blühenden Landschaften" aber kaum eine Spur. Viele Dörfer wirken ärmlich, die Frauen in den Straßen sind des Öfteren noch mit Kittelschürze und Kopftuch unterwegs. Für Fortschritt sorgt die EU: Mit deren Hilfsmitteln werden Hotels und Restaurants restauriert, Straßen neu geteert, Marktplätze neu gepflastert usw.

## Pelhřimov (Pilgram)

**Wer zufällig am zweiten Juniwochenende in der Gegend ist, sollte auf jeden Fall einen Abstecher nach Pelhřimov unternehmen, denn dann geht das Festival der Rekorde und Kuriositäten über die Bühne – ein verdammt lustiges Spektakel.**

Ansonsten ist das 16.700 Einwohner zählende Pelhřimov am Westrand der Böhmisch-Mährischen Höhe keine Stadt, die ins Pflichtprogramm gehört, auch wenn das Zentrum ganz adrett ist. Selbiges ist klein, keine 300 m breit. Von der mittelalterlichen Befestigung sind noch zwei Stadttore erhalten. In einem davon ist das **Museum der Rekorde und Kuriositäten** untergebracht, das an die Festivalhöhepunkte der letzten Jahre erinnert (→ Sehenswertes). Den quadratischen Hauptplatz Masarykovo náměstí säumen ein paar hübsche Renaissance- und Barockhäuser. Rund um das Zentrum aber gibt es wenig Rekordverdächtiges zu entdecken, dort stehen diverse Industriebetriebe (Holzverarbeitung, Maschinenbau, Textil, Schreibwaren), aber auch die örtliche Brauerei, die *Pivovar Pelhřimov,* die ein süffiges Bier abfüllt.

### Böhmisch-Mährische Höhe – die Highlights

**Telč:** Das „Mährische Venedig" – ein Renaissancestädtchen par excellence, schön klein und nicht umsonst Welterbe der UNESCO.

**Slavonice:** Ähnlich schön wie Telč, nur noch etwas kleiner und nicht so bekannt.

**Žďár nad Sázavou:** Die Stadt selbst hat keinerlei Reize, das nördlich anschließende Zisterzienserkloster mit der Nepomukkapelle dafür um so mehr. Auch dieser Bau ist in der Welterbeliste vertreten.

**Třebíč:** Und noch mal Welterbe, hier wegen der St.-Prokop-Basilika und des alten jüdischen Viertels.

**Želiv:** Ein Kloster mit einer überaus sehenswerten Abteikirche – Barockgotik à la Giovanni Santini in höchster Vollendung.

**Lipnice nad Sazavou:** Jaroslav Hašek, Dichter und Politiker in Personalunion, ließ sich hier nieder. Na, wenn der nicht wusste, wo's schön ist ...

**Jaroměřice nad Rokytnou:** Eines der prächtigsten Barockschlösser des Landes.

*Pelhřimover Marktplatz*

• *Information* **Turistické informační centrum,** im Šreijnar-Haus am Masarykovo nám. 10, ✆ 565326924, www.pelhrimovsko.cz. Im Sommer Mo–So 8.30–17 Uhr, im Winter Mo–Fr 8.30–17 Uhr, Sa 8.30–12.30 Uhr.

• *Verbindungen* Bahnhof ganz im Süden der Stadt, rund 2 km außerhalb des Zentrums. Busbahnhof auf dem Weg dahin. Mit Stadtbussen gelangen Sie von Bahnhof und Busbahnhof in die Stadtmitte. **Busse** regelmäßig nach Kamenice nad Lipou, Prag, Jihlava und Humpolec, bis zu 5-mal tägl. nach Havlíčkův Brod und Tábor, 1-mal direkt nach Telč. **Züge** bis zu 8-mal tägl. nach Tábor.

• *Ärztliche Versorgung* **Krankenhaus** an der Slovanského bratrství 710, der Straße nach Jihlava. ✆ 565355111.

• *Polizei* Nördlich des Zentrums an der Pražská 1738. ✆ 156.

• *Post* An der Příkopy/Ecke U elektrárny.

• *Essen & Trinken* **Restaurace Měšťanský dům (2),** rustikal-modernes Nichtraucherlokal, sehr gelobt. Gute Vorspeisen, internationale Küche, auch Fisch (vorrangig norwegischer Lachs) ist auf der Karte vertreten. Hg. 6–10 €. Růžová 36, ✆ 565391727.

**Restaurace Na Náměstí (1),** am Hauptplatz. Serviert werden nett umschriebene böhmische Standards wie „Ministerschnitzel im Schlafrock". Viel Kurzgebratenes. Hg. 3,50–6,50 €. So Ruhetag. ✆ 565323959.

**Restaurant Střepina U Vlasáku (3),** ebenfalls konventionelle tschechische Küche in großen und kleinen Portionen zu 4,50–14 €. Terrassenbereich im Hinterhof. Solní 853, ✆ 565322022.

• *Café* **Kavárna na Kolibce (6),** schönes Nichtraucherlokal mit Kaffeehausatmosphäre. Steinfliesenboden, Lederpolsterecken. Publikum zwischen Student und Rentnerin. Angenehme Musik. Sehr freundlicher Betreiber, dessen Frau allerbeste Kuchen backt, die liebevoll dekoriert serviert werden. Hinterhofbestuhlung. Příkopy 25.

• *Übernachten* **Hotel Slavie (5)**, vor 100 Jahren ein Nobelhotel. Heute bietet das Haus im EG ein bürgerliches Restaurant, im 1. Stock eine Pizzeria und darüber ein paar Zimmer mit Bad, die frisch restauriert und okay sind, aber alles andere als vornehm. Eigene Parkplätze. EZ 26 €, DZ 38 €. Masarykovo nám. 29, ✆ 565321540, ℻ 565321857, www.hotelslavie.pel.cz.

**Pension Lucerna (4)**, nahe dem Hauptplatz. 9 ordentlich ausgestattete Zimmer mit Fliesenböden, Du/WC, Kühlschrank und Satelliten-TV um einen offenen Hof. Restaurant mit Terrasse. Sichere Parkplätze. DZ 33 €. Solní 853, ✆ 565333333, ℻ 565333334, www.penzionlucerna.cz.

*Camping* **Camping Kovárna**, ca. 11 km nördlich von Pelhřimov nahe dem Dorf Červená Řečice (von dort ausgeschildert). In ruhiger Lage abseits von allem. Platz aus sozialistischen Tagen, nun unter holländischer Leitung und zu 99 % mit holländischem Publikum (meist junge Familien) belegt. Man ist bemüht, das weitläufige Gelände zu verschönern. Etliche Hüttchen sind schon bunt gestrichen, die Sanitäranlagen modernisiert. Feuerstelle, Pool, Bar (kein Restaurant). 2 Pers. mit Wohnmobil 16 €, Hütte für 4 Pers. 32 €. Červená Řečice, ✆ 565398005, www.campingkovarna.nl.

## Sehenswertes

**Rund um den Masarykovo náměstí:** Das Nordwesteck des Hauptplatzes überragt der Kirchturm der etwas zurückversetzten *St.-Bartholomäus-Kirche (*Kostel sv. Bartoloměje), einer dreischiffigen Pfeilerbasilika aus dem 14. Jh. Der Turm kann bestiegen werden, 148 Stufen sind es hinauf. Im Schatten des Turms steht das einstige Schloss der Herren von Říčany, das schon ab 1522 als Rathaus und ab 1850 als Gericht diente. Heute beherbergt es das *Museum der Böhmisch-Mährischen Höhe* (Muzeum Vysočiny), das auch Räumlichkeiten des sog. Šreijnar-Hauses, einem Spätrenaissancegebäude direkt am Marktplatz, belegt. Kostbarstes Ausstellungsstück ist ein reich illuminiertes, utraquistisches Gesangbuch aus dem 15. Jh. Ferner werden u. a. Volkstrachten und von Josef Mánes bemalte seidene Fahnen gezeigt. In der Nachbarschaft des Šreijnar-Hauses steht das sog. *Fárovy dům* (Hnr. 13), ursprünglich ein Barockbau, der 1913 von Pavel Janák im Stil des Kubismus umgestaltet wurde.

*Öffnungszeiten* **Kirchturm,** Mai–Sept. Mo–Fr 9–17 Uhr, Sa/So ab 10 Uhr. Eintritt 0,60 €, erm. 0,40 €. **Museum der Böhmisch-Mährischen Höhe,** Mai–Okt. Di–Fr 9–12 u. 13–17 Uhr, Sa/So 10–12 u. 13–17 Uhr, sonst bis 16 Uhr. Eintritt 1,20 €, erm. die Hälfte.

**Muzeum rekordů a kuriozit (Museum der Rekorde und Kuriositäten):** Das skurrile Museum befindet sich im alten Iglauer Stadttor (Jihlavská brána) an der Palackého. Auf vier Stockwerken wird allerhand Kurioses gezeigt, zudem sind viele Rekorde der letzten Jahre anhand von Fotos dokumentiert: Kraftmeister Zekon, der sich Holz auf dem Schädel spalten lässt und fünf Autos mit den Zähnen zieht, das größte Wollknäuel (262 cm, 52 kg), der größte je hergestellte Baťa-Schuh (Schuhgröße 57), ein Pullover und eine Hose, die aus über 25.000 Knöpfen gefertigt wurden, eine Schultasche, in die eine ganze Klasse hineinpasst, ein Schiff aus 1000 Kunststoffflaschen, der Tscheche mit den größten Händen (er kann 16 volle Biergläser in einer Hand halten) und so fort.

*Öffnungszeiten* April–Sept. tägl. 9–17 Uhr, sonst Mo–Fr 13–16.30 Uhr. Eintritt 2,80 €, erm. 2 €.

**Muzeum Zlaté české ručičky (Museum des Goldenen Händchens):** Das Museum ist so etwas wie die Fortsetzung des Museums der Rekorde und Kuriositäten, nur hat man sich hier auf Ausstellungsstücke konzentriert, deren Existenz enormer Geduld und Fingerfertigkeit zu verdanken ist. Im Mittelpunkt stehen die Streichholzarbeiten des 2003 verstorbenen Tomáš Korda aus dem ostböhmischen Vrchlabí. Unter anderem verarbeitete er in 1126 Stunden 11.554 Streichhölzer, um das berühmte Flaggschiff Golden Hinde des Weltumseglers Sir Francis Drake in allen Details zu rekonstruieren – selbst der Bordhund wurde nicht vergessen...

*Adresse/Öffnungszeiten* Nábř. Rekordů a kuriozit 811. Öffz. und Eintrittspreise wie das Museum der Rekorde und Kuriositäten.

Von Pelhřimov weiter nach Osten? Informationen zu **Jihlava** bekommen Sie ab S. 506. Richtung Süden, auf dem Weg nach **Jindřichův Hradec** (→ S. 425), passieren Sie **Kamenice nad Lipou** (→ S. 432).

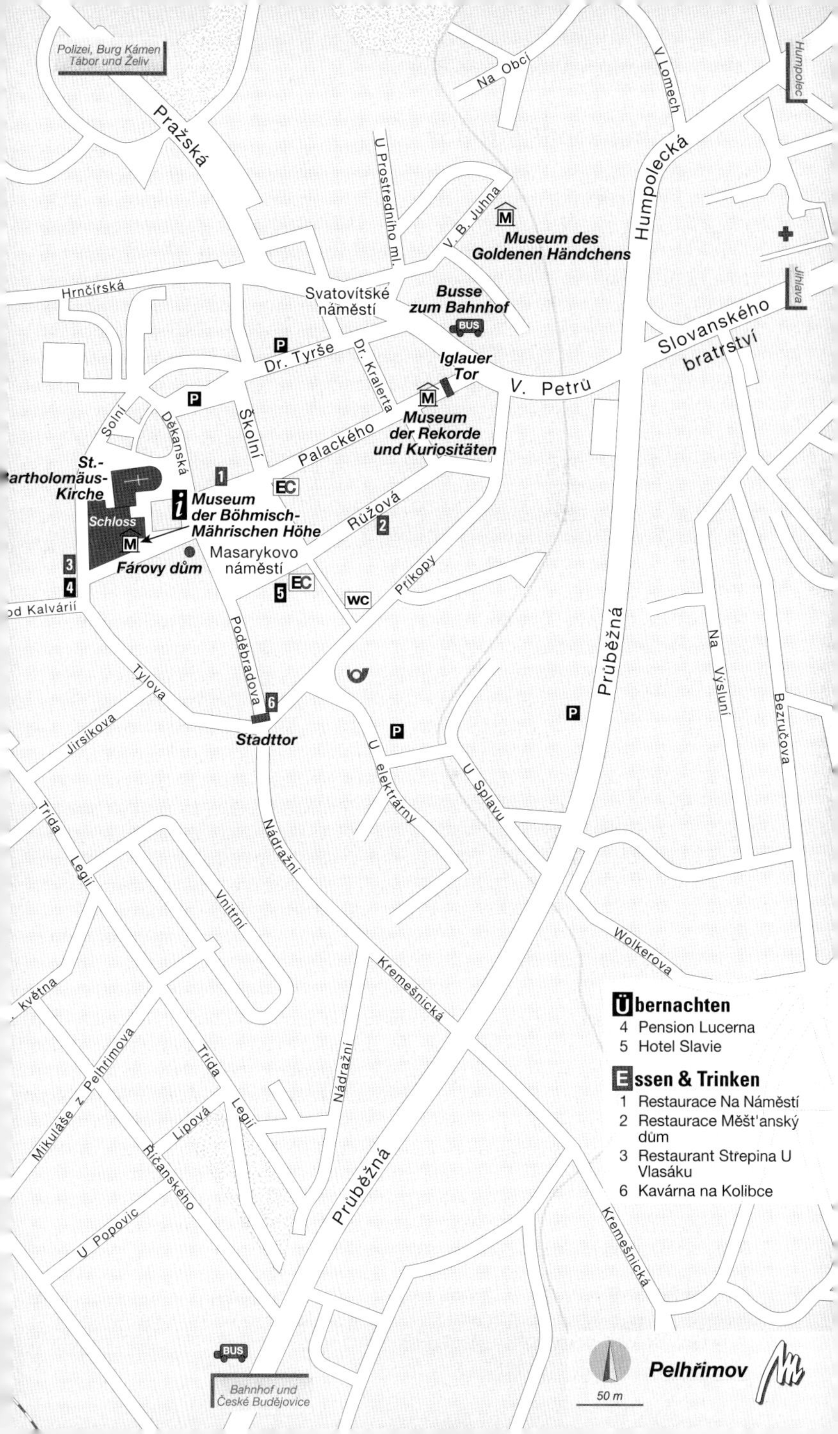
Polizei, Burg Kámen Tábor und Želiv
Pražská
Na Obcí
V Lomech
Humpolec
U Prostředního ml.
V. B. Juhna
Museum des Goldenen Händchens
Humpolecká
Jihlava
Hrnčířská
Svatovítské náměstí
Busse zum Bahnhof
BUS
Slovanského bratrství
Dr. Tyrše
Dr. Kralerta
Iglauer Tor
V. Petrů
Solní
Děkanská
Školní
Palackého
Museum der Rekorde und Kuriositäten
St.-Bartholomäus-Kirche
Museum der Böhmisch-Mährischen Höhe
Schloss
Růžová
Masarykovo náměstí
Fárovy dům
Příkopy
WC
Pod Kalvárií
Poděbradova
Tylova
Jirsíkova
Stadttor
Na Výsluní
Bezručova
Průběžná
U elektrárny
U Splavu
Třída Legií
Nádražní
Vnitřní
Wolkerova
Kremešnická
Května
Mikuláše z Pelhřimova
Lipová
Říčanského
U Popovic
Bahnhof und České Budějovice
Übernachten
4 Pension Lucerna
5 Hotel Slavie
Essen & Trinken
1 Restaurace Na Náměstí
2 Restaurace Měšťanský dům
3 Restaurant Střepina U Vlasáku
6 Kavárna na Kolibce
Pelhřimov
50 m

## Umgebung von Pelhřimov

**Hrad Kámen (Burg Kamen):** Die Burg im gleichnamigen Dorf liegt an den Ausläufern der Böhmisch-Mährischen Höhe rund 16 km westlich von Pelhřimov. Ihre Grundmauern reichen bis ins 13. Jh. zurück. Heute beherbergt sie ein *Motorradmuseum*. Unter den Exponaten befinden sich ein paar sehenswerte Raritäten wie z. B. eine *Hildebrand-Wolfmüller* aus dem Jahre 1894 oder eine *Laurin & Klement* von 1899 – beide noch mehr Fahrrad mit Benzintank als Motorrad. Zu sehen bekommt man aber auch *Pragas*, *Jawas* und *ČZs* aus den 20ern und 30ern. Über Kámen führte zu Beginn des 20. Jh. der *Ring von Patzau* (Pacov), eine legendäre Motorradrennstrecke. Heute werden darauf zuweilen Veteranenrennen veranstaltet.

• *Verbindungen* **Busse** bis zu 9-mal tägl. nach Pelhřimov.

• *Öffnungszeiten* **Burg,** April u. Okt. nur Sa/So 10–12 u. 13–16 Uhr. Mai–Sept. tägl. (außer Mo) 10–12 u. 13–17 Uhr, an Wochenenden zuweilen bis 18 Uhr. Eintritt 2 €, erm. die Hälfte.

Weiter Richtung **Tábor** → S. 432.

## Želiv (Selau)

**Ein kleiner Ort mit großem Kloster und einem einzigartigen Bier. Fremde kommen selten vorbei.**

Im Nirgendwo ca. 13 km westlich von Humpolec liegt das 1000 Einwohner zählende Želiv, an dessen Ortsrand einer der größten und ältesten Klosterkomplexe (1139) des Landes steht. Zunächst zogen Benediktinermönche ein, aber schon 1149 ging es an den Prämonstratenserorden über. In der zweiten Hälfte des 15. Jh. fiel das Kloster in weltliche Hände und wurde durch eine Burg erweitert. 1622 kauften die Strahover Prämonstratenser aus Prag das Kloster zurück, und 1713 wurde Giovanni Santini (→ S. 505) mit der Umgestaltung des Konventsgebäudes und der Abteikirche Mariä Geburt, einem ursprünglich romanischen Bau, beauftragt. Das Ergebnis gilt heute als Paradebeispiel für Santinis Barockgotik. Die Säkularisierungswelle unter Kaiser Joseph II. überlebte das Kloster, weil es in Humpolec ein Gymnasium betrieb, nicht aber die kommunistische Ära: 1950 richteten die Genossen eine Art Arbeitslager für Geistliche im Kloster ein, später wurde daraus eine psychiatrische Verwahranstalt. 1992 bekamen die Prämonstratenser ihr Kloster in einem verwahrlosten Zustand schließlich wieder zurück. Zwischen drei und zehn Mönchen hauchen dem Konvent heute wieder etwas Leben ein. Bis das gesamte Areal restauriert ist, werden wohl noch viele Jahre ins Land ziehen. Die **Klosterkirche** aber erstrahlt bereits im neuen Glanz – ihr Inneres ist äußerst sehenswert! Will man sich ein Bierchen gönnen, kann man dies an der Rezeption des Klosterhotels tun (→ Übernachten). Drei, teils etwas gewöhnungsbedürftige Sorten werden im Kloster gebraut: das helle *Haštal*, das mit Kräutern versetzte *Marsil* und das mit Blaubeeren aufgepeppte *Magni*.

• *Verbindungen* **Bus** regelmäßig nach Humpolec, bis zu 7-mal tägl. nach Tábor.

• *Übernachten* **Klosterhotel Želiv,** seit 2006 kann man im Kloster übernachten. Vermietet werden einfache, aber ordentlich restaurierte Zimmer mit und ohne Bad, z. T. tolle Räumlichkeiten. Oft von Gruppen ausgebucht. Restaurant in Planung. DZ mit Bad 36 €, ohne Bad 28 €. Klášter Želiv, ✆/☏ 565381259, www.zeliv.eu.

• *Öffnungszeiten* **Kloster,** Führungen durchs Kloster finden Mo–Sa um 10, 13 u. 15 Uhr sowie So um 13 u. 15 Uhr statt – sofern 5 Leute zusammenkommen (besser anrufen, → Übernachten). Eintritt 4 €, erm. die Hälfte.

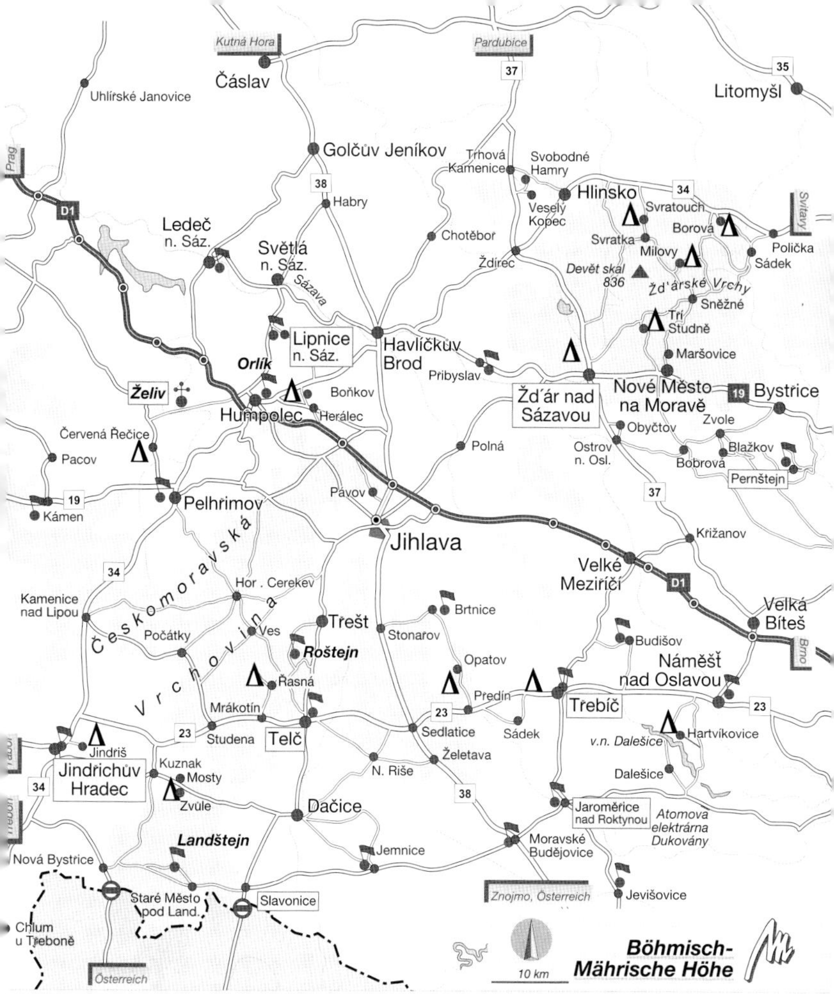


**Humpolec (Humpoletz):** Früher, als die Tuchmanufakturen florierten, wurde das heute 11.000 Einwohner zählende Humpolec nahe der Autobahn Prag – Brünn auch „Böhmisches Manchester" genannt. Heute verbindet man Humpolec in erster Linie – wir sind wieder beim Bier – mit der *Brauerei Bernard,* die fünf Sorten unpasteurisiertes *Pivo* abfüllt. Schön ist die Stadt nicht, selbst rund um den Hauptplatz fehlt es an schmucken historischen Gebäuden. Dort befindet sich auch das *Dr.-Aleš-Hrdlička-Museum* (Muzeum Dr. Aleše Hrdličky). Zu sehen gibt es u. a. eine Ausstellung über Gustav Mahler (→ S. 511) und eine über den Anthropologen Aleš Hrdlička (1869–1943). Folgt man vom Hauptplatz der Hradská stadtauswärts gen Osten, erblickt man schon bald die auf einem bewaldeten Hügel thronende *Burgruine Orlik.* Außer einem markanten viereckigen Turm, vielen Mauerresten und einem Backofen ist nicht mehr allzu viel erhalten. Wer den Lehrpfad zur Burg hochspaziert (ca. 20 Min.), passiert unterwegs einen großen *jüdischen Friedhof* mit rund 1000 Grabsteinen, darunter viele barocke und klassizistische. Gemeindemitglieder aus einem Umkreis von rund 30 km wurden hier einst beigesetzt.

• *Verbindungen* **Bus** regelmäßig nach Prag, Jihlava, Pelhřimov, Havlíčkův Brod und Želiv, 3-mal tägl. nach Brünn. Bahnhof etwas außerhalb im Südwesten der Stadt. **Züge** bis zu 9-mal tägl. nach Havlíčkův Brod.

• *Einkaufen* 100 m vom Marktplatz entfernt, in der 5. května 308, verkauft die **Brauerei Bernard** Bier, Gläser, Tischdecken usw.

• *Essen & Trinken* **Restaurant Papa's Garden,** gehobeneres Lokal in einem Neubau mit netter Terrasse (an Sommerabenden wird hier häufig gegrillt). Große Auswahl, Spezialität sind auf vielerlei Arten zubereitete Steaks. Hg. 4,80–12 €. Školní 1646, ✆ 7773 45552 (mobil). Wegbeschreibung: Vom Hauptplatz der Straße am Hotel Kotyza und der Apotheke vorbei bergauf folgen, gleich hinter der Apotheke nach rechts in die Masarykova einbiegen und dann stets der Vorfahrtsstraße folgen. Nach dem Autohaus Racek geht es rechts ab und gleich wieder rechts in die Školní.

• *Übernachten* **** **Hotel Kotyza,** sozialistischer Kasten am Marktplatz, aber innen komplett restauriert und damit besser, als er aussieht (schön ist trotzdem etwas anderes). 33 ordentliche Zimmer und Apartments, viele davon mit Balkon. Lobbybar, Gartenterrasse, Friseursalon, abgeschlossene Parkplätze. EZ 46 €, DZ 62 €. Horní nám. 5, ✆ 565537351, ℻ 565532344, www.hotelkotyza.cz.

**Hotel Černý Kůň,** einfaches Haus ca. 100 m unterhalb des Marktplatzes. Simple unrestaurierte Zimmer mit Bad, teilweise etwas dunkel. Im 1. Stock ein Restaurant, im EG ein provinziell-schickes Café. Hinterhofgarten. Personal oft nicht fremdsprachig. DZ 26 €, kein Frühstück. Dolní nám. 247, ✆ 565532331.

**Autokemp Kachlička,** einfacher, aber überaus idyllischer Wiesenplatz am gleichnamigen See ca. 7 km östlich von Humpolec bei einer Datschensiedlung. Vom Dorf Boňkov (2 km nördlich von Herálec) und von der Straße nach Havlíčkův Brod beschildert. Selten voll. Wenige, aber saubere Sanitäranlagen. Kein Restaurant, dafür ein Imbiss mit netter Terrasse. Mitte Juni–Ende Aug. 2 Pers. mit Auto u. Zelt 5,60 €. Boňkov, ✆ 606853580 (mobil).

• *Adressen/Öffnungszeiten* **Hrdlička-Museum,** Horní nám. 273. Di/Do/Fr 8–12 u. 13–16 Uhr, im Sommer auch Sa/So 10–16 Uhr. Eintritt 1,20 €, erm. 0,80 €.

**Burg Orlik,** April–Juni u. Sept./Okt. nur Sa/So 10–17 Uhr, Juli./Aug. tägl. (außer Mo) 10–18 Uhr. Eintritt 0,80 €, erm. die Hälfte.

*Lipnice nad Sázavou: ein Dorf im Schatten seiner Burg*

## Lipnice nad Sázavou (Lipnitz an der Sazawa)

Die Lage des Dorfes Lipnice rund 10 km nördlich von Humpolec ist herrlich. Die Häuser ducken sich im Schatten einer mächtigen, auf einem Granitfelsen thronenden **Burg.** Hier starb am 3. Januar 1923 der berühmteste Bohemien Böhmens, der Schriftsteller Jaroslav Hašek (→ Kasten). Sein Grab befindet sich auf dem örtlichen Friedhof. Der Dorfpfarrer mochte ihn nicht und ließ ihn neben einem Ungetauften und einem Selbstmörder an der Friedhofsmauer beisetzen. Auf dem Weg zur Burg gibt es heute eine **Hašek-Gedenkstätte** (Památník Jaroslava Haška) und gegenüber ein Hašek-Denkmal. Die Kneipe, in der er trinkend und schreibend seinen Lebensabend verbrachte, gibt es auch noch –heute geführt von Hašeks Enkel Richard und dessen Tochter. Auf der Restaurantterrasse lässt es sich bestens aushalten.

Die Burg wurde Anfang des 14. Jh. von den Herren von Lichtenberg gegründet und nach den Hussitenkriegen unter dem Adelsgeschlecht Trčka von Lípa ausgebaut. 1869 brannte sie nieder, 1917 begann man die Ruine zu sichern und wieder herzurichten. Sehenswert ist die spätgotische Burgkapelle mit Wandmalereien, der alte Palast (14. Jh.) und der neue Palast (16. Jh.). Zudem beherbergt die Burg eine Ausstellung über mittelalterliche Keramik- und Glaskunst. Von der Anlage genießt man einen herrlichen Blick über die böhmisch-mährische Grenzlandschaft, an klaren Tagen sieht man bis zum Riesengebirge.

### Jaroslav Hašek und der brave Soldat Švejk

Etwa 1200 Kurzgeschichten verfasste Jaroslav Hašek (1883–1923). Aber nicht nur als Schriftsteller machte sich Hašek einen Namen, in seinem von Eskapaden bestimmten, trinkfreudigen Leben ging er unzähligen Dingen nach. Er war Bankangestellter, Landstreicher, Journalist, Laborassistent, Hundehändler, Gründer der *Partei des maßvollen Fortschritts in den Grenzen der Gesetze,* Soldat an der galizischen Front, im russischen Bürgerkrieg, Volkskommissar in der Roten Armee usw. Als er sich gegen Ende seines Lebens im Wirtshaus Česká Koruna in Lipnice niederließ, notierte er glücklich: „Jetzt wohne ich direkt in einer Pivnice. Mir hätte nichts Besseres passieren können."

Zwei Jahre vor seinem Tod erschien die erste Ausgabe des Heftchens *Die Abenteuer des braven Soldaten Švejk.* Daraus wurde später der mit Abstand erfolgreichste tschechische Roman, und der brave Soldat selbst, ein einfacher Mann aus dem Volk, aber ein Schlitzohr, stieg zu einer unsterblichen Figur der Weltliteratur auf. Hašek zeichnete ihn als einen Charakter, der es mit Optimismus und Humor versteht, in einer politisch-ideologisch verrückten Welt zurechtzukommen, indem er sich die Maske eines Trottels überstreift.

In mehr als 40 Sprachen wurden die Abenteuer des Švejks bislang übersetzt. Sie waren mit Hašeks Tod nicht zu Ende, sondern wurden von einem anderen Autor fortgesetzt. Die bekanntesten Illustrationen zum braven Soldaten schuf Josef Lada, der auch den *Kater Mikesch* kreierte. Seine ersten Entwürfe zeigten den heute so molligen Švejk noch als schlanken Hering.


Karte S. 495

• *Verbindungen* **Bus** bis zu 10-mal tägl. nach Havlíčkův Brod.

• *Essen & Trinken/Übernachten* **Hostinec U České Koruny,** die Hašek-Kneipe. Gemütlicher, gepflegter Gasthof mit Aussichtsterrasse. Individuell eingerichtete Zimmer mit privaten Bädern (wer mag, bucht die „Hašek-Suite"), gutes Essen. DZ 43 €. Lipnice nad Sázavou, ✆ 569486126, www.hasektour.cz.

• *Öffnungszeiten* **Hašek-Gedenkstätte,** tägl. (außer Mo) 10–12 u. 13–17 Uhr. Eintritt 0,80 €, erm. die Hälfte. **Burg,** April, Sept. u. Okt. nur Sa/So 10–16 Uhr, Mai u. Juni tägl. (außer Mo) 10–16 Uhr, Juli u. Aug. tägl. (außer Mo) 9–18 Uhr. Eintritt 2,80 €, erm. 2 €.

## Ledeč nad Sázavou (Ledec)

Ledeč nad Sázavou liegt, wie der Name schon sagt, am Flusslauf der Sázava. Dieser steht bei **Kanuten** hoch im Kurs. Man kann von hier bis nach Týnec (rund 30 km südlich von Prag) paddeln, unterwegs gibt es eine Reihe von einfachen Zeltlagerplätzen. Das 5700 Einwohner zählende Städtchen selbst besitzt einen alten Kern (südlich der Sázava) und eine mächtige **Burganlage** (nördlich der Sázava) – beide noch etwas restaurierungsbedürftig. Die Burg beherbergt eine Handwerksausstellung (Töpferei, Tuchmacherei, Färberei und Glasherstellung).

• *Information* **Infocentrum** am Marktplatz, Husovo nám. 60, ✆ 569721471, www.ledecns.cz. Mo–Fr 8–17 Uhr, Sa 8.30–11.30 Uhr.

• *Verbindungen* Busbahnhof zentrumsnah, **Busse** regelmäßig nach Havlíčkův Brod, bis zu 2-mal tägl. nach Chrudim und Lipnice nad Sázavou. Die Zugverbindungen sind uninteressant.

• *Essen & Trinken/Übernachten* **Hotel Kaskáda**, am Marktplatz gegenüber der Infostelle. 2010 eröffnet und damit neuestes Haus der Stadt. 12 modern eingerichtete Zimmer. Restaurant mit böhmischer Küche und ein paar internationalen Gerichten. Die Adresse für den Winter (da keine Terrasse). Dafür Bowling, Squash und Fitness. DZ 48 €, EZ 28 €. Husovo nám. 17, ✆ 569443753, www.kaskadaledec.cz.

**Pension Vila Markéta,** an der Straße nach Havlíčkův Brod. Die Sommeradresse vor Ort, direkt am Fluss mit Burgblick und Terrasse. Gepflegtes Restaurant. Parkplätze. Nur 5 Zimmer. DZ 32 €, Frühstück extra. Heroldovo nábřeží 314, ✆ 736751118 (mobil).

• *Kanuverleih* Über **Půjčovna lodí a kol na Sázave**. Kein Office, zu erreichen über ✆ 569721383 (mobil) oder www.kolaledec.cz. 12 €/Tag.

• *Öffnungszeiten* **Burg,** April–Okt. tägl. (außer Mo) 9–12 u. 13–16 Uhr. Eintritt 1 €, erm. 0,60 €.

Informationen zu **Kutná Hora** bekommen Sie ab S. 142.

## Havlíčkův Brod (ehem. Deutsch-Brod/Německý Brod)

24.400 Einwohner zählt die Industriestadt Havlíčkův Brod. Das geschäftige Zentrum besitzt einen bildschönen Vorzeige-Marktplatz (Havlíčkovo náměstí) mit Pestsäule, der 2010 auf EU-Kosten neu gepflastert wurde. Vom alten Rathaus (Südseite, Gebäude mit Türmchen) blickt der Knochenmann mit Sense auf die farbenfrohen Fassaden der frisch restaurierten Bürgerhäuser. Eine Zeile dahinter beginnt z. T. schon die Platte. Am Hauptplatz steht auch das Elternhaus (Nr. 19) des Journalisten, Schriftstellers und Freidenkers Karel Havlíček Borovský (1821–1856), nach dem das frühere Deutsch-Brod nach dem Zweiten Weltkrieg umbenannt wurde. Im Gebäude befindet sich heute das **Regionalmuseum** mit einer Havlíček-Ausstellung. Das Nordosteck des Platzes überragt der mächtige Kirchturm der **Mariä-Himmelfahrts-Kirche.** Sie wurde im 14. Jh. vom Deutschen Ritterorden erbaut, ihr frühbarocker Hauptaltar ist sehenswert. Das örtliche Bier heißt übrigens *Rebel.*

• *Verbindungen* Busbahnhof ca. 300 m südlich des Hauptplatzes. **Busse** regelmäßig nach Humpolec und Jihlava. Bahnhof über 1 km südlich des Zentrums. Bis zu 8-mal tägl. **Züge** nach Pardubice, bis zu 11-mal über Kutná Hora nach Prag und über Jihlava nach Brünn.

• *Übernachten/Essen & Trinken* **Hotel U zlatého lva,** bis ins Detail restauriertes Haus am Hauptplatz. Rustikal-elegantes Caférestaurant mit Steinfliesen und schweren Balkendecken im EG. Angenehme, komfortable Zimmer. Vornehmlich Geschäftsreisende. Sehr freundliches Personal. DZ 65 €, am Wochenende 46 €. Havlíčkovo nám. 176, ✆ 569420276, www.uzlateholva.cz.

**Pension Brixen,** am Marktplatz (Eingang von der Rückseite). 10 konventionelle Teppichbodenzimmer mit Kiefernholzmobiliar und Bad. DZ 40 €. Havlíčkovo nám. 175, ✆/℡ 569421118, www.brixen.cz.

• *Öffnungszeiten* **Regionalmuseum,** tägl. (außer Mo) 9–12 u. 13–17 Uhr. Eintritt 1,20 €, Kinder u. Stud. frei.

## Hlinsko und Umgebung

Ein Abstecher nach Hlinsko (10.200 Einwohner) am Nordrand der Böhmisch-Mährischen Höhe lohnt für all jene, die ein ausgeprägtes Interesse an traditioneller Volksarchitektur besitzen. Denn Hlinsko und Umgebung sind Schauplätze des **Freilichtmuseums der Böhmisch-Mährischen Höhe** (Soubor lidových staveb a řemesel Vysočina). In Hlinsko selbst kann ein fußballfeldgroßes Areal mit Bauten im Blockhausstil namens *Betlém* (ausgeschildert) besichtigt werden. In *Svobodné Hamry* hingegen (der Straße 343 Richtung Trhová Kamenice/Čáslav folgen und nach rund 5 km links abzweigen) kann man eine im traditionellen Stil nachgebaute Dorfschenke und ein altes Hammerwerk (Vodní kovací hamr) besuchen. Von Svobodné Hamry führt die Straße weiter ins idyllisch gelegene *Veselý Kopec* („Lustiger Hügel"), eine Ansammlung mehrerer Gehöfte, die fast alle aus dem Umland hierher verlegt wurden. Den Besuch der Museen versüßt ein Schluck vom hiesigen *Rychtář*-Bier.

• *Verbindungen* Busbahnhof und Bahnhof im Norden von Hlinsko. **Bus,** bis zu 3-mal tägl. nach Polička und Žďár nad Sázavou. **Züge,** regelmäßig nach Havlíčkův Brod und Pardubice.

• *Essen & Trinken* **Restaurant Rychtář,** am Marktplatz. Böhmische Standards zu günstigen Preisen, dazu das hiesige Bier. Mit Sommerterrasse. ✆ 469311786.

• *Übernachten* **Hospoda U sv. Huberta,** im Betlém-Areal von Hlinsko. Die urig-gemütliche Hospoda mit deftig-mährischer Küche (zudem Wild und frische Forelle) vermietet auch ein paar hübsche Zimmer im Landhausstil. Biergarten. DZ 32 €. Betlém 157, ✆ 469311770, http://hubert.hlinsko.cz.

• *Camping* **Náš Sen,** ca. 10 km südöstlich von Hlinsko beim Örtchen Svratouch, dort unscheinbar ausgeschildert. Kleiner gepflegter Wiesenplatz am Waldrand. Unter holländischer Leitung, daher auch vornehmlich holländisches Publikum. Kinderpool, Feuerstelle, Tischtennis. Das Restaurant ist nicht immer in Betrieb. Es werden auch Zimmer vermietet. Mai–Okt. DZ mit Bad 27 €, 2 Pers. mit Zelt u. Auto 13,20 €. Svratouch 317, ✆ 566662410, www.onzedroom.nl.

• *Öffnungszeiten* **Betlém,** Jan.–März Di–Fr 8–16 Uhr, Sa 8–11 Uhr, April–Juni u. Sept. – Dez. tägl. (außer Mo) 8–16 Uhr, Juli u. Aug. tägl. (außer Mo) 8–17 Uhr. Eintritt 1 €, erm. die Hälfte.

**Svobodné Hamry,** Mai–Aug. Fr 13–17 Uhr, Sa/So 9–12 u. 13–17 Uhr, Sept. Fr 13–16 Uhr, Sa/So 9–12 u. 13–16 Uhr. Eintritt 0,20 €, erm. die Hälfte.

**Veselý Kopec,** April, Sept. u. Okt. tägl. (außer Mo) 9–16 Uhr, Mai–Aug. tägl. (außer Mo) 8–17 Uhr. Eintritt 2 €, erm. 1,20 €.

Informationen zu **Pardubice** bekommen Sie ab S. 168.

*Polička, die Geburtsstadt des Komponisten Bohuslav Martinů*

## Polička (Politschka)

8900 Einwohner zählt Polička, ein ruhiges, gemütliches Städtchen mit einer Reihe netter Lokale und Unterkünfte. Das verkehrsberuhigte Zentrum ist von einer gotischen Befestigung (begehbar) umgeben, an die sich stellenweise niedrige Häuser ducken. Den Marktplatz, den Palackého náměstí, schmücken zwei Brunnen, eine schöne, über 20 m hohe Mariensäule (1731) und das gelbe klassizistische Rathaus in der Mitte. Darin finden zuweilen Ausstellungen statt. Nordwestlich des Rathauses zweigt die Tylova ab, an der das Stadtmuseum liegt, das 2009 in neuer, moderner Form als **Bohuslav-Martinů-Zentrum** (Centrum Bohuslava Martinů) wiedereröffnet wurde. Man widmet sich der lokalen Geschichte und der hiesigen Glasindustrie, aber insbesondere natürlich dem Komponisten Bohuslav Martinů (1890–1959), dem berühmtesten Sohn der Stadt. Sein alle Gattungen umfassendes Werk (darunter zwölf Opern) wird dem Neoklassizismus zugeordnet und überrascht durch Elemente aus Jazz und tschechischer Folklore. Geboren wurde Martinů nur ein paar Schritte weiter, ganz oben im Turm der neugotischen **St.-Jakobs-Kirche** (Kostel sv. Jakuba) – dort lebten seine Eltern, der Vater war Turmwächter und Schuster. Über 192 Stufen gelangt man in das Zimmer der fünfköpfigen Familie, die heute eine Gedenkstätte ist. Eine Postkarte mit dem Ausblick vom Turm trug der später im Exil lebende Komponist stets mit sich. Auch vom Bier der hiesigen *Měštanský Pivovar*, die ein überaus leckeres Ungefiltertes braut, soll er sein Leben lang geschwärmt haben. Zu Ehren des Komponisten findet alljährlich Mitte Mai das Martinů-Festival statt.

• *Information* **Informační centrum** am Palackého nám. 160, ✆ 461724326, www.policka.org. Mo–Fr 8–18 Uhr, Sa/So 9–15 Uhr.

• *Verbindungen* Busbahnhof und Bahnhof nahe beieinander im Norden der Stadt. **Busse** regelmäßig nach Svitavy und Litomyšl, bis zu 5-mal tägl. nach Pardubice, bis zu 3-mal nach Brünn, Hradec Králové und Prag. Per **Zug** gelangt man regelmäßig nach Svitavy.

• *Essen & Trinken/Übernachten* **Restaurant Herešova krčma,** am Marktplatz (Nr. 56). Uriges und schönes Restaurant im Stil einer mittelalterlichen Schenke. Netter Innenhof. Deftige Kost zu 4–15 €. ✆ 461310278.

**Šenk Nožiře Dobroty,** auf mehrere bunt gestrichene Häuser mit Holzgiebeln an der Stadtmauer (westliche Außenseite) verteilt. Freundliche Zimmer, die privaten Bäder liegen außerhalb. Nettes Restaurant mit günstigen böhmischen Standards und hübscher Terrasse. DZ 28 € ohne Frühstück. Na Bídě 15, ✆ 461724417, jan.zelenda@sezman.cz.

**Camping Borová,** ca. 11 km westlich von Polička beim gleichnamigen Dorf. Etwas beengter Platz mit vielen Chatas. Gute Sanitäranlagen, gepflegter Pool, viele Feuerstellen, fröhliches Publikum. Zum Essen geht man in die Hospoda U Lesa (15 Fußmin.) in einem urigen Holzhäuschen, von der Straße weiter Richtung Polička beschildert (innen mit Kachelofen und dicker Balkendecke, außen netter Biergarten; Rostbraten, Käsemix oder Schnitzel zu günstigen Preisen). Mai–Aug. Personal nicht immer fremdsprachig und nicht immer das freundlichste. 2 Pers. mit Zelt u. Auto ab 8,70 €. Borová 339, ✆/📠 461743263, www.campborova.cz.

• *Öffnungszeiten* **Bohuslav-Martinů-Zentrum,** tägl. (außer Mo) 9–12 u. 12.30–17 Uhr. Eintritt für alle Ausstellungen 3,20 €, erm. die Hälfte. Hier kauft man auch die Tickets für das **Geburtszimmer Martinůs** im Kirchturm (2,40 €, erm. die Hälfte; Turm April u. Sept. Di–Sa 9–16 Uhr, So 12–16 Uhr, Mai–Aug. Di–Sa 9–17 Uhr, So 12–17 Uhr, Okt. Di–Fr 9–16 Uhr) und die Stadtmauer (1,60 €, erm. die Hälfte).

Informationen zu **Svitavy** bekommen Sie ab S. 231, zu **Litomyšl** ab S. 225.

## Nové Město na Moravě (Neustadt in Mähren)

Nové Město ist das **Wintersportzentrum** der Böhmisch-Mährischen Höhe. Rund um den Ort gibt es 108 km gespurte Loipen. Regelmäßig finden hier Wettkämpfe statt, auch internationale. Das bekannteste Rennen ist der *Goldene Ski,* der Wettbewerb (Ende Dezember) wird seit 1933 ausgetragen. Am **Harusův kopec** (741 m) östlich der Stadt kann man theoretisch auch alpinen Skisport betreiben – Muskelkater in den Oberarmen garantiert, denn ohne Anschieben bekommt man an dem flachen Hang kaum Schwung. Auch im Sommer wird Ski gefahren, 2004 war Nové Město gar Austragungsort der Grasskiweltmeisterschaft.

Die 10.500 Einwohner zählende Stadt besitzt einen netten alten Ortskern, der rund fünf Prozent der Fläche einnimmt. Über den Rest schweigen wir. Den Marktplatz (Vratislavovo náměstí) dominiert die mit schönen figürlichen Sgraffiti verzierte **Kirche der Hl. Kunigunde** (Kostel sv. Kunhuta). Am oberen, nordwestlichen Eck steht ein **Barockschloss,** in dem heute die **Hochlandgalerie** (Horácká galerie) u. a. Plastiken und Gemälde überwiegend aus dem 20. Jh. zeigt. Am unteren Ende des Platzes, schräg gegenüber der Touristeninformation, befindet sich das **Hochlandmuseum** (Horácké muzeum) im Gebäude des Alten Rathauses. Es widmet sich dem Skisport und der lokalen Skiproduktion (heute die Marke *Sporten*), ferner präsentiert es Trachten, Keramik, Webstühle und Glaskunst (nördlich der Stadt gab es einst viele Glashütten).

Wer ein paar Tage in Nové Město und Umgebung verbringen will – die Gegend lädt auch zum Wandern und Radfahren ein –, findet etliche Unterkünfte.

• *Information* **Informační centrum** am Marktplatz. Mo–Fr 7.30–16 Uhr, Juni–Aug. auch Sa/So 9–15 Uhr, Mitte Dez.–Mitte Feb. auch Sa 9–15 u. So 9–13 Uhr. ✆ 566650254, www.nmnm.cz.

• *Verbindungen* Busbahnhof 100 m östlich des Zentrums. Häufige **Busse** nach Žďár nad Sázavou, bis zu 2-mal tägl. direkt nach Brünn und Jihlava. Bahnhof 1 km nördlich des Zentrums, **Züge** regelmäßig nur nach Žďár nad Sázavou.

• *Essen & Trinken/Übernachten* ***-**** **Hotel Ski**, ca. 2 km westlich der Stadt, von der Straße nach Žďár nad Sázavou ausgeschildert. Im Stil eines Berghotels aus der Retorte. Ruhige Lage am Waldrand. 34 lichte Zimmer (in der 4-Sterne-Version neu ausgestattet) mit geraniengeschmückten Balkonen. Diverse Sportangebote, Garage. 3-Sterne-DZ 74 €, 4-Sterne-DZ 84 €. Nové Město na Moravě, ✆ 566653011, 📠 566618647, www.hotelski.cz.

**Restaurace & Penzion U Pasáčka,** nettes neues Lokal am Marktplatz, das ganz im Zeichen des Skisports steht. Außenbereich im Hof, jedoch mit steriler Plastikbestuhlung. Freundliches junges Personal. Günstige Preise und nicht nur die Standards auf der Karte. Zudem werden 13 Zimmer und Apartments ohne besondere Note vermietet. Ab 17 €/Pers., Frühstück 2 € extra. Palackého nám. 15, ✆ 566523612, www.pasacek.cz.

**Hotel Maršovská rychta,** ca. 2 km nördlich von Nové Město im Dorf Maršovice. Urigrustikale Dorfgaststätte mit guter Hausmannskost und schönem Biergarten. Es werden auch günstige, aber sehr simple Zimmer und Apartments vermietet. DZ (ohne Bad) 18 €, Apartment (mit Bad) für 2 Pers. 26 €. Maršovice 1, ✆/📠 566615530, www.marsovskarychta.cz.

• *Öffnungszeiten* **Hochlandgalerie,** tägl. (außer Mo) 9–12 u. 13–17 Uhr. Eintritt 1,60 €, erm. die Hälfte. **Hochlandmuseum,** Okt.–April Di–Sa 9–16 Uhr, Mai, Juni u. Sept. tägl. (außer Mo) 9–16 Uhr, Juli u. Aug. tägl. (außer Mo) 9–17 Uhr. Eintritt 0,80 €, erm. die Hälfte.

## Rund um den Devět Skal („Neun Felsen")

Das *Žďárské Vrchy* genannte Gebiet rund um den Devět Skal (836 m), den höchsten Berg der Böhmisch-Mährischen Höhe, ist landschaftlich reizvoll und als Low-Budget-Ferienregion beliebt. Das „touristische Zentrum" ist **Milovy** rund 15 km nördlich von Nové Město. Dabei handelt es sich um zwei Campingplätze und eine Häuseransammlung rund um einen größeren Teich. Von Milovy führt ein erst grün, dann rot markierter Wanderweg auf den Devět Skal (leider kaum Aussicht). Auch bei **Tři Studně** gibt es einen Teich mit Campingmöglichkeiten. Die Dörfer der Gegend erwachen erst langsam aus ihrem Graue-Maus-Dasein. Viele Dächer sind jedoch schon neu gedeckt – bekanntlich kommen danach die Fenster und Fassaden dran.

• *Verbindungen* Bis zu 7-mal tägl. ein **Bus** zwischen Nové Město und Milovy.

• *Übernachten* *** **Devět Skal,** in Milovy nicht zu übersehen. Am Ende der sozialistischen Ära erbauter 241-Betten-Komplex und komfortabelstes Haus der Gegend – nicht zu viel erwarten. Lesern gefiel's hier gut. Hallenbad. EZ im Sommer ab 34 €, DZ ab 40 €. Milovy 11, ✆ 566585541, 📠 566585444, www.orea.cz.

**Hostinec U Šlechtů,** an der Durchgangsstraße in Milovy. Neubau mit netter, rustikaler Gaststätte und ebensolchem Biergarten. Ein Radlertreff. Günstige Hausmannskost. Vermietet werden 10 anständige Zimmer mit Bad. Freundliches junges Personal (englischsprachig). DZ 30 €, Frühstück extra. Milovy, ✆ 566664339, www.elgordo.cz.

Weiter Richtung **Burg Pernštejn,** → S. 559.

## Žďár nad Sázavou (Saar an der Sazawa)

**Žďár nad Sázavou ist eine Stadt, die nur Blinde schön finden können, und dennoch ist sie eine Reise wert: Am nördlichen Ortsrand liegen das alte Zisterzienserkloster und die Nepomukkapelle auf dem Grünen Berg. Letztere ist ein Werk Santinis und heute UNESCO-Welterbe.**

Die Geschichte Žďárs war über Jahrhunderte eng verbunden mit der des 1252 gegründeten Zisterzienserklosters, in dessen Besitz das Dorf am Flusslauf der Sázava (Sazawa) lange Zeit war. Als 1422 die Hussiten aufzogen und 1638 die Schweden, blieben Kloster und Dorf verwüstet zurück. 1785 wurde das Kloster säkularisiert

*Architektonische Meisterleistung: die Nepomukkapelle von Žďár nad Sázavou*



und in ein Schloss umgewandelt. Heute ist es wieder im Besitz der Familie Kinský. Žďár blieb noch bis in die Mitte des 20. Jh. ein verträumtes Städtchen. Dann folgte die Ansiedlung von Arbeitskräften für die Stahlindustrie und den Maschinenbau. Die Einwohnerzahl stieg auf das Zehnfache an, auf heute rund 23.300. Seitdem präsentiert Žďár sämtlichen Einfallsreichtum sozialistischer Städteplaner.

• *Information* **Turistické informační centrum** am Marktplatz im Zentrum von Žďár. Mo–Fr 9–12 u. 13–17 Uhr, Sa 9–12 Uhr, Juni–Sept. Sa 9–12 u. 13–17 Uhr, So 9–12 Uhr. ✆/📠 566625808, www.santinitour.cz.

• *Verbindungen* Bahnhof und Busbahnhof nebeneinander ca. 1,5 km südlich des Zentrums und 5 km vom Klosterareal entfernt. Die Stadtbusse Ⓑ 1, 2 u. 6 verbinden den Busbahnhof mit dem Klosterareal, zudem halten dort auch die Busse nach Svratka und Přibyslav. **Überlandbusse** regelmäßig nach Jihlava, Polná und Nové Město na Moravě, bis zu 3-mal tägl. nach Hradec Králové und Hlinsko. **Züge** regelmäßig nach Brno und Nové Město na Moravě sowie bis zu 9-mal tägl. nach Prag.

• *Essen & Trinken/Übernachten* **Radniční Restaurace,** nahe dem Rathaus am Marktplatz in Žďár. Etwas düsteres Kellerlokal, das nur im Winter gemütlich ist. Im Sommer sitzt man auf der Terrasse. Zu den kurzgebratenen Standards gesellen sich auch einige Wildgerichte. Hg. 4–10 €. ✆ 566623188.

*** **Hotel Talský Mlýn,** am nördlichen Ortsrand, der Straße am Klosterareal vorbei stadtauswärts folgen, dann ausgeschildert. Nette Anlage in ruhiger Lage mit 18 schlichten Zimmern. Rustikal-gepflegtes Restaurant mit Balkendecke und Terrasse. EZ 20 €, DZ 34 €, Frühstück extra. Žďár nad Sázavou 2, ✆/📠 566625086, www.cerum.cz.

**Pension V Kapli,** neben dem Klosterareal. Zu empfehlen! Eine überaus originelle Unterkunft in einer umgebauten Kapelle. Die 2 Zimmer (mit Bad und TV) und 2 Apartments sind klassisch-modern und komfortabel eingerichtet. Dazu schönes Café mit idyllischem Gärtchen, sehr freundlicher Service. DZ 45 € (mit Frühstück), Apartment für 2 Pers. 52 € (ohne Frühstück). Santiniho 64, ✆ 566623552, www.kaple.cz.

**Hotel U Labutě,** am Marktplatz. 15 landestypische Standardzimmer ohne persönliche Note, jedoch mit Bad. Restaurant. Etwas unaufmerksamer Service. DZ 32 €, kein Frühstück. Nám. Republiky 70, ✆ 566622949, ℻ 566629620, www.hotelulabute.cz.

**Autokempink Pilák,** am nördlichen Ortsrand (am Kloster vorbei der Straße stadtauswärts folgen, dann ausgeschildert). Kleiner Platz an einem See, fest in der Hand von tschechischen Dauercampern. Gute Sanitäranlagen, gutes Restaurant in Laufnähe. Mai–Sept. 2 Pers. mit Wohnmobil 7 €. Žďár nad Sázavou 2, ✆/℻ 566625086, www.cerum.cz.

## Klosterareal und Umgebung

Verlässt man das Zentrum auf der Straße 37 gen Norden Richtung Ždírec, erreicht man das Klosterareal nach rund 3 km. Unmittelbar davor, gleich hinter einer Barockbrücke, zweigt rechter Hand ein Weg (Hinweisschild, ca. 8 Fußmin.) zur Nepomukkapelle ab.

**Kostel sv. Jana Nepomuckého na Zelené Hoře (Nepomukkapelle auf dem Grünen Berg):** Die faszinierende Wallfahrts- und Friedhofskapelle von Giovanni Santini entstand zwischen 1719 und 1722. Sie besitzt den Grundriss eines fünfzackigen Sterns, aus dem wiederum fünf kleine, ovale Kapellen hervortreten. Die Kuppel in der Mitte erinnert an byzantinische Sakralbauten. Die Kapellen symbolisieren sowohl die fünf Wunden Christi als auch die fünf Sterne, welche um Nepomuks Haupt beim Brückensturz (→ S. 363) aufgeflackert sein sollen. Die herausgeschnittene Zunge des Märtyrers ruht im Reliquienschrein des Hauptaltars. Die Motive „Zunge" und „Sterne" wiederholen sich in fast makabrer Weise in der Ausschmückung im Innern: über der Kanzel, an der Decke, in den Seitenkapellen ... Das Gräberfeld rund um die Kapelle schließt eine im Zickzack verlaufende Friedhofsmauer mit Kreuzgang ab.

*Öffnungszeiten* April u. Okt. nur Sa/So 9–17 Uhr, Mai–Sept. tägl. (außer Mo) 9–17 Uhr. Führung 3,20 €, erm. 2 €.

**Kloster- bzw. Schlossareal:** Dominante des gepflegten Areals ist die *Konventskirche Mariä Himmelfahrt* (Kostel Nanebevzetí Panny Marie) aus dem 13. Jh. Ihr Innenumbau war der erste Auftrag, den Giovanni Santini 1706 vom hiesigen Abt Wenzel Wejwoda (1705–1723) erhielt. Die üppige ornamentale Ausschmückung beeindruckt besonders. Die Empore, auf welcher die Orgel steht, schwebt förmlich in den Raum. Die ehemalige Klosterprälatur, ein späterer Neubau Santinis, beherbergt heute das *Buchmuseum* (Muzeum knihy), ein Ableger des Nationalmuseums Prag. Schönster Raum ist der Hauptsaal mit einem Deckengemälde von Karl Töpper aus dem Jahr 1734. Das Museum widmet sich der Entstehung der Schrift und der Entwicklung des Buchdrucks bis (nahezu) heute. Im ehemaligen *Konventsgebäude* befinden sich die Ausstellungen „Santini" und „Barockkunst"; Letztere zeigt rund 80 Werke, die im Besitz der Prager Nationalgalerie sind. Über die Kinský informiert eine Exposition (Galerie Kinských) in den ehemaligen *Stallungen*, die ebenfalls von Santini entworfen wurden. Nördlich des Klosters, an der Straße nach Prag, erhielt Santini von Abt Wenzel Wejwoda den Auftrag zum Bau eines weiteren Friedhofs – er sollte kommende Pestopfer aufnehmen. Er wird heute *Unterer Friedhof* (Dolní Hřbitov) genannt. Der Friedhof besitzt keinen einzigen Grabstein und wirkt alles in allem etwas unheimlich. Drei einfache Kapellen symbolisieren die Dreifaltigkeit, die Friedhofsmauern ähneln sanften Wellen, und in der Mitte des Areals bläst ein einsamer Engel zum Jüngsten Gericht.

• *Öffnungszeiten* → Nepomukkapelle. Führung durch Kirche und Santini-Ausstellung (50 Min.) 4 €, erm. 2,40 €, Führung durch Kirche, Barockausstellung und Santini-Ausstellung (80 Min.) 5,60 €, erm. 3,60 €, Kombiticket Barockausstellung und Kinský-Galerie (ohne Führung) 2,40 €, erm. 1,60 €. Buchmuseum 2 € extra, erm. 1,20 €.

### Giovanni Santini und die Barockgotik

Johann Blasius Santini Aichel, bekannter unter dem Namen Giovanni Santini, wurde 1677 in Prag geboren. Sein Großvater, der Steinmetz Anton Akel, war aus dem Luganese zugewandert, seine Großmutter Christine (geborene Ost) kam aus dem damals deutschsprachigen Pilsen. Ein körperliches Leiden war vermutlich der Grund dafür, dass der junge Giovanni nicht im väterlichen Betrieb auf der Prager Kleinseite zum Bildhauer ausgebildet wurde, sondern Malerei studieren durfte. Danach entdeckte Aichel sein Interesse an der Architektur. Er unternahm Studienreisen nach Österreich und Italien und wurde Schüler von Johann Lucas von Hildebrand (1668–1745), bekannt z. B. durch den Wiener Palais Schönbrunn, und von Johann Bernhard Fischer von Erlach (1656–1723), der u. a. die Kollegienkirche in Salzburg erbaute. Anfang des 18. Jh. trat Aichel schließlich selbst als Architekt hervor. Seine ersten Auftraggeber waren die Benediktiner, Zisterzienser und Prämonstratenser, die ihre oft zerstörten oder baufällig gewordenen, ursprünglich gotischen Klöster im Zuge der Gegenreformation barockisieren ließen. Aichel verband die gotischen mit den barocken Elementen und hinterließ damit eine einzigartige Architektur, die heute als Barockgotik bezeichnet wird. Aber auch bei „Neubauten“, v. a. Wallfahrtskirchen und Gnadenkapellen, verschmolz er das barocke und gotische Formenvokabular zu einer neuen architektonischen Synthese. Bis zu seinem Tod 1723 entwarf Aichel rund 100 profane und sakrale Bauten. Zu seinen Meisterwerken gehören neben der Nepomukkapelle auf dem Grünen Berg u. a. die Klosterkirchen von Sedlec (bei Kutná Hora), Želiv, Plasy und Kladruby, Schloss Karlskron (Chlumec nad Cidlinou) und die Wallfahrtskirche Křtiny bei Brünn. Aichel hinterließ keinen Schüler, der den eigenwilligen Stil fortsetzte. Sein Werk aber inspirierte später immer wieder Architekten, selbst die Kubisten bezogen sich auf Santinis Formenlehre.

**Weitere Santini-Bauten in der Umgebung:** Auch die ehemalige Dorfkneipe von *Ostrov nad Oslavou,* 10 km südlich von Žďár, entstammt der begnadeten Vorstellungskraft Santinis und war ebenfalls eine Auftragsarbeit für den Abt Wenzel Wejwoda. Ihm zu Ehren entwarf Santini das Gasthaus im Grundriss eines doppelten „W“, den Initialen des Abtes. Zuletzt stand das Gebäude an der Hauptdurchgangsstraße leer und sollte restauriert werden. Knapp 2 km nordöstlich davon befindet sich im Dorf *Obyčtov* die *Kirche Mariä Heimsuchung.* Der gelbe Bau wurde erst nach Santinis Tod realisiert. Seine Form erinnert grob an eine Schildkröte, durch ihren schützenden Panzer ein Symbol für die Jungfrau Maria. Die vier Kapellen bilden die Beine, der Zwiebelturm den Kopf. In *Bobrová,* 10 km östlich von Obyčtov, und in *Zvole,* weitere 6 km östlich, stehen noch mehr Santini-Kirchen.

Das 26 km westlich gelegene **Havlíčkův Brod** (→ S. 498) erreichen Sie von Žďár nad Sázavou über **Přibyslav.**

# Jihlava (Iglau)

**Wohlstand ist vergänglich, und so spiegelt sich die spannende Lokalgeschichte leider nur im bescheidenen Maß im Stadtbild wider.**

Ihre Gründung verdankt die heute 51.200 Einwohner zählende Stadt Silberfunden zu Anfang des 13. Jh. Daraufhin ließen sich hier Bergleute aus Schlesien, Sachsen, Franken und der Oberpfalz nieder. So entstand Iglau, eine deutschsprachige Insel inmitten einer überwiegend von Slawen bewohnten Region. Der Silberreichtum bescherte Iglau einen rapiden Aufschwung: 1249 wurde die Stadt zur königlichen Bergstadt erhoben und schon zu Ende des 13. Jh. war sie von Mauern umgürtet. In die Stadt führten fünf Tore, die mit Zugbrücken ausgestattet waren. Erhalten blieb lediglich das Frauentor (Brána Matky Boží).

Im ausgehenden 14. Jh. waren die Silberminen erschöpft. Das alte Iglauer Bergrecht aber lebte fort: Aus ihm ging der Bergbaukodex *Ius Regale Montanorum* hervor, der zum Vorbild für das gesamte Bergrecht in Europa und Südamerika werden sollte. Zum neuen, ertragreichen Wirtschaftszweig entwickelte sich die Tuchmacherei. Bereits im 15. Jh. war das Iglauer Tuch weit über die Grenzen Böhmens bekannt und half, den Wohlstand der Stadt weiter zu steigern. Von den prächtigen Gebäuden jener Zeit blieb wenig erhalten, eine gewaltige Feuerbrunst zerstörte Iglau 1523. Als der Wiederaufbau weitestgehend abgeschlossen war, kam der Dreißigjährige Krieg. Eine von den Schweden geplünderte und erneut niedergebrannte Stadt war die Folge. Die Einwohnerzahl war auf ein Achtel gesunken! Fast eineinhalb Jahrhunderte strichen ins Land, bis die Klöster und die Tuchmacher Iglau zu einer neuen Blüte führten. Um 1800 war die Stadt schließlich einer der größten Tuchproduzenten im Habsburgerreich.

Die nächste Schreckensära läuteten die Nazis ein. In Iglau hatte man das Protektorat herbeigesehnt. Zur Waffen-SS meldeten sich hier so viel junge Männer wie sonst nirgendwo im Deutschen Reich. Nach dem Krieg wurden rund 16.000 deutsche Iglauer vertrieben (Einwohner 1930 ca. 25.000). Von den rund 1300 Juden, die in Iglau noch vor dem Protektorat lebten, kehrten nur 32 zurück. Den neu angesiedelten Tschechen und Slowaken fehlte der Bezug zum alten Iglau, und der Sozialismus förderte alles andere als den Erhalt des baulichen Erbes. Heute versucht man zu retten, was noch zu retten ist. Hier und da herrscht wieder ein bisschen alter Glanz.

**Orientierung:** Die Sehenswürdigkeiten Jihlavas sind bestens ausgeschildert. Sie liegen allesamt in der Altstadt, die z. T. noch von der alten Stadtmauer umgeben wird. Ihr Herz ist der *Masarykovo náměstí*, ein weiter, leicht abschüssiger Platz. Von dort fahren Busse zum Bahnhof und Busbahnhof.

## *Information/Parken/Verbindungen*

• *Information* **Infocentrum** am Masarykovo nám. 2, ✆ 567167158, www.jihlava.cz. Sept.–Juni Mo–Fr 8–17 Uhr, Sa 8–12 Uhr, Juli u. Aug. Mo–Fr 8–18 Uhr, Sa bis 17 Uhr.

Weiteres Infocentrum neben dem Frauentor (→ Sehenswertes).

• *Parken* Videoüberwachte Parkplätze in der unteren Hälfte des Marktplatzes. Billiger sind die Parkplätze in den umliegenden Straßen.

• *Verbindungen* Busbahnhof ca. 10 Fußmin. nordwestlich des Zentrums. Gute Ver-

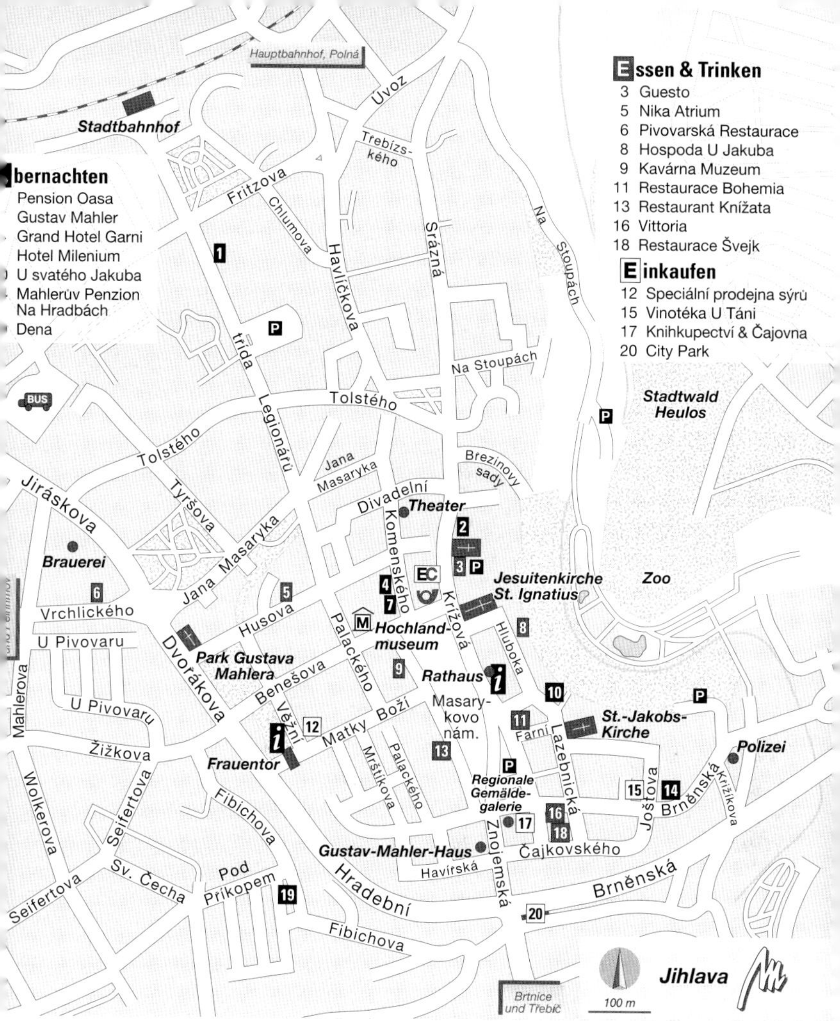


bindungen per **Bus** nach fast überallhin in Mähren und Ostböhmen und nach Prag.

Jihlava besitzt 2 Bahnhöfe. Der *Hauptbahnhof (Hlavní nádraží)* liegt weit außerhalb des Zentrums im Norden der Stadt, Verbindung ins Zentrum mit Trolleybus A (10 Min.). Regelmäßig **Züge** über Třebíč nach Brünn und nach Havlíčkův Brod, bis zu 7-mal tägl. nach Budweis. Für Züge nach Prag muss man i. d. R. in Havlíčkův Brod umsteigen. Am *Stadtbahnhof (Jihlava město)* halten nur wenige Züge.

Den **Stadtverkehr** besorgen Busse, alle fahren vom zentralen Platz ab. Tickets bekommt man für 0,65 € (Stand 2010) an den gelben Automaten oder etwas teurer direkt beim Fahrer.

## Adressen/Einkaufen/Sonstiges

- *Ärztliche Versorgung* **Krankenhaus und Poliklinik** an der Vrchlického, rund 2 km westlich des Zentrums. ✆ 567157111.
- *Polizei* **Stadtpolizei** an der Křižíkova. ✆ 156.
- *Post* **Hauptpost** am Nordende des Masarykovo nám.

• *Einkaufen* **Speciální prodejna sýrů (12),** kleines Käselädchen, in dem man sich z. B. mit südböhmischem Niva oder Hermelín eindecken kann. Angeschlossen ist ein Weinverkauf ums Eck in der Věžní. Matky Boží 30.

**Vinotéka U Táni (15),** ebenfalls eine gute Auswahl an mährischen Weinen, auch vom Fass. Brněnská 27.

**Knihkupectví & Čajovna (17),** skurrile Mischung aus Buchhandlung (leider nur tschechische Bände) und Teeladen. Zudem Asia-Artikel. Masarykovo nám/Ecke Úzká.

**City Park (20),** Shoppingcenter an der Hradební 1. Vertreten sind u. a. *C & A, Marks & Spencer* und *Levi's.*

• *Veranstaltungen* Highlight ist das **Mahlerfestival** im Mai u. Juni. In der zweiten Junihälfte wird zudem alle 2 Jahre beim **historischen Stadtfest** der traditionelle Berghäuerzug nachgestellt.

• *Zoo* Jihlavas kleiner Zoo (Zoologicka zahrada) liegt östlich des Zentrums im Stadtwald Heulos. Mai–Sept. 8–18 Uhr, April u. Okt. 9–17 Uhr, Nov.–März 9–16 Uhr. Eintritt 3,20 €, erm. die Hälfte.

**Buchtipp!** *Herma Kennel: Bergers-Dorf.* Vitalis Verlag, Prag 2003. Ein interessanter Tatsachenroman über die Sprachinsel Iglau in den Jahren 1939–1945. Er zeigt auf, wie einfache Menschen in das Räderwerk der politischen Zeitläufe gerieten.

## *Essen & Trinken (→ Karte S. 507)*

• *Restaurants* **Restaurant Knížata (13),** das Schickste, was Jihlava zu bieten hat. Modernes, weiträumiges Lokal mit tollem Maßhaus-Gewölbe. Einsehbare Küche. Gezaubert wird internationale Küche mit Hang zur mediterranen: *Vitello Tonnato,* geräucherte Entenbrust, Pasta, Schweinelende mit Thymian. Hg. 4–13 €. Masarykovo nám. 44, ✆ 567210933.

*Am Masarykovo náměstí*

**Nika Atrium (5),** Restaurant mit mannshohen Pflanzen, schönem Mosaikfußboden und einem plätschernden Bächlein neben den Tischen. Die internationale Küche (Gazpacho, Risotto etc.) hinkt dem Ambiente leider etwas hinterher. Hg. 6–13 €. Husova 36, ✆ 567320449.

**Guesto (3),** Barrestaurant für ein jüngeres Publikum. Terrasse (mit Blick auf einen Parkplatz). Böhmisch-internationale Küche der mittleren Preisklasse. Křížová 2, ✆ 732888473 (mobil).

**Pivovarská Restaurace (6),** seit seiner letzten Restaurierung ist aus der miefigen Bierhalle der Brauerei *Ježek* („Igel") eine ansprechende, rustikale Gaststätte geworden. Fleischberge in zig Varianten zu 6–12 €. Großer Biergarten. Es finden auch Führungen durch die Brauerei statt, 4 €/Pers., Infos unter ✆ 800153495, www.pivovar-jihlava.cz. Vrchlického 2 (in der Nähe des Busbahnhofs etwas außerhalb des Zentrums), ✆ 567564161.

**Restaurace Bohemia (11),** ein alles andere als geschmackvolles Restaurant, von Lesern aufgrund des guten Essens und der großen Portionen jedoch sehr gelobt. Große Karte, neben den üblichen Verdächtigen auch Fisch- und Wild. Günstige Tagesgerichte, sonst Hg. 4–12 €. Im 2. Stock, daher schöner Blick auf den Marktplatz. Farní 1, ✆ 567216141.

**Restaurace Švejk (18),** mehr Pivnice als Restaurant, holzig-rustikal eingerichtet. Simple böhmische Kost, mittags sehr billig, Hg. am Abend max. 7 €. Čajkovského 34–36, ✆ 776459611 (mobil).

*Windowshopping*

**Hospoda U Jakuba (8),** einfache Gambrinus-Kneipe mit dem tschechienüblichen Speisenangebot. Ein Pluspunkt ist der herrliche Biergarten mit Blick über den Stadtwald Heulos. Fr/Sa bis 1 Uhr. Jakubské nám.

• *Cafés* **Vittoria (16),** nettes, gepflegtes Café für die ältere Dame. Gute Kuchen und süße Teilchen. Hinten raus kleiner Außenbereich. Úzká 1.

**Kavárna Muzeum (9),** am Marktplatz in unmittelbarer Nähe zum Hochlandmuseum. Modernes Design unter prächtigem altem Gewölbe. Kuchen und Baguettes, draußen kleine Terrasse. Masarykovo nám.

## *Übernachten (→ Karte S. 507)*

In Jihlava übernachtet man am Wochenende um einiges billiger als unter der Woche, wenn Geschäftsreisende in der Stadt weilen. Neben den hier aufgeführten Hotels und Pensionen vermittelt die Touristeninformation Betten in Schülerwohnheimen (ab 5 €/Pers.).

• *Hotels* **–**** **Grand Hotel Garni (4)**, gelbes Jugendstilpalästchen in zentraler Lage. 33 unterschiedlich ausgestattete Zimmer – von klassisch-eleganten „Superior"-Zimmern bis zur altbackenen Kammer ohne Bad ist alles vorhanden. Eigene Parkplätze. DZ je nach Niveau 39–140 €. Husova 1, ✆ 567303541, ✆ 567310199, www.grandjihlava.cz.

*** **Gustav Mahler (2)**, im ehemaligen Dominikanerkloster, das bis 1990 als Kaserne diente. 36 Zimmer und Apartments in verschiedenen Kategorien – darunter restaurierte auf 3-Sterne-Niveau und einfache ohne Bad. Abgeschlossener Parkplatz (wer im 3-Sterne-Zimmer wohnt, parkt umsonst). Das angeschlossene Restaurant besitzt einen guten Ruf. DZ je nach Kategorie 32–112 €. Křížová 4, ✆ 567320501, ✆ 567320507, www.hotelgmahler.cz.

*** **Hotel Milenium (7)**, 11 z. T. sehr geräumige Zimmer, eingerichtet mit den Schnäppchen der Möbelhäuser. Café im EG. EZ 41 €, DZ 59 €. Komenského 11, ✆ 567302721, www.hotelmilenium.cz.

• *Pensionen* **Mahlerův Penzion Na Hradbách (14)**, neuere Komfortpension an der Stadtmauer, von Lesern sehr gelobt. 9 gemütliche Zimmer und Apartments, individuell eingerichtet, bunte Wände, Minibar, schöne Balkendecken. Gutes Restaurant, freundliches Personal. EZ 40 €, DZ 58 €. Brněnská 31, ✆ 567303300, ✆ 567303400, www.mahleruvpenzion.cz.

*Das Hügelland im Morgengrauen*

**U svatého Jakuba (10),** eine gute Wahl. Sehr freundliche Zimmer mit Kiefernholzmobiliar, Bad, Satelliten-TV und Minibar. Einladender Frühstücksraum, eigene Parkplätze im Hof, ruhige Lage. Frühzeitige Buchung ratsam. DZ 57 €. Jakubské nám. 4, ☎ 567579411, 📠 567579413, www.penzionjakub.ji.cz.

**Dena (19),** Neubau. Über einer Konditorei, nur wenige Schritte außerhalb der Altstadt. Nette Zimmer mit Sat-TV, modernen Bädern und jugendlichem IKEA-Touch. Sehr freundliche, deutschsprachige Betreiber. Eigene Parkplätze. Sehr gutes Frühstück. Lesermeinung: „Ich würde immer wieder kommen." EZ 36 €, DZ 50 €. Fibichova 28, ☎ 567155199, www.penzion-dena.cz.

**Pension Oasa (1)**, ein Lesertipp ca. 10 Fußmin. abseits der Altstadt. Altbau, von außen wenig ansprechend, innen jedoch nett restauriert. Helle geräumige Zimmer, solide möbliert, Bäder okay. Etwas verrauchte Kneipe mit Gartenbewirtschaftung angeschlossen. Freundliches junges Personal. DZ 31 €, DZ 38 €. Tř. Legionářů 34, ☎ 567306092, 📠 567320407, http://oasa.penzion/com.

## Sehenswertes

Alle hier aufgeführten Sehenswürdigkeiten sind vom Marktplatz nur ein paar Schritte entfernt. Die **Pestsäule** dort wurde 1690 an der Stelle des Prangers errichtet. Das hässliche Kaufhaus in der Mitte (1983) steht für die sozialistische Moderne. Weichen musste dafür ein verschachtelter mittelalterlicher Häuserkomplex. Das **Rathaus,** das seine Ursprünge im frühen 15. Jh. hat, kann an Sommerwochenenden gelegentlich besichtigt werden.

**Muzeum Vysočiny (Hochlandmuseum):** Spannender als die typischen Heimatmuseumsexponate (ausgestopfte Vögel und Rehe, Mineralien, Bauernmöbel etc.) sind die zwei alten Bürgerhäuser, in denen das Museum untergebracht ist. Ihr Baustil ist charakteristisch für viele Häuser des alten Iglau und nahezu einzigartig in Böhmen und Mähren. Grund dafür ist bzw. war die Feuersbrunst von 1523. Von vielen Häusern blieben nur die gotischen Grundmauern des Maßhauses (Torhalle) erhalten, wo Handel getrieben wurde oder sich die Werkstätten befanden. Die darüber gelegenen, gezimmerten Privatgemächer waren abgebrannt und wurden durch neue steinerne Aufbauten im Stil der Renaissance mit überdachtem Innenhof und Arkadenloggia ersetzt. Eines der heutigen Museumsgebäude (Hnr. 57) belegte ab 1630 die Tuchmacherzunft. Hier sind noch Reste von Wandmalereien erhalten, darunter Methusalem, der Schutzpatron der Zunft. In der ehemaligen Meisterstube steht ein Modell, das die Stadt um 1430 darstellt.

*Adresse/Öffnungszeiten* Masarykovo nám. 57/58. Tägl. (außer Mo) 9–17 Uhr. Eintritt 1,60 €, erm. die Hälfte.

### Von Iglau nach New York: Gustav Mahler (1860–1911)

Gustav Mahler, in Kaliště bei Humpolec geboren, verbrachte seine Kindheit in Iglau. In der Znaimer Straße (heute Znojemská 4) betrieben seine Eltern eine Schenke mit Schnapsbrennerei, in der häufig auch Musikanten zu Gast waren. Der kleine Gustav lauschte hier den folkloristischen Kapellen, die zu jener Zeit zwischen „Leichenmusik" und „lustiger Weise" nicht unterschieden. Und so wundert es nicht, dass Gustav Mahler, als er im zarten Alter von sechs Jahren seine erste Komposition zu Papier brachte, eine Polka schrieb, die er mit einem Trauermarsch einleitete. Das Konträre sollte einer der wesentlichen Züge seines späteren Schaffens werden. Mit zehn Jahren trat Mahler erstmals im Stadttheater Iglaus auf, mit 15 ging er ans Konservatorium zu Wien. Vier Jahre später, nach dem Tod seiner Eltern, besuchte er Iglau zum letzten Mal. Es folgte eine stürmische Karriere als Dirigent, die ihn bis nach New York brachte. Doch mit keinem Ort fühlte er sich verbunden: „Ich bin dreifach heimatlos: als Böhme in Österreich, als Österreicher unter Deutschen und als Jude auf der ganzen Welt." Mahler starb 1911 in Wien. Als Dirigent blieb er unvergessen. Sein Œuvre aber, das den überlieferten Standards „guten Komponierens" nicht entsprach, musste noch lange auf Anerkennung warten.

Jahrzehntelang erinnerte nichts in Jihlava an den berühmtesten Sohn der Stadt. Heute gibt es ein **Gustav-Mahler-Hotel** und das **Gustav-Mahler-Haus** (Dům Gustava Mahlera, Znojemská 4), in welchem v. a. die Jugendjahre Mahlers beleuchtet werden. Zu sehen gibt es u. a. alte Zeitungsausschnitte und Konzertplakate (April–Sept. Di–So 10–12 u. 13–18 Uhr, sonst Di–Sa bis 17 Uhr, Eintritt 2 €, erm. die Hälfte).

**Kirchen:** Die einzige Kirche am Masarykovo náměstí ist die *Jesuitenkirche St. Ignatius* (Kostel sv. Ignác) aus der zweiten Hälfte des 17. Jh. Die anderen Kirchen der Stadt wurden den mittelalterlichen Bauvorschriften entsprechend vom Hauptplatz etwas zurückversetzt errichtet. In der St.-Ignatius-Kirche besticht ein sehenswertes Deckenfresko von Karl Töpper aus dem Jahr 1717. Vom Hof des angeschlossenen ehemaligen Jesuitenkollegs gelangt man in den Iglauer Untergrund (s. u.). Die schönste Kirche der Stadt ist die dreischiffige *St.-Jakobs-Kirche* (Kostel sv. Jakuba) am gleichnamigen Platz. 1257 wurde sie geweiht. Den 63 m hohen Nordturm errichtete man Anfang des 14. Jh. Früher diente er als Feuerwarte, heute genießt man von ihm eine nette Aussicht über Stadt und Land. Im 15. Jh. kam der Südturm (der Glockenturm) hinzu. Die Ausschmückung der Kirche ist ein Stilpotpourri von der Gotik bis zur Sezession.


Karte S. 495

Öffnungszeiten **Kirchturm,** Mai u. Sept. nur Sa/So, Juni–Aug. tägl. (außer Mo) 10–13 u. 14–18 Uhr. Eintritt 0,80 €. Die **Kirchen** sind i. d. R. nur zu Messen geöffnet, durch den Eingangsbereich kann man jedoch oft einen Blick ins Innere werfen.

**Jihlavské podzemí (Iglauer Untergrund):** Die unterirdischen Gänge sind mit einer Länge von 25 km und einer Fläche von rund 50.000 $m^2$ nach denen von Znojmo (→ S. 570) die zweitgrößten des Landes. Sie erstrecken sich unter dem historischen Altstadtkern. Das Labyrinth aus drei Etagen reicht bis zu 14 m tief unter die Erde und entstand als Kühl- und Lagerstätte zwischen dem 14. und 17. Jh. Einer der unterirdischen Gänge ist mit einer grünlich fluoreszierenden Farbe gestrichen und wird daher „leuchtender Gang" genannt. Man nimmt an, dass die Farbe als „Hilfsbeleuchtung" während des Zweiten Weltkrieges aufgetragen wurde, als die Gänge als Luftschutzräume dienten. Es wird aber auch gerne die Geschichte erzählt, dass das Phosphor an den Wänden aus den Knochen der über dem Gang beigesetzten Mönche stammt.
Adresse/Öffnungszeiten Zugang über die Hluboká vom Hof des Jesuitenkollegs. Führungen stets zu jeder vollen Std., April 10–16 Uhr, Mai 9–16 Uhr, Juni–Aug. 9–17 Uhr, Sept. 10–17 Uhr u. Okt. 10–15 Uhr. Eintritt 1,60 €, erm. 1,20 €.

**Oblastní galerie Vysočiny (OGV/Regionale Gemäldegalerie):** Die Galerie am unteren Ende des Marktplatzes (Nr. 24) präsentiert tschechische Kunst des 19. und 20. Jh., darunter auch ein Bild von Josef Lada, dem Illustrator des „Braven Soldaten Švejk". Zudem finden immer wieder temporäre Ausstellungen statt.
Öffnungszeiten Tägl. (außer Mo) 9–12 u. 12.30–17 Uhr. Eintritt 1,60 €, erm. die Hälfte.

**Brána Matky Boží (Frauentor):** Der Torturm aus dem 13. Jh. ist das einzige erhaltene mittelalterliche Stadttor Iglaus. Der Turm kann bestiegen werden, die Ausblicke sind jedoch nicht sonderlich berauschend. Zudem ist im Turm eine kleine Ausstellung zur Stadtgeschichte eingerichtet. Nett ist das Stadtmodell aus dem 15. Jh., auf dem Iglau überaus beschaulich aussieht.
Adresse/Öffnungszeiten Zugang über das Infozentrum an der Věžní 1. Okt.–März Mo–Fr 8–17 Uhr, April–Sept. Mo–Fr 8–17 Uhr, Sa/So 10–12 u. 13–18 Uhr. Eintritt 1 €, erm. 0,90 €.

## Umgebung von Jihlava

**Polná (Polna):** Polná (5200 Einwohner) liegt 15 km nordöstlich von Jihlava. Es ist ein freundliches, wenn auch noch etwas blasses Städtchen mit einem riesigen, begrünten Marktplatz (Husovo náměstí). Die untere Hälfte schließt die monumentale *Mariä-Himmelfahrts-Kirche* (Chrám Nanebevezetí Panny Marie) ab, die zwischen 1700 und 1707 nach Entwürfen von Domenico de Angeli erbaut wurde. Angeblich besitzt sie die größte Barockorgel Böhmens. Folgt man an der Kirche links vorbei der Hauptstraße bergab, gelangt man zur *Burg,* die Zacharias von Neuhaus (→ Telč, S. 526) im 16. Jh. im Stil der Renaissance schlossartig umbauen ließ. Heute befinden sich darin eine Schule, ein Restaurant und das *Stadtmuseum* (Městské Muzeum) mit einer großen Uhrensammlung (über 140 Stück), einem Kaufmannsladen und einer alten Apotheke. Des Weiteren können ein paar Säle, eine Möbelausstellung und eine Bauernstube besichtigt werden.
Vom oberen Ende des Platzes sind es nur ein paar Schritte zum ehemaligen kleinen jüdischen Ghetto (ausgeschildert). In der dortigen *Synagoge,* die kurz nach der Ghettogründung 1681 erbaute wurde, erinnert eine Ausstellung an

das einstige jüdische Leben der Region und an den sog. Leopold-Hilsner-Prozess. Der Jude Leopold Hilsner wurde in Polná 1899 des Ritualmordes an einem 15-jährigen Mädchen beschuldigt, was weit über die Grenzen Böhmens hinaus eine Welle antisemitischer Stimmungen hervorrief. Jahrzehnte später gestand der Bruder des Mädchens die Tat.

• *Verbindungen* **Busse** regelmäßig nach Žďár nad Sázavou und Jihlava, bis zu 8-mal tägl. nach Havlíčkův Brod, 5-mal nach Přibyslav.

• *Öffnungszeiten* **Burg,** April, Mai u. Sept./ Okt. tägl. (außer Mo) 9–16 Uhr, Juni–Aug. tägl. (außer Mo) 9–17 Uhr. 1,20 €/Rundgang, erm. 0,80 €.

**Synagoge,** Mai–Sept. Di–Fr u. So 9–17 Uhr. Eintritt 1,20 €, erm. die Hälfte.

**Brtnice (Pirnitz):** Das 3800-Einwohner-Städtchen 14 km südöstlich von Jihlava liegt im hübschen Tal des gleichnamigen Flüsschens. Überragt wird der Ort von einem mächtigen *Schlosskomplex,* 1623–1945 die Residenz der italienischen Adelsfamilie Collalto et San Salvatore. Heute verfällt die Anlage. Der kleine Ortskern ist freundlich und wird mit jedem restaurierten Gebäude sympathischer. Am Marktplatz steht das Geburts- und spätere *Sommerhaus Josef Hoffmanns.* Seit 2003 erweist man dem großen Architekten und Designer darin die Referenz. Im Erdgeschoss wurden ein paar Räume in den Originalzustand zu Zeiten Hoffmanns zurückversetzt. Im Obergeschoss sieht man Lampen, Gläser, Mobiliar, Besteck und Porzellan des Künstlers. Achten Sie auf die schön bemalten Tapeten, deren Muster ebenfalls von Hoffmann entworfen wurden.

*Verbindungen/Öffnungszeiten* **Busse** regelmäßig nach Jihlava und Třebíč. **Hoffmann-Museum,** April–Juni u. Sept./Okt. tägl. (außer Mo) 10–17 Uhr, Juli u. Aug. tägl. zu den gleichen Zeiten, Nov.–März nur Sa/So 10–17 Uhr. Eintritt 1,60 €, erm. die Hälfte.

### Josef Hoffmann – zeitloses Design

Josef Franz Maria Hoffmann (1870–1956), ein Schüler Otto Wagners, begründete 1897 mit Gustav Klimt die Vereinigung „Secession". 1899 erhielt er die Professur für Architektur an der Wiener Hochschule für angewandte Kunst. Hoffmann führte den Begriff der „zweckhaften Geometrisierung" ein, was an vielen seiner Bauten durch klare Flächen, rechte Winkel und kostbares, aber sparsam verwendetes Dekor zum Ausdruck kam. Seine kubische Formensprache (z. B. Sanatorium Pukersdorf bei Wien 1904) hatte großen Einfluss auf die nachfolgende Architektengeneration des Neuen Bauens. Berühmtheit erlangte Hoffmann aber auch durch seine kunstgewerblichen Entwürfe für die „Wiener Werkstätten", ein von ihm selbst gegründetes Unternehmen, das Innendekorationen herstellte und vertrieb. Prägend für den Stil der Firma wurde Hoffmanns Credo: „Solange nicht unsere Städte, unsere Häuser, unsere Räume, unsere Geräte und unser Schmuck [...] in schlichter, einfacher und schöner Art den Geist unserer eigenen Zeit versinnbildlichen, sind wir unendlich weit gegen unsere Vorfahren zurück." Nach den Entwürfen für die Wiener Werkstätten – manche über 100 Jahre alt – werden noch heute Messer und Gabeln, Gläser, Sofas und Lampen weltweit in Designläden verkauft.

# Třebíč (Trebitsch)

**Eine romanisch-gotische Basilika und ein jüdisches Viertel, beide auf der UNESCO-Welterbeliste, sind die hochkarätigen Sehenswürdigkeiten von Třebíč.**

Nicht ganz. Laut örtlichem Prospekt gibt es noch einiges mehr, beispielsweise „ein 50 m langes Schwimmbecken und ein Sprungbecken“. Tatsächlich sind jedoch nur die Basilika und das jüdische Viertel einen Besuch wert. Der Rest der 38.200-Einwohner-Stadt gibt nicht viel her – zwar ist das historische Zentrum mit einigen hübschen Renaissancebauten gespickt, doch auch sozialistische Architekten gaben hier ihr Bestes. Alt- und Neustadt erstrecken sich südlich des Jihlava-Flusses, das Herz bildet der Karlovo náměstí. Am Martinské náměstí ein paar Schritte weiter steht die frühgotische, im 17. Jh. barockisierte Martinskirche (Kostel sv. Martina). Ihr 72 m hoher Turm samt Uhr für Kurzsichtige (das Ziffernblatt besitzt einen Durchmesser von 7 m!) kann im Sommer bestiegen werden.

Das ehemalige jüdische Viertel breitet sich am gegenüberliegenden Flussufer aus. Es besteht aus überwiegend niederen Häusern, z. T. etwas verschachtelt und durchzogen von Passagen und Treppchen. Seitdem es 2003 zum Welterbe erklärt wurde, gibt es hier Galerien, Cafés und Restaurants. Das hiesige Schloss und die Basilika liegen am Hang darüber. Das heute als Museum genutzte Schloss ging im 16. Jh. aus einem verfallenen, 1101 gegründeten Benediktinerkloster hervor. An die Benediktiner erinnern – neben der Basilika – drei Mönchskapuzen im Stadtwappen.

## Information/Parken/Verbindungen/Sonstiges

- *Information* **Informační a turistické centrum,** am Marktplatz. Im Sommer Mo–Fr 9–12 u. 13–18 Uhr, Sa/So 9–12 u. 13–17 Uhr, im Winter verkürzt. ✆ 568847070, www.mktrebic.cz.

Zudem gibt es ein **Infocentrum** im jüdischen Viertel, das auch Führungen für Gruppen anbietet – wer Glück hat, kann sich einer anschließen (4 €). Subakova 43, ✆ 568610023. Tägl. 10–12 u. 13–17 Uhr.

- *Parken* Gebührenpflichtige Parkplätze am Hauptplatz, zudem rund ums Zentrum.
- *Verbindungen* Busbahnhof recht zentral, gute Verbindungen per **Bus** in nahezu alle Ecken Vysočinas und Südmährens. Bahnhof ca. 10 Fußmin. südlich des Zentrums, **Züge** regelmäßig nach Jihlava und Brno, bis zu 5-mal tägl. nach Pilsen, Budweis und Jindřichův Hradec.
- *Ärztliche Versorgung* **Krankenhaus** am Purkinovo nám. an der Straße nach Brünn. ✆ 568809111.
- *Einkaufen* **Antik Bazar Indy (3),** netter Trödler mit so manch skurriler Überraschung. Blahoslavova 14/63.
- *Polizei* **Stadtpolizei** an der Bedřicha Václavka etwas östlich des Marktplatzes. ✆ 156.
- *Post* An der Smila Osovského.
- *Veranstaltungen* Ende Juli findet das **jüdische Festival** statt, ein einwöchiges Festival der jüdischen Kultur, Ende Aug. ein **mittelalterliches Fest** und Mitte Sept. das folkloristische Kartoffelerntefest **Bramborobraní**.

## Essen & Trinken/Übernachten

- *Essen & Trinken* **Hostinec Betlém (11),** gepflegtes Lokal mit schweren alten Holzdecken. Čevapčiči, Sauté „Budapest“ und diverse pseudo-mexikanische Gerichte zwischen Chili con Carne und Burritos. Hg. 3,50–9,50 €. Hasskova 10, ✆ 724991186 (mobil).

**Restaurace Černý Dům (8),** Hinterhofrestaurant mit Terrasse, im Inneren rustikal eingerichtet. Auf den Teller kommt Kurzgebratenes in großen Portionen, darunter Cordon Bleu oder das pikant marinierte „Trebitscher Kotelett“. Hg. 4–11 €. Karlovo nám. 16, ✆ 568844455.

**Hostinec U Dubu (4),** zum Traveller's Hos-

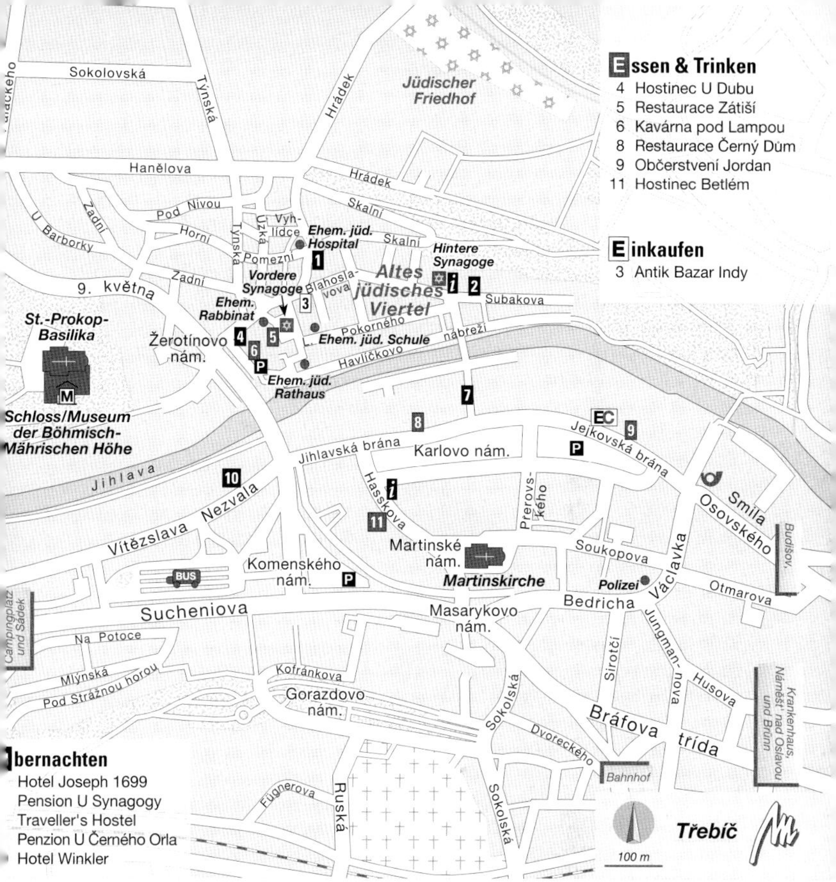


tel (→ Übernachten) gehörend. Liebevoll gestaltetes Restaurant mit ländlichem Touch (Gardinchen, zünftige Holzbänke). Im Sommer ist auch der Hof eingetischt. Kleine, aber einmal etwas andere Karte, auf der z. B. auch hausgemachte Nudeln oder Fasanenbrust zu finden sind. Hg. 4–10 €. ✆ 568422541.

**Restaurace Zátiší (5),** im ehemaligen jüdischen Viertel neben der Vorderen Synagoge. Lokal unter gelbem Gewölbe. Sommerterrasse. Vor allem Steaks, Fisch und Pasta. Hg. 3,60–10 €. Tiché nám., ✆ 733280061 (mobil).

**Kavárna pod Lampou (6),** Café, Konditorei und Eisdiele. Žerotínovo nám. 16.

**Občerstvení Jordan (9),** Selbstbedienungslokal und -café im vorrevolutionären Stil. Gute Frühstücksadresse. Neben belegten Brötchen und Kuchen auch Suppen und Schnellgerichte. Sehr günstig. Karlovo nám. 23/29.

• *Übernachten* **** **Hotel Joseph 1699 (1)**, kleines aber bestes Haus der Stadt, 2010 eröffnet. Gepflegt und stilvoll. Nur 14 Zimmer – allesamt besser als die des Grand Hotels (4 Sterne) am Hauptplatz. In einem mit EU-Geldern restaurierten Gebäudekomplex im jüdischen Viertel. Da man hier unter dem Auge der UNESCO nicht umbauen darf, wie man will, keine Einheit: große und kleinere Zimmer. Terrassen und Terrässchen. Gutes Preis-Leistungs-Verhältnis: DZ ab 52 €, Apartment ab 102 €. Blahoslavova 23, ✆ 602721776 (mobil), www.euroagentur.com.

*** **Hotel Winkler (10)**, kleineres Mittelklassehaus in Zentrumsnähe, ein freundlicher, deutschsprachiger Familienbetrieb. 13 ältliche, aber doch nette Zimmer mit individuellem Touch, dazu 2 Apartments. Sicheres Parken im Innenhof. Restaurant mit Terrasse.

DZ 56 €, am Wochenende 40 €. V. Nezvala 8, ✆/℻ 568840514, www.hotel-winkler.cz.

**Penzion U Černého Orla (7)**, ebenfalls 2010 eröffnet. 21 mit dunklem Mobiliar und grünen Teppichböden ausgestattete Zimmer, schicke Bäder mit Regenduschen. Der Komfort liegt fast über einem 3-Sterne-Hotel (Safe, Minibar). Sauna, Fitnessraum, Restaurant. EZ 30 €, DZ 48 €, Frühstück extra. Karlovo nám 17/11 (Zugang über eine Passage), ✆ 568420202, www.penzion-cernyorel.cz.

*Altstadtgasse in Třebíč*

**Pension U Synagogy (2)**, im jüdischen Viertel. Ordentliche Zimmer mit Bad, Kühlschrank und TV (das beste ist die Nr. 7). Parkplatz, Radaufbewahrung. Rezeption nur von 14–17 Uhr besetzt. Für das Gebotene günstig. DZ 29 €, EZ 19 €, kein Frühstück. Subakova 3/43, ✆ 775707506 (mobil), penzionsynagoga@mkstrebic.cz.

**Traveller's Hostel (44)**, sehr nettes Hostel, ein Ableger aus Prag. Liebevoll restauriertes, detailliert dekoriertes, verwinkeltes altes Haus. Gemütlicher Innenhof, Restaurant, zuweilen Partys. Simple, aber hübsche 1- bis 5-Bett-Zimmer mit und ohne Bad. DZ mit Bad 32 €, Bett im Dormitory ab 10 €. Žerotínovo nám. 17/19, ✆ 568422594, www.travellers.cz.

• *Camping* **Kemp Poušov**, 3 km westlich des Zentrums, von der Straße nach Telč ausgeschildert. Kein besonders idyllischer Platz, aber ein sehr gepflegter. In erster Linie auf Wohnmobile ausgerichtet, dazu Chatavermietung. Kiosk mit Snacks, astreine Sanitäranlagen. Kulturinteressiertes Publikum aus aller Herren Länder. Mai–Aug. 2 Pers. mit Zelt u. Auto 8,80 €, Hütte ab 12 €. Poušov 849, ✆ 774624773 (mobil), www.kemppousov.cz.

**Camping Vídlak**, ca. 20 km westlich von Třebíč an einem Badesee zwischen Opatov und Předín, von beiden Orten ausgeschildert. Guter Platz unter holländischer Leitung. Auch behindertengerechte Sanitäreinrichtungen. Volleyballfeld, Feuerstellen. Keine Chatas. Ganzjährig. 2 Pers. mit Wohnmobil 17 €. Opatov 322, ✆ 736678687 (mobil), www.campingvidlak.cz.

## Sehenswertes

**Bazilika sv. Prokopa a zámek (St.-Prokop-Basilika und Schloss):** Den Benediktinern diente die zwischen 1230 und 1260 erbaute Basilika als Abteikirche Mariä Himmelfahrt. Erst nach der Vertreibung der Mönche (1525) wurde sie dem Hl. Prokop geweiht. Den lang gestreckten dreischiffigen Bau betritt man über ein bemerkenswert schönes, romanisches *Rundportal*. Achten Sie auf die feinen Steinmetzarbeiten – der gesamte Sakralbau ist diesbezüglich ein Kunstwerk. In der Apsis und in den Chorjochen besitzt die Basilika ein achtteiliges Rippengewölbe, wie man es normalerweise in Westfrankreich, nicht aber in Mitteleuropa findet. In der *Abtskapelle* im nördlichen Seitenschiff sind frühgotische Wandmalereien erhalten geblieben. Die Mauer, die den Chor vom Langhaus abtrennt, ließ Schlossherr Jan

Karl von Waldstein 1704 einbauen, um ihn als Schlosskapelle nutzen zu können. Getragen wird der Chor von 14 Pfeilern in der darunter liegenden, mächtigen *Krypta*. Die Pfeiler gehen in ein herrliches Kreuzrippengewölbe über.

Im weniger interessanten benachbarten Schloss zeigt das *Museum der Böhmisch-Mährischen Höhe* (Muzeum Vysočiny) u. a. rund 30 Weihnachtskrippen, über 250 Pfeifen, Mineralien und archäologische Funde aus dem Umland.

*Öffnungszeiten* **Basilika,** Führungen (obligatorisch) finden zu jeder vollen Std. Di–Do 9–16 Uhr, Fr 9–14 Uhr u. Sa–Mo 13–16 Uhr statt. **Museum,** tägl. (außer Mo) 9–12 u. 12.30–17 Uhr, im Juli u. Aug. auch Mo. Eintritt je 1,60 €, erm. die Hälfte.

**Židovské Město (Judenviertel):** Die ersten Juden ließen sich in Třebíč vermutlich zu Beginn des 15. Jh. nieder, die Besiedlung des jüdischen Viertel folgte im 16. Jh. 1723 wurde es zum Ghetto, ein Erlass forderte fortan die strikte Trennung jüdischen und christlichen Lebens in Třebíč. 1835 erlebte das Ghetto seinen Höhepunkt und zählte 1490 Bewohner. 1848 erhielten die Juden die vollen Bürgerrechte und durften das Ghetto wieder verlassen. Als sich die Wohlhabenden unter ihnen daraufhin am Marktplatz Häuser kaufen wollten, kam es zu antisemitischen Ausschreitungen. Im folgenden Jahrhundert schrumpfte die jüdische Gemeinde peu à peu, viele wanderten nach Prag und Brünn ab. Das schreckliche Ende der hiesigen jüdischen Gemeinde kam mit der Naziherrschaft. 1942 wurden 281 Trebitscher Juden in die Konzentrationslager deportiert, nur zehn kehrten nach dem Krieg zurück. In sozialistischer Zeit verfiel das Viertel und wurde zur Heimat einer Roma-Gemeinde. Größere bauliche Veränderungen blieben weitestgehend aus – von den ursprünglich 128 Gebäuden fehlen lediglich fünf. Heute wird das Viertel nach und nach restauriert. Zu den bedeutendsten Gebäuden gehört die *Vordere Synagoge* (Přední synagoga) am Tiché náměstí. Sie entstand zwischen 1639 und 1642 und wurde in der zweiten Hälfte des 19. Jh. im neogotischen Stil umgebaut. Heute nutzt sie die hussitische Gemeinde als Gotteshaus. Gegenüber in Hnr. 4 befand sich das

*Im alten jüdischen Viertel von Třebíč*

*Rabbinat* (Rabinát). Nur ein paar Schritte weiter an der Pokorného lag das ehemalige *Rathaus* (Radnice, Hnr. 8) und – hinter einer grauen Fassade – die *Schule* (Škola, Hnr. 15). Der Name der Straße, Pokorného, erinnert übrigens an Leopold Pokorný, einen Trebitscher Juden, der hier in Hnr. 53 wohnte und 1937 im spanischen Bürgerkrieg fiel. Die *Hintere Synagoge* (Zadní synagoga) in der Blahoslavova 43 wurde Ende des 16. Jh. errichtet. Die Wandmalereien und liturgischen Texte auf Hebräisch kamen zu Beginn des 18. Jh. hinzu. Nach langwierigen Restaurierungsarbeiten in den 1990ern dient die Synagoge heute als Konzerthalle, zudem kann man eine Ausstellung über das jüdische Leben in Třebíč besichtigen. In der Pomezní 23, nahe dem Weg zum *jüdischen Friedhof*, befand sich einst das *Hospital* des Viertels. Der Friedhof selbst liegt an der Straße Hrádek hoch über dem Viertel und zählt rund 11.000 Gräber. 3000 Grabsteine sind noch erhalten. Der älteste stammt aus dem Jahr 1625.

• *Öffnungszeiten* **Judenviertel,** frei zugänglich. **Hintere Synagoge,** tägl. 10–12 u. 13–17 Uhr. Eintritt 1,60 €, erm. die Hälfte. **Jüdischer Friedhof,** Mai–Sept. tägl. 8–20 Uhr, Okt., März u. April tägl. 8–18 Uhr, Nov.–Feb. tägl. 9–16 Uhr. Eintritt frei.

## Umgebung von Třebíč

**Sádek:** Ca. 8 km südwestlich von Třebíč, nahe dem kleinen Dorf Kojetice, liegt das noch kleinere Dorf Sádek zu Füßen eines Hügels, dessen bewaldete Kuppel ein Barockschloss krönt. Das Schloss ging aus einer mittelalterlichen Festung hervor und wurde zuletzt – nach Jahren des Verfalls – restauriert. Auf dem Weg hinauf passiert man einen kleinen Weinberg und das *Wein- und Kulturzentrum Sádek* (Vinárské a kulturní centrum Sádek). Zu diesem gehören ein Amphitheater und ein gutes Restaurant mit schöner Terrasse, zudem werden Zimmer vermietet. Sádek ist nur ein Ziel für Selbstfahrer.

• *Übernachten* **Vinárské a kulturní centrum Sádek,** gut ausgestattete Zimmer mit TV und Minibar. Absolut ruhige Lage. Das Personal ist nicht immer fremdsprachig. Faires Preis-Leistungs-Verhältnis. DZ 44 €. Kojetice 169, ✆ 568882883, www.vinohrady-sadek.cz.

**Budišov (Budischau):** Ca. 15 km nordöstlich von Třebíč liegt Budišov, ein graues Dorf, das von weitem schöner wirkt, als es von nahem ist. An der Hauptdurchgangsstraße steht ein kleines *Barockschloss*, das aus einer Wasserfeste hervorging. Darin präsentiert das Mährische Landesmuseum Brünn (Moravská Zemské Muzeum Brno) eine große Sammlung ausgestopfter exotischer Tiere.

*Verbindungen/Öffnungszeiten* Regelmäßig per **Bus** von und nach Třebíč. **Museum im Schloss,** Mai–Sept. Mi–Fr 8–13 Uhr, Sa/So 9–12 u. 14–17 Uhr. Eintritt 1,20 €, erm. die Hälfte.

## Náměšť nad Oslavou (Namiest an der Oslau)

Ungefähr auf halber Strecke zwischen Třebíč und Brno liegt Náměšť nad Oslavou, ein 5000 Einwohner zählendes Städtchen am westlichen Ufer der Oslava, das gerade den Wechsel von „schäbig" zu „schön" vollzieht. Rund um den Marktplatz – einer der wenigen des Landes ohne Bierschenke – wird fleißig restauriert. 100 m nördlich davon gab es einst ein Kapuzinerkloster, heute befindet sich darin die **Teppichfabrik** *Habitat Bytový Textil Koberce*, der größte Arbeitgeber vor Ort. Vom Platz sind es nur ein paar Schritte bergab zu einer hübschen **Brücke** aus dem Jahr 1737, die mit 20 Heiligenstatuen geschmückt ist.

Auf der gegenüberliegenden Seite der Oslava, hoch über dem Flusslauf, thront das hiesige **Schloss**. Es ging aus einer frühgotischen Burg hervor, deren walzenförmiger

Turm noch erhalten ist. Zwischen 1565 und 1578 ließ Johann Senior von Žerotín die Burg in ein Renaissanceschloss umwandeln, das Wappen des Geschlechts ziert das Portal am Schlossgraben. Johann Senior von Žerotín unterstützte übrigens die Böhmische Brüdergemeinde im 4 km östlich gelegenen **Kralice** bei der Einrichtung einer illegalen Druckerei, die 1579 die erste tschechische Bibel setzte (daran erinnert ein kleines Museum in Kralice). Von 1752 bis 1945 war das Schloss im Besitz der Grafen von Haugwitz, sie ließen es z. T. im Barockstil umbauen. Die Haugwitz, allen voran Karl Wilhelm, waren passionierte Musikliebhaber. Unter anderem gingen Christoph Willibald Gluck, Joseph Haydn, Antonio Salieri (Lehrer von Beethoven, Schubert und Liszt) und Johann Strauß bei den Haugwitz ein und aus. Danach zog Edvard Beneš ein. Als Nutznießer seiner Dekrete pflegte er hier den Sommer zu verbringen. Bei einer 50-minütigen Führung sieht man u. a. das Arbeitszimmer von Beneš, wertvolle niederländische Gobelins und die Bibliothek mit 15.000 Bänden. An das Schloss grenzt ein Park, im Innenhof wartet ein Restaurant mit Sommerterrasse auf Gäste. Ende Juli findet auf dem Areal das *Folklové Prázdniny* statt, ein lebhaftes Folklorefestival.

• *Verbindungen* **Bus** regelmäßig nach Třebíč, bis zu 8-mal tägl. nach Brünn. Bahnhof südwestlich des Zentrums, **Züge** regelmäßig nach Třebíč und Brünn, zudem halten hier 4-mal tägl. die Züge über Jihlava und České Budějovice nach Plzeň.

• *Übernachten* **Zámecký Penzion,** am Eingang zum Schloss. Sehr freundliche Pension mit z. T. stilvoll restaurierten Zimmern, alle mit TV und Bad. Parkplätze. EZ 32 €, DZ 44 €, kein Frühstück. Zámek 4, ✆ 606207913 (mobil), www.zamek-namest.cz.

• *Öffnungszeiten* **Schloss,** April u. Okt. nur Sa/So 9–16 Uhr, Mai, Juni u. Sept. tägl. (außer Mo) 9–17 Uhr, Juli u. Aug. bis 18 Uhr. Letzte Führung (Dauer 45 Min.) 1 Std. vor Schließung. Führung 3,60 €, erm. 2,40 €. **Bibelmuseum in Kralice,** April–Sept. tägl. (außer Mo) 8–16 Uhr, Okt./Nov. tägl. (außer Mo) 8–15 Uhr, Dez.–Feb. tägl. (außer Mo) 9–13 Uhr, März geschl. Eintritt 2 €, erm. die Hälfte.

Informationen zu **Brünn** bekommen Sie ab S. 532, zu **Moravský Krumlov** ab S. 562.

**Nádrž Dalešice (Stausee Dalešice):** Südwestlich von Náměšť nad Oslavou bildet die aufgestaute Jihlava einen langen, schmalen See. Die wildromantischen Ufer säumen Felsen, Wälder und Felder. Am Nordufer, beim Dorf Hartvíkovice, gibt es einen Campingplatz (s. u., ausgeschildert), dort bestehen auch Einstiegsmöglichkeiten in den See. Zudem starten von dort Ausflugsboote. Etwas südlich des Sees liegt das Örtchen *Dalešice* (Dalleschitz) mit einer kleinen Brauerei, die das süffige *Dalešické pivo* braut (im Ort mit „Pivovarská restaurace" ausgeschildert). Ihr angeschlossen ist ein kleines *Museum zum österreichisch-ungarischen Brauereiwesen,* dazu ein nettes Restaurant und Hotel. Auf die hin und wieder auf dem Gelände stattfindenden kulturellen Events freut sich auch der Storch auf dem Kamin. Die Region ist nur ein Ziel für Selbstfahrer.

• *Camping* **AC Wilsonka,** großes Gelände mit genügend Platz für alle, ruhig. Einfache Sanitäranlagen mit wenigen Duschen, an denen man in Stoßzeiten Schlange steht. Bademöglichkeiten. Mai–Sept. Kein Restaurant. 2 Pers. mit Zelt u. Auto 8,40 €, Chata für 3-4 Pers. ab 17 €. Hartvíkovice, ✆/℻ 568645011, www.wilsonka.cz.

• *Öffnungszeiten* **Brauereimuseum,** April, Mai u. Sept. nur Sa/So 13–16 Uhr, Juni–Aug. tägl. (außer Mo) 10–17 Uhr. Eintritt 2 €, erm. 1,20 €. **Brauereibesichtigung** (ab 5 Pers.) mit Verköstigung 12 €. Falls zuviel gekostet: DZ im Hotel 64 €, ✆ 568860942, www.pivovar-dalesice.cz.

**Dukovany:** Ca. 13 km südöstlich von Dalešice ragen die Kühltürme des *Kernkraftwerks Dukovany* in den Himmel. 1978 wurde mit seinem Bau begonnen, 1985 ging es in Betrieb. Es besitzt vier sowjetische Druckwasserreaktoren. Eine ähnliche Anlage in Ostdeutschland wurde nach der Wiedervereinigung wegen Sicherheitsbedenken vom Netz genommen. Angeschlossen ist auch noch ein Atommülllager.

## Jaroměřice nad Rokytnou (Jaromeritz an der Rokitna)

**Die Residenz von Jaroměřice nad Rokytnou ist die Hinterlassenschaft eines Schöngeistes. Jan Adam Questenberg scheute keine Mittel, um hier eines der prächtigsten Barockschlösser des Landes entstehen zu lassen.**

Jaroměřice nad Rokytnou, 14 km südlich von Třebíč, ist ein 4300-Einwohner-Städtchen, das sich schüchtern an sein mächtiges Schlosses lehnt. Dieses steht an der Stelle einer mittelalterlichen Wasserfeste, die im 16. Jh. unter den Grafen von Meziříčský in ein Renaissanceschloss umwandelt wurde. 1623 ging das Schloss in den Besitz der Questenberg über, die anfangs aber wenig Interesse an dem Besitz zeigten. Das änderte sich, als der extravagante Jan Adam Questenberg (1678–1752) das Erbe antrat und das Schloss zu seinem Hauptsitz machte. Zwischen 1700 und 1737 ließ der kunstsinnige Graf das Anwesen im Stil des Barock verändern und H-förmig erweitern. Für den Umbau gewann er u. a. Domenico d'Angeli, Jacob Prandhauer und Johann Lukas von Hildebrandt. Zudem machte der Graf das Schloss zu einem Zentrum barocker Kunst. Jan Adam selbst beherrschte das Theorbenspiel (eine Laute mit zwei Hälsen). Er beschäftigte Musiker und Maler, formierte aus seinen Bediensteten eine Schlosskapelle und ließ Opern und Puppenspiele aufführen. Seinen talentierten Pagen František Václav Míča (1694–1774) beförderte er zum Hofkomponisten, der 1729 mit *L'Origine de Jaromeriz* als erster Tscheche eine Oper schrieb. Im 18. Jh. ging das Schloss an die Grafen von Kaunitz über, Ende des 19. Jh. an die von Vrbno. Seit 1945 ist es in Staatsbesitz.

Den Schlosskomplex betritt man vom Jaromitzer Marktplatz über den Ehrenhof. Durch das Vestibül gelangt man in den bezaubernden barocken Schlossgarten, an den sich ein englischer Park anschließt. Im Vestibül bucht man auch die Führungen. Drei werden angeboten, Trasse A (45 Min.) ist die spannendere: Höhepunkte sind dabei der Ahnensaal (verkleidet nach dem Vorbild der Wiener Hofkanzlei), der helle, rokokoartige Tanzsaal mit zarten Fresken und der Chinesische Salon mit einem kunstvollen, intarsiengeschmückten Parkettboden. Dazu passiert man mehrere Salons mit barocken Musikinstrumenten und kostbaren Gemälden, darunter Werke holländischer, deutscher und französischer Künstler. Trasse B (25 Min.) beinhaltet

*Sehenswert: Schloss Jaroměřice nad Rokytnou*

u. a. Kinderzimmer, Herrensalon und Schlossküche. An das cremefarbene Schloss schließt die weiß-rote Margaretenkirche (Kostel sv. Markéty) mit ihrer mächtigen Kuppel an. Sie wurde ebenfalls unter Jan Adam Questenberg auf dem Grundriss eines griechischen Kreuzes erbaut. Die Kirche steht im Mittelpunkt der Trasse C (30 Min.). Auf dem Schlossareal findet im Sommer ein internationales Musikfestival statt.

• *Verbindungen* Bahnhof weit außerhalb, besser mit dem **Bus** anfahren, regelmäßige Verbindungen nach Třebíč und Moravské Budějovice, bis zu 3-mal tägl. nach Znojmo, bis zu 7-mal nach Brünn.

• *Öffnungszeiten* **Schloss,** April u. Okt. nur Sa/So 9–16 Uhr. Mai, Juni u. Sept. tägl. (außer Mo) 9–17 Uhr. Juli u. Aug. bis 18 Uhr. Pro Tour (mit dt. Text) 2,40–3,60 €, erm. 1,60 €–2,40 €.

**Jevišovice (Jaispitz):** Ca. 15 km südöstlich von Jaroměřice nad Rokytnou liegt Jevišovice, ein wirklich verschlafenes und verwinkeltes Bauerndorf. Hoch darüber erhebt sich ein vierflügeliges, frisch renoviertes *Renaissanceschloss.* Im Inneren gibt es zwei Ausstellungen zu besichtigen, eine zeigt archäologische Funde der Umgebung, die andere antike Bauernmöbel. Im Anschluss kann man auf der Sommerterrasse des netten Lokals U suchého certa im Vorhof eine Pause einlegen.

• *Verbindungen* **Bus** regelmäßig nach Znojmo.

• *Essen & Trinken/Übernachten* **Sýpka Jevišovice,** eine Art Kulturzentrum mit Bowling und Restaurant in einem riesigen historischen Getreidespeicher nahe der Kirche. Preiswerte böhmische Küche, große Auswahl. Es werden auch Zimmer vermietet. DZ 27 €. ✆ 515266721, www.sypkajevisovice.cz.

• *Öffnungszeiten* **Schloss**, April, Mai u. Sept. nur Sa/So 10–12 u. 14–16 Uhr, Juni–Aug. Di–Fr 9–14 Uhr, Sa/So 10–12 u. 14–16 Uhr. Eintritt für beide Ausstellungen 1,20 €, erm. die Hälfte.

Weiter Richtung **Vranov-Stausee** → S. 562, Richtung **Znojmo** → S. 566.

**Moravské Budějovice (Mährisch Budweis):** 7 km südwestlich von Jaroměřice nad Rokytnou liegt Moravské Budějovice (7800 Einwohner). Zuletzt führte noch die Europastraße 59 samt Schwerverkehr genau über den Marktplatz, das wird sich jedoch ändern: Eine Umgehungsstraße ist im Bau. Am Platz fällt ein pastellgrünes *Schloss* ins Auge. Heinrich Rudolf von Schaumburg ließ es in der zweiten Hälfte des 17. Jh. errichten, 1736 ging es an das Geschlecht der Wallis über, 1945 nahm es sich der Staat. Heute hat darin ein *Handwerksmuseum* (Muzeum řemesel) seinen Sitz, das hier und in den nahen ehemaligen Fleischbänken (Masné krámy) über die Geschichte der Stadt und des Handwerks informiert.

• *Verbindungen* Busbahnhof 200 m vom Zentrum entfernt, gute Verbindungen mit dem **Bus** nach Třebíč, Znojmo und Jaroměřice nad Rokytnou. Bis zu 11-mal tägl. **Züge** nach Znojmo, bis zu 7-mal nach Jemnice.

• *Übernachten* **Penzion Venuše,** am Hauptplatz – versuchen Sie, ein Zimmer nach hinten zu bekommen, vorne raus brummen (bislang noch) die Brummis. Freundliche, mit modernem Mobiliar eingerichtete Holzbodenzimmer mit Bad. Hinterhofterrasse. Pizzeria angeschlossen: Megaauswahl zu fairen Preisen. DZ ohne Frühstück 47 €, mit Frühstück 55 €. Nám. Míru 32, ✆ 568420523, www.venusemb.cz.

• *Öffnungszeiten* **Museum im Schloss,** Mai–Sept. tägl. (außer Mo) 9–17 Uhr. Eintritt 1,60 €, Fleischbänke 0,80 € extra, erm. jeweils die Hälfte.

## Jemnice (Jamnitz)

Auf halber Strecke zwischen Moravské Budějovice und Slavonice liegt das 4400 Einwohner zählende Jemnice, ein altes, hübsches Bergbaustädtchen. Der historische Kern des Ortes erstreckt sich über eine Hügelkuppe. Mittelpunkt ist der

Böhmisch-Mährische Höhe
Karte S. 495

Marktplatz mit seinen bunt gestrichenen Häusern, einem kleinen **Stadtmuseum** und der ursprünglich gotischen **St.-Stanislaus-Kirche.** Nahebei steht das bislang noch nicht zugängliche **Schloss** mit einem weitläufigen Park. Franz Grillparzer (1791–1872) war hier des Öfteren bei Graf Johann Philipp von Stadion (1763–1824) zu Besuch. Die letzten adeligen Besitzer kamen aus dem Geschlecht der Pallavicini (1842–1945). Mit ihnen verschwand jeglicher Wohlstand aus dem Ort. Die touristische Infrastruktur steckt in Jemnice noch den Kinderschuhen, aber es ist nur eine Frage der Zeit, bis mehr Cafés, Restaurants und Hotels eröffnen. Denn Jemnice besitzt das Potenzial, um Ausflugsgäste anzulocken.

• *Verbindungen* Busbahnhof ca. 5 Fußmin. vom Zentrum entfernt. **Busse** regelmäßig nach Dačice, bis zu 10-mal tägl. nach Moravské Budějovice, 5-mal nach Slavonice, 1-mal tägl. direkt nach Jindřichův Hradec und Třebíč. Bahnhof am Ortsrand südöstlich des Zentrums. **Züge** bis zu 7-mal tägl. nach Moravské Budějovice.

• *Übernachten* **Hotel Grand**, trotz des etwas hochtrabenden Namens ein einfaches, günstiges Hotel direkt am Marktplatz. Von Lesern entdeckt. 7 schlichte Zimmer mit Kiefernholzmobiliar, TV und Bad, dazu 1 Apartment. Restaurant, eigene Parkplätze. EZ 14 €, DZ 24 €, Frühstück 2,40 € extra. Nám. Svobody 68, ✆ 606590756 (mobil), www.hotel-grand-jemnice.az-ubytovani.net.

## Slavonice (Zlabings)

**Slavonice präsentiert sich als eine Perle der Böhmisch-Mährischen Höhe. Ein Spaziergang durch den Ort ist wunderschön, allerdings auch ziemlich kurz.**

Nur 1,5 km von der österreichischen Staatsgrenze entfernt, lag das Renaissancestädtchen vier Jahrzehnte lang vergessen im Grenzgebiet. Heute ist Slavonice ein gern besuchter Ort, der bei Kulturreisenden genauso ankommt wie bei Radwanderern. Kein Wunder bei einem Marktplatz wie aus dem Bilderbuch: da reich verzierte Giebel, dort dekorative Mauerzacken, dazwischen Briefchensgraffiti oder bizarre Szenen mit biblischem, griechisch-mythologischem oder höfischem Inhalt. In dem Städtchen geht es sehr geruhsam zu, japanische und amerikanische Reisegruppen à la Telč sind die Ausnahme.

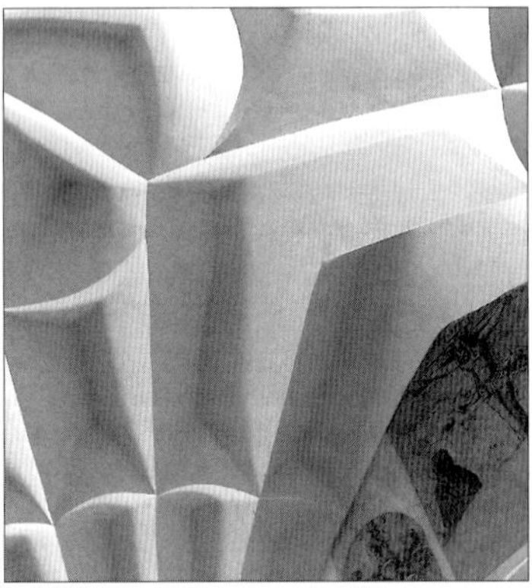

*Maßhausarchitektur in Slavonice*

**Geschichte:** 1260 wurde Zlabings erstmals erwähnt, im 14. Jh. war die Stadt bereits befestigt. Im 16. Jh. erlebte Zlabings seine Blüte, aus jener Zeit stammen auch die meisten der heute noch so herrlichen Renaissancehäuser am Marktplatz. Den Reichtum verdankten die Einwohner dem Tuchmacherhandwerk und der Fischzucht. Doch dann kamen der Dreißigjährige Krieg, mehrere Stadtbrände und die Pest – schwere Rückschläge für Zlabings. Als auch noch der Postweg von Prag nach Wien über Jihlava und Znojmo verlegt wurde, rutschte die Stadt in die Bedeutungslosigkeit ab. Geld für barocke Umbauten fehlte, weshalb das Stadtbild in seiner ursprünglichen, einheitlichen Art erhalten blieb. Durch die Vertreibung der Deutschen nach dem Zweiten Weltkrieg verwandelte

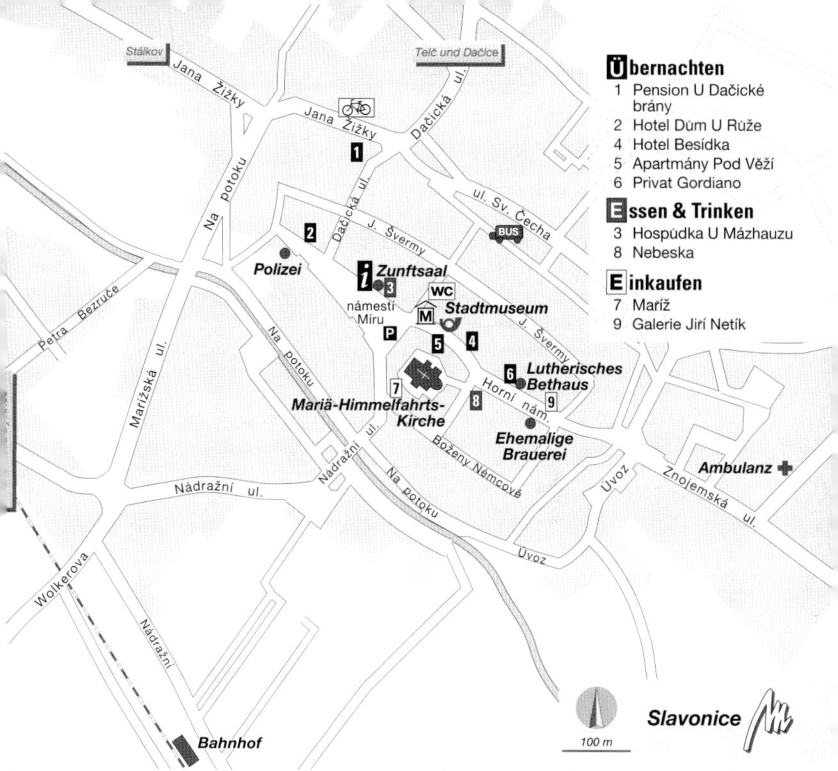


sich das weitestgehend entvölkerte Slavonice in ein bröckelndes Denkmal einstigen Wohlstands. Heute aus dem Dornröschenschlaf erwacht und fast flächendeckend frisch restauriert, zählt man wieder 2700 Einwohner. Die meisten leben vom Fremdenverkehr oder arbeiten hinter der Grenze.

• *Information* **Regionalní informační centrum,** am Marktplatz. Juni–Aug. tägl. 8–12 u. 13–17 Uhr, Mai u. Sept. tägl. 8–12 u. 13–16 Uhr, Okt.–April Mo–Fr 8–12 u. 13–16 Uhr. ✆ 384493320, www.i.slavonice-mesto.cz.

• *Parken* Gebührenpflichtiger Parkplatz am Nám. Míru.

• *Verbindungen* Bahnhof ca. 600 m südlich des Zentrums, Busbahnhof recht zentral nördlich der Altstadt. 3-mal tägl. **Busverbindungen** nach Jindřichův Hradec, bis zu 8-mal nach Dačice. **Züge** bis zu 7-mal tägl. über Dačice nach Telč.

• *Ärztliche Versorgung* Kleine **Ambulanz** an der Brněnská 214. Nächstes Krankenhaus in Dačice, ✆ 384422301.

• *Polizei* Am Nám. Míru 458. ✆ 158.

• *Post* Am Horní nám.

• *Radverleih* Über **Cyclosport U Čapů,** Jana Žižky 51, ✆ 728828837 (mobil). 10 €/Tag.

• *Einkaufen* Mehrere Galerien, die Silberschmuck, Batikkleidung, Keramik, Puppen, Holzspielzeug, Naturprodukte usw. anbieten. 2 Tipps:

**Mařiž (7),** Atelier mit bunter, lustiger Keramik – beim Herstellen der Produkte kann man zusehen. Veranstaltet auch Kurse im Bemalen von Kacheln und Bechern. Nádražní 559.

**Galerie Jiří Netík (9),** skurrile Skulpturen aus Holz und Metall des mährischen Künstlers Jiří Netík (geb. 1953), der den Sommer in Slavonice verbringt. Gegenüber der alten Brauerei.

• *Übernachten/Essen & Trinken* Viele Privatunterkünfte befinden sich in tollen Renaissancehäusern mit uralten Fresken und Gewölben. Oft teilen sich jedoch mehrere Zimmer die Sanitäranlagen (ab 10 €/Pers.). Bei der Touristeninformation ist eine Liste der Vermieter erhältlich. Die Zahl besserer Hotels und Pensionen hält sich bislang in Grenzen.

*** **Hotel Besídka (4),** eine der extravagantesten Unterkünfte im Reisegebiet. Originell eingerichtete Zimmer, jedes sieht komplett anders aus. Trendmöbel unter Stuck, Bäder unter Renaissancegewölbe. Schnell ausgebucht. Das angeschlossene Restaurant ist ein beliebter Künstlertreffpunkt. Ebenfalls durchgestylt und mit viel Liebe zum Detail dekoriert, Nichtraucherraum mit Spielecke für Kinder. Italienische und böhmische Küche, dazu saftige Steaks zu 3,20–10,50 €. DZ 52 €. Horní nám. 522, ✆/℻ 384493293, www.besidka.cz.

*** **Hotel Dům U Růže (2),** gepflegte Mittelklasse in einem historischen Stadtgebäude. Freundlicher Service. 12 Zimmer mit Standardeinrichtung, alle mit Kitchenette und Kühlschrank. Kleines Hallenbad, Sauna, Solarium. Kunstgalerie angegliedert. EZ ab 47 €, DZ ab 56 €. Nám. Míru 452, ✆ 3844930 04, ℻ 384493987, www.dumuruze.cz.

**Apartmány Pod Věží (5),** zentralste Lage. 4 Apartments mit Parkettböden, z. T. mit Antiquitäten bestückt. Sehr freundlich. Rezeption im Juwelierladen nebenan. Für 2 Pers. ab 36 €. Horní nám. 526, ✆ 384493417, apartmany.podvezi@centrum.cz.

**Privat Giordano (6),** charmante Privatunterkunft im Lutherischen Bethaus. Ganz unterschiedliche Zimmer mit Bad, z. T. mit schweren Antiquitäten vollgestellt. Parken im Hof. DZ 32 €, kein Frühstück. Horní nám. 517, ✆ 384493159, www.evagiordanova.com.

**Pension U Dačické brány (1),** etwas billigkitschige, aber insgesamt freundliche Zimmer. Mosaikengeschmücktes Restaurant, rustikale Kellerbar. Dazu Sommerterrasse. Des Öfteren Pächterwechsel. DZ 32 €. Dačická 576, ✆ 739265533 (mobil), www.penzionubrany.cz.

**Hospůdka U Mázhauzu (3),** eines der nettesten Restaurants am Marktplatz. Tolle Maßhaus-Architektur mit ländlicher Einrichtung, selbst die Toiletten sind unter Gewölbe. Auf der kleinen Karte stehen u. a. Kotelett, Bratwurst oder Steak. Sommerterrasse. Hg. 5,20–11,20 €. Nám. Míru 479, ✆ 606831886 (mobil).

**Nebeska (8),** ein Café, wie man es auch in Berlin-Kreuzberg finden könnte. Liebevoll eingerichtet, bunte Tischdecken, ein paar lilafarbene Blechstühle draußen neben dem Springbrunnen. Kaffee und Kuchen. Es werden auch alternative Klamotten verkauft. Horní nám. 532.

## Sehenswertes

Den Hauptplatz **Náměstí Míru** („Platz des Friedens") umgeben alte Bürgerhäuser im Stil der Spätgotik und der Renaissance– eine Augenweide, egal wohin man blickt. Die schönsten darunter gehörten einst Kaufleuten, die mit dem Zlabinger Tuch Handel trieben. Neben einem herrlichen Fassadenschmuck besitzen sie oft kunstvolle *Maßhäuser* (Torhallen) mit Zellen- und Diamantgewölben, die reizvollen plastischen Bildern ähneln. Eines der prächtigsten Maßhäuser versteckt sich hinter der Neorenaissancefassade im Gebäude mit der Hausnummer 459/25 (heute Polizei). Auch das Gebäude, in dem heute die Touristeninformation ihren Sitz hat (Hausnr. 480/46) weist ein sehenswertes Maßhaus auf.

**Slavonické podzemí a Cechovní sál (Zlabinger Untergrund und Zunftsaal):** Das Gros der Gebäude rund um den Marktplatz besitzt ein bis zwei Kellergeschosse. Diese sind durch ein Schachtsystem miteinander verbunden, das einst zur Entwässerung, aber auch als Zufluchtsort diente. Wer hinabsteigen will, darf auf der roten Trasse (Dauer 20 Min.) 130 m im engen Dunkel durch die Gänge (ca. 160 cm hoch und 60 cm breit) laufen, auf der blauen Trasse 400 m (Dauer 45 Min.). Der Zugang erfolgt über das Gebäude der Touristeninformation. Im angrenzenden Renaissancegebäude mit Briefchensgraffiti (1543–49) – heute die Hospůdka U Mazhauzu (→ Essen & Trinken) – steigt man dagegen ins Obergeschoss. Dort befindet sich der sog. Zunftsaal, der durch kolorierte Sgraffiti mit neutestamentarischen Szenen samt deutscher Beschriftung besticht (leider nicht immer zugänglich).

*Adresse/Öffnungszeiten* **Untergrund** (Nám. Míru 480/46), nur Juli u. Aug.! Rote Trasse tägl. 9–18 Uhr, Blaue Trasse nur Sa/So 9–18 Uhr. Eintritt je nach Trasse 1,60–2,80 €, erm. 1,20–1,60 €.

**Městské muzeum a Kostel Nanebevzetí Panny Marie (Stadtmuseum und Mariä-Himmelfahrts-Kirche):** Das städtische Museum ist in einem schönen Renaissancegebäude aus dem Jahr 1550 untergebracht. Es widmet sich – natürlich – der Renaissance in Slavonice und informiert zudem über die in den Hussitenkriegen untergegangene, mittelalterliche Siedlung Pfaffenschlag (4 km nordwestlich). Schräg gegenüber führt durch Hausnummer 473/39 ein Durchgang zur dreischiffigen Mariä-Himmelfahrts-Kirche. Sehenswert sind die spätgotischen Plastiken im Chor. Ihr Glockenturm kann bestiegen werden – 174 Stufen sind es hinauf.

• *Adresse/Öffnungszeiten* **Stadtmuseum** (Nám. Míru 476/42), Juni–Sept. tägl. (außer Mo) 10–12 u. 13–16 Uhr. Eintritt 0,60 €, erm. 0,40 €. **Kirchturm,** Mai u. Sept. nur Sa/So 9–18 Uhr, Juni–Aug. tägl. 9–18 Uhr. Eintritt 1,20 €, erm. 0,80 €.

**Lutheránská modlitebna (Lutherisches Bethaus):** Am Horni Náměstí, dem „Oberen Platz" – mehr Straße als Platz im Gegensatz zum Náměstí Míru (früher Dolni Náměstí = „Unterer Platz") – lohnt ein Blick in Hausnummer 517/85. Im Haus befindet sich eine kleine *Ausstellung von landwirtschaftlichen Geräten und Werkzeugen.* Spannender ist das Obergeschoss, das früher vermutlich u. a. als Betsaal diente und mit Fresken aus der Apokalypse des Johannes ausgeschmückt ist.

• *Adresse/Öffnungszeiten* **Bethaus** (Horní nám. 517/85), im Sommer ist i. d. R. immer jemand da. Falls geschlossen, einfach klingeln, das „Museum" ist der Privatzimmervermietung Giordano (→ Übernachten) angeschlossen. Eintritt 0,80 €.

## Umgebung von Slavonice

**Hrad Landštejn (Burg Landstein):** Die mächtige Burganlage auf einer Anhöhe 12 km westlich von Slavonice ist ein beliebtes Ausflugsziel bei Wanderern und Radfahrern, die hier diverse Einkehrmöglichkeiten haben. Die Festung entstand vermutlich unter den bayerischen Herren von Hirschberg im 12. Jh. Später diente sie der Kontrolle eines Handelsweges von Böhmen gen Süden. 1771 brannte die Burganlage nach einem Blitzeinschlag nieder und verödete. Erst in den 70ern begann man mit der Rekonstruktion. Vom Burgfried, 150 Stufen sind es bis auf seine Aussichtsplattform, genießt man herrliche Ausblicke. Burg und Umgebung sollen übrigens Schauplatz von Friedrich Schillers Drama *Die Räuber* sein.

Fährt man von Burg Landstein weiter Richtung Nová Bystřice (Neubistritz), passiert man nach rund 5 km die mächtige *Barockkirche der Heiligen Dreifaltigkeit* von Domenico Orsi (in vielen Karten als „Klášter I" eingezeichnet). Sie gehörte einst zu einem 1501 gegründeten Paulanerkloster, das 1785 säkularisiert wurde. Wer die Kirche besichtigen möchte, kann im ersten Haus hinter der Kirche nach jemandem fragen, der aufsperrt (aber nur von 9–12 und 13–18 Uhr und nur für Gruppen von mind. 5 Pers.).

• *Verbindungen* **Busse** 3-mal tägl. direkt nur nach Slavonice.

• *Übernachten* *** **Hotel Landštejnský dvůr,** angenehmes Landhotel neben der Burg. Freundliche Zimmer mit neuen Bädern. Nette Wirtsstube mit Terrasse, in der deftige böhmische Küche auf den Teller kommt. DZ 48 €. Landštejn 3, ✆ 384391722, www.landstejn.cz.

• *Öffnungszeiten* **Burg Landstein,** April u. Okt. nur Sa/So 9–16 Uhr, Mai u. Sept. tägl. (außer Mo) 9–16 Uhr, Juni–Aug. tägl. (außer Mo) 9–17 Uhr. Eintritt 2,40 €, erm. die Hälfte.

Weiter Richtung Südböhmen? Informationen zu **Jindřichův Hradec** bekommen Sie auf S. 425, zu **Třeboň** auf S. 419.

**Dačice (Datschitz):** Angeblich erblickte in Dačice 1843 der Würfelzucker das Licht der Welt. Erfinder war Jakob Christoph Rad, Vater von 16 Kindern und Direktor der hiesigen Zuckerraffinerie. Zehn Jahre später war sie pleite. Als Ausgangsrohstoff für den süßen Kubus dienten Zuckerrüben. Im *Stadtmuseum* (Městské muzeum) erinnert man stolz an diese Errungenschaft, auch hat man dem Zuckerwürfel ein Denkmal gesetzt. Das Museum ist untergebracht in einem türkisfarbenen *Empireschloss* etwas außerhalb an der Straße nach Kunžak (vom Marktplatz aus beschildert). Des Weiteren können im Schloss diverse Prunksäle besichtigt werden, darunter der Spiegelsaal und die Bibliothek. Sonst hat das 12 km nördlich von Slavonice gelegene 8000-Einwohner-Städtchen nicht allzu viel zu bieten: Zu erwähnen sind vielleicht noch der mit Sgraffiti verzierte Renaissancepalast an der Straße nach Telč (heute das Rathaus) und die sich hoch über dem weiten, ansteigenden Marktplatz erhebende Kirche des Hl. Laurentius (Kostel sv. Vavřince), deren 51 m hohen Turm man im Sommer besteigen darf.

• *Verbindungen* Busbahnhof nahe dem Zentrum, Bahnhof am östlichen Ortsrand. **Busse** regelmäßig nach Jemnice und Telč, bis zu 8-mal tägl. nach Slavonice, 1-mal direkt nach Znojmo, 3-mal nach Moravské Budějovice. **Züge** bis zu 12-mal tägl. nach Telč, bis zu 7-mal nach Slavonice.

• *Übernachten* **Hotel U Koníčka,** am Marktplatz. 12 ordentliche Zimmer ohne viel Schnickschnack, aber alle mit privaten Bädern. Restaurant mit Terrasse. EZ 34 €, DZ 44 €. Palackého nám. 50, ☏ 384420747, ℻ 384420746, www.konicek.cz.

• *Öffnungszeiten* **Schloss/Stadtmuseum,** April u. Okt. nur Sa/So 10–16 Uhr, Mai u. Sept. tägl. (außer Mo) 10–17 Uhr, Juni–Aug. tägl. (außer Mo) 10–18 Uhr, Museum auch im Winter tägl. (außer Mo) bis 16 Uhr. Schlossführung mit dt. Text 3,20 €, erm. die Hälfte, Museum 1,20 €, erm. die Hälfte.

## Telč (Teltsch)

**Telč ist von eindringlicher Schönheit, für manche gar das malerischste Städtchen der ganzen Republik. Der historische Kern samt prunkvollem Renaissanceschloss steht auf der Welterbeliste der UNESCO.**

Das 6000-Einwohner-Städtchen, das zu den bekanntesten und meistbesuchten des Landes gehört, versteht mit seinen Reizen zu prahlen. Wer sie ungestört genießen will, sollte frühmorgens kommen, bevor die Busse eintrudeln. Die Altstadt, von zwei Teichen begrenzt, ist ein Schmuckkästchen. Am keilförmigen Hauptplatz lädt ein pittoreskes Ensemble prächtiger Renaissance- und Barockhäuser zum Giebelgucken ein. Danach besichtigt man das Schloss – das war's. Besucher, die sich im kleinen, aber feinen Telč länger einmieten wollen, finden diverse Unterkünfte.

**Geschichte:** 1339 ging die Wasserfeste von Teltsch an die Herren von Neuhaus über, und 1550, als deren Erbe ungleich geteilt wurde, an Zacharias von Neuhaus. Dessen Bruder Adam II. bekam die herrschaftliche Residenz in Jindřichův Hradec. Zacharias aber wollte sich nicht mit einer heruntergekommenen gotischen Burg zufrieden geben, zumal er auf einer Reise nach Genua Geschmack an Renaissancepalästen gefunden hatte. Er ließ italienische Baumeister kommen, die nicht nur den Umbau der Burganlage besorgten, sondern auch Impulse für die Neugestaltung des Marktfleckens gaben, der zwei Jahrzehnte vorher wieder einmal abgebrannt war. Die neuen, erstmals übrigens aus Stein errichteten Häuser erhielten eine Vorderfront mit Laubengang und ihre bis heute faszinierende Fassadenpracht. Nach dem Dreißigjährigen Krieg kamen die Jesuiten in die Stadt und mit ihnen ein paar wenige barocke Um- und Neubauten. In den folgenden Jahrhunderten passierte in Teltsch nicht mehr viel: Die Industrialisierung zog spurlos vorüber und

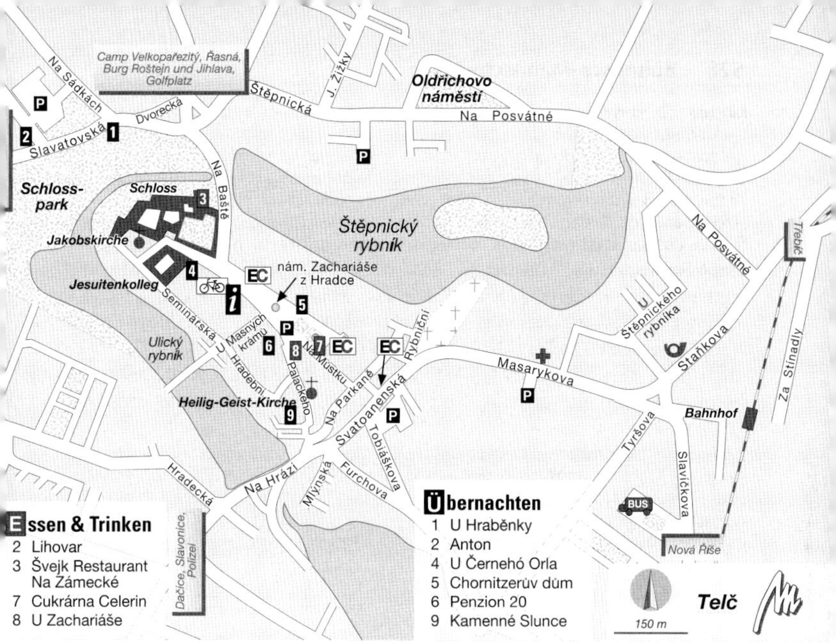


Geld für größere Baumaßnahmen fehlte – ein Glück für das Stadtbild aus dem 16. Jh., das nur deswegen so perfekt erhalten blieb. Übrigens nutzte Werner Herzog die Kulisse von Telč 1979 für seinen *Woyzek*.



## Information/Parken/Verbindungen

• *Information* **Infocentrum,** Nám. Zachariáše z Hradce 10 (Hauptplatz), ✆ 567112407, www.telc.eu. Im Juli/Aug. Mo–Fr 8–19 Uhr, Sa/So 10–19 Uhr, sonst Mo–Fr 8–18 Uhr, Sa/So 10–18 Uhr.

• *Parken* Am Hauptplatz teuer, billiger an den etwas außerhalb des Zentrums gelegenen großen Parkplätzen.

• *Verbindungen* Bahnhof und Busbahnhof ca. 700 m östlich der Altstadt. **Busse** häufig nach Jihlava, bis zu 4-mal tägl. nach Prag (i. d. R. Florenc, Ⓜ C) und Brünn. **Züge** bis zu 7-mal tägl. über Dačice nach Slavonice.

## Adressen/Veranstaltung

• *Ärztliche Versorgung* **Poliklinik** östlich des Zentrums an der Masarykova. ✆ 567243319.

• *Polizei* An der Luční 586 südlich des Zentrums. ✆ 156.

• *Post* Außerhalb der Altstadt an der Staňkova, der Straße von Třebíč nach Dačice.

• *Radverleih* Räder kann man beim Souvenirladen **Darkové zboží** am Nám. Zachariáše z Hradce 8 mieten. 9 €/Tag. ✆ 567243562.

• *Veranstaltungen* In der ersten Augusthälfte findet das **Prázdniny v Telči** statt, ein zweiwöchiges Folklorefestival.

## Essen & Trinken

• *Restaurants* **U Zachariáše (8),** gilt als bestes Restaurant vor Ort. Bieder-rustikal eingerichtet, dazu große marionettenartige Drachen, die beim Essen zuschauen – ein Spaß für Kinder. Zu den Spezialitäten des Hauses gehören „Die Rache des Kochs" (eine etwas schärfere Angelegenheit) und ein paar Fischgerichte (Zander, Hecht, Forelle), ansonsten Kurzgebratenes. Sommerterrasse. Hg. 4,50–11,50 €. Nám. Zachariáše z Hradce 33, ✆ 567243672.

**Lihovar (2),** Restaurant des Hotels Anton (→ Übernachten). In weniger attraktiver Lage abseits des Altstadtkerns in einer alten *Slivovice*-Brennerei. Jugendlich-modernes Ambiente, Rauchen verboten. Kosten Sie „Fleischchen des Herrn Podstatzky". Mittlere Preisklasse. Slavatovská 92, ✆ 567243862.

**Švejk Restaurant Na Zámecké (3),** recht großes, rustikales Lokal. Die Küche ist sehr deftig! Es gibt z. B. echtes Wiener Schnitzel, Schweinelende mit Käse und Speck oder das „Telč-Hühnerschnitzel" im Kartoffelpuffer. Hg. 6–11 €. Nám. Zachariáše z Hradce 1, ✆ 567213151.

• *Café* **Cukrárna Celerin (7),** zum gleichnamigen Hotel gehörend. Nettes, kleines Konditoreicafé, Terrasse zum Marktplatz.

## *Übernachten*

Alle Hotels sind recht klein und verfügen selten über mehr als 10 Zimmer – eine frühzeitige Buchung ist daher empfehlenswert. Privatunterkünfte vermittelt die Touristeninformation.

• *Hotels* ****** U Hraběnky (1),** in jüngst restaurierten Wirtschaftsgebäuden des Schlosses, etwas außerhalb des Zentrums an einer recht befahrenen Straße. Dafür mit überaus geschmack- und stilvoll eingerichteten Zimmern. Bowling. Restaurant mit Hofterrasse. EZ 52 €, DZ 78 €. Slavatovská 96, ✆ 567578551, www.hotel-uhrabenky.cz.

***** U Černehó Orla (4),** am Marktplatz. 33 Zimmer auf der Sterneanzahl entsprechendem Niveau, jedoch ohne besondere Note. Dazu noch einige wenige Zimmer mit Du/WC auf dem Gang – für Budgetreisende. Großes Restaurant mit Sommerterrasse. Eigene Parkplätze. Freundlicher deutschsprachiger Service. DZ 72 €, ohne Bad 24 €. Nám. Zachariáše z Hradce 7, ✆ 567243222, www.cernyorel.cz.

***** Anton (2),** in Laufnähe zum Zentrum. Zimmer unterschiedlicher Ausstattung von zweckmäßig bis gehoben. Anständiges Restaurant. Sichere Parkplätze. DZ 48–80 €. Slavatovská 92, ✆/℻ 567223315, www.hotel-anton.cz.

• *Apartments* **Chornitzerův dům (5),** mit Bedacht restauriertes Altstadthaus am Marktplatz. 2009 eröffnet. 4 schicke, sehr geräumige Apartments für 2–4 Pers., eines mit der Badewanne direkt im Schlafzimmer. Sehr komfortabel. Garten mit Grillmöglichkeit. Für 2 Pers. 80 €, für 4 Pers. 120 €, kein Frühstück. Nám. Zachariáše z Hradce 56, ✆ 567215627, www.chornitzeruvdum.cz.

• *Pensionen* **Penzion 20 (6),** 5 Zimmer und 1 Apartment mit Teeküche, z. T. in schönen alten Räumlichkeiten. Mit Liebe eingerichtet – teils gelungen, teils wirkt es etwas pseudoromantisch. EZ 32 €, DZ ab 52 €. Nám. Zachariáše z Hradce 20, ✆ 775999186 (mobil), www.hotel-penzion-telc.cz.

**Kamenné Slunce (9),** 5 nette Zimmer und ein Apartment, alle mit Holzböden. Grillmöglichkeiten im Garten. Eigene Parkplätze. DZ 36 €. Palackého 27, ✆ 732193510 (mobil), www.kamenne-slunce.cz.

• *Camping* **Camp Velkopařezitý,** 8 km nordwestlich von Telč (nahe dem Dorf Řásná). Überhaupt nichts Besonderes, alles noch sehr grau, Sanitäranlagen zuweilen in schlechtem Zustand. Vorrangig tschechische Familien ohne viel Komfortansprüche, dazu stets ein paar Kulturreisende aus ganz Europa. Badeteich 300 m entfernt. Chata-Vermietung. Restaurant. Von Telč mit „Camp Řásná" ausgeschildert. Ganzjährig. 2 Pers. mit Zelt u. Auto 9,20 €. Řásná 10, ✆ 567379449, www.campvelkoparezity.cz.

## Sehenswertes

**Náměstí Zachariáše z Hradce (Zachariasplatz):** Das großartige Ensemble der farbenfrohen Bürgerhäuser rund um den Zachariasplatz ist die Attraktion schlechthin. Spaziert man die Laubengänge entlang, lässt sich so manche nette kleine Galerie entdecken. Die sich kunstvoll in den Himmel rankende *Mariensäule* ist ein Werk von David Lipart aus der ersten Hälfte des 18. Jh. Einen schönen Blick über die Altstadt genießt man vom *Turm der Heilig-Geist-Kirche* (Kostel sv. Ducha) an der Palackého südöstlich des Platzes. Der spätromanische Turm ist 49 m hoch, die einst dazugehörende Wehrkirche brannte ab. Das enge Westende des Platzes domi-

*Fassadenherrlichkeit in Telč*

niert das ehemalige *Jesuitenkolleg* samt Kirche (1679 fertig gestellt), heute im Besitz der Masaryk-Universität Brünn. Es wurde zuletzt aufwendig restauriert. Dahinter erhebt sich die *Jakobskirche* (Chrám sv. Jakuba), die ihre heutige zweischiffige Gestalt nach den Hussitenkriegen erhielt. Daneben steht das Schloss.

Öffnungszeiten **Turm der Heilig-Geist-Kirche,** Juni–Aug. tägl. (außer Mo) 10–12 u. 13–17 Uhr. Eintritt 0,50 €, erm. die Hälfte.

**Zámek (Schloss):** Das prächtige Renaissanceschloss mit seinen Arkadenhöfen und Bogengängen aus der Herrschaftszeit von Zacharias von Neuhaus (1550–1589) blieb weitestgehend in seinem Originalzustand erhalten, da die späteren Herren von Teltsch wenig Interesse an zeitgemäßen Umbauarbeiten zeigten. Durch das Schloss werden zwei Touren angeboten. Eine Führung widmet sich den *Renaissancesälen* mit ihren kunstvoll verzierten Kassettendecken, die schönste schmückt den *Goldenen Saal*. Im Mittelpunkt der zweiten Tour (nur Mai–Sept.) stehen die *Privatgemächer der Familie Lichtenstein-Podstatsky,* der letzten adeligen Besitzer des Schlosses (bis 1945). Dabei sieht man u. a. Delfter Fayencen, Sammlungen von Bierkrügen und Zinn, die *Schlossbibliothek* mit 8000 Bänden und ein buntes Durcheinander kostbarer Möbel verschiedenster Stilrichtungen.

In der *Schlossgalerie* (Zámecká Galerie) werden wechselnde Ausstellungen gezeigt. Des Weiteren gibt es auf dem Schlossareal noch einen Ableger des *Böhmisch-Mährischen Museums Jihlava* (Muzem Vysočiny Jihlava Pobočka Telč). Es ist eine Art Stadtmuseum, ganz nett gemacht, aber mit relativ wenig Infogehalt zur Stadtgeschichte. Zu sehen sind u. a. eine Bauernstube, ein bürgerliches Wohnzimmer und mittelalterliche Türschlösser.

Öffnungszeiten April u. Okt. tägl. (außer Mo) 9–12 u. 13–16 Uhr, Mai–Sept. bis 17 Uhr. 3,20–4,40 €/Tour (1 Std.) erm. 2–2,80 €. Galerie und Museum je 1,20 € extra, erm. die Hälfte.


Karte S. 495

## Umgebung von Telč

**Nová Říše (Neureisch):** Das an sich vollkommen reizlose Dorf 10 km südöstlich von Telč wäre keinen Umweg wert, gäbe es da nicht ein mächtiges *Prämonstratenserinnenkloster* aus der ersten Hälfte des 13. Jh. 1641 ging es an den männlichen Zweig des Ordens über. Während des Zweiten Weltkrieges wurde das Kloster aufgelöst, die Mönche deportierte man in Arbeitslager. 1991 bekam der Orden das Kloster zurück. Heute arbeitet man eng mit dem Stift Geras in Österreich zusammen. Der Klosterbau im Stil des Barock und der Spätrenaissance ist von außen restauriert. Die *Abteikirche* mit kostbarem Interieur besitzt Fresken von Johann Lukas Kracker aus dem Jahr 1766. Sehenswert ist zudem die *Klosterbibliothek*.

• *Verbindungen* **Busse** bis zu 5-mal tägl. nach Jihlava, bis zu 9-mal nach Telč. Haltestelle am Marktplatz nahe dem Kloster.

• *Öffnungszeiten* **Kloster,** Führungen nur Juli/Aug. Mo–Sa um 10.30, 13.30 u. 15.30 Uhr, So nur um 13.30 u. 15.30 Uhr. Eintritt 3,20 €.

**Hrad Roštejn (Burg Rosenstein):** Die Burganlage, 9 km nördlich von Telč und von dichten Wäldern umgeben, ist ein beliebtes Ausflugsziel von Radfahrern. Grund dafür ist die Hospoda Na Hradě – eine urige Kneipe mit ein paar Tischen im ersten Hof. Erbaut wurde die Burg im 14. Jh., im 16. Jh. ließ sie Zacharias von Neuhaus im Stil der Renaissance zum Jagdsitz umbauen. Anfang des 20. Jh. brannte die Burg ab, in der zweiten Hälfte des 20. Jh. wurde sie wieder aufgebaut.

• *Anfahrt/Öffnungszeiten* Erst der 112 Richtung Pelhřimov folgen, nach ca. 7 km rechts ab Richtung Doupě, dann ausgeschildert. April u. Okt. nur Sa/So 9–12 u. 13–16 Uhr, Mai tägl. außer Mo 9–12 u. 13–17 Uhr, Juni–Aug. tägl. außer Mo 9–18 Uhr, Sept. tägl. außer Mo 9–12 u. 13–16 Uhr, Eintritt 2 €.

*Erfrischung am Marktplatz von Telč*

Schloss Buchlovice

# Südmähren (Jižní Morava)

**Südmähren wird mit warmem Klima, süffigem Wein und einer lebendigen Folkloretradition in Verbindung gebracht. Das alles stimmt – in Ansätzen.**

Südmähren liegt eingebettet zwischen der Böhmisch-Mährischen Höhe im Westen und den Weißen Karpaten an der Grenze zur Slowakei im Osten. Gen Süden schließt das österreichische Weinviertel an. Die Landschaft präsentiert sich eine Spur grüner und üppiger als die Böhmens oder Nordmährens. Das gilt v. a. für das von der Sonne verwöhnte Mikulover Gebiet, das von ausgedehnten Obstbaumplantagen und vom Weinanbau geprägt ist. Der mancherorts gezogene Vergleich zur Toskana ist aber mehr als PR-Gag zu verstehen.

Auch die viel besungene südmährische Folklore mit ihren bunten Trachten, heidnischen Bräuchen und der skurrilen Zimbelmusik ist mehr Touristenkult als Realität. Wer nicht zufällig auf einem ausschweifenden Dorffest in der Mährischen Slowakei landet, ein ländliches Volkskundemuseum besucht oder in einer derben Gasthütte zum Spanferkel vom Grill greift, wird sie nur schwerlich ausfindig machen.

Doch keine Sorge, Südmähren kann gefallen. Wer genügend Zeit mitbringt, lernt die wilde Jugend der „Hauptstadt" Brünn kennen, entspannt sich in der Beschaulichkeit von Mikulov und Kroměříž oder in der rustikalen Einfachheit der Mährischen Walachei mit ihren hölzernen Kirchen. In Sachen Religiosität unterscheiden sich die konservativeren und sinnlicheren Südmährer übrigens deutlich von ihren böhmischen Nachbarn.


Karte S. 536/537

**Südmähren – die Highlights**

**Brno:** Die mährische Hauptstadt bietet keine Bilderbuchromantik, dafür etliche Museen, Galerien, Theater und ein ausschweifendes Nachtleben.

**Mährischer Karst:** Die Tropfsteinhöhlen des Mährischen Karstes sind die spektakulärsten der Republik und einen Ausflug wert.

**Burg Pernstein:** Mehr Burg kann eine Burg nicht sein. Ein beeindruckendes Zeugnis jener Epoche, als Männer noch Ritter waren.

**Vranov-Stausee:** Baden und Kultur stellen in diesem Feriengebiet an der Grenze zu Österreich eine Einheit dar. Im östlich angrenzenden Thayatal-Nationalpark kommen Aktivurlauber auf ihre Kosten.

**Mikulov:** Ein Hauch Italien – in der Weinstadt Mikulov müssen Sie einfach Halt machen.

**Lednicko-valtický areál:** Zwei prächtige Schlösser und drum herum fast 300 $km^2$ Landschaftspark. Die beeindruckende Kombination aus Natur und Architektur ist seit 1996 auf der UNESCO-Welterbeliste verzeichnet.

**Zlín:** In der Ersten Republik als perfekte Arbeiterstadt geplant, kämpft Zlín heute mit strukturellen Problemen. Einmalig ist jedoch das funktionalistische Stadtbild – ein Tipp für Architekturinteressierte.

**Kroměříž:** Kleinstadt mit ein paar Brillanten – die blühenden Gärten und das Schloss stehen seit 1998 auf der UNESCO-Welterbeliste.

# Brno (Brünn)

**Als das „Paris Mährens", die „Schöne im Schatten Prags" oder „Klein-Wien" wird Brünn gerne bezeichnet. Die Brünner mögen diese Vergleiche mit Stolz erfüllen, die Pariser, Prager oder Wiener werden sie eher mit einem abfälligen Schmunzeln kommentieren.**

Brno, der historische und kulturelle Mittelpunkt Mährens, ist mit 370.000 Einwohnern die zweitgrößte Stadt der Tschechischen Republik. Zugleich ist sie eine der bedeutendsten Industrie-, Verwaltungs- und Universitätsstädte des Landes, als traditionelle Messestadt nimmt Brünn gar eine herausragende Rolle ein. Diese Mischung hält den Puls in der mährischen Metropole hoch. Ihren Charme konnte die alte Dame aber nur fragmentarisch in die Moderne retten: Abseits der strahlendschönen Fassadenpracht der belebten Vorzeigestraßen tun sich hässliche Narben auf, und der Gürtel rund um die Stadt entspricht alles andere als irgendeiner Bilderbuchromantik. Dennoch: Kunst- und Kulturinteressierte können hier ein paar kurzweilige Tage verbringen. Etliche Museen, Galerien und Theater zeichnen ein buntes Bild der eigenständigen mährischen Kulturlandschaft. Hinzu kommen ein verrücktes studentisches Nachtleben, gute Einkaufsmöglichkeiten, grüne Parks zum Relaxen in der Sonne und diverse architektonische Quertreiber, die die kühnen Ideen der Bauhausgeneration widerspiegeln.

**Geschichte:** Archäologische Funde beweisen, dass die Gegend um Brünn bereits vor 70.000 Jahren von Bären- und Mammutjägern durchstreift wurde. Die Stadtgeschichte beginnt jedoch erst im 11. Jh., als hier eine Burg entstand. Ihr zu Füßen ließen sich ab der zweiten Hälfte des 12. Jh. deutschsprachige und flämische Kolonisten nieder. Das kleine Gemeinwesen wuchs schnell, 1243 erhielt es die Stadtrechte, und um 1400 zählte man bereits ca. 7000 Einwohner. Während der Hussitenkriege wurde die Stadt mehrmals belagert, jedoch nie eingenommen. Im Dreißigjährigen Krieg standen die Schweden vor den Toren Brünns – auch ihre Versuche, die Stadt einzunehmen, schlugen fehl.

### Wer hat an der Uhr gedreht …

Im Dreißigjährigen Krieg, genauer am 3. Mai 1645, begann die Belagerung Brünns durch die Schweden. General Tortennson hatte mit 28.000 Soldaten vor den Toren der Stadt Stellung bezogen. Zur Verteidigung Brünns waren dem Stadtkommandeur Raduit Louis de Souches gerade 1500 wehrhafte Männer untergeben. Monatelang mussten die Stadtmauern dem schwedischen Beschuss standhalten. Unzählige Gebäude wurden zerstört, die Zahl der Opfer war auf Brünner Seite mit 250 Toten jedoch verhältnismäßig gering. Am Morgen des 23. August riss General Tortennson der Geduldsfaden. Er gab den Befehl zum letzten Großangriff – entweder sollte die Stadt bis zum Mittag fallen, oder man würde mit dem Heer weiterziehen. Einem jungen Hirten, der von dem Befehl Wind bekommen hatte, gelang es, die Nachricht in die Stadt zu bringen. Um 11 Uhr erreichte die Meldung auch den Domglöckner, der – der Fall der Stadt zeichnete sich schon ab – kurzerhand das Mittagsgeläut anstimmte. Die Schweden brachen ihren Angriff ab, und die Stadt war gerettet. Seitdem erschallen die Mittagsglocken des Brünner Doms um 11 statt um 12 Uhr.

1704 kam Moritz Grimm (1665–1757) aus Bayern nach Brünn, gestaltete etliche Kirchen und Paläste im Barockstil um und avancierte damit zu dem Baumeister, der das Bild der Altstadt am meisten prägte. („Ein Provinztalent, aber ein solider Handwerker", so Kritiker.) In der zweiten Hälfte des 18. Jh. begann Brünns Aufstieg zur Industriestadt. 1766 wurde die erste Textilfabrik errichtet, 15 Jahre später gab es schon über 20, und Brünn erhielt den Titel „Mährisches Manchester". 1839 fuhr die erste Eisenbahn nach Wien, und nach Wiener Muster wurde 1860 die barocke Stadtbefestigung beseitigt und die Innenstadt stattdessen mit Parkanlagen eingefasst. 1891 wurde das nach Plänen der Wiener Architekten Fellner und Helmer erbaute Mahen-Theater (heute *Mahenovo divadlo*) feierlich eröffnet, das erste Theater Österreich-Ungarns, das eine elektrische Beleuchtung besaß. Gleichzeitig förderte die florierende Industrie den Zuzug von Arbeitskräften und Wissenschaftlern. 1910 zählte man bereits rund 120.000 Einwohner, von denen 80.000 Deutsch und 40.000 Tschechisch als Muttersprache angaben. Zwischen den Weltkriegen stieg Brünn zu einer der modernsten Städte Europas auf, was sich architektonisch in einer Vielzahl an funktionalistischen Bauten (→ S. 549, 551) widerspiegelt. 1928 wurde das Messegelände errichtet. Die Aufbruchstimmung fand 1939 mit dem Einmarsch der Nazis ein jähes Ende. Deren sechsjähriger Herrschaft fielen rund 11.000 Brünner Juden zum Opfer, dazu kamen noch zahllose deutsche und tschechische Oppositionelle, die in den Folterkammern der berüchtigten Festung Spielberg zu Tode kamen.

Auf den Zusammenbruch der Naziherrschaft folgte der *Brünner Todesmarsch* – ein Teil der deutschen Einwohner wurde dabei gezwungen, zu Fuß nach Wien zu gehen. 6000 Menschen starben. Nach der Machtübernahme der Kommunisten wurden Prag auf tschechischer und Bratislava auf slowakischer Seite gefördert, Brünn ergraute. Heute, nach der Dezentralisierung des Landes (den Pragern konnte man den Verfassungsgerichtshof und die Generalstaatsanwaltschaft abtrotzen), sieht die Zukunft wieder rosig aus.

**Orientierung:** Die Silhouette der Stadt prägen die Burg Spielberg und der Dom auf dem Petrov. Das Leben spielt sich mit wenigen Ausnahmen in der eiförmigen Altstadt ab, die von den Straßen *Koliště* und *Husova* umrahmt wird. Das kompakte Zentrum lässt sich gut zu Fuß erkunden und ist weitestgehend verkehrsberuhigt. Die Hauptgeschäftsstraße ist die *Masarykova*, die vom Bahnhof zum *Náměstí Svobody* führt. Auch entlang ihrer Verlängerung, der *Česká*, findet man gute Einkaufsmöglichkeiten. Zu den Attraktionen außerhalb des Zentrums (z. B. Villa Tugendhat oder Anthropos) gelangt man mit der Straßenbahn. Aufgrund des verwirrenden Einbahnstraßensystems ist die Erkundung Brünns mit dem eigenen Fahrzeug nicht zu empfehlen.

## Information/Parken/Verbindungen

- *Information* **Tourist Information,** im Alten Rathaus an der Radnická. Mo–Fr 8–18 Uhr, Sa 8–17 Uhr, So 8–15 Uhr. Stadtführungen. ✆ 542427150/1, www.ticbrno.cz.
- *Parken* Die bewachten Parkplätze des Hotels International an der Husova (8 €/Tag) dürfen auch Nichtgäste benutzen. Weitere recht sichere Parkplätze in der Tiefgarage beim Hotel Continental an der Kounicova und in der Garáže Slovan (zum Hotel Slovan gehörend), Zufahrt jedoch rückseitig über die Mezírka 13 (12 €/Tag).
- *Verbindungen* Den **Stadtverkehr** besorgen Busse, Trolleybusse und Straßenbahnen, es existieren auch Nachtlinien. Zentrale Straßenbahnstationen vor dem Bahnhof und am Moravské nám. Tickets, die für alle Verkehrsmittel gültig sind, kauft man z. B. bei der Tourist Information, in Tabakläden oder an den gelben Automaten. Sie kosten für 10 Min. 0,60 € (14 Kč, Stand: Sept. 2010).

**Züge:** Der schöne Bahnhof (Restaurant im Habsburger Stil) befindet sich wenige Fußmin. südöstlich des Zelný trh. Regelmäßig über Pardubice nach Prag, Tišnov, Ostrava, Jihlava, Žd'ár nad Sázavou und Olomouc, bis zu 7-mal nach Wien, bis zu 5-mal nach Berlin und Pilsen.

Bis 2015 soll der alte Hauptbahnhof durch einen hypermodernen Glaspalast ca. 800 m südlich davon ersetzt werden.

**Überlandbusse: Intercity-Busbahnhof** 5–10 Fußmin. südöstlich des Bahnhofs an der Plotní. Von dort kommt man in nahezu alle Winkel Tschechiens, u. a. halbstündl. nach Prag. Die komfortablen Busse der Gesellschaften *Student Agency* (halbstündl. nach Prag, regelmäßig nach Ostrava und Zlín) und *Eurolines* (ebenfalls nach Prag, in die Slowakei, nach Wien und Slowenien) starten jedoch vom **alten Busbahnhof** nördlich des Bahnhofs an der Benešova.

**Flugzeug:** Der Brünner Flughafen (www.airport-brno.cz) liegt ca. 8 km südöstlich des Zentrums. Zu erreichen von 4.30–23 Uhr alle 30 Min. mit Ⓑ 76 (Abfahrt in Brünn gegenüber dem Grandhotel Brno zwischen Bahnhof und altem Busbahnhof). Flüge nach Prag bieten die ČSA und CCA.

## Adressen

- *Ärztliche Versorgung* **Krankenhaus U svaté Anny** an der Pekařská südlich des Burgbergs. ✆ 543181111.
- *Autoverleih* Ein paar Adressen hält die Tourist Information bereit. Das Hotel International (Husova 16, ✆ 542122670) vermittelt z. B. Autos von **Avis.** Billigstes Fahrzeug ab ca. 45 €.
- *Polizei* Zum Beispiel an der Běhounská 1. ✆ 156.
- *Post* **Hauptpost** neben dem Bahnhof.
- *Wäsche* **Clubwash Brno,** Waschsalon an der Stará 27. Tägl. 8–22 Uhr.
- *Zeitungen/Zeitschriften* Deutschsprachiges bekommt man am Bahnhofskiosk.

## Einkaufen (→ Karte S. 538/539)

Hauptshoppingmeile ist die vom Bahnhof ins Zentrum führende Masarykova mit etlichen Modegeschäften, die man auch von daheim kennt, sowie einer Reihe netter Cafés und Fastfood-Läden. Ein paar zusätzliche Tipps:

• *Antiquariate* Eine große Auswahl deutschsprachiger Literatur bieten z. B. **Antikvariát Petr Bouda (6),** Kounicova 15, und **Antikvariát Petr Vintrlík (35),** Kapucínské nám. 11.

• *Kleidung* **Boutique Valentine (19),** viel Zweitklassiges, aber auch glitzernde Abendroben – z. T. Markenware aus Frankreich zu Spottpreisen! Vachova 6.

• *Markt* **Obst- und Blumenmarkt** werktags am Zelný trh.

• *Shoppingcenter* Größter innerstädtischer Shoppingpalast ist die **Galerie Vaňkovka (41)** an der Úzká/Ecke Domych 5 Fußmin. südöstlich des Bahnhofs. In der Maschinenfabrik aus dem 19. Jh. sind 130 Läden und ein riesiger *Interspar* untergebracht. Davor fahren kostenlose Zubringerbusse zu den außerhalb gelegenen Shoppingcentern wie **Shopping Park, Olympia** und **Futurum** ab.

Im historischen Zentrum lohnt zudem ein Blick ins **Obchodní centrum Dům Pánů z Lipě (20)** am Náměstí Svobody (→ Rund um den Náměstí Svobody). Stilvoll restaurierter Renaissancebau mit Cafés, Galerien, kleinen Boutiquen und Kunsthandwerksläden.

• *Skurriles* **Liturgický Apoštolát (37),** am Kapucínské nám. neben der Kapuzinerkirche. Der von Nonnen betriebene Laden hält Messgewänder, Kruzifixe, Heiligenbilder, Rosenkränze und Kerzen bereit. Eine Tür weiter ein **Kunsthandwerkslädchen:** Korb- und Tonwaren, böhmisches Kristall etc.

• *Trödel* **Trödelwaren (38),** der Name sagt schon alles. Der verstaubte Laden setzt seinen Schwerpunkt auf deutschsprachige Emailleschilder. Unregelmäßig geöffnet. Leitnerova 14.

• *Wein* **Vinotéka Špalíček,** etwas versteckt im EG des Shoppingcenters **Velký Špalíček (24).** Vorrangig mährische Produkte. Měcová/Ecke Dominikánské nám.

Eine gute Auswahl an mährischen Weinen bietet auch **Moravská banka vin (29)** an der Starobrněnská 12.

*Brünner Altstadtgasse*

## Essen & Trinken (→ Karte S. 538/539)

• *Restaurants* **Pod Radničním Kolem (26),** Weinrestaurant unter dem Alten Rathaus. Backsteinkeller, Sommerterrasse. Spezialität des Hauses sind dicke Steaks, serviert werden aber auch die tschechischen Klassiker. Mi abends mährische Volksmusik. Hg. 5–16 €. Měcová 5, ✆ 542211135.

**Pegas (18),** gepflegte, äußerst populäre Mikrobrauereigaststätte. Das hiesige Bier gehört zu unseren persönlichen Favoriten, insbesondere das naturtrübe Helle *(Ležák)*. Zudem wird – außergewöhnlich in Tschechien – Weizenbier ausgeschenkt. Gute Küche mit mährischen Spezialitäten, Hg. 5–12 €. Für den Abend empfiehlt sich eine Reservierung. Jakubská 4, ✆ 542210104.

**Skanzeen (34),** liebevoll im Stil einer Blockhütte eingerichtetes Lokal. Hier sitzt man gerne länger. Slowakische Spezialitäten wie Sauersuppe mit Würstchen, unterschiedlich gefüllte *Harula* (eine Art Kartoffelpuffer) oder *Halušky*, die slowakischen Spätzle, die ebenfalls in verschiedenen Varianten auf den Tisch kommen. Hg. 3,50–13 €. Pekařská 80, ✆ 543244962.

**Zemský dům (8),** gehört zur Kette der „Pilsner Urquell Original Restaurants", die sich durch ordentliche Küche und korrekten Service auszeichnet. Groß, gemütlich und relativ qualmfrei. Neben mährischen Spezialitäten (darunter Räucherfleisch mit Pflaumensauce oder der berühmte *Spatz*) auch Steaks vom Grill und vegetarische Gerichte. Hg. 4–11 €. Žerotínovo nám. 2, ✆ 541213118.

**Pizzan Restaurant (25),** ziemlich versteckt in einem Hinterhof. Innen rustikal-gemütlich mit dunklen Möbeln, draußen ein netter Biergarten. Leckere Pizzen! Mittlere Preisklasse. Římské náměstí, ✆ 542211480.

**Café Restaurant Hlídka (22),** auf dem Weg von der Husova zur Burg. Lindgrünes Haus mit großer Panoramaterrasse, stilvollen Möbeln aus dem 19. Jahrhundert und Blick auf Brünn. Gute mährische Küche, Pilsner Urquell vom Fass. Hlídka 2, ✆ 542216642.

**Pivovarská Restaurace (39),** zur Brauerei *Starobrno* gehörende Lokalität westlich des Zentrums. Teilt sich auf in eine große, derbe Pivnice (günstige Tagesgerichte) und in ein etwas steriles, riesiges Café-Restaurant. Bierspezialität ist das 14-gradige, helle *Baron Trenck*. Die große Terrasse wäre ohne den lauten Busbahnhof davor recht nett. Große Speisekarte, Hg. 6–16 €. Mendlovo nám., ✆ 543420130.

**Potrefena Husa (9),** die Kette bürgt für Qualität. Modernes, lichtes Kneipenrestaurant mit Sportbar-Ambiente, jungem Publikum und recht guter Küche der mittleren Preisklasse. Moravské nám./Ecke Joštova.

• *Pivnices/Kneipen* **Ačko (30),** Mischung aus Bierstube und Studentenkneipe. Einfache Küche, teuerstes Gericht ist der *Mix Grill* für 5,50 €. Angeschlossen eine Architektur-Galerie. Netter Hinterhof und Balkon zum Draußensitzen. Starobrněnská 16–18.

**U Pandura (36),** lang gezogene Keller-Pivnice im Backsteingewölbe. Hier gibt es das kohlensäurearme *Černa-Hora*-Bier, und zwar als 10-gradiges *Kern* (hell), 12-gradiges *Granat* (dunkel) oder 14-gradiges *Kvasar* (hell). Etwas gewöhnungsbedürftig ist das „Borůvkové pivo" (Blaubeerbier). Günstige Standardküche. So geschl. Kapucínské nám. 8.

**Hospoda Veselá Husa (33),** zum experimentellen Theater *Husa na provázku* gehörend. Wer in der „Glücklichen Gans" sein Bier trinkt, trägt eine schwarze Hornbrille oder Rastalocken. Bilder aus alten Brünner Theatertagen an der holzverkleideten Wand. Kleine Snacks. Petrská.

**U Bláhovky (7),** typisch tschechische Bierschwemme mit frisch gezapftem Pilsner Urquell. Im Sommer eine große Menschentraube an den Stehtischen vorm Haus.

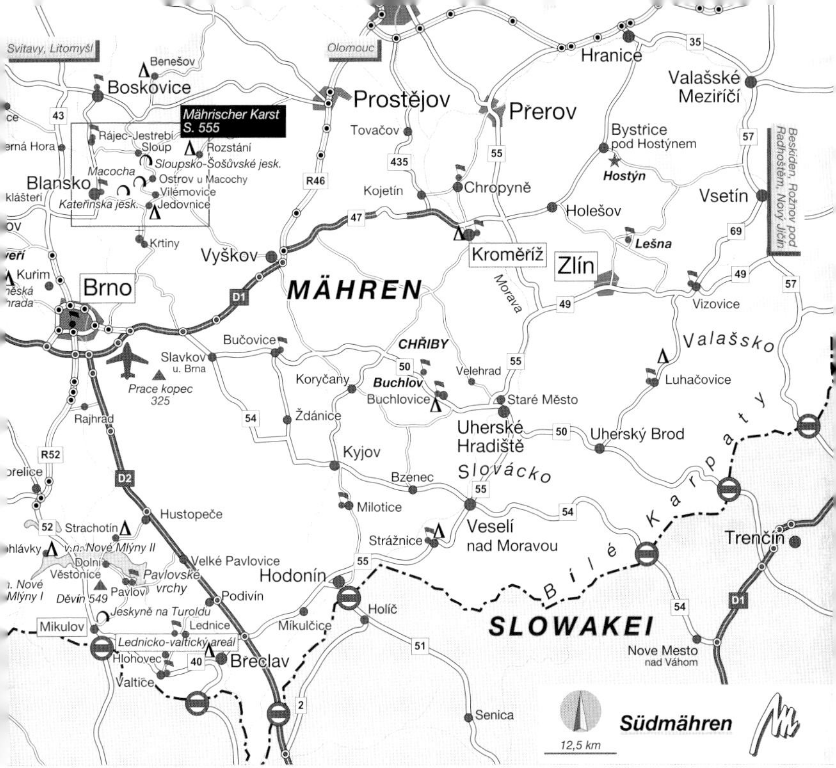


Buntes Publikum. Die Schweinshaxe ist legendär. Gorkého 96/54

• *Cafés* Schicke Cafés gibt es im Zentrum nahezu an jeder Ecke. Ein paar Tipps:

**Zemanova kavárna (11),** Nachbau des funktionalistischen Cafés von Bohuslav Fuchs. Das Original wurde 1964 abgerissen, das heutige Café nach alten Plänen 1995 wieder aufgebaut. Lichter, gediegener Ort mit Sommerterrasse und Kaffeehausatmosphäre. Jezuitská 6.

**Teraza Café & Bar (20),** im 6. Stock des Renaissancegebäudes Dům Pánů z Lipě am Náměstí Svobody (→ Sehenswertes). Verglastes, überaus charmantes Café über den Dächern und Turmspitzen von Brünn – grandiose Aussichten! Im **Sound Café** ein Stockwerk darunter finden hin und wieder Partys statt.

**Café & Bar La Solitaire (16),** idealer Ort für ein gemütliches Gläschen mährischen Weins (große Auswahl) oder einen guten Cocktail. Warm eingerichtet, Kunst an den Wänden, Dielenböden. Dreistöckig, im Keller schwere Ledersofas. Kozí 12.

**B2 Caffe... Bar (15),** nüchtern eingerichtetes Cafe mit Kunstwerken an den Wänden. Dazu ein urgemütlicher Innenhof mit Sofas, Lampions und Springbrunnen. Leckeres Frühstücksmenü, Běhounská 2.

**Čajovna (23),** esoterische Teestube mit asiatischer Musik und Räucherstäbchen en masse. In dunkel-düsteren Kellerräumen, aber gemütlich. Man sitzt auf Matten am Boden oder an kniehohen Tischchen. So erst ab 14 Uhr. Über eine Passage am Dominikánské nám. 6–7 zu erreichen.

**Jazzová Kavírna Pod Obrazy (10),** im ehemaligen Statthalterpalast am Moravské nám. 1 (→ Sehenswertes). Sympathische Mischung aus modernem Kaffeehaus und lebhafter Studentenkneipe. Im Sommer wird der Innenhof bestuhlt – hier finden dann auch regelmäßig Jazzkonzerte statt.

## Übernachten
2 Slovan
4 U Kašny
14 Avion
17 Slavia
18 Pegas
27 Grandhotel Brno
28 Royal Ricc
31 Pod Špilberkem
32 Comsa Palace
40 BVV

## Essen & Trinken
7 U Bláhovky
8 Zemský dům
9 Potrefena Husa
10 Jazzová Kavírna Pod Obrazy
11 Zemanova kavárna
15 B2 Caffe... Bar
16 Café & Bar La Solitaire
18 Pegas
20 22 Teraza Café & Bar
22 Café-Restaurant Hlídka
23 Čajovna
25 Pizzan
26 Pod Radničním Kolem
30 Ačko
33 Hospoda Veselá Husa
34 Skanzeen
36 U Pandura
39 Pivovarská Restaurace

## Nachtleben
1 Bluesbar Traubova
3 Mýdlo
5 Skleněná Louka
12 Perpetuum
13 Desert Club
21 Livingstone

## Einkaufen
6 Antikvariát Petr Bouda
19 Boutique Valentine
20 Obchodní centrum Dům Pánů z Lipé
24 Shoppingcenter Velký Špalíček
29 Moravská banka vin
35 Antikvariát Petr Vintrlík
37 Liturgický Apoštolát
38 Trödelwaren
41 Galerie Vaňkova

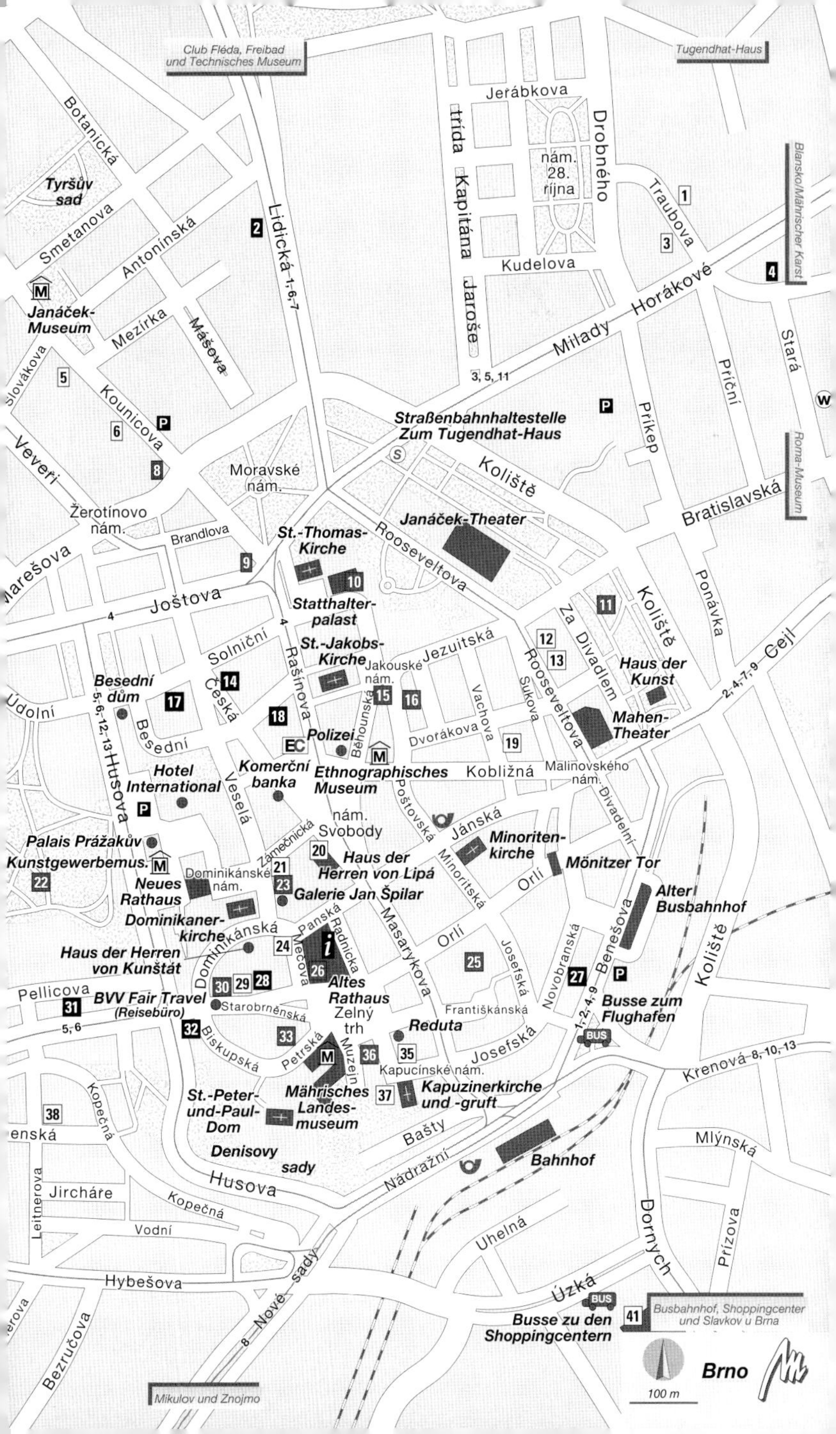
Club Fléda, Freibad
und Technisches Museum
Tugendhat-Haus
Jeřábkova
třída Kapitána Jaroše
nám. 28. října
Drobného
Kudelova
Traubova
Blansko/Mährischer Karst
Botanická
Tyršův sad
Smetanova
Antonínská
Lidická 1, 6, 7
Janáček-Museum
Mezírka
Mášova
Slovákova
Kounicova
Milady Horákové
Stará
Příční
Příkop
Straßenbahnhaltestelle Zum Tugendhat-Haus
Roma-Museum
Veveří
Moravské nám.
Koliště
Bratislavská
Žerotínovo nám.
Brandlova
Janáček-Theater
St.-Thomas-Kirche
Rooseveltova
Marešova
Statthalterpalast
Joštova
Ponávka
Za Divadlem
St.-Jakobs-Kirche
Solniční
Jezuitská
Jakoubské nám.
Cejl
Besední dům
Česká
Rašínova
Vachova
Sukova
Haus der Kunst
Údolní
Besední
Polizei
Běhounská
Dvořákova
Mahen-Theater
Husova
Hotel International
Veselá
Komerční banka
Ethnographisches Museum
Koblížná
Malinovského nám.
nám. Svobody
Poštovská
Jánská
Divadelní
Palais Prážakův
Kunstgewerbemus.
Zámečnická
Haus der Herren von Lipá
Minoriten-kirche
Mönitzer Tor
Neues Rathaus
Dominikánské nám.
Galerie Jan Špilar
Minoritská
Orlí
Alter Busbahnhof
Dominikanerkirche
Dominikánská
Panská
Radnická
Masarykova
Josefská
Novobranská
Benešova
Koliště
Haus der Herren von Kunštát
Mečova
Altes Rathaus
Pellicova
BVV Fair Travel (Reisebüro)
Starobrněnská
Zelný trh
Františkánská
Busse zum Flughafen
Reduta
Biskupská
Petrská
Muzejní
Kapucínské nám.
Josefská
Krenová
Kopečná
St.-Peter-und-Paul-Dom
Mährisches Landesmuseum
Kapuzinerkirche und -gruft
Mlýnská
Bašty
Denisovy sady
Nádražní
Bahnhof
Husova
Jircháře
Kopečná
Leitnerova
Vodní
Uhelná
Dornych
Přízova
Hybešova
Úzká
Nové sady
Busbahnhof, Shoppingcenter und Slavkov u Brna
Busse zu den Shoppingcentern
Bezručova
Mikulov und Znojmo
Brno
100 m

*Brno by night*

## Nachtleben (⟶ Karte S. 538/539)

An allen Ecken und Enden Clubs und Kneipen – die Szene ist überaus rege. Achten Sie auf Plakate! Hier nur eine kleine Auswahl an Nightspots im Zentrum bzw. in Zentrumsnähe.

• *Bars/Kneipen* **Skleněná Louka (5),** Kneipenkomplex auf mehreren Etagen. Bierselige Gewölbekneipe im Keller mit gitarrenlastiger Musik und gelegentlichen Lesungen. Glasdachbar im EG mit überwiegend elektronischer Musik. Einfach und nett, auch wenn der Haushund mal an die Theke pinkelt. Darüber eine alternative Teestube und unter dem Dach eine weitere Kneipe mit buntem Studentenpublikum und netter Terrasse. Kounicova 23.

**Bluesbar Traubova (1),** düstere, aber urgemütliche Szenekneipe mit guter Musik. Viele Spinnweben, teils sitzt man an alten Nähmaschinentischen. Freakiges junges Publikum trifft man auch in der Kneipe **Mýdlo (3),** schräg gegenüber. Bollerofen, Kicker, simple, aber originelle Einrichtung, punkige Musik (im Hintergrund). Traubova 8 (etwas abseits des Zentrums).

• *Clubs* **Fléda,** zuletzt *der* In-Club. Coole Location mit Programmkino und Veranstaltungen für alle Geschmäcker. 2 Bühnen und ein Chill-out-Room. Neben DJ-Partys auch Latin- und Rockkonzerte, D'n'B-Sessions etc. Tägl. ab 20 Uhr. Achten Sie auf Plakate. Eintritt variabel. Štefánikova 24, zu erreichen mit Ⓢ 1 o. 7 Hrnčířská.

**Livingstone (21),** *der* Studententreff in Brünn, daher ist auch unter der Woche am meisten los. Großer Club, der mit Reisemitbringseln aus aller Welt (Tierfelle, afrikanische Statuen, Fotos aus Südostasien) geschmückt ist. 08/15-Discomusik. Kicker, kein Eintritt. Dominikánské nám. 5.

**Desert Club (13),** lustiger, stets gut besuchter Kellerclub. Gemischtes Publikum von Schülern bis zu alternden Freaks. Gelegentlich Konzerte (viel Reggae und African) und Jam Sessions, sonst Kneipenbetrieb. Rooseveltova 11.

Wer es eher elektronisch mag, geht in den Technoclub **Perpetuum (12)** zwei Häuser weiter in Hnr. 9. Vor Mitternacht ist hier allerdings tote Hose. Unscheinbare Deko.

## Übernachten (⟶ Karte S. 538/539)

Das Gros der zentralen Hotels ist für das Gebotene überteuert, was sich während Messezeiten bis zur Dreistigkeit steigert. Die Tourist Information vermittelt gegen eine kleine Provision neben Hotels auch Privatzimmer und Pensionen (ab 12 €/Pers.) sowie Betten in Studentenwohnheimen (ab 7 €/Pers.).

• *Hotels* **** **Grandhotel Brno (27)**, traditionsreiches Haus (seit 1870) beim Bahnhof, der Kette Austriahotels zugehörig. Glanzvoll das stattliche Äußere, die 110 Zimmer und Suiten sind dagegen klassisch-altbacken ausgestattet. Sauna, Fitnessraum und hauseigenes Casino. Bewachte Parkplätze. Stets wechselnde Preise, DZ 125–264 €. Benešova 18–20, ✆ 542518111, 📠 542210345, www.grandhotelbrno.cz.

**** **Royal Ricc (28)**, eines der schönsten kleinen Hotels Tschechiens und ein Tipp in dieser Preisklasse. 13 luxuriöse Zimmer, stilvoll mit Antiquitäten (z. T. auch Repliken) und alten Kachelöfen bestückt. Alte Balkendecken, Ziegelsteinböden. 1-a-Service. Restaurant, Weinkeller, Bar, Waschservice und eigene Parkplätze. Innenstadtlage. EZ ab 142 €, DZ ab 157 €. Starobrněnská 10, ✆ 542219262, www.romantichotels.cz.

**** **Comsa Palace (32)**, eines der neuesten Häuser der Stadt, 2009 nach fast dreijähriger Renovierung in einem prunkvollen Stadtpalais eröffnet. Toller Arkadenhof. Stilvolle Zimmer, gutes Restaurant mit neuseeländischem Chefkoch. DZ 100–150 €. Šilingrovo náměstí 2, ✆ 532156777, 📠 532156711, www.comsabrnopalace.com.

**** **Pegas (18)**, zur gleichnamigen Brauerei gehörend. Frisch restaurierte Zimmer (jedoch nicht gerade innovativ) mit Minibar und TV. Freundlicher Service. Zentralste Lage. EZ 80 €, DZ 100 €. Jakubská 4, ✆ 542210104, www.hotelpegas.cz.

**** **Slavia (17)**, besitzt eine 100-jährige Tradition. Die letzte große Restaurierung des zentral gelegenen Jugendstilbaus fand 1987 statt, dementsprechende Teppichbodenzimmer mit TV (neueren Datums) und Minibar. Hoteleigene Garage (10 €/Tag). EZ ab 76 €, DZ 96 €. Solniční 15–17, ✆ 542321249, www.slaviabrno.cz.

*** **Slovan (2)**, in Laufnähe zum Zentrum. Mittelklassehaus mit schicker Rezeption. Doch spätestens im Aufzug verblasst die Pracht. 96 Zimmer, unterschiedlich ausgestattet, nicht schön, aber okay. Neue Bäder. Disco im Haus. Eigene Parkplätze (9 €/Nacht). EZ 56 €, DZ 72 €. Lidická 23, ✆ 533422111, www.hotelslovan.cz.

*** **Pod Špilberkem (31)**, unterhalb der Burg. Hotel in einem restaurierten Altbau. Etwas beengende Zimmer mit Teppichböden, Kiefernholzmöbeln und recht geschmacklosen Bildern an der Wand. Kostenlose, sichere Parkplätze im Hof. EZ 51 €, DZ 65 €. Pekařská 10, ✆ 543235003, 📠 5432350 66, www.hotelpodspilberkem.cz.

** **Avion (14)**, 1928 von Bohuslav Fuchs errichtetes funktionalistisches Gebäude. 6 Stockwerke, aber schmal wie ein Handtuch. Das Innere des einst spektakulären Baus wurde in sozialistischer Zeit leider restlos versaut (gepolsterte Türen, Teppichwände etc.). Nicht alle Zimmer mit privatem WC. EZ ab 32 €, DZ ab 44 €. Česká 20, ✆ 542 321303, www.avion-hotel.cz.

• *Pensionen* **Pension BVV (40)**, nahe dem Messegelände. 17 Zimmer und 2 Apartments, alle mit privaten Bädern und TV. Standardmobiliar, Teppichböden. EZ 36 €, DZ 53 €. Hlinky 28a (Ⓢ 1, Mendlovo nám.), ✆ 543213426, www.bvv.cz/ft.

**U Kašny (4)**, ca. 10 Fußmin. nordöstlich des Zentrums. Sterile, billig ausgestattete, saubere Zimmer. In der „Luxusversion" mit Du/WC und Balkon, ansonsten bis auf wenige Ausnahmen Dusche im Zimmer, privates WC jedoch außerhalb. Bierkneipe mit Hinterhofterrasse nebenan. DZ 36 €, kein Frühstück. Francouská 15, ✆/📠 545244762, www.kasna.cz.

• *Camping* **Autocamp Obora,** ca. 15 km nordwestlich des Zentrums (Ⓑ 303 ab Brünn/Zoo), von der Straße 384 Richtung Veverská Bítýška ausgeschildert. Einer von mehreren Campingplätzen am Stausee Brněnská přehrada. Großer, leicht ansteigender Wiesenplatz, selten voll. Restaurant. Kein eigener Strand, nächster Strand 1 km entfernt. Ordentliche Sanitäranlagen. Mai–Sept. 2 Pers. mit Zelt u. Auto 12 €, in der Hütte 9 €/Pers. Rakovecká 72, ✆/📠 5462 23334, www.autocampobora.cz.



## Sport & Freizeit/Kultur

• *Baden* Bestes Freibad ist das **Kraví hora** nordwestlich des Zentrums, zu erreichen vom Bahnhof mit Ⓢ 4 (Haltestelle Náměstí Míru). Outdoor- und Indoorpools.

• *Golf* **Kaskáda Golf Centre,** 18-Loch-Platz bei Kuřim, 10 km nördlich von Brno. Mit Hotel. Greenfee 64–79 €. ✆ 541511711, www.golfbrno.cz. Für einen weiteren Platz → Slavkov, S. 553.

• *Klassische Konzerte* Vorrangig im **Besední dům** an der Husova, dem Sitz der Staatlichen Philharmonie Brünns. Tickets bekommt man an der Vorverkaufsstelle des Nationaltheaters (s. u.).

• *Messen* Brünn ist Tschechiens Messestadt, rund 50 internationale Messen finden übers Jahr verteilt statt. Zu den größten gehören die Automobilausstellung **AUTOSALON** (Anfang Juni), die Messe für Informations- und Kommunikationstechnologien **INVEX** (Ende Okt.) und die Sportmesse **SPORT Life** (Anfang Nov.).

• *Theater* In Brünn gibt es um die 20 Theater. Die bedeutendsten und größten sind dem **Nationaltheater Brünn** (Národní divadlo Brno) untergeordnet, dazu gehören die Häuser **Janáčkovo divadlo, Mahenovo divadlo** (beide an der Rooseveltova) und **Reduta** (Zelný trh, → Sehenswertes). Vorverkauf u. a. im Reduta, ✆ 542424560, www.ndbrno.cz.

• *Veranstaltungen* Ende Feb. kommen bei den **Europäischen Filmtagen** Cineasten auf ihre Kosten (auch deutsche Produktionen), ebenso Anfang April beim **Febiofest,** einem internationalen Filmfestival. Das **Jazzfest Brno,** ein internationales Jazzfestival, findet stets Ende April statt. Anfang Mai steigt das **Brněnský Majáles,** ein zweitägiges Open-Air-Festival mit etlichen Bands und DJs, die meisten kommen aus Tschechien. Das mehrtägige Festival **Ignis Brunensis Internationalis** Ende Mai/Anfang Juni geht am Stausee und auf der Burg Spielberg über die Bühne – prächtige Feuerwerke! Der **Motorrad-Grand-Prix** wird Mitte/Ende Aug. auf dem Masaryk-Ring (Masarykův okruh) veranstaltet (Ⓑ 68 ab dem Mendlovo nám., bis Endstation). Im Sept./Okt. schließlich findet das alljährliche Musikfestival **Mährischer Herbst** statt.

## Sehenswertes rund um den Zelný trh (Krautmarkt) und den Kapucínské náměstí (Kapuzinerplatz)

Der leicht abschüssige, gepflasterte **Zelný trh** ist einer der ältesten Plätze der Stadt. In seiner Mitte steht der große barocke **Parnassus-Brunnen** mit Szenen aus der griechischen Mythologie. Den Entwurf dazu lieferte Johann Bernhard Fischer von Erlach (1656–1723), der als kaiserlicher Hofarchitekt auch den Bau von Schloss Schönbrunn geleitet hatte. Werktags findet um den Brunnen ein lebendiger Gemüsemarkt statt. Die Südseite (obere Seite) des Platzes beherrscht der **Dietrichstein-Palast** (Ditrichštejnský palác), der Anfang des 17. Jh. erbaut wurde. Vor der Schlacht von Austerlitz 1805 (→ S. 552) bezog der russische General Kutusow darin Quartier. Heute ist das Palais zusammen mit dem schräg dahinter liegenden **Bischofshof** (Biskupský dvůr) Sitz des **Mährischen Landesmuseums** (s. u.).

Gegenüber (etwas tiefer) erblickt man das älteste Theater der Stadt, **Reduta** genannt, das im 17. Jh. aus einer Weinschenke hervorging. Vor heiterem Publikum traten hier einst diverse Wandertheatergruppen auf. Auch Kinder ließ man auf die Bühne, wie 1767 den damals gerade 11-jährigen Mozart, der hier ein Konzert dirigierte. Später brannte das Theater mehrmals ab, 2007 wurde das Gebäude als moderne Bühne neu eröffnet.

Ein paar Schritte weiter breitet sich der **Kapuzinerplatz** aus, benannt nach dem 1604 hier gegründeten Kloster. Einen schaurigen Besuch wert ist die **Kapuzinergruft** (s. u.) unter der dortigen kleinen, schlichten Kirche.

In entgegengesetzter Richtung verläuft die Radnická zum **Alten Rathaus** (s. u.) mit einem sehenswerten Portal.

Vom Krautmarkt bietet sich auch ein Spaziergang hinauf zum **St.-Peter-und-Paul-Dom** (s. u.) an. Wer den Weg über die Starobrněská und die Biskupská wählt, passiert ein paar herrliche Stadtpaläste, manche historisierend, manche im Jugendstil. Ohnehin ist das Eck rund um den Dom recht schön. Einen Abstecher wert ist auch der **Denisovy sady,** eine kleine, gepflegte Parkanlage, die sich südlich des Doms auf alten Befestigungsanlagen erstreckt. Am Abend blickt man von dort über die funkelnde Südstadt Brünns, tagsüber auf eine weite Ebene, die sich bis Wien zieht.

**Moravské zemské muzeum (Mährisches Landesmuseum):** Die eindrucksvollste Sammlung des Museums befindet sich im zweiten Stock des *Palais Dietrichstein* und zeigt prähistorische Funde aus Mähren. Darunter befindet sich auch die berühmte *Venus von Věstonice,* eine handgroße Frauenstatuette, die beim südmährischen Dorf Dolní Věstonice (→ S. 579) entdeckt wurde. Sie entstand vor ca. 25.000 Jahren und zählt somit zu den ältesten Statuen der Welt. Die erste Etage beherbergt eine umfassende Sammlung an Mineralien und Versteinerungen. Im Erdgeschoss gibt es ein Café und einen Museumsshop. Der benachbarte *Bischofshof* klärt u. a. über die Fauna Mährens auf, außerdem drehen ein paar Süßwasserfische in einem Aquarium ihre Runden.

*Adresse/Öffnungszeiten* Zelný trh 8/Muzejní 1. Di–Sa 9–17 Uhr. Für beide Häuser (Palais Dietrichstein und Bischofshof) wird separat Eintritt verlangt. Die Höhe (2–4,40 €) hängt davon ab, was Sie sehen wollen.

### Vom Brünner Drachen und vom Brünner Rad

Die meisterzählten Stadtlegenden sind die vom *Brněnský drak,* dem Brünner Drachen, und vom *Brněnské kolo,* dem Brünner Rad. Der Drachen tauchte irgendwann am Fluss Svratka auf, riss dort Schafe, erlegte Hühner und fraß die badenden Jungfrauen. Angst und Schrecken machten sich breit. Schließlich wurde eine Belohnung für die Erlegung des Ungeheuers ausgesetzt. Ein Fleischergeselle strich sie ein. Er warf der Bestie eine mit ungelöschtem Kalk gefüllte, frisch geschlachtete Ziege hin. Der Drachen fraß sie, trank danach durstig Wasser, löschte damit den Kalk und platzte. Seitdem hängt er (mit Narbe am Bauch!) in der Toreinfahrt des Alten Rathauses. Tatsächlich handelt es sich jedoch um ein Krokodil. Einer anderen Legende zufolge wurde dieses der Stadt Brünn 1608 von König Matthias Corvinus geschenkt, der sich damit bei den Ständen einschmeicheln wollte. Er selbst hatte es angeblich vom türkischen Sultan Ahmet I. erhalten.

Das Rad von Brünn, 1636 entstanden, soll das Werk des Wagners Georg Birk aus Lednice sein. Er hatte mit einem Freund gewettet, an nur einem Tag einen Baum fällen, aus dem Holz ein Rad bauen und es ins ca. 50 km entfernte Brno rollen zu können. Er gewann die Wette. Doch die Meisterleistung brachte ihm kein Ansehen, eher das Gegenteil. Das Volk verdächtigte ihn fortan, mit dem Teufel im Bunde zu sein. Keiner gab mehr ein Rad bei ihm in Auftrag, sodass er in Armut starb.



**Kapucínská hrobka (Kapuzinergruft):** *„Was ihr seid, waren auch wir. Was wir sind, werdet auch ihr sein.“* Die Gruft mit der gestrengen Mahnung zählt zu den größten Attraktionen der Stadt, denn hier werden – wie in den berühmten Katakomben des Kapuzinerklosters in Palermo, nur in bescheidenerem Ausmaß – mumifizierte Leichen zur Schau gestellt. Bei den Toten handelt es sich überwiegend um Mönche, aber auch der Geldadel kaufte sich hier ein, in der Hoffnung, trotz anrüchiger Geschäfte zu Lebzeiten auf diese Weise schneller in den Himmel zu kommen. Die berühmteste Leiche ist die des Pandurenobersten Franz Freiherr von Trenck (1711–

1749). Die Gesichter der bekleideten Mumien sind teils verzerrt, die Zähne gebleckt zum ewigen Grinsen oder Schreien. Der Mann mit dem aufgerissenen Mund und dem zur Seite geklappten Kiefer wurde angeblich scheintot beigesetzt, wachte hier wieder auf und starb dann eines qualvollen Todes.

*Adresse/Öffnungszeiten* Kapucinské nám. Im Winter tägl. (außer Mo) 9–12 u. 14–16.30 Uhr, So 11–11.45 Uhr u. 14–16.30 Uhr, im Sommer auch Mo. Vom 15. Dez.–31. Jan. geschl. Eintritt 2,40 €, erm. die Hälfte.

**Stará radnice (Altes Rathaus):** Das Gebäude mit seinem markanten Turm (80 m hoch, 151 Stufen) zählt zu den ältesten der Stadt. Sehenswert ist sein spätgotisches Portal. Achten Sie auf die Fiale (schlankes, spitzes Türmchen) über der Figur der Gerechtigkeit. Sie ist so gekrümmt, dass man glaubt, sie könne jederzeit herabfallen. Bildhauer Anton Pilgram (vermutlich 1460–1516) wollte damit die Rechtschaffenheit der Ratsherrn in Frage stellen, die ihm mehrmals die Entlohnung verweigert hatten. Danach zog er nach Wien und machte sich am Stephansdom zu schaffen. Im Durchgang hinter dem Portal baumelt ein Krokodil von der Decke, an der Wand steht ein Rad – die Symbole der Stadt Brünn (→ Kasten).

*Adresse/Öffnungszeiten* Radnická 4. **Turm,** April–Okt. tägl. 9–16.30 Uhr. Eintritt 2 €, erm. die Hälfte. Gelegentlich werden Führungen durch das Rathaus veranstaltet.

**Chrám sv. Petra a Pavla (St.-Peter-und-Paul-Dom):** Man vermutet, dass auf dem Petrovhügel im 11. Jh. die erste Burg der Stadt errichtet wurde. Der Dom selbst ging aus einer ursprünglich romanischen Basilika hervor. Seine neogotische Gestalt erhielt er zu Anfang des 20. Jh. Sehenswert sind insbesondere die gotische *Maria mit dem Jesukind* gleich hinterm Eingang rechter Hand (14. Jh.) und der Kreuzweg von Jiří Marek aus den 1960ern – die letzten Stationen sind nicht viel mehr als ein wildes Durcheinander von Gliedmaßen. Neben dem Dom steht das *Museum sakraler Kunst* (Muzeum sakrálního umění), das aus dem Fundus der Brünner Diözese schöpft. Die Gemälde und Plastiken aus den verschiedenen Jahrhunderten sind sieben Stationen im Leben Christi zugeordnet.

*Adresse/Öffnungszeiten* Petrov 1. **Dom,** tagsüber i. d. R. zugänglich. **Museum sakraler Kunst,** tägl. (außer Mo) 10–17 Uhr. Eintritt 2,40 €, erm. 1,60 €.

## Sehenswertes rund um den Dominikánské náměstí (Dominikanerplatz) und entlang der Husova

Der Dominikanerplatz war einst der Fischmarkt der Stadt. Heute dient er den Angestellten des barocken **Neuen Rathauses,** welches den Platz nach oben hin begrenzt, als Parkplatz. Die Räumlichkeiten, die die Stadtverwaltung belegt, hatten die Dominikaner erbauen lassen. Im großen Innenhof kann man sich ein paar schöne Sonnenuhren anschauen. Die **Kirche** des einstigen Klosters (1658–1667) ist dem Hl. Michael geweiht. Ihr Inneres schwelgt im Barock. Gegenüber dem Rathaus befindet sich in Haus Nr. 6–7 die **Galerie Jan Špilar.** Spilar war für das Make-up und die Perücken in Milos Formans Film *Amadeus* verantwortlich. Auch Sie können sich hier stylen lassen. An der Dominikánská, die links der Dominikanerkirche bergauf führt, steht das **Dům Pánů z Kunštátu** (Haus der Herren von Kunštát, Hnr. 9). Der Palast mit Innenhof beherbergt heute zwei Galerien und ein modernes Café. Vorrangig einheimische Avantgardekünstler stellen hier aus (tägl. außer Mo 10–18 Uhr, Eintritt variabel). Das Gebäude ist wie auch das Neue Rathaus ein Werk des bayerischen Baumeisters Moritz Grimm.

*Am Náměstí Svobody*

An der Husova westlich des Dominikanerplatzes befinden sich zwei Museen der **Mährischen Galerie** (Moravská galerie v Brně, s. u.) und das **Besední dům** (Haus der Beseda), der Sitz der staatlichen Philharmonie Brünn.

**Uměleckoprůmyslové Muzeum (UPM/Kunstgewerbemuseum):** Das Kunstgewerbemuseum der Mährischen Galerie ist in einem Neorenaissancebau untergebracht, den ein jüdischer Industrieller 1880 errichten ließ. Allein die innere Ausschmückung ist sehenswert. Das Museum besitzt einen gigantischen Fundus an Bildhauerarbeiten, Stilmöbeln, Schmuck, Glas, Keramik usw. aus den verschiedensten Kunstepochen von der Gotik bis zur Moderne. Witzig ist auch der Museumsshop mit Ohrringen aus SIM-Karten oder Ketten aus Elektronikbauteilchen. Auf aktuelle Ausstellungen machen Plakate aufmerksam.

*Adresse/Öffnungszeiten* Husova 14. Mi–So 10–18 Uhr, Do bis 19 Uhr. Der Eintritt hängt davon ab, was Sie sehen möchten (max. ca. 4 €).

**Palais Pražákův:** Hier präsentiert die Mährische Galerie neben wechselnden Ausstellungen ihre Sammlung tschechischer Kunst des 20. Jh. Die Werke aus der ersten Hälfte des Jahrhunderts, insbesondere aus der Zeit zwischen den Weltkriegen (Otto Gutfreund, Josef Gočar, Josef Čapek usw.), sind erheblich interessanter als die aus der zweiten Hälfte. Wer die Sammlung in chronologischer Reihenfolge sehen will, beginnt im zweiten Stock.

*Adresse/Öffnungszeiten* Husova 18. Eintritt und Öffnungszeiten → UPM.



## Sehenswertes rund um den Náměstí Svobody (Platz der Freiheit)

Der tropfenförmige, etwas zu groß geratene Platz, über den in regelmäßigen Abständen Straßenbahnen holpern, ist das Herz der Stadt. Um eine frühbarocke Pestsäule gruppieren sich *McDonald's, New Yorker* & Co., aber auch ein paar architektonische Hingucker. Einen Besuch wert ist das Gebäude der **Komerční banka,** ein einst von

Bohuslav Fuchs für die *Moravská banka* entworfenes Bankgebäude. Auch wenn der funktionalistische Bau von außen nicht gerade vielversprechend aussieht – die lichtdurchflutete Schalterhalle aus den 1930ern ist sehenswert! Dominiert wird der Platz jedoch vom **Dům Pánů z Lipě,** dem **Haus der Herren von Lipá.** Das wunderschöne Renaissancegebäude aus den Jahren 1589–1596 mit herrlichem Portal und Arkadenloggia wurde aufwändig restauriert und beherbergt eine Reihe von Geschäften und Lokalen – ein Tipp ist das Aussichtscafé im Obergeschoss (→ Essen & Trinken).

An der Ecke zur Kobližná befindet sich der Eingang zur **Ethnographischen Abteilung des Mährischen Landesmuseums** (Moravské zemské muzeum Etnografický ústav). Es ist untergebracht in einem ehemaligen Damenstift aus dem 17. Jh., in dem Waisenmädchen aus guten Kreisen ihre Erziehung genossen. Ethnographisches gibt es hier jedoch nur noch selten zu sehen, meist werden wechselnde Ausstellungen zu den verschiedensten Themen gezeigt.

Adresse/Öffnungszeiten **Ethnographisches Museum,** Kobližná 1. Di–Sa 9–17 Uhr. Eintritt abhängig von der Ausstellung, meist 1–2 €, erm. die Hälfte.

### Zu Lebzeiten verschmäht, heute gefeiert: Leoš Janáček

Leoš Janáček (1854–1928) zählt zu den großen Namen der modernen klassischen Musik. Im nordmährischen Hukvaldy geboren, kam er mit elf Jahren als Chorknabe des Augustinerklosters nach Brünn. Seine spätere musikalische Ausbildung genoss er an der Orgelschule von Prag (1875–79) und am Konservatorium von Leipzig (1879–80). Zurück in Brünn, wurde er Chorleiter des Augustinerklosters. Nebenbei begann er auf der Grundlage des mährischen Volksliedes seine ersten Klavier- und Orchesterstücke zu komponieren, später auch Opern und Streichquartette. Was in Brünn Anklang fand, wurde vom Prager Nationaltheater verschmäht. Dort wollte man von Janáček und seiner sperrigen Musik lange Zeit nichts wissen, spielte stattdessen tagein, tagaus die Werke von Smetana und Dvořák. Dass sich das Œuvre Janáčeks auf den ausländischen europäischen Bühnen durchsetzte, war v. a. Max Brod zu verdanken, einem begeisterten Fürsprecher Janáčeks, der dessen Oper *Jenufa* (1904) ins Deutsche übersetzt hatte. Heute erinnert ein kleines Museum im einstigen Wohnhaus Janáčeks in der Smetanova 14 an den Komponisten (Památník Leoše Janáčka, Di–Fr 10–12 und 13–17 Uhr, Sa 11–17 Uhr, Eintritt 2 €). Man kann sich nicht nur das Klavier des Meisters anschauen, sondern auch seine Straßenbahnzeitfahrkarte oder seinen Hut. Zudem kann man Janáčeks Kompositionen lauschen, die gerne als „Wortmusik" charakterisiert werden: Janáček sah zwischen verbalem und musikalischem Ausdruck keinerlei Unterschied.

## Weitere Sehenswürdigkeiten im Zentrum

**Kostel sv. Janů (Minoritenkirche zu den beiden Hl. Johannes):** Eine der schönsten Kirchen Mährens! Die ursprünglich gotische Klosterkirche wurde in der ersten Hälfte des 18. Jh. von Mauritz Grimm umgestaltet, das Ergebnis ist barocke Pracht pur – Putten ohne Ende. Beachtenswert sind das mit Fresken geschmückte *Deckengewölbe* und das *Loretoheiligtum.*

Adresse/Öffnungszeiten Ecke Minoritská/Jánska. In der Regel tagsüber zugänglich.

**Měnínská Brána (Mönitzer Tor)**: Es ist das einzige noch erhaltene Stadttor der mittelalterlichen Befestigungsanlagen. Eine Attraktion ist es deshalb noch lange nicht. Die Stadt scheint nicht so recht zu wissen, wie sie mit dem Kulturdenkmal verfahren soll – z. Z. d. letzten Recherche wurde eine Marionetten-Ausstellung im Turm angekündigt.
*Adresse/Öffnungszeiten* Měnínská 7. 2010 geschl.

**Kostel sv. Jakuba (St.-Jakobs-Kirche):** Um 1220 bauten hier deutsche Kolonisten ein spätromanisches Kirchlein. 1515 brannte es nieder. 1592 begann man mit dem Bau der heutigen dreischiffigen, recht lichten Kirche, deren Turm mit 92 m der höchste der Stadt ist. Geht man um die Kirche herum – der Platz davor war früher ein Friedhof –, sieht man aus einem Turmfenster auf der Südseite ein nacktes Hinterteil ragen – angeblich die Rache eines schlecht bezahlten Restaurators, der sich von Pilgrams Fiale am Alten Rathaus (s. o.) inspiriert fühlte. Rund um die Kirche gibt es eine Reihe netter Straßencafés.
*Adresse/Öffnungszeiten* Jakubské nám. Mo/Mi/Fr 9–12 und 17–18 Uhr, die Zeiten können jedoch variieren.

**Dům umění (Haus der Kunst):** Das Haus der Kunst im Grünstreifen zwischen der Rooseveltova und der Koliště wird wie das Dům pánů z Kunštátu (s. o.) von der Stadt Brünn als Galerie genutzt. Präsentiert werden wechselnde Ausstellungen oft zeitgenössischer Künstler. Beeindruckend ist auch das 2009 grundlegend restaurierte funktionalistische Gebäude an sich: Es wurde nach dem Zweiten Weltkrieg vom Architekten Bohuslav Fuchs entworfen.
*Adresse/Öffnungszeiten* Malinovského nám. 2. Tägl. (außer Mo) 10–18 Uhr. Mi freier Eintritt, sonst 2 €, erm. die Hälfte.

**Místodržitelský palác (Statthalterpalast):** Der Gebäudekomplex wurde 1350 mitsamt *St.-Thomas-Kirche* (Kostel sv. Tomáše) als Augustinerkloster gegründet. Im 17. u. 18. Jh. erfolgte der barocke Umbau. Das Klostergebäude diente nach dem Umzug der Augustiner an den heutigen Mendlovo náměstí (s. u.) den Statthaltern Mährens als Residenz. In sozialistischer Zeit war darin das Museum der Arbeiterklasse untergebracht, heute präsentiert hier die Mährische Galerie ihre Sammlung europäischer Kunst aus sechs Jahrhunderten. Zu sehen gibt es Werke von Peter Paul Rubens, Artemisia Gentileschi, Franz Anton Maulpertsch etc. Darüber hinaus finden wechselnde Ausstellungen statt.
*Adresse/Öffnungszeiten* Moravské nám. 1. Mi–So 10–18 Uhr, Do bis 19 Uhr. Eintritt 2 €, erm. die Hälfte.

## Auf Burg Spielberg (Hrad Špilberk)

Westlich des Zentrums erhebt sich die von einer weiten Parkanlage umgebene Burg Spielberg. Ihre Fundamente reichen bis ins 13. Jh. zurück. Lange Zeit hatte die Burg den Ruf des berüchtigtsten Gefängnisses des Habsburger Reiches. In den **Kasematten** unter dem äußeren Burgwall saßen nicht nur Räuber und Mörder an Händen und Hals angekettet ein, sondern auch Mitglieder des nationalrevolutionären italienischen Geheimbundes *Carbonari,* der gegen die Habsburger und für die Errichtung eines italienischen Nationalstaates kämpfte. Darunter war auch der Dichter Silvio Pellico (1789–1854). *Le mie prigioni – Meine Gefängnisse* (1832), sein bekanntestes Werk, erzählt von seiner Kerkerzeit und schockierte selbst in Wien derart, dass das Gefängnis 1853 geschlossen wurde. Schreie der Angst und des Todes hörten die Mauern noch einmal während der Naziherrschaft: Polnische und tschechische Oppositionelle wurden hier gefoltert und ermordet. Heute kann man die Kasematten besichtigen. Ein paar Zellen wurden rekonstruiert.

In den Räumlichkeiten der quadratisch angelegten inneren Burganlage informiert das **Museum der Stadt Brünn** (Muzeum města Brna) im Erdgeschoss über die Geschichte der Burganlage, insbesondere über ihre bauliche Entwicklung und über die Rolle der Festung als Gefängnis. Im ersten Stock steht die Stadtgeschichte im Vordergrund. Der zweite Stock beherbergt die Ausstellung „Für ein neues Brünn – Brünner Architektur 1919–1939" mit Plänen, Zeichnungen, Fotos und Möbelstücken der Brünner Funktionalisten (→ Kasten, S. 550).

Im Innenhof der Burganlage finden im Sommer gelegentlich Theateraufführungen und Konzerte statt.

• *Öffnungszeiten* **Museum der Stadt Brünn,** Mai–Sept. tägl. (außer Mo) 9–18 Uhr, April u. Okt. tägl. (außer Mo) 9–17 Uhr, Nov.–März nur Mi–So 10–17 Uhr. Eintritt für alle Ausstellungen 4,90 €, erm. die Hälfte, für eine Ausstellung 1,20 €, erm. die Hälfte. **Kasematten,** Juli–Sept. tägl. (außer Mo) 9–18 Uhr. Eintritt 2,80 €, erm. die Hälfte.

**Kombiticket** für alle Sehenswürdigkeiten 8,90 €, erm. 5,30 €.

### Gregor Mendel (1822–1884) – ein Genie mit was für Genen

Der gebürtige Schlesier Gregor Mendel, (Ordensname seit 1843) war zuerst als Lehrer, später als Prior im Augustinerkloster von Brünn tätig. Im Garten des Klosters führte er umfangreiche botanische Experimente zur Vererbungslehre durch. In seinem Glashaus im begrünten Innenhof (es stand auf jener Fläche, die heute wie ein Boulefeld aussieht) kreuzte er Erbsen, später auch Bohnen. Dabei entdeckte er die drei Grundregeln, die die Weitergabe der Erbanlagen beschreiben: die Uniformitätsregel, die Spaltungsregel und das Gesetz der freien Kombinierbarkeit der Gene. Wer mit diesen sog. *Mendelschen Gesetzen* bzw. *Mendel-Regeln* nichts anfangen kann, sollte sein Biologiebuch aus der Schulzeit hervorkramen. Zu Lebzeiten wurden die Veröffentlichungen Mendels vom wissenschaftlichen Establishment ignoriert, eine Würdigung seiner Arbeit erfolgte erst posthum.

## Rund um den Mendlovo náměstí (Mendelplatz)

Der etwas triste **Mendlovo náměstí** (Mendelplatz) liegt außerhalb des Zentrums auf dem Weg zum Messegelände. Neben der Straßenbahn Nr. 1 passieren ihn etliche Buslinien. Seine Nordseite begrenzt eine **Klosteranlage,** die im 14. Jh. entstand, zunächst Nonnen des Zisterzienserordens diente und ab 1873 dem Augustinerorden. Durch die Abtei werden heute im Sommer Führungen angeboten, zudem kann man die barocke **Klosterbibliothek** besichtigen. Die dazugehörende **Kirche Mariä Himmelfahrt** (Bazilika Nanebevzetí Panny Marie Mše Svaté) von 1322 gilt als die schönste gotische Kirche der Stadt. Besonders wertvoll ist die *Ikone der Schwarzen Madonna* (vermutlich 13. Jh.) am barocken Hochaltar. Sie soll die Stadt vor unzähligen Katastrophen bewahrt haben. Unter den Augustinern war das Kloster ein Hort der Kunst und Wissenschaft. Der Komponist Leoš Janáček (→ S. 546) wirkte hier genauso wie Gregor Mendel. An Letzteren erinnern ein Denkmal im Klostergarten und das moderne **Mendelmuseum.** Es führt in die Arbeit des großen Freidenkers ein, die sich jedoch nur Kennern wirklich erschließt. Nach dem Besuch des Museums lädt die benachbarte Brauereigaststätte Starobrno (→ Essen & Trinken) auf ein kühles Bier ein.

• *Adressen/Öffnungszeiten* **Führungen durch die Augustinerabtei,** Mai–Okt. Di/Mi/Sa stets um 13 Uhr. Eintritt 2,80 €. **Führungen durch die Bibliothek,** Di/Mi/Sa stets um 13 Uhr. Eintritt 2,80 €. **Kirche Mariä Himmelfahrt,** im Sommer tägl. (außer So) 17–19 Uhr, So 7–12 Uhr, ansonsten nur zu Messen. **Mendelmuseum,** April–Okt. tägl. (außer Mo) 10–18 Uhr, Nov.–März tägl. (außer Mo) 10–17 Uhr. Eintritt 2,40 €, erm. die Hälfte.

## Rund um die Innenstadt

**Muzeum Romské Kultury (Roma-Museum):** Das europaweit wohl einzigartige Museum, das sich explizit der Roma-Kultur (→ Kasten, S. 40) widmet, liegt rund 15 Fußminuten nordöstlich des Zentrums im Brünner Roma-Viertel – nicht gerade das Vorzeigeeck der Stadt. Die interessante Dauerausstellung informiert über Sprache, Kunst, traditionelles Handwerk und Religion der osteuropäischen Roma. Auch das traurige Schicksal der Roma unter den Nazis wird ausführlich dokumentiert – nicht jedoch die Diskriminierung in sozialistischer und postrevolutionärer Zeit (Zwangssterilisationen, Verbannung in Ghettos usw.). Das Erdgeschoss ist wechselnden Ausstellungen von Roma-Künstlern vorbehalten. Zudem dient das Museum als Kultur- und Begegnungsstätte. Nichtrauchercafé angegliedert.

*Adresse/Öffnungszeiten* Bratislavská 67. Di–Fr 10–18 Uhr, So 10–17 Uhr. Eintritt 1,60 €, erm. die Hälfte.

**Výstaviště (Messegelände):** Das Ausstellungsgelände wurde einst als das schönste Europas gepriesen. Von den diversen Bauten des Messegeländes, das sich südwestlich des Zentrums erstreckt, sind insbesondere der *Pavillon A,* der hoch wie eine Kathedrale ist, und die kreisrunde *Halle Z* mit einer Kuppel von 93 m Durchmesser sehenswert. Die Innenräume des Gebäudes *Zámeček* entwarf Adolf Loos. Leider ist das Messeareal i. d. R. nur während der Publikumsmessen zu besichtigen.

*Adresse* Zwischen Linky und Bauerova südwestlich des Zentrums. Vom Bahnhof mit Ⓢ 1 (Haltestelle Výstaviště) zu erreichen.

**Anthropos:** Der westlich des Messegeländes in einem Waldpark gelegene funktionalistische Pavillon (errichtet 1928) ist entweder besucherfrei oder voller Schulklassen. Das Museum darin befasst sich mit der Menschheitsgeschichte (viele Schädel), geht auf die frühen Jäger und Sammler Mährens ein (Nachstellungen archaischen Lebens), stellt aber auch steinzeitliche Tiere vor (Rekonstruktion eines Mammuts in Originalgröße). Ein Ziel für Spezialisten, die des Tschechischen mächtig sein sollten – keine fremdsprachigen Erläuterungen.

*Adressen/Öffnungszeiten* Pisárky 9. Vom Bahnhof mit Ⓢ 1 bis Haltestelle Pisárky. Tägl. (außer Mo) 9–17 Uhr. Eintritt 3,20 €, erm. die Hälfte.

**Tugendhat-Haus:** Die von Mies van der Rohe in den Jahren von 1928–1930 entworfene Villa steht im Vorort Černá Pole. Benannt ist das Haus, bei dessen Bau Kosten keine Rolle spielten, nach seinem Auftraggeber, dem jüdischen Textilfabrikanten Tugendhat. Von der Straße aus gesehen, hat das Gebäude durch seine schnörkellose Geradlinigkeit zunächst eher etwas von einem gewöhnlichen Bungalow im Schuhkartonstil als von einer Traumvilla. Die kühle Eleganz des von Licht, Luft und Sonne durchdrungenen Hauses entfaltet sich erst beim Betreten. Das Wohnzimmer, 280 m$^2$ groß, wird von einer Onyxwand unterteilt, die je nach Sonneneinstrahlung dunkelgelb oder zartrot schimmert. Die Glasfront des Raumes lässt sich im Boden versenken, sodass man das Gefühl hat, mitten im Garten zu sitzen. Acht Jahre konnten die Tugendhats ihre Luxusherberge genießen, dann mussten sie vor den Nazis nach Südamerika flüchten. Die Kommunisten nutzten das Gebäude für exklusive gesellschaftliche Anlässe und führten ein paar missratene

Restaurierungen durch: So ersetzte man die Glasfront des Wohnzimmers, die aus einer einzigen großen Scheibe bestand, durch viele kleine – größere herzustellen war der volkseigenen Glasfabrik nicht möglich. Seit 2001 ist die Villa Tugendhat in der UNESCO-Welterbeliste verzeichnet. Doch der Zahn der Zeit nagte mit aller Kraft am Haus weiter. Eine dringend notwendige Sanierung des Architekturjuwels wurde von der Stadt Brünn, der Eigentümerin der Villa, immer wieder verschoben. Zum Zeitpunkt der letzten Recherche wurde jedoch angekündigt, im Januar 2011 mit den Arbeiten zu beginnen. Daniela Hammer-Tugendhat, Professorin für Kunstgeschichte in Wien, soll mit ihrem Mann Ivo Hammer, einem international renommierten Restaurator, daran beteiligt werden.

• *Adresse/Öffnungszeiten* Černopolní 45. Zu erreichen u. a. vom Moravské nám. mit Ⓢ 3, 5 o. 11 bis Haltestelle Dětská nemocnice (2 Stationen), von dort der bergauf führenden Černopolní noch ca. 8 Min. zu Fuß folgen (Hinweisschild). Wann die Villa wieder der Öffentlichkeit zugänglich ist, erfahren Sie unter ✆ 545212118, www.tugendhat-villa.cz.

*Haus Tugendhat: elegante Funktionalität*

## Funktionalistische Architektur in Brünn

Die „Ausstellung zeitgenössischer Kultur“ im Jahr 1928, für die das Messegelände (Výstaviště) überhaupt erst geschaffen wurde, machte Brünn zu einem Zentrum moderner, nahezu avantgardistischer Architektur. Mutig begann man hier, Bauvorhaben zu genehmigen, die vielerorts noch abgelehnt wurden: Im Vordergrund stand die Suche nach einer reinen Architektur, die sich an den Leitsatz „Form follows function“ (Louis Henry Sullivan, 1856–1924) hielt. Ausdruck dessen wurden diverse funktionalistische Bauten auf dem Messegelände, im Zentrum und in den Vororten. Beteiligt waren u. a. der aus Brünn stammende Architekt Adolf Loos (1870–1933), der sich vehement für ein ornamentfreies Bauen einsetzte, Ludwig Mies van der Rohe (1886–1969), ein Vertreter der auf geometrische Grundformen reduzierten Architektur, und v. a. Bohuslav Fuchs (1895–1972), Professor an der Technischen Hochschule Brünn. Das mit Abstand sehenswerteste funktionalistische Bauwerk Brünns ist die Tugendhat-Villa.

**Nový-dům-Siedlung:** Sie war eines der sensationellen Projekte der „Ausstellung zeitgenössischer Kultur“ von 1928 (→ Kasten) und entstand unter Beteiligung von Bohuslav Fuchs in Ahnlehnung an die Weißenhofsiedlung in Stuttgart. Im Unterschied zu Letzterer, wo ein besser situiertes Publikum angesprochen wurde und die Planungen ein Zimmer für Hausangestellte vorsahen, sollten die Architekten in Brünn zwei- bis dreistöckige Häuser für Familien mit mittlerem Einkommen entwerfen. Es entstand eine Reihe schachtelförmiger Betonvillen (z. T. renoviert, z. T. noch recht grau), die man sich allerdings nur von außen anschauen kann.

- *Adresse* Die Siedlung liegt in der Nähe des Waldes Wilsonův les nördlich des Messegeländes, zu erreichen mit Ⓢ1 vom Bahnhof (Haltestelle Bráfova). Die Häuser finden Sie rechts der Haltestelle in den Straßen Petřvaldská, Drnovická und Šmejkalova.

**Technické Muzeum (Technisches Museum):** Das Museum beherbergt neben Dampf- und Nähmaschinen, Motorrädern von *Jawa* und *CZ,* Helikoptern und Flugzeugen (in Groß und als Modell), Öfen, Uhren, Radios, Geräten aus der Medizintechnik u. v. m. auch ein paar schöne Oldtimer. Darunter sind Raritäten wie ein Fahrzeug von *Daimler* (Wiener Neustadt) und mehrere *Z* der längst vergessenen Brünner Automarke. Im Ganzen lohnt die lange Anfahrt jedoch nur für speziell Interessierte.

*Adresse/Öffnungszeiten* Prkyňova 105. Zu erreichen u. a. vom Bahnhof mit Ⓢ13 bis Haltestelle Technické Muzeum (Endstation). Das Museum liegt gleich daneben. Tägl. (außer Mo) 9–17 Uhr. Eintritt 2 €, erm. die Hälfte.

## Am Brněnská přehrada (Brünner Stausee)

Ca. 10 km nordwestlich des Zentrums liegt die Brünner Talsperre, die den Flusslauf der Svratka staut. Der dadurch entstandene, von Laubwäldern umrahmte See hat eine Länge von rund 5 km. Er ist ein beliebtes Naherholungsgebiet mit Bootsverleihern und Liegewiesen. Zum Baden aber ist er in der heißen Jahreszeit nicht geeignet, die Wasserwerte stimmen dann bedenklich. 1 km östlich des Sees lädt der Brünner **Zoo** (Zoologická zahrada) zu einem Besuch ein. Ganz im Nordosten, am Zulauf zum See, thront auf einem Hügel **Burg Eichhorn** (Hrad Veveří). Auf dem Burgareal gibt es eine Kneipe, eine Vinothek und finden hin und wieder kulturelle Veranstaltungen statt. Im Sommer starten von der Marina im Südosten des Sees regelmäßig Ausflugsschiffe zur Festung.

- *Verbindungen* Zoo (Haltestelle Zoologická zahrada) und Südufer des Sees (nahe Schiffsableger; Haltestelle Přístaviště) erreicht man mit Ⓢ1 o. 3. Von dort gelangt man mit Ⓑ 303 zur Burg.
- *Öffnungszeiten* **Zoo,** im Sommer tägl. 9–18 Uhr, im Winter bis 16 Uhr. Eintritt 4 €, erm. 2,80 €.
  **Burg,** April u. Okt. nur Sa/So 9–16 Uhr, Mai–Sept. tägl. (außer Mo) 9–17 Uhr. Eintritt fürs Burgareal 2 €, erm. die Hälfte, Burgführung mit dt. Text 2 €, erm. die Hälfte.

# Slavkov u Brna (Austerlitz)

Bei Austerlitz hatte Napoleon einen seiner größten militärischen Erfolge zu verbuchen (→ Kasten), was der 20 km östlich von Brünn gelegenen Stadt den Eintrag in die Geschichtsbücher bescherte. Heute heißt Austerlitz (6200 Einwohner) Slavkov und ist ein 08/15-Städtchen mit einem netten Kern.

Am Marktplatz steht das dreiflügelige **Schloss** der Adelsfamilie Kaunitz, die hier von 1509 bis 1919 residierte. Bedeutendster Vertreter des Geschlechts war Wenzel Anton Kaunitz (1711–94), seines Zeichens Staatskanzler unter Kaiserin Maria

Südmähren
Karte S. 536/537

Theresia. Das Schloss ging aus einer Festung des Deutschen Ritterordens hervor. Nach Plänen von Domenico Martinelli wurde Ende des 17. Jh. mit den Umbauarbeiten im (späten) Barockstil begonnen. Die Vollendung seiner Entwürfe erlebte Martinelli nicht, der Umbau zog sich über 80 Jahre hin.

### Die Schlacht von Austerlitz

Bei Austerlitz fand am 2. Dezember 1805 die Dreikaiserschlacht statt, bei welcher die verbündeten Einheiten des österreichischen Kaisers Franz II. und Zar Alexanders I. (insgesamt 85–90.000 Mann) den Truppen Napoleons I. (rund 75.000 Mann) gegenüberstanden. In den frühen Morgenstunden hatte das Gemetzel begonnen, bis zum Sonnenuntergang, dem Ende der Schlacht, waren rund 22.000 Mann gefallen. Der Sieg der zahlenmäßig unterlegenen Franzosen hatte v. a. zwei Gründe: Zum einen sorgten Sprachbarrieren auf Seiten der Verbündeten zu fehlerhaften Kommandoweitergaben, zum anderen half Napoleon der morgendliche Nebel. Als die Sonne von Austerlitz, die später vielzitierte *„soleil d'Austerlitz"* aufging, sah Napoleon die gegnerischen Verbände auf den Höhen stationiert. Im Dunst der Niederungen brachte er seine Einheiten daraufhin in Stellung und konnte so zu mehreren Überraschungsschlägen ausholen. Dadurch splitterte er die russisch-österreichischen Einheiten auf.

Das Schlachtfeld, eine Fläche von ca. 10 x 10 km, lag westlich von Austerlitz. Auf dem Prace (Pratzen-Hügel, von Slavkov mit „Mohyla Míru" ausgeschildert), dort, wo Napoleons 4. Armeekorps der entscheidende Schlag gegen die Verbündeten gelang, erhebt sich seit 1912 ein monumentales Friedensdenkmal, das nach den Plänen des Jugendstilarchitekten Josef Fanta erbaut wurde. Gekrönt wird es von einem 10 m hohen Kreuz. Unter der Ehrenhalle befindet sich die Krypta, in der die sterblichen Überreste vieler Gefallenen beigesetzt wurden. Heute ist das Denkmal ein beliebter abendlicher Treffpunkt von Liebespaaren. Nebenan wartet eine Multimedia-Ausstellung zur Schlacht auf Besucher – wer die ähnliche Ausstellung im Schloss von Slavkov (s. o.) bereits gesehen hat, kann sich die Besichtigung sparen. Angeschlossen ist ein nettes Café. Hier (und übrigens auch im Schloss) werden zudem Landkarten verkauft, auf denen alle Details zur Schlacht (Truppenverschiebungen etc.) und weitere Denkmäler eingezeichnet sind. Die spannendste und ausführlichste Beschreibung der Schlacht lieferte Tolstoi in seinem Roman *Krieg und Frieden*. Alljährlich zum Jahrestag der Schlacht werden Kampfszenen in historischen Kostümen nachgestellt, Hunderte machen dabei mit.

**Friedensdenkmal und Ausstellung,** Mai–Juni u. Sept. tägl. 9–17 Uhr, Juli u. Aug. bis 18 Uhr, Okt.–März tägl. (außer Mo) bis 15.30 Uhr, April tägl. (außer Mo) bis 17 Uhr. Friedensdenkmal 1 €, erm. die Hälfte, Ausstellung 2,80 €, erm. die Hälfte, zusammen 3,50 €, erm. die Hälfte.

Die gewöhnliche Besichtigungstour führt v. a. durch den Westflügel, in dem das Interieur noch barock und nicht wie in den anderen Flügeln bereits klassizistisch ist. Am spannendsten sind der Saal der Vorfahren, dessen großartiges Deckenfresko eine Göttergruppe auf dem Olymp zeigt, und der ovale Historische Saal mit seiner einmaligen Akustik: Unter der riesigen Kuppeldecke hört man jeden noch so leise geflüsterten Laut mehrere Sekunden lang. In dieser eindrucksvollen Atmosphäre

Am Velké náměstí, dem „Großen Platz" (Kroměříž) ▲

▲▲ Hoch über dem gleichnamigen Ort: Schloss Vranov
▲ Am Náměstí (Mikulov)

Lednice: Barockgarten ▲▲
Hochzeit in Olomouc ▲

▲▲ In Pustevny steht eines der schönsten Hotels Mährens
▲ Zimbalmusik im Freilichtmuseum von Rožnov pod Radhoštěm

wurde der Waffenstillstand nach der Dreikaiserschlacht unterzeichnet und der Vorfriede vereinbart, der ein paar Wochen später im Friedensvertrag von Pressburg (heute Bratislava) bestätigt wurde und für Österreich große Gebietsverluste und Reparationszahlungen zur Folge hatte.

Zudem kann man eine etwas kitschige Ausstellung zur Stadtgeschichte in den Kellergewölben besichtigen, die sich über drei Etagen in den Boden graben. Die nachgestellte Folterkammer und eine 3-D-Multimediaexposition zur Schlacht von Austerlitz sind Geschmackssache. Im Westen schließt ein weitläufiger Barockgarten an das Schloss an.

• *Information* **Infocentrum Austerlitz,** am Marktplatz neben dem Schloss. ✆/℻ 544220 988, www.slavkov.cz. Nov.–März Mo–Fr 9–16 Uhr, April/Mai u. Sept./Okt. tägl. (außer Mo) 9–17 Uhr, Juni–Aug. tägl. 9–17 Uhr.

• *Verbindungen* Regelmäßig **Züge** und **Busse** nach Brünn, der Busbahnhof ist zentrumsnäher.

• *Essen & Trinken/Übernachten* **Sokolský dům,** 100 m vom Schloss entfernt am Marktplatz. Hübsches, pastellgrünes Haus mit Geranien am Fenster. Ordentliche Teppichbodenzimmer mit Bad, altbackenes und recht modernes Mobiliar im wilden Mix. Gutes Preis-Leistungs-Verhältnis. Beliebtes Restaurant, böhmische Standards zu 3,20–12 €. Gemütliche Terrasse. DZ 40 €, EZ 26 €. Palackého nám. 75, ✆/℻ 544221103, www.hotelsokolskydum.cz.

• *Golf* **Golf Club Austerlitz,** im Schlosspark. ✆ 544221963, www.austerlitz-golf-resort.cz. 18-Loch-Platz, PAR 72. Mit Hotel. Greenfee 40–56 €.

• *Öffnungszeiten* **Schloss,** April, Okt. u. Nov. tägl. (außer Mo) 9–16 Uhr, Mai u. Sept. tägl. (außer Mo) 9–17 Uhr, Juni, Juli u. Aug. tägl. 9–17 Uhr. Eintritt je nach Führung bzw. Ausstellung 1,20–7,30 €, erm. 0,80–3,90 €.

## Umgebung von Slavkov u Brna

**Bučovice (Butschowitz):** Der 6500-Einwohner-Ort, über dessen Hauptplatz der Schwerverkehr auf der Europastraße 50 dröhnt, liegt 10 km östlich von Slavkov. Einzige Sehenswürdigkeit ist das *Schloss,* das zu den schönsten Renaissanceschlössern des Landes gehört. Von außen eher eine gedrungene Festung mit vier Türmen, entfaltet die Anlage ihren Reiz erst im prächtigen *Arkadenhof.* Erbaut wurde das Schloss zwischen 1567 und 1582 für den hiesigen Grafen von Boskowitz. 1597 ging es durch Heirat an die Familie Liechtenstein über, die schon bald begann, das Originalinventar auf andere ihrer zahlreichen mährischen Wohnsitze zu verteilen. Den von italienischen Künstlern geschaffenen Wand- und Deckendekor konnten sie glücklicherweise nicht mitnehmen, und so beeindruckt die phantastische Kombination aus Skulptur und Farbe in den Prunksälen bis heute – achten Sie zum Beispiel auf die Relieffiguren der Götter Mars und Diana im sog. *Kaisersaal* oder die vermenschlichten, Krieg führenden Hasen im *Hasensaal.* Das Schloss kam 1945 in Staatsbesitz und beherbergt heute auch ein langweiliges *Regionalmuseum.*

*Verbindungen/Öffnungszeiten* Regelmäßige **Bus-** und **Zugverbindungen** über Slavkov nach Brünn. **Schloss,** April u. Okt. nur Sa/So 9–16 Uhr, Mai, Juni u. Sept. tägl. (außer Mo) 9–16 Uhr, Juli u. Aug. tägl. 9–16.30 Uhr. Eintritt 2,40 €, erm. 1,60 €.

## Mährischer Karst (Moravský kras)

**Flüsse verschwinden und tauchen wieder auf, dazwischen eine Schlucht mit gruseliger Geschichte und Höhlen wie geschaffen für Fantasyfilme. Auf ins mährische Märchenland!**

Das rund 100 km² große Naturschutzgebiet Mährischer Karst beginnt etwa 25 km nördlich von Brünn. Es entstand wie alle Karstlandschaften durch Erosion und Korrosion von Kalkgestein über – hier rund 380 – Millionen Jahre hinweg.

Südmähren Karte S. 536/537

Aus kleinen Rissen wurden Spalten, später Schluchten und sogar Täler. Das durch das poröse Gestein versickernde Regenwasser sammelte sich unterirdisch, formierte sich dort zu Rinnsälen, dann zu Bächen und Flüssen, die wiederum Höhlen schufen und schaffen. Die Wiederaustrittsstellen der unterirdischen Bäche heißen Karstquellen. Durch Ausscheidung von Kalkspat aus Sickerwässern entsteht sog. Höhlensinter in oft bizarren Formen. Dazu gehören auch Tropfsteingebilde. Jene – man vertauscht sie so gern –, die sich von der Decke herablassen, nennen sich *Stalaktiten* und jene, die sich vom Boden nach oben auftürmen, *Stalagmiten*. Wächst ein Stalagmit (1 cm in rund 100 Jahren) mit einem Stalaktiten zusammen, wird daraus ein *Stalagnat*. Die Färbungen mancher Tropfsteine gehen auf Mineralien wie Eisen oder Kupfer zurück.

Über 1000 Höhlen gibt es im Mährischen Karst, nur vier große wurden jedoch bislang der Öffentlichkeit zugänglich gemacht. Die schönste ist die Punkva-Höhle, zugleich einer der ganz großen Touristenmagneten des Landes. Wer die Gegend erkunden will, sollte am besten über ein eigenes Fahrzeug verfügen oder gerne wandern bzw. Rad fahren. Mit öffentlichen Verkehrsmitteln hat man schlechte Karten. Übernachtungsmöglichkeiten bestehen in Blansko, Sloup oder Jedovnice – leider allesamt Orte ohne Reize. Wir empfehlen Brünn oder Boskovice als Ausgangspunkt, auch gibt es am nordöstlichen Rand des Karstes einen empfehlenswerten Campingplatz (→ Sloup-Höhle). In der Umgebung des Mährischen Karstes lassen sich schöne Kirchen und Schlösser entdecken.

**Křtiny (Kiritein):** Das graue Straßendorf liegt ca. 20 km nordöstlich von Brünn am Südrand des Mährischen Karstes. Die pompöse, sehenswerte *Marienwallfahrtskirche* (Kostel Jména Panny Marie) wirkt überdimensioniert. Sie entstand zwischen 1728 und 1750 nach Plänen von Giovanni Santini, dessen barockgotischer Stil (→ S. 505) nicht zu übersehen ist. Bemerkenswert sind die riesige, bis ins Detail bemalte Kuppel und die 30 Fenster, die viel Licht einfallen lassen und dem Gotteshaus dadurch eine extreme Leichtigkeit verleihen. Im Kreuzgang haben sich Pilger verewigt.

*Verbindungen* **Busse** alle 10 Minuten von und nach Brünn.

**Blansko:** Der 21.000-Einwohner-Ort übt, glaubt man der Stadtbroschüre, auf Touristen eine „unwiderstehliche Anziehungskraft" aus. Wir behaupten das Gegenteil. All jene jedoch, die ohne fahrbaren Untersatz unterwegs sind, müssen in Blansko auf Busse umsteigen, um ins Herz des Mährischen Karstes zu gelangen. Auch zu Fuß oder per Rad lässt sich der Karst von hier gut erkunden. Im Süden der Stadt beginnt ein 5 km langer, grün markierter Wanderweg nach Skalní Mlýn (Zugang Punkva-Höhle und Katharina-Höhle). Zudem bietet sich von Blansko eine ca. 30 km lange Radrundwanderung (Radverleih über das Infozentrum) an, auf welcher man an allen großen Sehenswürdigkeiten des Karstes vorbeikommt. Dafür folgt man im Süden von Blansko Radweg Nr. 5 nach Skalní Mlýn (Punkva-Höhle und Katharina-Höhle), von wo sich der Radweg als Nr. 5/5 weiter bis zur Sloup-Höhle schlängelt. Danach radelt man den Weg, den man gekommen ist, ein Stückchen zurück, bis es nach links wieder auf Radweg Nr. 5 geht. Über Ostrov (Abstecher zur Macocha-Schlucht möglich) und vorbei an der Balcar-Höhle gelangt man zurück nach Blansko. Wer länger in Blansko bleiben muss, kann das örtliche, frisch restaurierte *Schlösschen* besichtigen, in dem das wenig spannende *Stadtmuseum* (Městské muzeum) untergebracht ist, oder das hölzerne Kirchlein aus Tausenden von Schindeln mit einem leicht gotisch anmutenden Turm auf einer Anhöhe oberhalb des Schlösschens (bzw. 250 m südlich, Ecke Rodkovského/

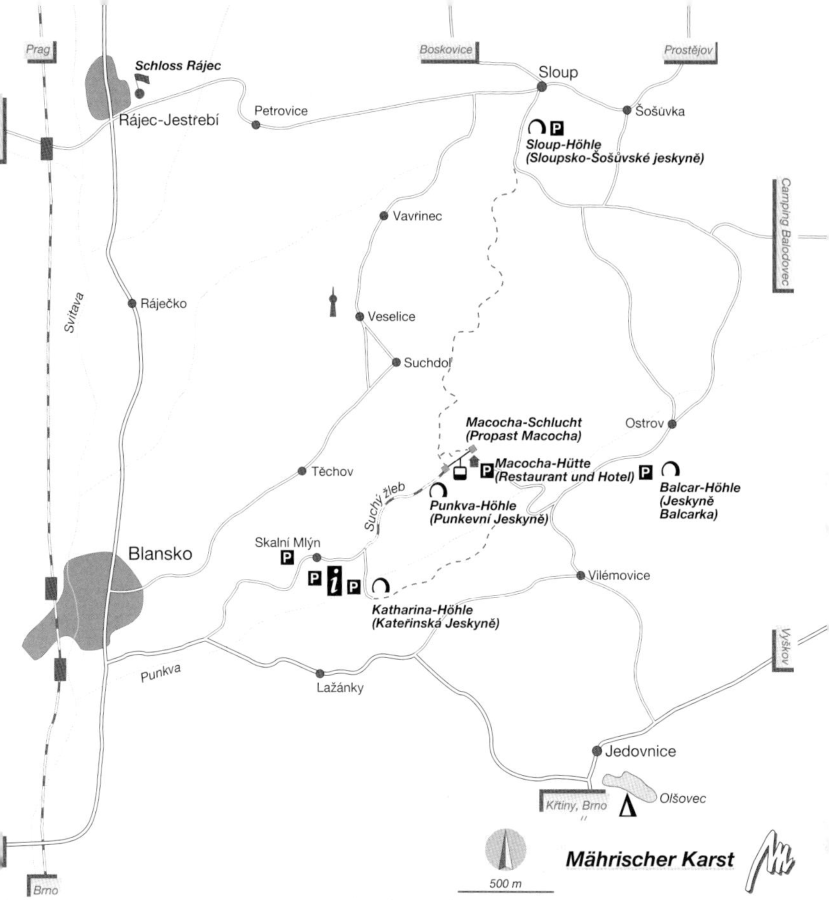


B. Němcové). Die Kirche wurde in der ersten Hälfte des 17. Jh. in der Karpato-Ukraine zusammengenagelt, 1928 wurde sie nach Brünn, 1937 nach Blansko versetzt. Trotz der russisch anmutenden Ikonen ist sie heute im Besitz der hussitischen Kirche.

- *Information* **Infocentrum,** Rožmitálova 6 (nahe dem Marktplatz), ✆ 516410470, www.blanensko.cz. Mo–Fr 9–18 Uhr, Sa 9–12 Uhr.
- *Verbindungen* **Bus Nr. 226** regelmäßig nach Jedovnice und Brünn, bis zu 6-mal tägl. nach Skalní Mlýn. **Züge** regelmäßig nach Brünn und Svitavy.
- *Camping/Baden* **Autokemp Olšovec,** ca. 10 km östlich von Blansko am gleichnamigen Badesee (leider durch einen Zaun davon getrennt). Großer Wiesenplatz ohne Schatten. Supermarkt, Restaurant, Minigolf und wenig Flair. Ganzjährig. 2 Pers. mit Zelt u. Auto 8,90 €, Chata für 2 Pers. ab 15 €. Jedovnice, ✆ 516442134, www.olsovec.cz.
- *Öffnungszeiten* **Stadtmuseum,** April–Okt. tägl. (außer Mo) 9–17 Uhr, Nov.–März Di–Fr 9–17 Uhr. Eintritt 1,60 €, erm. die Hälfte

**Holzkirche**, nur Mi u. Sa 14–18 Uhr und zu den Gottesdiensten.



**Skalní Mlýn (Steinmühle) und Punkevní jeskyně (Punkva-Höhle):** Der 1909 entdeckte Punkva-Höhlenkomplex ist die Hauptattraktion des Mährischen Karstes. Um dorthin zu gelangen, gibt es zwei Möglichkeiten: Von der Häuseransammlung

Skalní Mlýn (Parkplatz, Hotels und Restaurants, 6 km östlich von Blansko) fährt eine Touristenbummelbahn über einen romantischen Hohlweg durch das *Suchý žleb* („Dürres Tal") zum Eingang der Punkva-Höhle, die Alternative ist der Sessellift von der Chata Macocha am Rand der gleichnamigen Schlucht (s. u.). Durch die Punkva-Höhle führt eine 1200 m lange Besichtigungstrasse. Zuerst geht es zu Fuß durch ein rund 750 m langes Tunnellabyrinth mit mehreren Höhlenkammern samt größeren und kleineren Tropfsteinen, bis man den Grund der moosbewachsenen *Macocha-Schlucht* (s. u.) erreicht. Von hier fährt man mit Motorkähnen in die Unterwelt. Die 450 m lange Bootstrasse über den unterirdisch verlaufenden Punkva-Fluss ist ein unvergessliches Erlebnis – Highlight ist die Besichtigung des sog. *Masaryk-Doms* mit herrlichen weißen Tropfsteinformationen.

• *Information* **Infocentrum Skalní Mlýn,** ✆ 516413575, www.caves.cz. April–Juni u. Sept. tägl. 8–16.30 Uhr, Juli u. Aug. tägl. 8–17 Uhr, Okt.–März tägl. 8–15 Uhr.

• *Verbindungen* → Blansko.

• *Übernachten* *** **Hotel Skalní Mlýn,** im gleichnamigen Dorf. Die beste Unterkunft im Karst. Klassische Hotelzimmer auf dem der Sternezahl entsprechenden Niveau. Parkplatz, Radverleih. Am Abend sehr ruhig, tagsüber mitten im Touristengetümmel. EZ 40 €, DZ 56 €. Skalní Mlýn 96, ✆ 516418113, 516418114, www.smk.cz.

• *Öffnungszeiten* **Punkva-Höhle,** Nov.–März tägl. (außer Mo) 8.40–14 Uhr, April–Sept. Mo 10–16 Uhr, Di–So 8.20–16 Uhr, Okt. Di–Fr 8.40–14 Uhr, Sa/So 8.20–15.40 Uhr. Eintritt 6,50 €, erm. die Hälfte. Dauer der Besichtigung ca. 60 Min. Parkplatz 2 €/Tag, von dort Touristenbummelbahn 2,80 € (hin u. zurück) extra. Seilbahn (mit Radtransport, hin u. zurück) 3,20 € extra, erm. 2,80 €.

**Wichtiger Hinweis:** Um Enttäuschungen zu vermeiden, sollte man im Sommer und an Wochenenden auf jeden Fall Tickets beim Infocentrum Skalní Mlýn (s. o.) reservieren!

**Kateřinská jeskýně (Katharina-Höhle):** Auch wenn die Besichtigung der Punkva-Höhle imposanter ist, die Tropfsteinformationen der Katharina-Höhle sind die schönsten des Mährischen Karstes. Den Höhleneingang erreicht man von Skalní Mlýn in einem kurzen Fußmarsch. 30 Minuten dauert die Besichtigung entlang der 430 m langen Trasse. Eine Augenweide ist das sog. *Bambuswäldchen,* eine mehrere Meter hohe stabförmige Stalagmitenformation. Im Hauptdom finden gelegentlich Konzerte statt.

*Verbindungen/Öffnungszeiten* → Blansko. März u. Nov. Führungen nur um 10, 12 u. 14 Uhr, April und Sept. tägl. (außer Mo) 8.20–16 Uhr, Mai–Aug. tägl. 8.20–16 Uhr, Okt. Di–Fr 9–14.20 Uhr, Sa/So 8.40–16 Uhr. Dez.–Feb. geschl. Eintritt 2,80 €, erm. 1,60 €.

**Chata Macocha (Macocha-Hütte) und Propast Macocha (Macocha-Schlucht):** Die Touristenhütte Chata Macocha steht am Rande des Abgrundes der 281 m langen, 126 m breiten und fast 139 m tiefen gleichnamigen Schlucht. Um zur Hütte zu gelangen, nimmt man die ausgeschilderte Stichstraße zwischen den Dörfern Vilémonice und Ostrov (Letzteres mit einem einladenden Badeteich samt Rutschen). Ihren Namen erhielt die Schlucht einer Legende nach von einer bösen Stiefmutter (tschech. *macecha* = Stiefmutter), die hier ihr Stiefkind „entsorgen" wollte, das aber zum Glück von einem gutmütigen Holzfäller gerettet wurde. Tatsache ist, dass die Schlucht durch den Deckeneinsturz einer mächtigen Karsthöhle entstand. Auf ihrem Grund verstecken sich zwei kleine Seen – von der Chata Macocha läuft man in einer halben Stunde hinunter. Faulen genügt der Blick von der Aussichtsplattform – so spektakulär ist der jedoch auch nicht. Zudem führt von der Hütte ein Sessellift hinab zum Eingang der Punkva-Höhle (s. o.).

*Essen & Trinken/Übernachten* **Chata Macocha,** touristisches Terrassenlokal (Massenabfertigung) und sehr einfache Übernachtungsmöglichkeit. 11 €/Pers. Vilémovice 85, ✆ 516418113, 516418114, www.smk.cz.

**Jeskyně Balcarka (Balcar-Höhle):** Das Tunneltohuwabohu der 1 km südwestlich von Ostrov gelegenen Höhle wurde 1923 erschlossen. Auf einer Trasse von 600 m (Besichtigungsdauer ca. 45 Minuten) kann man bunte Tropfsteinformationen bewundern. Da die Höhle nicht ganz so spektakulär ist, hält sich hier der Andrang selbst im Hochsommer in Grenzen.

*Öffnungszeiten* März u. Nov. tägl. (außer Mo) Führungen nur um 9, 12 u. 14 Uhr, April u. Okt. tägl. (außer Mo) um 9, 10, 11, 12, 13, 14, 15 u. 16 Uhr, Mai–Sept. tägl. 8.20–16 Uhr regelmäßige Führungen. Dez.–Feb. geschl. Eintritt 3,60 €, erm. 2,80 €.

**Sloupsko-Šošůvské jezkyně (Sloup-Höhle):** Mächtige unterirdische Gänge und Schluchten kennzeichnen die Sloup-Höhle nahe der gleichnamigen Ortschaft am nördlichen Rand des Mährischen Karstes. Auf 1670 m durchläuft man diese Höhle, die längste Besichtigungstrasse (Dauer ca. 100 Min.) des Karstes. Sie ist behindertengerecht ausgebaut. Bekannt wurde die Höhle durch Skelette von Höhlenbären und -löwen, die hier gefunden wurden.

- *Öffnungszeiten* März u. Nov. Führungen tägl. (außer Mo) um 10, 12 u. 13 Uhr, April u. Sept. tägl. (außer Mo) 8–16 Uhr, Okt. tägl. (außer Mo) 8–14 Uhr, Mai–Aug. tägl. 8–16 Uhr. Dez.–Feb. geschl. Eintritt (große Tour) 4,90 €, erm. die Hälfte. Auch verkürzte Trassen möglich.

- *Camping* **Camping Baldovec,** ca. 13 km östlich der Sloup-Höhle, abseits des gleichnamigen Dorfes am Wald gelegen. Sehr sympathischer, weiter Platz – einer der besten des Landes! Gute Sanitäranlagen, Pool, Hochseilgarten, Fußballplatz. Junges freundliches Personal, gutes Restaurant, das im Hochsommer sogar Frühstücksbüfett anbietet. Ganzjährig. Ab Rozstání ausgeschildert. 2 Pers. mit Zelt u. Auto 12 €, Chata für 4 Pers. ab 21 €. Baldovec 319, ✆ 582395440, ✆ 516472750, www.baldovec.cz.

Nach **Nordmähren?** Informationen zu **Prostějov,** das Sie auf dem Weg vom Mährischen Karst nach Olomouc passieren, bekommen Sie ab S. 620.

**Zámek Rájec nad Svitavou (Schloss Raitz):** Das charmante Schloss der Adelsfamilie Salm liegt 7 km nördlich von Blansko hoch über dem Städtchen Rájec. Es wurde in den Jahren 1764–69 in Anlehnung an französische Landsitze mit spätbarocken und klassizistischen Stilelementen erbaut. Bei der kürzeren Führung (40 Min.) spaziert man u. a. durch die *Repräsentationssäle,* besichtigt die schöne *Bibliothek* mit rund 60.000 Bänden und sieht jede Menge *Bergkristall.* Die längere Tour (90 Min.) führt zudem durch diverse *Privatgemächer* und die *Schlosskapelle.* Umschmeichelt wird das Schloss von einem schönen *englischen Park,* in dem Kamelien gezüchtet und veredelt werden. (Beachten Sie die Hinweise, nach denen „das Fangen von Schmetterlingen und Käfern" verboten ist!) Auf dem Gelände befindet sich auch ein *Restaurant.* Nur 4 km weiter liegt übrigens das Örtchen *Černá Hora,* in dem das gleichnamige Bier gebraut wird. Die Brauereikneipe ist ganz nett.

- *Verbindungen* Die meisten **Busse** zwischen Blansko und Boskovice halten in Rájec.
- *Öffnungszeiten* **Schloss,** April u. Okt. nur Sa/So 9–15 Uhr, Mai, Juni u. Sept. tägl. (außer Mo) 9–16 Uhr, Juli u. Aug. tägl. (außer Mo) 9–16.30 Uhr. Eintritt je nach Führung 3,20–4 €, erm. 2,40–2,80 €.

## Boskovice (Boskowitz)

Boskovice (11.000 Einwohner) liegt rund 40 km nördlich von Brünn. Auf den ersten Blick besitzt die mährische Kleinstadt nicht gerade viel Aufsehenerregendes. Der Marktplatz ist mit Ausnahme des Rathauses am oberen Ende eher zweitklassig, nicht einmal ein anständiges Café findet man dort. Drum herum aber versteckt sich so manch Interessantes. Folgt man vom Platz der Gasse Zborovská, steht man schon mitten im alten **jüdischen Viertel.** Das einstige Ghetto aus dem 18. Jh. – 79 Gebäude sind noch erhalten – erstreckte sich über die Gassen Plačkova, U Vážné studny, Velenova und Bílkova. Mit Toren und Ketten wurde die jüdische Bevölkerung hier bis ins 19. Jh. von der christlichen getrennt. Von den 458 Boskowitzer Juden, die 1942 in die KZs verschleppt wurden, kehrten nur 14 zurück. Ihrer tragischen Geschichte widmet sich die Ausstellung in der **Synagoge** (Synagóga maior an der Traplova) aus dem 17. Jh. Zudem wurde ein Lehrweg mit 27 Stationen eingerichtet – ein informatives Faltblatt dazu erhält man in der Touristeninformation.

Oberhalb des Rathauses führt die Hradní bergauf zum hiesigen **Schloss,** das aus einem ehemaligen Dominikanerkloster (bis 1784) hervorgegangen ist. Verantwortlich für den zwischen 1819 und 1826 vollzogenen Umbau zum repräsentativen vierflügeligen Empireschloss war die Familie Dietrichstein. 1856 ging es an die Mensdorff-Pouilly über, denen es im Zuge der Restitutionen in den 1990ern zurückgegeben wurde. Die schön restaurierten Prunksäle im Inneren sind sehenswert, achten Sie auf die herrlichen Parkettböden. Vom Schloss kann man noch weiter bergauf zu einer zinnenbewehrten **Burgruine** steigen, von wo aus man einen großartigen Ausblick hat. Übrigens ist Boskovice auch stolz auf ein kleines 4 km entferntes **Westernstädtchen.** Wer Rodeoshows, Goldwaschen und Indianertänze mag, folgt vom Zentrum der Beschilderung „Westernové Městečko Boskovice“.

• *Information* **Informační centrum Boskovicko,** am Marktplatz im Rathaus. ✆ 516488677, www.boskovice.cz. Okt.–März Mo–Sa 9–17 Uhr, sonst Mo–Sa 9–18 Uhr, So 10–18 Uhr.

• *Verbindungen* **Busse** regelmäßig nach Blansko, ca. 5-mal tägl. nach Brünn, Olomouc und Prostějov.

• *Essen & Trinken* **Restaurant Makkabi** mit gemütlicher Sommerterrasse. Im alten jüdischen Viertel, von der Synagoge ausgeschildert. Kleines, rustikales Restaurant mit Standardgerichten der mittleren Preisklasse. Velenova 8, ✆ 516452039

**U Rudyho**, winziger Biergarten und winziges, urgemütliches Lokal im zweiten Stock. Tschechische Küche, liebevoll zubereitet und das zu sehr fairen Preisen (Hg. max. 6,80 €). Plačkova 39, ✆ 604203232 (mobil).

**Kafírna Dogvill,** schnuckeliges Café mit alternativem Touch, das zu einer Kleinstadt wie Boskovice gar nicht passt. Nette Musik, trödeliges Mobiliar. Im jüdischen Viertel, Zborovská 9.

• *Übernachten* **Penzion Pod Zámkem,** historisches Gebäude zwischen Zentrum und Schloss. Etwas steril, aber anständig. Alle Zimmer mit eigenem Bad, kostenloser privater Parkplatz. DZ 51 €, EZ 38 €. Hradní 4, ✆ 516456056, ℻ 516456057, www.penzionpodzamkem.cz.

**Camping de Bongerd,** im Örtchen Benešov (ca. 10 km nordöstlich von Boskovice). Unter holländischer Leitung und zu 99 % von Holländern frequentiert. Schöner und sehr gepflegter Platz, z. T. mit parzellenartigen Stellplätzen. Blitzsaubere Sanitäranlagen. Kein Restaurant, dafür Pinte im Dorf. Keine Chatavermietung. Mitte April–Mitte Sept. 2 Pers. mit Wohnmobil 19,90 €. Benešov 104, ✆ 516467233, www.camping-benesov.nl.

• *Öffnungszeiten* **Synagoge,** April–Okt. Di–Fr 9–17 Uhr, Sa 10–16 Uhr, So 13–17 Uhr. Eintritt 1,20 €, erm. die Hälfte.

**Schloss,** Mai–Sept. tägl. (außer Mo) 9–17 Uhr. Eintritt 3,40 €, erm. 2,20 €.

**Burg**, April u. Okt. Sa u. So 10–15 Uhr, Mai, Juni u. Sept. Di–Fr 10–16 Uhr, Sa u. So 10–17 Uhr, Juli u. Aug. tägl. 9–18 Uhr. Eintritt 1,20 €, erm. 0,80 €.

**Westernstädtchen,** Mitte Mai–Ende Aug. tägl. (außer Mo) nonstop. Eintritt frei, man zahlt nur für Programmpunkte wie Rodeoshows etc.

## Zámek Lysice (Schloss Lissitz)

Das Barockschloss steht im gleichnamigen Örtchen rund 8 km südwestlich von Boskovice. Bemerkenswert ist der schöne Kolonnadengang, der den Herrensitz mit dem statuengeschmückten Garten verbindet. Bis zur Verstaatlichung des Schlosses 1945 lustwandelte hier die Adelsfamilie Dubský von Třebomyslice. Bekanntester Sprössling des alten mährischen Geschlechts ist die (deutschsprachige) Schriftstellerin Marie von Ebner-Eschenbach (1830–1916). Ihre vom Realismus geprägte, einfühlsame Prosa beschreibt das Leben des Landadels und der mährischen Dorfbevölkerung. Zu ihren bedeutendsten Werken gehört die Novelle *Das Gemeindekind* (1887). Ebner-Eschenbach, die meist in Wien lebte, verbrachte viele Sommer bei ihrem Onkel Emanuel Dubský auf Schloss Lissitz. Dieser richtete für seine Nichte eine eigene Bibliothek ein, die man heute besichtigen kann. Außerdem gibt es – auf mehrere Touren verteilt – eine Ausstellung zu Leben und Werk der Schriftstellerin zu sehen, eine wertvolle Waffensammlung, eine Kollektion handgemalter Schießscheiben und natürlich jede Menge historischer Möbel.

- *Verbindungen* Regelmäßig **Busse** nach Boskovice.
- *Öffnungszeiten* **Schloss,** April u. Okt. nur Sa/So 10–16 Uhr, Mai, Juni u. Sept. tägl. (außer Mo) 9–16 Uhr, Juli u. Aug. tägl. (außer Mo) 9–17 Uhr. Je nach Führung 1,20–3,60 €, erm. 0,80–2,80 €. 100 % Aufschlag auf fremdsprachige Führungen.

## Hrad Pernštejn (Burg Pernstein)

**Türme, Zinnen, Wälle, Tore und eine weiße Frau, die durch die verwinkelten Burggänge irrt: Pernstein ist der Inbegriff einer Ritterburg und diente nicht umsonst als Kulisse für zahlreiche Märchenverfilmungen.**

Die schönste, größte und bedeutendste Burg Mährens liegt ca. 40 km nordwestlich von Brünn an der Grenze zur Böhmisch-Mährischen Höhe. Sie thront inmitten von Wäldern auf einem steilen Bergvorsprung hoch über dem Dorf Nedvědice. Pernstein diente als Stammburg des mächtigen gleichnamigen Adelsgeschlechts, das die monumentale Festung im späten 13. Jh. erbauen ließ. Auf deren Wappen – ein Auerochse mit einem Seil in der Nase – wird man bei einer Besichtigung des Öfteren stoßen. Die Symbolik geht zurück auf den Stammvater des Geschlechts, einen Köhler namens Věnava, der einen ungewöhnlich starken Auerochsen erjagte, ihn am Seil dem König vorführte und dafür in den Adelsstand erhoben wurde. Das Geschlecht erlosch an der Wende vom 16. zum 17. Jh., danach ging die Burg durch etliche Hände. Bis 1948 gehörte sie den Grafen Mitrovský von Mitrovice.

Die Burganlage durchlief mehre Umbauten. Doch trotz ihrer im 16. Jh. vollzogenen langsamen Umwandlung in einen repräsentativen Renaissancestammsitz ging ihr gotischer Wehrcharakter nie verloren. Die Architektur ist imposant, man beachte die Kragsteine und den sog. Turm der vier Jahreszeiten, der durch einen hängenden Gang mit dem Burgpalast verbunden ist. Es werden vier verschiedene Besichtigungstrassen durch die Burg angeboten. Tour A (60 Min.) beinhaltet u. a. die gotischen Gänge, den Wehrturm Barborka und den Jagdsaal. Tour B (90–120 Min.) erinnert an das Leben der Familie Mitrovský von Mitrovice auf Burg Pernstein, zu sehen gibt es einen Waffensaal, das Speisezimmer und das Herrenzimmer mit Billardtisch. Tour C (90–120 Min.) hat die historische Burg

Südmähren Karte S. 536/537

*Burg Pernštejn*

zum Thema, man durchläuft die Keller, eine schwarze Küche und den Rittersaal mit herrlichen Stuckverzierungen. Tour D schließlich führt in die Kapelle und die Sakristei (40 Min.). Wer gut aufpasst, sieht vielleicht die legendäre weiße Frau durch die Gänge huschen – das bringt Glück (und Unglück, wenn sie schwarze Handschuhe trägt!). Auf dem Burggelände gibt es ein Restaurant mit Sommerterrasse und eine Vinothek.

Die hügelige Umgebung von Nedvědice lädt zum Wandern ein. Zudem kann man sich auch hier, wie in Boskovice, zu mährischen Revolverhelden und Squaws gesellen. Die **Westernstadt Šiklův Mlýn,** das Cowboyeldorado Tschechiens nahe dem ca. 15 km westlich von Nedvědice gelegenen Dorf Blažkov, ist dank bester Ausschilderung nicht zu verfehlen. Auf dem Westerngelände bestehen Campingmöglichkeiten, komfortabler nächtigt man im dortigen Drei-Sterne-Hotel.

• *Verbindungen* Bis zu 7-mal tägl. **Züge** von Nedvědice nach Žďár nad Sazavou, bis zu 10-mal nach Tišnov. Vom Ort fahren nur max. 3-mal tägl. Busse zur Burg. Der Fußweg zur Burg ist zwei anstrengende Kilometer lang (gelb markiert).

• *Öffnungszeiten* **Burg,** April u. Okt. nur Sa/So 9–15 Uhr, Mai, Juni u. Sept. tägl. (außer Mo) 9–16 Uhr, Juli u. Aug. tägl. (außer Mo) 9–17 Uhr. Eintritt aufs Areal 0,40 €, Touren 3,60–8,10 €. Achtung, die Touren B,C und D müssen im Voraus reserviert werden (✆ 566566101, pernstejn@brno.npu.cz).

**Westernstadt,** Juni–Aug. tägl. (außer Mo) nonstop, ansonsten nur zu angekündigten Veranstaltungen. Eintritt 7,30 €, Kinder unter 12 Jahre und Rentner die Hälfte.

Richtung **Böhmisch-Mährische Höhe? -** Informationen zum hübschen Städtchen **Polička** rund 40 km nördlich der Burg Pernštejn bekommen Sie ab S. 500. Informationen zu **Nové Město na Moravě** gibt es ab S. 501.

## Klášter Porta Coeli (Kloster Porta Coeli/Himmelspforte)

Im Örtchen Předklášteří (14 km südöstlich der Burg Pernštejn bzw. 2 km westlich der Kleinstadt Tišnov) steht das einzige Zisterzienserinnenkloster auf tschechischem Boden. Es wurde im Jahr 1233 von Konstanze von Ungarn, der Witwe Otakars I., gestiftet. Die Kommunisten zeigten sich den Nonnen gegenüber großzügig, anstatt sie zu inhaftieren, durften sie als niedere Angestellte des darin eingerichteten landwirtschaftlichen Produktionsbetriebes bleiben. Seit 1990 gehört das Kloster wieder dem Orden, vier Nonnen leben derzeit darin. Seinen Namen *Porta Coeli* („Himmelspforte") erhielt es nicht zufällig: Schmuckstück der im romanisch-gotischen Übergangsstil errichteten **Klosterkirche** ist das wunderschöne **Hauptportal** mit außergewöhnlich filigranen Steinmetzarbeiten, die an die nordfranzösische Spätgotik erinnern. In der Mitte des Tympanons thront Jesus, darunter sieht man die Apostel. Das Interieur der eher schlichten, turmlosen Kirche stammt vorrangig aus dem Spätbarock. Das Mariä-Himmelfahrt-Bild am Hauptaltar ist ein Werk des Österreichers Franz Anton Maulpertsch (1724–1796). An die Nordseite der Kirche schließen der **Kreuzgang** und der etwas unheimliche **Kapitelsaal** mit Kreuzrippengewölbe an. In der ehemaligen Propstei befindet sich das **Museum des Vorlandes der Böhmisch-Mährischen Höhe** (Podhoracká muzeum). Als typisches Landmuseum zeigt es die typischen Exponate: Bauernmöbel, Mineralien, Keramik, Handwerkszeug etc.

• *Verbindungen* Bahnhof und Busbahnhof in Tišnov, von dort mehrmals tägl. **Busverbindungen zum Kloster** oder 2 km zu Fuß auf einem blau markierten Weg.

Von Tišnov bis zu 8-mal tägl. **Busse** nach Brünn. **Züge** regelmäßig nach Brünn und Žďár nad Sazavou sowie bis zu 8-mal tägl. nach Prag.

• *Öffnungszeiten* Mai–Sept. tägl. (außer Mo) 9–12 u. 13–17 Uhr, Okt.–April tägl. (außer Mo) 8–12 u. 13–16 Uhr, Klosterführungen am So nur um 11 und von 13–16 Uhr. Klosterführung 1,40 €, erm. 1 €, Museum 1 €, erm. 0,80 €.

*Apostel am Kirchenportal des Klosters Porta Coeli*

## Moravský Krumlov (Mährisch Krumau)

Das ca. 40 km südwestlich von Brünn gelegene 6000-Einwohner-Städtchen bietet aus der Ferne einen ganz netten Anblick. Das ändert sich im Zentrum – rund um den trostlos-grauen Marktplatz sucht man selbst nach einem halbwegs anständigen Restaurant vergeblich. Trotzdem ist der Ort sehr gut besucht, denn die Ausstellung im schlichten, renovierungsbedürftigen **Renaissanceschloss** (1557–62) am nördlichen Ortsrand ist sehenswert. Das Schloss beherbergt den Bilderzyklus *Slawische Epopöe (Slovanská epopej)* von Alfons Mucha (1860–1939), dem bekanntesten tschechischen Jugendstilkünstler. 18 Jahre benötigte Mucha für sein Lebenswerk: 20 monumentale Leinwände von jeweils 6 x 8 m Größe, die Ereignisse und Persönlichkeiten aus der slawischen Geschichte darstellen, darunter die Schlacht am Vítkov, Georg von Podiebrad, Přemysliden-König Otakar II. usw. Der Bilderzyklus soll irgendwann einmal nach Prag verlegt werden, die Suche nach einem geeigneten Ausstellungsort in der Prager Innenstadt ist seit Jahren im Gange.

Mucha wurde im 14 km nordöstlich gelegenen **Ivančice** geboren. Im alten Rathaus am Marktplatz (Hnr. 9) ehrt man ihn mit einer kleinen Ausstellung. Man kann sich neben Gemälden, Fotos und Zeichnungen auch einen Teil seiner Korrespondenz anschauen.

• *Verbindungen* Bahnhof weit außerhalb, die **Busse** halten im Zentrum und fahren bis zu 5-mal tägl. nach Brünn sowie regelmäßig nach Znojmo.

• *Öffnungszeiten* **Schloss,** April–Juni, Sept. u. Okt. tägl. (außer Mo) 9–12 u. 13–16 Uhr, Juli u. Aug. tägl. (außer Mo) 9–12 u. 13–17 Uhr. Eintritt 2,50 €, erm. 1,40 €.

**Alfons-Mucha-Ausstellung in Ivančice,** Mo/Mi 9–12 u. 13–17 Uhr, Di/Do/Fr 9–12 u. 13–16 Uhr, Sa/So 13–17 Uhr, von Juni–Aug. auch 9–12 Uhr. Eintritt 1,60 €, erm. die Hälfte.

Richtung Westen auf die Böhmisch-Mährische Höhe? Informationen zu **Moravské Budějovice** bekommen Sie auf S. 521, zu **Jaroměřice nad Rokytnou** auf S. 520.

## Vranov-Stausee (Vranovská přehrada)

**Die gestaute Dyje ist ein beliebtes Urlaubsgebiet. Im See kann man baden und angeln, drum herum Pilze sammeln, Rad fahren, wandern und – natürlich – Burgen und Schlösser besichtigen.**

Beim 20 km westlich von Znojmo gelegenen Städtchen Vranov nad Dyjí wurde zwischen 1930 und 1933 mittels einer knapp 60 m hohen und 290 m langen Mauer die Dyje (Thaya) gestaut. Der Fluss ging dadurch auf etwa 20 km ein wenig in die Breite und bildet heute den idyllischen Vranov-See, der als Trinkwasserreservoir und Erholungsgebiet dient. Die meisten Touristen kommen aus dem eigenen Land und übernachten in ihren Chatas oder auf Zeltplätzen. Dementsprechend ist das Angebot an Hotels und Pensionen eher bescheiden.

**Vranov nad Dyjí (Frain an der Thaya):** Das 840-Einwohner-Örtchen liegt, von Wäldern umrahmt, rund 1,5 km südlich der Staumauer. Zur herrlichen Lage gesellt sich eine schöne alte Bausubstanz – auch wenn manches noch restaurierungsbedürftig ist, hat Vranov beste Chancen, künftig zu einer der interessantesten mährischen Ferienadressen aufzusteigen. Überragt wird der Ort von einem prächtigen *Barockschloss,* das malerisch auf einem Felsen thront. Unter dem Adelsgeschlecht der Althann ging es in einer Bauzeit von fast 100 Jahren aus einer gotischen Festung hervor. Mit den ersten Umbauarbeiten begann man 1687. Lediglich der Burgturm blieb in der alten Form erhalten. Das Glanzstück der Althann-Residenz wurde der vom berühmten Barockbaumeister Johann Bernhard Fischer von Erlach (1656–1723) entworfene ovale Ahnensaal. Der 375 $m^2$ große Saal nimmt ein eigenes Gebäude ein. Die Wände sind geschmückt mit monumentalen, die griechische Mythologie thematisierenden Fresken von Johann Michael Rottmayr (1654–1730). Die Kuppel wird von ovalen Fenstern durchbrochen. Auch die reich mit Fresken dekorierte Dreifaltigkeitskapelle ist ein Projekt Fischer von Erlachs. Bei einer Führung passiert man zudem diverse Räumlichkeiten, die den Lebensstil des hiesigen Adels im 18. und 19. Jh. dokumentieren. Seit 1948 ist das Schloss Staatseigentum.

• *Information* **Turistické informační centrum,** zentral am Náměstí 47, ✆/📠 515296285, www.vranov-region.cz. Mo–Fr 9–17 Uhr, Sa 9–15 Uhr.

• *Verbindungen* **Busse** häufig nach Znojmo, nur 2-mal tägl. nach Bítov.

Im Juli u. Aug. zudem ca. 3-mal tägl. **Fährschiffe** von Vranov über den Campingplatz Bítov zur Burg Bítov (hin u. zurück 2 €, erm. die Hälfte).

• *Essen & Trinken* **Pážeci Dům,** in zentraler Lage. Eher gediegene Lokalität mit schöner Innenhofterrasse. Mährisch-internationale Küche der mittleren Preisklasse. Auch Übernachtungsmöglichkeiten. Tägl. (außer Mo) mittags und abends. Náměstí 44, ✆ 515296434.

• *Übernachten* **** **Zámecký Hotel,** historisches Gebäude in zentraler Lage. Freundliche Zimmer und Apartments. Großer Festsaal im ersten Stock, daher manchmal laut. Gemütliches Restaurant mit Terrasse. DZ ab 47 €, Apartment für 4 Pers. 105 €. Vranov nad Dyjí 92, ✆ 515296101, 📠 515296426, www.zameckyhotel.cz.

*** **Hotel Pod Zámkem,** an der Hauptdurchgangsstraße (vorne raus etwas laut!). Zum Teil recht geräumige Zimmer mit Kiefernholzmobiliar, angenehme Atmosphäre. Leider ziehen die Gulaschdünste des Hotelrestaurants bis in die Gänge des 2. Stocks (nicht aber in die Zimmer). Sehr freundliches Personal. DZ 41 €. Náměstí 45, ✆ 515296216, 📠 515296253, www.pod-zamkem.cz.

**Penzion Kormorán,** in sehr ruhiger Lage an der Thaya, die südlich der Staumauer wieder zum Flüsschen wird, vom Zentrum ausgeschildert. Neues Haus mit großem Garten und schlicht-ordentlichen Zimmern unterschiedlicher Größe (mit und ohne Bad), lassen Sie sich ein ebenerdiges mit Terrasse zum Garten geben. DZ 30 €, Frühstück extra. Nur April–Okt. Havlíčkovo nábřeží 410, ✆/📠 515296092, www.penzionkormoran.cz.

• *Camping* **Camp Pláž,** Zeltplatz mit Strand (nahe der Staumauer). Leider stets sehr voll. Obwohl zu Fuß nur 3 km vom Zentrum entfernt, muss man einen weiten Umweg von ca. 15 km (über Šumná und Štítary) fahren. Mai–Okt. 2 Pers. mit Zelt u. Auto 13 €, Chata für 2 Pers. 16 €. Štítary 149, ✆/📠 724202725, www.camp-plaz.cz.

**Muzeum Motocyklů,** ca. 6 km nordöstlich von Vranov im Straßendorf Lesná. Neben einem kleinen privaten Motorradmuseum gibt es hier ein originelles Restaurant und einen überaus gemütlichen Campingplatz. Er gehört zu den gepflegtesten des Landes und bietet ein idyllisches Gärtchen mit lauschigen Ecken, Feuerstelle und Pool. Saubere Sanitäranlagen. Hier bleibt man gerne länger – auch ohne See vor der Nase. Auch Zimmer- und Chatavermietung. Ganzjährig. 2 Pers. mit Zelt u. Auto 13 €, Chata für 2 Pers. 16 €. Lesná, ✆/📠 515291078, www.veteransalon.cz.

• *Baden* Sandstrand **Vranovská pláž** bei der Staumauer (→ Camping Pláž). Zu Fuß vom Zentrum ca. 2,5 km, der Beschilderung „Přehrada" folgen. Die Anfahrt mit dem Auto zum Strand ist verboten. Von den Parkplätzen noch ca. 15 Min. zu Fuß.

• *Öffnungszeiten* **Schloss,** April u. Okt. nur Sa/So 9–16 Uhr, Mai, Juni u. Sept. tägl. (außer Mo) 9–17 Uhr, Juli u. Aug. tägl. (außer Mo) 9–18 Uhr. Führung 4 €, erm. 2,80 €. Für die Kapelle (nur Juli u. Aug. tägl. außer Mo 9–17.30 Uhr) zahlt man extra (1 €, erm. die Hälfte).

**Achtung:** Keine Parkmöglichkeit unmittelbar vorm Schloss, die nächste ca. 600 m unterhalb des Schlosseingangs. Im Sommer kann die Strecke mit einer Bummelbahn zurückgelegt werden.

Südmähren
Karte S. 536/537

**Bítov (Vöttau):** In der kleinen, 2 km vom Nordufer entfernt gelegenen Ortschaft sehen nahezu alle Häuser gleich aus. Denn bevor 1931 das alte Bítov in den Fluten des Stausees versank, musste schnell ein neues aufgebaut werden, wobei zwei Architektenentwürfe für das Gros aller Gebäude Pate standen. Mit Ausnahme einiger Unterkünfte und Restaurants sowie eines unkonventionellen *Motorradmuseums* hinter dem Restaurant Kornelly gibt der Ort wenig her. Im Motorradmuseum sind diverse alte Tatras, darunter die legendären 600/603, zu sehen. Ein grün markierter Wanderweg führt von Bítov über Cornštejn (s. u.) nach Frejštejn (s. u.), ein rot markierter von Bítov zur gleichnamigen Burg (s. u.).

• *Verbindungen* **Busse** von Znojmo mehrmals tägl. nach Bítov und Bítov-Most, wo es nicht mehr weit zum Camping Bítov und zur Burg Cornštejn (s. u.) ist. Zudem Verbindungen nach Vranov und (allerdings nur wenige) nach Moravské Budějovice.

**Fährschiffe,**→ Vranov/Verbindungen, S. 563.

• *Übernachten* **Penzion U Tesařů,** orangefarbener Bau im Ortskern. 14 Zimmer mit Du/WC. Etwas geschmacklos eingerichtetes Café-Restaurant mit Terrasse (gute Kuchen, billige Tagesgerichte). Abschließbarer Parkplatz. DZ 34 €. Bítov 101, ✆/℻ 515294616, www.utesaru.cz.

**Camp Bítov,** ca. 3 km westlich von Bítov, ausgeschildert. 3-Sterne-Platz mit Adriatrubel-Flair an einem Seitenarm des Stausees. Groß und gepflegt, schöne Lage. Kiesstrand, Restaurant, Tretbootverleih, Bar, Eisdiele etc. Mai–Sept. 2 Pers. mit Zelt u. Auto 9 €, Hütte für 2 Pers. 13 €. Bítov 64, ✆ 605842965 (mobil), www.camp-bitov.cz.

• *Baden* Diverse Bademöglichkeiten am See, z. B. nahe dem Camp Bítov.

• *Öffnungszeiten* **Motorradmuseum,** im Sommer tägl. 9.30–18 Uhr. Eintritt 1,40 €, erm. die Hälfte.

**Hrad Bítov (Burg Vöttau):** Die Burg erhebt sich etwa 3 km nordwestlich von Bítov majestätisch auf einer Felszunge über dem Stausee. Errichtet wurde die Anlage als gotische Festung unter den Herren von Lichtenberg. 1755 gelangte sie in die Hände der Adelsfamilie Daun. Diese initiierten den neogotischen Umbau im 19. Jh., der das Aussehen der Burg bis heute bestimmt. Bei der Haupttour durch den Burgpalast (60 Min.) durchläuft man rund 20 Räume mit *illusionistischen Wandgemälden* deutscher und österreichischer Romantiker. Zu sehen sind außerdem jede Menge *ausgestopfte Tiere* (darunter über 50 Hunde), die an die Sammelleidenschaft des letzten Burgbesitzers Baron Haase erinnern. Zudem werden Touren durch das *Zeughaus* mit außergewöhnlichen Schusswaffen des 16. und 17. Jh., durch das *alte Gefängnis* und durch einen kitschigen *Gespensterkeller* angeboten.

• *Anfahrt* Die Abzweigung zur Burg ist von der Straße zwischen Bítov und Zblovice ausgeschildert. Parkplatz rund 600 m entfernt.

• *Übernachten* **Penzion Rumburak,** neuere Pension auf dem Weg zur Burg. Anständige Zimmer. Kleiner Pool. Angeschlossen eine rustikale Gaststätte mit nettem Außenbereich. DZ 40 €. Bítov 106, ✆ 777348757 (mobil), www.restaurantrumburak.cz.

• *Öffnungszeiten* April u. Okt. nur Sa/So 9–16 Uhr, Mai, Juni u. Sept. tägl. (außer Mo) bis 17 Uhr, Juli u. Aug. tägl. (außer Mo) bis 18 Uhr. Je nach Tour (mit dt. Text) 1,60–3,80 €, erm. 1,20–2,60 €.

**Hrad Cornštejn (Burg Zornstein):** Die Burgruine liegt ca. 3 km südwestlich von Bítov auf der anderen Seite der Thaya, die hier eine Schlaufe dreht. Die ehemalige Grenzfeste aus dem 13. Jh. verödete bereits im 16. Jh. Die Mauerreste sind nicht allzu spektakulär, aber aufgrund ihrer romantischen Lage ebenfalls ein beliebtes Ausflugsziel.

*Öffnungszeiten* Nur Juli u. Aug. tägl. 9–17 Uhr. Eintritt 1,60 €, erm. die Hälfte.

**Uherčice (Ungarschitz):** Uherčice, ca. 12 km südwestlich von Bítov und nahe der österreichischen Grenze gelegen, ist ein nettes Dorf mit Weiher, umrahmt von einer lieblichen Landschaft. Touristen zieht es bislang nur selten hierher. Das wird sich ändern, wenn das mächtige *Renaissanceschloss* einmal vollständig zugänglich ist. Nachdem es fast zur Ruine verkommen war, wird es seit Mitte des 1990er aufwändig restauriert. Ein paar provisorisch eingerichtete Räumlichkeiten können schon besichtigt werden, darunter der *Bankettsaal,* das barocke *Kammertheater* und die *Schlosskapelle.* Im Sommer finden hin und wieder kulturelle Veranstaltungen auf dem Schlossgelände statt.

Verbindungen/Öffnungszeiten Uherčice ist ein Ziel für Selbstfahrer. **Schloss,** Juni nur Sa/So 9–17 Uhr, Juli u. Aug. tägl. (außer Mo) 9–17 Uhr. Eintritt 2 €, erm. 1,20 €, 50 % Aufschlag für fremdsprachige Führungen.

**Hrad Frejštejn (Burg Freistein):** Eine weitere romantische Burgruine, diesmal flussaufwärts am Zulauf der Dyje hoch über dem Örtchen Podhradí nad Dyjí. Die Burg stammt aus dem 13. Jh. und wurde bereits im 15. Jh. verlassen. Die Reste des Rundturms, der Burgkapelle und des Palastes sind frei zugänglich.

*Burg Bítov über dem Vranov-Stausee*

## Nationalpark Thayatal (Narodní Park Podyjí)

Der Nationalpark, ein schmaler Streifen zwischen Vranov und Znojmo, besitzt nur 63 km² Fläche. Tiefe Wälder und mittendrin die mäandernde Dyje (Thaya) prägen ihn. Jenseits der Grenze schließt sich der österreichische Nationalpark gleichen Namens an. Das einstige Sperrgebiet, in dem die Natur durch den Eisernen Vorhang lange Zeit ähnlich unberührt blieb wie im Böhmerwald, wird heute durch Rad- und Wanderwege mit dem südlichen Nachbarn verbunden. Zwei Ziele als Ausflugstipps:

**Čížov (Zaisa):** Auf der Verbindungsstraße Vranov – Znojmo zweigen bei den Orten Lesná, Vracovice und Milíčovice Sträßlein nach Horní Břečkov ab. Von dort führt eine Stichstraße weiter zum Dorf Čížov (Parkplatz vorm Dorf, für Tagesgäste keine Zufahrt ins Dorf erlaubt), einem beliebten Wanderer- und Radlertreff. Das stille, freundliche Bauerndorf schmücken blaue Brunnen und ein gelbes Kirchlein. Der heruntergekommene kleine Friedhof an der Durchgangsstraße erinnert an die Zeit, als Čížov noch Zaisa hieß. Am Ortsende (keine 10 Minuten zu Fuß) gibt es ein Besucherzentrum, das über den Nationalpark Thayatal Auskunft gibt, und schräg gegenüber einen Wachturm mit einem Teilstück des Eisernen Vorhangs, dem einzigen noch erhaltenen im Land. Errichtet wurde der Turm im Jahr 1951. Heute kann man ihn ganz gemütlich passieren und von dort zur 4 km entfernten *Hardegger Warte* (Hardeggská vyhlídka) laufen. Der kleine Aussichtspunkt bietet einen herrlichen Blick auf den Flusslauf der Thaya und das romantische

Südmähren Karte S. 536/537

Städtchen *Hardegg* auf der anderen Seite, übrigens die kleinste Stadt Österreichs (Grenzübergang für Rad- und Fußwanderer, Ausweis mitnehmen!). Von Vranov erreicht man Čížov auf einem roten Wanderweg.

• *Verbindungen* **Busse** bis zu 8-mal tägl. von und nach Znojmo.

• *Essen & Trinken* **Hospoda U Švestků,** einfache Kneipe, im Dorf nicht zu verfehlen. Deftige mährische Hausmannskost wie Rauchfleisch mit Kraut oder gefüllte Kartoffelknödel. Sehr günstig. Terrasse. Mai–Nov. 11–18 Uhr, Fr und Sa 11–21 Uhr.

• *Übernachten* **Penzion U Marka,** bislang die einzige Pension vor Ort. Nur 2 schlichte Zimmer, die sich das Bad teilen. Restaurant. April–Okt. DZ 31 €, Frühstück nach Vereinbarung. Čížov 168, ✆ 737312188 (mobil), www.penzionumarka.cz.

**Hrad Nový Hrádek (Burg Neuhäusel):** 3 km südlich von Horní Břečkov liegt das Dorf Lukov. Von Lukov führt ein erst rot, dann grün markierter Wanderweg zur schön gelegenen Burgruine Nový Hrádek. Im 14. Jh. wurde die Burg als Jagdsitz erbaut, Mitte des 17. Jh. von den Schweden zerstört. Aufgrund ihrer einstigen Lage im Sperrgebiet ist sie erst seit 1992 wieder zugänglich.

*Übernachten/Öffnungszeiten* Mehrere einfache Pensionen vor Ort. Mai/Juni tägl. 9–17 Uhr, Juli/Aug. bis 18 Uhr, Sept. nur Sa/So 9–17 Uhr. Führung (Dauer 50 Min.) 1,60 €, erm. die Hälfte.

## Znojmo (Znaim)

**Das 35.000-Einwohner-Städtchen thront mitsamt seinem alten Schloss reizvoll auf einem Felsvorsprung über der Dyje.**

„Hier möchte ich wohl wohnen, so lieblich und freundlich ist die Gegend", schwärmte der Schriftsteller Johann Gottfried Seume (1763–1810) von der Znaimer Region. Man braucht ja nicht gleich nach Znojmo zu ziehen, aber als Standort für Wanderungen und Radtouren in den **Nationalpark Thayatal** (Narodní Park Podyjí, s. o.) bietet sich Znojmo dank einiger guter Unterkünfte in jedem Fall an. Dazu weist die Stadt eine Reihe an Sehenswürdigkeiten auf, u. a.

*Znaimer Altstadt*

rühmt man sich der größten Katakomben Tschechiens – hier aber keine Begräbnisstätten, sondern ein unterirdisches Gänge-Labyrinth. Deswegen kommen aber die wenigsten ausländischen Besucher. Die meisten, Tagestouristen aus dem nur 14 km entfernten Österreich, scheinen sich eher für einen neuen, günstigen Haarschnitt zu interessieren – die Anzahl der Friseursalons ist enorm. Beliebt ist auch ein Abstecher ins Outlet-Paradies **Freeport**, einer der größten Malls Tschechiens.

**Geschichte:** Bereits im 11. Jh. entstand hier eine Burg, in deren Schutz sich im 12. Jh. vorrangig deutschsprachige Siedler niederließen. 1226 wurde Znaim zur königlichen Stadt erhoben. Ab dem 14. Jh. wurde der Weinanbau gefördert, und im 15. Jh. exportierte man Weinfässer schon weit über die Grenzen Böhmens hinaus. Im 16. Jh. erfolgte der großflächige Stadtumbau im Stil der Renaissance. Im 17. Jh. wurde der Postweg von Wien nach Prag über Znaim verlegt, was zusätzlich Aufschwung brachte. 1871 erfolgte der Anschluss an das Eisenbahnnetz. Ende des 19. Jh. spitzte sich das Nationalitätenproblem zu. 1897 untersagte der deutsche Magistrat Amtshandlungen in tschechischer Sprache. Im Oktober 1918 wurde Znaim dann sogar Hauptstadt eines Staates namens „Deutsch-Südmähren" – nur drei Monate später, mit dem Anschluss an die Tschechoslowakei, war das Abenteuer aber schon wieder vorbei. Nach dem Zweiten Weltkrieg ergraute Znojmo. Heute trägt die Innenstadt wieder ein bunteres Kleid.

**Orientierung:** Das Zentrum der Znaimer Altstadt bilden die Plätze *Masarykovo náměstí* und der nördlich davon gelegene *Horní náměstí*. Die Verbindung stellt die Obroková her, an der sich auch die Touristeninformation befindet. Über den *Náměstí Svobody* im Norden des Zentrums brauchen Sie gar nicht hinauszulaufen – die Altstadt endet hier so abrupt, wie die Platte beginnt. Die romantischsten Winkel findet man südöstlich der Burg, dem ältesten Siedlungsgebiet Znojmos.

## Information/Parken/Verbindungen

• *Information* **Turistické informační centrum,** Obroková 10, ✆ 515222552, www.znojmocity.cz. Nov–April Mo–Fr 8–18 Uhr, Sa 8–13 Uhr, Mai, Juni, Sept. u. Okt. Mo–Fr 8–18 Uhr, Sa 9–17 Uhr, Juli u. Aug. tägl. 8–19 Uhr.

• *Parken* Größere gebührenpflichtige Parkplätze rund um die Altstadt, z. B. am Nám. Svobody.

• *Verbindungen* Bahnhof und Busbahnhof ca. 10 Fußmin. südöstlich des Zentrums. Die An- und Abreise mit Bussen ist unkomplizierter und schneller.

**Züge** bis zu 8-mal tägl. über Mikulov nach Břeclav.

Gute **Busverbindungen** in die Umgebung. Zudem regelmäßig nach Brünn, bis zu 7-mal tägl. über Jihlava nach Prag, 1-mal direkt nach Hradec Králové.

## Adressen/Einkaufen/Veranstaltungen (→ Karte S. 569)

• *Ärztliche Versorgung* **Krankenhaus** an der Jana Jánského 11 im Norden der Stadt (Richtung Přímětice ausgeschildert). ✆ 515215111.

• *Polizei* Zum Beispiel am Nám. Komenského/Ecke J. Palacha. ✆ 158.

• *Post* Am Horní nám. und am Bahnhof.

• *Radverleih* Die **Pension Jesuitská** (→ Übernachten) verleiht ihre Räder, wenn Kapazitäten frei sind, auch an Nichtgäste. 12 €/Tag.

• *Baden* Großes Freibad beim ehemaligen Prämonstratenserkloster in Louka (Klosterbruck), → Sehenswertes.

• *Einkaufen* Am Masarykovo nám. wird bei gutem Wetter tägl. ein **Gemüsemarkt** abgehalten. Ein schönes Einkaufsgässchen ist die enge Kramařská, wo man Trödel, Holzspielzeug und Schmuck bekommt. Ein paar zusätzliche Tipps:

**Znovín Znojmo (10),** offizielle Verkaufsstelle der Weinkellerei Znovín. Gute Auswahl, Geschenkkartons, Korkenzieher, Dekanter usw. Horní Česká 2.

**Vinné Sklepy Lechovice Prodej vín (18),** der offizielle Weinverkauf der Winzerei aus Lechovice, die bekannt ist für guten Rotwein. Dolní Česká (in einem schönen Renaissancegebäude ohne Hnr.).

**Antikvity (22),** Trödler. Keramik mit Zwiebelmuster, Glas und Bernsteinketten. Kolárova 15a.

• Veranstaltungen **Znojemské vinobraní** nennt sich das Zmaimer Weinfest, das alljährlich am dritten Septemberwochenende abgehalten wird – mit historischen Umzügen, Ritterspielen etc. Zudem findet stets Ende Mai/Anfang Juni ein beliebtes **Bierfest** statt.

**Freeport**, große Outlet-Mall mit 65 Shops von *adidas* über *Ed Hardy* und *Calvin Klein* bis *Vero Moda*. Daneben Kinderfreizeitpark, Kinos, Restaurants, Casino, Asiamarkt u. v. m. Ca. 14 km südlich von Znojmo an der E 59 kurz vor der österreichischen Grenze. Tägl. 10–21 Uhr.

## Essen & Trinken/Nachtleben

Die angepriesene Spezialität sind die landesweit berühmten eingelegten Znaimer Gurken (auch wenn sie heute im 100 km entfernten Babice hergestellt werden). Kosten Sie sie am besten bei einem Gläschen hiesigen Weins in einer Vinárna (Weinstube) oder einem Vinný Sklep (Weinkeller). Biertrinker mögen am örtlichen Hostan gefallen finden, das die meisten Kneipen ausschenken.

• Restaurants **Althanský Palác (11),** Nichtraucherrestaurant in einem durch Säulen unterteilten Gewölbesaal, Terrasse. Küche bei unserem Besuch jedoch nicht so gut wie das Ambiente vermuten ließ, aber das kann sich ändern. U. a. große Salate, Gerichte vom heißen Stein und Pasta. Hg. 7–20 €. Horní nám. 3, ✆ 515221192.

**Na Věčností (19),** mit Liebe zum Detail eingerichtetes vegetarisches Café-Restaurant, ebenfalls an Nichtraucher gerichtet. Junges, alternatives Publikum. Hin und wieder Konzertabende, dazu Ausstellungen. Spezialität sind *halušky*, slowakische Spätzle, die es in vielen leckeren Sorten gibt (ca. 4 €). Velká Mikulášská 10, ✆ 515221814.

**Restaurace na České (13),** Mischung aus Café und Restaurant mit typisch tschechischer Karte. Kühles Design mit dunklem Holz und Metall, gutes Essen und freundlicher Service. Gartenbetrieb. Hg. 3,50–10 €. Dolní Česká 9, ✆ 515260155

**Restaurace Na Vyhlidce (6),** gemütliches Kneipenrestaurant im Hotel Kateřina mit einer grandiosen Terrasse hoch über dem Thaya-Tal. Tägl. ein preiswertes Menü (dabei dominieren die altbekannten tschechischen Klassiker). Na valech 7 (hinter der Kirche Sv. Michala, am Náměsti Jezuitské die Treppenstufen hinunter), ✆ 777167477 (mobil).

**Corso Bar & Restaurant (9),** insbesondere wegen seines tollen Biergartens aufgeführt, in dem im Sommer manchmal ein Spanferkel gegrillt wird. Ansonsten Fisch, Steaks und Pasta der mittleren Preisklasse. Das Innere erinnert an eine Bahnhofskneipe. Jana Palacha 1a, ✆ 775748885 (mobil).

• Café **Café Kulíšek (4),** begrüntes Gartencafé mit Vogelkäfig und plätscherndem Brunnen. Verspielt eingerichtetes Inneres, kleine Kuchenauswahl. Velká Michalská 7.

**Kafé Oáza (12),** helles Café mit Korbsesseln, afrikanischer Dekoration und einem sehr gemütlichen Innenhof. Herausragende heiße Schokolade und überreiche Auswahl an süßen und herzhaften Palatschinken. Kovářská 6.

• Kneipe **Fotogalerie Taurus (5),** die witzige, kleine Galerie von Jindřich Kurdiovský dient gleichzeitig als Kneipe und Café mit guter Musik und nettem jungem Publikum, das sich über ausländische Zaungäste freut. Malá Michalská 8.

• Weinkeller **Znojemský vinný sklep (14),** einer von mehreren Weinkellern der Stadt. Zur Auswahl stehen ca. 160 Sorten Wein und Sekt, vorrangig aus Mähren, 3–36 €/Flasche. Das freundliche Personal zeigt Ihnen auf Wunsch die Lagerräume im staubigen Natursteingewölbe. Rauchen verboten. Nur Mi–Sa ab 13 Uhr. Horní nám. 19.

• Nachtleben Der beliebteste Nightspot ist der in Laufnähe zum Zentrum gelegene Club **Gogo (2).** Fr und Sa mit DJs oder Livebands (Punk, Reggae, Jazz, Oldies, Hip-Hop usw.). Afterhour-Partys. Pražská 19.

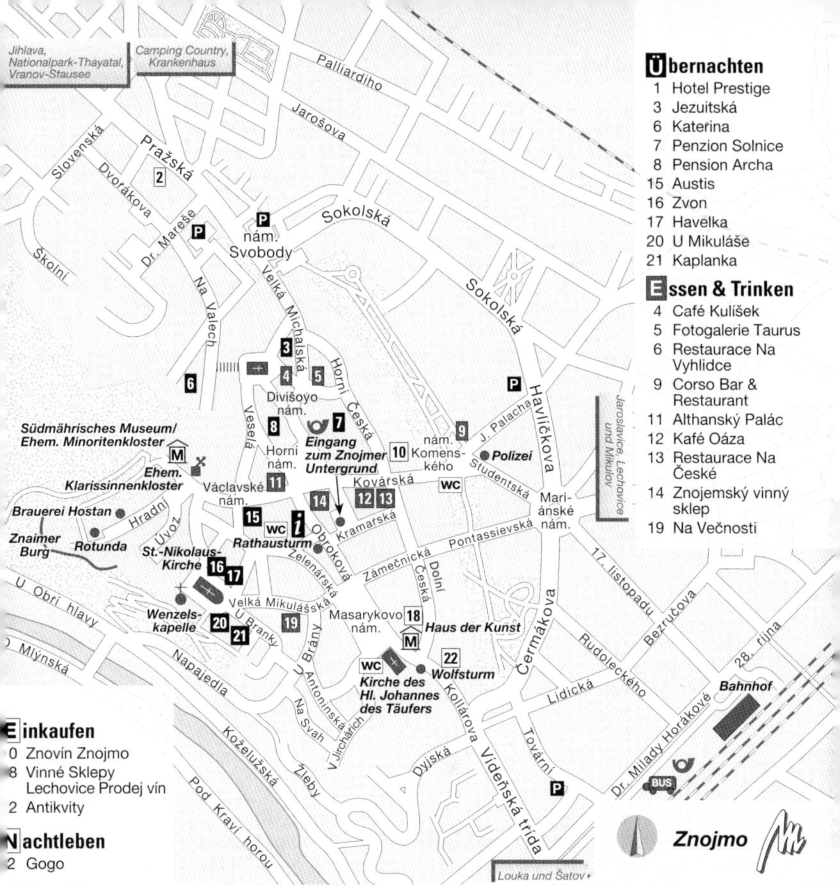


## Übernachten

• *Hotels* **** **Prestige (1)**, das komfortabelste Haus der Stadt, fernab des Zentrums am Ortsausgang Richtung Jihlava. 76 Zimmer, der Sternezahl entsprechend ausgestattet. Restaurant mit Gartenbetrieb, Innenpool, Sauna. DZ 89 €. Pražská 100, ✆ 515224595, ✆ 515246621, www.hotel-prestige.cz.

**** **Kateřina (6)**, eine gute Wahl (wenn auch nicht auf 4-Sterne-Niveau). Nur 8 z. T. geräumige Nichtraucherzimmer mit modernem Mobiliar und Parkettböden, manche davon mit schönen Ausblicken. Eigene Parkplätze, Sommerterrasse. EZ 30 €, DZ 42 €. Na Valech 7 (Zufahrt von der Dr. Mareše, ausgeschildert), ✆/✆ 515220307, www.hotel-katerina.cz.

• *Pensionen* **Zvon (16),** Komfortpension. 6 sehr schöne, modern gestaltete Zimmer, größtenteils mit Parkettböden, hübsch möbliert. Die Rezeption ist nicht immer besetzt, daher besser vorausbuchen. EZ ab 34 €, DZ ab 48 €. Mikulášské nám., ✆ 775611 128 (mobil), www.rezidence-zvon.cz.

**Penzion Solnice (7)**, im historischen Zentrum, superzentral und doch sehr ruhig (Innenhoflage). Modern eingerichtete Zimmer mit viel Komfort. Sicherer Parkplatz. Ordentliches Frühstück. Im Aufenthaltsraum Kühlschrank mit guter Auswahl lokaler Weine. DZ 44 €. Horní Česká 19, ✆ 775202010 (mobil), www.penzionsolnice.cz.

**U Mikuláše (20)**, 6 unterschiedlich ausgestattete Zimmer mit und ohne Bad, dazu 1 Apartment, alles neu restauriert. Das große

Plus der Pension ist ihre hübsche, kleine Dachterrasse. Café und Vinothek. DZ ab 26 €, kein Frühstück. Mikulášské nám. 8, ✆ 515220856, www.penzionumikulase.cz.

**Jezuitská (3)**, anständige 4-Zimmer-Pension im Norden der Altstadt. Restaurant und Weinkeller. Eigene kostenlose Parkplätze. Radverleih (12 €/Tag). Rechtzeitige Buchung empfohlen. DZ ab 32 €, Frühstück 2,80 € extra. Jezuitská 5, ✆ 603830130 (mobil), www.jesuitska.cz.

**Austis (15)**, schönes historisches Gebäude. 6 ordentliche, geräumige Zimmer mit Holzfußböden und neuen Bädern, dazu 2 Apartments. Im Keller eine Bierpinte. Parkplatz im Preis inbegriffen. DZ 32,50 €. Václavské nám. 5, ✆ 515241949, ✆ 515242717, www.austisznojmo.cz.

**Havelka (17)**, stilvoll-charmante Minipension in einem schönen alten Haus. Nur 2 mit Liebe und Geschmack gestaltete Zimmer, gleiches gilt für das saubere Gemeinschaftsbad. Familiäre Atmosphäre, eigene Parkplätze im Hof, ruhige Lage. Freundliche deutschsprachige Betreiberin. Restaurant mit Wohnzimmeratmosphäre, wo man u. a. „Zander ohne Kröten" bekommt. Beim Essen schaut gelegentlich der freundliche Hausdalmatiner Albin zu. DZ 30 €. Mikulášské nám. 3, ✆ 515220138, www.havelka.euweb.cz.

**Kaplanka (21)**, gute Low-Budget-Adresse. 11 freundliche Zimmer in verschiedenen Größen, nur teilweise mit eigenem Bad. Manche Zimmer besitzen Balkone mit Blick auf das Thaya-Tal. Nette Terrasse, planschbeckengroßer Sommerpool, kostenfreie Parkplätze. Deutschsprachige Inhaber. Kein Frühstück, dafür Gemeinschaftsküche. DZ mit Bad 36 €, ohne Bad 28 €. U Branky 6, ✆ 775552212 (mobil), ✆ 515226947, www.kaplanka.cz.

• *Apartments* **Pension Archa (8)**, schönes altes Gebäude in der Altstadt. Nur 2 gut ausgestattete Apartments für jeweils 2 Pers. Etwas zusammengestückeltes Mobiliar, aber okay. Eigene Parkplätze. Für 2 Pers. 36 €, Frühstück 4 € extra. Vlkova 4, ✆ 51 5225062, ✆ 515264921, www.pensionarcha.cz.

• *Camping* **Camping Country,** rund 8 km nördlich von Znojmo im Dorf Hluboké Mašůvky. Liebevoll angelegter, sehr gepflegter Platz, gemischtes Publikum. Pool, Minigolf, sehr saubere Sanitäranlagen. Radverleih, Reitausflüge. Freundliche Atmosphäre. Kleines Barrestaurant mit begrenzter Speisenauswahl. Chata- und Zimmervermietung. Mai–Okt. 2 Pers. mit Wohnmobil 15,80 €, Hütte für 4 Pers. 61 €. Hluboké Mašůvky 257,- ✆/✆ 515255249, www.camp-country.com.

## Sehenswertes

**Rund um den Masarykovo náměstí (Masaryk-Platz):** Inmitten des abfallenden Platzes steht eine Pestsäule aus dem späten 17. Jh., drum herum gruppieren sich ein paar freundliche Patrizierhäuser, und ganz oben steht ein hässliches graues Einkaufszentrum aus dem Jahr 1974. Diesem gegenüber (ganz unten am Platz) erhebt sich die *Kirche Johannes' des Täufers* (Kostel sv. Jana). Sie gehörte einst zum angrenzenden, im 17. Jh. gegründeten Kapuzinerkloster (nicht zugänglich), das 1950 aufgelöst wurde. 1994 wurde darin eine Gruft entdeckt, in welcher die Wohltäter des Klosters in Särgen, die einfachen Mönche auf der nackten Erde bestattet wurden. Ein paar Schritte unterhalb der Kirche, an der Kollárova, steht der mittelalterliche *Wolfsturm* (Vlkova věž), der einst Teil der Stadtbefestigung war und heute bestiegen werden kann. Schräg gegenüber der Kirche befindet sich das in einem schönen Renaissancepalast untergebrachte *Haus der Kunst* (Dům Umění). Es zeigt überwiegend gotische und barocke Sakralkunst, dazu Wechselausstellungen zeitgenössischer Kunst. Interessanteste Exponate sind die Büste der *Libussa (Libuše) von Znojmo* (ca. 1270–1300) und die *Znaimer Madonna* aus Holz (1330).

*Öffnungszeiten* **Gruft,** zuletzt nicht mehr zugänglich, Auskünfte über die Touristeninformation. **Wolfsturm,** April–Okt. tägl. 9–17 Uhr. Eintritt 1,20 €. **Haus der Kunst,** tägl. (außer So/Mo) 9–11.30 u. 12–17 Uhr. Eintritt 1,60 €, erm. die Hälfte.

**Zwischen Masarykovo náměstí (Masaryk-Platz) und Horní náměstí (Oberer Platz):** Folgt man vom Masarykovo náměstí der Obroková bergauf, passiert man den *Turm des alten Rathauses* (Radniční věž), einen der schönsten Türme Mährens und eine elegante Dominante im Stadtbild. Der 79,5 m hohe Turm stammt aus der ersten Hälfte des 15. Jh. Originell ist die zweistufige gotische Turmspitze; von den Umgängen kann man bei gutem Wetter bis zu den Alpen sehen. Das dazugehörige Rathaus hat den Zweiten Weltkrieg nicht überlebt, lediglich das hübsche Portal blieb erhalten. Ums Eck, am Slepiči trh 2 (ehemaliger Geflügelmarkt), befindet sich der Eingang zum *Znaimer Untergrund* (Podzemí) – unterirdische Gänge von über 30 km Länge. Bis zu vier Etagen bzw. 15 m reicht das Labyrinth unter die Erde, rund ein Kilometer ist zugänglich. Die verschachtelten Gänge mit Lüftungsschächten und Abflussstollen stammen wahrscheinlich aus dem 13. oder 14. Jh. und dienten einst als Lager- und Schutzräume. Hunderte von Menschen konnten sich darin verstecken. Der Legende nach wurden Arbeiter, die beim Bau beteiligt waren, nach der Fertigstellung umgebracht, um das unterirdische Geheimnis nicht preisgeben zu können. In den 1960ern mussten viele Gänge mit Beton verstärkt werden, nachdem nicht nur ein Fuhrwerk samt Pferden, sondern ganze Häuser in das ausgehöhlte Erdreich eingebrochen waren. Theoretisch hat man von fast jedem historischen Gebäude der Altstadt Zugang in den Untergrund.

*Znojmo, im Hintergrund der markante Turm des Alten Rathauses*

• *Öffnungszeiten* **Rathausturm,** Mai, Juni u. Sept. tägl. 9–17 Uhr, Juli u. Aug. tägl. 9–18 Uhr, Okt.–April tägl. 9–15 Uhr. Eintritt 1,20 €, erm. die Hälfte. **Znaimer Untergrund,** Mai u. Sept. tägl. 9–17 Uhr, Juni–Aug. tägl. 9–18 Uhr, Okt.–April nur Sa/Mo 10–17 Uhr, So 13–16 Uhr. Führung (40 Min.) 3,20 €, erm. 2 €.

**Klášter Minoritů/Jihomoravské muzeum (Minoritenkloster/Südmährisches Museum):** Vom dreiecksförmigen, kopfsteingepflasterten Horní náměstí gelangt man über den anschließenden kleinen Václavské náměstí (Wenzelsplatz) zum ehemaligen Minoritenkloster und zur Burg. Das Kloster wurde 1239 zusammen mit dem benachbarten Klarissinnenkloster gegründet. In Letzterem ist heute eine Handelsakademie untergebracht; zuvor beherbergte es ein Gymnasium, an dem 1848–50 Gregor Mendel als Lehrer tätig war. Zahlreiche Umbauten veränderten das Aussehen des Minoritenklosters über die Jahrhunderte, lediglich zwei Flügel des Kreuzganges blieben vom ursprünglichen gotischen Bau erhalten. Im Kloster wird heute eine seltsame Mixtur an naturwissenschaftlichen, archäologischen und historischen Sammlungen präsentiert: Mineralien, Knochen und Scherben aus den verschiedensten Epochen, orientalische Waffen aus der Türkei, Persien, Indonesien und Japan etc. Auf der schönen Sommerterrasse des *Café-Restaurants Muzeum* nebenan kann man den guten Rotwein aus Lechovice kosten.

*Adresse/Öffnungszeiten* Přemyslovců 6. Okt.–April Mo–Fr 9–17 Uhr, Mai–Sept. tägl. 10–17 Uhr. Eintritt 1,60 €, erm. die Hälfte.

Südmähren
Karte S. 536/537

**Znojmenský hrad (Znaimer Burg):** „Lieber eine lebende Brauerei als eine tote Burg“ heißt ein tschechisches Sprichwort, das aus Znojmo stammen könnte: Ein Teil des Burgareals ist heute Sitz der Brauerei *Hostan*. Die Burg entstand als Přemyslidenfestung im 11. Jh. Nach dem Untergang des Fürstentums im Jahr 1191 wurde sie Eigentum der böhmischen Herrscher. 1437 starb hier König Sigismund, der letzte Luxemburger auf dem böhmischen Thron. 1710 schenkte Kaiser Karl VI. die ruinöse Burg dem Adelsgeschlecht der Deblíner, die sich an Ort und Stelle ein *Barockschloss* errichteten. In den Schlossräumen – am prunkvollsten ist der mit Fresken geschmückte Eingangssaal – kann man sich die Dauerausstellung „Aus der Geschichte der Znaimer Region“ ansehen, zudem das Lapidarium und die Burgkeller.

Das älteste erhalten gebliebene Denkmal der Přemsylidenepoche ist die *Rotunde der Hl. Jungfrau Maria und der Hl. Katharina* neben dem Schloss. Sie wurde um das Jahr 1037 errichtet und diente ursprünglich als Kirche, später als Tanzsaal, Schweinestall und Korbmacherwerkstatt. Aufgrund ihrer wertvollen Fresken aus dem 12. Jh. wurde die Rotunde 1962 in den Rang eines nationalen Kulturdenkmals erhoben. Die monumentalen Wandmalereien zeigen biblische Motive und zeichnen die Legende vom Ursprung der Přemysliden (→ Kasten, S. 126) nach. Von der Aussichtsterrasse zwischen Rotunda und Schloss zeigen sich Stadt und Dyje-Tal von ihrer fotogensten Seite.

• *Zugang* Zum Burgareal führt ein Panoramaweg, Einstieg neben dem Eingang zur Brauerei. Der Weg endet in einem Infozentrum, von wo man über die Aussichtsterrasse zur Rotunda und zum Schloss gelangt.

• *Öffnungszeiten* **Schloss,** Mai–Okt. tägl. (außer Mo) 9–17 Uhr. Eintritt 0,80 €. **Achtung:** Wegen 2010 begonnenen Renovierungsarbeiten können Trakte des Schlosses nicht zugänglich sein. **Rotunde,** Mai–Sept. nur Sa/So 9–17 Uhr. Pro Std. max. 10 Pers., Führung (15 Min.) 3,60 €, keine Ermäßigung.

**Chrám sv. Mikuláše (St.-Nikolaus-Kirche):** Auf dem Hügel gegenüber der Burg thront die St.-Nikolaus-Kirche, das schönste Gotteshaus der Stadt. Sie wurde um 1100 errichtet, im 15. Jh. im gotischen Stil umgebaut und später barock verziert. Von der Gotik zeugen die gigantischen, walzenförmigen Säulen im Kirchenschiff. An den Spätbarock erinnert die imposante Kanzel in Globusform (1760). In Nachbarschaft zur Kirche steht die kleine *Wenzelskapelle* (Svatováclavská kaple) aus der ersten Hälfte des 16. Jh. Das zweigeschossige Gebäude mit Rundgewölbe ist dicht an die alte Stadtmauer gebaut.

*Öffnungszeiten* **St.-Nikolaus-Kirche,** tägl. 9–20 Uhr. **Wenzelskapelle,** Juli–Sept. tägl. 9–20 Uhr. Im Mai kann man die Kapelle tägl. um 9, 10, 11 u. 15 Uhr besichtigen, im Juni um 9, 10, 11, 15 u. 18 Uhr. Eintritt frei.

**Ehemaliges Prämonstratenserkloster in Louka (Klosterbruck):** Das 1190 gegründete und später barock umgestaltete monumentale Kloster mit der *Kirche der Jungfrau Maria und des Hl. Wenzel* erhebt sich etwa 2 km südöstlich des Zentrums. Bekanntester Konventuale war Prokop Diviš (1698–1765), der angebliche Erfinder des Blitzableiters. Schon 1784 wurde das Kloster aufgelöst und diente danach als Tabakfabrik und – bis in jüngste Zeit – als Kaserne. Viele Trakte sind heute verwahrlost und stehen leer, andere wurden von der *Weinkellerei Znovín* restauriert. Die präsentiert in den hergerichteten Räumlichkeiten eine Mischung aus Kultur und Kommerz. Neben Klosterführungen (romanische Krypta, Keller, Stucksäle) gibt es einen Weinverkauf und Informationen über den mährischen Weinanbau. Ganz in des Nähe des Klosters befindet sich ein großes Freibad.

• *Wegbeschreibung* Das Kloster (von der Straße nach Wien ausgeschildert) erreicht man von der Vídeňská in einem rund 15-minütigen Spaziergang gen Süden.

• *Öffnungszeiten* April–Okt. tägl. 9–18 Uhr, sonst nach Voranmeldung (✆ 515267458). Führung 2,80 €, erm. 1,80 €.

## Umgebung von Znojmo

**Südlich von Znojmo:** Als eine „große Weinregion" oder gar die „mährische Toskana", wie so manche Werbebroschüre die Region südlich und östlich von Znojmo vermarktet, darf man sich dieses Eck des Landes nicht vorstellen. Hier wird nur vereinzelt Wein angebaut und verkauft (ein paar Weinkeller z. B. im 4 km südlich gelegenen *Nový Šaldorf*). Eine kleine, kuriose „Sehenswürdigkeit" im Zusammenhang mit dem Weinanbau findet man zudem im 10 km südlich von Znojmo gelegenen Städtchen *Šatov*, wo die Weinkellerei *Znovín* ihren Sitz hat. Dort kann man den sog. *Bemalten Keller* (Malovány sklep, ausgeschildert) besuchen. Die Sandsteinwände des alten Weinkellers verzierte im 19. Jh. ein angeblich einarmiger Volkskünstler bei Kerzenlicht mit naiven Malereien: Kosaken, Gartenzwerge, Meerjungfrauen, der Bauer auf dem Feld usw. Einen künstlerischen Wert hat das Ganze nicht, auch wird hier kein Wein mehr gelagert. Doch liegt der „beste Weinberg des Landes" nicht weit (laut Lokalpatrioten gehört er gar zu den „zehn besten Weinbergen Europas"): Es ist der kleine Šobes-Hügel 4 km nordöstlich von Šatov, um den die Thaya eine idyllische Schlaufe zieht. Die Attraktion der Gegend schlechthin ist jedoch das Freeport Outlet-Center (→ Znojmo/Einkaufen, S. 568) mit einem Funpark für Kinder nahe der Grenze.

*Öffnungszeiten* **Bemalter Keller,** Mitte April–Ende Mai u. Sept. nur Sa/So 9–18 Uhr, Juni–Aug. tägl. 9–18 Uhr. Eintritt 0,90 € (mit einem Gläschen Wein).

**Östlich von Znojmo:** Das flache Land zwischen Znojmo und Mikulov bestimmen in erster Linie weite Felder. Die paar Reben dazwischen sind zuweilen von Stacheldraht umzäunt und mit einem „Wachhäuschen" versehen, damit auch niemand etwas stibitzt. In *Lechovice* rund 12 km östlich von Znojmo wird der recht gute Lechovicer Rotwein in einem schicken „Weinkeller" (Vinné sklepy Lechovice) gleich an der Durchfahrtsstraße verkauft. Zum Haus gehört auch ein Restaurant mit netter Terrasse. Ein interessanter Abstecher bietet sich in das rund 23 km südöstlich von Znojmo gelegene Städtchen *Jaroslavice* an, wo die ältesten Archivweine des Landes (seit 1945) gelagert werden. Überragt wird das Örtchen von einem mächtigen, nicht zugänglichen Renaissanceschloss, das die Natur langsam zurückerobert. Von der Kirche im Dorf führt ein abenteuerlicher Treppengang zum Schloss. Weiter südlich, hinter der Grenze zu Österreich beginnt das *Veltliner Weinviertel*. Weiter in Richtung Mikulov wird der Weinanbau auch auf tschechischer Seite intensiver.

## Mikulov (Nikolsburg)

**Mikulov, nur 2 km von der österreichischen Grenze entfernt, ist die Perle Südmährens. Das hat sich in den letzten Jahren herumgesprochen, dementsprechend hat die touristische Infrastruktur zugelegt.**

Das 7500-Einwohner-Städtchen breitet sich in einem von drei Hügeln umschlossenen Becken aus. Darüber thront das erhabene Schloss, um das sich malerische Gässchen schlängeln. Etliche Häuser besitzen kleine private Weingärten oder rebenüberrankte Terrassen. Fette Böden und eine dem Landstrich gewogene Sonne ließen Mikulov zur wichtigsten Winzergemeinde Mährens aufsteigen. In der Umgebung, die zu ausgedehnten Wander- und Radtouren einlädt, baut man Reben auf mehr als 2600 ha an.

**Geschichte:** Unter dem Adelsgeschlecht der Liechtenstein, die Ort und Burg 1249 von Otakar II. geschenkt bekommen hatten (→ S. 583), erhielt Nikolsburg 1359 die Stadtrechte. Die Liechtenstein erlaubten 1421 den aus Wien ausgewiesenen Juden und 1526 den verfolgten Habanern (Wiedertäufern) aus dem süddeutschen Raum die Ansiedlung. Letztere brachten bedeutende Handwerks- und Weinbaukenntnisse mit. Bis zu ihrer Vertreibung per kaiserlichem Dekret 1622 war die Glaubensgemeinschaft maßgeblich an der Entwicklung Nikolsburgs beteiligt. Unter den Dietrichstein, die Mikulov 1575 erworben hatten, v. a. unter dem Olmützer Kardinal und Bischof Franz Seraf von Dietrichstein (1570–1636), erreichte Nikolsburg zu Anfang des 17. Jh. seine größte Blüte. Der Kleriker hatte 1618 seine Bischofskanzlei und anschließend seinen ganzen Hof hierher verlegt. Er erklärte Nikolsburg zur „Hauptstadt" Mährens, ließ am Marktplatz ein Loreto-Heiligtum errichten und lud Piaristen ein, die hier 1631 das erste Gymnasium nördlich der Alpen gründeten. 1805 hielt sich Napoleon nach der Schlacht von Austerlitz kurz im Städtchen auf, und 1866 trafen auf Schloss Mikulov Vertreter Österreichs auf den preußischen König Wilhelm I. und seinen Kanzler Otto von Bismarck, um hier den sog. *Vorfrieden von Nikolsburg* zu schließen, der den Preußisch-Österreichischen Krieg beendete. Danach wurde es still um Nikolsburg, um das die Industrialisierung einen größeren Bogen machte. Nach dem Zweiten Weltkrieg sank Mikulov als Kleinstadt an der streng bewachten Grenze zu Österreich in die Bedeutungslosigkeit ab. Heute ist die Stadt die mit Abstand attraktivste Südmährens.

*Mikulov, die mährische Perle*

## Information/Parken/Verbindungen (→ Karte S. 577)

• *Information* **Turistické informační centrum Mikulov,** Náměstí 1, ✆/📠 519510855, www.mikulov.cz. Im Sommer Mo–Fr 8–19 Uhr, Sa/So 9–19 Uhr.

• *Parken* Gebührenpflichtige Parkplätze rund ums Zentrum, z. B. an der Brněnská und der Alfonse Muchy/Ecke Piaristů.

• *Verbindungen* Bahnhof und Busbahnhof ca. 800 m südwestlich des Zentrums. **Busse** regelmäßig über Lednice nach Břeclav sowie nach Valtice, Brünn, Dolní Věstonice und Pavlov.

**Züge** bis zu 7-mal tägl. nach Znojmo, bis zu 10-mal über Valtice nach Břeclav.

## Adressen/Einkaufen/Veranstaltungen (→ Karte S. 577)

• *Ärztliche Versorgung* Es gibt kein Krankenhaus, das nächste in Břeclav. Einen Arzt finden Sie in der Svobody 2. ✆ 519305928.

• *Polizei* **Stadtpolizei** am Kostelní nám. ✆ 156.

• *Post* An der Česká 7.

• *Radverleih* Zum Beispiel bei **Topbicycle,** Kostelní nám. 2, ✆ 519513745, www.topbicycle.com. Je nach Rad 19–27 €/Tag. Tolle Touren führen ins Lednicko-valtický areál (→ S. 582).

• *Baden/Wassersport* → Umgebung/Neumühler Stauseen.

• *Einkaufen* Natürlich Wein! 2 Adressen: **Weinzentrum Mikulov (10),** etliche Sorten Wein aus der Gegend, Degustationen, Accessoires und Exkursionen zu den Weinanbaugebieten der Region. Náměstí 11/199.

**Wine Shop (12),** ausgewählte Weine von guter Qualität. Flasche ab 4 €. Svobody 9.

**Weinproben:** In und um Mikulov verteilen sich etliche Weinkeller kleiner Winzereien, nähere Auskünfte bei der Touristeninformation. Regelmäßig geöffnet hat der Keller der **Winzerei Tanzberg** im ca. 3 km nördlich von Mikulov gelegenen Dorf Bavory (im Sommer Mo–Fr 7–18 Uhr, im Winter Mo–Fr 7–17 Uhr).

• *Veranstaltung* Highlight des Jahres ist das **Pálavské vinobraní** Anfang/Mitte Sept., ein dreitägiges Weinfest mit viel Kunst und Kultur. Viel los ist auch beim alljährlichen Mikulover **Kultursommer,** dessen Höhepunkt ein **Gitarrenfestival** Mitte Juli darstellt.

## Essen & Trinken (→ Karte S. 577)

Zu empfehlen sind neben den hier aufgeführten Adressen auch die Restaurants der Hotels Templ und Tanzberg.

• *Restaurants* **Restaurace Pod Radnicí (5),** im Rathausgebäude am Marktplatz. Neben mährischer Küche wie dem berühmten „Spatz“ oder Räucherfleisch mit Kraut auch diverse Gerichte mit Straußenfleisch. Der sterile Kellerraum ist nicht der Renner, auf der Sommerterrasse am Platz sitzt man jedoch sehr nett. Hg. 3,50–8 €. Náměstí 1, ✆ 519323848.

**U Hroznu (6),** Weinrestaurant. Zu den Spezialitäten gehören das *Mikulover Kotelett* mit Nivakäse und Gemüse, gefüllte Kartoffelpuffer und diverse Grillgerichte. Es empfiehlt sich, die Tageskarte zu beachten. Die gute Weinauswahl versteht sich von selbst. Überaus idyllische Sommerterrasse unter Reben. Hg. 4,50–5,50 €. Mo Ruhetag. Kamenny řádek 3, ✆ 519511124.

• *Cafés* **Petit Café (8),** am Hauptplatz. Schnuckeliges, mit Liebe gestaltetes Café mit Bestuhlung in der Arkadenloggia – italienische Atmosphäre! Es gibt süß oder herzhaft gefüllte Crêpes bzw. Galettes. Ein wunderbarer Ort für den Sommer.

**Tabák Kavárna (4),** Mischung aus Zeitungskiosk, Tabakladen und alternativ-niedlichem Café. Originell eingerichtet. Kostelní nám. 4/13.

## Übernachten

Für die Sommermonate sollte man unbedingt reservieren, ansonsten kann es eng werden!

• *Hotels* **Templ (11),** stilvolles Hotel im alten jüdischen Viertel, untergebracht in zwei schönen historischen Gebäuden. 17 geschmackvoll und individuell ausgestattete, komfortable Zimmer, jedes besitzt einen anderen Tier- oder Pflanzennamen. Eigene Parkplätze. Schönes Restaurant mit netter Terrasse: diverse Steaks, Pasta, auch an Vegetarier wird gedacht. DZ 66 €. Husova 50, ✆ 519323095, ✆ 519323096, www.templ.cz.

*** **Eliška (13)**, 32 Zimmer mit unterschiedlicher Ausstattung. Die Standard-DZ sind ordentlich, haben neues Mobiliar und neue Bäder, es gibt aber auch gehobenere „VIP-Zimmer". Weinkeller, sicheres Parken. DZ ab 40 €, Frühstück 3,60 € extra. Piaristů 4, ✆/✆ 519513073, www.hoteleliska.cz.

*** **Réva (3)**, hervorzuheben ist die gute Lage. Die Zimmer besitzen Standardausstattung, im Réva Lux nebenan sind sie geräumiger und etwas komfortabler. Restaurant mit Terrasse, bewachter Parkplatz vor dem Haus. DZ je nach Ausstattung 40–72 €, Frühstück 4 € extra. Česká 2, ✆/✆ 519512076, ✆ 608034787 (mobil),www.hotelreva.cz.

• *Pensionen* **Baltazar (9),** eine der schönsten Unterkünfte vor Ort in einem hübsch restaurierten historischen Gebäude. 6 große, komfortable Zimmer mit Parkett oder Fliesenböden und Kiefernmöbeln. Am schönsten sind die anheimelnd verwinkelten Dachzimmer. Bar. DZ ab 52 €, erhebliche Preisnachlässe in der NS. Husova 44, ✆ 519324327, www.pensionbaltazar.cz.

**Moravia (2),** kleine 15-Betten-Pension in zentraler Lage. Ordentliche Zimmer, alle mit eigenem Bad und TV. Privater Parkplatz. Rezeption nur von 16–21 Uhr besetzt. Sehr freundlich. DZ 36 €. Poštovní 1, ✆ 519511644, www.moravia.penzion.com.

**Pod Kozím Hradkém (1)**, unterhalb der Kozí Hrádek. Rosafarbenes Haus, hinter einer hohen Mauer versteckt. Einfache saubere Zimmer mit neuen Bädern. Kleine Gemeinschaftsterrasse und -küche, Radverleih. Der Service könnte freundlicher sein. DZ 32 €, Frühstück auf Wunsch. Kozí Hrádek 1, ✆ 519512093, www.penzion-mikulov.cz.

**Anna (7)**, einstöckiges Gebäude, teilweise efeuumrankt. Nur 4 Betten, daher ist die Vorausbuchung ein Muss. Einfach. DZ ohne Frühstück ab 28 €. Vrchlického 8, ✆ 728631804 (mobil).

• *Camping* → Umgebung von Mikulov/ Neumühler Stauseen.

## Sehenswertes

**Náměstí:** Der schlicht „Platz" genannte Hauptplatz besteht eigentlich aus zwei ineinander übergehenden Plätzen, einem langen, schmalen und einem kleinen, rechteckigen im Norden. Letzteren beleben eine monumentale, spitz zulaufende *Dreifaltigkeitssäule* aus den 20er Jahren des 18. Jh. und ein *Brunnen* vom Ende des 17. Jh. Blickfang ist das sog. *Haus zu den Rittern* (Dům u Rytířů), das einzige mit Sgraffiti geschmückte Renaissancebauwerk der Stadt. Die herrliche Arkadenloggia belegt im Sommer ein hübsches Café (→ Essen & Trinken). Den Nordosten des Platzes nimmt die *Dietrichsteingruft* (Dietrichsteinská hrobka) ein. Ihre Ähnlichkeit mit einer Kirche kommt nicht von ungefähr: Als St.-Anna-Kirche wurde das Gebäude 1623 errichtet. In seinem Inneren barg es eine *Santa Casa,* die als Vorbild für das Prager Loreto-Heiligtum diente (→ S. 110). Nach einem Brand im Jahr 1784 blieben nur noch die Außenmauern des Gotteshauses übrig, Mitte des 19. Jh. wurde die Ruine im klassizistischen Stil zur Gruft der Dietrichstein umgebaut. Heute befinden sich hier 45 Sarkophage mit den sterblichen Überresten der Familienmitglieder.

*Öffnungszeiten* **Dietrichsteingruft,** Juni–Aug. tägl. 10–18 Uhr. Eintritt 2 €, erm. die Hälfte.

**Zámek (Schloss):** Der imposante Schlosskomplex, der weithin sichtbar das Stadtbild beherrscht, erhebt sich rund 100 m westlich des Náměstí auf einem felsigen Hügel. Bis zum Beginn des 17. Jh. stand hier eine Burganlage. Kardinal Franz Seraf Dietrichstein ließ diese zwischen 1611 und 1618 im Renaissance-, seine Nachfahren ab 1719 im Barockstil umbauen. Am Ende des Zweiten Weltkrieges brannte das Schloss nieder. Nur vehementer Protest bewahrte es vor dem Abriss und Mikulov

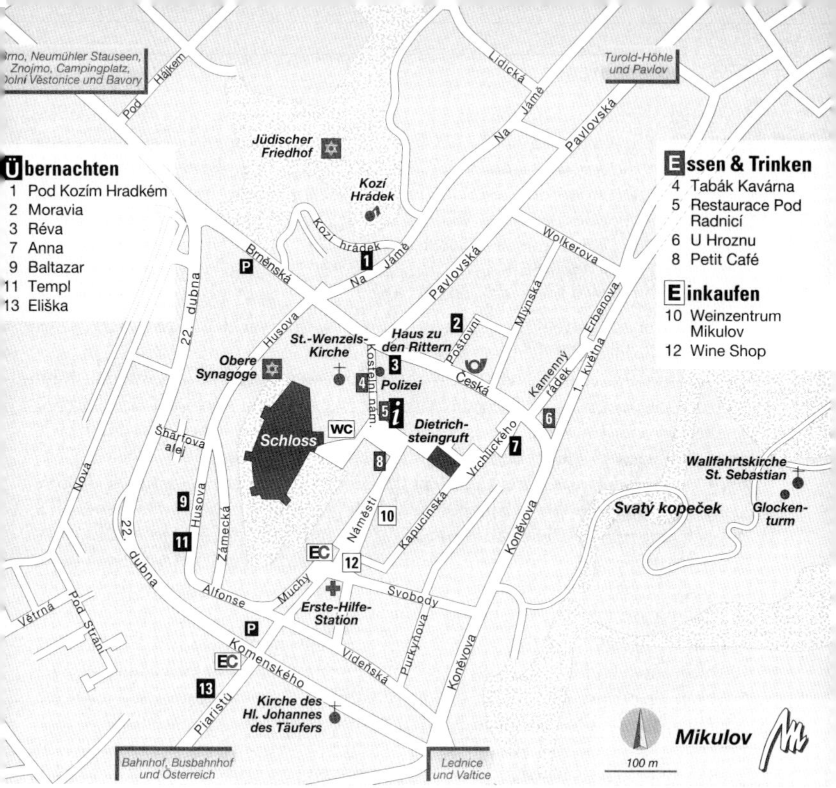


vor dem Verlust seines Aushängeschildes. Doch trotz Wiederaufbaus war das Gros des historischen Interieurs für immer verloren. Auf Prunk wie Stuck und Fresken müssen Sie bei einer Besichtigung deswegen weitestgehend verzichten.

Man kann zwischen verschiedenen Ausstellungen und Touren wählen. Eine führt in die *Schlossbibliothek* der Dietrichstein. Sie war nicht vom Brand betroffen, die 11.000 Bände gehören aber dennoch nicht zur Erstausstattung. Diese wurde von den Schweden 1645 in 48 Weinfässern abtransportiert, die sie zuvor fröhlich ausgetrunken hatten. Mit dem traditionellen Weinanbau in Mähren vom Mittelalter bis zum Anfang des 20. Jh. befasst sich eine Ausstellung im Schlosskeller. Highlight ist ein *Riesenfass* aus dem Jahr 1643, in dem die Zehntabgaben der Weinbauern gesammelt wurden. Es konnte über 1014 Hektoliter fassen, was in etwa dem Inhalt von 135.000 Weinflaschen entspricht! Die anderen Expositionen stellen eine schillernde Mischung aus Archäologie, Porträts der Dietrichstein-Familie, historischen Möbeln, moderner Kunst usw. dar.

Öffnungszeiten April u. Okt. tägl. (außer Mo) 9–16 Uhr, Mai, Juni u. Sept. tägl. (außer Mo) 9–17 Uhr, Juli u. August tägl. (außer Mo) 9–18 Uhr. All-inclusive-Eintritt 2,80 €, erm. die Hälfte, man kann aber auch für jede Ausstellung ein Ticket erwerben.

**Kirchen:** Der auffällige, mit einer Galerie versehene Renaissanceturm (1584) der keine 100 m nördlich des Náměstí gelegenen *St.-Wenzels-Kirche (Kostel sv. Václav)* ist nach dem Schloss die zweite Dominante der Altstadt. Die Kirche selbst ist ein spätgotischer Bau. Im Hochsommer kann die Krypta unter dem Presbyterium besichtigt werden, ansonsten ist die restaurierungsbedürftige Kirche mit einer wertvollen Orgel aus dem Jahr 1771 leider nur selten zugänglich. Nur zu Messen geöffnet hat die *Kirche Johannes' des Täufers* (Kostel sv. Jan Křtitel) im Süden der Altstadt an der Komenského. Das barocke Glanzstück trumpft mit einem monumentalen Deckenfresko auf, für das der österreichische Maler Franz Anton Maulpertsch (1724–1796) verantwortlich zeichnete.

*Öffnungszeiten* **St.-Wenzels-Kirche,** Führungen durch die Krypta nur Juli u. Aug. tägl. 10–12 u. 13–18 Uhr. Eintritt 0,80 €, erm. die Hälfte.

**Altes jüdisches Viertel:** Es schmiegte sich im Westen an den Schlossberg, seine „Hauptstraße" war die heutige Husova. In Mikulov war zu Anfang des 19. Jh. eine der größten jüdischen Gemeinden Mährens ansässig, damals machte sie mit rund 3500 Mitgliedern über 40 % der Bevölkerung aus. Mit dem Recht auf Freizügigkeit ab 1848 wanderten aber die meisten Juden ab. Von den Verbliebenen konnten viele durch rechtzeitige Flucht den Nazigräueln entkommen, nach dem Zweiten Weltkrieg kehrte jedoch niemand mehr zurück. In den 1960ern und 70ern wurden die meisten Häuser des Viertels abgerissen. Von den ursprünglich zwölf Synagogen verblieb eine einzige: Die *Obere Synagoge* wurde 1550 errichtet – zu jener Zeit wirkte der berühmte Rabbi Löw (→ S. 97) in Mikulov –, ihr heutiges Erscheinungsbild geht jedoch auf das Jahr 1720 zurück. Die Synagoge beherbergt eine eindrucksvolle Ausstellung über das mährische Judentum.

An die einstige jüdische Gemeinde erinnert auch ein weitläufiger *Friedhof* mit über 4000 Grabsteinen im Norden der Altstadt. Von dem 1972 dem Erdboden gleichgemachten *deutschen Friedhof* in der Nachbarschaft zeugt hingegen nur noch ein Denkmal. Wo heute Reben wachsen, waren einst 35.000 Menschen bestattet.

• *Adresse/Öffnungszeiten* **Synagoge,** Husova 11. Mai–Sept. tägl. (außer Mo) 10–17 Uhr. Eintritt 0,80 €, erm. die Hälfte. **Jüdischer Friedhof,** nur im Juli u. Aug. tägl. 10–12 u. 13–18 Uhr, zu anderen Zeiten kann der Schlüssel beim Infozentrum erbeten werden. Eintritt 0,80 €, erm. die Hälfte.

**Kozí Hrádek (Geißberg):** Der gotische Turm auf einer Anhöhe in der Nähe des jüdischen Friedhofs sicherte einst den Zugang zur Stadt von Norden her. Heute genießt man von hier einen recht netten Ausblick auf die Stadt. Der Turm ist mit „Vyhlídka" ausgeschildert.

*Öffnungszeiten* Geöffnet, wenn die Fahne auf dem Turm flaggt. Eintritt 0,80 €, erm. die Hälfte.

**Svatý kopeček (Heiliger Berg):** Die kleine Wallfahrtskirche St. Sebastian und ihr wuchtiger, freistehender Glockenturm kündigen Mikulov bereits aus der Ferne an. Kardinal Franz Seraf von Dietrichstein ließ die Kirche auf dem im Osten an die Stadt grenzenden kahlen Hügel 1623 nach der Überwindung der Pestepidemie errichten und dem Schutzheiligen der Pest weihen. Wer den 45-minütigen Anstieg auf sich nimmt, wird jedoch vor verschlossenen Türen stehen. Die Kirche ist nur zur Wallfahrt am ersten Septembersonntag geöffnet. Dann bringen in bunte Trachten gekleidete Pilger die *Schwarze Madonna von Mikulov* in einer feierlichen Prozession an 14 Kreuzwegskapellen vorbei auf den Heiligen Berg.

**Jeskyně na Turoldu (Turold-Höhle):** Die Höhle im gleichnamigen Berg an der nördlichen Stadtgrenze, ein beliebtes Überwinterungsquartier von Fledermäusen, wurde erst 2004 der Öffentlichkeit zugänglich gemacht. Auf dem 300 m langen Rundgang gibt es ausnahmsweise mal nicht die typischen Tropfsteine zu sehen, sondern sog. „Turold-Verzierungen", die in Tschechien angeblich einzigartig sind. Die Formationen erinnern an Korallenriffe und an versteinerten, weißen Schaum.

• *Anfahrt/Öffnungszeiten* Von der Straße nach Pavlov ausgeschildert. Mai tägl. (außer Mo) 9–16.30 Uhr, Juni–Aug. tägl. 9–17 Uhr, Sept. u. Okt. Di–Fr Führungen um 10, 11, 12, 13, 14, 15 u. 16 Uhr, Sa/So 9–16.30 Uhr. Eintritt 3,20 €, erm. 2,40 €.

## Umgebung von Mikulov

Zwischen Mikulov und den Neumühler Stauseen im Norden erheben sich die **Pollauer Berge** (Pavlovské Vrchy). Als *CHKO Pálava* steht das Naturschutzgebiet seit 1986 auf der UNESCO-Liste der Biosphärenreservate. Die bei Wanderern und Mufflons gleichermaßen beliebte karstig-weiße Sandsteinhügelkette besitzt felsige und unbewaldete Kämme. Dazwischen erstrecken sich Weinberge. Höchste Erhebung ist der 549 m hohe Děvín. Ein schöner, rot markierter Wanderweg führt von Mikulov quer durch die Pálava nach Dolní Věstonice (s. u.).

*Weinanbau in den Pollauer Bergen*

**Vodní nadrž Nové Mlýny (Neumühler Stauseen):** Den rund 10 km nördlich von Mikulov gelegenen Stausee unterteilen zwei auf Dämmen gebaute Straßen in drei Abschnitte. Am Nordufer des westlichen Abschnitts liegt der Campingplatz ATC Merkur (s. u.), ein tschechischer Bibione-Platz für mehrere tausend Gäste. Geboten werden einige Strände (auch FKK), zig Restaurants und Kneipen, Open-Air-Bühne, Kinderspielplatz, Radverleih, Tennisplätze etc. Gegen eine Gebühr können auch Nicht-Campinggäste auf das Gelände bzw. an die Strände. Auch an anderen Uferabschnitten findet man Bade- und Campingmöglichkeiten.

• *Camping* **Camping ATC Merkur,** von der Europastraße 461 Richtung Brünn ausgeschildert. Mitte April–Ende Okt. 2 Pers. mit Wohnmobil 12 €, 2-Bett-Hütte 27 €. Pasohlávky, ✆ 519427714, ℻ 519427751, www.pasohlavky.cz.

**Autocamp Free Star Strachotín,** ebenfalls am Nordufer des Sees, im gleichnamigen Dorf. Von der Lage her die zweite Wahl, dafür viel ruhiger. Leicht terrassierter Platz an der Staumauer des Sees, jedoch kein Seeblick! Sanitäranlagen in Containern. Beachvolleyballfeld, Bar, Restaurant in Laufnähe. Mai–Sept. 2 Pers. mit Zelt u. Auto 9,30 €, Bungalow für 2 Pers. ab 18 €. Za Kostelem, ✆ 608830887 (mobil), www.freestar.cz.

**Dolní Věstonice (Unter-Wisternitz):** Das unspektakuläre Dorf am Südufer des Neumühler Stausees ist v. a. bekannt durch einen berühmten archäologischen Fund: 1924 grub man hier eine rund 25.000 Jahre alte, handgroße Frauenstatuette mit dickem Bauch und ebensolchen Brüsten aus, die fortan *Venus von Věstonice* genannt wurde. Doch Achtung: Das Original befindet sich im Mährischen Landesmuseum von Brünn (→ S. 543), die *archäologische Ausstellung* (Archeologická

Südmähren Karte S. 536/537

expozice) im Ortskern präsentiert ein Imitat! Ansonsten zeigt das kleine Museum menschliche Skelettreste aus dem Paläolithikum, die Rekonstruktion der Grabstätte dreier urzeitlicher Jäger (1986 gefunden) und prähistorischen Schmuck aus Knochen und Ton. Alles in allem ein Ausflug für Spezialisten, die ohne fremdsprachige Erläuterungen auskommen müssen.

*Verbindungen/Öffnungszeiten* Regelmäßige **Busse** nach Mikulov und Břeclav. **Archäologische Ausstellung,** April u. Okt. nur Sa/So 9–16 Uhr, Mai–Sept. tägl. (außer Mo) 8–17 Uhr. Eintritt 1,20 €, erm. die Hälfte.

**Pavlov (Pollau):** Das rund 3 km südöstlich von Dolní Věstonice gelegene Winzerdorf zieht sich fotogen über dem See einen Hang hinauf. Gekrönt wird das hübsche Örtchen von einer *Burgruine.* Den denkmalgeschützten Dorfplatz mit ein paar barocken Giebelhäusern und dem markanten weißen Kirchturm betrachtet man am besten bei einem gemütlichen Glas Wein auf der Terrasse der dortigen Hostinec. Überhaupt ist Pavlov der beste Ort in der Umgebung von Mikulov, um sich durch die hiesige Weinlandschaft zu trinken. Beim Umherschlendern in den ver-

## Mährische Weine – ein Überblick

Auf rund 18.000 ha wird in Mähren Wein angebaut, nur etwa 20 % der Fläche dienen der Rotweinerzeugung. Auf dem Weltmarkt schenkt man den hiesigen Weinen kaum Beachtung. Das hat weniger mit der im internationalen Vergleich niederen Ausstoßmenge zu tun als vielmehr mit der Qualität. Durch die Vertreibung der deutschsprachigen Winzer nach dem Krieg ging auch Know-how verloren, und die neu angesiedelten Weinbauern legten im Sozialismus mehr Wert auf Masse als auf Klasse. Um den heimischen Markt zu schützen, wurden nach der Samtenen Revolution Importweine mit hohen Zöllen belegt. Ausländischer Wein war eine unbezahlbare Luxusware. Das erklärt auch, warum die Tschechen noch 2004 in einer landesweit erhobenen Umfrage die eigenen Weine – nach den französischen – für die besten der Welt hielten! Erst seit dem EU-Beitritt erobern ausländische Weine zu fairen Preisen die Regale der Supermärkte. Seitdem versuchen auch immer mehr Winzer, ihre Weine qualitativ zu verbessern und dem internationalen Niveau anzupassen. So manchen ist es schon gelungen, allen voran der Winzerei Baloun aus Velké Pavlovice (unbedingt ein Fläschchen probieren! www.baloun.cz), anderen aber auch nicht. Die besten Tropfen kann man im **Weinsalon der Tschechischen Republik** (→ Valtice, S. 584) kosten und erstehen. Die bekanntesten mährischen Sorten im Überblick:

### Die Weißweine

**Veltlínské Zelené (Grüner Veltliner):** Die am meisten angebaute mährische Rebsorte; die Weine sind trocken, würzig und, das meinen Liebhaber, von angenehmer Säure. **Müller-Thurgau:** Die Rebsorte, die auch auf eher anspruchslosen Lagen gedeiht, erhielt ihren Namen von der Züchtung eines Schweizer Weinbauern namens Müller im Kanton Thurgau. In Mähren kennt man sie erst seit dem Zweiten Weltkrieg. Der Alltagswein mit geringem Säuregehalt erfreut sich eines großen Konsumentenkreises. **Rulandské bílé (Weißer Burgunder):** Stammt – wie der Name schon sagt – aus dem Burgund, ist i. d. R. aber als *Pinot blanc* bekannter.

schlafenen Gassen findet man etliche Familienwinzereien, die in der Touristensaison zur Degustation in ihre urigen Keller laden. Manche davon existieren bereits seit dem 17. Jh.

• *Verbindungen* Regelmäßig **Busse** nach Mikulov.

• *Essen & Trinken/Übernachten* **U Bednářů**, im netten, großen Kellergewölbe der Weinstube gibt es gutes Essen zum leckeren Wein. Mit Übernachtungsmöglichkeit. Družstevní 218, ✆ 519515110.

**Hotel Pavlov,** 17 nette Zimmer mit hellen Kiefernholzmöbeln à la IKEA und schönen Bädern. Terrassenrestaurant. DZ 56 €. Kletnická 174 (vor Ort ausgeschildert), ✆ 519324246, www.hotelpavlov.cz.

**Penzion Vinařský dům,** freundliche Unterkunft etwas oberhalb der Kirche am Dorfplatz. Nur 4 Zimmer und 1 Apartment in einem liebevoll restaurierten alten Gebäude. Garten mit Grill, sichere Parkplätze. Nettes junges Ehepaar als Vermieter. Rechtzeitig buchen, weil oft längerfristig ausgebucht. 13 €/Pers. Pavlov, ✆/℻ 519515395, www.silinkovi.cz.

Von Mikulov weiter nach Norden? Informationen zu **Brünn** bekommen Sie ab S. 532.

Liebhaber bezeichnen ihn als lieblich und harmonisch und nennen sein Bukett „honigartig“. **Ryzlink vlašský (Welschriesling):** Mit dem eigentlichen Riesling hat dieser einfache mährische Schoppenwein nichts zu tun. Es ist ein heller, gelbgrüner Wein mit einem recht hohen Säuregehalt. **Ryzlink rinský (Rheinriesling):** Der eigentliche Riesling; die aus dem Rheinland stammende Rebsorte erreicht erst im Oktober oder November ihre ganze Klasse und ist deswegen in schlechten Jahren schlicht sauer. Beste Lagen sind Voraussetzung. Ordentlich ist der Riesling aus Bzenec in der Nähe von Strážnice. **Chardonnay und Sauvignon blanc:** Beide sind in Tschechien ausgesprochene Modesorten. Chardonnay hat einen hohen Säureanteil und wird gerne für Sekt verwendet. Die aromatische Sauvignontraube ist sehr arbeitsaufwändig und wird oft zu kräftig gewürzten Gerichten gereicht.

## Die Rotweine

**Svatovavřinecké (Saint Laurent):** Die aus Frankreich stammende Rebsorte verbreitete sich erst nach dem Zweiten Weltkrieg in Mähren und eignet sich auch für ärmere Böden. Die granatroten Weine sind sehr sauer und werden deswegen gerne mit weniger sauren Sorten verschnitten. **Frankovka (Blaufränkischer):** Gott gnade Ihnen, wenn Sie sich hier vergreifen, auch wenn die Sorte zu den besten Mährens gehört. Der typische Alltagswein wird um Velkopavlovice angebaut. **Zweigeltrebe:** Kreuzung der Sorten Saint Laurent und Frankovka. Der in Österreich sehr verbreitete Wein wird auch in Mähren immer häufiger angebaut. Um eine gute Qualität zu erzielen, muss die Ernte allerdings stark eingeschränkt werden. Kenner sprechen von „süffigen Rotweinen mit festem Charakter“. **Rulandské modré (Spätburgunder):** Er wurde von Kaiser Karl IV. eingeführt. Die ausgesprochen vollen Weine gehören zu den feinsten mährischen Rotweinsorten, sind allerdings nicht einfach zu handhaben. Gute Begleiter zu Wildgerichten. **Modrý Portugal (Blauer Portugieser):** Die Trauben reifen zeitig. Als junger Wein zählt er zu den leichten Alltagsweinen, in besserer Qualität passt er zu würzigem Käse.

*Valtice aus der Vogelperspektive*

## Areal Lednice-Valtice (Lednicko-valtický areál)

**Orientalische Pavillons, Tempel mit antiken Götterstatuen, Obelisken und zwei prächtige Schlösser: Die 180 km² große, dekadente Spielwiese der Liechtensteinfamilie ist heute UNESCO-Welterbe.**

11 km westlich von Mikulov befindet sich die größte Parkanlage Europas. Das Gebiet zwischen Valtice an der österreichischen Grenze und dem 7 km nördlich gelegenen Lednice besticht durch Wald- und Wiesenflächen, Weinberge, Teiche und dazwischen verstreute architektonische Kleinode. Mit der Gestaltung des einzigartigen Gesamtkonzepts aus Natur, Kunst und Architektur begann das Haus Liechtenstein Ende des 18. Jh.; die Arbeiten zogen sich über mehrere Generationen hin. Die Dynastie schuf sich einen romantischen Lustgarten zwischen Hauptwohnsitz und Sommerresidenz und zugleich ein deutliches Symbol für Reichtum und Macht. Alle Bauten zu beschreiben ist aus Platzgründen ein Ding der Unmöglichkeit. Bringen Sie am besten viel Zeit mit – mindestens einen Tag – und einen gut gefüllten Picknickkorb. Schöne Touren sind auch mit dem Rad und selbst zu Pferd möglich. Hilfreiche Übersichtskarten erhält man vor Ort.

**Valtice (Feldsberg):** Von der einstigen großen Weinbautradition Valtices (3500 Einwohner), das bis 1920 zu Niederösterreich gehörte, zeugen heute noch etliche Weinkeller. Und daran, dass in Feldsberg vor den Weltkriegen deutlich mehr Menschen lebten als heute, erinnert der viel zu große, tote Hauptplatz. Dahinter versteckt sich das *Feldsberger Schloss,* eine ehemals mittelalterliche Burg, die nach dem Verkauf Nikolsburgs (Mikulov) 1560 Hauptresidenz der Liechtenstein-Dynastie wurde. Die Liechtenstein ließen die Festung zwischen 1643 und 1730 zu einem monumentalen Barockschloss umgestalten, für das u. a. der Wiener Architekt Johann Bernhard Fischer von Erlach verantwortlich zeichnete. Bei einer Führung wird man

### Die Liechtenstein – wirklich Liechtensteiner?

Die fast 700-jährige Geschichte des aus Niederösterreich stammenden Adelsgeschlechts der Liechtenstein) in Mähren beginnt 1249. In jenem Jahr bekamen die Liechtenstein Nikolsburg (Mikulov) vom damaligen Markgrafen und späteren böhmischen König Otakar II. für treue Dienste geschenkt. Im Jahr 1608 wurde Karl I. von Liechtenstein mit dem erblichen Fürstentitel gewürdigt. Bei Ausbruch des Dreißigjährigen Krieges wählten Karl I. und seine Brüder das katholische Lager, was dazu führte, dass sie aus Mähren und Böhmen flüchten mussten und ihr Besitz vom protestantischen Lager enteignet wurde. Nach dem Sieg des katholischen Lagers erhielten Karl I. und seine Brüder ihren Besitz zurück und konnten ihn durch Zukäufe entscheidend vergrößern. Dadurch stiegen die Liechtenstein zu den größten Grundbesitzern des Landes auf. In ihrer Glanzzeit gehörte ihnen rund ein Fünftel Mährens. Karl Eusebius, der Sohn Karls I., trat 1627 im Alter von 15 Jahren das Erbe an. Für Politik hegte er wenig Interesse. Seinen Leitspruch „Geld existiert nur, damit man schöne Monumente zum ewigen und unsterblichen Gedenken hinterlassen kann" vererbte er auch an seine Nachfolger, die ihn in ganz Mähren überaus glanzvoll in die Tat umsetzten. 1699 erwarben die Liechtenstein die Herrschaft Schellenberg und 1712 die Grafschaft Vaduz – zusammen das heutige Fürstentum Liechtenstein. Aber erst ab 1938 residierte dort auch ein Liechtenstein: Fürst Franz Josef II. Bis dahin weilte die Familie vorwiegend in Österreich und der damaligen Tschechoslowakei.

1945 wurde der Liechtensteinsche Besitz in der Tschechoslowakei im Zuge der Beneš-Dekrete konfisziert – bis heute ein Streitpunkt zwischen der Tschechischen Republik und dem Fürstentum. Im Mittelpunkt der Klärung jeglicher Restitutionsansprüche steht die Frage, ob die Liechtenstein zum Zeitpunkt der Enteignung *Liechtensteiner oder Deutsche* waren. Die Tschechische Republik will sie als Deutsche sehen, um so jedweder Forderung nach Rückgabe den Boden zu entziehen. Aus diesem Grund verweigert Tschechien dem Fürstentum Liechtenstein die Anerkennung vor 1945. Tatsache ist jedoch, dass das Fürstentum viel, viel älter ist: Aus der Gründung des Rheinbundes durch Napoleon im Jahr 1806 ging das Fürstentum Liechtenstein als „souveräner" Kleinstaat hervor; seit 1862 verfügt er über eine eigene Verfassung und einen Landtag. 1938 stimmte gar die Tschechoslowakei der Vertretung der Liechtensteiner Interessen durch die Schweiz zu. Davon will man auf tschechischer Seite heute nichts mehr wissen. Dies zu akzeptieren würde den Restitutionsforderungen der Liechtenstein Tür und Tor öffnen. Denn dann hätte man nicht Deutsche, sondern „versehentlich" Liechtensteiner per Beneš-Dekret enteignet. Und dann müsste man auch anerkennen, dass sich das Fürstentum Liechtenstein während des Zweiten Weltkrieges neutral verhielt und als einer der wenigen unabhängigen Staaten das Münchener Abkommen 1938 ablehnte, das die Annexion tschechischer Gebiete durch Hitlerdeutschland absegnete. Beim Streitwert handelt es sich um einen dreistelligen Millionenbetrag, um Schlösser, Fabriken, Kunstwerke und um 160.000 ha Land – insgesamt die zehnfache Fläche des heutigen Fürstentums. Bis 2009 herrschte Eiszeit zwischen beiden Ländern. Erst 20 Jahre nach der Samtenen Revolution kam es erstmals zur Aufnahme von diplomatischen Beziehungen zwischen Tschechien und Liechtenstein. Eine gemeinsame Historikerkommission soll nun die Vergangenheit aufarbeiten.

heute durch mehrere Säle geleitet, deren prächtige Fresken- und Stuckdekorationen beeindruckend sind. Vom einstigen Mobiliar ist jedoch nicht mehr viel zu sehen: Was die Liechtenstein 1945 nicht noch schnell außer Landes bringen konnten, wurde geplündert. Ein barockes Glanzstück ist die *Schlosskapelle,* deren üppige Ausschmückung das Auge Karussell fahren lässt. Im Schlosskeller ist heute der *Weinsalon der Tschechischen Republik* (Salon Vín České Republiky) zu Hause, eine Mischung aus Verkauf und Ausstellung prämierter Weine. Maximal 100 tschechische Weine bekommen pro Jahr die Ehre, das Etikett des Salons tragen zu dürfen. Eine Weinprobe ist empfehlenswert, da man nur hier die Gelegenheit hat, die besten tschechischen Tröpfchen kombiniert kosten zu können – rund 250 Sorten stehen zur Auswahl. Um Großabnahmen zu vermeiden, dürfen nur maximal zwei Flaschen einer Sorte gekauft werden.

• *Information* **Turistické informační centrum** mit kleinem Stadtmuseum am Marktplatz, Nám. Svobody 4, ☎/📠 519352978, www.radnice-valtice.cz. April–Sept. tägl. 9–17 Uhr, sonst Mo–Fr 7–15.30 Uhr.

• *Verbindungen* **Busse** regelmäßig nach Lednice und Mikulov. **Züge** (Stadtbahnhof ca. 1 km nördlich des Schlosses) bis zu 7-mal tägl. über Mikulov nach Znojmo.

• *Essen & Trinken* **Valtická rýchta,** gilt als das beste Restaurant der Region. Sehr gute Küche. Die herkömmlichen böhmischen Standardgerichte werden hier lecker verfeinert, etwa das „Bürgermeisterschnitzel" mit etwas Curry und frischen Zwiebeln oder „Großmutters Palatschinken" mit Pflaumen und Mohn. Oder wie wäre es mit marinierter Makrele oder Champignons mit Schimmelkäsefüllung? Hg. 5–12 €. Rustikal-gepflegte Atmosphäre, Sommerterrasse. Wegbeschreibung: den Marktplatz an der Pension Prinz vorbei verlassen, erste Straße links, dann gleich linker Hand. Mikulovská 195 (Straße nach Mikulov), ☎ 519352366.

• *Übernachten* ****** Hraniční Zámeček (Grenzschlösschen)**, in überaus idyllischer Lage zwischen Wald und Wiesen, 3 km nördlich von Valtice nahe dem Dorf Hlohovec an den Lednicer Teichen, ausgeschildert. Restaurant und Café (billig-gediegen ausgestattet) in einem Schlösschen aus dem Jahr 1827, das einst direkt an der mährisch-österreichischen Grenze stand. Schöne Terrasse nahe dem Teichufer, ein Tipp für den Sommer. Hotel im Neubau daneben. Zweckmäßige Zimmer (auch behindertengerechte). Kleiner Außenpool. Videoüberwachte Parkplätze. EZ 52 €, DZ ab 72 €. Hlohovec 16, ☎ 519354354, 📠 519354353, www.hranicnizamecek.cz.

**Pension Vinařský dvůr (Weinhof),** Neubau mit schöner Innenhofterrasse außerhalb des Zentrums in ruhiger Lage. Indoorpool, Garagenparkplätze, Weinkeller und -stube. 8 gut ausgestattete, angenehme Zimmer und 2 Apartments, sehr sauber. DZ 44 €. Malá Strana 198 (von Straße nach Mikulov ausgeschildert), ☎/📠 519352425, www.vinarsky-dvur-valtice.cz.

• *Veranstaltungen* Anfang Mai traditioneller **Weinmarkt,** großes **Weinfest** Anfang Okt.

• *Öffnungszeiten* **Schloss,** April u. Okt. tägl. (außer Mo) 9–15 Uhr, Mai–Sept. tägl. (außer Mo) 8–16 Uhr. Deutschsprachige Führung 5 €, erm. die Hälfte, mit dt. Text jeweils die Hälfte. **Weinsalon,** Di–Do 9.30–17 Uhr, Fr/Sa 10.30–18 Uhr, Juni–Sept. auch So 10.30–17 Uhr. Freie Weinprobe ab 5 €. Flaschenpreise ab 3,50 €.

**Zwischen Valtice und Lednice:** Ein rot markierter Wanderweg führt vom Zentrum Valtices quer durch den Waldpark *Boří les* ins 7 km entfernte Lednice. Auf der schönen Strecke gelangt man zunächst zu einem triumphbogenähnlichen Bauwerk, das *Rendezvous,* aber auch *Tempel der Diana* genannt wird (1810–12). Die Reliefs zeigen Jagdszenen – im Obergeschoss nahm einst die feine Gesellschaft vor der Jagd das Frühstück ein. Vorbei an der neugotischen, dem Schutzheiligen der Jagd gewidmeten *Hubertus-Kapelle* (Svatý Hubert) von 1854 erreicht man den *Tempel der drei Grazien* (Chrám Tří Gracií, 1824). Vor dem halbkreisförmigen Kolonnadengang steht eine Statuengruppe der drei Grazien, der Zeustöchter Thalia, Aglaia und Euphrosyne. Die *Eisgruber Teiche,* entlang derer man Lednice erreicht, dienten den Liechtenstein ab dem 15. Jh. zur Fischzucht. Heute sind ihre Ufer Heimat von rund 100 Vogelarten, darunter Reiher und Lachmöwen.

**Lednice (Eisgrub):** Das 2300-Einwohner-Örtchen bildet das Herz des Areals. Hier steht die frühere Sommerresidenz der Liechtenstein, ein gigantisches neogotisches *Schloss* – das sehenswerteste weit und breit! Es ging aus einer gotischen Burg hervor, welche die Liechtenstein im Jahr 1249 zusammen mit Nikolsburg (Mikulov) geschenkt bekamen. Seine heutige märchenhafte Gestalt mit Erkern, Zinnen und Türmen erhielt das Schloss zwischen 1846 und 1858. Als Vorbild dienten die englischen Herrensitze im Stil der Tudorgotik. Durch die Räumlichkeiten werden zwei Besichtigungsrouten angeboten. Spannender ist die erste Trasse, die das neogotische Interieur zum Schwerpunkt hat: Sie führt u. a. durch farblich unterschiedlich gestaltete Salons mit schweren Kassettendecken sowie durch die reich mit Schnitzarbeiten verzierte Bibliothek – eine Besonderheit ist dort die sich selbst tragende, kunstvolle Wendeltreppe aus Eichenholz. Bei der zweiten Tour durchläuft man eine Bildergalerie, die ihren Schwerpunkt auf der romantischen Malerei des 19. Jh. hat. An den Schlosskomplex lehnen sich die neogotische *Schlosskirche* und ein 92 m langes und 19 m breites *Gewächshaus* mit exotischen Pflanzen (Mitte des 19. Jh.), dessen Eisenkonstruktion damals als überaus fortschrittlich galt – achten Sie auf die gusseisernen Pfeiler, die Bambusstäbe imitieren. Auf der dem Gewächshaus entgegengesetzten Seite (im Westen) grenzen die 1696 von Johann Bernhard Fischer von Erlach entworfenen *Reitställe* an das Schloss – das einzige Überbleibsel aus der Barockzeit. Heute ist darin das sog. *Aquarium Malawi* mit tropischen Fischen aus Afrika, Südamerika und Indonesien untergebracht. Südlich und südöstlich des Schlosses erstreckt sich ein französischer *Barockgarten*.

• *Information* **Turistické informační centrum,** am Parkplatz vor dem Schloss, ✆/✆ 519340986, www.lednice.cz. Tägl. 8–17.30 Uhr (Mittagspause).

• *Parken* Kleiner Parkplatz im Zentrum, größer beim Hotel My.

• *Verbindungen* **Busse** regelmäßig nach Mikulov und Valtice. Busbahnhof vor dem Schlosseingang.

• *Übernachten* **Hotel My,** nahe der Straße nach Podivín, von dort ausgeschildert. Moderne Lobby, weniger modern (aber durchaus okay) die 48 Zimmer und Apartments für Raucher und Nichtraucher. Auch behindertengerechte Zimmer, z. T. mit Balkon. Restaurant, Radverleih, Planschbecken für Kinder, Tennisplätze, Parkplätze. DZ ab 80 €. 21. dubna 657, ✆ 519340130, ✆ 519340166, www.myhotel.cz.

**Zámecký Hotel Lednice**, in einem historischen Gebäude direkt beim Parkplatz zum Schloss. Nüchterne Gänge, gepflegte Zimmer mit „königlichen" Tapeten. Etwas hellhörig. Café angeschlossen. DZ 74 €. Zámecké nám. 65, ✆/✆ 519321813, www.hotellednice.cz.

**Garni Hotel 1. Plavební,** hübsches einstöckiges Gebäude hinter einer Mauer an der Straße nach Podivín. 10 moderne, angenehm möblierte Nichtraucherzimmer mit farbenfroh gestrichenen Wänden, z. T. suitenartig, alle mit kleiner Terrasse zum Garten. Sehr sauber und gepflegt. Planschpool. Englischsprachig. Bewachte Parkplätze. DZ ab 72 €. 21. dubna 3, ✆ 519340619, www.hotel-lednice.cz.

**Penzion Onyx,** etwas außerhalb des Zentrums, vom Schloss ausgeschildert. Freundliche, ordentliche Pension. 28 Zimmer im Landhausstil, alle mit Du/WC. Weinkeller, Restaurant mit Biergarten (Spanferkelabende mit Zimbelmusik!), Radverleih. Personal nicht immer fremdsprachig. Frühzeitige Buchung ratsam. DZ 36 €, EZ 27 €. Nejdecká 176, ✆ 519340068, ✆ 519340174, www.onyx.made.cz.

**Autokempink Apollo**, ca. 3 km südöstlich von Lednice, schön am Mühlteich gelegen, leider aber auch direkt an der Straße nach Břeclav – der gepflegte Platz büßt dadurch sehr ein. Restaurant. Mai–Sept. Chata für 2 Pers. 16 €, 2 Pers. mit Zelt u. Auto 10 €. Slovácká 46, ✆ 519324098, www.atcapollo.cz.

• *Reiten* **Hippoclub,** an der Straße nach Podivín. 12 €/Std., zudem Kutschfahrten durchs Parkareal. Übernachtungsmöglichkeiten in

Südmähren
Karte S. 536/537

der angeschlossenen Pension. ✆ 519340477, www.hippoclub.penzion.com.

• *Öffnungszeiten* **Schloss,** April u. Okt. nur Sa/So 9–16 Uhr, Mai–Aug. tägl. (außer Mo) 9–17 Uhr, Sept. tägl. (außer Mo) 9–16 Uhr. Achtung: Im Hochsommer sind Führungen (obligatorisch) oft über Stunden ausgebucht! Alle Touren (auch auf Deutsch) 6,80 € erm. 4,80 €. **Palmenhaus** 2 € und **Aquarium** 2,40 € (erm. die Hälfte) extra.

**Nördlich des Schlosses Lednice:** Auch der mit romantischen Bauwerken (nur die zwei wichtigsten sind aufgeführt) durchsetzte *englische Landschaftspark* bietet sich für ausgedehnte Spaziergänge an. Hinter dem Schloss warten Kutschen und kleine Motorboote, die Fußfaule über einen Kanal zum 60 m hohen *Minarett* (1797–1804) bringen. Baumeister war Josef Hardmuth, den man weniger als Architekten denn als Bleistiftfabrikanten (→ Budweis/Geschichte, S. 403) kennt. Das Fundament des Minaretts – für die konservativ-religiösen Dörfler des 19. Jh. eine Anmaßung – musste mit 500 Pfählen im sumpfigen Terrain gesichert werden. Die 302 Stufen hinauf zur Galerie lohnen sich – an guten Tagen kann man angeblich selbst die Turmspitze des Wiener Stephansdoms erkennen. Zu Fuß oder wieder mit Kutsche oder Boot kann man vom Minarett weiter zur östlich gelegenen *Hansenburg* (Janův hrad) gelangen, einer künstlichen Burgruine aus den Jahren 1807–1810. Sie diente den Liechtenstein als Jagdschlösschen, und was sonst sollte darin heute zu sehen sein als Trophäen und Waffen.

*Öffnungszeiten* → Schloss Lednice. Das Parkareal ist frei zugänglich. Eintritt wird für das Minarett (1,20 €, erm. 0,80 €) und die Hansenburg (1,20 €, erm. 0,80 €) verlangt.

## Mikulčice (Mikultschitz)

Das Dorf Mikulčice liegt 8 km südwestlich von **Hodonín,** der Geburtsstadt des ersten tschechoslowakischen Staatspräsidenten Tomáš Garrigue Masaryk (→ S. 166). Folgt man in Mikulčice der Beschilderung „Slovanské hradiště/Altslawische Burgstätte", gelangt man über eine bei Rollerbladern beliebte Stichstraße zu einem weitläufigen **Ausgrabungsareal.** 1957 entdeckten hier Archäologen Reste einer slawischen Burgstätte aus dem 9. Jh. Freigelegt wurden Fundamente eines *Palastes* und mehrerer *Kirchen.* Weitere Informationen liefert das kleine *Museum* vor Ort, in dem auch Fundstücke wie Münzen oder Schmuck ausgestellt sind.

*Öffnungszeiten* **Ausgrabungsstätte,** April–Okt. Di 9–16.30 Uhr, Sa/So bis 17.30 Uhr (im Juli/Aug. bis 19.30 Uhr). Eintritt 2,40 €, erm. die Hälfte.

## Zámek Milotice (Schloss Milotitz)

Das Dorf Milotice liegt 15 km nördlich von Hodonín und wartet mit einem ockerfarbenen Schloss auf, das 1722–25 unter dem ungarischen Geschlecht Serényi sein heutiges Barockaussehen erhielt. Bis 1945 gehörte es der Unternehmerfamilie Seilern, heute ist es Staatseigentum. Zum Schloss führt eine schöne *Steinbrücke* mit Barockplastiken in der Gestalt von Sphingen, eines Herakles und geflügelter Pegasuspferde. Im noch unrestaurierten, romantischen Innenhof – ein Überbleibsel des älteren Renaissanceschlosses – hat sich ein nettes *Restaurant* niedergelassen, zudem gibt es eine *Vinothek* auf dem Areal. Wer an einer 50-minütigen Führung teilnimmt, bekommt einen Einblick in das Leben des Adels in der Zeit zwischen dem 17. und 19. Jh., interessant ist v. a. die *Schlossbibliothek* mit rund 5200 Bänden und die wertvolle *Porzellansammlung.*

• *Verbindungen* **Busse** regelmäßig nur von und nach Kyjov, das wiederum sehr gute **Zuganbindungen** nach Brünn hat.

• *Öffnungszeiten* **Schloss,** April u. Okt. nur Sa/So 9–16 Uhr, Mai–Aug. tägl. (außer Mo) 9–17 Uhr, Sept. tägl. (außer Mo) 9–16 Uhr. Eintritt 3,20 €, erm. 2,40 €.

*Fast wie in Italien: Innenhof des Schlosses Milotice*

## Strážnice (Strassnitz)

In dem rund 16 km östlich von Hodonín gelegenen Ort beginnt die sog. **Mährische Slowakei** (Slovácko). Sie erstreckt sich entlang dem Flusslauf der Morava gen Norden bis Zlín, im Westen wird sie vom hügeligen **Marsgebirge** (Chřiby) und im Osten von den **Weißen Karpaten** (Bílé Karpaty) begrenzt. Die Region wirbt mit bunten Trachten, Volkstänzen, lebhaften Folklorefesten und ihren uralten Bräuchen. Zu viel erwarten sollte man dennoch nicht. Die fein bestickten Trachten und volkstümlichen Musikinstrumente werden heute nur noch selten aus dem Schrank geholt. Am letzten Juniwochenende ist dies jedoch in Strážnice der Fall, einem sonst alles andere als aufregendem 6000-Einwohner-Städtchen. Dann steigt hier eines der größten **Folklorefestivals** des Landes. Des Weiteren kann man im Sommer das liebevoll gestaltete **Freilichtmuseum Skanzen** (Muzeum Vesnice J. hovýchodní Moravy) an der Straße nach Bzenec besichtigen. Hier stehen 65 traditionelle Dorfbauten aus der Region, in denen bäuerliche Gerätschaften ausgestellt sind. Informiert wird über alte Erwerbszweige wie Weinanbau oder Wiesenwirtschaft, zudem kann man bei volkstümlichen Vorführungen wie dem Aufstellen eines Maibaumes zusehen. Gleich in der Nähe liegt das hiesige teilrestaurierte und architektonisch langweilige **Schloss** aus dem 19. Jh. Bei einer Führung sieht man die historische Schlossbibliothek und dazu einen wilden Mix aus dem Fundus der Nationalgalerie Prag: volkstümliche Musikinstrumente, Gemälde, Porzellan, Glas etc.

• *Verbindungen* Bahnhof und Busbahnhof nahe beieinander im Süden der Stadt (ca. 1,5 km vom Schloss entfernt). Gute **Bus-** und **Zug**verbindungen nach Hodonín.

• *Essen & Trinken* **Restaurace Stražnice,** dem gleichnamigen Hotel im Zentrum angeschlossen. Außergewöhnlich gute Pizzen für einen Provinzgasthof, frische Salate, dazu böhmische Standards. Terrasse, freundlicher Service. Hg. 5–13 €. ✆ 518332444.

• *Camping* **Autokempink Strážnice,** nahe dem Schloss und der Straße nach Bzenec, von dort ausgeschildert. Weitläufiger Platz, Schwimmbad nebenan. Restaurant und Bar, Sanitäranlagen okay. Holländisches und tschechisches Publikum. Mai–Okt. 2 Pers. mit Zelt u. Auto 10 €, Chatas mit 4 Betten ab 24 €. Bzenecká 1533, ✆ 518332037,

Südmähren Karte S. 536/537

✆ 518332041, www.camp-straznice.cz.

• *Öffnungszeiten* **Schloss,** Mai, Juni, Sept. u. Okt. Di–Fr 9–16 Uhr, Sa/So 9–17 Uhr (Führungen jede Std.), Juli u. Aug. tägl. (außer Mo) 9–17 Uhr. Eintritt 2 €, erm. die Hälfte.

**Skanzen,** Mai, Juni, Sept. u. Okt. Di–Fr 9–16 Uhr, Sa/So 9–17 Uhr (Führungen jede Std.), Juli u. Aug. tägl. (außer Mo) 9–17 Uhr (Führungen jede halbe Std.). Eintritt 2,40 €, erm. die Hälfte.

## Uherské Hradiště (Ungarisch Hradisch)

Die etwas unübersichtliche 25.000-Einwohner-Stadt ist das Zentrum der Mährischen Slowakei. Der lebendige Kern Uherské Hradištěs präsentiert sich freundlich. Am hübschen kleinen Hauptplatz, dem **Masarykovo náměstí,** lohnt ein Blick in die **Apotheke zur goldenen Krone** (U zlaté koruny) in einem schönen Neorenaissancegebäude. Unter einem herrlichen Deckengewölbe wird hier Aspirin verkauft, auch von der spätbarocken Innenausstattung ist noch etwas erhalten. Vom Hauptplatz spaziert man entlang der Havlíčkova in etwa fünf Minuten zum **Museum der Mährischen Slowakei** (Slovácké muzeum) im Smetana-Park ganz im Osten des Zentrums. Es führt in örtliche Bräuche ein und zeigt bunte Volkstrachten.

Wer Interesse für Archäologie mitbringt, kann dem westlichen Ortsteil **Staré Město** auf der anderen Seite der gemächlich dahinfließenden Morava einen Besuch abstatten (10–15 Minuten Fußweg). 1949 entdeckte man dort Überreste einer slawischen Siedlung. Man vermutet, dass hier einst das großmährische Zentrum *Veligrad* lag. Gefunden wurden Fundamente einer Friedhofskirche aus dem 9. Jh. und Gräber mit Gold- und Silberschmuck, der u. a. aus byzantinischen Werkstätten stammte. Ein Museum bei der Ausgrabungsstätte (Památník Velké Moravy, ausgeschildert) informiert über Details.

• *Information* **Městské informační centrum,** am zentralen Masarykovo nám. 21, ✆ 572525525, www.uherske-hradiste.cz. Mo–Fr 8–18 Uhr, Sa/So 9–17 Uhr.

• *Verbindungen* Busbahnhof (nordöstlich des Masarykovo nám.) und Bahnhof (südwestlich davon) in bequemer Laufnähe zum Zentrum. Gute **Busverbindungen** in alle größeren Städte Südmährens, zudem bis zu 5-mal tägl. nach Prag. **Züge** regelmäßig nur nach Uherský Brod.

• *Essen & Trinken/Übernachten* **Jiné Café,** stylisch-kühl, mit gutem Kaffee in allen Varianten und echt italienischer, dickflüssiger heißer Schokolade. Dazu geniales Frühstück! Havlíčkova 173.

**** **Hotel Slunce,** Renaissancehaus am Marktplatz. Eine der besten Unterkünfte der Stadt. Angenehmes Hotel mit 21 komfortablen Zimmern, z. T. mit Klimaanlage. Modernes Café-Restaurant angeschlossen, das im Sommer direkt auf dem Platz eintischt. Eigene Parkplätze (zusätzlich 5,50 €/Nacht). EZ 72 €, DZ 114 €. Masarykovo nám. 155, ✆ 572432640, ✆ 572432668, www.synothotels.com.

*** **Best Western Hotel Grand,** ca. 100 m vom Marktplatz entfernt, die Adresse von Geschäftsreisenden. 54 Zimmer ohne persönliche Note, aber okay. Wegbeschreibung: vom Marktplatz der Havlíčkova Richtung Museum folgen, dann rechter Hand. EZ ab 38 €, DZ 56 €. Palackého nám. 349, ✆/✆ 572552119, www.granduh.cz.

• *Veranstaltung* Beim sog. **Königsritt** (Jizda Králů) am letzten Maiwochenende im ca. 15 km südöstlich gelegenen Vlčnov reitet man in den herrlichsten Trachten durchs Örtchen – ein buntes, feuchtfröhliches Stück mährisch-slowakischer Folklore.

In Uherské Hradiště selbst findet alljährlich Mitte Sept. das angeblich größte **Weinfest** Tschechiens statt. Rund um die Stadt wird v. a. die früh reifende Rebsorte Müller-Thurgau angebaut.

• *Öffnungszeiten* **Museum der Mährischen Slowakei,** tägl. 9–17 Uhr. Eintritt 1,60 €, erm. die Hälfte.

**Ausgrabungsstätte,** tägl. 9–17 Uhr. Eintritt 2 €, erm. 1,20 €.

Informationen zu **Zlín** bekommen Sie ab S. 593.

## Zámek Buchlovice (Schloss Buchlowitz)

8 km westlich von Uherské Hradiště liegt die beschauliche Kleinstadt Buchlovice (2500 Einwohner) mit einem wunderschönen barocken Schlösschen im Stil einer italienischen Landvilla. Johann Dietrich von Peterswald ließ es an der Wende vom 17. zum 18. Jh. errichten, nachdem es seiner italienischstämmigen Frau auf der kühlen Burg Buchlov (s. u.) zu ungemütlich geworden war. Als Architekten vermutet man Domenico Martinelli. Nach dem Aussterben der Peterswald wurde das Schloss 1763 von der Adelsfamilie Berchthold erworben. 1908 fanden hier Beratungen der Außenminister Österreichs und Russlands statt – Gegenstand der Unterredung war der Krisenherd Balkan.

Das außergewöhnliche Landschloss mit seinen kunstvoll verzierten Fassaden besteht aus zwei gegenüberliegenden, halbkreisförmigen Gebäuden mit einem Ehrenhof in der Mitte. Bei einer 50-minütigen Führung sieht man eine Reihe prächtiger, aber verhältnismäßig kleiner Salons, die kunstvoll mit Stuck und Fresken ausgeschmückt sind. Das Rokokomobiliar ist noch weitestgehend das Originalmobiliar der Berchthold, die das Schloss 1945 verlassen mussten. Umgeben ist das Ensemble von einem herrlichen Park, in dessen Gewächshäusern über 1000 Fuchsienarten gezüchtet werden, die auch gekauft werden können.

• *Verbindungen* **Busse** regelmäßig von und nach Uherské Hradiště.

• *Essen & Trinken/Übernachten* *** **Hotel Buchlovice,** im Zentrum. Komfortable, klassisch-moderne Hotelzimmer mit Satelliten-TV. Im gepflegt-rustikalen Restaurant mit Terrasse kann man recht gut essen. EZ 46 €, DZ 66 €. Nám. Svobody 426, ☏ 572596021, ℻ 572596028, www.hotelbuchlovice.cz.

• *Camping* **ATC Smraďavka,** 3 km von Buchlovice entfernt, südlich der E 50, ausgeschildert. Platz in einem kleinen Naherholungsgebiet. Badebecken. Schöne Lage, aber auch sehr simpel. Einfachste Sanitäranlagen. Schnellrestaurant – besser geht man zum Essen ins Lovecká Restaurace, das man auf dem Weg zum Camping passiert – große Terrasse. April–Okt. 2 Pers. mit Auto u. Zelt 6,50 €, Hütte 5 €/Pers. Smraďavka, ☏ 731877027 (mobil), www.atc-smradavka.cz.

• *Öffnungszeiten* **Schloss,** April u. Okt. nur Sa/So 9–16 Uhr, Mai, Juni u. Sept. tägl. (außer Mo) 9–17 Uhr, Juli u. Aug. tägl. 9–18 Uhr. Eintritt aufs Areal 1,20 €, erm. die Hälfte, Schlossführung 4 €, erm. die Hälfte, 100 % Aufschlag auf fremdsprachige Führungen.

## Umgebung von Buchlovice

**Hrad Buchlov (Burg Buchlau):** Burg Buchlov thront Luftlinie gerade 3 km nordwestlich von Buchlovice auf einer der vielen bewaldeten Kuppen der *Chřiby-Hügel.* Bei schlechtem Wetter, wenn Nebelschwaden um die Burg ziehen, kann man sich kaum einen unheimlicheren Ort vorstellen. Die einstige landesfürstliche Burg wurde im 13. Jh. errichtet. Wie Schloss Buchlovice ging auch Burg Buchlau 1763 in den Besitz der Adelsfamilie Berchthold über, die die Burg im 19. Jh. nicht – wie es Mode war – im romantischen neugotischen Stil umbauen ließen, sondern als Museum der Öffentlichkeit zugänglich machte. Die vielen

• *Übernachten* **** **Hotel Buchlov Park,** eine empfehlenswerte Unterkunft etwas unterhalb der Burg. Alle Zimmer mit dunklen Holzböden und modernem Mobiliar. Apartments mit Zugang durch den Innenhof. Gute Bäder. Absolut ruhige Lage, Innen- und Außenpool. Angeschlossen ein zwanghaft auf Großstadtflair getrimmtes Bar-Restaurant mit Biergarten. DZ 82 €. Pod hradem Buchlovem, ☏ 572577924, ℻ 572577926, www.buchlovpark.cz.

Südmähren Karte S. 536/537

*wissenschaftlichen Instrumente* darin zeugen vom naturkundlichen Interesse der Familie. Bei einer 90-minütigen Führung sieht man zudem eine Reihe von spärlich eingerichteten *historischen Räumen,* die *Burgküche* mit einer Ausstattung aus dem 17. und 18. Jh. sowie eine *Bibliothek* mit rund 10.000 Bänden. Von der *Terrasse* (noch besser vom Aussichtsturm) genießt man einen schönen Blick auf die waldreiche Umgebung. Auf einer benachbarten Kuppe steht die *St.-Barbara-Kapelle* (Kaple sv. Barbory, 1673), die die Gruft der Burgherrn beherbergt. Ohne eigenes Fahrzeug erreicht man Burg Buchlov von Buchlovice über einen gelb markierten Wanderweg.

*Öffnungszeiten* **Burg,** April u. Okt. nur Sa/So 9–16.30 Uhr, Mai, Juni u. Sept. tägl. (außer Mo) 8–17.30 Uhr, Juli u. Aug. tägl. 9–18 Uhr. Eintritt 4 €, erm. 2,40 €. **Kapelle,** 1,20 € extra, erm. 0,80 €.

## Velehrad (Welehrad)

Die monumentale **Basilika Mariä Himmelfahrt und St. Kyrill und Method** (Bazilika Nanebevzetí Panny Marie a sv. Cyrila a Metoděje) im rund 7 km nordwestlich von Uherské Hradiště gelegenen Dorf Velehrad gehört zu den bedeutendsten Wallfahrtsorten des Landes. Denn lange Zeit glaubte man, dass hier die untergegangene Siedlung *Veligrad* lag, wo der Slawenapostel Method (815–85) als erster mährischer Erzbischof gewirkt haben soll (heute favorisiert man die einstige großmährische Siedlung in Staré Město bei Uherské Hradiště, → S. 588). Tatsache ist, dass in Velehrad 1205 das erste **Zisterzienserkloster** Mährens gegründet und mit Mönchen aus Plasy in Westböhmen besiedelt wurde. Die alte romanische Basilika brannte 1681 ab, daraufhin folgte der Wiederaufbau im barocken Stil. 1784 wurde das Kloster aufgelöst und im 19. Jh. von den Jesuiten

*Kloster Velehrad*

wiederbelebt, die hier – mit Ausnahme der kommunistischen Ära – bis heute wirken. 1990 schaute Papst Johannes Paul II. in Velehrad vorbei, begleitet von einer halben Million Gläubigen. Zur alljährlichen Wallfahrt am Namenstag der Slawenapostel Kyrill und Method (5. Juli) kommen zwar weitaus weniger Pilger, doch es sind immer noch sehr viele.

Die Basilika ist traumhaft schön: In den Kuppeln über dem mit 86 m enorm langen Kirchenschiff wimmelt es nur so von farbenprächtigen Fresken und Putten – die pausbäckigen Engel belagern selbst die herrliche Orgel aus der Mitte des 18. Jh. Auch die geschnitzten Chorbänke (um 1700) sind einen Blick wert. In den romanisch-gotischen Fundamenten der Basilika befindet sich ein Lapidarium, in dem u. a. die ältesten Grabsteine Mährens ausgestellt werden.

Ganz nebenbei: Auf der Straße von Velehrad nach Uherské Hradiště passiert man den **Archeoskanzen Modra,** eine Art musealen Freizeitpark, der mit dem großmährischen Kult spielt. Die mit Schindeln und Stroh bedeckten Hütten und die Pfahlzäune wirken wenig authentisch, Ihren Kindern aber wird das egal sein.

• *Verbindungen* **Busse** regelmäßig von und nach Uherské Hradiště.

• *Übernachten* **** **Hotel Mlýn,** neben dem Kloster an der Straße nach Buchlovice. Freundliches Haus in der ehemaligen Klostermühle. 28 klassische, der Sterneanzahl entsprechende Zimmer, auch behindertengerechte. Terrassenrestaurant, eige ne Parkplätze. EZ 47 €, DZ 76 €. Na Hrádku 4, ✆ 572571460, 📠 572571464, www.mlynvelehrad.cz.

• *Öffnungszeiten* Die Öffnungszeiten der **Basilika** variieren ständig, das **Lapidarium** war z. Z. d. letzten Recherche wegen Renovierungsarbeiten geschl.

**Archeoskanzen Modra,** Mai–Okt. tägl. 9–17 Uhr. Eintritt 2 €, erm. die Hälfte.

## Luhačovice (Luhatschowitz)

Die 5300 Einwohner zählende Stadt, der größte Kurort Mährens, liegt in einem malerischen Tal zu Füßen der **Weißen Karpaten** (Bílé Karpaty), die sich entlang der tschechisch-slowakischen Grenze erheben. Die Luft ist sauber und das Klima angenehm. Dazu ermöglichen 16 Chloridnatriumhydrogenkarbonat-Sauerbrunnen sowie eine schwefelhaltige Heilquelle Trink- und Badekuren, die v. a. bei Erkrankungen der Atmungsorgane, des Verdauungssystems und bei Störungen des Bewegungsapparates helfen. Für das Erscheinungsbild des Kurbades mit seinen herrschaftlichen Villen und Fachwerkhäusern zeichnete zuerst der slowakische Architekt Dušan Jurkovič (1886–1947) verantwortlich, der die traditionelle mährische Volksarchitektur mit Jugendstilelementen kombinierte. Danach die Kommunisten mit ihrer Einfallslosigkeit. Mit der Pracht und Erhabenheit der westböhmischen Kurorte kann sich Luhačovice deswegen nicht ansatzweise messen. Da Karlsbad oder Marienbad für tschechische Kurer jedoch fast unbezahlbar sind, boomt der Bädertourismus auch in Luhačovice.

Abseits des Kurprogramms gibt es nicht viel zu tun im Städtchen, zumal das frühere **Schloss** der Adelsfamilie Serényi, die sich um Luhačovices Entwicklung zum Kurort verdient machten, heute eine Musikschule beherbergt und der Öffentlichkeit nicht zugänglich ist. Einzige Sehenswürdigkeit ist das **Museum des Luhatschowitzer Waldwinkels** (Muzeum Luhačovického zálesí) an der Masarykova 950 (in Nachbarschaft des Infozentrums). Im halbjährigen Rhythmus werden hier Ausstellungen zum Bäderwesen, zur traditionellen Volkskultur und zum hiesigen Handwerk gezeigt.

**Orientierung:** Luhačovice zieht sich über mehrere Kilometer am Bachlauf der *Šťávnice* entlang. Zentrum mit Touristeninformation ist der nicht besonders schöne *Náměstí 28. října*. Von dort führt die Masarykova gen Norden ins Kurzentrum, das sich um den *Lázenské náměstí* erstreckt. Hier sprudelt auch die *Vincentka*, die bedeutendste Quelle Luhačovices. Noch weiter nördlich schließt die Ortschaft Pozlovice an. Zwischen Luhačovice und Pozlovice liegt zudem der *Luhačovice-Stausee*, ein beliebter Badesee, wo man auch Boote ausleihen kann.

• *Information* **Městské informační středisko,** Masarykova 950, ✆/℡ 577133980, www.luhacovice.cz. Mo–Fr 8–18 Uhr, Sa 8–12 Uhr, So 13–17 Uhr. Eine weitere Infostelle befindet sich im Hotel Palace.

Infos zu Kuren erteilt die Bäderverwaltung **Lázně Luhačovice,** Lázeňské nám. 436, ✆ 577682100, www.lazneluhacovice.cz.

• *Verbindungen* Busbahnhof im Süden des Zentrums. **Busse** regelmäßig zum Stausee, in den Vorort Pozlovice und nach Zlín, 2-mal tägl. direkt nach Prag, jeweils 1-mal tägl. nach Olomouc und Hradec Králové.

• *Essen & Trinken* Überall kann man sich mit den hiesigen Bäderoblaten und diversen Sorten Slivovice eindecken. Eine Reihe von Cafés findet man an der „Promeniermeile" Dr. Veséleho, die parallel zur Masarykova zwischen Infostelle und Kurzentrum verläuft. Zusätzliche Tipps:

**Elektra Restaurace,** nahe der Touristeninformation. Unschöner Bau, innen jedoch freundliches, großes Restaurant mit Holzdecke. Sehr beliebt. Nach der walachischen Sauersuppe wählt man am besten ein dickes Steak. Im Sommer wird auf der Terrasse gegrillt. Hg. 6,50–12,50 €. ✆ 577134335.

**Valašský šenk,** im Hotel Ogar im sich nördlich anschließenden Ort Pozlovice (ca. 3,5 km vom Zentrum entfernt). Deftige Küche wie walachische Bratwurst, Beskidensuppe oder Fleisch im Kartoffelpuffer. Zwar kein richtiges Hüttenflair, aber trotzdem eine nett-rustikale Adresse. Mittlere Preisklasse. ✆ 577131650.

**Pekárna,** kleine Bäckerei am Nám 28. října.

• *Übernachten/Camping* Alle Unterkünfte sind ausgeschildert. Es gibt Pensionen und Hotels jeder Preisklasse, rund 1700 Betten stehen zur Verfügung.

**** **Augustiniánský dům**, neuestes und bestes Haus der Stadt. Nach aufwändigen Umbauarbeiten 2010 im einstigen Kurhaus der Augustiner eröffnet. 26 stilvolle Zimmer. Wellness-Bereich. DZ ab 156 €. Václavíka 241 (nördlich des Kurzentrums), ✆ 577113666, ℡ 577113676, www.augustian.cz.

**** **Jurkovičův Dům,** mitten im Kurzentrum und das wohl schönste Hotel der Stadt. Bis ins Detail ausgeschmücktes Gebäude im volkstümlichen Jugendstil. Angenehme, komfortable Zimmer mit schönen Balkendecken. Kuranwendungen im Haus, Innenpool, Sauna, Friseur. DZ 66 €. Lázeňské nám. 109, ✆ 577129111, ℡ 577129100, www.lazneluhacovice.cz/jurkovic.

**Vila Bellevue,** in zentraler Lage in einer schön restaurierten, kleinen Villa. Recht komfortable Zimmer, z. T. mit Balkon. DZ ab 40 € ohne Frühstück. U Šťávnice 237, ✆ 577133811, www.penzionluhacovice.cz.

**Autocamping Luhačovice,** netter Platz am Stausee (ca. 3 km nördlich des Städtchens). Viel Schatten, ordentliche Sanitäranlagen. Für tschechische Campingplatzverhältnisse recht gutes Restaurant. Nachteil: abschüssig und uneben. Mai–Okt. 2 Pers. mit Zelt u. Auto 7,20 €, Chata für 2 Pers. ab 24 €. Vysluní 400, ✆ 604489243 (mobil), ℡ 577133794, www.atcluhacovice.cz.

• *Öffnungszeiten* **Museum,** tägl. (außer Mo) 9–12 u. 13–17 Uhr. Eintritt 1,40 €, erm. die Hälfte.

**Uherský Brod (Ungarisch Brod):** Aus der 12 km südlich von Luhačovice gelegenen 17.000-Einwohner-Stadt kommt heute das gute Bier der *Brauerei Janáček* und kam einst Jan Amos Komenský, bekannter als *Comenius*. Genau genommen wurde der Philosoph, Theologe und Pädagoge 1592 im nahen Nivnice geboren. Das ansprechend konzipierte *Comenius-Museum* (ca. 300 m oberhalb des Marktplatzes an der Karla IV., mit „Muzeum J. A. Komenskeho" ausgeschildert) informiert über Leben und Werk des großen Sohnes der Stadt. Komenský gilt als Begründer der modernen

Pädagogik, u. a. forderte er die Einführung der allgemeinen Schulpflicht. Zu seinen Hauptwerken zählt die *Didactica Magna,* die „Große Kunde vom Lehren", die 1657 erschien. Nach der Schlacht am Weißen Berg musste er als Priester der reformatorischen Böhmischen Brüder das Land verlassen. Nach Stationen in Polen, England und der seinerzeit von den Schweden kontrollierten Stadt Elbing (heute Polen) landete er schließlich in Amsterdam, wo er 1670 starb.

• Verbindungen Gute **Busverbindungen** nach Uherské Hradiště und Luhačovice. Busbahnhof ca. 10 Fußmin. südlich der Stadt.

• Öffnungszeiten **Museum,** tägl. (außer Mo) 9–12 u. 12.45–16.45 Uhr. Eintritt 1,20 €, erm. 0,80 €.

### Valašsko, die Mährische Walachei

Luhačovice liegt in der sog. Mährischen Walachei, ein Gebiet, das sich entlang der tschechisch-slowakischen Grenze gen Nordosten über die Gebirgszüge der Weißen Karpaten und der Beskiden (→ S. 651) erstreckt. Ihren Namen erhielt die Region von den Walachen, den *Valaši,* halbnomadischen Schafhirten, die ursprünglich aus dem Gebiet des heutigen Rumäniens stammen (im Südosten Rumäniens liegt die „richtige" Walachei). Über die Ukraine und Polen wanderten die Walachen im 15. Jh. in die Bergregionen Ostmährens ein. Ihre eigenständige Kultur ist in Tschechien weitestgehend untergegangen. Ein paar auf walachisch getrimmte Touristenlokale samt bunten, in Trachten gekleidete Kellner halten sie noch künstlich wach. In vielen Dörfern erinnern zudem kunstvoll ausgeschmückte Holzkirchen an die traditionelle Bauweise der Walachen. Eine große Sammlung walachischer Bauten zeigt das *Walachische Freilichtmuseum für Volksarchitektur* in Rožnov pad Radhoštěm (→ S. 652).

## Zlín

(Zlín)

**Zlín, das einstige Paradebeispiel einer idealen Arbeiterstadt, präsentiert sich heute als eine Art Freilichtmuseum funktionalistischer Architektur. Schön ist Zlín deswegen nicht, aber Abwechslung zu den mittelalterlichen tschechischen Provinzstädten wird auf jeden Fall geboten.**

Die von grünen Hügeln eingerahmte 75.000-Einwohner-Stadt, die von 1949 bis 1989 *Gottwaldov* (nach Klement Gottwald, dem tschechischen Stalin) hieß, entwickelte sich ausnahmsweise nicht um eine Burg oder einen Marktplatz, sondern um eine Schuhfabrik. Zwischen 1923 und 1938 verwandelten die erfolgreichen, weltoffenen Schuhfabrikanten und Brüder Tomáš und Jan Baťa (→ Kasten, S. 596 f.) die unscheinbare Kleinstadt in ein einzigartiges Ensemble hypermoderner Architektur: mit unverputztem rotem Backstein auf Betonskeletten, weiten Glasfronten und abschließenden Flachdächern. Als Hauptarchitekt fungierte František Gahura, der Meisterschüler Jan Kotěras. Selbst Le Corbusier bewunderte seine Arbeit. Eines der interessantesten Gebäude und das schnörkellose Wahrzeichen der Stadt ist der 16-stöckige Mrakodrap (→ Sehenswertes), schlicht „Wolkenkratzer" genannt. Darin saß einst die Verwaltung der Baťa-Werke. Das Chef-Büro befand sich in einem verglasten Aufzug. So konnte Jan Baťa seine Mitarbeiter auf allen Etagen kontrollieren.

*In Batagonien: der Wolkenkratzer von Zlín*

Doch die sozialistische Ära und der darauf folgende Niedergang der Schuhindustrie haben Zlín zugesetzt. Viele der funktionalistischen Gebäude versprühen heute keinen Funken Moderne mehr, sondern machen nur noch einen abgewirtschafteten Eindruck: so z. B. das in den 1930ern erbaute Großraumkino (2000 Sitzplätze!) am Náměstí Práce („Platz der Arbeit"), das benachbarte Kaufhaus (Obchodní dům) oder das elfstöckige Společenský dům (heute Hotel Moskva, → Übernachten) dahinter. Das riesige Areal der ehemaligen Schuhfabrik wird zwar mittlerweile durch diverse Kleinbetriebe neu belebt, wirkt aber im Ganzen steril und seelenlos.

Zlín ist eine Stadt im Umbruch. Doch dieser Umbruch vollzieht sich für viele zu langsam. Rund 30.000 Arbeitsplätze gingen durch den Niedergang der Schuhindustrie verloren. Einen Aderlass von mehr als 10 % der Einwohner hat die Stadt seit dem Millennium zu verzeichnen. Und die bisherigen Investitionen in neue Industriezweige reichen noch lange nicht aus, um den großen Strukturwandel zu vollziehen. Größter Lichtblick der letzten Jahre ist die neu geschaffene Universität (5500 Studenten), die heute neben der Filmakademie zweite Hochschule der Stadt.

**Orientierung:** Zlín besteht aus zwei Zentren, dem von funktionalistischen Bauten umgebenen *Náměstí Práce* nahe der ehemaligen Schuhfabrik im Westen und dem *Náměstí Míru* mit den Fragmenten der Altstadt im Osten. Verbunden werden beide Plätze durch die Hauptstraße Třída Tomáše Bati.

• *Information* **Městské informační a turistické středisko,** im Rathaus am Nám. Míru, ✆ 577630222, www.mestozlin.cz. Mo/Mi 8–17 Uhr, Di/Do 8–16 Uhr, Fr 8–15 Uhr, Mai–Sept. auch Sa 9–12 Uhr.

• *Parken* Gebührenpflichtige Parkmöglichkeiten z. B. am Nám. Prace. Zudem Parkhaus neben dem Schuhmuseum.

• *Verbindungen* Busbahnhof und Bahnhof nordwestlich des Zentrums (200 m vom Schuhmuseum). Gute **Busverbindungen** in die verschiedensten Winkel Mährens, zu-

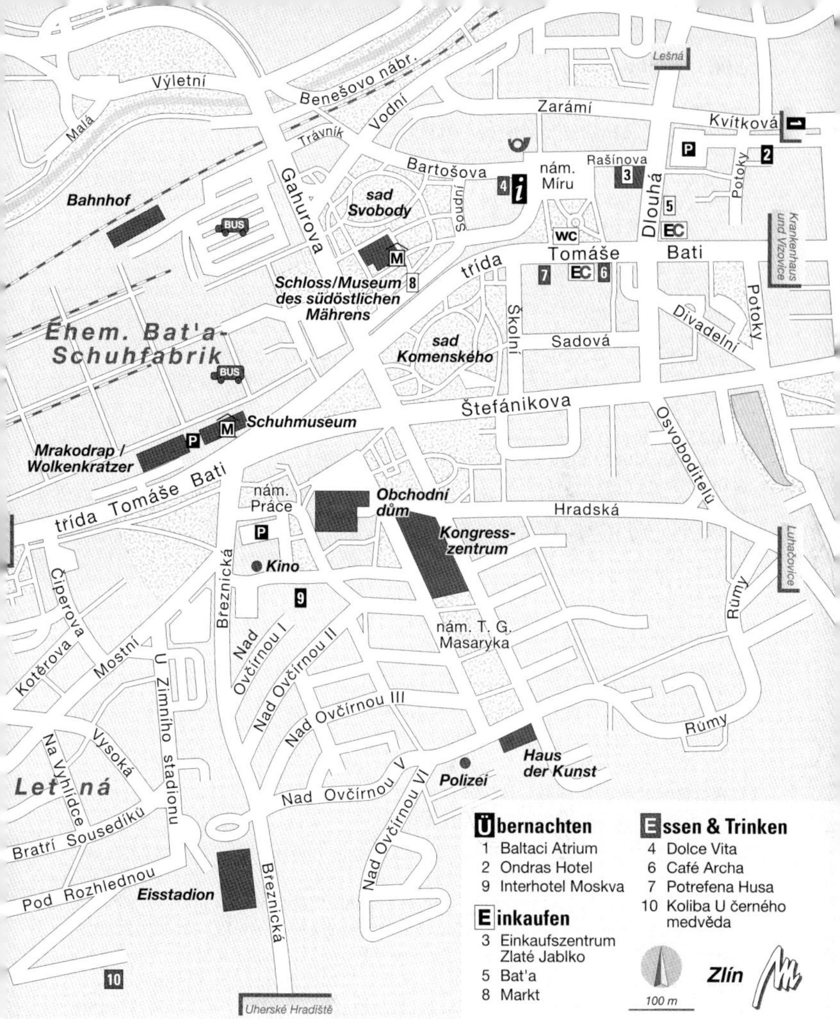


dem bis zu 5-mal tägl. nach Prag (Busbahnhof Florenc, Ⓜ C). Busse nach Prag und Brno fahren auch gegenüber dem Schuhmuseum ab. **Züge** regelmäßig nur nach Vizovice.

• *Ärztliche Versorgung* **Krankenhaus** (Baťova nemocnice) außerhalb des Zentrums (nördlich der Straße nach Vizovice), von dort ausgeschildert. ✆ 577551111.

• *Polizei* Zum Beispiel im Süden des Zentrums neben dem Haus der Kunst. ✆ 156.

• *Post* Am Nám. Míru.

• *Einkaufen* Werktags **Markt (8)** an der Třída Tomáše Bati (Pod Kaštany) nahe dem Schloss. Honig, Obst und gutes Gemüse, vieles kommt aus der Slowakei.

**Baťa (5),** die hiesige Filiale befindet sich an der Dlouhá, bietet aber die gleiche Kollektion wie überall im Land.

**Zlaté Jablko (3),** neueste Shoppingmall der Stadt, kühl-rationales Design, sozialer Treffpunkt für die Zlíner sämtlicher Altersgruppen. Ecke Dlouhá/Rašínova.

• *Veranstaltungen* Bedeutendstes Festival der Stadt ist das **Kinder- und Jugendfilmfestival** Anfang Juni.

• *Essen & Trinken* Die Auswahl ist mehr als mager!

**Koliba U černého medvěda (10)**, Holzhütte hoch über der Stadt und mitten im Wald. Tolle Terrasse mit Grill, urige Gaststube. Deftige walachische Bergbauernkost mit viel Wild, Hg. 4–20 €. Es werden auch 7 Zimmer und 2 Apartments mit schwerem Mobiliar vermietet. DZ 63 €. Von der U zimního stadionu beim Eisstadion im Südwesten des Zentrums ausgeschildert, ✆ 577436908, ℻ 577436035, www.koliba-zlin.cz.

**Potrefena Husa (7),** Bar-Restaurant, der tschechienweiten Kette angegliedert. Außenterrasse an der lauten Straße. Gute Küche. Třída Tomáše Bati 201, ✆ 577019555.

**Dolce Vita (4),** modernes Café, viele Studenten. Man kann auch essen. So Ruhetag. Nám. Míru/Ecke Bartošova.

**Café Archa (6),** megaschickes Café, das so gar nicht nach Zlín passen will. Gute Kuchen. Außenbestuhlung. Angeschlossen eine Buchhandlung und ein Internetcafé. Třída Tomáše Bati.

• *Übernachten* Charmanteste Unterkunft vor Ort ist die etwas außerhalb gelegene Koliba (→ Essen & Trinken). 3 Adressen im Zentrum:

***** **Baltaci Atrium (1)**, bestes Haus der Stadt. Vorwiegend Geschäftsreisende. Ordentliche Zimmer ohne besondere Note. Sauna. Rustikales Restaurant. Parken kostenlos. DZ 124 €. Lešetín II 651, ✆ 605000200 (mobil), www.baltaci.cz.

*** **Interhotel Moskva (9)**, riesiger Kasten, ein Muss für Ostalgiker (innen) und Funktionalisten (außen). DZ ab 54 €, Frühstück extra. Nám. Práce 2512, ✆ 577561111, ℻ 577560111, www.moskva-zlin.cz.

*** **Ondras Hotel (2)**, zentral und recht günstig. 3 verschiedene Zimmerversionen (alle mit Bad): komplett unrestaurierte, solche mit neuen Betten aber alten Bädern und von Grund auf restaurierte. DZ je nach Standard 35–52 €. Kvítková 4323, ✆ ℻ 577210178, www.ondras.zlin.cz.

## Batagonien oder das Imperium Baťa

Die Erfolgsgeschichte der Marke *Baťa* (gesprochen *Batja*) begann 1894. Damals gründete der junge Tomáš Baťa (1876–1932), Sohn eines Schusters, in dem noch keine 5000 Einwohner zählenden Zlín eine kleine Schuhwerkstatt. Das Geschäft lief gut, denn die billigen Leinenschuhe, die vorrangig hergestellt wurden, konnte sich jeder leisten. Sechs Jahre später schon war Baťa Chef einer kleinen Fabrik mit 120 Mitarbeitern. Der Aufstieg zu einem großen Unternehmen folgte im Ersten Weltkrieg mit der Produktion von Armeestiefeln. Die Zahl der Arbeiter kletterte auf über 4000 an, und rund zwei Millionen Paar Schuhe wurden pro Jahr gefertigt. Danach stellte Baťa auf Fließbandproduktion um, gestand den verschiedenen Werkstätten eine teilweise Selbstverwaltung zu und führte ein Prämiensystem ein, das die Arbeiter am Gewinn beteiligte. Um nicht zu sehr von Zulieferfirmen abhängig zu sein, versuchte Tomáš Baťa, möglichst alles – vom Gummi über Leder und Textilien bis zu Maschinen – unter einem Dach zu produzieren. Gleichzeitig installierte er für seine Arbeiter ein bis dato beispielloses soziales Versorgungsnetz mit eigenem Krankenhaus, eigener Bank (die höchste Zinsen zahlte), Kulturangeboten usw. Und nach der Wahl Tomáš Baťas zum Bürgermeister von Zlín (1923) ließ er für seine Arbeiter komfortable, würfelförmige Familienhäuschen mit Gärten bauen – werfen Sie beispielsweise einen Blick ins Viertel Letná westlich des Hauses der Kunst. Mit Begeisterung förderte Baťa die architektonische Neugestaltung der Stadt

## Sehenswertes

**Mrakodrap/„21. Budovna" (Wolkenkratzer/„21. Gebäude"):** 1938 wurde das ziegelrote Verwaltungsgebäude der einstigen Baťa-Werke (77,5 m hoch) fertig gestellt. Nach der sozialistischen Ära musste es aufwändig restauriert werden, fast 20 Mio. Euro verschlangen die Arbeiten. Seit seiner Wiedereröffnung im Jahr 2007 sind darin die Kreisverwaltung, das Finanzamt und ein minimalistisches Café mit Megaaussichtsterrasse im 16. Stock untergebracht. Außerdem gibt es eine kostenlose Ausstellung im Erdgeschoss zu besichtigen. Spannendstes und größtes Exponat: Jan Baťas 6 x 6 m großes fahrendes Chefbüro mit Klimaanlage und Waschbecken.

*Adresse/Öffnungszeiten* Třída Tomáše Bati. Das Gebäude ist tägl. von 7–22 Uhr zugänglich.

**Obuvnické muzeum (Schuhmuseum):** Das moderne Museum auf dem Gelände der ehemaligen Schuhfabrik präsentiert mehr als 1000 Paare – ein Traum für Schuhfetischistinnen und ein Albtraum für so manchen Ehemann. Da gibt es ein Replikat des Schuhwerks Karls IV., das an Cowboystiefel aus Vorhangstoff erinnert, dicke Filzstiefel der mährisch-slowakischen Landbevölkerung, Holzschuhe, wie man sie im 19. Jh. im Böhmerwald trug, Pelzstiefel der sibirischen Eskimos, schauderhafte sozialistische Schuhmode und, und, und ... Zu den Kuriositäten gehören u. a. eine Imitation von Ötzis Hirtenschuh und der Riesenschuh einer übergroßen Masseuse aus Karlsbad. Anhand eines Videofilms wird über die Baťa-Firmengeschichte (nette Werbespots) informiert.

*Adresse/Öffnungszeiten* Třída Tomáše Bati 1970. Im Sommer tägl. (außer Mo) 10–12 u. 13–17 Uhr, im Winter nur Di–Fr, im Jan. geschl. Eintritt 1,60 €, erm. 0,80 €.

im Stil des Funktionalismus. Durch Baťa wurde die Tschechoslowakei Anfang der 1930er zum weltweit führenden Schuhexporteur.

Zlín wuchs auf 37.000 Einwohner an, 23.000 davon arbeiteten für Baťa. 1932 starb Tomáš Baťa bei einem Flugzeugabsturz, sein Halbbruder Jan Antonín übernahm die Geschäfte. Er gründete Tochterfirmen in der ganzen Welt. 1939 flüchtete er vor den Nazis nach Kanada und nahm dabei das gesamte Management (100 Familien) sowie etliche Maschinen mit. Von dort bauten er und später Tomáš Baťas Sohn, Tomáš Baťa jun. (1914–2008), die Firma zum größten Schuhunternehmen der Welt aus. Ihre Zlíner Schuhfabrik verleibte sich 1945 der tschechoslowakische Staat ein. Fortan wurde unter dem Namen *Svít* („Licht") produziert. Nach 1989 forderte Tomáš Baťa jun. die Rückgabe des enteigneten Besitzes. Doch die damalige Führung der Tschechoslowakei lehnte ab, bot Baťa lediglich den Kauf von *Svít* an. Daran hatte Baťa wiederum kein Interesse. Millioneninvestitionen in die Modernisierung der Zlíner Fabrikanlagen blieben somit aus. Eine verpasste Chance, *Svít* ging Pleite.

*Bata* (so die internationalisierte Schreibweise), heute mit Hauptsitz in Lausanne, besitzt 40 Produktionsstätten weltweit und beschäftigt rund 40.000 Mitarbeiter. Bedient werden täglich rund 1 Mio. Kunden. In Tschechien unterhält *Bata* rund 100 Verkaufsfilialen und eine Produktionsstätte in Dolní Němcí bei Uherské Hradiště. Das Unternehmen leitet heute Tomáš G. Baťa, der Enkel des einstigen Firmengründers.

**Muzeum jihovýchodní Moravy (Museum des südöstlichen Mährens):** Das Museum ist im Zlíner Schloss in der Parkanlage Sad Svobody untergebracht. Es informiert u. a. über den Ethnographen und Folkloristen František Bartoš und die hiesi gen, von Tomáš Baťa ins Leben gerufenen Filmstudios. Dazu zeigt man Reisesouvenirs und spannende Schwarz-Weiß-Fotografien der Globetrotter Jiří Hanzelka und Miroslav Zikmund. Zwischen 1947 und 1950 sowie zwischen 1959 und 1964 fuhren sie mit lustigen Tatras durch zig Länder verschiedener Kontinente. Hanzelka starb 2003, Miroslav Zikmund lebt bis heute in Zlín. Im Schloss warten außerdem eine Galerie mit tschechischer Kunst aus der ersten Hälfte des 20. Jh. und ein nettes Sommerrestaurant auf Besucher.

*Öffnungszeiten* Tägl. 9–12 u. 13–17 Uhr. Eintritt 1,60 €, erm. die Hälfte.

**Dům Umění (Haus der Kunst):** Das funktionalistische Glasgebäude im Süden des Zentrums wurde 1933 eröffnet. Heute zeigt man hier wechselnde Ausstellungen. Zudem dient das Haus als Heimat und Konzertsaal der 80-köpfigen Zlíner Philharmonie (Filharmonie B. Martinů Zlín).

*Adresse/Öffnungszeiten* Nám. T. G. Masaryka 2570. Tägl. (außer Mo) 9–17 Uhr. Eintritt 1,20 €, erm. die Hälfte, So Eintritt frei.

## Umgebung von Zlín

**Lešná (Leschna):** Etwa 10 km nordöstlich von Zlín kann man das *Schloss* der Adelsfamilie Seilern besichtigen. Sein heutiges Aussehen geht auf die Jahre 1887–94 zurück, es spiegelt den frühesten Jugendstil wider. Im Inneren gibt es u. a. geschnitztes Mobiliar, Intarsienmöbel und eine Porzellansammlung zu sehen. Spannender mag für viele der *Zoo* in der Nachbarschaft sein. Tiere 210 verschiedener Arten, darunter auch Gorillas, tummeln sich hier auf 50 ha.

• *Verbindungen* Gute Verbindungen von und nach Zlín mit den **Stadtbussen** Nr. 34 und 36/37 (ab dem Nám. Práce).

• *Öffnungszeiten* **Schloss,** Mai u. Sept. Di–Fr 9–16 Uhr, Sa/So bis 17 Uhr, Mai–Aug. Di–Fr 9–17 Uhr, Sa/So bis 18 Uhr. Eintritt 2 €, erm. 1,60 €. **Zoo,** Jan.–März u. Nov.–Dez. tägl. 8.30–16 Uhr, April–Sept. tägl. 8.30–18 Uhr, Okt. 8.30–17 Uhr. Eintritt 4 €, erm. 3,60 €.

**Vizovice (Wisowitz):** Die größte Attraktion des unspektakulären 4500-Einwohner-Städtchens 15 km östlich von Zlín macht gleich am Ortseingang mit einem durchdringenden Geruch auf sich aufmerksam: In der traditionsreichen *Destillerie Rudolf Jelínek* wird der beliebteste *Slivovice* des Landes gebrannt. Der Betrieb (mit kleinem Museum und Fabrikverkauf) kann während der regulären Arbeitszeiten besichtigt werden, zudem werden Schnapsproben angeboten – es gibt selbst koschere Sorten! Am lustigsten geht es Ende August auf dem Gelände zu, wenn das Zwetschgenfest steigt, das von einem Zwetschgenknödelwettessen begleitet wird. Rund 100 kg Zwetschgen braucht man übrigens für fünf bis acht Liter 100-prozentiges Destillat. Sliwowitz gilt als Edelobstbrand, dem keine künstlichen Aromen zugeführt werden dürfen.

Im Ortskern steht ein spätbarockes *Schloss* aus den Jahren 1750–70, das irgendwie an eine Kirche erinnert – kein Wunder, erster Schlossherr war der Königgrätzer Bischof Graf von Blümege. Bei zwei verschiedenen Führungen sieht man u. a. diverse Räumlichkeiten mit dem unterschiedlichsten Interieur (Barock, Rokoko, Empire, Biedermeier) und die Schlosskapelle – nichts also, was im Vergleich zu anderen Schlössern aus der Reihe fällt.

• *Verbindungen* Bushaltestelle zentral, Bahnhof am westlichen Ortsrand. **Busse** und **Züge** regelmäßig nach Zlín.

• *Essen & Trinken/Übernachten* **Valašský Šenk,** von der Straße 49 Richtung Bratřejov ausgeschildert, ca. 1,5 km außerhalb des Zentrums. Haus im traditionellen walachischen Stil, urige Gaststube. Herzhafte Fleischlappen der mittleren Preisklasse vom offenen Kamin. Draußen ein netter Biergarten mit Grill und Planschbecken. Rustikal-gemütliche Zimmer. DZ mit Bad 36 €, billiger ohne Bad/WC. Lázeňská 451, ✆ 577452652, 📠 577454450, www.senkvizovize.cz.

• *Öffnungszeiten* **Jelínek-Fabrik,** Mo–Fr 7–17.30 Uhr, Sa 7.30–12.30 Uhr. www.rjelinek.cz. **Schloss,** April u. Okt. nur Sa/So 9–12 u. 13–16 Uhr, Mai–Aug. tägl. 9–17 Uhr, Sept. tägl. (außer Mo) 9–12 u. 13–16 Uhr. Eintritt je nach Führung 2,80–3,20 €, erm. 2–2,40 €.

In die **Beskiden?** Informationen zu **Rožnov pod Radhoštěm** bekommen Sie ab S. 652.

## Kroměříž (Kremsier)

**Kroměříž und Zlín trennen keine 30 km und doch ganze Welten. Das Schlossareal und der farbenprächtige Blumengarten der alten Bistumsstadt sind seit 1998 auf der Welterbeliste der UNESCO zu finden.**

Das scheint sich noch nicht herumgesprochen zu haben, denn vom großen Touristenrummel ist in Kroměříž nichts zu spüren. Das Leben in dem 29.000-Einwohner-Städtchen an der Morava geht seinen angenehm-provinziellen Gang, in den landestypischen Ortsrändern genauso wie in der teilweise unter Denkmalschutz stehenden, verkehrsberuhigten Innenstadt. Zentrum ist der gepflasterte Velké náměstí, der „Große Platz", mit Schloss, Springbrunnen, barocker Mariensäule, Blumenbeeten und Lindenbäumen. Die Häuser drum herum, darunter das Renaissancerathaus (1550–1611), sind hübsch restauriert, jedoch nicht dekorativ überladen wie anderswo. Viele der Laubengänge kamen erst wieder bei Restaurierungsarbeiten in den 1970ern zum Vorschein, nachdem sie im 19. Jh. zugemauert worden waren. Beste Zeiten für einen Besuch von Kroměříž sind das Frühjahr und der Sommer, wenn sich die Gartenanlagen von ihrer schönsten Seite zeigen.

**Geschichte:** Als Kremsier 1131 erstmals in den Annalen auftauchte, war es schon im Besitz der Bischöfe von Olmütz. 1290 wurde aus dem Marktflecken eine Stadt, der Kaiser Rudolf II. (1552–1612) das Münzrecht verlieh. Seine größte Blüte erreichte Kremsier unter Bischof Karl von Liechtenstein-Kastelkorn (1664–95). Er ließ das von den Schweden 1643 verwüstete Renaissanceschloss in die prunkvolle Sommerresidenz des Olmützer Bistums (ab 1777 Erzbistum) umbauen und gab dabei Unsummen für italienische Architekten aus. Darüber hinaus erweiterte er die bischöfliche Kunstsammlung, gründete eine Schule für Chorknaben und unterhielt ein 30-köpfiges Chororchester.

1848/49 tagte der aus Wien vor der Revolution geflohene Habsburger Reichstag auf Schloss Kremsier. Verabschiedet wurde eine demokratische Verfassung, die die Habsburger jedoch ein paar Jahre später ohne viel Federlesens wieder aufhoben. Hohen Besuch sah das Schloss auch 1885, als Kaiser Franz Joseph I. und Zar Alexander III. hier zu Beratungen zusammentrafen. Schloss Kroměříž blieb bis zur Verstaatlichung 1949 Zentrum des Olmützer Erzbistums, dem es heute wieder gehört.

*UNESCO-Welterbe: der Blumengarten von Kroměříž*

## Information/Parken/Verbindungen

• *Information* **Infocentrum,** Velké nám. 50/45, ✆/📠573331473, www.mesto-kromeriz.cz. Im Sommer Mo–Fr 9–17 Uhr, Sa/So 9–15 Uhr, im Winter So geschl.

• *Parken* Gebührenpflichtige Parkmöglichkeiten z. B. am Komenského nám. nordöstlich des Marktplatzes und am Riegrovo nám. südöstlich davon.

• *Verbindungen* Bahnhof und Busbahnhof ca. 750 m nordöstlich des Zentrums.

Gute **Busverbindungen** nach Zlín, bis zu 5-mal tägl. nach Olomouc und Prag (Busbahnhof Florenc, Ⓜ C).

**Züge** regelmäßig nach Holešov und Bystřice pod Hostýnem.

## Adressen/Veranstaltungen

• *Ärztliche Versorgung* **Krankenhaus** an der Havlíčkova ganz im Westen der Stadt. ✆ 573322111.

• *Polizei* Zum Beispiel am Velké nám./Ecke Křížkovského. ✆ 156.

• *Post* **Hauptpost** südöstlich des Zentrums an der Denkova. Kleine Zweigstelle am Velké nám.

• *Einkaufen* **Arcibiskupské vinné sklepy (Erzbischöflicher Weinkeller, (3),** in den Kellern reifen Messweine, und zwar die einzigen Tschechiens, die nach vatikanischen Normen hergestellt werden. Na Kopečku.

**Vinotéka U Lišky (11),** Weinkeller und Vinothek. So geschl., sonst ab 14.30 Uhr. Tovačovského/Ecke Husovo nám.

• *Veranstaltungen* In der zweiten Junihälfte **FORFEST,** ein Festival geistlicher Musik, Ende Aug. das **Internationale Festival der Militärmusikkapellen.** Von Ende Juni–Ende Sept. finden zudem regelmäßig diverse andere **klassische Musikveranstaltungen** statt, vornehmlich auf dem Schlossareal.

## Essen & Trinken

**Restaurant Na Octárně (9),** der gleichnamigen Unterkunft (→ Übernachten) angeschlossen. Eines der besten Restaurants der Stadt. Gepflegt-gediegen. Schöner begrünter Innenhof. Abwechslungsreiche Karte, auch Leckereien vom Wild und vom Kalb. Für die mährische Provinz gehobenere Preise. Gute Weinauswahl.

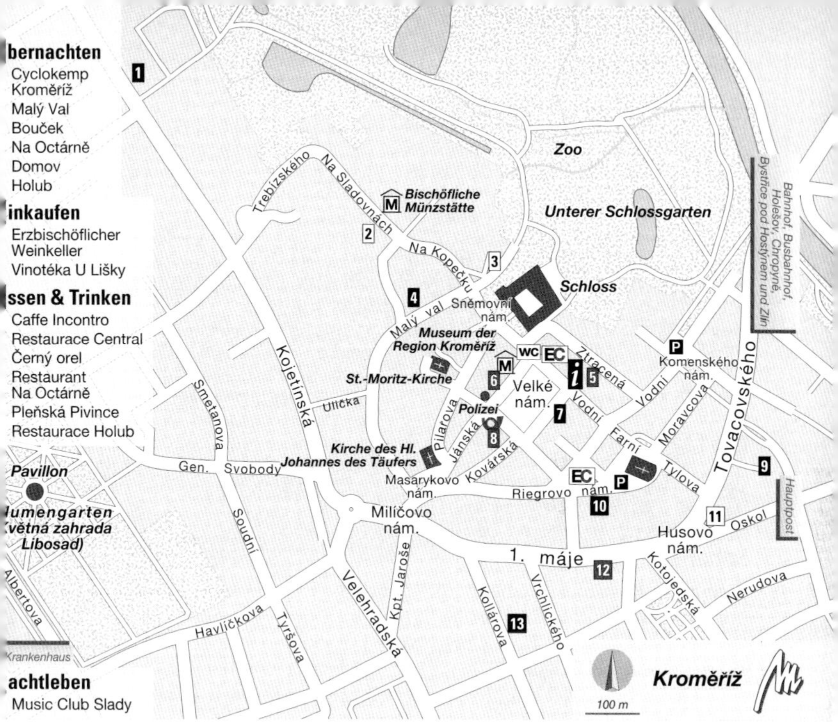


**Restaurant und Brauerei Černý orel (8),** serviert traditionelle und „untraditionelle" tschechische Küche wie Schweinelendchen in Mohnkruste, gefüllt mit scharf gewürztem Pfirsich. Dazu kann man Wein oder das süffige Bier aus der hauseigenen Brauerei trinken. Trotz der zentralen Lage faire Preise. Hg. 4–13 €. Mit Pension. Velké nám. 24, ✆ 573332765.

**Restaurace Holub (13),** der gleichnamigen Pension (→ Übernachten) angeschlossen. Charmantes Restaurant mit gediegenem Touch im hohen Saal einer alten Villa. Es gibt *Halušky* mit Wurst und Schafskäse, Olmützer Quargeln mit Speck, viel Fisch, selbst Muscheln. Gartenterrasse. Hg. 5,50–13 €.

**Restaurace Central (6),** am Velké nám. 37. Tschechische Standards zwischen Lenden- und Rostbraten zu 4,50–12 €. Spezialität ist eine Megafleischmischung im Kartoffelpufferteig. ✆ 573337788.

**Caffe Incontro (5),** eine der schickeren Lokalitäten der Stadt. Auch mährische Liköre und Schnäpse. Im Sommer wird die Gasse davor bestuhlt. Ztracená.

**Plzeňská Pivnice (12),** eine Bierstube in ihrer Urform: Kachelböden, grüne Pilsner-Urquell-Tischdecken, verräuchert-gelbe Gardinen und eine Tafel mit günstigen Snacks zum Bier. 1. máje 5.

• *Nachtleben* **Music Club Slady (2),** im EG ein recht helles Restaurant mit Biergarten. Die Party steigt oben – Go-go-Shows, Poprock-Partys mit viel tschechischer Musik oder Dance-Events mit DJs. Na Sladovnách 1576.

## Übernachten/Camping

Es gibt ein paar schöne Pensionen, aber nur wenige empfehlenswerte Hotels.

• *Hotel* *** **Bouček (7),** in einem historischen Gebäude am Marktplatz. 11 gepflegte, farbenfrohe Zimmer, darunter 3 große hübsche Suiten, z. T. mit schmiedeeisernem Mobiliar und Topfpflanzen. Lassen Sie sich eines mit Ausblick geben. Das Hotelrestaurant besitzt einen guten Ruf. EZ je nach Lage ab 40 €, DZ ab 60 €. Velké nám. 108, ✆ 573342777, www.hotelboucek.cz.


Karte S. 536/537

• *Pensionen* **Na Octárně (9)**, die komfortabelste Unterkunft vor Ort, eigentlich eher eine kleine Hotelanlage auf 3 ½-Sterne-Niveau. Sehr gepflegt. Bestandteil eines begrünten Komplexes mit gutem Restaurant und Relaxcentrum. Klassische, geräumige Zimmer. Innenpool. Sicheres Parken. EZ je nach Ausstattung 46–56 €, DZ 66–100 €. Tovačovského 318, ✆ 573515555, ℻ 573515615, www.octarna.cz.

**Holub (13),** charmante Unterkunft in einer schönen Jugendstilvilla in ruhiger Lage. Sehr familiär. Nette farbenfrohe Zimmer, unterschiedlich dekoriert, mit SAT-TV und Minibar. Sicheres Parken. Gutes Restaurant. EZ ab 32 €, DZ ab 48 €. Kollárova 741, ✆/℻ 573339342, www.holub.penzion.com.

**Domov (10)**, 8 individuell ausgestattete, freundliche Zimmer und 2 Apartments: mal im IKEA-, mal im Bauernstubenstil, mal mit Teppichböden, mal mit Parkett. Eigene Parkplätze. EZ ab 40 €, DZ ab 44 €. Riegrovo nám. 157, ✆ 573344744, www.penziondomov.cz.

**Malý Val (4)**, sehr ruhige Lage und dennoch zentral. 14 Zimmer und Apartments, sehr ordentlich und alles noch recht neu. Videoüberwachte Parkplätze, Restaurant. DZ 48 €. Malý Val 1541, ✆ 573332469, www.malyval.cz.

• *Camping* **Cyclokemp Kroměříž (1),** eine extrem improvisierte Angelegenheit für Radfahrer. Man zeltet auf der Wiese des Fußballplatzes und benutzt die Sanitäranlagen des benachbarten Tennisplatzes. Bierausschank. Nur im Hochsommer und nur für den Notfall! 2,40 €/Pers. Kojetínská, ✆ 731253502 (mobil).

## Sehenswertes

**Arcibiskupský zámek (Erzbischöfliches Schloss):** Die mächtige Bischofsresidenz mit dem dominanten, 84 m hohen Turm erhielt ihre gegenwärtige Gestalt in der zweiten Hälfte des 17. Jh. Das prachtvolle barocke Interieur stammt größtenteils aus der zweiten Hälfte des 18. Jh., da die alte Innenausstattung 1752 einem Brand zum Opfer fiel. Zwei empfehlenswerte Führungen werden angeboten: Tour 1 (90 Min.) führt durch die historischen Säle, u. a. durch den *Jagdsalon* mit Trophäen

*Blumen vorm erzbischöflichen Schloss*

und einem Billardtisch, den *Herrensaal* mit einem wunderbaren Deckenfresko von Franz Anton Maulpertsch (1724–96) und die *Schlossbibliothek* mit rund 88.000 Bänden. Highlight ist der *Versammlungssaal,* in dem 1848/49 der Habsburger Reichstag (→ Geschichte) zusammentraf. Er wird als einer der schönsten Rokokosäle des Landes gehandelt – 400 $m^2$ sind mit Malereien bedeckt, hinzu kommen Stuckverzierungen aus echtem Gold und 22 Kristalllüster. Im Saal wurden Szenen für Miloš Formans Film *Amadeus* gedreht.

Die zweite Besichtigungstour hat die *erzbischöfliche Gemäldegalerie* mit Werken aus dem 15.–18. Jh. zum Schwerpunkt. Sie gehört zu den bedeutendsten Sammlungen ihrer Art im Land. In neun Sälen wird die Crème de la Crème der alten europäischen Meister präsentiert: Veronese (1528–1588), van Dyck (1599–1641), Hans von Aachen (1552–1615) und, und, und ... Zu den Glanzlichtern gehören die *Enthauptung Johannes' des Täufers* von Lucas Cranach d. Ä. (1472–1553) und v. a. *Die Schindung des Marsyas* von Tizian (1490–1576). Das düstere Gemälde zeigt den Zeussohn Apollo, der dem Satyr Marsyas das Fell abzieht, nachdem dieser im Wettspiel gegen ihn den Kürzeren gezogen hat.

Danach unternimmt man am besten einen Spaziergang durch den *Unteren Schlossgarten* (Podzámecká zahrada). Der englische Park mit Teichen, Statuen, romantischen Bauten und einem kleinen Zoo zieht sich bis hinunter an die Morava. Mit 64 ha ist er gut doppelt so groß wie die gesamte Altstadt.

• Öffnungszeiten April u. Okt. nur Sa/So 9–16 Uhr, Mai, Juni u. Sept. tägl. (außer Mo) 9–17 Uhr, Juli u. Aug. tägl. (außer Mo) 9–18 Uhr. Historische Säle (nur mit Führung) 4,80 €, erm. 3,20 €, Gemäldegalerie (Besichtigung auch ohne Führer) 3,20 €, erm. 2,40 €. Extra zahlt man für den Turm (2 €, erm. die Hälfte).

**Muzeum Kroměřížska (Museum der Region Kroměříž):** „Natur und Mensch" nennt sich die Dauerausstellung des Museums, deren naturwissenschaftliche und archäologische Exponate sich jedoch kaum von denen anderer Regionalmuseen des Landes unterscheiden. Außerdem sieht man eine Exposition über den Kremsierer Maler und Grafiker Max Švabinský (1873–1962). Kritiker bezeichnen seinen Stil als „etwas zu überschwänglich-romantisch".

Adresse/Öffnungszeiten Velké nám. 38. Tägl. (außer Mo) 9–12 u. 13–17 Uhr. Ausstellung „Natur und Mensch" 0,80 €, erm. die Hälfte, Švabinský-Ausstellung 2 €, erm. 1,30 €.

**Kirchen:** Die *Kirche Johannes' des Täufers (Kostel sv. Jana Křtitele)* am Masarykovo náměstí gilt als Perle des mährischen Barock. Sie entstand zwischen 1737 und 1768 an der Stelle eines Johanniterkirchleins aus dem 12. Jh. Sehenswert ist die prächtige, mit Fresken ausgeschmückte ovale Kuppel. Die *St.-Moritz-Kirche* (Kostel sv. Mořice) am Stojanovo náměstí ist dagegen eher zweite Wahl. Die ursprünglich gotische Kirche wurde 1836 durch einen Brand zerstört und anschließend neogotisch wieder aufgebaut.

**Biskupská mincovna (Bischöfliche Münzstätte):** In dem 1655 errichteten Gebäude prägte man Münzen und Medaillen für die Olmützer Bischöfe. Die numismatische Sammlung aus dem 16.–20. Jh. dürfte in erster Linie Spezialisten ansprechen.

Adresse/Öffnungszeiten Na Sladovnách. Mai–Sept. tägl. (außer Mo) 9–17 Uhr. Eintritt 1,20 €, erm. die Hälfte.

**Květná zahrada (Blumengarten):** Die neben Schloss und Schlossgarten größte Sehenswürdigkeit der Stadt liegt südwestlich des Zentrums und ist in einem rund zehnminütigen Fußmarsch zu erreichen. Für die Gestaltung des 14 ha großen Lustgartens im Stil französischer Spätrenaissancegärten engagierte Bischof Karl von

Liechtenstein-Kastelkorn die Architekten Filibert Luchese und Giovanni Pietro Tencalla. Sie arbeiteten zehn Jahre daran, von 1665 bis 1675. Heraus kam ein streng symmetrischer, rechteckiger Garten mit geometrisch geschnittenen Beeten. Im Norden der Anlage befindet sich eine 244 m lange *Kolonnade* mit antiken Götterstatuen und ein achteckiger *Pavillon*. Er beherbergt ein Foucaultsches Pendel, mit dessen Hilfe die Drehbewegung der Erde nachgewiesen werden kann.

Adresse/Öffnungszeiten Zugang von der Gen. Svobody. April u. Okt. nur Sa/So 9–17 Uhr, Mai, Juni u. Sept. tägl. (außer Mo) 9–17 Uhr, Juli–Aug. tägl. 7–19 Uhr. Eintritt 1,20 €, erm. die Hälfte.

Blühende Landschaften

## Umgebung von Kroměříž

**Chropyně (Chropin):** Das 5000-Einwohner-Städtchen liegt rund 8 km nördlich von Kroměříž und kündigt sich schon von weitem durch einen riesigen Schornstein an. Vergleichweise bescheiden nimmt sich dagegen das schlichte *Jagdschloss* aus der Renaissance aus, das heute ein *Heimatmuseum* (Muzeum Kroměřížska Zámek Chropyně) beherbergt. Der Besuch lohnt nur für Fans moderner tschechischer Kunst – ausgestellt werden einige Werke des Kubisten Emil Filla (1882–1953), des berühmtesten Sohnes der Stadt. Alle anderen können am letzten Maisonntag zum bunten Folklorefest vorbeischauen.

Verbindungen/Öffnungszeiten **Busse** regelmäßig nach Kroměříž. **Schloss,** April–Sept. tägl. (außer Mo) 9–12 u. 13–17 Uhr. Eintritt 3,60 €, erm. 2 €.

**Holešov (Holleschau):** In dem 12.000 Einwohner zählenden Städtchen 15 km nordöstlich von Kroměříž produziert *Nestle* heute süße Sachen. Früher lebte hier eine große jüdische Gemeinde – Mitte des 19. Jh. hatte sie 1700 Mitglieder. Von ihr zeugt die etwas versteckt zwischen unschönen Gebäuden gelegene *Šach-Synagoge* nördlich des Marktplatzes, die ihren Namen von einem hier wirkenden Rabbiner (gest. 1663) erhielt. Im Inneren des 1560 errichteten Gebetshauses kann man eine Ausstellung über die Geschichte der mährischen Juden von ihren Anfängen bis zu ihrem Untergang während der Nazizeit besichtigen. Noch etwas weiter nördlich befindet sich der ehemalige *jüdische Friedhof* mit rund 1500 Grabsteinen. Der Stadtkern ist gerade im Begriff, aufpoliert zu werden. Auch das örtliche *Barockschloss* wird restauriert und ist schon zu großen Teilen begehbar. In der Schlossgalerie sind wechselnde Ausstellungen zu besichtigen, etwa mit Bildern von Alfons Mucha.

*Kornernte in Südmähren*

• *Verbindungen* Busbahnhof und Bahnhof ca. 900 m westlich des Marktplatzes nahe der Straße nach Kroměříž. **Züge** und **Busse** regelmäßig von und nach Kroměříž.

• *Adresse/Öffnungszeiten* **Synagoge,** Příční (den Marktplatz in entgegengesetzter Richtung zur Kirche verlassen, dann zweite Straße rechts). Di–Fr 9–12 u. 13–17 Uhr, in der HS auch Sa/So 8–12 u. 13–16 Uhr. Eintritt 3,60 €, erm. 1,60 €. **Schloss**, Führungen tägl. 10, 13 und 15 Uhr. Eintritt 2,80 €, erm. 1,60 €. **Schlossgalerie**, tägl. (außer Mo) 9–12 u. 13–17 Uhr. Eintritt 3,20 €, erm. die Hälfte.

**Bystřice pod Hostýnem (Bistritz am Hostein):** Das träge 8700-Einwohner-Städtchen 10 km nordöstlich von Holešov liegt zu Füßen des 735 m hohen Berges Hostýn, von dem stolz – fast arrogant – die mächtige *Maria-Himmelfahrts-Basilika* nach unten blickt. Sie ist nach Velehrad (→ S. 590) der bedeutendste Wallfahrtsort Mährens. Während Velehrad jedoch wirklich den Eindruck einer Pilgerstätte vermittelt, ist hier die Treppe zur Basilika mit Dutzenden von Verkaufsbuden und Essständen gesäumt, die dem Ganzen einen schrill-touristischen Touch geben. Der ursprüngliche Bau wurde im Zuge der josephinischen Reformen entweiht und abgerissen, die heutige Wallfahrtskirche stammt aus den Jahren 1841–45. Die Statue der sog. *Maria von Hostein* befindet sich über dem Hauptaltar. Übrigens gibt es auch in *Bystřice* ein Schloss. Es ist von einem Graben umgeben und beherbergt u. a. die Polizei und das städtische Infozentrum.

• *Verbindungen* **Busse** regelmäßig nach Přerov, bis zu 7-mal tägl. nach Zlín. **Züge** regelmäßig über Holešov nach Kroměříž (Bahnhof am südlichen Ortsende). Endstation für Motorisierte ist der Parkplatz zu Füßen des Hostein (mit „Hostýn" ausgeschildert, 2 € pro Auto und Tag), von wo man mit Bussen (Mo–Fr 6.40–16.40 Uhr im stündl. Rhythmus, Sa/So bis 17.30 Uhr, im Winter weniger Fahrten) hinauffahren oder die restlichen 3 km zu Fuß zurücklegen kann.

Das nordmährische **Olomouc** (→ S. 607) erreicht man von Bystřice pod Hostýnem über **Přerov** (→ S. 619). Weiter in die **Beskiden?** Alles dazu ab S. 651.

# Nordmähren (Severní Morava)

**Die grünen Berge der Beskiden und des Altvatergebirges, die endlos-tristen Industriegebiete im Oderbecken und die weite, fruchtbare Hanna-Ebene sind die prägendsten Gesichter der Region.**

Die *Hanna-Ebene (Haná),* eine der Kornkammern des Landes, erstreckt sich rund um die alte mährische Kapitale Olomouc, eine der schönsten Städte Mährens. Im Norden schließt das waldreiche Altvatergebirge an, ein vergessenes, dünn besiedeltes und unterentwickeltes Eck mit ein paar Kurorten. Das Gebirge und die östlich davon gelegenen Gebiete gehörten einst zur historischen Region Schlesien (→ S. 634). Der schlesische Teil auf tschechischer Seite wird heute *Moravskoslezsko* (Mährisch-Schlesien) genannt. Zu Mährisch-Schlesien gehört auch das einstige Schwerindustriezentrum Ostrava ganz im Nordosten Mährens. Die Folgen der Planwirtschaft, die den Umweltschutz nicht kannte, spiegelt diese Region bestens wider. Erst so langsam erholt sie sich aus ihrer wirtschaftlichen Depression. Südlich daran schließen die Mährischen Beskiden *(Moravskoslezské Beskydy)* an, ein Paradies für Wanderer.

## Olomouc (Olmütz)

**Über 1000 Jahre auf dem Buckel und kein bisschen müde: Olomouc ist ohne Zweifel die lebendigste und attraktivste Stadt Nordmährens.**

Die fünftgrößte Stadt Tschechiens liegt im Herzen der fruchtbaren Hanna-Ebene am Flusslauf der Morava. Etwas über 100.000 Einwohner zählt sie, darunter allein 12.000 Studenten, die der altehrwürdigen Stadt ein jugendliches Antlitz verleihen und für ein buntes Leben in den Cafés, Galerien, Clubs und Kneipen sorgen. Die Palacký-Universität gehört zu den renommiertesten Hochschulen des Landes, die acht Fakultäten sind größtenteils auf prächtige historische Paläste verteilt. Die gut erhaltene Altstadt steht unter Denkmalschutz. Sie besitzt eine Fülle von hübschen Plätzen mit schmucken Brunnen und am Hauptplatz noch eine ganz besondere Zugabe: Da reckt sich Barock pur in den

Himmel, eine Dreifaltigkeitssäule, so einzigartig und außergewöhnlich, dass sie den Sprung auf die UNESCO-Welterbeliste schaffte.

**Geschichte**: Die erste urkundliche Erwähnung unter dem Namen *Olmuts* stammt aus dem Jahr 1055. Schon acht Jahre später wurde der Ort zum Bistum erhoben. In der ersten Hälfte des 12. Jh. wurden die Prämonstratenser in die Stadt gerufen, Ende des 13. Jh. Bauern, Handwerker und Kaufleute aus deutschsprachigen Ländern, die für eine erste Blüte sorgten. Als Kapitale Mährens, die an einer wichtigen Handelsroute lag, florierte Olmütz bis ins 17. Jh. Doch dann kamen der Dreißigjährige Krieg und die Schweden, zurück blieb ein völlig ausgeblutetes Olmütz. Zählte man vor dem Krieg noch rund 40.000 Einwohner, so waren es danach 1600. Die degradierte Stadt verlor in der Folgezeit nahezu alle bedeutenden Institutionen, Brünn stieg zur neuen Hauptstadt Mährens auf.

## Nordmähren – die Highlights

**Olomouc:** Groß ist die Altstadt, groß ist der Hauptplatz, und groß ist die Dreifaltigkeitssäule darauf: 35 m hoch und seit 2000 in der UNESCO-Welterbeliste verzeichnet.

**Burg Bouzov:** Eine der schönsten Burganlagen Mährens und eine beliebte Kulisse für Mantel-und-Degen-Filme.

**Karlova Studánka:** Der kleine, bildhübsche Kurort wird von den dichten Wäldern des Altvatergebirges umrahmt.

**Stodolní ulice:** Die Kultstraße in Downtown Ostrava. Kneipe an Kneipe, Club an Club. Hier steigt die Party im Revier.

**Nový Jičín:** Die Stadt ist eine kleine Perle und nur einen Katzensprung entfernt vom malerischen **Štramberk** und vom hässlichen **Kopřivnice** – wegen des Tatra-Museums jedoch ein Muss für Autoliebhaber.

**Rožnov pod Radhoštěm:** Im Zentrum der Beskiden befindet sich das größte Freilichtmuseum für Volksarchitektur des Landes. Auf dem Gipfel des nahe gelegenen **Radhošť** wartet eines der schönsten Hotels des Landes auf Sie.

Maria Theresia machte Olmütz im 18. Jh. zur Festungsstadt, die zusammen mit Theresienstadt (Terezín) und Königgrätz (Hradec Králové) eine nördliche Verteidigungslinie des Habsburger Reiches gegen die Preußen bildete. Weite Abschnitte der alten Festungsmauern sind von den Parkanlagen, die die Altstadt umschließen, noch zu sehen. Als nach der Schlacht von Königgrätz (→ S. 187) die politischen Karten neu gemischt waren, hatte Olmütz als Festungsstadt keine Bedeutung mehr und entwickelte sich in den Folgejahren zu einem industriellen Zentrum. Der wirtschaftliche Aufschwung lockte v. a. Tschechen an, dennoch blieb Olmütz bis zum Ersten Weltkrieg eine überwiegend deutschsprachige Stadt.

Heute steht Olomouc im landesweiten Städtevergleich gut da, die hiesige Kaufkraft spiegelt sich in den Schaufensterauslagen wider.

**Orientierung:** Zentren des historischen Kerns sind die aneinander angrenzenden Plätze *Horní* und *Dolní náměstí*, auf die fast alle Gassen und Straßen der Altstadt zulaufen. Im Westen, Süden und Südosten wird die Altstadt von ausgedehnten Parkanlagen begrenzt. Hauptachse im Norden ist die geschäftige *8. května*, die nach Osten stetig ihren Namen ändert, bis sie als *Masarykova* auf den Bahnhof stößt.

### Information/Parken/Verbindungen

• *Information* **Informační středisko Města Olomouce,** im Rathaus am Horní nám. Zweigstelle am Bahnhof. Tägl. 9–19 Uhr. ✆ 585513385, www.olomouc-tourism.cz.

• *Parken* Recht sicher parkt man im Nonstop-Parkhaus an der Koželužská. Sofern Plätze frei sind, können auch Nichtgäste die Parkplätze des Hotels Flora nahe dem Čechovy sady benutzen.

• *Verbindungen* Bahnhof ca. 15 Fußmin. östlich des Zentrums. Ⓢ 2, 4 u. 6 fahren von dort ins Zentrum. Der Busbahnhof (Ⓢ 15) befindet sich weitere 5–10 Fußmin. südöstlich des Bahnhofs. Für Fahrten von und nach Prag empfiehlt sich die Bahn.

Als Bahnknotenpunkt besitzt Olomouc sehr gute **Zugverbindungen** in alle Landesteile. Regelmäßig nach Prag, Ostrava, Šumperk,

*Schloss Velké Losiny*

Prostějov, Břeclav und Brünn, bis zu 5-mal tägl. nach Opava, bis zu 7-mal tägl. nach Český Těšín, bis zu 4-mal tägl. nach Jeseník, 1-mal tägl. nach Cheb, 2-mal tägl. nach Zlín.

Gute **Busverbindungen** in die meisten Städte Mährens, nur 4-mal tägl. direkt nach Prag.

**Stadtverkehr:** Busse, Trolleybusse und Straßenbahnen sind im Einsatz. Tickets gibt es in den Touristeninformationen, an Automaten und Kiosken. Fahrten von bis zu 40 Min. 0,50 € (12 Kč, Stand 2010), Tagesticket 1,60 € (40 Kč).

**Olomouc Card:** Mit der Olomouc Card haben Sie freien Eintritt zu allen Sehenswürdigkeiten der Stadt (inkl. Zoo und botanische Gärten), können alle Straßenbahnen und Stadtbusse benutzen und erhalten in einigen Restaurants und Hotels einen 10-prozentigen Nachlass. Die Olomouc Card kostet für 48 Std. 7,30 €, für 5 Tage 14,60 € und ist in den Informationszentren erhältlich.

## Adressen/Kultur/Veranstaltungen

- *Ärztliche Versorgung* Große **Uniklinik** südwestlich des Zentrums an der I. P. Pavlova. ✆ 588441111.
- *Autoverleih* **Radocar Autopůjčovna,** Koželužská 17. Billigstes Auto ab 20 € mit 100 Freikilometern. ✆ 585234040, www.radocar.cz.
- *Polizei* An der Kateřinská 23. ✆ 156.
- *Post* Zentral am Horní nám.
- *Golf* Nahe dem Dörfchen Véska (ca. 10 km nördlich der Stadt) liegt der 18-Loch-Platz (PAR 72) des **Golf Clubs Olomouc.** Greenfee 20–50 €. ✆ 585397278, www.golf-olomouc.cz.
- *Theater/Klassische Musik* Drama, Oper, Operette, Ballett und Konzerte finden regelmäßig im schönen **Mährischen Theater** (Moravské Divadlo Olomouc) am Horní nám. statt. Ticketverkauf Mo–Fr 9–18 Uhr. ✆ 585500500, www.moravskedivadlo.cz.
- *Veranstaltungen* Interessante Filme bringt das Dokumentarfilmfestival **One World** Ende März. Ende April und im Aug. findet die **Flora Olomouc,** eine Blumenausstellung, statt. Der Mai bietet ein **Theaterfestival,** der Juni ein **Internationales Festival der Chorgesänge.** Der **Olomoucer Kultursommer** von Juni–Sept. bringt jede Menge Musik, Theater und Ausstellungen mit sich. Ein **Internationales Orgelfestival** wird im Sept. abgehalten und das **Visegrad Jazz Festival** alljährlich im Nov.

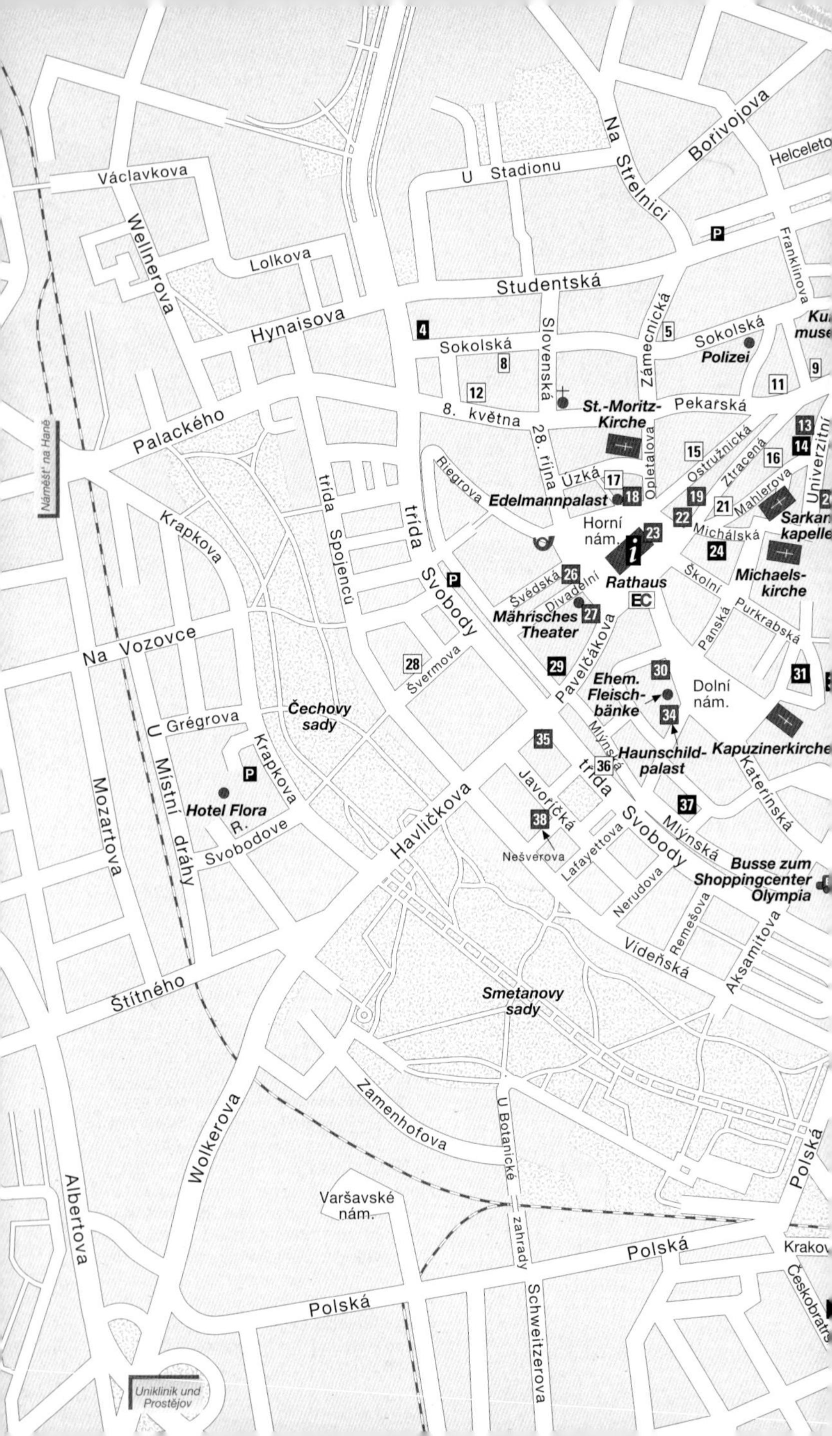

Na Střelnici
Bořivojova
Helceleto
U Stadionu
Václavkova
Wellnerova
Lolkova
P
Franklinova
Studentská
Hynaisova
4
Slovenská
Zámecnická
5
Sokolská
Ku
muse
Sokolská
8
Polizei
9
12
11
Palackého
8. května
St.-Moritz-Kirche
Pekařská
28. října
Opletalova
13
14
15
Ostružnická
Ztracená
16
Univerzitní
Náměšť na Hané
Riegrova
Úzká
17
třída Spojenců
třída
Edelmannpalast
18
19
Mahlerova
21
Sarkan
kapelle
22
Krapkova
Horní nám.
23
Michálská
24
Svobody
P
Švédská
26
Rathaus
Michaels-kirche
Divadelní
Školní
EC
Mährisches Theater
27
Pavelčákova
Panská
Purkrabská
Na Vozovce
28
Švermova
29
30
31
Ehem. Fleisch-bänke
Dolní nám.
Čechovy sady
U Grégrova
34
35
Mlýnská
Haunschild-palast
Kapuzinerkirche
Krapkova
P
Místní dráhy
36
třída
Kateřinská
Mozartova
Hotel Flora
Javořícká
37
Havlíčkova
R. Svobodove
38
Svobody
Mlýnská
Nešverova
Lafayettova
Busse zum Shoppingcenter Olympia
Nerudova
Remešova
Aksamitova
Vídeňská
Štítného
Smetanovy sady
Zamenhofova
Wolkerova
U Botanické
Polská
Varšavské nám.
zahrady
Albertova
Polská
Krakov
Českobratrs
Polská
Schweitzerova
Uniklinik und Prostějov

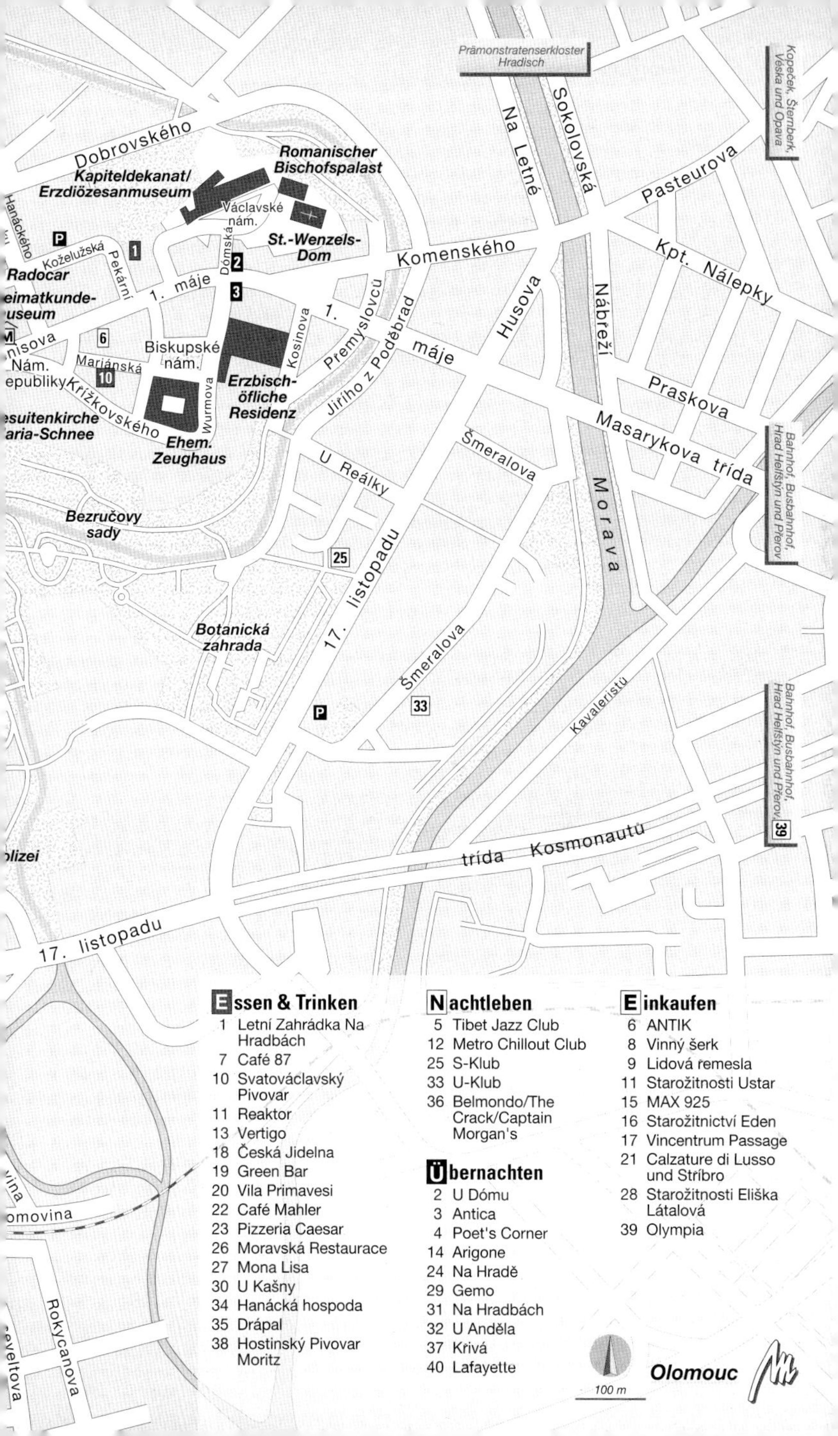


**E ssen & Trinken**
1 Letní Zahrádka Na Hradbách
7 Café 87
10 Svatováclavský Pivovar
11 Reaktor
13 Vertigo
18 Česká Jidelna
19 Green Bar
20 Vila Primavesi
22 Café Mahler
23 Pizzeria Caesar
26 Moravská Restaurace
27 Mona Lisa
30 U Kašny
34 Hanácká hospoda
35 Drápal
38 Hostinský Pivovar Moritz

**N achtleben**
5 Tibet Jazz Club
12 Metro Chillout Club
25 S-Klub
33 U-Klub
36 Belmondo/The Crack/Captain Morgan's

**Ü bernachten**
2 U Dómu
3 Antica
4 Poet's Corner
14 Arigone
24 Na Hradě
29 Gemo
31 Na Hradbách
32 U Anděla
37 Křivá
40 Lafayette

**E inkaufen**
6 ANTIK
8 Vinný šerk
9 Lidová remesla
11 Starožitnosti Ustar
15 MAX 925
16 Starožitnictví Eden
17 Vincentrum Passage
21 Calzature di Lusso und Stříbro
28 Starožitnosti Eliška Látalová
39 Olympia

## Einkaufen (→ Karte S. 610/611)

Olomouc lädt zum Stadtbummel ein. Dafür sorgen die vielen hübschen Lädchen – wer ein Faible für Schmuck, Trödel oder Antikes hat, kommt auf seine Kosten.

• *Antiquitäten* **Starožitnictví Eden (16),** trödeliger Kleinkram jeder Art, darunter echte Schätze. Ztracená 26.

**ANTIK (6),** ausgewählte Stücke, darunter kostbare Ikonen 1. máje 12.

**Starožitnosti Eliška Látalová (28),** Trödel und Schnäppchen. Die Dame des Hauses berät professionell. Ein Laden, in dem man das Zeitgefühl verlieren kann. Švermova 965/5

**Starožitnosti Ustar (11),** der Schwerpunkt liegt auf Möbeln, Porzellanfiguren und teils wertvollen Gemälden. Denisova 21.

• *Geschenke/Souvenirs* **Lidová řemesla (9),** Holzspielzeug, Marionetten, Gugelhupfformen, in grellen Farben bemalte Ostereier, Kerzen und, und, und ... Denisova 31.

• *Kleidung/Schmuck* **Calzature di Lusso (21),** schrille italienische Schuhe, Portemonnaies und Taschen. Ztracená/Ecke Michalská. Ein paar Türen weiter (an der Ztracená) kann man bei **Stříbro (21)** zeitgemäßen Silberschmuck kaufen.

**MAX 925 (15),** bietet ebenfalls schönen Silberschmuck. Ostružnická.

• *Lebensmittel* **Vinný šerk (8),** kleines Lädchen mit mährischen Tröpfchen, auch vom Fass. Degustiermöglichkeit. Sokolská 20.

**Vincentrum Passage (17),** rund 600 Sorten Wein, darunter etliche mährische Tröpfchen. In der Passage des Edelmannpalastes zwischen Horní nám. und Úzká.

• *Shoppingcenter* **Olympia (39),** große Mall an der Straße nach Přerov. Kostenlose Shuttlebusse (Nr. 60) vom Zentrum (Kateřínská).

## Essen & Trinken/Nachtleben (→ Karte S. 610/611)

Die Palette an Restaurants, Bars und Cafés ist enorm. Verlassen Sie die Stadt nicht, ohne die *Olmützer Quargeln (Olomoucké tvarůžky)* probiert zu haben – klebrige, überaus würzige Sauerkäsescheibchen. Dazu passt ein *Litovel*, das regionale Bier aus der gleichnamigen Stadt. Das Nachtleben pulsiert unter der Woche, das Wochenende verbringen die Studenten bei Mama und Papa.

• *Restaurants* **Moravská Restaurace (26),** stilvolles Weinrestaurant, das zu den besten Adressen Nordmährens gehört. Freiluftplätze. Traditionelle mährische Küche, z. B. der *Spatz*, Kaninchen in Weinsoße oder Wildspieß. Stark auf Touristen ausgerichtet. Hg. 5,50–27 €. Horní nám. 23, ✆ 585222868.

**Vila Primavesi (20),** ebenfalls stilvoll, dazu mit traumhafter Terrasse und perfektem Service in einer Art-déco-Villa, die über dem Botanischen Garten thront. Berühmt für die hervorragenden Fischgerichte. Ideal für ein romantisches Abendessen. Hg. 5–16 €. Univerzitní 7, ✆ 777749288 (mobil).

**Svatováclavský Pivovar (10),** Mikrobrauerei mit rustikalem Restaurant. 10- bis 13-gradiges Bier, darunter auch Weißbier und *kvasnicové*, Ungefiltertes. Dazu isst man am besten einen Quargelspieß mit Zwiebeln oder ein Lendengulasch im Kartoffelpuffer. Hg. 4,50–12,50 €. Mariánská 4, ✆ 585207517.

**Hostinský Pivovar Moritz (38),** eine weitere Mikrobrauerei, diesmal sitzt man im Kellergewölbe mit karierten Tischdecken und Kupferkesseln. Biergarten im Park vor dem Haus. Gutes Bier und deftiges Essen, sehr gute Hühnchenspieße! Hg. 4–8,50 €. Nešverova 2, ✆ 585205560.

**Drápal (35),** Pilsner-Urquell-Restaurant, urgemütlich-rustikal und dabei großzügig auf 2 Etagen. Zum Urquell gibt es Deftiges wie Hähnchenschenkel in Wein-Zwetschgen-Sauce oder Lammkeule in Rotwein. Mittlere Preisklasse. Havlíčkova 1, ✆ 585225818.

**Hanácká hospoda (34),** freundliche Bierschwemme, leicht folkloristisch eingerichtet und mit künstlichen Bäumen versehen. Gute Küche mit mährischen Spezialitäten und deftigen Brotzeiten, darunter hervorragende Quargeln. Sehr beliebt. Speisekarte im Olmützer Dialekt, an dem sich auch Leser mit Tschechienkenntnissen die Zähne ausbeißen werden. Hg. 4–9 €. So Ruhetag. Dolní nám. 38, ✆ 585237186.

*Häuserwirrwarr*

**Pizzeria Caesar (23),** im Rathausgebäude am Horní nám. Großräumiges, gepflegtes Lokal unter gotischem Gewölbe, im Sommer sitzt man auf dem Platz davor. Neben Pizza jede Menge Pasta, auch Frühstück. Die Alternative für Vegetarier. Teuerstes Gericht 9,20 €. ✆ 585229287.

**Česká Jidelna (18),** wenn es mal schnell gehen und/oder billig sein muss ... Selbstbedienungsrestaurant, das alle Spielarten der tschechischen Küche präsentiert: dick belegte *chlebíčky*, Majonäsesalate, wechselnde Braten- und Knödelgerichte. Horní nám.

**Green Bar (19),** großes, helles, vegetarisches Selbstbedienungsrestaurant. Preiswert. Mo–Sa 7–20 Uhr. Ztracená 3.

• *Pivnice/Kneipen* **U Kašny (30),** Kellerpivnice mit vielen Biersorten und mährischen Spezialitäten, auch kalte Platten und Wildgerichte, Urig an kalten Winterabenden, wenn der Grill angeworfen wird – frische Kleidung ist danach allerdings vonnöten. Hg. 4–9 €. Dolní nám. 43.

**Vertigo (13),** düster-verräucherte Kellerkneipe, in der schon nachmittags kräftig gebechert wird. Nettes studentisches Publikum aus aller Welt. Rockige Musik, Kicker im EG. Univerzitní 6.

**Letní Zahrádka Na Hradbách (1),** gemütlicher, einfacher Biergarten unter schattigen alten Bäumen, nur im Sommer. Nebenan ein Minigolfplatz. Gelegentlich Livemusik. Pekární 26.

**Reaktor (11),** unprofessionelle türkisfarbene Bar für junge trendige Leute mit wenig Geld. Ein paar schräge Möbelstücke, das war's. Denisova 21.

• *Cafés* **Café Mahler (22),** am Horní nám. 11. Traditionsreich, aber noch lange nicht schön – Polsterecken unter kitschigen Lüstern. Trotzdem eines der populärsten Cafés der Stadt, wohl wegen der schön gelegenen Außenbestuhlung. Sehr leckere Eissorten. Kein Essen.

**Café 87 (7),** im Gebäude des Kunstmuseums. Lichtes Studentencafé mit breiten Fensterfronten – ideal zum Peoplewatching, sofern man einen guten Platz erwischt. 50 Sorten Kaffee, gute Snacks, hausgemachte Torten und Quiches. Rauchen verboten. Denisova 47.

**Mona Lisa (27),** einer Galerie angegliedertes, schönes Künstlercafé. Sehr farbenfroh. So geschl. Horní nám./Ecke Pavelčákova.

• *Nachtleben* Im alten Befestigungswall zwischen Mlýnská und Svobody reihen sich ein paar Clubs und Bars aneinander, darunter das **Belmondo (36),** ein beliebter Danceclub, der Irish Pub **The Crack (36)** oder das **Captain Morgan's (36),** wo Essen und Rockmusik bis in den frühen Morgen geboten werden. Ein paar zusätzliche Tipps:

Nordmähren
Karte S. 606/607

**U-Klub (33),** Musikclub im UG eines Studentenwohnheimes, deswegen auch fest in studentischer Hand. Fast tägl. Live-Rock, gelegentlich kleiner Eintritt. Šmeralova 12.

**S-Klub (25),** ebenfalls ein populärer Studentenclub. Eigentlich eine Megabierhalle mit täglich wechselndem Programm – Konzerte, Karaoke, DJ-Partys und, und, und ... Kleiner Eintritt. Tägl. 16–3 Uhr. 17. listopadu 43.

**Metro Chillout Club (12),** man geht nüchtern rein und kommt – auch wenn man es nicht will – bekifft raus. Marihuanavernebelter DJ-Club mit illustrem, auch älterem Publikum. Nett gestylt, innovative elektronische Musik. Unter der Woche bis 4 Uhr, Fr/Sa bis in die Puppen. 8. května 11.

**Tibet Jazz Club (5),** kein dunkles Kellerloch, sondern freundlich-rustikal ausgestattet, warme Farben. Häufig Livemusik, dann kleiner Eintritt. Restaurant und kleines Café. Sokolská 48.

*Übernachten (→ Karte S. 610/611)*

Viele bessere Häuser gewähren an Wochenenden großzügige Rabatte.

• *Hotels* ****** Gemo (29)**, gepflegtes Haus im Zentrum, 33 Zimmer und Suiten, der Zahl der Sterne entsprechend ausgestattet und solide möbliert. Eigene Parkplätze. Viele Geschäftsleute. Gehobenes Restaurant. DZ ab 121 €. Pavelčákova 22, ✆ 585222115, ✆ 585231730, www.hotel-gemo.cz.

****** Lafayette (40)**, restaurierte Sezessionsvilla in einer ruhigen Wohngegend 10 Fußmin. südlich des Zentrums. 17 komfortabel und individuell eingerichtete Zimmer – von klassisch-modern bis rustikal. Waschservice (auch Autos!), freundliches, deutschsprachiges Personal. Sichere Parkplätze. DZ 96 €. Alšova 8, ✆/✆ 585436600, www.lafayette.cz.

***** Arigone (14)**, in ruhiger Lage in der Altstadt. 12 Zimmer, freundlich-gediegen ausgestattet, viele mit Parkettboden. Empfehlenswertes Restaurant mit gutem Weinkeller. Englischsprachiges Personal. Von Lesern gelobt. EZ 81 €, DZ 93 €. Univerzitní 20, ✆ 585232351, ✆ 585232350, www.arigone.cz.

***** U Dómu (2)**, in einer ruhigen Gasse in Domnähe. Kleines, familiäres Haus. 6 apartmentähnliche Zimmer mit kleiner Küche. Oft ausgebucht. Sichere Parkplätze. DZ 81 €. Dómská 4, ✆ 585220502, ✆ 585220501, www.udomu.3dpano.eu.

• *Pensionen* **Křivá (37),** modern ausgestattete, schöne Zimmer und Apartments mit Parkettboden, sehr gepflegt und besser als so manche Hotelzimmer der Stadt. Außerdem: Waschservice, Regenschirmverleih (!), Café und Parkplätze vor der Tür. EZ 48 €, DZ 69 €. Křivá 8, ✆ 585209204, ✆ 585209205, www.pension-kriva.cz.

**Na Hradě (24),** 8 angenehme, z. T. recht geräumige Nichtraucherzimmer. Hinterhofterrasse. Sicheres Parken in der Garage (7 €/Nacht extra). EZ 65 €, DZ ab 81 €. Michalská 4, ✆ 585203231, ✆ 585203232, www.penzionnahrade.cz.

**Antica (3),** nette Unterkunft, ansprechende Zimmer mit Holzböden. Sämtliches Mobiliar (teils wertvolle Antiquitäten, teils Repliken) kann auch gekauft werden! EZ 48 €, DZ 64 €. Wurmova 1, ✆ 585242364, ✆ 585242368, www.antica.cz.

**Na Hradbách (31)**, in einer ruhigen Altstadtgasse. 4 ordentliche Zimmer, alle mit Bad, TV und Kühlschrank. Nettes Team. DZ ohne Frühstück 41 €. Hrnčířská 3, ✆/✆ 585233243, www.pensionnahradbach.wz.cz.

**U Anděla (32)**, Minipension mit z. T. riesigen Zimmern. Gute, große Bäder (auch wenn das Warmwasser abends hin und wieder ausgeht), TV und komplett eingerichtete Küchen. Sehr gutes Restaurant. Gutes Preis-Leistungs-Verhältnis. DZ 37 €, kein Frühstück. Hrnčířská 10, ✆ 585228755, www.uandela.cz.

• *Hostel* **Poet's Corner (4)**, gemütliches, charmant und familiär geführtes Hostel, unter australischen Leitung. WG-Ambiente, große Wohnküche, Gemeinschaftsraum und Balkon. Man teilt sich Bäder und Toiletten und kocht auch schon mal abends zusammen. Fahrradverleih. Im Mehrbettzimmer 11 €/Pers., DZ 36 €. Sokolská 1, ✆ 777570730 (mobil), www.hostelolomouc.com.

• *Camping* Nächster Platz 16 km nördlich von Olomouc bei **Šternberk,** → S. 619.

## Sehenswertes

**Rund um den Horní Náměstí (Oberring):** Der unregelmäßig geformte Platz mit seinen schönen Patrizierhäusern ist eine Augenweide. In seiner Mitte steht der präch-

35 m hoch: die Dreifaltigkeitssäule in Olomouc

tige, cremefarbene *Rathauskomplex* (Radnice) mit einem stattlichen, 75 m hohen Turm. Rund 600 Jahre wurde daran an- und umgebaut. Beachtenswert sind das prächtige Renaissanceportal und die Freitreppe mit Loggia im Spätrenaissancestil. Wer Glück hat und sich einer Führung anschließen kann, darf zudem die *Hieronymus-Kapelle* (spätes 15. oder frühes 16. Jh.) und einen gotischen Rittersaal im Innern besichtigen. Die Nordseite des Rathauses ziert seit dem 16. Jh. eine astronomische Uhr, die in ihrer Pracht bis in die Mitte des 20. Jh. der Uhr des Altstädter Rathauses in Prag in nichts nachstand. Ihr heutiges Aussehen im Stil des sozialistischen Realismus erhielt sie im Jahr 1955, als der Oberring vorübergehend Stalin-Platz hieß. Die unteren Mosaike zeigen einen Schlosser und einen Chemiker als Repräsentanten der Arbeiter- und Intellektuellenklasse, weiter oben defilieren um 12 Uhr mittags fröhliche Bauern und Handwerker zu einer mährischen Volksweise, und dazwischen kräht ein Hahn.

Nordwestlich des Rathauses lenkt die mächtige *Dreifaltigkeitssäule* (Sloup nejsvětější troijce) – mit rund 35 m eine der höchsten Böhmens – den Blick auf sich. Federführend bei den Arbeiten an diesem Wunderwerk an Säulenpracht mit einer kleinen Kapelle im Sockel war der Steinmetz und Baumeister Wenzel Render, der fast sein gesamtes Vermögen dafür ausgab. 1754 wurde die Säule unter Teilnahme Maria Theresias eingeweiht. 18 Heiligenfiguren aus Sandstein zieren ihre unteren drei Geschosse, obenauf befindet sich die vergoldete Statuengruppe der Dreifaltigkeit – Gott Vater als ehrwürdiger Greis, ein jugendlicher Christus mit Kreuz und die Taube des Heiligen Geistes in einer strahlenden Sonnenscheibe. In sozialistischer Zeit verkam das Säulenmonument so sehr, dass die ersten Heiligen das Fliegen lernten. Nach aufwendigen Restaurierungsarbeiten wurde es im Jahr 2000 auf die Welterbeliste der UNESCO gesetzt.

Nordmähren
Karte S. 606/607

Ein paar Schritte südlich der Säule steht der *Arionbrunnen* (Ariónova kašna), einer von drei Brunnen am Platz und vielleicht der interessanteste, sicher aber der jüngste. Denn anders als die beiden altehrwürdigen Barockbrunnen, der Herkules- und der Caesarbrunnen, ziert er den Platz erst seit 2002. Er thematisiert die antike Sage vom Sänger Arion, der auf hoher See von einem Delfin vor dem Ertrinken gerettet wird. Sein Schöpfer ist der in Frankreich lebende Olmützer Künstler Ivan Theimer (geb. 1944).

Der spätklassizistische Bau neben dem Arionbrunnen ist das *Mährische Theater* (→ Veranstaltungen). 1883 übernahm hier der junge Gustav Mahler den Posten des Kapellmeisters – er blieb nur drei Monate, nicht zuletzt wegen der feindseligen antisemitischen Haltung der Olmützer.

Zu den prächtigsten Gebäuden rund um den Oberring gehört ferner der *Edelmannpalast* (Edelmannův palác, Hnr. 28) an der Nordseite des Platzes, ein Renaissancegebäude aus dem 16. Jh. 1829–31 wohnte darin der österreichische Heerführer Feldmarschall Johann Joseph Wenzel Graf Radetzky, der als Festungskommandant in Olmütz tätig war und hier den grünschnabeligen Kadetten den Marsch blies. Heute befindet sich in dem Gebäude u. a. eine Passage mit diversen Läden.

*Öffnungszeiten* **Rathaus,** für Führungen durch das Rathaus (nur im Sommer für Gruppen ab 5 Pers.) wendet man sich an die Touristeninformation. Der Rathausturm kann im Sommer tägl. um 11 und 15 Uhr bestiegen werden (0,60 €).

**Rund um den Dolní náměstí (Unterring):** An den Oberring schließt südlich der tropfenförmige Dolní náměstí mit zwei Brunnen, einer Mariensäule und einer schlichten *Kapuzinerkirche* (Kapucínský kostel) an. Im Gegensatz zum Oberring wirkt der Unterring etwas verstaubt – noch nicht alle Häuser haben hier die Restaurierung schon hinter sich. Eines der auffälligsten Gebäude am Platz ist der *Haunschildpalast* (Hauenschildův dům, Hnr. 38) aus dem 16. Jh. mit einem schön verzierten Renaissanceportal und einem üppigen Erker. Der „Palast" beherbergt heute die beliebte Hanácká hospoda (→ Essen & Trinken). Nebenan in Hnr. 40 befanden sich früher die Olmützer *Fleischbänke* (Masné krámy) – heute eine Ladenpassage.

**Rund um den Náměstí Republiky (Platz der Republik):** Über die Ztracená und Denisova gelangt man vom Oberring zum Náměstí Republiky, der von einer Straßenbahnhaltestelle regiert wird. Das dortige *Kunstmuseum* (Muzeum Umění) lohnt einen Besuch. Im ersten und zweiten Stock präsentiert es regelmäßig spannende Wechselausstellungen, vorwiegend aus dem reichen Fundus von rund 60.000 Exponaten. Hinter der Dauerausstellung *The House of an Art Lover* im dritten Stock verbirgt sich Kunst aus der Wende vom 19. zum 20. Jh., vertreten u. a. durch Werke von Alfons Mucha (1860–1939), Jan Preissler (1870–1918) und František Bílek (1872–1941). Auch sind ein paar Möbel im Stil des Kubismus und der Secession zu sehen, u. a. von Josef Hoffmann (1870–1965). Im Erdgeschoss lädt das gemütliche Café 87 (→ Essen & Trinken) nach der Besichtigung auf eine Pause ein.

Die 1719 vollendete barocke *Jesuitenkirche Maria Schnee* (Kostel Panny Marie Sněžné) gegenüber dem Kunstmuseum ist leider meist verschlossen. Gelegentlich finden darin aber Konzerte statt, die Akustik ist ausgezeichnet. Ein paar Schritte weiter, im ehemaligen Klarissinnenkloster aus dem 18. Jh., befindet sich heute das *Heimatkundemuseum* (Vlastivědné muzeum). Es präsentiert eine überaus bunte Mischung: archäologische Funde aus der Umgebung, Urkunden, amerikanische

Uniformen aus dem Vietnamkrieg, alte Siegel, Waffen, Schlösser, Mineralien, Ausgestopftes und, und, und ... Am schönsten ist die Sammlung historischer Uhren im dritten Stock.

• *Adressen/Öffnungszeiten* **Kunstmuseum,** Denisova 47. Tägl. (außer Mo) 10–18 Uhr. Eintritt 2 €, erm. die Hälfte. So und Mi freier Eintritt. Das Ticket ist auch für das Erz-diözesanmuseum gültig. **Heimatkundemuseum,** Nám. Republiky 5. April–Sept. tägl. (außer Mo) 9–18 Uhr, Okt.–März tägl. (außer Mo u. Di) 10–17 Uhr. Eintritt 1,60 €, erm. die Hälfte.

**Biskupské náměstí (Bischofsplatz):** Vom Platz der Republik erreicht man über die Mariánská in ein paar Schritten den Biskupské náměstí (Bischofsplatz), einen kleinen, stillen Platz, umgeben von prachtvollen Barockgebäuden. In mehreren sitzt heute die Palacký-Universität. Im ehemaligen theresianischen *Zeughaus* (Zbrojnice) an der Südseite befindet sich z. B. das Informationszentrum der Universität. Die herrliche *Erzbischöfliche Residenz* (Arcibiskupský palác) an der Ostseite stammt aus den Jahren 1664–74. 1848 fand darin die Krönung Kaiser Franz Josephs I. statt. Einen Teil des Gebäudes nimmt die philosophische Fakultät ein.

**Václavské náměstí (Wenzelsplatz):** Der Olmützer Wenzelsplatz, der in nichts seinem Prager Pendant ähnelt, liegt keine 200 m nördlich des Biskupské náměstí im ruhigen Abseits. Er wird dominiert vom *St.-Wenzels-Dom* (Katedrála sv. Václav), der auf den Grundmauern einer romanischen Basilika steht. Sein neugotisches Aussehen erhielt er im 19. Jh. Der 100 m in den Himmel ragende Hauptturm ist der höchste Kirchturm Mährens. Das Innere präsentiert sich hell und luftig, wenn auch etwas steril. Im Seitenaltar gegenüber der Kanzel ruhen die sterblichen Überreste Jan Sarkanders (→ Weitere Sakralbauten). Auch die Krypta kann besichtigt werden.

An die Nordseite des Kirchenschiffs grenzt ein Kreuzgang mit großartigen Wandmalereien aus dem 14. Jh. An dieser Stelle befand sich einst ein *romanischer Bischofspalast* (Románský biskupský palác) aus der Přemyslidenzeit. An ihn erinnern heute noch neun romanische Rundbogenfenster mit schön verzierten Säulenkapitellen, die man 1867 bei Ausbesserungsarbeiten entdeckte. Im Palast wurde 1303 der letzte Přemyslide Václav III. ermordet.

Die Nordseite des Wenzelsplatzes schließt das ehemalige *Kapiteldekanat* aus dem 17. Jh. ab. Im Gebäude komponierte der 11-jährige Wolfgang Amadeus Mozart 1767 seine 6. Sinfonie in F-Dur. Heute ist hier das *Erzdiözesanmuseum* (Arcidiecézní muzeum) untergebracht. Auf einer Ausstellungsfläche von 1100 m² zeigt man sakrale Kunst des 12. bis 18. Jh., darunter die sog. *Sternberger Madonna,* eine gotische Plastik vom Ende des 14. Jh., die aus der Burgkapelle von Šternberk (s. u.) stammt. Angeschlossen ist das schicke, ruhige *Café Amadeus.*

• *Öffnungszeiten* **Domkrypta,** Di u. Do–Sa 9–17 Uhr, Mi 9–16 Uhr, So 11–17 Uhr. Eintritt frei. **Erzdiözesanmuseum,** tägl. (außer Mo) 10–18 Uhr. Eintritt 2 €, erm. die Hälfte, inkl. Führung durch den romanischen Bischofspalast. Das Ticket ist auch für das Kunstmuseum gültig. Mi u. So freier Eintritt.

**Weitere Sakralbauten:** Nur einen Katzensprung nördlich des Horní Náměstí steht die dreischiffige *St.-Moritz-Kirche* (Kostel sv. Mořice) aus dem 15. Jh. Sie ist ein abweisender Bau, trutzig wie eine normannische Burg. 1709 wurde ihr düsteres Inneres durch eine Feuersbrunst zerstört und im Barockstil erneuert. Ihre Orgel zählt 10.000 Pfeifen, zwei Organisten können gleichzeitig darauf spielen. Alljährlich im September findet hier ein Orgelfestival statt. Vom Kirchturm genießt man einen herrlichen Blick über die Stadt und auf die Hanna-Ebene.

Nordmähren
Karte S. 606/607

Ebenfalls unweit des Horní Náměstí, nur östlich davon, prägt am hübschen Žerotínovo náměstí die *Michaelskirche* (Kostel sv. Michala) mit ihren drei auffälligen Kuppeln die Silhouette der Stadt. Ihr geräumiges Inneres ist im exzessiven Barockstil gehalten. Nicht weit von ihr, an der Mahlerova, steht die *Sarkanderkapelle* (Kaple sv. Jana Sarkandra). Sie wurde erst 1909–1912 anstelle des abgerissenen Stadtgefängnisses errichtet. Dort sollen radikale Protestanten Jan Sarkander, einen katholischen Priester polnischer Herkunft, 1620 zu Tode gefoltert haben. Sarkander wurde 1995 von Johannes Paul II. bei seinem Besuch in Olomouc heilig gesprochen.

Rund einen Kilometer nördlich des St.-Wenzels-Doms kann man das ehemalige *Prämonstratenserkloster Hradisch* (Klášterní Hradisko) aus der ersten Hälfte des 18. Jh. aufsuchen. Bis zu seiner Säkularisierung im Jahre 1783 war es das größte Kloster seiner Art in Europa. Heute dient das weiße, barocke Klosterareal als Militärkrankenhaus. Gelegentlich finden im prunkvollen Großen Saal Konzerte statt.

• *Öffnungszeiten/Wegbeschreibung* **Turm der St.-Moritz-Kirche,** April–Okt. tägl. (außer So) 9–17 Uhr. Eintritt frei. **Zum Kloster Hradisch** gelangt man, indem man sich vom Nám. Republiky entlang der 1. máje und dann der Komenského gen Osten hält und nach der Überquerung der Morava links in die Sokolovská einbiegt. Vom Bahnhof verkehren Ⓑ 15 u. 21 zum Kloster. Zuletzt fanden jeden Do (um 14 u. 15 Uhr) und jeden ersten Sa im Monat (um 8, 9, 10 u. 11 Uhr) Führungen durch das Kloster statt. Eintritt 3,20 €, erm. die Hälfte. Erkundigen Sie sich zur Sicherheit jedoch im Infozentrum.

**Parkanlagen:** Den alten historischen Stadtkern umgeben drei weitläufige Parkanlagen: der *Čechovy sady* im Westen, der *Smetanovy sady* im Süden und der *Bezručovy sady* im Südosten. Letztere zwei sind Schauplätze der Olmützer Blumenausstellung FLORA (→ Veranstaltungen). Die Parkanlagen entstanden nach dem Schleifen der Olmützer Festung im späten 19. Jh.

## Umgebung von Olomouc

**Svatý Kopeček (Heiligenberg):** Verlässt man Olomouc auf der Nationalstraße 46 Richtung Šternberk/Opava, grüßt nach wenigen Kilometern die hoch über der Hanna-Ebene gelegene, doppeltürmige *Wallfahrtskirche Mariä Himmelfahrt* (Poutní chrám Nanebevzetí Panny Marie). Sie wurde zwischen 1669 und 1679 von Giovanni Pietro Tencella erbaut, 1995 beim Besuch von Johannes Paul II. zur *Basilica minor* erhoben und jüngst umfangreich restauriert. Ihr Inneres ist eine barocke Pracht. Ganz in der Nähe liegt der *Zoo* von Olomouc (Zoologická Zahrada Olomouc). Stolz ist man auf ein Salzwasserbecken mit drei schwarzflossigen Riffhaien.

*Anfahrt/Öffnungszeiten* Zoo und Wallfahrtskirche sind mit Stadtbus Nr. 11 und im Sommer auch Nr. 111 zu erreichen. **Zoo,** Jan. u. Feb. sowie Okt.–Dez. tägl. 8–16 Uhr, März u. Sept. bis 16.30 Uhr, April–Aug. bis 18 Uhr. Eintritt 3,60 €, erm. 2 €.

**Šternberk (Sternberg):** Rund 9 km nördlich von Svatý Kopeček, am Rande der Hanna-Ebene, liegt das 14.000 Einwohner zählende Šternberk. Das verwinkelt-verwirrende historische Zentrum des Städtchens mit seinen vielen Zebrastreifen quetscht sich in ein enges Tal. Überragt wird das Zentrum von zwei roten Zwiebelturmspitzen einer pompösen *Barockkirche.* Ihr angeschlossenen ist ein *Augustinerkloster* aus dem 18. Jh., in dem heute u. a. eine kleine Sammlung an Musikinstrumenten, eine Ausstellung des lokalen Bienenzuchtvereins und eine Bildergalerie besichtigt werden können.

Die Silhouette des Städtchen prägt jedoch ein *Burgschloss*. Dessen letzte adelige Besitzer waren die Liechtenstein. Zwei Führungen werden angeboten. Jene mit dem Titel „Untergegangene Adelssitze in Nordmähren“ durchläuft das obere Stockwerk und ist eher zweitklassig. Die andere Tour widmet sich den Liechtenstein und führt durch hübsch dekorierte Salons des Erdgeschosses mit wertvollen Frührenaissancebildern, zudem vorbei an kostbaren Holzplastiken und schönen Kachelöfen. Die *Uhrensammlung* mit Raritäten des einstigen lokalen Uhrenherstellers *Prim*, früher die Hauptattraktion des Schlosses, wird ab 2011 im Dům osvěty (Haus der Bildung, zugleich die Touristeninformation, s. u.) gezeigt.

• *Information* **Městské informačni centrum** (mit Uhrenausstellung), Československé armády 19 (300 m südwestlich des Schlosses), ✆ 587571243, www.mkzsternberk.cz. Mo–Fr 8–12 u. 13–16 Uhr, Sa/So 8–12 u. 13–18 Uhr.

• *Verbindungen* Regelmäßige **Bus**- und **Zugverbindungen** nach Olomouc.

• *Übernachten* **Pension U Hradu,** hoch über der Stadt, von der Burg ausgeschildert. Gut geführte, sehr gepflegte und freundliche Pension. 21 Zimmer (alle mit Balkon, Du/WC, Satelliten-TV) mit teilweise schönen Ausblicken über Šternberk. Nettes Restaurant mit Terrasse. Pool, Sauna. Parkplätze. DZ 54 €. Ořechová 27, ✆ 585013355, ✆ 585013304, www.penzion-uhradu.cz.

**Autokempink HSTS Šternberk,** ca. 2 km nördlich von Šternberk. Gepflegter Platz mit ordentlichen Sanitäranlagen und internationalem Publikum. Waschmaschine, Küche, Feuerstelle. Nur Kiosk, Restaurant in Laufnähe. Auch Hüttenvermietung (mit und ohne Bad). Mitte Mai–Mitte Sept. 2 Pers. mit Zelt u. Auto 7,30 €, Chata für 3 Pers. ab 13,20 €. Dolní Žleb 26, ✆ 585011300, ✆ 585002 923, www.campsternberk.cz.

• *Veranstaltungen* Größtes Ereignis ist ein **Autorennen** (seit 1905) mit dem bemerkenswerten Namen **Ecce Homo.** Es wird jedes Jahr Anfang/Mitte Sept. auf einem extrem kurvigen, 7800 m langen Parcours ausgetragen.

• *Öffnungszeiten* **Burg,** April u. Okt. nur Sa/So 9–16 Uhr, Mai–Sept. tägl. (außer Mo) 9–17 Uhr. Eintritt je nach Trasse 2,80–3,60 €, erm. 2–2,40 €.

**Augustinerkloster**, tägl. 10–17 Uhr. Eintritt 0,80 €, erm. die Hälfte.

Informationen zum rund 38 km nördlich von Šternberk gelegenen **Bruntál** bekommen Sie ab S. 630.

**Hrad Helfštýn (Burg Helfenstein):** Die Burgruine erhebt sich weithin sichtbar rund 25 km östlich von Olomouc nahe der Stadt Lipník nad Bečvou. Das Burgareal (187 m x 152 m) zählt zu den größten der Republik. Die Grundmauern der Burg reichen bis ins 13. Jh. zurück, ihre heutige Gestalt stammt jedoch aus dem 18. Jh. – aus Angst vor den Türken baute man sie zu einer uneinnehmbaren, heute playmobilartig wirkenden Festung aus. Die Burg ist nur als Ausflugsziel für Motorisierte zu empfehlen.

*Öffnungszeiten* **Burg,** März nur Sa/So 9–16 Uhr, April tägl. (außer Mo) 9–17 Uhr, Mai–Aug. tägl. (außer Mo) 9–18 Uhr, Sept./Okt. nur Sa/So 9–17 Uhr. Eintritt 1,60 €, erm. 1,20 €.

**Přerov (Prerau):** Ca. 20 km südöstlich von Olomouc liegt Přerov, Heimat des guten *Zubr*-Biers, von vielen rauchenden Schloten und von noch mehr Modularbauten. Lediglich der hübsche Horní náměstí erfreut das Auge. Er liegt keine 200 m oberhalb (westlich) des Hauptplatzes Náměstí T. G. Masaryka und ist ein Überbleibsel aus jener Zeit, als Přerov (heute 46.000 Einwohner) noch ein Dorf war. Das unscheinbare *Schloss* am Horní náměstí beherbergt neben einer großen Insektensammlung auch eine umfassende Ausstellung über den Philosophen und Pädagogen Jan Amos Comenius (tschech. Komenský, → S. 592).

• *Verbindungen* Busbahnhof und Bahnhof ca. 10 Gehmin. westlich des Zentrums. Regelmäßige **Busverbindung** nach Olomouc. **Züge** regelmäßig nach Olomouc und Ostrava, bis zu 7-mal tägl. nach Prag.

• *Öffnungszeiten* **Comenius-Museum im Schloss,** Di–Fr 8–17 Uhr, Sa/So 9–17 Uhr. Eintritt 1,60 €, erm. die Hälfte.

Weiter **nach Südmähren?** Informationen zu **Kroměříž** bekommen Sie ab S. 599, zu **Holešov** ab S. 604.

## Prostějov (Proßnitz)

Aus der 45.000 Einwohner zählenden Textilstadt 18 km südwestlich von Olomouc kommt das gleichnamige, landesweit bekannte Label für Damen- und Herrenmode. Fast eleganter als diese präsentiert sich das großzügig angelegte Zentrum, dessen Bauten vielfach im Zeichen des Jugendstils stehen. Das Herz der Stadt ist der weite, z. T. begrünte Hauptplatz Náměstí T. G. Masaryka. Das **Neue Rathaus** (Nová Radnice) an dessen Westseite wurde kurz vor dem Ersten Weltkrieg erbaut. Es besitzt einen mächtigen Turm mit einer Kuppel, die eine Kleinausgabe des Kapitols sein könnte. Mitten auf dem Platz steht das schöne **Alte Rathaus,** das in der ersten Hälfte des 16. Jh. erbaut wurde. Heute ist hier das **Stadtmuseum** (Muzeum Prostějovska v Prostějově) untergebracht, das u. a. an den berühmtesten Sohn des alten Proßnitz erinnert, an den Philosophen Edmund Husserl (1859–1938). Der Begründer der Phänomenologie, einer neuen Erkenntnistheorie zu Anfang des 20. Jh., lehrte in Göttingen und Freiburg. Das interessanteste Gebäude Prostějovs ist jedoch das von Jan Kotěra zwischen 1905 und 1907 erbaute **Národní Dům** (Nationalhaus) – gehen Sie am Platz gen Osten (am Kaufhaus Prior vorbei) und halten Sie sich danach links. In dem festungsartigen, mit Jugendstilelementen verzierten Bau befinden sich ein Theater, ein Café, eine Galerie und ein Restaurant. In Letzterem bezaubert das an Gustav Klimt erinnernde Relief der *Drei Grazien* über dem Kamin – ein schöner Ort für eine Pause. Das aus dem 16. Jh. stammende **Renaissanceschloss** keine 200 m westlich des Národní Dům ist bislang nicht zugänglich, nach Abschluss der Restaurierungsarbeiten sollen jedoch mehrere Säle für Ausstellungen genutzt werden.

• *Information* **Informační středisko,** am Hauptplatz neben dem Neuen Rathaus. Mo–Do 8–17 Uhr, Fr 8–16 Uhr. ✆ 582329722, www.mestopv.cz.

• *Verbindungen* Hauptbahnhof und Busbahnhof ca. 900 m östlich des Zentrums. Gute **Busverbindungen** nach Olomouc und Plumlov. **Züge** regelmäßig nach Olomouc, bis zu 9-mal tägl. nach Náměšť na Hané und Brünn.

• *Einkaufen* Einen Laden mit *Prostějov*-Mode findet man u. a. im **Shoppingcenter Arkáda** an der Straße nach Olomouc.

• *Übernachten* *** **Grandhotel Prostějov,** einstiges Luxushotel. Leider wurde die frühere Eleganz durch protzig-sozialistische Geschmacklosigkeiten und lieblose Restaurierungen fast vollständig zerstört. 39 ordentlich ausgestattete, aber vollkommen charakterlose Zimmer und Apartments. Eigene Parkplätze. EZ je nach Größe ab 55 €, DZ 89 €. Palackého 3–5, ✆/℻ 582332323, www.grandhotel.cz.

**–*** **Hotel Avion,** am Hauptplatz (hinter dem Kaufhaus Prior). Bis auf den freundlichen deutschsprachigen Service eine Katastrophe. Schwer in die Jahre gekommene, kleine Zimmer mit altbackenem Mobiliar. Die 3-Sterne-Zimmer sind etwas größer und besitzen TV mit deutschen Programmen. EZ ab 24 €, DZ ab 28 €. Nám. E. Husserla 15, ✆ 582344561, ℻ 582330513, www.avion.prostejov.cz.

• *Öffnungszeiten* **Stadtmuseum,** tägl. (außer Mo) 9.30–12 u. 13–17 Uhr. Eintritt 1,20 €, erm. die Hälfte.

## Umgebung von Prostějov

**Zámek Plumlov (Schloss Plumenau):** Ein Schloss mit vier Flügeln hatte Karl Eusebius von Liechtenstein für seinen Sohn Johann Adam Andreas geplant und selbst entworfen. Doch als 1685 der erste Flügel fertig war, bekundete der undankbare Sohn kein Interesse mehr an diesem abgelegenen Schloss, und die Arbeiten wurden eingestellt. Der imposante, hohe, schlanke Schlossflügel thront seitdem einsam auf einem Felsen über einem kleinen See im gleichnamigen Dorf 8 km westlich von Prostějov. Er ist, obwohl seit Jahren immer wieder daran restauriert wird, in einem ruinösen Zustand, kann aber besichtigt werden.

• *Camping* Die beiden Campingplätze bei Plumlov sind alles andere als der Renner. In Laufnähe zum Dorf liegt der **Campingplatz Žralok:** nette hügelige Anlage, schöner Blick auf Schloss und See, aber veraltete Sanitäranlagen. Mai–Sept. Bei Mostkovice ca. 3 km östlich von Plumlov (dort ausgeschildert), ebenfalls an einem See, befindet sich der **Autocampingplatz Přehrada:** Hier sind die Sanitäranlagen besser, aber die Attraktion des Orts, der Stausee, wird bis mindestens Ende 2011 gereinigt und das Wasser ist abgelassen.

• *Öffnungszeiten* April u. Okt. nur Sa/So 13–18 Uhr, Mai, Juni u. Sept. nur Sa/So 13–18, Juli u. Aug. tägl. (außer Mo) 10–18 Uhr. Eintritt 1,60 €, erm. die Hälfte.

Informationen zum **Mährischen Karst** (rund 30 km südwestlich von Plumlov) bekommen Sie ab S. 553.

**Zámek Náměšť na Hané (Schloss Namiescht):** Rund 15 km nördlich von Prostějov steht auf einer Anhöhe das neoklassizistisch angehauchte Schloss Náměšť aus den Jahren 1760–63. Das Schlossareal weist zusammen mit den Nebengebäuden und der Parkanlage einen kreisförmigen Grundriss auf. Bis 1916 gehörte es der Adelsfamilie Kinský, letzter privater Eigentümer war der Eisengroßhändler František Ottáhal (bis 1945). Das Schloss beherbergt heute u. a. eine *Kutschensammlung,* darunter goldverzierte Gefährte der Olmützer Bischöfe und Erzbischöfe. Miloš Forman borgte sich ein paar davon für seinen Film *Amadeus.* Zudem kann man sich u. a. ein paar repräsentative Säle (der *Goldene Saal* ist der Schönste) und die *Bibliothek* ansehen.

• *Verbindungen* Am einfachsten mit dem **Zug** von Olomouc (bis zu 6-mal tägl.) zu erreichen, der Bahnhof liegt nur 5 Min. vom Schloss entfernt.

• *Öffnungszeiten* **Schloss,** April u. Okt. nur Sa/So 9–16 Uhr, Mai–Sept. tägl. (außer Mo) 9–17 Uhr. Eintritt je nach Führung 2–3,60 €, erm. 1,60–2,80 €.

## Hrad Bouzov (Burg Busau)

**Hrad Bouzov verspricht mittelalterliche Burgromantik pur: Zinnen, Türmchen, Fähnchen, Erker, Schießscharten, Brücken, Wälle und an manchen Tagen gar noch Burgfräuleins.**

Rund 30 km nordwestlich von Olomouc erhebt sich diese majestätische Burganlage über dem gleichnamigen Dorf, drum herum nur Wälder und Felder. Ihre Grundmauern reichen vermutlich bis ins 14. Jh. zurück. 1396 soll hier Georg von Podiebrad, der größte aller tschechischen Könige, geboren worden sein. 1558 brannte die Feste nieder. 1696 ging sie an den Deutschen Ritterorden über, in dessen Besitz sie bis 1939 blieb. Ihr heutiges Aussehen verdankt sie dem Hochmeister Eugen von

*Die mächtige Burg Bouzov*

Habsburg, der die Burganlage zwischen 1896 und 1910 im romantisch-pseudogotischen Stil umbauen ließ. Architekt war Georg Joseph Hauberrisser (1841–1922), der zuvor u. a. das Neue Rathaus in München entworfen hatte. Gleichzeitig modernisierte Hauberrisser die Burganlage. So lernte Eugen von Habsburg die Vorzüge einer Zentralheizung, eines Wasserklosetts und anderer Annehmlichkeiten zu schätzen, was ihn so erfreute, dass er Hauberrisser 1901 zum Ritter schlug. Nach der Enteignung durch die Nazis zog die SS in die Burg ein. Noch kurz vor Kriegsende brannten die Barbaren das nahe Dorf Javoříčko (s. u.) nieder und ermordeten 38 Einwohner. In sozialistischer Zeit wurden auf Burg Bouzov unzählige Mantel-und-Degen-Filme gedreht. Bei einer Führung durchläuft man kostbar ausgestattete Säle wie Ritter-, Säulen-, Jagd- und Waffensaal. Auch lohnt ein Blick in die Burgkapelle mit den Gräbern mehrerer Ordensmeister. Im Sommer werden auf dem Burgareal hin und wieder historische Jahrmärkte abgehalten, dann tanzen für gewöhnlich auch ein paar Burgfräuleins auf. Nahe dem Parkplatz gibt es eine Minicar-Bahn.

• *Verbindungen* Gute **Busverbindungen** nach Litovel und von dort nach Olomouc.

• *Essen & Trinken/Übernachten* **Hotel Bouzov**, jüngst renoviertes Haus mit einer rustikal angehauchten Gaststube, in der die gängigen Standards zu 3,30–10 € serviert werden. 20 eher schlichte Zimmer in warmen Farben, unterm Dach zudem 2 komfortablere Suiten. EZ 32 €, DZ 40 €. Bouzov 15, ✆ 724486000 (mobil), www.hotelbouzov.cz.

• *Öffnungszeiten* April u. Okt. nur Sa/So 9–16 Uhr, Mai u. Sept. tägl. (außer Mo) 9–17 Uhr, Juni–Aug. tägl. (außer Mo) 9–18 Uhr. Burgführung auf Deutsch 7,70 €, erm. 5,60 €, zusätzlich thematische Führungen zu unterschiedlichen Preisen.

## Umgebung von Bouzov

**Bílá Lhota (Weißöhlhütten):** Bílá Lhota, 5 km östlich von Bouzov gelegen, ist kein weißes, sondern ein weitgehend recht graues Dorf mit einem kleinen, heruntergekommenen Schloss, das heute als Mehrzweckgebäude (Post, Bibliothek usw.) dient. Die Schule von 1912 und die Kirche erstrahlen schon im neuen Glanz, was auch für das Schloss hoffen lässt. Zum Schloss gehört ein *Arboretum*. Die romantische Anlage mit rund 450 seltenen Bäumen und Sträuchern ist einen Spaziergang wert. Immerhin soll sie im Jahr 1833 Konradin Kreutzer dazu inspiriert haben, hier die Oper *Das Nachtlager von Granada* zu komponieren.

*Öffnungszeiten* **Arboretum,** April u. Okt. nur Sa/So 9–17 Uhr, Mai–Sept. tägl. (außer Mo) 8–18 Uhr. Eintritt 0,80 €, erm. die Hälfte.

**Höhlen in der Umgebung:** 4 km südlich von Javoříčko liegt die *Javoříčské jeskyně*, beim Dorf Mladeč an der Schnellstraße von Olmütz nach Prag die *Mladečské jeskyně*. Die beiden schönen Tropfsteinhöhlen kann man – im Gegensatz zu denen des Mährischen Karstes – ganz in Ruhe besichtigen.

• *Öffnungszeiten* Jan.–März u. Nov. Führungen nur Mo–Fr um 10 u. 13 Uhr, April u. Okt. tägl. (außer Mo) 9–15 Uhr, Mai–Sept. tägl. (außer Mo) 9–17 Uhr. Dez. geschl. **Javoříčské jeskyně,** kurze Trasse (360 m) 4 €, erm. 2,80 €, lange Trasse (790 m) 4,80 €, erm. 3,20 €. **Mladečské jeskyně,** 3,20 €, erm. 2,40 €.

## Úsov (Aussee)

Das von Feldern umgebene, unscheinbare Städtchen liegt an der Straße 315 von Zábřeh nach Uničov. Auf einem Hügel darüber thront ein großes weißes **Schloss,** das Domenico Martinelli 1691 auf den Grundmauern einer gotischen Feste für die Liechtenstein erbaute. Im 19. Jh. begann die Schlossherrenfamilie, darin eine naturwissenschaftliche Sammlung einzurichten – viele Exponate stammten von ihren Reisen rund um die Welt, und für so manche würden sie heute fürchterlichen Ärger mit dem Zoll bekommen. Die Sammlung ist die Grundlage des im Schloss untergebrachten **Museums für Forstwirtschaft und Jagd** (Lovecko-lesnické muzeum).

*Verbindungen/Öffnungszeiten* Úsov ist ein Ziel für Selbstfahrer. **Schloss,** April u. Okt. nur Sa/So 9–12 u. 13–15 Uhr, Mai–Aug. tägl. (außer Mo) 9–16 Uhr, Sept. tägl. (außer Mo) 9–12 u. 13–15 Uhr. Eintritt 3,60 €, erm. die Hälfte.

**Sovinec (Eulenburg):** Das unscheinbare Dorf mit einer Burg liegt malerisch an den Ausläufern des Altvatergebirges (keine 15 km Luftlinie östlich von Úsov). Durch die reizvolle Landschaft führen schmale, holprige Sträßlein, auf denen so gut wie nie Verkehr herrscht. Wer nicht weiß, wie er den Tag vertrödeln soll und über ein eigenes Fahrzeug verfügt, kann einen Ausflug hierher unternehmen. *Burg Sovinec* stammt aus dem 13. Jh. und wurde im 18. Jh. erweitert. Die Hochmeister des Deutschen Ritterordens aus Busau (Bouzov) nutzten sie als Sommersitz. Heute kann man sich hier eine Ausstellung zur Burggeschichte anschauen. Im Burgvorhof gibt es eine nette Schenke, davor eine gemütliche Hostinec.

*Öffnungszeiten* **Burg,** April u. Okt. nur Sa/So 9–17 Uhr, Mai, Juni u. Sept. tägl. (außer Mo) 9–17 Uhr, Juli/Aug. tägl. (außer Mo) 9–18 Uhr. Eintritt 2,40 €, erm. die Hälfte.

## Altvatergebirge (Jeseníky)

**Das Altvatergebirge erhebt sich ganz im Norden Mährens. Weiden und Wiesen mit grasenden Kühen bestimmen die Täler, dichte Fichtenwälder die Hänge. Die Gebirgskämme sind baumlos, die Gipfel steigen auf Höhen von über 1400 m an.**

Das Altvatergebirge, das jährlich von rund einer Viertel Million Touristen besucht wird, umfasst mehrere Gebirgszüge und Täler. Seinen deutschen Namen erhielt es vom höchsten Berg der Region, dem *Altvater* (tschech. *Praděd,* 1491 m ü. d. M.). Wie das weiter westlich gelegene Riesengebirge hatte es in der zweiten Hälfte des

20. Jh. unter der extremen Umweltverschmutzung zu leiden, für die insbesondere die Industriebetriebe in der Region um Ostrava verantwortlich zeichneten. Vor allem die Kiefern und Fichten, die es wagten, in den höheren Lagen zu wachsen, fielen dem sauren Regen zum Opfer. Ab rund 1250 m sind die Bergkämme jedoch seit jeher kahl. Im Sommer bieten sie sich zu ausgedehnten Kammwanderungen an, ein Erlebnis ist die Tour vom Gipfel des Šerák zum Gipfel des Praděd. Im Winter kann man an mehreren Hängen Ski fahren. Ganzjährig kommen Besucher zum Kuren, der schönste Kurort ist Karlova Studánka. Šumperk (Schönberg), das „Tor zum Altvatergebirge" besitzt eine adrette Innenstadt, gespickt mit einem Rathaus im historisierenden Stil, Jugendstilhäusern, netten Restaurants und einer lebendigen Fußgängerzone, die in einen hübschen Park mündet. Das Bier der Region ist das *Holba* aus Hanušovice.

**Stichwort Cyklobusse:** Von Juni–Sept. verkehren im Altvatergebirge sog. Cyklobusse. Dabei handelt es sich um Busse, die die Mitnahme von Fahrrädern und somit Touren ermöglichen, bei denen Start- und Endpunkt nicht identisch sein müssen. Infos unter http://mrava.veolia-transport.cz.

**Mariánský Kopec (Marienberg):** Hoch über dem nur 5 km von der polnischen Grenze entfernten Städtchen *Králíky (Grulich)* ganz im Westen des Altvatergebirges thront weithin sichtbar die *Wallfahrtskirche Mariánsky Kopec* aus dem frühen 18. Jh. Die dreischiffige Basilika war einst Teil eines Servitenklosters, das 1883 von den Redemptoristen übernommen wurde. Die Pilgerfahrten auf den Marienberg endeten unter den Kommunisten, die das Kloster in ein Gefängnis für Geistliche umwandelten.

*Öffnungszeiten* **Wallfahrtskirche,** im Sommer tägl. 8.30–17 Uhr, im Winter bis 16 Uhr.

Weiter **nach Westen?** Auf dem Weg nach **Hradec Králové** (→ S. 178) passieren Sie mehrere Schlösser, zudem das **Adlergebirge** (→ S. 222).

**Velké Losiny (Groß-Ullersdorf):** Velké Losiny ist ein endloses, von Plattenbauten durchsetztes Straßendorf in einer reizvollen Landschaft. Aufgrund einiger warmer Schwefelquellen (22–30 °C), die bei Rheumaerkrankungen helfen sollen, darf es sich Kurort nennen. Am südlichen Ortsrand kann man ein schönes *Renaissanceschloss* besichtigen, das die Herren von Žerotín Ende des 16. Jh. erbauen ließen. Ende des 17. Jh. fanden darin berüchtigte Hexenprozesse statt, bei denen mehr als 100 Personen verurteilt und nicht wenige bei lebendigem Leibe auf dem Scheiterhaufen verbrannt wurden. 1802 ging das Schloss an seine letzten adeligen Besitzer, die Liechtenstein (bis 1945), über. Bei einer Führung sieht man u. a. kostbare Aubussoner und Delfter Gobelins, den Rittersaal mit ledernen Wandbehängen und einer vergoldeten Kassettendecke sowie die Renaissancebibliothek.

Interessant ist auch ein Besuch der *Papiermanufaktur* (Ruční papírna Velke Losiny) an der Hauptdurchgangsstraße des Ortes. Seit rund 400 Jahren wird dort Papier von Hand geschöpft, seit dem letzten Jahrhundert so erfolgreich, dass heute der tschechische Präsident darauf Staatsverträge unterschreibt. Vor Ort hofft man auf den Eintrag der Manufaktur in die UNESCO-Welterbeliste – das würde Touristen aus aller Welt anlocken. Natürlich kann man sich auch mit Papier eindecken. Nur ein paar Schritte weiter liegt das winzige, in die Jahre gekommene Kurzentrum (mit „Lázně" ausgeschildert). Es wirkt so gebrechlich wie seine Gäste.

*Alles handgemacht: Papiermanufaktur in Velké Losiny*

• *Information* **Infocentrum,** an der Lázenska 674, der Straße zum Kurhaus. Mo–Fr 8–12 u. 13–17 Uhr. ✆ 583248361, infolosiny@losiny.cz.

• *Verbindungen* Regelmäßige **Busverbindungen** nach Šumperk, bis zu 8-mal tägl. nach Jeseník.

• *Essen & Trinken/Übernachten* *** **Hotel Žerotín,** an der Durchgangsstraße. Rustikale Zimmer, z.T. im Stil gutbürgerlicher Wohnzimmereinrichtungen, 2 davon mit Balkon. Im ebenso rustikalen Restaurant wird mährisch-slowakische Küche serviert. Sichere Parkplätze im Hof. DZ 53 €. Rudé armády 333, ✆/℻ 583224433, www.zerotin.jeseniky.com

**Autocamping Mlýn,** gegenüber der Tankstelle an der Durchgangsstraße. Schlichter Camping unter Apfelbäumen, der nicht viel mehr bietet als die Aussicht auf eine schöne Berglandschaft. Sehr bescheidene Sanitäranlagen. Die Straße ist zu hören. Man kann auch in Chatas oder simplen Apartments übernachten. Mai–Okt. 2 Pers. mit Zelt u. Auto 6,50 €, Chata für 2 Pers. 17 €. Rudé Armády 1, ✆ 602722833 (mobil).

• *Außerhalb* **Na Domkách,** recht unscheinbares Haus in schöner Hanglage ca. 8 km südlich von Velké Losiny in Nové Domky (von der Straße nach Šumperk kurz vor Šumperk ausgeschildert). Große, einfach eingerichtete Zimmer. Das dazugehörige Restaurant bietet sehr gute Hausmannkost. Es lohnt sich, auf den Tagestipp der Dame des Hauses zu hören, die selbst am Herd steht und Zwetschgenknödel oder Pilzsuppe kocht, die ihresgleichen suchen. DZ 26 €. Nové Domky 220, ✆ 583213967, www.novedomky.cz.

• *Öffnungszeiten* **Schloss,** April u. Okt. nur Sa/So 9–16 Uhr, Mai–Aug. tägl. (außer Mo) 8–17 Uhr, Sept. tägl. (außer Mo) 9–16 Uhr. Eintritt 2,80 €, erm. 1,60 €, hinzu kommen 1,60 € für einen fremdsprachigen Informationstext.

**Papierfabrik,** Okt.–März tägl. (außer Mo) 9–16 Uhr, April–Juni u. Sept. tägl. (außer Mo) 9–17 Uhr, Juli u. Aug. tägl. (außer Mo) 9–18 Uhr, das ganze Jahr Uhr über Sa/So Mittagspause von 12–12.30. Führung durch Museum und Fabrik 3,40 €, erm. 2,40 €.

**Jeseník (ehem. Frývaldov/Freiwaldau):** Das in einem Talkessel gelegene 12.000-Einwohner-Städtchen ist das Zentrum des Altvatergebirges. Charme besitzt es nicht, dafür gute Einkaufsmöglichkeiten – meinen zumindest die polnischen Grenztouristen. Nur ein paar Schritte vom Hauptplatz entfernt befindet sich die einzige Sehenswürdigkeit der Stadt, eine ehemalige *Wasserburg,* heute das *Heimatkundemuseum* mit einer Ausstellung zur Geschichte der Region (insbesondere

Nordmähren
Karte S. 606/607

Bergbau und Kurwesen), zur Geologie (viele Steine) und zur Fauna (viel Ausgestopftes). 3 km westlich von Jeseník liegt *Lipová-lázně* (Niederlindewiese), ein kleiner Kurort mit vielen einfachen Pensionen.

• *Information* **Městské informační centrum,** im Alkron-Einkaufszentrum am zentralen Masarykovo nám. ✆ 584498155, www.jesenicko.cz. Mo–Fr 9–18 Uhr, Sa/So 9–17 Uhr.

• *Verbindungen* **Busse** regelmäßig nach Lazně Jeseník, Žulová und Javorník, bis zu 4-mal tägl. nach Ostrava und Prag, bis zu 6-mal nach Olomouc, 2-mal nach Brünn. Busbahnhof ca. 200 m südlich des Zentrums. **Züge** 4-mal tägl. über Olomouc nach Brünn, bis zu 6-mal nach Krnov und Šumperk. Bahnhof ca. 800 m östlich des Zentrums.

• *Essen & Trinken/Übernachten* **Pizzeria Pinocchio,** ca. 100 m vom Marktplatz entfernt. Solide Pizza und v. a. für Tschechien ungewöhnlich gute Salate zu fairen Preisen. Gemütliche Atmosphäre im Backsteinkeller. Školní 236 (zweigt gegenüber dem Rathaus am Marktplatz ab), ✆ 584412900.

**** **Hotel Slovan**, am Hauptplatz. 35 klassische Hotelzimmer, eines davon behindertengerecht. Alle Zimmer mit Minibar und Tresor. Eigene Parkplätze, Sauna, Solarium. Im 2010 restaurierten Restaurant mit Außenterrasse werden u. a. Wiener Kalbsschnitzel mit Preiselbeersauce oder Hummercremesuppe serviert. Hg. 6–17 €. EZ 40 €, DZ 62 €, Frühstück 6 € extra. Masarykovo nám. 23, ✆ 584496111, ℻ 584496129, www.slovan-jesenik.cz.

**Pension Schlesisches Haus,** an der Straße, die nördlich der Bahngleise nach Lipová-lázne führt. Familiäre Pension mit bieder-rustikalen, aber gut in Schuss gehaltenen Zimmern. Deutschsprachig, deswegen auch viel deutsches Publikum (auch Busgruppen). DZ 40 €, Frühstück 4 € extra. Lipovská 630, ✆/℻ 584413704, www.slezskydum.cz.

**Autocamping Bobrovnik,** zwischen Jeseník und Lipová-lázne, von der Straße, die südlich der Bahngleise entlangführt, ausgeschildert. Großer Platz mit vielen Bäumen. Bunt gemischtes polnisch-tschechisch-holländisch-deutsches Publikum. Kinderspielplatz, Restaurant (leider mit den wohl schmutzigsten Tischdecken Nordmährens), veraltete Sanitäranlagen. Ganzjährig. 2 Pers. mit Zelt u. Auto 8,10 €, Chata für 2 Pers. ab 20 €. Lipová-lázne 790, ✆ 584411145, ℻ 584421309, www.bobrovnik.cz.

• *Öffnungszeiten* **Museum in der Wasserburg,** tägl. (außer Mo) 9–12 u. 13–16.30 Uhr. Eintritt 1,60 €, erm. die Hälfte.

**Lázně Jeseník (Gräfenberg):** Der Kurort, der rund 2 km nordwestlich von Jeseník den Hang hinauf klettert, kann mit dem Prunk der westböhmischen Kurorte nicht im Geringsten mithalten. Auch hinkt die Zahl der restaurierten Kurhäuser weit hinterher. Lázně Jeseník bietet dafür die schöneren Ausblicke, insbesondere vom höchstgelegenen Kurhotel Priessnitz. Die Kurgäste kommen überwiegend aus dem eigenen Land, dazu gesellen sich Polen und ein paar Deutsche. Behandelt werden in erster Linie Atemwegserkrankungen, Kreislaufbeschwerden, Erkrankungen des Nervensystems, Bluthochdruck und Entzündungen jeder Art. Es gibt ein paar Cafés, aber kaum Restaurants, da die Kurgäste pauschal buchen und in den Kurhäusern verpflegt werden. Im *Geburtshaus von Vinzenz Priessnitz* (Nr. 175, etwas versteckt, ungefähr auf halber Höhe des Ortes) erweist man dem Gründer des Kurortes die Reverenz; angeschlossen ein Café.

• *Verbindungen* Alle 45 Min. **Busse** hinab nach Jeseník.

• *Übernachten/Kurinfo* *** **Hotel Priessnitz,** bestes Kurhotel vor Ort. 143 der Sterneanzahl entsprechend ausgestattete Zimmer, alle mit Balkon. Kurbehandlungen im Haus, Tanzcafé für die Abendgestaltung. Über das Hotel, zugleich die Kurinfo, kann man auch günstigere Kurhotels buchen. DZ 60 €, Priessnitzova 12/299, ✆ 584491111, ℻ 584411412, www.priessnitz.cz.

• *Öffnungszeiten* **Priessnitz-Geburtshaus,** tägl. (außer Mo) 14–17 Uhr. Eintritt 1,20 €, erm. die Hälfte.

**Rejvíz (Reihwiesen):** Den hübschen kleinen Ort zieren mehrere Holzhäuser mit bunt bemalten Fensterläden. Er liegt Luftlinie nur 4 km östlich von Jeseník und ist ein beliebtes Wanderziel (grün markierter Weg ab Jeseník), zumal die urige Gaststube der Pension Rejvíz zur Einkehr einlädt. Wer zu viel getrunken hat, nimmt den Bus zurück nach Jeseník, wer noch mehr getrunken hat, kann in einfachen Zimmern mit und ohne Bad (DZ ab 22 €) übernachten (✆ 584413091, www.rejviz.com). Nahe dem Ort befindet sich ein *Naturschutzgebiet* mit einem Moor.

**Wasserdoktor Vinzenz Priessnitz**

Vinzenz Priessnitz (1799–1851) gilt als Begründer der Hydrotherapie. Aus Gräfenberg, dem heutigen Lázně Jeseník, machte er die erste Wasserheilanstalt der Welt. Der Bauernsohn kam im Alter von 16 Jahren unter die Räder eines Fuhrwerks. Der herbeigerufene Wundarzt prophezeite ihm ein Leben als Krüppel, sofern er die Verletzungen überhaupt überstehen würde. Priessnitz aber wurde kein Krüppel. Er heilte sich mit kalten Umschlägen, denn im Wald hatte er beobachtet, wie auch verletzte Rehe ihre Wunden in Quellwasser tauchten. Seine Genesung sprach sich herum. Und nachdem Priessnitz auch noch ein Dienstmädchen aus der Nachbarschaft auf ähnliche Weise geheilt hatte, wurde er zum „Wasserdoktor", den Kranke von nah und später auch von fern aufsuchten. Er therapierte mit Wassertrinkkuren und Wasserbädern, dazu ließ er seine Patienten im Sommer barfuß spazieren gehen, im Winter Holz hacken oder Schnee schippen. Bis heute sind über Priessnitz und dessen Wasserkuren mehr als 400 Bücher geschrieben worden. Priessnitz selbst, der sich nie als Gelehrter sah, verfasste keine einzige wissenschaftliche Arbeit. 1866 erschien die an die Heilmethoden Priessnitzs angelehnte Abhandlung *Meine Wasserkur* von Sebastian Kneipp (1821–1897). Kneipp wurde dadurch weltbekannt.

**Jeskyně na Pomezí (Grenzhöhle):** Fährt man von Jeseník nach Javorník, passiert man kurz hinter Lipová-lázně die Jeskyně na Pomezí, ein Miniaturhöhlensystem mit schmalen, hohen Spaltengängen. Mit etwas Phantasie erinnern einige der Stalagmiten und Stalaktiten an Früchte, Gemüse oder Pilze.

*Öffnungszeiten* April–Juni u. Sept./Okt. tägl. (außer Mo) 9–16 Uhr, Juli u. Aug. tägl. bis 17 Uhr. Eintritt 4 €, erm. 2,80 €.

**Žulova (ehem. Frýdberk/Friedberg):** Ungefähr auf halber Strecke zwischen Jeseník und Javorník passiert man Žulova. Die Häuser der vergessenen Ortschaft gruppieren sich um eine einstige Felsenburg. Deren gotischer Rundturm blieb als Turm einer kleinen, im 19. Jh. erbauten *Barockkirche* erhalten. Ein Teil der alten deutschen Gräber drum herum wurde eingeebnet, andere hat man an die Friedhofsmauer verbannt. Irgendwann wird wohl nur noch eine deutschsprachige Gedenktafel für die Gefallenen des Ersten Weltkrieges – wie vielerorts im Altvatergebirge – daran erinnern, dass die Gegend einst überwiegend deutsch besiedelt war.

*Verbindungen* Die **Busse** zwischen Jeseník und Javorník passieren Žulova.

**Javorník (Jauernig):** Das 3000-Einwohner-Städtchen liegt 28 km nordöstlich von Jeseník, ist im Norden, Westen und Süden von Polen umgeben und befindet sich damit gewissermaßen im toten Winkel der Republik. Im 18. Jh., als es noch Jauernig hieß und weit und breit keine Grenzen existierten, war das hoch über dem Ort gelegene *Schloss Johannisberg* (Jánský Vrch) Schauplatz eines regen musikalisches Schaffens, das ganz Schlesien in den Bann zog. Dafür sorgte Bischoff Schaffgotsch (1716–1795), dem es gelungen war, den Komponisten Carl Ditters (1739–1799) an

Nordmähren
Karte S. 606/607

seinen Hof zu holen. Ditters, ein Schüler und Freund Christoph Willibald Glucks, komponierte auf Johannisberg mehrere komische Opern. In Anerkennung seiner Arbeit wurde er 1773 in den Adelsstand erhoben und durfte sich fortan Carl Ditters von Dittersdorf nennen. Heute finden ihm zu Ehren im August und September die *Dittersdorf-Musikfesttage* statt. Durch das jüngst restaurierte Schloss, das seit alters her der Sitz der Breslauer Bischöfe war, werden Führungen angeboten, ausgestellt ist u. a. eine Pfeifensammlung mit rund 2000 Exemplaren. Der Fußweg hinauf zum Schloss ist vom Zentrum ausgeschildert. Am südlichen Ortseingang, in der Puškinova 57, befindet sich das einstige Wohnhaus von Carl Ditters von Dittersdorf. Heute ist hier ein Musikgymnasium untergebracht. Über das Leben des Komponisten informiert das *Städtische Museum* (Městské muzeum) an der Nádražní 160.

Schloss Johannisberg in Javorník

- *Verbindungen* Regelmäßig **Busse** von und nach Jeseník, Züge nur nach Lipová-lázně.
- *Übernachten* **Hotel Taverna,** an der Durchgangsstraße. Gepflegtes kleines Hotel mit ebensolchem Restaurant samt Terrasse. Viel polnisches Publikum. Ordentliche Zimmer mit Bad. DZ 44 €. 17. listopadu 450, ✆ 584440363, www.hotel-taverna.cz.
- *Öffnungszeiten* **Schloss,** April u. Okt. nur Sa/So 9–15 Uhr, Mai–Aug. tägl. (außer Mo) 9–16 Uhr, Sept. tägl. (außer Mo) 9–15 Uhr. Tour 1 (mit Pfeifensammlung) 3,60 €, erm. 2 €, Tour 2 (u. a. Küche, Badezimmer und Kapelle) 2 €, erm. 1,20 €.

**Städtisches Museum im Kulturhaus**, Okt.–April Mo–Fr 8–15.30 Uhr, Mai–Sept. Di–Fr 8–16.30 Uhr, Sa 11–17 Uhr. Eintritt 1,60 €, erm. 0,80 €.

**Ramzová (Ramsau):** Ramzová liegt rund 12 km südwestlich von Jeseník und bildet zusammen mit den nahen Ortschaften Ostružná und Petříkov eines der größten, jedoch nicht zusammenhängenden *Skigebiete* des Altvatergebirges. Insgesamt stehen 17 Schlepp- und drei Sessellifte zur Auswahl. Die anspruchvollsten Abfahrten bietet das Skiareal Ramzová. Die dortige Sesselliftanlage bringt Sie auch im Sommer auf den *Šerák* (Hochschar, 1351 m), auf dessen Gipfel die *Georgshütte* Erfrischungen anbietet. Von dort lassen sich herrliche Wanderungen unterschiedlicher Länge unternehmen. Mit wunderbaren Ausblicken verbunden ist die rund 9,5 km lange, rot markierte Kammwanderung über den *Keprník* (Köpernik, 1423 m) zum *Červenohorské sedlo* (Rothenbergsattel) mit Übernachtungs- und Einkehrmöglichkeit. Von dort kann man mit dem Bus nach Jeseník zurückfahren. Wer will, kann die Wanderung bis auf den *Praděd* (s. u.) fortsetzen. Für ca. 10 km folgt man dabei vom Rothenbergsattel weiter der roten Markierung.

*Kurort Karlova Studánka*

• *Verbindungen* Bis zu 6-mal tägl. **Busse** nach Jeseník,, bis zu 4-mal nach Prag. **Züge** regelmäßig nach Jeseník, bis zu 5-mal tägl. nach Šumperk und Olomouc.

• *Übernachten* In Ramzová, Ostružná und Petříkov mehrere überwiegend einfache Unterkünfte. Eine Adresse in Ramzová:

**Penzion Katuša,** beim Sessellift. Gemütliche Gaststube, Skiverleih. Schlichte Zimmer (5 DZ, 1 Dreier, 2 Vierer und 1 Appartment für 5 Pers.) mit eigenem Bad. DZ 29 €. Ramzová, ✆/✆ 583230304, www.penzion-katusa.wbs.cz.

• *Skifahren* Tageskarten ca. 20 €. Skiverleiher und Skischulen vor Ort.

• *Seilbahn im Sommer* Talstation in Ramzová, von der Straße Jeseník – Hanušovice mit „Lanovka Dráha" ausgeschildert. Im Juli u. Aug. tägl. 8.30–17.30 Uhr. Ramzova – Šerák retour 8 €, erm. 5,60 €.

**Karlova Studánka (Karlsbrunn):** Der extrem ruhige Kurort Karlova Studánka ist eine von dichten Nadelwäldern umschlossene Perle im Altvatergebirge. Er liegt rund 15 km nördlich von Bruntál auf erfrischenden 800 m Höhe am Ostfuß des Praděd (s. u.). In der zweiten Hälfte des 18. Jh. wurde er vom Deutschen Ritterorden gegründet. Anfangs hieß der Kurort noch *Hinnewieder,* 1803 wurde er zu Ehren von Erzherzog Karl Ludwig, ab 1801 Hochmeister des Ordens, in Karlsbrunn umbenannt. Karlova Studánka ist nicht groß, die Häuser kann man sich an Fingern und Zehen abzählen. Es dominieren massive Holzhäuser oder dunkelbraune, schindelbedeckte Bauten mit cremefarbenen Fensterläden und Balkons. Auch die *Kolonnade* ist eine Holzkonstruktion. Die *Marienkapelle* gleicht den Landkirchen, die der Orden in Schlesien erbauen ließ. Das eisenhaltige Quellwasser und die hiesigen Moorbäder dienen vorwiegend zur Heilung von Atemwegs- und Gefäßerkrankungen. Die Luft soll heute mit die reinste der ganzen Republik sein, und damit das auch so bleibt, herrscht im Ort Fahr- und Rauchverbot.

• *Information* **Informační centrum,** im Zentrum. Eher Souvenirshop, insgesamt wenig hilfreich. Tägl. 9–17 Uhr. ✆ 554772004, www.jeseniky-praded.cz. **Kurinfos** unter www.kstudanka.cz.

• *Parken* Parken ist nur am oberen und unteren Ende des Kurorts erlaubt.

• *Verbindungen* Regelmäßige **Busse** nach Bruntál.

Nordmähren
Karte S. 606/607

• *Essen & Trinken* Außer dem **Hotel Džban** (s. u.) keine Empfehlungen. Nebenan gibt es die gute kleine Bäckerei Pekařství – früh kommen, schnell ausverkauft!

• *Übernachten* Die Auswahl ist im Zentrum bescheiden, zumal die Kurhäuser nicht an Tagesgäste vermieten. Mehrere Pensionen findet man in Lesná, dem Viertel unterhalb, sowie in Hubertov, dem Viertel oberhalb von Karlova Studánka. Eine Reihe von Unterkünften gibt es zudem im 7 km südlich gelegenen Malá Morávka, allerdings liegen die meisten davon direkt an der Durchgangsstraße.

*** **Hotel Džbán,** einfaches Haus, das sich die 3 Sterne wohl selbst gegeben hat. 25 unterschiedlich ausgestatte Zimmer, das Gros davon mit recht altbackenem Mobiliar. Fitnessraum, Sauna, Vermittlung von Kurbehandlungen. Beliebtes Restaurant mit deftiger Knödelküche. DZ 43 €, Frühstück extra. Im Zentrum, ✆ 554772014, ℻ 554772013, hoteldzban@seznam.cz.

**Pension U Válků,** im Ortsteil Lesná. Hübsches Haus mit Geranien am Fenster. Freundliche Zimmer im IKEA-Stil, großer Garten, sichere Parkplätze. Terrasse, Gemeinschaftsküche, Radverleih. DZ 26 €, Frühstück 2,80 € extra. Karlova Studánka 89, ✆ 606200868 (mobil), www.ceskehory.cz/uvalku.

• *Außerhalb/Camping* **** **Hotel Singer,** zweistöckiges Haus mit gepflegtem Grün drum herum. In Ludvíkov, ca. 5 km nördlich von Karlova Studánka. 55 Betten, die schönsten Zimmer unterm Dach. Kleiner Wellnessbereich. Rustikales Restaurant. Von Lesern gelobt. DZ 70 €. Ludvíkov 65, ✆ 554211225, ℻ 554254792, www.hotelsinger.cz.

**Pension Grizzly,** Berghaus im rustikal-alpenländischen Stil, ebenfalls in Ludvíkov. Gemütliche Gaststube mit ausgestopften Tieren, darunter auch der namengebende Grizzly. Eigener Parkplatz. Alle Zimmer mit Bad. DZ 39 €. Ludvíkov 65, ✆ 554753182, www.pensiongrizzly.cz.

**Autocamping Dolina,** ebenfalls in Ludvíkov. Gepflegter, von Wald umgebener Platz, Stellflächen z. T. unter Nadelbäumen. Ältere, aber in Schuss gehaltene Sanitäranlagen. Viele Chatas. Nur Kiosk, gegenüber ein Restaurant. Mai–Mitte Okt. 2 Pers. mit Zelt u. Auto 7,70 €, Chata für 2 Pers. ab 9,70 €. Ludvíkov 112, ✆ 554751983, www. autokemp-vrbno.cz.

**Praděd (Altvater) und Umgebung:** 1 km südlich von Karlova Studánka, wo sich die Straße Richtung Rýmařov und Bruntál gabelt, liegt *Hvězda (Stern),* nichts anderes als ein großer Parkplatz mit Bushaltestelle, Restaurant und einer Schranke. Für 6–12 € (je nach Saison) wird die Schranke geöffnet, und man darf mit seinem eigenen Wagen bergauf bis nach *Ovčárna* (Schafshütte) fahren. Dort gibt es mehrere Berghütten mit Einkehr- und Übernachtungsmöglichkeiten, zudem im Winter alpine Abfahrtsmöglichkeiten am 1464 m hohen *Vysoká hole* (zwei Schlepplifte). Billiger ist die Anfahrt mit dem nahezu stündlich von Hvězda verkehrenden Bus. Aber Achtung: Die Busse sind im Sommer oft übervoll! Von Ovčárna sind es noch ca. 3 km bis auf den Praděd, den höchsten Berg Nordmährens (erst der roten, dann der blauen Markierung folgen). Auf seinem Gipfel in 1491 m Höhe steht ein Fernsehturm mit Aussichtsplattform und Restaurant. Vom Praděd bietet sich die Möglichkeit einer schönen Kammwanderung zum Gipfel des *Šerák* (→ Ramzová). Zudem führt von der Barborka-Hütte (zwischen Ovčárna und Praděd-Gipfel) ein blau markierter Weg entlang der *Bílá Opava* (Weiße Oppa) hinab nach Karlova Studánka.

**Bruntál (Freudenthal):** Über 90 % ihrer Einwohner verlor die einst hübsche Stadt nach dem Zweiten Weltkrieg. Mit der Neubesiedlung kamen Plattenbauten, das alte Zentrum ließ man verfallen. Heute versucht man zu retten, was noch zu retten ist. Die einzige Sehenswürdigkeit Bruntáls (heute 17.300 Einwohner) ist das einstige *Schloss* des Deutschen Ritterordens, in dem bis 1939 die Hochmeister residierten. Man findet es, wenn man vom Hauptplatz Náměstí Miru beim Metzger Bivoj der Zámecká folgt. Das Schloss beherbergt heute das *Städtische Museum* (Muzeum v Bruntále) mit einer Ausstellung über altes Kunsthandwerk. Zudem kann man reich ausgeschmückte Säle und die prunkvolle Schlossbibliothek besichtigen.

• *Verbindungen* Regelmäßig **Busse** nach Krnov, Opava und Karlova Studánka, bis zu 7-mal tägl. nach Šumperk. Zudem gute **Zugverbindungen** nach Krnov, bis zu 8-mal tägl. nach Olomouc.

• *Übernachten* *** **Hotel Slezan,** ein von Plattenbauten umgebenes, äußerlich heruntergekommenes Plattenbauhotel, dafür in recht zentraler Lage und mit nettem Personal. 62 Zimmer und Apartments, darunter restaurierte und unrestaurierte. Lobbybar, Solarium, Friseur, Restaurant. DZ je nach Standard 35–39 €. Revoluční 20, ✆/℻ 554711 907, info@hotelslezan.cz.

• *Öffnungszeiten* **Schloss,** Okt.–April tägl. (außer Mo) 9–16 Uhr, Mai–Sept. tägl. 9–17 Uhr. Schlossführung 2,80 €, erm. 1,60 €. Museum 0,80 € extra, erm. die Hälfte.

## Opava (Troppau)

Opava ist eine Industriestadt mit 58.000 Einwohnern, die keinen größeren Umweg lohnt. Wer aber zufällig vorbeikommt, kann hier jederzeit eine interessante Pause einlegen. Die Stadt war einst sehr reich, zudem die Hauptstadt des österreichischen Kronlandes Schlesien (bis 1918). Damals hieß sie noch Troppau und besaß ein reges kulturelles Leben. Durch Luftangriffe im Zweiten Weltkrieg, die Vertreibung der Hälfte ihrer Einwohner und durch die spätere „moderne Bebauung“ im und rund um das Zentrum verlor die Stadt jedoch viel von ihrem einstigen Charme. Seit einigen Jahren bemüht man sich, den historischen Kern zu restaurieren. Hier und dort erstrahlen wieder ein paar alte Prachtbauten in neuem Glanz. Dazu gehört z. B. das **Rathaus** (Radnice) mit seinem über 70 m hohen Turm am Horní náměstí (Oberring). Ihm gegenüber befindet sich das **Schlesische Theater** (Slezské divadlo) im historisierenden Stil. Links davon erhebt sich die **Probsteikirche Mariä Himmelfahrt** (Kostel Nanebevzetí Panny Marie), ein mächtiger Backsteinbau aus der zweiten Hälfte des 14. Jh. (Seiteneingang nehmen). Beachtenswert ist ihr spätbarocker Hochaltar von Johann Schubert, der von einer auf Säulen ruhenden Krone abgeschlossen wird. Östlich des Horní náměstí, über die Straße Mezi trhy zu erreichen, liegt der Dolní náměstí (Niederring), der schönere der beiden zentralen Plätze. Im angrenzenden **Jesuitenkolleg** trat einst der schlesische Landtag zusammen. 200 m südöstlich davon steht in einer kleinen Parkanlage das prächtige Gebäude des **Schlesischen Museums** (Slezské zemské muzeum Opava), das nach Abschluss der Restaurierungsarbeiten – voraussichtlich Frühjahr 2012 – wieder ausgestopfte Tiere, Steine, Heiligenstatuen, Trachten u. v. m. aus der Gegend zeigt.

• *Information* **Městské informační centrum,** Horní nám. 67, ✆ 553756143, www.infocentrum.opava.cz. Mo–Fr 8–18 Uhr, April–Okt. auch Sa 8–11 Uhr. Vermittelt auch Unterkünfte.

• *Verbindungen* Vom Ostbahnhof (Opava-Východ) ca. 300 m südöstlich des Zentrums regelmäßig **Züge** nach Krnov, Bruntál, Ostrava und Hradec nad Moravicí, bis zu 7-mal tägl. nach Olomouc. Vom ca. 1,5 km südöstlich des Zentrums (Stadtbus Nr. 211 u. 220) gelegenen Busbahnhof gute **Busverbindungen** in alle näheren kleineren und ferneren größeren Städte.

• *Essen & Trinken* Kosten Sie das Bier der hiesigen Brauerei *Zlatovar!*

**Restaurant U Bílého Koníčka,** gepflegtes Lokal mit rustikalem Touch in einem schönen Renaissancehaus. Nach vorne Bestuhlung zum Platz hin, nach hinten kleiner Biergarten. Mährische Küche wie der berühmte „Spatz“, *Halušky* (eine Art Spätzle) mit Speck oder Olmützer Quargeln im Kartoffelpuffer. Hg. 5–10 €. Dolní nám. 4, ✆ 553712904.

**Café Kramer,** neben der Touristeninformation am Horní nám. Gepflegtes Café im Wiener Kaffeehausstil. Außenbestuhlung, gute Kuchen.

• *Übernachten* Es gibt nur wenige ansprechende Unterkünfte im Zentrum.

*** **Hotel Iberia,** ca. 100 m nördlich des Rathauses. Eines der besten Häuser der Stadt, in einem historischen Gebäude. 16 angenehme Zimmer (auch ein behindertengerechtes), der Zahl der Sterne entsprechend ausgestattet. Parken 4 €/Nacht extra. Im Restaurant serviert man zeitgemäße Küche

(Chorizo mit Oliven und getrockneten Tomaten, Tintenfisch in Wein), Hg. 4–12 €. EZ 57 €, DZ 75 €. Pekařská 11, ✆ 553776700, 553776702, www.hoteliberia.cz.

**Penzion Koruna,** einfache Pension, alle Zimmer frisch restauriert. Buchbar über das Hotel Koruna am Horní nám., die Pension liegt gleich ums Eck. EZ je nach Ausstattung 24–32 €, DZ 34–46 €. Na Valech 4, ✆ 553621132, 553621900, www.penzionkoruna.cz.

## Umgebung von Opava

**Krnov (Jägerndorf):** Krnov liegt 23 km nordwestlich von Opava direkt an der polnischen Grenze. An die einstige Pracht der Stadt erinnern heute noch ein paar repräsentative Bauten im Zentrum, die im neuen Glanz erstrahlen. Dazu gehört das 1901 errichtete, lachsrosafarbene *Neorenaissancerathaus* mit farbenfrohem Mosaikdach am Hlavní náměstí, dem Hauptplatz. Daneben steht der von Atlanten bewachte Jugendstilbau der *Spořitelna* (Sparkasse). Im Inneren befindet sich ein schönes Art-nouveau-Café. 150 m weiter westlich, am Zámecké náměstí, lohnt ein Blick auf die Arkaden und Sgraffiti im *Schlosshof* – das Schloss selbst beherbergt heute Büros und ein Restaurant.

Rund 34.000 Deutsche (mehr als die heutige Einwohnerzahl, ca. 25.000) wurden 1945/46 aus Jägerndorf vertrieben. In ihre frei gewordenen Häuser zogen in den 1950ern u. a. griechische Kommunisten ein, die im Zuge des griechischen Bürgerkriegs (1942–49) ihre Heimat verlassen mussten und in der damaligen Tschechoslowakei Zuflucht fanden. Insgesamt kamen zu jener Zeit rund 15.000 Griechen ins Land. Die meisten kehrten im Laufe der Jahrzehnte nach Griechenland zurück, doch immer noch leben rund 3500 Griechen in Tschechien – und die meisten davon im Raum Krnov. Über das ausgesprochen gute griechische Lokal Hermes im Städtchen (→ Essen & Trinken) braucht man sich so nicht zu wundern.

*Schloss in Hradec nad Moravici*

• *Verbindungen* **Bus**bahnhof recht zentral, bis zu 7-mal tägl. Busse nach Opava. Bahnhof westlich des Zentrums, regelmäßig **Züge** nach Bruntál, alle 2 Std. nach Olomouc, bis zu 5-mal tägl. nach Jeseník.

• *Essen & Trinken* **Hermes,** griechisches Café-Restaurant nahe dem Hauptplatz und gegenüber der Touristeninformation. Angenehme Lokalität, modern und hell, dezente Musik, einsehbare Küchentheke. Neben Gyros- und Souvlaki-Küche auch Pasta und eine beeindruckende Auswahl an Salaten. Hg. 2,60–13,30 €. ✆ 544614737.

• *Übernachten* **** **Hotel Pepa,** 4 Sterne? Restaurierte Teppichbodenzimmer im wilden Stilmix: 80er-Jahre-Polstermöbel neben antiken Schränken, wilde Kunstdrucke neben Aktzeichnungen. Freundliches junges Personal. Düsteres Restaurant im EG. Garagenparkplätze. EZ 39 €, DZ 64 €. Zámecké nám. 7, ✆ 554611005, 554610716, www.hotelpepa.cz.

**Hotel Praha,** die Top-Adresse für hartgesottene Ostalgiker! Immerhin alle Zimmer mit Du/WC und mit Parkgarage. DZ 25 €. Revoluční 10, ✆ 554610741, 554610740, krnovhotelpraha@centrum.cz.

*Spuren deutscher Vergangenheit am Schloss von Krnov*

**Hradec nad Moravicí (ehem. Hradec u Opavy/Grätz bei Troppau):** Das Straßendorf liegt rund 8 km südlich von Opava am Flusslauf der Moravice. Hoch darüber thront die einstige Schlossanlage der Fürsten Lichnovský, die hier von 1788 bis 1945 residierten (vom Zentrum bis zum Schloss muss man einen weiten Fußweg zurücklegen!). Mehrmals ließ die Familie ihr Anwesen umbauen, zwischen 1861 und 1888 im gegenwärtigen neogotischen Stil. Bei diesem Umbau kam auch das sog. *Rote Schloss* (Červený zámek) hinzu, ein roter Backsteinbau. Er ging aus den ehemaligen Stallungen hervor und beherbergt heute u. a. ein Hotel (→ Übernachten). Dahinter liegt der ältere Teil der Anlage, das *Weiße Schloss* (Bílý zámek).

Durch dieses führen zwei Rundgänge (45 und 75 Min.). Je nachdem, welchen man wählt, bekommt man die umfangreiche Gemäldegalerie oder die luxuriösen Repräsentationssäle zu sehen. Zudem erinnert man an Ludwig van Beethoven, Niccolò Paganini und Franz Liszt, die als Gäste der kunstsinnigen Lichnovský im Schloss ein und aus gingen. Aber auch Auguste Rodin, Rainer Maria Rilke, Hugo von Hofmannsthal und Golo Mann waren des Öfteren zu Besuch. Alljährlich im Juni findet auf Schloss Hradec ein Violinenfestival im Zeichen Beethovens statt. Um die Schlösser erstreckt sich ein weiter Park.

Nordmähren
Karte S. 606/607

• *Verbindungen* Regelmäßige **Busverbindungen** nach Opava.

• *Übernachten* *** **Hotel Belaria,** ca. 1,5 km von Hradec nad Moravici entfernt, im Ort ausgeschildert. Mitte der 1980er als sozialistische Luxusanlage mit Pool und Konferenzräumen im Grünen gebaut. Seitdem nahezu unverändert – viele Falten und Flecken, aber unbestreitbar schöne Lage. EZ 44 €, DZ 68 €. Žimrovická 663, ✆ 553783364, ✆ 553783346, www.hotelbelaria.cz.

**Hotel Cervený Zámek,** im Roten Schloss. Ein gewisses *Shining*-Flair kann man dem Haus nicht absprechen. Zimmer und Bäder sind einfach, aber okay. Restaurant. DZ 36 €. Městečko 1, ✆ 553783021, ✆ 553770760.

**Autokempink Hradec,** für Wohnmobile steht eine lichte Wiese zur Verfügung, Zelte werden in einem dunklen Eck aufgestellt. Bis auf ein paar tschechische Dauercamper tote Hose. Veraltete Sanitäranlagen, Feuerstelle, Restaurant. Etwas für den Notfall. Anfang Mai–Ende Okt. 2 Pers. mit Zelt u. Auto 6 €, 2-Pers.-Chata mit Bad 14 €. Ca. 2 km südlich des Ortes zwischen Waldrand und E 57, ✆ 553783114.

*Öffnungszeiten* **Weißes Schloss,** April, Okt. u. Nov. nur Sa/So 10–16 Uhr, Mai–Sept. tägl. (außer Mo) 9–17 Uhr. Je nach Führung (mit dt. Textblatt) 3,20–3,60 €, erm. 2–2,40 €.

## Schlesien und das Hultschiner Ländchen

Die historische Landschaft Schlesien umfasste grob die Gebiete beiderseits der oberen und mittleren Oder. Natürliche Grenzen fehlten. Die Bevölkerung war überwiegend deutschsprachig: In Niederschlesien (mittleres Odergebiet mit Breslau, heute Wroclaw, als Zentrum) machten die Deutschsprachigen praktisch die gesamte Bevölkerung aus, in Oberschlesien (mit Oppeln, heute Opole, als Zentrum) stellten sie teils die Mehrheit, andernorts waren sie eine Minderheit. Stets wurde Schlesien zwischen den verschiedensten Mächten herumgereicht. Das Kernland der historischen Landschaft gehörte zu Polen (1137–1335), zu Böhmen (1335–1526), zum Habsburgerreich (1526–1742), zu Preußen bzw. Deutschland (1742–1945) und ist heute unter dem Namen *Śląsk* wieder weitestgehend ein Teil Polens. Das südliche Oberschlesien wiederum, die Region zwischen Altvatergebirge und Beskiden, gehört zu Tschechien und wird *Moravskoslezsko,* Mährisch-Schlesien, genannt.

Diese Randregion blickt auf eine z. T. eigenständige geschichtliche Entwicklung zurück. Das Gebiet um Troppau (heute Opava) z. B. verblieb bis zum Ersten Weltkrieg bei Österreich. Das benachbarte Hultschiner Ländchen (Hlučínsko), die Region um die Stadt Hlučín (Hultschin), gehörte dagegen bis zum Ende des Ersten Weltkriegs zu Deutschland. Obwohl der Anteil der Deutschen im Hultschiner Ländchen nicht mehr als 16 % betrug, wurde das Gebiet nach dem Krieg gegen den Willen der Bevölkerung der Tschechoslowakei zugesprochen. Den Hultschiner Tschechen, die man auch als *Prajzaci* (Preußen) verspottete, wurde die deutsche Nationalität aberkannt. Nach dem Anschluss an Nazideutschland machte man aus den *Prajzaci* wieder Deutsche und nach dem Ende des Zweiten Weltkrieges wieder Tschechen.

1989 kam dann neue Bewegung in die Nationalitätenfrage. Nach den Gesetzen der Bundesrepublik Deutschland führt der Entzug der deutschen Staatsangehörigkeit durch einen anderen Staat nämlich nicht zum Verlust der Staatsangehörigkeit. Und als nach der Samtenen Revolution der Westen bessere berufliche Perspektiven bot, setzte im Hultschiner Ländchen ein Ansturm von Abertausenden junger Tschechen auf deutsche Pässe ein.

*Ostrava – eine Stadt im Wandel*

## Ostrava (Ostrau)

**„1989 – erste Umgestaltungsbemühungen zu einer menschenfreundlicheren Stadt" – so verkündet es die lokale Chronik. Schönreden will man nichts in Ostrava, dem alten Kohle-Stahl-Zentrum im mährischen Revier. Schöner machen aber schon. Nur geht das alles nicht so einfach und auch nicht so schnell.**

Ostrava, das sind 306.000 Einwohner in einer noch in weiten Teilen grauen Stadt zwischen Abraumhalden, Fördertürmen und Schwerindustrietristesse. Allein über 30 Bus- und Straßenbahnhaltestellen sind Zeugen der Stahlzeit: Sie heißen z. B. *Witkowitzer Hochofen (Vítkovice vysoké pece), Neue Hütte – Südtor (Nová Huť – Jižní Brána), Grube Jan Šverma (Důl Jan Šverma)* und so fort. Wer an diesen Stationen aussteigt, steht meist vor stillgelegten Industriekonglomeraten mit verrosteten Kränen, düsteren Schornsteinen und über die Straßen verlaufenden Rohren. Tausende Jobs gingen hier in den letzten Jahrzehnten verloren. Und wann sämtliche Abraumhalden zu Grünflächen umgewandelt sind, steht in den Sternen.

Das tiefe Tal der Tränen aber, in dem der einzige Lichtblick der lokale Fußballclub *FC Baník Ostrava* war, ist durchschritten. Zum rettenden Anker wurde die Automobilindustrie. Die Fördergelder der EU lockten *Hyundai* (Werkseröffnung 2008) nach Ostrava, gefolgt von Zulieferern. Seitdem vollzieht sich ein Wandel im Stadtbild: Mit den neuen Jobs kam Geld, und mit dem Geld kamen renovierte Fassaden und schickere Geschäfte. Selbstbewusst bewarb sich Ostrava mit seinen Industriedenkmälern sogar um den Titel der europäische Kulturhauptstadt 2015. Den Titel konnte Ostrava zwar nicht einheimsen, die mit der Bewerbung einhergegangen Projekte aber sind nicht allesamt vom Tisch. So sollen diverse neue Kultureinrichtungen entstehen. Ein Mammutprojekt ist zudem *Jindřich Plaza*, die zukünftig angeblich größte Hotel- und Freizeitanlage Tschechiens, mit dem einstigen Jindřich-Förderturm als Markenzeichen.

Nordmähren
Karte S. 606/607

Hoch im Kurs steht Ostrava übrigens bei den grenznahen Polen. Sie lieben die Stadt, vielmehr das billige Bier hier. Getrunken wird es in der *Stodolní,* einer Kneipenstraße, wie es in Tschechien keine zweite gibt (→ S. 640).

**Geschichte:** Im 13. Jh. ließ der Olmützer Bischof Bruno von Schaumberg an der Mündung der Ostravice (Ostrawitza) in die Odra (Oder) eine Grenzfeste bauen. In deren Schatten entstand im Laufe der Zeit ein kleines Tuchmacherstädtchen. 1763, damals zählte Ostrau keine 2000 Einwohner, entdeckte man die ersten Kohlevorkommen in der Umgebung. 1828 folgte die Gründung der ersten Eisenhütte, der Rudolfshütte, aus der später die Witkowitzer Eisenwerke hervorgingen. Keine 20 Jahre später war Ostrau mit Prag, Wien und Krakau durch die neu geschaffene Ferdinand-Nordbahn verbunden. Ostraus Aufstieg zum größten Industriezentrum der Habsburger Monarchie begann. Wiener Industrielle und Bankiers (u. a. Salomon Mayer Rothschild) investierten in die Stadt. Weitere Gruben wurden erschlossen, in deren Nähe Kokereien, Stahl- und Walzwerke sowie Arbeitersiedlungen entstanden. Zu Beginn des 20. Jh. hatte sich die Einwohnerzahl bereits weit mehr als verzehnfacht, und ein Versiegen der Zuzugsströme zeichnete sich noch lange nicht ab. Selbst aus Galizien lockte Ostrau Arbeitskräfte an. Am Ende des Zweiten Weltkriegs, in dem die Stadt als Zentrum der Rüstungsindustrie unter den Luftangriffen der Alliierten schwer zu leiden hatte, zählte man 125.000 Einwohner.

Nach der Vertreibung der Deutschen (rund ein Sechstel der Einwohner), mit der auch die Dreisprachigkeit Ostravas (deutsch, tschechisch und polnisch) endete, förderten die Kommunisten den Zuzug Zehntausender slowakischer Familien. Neue Satellitenstädte rund um die Gruben und Hüttenkombinate kamen hinzu. In sozialistischer Zeit galt die Stadt als sehr wohlhabend, die Läden waren bestens bestückt. Die vielen Arbeiter machten Ostrava zugleich zu einer Hochburg der KP. Die Planwirtschaft aber, die die Rechnung ohne die Umwelt machte, sorgte dafür, dass tagsüber ein trüber, giftiger Dunst über der Stadt hing, der aus den Schloten der Schwer- und Chemieindustrie kam. Nachts hingegen lag ein roter Schein über ihr, den die Hochöfen in den Himmel zauberten.

**Orientierung:** Der Großraum Ostrava ist fürchterlich zersiedelt. Vorbei an schäbigen Wohnstädten, weiten Abraumhalden und maroden Industrieanlagen gelangt man ins Zentrum, das sich *Moravská Ostrava* nennt. Dessen Kern umrahmen die Straßen *Českobratrská* im Norden und *Nádražní* im Westen sowie der Flusslauf der *Ostravice* im Osten. Im Südosten wird das Zentrum vom Messegelände begrenzt. Zentraler Platz ist der ansehnliche *Masarykovo náměstí.*

Nach der Samtenen Revolution kam der große Umbruch. Die maroden Betriebe waren dem internationalen Wettbewerb nicht mehr gewachsen und sprachen allen modernen Umweltnormen Hohn. 1994 wurde auf dem Stadtgebiet Ostravas die Kohleförderung eingestellt. Nach und nach machte ein Stahlwerk nach dem anderen dicht. 1998 wurde die Eisenerzeugung in Vítkovice eingestellt, einst der größte Produzent vor Ort. Zigtausende von Bergleuten und Hüttenarbeitern verloren ihren Job und mussten umgeschult werden. Heute schöpfen die Betriebe, die den Niedergang der lokalen Stahlindustrie überlebt haben, wieder Hoffnung, darunter auch der größte Arbeitgeber der Stadt (9000 Angestellte), die Stahlhütte *ISPAT*

*Nová Huť,* die mittlerweile zum indischen Konzern *Mittal Steel* gehört. Ostrava zählt heute zu den attraktivsten Standorten für Investitionen in Mittelosteuropa, nicht zuletzt deshalb, weil sich von den Universitäten vor Ort (36.000 Studenten!) hochqualifiziertes Personal rekrutieren lässt.

## Information/Parken/Verbindungen

• *Information* **Ostravský informační servis,** Nádražní 7, ✆/✉ 596123913, www.ostrava info.cz. Mo–Fr 7–19 Uhr, Sa 9–14 Uhr.

• *Parken* Gebührenpflichtige Tiefgarage am Prokešovo nám. beim Neuen Rathaus, Parkhaus beim Messegelände am Havlíčkovo nábř./Ecke Střelniční. Zudem großer gebührenpflichtiger Parkplatz an der Pivovarská.

• *Verbindungen* **Züge:** Ostrava besitzt mehrere Bahnhöfe. Der **Hauptbahnhof** (hlavní nádraží) liegt 2 km nördlich des Zentrums (Ⓢ 1, 2 o. 8). Von dort regelmäßig Züge nach Prag, Olomouc, Frýdek-Místek und Brünn, 2-mal tägl. nach Kroměříž.

Der Bahnhof **Ostrava-Svinov** befindet sich 5 km westlich des Zentrums (Ⓢ 4 o. 9), dort starten die Züge nach Český Těšín (regelmäßig), Krnov (bis zu 9-mal tägl.) und Opava (regelmäßig).

Ein Teil der Züge (nicht jedoch jene nach Prag!) hält auch an bzw. startet von der zentral gelegenen Bahnstation **Ostrava-Stodolní**.

**Busse:** Busbahnhof neben dem Stadtbahnhof (s. o.). Gute Verbindungen in alle Städte Mährens.

Nach Prag (mit dem Pendolino ca. 3 Std., sonst 4 Std.) und Olomouc (ca. 1 Std. mit dem Pendolino) sollte man dem schnelleren **Zug** den Vorzug geben! Busse brauchen nach Prag mind. 5 ½ Std., nach Olomouc 1 ½–2 Std.!

**Flughafen:** Ca. 24 km südwestlich der Stadt, nahe dem Örtchen Mošnov. Flüge mit ČSA und CCA nach Prag. Taxi ins Zentrum ca. 20 €. ČSA-Büro in Ostrava an der Jurečkova 20 (1. Stock), ✆ 239007007. CCA-Office am Flughafen, ✆ 597471466.

**Stadtverkehr:** Straßenbahnen und Trolleybusse verkehren rund um die Uhr, nachts eingeschränkt. Tickets erhält man an den gelben Automaten bei den meisten Haltestellen oder in Tabakläden, ein Einzonenticket (reicht in den meisten Fällen) kostet etwa 1 € (26 Kč, Stand 2010), ein Tagesticket 2,40 € (59 Kč).

## Adressen

• *Ärztliche Versorgung* **Krankenhaus** westlich des Zentrums an der Nemocniční 20. ✆ 596191111.

• *Autoverleih* Am Flughafen sitzen u. a. **Hertz** (✆ 225345081, www.hertz.cz), **Sixt** (mobil ✆ 724536962, www.e-sixt.cz) und **Budget** (✆ 597471196, www.budget.cz). Einen billigeren Wagen bekommt man im Zentrum, z. B. bei **Rental Car,** Zeyerova 11, ✆ 775357678 (mobil), www.rentalcar.cz.

• *Polizei* Unter anderem an der Masná. ✆ 156.

• *Post* Unter anderem am Hauptbahnhof und zentraler an der Poštovní.

• *Einkaufen* **Shoppingcenter Futurum** mit rund 60 Läden. Westlich des Zentrums an der Novinářská, zu erreichen mit den Trolleybussen Nr. 107, 108 o. 109 ab dem Husův sad.

**Vinotéka (7),** gute Auswahl an mährischen Weinen. Nádražní 45. Wer hier nicht fündig wird, kann es noch in der Vinothek **Hrozen (6)** schräg gegenüber (Hnr. 38) versuchen.

**Hopsyk Zastavárna (9),** Trödel ohne Ende: Lampen, Bilder, Geschirr, Möbel und, und, und ... Nádražní/Ecke Janáčkova.

**Librex (28),** der angeblich größte Buchladen der Republik. Mit Café. Smetanovo nám.

## Essen & Trinken/Nachtleben (⟶ Karte S. 638/639)

Geringe Auswahl an stilvollen Restaurants, dafür umso mehr an feucht-fröhlichen Kneipen. Das hiesige Bier nennt sich *Ostravar,* ausgeschenkt wird es vornehmlich in einfachen Pinten. Wer etwas auf sich hält, trinkt *Radegast,* das populäre Bier aus den Beskiden.

Nordmähren
Karte S. 606/607

• *Restaurants* **Radniční Restaurace (4),** im Komplex des Neuen Rathauses. Gediegene Lokalität im Art-déco-Stil, originalgetreu restauriert. Fein abgewandelte mährische Küche, kosten Sie die Wildpastete und danach das Filetsteak. Zuvorkommender Service, wenn auch nicht immer fremdsprachig. Hg. 3,50–9 €. Prokešovo nám. 8, ✆ 599443561.

**Hacienda Mexicana (26),** Restaurant mit Erlebnisgastronomieambiente: dekoriert mit Sombreros, Pflanzen, Flickerlteppichen und einer Kutsche. Gutes Essen, das dem mexikanischen tatsächlich nahe kommt. Freundlicher aber etwas lahmer Service. Hg. 4,50–12 €. Nádražní 5 (nahe der Tourist Information), ✆ 595133715.

**Moravská chalupa (12),** möchtegernrustikales, gehobeneres Lokal. Gute mährische Spezialitäten. Es gibt *Salate aus dem mährischen Bauernhaus,* Wachteln und Hirschkeule oder – als Imbiss – die innen helle und außen dunkelrote *Ostrauer Bratwurst.* Hg. 5–15 €. So geschl. Musorgského 9, ✆ 596124937.

**Pilsner Urquell Original Restaurant (23),** rustikales Restaurant mit rustikaler Küche. Die landesweite Kette enttäuscht selten. Mittlere Preisklasse, günstige Mittagsgerichte. So Ruhetag. Kolejní 2, ✆ 774023599 (mobil).

**Restaurace U Rady (8),** einfache Bierschwemme mit schwarzem Holzmobiliar und langer Theke. Mittagsküche mit Braten und Knödeln, abends kommen deftige Fleischberge auf den Teller, alles sehr günstig. Meist gerammelt voll. Im Sommer tischt man auf der Gasse davor auf. So erst ab 16 Uhr. Poštovní 16, ✆ 596110688.

• *Pivnice/Kneipe* **Staročeská pivnice (27),** derbe Kneipe und ein guter Platz, um etwas von der Ostrauer Stimmung aufzufangen. Kleine Snacks. Smetanovo nám., neben dem Hotel Palace.

**U zrzavé Mary (21),** nennt sich zwar Irish Pub, ist aber alles andere als das. Recht punkige, verräucherte Musikkneipe, in der schon am Nachmittag kräftig gebecherovkat wird. Gegenüber der Kunstgalerie an der Jurečkova.

• *Biergarten* **Spolek (17),** netter Biergarten unter alten Bäumen, wo auch Steaks gegrillt werden. Das dazugehörige Restaurant kann man ignorieren. Nádražní/Ecke Jurečkova.

• *Cafés* **Černá hvězda (13),** trendiges Café in Rot-Schwarz. Interessant sind die in die Wand eingelassenen Fotoaufnahmen aus Ostrava. Gute Kuchen, kleine Snacks, frisch gepresster O-Saft, Cocktails. Stodolní 2.

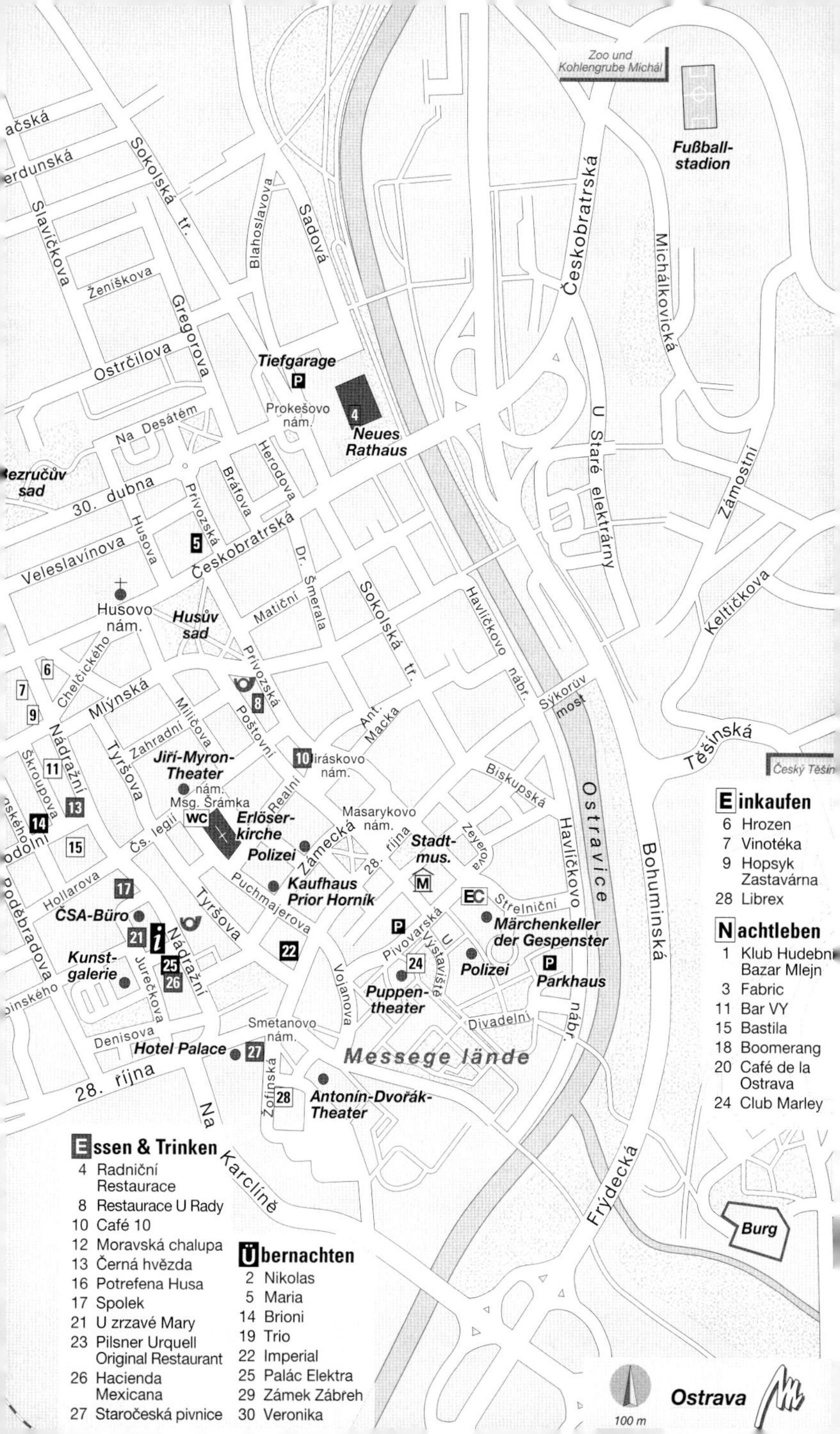
Ostrava
100 m
Zoo und Kohlengrube Michál
Fußball-stadion
Českobratrská
Michálkovická
U Staré elektrárny
Zámostní
Keltičkova
Těšínská
Český Těšín
Bohuminská
Frýdecká
Ostravice
Burg
Havlíčkovo nábř.
Sýkorův most
Sokolská tř.
Sadová
Blahoslavova
Slavíčkova
Ženíškova
Gregorova
Ostrčilova
Na Desátém
Tiefgarage
Prokešovo nám.
Neues Rathaus
Herodova
Bráfova
Přívozská
30. dubna
Husova
Veleslavínova
Dr. Šmerala
Matiční
Husovo nám.
Husův sad
Chelčického
Mlýnská
Miličova
Poštovní
Zahradní
Tyršova
Nádražní
Škroupova
Jiří-Myron-Theater
nám. Msg. Šrámka
Erlöser-kirche
Polizei
Reální
Jiráskovo nám.
Ant. Macka
Biskupská
Masarykovo nám.
Zámecká
28. října
Stadt-mus.
Zeyerova
Čs. legií
Puchmajerova
Kaufhaus Prior Horník
Hollarova
ČSA-Büro
Kunst-galerie
Jurečkova
Strelniční
Märchenkeller der Gespenster
Pivovarská
U Výstaviště
Polizei
Parkhaus
Puppen-theater
Vojanova
Divadelní
Smetanovo nám.
Messegelände
Denisova
Hotel Palace
Žofinská
Antonín-Dvořák-Theater
Na Karlině
Bezručův sad
Poděbradova

Essen & Trinken
4 Radniční Restaurace
8 Restaurace U Rady
10 Café 10
12 Moravská chalupa
13 Černá hvězda
16 Potrefena Husa
17 Spolek
21 U zrzavé Mary
23 Pilsner Urquell Original Restaurant
26 Hacienda Mexicana
27 Staročeská pivnice

Übernachten
2 Nikolas
5 Maria
14 Brioni
19 Trio
22 Imperial
25 Palác Elektra
29 Zámek Zábřeh
30 Veronika

Einkaufen
6 Hrozen
7 Vinotéka
9 Hopsyk Zastavárna
28 Librex

Nachtleben
1 Klub Hudební Bazar Mlejn
3 Fabric
11 Bar VY
15 Bastila
18 Boomerang
20 Café de la Ostrava
24 Club Marley

**Café 10 (10),** v. a. bei jungen Leuten sehr populäres, nettes Café im Kaffeehausformat. Im Sommer mit großer Terrasse. Jiráskovo nám.

• *Nachtleben/Clubs* → Kasten. 3 zusätzliche Tipps etwas außerhalb:

**Klub Hudební Bazar Mlejn (1),** auf dem Gelände einer ehemaligen Mühle. Häufig Livekonzerte (Jazz, Rock, Blues etc.) mit witzigen lokalen Bands. Super Stimmung. Tägl. (außer So). Nádražní 138, in der Nähe des Hauptbahnhofs.

**Fabric (3),** in einer alten Fabrik. House- und Technopartys, aber auch regelmäßig Livekonzerte. Nur Fr/Sa 21–5 Uhr, So nur wenn Konzerte anstehen. Plynární 7 (Seitenstraße der Nádražní, auf halber Strecke zwischen Zentrum und Hauptbahnhof, hinter dem auffälligen Club Nashville). Zu erreichen mit Ⓢ 4, Haltestelle Plýnarní (Endstation).

**Club Marley (24),** großräumiger Szenetreff beim Ausstellungsgelände (gleich hinter dem Puppentheater). Schräges junges Publikum, das gerne Drogen nimmt. Regelmäßig Partys.

## Stodolní ulice – eine Gasse, eine Party

Noch gar nicht allzu lange ist es her, da war die Stodolní ulice in Downtown Ostrava so trist wie alle anderen Straßen der Stadt zu jener Zeit. Doch dann eröffnete ein Musikclub, und weil der gut lief, ein zweiter und dann ein dritter ... Heute reihen sich in der Stodolní und ihren Seitengassen rund 80 Locations Tür an Tür. Am Wochenende ist hier die Hölle los. Selbst aus dem nahen Polen reist dann die Szene an, nicht zuletzt des billigeren Bieres wegen. Die „Straße, die niemals schläft", ist längst Kult geworden, hat eine eigene Website (www.stodolní.cz), einen Fanclub und seit 2009 auch eine eigene Bahnstation. Das Treiben ist bunt und billig (die meisten Clubs kosten keinen Eintritt), oft auch niveaulos, aber lustig und für jeden Geschmack offen. Es gibt Rockschuppen, jede Menge Irish Pubs, Technopartys, Clubs mit Go-go-Tanz, dazwischen Stripbars, rote Lichter und immer wieder Straßenstände, an denen sich bis spät in die Nacht Hühnerschenkel bräunen. Die Fluktuation der Locations ist enorm, und was heute in ist, kann bei Ihrem Besuch schon längst wieder out sein. Ein paar Anlaufpunkte:

**Boomerang (18),** Fr/Sa tanzt hier der Bär. Aufgedrehte Kids, Kicker, geniale Stimmung. Geschmackloses Ambiente. Stodolní 22.

**Café de la Ostrava (20),** kleiner gemütlicher DJ-Laden, nennt sich auch „Coffeeshop", und wirklich wird hier kräftig gekifft zu Reggae, Hip-Hop oder Jungle. Stodolní 28.

**Bar VY (11),** keine Bar, sondern ein kleiner Danceclub, wo man mit großen Augen zu schnellen Technobeats oder softerem House abtanzt. Junges Publikum. Škroupova 10.

**Bastila (15),** feucht-fröhliche Bar mit der Musik vergangener Zeiten, dementsprechend auch etwas älteres Publikum. Tagsüber ein netter Ort für ein Päuschen. Stodolní (schräg gegenüber dem Hotel Brioni).

**Potrefena Husa (16),** etwas für die ruhigere Abendgestaltung. Kneipenrestaurant, in dem man auch recht gut essen kann, der tschechienweiten Kette angehörig, hier jedoch deutlich partymäßiger als in anderen Städten. Auf 2 Etagen. Stodolní/Ecke Poděbradova.

## *Übernachten/Camping (→ Karte S. 638/639)*

In der unteren Preisklasse sieht es miserabel aus.

• *Hotels* ****** Zámek Zábřeh (29)**, die stilvollste Unterkunft der Stadt, in einem ehemaligen Herrensitz. Mit Liebe restaurierte Zimmer, eingerichtet mit Antiquitäten und Repliken, fast alle mit alten Holzdecken. Gutes und gemütliches Restaurant, eigene

Mikrobrauerei, Bierbad möglich. Im südwestlichen Stadtteil Zábřeh, vom Zentrum mit Ⓢ 2, 7 u. 13 zu erreichen (Station Karpatská). DZ ab 106 €. Ulice u Zámku 42, ☏ 5548 19411, ℻ 554819405, www.zamek-zabreh.cz.

**** **Imperial (22)**, solides, restauriertes Hotel im Zentrum. 141 Zimmer auf 4-Sterne-Niveau, aber ohne persönliche Note. Hallenbad, Sauna, Brasserie und steriles Kneipenrestaurant. Vorrangig Geschäftsleute. Tiefgarage. EZ ab 65 €, DZ ab 100 €. Tyršova 6, ☏ 599099099, ℻ 599099599, www.imperial.cz

**** **Brioni (14)**, direkt im Vergnügungsviertel – entweder mitfeiern oder Ohrenstöpsel nicht vergessen. Bunt gestrichene, leicht plüschige Zimmer mit Teppichböden und privaten Bädern. Billig ausgestattet, aber ganz okay. Angeschlossen sind – wie sollte es in diesem Teil Ostravas anders sein – eine Kneipe und ein Danceclub. DZ 100 €, am Wochenende 81 €. Stodolní 8, ☏ 599500000, ℻ 599500199, www.hotelbrioni.cz.

*** **Trio (19),** in einer Nebengasse der belebten Stodolní, etwas für Partypeople. Geschmacklose, aber saubere Zimmer über einem Oldies-Club. EZ 59 €, DZ 81 €. Pobialova 10, ☏/℻ 596111247, www.hotel-trio.cz.

*** **Maria (5)**, zentral, aber ruhig. Schönes historisches Gebäude, mit eigenem Parkplatz. Neu renovierte Zimmer neben altbackenen, unrestaurierten – vor dem Einchecken unbedingt anschauen! EZ je nach Ausstattung ab 50 €, DZ ab 72 €. Přívozská 23, ☏ 596110676, ℻ 596110678, www.hotel-maria.cz.

*** **Palác Elektra (25),** Aparthotel in zentraler Lage. Apartments mit 1 bis 4 Schlafzimmern, alle mit Kitchenette. Modern ausgestattet, z. T. mit Holzböden. Für 2 Pers. 72 €. Umělecká 305/1, ☏ 595133644, ℻ 595133625, www.palac-elektra.cz.

*** **Nikolas (2)**, anständiges Mittelklassehaus. Die Zimmer zur Straße sind jedoch wegen der Straßenbahn davor recht laut. Ansonsten aber in Ordnung. Breite Betten, Satelliten-TV, Safe, Föhn. Hoteleigene Parkplätze ohne Aufpreis. Unter russischer Leitung. Freundliches Personal. EZ ab 43 €, DZ ab 59 €. Nádražní 124 (in Bahnhofsnähe), ☏ 596134000, ℻ 596134162, www.nikolas.cz.

** **Veronika (30)**, eine ordentliche Budgetadresse, ca. 10 Straßenbahnmin. abseits des Zentrums (von der Stodolní mit Ⓢ 2 zu erreichen, Haltestelle Mírové nám.). Saubere Zimmer mit privaten Bädern und TV. EZ 24 €, DZ 35 €, Frühstück extra. Mírové nám. 3 d (Ostrava-Vítkovice), ☏/℻ 596664001, www.hotelveronika.cz.

• *Camping* **Camping Jezero,** trostlose Wiese an einem Badesee. Kiosk, Minigolf. Am westlichen Ende des ca. 15 km nordwestlich gelegenen Ortes Hlučín, von der Straße 56 ausgeschildert. Juni–Sept. 2 Pers. mit Zelt u. Auto 6,50 €. Celní 12 a, ☏ 739706563 (mobil), www.sra-hlucin.cz.

## Sport & Freizeit/Kultur

• *Eishockey* Der **HC Vítkovice Steel** spielt in der modernen ČEZ Aréna im Stadtteil Zábřeh, vom Zentrum (Hotel Palace) mit Ⓢ 14 zu erreichen, Haltestelle ČEZ Aréna. Tickets erhält man in der Arena.

• *Fußball* Der **FC Baník Ostrava** spielt im Stadion Bazaly, Bukovanského 4/1028, Stadtteil Slezská Ostrava, zu erreichen vom Husův sad mit den Trolleybussen Nr. 104, 108 o. 109 (Haltestelle Stadion Bazaly). Tickets erhält man im Stadion.

• *Golf* **TJ Mittal Ostrava Park Golf Club,** 18-Loch-Platz in Šilheřovice (15 km nördlich von Ostrava). Greenfee 40–52 €. ☏ 595054144, www.golf-ostrava.cz.

• *Zoo* Im Nordosten der Stadt. Vom Zentrum (Prokešovo nám.) mit Trolleybus Nr. 101 oder vom Náměstí Republiky mit Nr. 104 (Haltestelle Zoo) zu erreichen. Stolz ist man auf die Zucht von Nordluchsen. April–Aug. tägl. 9–19 Uhr, März, Sept. u. Okt. bis 18 Uhr, Feb. bis 17 Uhr, Jan., Nov. u. Dez. bis 16 Uhr. Eintritt 3,60 €, erm. 2,40 €.

• *Theater/Klassische Musik* Oper, Operette und Ballett u. a. im **Antonín-Dvořák-Theater** (Divadlo Antonína Dvořáka) am Smetanovo nám. und im **Jiří-Myron-Theater** (Divadlo Jiřího Myrona) an der Čs. legií 12 (hier Vorverkauf für beide Häuser, ☏ 596276203, www.ndm.cz). Mit Tschechischkenntnissen lohnt ein Besuch des **Puppentheaters** (Divadlo loutek) an der Pivovarská 15, Kartenvorverkauf im Haus. ☏ 596114884, www.dlo-ostrava.cz.

• *Veranstaltungen* Ende Mai–Mitte Juni lädt Ostrava zum **Janáčkův máj,** einem internationalen Festival der klassischen Musik. Ende Juni findet im Městský stadion in Vítkovice bereits seit über 40 Jahren das **Zlatá treta** (Golden Spike) statt, ein international bedeutendes Leichtathletikmeeting, das im Weltranking noch vor Berlin oder

Nordmähren
Karte S. 606/607

Oslo steht. **Colours of Ostrava** heißt das Ethnomusikfestival Mitte Juli. Auf das internationale Folklorefestival **Folklore without Borders** Mitte Aug. folgt – jedoch nur in ungeraden Jahren – **Spectaculo Interesse,** ein Puppentheaterfestival mit Teilnehmern aus mehreren Ländern Ende Sept./Anfang Okt.

## Sehenswertes im Zentrum

Das Zentrum Ostravas bietet keine altertümlichen Gassen zum Schlendern, die historische Bausubstanz ist rar. Jedoch bemüht man sich, die wenigen noch erhaltenen prächtigen Häuserfassaden aus der Zeit um 1900 zu restaurieren. Dass die Stadt damals überaus wohlhabend war, bezeugen Bauten wie das neoklassizistische **Antonín-Dvořák-Theater** (1907) am Smetanovo náměstí oder die **Erlöserkirche** (Kostel Božského Spasitele, 1883–1889) im Stil der Neorenaissance. Dieser zweitgrößte Kirchenbau Mährens an der Čs. legii wurde 1996 zum Dom erhoben. Das Zentrum prägen auch mehrere funktionalistische und konstruktivistische Gebäude aus den 1920er und 1930er Jahren. Das interessanteste Gebäude aus jener Epoche ist das **Neue Rathaus** (Nová Radnice) an der Sokolská nahe dem Fluss. Es sticht schon von weitem durch seinen 86 m hohen Turm aus Beton, Stahl und Glas ins Auge. Ganz oben befindet sich eine Aussichtsgalerie, ein Aufzug bringt Sie hinauf. Dort weist ein Plakat Ostrava als „Stadt im Grünen" aus, „in der 30 m² Grünfläche auf jeden Einwohner kommen".

*Vorm Neuen Rathaus*

*Öffnungszeiten* **Aussichtsturm des Neuen Rathauses,** April–Okt. tägl. 10–19 Uhr, Nov.–März nur bis 17 Uhr. Eintritt 2 €, erm. 1,60 €.

**Museen im Zentrum:** Zum Fundus der *Kunstgalerie* (Galerie výtvarného umění) im *Dům Umění* an der Jurečka 9 gehört die umfangreiche Kunstsammlung des Ostrauer Mäzens und Baumeisters František Jurečka. Sie bildet oft die Grundlage temporärer Ausstellungen zur tschechischen Malerei, Grafik und Bildhauerei des 19. und 20. Jh. Das *Stadtmuseum* (Ostravské Museum) im barocken Rathaus am Masarykovo náměstí beherbergt die *Venus von Landek,* eine kleine, ca. 23.000 Jahre alte Figur aus rötlichem Stein in Form eines weiblichen Torsos. Benannt ist sie nach ihrem Fundort, einem Hügel im Stadtteil Petřkovice. Im *Märchenkeller der Gespenster* (Pohádkový sklep strašidel) begrüßen Sie aus Pappmaché gefertigte Märchenfiguren – ein Spaß für Kinder. Auf Ostrava zugeschnitten ist das Industriegespenst aus Kabeln und viel Metall.

• *Adressen/Öffnungszeiten* **Kunstgalerie,** Di–Sa 10–18 Uhr. Eintritt je nach Ausstellung 0,80–2,70 €, erm. die Hälfte. **Stadtmuseum,** Mo–Fr 9–17 Uhr, Sa 9–13 Uhr, So 13–17 Uhr. Eintritt 2,40 €, erm. 2 €. **Märchenkeller der Gespenster,** tägl. (außer Mo) 10–16 Uhr. Eintritt 1,60 €, erm. die Hälfte.

## Sehenswertes zwischen Abraumhalden und Zechen

Die Zechen, Gruben und Arbeitersiedlungen rund um den Stadtkern sind sehenswert und schockierend zugleich. Straßenbahn Nr. 2 bringt Sie z. B. in den Stadtteil Vítkovice, dabei kommt man vorbei am **Důl Hlubina/Vysoké pece,** einer gigantischen Schornsteinansammlung heruntergekommener Kokereien und Hochöfen. Nieselwetter rundet das triste Bild perfekt ab. Bis 1998 wurde hier noch gearbeitet. 2002 wurde das Areal zu einem nationalen Denkmal erklärt und kann besichtigt werden (nur nach Voranmeldung unter ✆ 604603166 (mobil) oder dolnivitkovice@seznam.cz; die etwa 120-minütige Führung kostet je nach Personenanzahl mind. 40 €!).

Wer weiterfährt und am Mírové náměstí, dem „Friedensplatz", aussteigt, steht vor dem **Vítkovicer Rathaus** und inmitten einer Arbeitersiedlung aus unverputztem Ziegelstein im Stil der Wiener Industriearchitektur vom Ende des 19. Jh. Rund um Ostrava war so mancher Schüler Otto Wagners am Werke. Aber auch Siedlungen im Stil des sozialistischen Realismus aus den 1950er und 1960er Jahren sind zu finden, so z. B. im Randbezirk Poruba an den Straßen Opavská, Hlavní třída und Nad Porubkou (zu erreichen mit Straßenbahn Nr. 3 u. 9, Haltestelle Poruba Vozovna).

**Hornické muzeum (Bergbaumuseum):** Es befindet sich in der Villa des Direktors der Anselmgrube in Petřkovice, wo noch bis Anfang der 1990er Jahre Kohle gefördert wurde. Die Ausstellung zur Geschichte des Bergbaus ist nicht allzu spektakulär, ein Erlebnis ist es jedoch, mit ehemaligen Kumpels in den Schacht hinabzufahren. Das ist nur in Verbindung mit einer Führung möglich, die in deutscher Sprache im Voraus gebucht werden muss (✆ 596131803).

• *Adresse/Öffnungszeiten* Pod landekem, Ostrava-Petřkovice. Vom Zentrum (Stodolní) mit Ⓢ 12 bis Sad Boženy Němcové, weiter mit Ⓑ 34, 56, 68, 70 o. 72 bis Haltestelle Hornické muzeum, dann noch ca. 500 m zu Fuß (ausgeschildert). Ganzjährig tägl. 9–18 Uhr. Eintritt aufs Areal frei, Führung je nach Länge 2,80–8,10 €, erm. jeweils die Hälfte.

**Důl Michal (Kohlengrube Michal):** Auch das Bergwerk Michal im Stadtteil Michálkovice kann besichtigt werden. Bis 1993 wurde hier noch gearbeitet. Gegründet wurde die Grube 1843, der technische Stand entspricht weitestgehend dem der ersten Hälfte des 20. Jh.

• *Adresse/Öffnungszeiten* Čs. armády 95/413. Zu erreichen vom Husův Sad mit Trolleybus Nr. 104 (bis Endstation fahren). April u. Okt. Sa/So Führungen um 9, 11, 13 u. 15 Uhr, Mai, Juni u. Sept. zu den gleichen Zeiten, jedoch tägl. (außer Mo), Juli/Aug. zusätzliche Führung um 17 Uhr. Eintritt 3,20 €, erm. 2 €.

**Hrad (Burg):** Im 13. Jh. wurde die Burg am Zusammenfluss der Lučína mit der Ostravice zur Sicherung der mährisch-schlesischen Grenze erbaut und später mehrmals erweitert. Infolge des Untertageabbaus sackte sie im letzten Jahrhundert jedoch um rund 16 m ab. In der Anlage kann man eine Ausstellung zur Geschichte der Burg und der Stadt besuchen. Auch darf natürlich die obligatorische „Folterkammer" im Schlosskeller nicht fehlen.

• *Wegbeschreibung/Öffnungszeiten* Vom Ausstellungsgelände mit „Hrad" beschildert, ein recht netter, rund 10-minütiger Spaziergang. März–Mai tägl. (außer Mo) 11–16 Uhr, Juni–Aug. tägl. (außer Mo) 9–20 Uhr, Sept., Okt. u. Dez. tägl. (außer Mo) 10–18 Uhr, Nov. 10–16 Uhr. Eintritt 2,80 €, erm. 1,60 €.

Nordmähren Karte S. 606/607

## Umgebung von Ostrava

Viel Schönes gibt es rund um Ostrava, den Mittelpunkt des weitläufigen, gut eine halbe Million Menschen zählenden Industriereviers, nicht zu entdecken. Der Kohleabbau und die Eisenhüttenwerke sowie die weiterverarbeitende Industrie prägten die Region über Jahrzehnte. Für die Arbeiter schufen die Kommunisten Wohnstädte aus der Retorte. Ein interessantes Beispiel sozialistischer Städteplanung der 1950er ist z. B. **Havířov** (16 km südöstlich von Ostrava), wo rund 100.000 Menschen leben. Die einzigen Gruben, die in der Region noch in Betrieb sind, findet man in der 25 km östlich gelegenen 62.000-Einwohner-Stadt **Karviná.**

**Český Těšín und Cieszyn (Teschen):** Die rund 35 km östlich von Ostrava gelegene Grenzstadt Český Těšín ist trostlos. Sie bietet sich jedoch für einen spannenden Ausflug ins Nachbarland an, ins polnische Cieszyn sind es nur ein paar Fußminuten. Teschen wurde 1920 geteilt, als sich Polen und die Tschechoslowakei nach langen Streitigkeiten darauf einigten, die Olše (Olza) als Grenzfluss zwischen beiden Ländern zu akzeptieren. Die Tschechen zogen den Kürzeren, denn die Polen bekamen die recht hübsche Altstadt. Ein Wechsel von einer Stadthälfte zur anderen ist kein Problem, vergessen Sie aber Ihren Personalausweis nicht!

*Verbindungen* Regelmäßig **Busse** und **Züge** nach Ostrava. Bahnhof und Busbahnhof 10 Gehmin. von der Grenze.

**Frýdek-Místek (Friedeck-Friedberg):** Einst waren die rund 25 km südlich von Ostrava gelegenen Städte Friedeck und Friedberg durch die mährisch-schlesische Grenze getrennt, heute sind sie in einer Doppelstadt mit rund 60.000 Einwohnern vereint. Místek am westlichen Ufer der Ostravice ist der geschäftigere Stadtteil. Sehenswert ist er aber nicht. Auch Frýdek am anderen Ufer ist keine Perle, besitzt aber einen ruhigen, hübschen Platz (Zámecké náměstí) mit einem Brunnen, über den der Hl. Florian wacht. Drum herum findet man ein paar Restaurants. Auch steht am Platz das *Schloss,* das Wahrzeichen der Stadt. Einst gehörte es den Herren von Teschen, heute befindet sich darin u. a. das *Museum der Beskiden* (Muzeum Beskýd ve Frýdku) mit einer Ausstellung zu Volk, Flora und Fauna des Gebirgszugs und zur Stadtgeschichte. Auch erinnert man an die Dichter Petr Bezruč (1867–1958), der eine Zeit lang in Místek lebte und sich gegen die Ausbeutung der hiesigen Bergarbeiter einsetzte, und Erwin Goj (1905–1989), der unter dem Pseudonym Óndra Lysohorsky publizierte. Anfangs schrieb er auf Deutsch, später auf Lachianisch, einem tschechisch-polnischen Mischdialekt, der noch heute im Grenzgebiet vereinzelt gesprochen wird. Die Kommunisten bezichtigten ihn, polnische Irredentisten zu unterstützen, weswegen seine Gedichte ab 1958 nicht mehr verlegt werden durften.

• *Verbindungen* Bahnhof auf der Frýdek-Seite, ca. 10 Gehmin. vom Schloss entfernt. Regelmäßig **Züge** nach Ostrava, bis zu 6-mal tägl. nach Valašské Meziříčí. Busbahnhof auf der Místek-Seite, gute **Busverbindungen** in die Beskiden und in alle größeren Städte Mährens. Beide Stadtteile verbinden die **Stadtbusse** Nr. 1, 2, 6, 9 u. 10.

• *Essen & Trinken/Übernachten* **Hotel Silesia,** in Frýdek am Marktplatz. Altstadthaus mit 14 nett eingerichteten, komfortablen Zimmern, manche davon mit Balkendecken aus dem 18. Jh. Videoüberwachte Parkplätze. Angenehmes Restaurant. EZ 67 €, DZ 89 €. Zámecké námestí 1258–1259, ✆ 558621949, www.hotelsilesia.cz.

**Penzion Pod Kašnou,** gegenüber. 9 anständige Zimmer und 1 Apartment auf Hotelniveau, alle mit Holzböden und Minibar. EZ 53 €, DZ 65 €. Zámecké nám. 43, ✆ 558628193, www.podkasnou.com.

• *Öffnungszeiten* **Museum im Schloss,** Di–Fr 8–12 u. 12.30–16 Uhr, Sa/So 13–17 Uhr. Je nach Führung 0,80–1,60 €, erm. die Hälfte.

**Hukvaldy (Hochwald):** Rund 10 km südwestlich von Frýdek-Místek liegt das hübsche Dorf Hukvaldy, ein beliebtes Ausflugsziel zu Füßen einer *Burgruine*. Es steht ganz im Zeichen des Komponisten Leoš Janáček (→ S. 546), der hier 1854 geboren wurde. In dem Häuschen, in dem er schließlich seinen Lebensabend verbrachte, befindet sich heute eine *Gedenkstätte* (Památník Leoše Janáčka). Das Innere wurde seit Janáčeks Tod 1928 kaum verändert, selbst das Stehpult, an dem er komponierte, wurde nicht verschoben. Im Freilichttheater auf der Burg (vom Dorf ca. 1,5 km bergauf, dem roten Wanderweg folgen) findet im Juni und Juli das Musikfestival *Janáčeks Hukvaldy* mit einer Vielzahl unterschiedlicher Veranstaltungen statt. Zuweilen röhren dann die Damhirsche aus dem benachbarten Wildpark dazu.

• *Verbindungen* Gute **Busverbindungen** nach Frýdek-Místek.

• *Öffnungszeiten* **Burg,** April u. Okt. nur Sa/So 9–16 Uhr, Mai–Aug. tägl. (außer Mo) 9–18 Uhr, Sept. tägl. (außer Mo) 9–17 Uhr. Eintritt 2,40 €, erm. 1,60 €.

**Leoš-Janáček-Gedenkstätte,** April u. Okt. tägl. (außer Mo) 10–16.30 Uhr, Mai u. Sept. tägl. (außer Mo) 10–17 Uhr, Juni–Aug. tägl. (außer Mo) 10–18 Uhr. Eintritt 1,10 €, erm. die Hälfte.

## Příbor (Freiberg)

Příbor (9000 Einwohner) ist die charmante kleine Ausgabe von Nový Jičín (→ S. 648). Hier wurde am 6. Mai 1856 der Begründer der Psychoanalyse Sigmund Freud (eigentlich Sigismund Schlomo Freud) als Sohn eines jüdischen Wollhändlers geboren. In der Zámecnická 117 durchlebte er seine orale und anale Phase. 1860 siedelte die Familie nach Wien über. Über seine ersten Lebensjahre notierte Freud später: „Tief in mir überlagert, lebt noch immer fort das glückliche Freiberger Kind, der Erstgeborene einer jugendlichen Mutter, der in dieser Luft, auf diesem Boden seine ersten unauslöschlichen Eindrücke empfangen hat.“ 1938 emigrierte Freud vor den Nazis nach London, ein Jahr später starb er.

Seit dem Fall des Eisernen Vorhangs versucht man in Příbor, die glückliche Tatsache, Freuds Geburtsstadt zu sein, werbeträchtig zu vermarkten. Man hat den Hauptplatz in Náměstí S. Freuda umbenannt, am Weg dahin eine Büste des Psychologen aufgestellt und eine **Gedenkstätte** (Rodný Dům Sigmunda Freuda) in seinem Geburtshaus eröffnet. Auch im **Stadtmuseum** (Městské Muzeum) erweist man Freud heute die Referenz.

*Sigmund-Freud-Büste*

• *Verbindungen* Gute **Busverbindungen** nach Nový Jičín und Frýdek-Místek. **Züge** regelmäßig nach Štramberk und Kopřivnice.

• *Übernachten* **Penzion Freudův Sen,** an der Straße nach Nový Jičín, ca. 5 Fußmin. vom Marktplatz entfernt. Ordentliche Teppichbodenzimmer mit Bad. Die Rezeption ist gleichzeitig eine Verkaufsstelle von „Freud-Souvenirs“: Zigarren, Porträts etc. Englischsprachig. DZ 38 €, Frühstück 3,20 € extra. Jičínská 543, ✆ 556722337.

Nordmähren Karte S. 606/607

• *Öffnungszeiten* **Freud-Gedenkstätte,** vom Marktplatz beschildert. April–Sept. tägl. (außer Mo) 9–17 Uhr, sonst bis 16 Uhr. Eintritt 1,60 €, erm. die Hälfte.

**Stadtmuseum,** ca. 5 Gehmin. abseits des Marktplatzes nahe der Straße nach Nový Jičín, von dort ausgeschildert. Di u. Do 8–12 u. 13–16 Uhr, So 9–12 Uhr. Eintritt 1,60 €, erm. die Hälfte.

## Štramberk (Stramberg)

Exakt 24 Straßen und Gassen besitzt das kleine Štramberk, eine der schönsten Ortschaften der Gegend und ein mehr als gut besuchtes Ausflugsziel. Die Häuser, darunter viele alte, aus ganzen Stämmen gezimmerte, klettern einen Hang hinauf, der von einem **Rundturm** gekrönt wird. Dieser war einst Teil einer Burganlage, die 1241 einem Angriff der Tataren standhielt, im 16. Jh. aber dem Verfall preisgegeben wurde. Vom Hauptplatz, der von steinernen Häusern im Volksbarockstil umgeben ist, führen steile Treppen zum Burgturm hinauf. Am Platz selbst, nahe der Pfarrkirche in Hausnummer 31, kann man das **Stadtmuseum** besuchen. Es zeigt eine kleine Sammlung von Funden aus dem Paläolithikum, die u. a. in der nahen **Šipka-Höhle** ausgegraben wurden.

Nur ein paar Schritte unterhalb des Marktplatzes befindet sich das dem Infozentrum angegliederte **Zdeněk-Burian-Museum** (Muzeum Zdeňka Buriana). Zdeněk Burian (1905–1981) verbrachte seine Kindheit in Štramberk und machte sich durch Illustrationen von Abenteuerbüchern (u. a Jack London, Robert Louis Stevenson und Karl May) einen Namen. Er hinterließ ein Werk von 14.000 Zeichnungen.

Beim Infozentrum beginnt die Horní Bašta, eine der schönsten Gassen Štramberks. Vorbei geht es an hübschen Häuschen mit davor aufgestapelten Holzscheiten. Vor oder nach dem Spaziergang sollten Sie die *Štramberské uši* (Stramberger Ohren) kosten, ein lebkuchenartiges Gebäck. Am besten schmecken die „Ohren“ mit Sahne gefüllt, man bekommt sie an jeder Ecke. Ihren Namen erhielt die hiesige Spezialität von einer schaurigen Sage: Demnach ließen die Tataren bei ihrem fluchtartigen Abzug 1241 Säcke voller Ohren zurück, die sie ihren Opfern abgeschnitten hatten.

*Marktplatz von Štramberk*

• *Information* **Městské informační centrum,** Okt.–März tägl. (außer Mo) 9–12 u. 12.30–16 Uhr, sonst bis 17 Uhr. ✆ 558840619, www.stramberk.cz. Das **Zdeněk-Burian-Museum** kostet 0,80 € Eintritt, erm. die Hälfte.

• *Verbindungen* Regelmäßige **Busverbindungen** nach Kopřivnice und Nový Jičín. **Züge** regelmäßig über Kopřivnice nach Příbor.

• *Essen & Trinken* **Městský Pivovar,** am Marktplatz. Urig-gemütliche Gaststätte, die zu mährischen Spezialitäten (Hg. 3–5 €) selbstgebrautes 12-gradiges Bier serviert. Schöne Sommerterrasse. ✆ 556813710.

• *Übernachten* **Jaroňkova Pekárna,** am Marktplatz. Café, Bäckerei (super Brot) und Pension in einem hübschen Bauernbarockhaus. Nur 2 nette Zimmer und 2 Apartments mit rustikaler Ausstattung. DZ 57 €, Apartment 65 €. Náměstí 7, ✆ 556808843.

*** **Hotel Roubenka,** im unteren Ortsbereich in sehr ruhiger Lage, ausgeschildert. Empfehlenswerter, mit Geschmack restaurierter alter Bauernhof. 8 freundliche, komfortable Zimmer, stilvolles ländliches Restaurant. Parken im Hof. EZ 37 €, DZ 73 €. Dolní 327, ✆/℻ 556852566, www.roubenkahotel.cz.

• *Öffnungszeiten* **Burgturm,** April u. Okt. Di–Fr 10–17 Uhr, Sa/So 10–18 Uhr, Sept. tägl. 10–17 Uhr, Mai–Aug. tägl. 9–19 Uhr. Eintritt 0,80 €, erm. die Hälfte.

**Stadtmuseum,** zuletzt wegen Restaurierungsarbeiten geschlossen, Wiedereröffnungstermin unbekannt.

**Kopřivnice (Nesseldorf):** Die 23.000 Einwohner zählende Stadt liegt nur einen Katzensprung von Štramberk entfernt und ist doch eine andere Welt. Sie besteht aus zwei Teilen: den *TATRA-Werken* und den Arbeitersiedlungen aus sozialistischer Zeit. Die Geschichte der TATRA-Werke begann Mitte des 19. Jh. Damals gründete hier Ignaz Schustala die *Nesseldorfer Wagenfabrik,* die anfangs Kutschen und später auch Eisenbahnwaggons fertigte. Die erste Kutsche mit Motor wurde 1897 zusammengeschraubt und *Präsident* genannt – 14 Stunden brauchte man damit nach Wien! Der erste wirkliche Präsident, der einen TATRA (so hieß das Unternehmen ab 1921) bestellte, war Tomáš Garrigue Masaryk 1935. In sozialistischer Zeit wurden zwar die meisten TATRAs produziert, aber nur noch wenige Modelle entwickelt. Der 613, der 1974 auf den Markt kam, war die letzte wirkliche Neuentwicklung auf dem PKW-Sektor, alles, was danach kam, nur noch Modellpflege. Nach der Wende stand TATRA vor dem Aus. Mit *Terex* aus den USA (2006 gab das Unternehmen seine Anteile an die Blue River Group ab) fand man jedoch einen Investor, der das nötige Geld und Know-how lieferte, um die LKW-Sparte am Leben zu halten. Heute werden Allradtrucks produziert, zu den Abnehmern gehören v. a. Militärs weltweit. Die PKW-Sparte soll künftig wiederbelebt werden, geplant ist der Bau von Retro-Autos für Liebhaber.

Im hiesigen *TATRA-Museum* (im Schatten des unübersehbaren TATRA-Hotels) kann man 76 verschiedene TATRA-Modelle aus allen Zeiten besichtigen – ein Erlebnis für Autofans. Ausgestellt sind neben den alten Klassikern auch kuriose Prototypen wie ein Kufenfahrzeug mit Propellerantrieb aus dem Jahr 1942 oder der schwarze 603er, mit dem die Politbonzen durchs Land kutschiert wurden – Fidel Castro besaß angesichts der kubanischen Hitze allerdings ein weißes Modell. Nach der Samtenen Revolution wollte man übrigens Václav Havel einen goldenen TATRA 700 schenken. Der lehnte jedoch dankend ab – schließlich war er viele Jahre seines Lebens aus TATRAs heraus bespitzelt worden ...

• *Verbindungen* **Busse** regelmäßig nach Nový Jičín (über Štramberk), Příbor und Frenštát por Radhoštěm. **Züge** regelmäßig nach Štramberk und Příbor.

• *Öffnungszeiten* **TATRA-Museum,** Mai–Sept. tägl. (außer Mo) 9–17 Uhr, sonst bis 16 Uhr. Eintritt 5,20 €, erm. 2,80 €.

Nordmähren
Karte S. 606/607

*Tanzendes Bauernpaar auf dem Marktplatz von Nový Jičín*

## Nový Jičín (Neutitschein)

**Nový Jičín ist eine überaus freundliche Stadt und ihr Marktplatz eine Augenweide. Große Attraktionen sind Mangelware, als angenehmer Standort für Ausflüge in die Beskiden ist Nový Jičín jedoch jederzeit zu empfehlen.**

Zentrum der 26.000-Einwohner-Stadt an der Jičínká (Titsch) ist der quadratische Masarykovo náměstí. Der Hauptplatz ist überaus malerisch, nicht zuletzt deswegen, weil er nicht wie in vielen anderen Städten als Parkplatz missbraucht wird. Umgeben ist er von alten Patrizierhäusern mit Laubengängen. Die meisten datieren aus der zweiten Hälfte des 18. Jh., ein Großbrand hatte 1773 nahezu den gesamten Altstadtkern verwüstet. Eines der wenigen Häuser am Platz, das dem Brand nicht zum Opfer fiel, ist die **Alte Post** (Stará pošta, Nr. 20), ein Renaissancebau mit zweistöckigen Arkaden aus dem Jahre 1563. 1813 übernachtete der russische Zar Alexander I. darin. Heute lädt im zweiten Stock das Café *Hudební Kavárna* auf eine Pause ein. Den Platz schmücken zudem gusseiserne Laternen und eine Mariensäule (1710). Vor dieser steht ein Brunnen mit einem kleinen, tanzenden Bauernpaar. Es ist das Werk des Bildhauers Franz Barwig (1868–1931) aus dem nahen Šenov (Schönau). Das Bauernpaar trägt die deutsche Kuhländertracht und erinnert an jene Zeit, als Neutitschein noch das Zentrum des sog. Kuhländchens (Kravařsko) war, einer deutschen Sprachinsel. Bis 1945 waren rund drei Viertel der Einwohner deutschsprachig.

Im alten **Schloss** der Herren von Žerotín, einem eher unspektakulären Bau südlich des Hauptplatzes, befindet sich heute ein **Hutmuseum** (Muzeum Novojičínska). Es zeigt Exemplare der 1799 gegründeten *Hückelschen Hutfabrik,* die bis heute unter dem Namen *Tonak* fortbesteht. Wer mag, kann sich dort auch mit diversen Hüten fotografieren lassen. Die mächtige **Mariä-Himmelfahrts-Kirche** (Farní chrám Nanebevzetí Panny Marie) östlich des Marktplatzes stammt aus der ersten Hälfte des

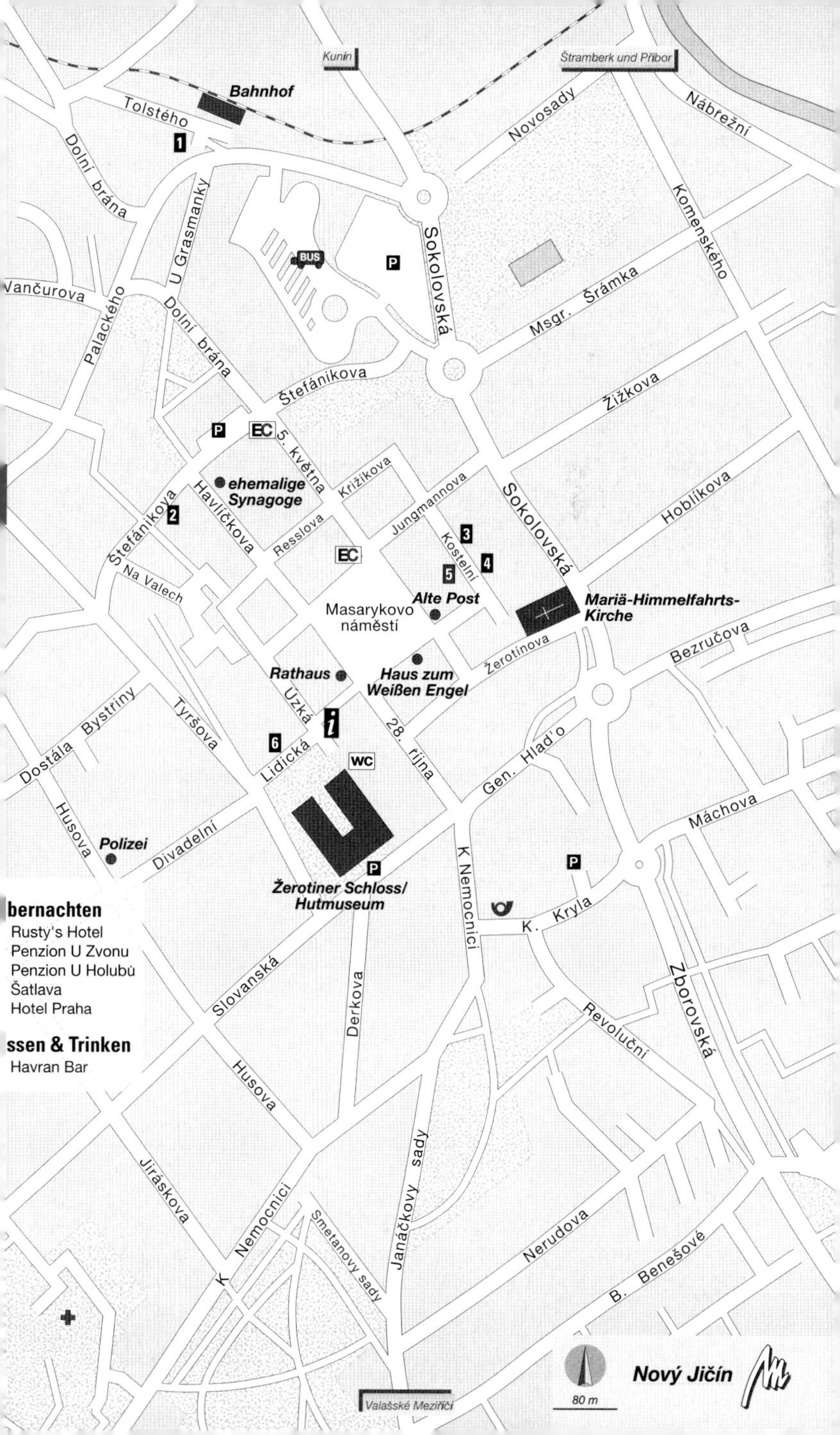
Kunín
Štramberk und Příbor
Bahnhof
Tolstého
1
Nábřežní
Novosady
Dolní brána
U Grasmanky
BUS
P
Sokolovská
Komenského
Vančurova
Palackého
Msgr. Šrámka
Dolní brána
Štefánikova
Žižkova
P
EC
5. května
ehemalige Synagoge
Křižíkova
Jungmannova
Sokolovská
Hoblíkova
Štefánikova
2
Havlíčkova
Resslova
EC
3
Kostelní
4
5
Na Valech
Alte Post
Masarykovo náměstí
Mariä-Himmelfahrts-Kirche
Bezručova
Žerotínova
Rathaus
Haus zum Weißen Engel
Bystřiny
Tyršova
Úzká
i
28. října
Gen. Hlaďo
6
Lidická
WC
Dostála
Máchova
Husova
Polizei
Divadelní
P
P
Žerotiner Schloss/ Hutmuseum
K Nemocnici
K. Kryla
bernachten
Rusty's Hotel
Penzion U Zvonu
Penzion U Holubů
Šatlava
Hotel Praha
ssen & Trinken
Havran Bar
Slovanská
Derkova
Zborovská
Revoluční
Husova
Janáčkovy sady
Jiráskova
K Nemocnici
Smetanovy sady
Nerudova
B. Benešové
Valašské Meziříčí
80 m
Nový Jičín

18. Jh. und besitzt einen markanten Turm. Leider ist sie meist verschlossen. Schade, denn ihr barockes Inneres samt dem schönen Hauptaltar (1739) des Olmützer Künstlers Andreas Zahner ist sehenswert. **Starý Jičín** nennt sich schließlich die weithin sichtbare Burgruine auf einer bewaldeten Kuppe südwestlich der Stadt.

• *Information* **Infocentrum,** Úzká 27 (nahe dem Hotel Praha), ✆/℻ 556711888, www.novyjicin.mic.cz. Mo–Fr 8–17 Uhr, Sa/So 9–12 Uhr.

• *Parken* Mehrere Parkplätze rund um das Zentrum, u. a. am Busbahnhof.

• *Verbindungen* Stadtbahnhof ca. 300 m nördlich des Hauptplatzes, den Busbahnhof passiert man auf dem Weg dahin.

Regelmäßige **Züge** nur nach Suchdol, wo man auf Züge Richtung Prag und Ostrava umsteigen kann.

Gute **Busverbindungen** in die größeren Orte der Beskiden und nach Ostrava.

• *Ärztliche Versorgung* Krankenhaus 500 m südwestlich des Zentrums in der K Nemocnici 78. ✆ 556773111.

• *Polizei* An der Husova/Ecke Divadelní. ✆ 156.

• *Post* 200 m südlich des Zentrums an der K. Kryla.

• *Übernachten/Essen & Trinken* **Rusty's Hotel (1)**, beim Bahnhof. Ordentliche, jedoch schrillbunte Zimmer mit neuen Bädern, die irgendwie an Kinderzimmer erinnern – Geschmackssache, Gleiches gilt für das Restaurant. Eigene Parkplätze. EZ 29 €, DZ 57 €. Tolstého 1375/13, ✆ 556707722, ℻ 556712161, www.hotelrustys.cz.

**Penzion U Zvonu (2)**, etwas außerhalb der Altstadt. 9 ordentliche, z. T. sehr geräumige Zimmer, manche mit Balkon. Freundliches, deutschsprachiges Personal. Parkplätze, Restaurant. DZ 56 €. Štefánikova 4, ✆ 603464806 (mobil), ℻ 556771020, www.penzionuzvonu.cz.

**Hotel Praha (6)**, alter Stadtpalast in zentraler Lage nahe dem Marktplatz. Im prunkvollen Speisesaal (mit Möbeln aus sozialistischer Zeit) werden die mährischen Klassiker serviert, Hg. ab 5,20 €. Im ersten Stock unrestaurierte und teilrestaurierte Zimmer mit und ohne Bad. DZ je nach Ausstattung 24–43 €. Lidická 6, ✆/℻ 556701229, www.prahahotel.cz.

**Penzion U Holubů (3),** einfache Pension mit Restaurant. Zimmer mit Etagenbad. DZ 31 €. Kostelní 36, ✆ 556708131, www.penzionholubu.infomorava.cz.

**Havran Bar (5)**, Kneipe für junge Leute mit gemütlichem Innenhofbiergarten. Gelegentlich gibt es auch einen Happen zu essen. Kostelní 28.

**Šatlava (4)**, Pension und Restaurant, beides sehr gepflegt und sehr zu empfehlen. Schöner Terrassengarten. Spezialität ist das *Šatlavský guláš*, Gulasch im köstlichen Brotteig. Man wartet zwar etwas, aber das Warten lohnt sich. Die Zimmer und Apartments sind z. T. recht groß. DZ 53 €. Kostelní 37, ✆ 556700137, ℻ 556701250, www.penzionsatlava.cz.

• *Öffnungszeiten* **Hutmuseum,** April–Okt. Di–Fr 8–12 u. 13–17 Uhr, Sa/So 9–16 Uhr, Nov,–März Di–Fr 8–12 u. 13–16 Uhr, So 9–15 Uhr, Sa geschl. Nur mit Führung (stündl.). Eintritt 2 €, erm. 1,20 €. **Burgruine Starý Jičín,** März/April Sa/So 11–17 Uhr, Mai, Sept. u. Okt. Sa/So 10–17 Uhr, Juni Mi–Fr 12–17 Uhr, Sa/So 10–17 Uhr, Juli/Aug. tägl. 10–17 Uhr. Eintritt 0,80 €, erm. die Hälfte.

## Umgebung von Nový Jičín

**Zámek Kunín (Schloss Kunevald):** Folgt man der Straße 57 gen Norden, passiert man das unendliche Straßendorf Kunín und dabei das gleichnamige Barockschloss aus der ersten Hälfte des 18. Jh. Es wurde nach Plänen von Johann Lukas Hildebrandt erbaut, der auch das Palais Schönbrunn in Wien entwarf. Gräfin Truchsess Zeil-Waldburg gründete in Kunín 1783 eine Landschule für arme Bauernkinder, die auch František Palacký (1798–1876), der große tschechische Historiker, besuchte. Die 60-minütige Führung durch das Schloss ist nicht sonderlich spannend, denn vom Originalinventar ist nicht mehr allzu viel erhalten. Die Bibliothek z. B. plünderten im Zweiten Weltkrieg die russischen Soldaten, nachdem ihnen das Klopapier ausgegangen war. Nach Voranmeldung kann man im Schloss übernachten, vier Zimmer stehen zur Verfügung (DZ 59 €, Infos unter www.zamek.kunin.cz).

Verbindungen/Öffnungszeiten **Busse** regelmäßig von und nach Nový Jičín. April u. Okt. nur Sa/So 9–16 Uhr, Mai–Sept. tägl. (außer Mo) 9–17 Uhr. Eintritt 2,80 €, erm. die Hälfte.

**Valašské Meziříčí (Walachisch-Meseritsch):** Die 27.000-Einwohner-Stadt liegt 16 km südlich von Nový Jičín und wird wegen ihres reichen Kulturlebens – man mag es kaum glauben – auch „wallachisches Athen" genannt. Unauslöschliche Eindrücke hinterlässt der Besuch der Stadt aber i. d. R. nicht, lediglich der Marktplatz besitzt so etwas wie Charme. Um vom großen Kulturangebot etwas mitzubekommen, muss man die zwei Schlösser der Stadt aufsuchen: Im apricotfarbenen *Schloss Žerotín* (ca. 100 m vom Marktplatz entfernt), heute ein Kulturzentrum, finden zuweilen Konzerte und Ausstellungen statt, auch ist hier das städtische Infozentrum untergebracht. Im *Empireschloss Kinský* an der Straße nach Nový Jičín/Olomouc informiert das *Kreismuseum* (Okresní vlastivědné muzeum) u. a. über die Tradition der Glasherstellung und der Gobelinfertigung. Daneben steht eine typische *Beskidenkirche* mit Holzdach. Eine protestantische Holzkirche in Blockbauweise kann man im rund 5 km südöstlich gelegenen *Velká Lhota* nach Voranmeldung unter ✆ 571638007 besichtigen.

Verbindungen/Öffnungszeiten Regelmäßig **Busse** nach Nový Jičín und Rožnov pod Radhoštěm, bis zu 8-mal tägl. nach Zlín. **Züge** regelmäßig nach Kroměříž. **Museum,** tägl. (außer Mo) 9–17 Uhr. Eintritt 1,60 €, erm. die Hälfte.

## Mährische Beskiden (Moravskoslezské Beskydy)

**Die mährischen Beskiden erstrecken sich südlich der Linie Nový Jičín – Frýdek-Místek – Třinec. Über das Gebirge wacht der heidnische Gott Radegast. Je mehr man sich der slowakischen Grenze nähert, desto schöner wird die Landschaft: Wälder und sattgrüne Bergwiesen überwiegen, Felder sind Mangelware.**

Als Beskiden wird die nördliche Kette der Karpaten entlang der polnisch-slowakischen Grenze bezeichnet. Nur ein kleiner Bruchteil des Gebirges ragt nach Mähren hinein. Der höchste Berg auf tschechischem Terrain ist der Lysá Hora (1323 m). Im letzten Jahrhundert hatten die waldreichen Höhen unter den Umweltbelastungen aus dem Ostrauer Kohlebecken extrem zu leiden.

Besiedelt wurden die Beskiden im 15. Jh. von den Walachen (→ S. 593), die hier die Schafzucht einführten. Deren traditionelle Holzhäuser wurden leider vielerorts abgerissen und durch zusammengeschraubte Modularbauten ersetzt. Doch hier und

Nordmähren Karte S. 606/607

ort sieht man noch ihre schönen alten Holzkirchen. Im Winter (Schneeketten nicht vergessen!) laden die Beskiden zum Langlauf ein, im Sommer zum Wandern und Radfahren. 1160 $km^2$ sind Naturschutzgebiet (CHKO Beskydy). Übrigens kommen nur selten Ausländer in die Beskiden – ein paar Worte Tschechisch sind hilfreich.

**Rožnov pod Radhoštěm (Roschnau):** Rožnov ist mit 17.000 Einwohnern die größte Stadt der Mährischen Beskiden. Sie liegt an sich reizvoll im Tal der Rožnovská Bečva, doch leider rauscht nicht nur der Fluss hindurch, sondern auch der Verkehr auf der Europastraße 442. Der Grund, warum jährlich rund eine halbe Million Besucher nach Rožnov kommen, ist das *Walachische Freilichtmuseum für Volksarchitektur* (Valašské muzeum v Přírodě). Bereits 1924 wurde mit dessen Aufbau begonnen, heute umfasst es rund 120 Objekte, die aus verschiedenen Dörfern der Beskiden hierher verlegt wurden. Es besteht aus drei Arealen: dem *Hölzernen Städtchen* (Dřevěné městečko), dem *Mühltal* (Mlýnská dolina) und dem *Walachischen Dorf* (Valašská dědina). Alle drei Areale liegen – wie auch das Zentrum von Rožnov – südlich des Flusses und der E 442. Das *Hölzerne Städtchen* ist der älteste Teil der Anlage und schließt östlich an das Zentrum von Rožnov an. Hier stehen rund 20 Gebäude, u. a. das einstige hölzerne Rathaus (18. Jh.) von Rožnov und eine stattliche Holzkirche (17. Jh.) aus dem Dorf Větřkovice u Příbora. In ihrem Schatten hat man einen kleinen Ehrenfriedhof angelegt, auf welchem Emil Zápotek (1922–2000, → Kasten) begraben liegt. Im *Mühltal* etwas weiter östlich (auf der gegenüberliegenden Straßenseite) gibt es eine Sägemühle und eine Hammerschmiede zu bestaunen. Das darüber liegende *Walachische Dorf* ist einer Hochlandsiedlung mit Schafzucht und Ackerbau nachempfunden. Überall gibt es Slivovice und walachische Spezialitäten zu kosten, serviert von Buben oder Mädchen in walachischen Trachten und begleitet von folkloristischen Tanz- und Musikdarbietungen.

## Die „tschechische Lokomotive" Emil Zápotek

Emil Zápotek (geb. 1922 in Kopřivnice, gest. 2000 in Prag) war einer der erfolgreichsten Langstreckenläufer aller Zeiten. Auf der Fünf- und 30-Kilometer-Strecke stellte er zwischen 1949 und 1955 18 Weltrekorde auf, zudem holte er mehrmals Gold bei den Olympischen Spielen in London (1948) und Helsinki (1952). Sein eigentümlicher Laufstil – schnaufend, mit schmerzverzerrtem Gesicht und weit ausladenden Armen – brachte ihm den Beinamen „tschechische Lokomotive" ein. Während des Prager Frühlings forderte er einen Olympiaboykott für die UDSSR, daraufhin wurde er für fünf Jahre in die Uranminen von Jáchymov (→ S. 396) geschickt. Später bekam er eine Stelle als Müllmann in Prag – nicht selten klatschten Passanten Beifall, wenn sie ihn erkannten. Zápoteks Lebensgeschichte erzählt Jean Echenoz in dem 2009 erschienenen Roman *Laufen* (Berlin Verlag).

• *Information* **Informační centrum,** Masarykovo nám. 128. Mai–Sept. Mo–Sa 9–17 Uhr, So 9–12 Uhr. Im Winter Mo u. Mi 8–17 Uhr, Di, Do u. Fr 8–15 Uhr u. Sa 9–12 Uhr. ✆ 571652444, www.roznov.cz.

• *Verbindungen* **Busse** häufig nach Valašské Meziříčí, Horní und Dolní Bečva, bis zu 8-mal tägl. nach Velke Karlovice, 2-mal tägl. direkt nach Brünn.

• *Essen & Trinken* Die unten aufgeführten Hotels verfügen über gepflegt-sterile Restaurants, die neben Carpaccio und Pasta auch einige „walachische Spezialitäten" (5–

18 €) servieren. Außerdem können wir folgende beide Lokale empfehlen:

**Společenský Dům,** klassizistischer Palast in einem Park, etwas zurückversetzt von der Palackého zwischen Zentrum und Infostelle. Innen rustikal. Kosten Sie die walachische Krautsuppe, Grammeln mit Brot oder Obstknödel mit Butter und Mohn. 3-Gänge-Mittagsmenü für 3,60 €. ✆ 571656089.

**Restaurant Písečná,** im nördlichen Vorort Dolní Paseky. Großes, luftiges Restaurant mit vielen Pflanzen. Gute regionale Küche der mittleren Preisklasse. Hin und wieder Livemusik. Von Valašské Meziříčí kommend, nach dem Busbahnhof die erste Straße (5. května) links ab. Stets der Vorfahrtsstraße folgen, bis das Lokal linker Hand auftaucht. ✆ 571651218.

• *Übernachten* Nur wenige empfehlenswerte Häuser; viele liegen dazu noch direkt an der E 442.

**** **Hotel Eroplán,** an der lauten E 442. 49 komfortable Zimmer und Apartments. Restaurant, Nachtclub mit Musikprogramm, das garantiert nicht jeden ansprechen wird. Relaxzentrum mit Sauna und Solarium, videoüberwachte Parkplätze. EZ 59 €, DZ 69 €. Horní Paseky 451, ✆ 571648014, ✆ 571648222, www.hoteleroplan.cz.

**** **Hotel AGH,** nettes, kleines Komforthotel im ruhigen Zentrum (gut ausgeschildert). 23 gepflegte, farbenfrohe Zimmer und Apartments mit dem üblichen 4-Sterne-Schnickschnack, jedes etwas anders eingerichtet. Bar, Restaurant, kostenlose, videoüberwachte Parkplätze. EZ 49 €, DZ ab 59 €. Čechova 142, ✆ 571625666, ✆ 571625665, www.hotel-agh.cz.

*** **Hotel Horal,** 18 klassische, sehr ordentliche Hotelzimmer und Apartments an der E 442. Gepflegtes Nichtraucherlokal, sichere Parkplätze. EZ 53 €, DZ 59 €, Apartment für 2 Pers. ab 89 €. Horní Paseky 1691, ✆ 571648343, ✆ 571647256, www.horalhotel.cz.

**** **Camping Rožnov,** am östlichen Ortsende Richtung Horní Bečva. Großer, bestens ausgestatteter 4-Sterne-Platz. Großer Pool, Kinderspielplatz, Sportareal, Restaurant, Laden. Ganzjährig. 2 Pers. mit Zelt u. Auto 10,20 €, Chata für 2 Pers. ab 17,50 €. Radhošťská 940, ✆ 571648001, ✆ 571620513, www.camproznov.cz.

• *Golf* **Valašský Golfový Klub Rožnov pod Radhoštěm,** im Vorort Horní Paseky, ca. 3 km nordöstlich von Rožnov. Schön gelegener 9-Loch-Platz. Greenfee 20–52 €. ✆ 571 647281, www.golf-roznov.cz.

• *Radfahren* Es verkehren von Ende Juli–Mitte Sept. **Cyklobusse.** Infos unter www.valasskycyklobus.cz.

• *Öffnungszeiten* **Freilichtmuseum,** Mai, Juni, Sept. u. Okt. tägl. (außer Mo) 9–17 Uhr, Juli u. Aug. tägl. (außer Mo) 9–18 Uhr. Im Winter 10–16 Uhr, im Nov. jedoch geschl. Ticket für alle Bereiche 7,30 €, erm. 5,30 €.

**Frenštát pod Radhoštěm (Frankstadt):** Frenštát (11.000 Einwohner) hat nicht viel mehr zu bieten als einen ausgesprochen guten Campingplatz und die original *Radegast-Statue* vom Radhošť-Gipfel (s. u.) in der Rathaushalle. Das Rathaus (Radnice) liegt am Náměstí Miru, dem Hauptplatz der kleinen, freundlichen Altstadt. Diese ist von einer großen, unansehnlichen Neustadt umzingelt, die jedoch seit dem Abzug der Roten Armee und dem Zuzug von Siemens mehr und mehr an Farbe gewinnt.

*Verbindungen* **Busse** häufig nach Rožnov und Trojanovice, 3-mal tägl. nach Příbor. Regelmäßige **Zugverbindungen** nach Frýdek-Místek und Ostrava.

• *Essen & Trinken/Camping* **Autokemp Frenštát pod Radhoštěm,** an der Straße nach Kopřivnice, ausgeschildert. Neuer, gut gesicherter 4-Sterne-Platz, einer der gepflegtesten des Landes. Lagerfeuer- und überdachte Grillstellen, gute Sanitäranlagen. Freundliche Holzbungalows mit Bad. Vor dem Gelände befindet sich die für jedermann zugängliche Valašská Rychta, ein rustikales Restaurant mit zünftigem Biergarten und walachischen Schmankerln: *Halušky* in verschiedenen Varianten, Sauersuppe und diverse große Fleischlappen. Hg. 2,60–9,30 €. Nebenan ein Aquapark. 2 Pers. mit Zelt u. Auto 8,90 €, Chata für 2 Pers. 26 €. Dolní 1830, ✆ 556836624, www.frenstatpr.cz.

Nordmähren
Karte S. 606/607

**Trojanovice:** 3 km südlich von Frenštát pod Radhoštěm liegt Trojanovice, ein ewig langes Straßendorf mit einigen Hotels und Pensionen, das irgendwann an einem großen Parkplatz endet. Dort befindet sich die Talstation des *Skiareals Pustevny,* des besten Skigebiets der Mährischen Beskiden. Hier stehen im Winter acht Schlepplifte und ein Sessellift für den alpinen Skisport zur Verfügung. Der Sessellift ist auch den Sommer über in Betrieb und bringt Wanderer nach Pustevny (s. u.).

• *Verbindungen* Regelmäßig **Busse** nach Frenštát pod Radhoštěm.

• *Essen & Trinken/Übernachten* *** **Hotel Raztoka,** in Trojanovice direkt an der Seilbahn. 53 ordentliche Zimmer und Suiten, die der Sterneanzahl entsprechend ausgestattet sind. Bowlingbar, videoüberwachte Parkplätze, Sauna, Solarium, Ski- und Radverleih. EZ 39 €, DZ 52 €. Trojanovice 364, ✆ 556835869, 📠 556835952, www.raztoka.cz.

**Pension Koliba Juřena a syn,** an der Straße zwischen Frenštát und Trojanovice. Gebäude im traditionell walachischen Stil. 3 Vierbettzimmer, alle mit Bad und Satelliten-TV. Rustikales Restaurant mit Grillspezialitäten vom offenen Feuer (So Ruhetag). Gepflegte Wiese drum herum, Parkplätze im Hof. Für 2 Pers. 22 €, Frühstück extra. Lomná 780, ✆ 603954410 (mobil), www.koliba-jurena.com.

• *Skifahren* Es gibt rund 29 km Langlaufloipen und insgesamt über 12 km Piste, darunter auch eine schwarze Abfahrt. Tageskarten in der Skisaison 16 €, Kinder 10 €.

**Hinweis:** Die Straße von Trojanovice nach Pustevny ist für den PKW-Verkehr gesperrt.

**Radhošť (Radhoscht) und Pustevny:** Der Radhošť (1129 m), zu dessen Füßen Rožnov (südlich) und Frenštát (nördlich) liegen, ist der mit Abstand bekannteste Berg der Mährischen Beskiden. Diese Tatsache verdankt er den vielen Sagen, die sich um ihn ranken. Früher sollen auf seinem Gipfel zur Sonnenwende Kultfeierlichkeiten zu Ehren des heidnischen Berg- und Fruchtbarkeitsgottes Radegast, gekoppelt mit Liebesritualen und Opferdarbietungen, veranstaltet worden sein. 1898 errichtete man auf dem Berg eine neobyzantinische Holzkapelle, die den Slawenaposteln Kyrill und Method geweiht wurde. Heute ist sie stets am 5. Juli Schauplatz einer Wallfahrt. Die Aussicht vom Berg ist herrlich, die nahen Sendemasten trüben die Idylle jedoch ein wenig. Auf den Radhošť gelangt man von Rožnov über einen ca. 7 km langen, rot markierten Wanderweg (Einstieg beim Campingplatz). Man kann aber auch mit dem Bus oder dem eigenen Fahrzeug über Horní Bečva nach Pustevny fahren, eine Häuseransammlung auf einem Bergsattel zu Füßen des Radhošť-Gipfels auf rund 1000 m Höhe. Die ältesten Gebäude stammen aus den 1880ern – farbenfrohe, reich mit Schnitzwerk verzierte Holzhäuser (→ Essen & Trinken/Übernachten). Ein rund 4 km langer,

• *Essen & Trinken/Übernachten* **Maměnka a Libušín,** Hotel und Restaurant in grandioser Lage, nur einen Windzug unter dem Beskidenhimmel. Die 11 Zimmer verteilen sich auf 3 mit Liebe zum Detail restaurierte, innen wie außen reich dekorierte alte Holzhäuser. Wunderschön und komfortabel ausgestattet, traumhafte Bergblicke. Internationales Publikum. Dazu eine bildschöne Gaststube – ein beliebtes Ausflugsziel – in der man lokale Spezialitäten wie Brinsennockerl mit Beskidenkäse und Speck oder walachische Krautsuppe serviert. Für das Gebotene preiswert. Frühzeitige Buchung empfehlenswert. DZ je nach Saison 48–76 €, am teuersten zur Skisaison. Pustevny, ✆ 556836207, www.libusin-mamenka.cz.

blau markierter Wanderweg führt von Pustevny auf den Gipfel. Man passiert dabei die mächtige Statue des Heidengottes Radegast mit Stierkopf, Horn und Ente – leider ein Imitat. Das Original, das ein Gewittersturm zu Fall brachte, schuf Albín Polášek 1930; es steht heute im Rathaus von Frenštát (s. o.). Wer ein Fläschchen des hiesigen Biers mitbringt, kann mit Radegast mit *Radegast* anstoßen – vielleicht bewirkt das Wunder ... Das gute Bier kommt übrigens aus Nošovice bei Frýdek-Místek. Nach Pustevny gelangt man auch mit dem Sessellift von Trojanovice (s. o.).

*Verbindungen/Radfahren* Bis zu 7-mal tägl. **Busse** von und nach Rožnov. Im Sommer verkehren zudem **Cyklobusse** zwischen Pustevny und Rožnov, die eine Fahrradmitnahme ermöglichen, Infos unter www.valasskycyklobus.cz.

**Velké Karlovice (Karlowitz):** Rund 25 km sind es auf der Straße 481 von Rožnov ins südlicher gelegene Velke Karlovice – eine landschaftlich überaus reizvolle Strecke, teilweise fühlt man sich ans Alpenländle erinnert. Unterwegs passiert man das *Skiareal Soláň,* eines von mehreren Miniskigebieten der Gegend. Velke Karlovice selbst ist ein weit verstreutes Nest in einem grünen Tal, das zwar vom Tourismus lebt, aber nicht einzig allein davon geprägt wird. Den Ortskern bildet die 1754 erbaute *Holzkirche* im Bauernbarock. Gleich daneben liegt der Friedhof. Die Gräber sind mit Bildern der Verstorbenen versehen – deren Trachten vermitteln einen Eindruck von der alten regionalen Folklore. Schöne Ausblicke genießt man auf der Weiterfahrt gen Osten Richtung slowakische Grenze. Wechselt man dort auf die ebenfalls aussichtsreiche Straße 56, die gen Norden Richtung Frýdek-Místek führt, passiert man unterwegs den *Šance-Stausee,* ein Trinkwasserreservoir (Baden verboten!). Bei seiner Flutung verschwand das alte Zentrum des am See gelegenen Dorfes *Staré Hamry.*

• *Information* **Informační centrum,** kleine Infostelle im Zentrum (mit Museum). ✆ 571 444039, www.velkekarlovice.cz. Mai–Sept. tägl. 9–17 Uhr.

• *Verbindungen* Gute **Bus**verbindungen nach Vsetín, bis zu 8-mal tägl. nach Rožnov pod Radhoštěm. Die **Zug**verbindungen sind uninteressant.

• *Essen & Trinken* Achtung – es gibt kaum Restaurants vor Ort. Wer hier Urlaub macht, versorgt sich selbst oder wird in den Pensionen und Hotels bekocht!

• *Übernachten* Die Touristeninformation verfügt über eine bebilderte Unterkunftsliste, meist handelt es sich um kleinere Privatunterkünfte und diverse Chatas. 2 Empfehlungen:

*** **Hotel Horal,** in Léskové (ca. 5 km östlich von Velké Karlovice). Gepflegtes, 2010 erweitertes Hotelareal an einem Skilift. Moderne, komfortable Anlage mit hauseigener Sauna, kleinem Golfareal, Tennis, Hochseilgarten, etc. Die Zimmer sind auf mehrere Gebäude verteilt, besitzen Satelliten-TV (Flatscreen) 0und Minibar. DZ 76 €. Léskové 583, ✆ 571444786, www.valachy.cz.

**Badůrka,** kleine Ferienanlage etwas außerhalb des Dorfes, so idyllisch, dass man Wochen hier verbringen könnte. 6 im traditionellen Stil gebaute und liebevoll ausgestattete Holzhütten für 2–10 Pers., ideal für Familien. Jeweils mit komplett eingerichteter Küche und eigenem kleinen Garten. Extrem ruhig, hier nervt höchstens mal der Hahn. Keine Rezeption, nur im Voraus buchbar. Je nach Hütte 53–150 €/Hütte. Pluskovec, ✆ 605509939 (mobil), www.beskydy.cz/valasskechalupy.

**Autokempink Machůzky,** netter Platz zu Füßen eines Skihanges, große Wiese an einem Bach. Es werden auch Chatas vermietet, die in Reih und Glied stehen. Kiosk, einfache Sanitäranlagen. Ganzjährig. 2 Pers. mit Zelt u. Auto 5,70 €, Chata für 4 Pers. 19 €, 23 € mit eigener Toilette. 2 km östlich von Velké Karlovice an der Straße nach Makov, ✆/℡ 571444522, info@machuzky.cz.


Karte S. 606/607

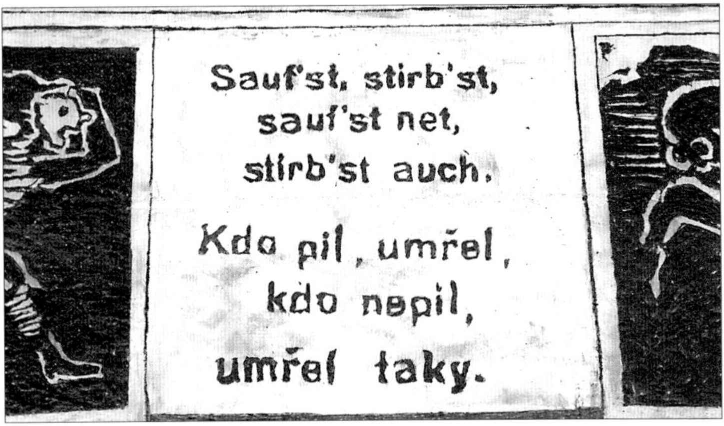


# Kleines Sprachlexikon

## Aussprache

Grundsätzlich gilt, dass alle Vokale ohne Längenzeichen kurz gesprochen werden, alle mit gedehnt werden. Die Betonung liegt stets auf der ersten Silbe. **Hier nur die Abweichungen von der deutschen Aussprache:**

| | |
|---|---|
| **á** | langes A wie in Vater |
| **é** | langes Ä wie in Hände |
| **C, c** | wie Ts (nie wie K!) |
| **d'** | erweichtes D wie Dj |
| **Ě, ě** | wie Je, erweicht zudem vorangehendes D, T und N |
| **H, h** | wenn es zwischen zwei Vokalen steht, wie das deutsche H, ansonsten wird es zum Teil leicht angehaucht ausgesprochen, also fast wie unser Ch |
| **í, ý** | langes I wie in Liebe |
| **ch** | wie das Ch in Ach |
| **K, k** | K, unbehaucht |
| **Ň, ň** | erweichtes N wie Nj in Sonja |
| **ó** | langes O wie in Mode |
| **R, r** | gerolltes R |
| **Ř, ř** | in etwa Rsch |
| **S, s** | wie Ss |
| **Š, š** | wie Sch |
| **t'** | erweichtes T wie Tj |
| **ů, ú** | langes U |
| **V, v** | wie W |
| **Z, z** | stimmhaftes S (nie Tz) |
| **Ž, ž** | wie J in Journal |

## Grundlegende Wörter und Sätze

| | |
|---|---|
| Ano/Ne | Ja/Nein |
| Děkuju/Prosím | Danke/Bitte |
| Pardon, promiňte | Entschuldigung |
| Ahoj | Hallo/Tschüs |
| Na shledanou | Auf Wiedersehen |
| Dobré jitro | Guten Morgen |
| Dobrý den | Guten Tag |
| Dobrý večer | Guten Abend |
| Dobrou noc | Gute Nacht |
| Jak se máte? | Wie geht es Ihnen? |
| Prosím vás, můžete mi pomoci? | Können Sie mir bitte helfen? |
| Máte ...? | Haben Sie ...? |
| Kolik je hodin? | Wie viel Uhr ist es? |
| Pomoc! | Hilfe! |
| Velké/Malé | groß/klein |
| Dobře/Špatně | gut/schlecht |
| S/Bez | mit/ohne |

## Unterwegs

### Ortsbezeichnungen

| | |
|---|---|
| Nádraží | Bahnhof |
| Zámek | Schloss |
| Ulice | Straße/Gasse |
| Třída | Boulevard |
| Náměstí | Platz |
| Klášter | Kloster |
| Hrad | Burg |
| Zahrada | Garten |
| Kostel | Kirche |
| Banka | Bank |
| Směnárna | Wechselstube |
| Nemocnice | Krankenhaus |
| Most | Brücke |
| Starožitnictví | Antiquitätengeschäft |
| Knihkupectví | Buchhandlung |
| Lékárna | Apotheke |
| Lahůdky | Feinkostladen |
| Obchodní dům | Kaufhaus |
| Potraviny | Lebensmittelgeschäft |
| Trh | Markt |
| Pošta | Postamt |
| Cestovní kancelář | Reisebüro |

### Zur Orientierung

| | |
|---|---|
| Kde je...? | Wo ist ...? |
| Jak je to daleko? | Wie weit ist das? |
| Jak se dostanu k ...? | Wie komme ich zu...? |
| Kdy? | Wann? |
| Nalevo | Links |
| Napravo | Rechts |
| Rovně | Geradeaus |
| Autobusem | Mit dem Bus |
| Vlakem | Mit dem Zug |
| Příjezd/Odjezd | Ankunft/Abfahrt |
| Musím přestupovat? | Muss ich umsteigen? |
| Musím mít místenku? | Muss ich reservieren? |
| Autem | Mit dem Auto |
| Pěšky | Zu Fuß |
| Taxíkem | Mit dem Taxi |
| Jízdenka | Fahrkarte |
| Autobusová stanice | Busbahnhof |

### Mit dem Auto unterwegs

| | |
|---|---|
| Měl/-a jsem poruchu | Ich habe eine Panne |
| Můžete se na to podívat? | Können Sie mal nachsehen? |
| Je tady někde blízko autoopravna? | Wo ist hier in der Nähe eine Werkstatt? |
| Stala se nehoda | Es ist ein Unfall passiert |
| Zavolejte prosím rychle policii | Rufen Sie bitte schnell die Polizei |
| Plnou prosím | Voll tanken, bitte |

### Verständigung

| | |
|---|---|
| Rozumím | Ich verstehe |
| Nerozumím | Ich verstehe nicht |
| Co? | Was? |
| Mluvíte anglicky/německy? | Sprechen Sie Englisch/Deutsch? |
| Mluvím jen málo ... | Ich spreche nur wenig ... |
| Jak se to řekne česky? | Wie sagt man das auf Tschechisch? |
| Jmenuji se ... | Ich heiße ... |

## Hinweise

| | | | |
|---|---|---|---|
| Vchod | Eingang | Pozor! | Gefahr! |
| Východ | Ausgang | Policie | Polizei |
| Záchod | Toilette | Kouření zakázáno | Rauchen verboten |
| Muži | Männer | Koupání zakázáno | Baden verboten |
| Ženy | Frauen | Vstup zakázán | Eintritt verboten |
| Otevřeno/Zavřeno | Offen/Geschlossen | | |

## Zahlen

| | | | |
|---|---|---|---|
| Jeden | 1 | Dvacetjedna | 21 |
| Dva | 2 | Třicet | 30 |
| Tři | 3 | Čtyřicet | 40 |
| Čtyři | 4 | Padesát | 50 |
| Pět | 5 | Šedesát | 60 |
| Šest | 6 | Sedmdesát | 70 |
| Sedm | 7 | Osmdesát | 80 |
| Osm | 8 | Devadesát | 90 |
| Devět | 9 | Sto | 100 |
| Deset | 10 | Sto jedna | 101 |
| Jedenáct | 11 | Dvě stě | 200 |
| Dvanáct | 12 | Tři sta | 300 |
| Třináct | 13 | Čtyři sta | 400 |
| Čtrnáct | 14 | Pět set | 500 |
| Patnáct | 15 | Šest set | 600 |
| Šestnáct | 16 | Sedm set | 700 |
| Sedmnáct | 17 | Osm set | 800 |
| Osmnáct | 18 | Devět set | 900 |
| Devatenáct | 19 | Tisíc | 1000 |
| Dvacet | 20 | | |

## Wochentage

| | | | |
|---|---|---|---|
| Pondělí | Montag | Pátek | Freitag |
| Úterý | Dienstag | Sobota | Samstag |
| Středa | Mittwoch | Neděle | Sonntag |
| Čtvrtek | Donnerstag | | |

## Monate

| | | | |
|---|---|---|---|
| Leden | Januar | Červenec | Juli |
| Únor | Februar | Srpen | August |
| Březen | März | Září | September |
| Duben | April | Říjen | Oktober |
| Květen | Mai | Listopad | November |
| Červen | Juni | Prosinec | Dezember |

# Übernachten

| | |
|---|---|
| Můžete mi prosím doporučit nějaký dobrý hotel? | Können Sie mir bitte ein gutes Hotel empfehlen? |
| Máte ještě volné pokoje? | Haben Sie noch Zimmer frei? |
| Jednolůžkový | Einzelzimmer |
| Dvoulůžkový | Doppelzimmer |
| Se sprchou/s koupelnou | Mit Dusche/Bad |
| Na jednu noc | Für eine Nacht |
| Kolik stojí pokoj se snídaní? | Was kostet ein Zimmer mit Frühstück? |
| Máme bohužel všechno obsazené | Wir sind leider voll belegt. |
| Mám reservaci | Ich habe reserviert |
| Nosič | Portier |
| Klíč | Schlüssel |

# Essen und Trinken

## Allgemein

| | |
|---|---|
| Kde je tady nějaká dobrá restaurace? | Wo gibt es hier ein gutes Restaurant? |
| Dobrou chuť | Guten Appetit |
| Na zdraví! | Prost! |
| Jsou tyto místa volná? | Sind diese Plätze frei? |
| To jsem si neobjednal/-a | Das habe ich nicht bestellt |
| Nejím maso | Ich esse kein Fleisch |
| Zaplatím prosím | Die Rechnung bitte |
| Snídaně | Frühstück |
| Oběd/večeře | Mittag-/Abendessen |
| Bylo to výborné | Das Essen war ausgezeichnet |

## Frühstück

| | |
|---|---|
| Chléb | Brot |
| Houska | Rundes Brötchen |
| Rohlík | Längliches Brötchen |
| Máslo | Butter |
| Vejce | Eier |
| Vajíčko na měkko | Weiches Ei |
| Míchaná vejce | Rühreier |
| Vejce na slanině | Eier mit Speck |
| Med | Honig |
| Džem | Marmelade |
| Šunka | Schinken |
| Salám | Wurst |
| Sýr | Käse |
| Uzený sýr | Räucherkäse |
| Cukr | Zucker |
| Sůl | Salz |
| Pepř | Pfeffer |

## Getränke

| | |
|---|---|
| Pivo | Bier |
| Budvar | Budweiser |
| Plzeňský prazdroj | Pilsner Urquell |
| Černé pivo | Dunkles Bier |
| Nealkoholické pivo | Alkoholfreies Bier |
| Bílé víno | Weißwein |
| Ryzlink | Riesling |
| Červené víno | Rotwein |
| Frankovka | Blaufränkischer (trockener, beliebter Rotwein) |
| Svařené vino | Glühwein |
| Džus | Saft |
| Minerální voda | Mineralwasser |
| Čaj | Tee |
| Káva | Kaffee |
| Káva překapávaná | Filterkaffee |
| Černá káva | Schwarzer Kaffee |
| Bílá káva | Kaffee mit Milch |
| Káva bez kofeinu | Koffeinfreier Kaffee |
| Vídeňská káva | Wiener Kaffee (mit Sahnehaube) |
| Mléko | Milch |
| Čokoláda | Schokolade |

## Zum Auftakt

| | |
|---|---|
| Předkrmy | Vorspeisen |
| Pražská šunka | Prager Schinken |
| Polévka | Suppe |
| Bramborová polévka | Kartoffelsuppe |
| Čočková | Linsensuppe |
| Hovězí vývar | Rinderbrühe |

| | |
|---|---|
| Žampionový krém | Champignon-cremesuppe |
| Hrachová | Erbsensuppe |
| Rajská | Tomatensuppe |
| Zeleninová | Gemüsesuppe |

## Das Beste zum Bier

| | |
|---|---|
| Nabídka dne | Tagesgericht |
| Hlavní jídlo | Hauptgericht |
| Maso | Fleisch |
| Vepřové | Schweinefleisch |
| Vepřový řízek | Schweineschnitzel |
| Vepřový steak | Schweinesteak |
| Kotleta | Kotelett |
| Žebírko | Rippchen |
| Uzená krkovice | Rauchfleisch |
| Hovězí | Rindfleisch |
| Telecí | Kalbfleisch |
| Guláš | Gulasch |
| Svíčková na smetaně | Lendenbraten mit Sahnesoße |
| Španělský ptáček | Gefüllte Rinderroulade |
| Sekaná | Hackbraten |
| Biftek | Beefsteak |
| Skopové | Lammfleisch |
| Játra | Leber |
| Ledvinky | Nieren |
| Jazyk | Zunge |
| Kuře | Hähnchen |
| Kachna | Ente |
| Pečená husa | Gänsebraten |
| Ryby | Fisch |
| Pstruh | Forelle |
| Kapr | Karpfen |
| Zavináč | Hering |
| Tuňák | Tunfisch |
| Krevety | Krabben |
| Na roštu | gegrillt |

## Und dazu

| | |
|---|---|
| Přílohy | Beilagen |
| Houskové knedlíky | Semmelknödel |
| Špekové knedlíky | Speckknödel |
| Bramborové knedlíky | Kartoffelknödel |
| Brambory | Kartoffeln |
| Bramborový salát | Kartoffelsalat |
| Hranolky | Pommes frites |
| Rýže | Reis |
| Zelí | Sauerkraut |
| Červené zelí | Rotkraut |
| Špenát | Spinat |
| Zelenina | Gemüse |
| Cibule | Zwiebeln |
| Česnek | Knoblauch |
| Fazole | Bohnen |
| Hrášek | Erbsen |
| Květák | Blumenkohl |
| Mrkev | Karotten |
| Chřest | Spargel |
| Houby | Pilze |
| Salát | Salat |
| Okurka | Gurke |
| Rajčata | Tomaten |
| Ocet | Essig |
| Tatarská omáčka | Remouladensoße |

## Zum Abschluss

| | |
|---|---|
| Zákusky | Nachspeisen |
| Kompot | Kompott |
| Zmrzlina | Speiseeis |
| Ovocné knedlíky | Obstknödel |
| Palačinky | Palatschinke |
| Vdolečky se šlehačkou | böhmisches Hefe-gebäck mit Sahne |
| Sýrový talíř | Käseplatte |
| Dort | Kuchen |

## Zwischendurch

| | |
|---|---|
| Chlebíček | Belegtes Brötchen |
| Pečivo | Gebäck |
| Klobásy | Würste |
| Párek | Würstchen |
| Slanina | Speck |
| Hořčice | Senf |
| Oříšky | Erdnüsse |

## Obst

| | |
|---|---|
| Ovoce | Obst |
| Banán | Banane |
| Hrozny | Weintrauben |
| Hruška | Birne |
| Jablko | Apfel |
| Jahody | Erdbeeren |
| Maliny | Himbeeren |
| Pomeranč | Orange |

## Verlagsprogramm

• Abruzzen • Ägypten • Algarve • Allgäu • Allgäuer Alpen *MM-Wandern* • Altmühltal & Fränk. Seenland • Amsterdam *MM-City* • Andalusien • Andalusien *MM-Wandern* • Apulien • Athen & Attika • Australien – der Osten • Azoren • Bali & Lombok • Baltische Länder • Barcelona *MM-City* • Bayerischer Wald • Bayerischer Wald *MM-Wandern* • Berlin *MM-City* • Berlin & Umgebung • Bodensee • Bretagne • Brüssel *MM-City* • Budapest *MM-City* • Bulgarien – Schwarzmeerküste • Chalkidiki • Chianti – Florenz, Siena • Cilento • Cornwall & Devon • Dublin *MM-City* • Costa Brava • Costa de la Luz • Côte d'Azur • Cuba • Dolomiten – Südtirol Ost • Dominikanische Republik • Dresden *MM-City* • Ecuador • Elba • Elsass • Elsass *MM-Wandern* • England • Fehmarn • Franken • Fränkische Schweiz • Friaul-Julisch Venetien • Gardasee • Genferseeregion • Golf von Neapel • Gomera *MM-Wandern* • Gran Canaria • Graubünden • Griechenland • Griechische Inseln • Hamburg *MM-City* • Harz • Haute-Provence • Havanna *MM-City* • Ibiza • Irland • Island • Istanbul *MM-City* • Istrien • Italien • Italienische Adriaküste • Kalabrien & Basilikata • Kanada – der Osten • Kanada – der Westen • Karpathos • Katalonien • Kefalonia & Ithaka • Köln *MM-City* • Kopenhagen *MM-City* • Korfu • Korsika • Korsika Fernwanderwege *MM-Wandern* • Korsika *MM-Wandern* • Kos • Krakau *MM-City* • Kreta • Kreta *MM-Wandern* • Kroatische Inseln & Küstenstädte • Kykladen • Lago Maggiore • La Palma • La Palma *MM-Wandern* • Languedoc-Roussillon • Lanzarote • Lesbos • Ligurien – Italienische Riviera, Genua, Cinque Terre • Ligurien & Cinque Terre *MM-Wandern* • Liparische Inseln • Lissabon & Umgebung • Lissabon *MM-City* • London *MM-City* • Lübeck *MM-City* • Madeira • Madeira *MM-Wandern* • Madrid *MM-City* • Mainfranken • Mallorca • Mallorca *MM-Wandern* • Malta, Gozo, Comino • Marken • Mecklenburgische Seenplatte • Mecklenburg-Vorpommern • Menorca • Mittel- und Süddalmatien • Mittelitalien • Montenegro • Moskau *MM-City* • München *MM-City* • Münchner Ausflugsberge *MM-Wandern* • Naxos • Neuseeland • New York *MM-City* • Niederlande • Niltal • Nord- u. Mittelgriechenland • Nordkroatien – Zagreb & Kvarner Bucht • Nördliche Sporaden – Skiathos, Skopelos, Alonnisos, Skyros • Nordportugal • Nordspanien • Normandie • Norwegen • Nürnberg, Fürth, Erlangen • Oberbayerische Seen • Oberitalien • Oberitalienische Seen • Ostfriesland & Ostfriesische Inseln • Ostseeküste – Mecklenburg-Vorpommern • Ostseeküste – von Lübeck bis Kiel • Östliche Allgäuer Alpen *MM-Wandern* • Paris *MM-City* • Peloponnes • Pfalz • Piemont & Aostatal • Piemont *MM-Wandern* • Polnische Ostseeküste • Portugal • Prag *MM-City* • Provence & Côte d'Azur • Provence *MM-Wandern* • Rhodos • Rom & Latium • Rom *MM-City* • Rügen, Stralsund, Hiddensee • Rund um Meran *MM-Wandern* • Salzburg & Salzkammergut • Samos • Santorini • Sardinien • Sardinien *MM-Wandern* • Schleswig-Holstein – Nordseeküste • Schottland • Schwarzwald Mitte/Nord *MM-Wandern* • Schwäbische Alb • Shanghai *MM-City* • Sinai & Rotes Meer • Sizilien • Sizilien *MM-Wandern* • Slowakei • Slowenien • Spanien • St. Petersburg *MM-City* • Südböhmen • Südengland • Südfrankreich • Südmarokko • Südnorwegen • Südschwarzwald • Südschweden • Südtirol • Südtoscana • Südwestfrankreich • Sylt • Teneriffa • Teneriffa *MM-Wandern* • Thassos & Samothraki • Toscana • Toscana *MM-Wandern* • Tschechien • Tunesien • Türkei • Türkei – Lykische Küste • Türkei – Mittelmeerküste • Türkei – Südägäis • Türkische Riviera – Kappadokien • Umbrien • Usedom • Venedig *MM-City* • Venetien • Wachau, Wald- u. Weinviertel • Westböhmen & Bäderdreieck • Warschau *MM-City* • Westliche Allgäuer Alpen und Kleinwalsertal *MM-Wandern* • Westungarn, Budapest, Pécs, Plattensee • Wien *MM-City* • Zakynthos • Zentrale Allgäuer Alpen *MM-Wandern* • Zypern

**www.michael-mueller-verlag.de**

Michael Müller Verlag GmbH, Gerberei 19, 91054 Erlangen
Tel. 0 91 31 / 81 28 08-0 Fax 0 91 31 / 20 75 41
info@michael-mueller-verlag.de

# Register

## Register Prag